増補改訂版

英文ビジネス
契約書大辞典

A DICTIONARY FOR
STANDARD INTERNATIONAL
BUSINESS
CONTRACTS

TAKAO YAMAMOTO
ENLARGED AND REVISED EDITION
山本孝夫

Trust yourself. Nothing is as trustworthy as your own judgement. Nevertheless, the English language is a double-edged sword, and must be used with all the precision of a surgeon handling a scalpel.

日本経済新聞出版

はじめに Preface

　現代ビジネスは、輸送・通信手段の技術革新に支えられ、その国際化・ソフト化のスピードが増している。貿易取引に加えて、サービス取引、ソフトウエア・知的財産取引、ライセンス取引、投資・事業の売買、金融取引など、多彩な国際ビジネスが活発化している。現実のビジネスにおける変容のスピードは増すばかりである。

　30年前に比べると、大企業、中小企業、ベンチャーを問わず、海外への進出、外資との取引・提携の機会が飛躍的に増えている。国内ビジネスも、20年余の不況とその克服への過程で、外資による日本企業の買収・合弁事業出資、日本企業のグローバル化、派遣労働や有期雇用の導入など労働市場における規制緩和や慣行の変化等により、いわゆる国際化が進行している。

　こうした国際化により、内外の事業経営や事業譲渡(M&A)、あるいは雇用面にも、さまざまな影響が出始めている。曖昧な契約を締結して、紛争が発生すれば協議で解決するという方式では、所期の期待に沿う成果は得られない。さまざまな契約でも、それぞれの契約条件の明確化を図り、リスクの限界を取り決める契約慣行・契約方式が浸透し始めている。たとえば、国内のM&Aにかかわる契約でも、英米法のもとでの標準的な契約条項である「表明・保証」条項が取り入れられるようになってきた。

　われわれは、個人の権利・自由を重んじ、私的自治、契約自由の原則を指導理念とする社会に生きている。契約自由の原則のもとで企業や個人が経済活動で発展を遂げるには、人も企業も契約を重んじ、契約知識・技術と、その契約自由を支えつつ同時に一定の社会性の制約を加える法を修得し、調和していくことが必要である。

　現代の国際ビジネス契約の世界では、英語がその標準語である。英文契約と法の知識、技術を修得することが、個人・企業が独立し、自由で国際的な経済活動を持続的に成長させていくための有力な武器となる。国際契約書では、言語(English)という「両刃の剣」(double edged sword)を、外科医がメスを扱うように精確に使うことが要求される。異なる法と文化を持つ者同士の契約である国際契約の交渉とは、個別の取引契約ごとに適用される当事者を律する法を書き上げることなのである。

　企業活動の国際化は、これからもますます進み、これまで国際取引とあまり縁がなかった企業や人々にも、外国会社や外国人と契約交渉をする機会が増え続けるだろう。入社したばかりの新人、ベンチャー起業家や大学生・大学院生、若手弁護士の中にも、将来、国際的な舞台で活躍することを目指している人が増えている。

　本書は、21世紀の最初の年(2001年1月)に上梓した初版(旧版)を基盤として、その後の十

数年の経済活動・契約方式の国際化・進展を踏まえ、また、旧版の読者の方々から10年の間にいただいたさまざまな要望に応えることを目指し、旧版では取り上げなかった種類の契約や新たな契約条項を吟味し、契約の種類・例文を大幅に増補して改訂したものである。旧版の読者の方々はもちろん、新しく国際取引・国際契約を担当し、英文契約の交渉にあたる方々や、渉外関係の仕事に従事する方々を思い浮かべて、英文契約に関する考え方、書き方・読み方、英文契約の狙いとその表現方法について、実用的な例文に基づき、実務に即して解説をおこなった。取り上げた契約例文数も本書全体のボリュームも大幅に増やし、ページ数は旧版の約1.7倍となった。本書は、現代のビジネス法律書・契約案内として、現実のビジネス、契約書、契約交渉を出発点・基盤として、実務と理論的考察を紹介している。法律書はリアリティーを欠いては意味がない。

　本書の執筆の際に心がけた点は、次の通りである。
　第一に、企業、特に商社、メーカー、IT産業、情報通信産業、コンピューターソフトウエア産業、映画・映像・音楽などエンターテインメント・ビジネス、ベンチャーキャピタル・証券・銀行など金融機関で契約交渉や法務に携わる方が傍らに置いて、業務で参照・使用していただけることを目指して執筆した。また、大学院(法科大学院・ロースクール、法学研究科、経済・経営学研究科、ビジネススクール)、大学(法学部、外国語学部、経済学部、理工学部)、司法修習生・若手弁護士、ベンチャー企業・中小企業に勤務する人、中小企業診断士、TOEIC受験者といった契約法律知識・ビジネス英語力の修得を目指す人たちを対象に、入門書・テキストとしても使用できるように執筆した。
　現実の取引の理解、リスクマネジメントの手法としての契約技術を修得していただく手がかりとなるよう心がけた。これから国際的な舞台で活躍することを目指している方々に、本書が少しでもお役に立てればと願っている。
　第二に、ライセンス契約やエンターテインメント契約をはじめ、この十数年間に重要度を増している契約分野や条項を強化した。それらの契約の紹介にあたっては、実用に即した契約条項・例文を使って解説するという方針を採った。大幅に増補した基本例文818(旧版では547例文)のほぼすべてに、和訳(意訳)と解説をつけて紹介している。
　契約の種類は、第1部で13章立てとし、第3章で各種契約に共通の一般条項(156例文)、第4章で売買契約(50例文)、第5章でライセンス契約(162例文)、第6章でサービス提供契約および販売・代理店契約(19例文)、第7章で合弁事業契約(62例文)、第8章で秘密保持契約(40例文)、第9章で事業譲渡契約(66例文)、第10章でエンターテインメント契約(59例文)、第11章で雇用契約(28例文)、第12章で融資契約(35例文)を取り上げた。あわせて、契約譲渡

契約、和解契約などを第13章の各種契約（42例文）として扱った。

　契約の種類では、重要度を増しているソフトウエア・著作権取引などライセンス契約、合弁事業契約、秘密保持契約、それに事業譲渡契約、エンターテインメント契約（映画／テレビ映画の輸出入契約、商品化契約、映画俳優派遣・出演契約など）、雇用契約等を重視し、例文を大幅に拡充した。これら秘密保持契約、事業譲渡契約、エンターテインメント契約、雇用契約、融資契約は新規に加えたか、あるいは旧版では1節として扱っていたものを独立した章として新たに例文を多数追加している。また、新しい問題（裁判に代わる仲裁条項、贈賄禁止条項、主権放棄条項、環境問題条項、デュー・ディリジェンス、コンプライアンス、最優遇条項等）にも注意を払い、例文を大幅に増補した。

　本書（増補改訂版）は初版を基盤としてはいるものの、著者としては、初版上梓後の10年間の研究・研鑽を踏まえ執筆し、2年間の数次にわたる校正作業を経て、新しいスケール、深み、実用性を備えた新しい独立した書籍を完成させたと自負している。

　第三に、英文契約書がアメリカをはじめとする英米先進諸国との取引だけでなく、アジア諸国など新興国、非英語圏の相手先との取引にも広く使われていることを踏まえて、できるだけ分かりやすい言葉と素直な表現、スタイルで例文を書くようにした。契約書は、法務専門家だけでなく、その契約の担当事業部、営業部の担当者本人とその相手方にもよく分かる、やさしいスタイルと表現を使って書くことが大切だからである。

　第四に、契約条件交渉のさまざまなケースを想定し、柔軟で現実的な交渉ができるように、買主の場合・売主の場合、ライセンサーの場合・ライセンシーの場合など、立場を入れ替えて、いくつかのバリエーションの条項を、その狙いとリスクの解説とともに紹介した。契約書の作成・交渉においては、柔軟さとフェアネス（fairness）が大切だからである。

　第五に、抽象的で無味乾燥な契約解説に陥らないよう、具体的な主人公とストーリー、場面を設定して紹介する方法を採った。サンフランシスコの若手実業家カレン・ビュー女史の率いるKaren View Corporation（KVC社）およびその関連会社（Karen View Entertainment Inc.等）と、日高尋春氏が法務部を率いる東京・神田駿河台にあるAurora Borealis Corporation（ABC社）の間の契約交渉を中核とするストーリーを背景として、各種契約条項を紹介している。KVC社のナンシー弁護士とABC社の新人法務部員・飛鳥凛を登場させ、両社が契約条件について交渉するシーンに応じた契約条項を紹介する方式を採っている。さらにエンターテインメント契約の章を中心に、ELNOX社やClara International Entertainment & Film Inc.、Thousand Springs社といった会社も登場させた。

　第六に、読者が利用しやすいように、818の例文について内容・特徴を概観することのできる例文目次に加えて、条項別の索引も新たに作成した。英語・日本語索引を大幅に充実さ

せることにより、現実の英文契約書を読みこなせるように配慮している。索引の見出し語は英語・日本語を合わせて約2300語にのぼる。現実のビジネスで遭遇した英文契約書の中の調べたい用語を引いて、関連する解説や例文を参照することで、その意味や狙いを知ることができる。

　シェイクスピアの A Midsummer Night's Dream に "The course of true love never did run smooth." という言葉がある。契約交渉においても、重要な契約になればなるほど、"true love"(真実の愛)同様、穏やかにまとまることは少ない。紆余曲折の交渉過程を経る。やっと成就しても、"war, death, or sickness"(戦争、死、病気)など妨げの原因が発生することがある。予想しえない状況に対処し、あらゆる苦難を克服して最善の対応をおこない、目的を成就しようという努力の積み重ねが契約技術を発達させ、多彩な契約条項を作り上げてきた。国際ビジネスにおいては、かかる契約技術を修得・駆使してリスクに対抗しなければ、夢に描いたビジネスが、「影のようにすばやく(swift as a shadow)、夢のようにはかなく(short as any dream)」消えてしまう。

　本書は実用書の衣装をまとっているが、同時に著者にとっては大学を卒業したばかりの法務部門新人の夏(1966年7月)に思い立ち、探求してきた国際取引・国際契約の研究書であり、国際契約・知財法務に携わる新人育成の教育論の書でもある。

　2013年10月　秋薔薇の美しい季節に

神田駿河台　山の上ホテル・ヒルトップにて

山本　孝夫

目次 Contents

第1章　国際ビジネスと契約書

第1節　契約書はなぜ必要か? ……2
- 第1款　あるビジネスマン、アンセル・シューターベル氏の話 ……2
- 第2款　契約書の必要性・重要性 ……2
- 第3款　契約書の役割 ……4
- 第4款　アメリカ・イギリスの特殊事情①──詐欺防止法 ……4
- 第5款　アメリカ・イギリスの特殊事情②──口頭証拠排除の原則 ……5
- 第6款　日本の契約書の場合──信義誠実条項 ……5

第2節　契約の種類とその特徴 ……7
- 第1款　契約の分類の仕方 ……7
- 第2款　契約の種類 ……7

第3節　契約書の形式による分類 ……12
- 第1款　契約書類のスタイル ……12
- 第2款　レター・オブ・インテント ……12
- 第3款　レター・オブ・インテントの宿命──紛争の宝庫 ……13
- 第4款　メモランダム・オブ・アンダースタンディング ……14
- 第5款　正式契約書 ……15

第4節　ドラフティングのための法律基礎知識 ……16
- 第1款　契約書のドラフティングの効用 ……16
- 第2款　準拠法・管轄裁判所と仲裁 ……16
- 第3款　契約に関わる法律・条約・統一規則 ……19
- 第4款　契約の種類別の関連法規 ……23

第5節　契約書作成・検討の手順 ……26
- 第1款　契約の目的の明確化 ……26

| ●─第2款 | 契約スキームの選択 ·· 27 |
| ●─第3款 | 既存文書・関連法規の検討 ································ 28 |

第6節 契約書のドラフティング ································ 30
- ●─第1款　ドラフティングに取りかかる前に ·············· 30
- ●─第2款　契約文書の拘束力の有無、スタイルの選択 ·········· 30
- ●─第3款　文章化の作業の手順と注意点 ···················· 31
- ●─第4款　日常の準備と習熟の方法 ························ 34
- ●─第5款　契約調印前のチェックポイント ·················· 34
- ●─第6款　余裕を持って確認・準備しよう ·················· 36

第2章　ドラフティングの基本

第1節　レター・アグリーメント ································ 38
- ●─第1款　レター・アグリーメントが採用される理由 ········ 38
- ●─第2款　レター・アグリーメントの構成と記載事項 ········ 39

第2節　フォーマルなスタイルの契約書の構成 ···················· 40
- ●─第1款　構成 ·· 40
- ●─第2款　主要条件と一般条項 ···························· 40

第3節　レター形式の契約書の書き方 ···························· 41

第4節　フォーマルな契約書の書き方 ···························· 56
- ●─第1款　前文 ·· 56
- ●─第2款　最終部分 ······································ 63

第3章　一般条項

第1節　定義条項 Definitions ···································· 68

第2節	契約期間条項 Term	73
第3節	通知条項 Notice	89
第4節	最終性条項と修正・変更条項 Entire Agreement; Amendment and Modification	99
第5節	契約譲渡制限条項 Assignment	106
第6節	契約解除条項 Termination	118
第7節	不可抗力条項 Force Majeure	134
第8節	準拠法条項 Governing Law	142
第9節	紛争解決条項 Settlement of Dispute	155
第10節	権利放棄条項 No Waiver	178
第11節	当事者の関係条項 Relationship of the Parties	183
第12節	無効規定の分離可能性条項 Severability	189
第13節	秘密保持条項 Confidentiality	196
第14節	損害賠償の制限条項 Limitation on Liability	205
第15節	タックス条項 Tax	211
第16節	タイム・イズ・オブ・エッセンス条項 Time is of Essence	221
第17節	見出し条項 Headings	223
第18節	副本条項 Counterparts	226
第19節	存続条項 Survival	228
第20節	第三者利益条項 No Third Party Rights	230
第21節	ハードシップ条項 Hardship	232
第22節	贈賄禁止条項 No Bribery	234
第23節	相殺条項 No Set-off; Set-off	236
第24節	国家主権免責放棄条項 Waiver of Sovereign Immunity	239

第4章　売買契約

第1節	売買契約の特徴	242
第2節	基本的条件 Principal Terms	244
●―第1款	商品の限定、品質条件	244
●―第2款	価格条項	247

- 第3款　数量条項 ··· 252
- 第4款　引き渡し条項 ··· 254
- 第5款　代金支払条項 ··· 260
- 第6款　保険条項 ··· 276

第3節　特殊条項 Special Terms ·· 281
- 第1款　所有権・危険負担の移転時期 ································ 281
- 第2款　商品の保証（担保）・瑕疵担保に関する条項 ··················· 286
- 第3款　商標・特許・著作権等知的財産に関する条項 ··················· 295
- 第4款　商品の検査、救済の方法に関する条項 ························ 300
- 第5款　テイク・オア・ペイ条項 ···································· 310
- 第6款　ファースト・リフューザル・ライト条項 ······················ 312

第5章　ライセンス契約

第1節　知的財産ライセンス契約の特徴 ··································· 316
- 第1款　知的財産重視の時代 ·· 316
- 第2款　知的財産分野の取引の特色 ·································· 317

第2節　ライセンス契約の主要条項 ······································ 319
- 第1款　前文とリサイタル条項 ······································ 320
- 第2款　定義条項 ··· 325
- 第3款　ライセンス許諾条項 ·· 337
- 第4款　ロイヤルティ条項 ·· 365
- 第5款　最優遇条項 ·· 395
- 第6款　技術情報・営業秘密の開示 ·································· 399
- 第7款　技術指導 ··· 404
- 第8款　ライセンス許諾の表示 ······································ 416
- 第9款　改良情報・グラントバック条項 ······························ 419
- 第10款　著作権・所有権の帰属条項 ································· 424
- 第11款　ライセンシーによる不争義務条項 ··························· 430

- 第12款　知的財産権の保証と保証排除、損害賠償責任の限定 ……………… 435
- 第13款　品質コントロール ……………………………………………………… 469
- 第14款　ライセンシーによる広告・宣伝、販売促進努力義務 ………………… 475
- 第15款　ライセンシーの計算・記録保管・報告義務 …………………………… 477
- 第16款　契約期間条項 …………………………………………………………… 482
- 第17款　契約解除条項 …………………………………………………………… 496
- 第18款　秘密保持条項 …………………………………………………………… 503
- 第19款　契約譲渡制限条項 ……………………………………………………… 522
- 第20款　不可抗力条項 …………………………………………………………… 531
- 第21款　戦略技術・情報の輸出規制遵守条項 ………………………………… 539

第6章　サービス提供契約、販売・代理店契約

第1節　サービス提供契約 Service Agreement …………………………………… 546
- 第1款　サービス提供契約の特徴 ……………………………………………… 546
- 第2款　サービス提供契約の主要条項 ………………………………………… 546

第2節　販売・代理店契約 Distributorship Agreement; Agency Agreement …… 561
- 第1款　販売店契約と代理店契約 ……………………………………………… 561
- 第2款　代理店契約の主要条項 ………………………………………………… 562
- 第3款　販売店契約の主要条項 ………………………………………………… 563
- 第4款　ソフトウエアの販売店契約 …………………………………………… 571

第7章　合弁事業契約

第1節　合弁事業契約の方式 ……………………………………………………… 576
- 第1款　新会社設立による合弁事業契約 ……………………………………… 576
- 第2款　新会社設立によらない合弁事業契約 ………………………………… 577
- 第3款　当事者に意識のない合弁（ジョイントベンチャー） ………………… 577

第2節　合弁事業契約の主要条項 579
- 第1款　前文 579
- 第2款　リサイタル条項 581
- 第3款　定義条項 583
- 第4款　合弁事業会社の設立に関する規定 586
- 第5款　合弁事業会社の資本金に関する規定 589
- 第6款　株式の引き受け、払い込みに関する規定 593
- 第7款　新会社の定款に関する規定 594
- 第8款　株主総会の招集・成立・決議に関する規定 595
- 第9款　取締役の選任・取締役会の決議に関する規定 598
- 第10款　株主の事前同意を要する重要事項 606
- 第11款　代表取締役等の指名権・派遣に関する規定 608
- 第12款　監査役の指名に関する規定 613
- 第13款　新会社とパートナーとの契約に関する規定 614
- 第14款　帳簿閲覧権に関する規定 616
- 第15款　配当・配当受取権に関する規定 618
- 第16款　株式譲渡の制限に関する規定 619
- 第17款　新会社の運営と資金調達に関する規定 627
- 第18款　新会社の知的財産権の帰属 631
- 第19款　競合の制限に関する規定 632
- 第20款　株式のリパーチェス条項とプットオプション（売り戻し権条項） 634
- 第21款　当事者の破産・契約違反等に関する規定 642
- 第22款　独立した会計監査人の指定条項 644
- 第23款　マネジメント・フィー条項 645
- 第24款　契約期間条項 646
- 第25款　贈賄禁止条項 650
- 第26款　準拠法条項 651
- 第27款　一般条項 654
- 第28款　その他の一般条項の趣旨、文例とドラフティング上の注意点 659

第8章　秘密保持契約

第1節　秘密保持契約の役割と特徴　662
- 第1款　秘密保持契約の役割と特徴　662
- 第2款　秘密保持契約に置かれる規定　663

第2節　秘密保持契約の主要条項　664
- 第1款　前文　664
- 第2款　リサイタル条項　665
- 第3款　約因・契約締結意思確認条項　670
- 第4款　定義条項　672
- 第5款　秘密情報の範囲を規定する条項　676
- 第6款　秘密情報の開示範囲を規定する条項　679
- 第7款　秘密情報の管理の注意義務水準を規定する条項　682
- 第8款　不保証と所有権の留保　688
- 第9款　差し止め条項　692
- 第10款　情報開示と独自の技術開発　696
- 第11款　秘密情報の返還　699
- 第12款　秘密保持契約の一般条項　702

第9章　事業譲渡契約

第1節　株式譲渡による事業譲渡契約　Stock Purchase Agreement　710
- 第1款　株式の譲渡による事業譲渡契約　710
- 第2款　資産の譲渡による事業譲渡契約　711
- 第3款　事業譲渡と知的財産の承継　712

第2節　前文とリサイタル条項　Recitals　713

第3節 **株式譲渡契約の重要条項** Transfer of Shares ……………… 719
- 第1款 株式譲渡条項 ……………… 719
- 第2款 デュー・ディリジェンス調査 ……………… 725
- 第3款 クロージング条項 ……………… 732
- 第4款 株式代金支払条項 ……………… 738

第4節 **株式譲渡による事業譲渡に関わる表明と保証** ……………… 741
- 第1款 株式に関する表明と保証 ……………… 741
- 第2款 財務諸表の正確さの表明と保証 ……………… 745
- 第3款 クレーム、訴訟等に関する表明と保証 ……………… 752
- 第4款 さまざまな表明と保証 ……………… 758
- 第5款 表明・保証違反の場合の補償規定 ……………… 774
- 第6款 クレームの通知と補償 ……………… 782

第5節 **株式譲渡による事業譲渡契約の重要条項** ……………… 791
- 第1款 競業禁止条項 ……………… 791
- 第2款 追加協力義務条項 ……………… 796
- 第3款 資金調達条項 ……………… 798
- 第4款 ブローカー否定条項 ……………… 802
- 第5款 その他の重要条項 ……………… 804

第6節 **株式譲渡による事業譲渡契約の一般条項** ……………… 810
- 第1款 秘密保持条項 ……………… 810
- 第2款 タイム・イズ・オブ・エッセンス条項 ……………… 815
- 第3款 無効規定の分離可能性条項 ……………… 816

第10章　エンターテインメント契約

第1節 はじめに ……………… 824

第2節 映画作品の輸出契約の特色と規定する条項 ……………… 825

- 第1款　"Distributorship Agreement"と"Sales Agency Agreement" ···· 825
- 第2款　前文とリサイタル条項 ···· 825
- 第3款　配給者に許諾される権利と輸出者に留保される権利条項 ···· 826
- 第4款　許諾地域条項 ···· 827
- 第5款　許諾期間条項 ···· 827
- 第6款　対価条項 ···· 828
- 第7款　支払条項 ···· 828
- 第8款　ビデオグラム化リリースの準備費用の"recoup"条項 ···· 829
- 第9款　映画作品（フィルム）の引き渡し ···· 830
- 第10款　ライセンサー（輸出者）による表明と保証 ···· 830
- 第11款　ホールドバック条項 ···· 830
- 第12款　劇場公開の期限条項 ···· 831
- 第13款　その他の一般条項 ···· 832
- 第14款　本書／本節の契約当事者の設定 ···· 832

第3節　**映画作品の輸出契約の主要条項** ···· 834

第4節　**映画作品の輸入契約の主要条項** ···· 845

第5節　**映画作品ライセンス契約に共通の規定** ···· 857

第6節　**公演招聘基本契約の特色と規定する条項** ···· 869
- 第1款　公演招聘基本契約の特色 ···· 869
- 第2款　公演招聘基本契約で規定する条項 ···· 869
- 第3款　本節・次節の契約当事者の設定 ···· 871

第7節　**公演招聘基本契約の主要条項** ···· 873

第8節　**俳優出演契約の特色と規定する条項** ···· 886
- 第1款　俳優出演契約の特色と規定する条項 ···· 886
- 第2款　本節・次節の契約当事者の設定 ···· 888

第9節　俳優出演契約の主要条項 890

第10節　キャラクター・マーチャンダイジング契約の留意点 910

第11節　キャラクター・マーチャンダイジング契約の主要条項 914

第11章　雇用契約

第1節　雇用契約のチェックポイント 934

第2節　雇用契約の主要条項 935
- 第1款　前文とリサイタル条項 935
- 第2款　雇用合意条項 936
- 第3款　雇用期間条項 944
- 第4款　給与条項 947
- 第5款　付帯費用に関する条項 952
- 第6款　労働条件に関する条項 957
- 第7款　従業員からの表明と保証 963
- 第8款　契約解除条項 968

第12章　融資契約

第1節　国際融資契約の特徴と主要条項 980

第2節　融資契約の基本条項 982
- 第1款　リサイタル条項 982
- 第2款　融資条項 983
- 第3款　貸し付け実行条項 988
- 第4款　銀行営業日条項 994
- 第5款　返済条項 994

●第6款	使途条項	999
●第7款	送金通貨条項	1001
●第8款	金利条項	1003

第3節　債権保全と回収のための条項　……………………………………………… 1011
●第1款	保証状条項	1012
●第2款	遅延金利条項	1013
●第3款	期限の利益喪失条項	1015
●第4款	環境問題配慮規定	1020
●第5款	裁判管轄合意条項	1022

第13章　各種契約

第1節　保証・担保契約　Guarantee　………………………………………………… 1028
●第1款	保証状のポイントと主要条項	1028
●第2款	タイトル（表題）と前文	1029
●第3款	保証文言	1029
●第4款	催告・検索の抗弁権の放棄	1034
●第5款	保証の限度	1036
●第6款	保証の有効期間	1038
●第7款	原契約の債務内容の変更	1040
●第8款	厳格な保証責任条項	1042
●第9款	紛争解決方法――裁判管轄または仲裁条項	1044
●第10款	準拠法及び他の一般条項	1046
●第11款	担保設定契約の種類とポイント	1047

第2節　委託契約　Consignment Agreement　……………………………………… 1048
●第1款	委託販売契約と委託買付契約	1048
●第2款	委託加工契約、委託製造契約	1048
●第3款	委託加工（製造）契約を、実務上「売買契約書」フォームで処理する場合	1049

第3節　**契約譲渡契約・債権譲渡契約** Assignment Agreement; Assignment of Accounts receivable ····· 1050
　　●―第1款　　契約譲渡契約のポイント ··· 1050
　　●―第2款　　契約上の地位を承継するために――実務上の問題の検討と具体策 ····· 1054
　　●―第3款　　債権譲渡契約 ·· 1055

第4節　**解除・修正契約** Termination Agreement; Amendment Agreement ······················· 1056
　　●―第1款　　解除契約 ·· 1056
　　●―第2款　　解除規定 ·· 1056
　　●―第3款　　解除通知 ·· 1058
　　●―第4款　　解除契約の例――レター形式による解除契約の書き方 ································ 1059
　　●―第5款　　修正契約の主要条項 ·· 1059
　　●―第6款　　修正契約の対象となる契約書を引用する表現 ··· 1060
　　●―第7款　　修正文言――契約の修正の仕方 ··· 1061
　　●―第8款　　追加文言――追加の仕方 ··· 1062
　　●―第9款　　修正対象外の規定の存続を確認する規定 ·· 1063
　　●―第10款　署名欄――調印者の権限の確認 ··· 1064

第5節　**和解契約** Settlement Agreement ·· 1065
　　●―第1款　　和解契約の主要条項と注意点 ·· 1065
　　●―第2款　　和解契約書の表題（タイトル） ··· 1065
　　●―第3款　　和解契約の形式を取らない和解 ··· 1066
　　●―第4款　　紛争（disputes）の存在 ··· 1066
　　●―第5款　　定義 ·· 1068
　　●―第6款　　紛争解決合意とリリース ·· 1069
　　●―第7款　　一般条項 ·· 1076
　　●―第8款　　調印欄 ··· 1076

第1章 英文契約書の基本用語

第1節 英文契約書の英語表現 ……………………………………………………… 1080
　●―第1款　契約書英語の特徴 ……………………………………………………… 1080
　●―第2款　リーガル・ジャーゴン、契約専門用語への対応 …………………… 1080
　●―第3款　契約英語への対応 ……………………………………………………… 1081

第2節 リーガル・ジャーゴン、契約専門用語 ………………………………… 1083
　●―第1款　witnesseth ……………………………………………………………… 1083
　●―第2款　whereas ………………………………………………………………… 1084
　●―第3款　party …………………………………………………………………… 1084
　●―第4款　in consideration of …………………………………………………… 1085
　●―第5款　hereof; hereto; hereby; hereunder; thereof ………………………… 1086
　●―第6款　execution of this Agreement; execute this Agreement ………… 1087
　●―第7款　including, but not limited to; including without limitation …… 1088
　●―第8款　force majeure ………………………………………………………… 1089
　●―第9款　indemnify and hold harmless ……………………………………… 1091
　●―第10款　made and entered into ……………………………………………… 1091
　●―第11款　without prejudice to ………………………………………………… 1092
　●―第12款　as is …………………………………………………………………… 1093
　●―第13款　represent and warrant ……………………………………………… 1094
　●―第14款　warranty ……………………………………………………………… 1095
　●―第15款　implied warranty of fitness; implied warranty of merchantability … 1096
　●―第16款　entire agreement …………………………………………………… 1097
　●―第17款　public domain ………………………………………………………… 1098
　●―第18款　royalty ………………………………………………………………… 1099
　●―第19款　minimum royalty …………………………………………………… 1100
　●―第20款　territory ……………………………………………………………… 1101
　●―第21款　その他 ………………………………………………………………… 1103

第2章　英文契約書の頻出表現

第1節　shall, will, may の用法 ········· 1106
- 第1款　契約上の義務を規定する用語――shall, agree to ········· 1106
- 第2款　契約上の権利を規定する用語――may, have the right to, may not ········· 1109
- 第3款　自分の側の義務を規定する用語――will ········· 1113
- 第4款　法的拘束力のないことを示す用語 ········· 1117

第2節　ラテン語など外国語のイディオム ········· 1120
- 第1款　in lieu of ········· 1120
- 第2款　mutatis mutandis ········· 1123
- 第3款　bona fide ········· 1124
- 第4款　pari passu ········· 1126
- 第5款　per diem, per annum ········· 1127
- 第6款　pro rata, inter alia ········· 1127

第3節　英語の頻出表現 ········· 1129
- 第1款　at the request of ABC; upon ABC's request ········· 1129
- 第2款　prevail; supersede ········· 1129
- 第3款　in no event ········· 1130
- 第4款　set forth ········· 1130
- 第5款　hold ... in strict confidence ········· 1132
- 第6款　upon termination of this Agreement ········· 1133
- 第7款　become effective ········· 1135
- 第8款　upon the occurrence of ········· 1136
- 第9款　term ········· 1137
- 第10款　subsidiary ········· 1139
- 第11款　injunctive remedies; injunctive relief ········· 1141
- 第12款　due and punctual performance ········· 1144
- 第13款　subject to ········· 1145

- ●―第14款　jointly and severally ……………………………………………… 1148
- ●―第15款　due and payable ………………………………………………… 1149
- ●―第16款　make its best efforts; do its utmost efforts ……………………… 1151
- ●―第17款　survive …………………………………………………………… 1153

第4節　ただし書き、除外、数字などの表現 ……………………………… 1156
- ●―第1款　ただし書き ………………………………………………………… 1156
- ●―第2款　除外事項 …………………………………………………………… 1158
- ●―第3款　金額の表記 ………………………………………………………… 1160
- ●―第4款　割合の表記 ………………………………………………………… 1162
- ●―第5款　期限と期間の表記 ………………………………………………… 1164

例文目次　1170
条項索引　1220
英語索引　1228
日本語索引　1256
謝　辞　1313

第 1 章 | 国際ビジネスと契約書

第1節 契約書はなぜ必要か？

●―第1款 あるビジネスマン、アンセル・シュターベル氏の話

「国際取引の場合、契約書がなぜ必要か？」という質問を受けるたびに思い出す話がある。1960年代末のことである。ヨーロッパのある有力企業(エンジニアリング会社)のビジネスマン、アンセル・シュターベル氏(仮名)が来日した。日本の有力企業へプラントを販売する交渉をし、プラントの種類と仕様、価格、支払条件、納期など主要条件につきおおむね商談がまとまった。アンセルが、次に契約書の内容の交渉に移ろうとすると、日本側会社のトップがこう言った。

「私どもは今、口頭でお約束した通り実行していただければよい。契約書をわざわざ作らなくとも約束は必ず守る」

アンセルは、その確信に満ちた日本側トップの言葉に驚きながらも答えた。

「私どもには契約書がいる」

日本側トップから静かな、しかし厳しい響きの質問が発せられた。

「なぜ、契約書が必要なのか？」

あなたが売りこみ側のアンセルの立場なら、何と答えるか？ アンセルはこう答えた。

「私も貴社との約束は必ず守りたい。しかし、帰国途中で私の乗った航空機が墜落したら、約束のプラントを作り、貴社に納めることができない。契約書を作成し両社で調印し、別便で欧州本社に送付しておけば、万一の場合でも約束は履行される」

「では先ほどの商談で合意した通り、あなたのいう契約書を書いていただきたい。お待ちしよう」

日本側はそう言うと、白い紙をアンセルに渡した。

アンセルは、ペンでその場で、英文契約書(案)を一生懸命に書いた。日本側トップはそれを受け取るや、ただちに別室の秘書にタイプさせ、それにサインしてアンセルに正・副本を渡した。アンセルは欧州本社(代表取締役)から発行された委任状(power of attorney)に基づいて調印し、副本を日本側に返した。正本は欧州(スイス)に送付された。

このプラント契約は、約束通り履行された。この時の日本側の確信と信頼に満ちた対応は、アンセル・シュターベル氏の会社に強い感銘を与え、現在に至るまで語り継がれているという。

●―第2款 契約書の必要性・重要性

上記のエピソードの場合は、契約書がなぜ必要なのかを答えるのは欧州企業のビジネスマンであるアンセルだった。今日では、アジア諸国をはじめとする海外に進出する日本企業、

あるいは、あなたが働くかもしれない外資の立場で、相手側に対して契約書がなぜ必要かをあなたが答えなければならない状況に置かれるかもしれない。アジアでのプラントビジネスやライセンスビジネスで、また国内でのビジネスにあたって、アンセルと同じような状況に置かれることがしばしばある。

シュターベル氏の答えに、少々補足説明を加えてみよう。

国内でも相手先やビジネスの重要度によっては、契約書の必要性・重要性は国際取引と変わらないケースが増えてきているが、国際取引ではその必要性・重要性が際立っている。

国際取引では、互いに言葉や文化、習慣、考え方が異なっている。日本企業は、英米企業に比べると外国企業と母国語で取引契約を交わすことができるのは希である。海を隔てているため、国内取引先のように気軽に会って疑問点や相違点について、打ち合わせることができない。

このような外国の会社同士の契約では、書面による契約の証がなければ、契約の有無・内容・条件について誤解や紛争が生じやすくなる。交渉時から契約の当事者・関係者・代理人等が多いときには、いったい誰が本当の契約先なのか、よく分からないという事態さえ発生する。グループ企業や子会社・現地法人等を契約の当事者とすることも多い。

特に、予想もしていない事態が起こったときはなおさらである。たとえば、契約した相手先の担当者や責任者が、人事異動・退職・機構改組等により交代してしまったとしよう。文書にしていない契約内容・了解事項は後任者に引き継がれるかどうかもはっきりしなくなる。仮に引き継がれなかったとしよう。契約相手方の会社を拘束することができるだろうか。たとえできるとしても、どのようにそれを証明するのか。もとの契約では含まれるとしても、期間がいったん満了し、自動更新条項によって延長された場合、当初の契約書に記載されていない補足・変更事項、了解事項は引き継がれるのか。

近年では、契約の相手方や、ときには当方が、合併や事業譲渡などで変わることがある。半導体、エレクトロニクス家電、重電、コンピューター、カメラ、鉄鋼業界のように業界再編が行われることもある。倒産することもある。かつての東欧諸国・旧ソ連・CIS諸国・中東(イラン)のように、国家自身が崩壊・再編成・革命を経験することもある。カントリーリスクは厳然として存在する。

世の中は誠実な人々ばかりとは限らない。債務者である相手方が粉飾決算をおこない、簿外債務としていたらどうするか。債務の負担を忘れてしまっているかもしれない。消費貸借契約や領収証なしに、どのようにして金銭債権の存在・返済条件やその返却を証明するのか。

あなたが、あるキャラクターの使用についての独占的ライセンス取得のために高額のロイヤルティをライセンサーに支払ったとしよう。ライセンサーの調印した契約書が手元にないのに、どのようにして独占的なライセンスを取得したと相手方や第三者に主張することができるのか。相手方は、非独占的なライセンスを供与しただけだと言って、次々と第三者にライセンスを許諾し続けるかもしれない。

長期契約で契約した商品のマーケットが契約期間中に、技術革新や消費者の好みの変化、新しい問題の発生などの理由で、消滅・激変してしまうこともある。ウルグアイ・ラウンド、1980年代はじめの米国の知的財産重視政策採用以来、ますます重要性を増してきたいわゆる知的財産取引、情報通信、ソフトウエア取引、ライセンスの分野では、特に新技術・

新製品の登場によるマーケットの変化や人の移動、企業の再編・興亡、M&A（Merger and Acquisition; 企業合併・買収）が激しい。近年では、iPod・iPadなどApple社の製品やGoogleやスマートフォン、Facebookの躍進ぶりが記憶に新しい。

契約締結後、当事者や取引をめぐる状況に変化が生じたときには、しっかりした契約書なしに契約条件の証明をしたり、相手方に履行を求めることは容易ではない。しっかりした契約書を作成しておくことは、思いがけない事態が発生した場合、相手方を交渉のテーブルにつかせ、その交渉の出発点とすることができるという利点がある。

●─第3款　契約書の役割

契約書は、契約当事者双方の意図を正確・明確に記録して、当事者間の紛争や誤解を防ぎ、契約締結時の両者の目的をその通りに履行するために作成されるといえよう。したがって、せっかく契約書を作成しても、重要な契約条件が脱落していたり、複数の解釈ができるような曖昧な表現で書かれていたりすると、何のために契約書を作成したのか分からない。

国際取引契約では、契約発効の条件として、政府や関係当局の許認可の取得や届出が要求されるケースがある。たとえば、企業買収、合弁事業会社の設立などの場合である。その契約履行に関連して銀行をはじめ取引先の支援・協力を受けるために、契約書が必要なケースもある。会社の経理・税務上、問題が起きないよう契約書を作成することが必要なケースもある。

実務からいえば、契約書の第1の役割は、契約の存在とその内容を証明し紛争を防止することにある。万一紛争になった場合は、その契約書を切り札として相手方と交渉をし、履行を求める武器とするのが第2の役割である。これは、契約当事者双方によって期待される契約書の役割である。契約書がいつもあなたの側に立って助けてくれるとは限らない。双方の権利・義務を規定するのが契約書である。状況によって契約書が当方側に有利に働くことも、ときには相手方に有利に働くこともあるのだ。

●─第4款　アメリカ・イギリスの特殊事情①──詐欺防止法

米国の会社との商談がまとまり、いよいよ契約という段になって、相手方から提示された契約書のボリューム（厚さ）に閉口することがある。このボリュームに示されるアメリカ人の書面契約重視には理由がある。

米国には、詐欺防止法（statute of frauds）という法律がある。"statute of frauds"とは、直訳すると「詐欺法」だが、その制定の目的を踏まえて「詐欺防止法」と訳されている。詐欺防止法とは、不動産売買や一定金額以上の動産売買取引など一定タイプの取引契約の場合、契約の当事者が署名した書面を作成しておかなければ、紛争になって裁判所に相手方の履行を求めて提訴しても、裁判所に取り上げてもらえないというものである。

その昔英国で、契約をした覚えもないのに訴えられて、相手方が用意したうその証人の証

言(偽証)にだまされた陪審員(jury)によって、契約があったと事実認定されて土地を奪われる事件があった。

そこで英国では、このような裁判所での偽証による詐欺事件の発生を防止するために、重要な取引については、契約書がなければ裁判で取り上げないという詐欺防止法を制定したのである。たとえば、契約成立から1年以内に履行が完了しない契約や一定額以上の契約など、6種類の重要な取引契約は、履行する債務者側の署名のある書面がなければ、裁判所は取り上げないこととした。1677年のことである。これが詐欺防止法が生まれたゆえんである。その後、英国では詐欺防止法の改正がおこなわれ、1954年改正詐欺防止法のもとでは、保証契約と土地または土地の権利に関する契約を除いて、その適用が廃止された。

しかし、米国では、詐欺防止法が各州の州法として不動産取引に適用されているだけでなく、物品売買契約についてもUCCなどの法律の規定として現在も生きている。詐欺防止法というひとつの独立した法律があるわけではない。たとえば、物品売買取引についての詐欺防止法は、UCCの規定の一部(Section2-201)をなす形で生きている。UCCとはUniform Commercial Codeの略で、米国のルイジアナ州を除く49州すべてが採用している統一商事法典である。モデル法典をもとに米国各州が制定したUCC2-201では、500ドル以上の物品売買契約について、履行する側の署名した書面がなければ法的強制力がない(unenforceable)としている。つまり、書面がなければ裁判所で取り上げてくれないのだ。

その後、モデル法典の改訂がなされ、現在の最新版UCC2-201では「5000ドル以上」と引き上げられている。

●─第5款　アメリカ・イギリスの特殊事情②──口頭証拠排除の原則

英米法には、parol evidence ruleと呼ばれるルールがある。直訳すれば、「口頭証拠の原則」であるが、その意図を踏まえ「口頭証拠排除の原則」と訳されている。口頭証拠排除の原則とは、英米法上の書面重視、口頭証拠軽視・排除を表現したルールである。当事者の契約条件につき、合意内容が最終的な完全なものとして契約書が作成され契約書に記載されている場合は、これと異なる合意内容を口頭の合意として当事者または第三者の証言で立証することを排除しようとするものである。たとえば、UCCのSection2-202にその旨の規定がある。

このルールを念頭に置いて契約書を作成する結果、すべての契約条件・条項を網羅的に規定し、またあらゆる不測の事態を想定してその個別のケースの解決策・対処方法、自分の権利を確保しようとする態度が生まれる。英文契約書にしばしば"parol evidence rule"(口頭証拠排除条項)または"entire agreement"(最終性条項)が規定されているのは、そのためである(第3章「一般条項」第4節「最終性条項と修正・変更条項」の例文参照)。

●─第6款　日本の契約書の場合──信義誠実条項

一方、日本の法律では、必ずしも書面のみを重視せず、口頭証拠による立証の余地を残している。契約書には最小限の項目のみを取り決めておき、契約者双方の長期的な信頼関係に

基盤を置いてさまざまな事態に対して柔軟に運用しつつ、お互いの立場を尊重し、お互いの経営目的、契約目的を達成するよう協力しようとする。簡明な契約書にとどめて、交渉・協議した事項を、あえてすべて契約書に盛り込もうとしないのは、相手方との誠実な交渉による解決が了解事項、前提となっているからである。

契約書の条項としても、「本契約書に記載なき事項または疑義を生じた事項については、本契約の両当時者が信義誠実に協議し、解決を図るものとする」旨、取り決めるのが一般的である。

ただ、現実の取引の実態は、融資や保証をはじめ金融取引や不動産売買取引、M&Aの増加にともなう事業の売買取引などでは契約の書面化は重視されており、契約書が簡潔だからといって、軽視されているわけではない。契約書がすべて"entire agreement"（最終性条項）や口頭証拠を軽視・排除する"parol evidence rule"（口頭証拠排除の原則）という考え方を取り入れていないのである。

第 2 節 | 契約の種類とその特徴

◉ー第1款　契約の分類の仕方

　契約書を書いたり検討したりする場合、それがどんな種類の契約なのか、また、その契約が国際契約の実務上、通常どのような性格、特徴を持ったものとされているかを知っておくことが大切である。国際取引契約は、国際取引の多様化を反映して、その種類も分類方法もさまざまである。物品の売買契約、人のサービス（役務）提供契約、投資契約、融資契約、プロジェクト・プラント契約、知的財産ライセンス契約など、経済活動のタイプから分類することができる。

　英国では、伝統的に4種類の契約に分けられるといわれる。すなわち、
　①Contract for the supply of services　（サービス提供契約；役務提供契約）
　②Contract for the supply of work and materials　（労務・資材の提供契約）
　③Contract for the sale of goods　（物品売買契約）
　④Contract for the supply of goods other than by way of sale（売買以外の方法による物品の供給契約）
　④の売買以外の方法とは、たとえばリースなどである。

　また、法律上の取引の分類によることもできる。たとえば、日本の民法では13種類に分けて契約を列挙している。

　すなわち、売買契約、消費貸借契約、賃貸借契約、雇用契約、請負契約、委任契約、和解契約、組合契約、交換契約、使用貸借契約、贈与契約、寄託契約、終身定期契約である。これらの契約を典型契約と呼ぶ。これ以外の契約は、非典型契約または無名契約と呼ぶ。無名契約といっても、民法によって名づけられていないだけであって、現実のビジネスで無名契約と呼ぶわけではない。民法については現在改正について審議されており、将来は変更される場合がある。

◉ー第2款　契約の種類

　ここでは、法律上の分類・名称にこだわらず、実務上の観点から、主な契約の種類とその特色、契約ごとによく使われる言葉（キーワード）を紹介する。

物品売買契約
　国際取引の中心は、やはり、物品の売買契約である。これには、品目・数量・引き渡し時期が決まった個別契約や、一定期間（たとえば5年間）にわたって約定品を引き渡す長期契約などがある。約定品というのは、契約で売り渡すことに合意（約定）した商品を指す。また、

両者間の継続的な売買契約の基本的な共通条件を定める売買基本契約がある。

販売店契約と代理店契約

　メーカーや商社が海外向けに商品の販売を図るときには、いわゆる販売代理店を指定することがある。また、外国企業が日本国内向けに販売を図るときに、同様に販売代理店を指定することがある。一般的に販売代理店契約と呼ばれているものには、法的には"Distributorship Agreement"（販売店契約）と"Agency Agreement"（代理店契約）の2種類がある。

プラント輸出・建設工事契約

　いわゆるプラント契約には、その契約の対象となる引き受け業務の範囲、リスクの取り方、プラントの種類、据えつけ建設工事の範囲、契約金額の決め方などにより、さまざまな形態や種類がある。プラント契約は通常、プラントの設計、エンジニアリング（engineering）から、機器調達（procurement）、機器の供給（supply of equipment）、建設工事（construction）、試運転まで、いくつかの業務によって構成されている。

合弁事業契約

　外国企業と共同で、海外または日本で合弁事業の運営にあたる際に、互いの権利・義務、合弁事業での役割分担などについて、基本契約を締結することが広くおこなわれている。これを合弁事業契約または合弁事業基本契約と呼ぶ。もっとも典型的なのは、投資者とは別法人としての新会社を設立する方式である。これを"incorporated joint venture"と呼ぶ。この場合、合弁事業契約のことを株主間契約（Shareholders Agreement）、合弁事業会社設立契約とも呼んでいる。

　合弁事業でも、新会社を設立しない場合もある。単に契約による共同事業から、パートナーシップ形態のものまでさまざまである。合弁事業契約は、その性格から紛争の原因をはらんでいる。すなわち、万一相手方が契約違反をした場合、その救済方法の範囲・限度は必ずしも明確ではない。たとえば合弁事業契約の相手方が契約の約定に違反した場合に、単に損害賠償の請求ができるだけなのか、それとも合弁事業契約の約定通りの行為を相手方に求めることができるのか、合弁事業会社そのものを拘束することができるのか、という問題がある。合弁事業契約の条項に対する違反の場合の救済措置は、必ずしもはっきりしないのである。特に、合弁事業契約の設立当初の相手方や事業内容に変化が生じている場合には、解釈や紛争解決がいっそう難しくなる。

　そのため実務上の対応策として、合弁事業契約にあまり頼らず合弁事業会社の定款を注意深く作成したり、合弁事業会社にも契約の当事者として調印させる方法などが工夫されてきた。定款には、現地の会社法・制度に基づき、単一定款制度の国と複数定款制度の国がある。単一定款は、"articles of Incorporation"と呼ばれることが多い。複数定款の制度のもとでは、基本事項を定める基本定款（articles of Incorporation）と付随定款（by-laws）の両方の定款が作成される。日本では新会社法が2006年5月に施行されたが、合弁事業では現地の会社法の知識と研究が不可欠である。

　国際化の進展にともない、合弁事業契約の重要性は増している。本増補版では、第7章「合弁事業契約」をはじめ大幅に例文を増やした。

秘密保持契約

　ライセンス契約や事業譲渡契約などを正式に締結する前に、契約内容を検討・吟味するため一定の秘密情報を、一方が相手方に対して開示することがある。そのような場合に締結されるのが秘密保持契約（Non-Disclosure Agreement; Confidentiality Agreement）である。

　デジタル通信技術が進化を続け、知的財産の重要性が増すIT時代では、秘密保持契約はますます重要な要素となってきている。契約調印時に対価の支払いをともなわないことが多いため、軽く扱われがちになるが、実際には違反した場合の制裁、損害賠償額が数十億円という巨額にのぼることや、知的財産権の帰属・譲渡条項が含まれることもあり、非常に重要かつ危険な契約といえる。

知的財産ライセンス契約

　知的財産取引に関わる契約はさまざまである。主なものを列挙すると次の通りである。
　特許、商標、意匠（デザイン）、コンピューター・プログラム、ソフトウエアなどのライセンス契約；新製品・新技術などの研究開発委託契約、共同研究開発契約；秘密保持契約、秘密開示契約、トレードシークレット・ライセンス契約；知的財産（ソフトなど）のディストリビューション（販売）契約、ソフトウエア外国語版製作販売契約；映画・TV・音楽ソフトの放映・放送ライセンス契約；出版・翻訳許諾契約；キャラクター・マーチャンダイジング（商品化）ライセンス契約などがある。関連する契約としては、技術援助契約やサービス契約がある。

　また契約のタイトルがライセンス契約であったとしても、実態は知的財産権の侵害紛争の解決手段として締結された和解契約（Settlement Agreement）であることも、その逆の場合もある。知的財産ライセンス契約では、源泉徴収税（withholding tax）等のタックスに関わる条項を軽視できない。タックスに関わる規定を置かないでライセンス契約を締結した場合、源泉徴収税の支払い方、負担の仕方をめぐって紛争が発生しやすい。

フランチャイズ契約

　ライセンス契約の一形態であるが、近年、フランチャイズ契約によるビジネスの展開が広がっている。商標・看板・商号・ノウハウ等の活用を含むビジネス方式と知的財産の使用許諾が、その核心をなす。

事業譲渡契約（株式・資産の譲渡）

　日本企業が海外事業を買収する契約や、日本の事業を海外の会社に売却したりする契約が増加している。日本経済は不況を克服しつつあるが、M&Aは製造業・販売業だけでなく、IT（情報・通信・半導体）産業、不動産業、金融業にまでその対象が拡大している。海外事業を買収する場合、その株式（stock; share）を購入する方式の株式譲渡契約（Stock Purchase Agreement; Share Purchase Agreement）と会社資産（assets）を資産ごとに分け、列挙して、購入する方式の資産譲渡契約（Assets Purchase Agreement）がある。

　株式譲渡契約と資産譲渡契約では、売り手側の当事者が異なることに注意しなければならない。前者の場合の契約当事者は株式譲渡対象の会社の主要株主であり、後者の場合は資産譲渡対象の会社である。全株式を購入する株式譲渡契約による事業買収は、前の事業をその

まま引き継ぐことになる。隠れた債務保証や紛争があるかもしれないが、新しい株主だからといって免れるわけにはいかない。思いがけない隠れた債務に基づく紛争のリスクを避けるための対策が必要となってくる。

　また、対象となる株式に関わる会社法を調べることも忘れてはならない。株式譲渡契約による事業買収方式の場合、近年では日本の会社法（第214条）をはじめ、株券不発行が原則となってきている。代わりに対抗要件として、株主名簿への株主としての記載（第130条）が重要になってきている。

　資産譲渡（assets purchase）による事業買収の場合は、契約書に規定した資産のみを買い取り、引き継ぐこととなる。資産を構成していた事業が負担していた（思いがけない隠れた）負債や紛争の原因を買い手は引き継がないのが原則である。しかし、土地や工場を買収した場合、譲り受け前の事業者が解決しておかなかったその土地や工場が引き起こした環境問題への責任等は引き継ぐことになる場合がある。

　事業譲渡に関連して、買主側がその譲り受ける事業の資産、債務の内容を売主側の協力のもとに、実際に往訪するなどして調査することをdue diligence（デュー・ディリジェンス）と呼ぶ。

　また、買収した対象企業の、買収前に保有していた事業免許・事業認可などが買収後に、買い手の期待通りに引き継がれるかどうかはM&Aにともなう難しい問題のひとつである。消滅してしまうこともあるので、監督官庁や弁護士への照会・相談が欠かせない。注意を要する点である。

賃貸借契約

　企業の国際的な活動を反映して、賃貸借契約（Lease Agreement）が利用されることが多くなってきた。海外進出の場合、事務所、工場敷地、工場設備などをリース（賃貸借）により手当てすることがおこなわれる。また、ビジネスとして、海外の客先に対し機器（equipment; machinery）や航空機・船舶などをリースすることもなされている。

　リース契約には、典型的な賃貸借にあたるオペレーティング・リース（operating lease）と、実体は金融取引に近いといわれるファイナンス・リース（finance lease）とがある。一般的に、オペレーティング・リースは契約期間が短く、中途解除が容易である。ファイナンス・リースの場合は、リース契約の期間がリース対象の機器の償却期間に近く、長いケースが多い上に、レシー（lessee; 借り手）側からの一方的な中途解除は認められないケースが多い。経済的にはレシー側から見れば、ファイナンス・リースは長期の分割支払いによる機器購入契約と似通った面がある。

　リース取引では、契約期間、中途解除と更新条項、補修（メンテナンス）義務の負担、タックスの扱いをどうするのかには、特に留意する必要がある。

サービス提供契約（役務提供契約）

　専門家・コンサルタント・技術者または経営指導者など、人によるservice（役務）の提供に関する契約（Service Agreement）もさまざまな分野で活用されている。通常、請負契約ではなく委任契約に分類される。サービス提供者の能力に頼るところが大きいのが特色である。

融資・保証・担保設定契約・保証委託契約

　国際取引の一環として、融資(loan)・保証(guaranty)がおこなわれることがある。また、債権回収を確実にするために担保設定がなされることがある。信用供与にはリスクをともなうので、どのようにリスクを最小限にし、確実な回収を図るかが契約書作成上の重要なポイントとなる。保証状を差し入れる側に立ってみると、保証の期限や保証金額の限度が明確になっているかどうか、ならびに主債務者との取り決めが大事になってくる。保証人が主債務者から保証の委託を受ける契約のことを、保証委託契約または求償契約(Indemnity Agreement)と呼ぶ。

雇用契約

　企業の海外進出やソフト・研究開発投資など知的財産事業の拡大にともない、日本企業やその現地法人、支店、事務所によって雇用契約(Employment Agreement)が締結されることが増えている。雇用契約の締結にあたっては、採用の仕方、雇用条件などに関して、現地国の法制や慣行に十分注意することが大切である。雇用契約には、たとえば日本企業が海外の企業を買収したときの、その経営を担当させるCEO等の雇用契約も含まれる。

第3節 契約書の形式による分類

◉─第1款 契約書類のスタイル

　国際取引の実務で作成される契約書類には、それぞれの取引の商談や交渉、当事者の意思決定の進捗状況により、法的拘束力のある（legally binding）契約書を交わす場合と、法的な拘束力のない確認書を取り交わす場合の、両方がある。その書式から見ても、レター形式の確認書や、双方が調印する方式の伝統的なスタイルの契約書など、さまざまなスタイルが存在する。

　契約交渉では、正式な契約の合意に至る前であっても、交渉の進捗状況に応じて、それまでの交渉担当者同士や幹部による合意内容のあらましについて、書類による確認をすることがある。契約交渉に時間のかかる重要な契約の場合に多い。たとえば長期売買契約、プロジェクト契約、事業の売買契約、合弁事業基本契約、重要なライセンス契約の締結交渉の場合などが挙げられる。

◉─第2款 レター・オブ・インテント

レター・オブ・インテントはなぜ作成されるか

　レター・オブ・インテント（letter of intent）を作成する目的はさまざまである。それぞれの会社や政府・金融機関・関係取引先への事前の説明のために作成されることがある。また、実際に契約の履行の準備に取りかかるために必要な場合がある。

　プロジェクトや事業、鉱山・油田の採掘権の売却等で受注・入札を目指す会社に対して、発注者（owner）側がレター・オブ・インテントの提出を求めることがある。発注者側としては、入札予定者に対し、自社のプロジェクトや売却予定資産について一定の情報を提供するわけだから、入札する意思がないのに情報だけを入手しようとする単なる競争相手に資料を配布したのではたまらない。発注者側が配布する資料につき、誠実に受注を目指しているとの意思表示を求め、提供情報によっては、さらに情報の秘密保持の約定を求めようとすることがある。

　レター・オブ・インテントは、本来、法的拘束力がないものであるが、その表現によっては拘束力がある書面になることもある。

レター・オブ・インテントの表題

　レター・オブ・インテントとして作成される書類の表題はいつも"letter of intent"かというと、そうとはいいきれない。内容が当事者の意思を確認するためのレター・オブ・インテントであっても、さまざまな表題が使われている。もっとも一般的な"letter of intent"のほか、

第4款で取り上げる"memorandum of understanding"などもよく使われる。特に決まりはない。表題のない手紙形式のものや、単にプロジェクト名や売買対象資産・商品、ライセンス対象ソフトウエアなどを、表題として表示するケースも多い。

レター・オブ・インテントは実務上、その頭文字を取って、単に"L/I"、"LOI"と呼ばれることがある。

レター・オブ・インテントの作成・発行主体

レター・オブ・インテントには、一方の当事者が相手方に対してレター形式で差し出し、相手方の確認(acknowledgment)のサインを取っておく形式がある。相手方によっては、確認のサインをすることを避けることがある。この場合は、単に差し出すだけのレター形式となる。両当事者の力関係やビジネスの性格次第である。一方が相手方とのビジネスの推進に興味を示さないときは、どのようなことでも主張することができるからである。

両当事者で調印するアグリーメントと同じ形式のものもある。この場合の表題は、レター・オブ・インテントとして作成する場合は、"letter of intent"とすることが一番明瞭である。うっかり"agreement"というタイトルをつけると、よほど文面が明瞭でない限り、両当事者の意図に反して書面がひとり歩きして、法的拘束力のある契約書と相手方が受け取ったり、そう主張しかねない。

●─第3款　レター・オブ・インテントの宿命──紛争の宝庫

紛争の原因となりやすい

レター・オブ・インテント(L/I; LOI)はもともと、完全な詳細にわたる契約条件が合意されていないときに発行するものである。たとえば、相手方(建設工事契約の発注者；ownerなど)がサインできないとか、会社として取締役会や幹部・関係部門などの承認がないなどの理由で、正式な契約書を作成できないといった場合である。

正式な契約書の代わりに作る書類だから、その内容や表現も玉虫色になることが多い。両当事者それぞれの内部事情のため、それぞれに都合のいい複数の解釈ができるドラフティングがなされることがある。重要な契約条項、あるいはビジネス条件がまだ合意されておらず、「別途合意する」との趣旨がうたわれていることが少なくない。そのように記載されていても、実際に合意できるかどうかは分からない。法的拘束力のない当事者の意思の確認にすぎないといっても、そのように明確に記載していないレター・オブ・インテントが発行されることが少なくない。法的拘束力の有無を、意図的に曖昧にして作成されることもある。実現しようとする事業・契約について、政府の認可のためや、金融機関をはじめ他の事業者の協力を求める場合の説明資料として、作成されることがある。

レター・オブ・インテントは、法的拘束力の有無や解釈をめぐり、紛争の原因になりやすい宿命を持つといえよう。その効力については、日本やアメリカの判例でもはっきりしない。ケース・バイ・ケースの判断になると考えるべきである。

法的拘束力をめぐる紛争を避けるために

法的拘束力の有無をめぐる解釈のトラブルを絶対に避けたいと思えば、レター・オブ・インテントの中ではっきり規定しておく必要がある。たとえば、次のように規定する。

> Article __ No binding effect
> The terms and conditions set forth in this Letter of Intent shall not be legally binding, unless a formal agreement incorporating such terms and conditions is executed by the parties hereto.

> ［和訳］
> 第__条　法的拘束力がないこと
> 　このレター・オブ・インテントに規定する各条項・条件は、当該条項・条件を組み入れた正式な契約がこのレター・オブ・インテントの当事者間で締結されない限り、法的な拘束力はないものとする。

この場合の"executed"は、契約が「調印された」「締結された」という意味である。しばしば、「実行された」「履行された」と受け取る人がいるが、それは、このような場合の契約の解釈としては誤りである。ただ、発展途上国など、英語を母国語としない国の相手方と契約文書を交わすときは、あえて"executed"という用語を避けて、代わりに"signed"を使う方法がある。正しい用法を使うだけでなく、あらかじめ想像される紛争の種を除くのも、立派なドラフティングの技術である。

"the parties hereto"というのは、「この書類の当事者」「このレター・オブ・インテントの当事者」という意味である。契約書（Agreement）の中で"the parties hereto"と使われているときは、「本契約の当事者」を指している。

"a formal agreement"（正式な契約書）は、"a definitive agreement"（最終的な契約書）という表記に代えることができる。実質的に同義である。

●—第4款　メモランダム・オブ・アンダースタンディング

実務上、同じような状況でレター・オブ・インテント（letter of intent）と並び、メモランダム・オブ・アンダースタンディング（memorandum of understanding）もよく作成される。「覚書（おぼえがき）」と訳される。MOUの略称で呼ばれることもある。法的拘束力の有無については、letter of intent同様、不明瞭である。いずれかはっきりさせたいときは、その旨、明確に規定することが賢明である。

ただ実務上、曖昧な内容の文書が、その曖昧さゆえに重宝され、一定の役割を果たすことがあることも事実である。たとえば金融取引・銀行取引でしばしば発行される"letter of awareness"なども、そのひとつである。こうしたものはなかなかなくならない。

●─第5款　正式契約書

　法的に拘束力のある(legally binding)契約書は、必ずしも正式契約書(a formal agreement)や最終的な契約書(a definitive agreement)の形式でなければならない、というわけではない。

　letter形式で2部作成し、相手方の"acknowledgment"(確認)のサインを得て、1部返送してもらう方法でも、立派な契約書になる。合意した契約条件、内容が明確に記載されており、契約の成立のために必要な条項が盛り込まれていれば、契約書として十分である。

　米国や英国で作成される正式な契約書には、いまも"witnesseth""whereas""whereof"など古めかしい用語が頻繁に使用されているが、このような用語を使用しなくても、立派に契約書は書くことができる。良い契約書とは、まず、契約の交渉担当者・営業担当者自身によく分かり、次に契約の相手方の担当者にも分かりやすく正確に書かれたものであると考えればよい。したがって、発展途上国や非英語国の相手方との契約では、分かりやすい英語を使って表現することが大事になる。具体的な契約書の書き方(drafting)については、第2章以降で紹介する。

第4節 ドラフティングのための法律基礎知識

●―第1款　契約書のドラフティングの効用

　米国流の考え方に立って、英文契約書を網羅的、明確、最終的、完全なものとして作成しようとすると、契約書のドラフティングや交渉に時間がかかるかもしれない。
　このような契約書を作成するためには、交渉前に当事者が取引条件を詳細に検討し、方針を決定しておくことが必要となる。そうすることによって、曖昧なままで契約交渉に臨むことをなくすことができる。契約書のドラフト(draft; 契約書案)の準備をするためには、周到なビジネスプランを作成することが前提となる。
　これは、将来の紛争を防止するのに役立つ。また、商談や契約の交渉をする際に取り上げるべき事柄(agenda; 議題)を、あらかじめ整理するのにも役立つ。
　交渉の前に、"agenda"や契約書のドラフトができていれば、商談を効率的に進めることができる。また、担当者が自分でよく検討し準備した契約書案をベースに交渉できれば、交渉の場で突然相手方のドラフトを渡されて始まる交渉に比べて、はるかによく分かり、自信を持って交渉を進めることができる。

●―第2款　準拠法・管轄裁判所と仲裁

国連物品売買統一法条約(CISG)

　国際取引に適用される法律や裁判所については、まだ世界の統一法・世界の商取引裁判所と呼べるものはない。
　国連国際商取引法委員会(The United Nations Commission on International Trade Law; 略称UNCITRAL)により草案が作成され、1980年のウィーンの外交会議で採択された国連物品売買統一法条約は1988年に発効し、日本でも2009年8月1日に発効し適用されるようになった。米国・ドイツ・フランス・イタリア・中国をはじめとする日本の主要貿易相手国は、ほとんど本条約に加盟し批准している。本条約の正式名称は「国際物品売買契約に関する国際連合条約」であり、さまざまな略称がなされている。CISG、ウィーン国際物品売買契約条約、または国連動産売買法条約とも呼ばれることもある。
　日本の企業が国際物品売買契約を締結する際、相手側当事者である法人、合弁事業会社等の事務所の所在地が加盟国である場合、その契約は原則として本条約(CISG)の適用を受ける。ただし契約当事者の合意により適用を排除できるので、本条約(CISG)の適用を排除する規定(たとえば例文084、例文085参照)を置けば適用を受けない。実務上注意すべき点は、本条約(CISG)は本来、国際物品売買に適用するものと受けとめられていたが、近年の判例の流れを見ると、ソフトウエア取引も物品売買に類似するものとして、その契約の本質がソ

フトウエアのライセンスと考えられる取引にも本条約(CISG)が適用されるケースが見られることである。本契約(CISG)の排除の方法も、当事者が加盟国にある場合は、その国または州の法律を準拠法と規定した場合、当事者の意図に反して本条約(CISG)がその契約の準拠法となってしまうことである。また、契約締結時に本契約(CISG)の加盟国でない国の法律を準拠法として選択し、契約に規定したとしても、契約期間中に本契約(CISG)に加盟するリスクが残る。

準拠法・適用法

多くの国際取引では、実務上、それぞれの国際取引契約に、いずれかの国か州の法律が適用されることになる。その取引契約に適用される法律、つまり、契約書の各条項の解釈や履行に関わる問題の判断の基準とし適用される法律のことを準拠法(governing law)、または適用法(applicable law)と呼んでいる。準拠法に関する法律として、わが国では2007年1月1日に施行された「法の適用に関する通則法」がある。同法の第7条では「法律行為の成立及び効力は、当事者が当該法律行為の当時に選択した他の法による」と規定している。

一方、法律には不動産取引や会社の設立・運営や雇用に関わる法律、環境規制、税法、外国為替管理・規制法、独占禁止法、特許法、刑法等のように、その国での企業活動に当然に適用される法律もある。詳しくは第3款で説明する。

準拠法は、契約当事者の取り決めで自由に選択することができる。たとえば、日本企業とインドネシア、トルコの企業との間で締結する契約の準拠法として、ニューヨーク州法を準拠法として選択することも可能だ。ニューヨーク州法(laws of the state of New York)の代わりに、カリフォルニア州法や英国法(laws of England)、スイス法も準拠法に選択されることがある。

なぜ、このような選択がなされるのだろうか。それは、互いに相手方の国の法律がよく分からない場合に、自国法を主張し合う代わりに、双方がよく知っている国や州の法律を選択することで、折り合うからである。契約紛争の解決のための仲裁地に第三国が選ばれることがあるのも、同じ理由からである。

管轄裁判所の合意・仲裁約款

国際的な取引契約における当事者間の解釈の違いや紛争の解決方法は、当事者間で合意して契約書に規定しておくことができる。契約当事者のいずれか一方の国の仲裁に合意し、あるいは中立的な第三国での仲裁に合意することが多い。日本企業にとっては、日本での仲裁に合意できる場合には、仲裁機関の候補として、日本商事仲裁協会(The Japan Commercial Arbitration Association／略称JCAA; 旧称、国際商事仲裁協会)がある。米国では、"AAA"(The American Arbitration Association)があり、英国では、"London Court of International Arbitration"が有名である。

発展途上国、新興国などとの契約では、中立的な仲裁機関・仲裁規則として国際的によく知られたパリのICC(International Chamber of Commerce; 国際商業会議所)や国連国際商取引法委員会(UNCITRAL)の仲裁規則が利用されることも多い。アジアでは、JCAAのほかに、シンガポールでの仲裁が有力な候補地として注目される。

では、契約書に紛争解決方法として管轄裁判所や仲裁の取り決めがないときは、どうなる

だろうか。

　紛争発生後、両当事者間で紛争解決方法について、裁判の場所・裁判所や仲裁地について合意に達することができた場合は、その合意した方法による。そのような合意ができない場合は、契約の成立や履行に関連する国の法律から国際私法のルール(抵触法；conflict of laws)により、適用法が選択され、管轄裁判所が選ばれる。国際私法、国際民事訴訟法は、各国の法制度、法文化を反映して相違があり、必ずしもはっきりしていない。

　国際取引契約書で紛争の解決方法として、仲裁によることを合意している規定を仲裁約款という。英語では、"arbitration clause"と呼ぶ。

　契約をめぐる紛争で裁判所に訴えられても、その契約書に仲裁約款がある場合は、訴えられた当事者は仲裁約款を援用して裁判でなく仲裁による解決を主張すれば、訴訟は却下される。これを妨訴抗弁と呼ぶ。

　仲裁約款のねらいのひとつは、裁判を避けて、仲裁により紛争を迅速に解決することにある。非米国企業(外国企業)が米国企業との取引契約で仲裁約款に合意するねらい、言い換えれば効果のひとつは、訴訟による陪審裁判(trial by jury)を避けることができる点にある。仲裁による裁定が最終のものという合意を書面(仲裁約款)で確認しておけば、裁判によるレビューはおこなわれない。仲裁は一審裁判所ではなく、1回限りの最終判断を下す機関なのである。つまり、仲裁裁定に不服であっても、裁判所への不服申立て、控訴は認められない。

　発展途上国で裁判官による汚職のうわさがたえない国の裁判を避けようとする場合、現実的な解決策のひとつは、公正な第三国での仲裁による規定を提案することである。

　国際取引で紛争を予防するためには、準拠法(governing law)と仲裁約款(arbitration clause)あるいは管轄裁判所に合意し、契約書に明文で規定しておくことが賢明である。

　仲裁裁定(award)・判断が契約の相手方の国(外国)で執行できるかどうかについては、その国が仲裁条約(ニューヨーク条約等)加盟国かどうか、また、民事訴訟法の関連規定や前例はどうかなどを調べることになる。民事訴訟法の外国判決・仲裁裁定の執行に関わる関連規定とは、日本でいえば、民事訴訟法の第118条等である。旧民事訴訟法では、第200条等に該当する。

主権免責

　現代のビジネスでは、資源国をはじめ発展途上国、新興国などの国営企業・国家機関・地方自治体と事業や契約をする機会が増大している。たとえば、原油・天然ガス・石炭・鉄鉱石等のエネルギー資源、金・銅などの鉱物資源の開発や、石油化学・電力関連の国家規模の重要プロジェクト、港湾・道路・鉄道・空港・通信などインフラストラクチャーの整備に関わる事業などにおいては、国営企業・国家機関との折衝や契約、認可などが絡んでくることが少なくない。

　このような事業で、現地の国営企業、国家中央銀行、地方自治体等の特別な事業体との間で、契約解釈や履行をめぐる紛争が発生したとしよう。通常の民間企業同士の紛争と何らかの違いがありうるのか。

　実際の場で経験することであるが、相手方が"sovereign immunity"(主権免責)をたてに通常の裁判手続きなどを拒絶する主張をすることがある。国営企業といえども、外国の民間の企業と事業をし、契約を締結しながら、そのような主権免責の主張をすることができるのだ

ろうか。法律上の理論とは別に、現実の紛争の場では紛争が膠着してしまうことがある。実務上、どのように対応すればよいのだろうか。

　苦い経験をもとに編み出された実務上の解決策のひとつは、契約の明文規定で、国営企業側にこのような主権免責特権を放棄(waiver)して主張をしないことを確認させる条項を置くことである。主権免責特権放棄条項を置いたとしても、相手方が主張しないとは限らないが、少なくとも主権免責特権を主張しないことを契約書の中で確認させることが最低限必要である。

　このような条項を設けても、相手方はかかる条項を無効として主権免責特権を主張するリスクは残る。現地国での裁判で決着を図ろうとする場合は、外国側の当事者からみて、裁判が公正・公平になされるかどうか不安がある。ベールに包まれており、ホームタウンジャッジメントと政府機関・地元有力者からの干渉の問題である。

◉―第3款　契約に関わる法律・条約・統一規則

　第2款でも紹介したように、国際契約に関わる法規には、準拠法のほかに、その国の企業活動に当然に適用される強行法規や、広く採用されている統一規則などがある。次の章以下でも契約の解説の際にそのつど触れていくので、ここではその名称・キーワード等の簡単な紹介に留めておく。

貿易条件統一規則

　物品売買契約には、CIF、FOBなど貿易条件を定義するインコタームズ(Incoterms 2010)が関係してくる。CIF条件の定義には、インコタームズのほかにUCC(米国)による場合などがあるが、実際のビジネスの世界ではインコタームズに基づく場合が圧倒的に多い。

アメリカ統一商事法典

　アメリカ企業を相手先として契約書を書いたり交渉したりする場合には、米国で広く採用されているアメリカ統一商事法典(Uniform Commercial Code; 略称UCC)の理解が重要である。UCCは、米国のモデル商事法典であり、ルイジアナ州を除く49州で採用されている。各州の議会で州法として立法化されているので、細部では州ごとに特色があるが、基本的な点では共通している。

　売買契約のドラフティングや交渉にあたってのUCCの重要な規定としては、たとえば"statute of frauds"(詐欺防止法)、"implied warranty of merchantability"(商品性の黙示保証、UCC Section 2-314)、"implied warranty of fitness for particular purpose"(特定目的に対する適合性の黙示保証、UCC Section 2-315)、"exclusion of implied warranties of merchantability"(商品性の黙示保証の排除；UCC Section 2-316)、"battle of forms"(書式の戦い、UCC Section 2-207)、"commercial impracticability"(コマーシャル・インプラクティカビリティー；商業上の実行困難性、UCC Section 2-615)等がある。

　契約実務では、UCCの"warranties"やその排除の規定を踏まえたドラフト(契約条項)が広く使用されている。また、1990年代にモデル法案として起草されたUCC第2B(情報ライセ

ンス）編や、現行のモデル法案の"Uniform Computer Information Transactions Act"（UCITA）の"warranties"に関する規定は、ソフトウエア・ライセンス契約のドラフティングの際に、ヒントとなる。

さらに、UCCはCIFやFOB等貿易条件について独自の定義規定を置いているので、各州のUCCを準拠法とする契約では、CIFやFOBの定義がUCCによるか、それとも国際的に広く採用されているインコタームズ（2010）の定義によるか、明確に取り決める必要がある。

UCCの規定は、米国の契約書のスタイル・内容に大きな影響を与えている。また、米国企業や多国籍企業、弁護士が、国際ビジネス・事業に契約書をドラフティングして米国流の契約書を普及・流通させることによって、世界の契約書のスタイルに影響を与えている。

battle of forms（書式の戦い）の規定は、売主と買主が同じ売買契約について、それぞれ自分の側に有利なフォームの売約証・買約証を相手方に送りつけて、それぞれ自分側から見た売り渡し契約と買い受け契約の確認をしようとする場合に、どちらのフォームの契約条件を優先させるかを判定する規定のことをいう。些細な差なら問題は深刻ではないが、仮に重要な条件が異なった場合にどう扱うかは、解決困難なテーマである。たとえば品質や数量・値段が異なったら、どうするのか。もっとも単純な解決方法は、契約の合意がなかったとする方法であろうが、一方が履行してしまったらどうするのか。

紛争解決方法や準拠法について売主・買主が、それぞれ自国側での裁判や仲裁による解決や準拠法を主張して、印刷した裏面約款を送りつけることが頻繁におこなわれる。このような場合、仲裁・裁判管轄の合意がないものの契約自体は存在すると扱うか、それとも契約自体成立していないものと扱うのか。これは典型的な"battle of forms"の問題である。

大半の契約では紛争が起こらないまま履行が進んでいくが、いったん紛争が発生すると、解決は決して容易ではない。判例もケース・バイ・ケースで分かれている。

アメリカ知的財産法

第2節「契約の種類とその特徴」で紹介した、ライセンス契約をはじめとする各種の知的財産・著作権ライセンス、物品売買契約については、商標・特許・著作権法、トレードシークレット保護法、不正競争防止法等の知的財産関連法も重要なチェックポイントである。

米国では、特に立法上、知的財産保護強化を図る一方で知的財産取引のライセンシー（実施権者）側の立場を強化するため、ライセンス契約のライセンサー（許諾者）が倒産したケースでもライセンシーの地位を保護するための知的所有権倒産保護法を、1988年に制定している。倒産したライセンサー（許諾者）の管財人のライセンス契約解除権・知的財産処分権を制限し、ライセンシーの地位を守ろうとするのである。ただしこの保護は、特許のライセンスには及ぶが、商標権のライセンスには及ばない。

米国では知的財産権の保護が強いので、実際に知的財産の侵害に基づく訴訟が容易に提起でき、かつ侵害の認定が比較的容易な上に損害賠償額も大きくなりがちなので、米国企業や米国市場の絡んだビジネスでは特に注意が必要である。

米国では、均等論（doctrine of equivalents）に基づき、特許権の侵害が比較的容易に認定される傾向がある。均等論は、裁判で特許権の侵害の有無を判断するときに、たとえ侵害について争われている製品の構成・製法と特許権の出願におけるクレーム（特許請求の範囲）を記載した文言の間に差異があったとしても、クレーム（特許請求）された発明と実質的に同じ手

段・方法(way)を用いて実質的に同じ機能(function)を達成する場合には、均等物として侵害を認めるという理論である。

米国では、特許権侵害事件の損害賠償の算定基準は1980年代半ばから高騰の一途をたどり、近年では部品に関わる特許の侵害でも、その部品を組み込んだ製品価格をベースとして計算されることがある。その部品の優秀さ・顧客吸引力のため、侵害者の製品全体の売上や利益が増加して侵害者の利益拡大に貢献した、という考えに基づくものである。

また、陪審員(jury)による裁判、原告側弁護士による成功報酬(contingent fee)ベースの訴訟代理の引き受け、広い域外適用とdiscovery(証拠等事実関係解明のための開示手続き)を認める民事訴訟制度とあわせて考える必要がある。いずれも、知的財産権の所有者である原告側による訴訟提起を推進する要因になっている。

米国において現実の訴訟で特許侵害が認められた場合は、救済(remedies)として、侵害行為の差し止め(injunction)と損害賠償が認められることが多い。損害賠償額として、しばしば侵害品の販売額の10%から30%くらいと高額のロイヤルティ相当額の損害賠償が認められている。その上、故意の侵害と認定された場合は、裁判官が実損の3倍の損害賠償(treble damages; trebling of damages)まで認めることができる制度になっている。実質的な懲罰的賠償制度の考え方である。したがって、実務上このようなリスクを少なくするには、第三者の特許権を侵害する恐れがないことを専門家の意見で確認し、さらに書面で特許法律事務所、弁護士等の鑑定書・意見書を取りつけておくことが賢明である。

知的財産取引では、各国の新しい保護強化立法や判例動向にも留意することが大切である。トレードシークレット保護法や知的財産保護関連法における侵害の有無の判断の基準、侵害行為の仮差し止め・差し止め命令の判断基準、損害賠償額の算定基準等は、特に注意を要するポイントである。不正競争防止法、関税法の改正・施行上の強化も含まれる。

知的財産権については、ガット(GATT)のウルグアイ・ラウンドでの重要なテーマになった。ガットに代わり1995年1月に発足したWTO(世界貿易機関)では、知的財産協定をTRIPS協定(知的所有権の貿易関連の側面に関する協定；Agreement on Trade-Related Aspects of Intellectual Property Rights)と呼んでいる。

米国のlong arm statute・域外適用

米国市場に影響のある取引・経済活動をおこなう場合、米国の裁判所による米国の法律と管轄権の広範な域外適用を、米国の裁判制度ともあわせてよく理解しておく必要がある。

契約の相手先との間では仲裁の合意等によって裁判を防止することができるが、契約関係(privity)にない第三者からのクレームや訴訟では裁判を避けることができない。特に、契約先が販売した先からの製造物責任(product liability)、不法行為(torts)に基づく訴訟や、第三者からの思いがけない知的財産権侵害訴訟等に注意を要する。製造物責任訴訟、特許をはじめとする知的財産権侵害・独占禁止法(反トラスト法)違反、事故等の不法行為を原因(cause of action)とする訴訟に対しては、契約に基づき仲裁条項や準拠法条項を援用することができない。契約関係のない第三者に対しては、契約条項が役立たないのである。一般的な国際私法のルールにより、現地法によって判断される機会が増大する。

米国の"long arm statute"のように自国法の域外適用を広く認める国の法律と訴訟については、その影響・結果を十分に考慮して臨む必要がある。

会社法・証券取引法・金融商品取引法・独占禁止法・環境保護法・労働法・税法、租税条約

　合弁事業契約、海外事業買収契約では、現地会社法、証券取引法、金融商品取引法、独占禁止法、国家の安全に関わる法律(たとえば、米国のエクソン・フロリオ条項)、税法、租税条約、民商法への配慮が重要である。

　海外への主要生産拠点としての進出の場合には、環境保護法への留意も必要である。土壌、空気、水、化学物質、産業廃棄物などで、さまざまな規制がなされている。

　雇用契約では、採用、待遇、労働条件、就業規則、解雇等の各項目につき、憲法・労働法の保護、規制に十分な注意が必要である。特に、米国の広範な差別(discrimination)禁止法制には厳重に注意する必要がある。太平洋を越えてサンフランシスコへ進出の上事務所を開設し採用を実施する場合、日本では当然のようにおこなわれてきた履歴書への「顔写真の添付」「出生地・住所の記載」「家族の氏名・住所・学歴・勤務先」「話すことのできる言語」の記載要求等が、違法行為・人権侵害行為として非難される引き金となってしまう。

　米国での資産買収の方式による企業買収の場合に見落としがちなものとして、"bulk sales; bulk transfer"(包括譲渡)法上の債権者への通知義務の規定がある。これは、企業財産を包括的に譲渡する場合に、その債権者の保護のために、通知義務が資産買収の当事者に課されているというものである。また、基本的な事項として、株式の譲渡方法が株券の不発行制度の拡充により、従来の株券の引き渡しに代わって株主名簿への記載などが重要になってきている。会社法の基礎知識の修得が欠かせない。

融資・保証をめぐる規制──利息制限法など

　金利については、どの国も何らかの制限を規定していることが多い。利息制限法を英語では、"usury law"という。違反の場合の罰則が厳しいこともあり、usury lawには注意が必要である。たとえば、融資契約に利息制限法に違反した高利の貸付金利を規定した場合、利息制限法で許される最高金利で利息を受け取れるとは限らない。

　国により、外貨と内国通貨の金利が驚くほど異なる場合もある。日本も外国通貨による預金が普及して、通貨により金利が異なることも知られてきているが、トルコやインフレーションの激しい南米などの発展途上国では、その現地通貨の金利が比較にならないほど高いことがある。このような国々の企業との契約で通貨の種類を明確に規定しないまま、契約違反の場合の遅延金利等を取り決めると、思いがけないトラブルに巻き込まれることがある。経済の実態の把握なしに、融資契約・保証契約に関わることは危険きわまりない。

　融資や保証を「業」(ビジネス)としておこなうにはライセンスが必要な国もある。外国為替管理法など、為替管理・外貨借り入れ・貸し付け・送金に関わる許認可・届出制も無視できない。取引上の不利益だけでなく、さらに刑事罰が科されることがある。

　保証状や担保の有効性に関わる法律・制度(民商法)も、各国によって違うのでなかなか分かりにくく、しばしば落とし穴になる。金融取引や債権確保上きわめて重要な働きをする保証状(letter of guaranty)は、思いがけない理由で役に立たないことがある。

　たとえば、次のようなケースである。

　①"consideration"(約因)がないケース(英米法)
　②会社定款により、2人の代表者の連署なきものは会社を拘束しないと規定しているケース(dual signature制度)

③会社・法人・公的機関が保証状を発行した場合で、その発行や実行について、取締役会・理事会・議会(予算審議)などの承認がないケース
④中小企業の経営者の個人からの保証の場合で、配偶者(夫人)の同意がない場合、有効性・対象資産の範囲に制約があるケース(オランダ、カリフォルニア州など)
⑤署名が偽造だと相手方が主張し、その主張を裏づける鑑定書を持ち出してくるケース

担保としての保証状を取りつける場合、思いがけない反撃・抗弁を受けないために、あらかじめそのような反撃を防ぐ手立てを講じておくことが賢明である。また、偽造など、署名の真偽が問題になるのを防ぐためには、書類の作成の際に、公証人(notary public)を活用することも一案である。

●―第4款　契約の種類別の関連法規

すでに紹介したものも含めて、改めて契約の種類別に関連法規のリストを掲げて、整理してみよう。

契約書が強行法規に抵触・違反している場合や、所定の手続きを取っていないときには、契約が無効になったり、履行できなかったり、刑事罰・民事賠償の対象になることがある。

物品売買契約に関わる法規・条約・規則

反トラスト法(米国連邦法のシャーマン法など)、製造物責任(product liability)法、輸出入管理法、反ダンピング法(特に米国関税法、EU[EC]理事会規則)、ボイコット禁止法、関税法、関税定率法、米国の対外不正支払い防止法、外国公務員への贈賄防止法、原産地(country of origin)の表示に関する法律、不正競争防止法、特許権・商標権・意匠権・著作権等知的財産法、トレードシークレット保護法、移転価格(transfer pricing)規制税制(米国のinternal revenue code 第482条など、日本の租税特別措置法第66条の5など)、民商法、米国のUCC (Uniform Commercial Code; アメリカ統一商事法典)、破産法、国連物品売買統一法条約(CISG;日本でも2009年8月発効)、FTA(自由貿易協定)、EPA(Economic Partnership Agreement)、TPP(環太平洋経済連携協定)、インコタームズ(2010年)、法の適用に関する通則法(2007年施行)など。

販売・代理店契約に関わる法規

代理店保護法(南米・中東など)、反トラスト法(米国連邦法のシャーマン法、ロビンソン・パットマン法等)、EUローマ条約第85条・86条、租税条約、税法(sales agent起用の場合の"doing business"問題など)。

"doing business"問題について説明しておく。たとえば日本のメーカーが米国向け販売のために米国で代理店(agent)を起用して販売した場合、米国税法上は、その代理店が日本のメーカーの恒久的施設(Permanent Establishment、略称PE)と見られるリスクがある。これをAgent PEと呼ぶ。

その結果、日本のメーカーは、米国においてそのPEを通じて、営業活動を継続・反復的

におこなったと見なされて、その代理店を通じて上げた所得につき、アメリカで納税申告が求められ課税される。納税申告を怠った場合は、みなし課税を受ける恐れがある。このような外国での思わぬ課税問題のことを"doing business"問題と呼んでいる。情報収集のための駐在員事務所を設置しただけなのに、現地の税務当局が、その事務所が営業活動をしていると見なした場合も、同じ"doing business"問題が発生する。

日本のメーカーが現地国で販売店を起用した場合には、このような"doing business"問題は起こらない。税法上、代理店（agent）による販売は、日本のメーカー（本人；principal）のために現地国でおこなった販売になるのに対し、販売店（distributor）の販売は、メーカーとは独立した販売行為になるためである。メーカーから販売店が購入して現地国で販売するのであり、メーカーは販売店に売り渡すだけであって現地国では販売していないことになる。

プラント輸出契約、建設工事契約

上記の物品売買契約関連法のリストに、現地工事部分関連として労働法、税法（現地工事事務所の設置と"doing business"、現地所得に関わる納税申告・課税問題など）、社会保険法、環境保護法等が加わる。

該当の中身を調べたいときは、企業であれば、法務部門に問い合わせたり、内外の弁護士に相談したり、現地の法令を調査・取り寄せることになる。それぞれの専門家・弁護士の専門知識・スキルの力量が問われる。

事業譲渡（株式取得・資産買い取り）、合弁事業契約に関わる法規・条約

反トラスト法（米国連邦法ではシャーマン法、クレイトン法）、エクソン・フロリオ条項（米）、環境保護法（公害、産業廃棄物規制等）、証券取引法（Security Exchange Act and Regulations、米国等）、金融商品取引法、外国貿易・外国為替管理法、外国投資法（主に発展途上国、奨励・優遇措置と規制の両方の規定あり）、労働法、社会保険法（雇用契約関連）、税法、租税条約、米国bulk sales（包括譲渡）法、パートナーシップ法、外国公務員に対する贈賄防止法、外国人不動産投資法（米国FIRPTA等）、会社法（株式の種類、額面・無額面、議決権、機関等）など。

特許・商標・著作権・トレードシークレット・ソフトウエア等のライセンス契約、知的財産取引契約に関わる法規・条約

各国知的財産法（特許・著作権・商標・意匠法、半導体チップ保護法など）、日本における特許専用実施権・商標専用使用権の登録制度、不正競争防止法、トレードシークレット保護法（米国各州）、PCT（Patent Cooperation Treaty; 特許協力条約）、EPC（European Patent Convention; 欧州特許条約）、移転価格（transfer pricing）規制税制、輸出管理法、反トラスト法・独占禁止法、米国知的所有権倒産保護法、米国UCC、米国UCITA（Uniform Computer Information Transactions Act; モデル法典）、関税法（日本の関税法第69条の2及び11、米国関税法第337条・税関規則第133条など）、gray market（並行輸入）関係法、最高裁BBS事件判決（日本）、ベルヌ条約（Berne Convention）、工業所有権の保護に関するパリ条約、ロイヤルティに関する源泉徴収税の軽減・免除に関わる租税条約、特に日米租税条約（2004年3月発効）など。

融資・保証・担保契約に関わる法規・条約

　外国為替管理法、利息制限法(usury law)、船舶・航空機などの所有権登記・登録法・担保登記法、各種担保法、不動産法、破産法・会社更生法(米国チャプター・イレブン等)、源泉徴収税法、金利の源泉徴収税の軽減に関わる租税条約。民法第419条(金銭債務の特則)、民法第446条2項(保証契約は書面でおこなう)。

外国政府機関・外国地方自治体・外国国営企業向けプラント輸出・建設工事・インフラに関わる契約

　米国FCPA(Foreign Corrupt Practices Act)、英国FCPA(2011年)、OECD外国公務員贈賄防止条約(日本も加盟)。ビジネスが国境という壁を容易に越えるようになった金融取引・事業では、"compliance"の重要性がいよいよ増している。最先端で成長・発展を続けるには、AML(Anti-Money Laundering)やimproper payment(anti-bribery)に対する規制へのコンプライアンスが喫緊の課題である。

第5節 契約書作成・検討の手順

　第1節から第4節で、契約書を実際に作成したり検討したりするにあたって押さえておかなければならない、いくつかの事柄を見てきた。この節ではドラフティングに取りかかる前の最終段階として、契約書作成・検討の手順・手続きについて見ていく。

●第1款　契約の目的の明確化

契約の目的
　契約書のドラフトを書いたり検討したりする際は、契約交渉の進捗状況により、その作成・検討の目的はさまざまである。いずれの場合も、契約書には契約当事者双方（3者以上のこともある）の意図を明確に表現・記録することが大切である。相手を出し抜くのが目的ではないが、自分のねらいが実現できなくては契約書を作成した意味がない。

契約の基本の把握
　たとえば、先に触れたが、外国向けの販売を伸ばすために販売店を起用するとしよう。外国市場で販売するために販売店（distributor）を起用するつもりだったが、販売店候補から送られてきた契約書のドラフトが代理店（sales agent）になっているとする。日本側企業がうっかりそのままサインしてしまうと代理店契約（Agency Agreement）を締結したことになる。代理店が現地市場で販売した代金の回収リスクを日本側企業が負担することになる上、日本側企業が現地で営業活動をしたことになり、納税申告まで要求されてしまう。販売店と代理店との区別が把握できていないために、自社のねらいが実現していない例である。
　法的効果の異なる"Distributorship Agreement"と"Agency Agreement"との区別など、契約の基本が把握できていないまま、契約書を作成したり交渉したりすることは、トラブルのもとになる。ビジネスの目的と、それを達成する道具としての契約の基本を把握しておくことが必要である。

契約条件案、カウンター・プロポーザルの決定
　営業担当者・交渉担当者が外国企業との交渉のために初めて契約書を作成し検討するときは、慣れるまでは法務部門のメンバーの助言・協力を受けるのがよい。重要な契約では適切な内外の弁護士を起用し、助言を得ることを検討することになろう。
　その場合、大切なことは、営業担当者・交渉担当者が最初に達成しようと考えている取引の内容と目的を明確に把握・説明することである。次に専門家の質問を受けながら、その契約の問題点・リスクを分析し、契約条件案（proposal）、相手側の契約書案に対する当方側条件の提案（カウンター・プロポーザル）を決定していくことになる。

それぞれのビジネスに合わせて契約書を作る

　自社の営業活動に熟知しているはずの法務のエキスパートも弁護士も、営業担当者・交渉担当者の意図や当該案件の具体的なビジネスの経緯・内容・目的や相手方のことなどを知らなければ、そのビジネスにふさわしい契約書を書き上げたり的確な助言をしたりすることはできない。

　1人1人の身体に合わせて服を作るように、それぞれのビジネスに合わせて契約書を作り上げていくのである。契約書に合わせてビジネスを作るわけではない。

●─第2款　契約スキームの選択

法文化・習慣・考え方を異にする当事者

　現在の国際ビジネスでは、国際的なプロジェクトや共同事業、合弁事業、M&A（合併・事業買収）、プラント建設、共同開発研究、ソフトウエアの開発委託・購入などが増えてきている。外国だけでなく、日本国内における外資との共同事業経営やビジネスも増えている。いずれも、大きな資金(money)、人(service)、技術(technology)など、知的財産(intellectual property)・物(materials)の国際的移転などが絡んで、リスクをともなっている。法文化・習慣・考え方を異にする当事者間の取引であるから、なおさらリスクは高い。

ビジネスの目的に合った契約スキームの構築・選択

　国際的なビジネスでは、それぞれの目的を実現するために、それぞれの取引に合った契約スキームの構築が必要となる。それには、多様な契約の種類・方式の中からそのビジネスにもっともふさわしい契約スキームを選択する。また、同じ経営上の目的を達成するために、異なった契約方式を選択することも可能である。契約方式が決まったら、ビジネスとして明確に取り決めたい条件・内容を選定していく。どの契約方式にも一長一短がある。

ケーススタディー──日本のABC社によるソフトウエア・中間製品の確保

　たとえば、日本のABC社が海外のメーカーであるKVC社から、あるソフトウエア製品、あるいは中間製品を長期的・安定的に手当て（購入確保）したいとしよう。

　①長期売買契約とするか、②スポットの個別売買契約とするか、がまず選択肢に挙がってこよう。長期契約の締結のためには、相手方は毎期一定量の引き取りを要求してくるかもしれない。あるいは、買入価格の最低限の保証を要求してくるかもしれない。短期のスポットベース購入の場合は、長期の引き取り保証や価格の保証は求められないが、商品が人気を呼んで品薄になったとき、供給を確保できないかもしれない。

　では、③製法につき開示を受け、ライセンス契約の締結を考えるのか。選択肢の1つではあるが、当方側に生産する覚悟と資金・人材、継続的なロイヤルティの支払いが必要になる。ライセンス契約の選択は、条件が整わないと決断できない。

　では、本当に必要な場合、他に方法はないだろうか。極端なケースではあるが、相手方の工場部門を買収してしまう選択肢もなくはない。この場合は事業買収であり、株式の売買のケースと資産の買収のケースがある。1980年代半ばに相次いでおこなわれたソニーによる

コロンビア映画、松下電器(現パナソニック)によるMCA(ユニバーサル映画)の買収は、映画ソフトというソフトウエアを確保するための買収と見ることもできる。ソニーが買収したコロンビア映画は現在、ソニー・ピクチャーズとして経営されているが、パナソニックはその後、ユニバーサル映画を米国資本に売却し、映画産業から撤退した。

それぞれ長所・短所のある契約スキームの中から、もっともふさわしい契約スキームを選ぶ。契約スキームの選択にあたっては、ビジネスの目的に沿った優先順位第1位の価値の確保を優先させ、代わりに一定のリスクを負担するという決断が要求される。

第3款　既存文書・関連法規の検討

契約締結への交渉のステップ

通常、契約は、両当事者あるいは3者以上の交渉の積み重ねの結果として締結に至る。したがって、交渉初期から最終的な契約書の作成・調印に至るまでに、両者からのさまざまな提案書や補足説明、契約書のドラフト、レター・オブ・インテント、覚書、交渉ミーティングの議事録が作られたり、相手方に渡されたりすることがある。また、今回締結しようとする契約の交渉開始以前に、両社で関連する基本契約書が締結されていたり、今回の取引のベースとなる長期契約書や原契約が存在していたりすることもある。

契約経緯の把握

最終的な契約書をドラフトするときは、それまでの経緯や作成しようとしている契約書の内容をはっきり理解・表現するために、既存の関連契約書や文書を参照することが大切である。経緯を書くいわゆるリサイタル条項(Recitals)で既存文書を引用(refer)して、契約の説明をすることもある。最終的な契約を"a definitive agreement"(最終契約)と呼ぶことも"a formal agreement"(正式契約)と呼ぶこともある。実質的に同義である。

原契約に対して、相手方の保証人から保証状により履行保証を得ていると仮定しよう。原契約である契約の改定版である新契約を作成するにあたっては、原契約の保証人による保証が新契約にも及ぶかどうかの検討が必要になってくる。万全を期すためには、保証状を新しく差し替えてもらうか、新契約に保証人として署名を得ておくなどの手立てが要求される。

契約書を作成するための原契約等関連契約文書・付随文書等の経緯を整理しているうちに、注意点が浮かび上がってくる。

関連法令による政府認可申請・出願等手続きの確認

関連法令による政府許認可等が必要な契約については、当然のことながら、政府許認可取得条件との整合性のチェックを欠かせない。必要な許可・認可が得られない場合の契約の効力や対応方法についても、あらかじめ検討し、契約書に反映させることが必要になってくる。知的財産についてのライセンス契約における必要な権利化手続きや、第三者の権利を侵害しないことの確認手続きが完了していない場合も、同様である。

また、独占禁止法上問題がないかの確認が必要な場合や、合併・共同研究開発・進出に関してガイドラインのある取引についても同様である。独占禁止法・知的財産法上、問題がな

いことの確認手続きを怠って先行スタートさせた合弁事業やビジネスが、後日、関連問題が発生して撤退・撤収に追い込まれるケースがある。

プロジェクトなど、全体として大きな規模のスキームの契約の重要な一部をなす契約の場合は、他の関連契約の進捗状況や条件との整合性のチェックも大切になる。

重要契約については、会社の関係部門に見解・助言を求めたり、会社としての方針・規則との整合性をチェックすることも必要である。公証人（notary public）を活用するかどうかも、重要契約では検討することが賢明なケースがある。

契約金額の大きな国際契約や国際取引でも、契約書の偽造や詐欺的な取引が後を絶たない。近年では、リーマン・ブラザーズ対丸紅事件が記憶に新しい。公証人を活用すれば、大半の詐欺的な取引や事件は防げたと考えられる。公証人の活用は、重要な資産や株式の譲渡の際に考慮すべき選択肢である。

第6節 契約書のドラフティング

●─第1款 ドラフティングに取りかかる前に

　国際ビジネス遂行の一環として契約のドラフティング(drafting)をする場合は、その取引の性質や規模、そして実現性、交渉の進展の度合い、相手方との関係等の諸要素を勘案する。その上で、どのような契約書が適切かをあらかじめ考えてから、ドラフティングに取り掛かる。

　たとえば、相手方がはるかかなたアフリカのナイジェリアやサウジアラビアの企業の場合と、インドネシアの政府企業の場合と、当方が株式を100％保有している子会社の場合とでは、同じ交渉姿勢でドラフティングに取りかかるわけにはいかない。取引に含まれるリスクや解決方法が異なってくるからである。ただし、契約相手方が子会社だといっても、将来、第三者に譲渡することになるかもしれない。起こりうるさまざまなケースを思い浮かべてビジネスの状況を確認しながら、ドラフティングの方針を決める。

　契約がスポットで1万米ドル程度のものと、契約期間が10年で毎年1億円のミニマム・ロイヤルティを支払う契約とは、一緒にできない。それぞれの契約が抱えているリスクが異なるからである。とすれば、契約ごと相手先ごとに契約への取り組み姿勢を変えなければならない。

●─第2款 契約文書の拘束力の有無、スタイルの選択

契約拘束力のない確認方法

　たとえば、契約交渉が初期段階の場合、次の章で紹介するような、①米国等の典型的な正式な契約書のスタイル・構成でドラフティングを進めるのか、それとも、②法的拘束力のないレター・オブ・インテント(letter of intent)やプロポーザル・レター(proposal letter; 提案書)として、主要条件のみをまとめるかをはじめに検討する。レター・オブ・インテントの代わりに、③フィージビリティー・スタディー(feasibility study)をおこない、一定の目標期限までにそのビジネスを進めるか中止するかの結論を出すことを取り決める協定書にすることもできる。また、④主要条件を交渉担当者間でイニシャルして確認し合う"principal terms and conditions"というような題名の書類とする方法もある。

　上記の書類は、いずれも契約としての法的拘束力は弱い、あるいはまったくないが、交渉が進展している状況を反映し、少なくとも、どこまで話が進捗し、どの方向に向かっているかを確認するためには有効であり、実務上、いずれもよく活用される。

　何も書類を作成しない方法もあるが、それだと交渉チームが交代すると、それまでの交渉や話し合いがまったく記録されておらず、ゼロからのスタートになりかねない。

実務的には、たとえ交渉ミーティングの議事録でもよいから、記録を積み重ねる努力が有益である。かかる書類は、一方的に相手方に送付しておく方法と、相手方のコピーと当方側のコピーを2部送り、1部に確認(acknowledgment)のサインをしてもらった上で、返送してもらう方式がある。

契約拘束力のある確認方法

　法的拘束力のある契約書をドラフティングする場合にも、全文をレター(letter)形式の契約書とすることができる。また、典型的な物品売買契約でよく利用されている方法として、主要条件(principal terms and conditions)のみを契約書の表面に記載する方式がある。この場合、他の一般条件については、契約書の裏面(reverse side)、または2枚目以下の添付別紙に印刷したフォーム(general terms and conditions)による約款による方式があり、いずれも広くおこなわれている。もちろん、一般条件を別紙にワープロで打つ方法もなされている。
　このような一般条項のことを"general terms and conditions"または単に"general terms"と呼んでいる。契約書の裏面に印刷される場合、裏面約款と呼ぶ。

●──第3款　文章化の作業の手順と注意点

　契約書のドラフティングの手順としては、提案したい契約条件、または合意した契約内容・条件を、そのビジネスの担当者がまず、自分に分かる言葉と表現でワープロ、パソコンまたは手書きで書き上げることからスタートとなる。ゼロから書くことも、相手方のドラフトに対するカウンター・ドラフトとなる場合もあるだろう。その後に、会社の法務部門または弁護士のチェック・助言などの協力を受けることになる。
　ドラフティングにあたっては、特に次の事項に気をつける。

合意済みの事項と、これから提案し交渉する事項とを区別する

　商談としてすでに相手方と合意済みの事項と、これから提案し交渉する事項を区別すること。交渉の段階では、ドラフトのカウンター・プロポーザルと修正した個所に_____(アンダーライン)などでマークして相手方にも分かりやすくするのが、フェアなやり方である。実務上、契約書中の新提案、カウンター・プロポーザル(反対提案)の個所やその趣旨をカバーレター(契約書案の送付状兼説明書)で簡単に説明する方法も広く採用されている。

Yes、Noをはっきりさせる

　当事者の権利・義務として明確に同意できる事項と約束できない事項とを区別することは、契約交渉上もっとも大切な事項のひとつである。契約交渉では、Yes、Noをはっきりさせることを忘れてはならない。交渉の途中だけでなく、最後のまとめでも確認して、明確にするくらいでちょうどよい。
　相手方の提案・要請に対してどうしても約束できない場合、いろいろな表現の仕方がある。
　できる限り相手方の希望に沿うように努力はするが、法的な義務は負えないという場合に

は、次のような答え方、ドラフティングによる解決方法がある。

"ABC will make its every efforts"（ABCはあらゆる努力をする）、"to the extent possible"（できるかぎり）、"to the best knowledge of ABC"（ABCが知っている範囲では）など、いずれも法的な義務を負わない範囲で、最大限の協力あるいは確認をしようという妥協案である。違反しても、ABCは基本的には契約違反に問われない。

また、現実の交渉では、具体的な回答を後日に延ばし、継続的な協議・交渉事項とする方法もある。その場合も、「今日の段階では、受け入れるわけにはいかない」ことを明確にしておくことが肝要である。Yesなのか、Noなのか、不明な沈黙のまま交渉を終えるのが一番よくない。

最終的な契約の当事者をはっきりさせる

契約の交渉当事者がグループ企業代表など3者以上にわたるときには、実際の契約者が最終的に誰になるのかを把握することが重要である。外資との交渉では、当初の契約交渉の相手が、契約書作成の段階になったとたん、契約履行能力に不安のある子会社を契約者として指定したり、あらかじめ子会社に契約譲渡を考えた案を提示することがある。日本企業が外国企業との取引で遭遇した1960年代の紛争の例として、東急ヒルトンホテル事件（東京ヒルトンホテル事件とも呼ぶ）が有名である。このような場合は、当初の交渉相手である親会社を連帯履行保証人とする案や、契約譲渡後も引き続き契約履行の責任を負わせる方法を検討するのが、現実的である。

後者の解決方法を重畳的債務引き受けと呼んでいる。契約では、相手方の信用と履行能力、誠実さの判断は、もっとも大切な事項のひとつである。そのようにして慎重に選んだ相手方であり契約書の規定の仕方であるから、いっそう契約譲渡に関わる規定には注意を払わなければならない。

政府許認可の取得・強行法規との抵触等

契約の発効や履行に関して政府許可が必要な場合や、独占禁止法・通商法などの強行法規との抵触がないかどうかの確認が必要な場合は、契約の条件として明示することが必要である。重要な法律的見解の確認・取りつけが必要なときは、相手方に弁護士意見書（opinion letter）などの取りつけと契約書への添付を要求し、契約の発効条件とすることを検討する。

強行法規との抵触問題とは異なるが、相手方企業の正式な機関（取締役会・理事会等）の承認や、正当な代表権の確認、契約対象の知的財産や資産が相手方によって正当に所有されていることの確認が必要な場合もある。

ビジネスリスクに関わる取り決め

契約によって負担することとなるビジネスリスクの限界を金額と期間などで明確に把握した上で、その契約期間・中途解除方法・紛争解決方法の取り決めをレビューすることが大事である。特に、契約期間中の事情変更による中途解除手続きや、ビジネスからの撤収手続きとその清算方法は、明確にしておくことが重要である。

特に、長期の物品売買契約やリース契約、競合品の取り扱い制限のある販売店契約、ミニマム・ロイヤルティ支払条項のあるライセンス契約、合弁事業契約書などには、将来、思い

がけない事態・ハードシップが発生することが多いので注意が必要である。

　最低購入数量、最低販売数量、ミニマム・ロイヤルティの規定のある長期の売買契約、販売店契約、ライセンス契約も同様である。日本企業の担当者には、自らどう振る舞うかを想定して、いざとなれば相手方も話し合いに応じてきっと分かってくれる、譲歩してくれると期待する傾向があるが、異なった法文化を持った外国企業が期待通り理解ある態度を取る保証はない。

　外国に進出した日本企業が、中途解除権条項を規定しないまま20年の事務所リース契約を締結したものの、営業成績の不振により2年後に撤退を決めた。すると、残りの18年分のリース料の一括支払いを要求されたケースがあった。結局、自ら使う予定もなく事務所を借り続け、半額以下のリース料で転貸する方法しか残されていなかった。

　現在、日本でも、不動産価格高騰時に締結されたサブリース契約について、不動産賃貸料相場の下落後、借り上げを約束した不動産会社などが契約上のリース金額の減額を請求できるかを争う事案が多数発生しているのは周知の通りである。訴訟事件も数多く注目されているが、契約遵守を命ずる厳しい判決が相次いでいる。

　国際契約に限らず、契約当時想定された状況が大きく変化した場合に、どのような調整、契約条件の変更ができるか、契約上の権利として規定することは、検討する必要が大である。契約時の懈怠の報復は事情変更後の苦難である。このリスクマネジメントについては、自らリスクを負担する当事者が考えなければならない。相談する専門家、弁護士は、専門的な助言を提供することが役割であり、助言した契約から発生するリスクを負担するわけではない。余談であるが、著者の身近な契約例に、将来の情勢が見えないビジネスで、理由のいかんを問わず、本契約をいつでも数ヶ月の通知で解除できることとし、その場合の精算方法を規定したものがある。数年後、予想外の大事変が発生し、契約を解除することとなった。理由のいかんを問わず契約を中途解除する権利を"right to terminate without cause"と呼ぶことがある。相手方に契約違反などの帰責事由（cause）がないにもかかわらず、当方の都合で解除するので、"termination without cause"なのである。

二重契約、互いに矛盾した契約確認を避ける

　同じ取引について、以前に交わされた契約書や覚書があるときは、その契約書などの取り扱いを決めることが大事である。相手方が善意を信じて「二重契約」になってしまっては大変である。

　また、相手側と当方側が同じ取引について、それぞれ自分の側のスタイルとフォームの契約書を相手方に一方的に送りつけることがある。二重契約のリスクもある一方、たとえ二重契約でなくても、互いに自分に有利な自社フォームの裏面約款の条件を主張し合うことになりかねない。

　実際のビジネスでも、まったく矛盾した品質保証や損害賠償条項、履行期限、契約更改条件、紛争解決条件、準拠法を主張するケースが、しばしばおこなわれる。タックスについての記載条件も紛争の種になりやすい。

　このような争いを"battle of forms"、書式の戦いと呼んでいる。双方の契約書式の矛盾があってもたいていは無事に履行されてしまうが、いざ紛争が起こると、解決はなかなか難しい。相手方やビジネスの重要度に応じて、対応は異なる。

理想をいえば、契約締結時には、互いに一方的に自社フォームを送りつけることをやめて、相手方と交渉して一本の統一した契約書を交わすことが望ましい。相手方のフォームをベースにして、修正する方法でもよいのである。その時間も機会もない場合は、自社側と相手側の約款の矛盾を評価・検討した上で、契約方針を選択することになる。

●—第4款　日常の準備と習熟の方法

このような契約書のドラフティングに慣れるには、まず標準的な契約書の前例やサンプルの契約書フォーム、標準的な条項を丁寧に読んでみるのがよい。また、その取引契約にとって重要な言葉(キーワード)や、特有の条件・条項・ポイントを把握し、それぞれの契約条件を的確に表現しているサンプル条項を多数参照することである。

そして、機会があれば、どんどん自分で書いてみる。はじめは文章にならなければ、箇条書きでもよい。一覧表による各契約条件の説明からスタートしてもよい。

その後に、専門家の検討(review)や助言・協力を受ける。専門家への説明・相談の仕方、協力の受け方は、第5節第1款「契約の目的の明確化」の項で紹介した。これが英文契約書に習熟する早道であろう。

英文契約書で規定・使用されるさまざまな条件・条項やその表現の仕方、サンプル条項は、第3章以下で紹介・解説する。

●—第5款　契約調印前のチェックポイント

契約書のドラフティング以後、調印までにすることは、契約の種類・性格によってケース・バイ・ケースである。通常、交渉の過程と合意事項を確認して最終調印用の契約書を作成する。調印前に最終確認・チェックする事項としては次の項目がある。

○契約書に規定する条件・項目はすべて盛り込まれているか？
　　たとえばArticle＿条で表示している場合、条文が飛んでいたり重なっていたりしないよう、条数の数字に注意を払う。特に、削除したArticle＿条があるときはいっそう注意が必要。1条ずつ番号をずらすのが大変なときは、"deleted"と付記してもよい。
　　特に忘れやすいのは、添付書類(exhibits)である。必要な書類はすべて揃ったか。exhibitsには、必要事項が完全に記載されているか。
○必要な政府許認可の取得について確認はできたか？
○契約書の調印者は決定したか？
　　重要な契約の場合、相手方の調印者のサイン権限を確認する必要がある。サイン権限は調印者の役職名(たとえば代表取締役、英文ではexecutive managing director; representative directorなど)、または、委任状(power of attorney)で確認されているか。契約当事者のそれぞれの社内・機関内での契約調印許可手続は完了しているか。借り入れ保証のケースなど、必要な場合、取締役会決議議事録を取りつけて確認しているか。委任状

の署名が真正であることを、公証人、商工会議所、領事館、外務省などの確認手続き（認証）により確認しているか。
○契約の履行に関わる税制上の問題については調査・解決済みか？

　　契約に基づく支払いにつき、源泉徴収税（withholding tax）課税の有無の確認と、税率や租税条約による免除・軽減税率の適用を受ける手続きは大丈夫か。日本・インドネシア・トルコなどの企業が契約当事者である場合は、"stamp duty"（印紙税）の要否と印紙税額の検討は済んでいるか。印紙が必要な場合、印紙の準備はできているか。
○契約書のイニシャルは誰が記すか？

　　大きなプロジェクト、プラント、ファイナンス、長期契約などの重要契約において、代表者による契約書の調印前に、契約書や添付書類（exhibits）の各ページに当事者のイニシャル（initial）を記す場合、イニシャルは誰がするか。イニシャルは、必ずしも調印者が記す必要はなく、実務上は、契約交渉を担当した責任者がするのが一般的である。イニシャルを記すのは、当事者が調印する契約文書の内容に間違いがないことを確認し、あわせて将来、相手方により契約書の一部を不正に差し替えられたり、差し替えられたという相手方からの主張を防ぐためである。
○契約当事者が多い場合、その責任・関係は明確になっているか？

　　たとえば一方の当事者（contractor）や保証人（guarantor）が複数の場合、その当事者の契約上の履行義務は、連帯責任（jointly and severally liable）なのか、それとも単なる共同責任（joint liability）なのか。この点が契約上明瞭になっているか。
○契約書の本紙（original）の作成部数は決定したか？

　　通常は各当事者が、それぞれ1通ずつ保有するように作成するが、"stamp duty"が高額な契約書で、かつ契約当事者が多数の場合は、共同契約者のうちの1社が代表して本紙を保有することが実務上はおこなわれる。契約書が証拠書類の機能を果たすと考えれば、共同契約者間に信頼関係がなければこのような保有はできない。ただ、契約金額が高額となる請負契約の場合のように、契約書1部を作成するために60万円の印紙税貼付・納付が必要となると、このような代表による保有という節税策が取られるのである。

　　また、例外的なケースとして、政府認可等手続き等のため、1社のために2通の本紙を作成・保有するケースがある。
○調印の方法は決まったか？　たとえば、"witness"（立会人）の署名を求めるか？

　　公証人（notary public）によるサイン（signature）の証明を求めるか。調印式を開催するか。開催するとすれば、どこでおこなうか。印紙税等、調印式のためにかかる付加費用はないか。それとも一方が調印して、相手方に送付してサインを取りつけるか。この場合、相手方からのサイン済みの契約書本紙の回収確認が大切になる。当方の送付した書式に対して相手方による書き込みや抹消箇所があったり、当方の送付した契約書を返送する代わりに相手方から、相手方の印刷書式による確認が送付されてきたりすると、いわゆる"battle of forms"（書式の戦い）に発展することがある。
○数字のチェックは済んだか？

　　契約書中、非常に重要で、しかもタイプミスの多い項目として、契約金額、期限、契約日付け、金利、損害賠償予定額や限度額、各引用条項の数字がある。第三者には冗談

にしか聞こえないかもしれないが、数字における桁数の誤りや分数の表記ミスなどは、深刻な紛争の引き金となる。分数の表現を修得するのはなかなか大変である。口頭だけの契約交渉は間違いを引き起こしやすい。また、交渉を重ねて契約書案を書き直しているうちに、条文の数字が重複したり飛んだりすることがある。数字のチェックは欠かせない。

○"capital letter"（大文字）で始まる言葉で定義するのを忘れた言葉はないか？
　　固有名詞、個人名、地名などのつづりは正確か。契約書冒頭の目次（table of contents）のページ数と実際の契約書のページ数との突き合わせ（照合）はできたか。

○契約内容・条件の合法性（コンプライアンス）について、専門家、専門部署により確認したか。必要な場合、弁護士意見書を取りつけたか。

●―第6款　余裕を持って確認・準備しよう

　ドラフティングが終わり、調印直前の段階になってはじめて、以上のことを確認するのでなく、契約交渉中からこれらの事柄を念頭に置いておく。たとえば調印式をおこなう場合、調印用の契約書本紙の作成と内容の最終確認、イニシャル、代理人（attorney in fact）による署名のために委任状（power of attorney）を準備し、公証人の認証手続き、送付をおこなうためには、少なくとも3日から5日くらいの日数を要する。調印日の前日になって気がついても、間に合わない恐れがある。

　最後に、調印済みの契約書本紙の保管部署と具体的な保管方法、保存期間を決定しよう。関連部署に調印済契約書のコピーを適切に配布し、履行が適時的確におこなわれるようにすることも大事である。

　また契約書には、企業秘密にあたる情報が記載されていることがある。契約書の本紙やコピーの保管、配布や、アクセスを認める人員・部署の範囲は慎重に決める必要がある。

　契約期間や更新手続きの規定も、ビジネス・商権の維持のためにしっかり把握し、適時に必要な延長手続きが取れるよう手配しておく体制の整備が大切である。

第1部 | 第2章 | ドラフティングの基本

あなたは担当者として、いよいよ英文契約書を作成することになった。どう進めるか。相手方からドラフトが提示されていれば、それを見ていくことになろう。もし相手方からドラフトが提示されていないとすれば、あなた自身でまず契約書のスタイルを選択しなければならない。契約書の重要性によっては、自社のリーガル部門や弁護士に相談することもあろう。Aurora Borealis Corporationの新人・飛鳥凛も上司の日高尋春氏のもとで法務修業を始めた。

契約書のスタイルには、フォーマルなものとレター形式のものがある。本章では、レター形式の契約書に簡単に触れたあと、フォーマルな契約書のドラフティングに入っていく。

第1節 レター・アグリーメント

レター形式の契約書は"Letter Agreement"と呼ばれる。"Letter Agreement"はどちらかといえば、比較的簡単な短い契約の確認書として利用されることが多い。定型的な売買契約やコンサルタント契約、雇用契約、サービス提供契約、賃貸借契約、ライセンス契約、秘密保持契約、などによく使われる。簡単なライセンス契約、秘密開示・保持契約、変更補充契約、同意の確認書、解約契約、保証契約などに利用すると便利である。

●—第1款　レター・アグリーメントが採用される理由

では、どうしてレター形式の契約が利用されるのか。

第1のケースは、定型的、反復的な物品の売買取引などのケースで、電話やファクシミリ、e-mail、インターネット、ミーティングなどによって主要条件についてはすでに合意済みだが、「成立した契約」の確認として契約の確認書が作成され、送付される場合である。

売買契約であれば、"sales note"（売約書）、あるいは"purchase note"（買約書）を送付する。売主側から送付する書類が"sales note"（売約書）、買主側から送付する書類が"purchase note"（買約書）である。販売、購入を証明する書類として作成されるため、それぞれ売約証、買約証と呼ばれることがある。契約はすでに成立したものを確認するだけだから、相手方から反論のないまま履行されれば、送付した確認書の条件で契約は成立したものとして取り扱うという考えに基づいている。

第2のケースは、インフォーマルなスタイルが好まれる場合である。語りかけるようなやさしい言葉と表現が好まれたり、相手方に精神的な負担をあまりかけたくないという理由や、相手方に敬意を示すという配慮から利用されるケースもある。

このほか、補足的な了解事項や変更の確認などにも利用される。レター・アグリーメントは、2者間の契約に使われることが比較的多い。

◉―第2款　レター・アグリーメントの構成と記載事項

　レター形式の契約書は、フォーマルなスタイルの契約書に比べて構成が柔軟で書き方はさまざまであるが、全体の内容を見ると、通常次の事項を含んでいる。
　①表題(タイトル；関連ビジネス名)
　②契約の両当事者名・所在地
　③契約の主要条件：契約の基本的な条件・内容；履行期限・契約期間；対価・支払条件
　④一般条項：両者の権利・義務；両者の関係；契約期間の途中での解除；契約違反の場合の措置；契約譲渡の可否；準拠法と紛争解決方法
　⑤最終部分：契約の成立を確認する文言；署名と日付け

　上記のうち、④一般条項については、レター・アグリーメントでは具体的にはほとんど記載されないこともある。代わりに他の一般的な約款や書類を引用し、委ねる方法もよく利用される。レター・アグリーメントの作成スタイルは自由であり、統一的なルールはない。本書で紹介するレター・アグリーメントも、その中のひとつのスタイルにすぎない。

第2節 フォーマルなスタイルの契約書の構成

●―第1款　構成

フォーマルなスタイルの契約書は通常、次の構成から成り立っている。
①表題(契約書名)
②前文：当事者の名称と所在地・設立根拠法；契約日付け；説明条項
③契約書本文(1)：主要条件(principal terms)
④契約書本文(2)：一般条項(general terms and conditions)
⑤最終部分：契約確認文言；当事者の署名
⑥添付書類(exhibits)

●―第2款　主要条件と一般条項

主要条件(principal terms)

　上記のうち、③主要条件とは、その取引の主となる契約内容のことをいう。これは契約の種類によってそれぞれ異なる。通常の取引では、契約対象となる物品、サービス、知的財産などの権利の許諾の内容、条件の取り決め、対価(反対給付)などがこれにあたる。
　もう少し具体的にいうと、たとえば売買契約では、商品名、数量、品質、価格、引き渡し条件や期日などが典型的な主要条件である。ライセンス契約であれば、ライセンス対象となる技術・商標・ソフトウエアなどの使用許諾(grant)条項、使用許諾期間(term)、独占(exclusiveness)・非独占(non-exclusiveness)の別、ミニマム・ロイヤルティ(minimum royalty)、許諾地域(licensed territory)などが典型的な主要条件にあたる。

一般条項(general terms)

　上記のうち、④一般条項とは、どの種類の契約にも共通して規定される契約書の条項(terms)のことで、その書き方については、第3章で具体的に説明・紹介する。相手方への通知方法(notice)、相手方による契約違反の場合の救済(remedies)、契約譲渡制限(non-assignment)、準拠法(governing law)、紛争解決方法(たとえばarbitration; 仲裁)などが典型的な一般条項とされている。ただし、主要条件、一般条項という区分の仕方は契約書を理解するための便宜上にすぎず、契約書の中では主要条件と一般条項の明確な区別はしていない。
　また用語の問題であるが、"term"は契約期間を指し、"terms"は条件を指す。"term"はさらに、用語という意味で使用されることがある。契約で繰り返し使用される重要な用語の定義条項(definitions)を設ける場合などに使われる。定義条項は、契約書のはじめのほう、たとえば第1条として置かれることが多い。

第3節 レター形式の契約書の書き方

フォーマルな契約書の書き方の紹介・説明に入る前に、レター形式の契約書(レター・アグリーメント)の書き方を紹介する。

レター形式による契約確認のための文言①　例文001
◇初めと末尾
◇差出人が先に署名し、相手方に送付するスタイル

Aurora Borealis Corporation
x-x, Kanda-Surugadai 1 chome, Chiyoda-ku, Tokyo, 101-xxxx Japan

June 1, 20__

Karen View Corporation
xxx California Street, San Francisco, California 94100, USA

Attention: Miss Karen View
CEO and President
RE: _____

Gentlemen:
This letter sets forth our Agreement with you, effective as of June 1, 20__, concerning _____.
1. _____.
2. _____.
3. _____.
4. _____.

If this letter correctly sets forth your understanding of the Agreement between KVC and ABC, please kindly so indicate by signing the original copy of this letter and returning it to the undersigned and retaining the duplicate copy for your records.

Very truly yours,

Aurora Borealis Corporation

By _____

Name: Shion Keats
Title: Executive Managing Director

Acknowledged and agreed to:
this first day of June 20__

Karen View Corporation

By _____
Name: Karen View
Title: CEO and President

[和訳]

(レターヘッド)オーロラ・ボレアリス株式会社
101-xxxx　日本国東京都千代田区神田駿河台1丁目x-x

20__年6月1日

米国カリフォルニア州　94100　サンフランシスコ市
カリフォルニア・ストリートxxx番地
カレン・ビュー・コーポレーション

CEO兼社長　カレン・ビュー様

主題：_____
拝啓
　本レターは、貴社・当社間の_____に関する20__年6月1日付けで発効する合意事項を確認するためのものです。
第1項　_____。
第2項　_____。
第3項　_____。
第4項　_____。
　本レターがKVC/ABC両社間の合意事項に関する貴社の了解通り規定しているのであれば、同封の原本1部はご確認ご署名の上、当方へご返送賜りたく、さらに、副本1部を貴社にて記録として保管願います。

敬具

オーロラ・ボレアリス株式会社

```
                                    (署名欄)_____
                                    （氏名）　紀伊津志音
                                    （肩書）　代表取締役

  上記を確認し、同意する。
  20__年6月1日
  カレン・ビュー・コーポレーション

  （署名欄)_____
  （氏名）　カレン・ビュー
  （肩書）　CEO兼社長
```

解説

1❖RE
あて名(attention)の下の"RE"は、「…に関して」と主題を表す前置詞である。ラテン語で、商取引や契約関連の手紙に頻繁に使われる。

2❖set forth
"set forth"は、「規定する」「記述する」という意味である。レター・アグリーメントでは、合意した内容を手紙で確認するという意味で、"set forth"の代わりに"confirm"を使う表現の仕方もある。ビジネスパーソンには、"confirm"のほうになじんでいる方が多い。このほか、"set forth"（規定する）と同じような意味で使用される用語には、"provide"や"stipulate"、"specify"などの語句がある。

3❖Acknowledged and agreed to
ビジネス文書では、"acknowledged"という用語が使われる機会が多い。ただ、この言葉の意味は必ずしも明確ではない。本来は内容を「確認する」という意味であるが、法的拘束力のある合意を示す言葉としては、いまひとつ弱いという印象を与える。そのため、本例文ではもう1語加えて、"acknowledged and agreed to"としている。同じ目的で、"confirmed and accepted""confirmed and agreed"という表現もよく利用される。

事実として認識するが、必ずしも同意あるいは承認するわけではないというケースで、"take note"などの用語が使われることがある。外交の舞台で中華人民共和国を承認する前に、「国家としての存在は認識している（国家として承認しているわけではない）」という意味で、カナダが使用したことがある。

国際契約の舞台でもこのように、法的拘束力のある契約なのかそうでないのか曖昧な表現が駆使されることがある。たとえば、レター・アグリーメントを送ったところ、相手方から"received"という返事が来たとしよう。受け取ったことは確認できても、内容に同意したかどうかはまったく不明である。契約の確認のためには、なるべく分かりやすい"agreed"という用語を使って確認することを勧める。

4❖Gentlemen
冒頭の"Gentlemen"という書き出しは、宛先の会社への呼びかけなので、伝統的にこのように使われてきた。近年米国では、性別による言葉の区別や差別の廃止が進められてい

る。そのせいか、"Ladies and Gentlemen"や"Gentlemen and Ladies"という表現を見かけたことがある。英国では、伝統的な表現として"Dear Sirs"が使用されている。

5 ❖ Title

このレター・アグリーメントでは、署名欄のByの右（アンダーラインの上）にサインする。サインのみでは署名者の氏名と肩書が不明なので、すぐ下の行に署名者の完全な氏名と正式な肩書を記入する。肩書のことを英語では"title"という。"title"には、ほかの場面では所有権、処分権などの意味もあるが、ここでは企業などの中での地位を指す。その企業を代表して当事者のためにサインし、当事者を法的に拘束できるどうかの判断基準として、相手方の"title"を確認することが大切である。

6 ❖ CEO

CEOは、Chief Executive Officerの省略形である。企業のトップの肩書としては、日本の感覚からいえば社長の"president"で十分のように見えるが、アメリカでは"president"は"officer"の一員にすぎない。アメリカでの"officer"には"president"のほか、"treasurer"（財務役）"secretary"（書記役）がある。

CEOは、経営実権が"president"に集中していることを制度的に明確にするために、使われるようになった。よく似た目的のために使用されている肩書にCOOがある。これは、"Chief Operating Officer"の略称である。この場合の"operating"は、「業務執行」「経営」等を指す。

7 ❖ Executive Managing Director

代表取締役の英訳のひとつである。この用法の"executive managing"は、「代表権がある」ということを意味し、代表権のない平取締役と区別している。"representative director"も同様の意味で使われる。

8 ❖ レター・アグリーメントはいつから有効か

レター・アグリーメントでは、作成し発送する側と、受け取って検討し合意をカウンターサインにより確認する側との間に、時期のずれが起こる。そのため、いつ有効になるかについて必ずしも明確にならない。その解釈の違いによる紛争を防ぐ方法がいくつかあり、そのひとつが、本文で有効となる日を記載する方法である。本例文はその方法を取っている。他に相手方がカウンターサインした日という方法もある。その方法を採用した例文を後で紹介する（例文006参照）。

例文002 レター形式による契約確認のための文言②

◇初めと末尾
◇相手方に先に署名を求め、2通とも返送を受けるスタイル

> Gentlemen:
> This letter will serve to express, and when signed by both of us, will constitute the following agreement between us.
> 1 _____.

2 _____.
3 _____.
4 _____.

If the foregoing correctly sets forth your understanding of the agreement between us and is acceptable to you, would you kindly indicate your agreement by signing the copies of this letter agreement in the space below and returning the said executed copies to us.

Very truly yours,

[和訳]
拝啓
　本レターは、両者間の下記合意事項を記録するためのものであり、両者により署名されたときに両者間の契約となるものとします。
第1項 _____。
第2項 _____。
第3項 _____。
第4項 _____。
　上記が貴社・当社間の合意事項についての貴社の了解と一致し、貴社が受諾できるものである場合には、本レター・アグリーメントにご署名の上、2部ともご返送ください。

敬具

解説

1 ❖ 送付の仕方と相手方署名済み分の返送の受け方

　この例も先に紹介した例文001と同様に2部レター・アグリーメントを作成し、相手方に送付する。例文001の場合との違いは、このフォームの場合は差出人の当方側は署名なしで発送し、相手方の署名を先に取りつけて相手方の無条件の同意を確認した上で署名できる点である。

2 ❖ 両者がサインして初めて契約書になるという文言のねらい

　例文001のレター・アグリーメントの場合は、差出人の当方側が先に署名して相手方に送付する。相手方は署名も返送もしないで、都合がよいときに当方側だけの署名のあるレター・アグリーメントをもとに契約を主張し、都合が悪いときは無視する方針を取るかもしれない。legally binding（法的拘束力のある）契約書になることを強調し、2部とも返送するよう求めている。例文001の場合に比べて、返送のインセンティブを与えているといえよう。先にサインして送ることもできるが、その場合は例文001とあまり変わらなくなる。ただ例文002では、相手方の署名ある副本(duplicate copy)の返送がないと、契約書としての役割を果たせない。

3 ❖ original copyとduplicate copy

　レター・アグリーメントの場合、2部作成して送付することが大事である。1部を"original copy"（正本）、もう1部を"duplicate copy"（副本）と呼ぶが、両方とも署名がある限り効力は同じである。いずれも契約書本紙の正本としての効力、証拠力がある。契約書の中で単に"copy"または"copies"という用語が使われるときは、写真コピーのことではなく、契約書本紙としての効力のあるサイン用の正本及び副本を指すことが多い。

例文003 レター形式による契約確認のための文言③

◇初めと末尾
◇基本となる契約の補足了解事項

Karen View Corporation
xxx California Street, San Francisco, California 94100, USA

June 1, 20__

Mr. Shion Keats,
Executive Managing Director
Aurora Borealis Corporation
x-x, Kanda-Surugadai 1 chome, Chiyoda-ku, Tokyo, 101-xxxx Japan

Dear Mr. Keats:

Reference is made to the _____ Agreement （the "AGREEMENT"） dated June 1, 20__, concluded between Karen View Corporation ("KVC") and Aurora Borealis Corporation ("ABC"), effective from June 1, 20__ to May 31, 20__.

The purpose of this letter is to set forth certain additional undertakings and understanding by ABC and KVC, concerning _____.
ABC and KVC agree that Article ____ of the AGREEMENT shall be deemed to include the following:
1 _____.
2 _____.
3 _____.

Please be kind enough to indicate your agreement to the above provisions by signing all two copies of this letter in the space provided below and returning all copies to us for signature by Miss Karen View, CEO and President, whereupon such conditions shall become binding in the same manner as the terms of the AGREEMENT.

Agreed to and accepted by:

Aurora Borealis Corporation	Karen View Corporation
_____	_____
By: Shion Keats	By: Karen View

[和訳]

(レターヘッド)カレン・ビュー・コーポレーション
米国カリフォルニア州　94100　サンフランシスコ市カリフォルニア・ストリートxxx番地

20__年6月1日

101-xxxx　日本国
東京都千代田区神田駿河台1丁目x-x
オーロラ・ボレアリス株式会社
代表取締役
紀伊津志音様

拝啓
　本レターは、20__年6月1日付けでオーロラ・ボレアリス株式会社(以下「ABC」という)とカレン・ビュー・コーポレーション(以下「KVC」という)間で締結される_____契約(以下「契約」という)に関するものです。契約は20__年6月1日から20__年5月31日まで有効です。

　本レターの作成目的は、_____に関して、ABCとKVCによる若干の追加的な約束と了解事項を規定するためです。ABCとKVCは、契約第__条には下記の事項が含まれているとみなすことに合意します。
1._____。
2._____。
3._____。

　上記の条件に対する貴社の同意を、本レターの下記サイン欄に2部とも確認の上署名し、貴方が署名した2部両方を当方に返送してください。当方のカレン・ビューCEO兼社長の署名と同時に、本レターに記載された各条件は、契約の諸条件と同じく法的拘束力を持つことになります。

オーロラ・ボレアリス株式会社　　　　カレン・ビュー・コーポレーション

(署名)紀伊津志音　　　　　　　　　　　(署名)カレン・ビュー

解説

1❖レター形式の確認による付随・補充契約

　契約書を作成する手法として、伝統的なスタイルの標準的なフォームをもとに契約書を作成し、そのビジネスに特有の条件や了解事項については別途、確認する方法がある。このような場合に、付随・補足的な契約条項の確認のためにレター形式が、実務上広くおこなわれている。印刷したフォームなどを大きく変更せず、簡単な手紙形式で補充できるので便利である。

2❖本レターの差出人の署名時期と本レターの送り方

　本レター・アグリーメントは例文002と同じように、作成者の差出人は署名せずに本レターを送付する。相手方がレターの内容を確認して先に署名し、かつ送った部数すべて（2部）を返送するよう求めている。

　また、レター本文の中で、差出人の指定代表者が署名（カウンターサイン）をして初めて、契約としての法的拘束力が生ずることを明確に伝えている。相手方に返送のインセンティブを与えるとともに、相手方が一方的にレターに加筆や変更を加えることを防止し牽制しているのである。相手側が返送してきても当方側が署名しなければ本レターは有効にならない。したがって、相手方が一方的に加筆や変更をしてきた場合は、サインをしなければ差出人は拘束されることがない。契約の取り交わし方に関するリスクマネジメントの手法のひとつである。

3❖shall be deemed to include ...

　"deem""deemed"という言葉は、それぞれ「みなす」「みなされる」を意味する。実際は、元の契約には本レター・アグリーメントに規定する事項（1-3項）は含まれていないが、記載されていたかのように扱おうというのがこの文章の趣旨である。このレター・アグリーメントの表現の代わりに、「下記事項を追加する」という修正の方法もある。実務上はどちらでもよい。

例文004 レター形式による契約確認のための文言④

◇元の契約の条項を修正する

Attention: Mr. Shion Keats

　　　　　　　　　　　　　　　　　　　　　　　　　　Date:＿＿＿＿＿＿

Gentlemen:

We refer to the ＿＿＿＿＿＿＿ Agreement in respect of ＿＿＿＿＿＿＿ between ABC and KVC dated June 1, 20＿＿, and write to record our agreement that the provisions of Article ____ (_____) of the AGREEMENT be amended as hereinafter set forth.

"Article __ (_____) shall be wholly amended to read as follows:
_____
_____
_____."

This letter is addressed to you in duplicate and original.
Please signify your agreement with its contents by countersigning one copy and returning it to us. The second copy is for your retention.

Yours faithfully
for and on behalf of
KVC: Karen View Corporation

By:_____ (signed)
　　　Karen View

We confirm our agreement to the contents of the above-written letter.

ABC: Aurora Borealis Corporation

By:_____　　　　　　　　　_____
　　(Authorized Signature)　　　　　　　　　　　　Date

[和訳]
紀伊津志音様

　　　　　　　　　　　　　　　　　　　　　　　日付け：_____

拝啓
　当社は、ABC社とKVC社間で締結された20__年6月1日付けの_____
____に関する"_____契約"(以下「契約」という)の第__条(_____)を、以下に定める通りに修正することに対する当社の同意の記録のために本レターを作成するものです。
　「第__条(_____)を次の通り全面的に修正する。
_____
_____。」
　本レターを貴方あてに2部送付します。

本レターの内容に対する貴方の同意を本レターの1部に署名し当方へ返送することにより、確認願います。もう1部は貴方の控えとして保管ください。

敬具

カレン・ビュー・コーポレーション(KVC)を代表して
＿＿＿＿＿＿＿＿＿＿＿＿＿＿＿＿＿(署名)

上記レターの内容に対する当方の同意を確認します。

オーロラ・ボレアリス株式会社(ABC)
＿＿＿＿＿＿＿＿＿＿＿＿＿＿＿＿＿　　　　　　日付け＿＿＿＿＿＿＿＿＿＿
(権限ある者の署名)

解説

1 ❖ refer to
　本レター・アグリーメントは、元の契約の規定を修正するために作成されている。原契約や関連契約を引用するために使用されるのが、"refer""reference"という用語である。"We refer to …"という引用の方法と"Reference is made to …"という言い方と両方あるが、前者の言い回しのほうが口語的であり、やさしい。後者はややフォーマルな響きがある。

2 ❖ 本レターの送り方と返送の求め方
　本レターは差出人が署名し、2部を相手方に送付し、1部のみを返送するように求めている。合意の確認のスタイルとしては自然である。

3 ❖ countersign, countersigning
　まず、当方(差出人)が署名をおこない、あとから相手方が確認の意味で署名するという場合に、カウンターサインという用語を用いることがある。単純に、"sign""signing"でもよい。

例文005　レター形式による契約確認のための文言⑤

◇ "This is to confirm …" というスタイル

Refer to your ＿＿＿＿＿＿＿＿
Refer to our ＿＿＿＿＿＿＿＿

This is to confirm our Sale to you as Purchaser, and your Purchase from us as Seller, of the undermentioned goods subject to the following terms and conditions:
　1 Description of the Goods:
　2 Quality:

3 Quantity:
4 Price and Payment:
5 Delivery:
6 Insurance:
7 Packing:
8 Inspection:
9 Special Terms and Conditions:

All the terms and conditions set forth on the reverse side hereof are confirmed to be an integral part of this agreement.

Signature _____   Signature _____
             Purchaser   Seller

Please sign and return one copy.

[和訳]
貴状_____参照
弊状_____参照

　本状は、以下の条件・条項に従って、下記の商品を当社が買主としての貴社に販売し、貴社が売主としての当社から購入することを確認するものです。
  1　品目
  2　品質
  3　数量
  4　価格と支払条件
  5　引き渡し
  6　保険
  7　包装
  8　検査
  9　特約

　裏面に記載されたすべての条件は、本契約の不可分の一部をなすことが確認される。

署名 _____   署名 _____
           （買主）   （売主）

署名の上、1部を返送ください。

解説

1 ❖ "This is to confirm …"から始まる確認状

　もっとも単純な確認のスタイルといえよう。売買契約の確認や、意思の確認の場合など

に広く使われている。確認の対象や内容が、拘束力のある契約とは限らない。たとえば、"This is to confirm our firm intention that …" と使われた場合は、意思の確認になるが契約拘束力はない。レター・オブ・インテントの作成にも使われる文言である。結局、内容と表現を丁寧に見ていくことが必要になる。

2❖本レターの送り方と返送の受け方

基本的には、差出人が先に署名して相手方に2部送り、1部の返送を待つスタイルである。署名の上、相手方が送り返してこなければ、相手方の合意の有無がはっきりしない。当方は、合意の成立した売買の確認状(confirmation)を送っているだけで、決して一方的な申し入れや提案をしているわけではないという姿勢で作成している。したがって、相手方が本状を放置していても契約は成立したという姿勢を崩さない方針でいる。

3❖書式の戦い

相手方が自社フォーム(purchase note; 購入契約；買約証)によって契約の確認をしてきたケースでは、いわゆる書式の戦い(battle of forms)の問題が発生しうる。相手方のフォームの裏面約款などで、相手方にとって有利な契約条項が記載されている場合には、売主または買主いずれの条件を優先させるか争いの種になりかねないのである。

これは一方的な送付によるレター方式の契約確認の場合の宿命ともいえよう。十分な契約交渉と合意に達した契約内容の確認をしてからレター・アグリーメントを作成すればよいのではとの批判を受けそうであるが、レター・アグリーメントの作成・送付自体がそのような努力の一環なのである。レター・アグリーメントや契約書案を見て初めて、残っていた交渉項目に気づくことがある。裏面約款が通常は交渉しないような詳細な例外的なケースまで規定している場合もあるが、限られた時間の交渉であったために議題にならなかった項目が残っているケースもある。

4❖Refer

売買契約の確認などで、冒頭にその契約に至るまでに互いに送付した書類名、参照番号、日付けなどをリストアップするための欄である。手紙形式の契約確認書では内容が簡単になりがちであるが、それまでの関係書簡を列挙し、双方に誤解がないよう備えるものである。

例文006 レター形式による契約確認のための文言⑥
◇ソフトウエア販売・ライセンス契約の解除を確認するレター・アグリーメント

John Keats & Co. Ltd.
xxx Wentworth Place, _____, London, England ____

30 April, 20__

Aurora Borealis Corporation
x-x, Kanda-Surugadai 1 chome, Chiyoda-ku,
Tokyo, 101-xxxx Japan

For the attention: Mr. Shion Keats

Dear Sirs,

RE: Software "Rosy Sanctuary" Distribution and License Agreement

We refer to a Software "Rosy Sanctuary" Distribution and License Agreement between our two companies dated 1 June 20__ (the "Agreement").

This letter is to confirm that notwithstanding the provisions of Clause 5 ("Term") of the Agreement, the Agreement is terminated by mutual consent of the parties with effect from the date of the counter-signature on your behalf to this letter.

It is further agreed that the provisions of Clause 6 (Minimum Royalty) do not apply. It is, however, also agreed that as a condition of termination you will continue to respect the provisions of Clause 10 (Confidential Information) of the Agreement for a further period of five (5) years.

If the above is accepted, would you kindly confirm your agreement by counter-signing this letter and the enclosed copy where indicated below, and return the executed copy to us.

Yours faithfully,

For and on behalf of
John Keats & Co. Ltd.

_____
(Authorized Signature)

We agree to the terms of the above letter.

Signed _____
　　　Shion Keats, Executive Managing Director
　　　For and on behalf of Aurora Borealis Corporation
　　　Date: 8 May 20__

［和訳］
　　　　　　　（レターヘッド）ジョン・キーツ株式会社
　　英国＿＿＿＿＿ロンドン市＿＿＿＿＿ウエントワース・プレースxxx番地
　　　　　　　　　　　　　　　　　　　　　　20__年4月30日

101-xxxx　日本国
東京都千代田区神田駿河台1丁目x-x
オーロラ・ボレアリス株式会社
紀伊津志音様

拝啓

　　　　ソフトウエア"ロージーサンクチュアリー"販売・ライセンス契約の件

　本レターは貴社と当社間の20__年6月1日付けの「ソフトウエア"ロージーサンクチュアリー"販売・ライセンス契約」(以下「契約」という)に関するものです。
　本レターは、契約第5条(期間)の規定にかかわらず、両当事者の合意により、貴社が本レターに署名した日をもって終了することを確認するためのものです。
　さらに、第6条(ミニマム・ロイヤルティ)の規定は適用しないことが合意されます。一方、終了の条件として、貴社は、その後5年間、契約第10条(秘密保持義務)を尊重し続けることが合意されます。
　上記に同意する場合は、本レターと同封の副本に署名することにより貴社の同意を確認の上、署名済みの副本を当社に返送してください。

　　　　　　　　　　　　　　　　　　　　　　　　　　　　　　　　敬具
　　　　　　　　　　　　　　　　　　　　　　　　　　　　ジョン・キーツ株式会社

　　　　　　　　　　　　　　　　　　　　　　　　　　_____
　　　　　　　　　　　　　　　　　　　　　　　　　　　　　　　　　(署名)

当社は、上記の条件に同意します。
署名_____
　　紀伊津志音、代表取締役
　　オーロラ・ボレアリス株式会社
　　署名日：20__年5月8日

解説

1 ❖ Dear Sirs
　米国とのビジネスレター、レター・アグリーメントでは、"salutation"(呼びかけ)の言葉は"Gentlemen"が一般的であるが、英国とのレターでは"Dear Sirs"が広く使われている。本例文は英国からのレターなので"Dear Sirs"を使っている。実務の面からいえば、自分にとって書きやすい用法を使えばよい。

2 ❖ RE
　「RE:_____」は、本レターの主題を指すラテン語である。"subject"(表題)という用語があるが、実務上はこのREというラテン語のほうが一般的であり頻繁に使用される。

3❖契約解除時に確認すべき事項

販売店契約などの長期契約を途中で解除することに合意する場合、確認を忘れがちな事項に、それまでの支払い義務の処置や精算、秘密保持義務などがある。中途解除というのは、円満な期間終了と異なり、契約の存続の支障となる何らかの事情が発生した場合が大半である。両当事者の関係も、契約の締結時に比べれば悪化あるいは疎遠になっていることもあろう。したがって、解除時に確認すべき事項をしっかりチェックすることが必要である。

本例文ではレター形式のスタイルを紹介することが主目的であるから、簡単な説明にとどめる。実際には、在庫品の処分、顧客に対するメンテナンス・サービスを誰が引き継ぐかなども、交渉・確認項目となる。

4❖中途解除と秘密保持条項

中途解除の場合、秘密保持条項は争いの種になりやすい。当初の契約では、予定した契約期間が満了した後も一定期間、秘密保持義務を負うことを決めていることが多いが、中途解除の場合、それまでの契約の合意事項をいったんすべて解消してしまう文言を置くため、秘密保持義務がどうなるのか具体的には曖昧になりがちだからである。

5❖レター・アグリーメント(letter agreement)の発効の日はいつか

厳密にいうと、レター・アグリーメント(letter agreement)の効力がいつ発生するかも重要な項目である。最初に解除を提案あるいは確認しようとしたレター・アグリーメントの差出人の記した日付けなのか、それとも受け取った相手先がカウンターサイン(counter-sign)をした日付けなのかの問題である。本例文のレター・アグリーメントでは、宛先である受取人側がカウンターサインした日付けとしている。

6❖レター・アグリーメントの署名日、契約発効日について(補足)

前5項のように、実際のレター・アグリーメントの差出人による発行日付け(署名日)と受取人のカウンターサインの日付け(署名日)を基準にして、カウンターサインの日に発効させるのがもっとも正統(オーソドックス)な方法である。

しかし、その日付けが、レター・アグリーメント発行のときにはまだ不明というもどかしさがある。そのため、あらかじめ両当事者で発効日について口頭、e-mailなどで合意に達したときは、実際の調印日と数日のずれが出てもかまわず合意した日を署名日付けとして記入することもある。

7❖正本(original copy)・副本(duplicate copy)

便宜上、正本・副本という言葉があるが、いずれも当事者の署名がある限り法的には同じ効力がある。大切なことは、契約当事者が全員署名したものを保有することである。

そのために、先に署名して相手方に2部を送付し、署名と1部の返送を求めたり、差出人は署名せずに2部とも相手方に送り、署名の上2部とも返送を求めたりしている。

いずれの取りつけ方法も一長一短があり、いずれが優れているかの判断は難しいところである。

第4節 フォーマルな契約書の書き方

　本節では、フォーマルな契約書の前文と、最終部分を見ていく。一般条項については、第1部第3章「一般条項」を参照されたい。

●—第1款　前文

　英文契約書といっても、英米の企業との取引だけでなく非英語圏の国の企業との取引にも使用される。最近は英米の伝統的な古めかしいスタイルから新しいスタイルまで、多種多様なフォームが使用されている。そこで本書では、いくつかのバリエーションを紹介する。契約の前文で、一番やさしい口語的なスタイルは先に紹介したレター形式である。ここではフォーマルなスタイルを中心に紹介していく。

例文007　フォーマルな契約書の前文①
◇頭書と説明条項
◇伝統的なスタイル

SALES AGREEMENT

This AGREEMENT, made and entered into this first day of June, 20__, by and between:
(1) Karen View Corporation, a company organized and existing under the laws of the state of California, and having its principal office at xxx California Street, San Francisco, California 94100, USA (hereinafter called "KVC"), and
(2) Aurora Borealis Corporation, a company organized and existing under the laws of Japan, and having its principal office at x-x, Kanda-Surugadai 1 chome, Chiyoda-ku, Tokyo, 101-xxxx Japan (hereinafter called "ABC"),

WITNESSETH:

WHEREAS, KVC desires to sell to ABC certain products hereinafter set forth; and,
WHEREAS, ABC is willing to purchase from KVC such products.

NOW, THEREFORE, in consideration of the mutual agreements contained herein, the parties hereto agree as follows:

Article 1 ＿＿＿＿＿＿＿＿＿＿

［和訳］
売買契約書

(1)カリフォルニア州法に基づいて設立され存続しており、米国カリフォルニア州94100サンフランシスコ市カリフォルニア・ストリートxxx番地に主たる事務所を有する会社カレン・ビュー・コーポレーション(以下「KVC」という)と、
(2)日本法に基づいて設立され存続しており、〒101-xxxx日本国東京都千代田区神田駿河台1丁目x-xに主たる事務所を有する会社オーロラ・ボレアリス株式会社(以下「ABC」という)間で、
20＿＿年6月1日に締結された本契約は、以下のことを証するものである。
KVCは、以下に定める製品をABCに販売することを希望しており、ABCはその製品をKVCより購入したいと考えている。
よって、ここに、本契約に含まれる相互の合意を約因として、本契約の当事者は次の通り合意する。
第1条 ＿＿＿＿＿＿＿＿＿＿

解説

1❖古めかしい用語："WITNESSETH""WHEREAS""NOW, THEREFORE"

"This AGREEMENT"が主語で"WITNESSETH"(witnessの古い形の三人称・単数・現在形)が述語という構文である。非常に長い文章の構文であり、第1語から"WITNESSETH"の直前の言葉までが主語である。

2❖This AGREEMENT, のカンマは何か

"This AGREEMENT"と"made"の間にカンマ(,)があるのは、"which is made"の"which is"が省略されていることを示している。

3❖WHEREAS

意味は"as"と同じで、「…なので」あたりがもっとも近い訳語となる。本例文では契約締結に至る経緯や背景を紹介する文章に使われている。

"whereas"で始まる文章(フレーズ)のことを"whereas clause"と呼んでいる。契約書の中で果たす役割から、リサイタル(recitals)、リサイタル条項と呼ぶこともある。

4❖consideration

「約因」と訳される。約因というのは英米法に特有の考え方で、有効で法的に拘束力のある契約のためには必要とされている。物品の引き渡しと代金の支払いのように、"give and take"の関係にあれば問題はない。また、契約の中で実質的に"give and take"の関係にあれば、リサイタル条項で"in consideration of"と記載しなくても契約の有効性に変わりはない。ただ、契約の一方が相手方に一方的に義務を負担する約束などの場合には、約因の法理が働いて契約としての履行請求を退ける根拠になる。

あえて"consideration"に言及しなくても有効性に影響がないことから、本例文で"NOW, THEREFORE"から始まる文章を、単に、"NOW, THEREFORE, the parties hereto agree as follows:"とすることもある。

5 ❖ "made and entered" "by and between"

いずれも同じことを2語で表現する言い方である。それぞれ、"made""by"だけでも意味は変わらないが、習慣として2語で使うことも多い。

例文008 フォーマルな契約書の前文②

◇頭書と説明条項("RECITALS")という用語を使った斬新なスタイル

This Agreement is made as of the 30th day of April, 20__, between:
Lynx Corporation SA, a French corporation, with its head office at _____,
Paris, France ("LYNX"), and,
_____, a Japanese corporation, with its head office at _____, Japan("ABC").

RECITALS

1. ABC desires to _____.
2. LYNX is willing to _____.

AGREEMENT

NOW IT IS HEREBY AGREED AS FOLLOWS:

Article 1 _____

[和訳]

　本契約は、フランス国パリ市（所在地）に本店を有するフランス法人リンクス・コーポレーションSA（以下「リンクス」という）と、日本国（所在地）に本店を有する日本法人_____（以下「ABC」という）の間で20__年4月30日付けをもって締結された。

前文

1. ABCは、_____することを希望しており、
2. リンクスは、_____する用意がある。

合意事項
よって、ここに、次の通り合意される。
第1条 _____

解説

1❖斬新なスタイル
　フォーマルな契約の最初に紹介した伝統的なスタイル（例文007）は、いまも頻繁に使用されているが、"witnesseth"や"whereas""now, therefore"など古めかしい用語が並び、構文もなじみにくいという批判がある。特に非英語圏の企業でビジネスに携わる人々からの批判が厳しい。それにこたえて、斬新なスタイルとして使用されているのが本例文008のスタイルである。このスタイルは例文007よりもシンプルであるが、風格も失われていない。その意味で斬新でフォーマルなスタイルである。英米の企業との間の契約でも広く使用されている。

2❖RECITALS
　契約の締結に至る経緯や背景を簡潔に紹介する条項であるが、厳密には契約本文の一部ではなく、説明条項である。"RECITALS"と書く代わりに"BACKGROUND"と書くこともある。文字通り、契約の背景となる。これでも堅苦しいというのであれば、本例文のRECITALSもAGREEMENTの条項も省いて、すぐにArticle 1に入ることもできる。

フォーマルな契約書の前文③　　例文009
◇頭書と説明条項
◇個人を当事者に含む場合

CONSULTING AGREEMENT

THIS AGREEMENT is made as of _____th day of April, 20__, by and between:
Mr. Robin Hood, an individual, residing at xxx, Wentworth Road, _____, London, England (herein after referred to as Robin), and,
Karen View Entertainment Inc., a _____ corporation, with its principal office at _____, _____ _____ (hereinafter referred to as KVE).

RECITALS:

KVE desires to engage Robin, and Robin desires to accept the engagement, to provide consulting services at such times and in connection with such specific matters as KVE may request from time to time on terms and conditions set forth in this Agreement.

AGREEMENT
NOW, THEREFORE, KVE and Robin agree as follows:
Article1 Employment

[和訳]

コンサルティング契約

　本契約は、20__年4月__日付けをもって、英国ロンドン市_____ウエントワース・ロードxxx番地に居住する個人ロビン・フッド(以下「ロビン」という)と、(国名・州名・市名・番地)_____に主たる事務所を有する(国名または州名)法人カレン・ビュー・エンターテインメント株式会社(以下「KVE」という)間で締結された。

前文

　KVEは、本契約に規定する条件に従い、KVEが随時に要請するときに、同じく要請する特定事項につきコンサルティングサービスを提供してもらうためにロビンを起用することを望んでおり、ロビンは、かかるサービスを提供するためにその起用を受諾することを望んでいる。

合意事項

　よって、ここに、KVEとロビンは次の通り合意する。
第1条　起用

解説

1 ❖an individual

　個人が契約当事者となるときは、表示方法が会社の場合と異なる。出生地までは記載しないが、現在の住所地(residing at)を示して、誰が当事者かを示すことが多い。厳密に表示する場合はパスポート・ナンバーと国籍を記すこともある。個人の場合、類似の名前もありうるし、信用が大切な契約で相手先を間違えては大変だからである。

2 ❖個人が契約当事者となる契約

　コンサルタント契約、株式譲渡契約、不動産譲渡契約、保証契約、融資契約、雇用契約などの場合は、個人が契約当事者となることが少なくない。

3 ❖engagement

　コンサルタントを起用する場合などに、"engage""engagement"という用語が使われる。雇用関係ではなく、独立した契約者としてのコンサルタントの「起用」である。コンサルタント契約では、起用期間、コンサルテーション(相談)内容と頻度、報酬(compensation)等が重要な交渉項目となる。

4 ❖KVE

　本書の例文に登場させている会社で、カレン・ビュー・コーポレーションが100％出資

して設立した子会社という設定である。フルネームは「カレン・ビュー・エンターテインメント株式会社(Karen View Entertainment Inc.)」である。

フォーマルな契約書の前文④

◇頭書
◇説明条項のないスタイル

THIS AGREEMENT is made as of the _____th day of April, 20__ at San Francisco United States of America, between Robin Hood Company Limited whose registered office is at _____ London, ____ England ("Robin"), of the one part, and Aurora Borealis Corporation whose registered office is at x-x, Kanda-Surugadai 1 chome, Chiyoda-ku, Tokyo, 101-xxxx Japan ("ABC") of the other part.

WHEREBY IT IS AGREED AS FOLLOWS:

ARTICLE 1 DEFINITIONS AND CONSTRUCTION

［和訳］
　本契約は、英国____ロンドン市_____に登録事務所を有するロビン・フッド・カンパニー・リミテッド（以下「ロビン」という）を一方当事者とし、101-xxxx日本国東京都千代田区神田駿河台1丁目x-xに登録事務所を有するオーロラ・ボレアリス株式会社（以下「ABC」という）を他方当事者として、20__年4月__日付けをもって米国サンフランシスコで締結された。

　本契約書により次の通り合意される。

第1条 定義と解釈

解説

1 ❖ of the one part; of the other part

契約書の冒頭に当事者名を記載したすぐあとに、「…を一方当事者とし（of the one part）」、また、「…を他方当事者とし（of the other part）」という表現を追加することがある。本例文は契約当事者が2者の場合なので、"the one part" "the other part"を使っている。当事者が3者以上の場合は、"of the first part"（第一当事者）、"of the second part"（第二当事者）、"of the third part"（第三当事者）という用語を使うこともある。当事者が2者の場合も、この表現を使うことができる。解説4で紹介するクラーク博士を招く雇用契約がその例である。

2者間の契約では、このような表現(「…を一方とし、」など)の追加がなくとも、当事者関係は明らかである。当事者数が3名以上あるいは多数にのぼる場合、当事者関係を分かりやすく説明するのに役立つ。売買契約でも当事者が5名くらいになると、誰が売主側で誰が買主側なのか、あるいは誰か1人は単なる保証人なのか、一見しただけでは分からない。そのようなときに、最初の3者をまとめて売主("the one part"＝一方当事者)、あとの2者をグループ別にまとめて("collectively")、買主("the other part"＝他方当事者)と表示し、関係を分かりやすくすることがある。

よく似た目的で使われる用語に、"of the first part"(第一当事者とし)、"of the second part"(第二当事者とし)がある。合弁事業契約などで当事者が3者以上になれば、"of the third part"(第三当事者とし)などをつけ加えていく。

2 ❖ WHEREBY IT IS AGREED AS FOLLOWS:

本例文ではリサイタル条項(契約締結の経緯)を省略している。リサイタル条項を省いて直接、本体の各条項の規定に入っていく際に、この表現が使われる。

WHEREBYはやや古風な用語である。"NOW, THEREFORE"に置き換えることもできる。"NOW"だけでもよい。"NOW, THEREFORE, IT IS AGREED AS FOLLOWS:"(よって、次の通り合意される)という表現は、標準的なものとしてよく使われる。"NOW, THEREFORE, THE PARTIES HERETO AGREE AS FOLLOWS:"(よって、当事者は次の通り合意する)も同じくらい頻繁に使用される。"NOW, THEREFORE,"という語句を使わない表現もある。"In consideration of the mutual promises and covenants contained herein, the parties agree as follows:"(本契約中に含まれる相互の約束、誓約を約因として、当事者は次の通り合意する)などが使われることも多い。

契約書のドラフティングを引き受けたときは、自分の使いやすい表現を決めて使えばよい。相手方がドラフティングをするときは、相手方のスタイルを尊重すればよい。大切なことは、その文書が、法的拘束力のある契約として合意事項が明確になっていることである。単なる"intent"(意思)の表示ではなく、合意(agreement)になっているかどうかがポイントである。受身の表現であれ、能動態の表現であれ、前文では"AGREE"(合意する)、"IS AGREED"(合意された)という用語がキーワードとなる。

3 ❖ DEFINITIONS AND CONSTRUCTIONとは

契約書の第1条で、その契約書中で使われる重要な用語(term)の定義(definitions)をしたり、重要用語の解釈(construction)の仕方を明確にするための規定を置くことがある。定義を置く用語は、最初のletter(頭文字)を大文字(capital letter)にしたり、用語全体を大文字にしたりして目立つようにする。

この"construction"の動詞形が"construe"である。たとえば準拠法を示すときに、"This Agreement shall be construed under the laws of the State of California, USA"(本契約は、米国カリフォルニア州の法律に基づいて解釈される。)というように使われる。

4 ❖ 札幌農学校にWilliam S. Clarkを招く雇用契約

Clark博士を招く雇用契約(1876年3月3日付け。Washinton, D.C., USで締結)は手書きの古いものであるが、表現は現行契約スタイルと変わりない。

"This Agreement made and entered into at Washinton, D.C., United States of America, this third day of third month, ninth Year of Meiji/corresponding with the third day of March, 1876, by and between William S. Clark ......, of the first part, ... and ...... the Japanese Government, of the second part, ...

●―第2款　最終部分

　契約書末尾の、結語の部分と署名欄の書き方について、例文により説明する。
　例文011の書き方が、英米の相手先との契約では一般的である。"whereof"という古めかしい用語が使われているが、これは"of this Agreement"の意味である。発展途上国や非英語圏の国々の相手先には、例文012のほうが分かりやすいようである。
　ただ、国際契約では、まだ伝統的なスタイルの表現が圧倒的に多いので、相手方から送られた契約書を理解できるよう、伝統的な契約にも習熟しておく必要がある。このようなスタイルに時間をかけて交渉や検討の時間を費やすのは、現場では惜しいのである。
　末尾の文言と署名で一番大事なことは、署名権限がある代表者が署名したことを確認することである。契約書がどんなに長文であったとしても、契約書で一番大事なのは署名なのである。そのため、末尾と署名欄は軽視できない。

契約書の末尾文言①　　　　　　　　　　　　　　　　　　　　　　例文011

◇伝統的なスタイル

> IN WITNESS WHEREOF, the parties have caused this Agreement executed by their duly authorized representatives as of the date first above written.

> ［和訳］
> 　本契約の証として、両当事者は、頭書の日付けで、正当に権限を付与された代表者をして本契約に署名せしめた。

――――――――― 解説 ―――――――――

1❖the date first above written
　「本契約の最初に書いてある日付け」を指す。具体的には、契約の締結日を指す。
2❖日付けの別の書き方
　上記と同じことを、もっと分かりやすく表現する書き方もある。たとえば、"as of the date and year first above written"あるいは"on the date specified at the beginning of this Agreement"と書くこともできる。

例文012 契約書の末尾文言②

◇分かりやすい書き方

IN WITNESS of this Agreement, the parties have executed this Agreement as of June 1, 20__.

［和訳］
本契約の証として、両当事者は20__年6月1日付けで本契約に署名した。

解説
---

1 ❖have executed
「調印した」を指す。

2 ❖「調印する」とは
英文契約では、調印の方法は原則として署名である。deed（捺印証書）には、カンパニーシールを使用することもある。記名捺印という日本の方式は、国際英文契約では用いない。

例文013 署名欄

KVC: Karen View Corporation

By _____
 Name: Karen View
 Title: Chief Executive Officer and President

ABC: Aurora Borealis Corporation

By _____
 Name: Shion Keats
 Title: Executive Managing Director

［和訳］
KVC：カレン・ビュー・コーポレーション

署名 _____

　　　　氏名：カレン・ビュー
　　　　肩書：CEO兼社長

ABC：オーロラ・ボレアリス株式会社

　　署名＿＿＿＿＿＿＿＿＿＿＿＿＿＿
　　　　氏名：紀伊津志音
　　　　肩書：代表取締役

解説

1❖署名欄で確認すべき事項
　署名欄に何も記載せずブランクにしておくと、ほとんど誰のものか分からない模様のような署名がなされることがある。トップのメンバーらしき人がサインされるのだが、それが誰でどんな役職の人なのか、あとで分からず困ることさえある。もし会社を代表して署名する権限のない人のサインだった場合は、契約の効力が発生しないリスクがある。
　署名欄では、あらかじめ署名者の氏名、肩書を相手方も当方も確認し、署名欄に記載するのがベストである。署名権限の確認と署名の真実の確認が別途必要なケースもある。

2❖例文の署名欄
　本例文では、Byの右側アンダーラインの上に署名する。実務では、アンダーラインの下に(signature)と記載し、さらにNameの右にもアンダーラインを引き、その下に"please print"と書くこともある。「署名者の氏名を、活字体ではっきり書いてください」という意味である。

3❖代理人による署名の場合の署名権限の確認方法
　代理人により署名されることがある。代理人のことを"attorney in fact"と呼んでいる。委任状(power of attorney)によって署名権限を確認し、契約書本紙に添付しておく。

4❖署名欄の書き方
　さまざまな書き方がある。たとえば、次のような記載の仕方もある。
　Signed by ＿＿＿＿＿＿＿＿＿＿＿＿＿＿（署名）
　　Name ＿＿＿＿＿＿＿＿＿＿＿＿＿＿（署名者の氏名を記載）
　For and on behalf of ＿＿＿＿＿＿＿（契約当事者名）
　契約当事者名、署名者名、署名権限の確認を示すタイトルか委任状があれば、署名欄としては基本的な問題はない。

5❖立会人(witness)
　当事者のみの署名もあるが、相手方が後日になって署名した覚えがないというようなトラブルを避けるため、立会人を立てるという方法が実務上発達している。立会人は契約上の当事者ではなく、契約責任は一切負わない。単に契約の成立の証人になるというのがその趣旨である。契約書に立会人という欄を作り、そこに署名する。立会人は契約成立の証人であり、2人でなければならないというルールはないが、実務上の慣行としては、両者

でそれぞれ1名ずつ立会人を立てることが一般的である。

　立会人を立てた署名欄については、第13章の最後に紹介しているので、あわせて参照されたい。

　立会人は、一方の当事者の社員であってもよいし、第三者でも弁護士でもよい。特に資格上の制限はない。立会人は、いざというとき契約書が正当に調印され、契約が成立したことを証明し、必要な場合は法廷でその旨を証言することが期待されている。

　仮空の名称の人物や、身分・住所・国籍のよく分からない人物に立会人を依頼することがあってはならない。契約の成立を証明するためのもっとも確実で信頼の置ける立会人は、"notary public"（公証人）である。

第1部

第3章　一般条項

本章では、契約の種類を問わず、どの契約にも規定されることの多い一般条項とその例文を紹介する。あわせて、読み方・書き方・表現の仕方のポイントについても解説する。各種契約の性格に応じた主要条件、特別条件とその読み方・書き方のポイントについては、別途それぞれの章で紹介する。

なお、一般条項を配置する順序については必ずしも明確なルールがあるわけではなく、順番が変わっても契約条項としての効力には変わりはない。習慣上、各契約では主要条件がはじめのほうで規定されることが多い。つまり、商品名や詳細、価格、代金決済条件、引き渡し条件、保険などの金額や時期などの関わってくる、いわゆるビジネス条件が最初のほうで規定されるのである。

一般条項はグループとして、契約書でいえば後ろのほうにまとめて記載されることが多い。また、裏面約款として、契約書の裏面に印刷されたフォームとして規定されることも多い。

ただ、定義条項(Definitions)は契約書の第1条あたりに置かれることが多く、契約期間(term)も、どちらかといえばはじめのほうで規定されることが多い。その意味では、定義条項と契約期間の規定は共通条件ではあるが、一般条項とは別のグループ分けをしたほうが実際的かもしれない。便宜上本書では、定義条項、契約期間条項も一般条項として解説している。

一般的には、通知条項、最終性条項、契約譲渡制限条項、契約解除条項、不可抗力条項、準拠法条項、紛争解決条項等は、契約書の最後のほうにまとめて記載されることが多い。それぞれのビジネス契約の特色や特殊性にあまり影響を受けず、一般的で標準的な条項として規定されることが多いからである。

第1節 定義条項 Definitions

英文契約では、繰り返して使用される重要な用語(terms)には一貫して統一した意味を与えることが大切である。

たとえば、一方から相手方への書面による通知後7日(seven days)以内に相手方が返答しなければならないと規定されているとする。「7日」の中に日曜は入るのか、土曜はどうなのか、7日間の中に祝日が入ったらどう数えるのか。単純な"day"だけを取ってみても、いくつもの解釈が可能である。祝日も土・日も入れて数える場合には、"calendar days"という。休日を除き、実際にビジネスをおこなう日のみを数える場合には、"business days"という用語を使う。

この場合でも、どの国あるいはどの市のビジネスデイを基準にするかで、実際の数え方が変わってくる。日曜が休日だと思っていても、サウジアラビアやイランなどのイスラム国家では、日曜はビジネスをおこない、金曜は休日なのである。われわれの常識が相手側の常識

とは限らない。

　定義条項では、ひょっとしたら双方の解釈が異なりそうな用語について、正確な定義を与えていく。定義条項のねらいは、双方の解釈の違いから起こる紛争の予防である。契約に関わるリスクマネジメントの一環なのである。

　通常、定義条項は契約の第1条として規定される。契約書の冒頭で重要用語を規定しておいたほうが契約の構成上、便利だからである。ただ、このスタイルに慣れていないビジネスパーソンにとってみれば、契約書の冒頭に延々数ページにわたって定義条項が続くと契約書のポイントが把握しづらいが、スタイルとして慣れるしかない。

　なお短いレター形式の確認書や継続的な取引をしている場合などで、互いに解釈の違いの恐れがなければ、定義条項を置かないこともある。短い契約書などでは、重要な用語が出てくるたびに本文中で定義をすることも一般的である。

定義条項① | Definitions　　　　　　　　　　　　　　　例文014

◇例外規定を置いた例

Article1　Definitions
In this Agreement, the following words and expressions shall, unless the context otherwise requires, have the following meanings:
1.1 "Products" means ＿＿＿＿＿＿＿＿＿＿＿＿＿＿＿＿＿＿＿＿＿＿＿＿.

［和訳］
第1条　定義
　本契約において、次の語句と表現は、文脈上別段の意味を必要としない限り、下記の意味を有するものとする。
1.1 「製品」とは、＿＿＿＿＿＿＿＿＿＿＿＿＿＿＿＿＿を意味する。

――――――――――――― 解説 ―――――――――――――

1 ❖words and expressions
　契約書中で使われる語句と表現という意味である。定義条項では、語句、表現を"terms"（用語）と呼ぶこともある。例文015では、"terms"を使っている。

2 ❖unless the context otherwise requires
　契約書中で、前後の文脈上、どうしても定義を与えた意味とは別の意味でなければ文意が取れない場合がある。そのための救済としてこの例外を設けている。本来、この例外規定がなくても当然であるが、紛争を避けるために置いている。実務上は置かないこともある。

3 ❖定義する用語の並べ方
　定義条項の中では、重要な用語を項目番号（1、2など）をふって順番に規定していくのが

一般的である。もうひとつの伝統的な方法は、アルファベット順に並べる方法である。

例文015 定義条項② | Definitions

◇termsを使った例
◇関連会社を定義する

As used in this Agreement, the following terms shall have the following meanings:
"Affiliate" means: A person that directly or indirectly through one or more intermediaries, controls, is controlled by or is under common control with the Person specified. For the purpose of this definition, the term "control" of a Person means the possession, direct or indirect, of the power to (1) vote fifty percent or more of the voting stock of such Person or (2) direct or cause the direction of the management and policies of such Person, whether by contract or otherwise.
"Effective Date" means: The later of the date of execution of this Agreement by both parties hereto or the date of validation of this Agreement by the _____ Government under the laws of _____.

[和訳]
　本契約で使用される場合、次の各語は下記の意味を有するものとする。
　「関連者」とは、直接的または1人以上の仲介人を通して間接的に、特定の人を支配し、または特定の人により支配されるか特定の人との共同支配下にある人を意味する。
　この定義の目的上、人の「支配」とは、直接的または間接的に(1)当該人の議決権付き株式の50％以上を行使する権限、または(2)契約によるかその他によるかを問わず、当該人の経営及び方針を指図しもしくは指図させる権限を有することを意味する。
　「発効日」とは、契約当事者の双方が本契約に署名した日または_____法により_____政府が本契約を認可した日のいずれか遅いほうの日を意味する。

―――― 解説 ――――

1 ✦terms
　本例文では、定義の対象となる用語を"terms"という言葉を使って規定している。1語であれば、"term"(用語)である。前後の文脈によって別の意味でなければならないときは例外とすることをあえて規定していないが、条理からいって当然という考え方に基づく。
　"term"には、別途「契約期間」という意味があり、"terms"には、契約条項・契約条件という意味がある。前後の文脈によって意味を考えなければならない代表的な用語が"terms"な

のである。

2❖定義する用語の並べ方

　本例文では、項目番号をふらず、アルファベット順に並べていく方法を取っている。アルファベット順を英語では、"alphabetical"という。見やすく表現できれば、項目番号をふってもアルファベット順の並べ方でもどちらでもよい。実務上よくあるミスは、アルファベット順に並べるつもりで番号をふらなかったが、途中で追加用語が増えて順序が乱れているケースである。

　"Affiliate""Control"という用語は、双方の解釈が異なりやすい用語の代表的なものである。たとえば、50％ちょうどの株式保有の場合はどうか、それとも過半数の株式保有が前提となるか、などである。"Affiliate"への契約譲渡や一定の例外措置を規定することがあるので、定義が重要なのである。

3❖Effective Date

　契約の「発効日」「効力発生日」のことである。契約の効力が発生する日がいつかについて、定義で定めることがある。本例文の定義はその典型的なものである。特に政府許認可が必要でなければ、当事者が調印した日というのが標準の規定である。国家にとって重要なプロジェクトや合弁事業契約、法律で許認可が義務づけられた契約については、その認可が取得できることが契約発効の前提になる。

定義条項③ | Definitions　　　　　例文016

◇月、四半期、年を定義する
◇関連会社を定義する

Article 1　Definitions
In this Agreement unless the context otherwise requires the following terms shall have the following meanings;
1.1 "Affiliate" means a corporation controlling, controlled by or under common control with ABC or KVC, as the case may be;for the purpose of this Article, "control" shall be measured by direct or indirect ownership of at least fifty percent of the shares entitled to vote at a general election of directors;
1.2 "Dollar" means the lawful currency of the United States of America;
1.3 "Month" means a calendar month commencing on the first day of that calendar month;
1.4 "Quarter" means a period of three (3) consecutive months beginning on the first day of April or first day of July or first day of October or first day of January;
1.5 "Year" means a period of twelve (12) months commencing on the first day of April and ending on the thirty-first of March.

[和訳]
第1条　定義
　本契約では、文脈が他の意味を要求しない限り、次の各語は下記の意味を有するものとする。
1.1 「関連会社」とは、場合に応じて、ABCまたはKVCを支配し、またはABCまたはKVCによって支配され、またはABCまたはKVCとの共同支配下にある法人を意味する。本条の目的上、「支配」とは、取締役の選任時に議決権を行使できる株式の少なくとも50％以上を直接または間接的に保有するかどうかによって判断される。
1.2 「ドル」とは、アメリカ合衆国の法定通貨を意味する。
1.3 「月」とは、当該暦月の1日に始まる暦月を意味する。
1.4 「四半期」とは、それぞれ4月1日、7月1日、10月1日、1月1日に始まる連続した3ヶ月間を意味する。
1.5 「年」とは、4月1日に始まり、翌年3月31日に終了する12ヶ月間を意味する。

―― 解説 ――

1 ❖ Dollar
　日本企業にとって、ドルといえばつい米ドルを思い浮かべるが、カナダやオーストラリアなど米ドル以外のドルも多い。そのため、誤解や相手方の思いがけない主張を防ぐ目的で具体的な定義が設けられる。

2 ❖ Month, Quarter, Year
　月、四半期、年が契約書の中で使われる場合、その始期について、当事者間で解釈が異なることがある。特に、契約が月の途中（たとえば4月7日）から始まったような場合に多い。そのために、具体的に定義を置く場合がある。始期をはっきりさせることが大事である。暦は、日本のように先進国でも「平成25年」といった元号が現在も使われていることや、祝日や休日の慣習が国によって異なることを思い起こし、思いがけない誤解から生ずる紛争を予防する知恵が必要である。

3 ❖ Affiliate（関連会社）
　定義の仕方ひとつで、"Affiliate"（関連者）は会社（関連会社）のみを指すこともあるという例である。例文015の定義より狭い。定義条項によって、同じ用語（term）に別の意味を与えることができることに注意する必要がある。

第 2 節　契約期間条項　Term

　契約書には、履行期限を定めるものと、契約期間を定めるものとがある。販売店契約、長期売買契約、著作権・特許・商標・トレードシークレットのライセンス契約、フランチャイズ契約などでは、契約期間とその更新は、事業または事業部門そのものの存続を左右するほど重要な問題である。

　特に、排他的で独占的な権利や義務を設定している場合や、ミニマム・ロイヤルティ、最低販売数量または最低引き取り数量等の規定がある場合は、契約期間とその更新に関わる規定の仕方に注意が必要である。不注意な規定の仕方をすると、事業や経営が崩壊してしまうリスクをはらむことになる。2、3年の契約期間とその後1年ずつの自動更新条項を信頼してライセンス契約に基づく工場を建設したり、全国規模でフランチャイズ展開をしてしまったらどうなるか。現実に、更新をめぐる問題から発生する紛争は後を絶たない。

　ビジネスパーソンにとって身近な雇用契約を見ても、終身雇用制に慣れ親しんできた日本の企業と職場にも、外資系の経営感覚が入り始めており、「期間」の問題が意識されてきた。「契約期間」、特に予想しない時期の中途解除の問題は重要であり、ときに深刻な結果をもたらす。期待していた契約が更新されない場合も同様である。

　ここでは、契約期間条項の定め方について、標準的な規定からいくつかのバリエーションを紹介する。それぞれのビジネスにおける契約の重要性は異なるから、どの契約期間の規定がふさわしいかは、個別のビジネスをもとに判断し、選択することになる。

契約期間条項① | Term　　　　　　　　　　　　　　　　　　　　　　　　例文**017**

◇契約期間は一定期間とする
◇契約の始期を特定の西暦の日で表示する

> This Agreement shall take effect on June 1, 20__, and shall remain in full force for a period of seven (7) years from the date, unless sooner terminated in accordance with the terms of this Agreement.

［和訳］
　本契約は20__年6月1日に発効するものとし、本契約の条項に従い早期に終了しない限り、その後7年間、有効に存続するものとする。

――――――――――――――― 解説 ―――――――――――――――

1 ❖契約の期間始期の決め方――西暦の特定の日
　本例文では、契約始期を特定の西暦の日で表示している。実務上、契約の始期は、「契

約の日」「契約調印の日」から有効と規定する場合も多い。契約調印の日から契約が有効となるという規定は合理的で現実的な規定である。ただ、実際の調印が遅れたり、調印の日に当初ブランクにしておいた契約書の調印日を書き込むような調印方式を取ると、始期が月の半ばの日になったりする。契約の始期を契約期間の規定で具体的で記載する方法は、始期を明確に決めることができ、便利である。

2❖「契約の日」の表現方法――the date of this Agreement; the date hereof

「契約の日」を契約書に記載する場合は、いくつかの表現の仕方がある。もっとも単純な表現は、"the date of this Agreement"である。契約書では同じ内容を別の用語で表現することがあり、たとえば、"the date hereof""the date first above written"といった表現も用いられる。契約書で使われる"here"は、"this Agreement"（本契約書）という意味であるので、"the date hereof"は、「本契約の日」となる。

また"the date first above written"というのは、本契約書の最初に現れた日のことで、前文に記載された日を指す。契約では、前文には契約締結の日を記載するから、これも契約の日を意味する。

3❖take effect（契約が発効する）

「契約が発効する」というにも、さまざまな表現方法がある。たとえば"become effective""come into force""have effect"などがある。どの表現を使ってもよい。

4❖remain in full force（有効に存続する）

「（…の間）契約が有効である」ことを表現する方法もさまざまである。"remain in effect""continue in effect"なども頻繁に使用される。

5❖期間満了日の規定の仕方

具体的に終了の日を記載することもできる。たとえば、本例文であれば、7年間の満了の日は20__年5月31日であるから、例文018のように記載する。

例文018 契約期間条項② | Term

◇契約は契約日に発効する
◇終了の日を具体的に記載する

> This Agreement shall take effect on the date hereof, and remain in full force until May 31, 20__.

［和訳］
本契約は本契約日に発効し、20__年5月31日まで有効とする。

―――――――――――― 解説 ――――――――――――

1 ❖ 期間の最終日

　本例文の＿＿には、たとえば終期年"20"を記載し、「2020年5月31日まで有効」というように使う。

　期間の最初の日や最終日が有効期間に含まれるか否かは、しばしば紛争の対象になる。そのため、念を入れて明記することがある。注意深い規定の仕方を例文019で紹介する。

契約期間条項③ | Term　　　　　　　　　　　　　　　　　　　　例文019

◇契約期間は一定期間とする
◇特定の日の算入を記載する

This Agreement shall commence on June 1, 20＿＿, and shall continue to and through May 31, 20＿＿.

［和訳］
　本契約は20＿＿年6月1日に開始し、20＿＿年5月31日（同日を含む）まで存続するものとする。

―――――――――――― 解説 ――――――――――――

1 ❖ continue to and through ...

　本例文の＿＿部には、たとえば始期、終期の年をそれぞれ"15"、"20"と記載し、「2015年に開始し、2020年5月31日（同日を含む）まで存続する」というふうに使う。

　具体的な日まで有効とする決め方のひとつである。"to"だけでなく"and through"という2語が加わって、そのすぐ後に記載される日（当日）も含まれることを明確にしている。

2 ❖ exclusive of ... , inclusive of ...

　特定の日を算入するかしないかを示す用語として、"exclusive"（その日を除き）、"inclusive"（その日を含み）という表現が使われることがある。訴訟手続きの法律文書などでは1日の差が勝敗を決することがある。厳密な表現を重視しても不思議ではない。

契約期間条項④ | Term　　　　　　　　　　　　　　　　　　　　例文020

◇自動更新条項（4年間有効とし、期間満了6ヶ月前に更新しない旨の通知がなければ2年宛て更新）

This Agreement shall become effective on the date first above written and unless sooner terminated pursuant to Article ＿＿ hereof, shall continue in effect for a period of four (4) years from such date, and thereafter shall be automatically extended for successive periods of two (2) years each, unless either party shall have otherwise notified to the other party in writing at least six (6) months prior to the expiry of this Agreement or any extension thereof.

[和訳]

　本契約は冒頭記載の日に発効するものとし、第＿条の規定に従い早期に終了しない限り、発効日から4年間有効とする。その後、当事者のいずれか一方が本契約またはその延長契約の満了日の6ヶ月前までに書面をもって別段に相手方に通知しない限り、継続する2年間ずつ自動的に延長されるものとする。

解説

1❖自動更新

　これは、コンサルタント契約、ライセンス契約、販売店契約、売買基本契約、フランチャイズ契約などで、自動更新により契約期間を延長していくという趣旨である。

　当事者のいずれもがその契約の履行状況に満足していれば、契約期間が満了するときに、何の連絡もしない。そのことによって、自動的に契約期間を延長していこうという仕組みである。期間満了時に契約を打ち切りたいと一方が考えた場合には、満了期間の6ヶ月前に自動延長しない旨、連絡すればよい。

2❖満了時の更新拒絶通知――6ヶ月の事前通知

　契約期間満了時の更新を拒絶したい事情があるときは、期間満了日の6ヶ月前に書面で通知をしなければならない。通知しなければ2年ごとの自動延長になる。実務上しばしば見落とすのは、いつまでに通知を出さなければならないか、という点である。

　6ヶ月の事前通知というのは、互いに終了後の対応を考慮し、長めの事前通知期間を設定している。「1ヶ月前」や「3ヶ月前」の事前通知により自動更新を拒絶できるより短い事前通知期間を設定することも多い。個別のビジネスと当事者の交渉力次第である。

　自動更新の方式という点で同じ趣旨の場合でも、表現の仕方にはさまざまなバリエーションがある。

例文021 契約期間条項⑤ | Term

◇自動更新条項（当初10年有効、以降3年宛て更新）

This Agreement shall become effective on ＿＿＿＿＿＿＿, 20＿, and shall, unless terminated pursuant to Article ＿, continue to be in force for ten (10) years thereafter. The said term of this Agreement shall be automatically extended for additional consecutive periods of three years each, unless terminated by either party hereto by giving the other party a written notice to that effect at least three (3) months prior to the end of the original term of this Agreement or any extended term thereof.

[和訳]
　本契約は20__年_____に発効し、第__条に従い終了しない限り、その後10年間有効とする。
　本契約の上記の期間は、本契約の当初期間またはその延長期間が満了する3ヶ月前までに、当事者の一方が相手方に対し本契約を終了させる旨の書面による通知をして終了させない限り、さらに継続する3年間ずつ自動的に延長されるものとする。

解説

1 ❖ 自動更新の仕組み

　当初の有効期間が10年であることと、更新拒絶の事前通知の期間が3ヶ月であることが特色である。その他は、例文020の自動更新条項と同じ趣旨である。期間満了3ヶ月前までにいずれからも契約終了の通知がない場合は、自動的に契約期間が3年間延長される。

2 ❖ 事前通知の期間の決め方——1ヶ月、3ヶ月、6ヶ月

　相手方が契約終了を予期していない、あるいは継続を希望する場合には、終了自体が簡単にいかなかったり、解除後の取り扱いをめぐってトラブルが発生したりすることがある。自動更新や事前通知だけの問題ではないが、事前通知期間が短すぎると、その解決の時間がなくなることがある。例文020で6ヶ月、本例文で3ヶ月の事前通知期間を規定しているのは、その解決期間を考慮したものである。

　解除だけを考えれば1ヶ月前の事前通知のほうが便利であるが、解決のための期間を考慮すると、それぞれ短所と長所があり、簡単に決められない。通知を受ける側に配慮すると、1ヶ月は酷かという気がする。ただ契約条項と割り切ると、契約上は最低1ヶ月前と決めておき、実際には早めに意向を連絡する方法もある。そう割り切れば、1ヶ月前の事前の更新拒絶の通知により契約終結できると規定するのもよいだろう。

　現実に、20年間続いた販売店契約を、契約に基づき1ヶ月前の事前通知により解約されたケースに遭遇したことがある。事前通知による契約終了は、一方に契約違反の事態が発生しているときだけではなく、むしろ好調なときにも起こるので、なかなか難しい。

契約期間条項⑥ | Term　　　　　　　　　　　　　　　　　　　　　　　例文 **022**

◇自動更新条項（当初1年、以降1年宛て2回更新）
◇比較的短期間の契約で終期を明示する

This Agreement shall be valid for a term of one (1) year after the Effective Date and shall be automatically extended on a yearly basis until or unless terminated by either party by giving to the other party ninety (90) days prior notice by register mail. However, in no event shall this Agreement continue beyond three (3) years after the Effective Date.

[和訳]
　本契約は、発効日から1年間有効とし、一方の当事者が他方の当事者に対し書留郵便による90日間の事前通知を与えて終了させない限り、自動的に1年ずつ更新されるものとする。ただし、本契約は、いかなる場合も、発効日から3年を超えて継続しないものとする。

―――――― 解説 ――――――

1❖on a yearly basis; from year to year
　「1年ごとに」の意味である。"shall be automatically extended on a yearly basis"は、"shall continue thereafter from year to year"と言い換えることができる。

2❖in no event
　「いかなる場合も、…しない」の意味である。"in any event, ＿＿＿ shall not"と置き換えることができる。

3❖最終期限を設ける方法
　本例文の第2文により、契約がどんな状況下でも（発効日から）3年間で終了することを明示している。ソフトウエア販売店、ライセンシー、フランチャイジー等に初めて起用する場合など、相手方の信用状態がよく分からない場合には、このように最終期限を明示して契約を締結できれば、契約終了の際に交渉で苦労しないで済む。予期に反して相手の実績がよければ、延長契約を結べばよいのである。

例文023 契約期間条項⑦ | Term

◇協議による更新（両当事者が合意した場合のみ更新）

This Agreement shall come into force on the date hereof and, unless sooner terminated, shall continue in effect for an initial period ending on April 30, 20＿＿.
Upon mutual agreement of the parties hereto, this Agreement may be renewed or extended for successive terms, pursuant to mutual agreed terms and conditions.

[和訳]
　本契約は契約締結の日に有効となり、早期に終了しない限り、20＿＿年4月30日に終了する当初期間、存続するものとする。

両当事者が合意した場合、本契約は、合意された条件に従い、継続する各期間につき更新または延長することができる。

解説

1 ❖ なぜ協議条項を置くのか
　サービス提供契約、コンサルタント契約、ライセンス契約、フランチャイズ契約、販売店契約、雇用契約などのように、相手方の能力・性格・誠実さなどが重要なファクター（要素）になる契約では、契約期間の決め方は工夫が必要である。

　自動更新条項は便利ではあるが、更新の際に当事者との協議や、実績を振り返ったり説明を求めたりする推進力になるとは限らない。十分な話し合いの機会がないまま終了、あるいは自動更新となりかねないリスクが含まれる。そこで、契約満了時に相互の誠実な協議により期間中の実績を振り返りながら、その後の方針を決められるように規定したのが、本例文の考え方である。

　近年、知的財産重視の潮流にあって、ライセンス契約にもかつての自動更新条項に代わり、このような協議による更新条項が増加しつつある。

2 ❖ 協議条項を置いた場合の課題
　いつ協議をし、いつまでに満了後の方針を決めるかが難問である。したがって、ひとつの解決方法は、協議をする時期をあらかじめ設定しておくことである。例文024と例文025で取り上げる。

契約期間条項⑧ | Term　　　　　　　　　　　　例文024

◇協議による更新（更新に合意しなければ終了）
◇更新について協議の実施とその期限を定める

Subject to earlier termination as provided in Article __ below, the term of this Agreement commences on the date first above written and will continue until December 31, 20__.
ABC and KVC agree to meet and confer concerning extension of the term of this Agreement no later than three (3) months prior to its expiry.

［和訳］
　下記第__条の規定に定める早期終了に服することを条件として、本契約の期間は冒頭に記載された日から始まり、20__年12月31日まで存続する。
　ABCとKVCは、その満了日の3ヶ月前までに、本契約の期間延長につき会合して協議することに合意する。

例文025 一般条項｜契約期間条項⑨
例文026 一般条項｜契約期間条項⑩

解説

1 ❖ 本協議条項のねらい

自動更新について不安が残る場合に、協議条項によって、契約終了日以降の延長について考えようというものである。

例文025 契約期間条項⑨ | Term

◇協議による更新
◇延長の協議の実施とその期限を定める

> This Agreement shall have effect as from the Effective Date. The term of this Agreement and the rights granted under this Agreement shall run from the Effective Date and shall end on December 31, 20＿＿, unless renewed by further agreement in writing between the parties hereto, such agreement to be agreed by ＿＿ ＿＿, 20＿＿.

〔和訳〕

> 本契約は、「発効日」に有効となる。本契約及び本契約により与えられた権利の有効期間は「発効日」に開始し、両当事者間の書面によるその後の合意により更新されない限り、20＿＿年12月31日に終了する。かかる合意は、20＿＿年＿＿月＿＿日までになされなければならない。

解説

1 ❖ Effective Date

「発効日」は契約書中で別途定義されている、という前提である。たとえば、例文015で"Effective Date"の定義条項を紹介した。政府許認可が絡んでいなければ、単に調印日（"the date of the execution by all the parties of this Agreement"）とすることができる。政府の許認可取得が要請されているケースであれば、許認可取得日（"the date on which the approval of the government of ＿＿＿＿＿＿＿＿＿＿ is obtained"）となろう。

2 ❖ 協議条項とする背景

自動更新条項とすると、更新時に契約が自動的に更新されるものであると販売店やライセンシー、フランチャイジー、コンサルタントが期待しがちになる。経済状況がはっきりせず、契約満了時の状況について予想が立たないときには、いったん契約を終了させることを原則とし、協議による延長の道を開いておくことがおこなわれる。この条項はそのような配慮から作成されている。数ヶ月前までに協議して延長の条件を決め、書面で確認できた場合は延長しようというものである。自動更新条項の場合は延長が原則となるが、この協議条項の場合は、更新のための協議次第で延長かどうかが決まる。

3 ❖ 協議の時期の取り決め

　本条項と例文024の条項の特色は、協議をおこない更新の条件を取り決めるミーティングあるいはコンサルテーションに期限を設定していることである。契約では、将来の不確かな状況を予見して、解決への仕組みを企画し用意しておくことが大事である。協議が調わなければ、契約は当初の期間満了とともに終了する。

　筆者は、実際に協議の整う期限について、期間満了の1～2ヶ月前までを設定することが多かった。しかし最近、オーロラ・ボレアレス社（ABC社）の法務部新人部員、飛鳥凛と話す機会を得た際、事業部（現場）の希望により期間満了の1～2ヶ月後に設定することもあると教えられた。飛鳥凛は、「取引は続けたいが、更新後のいくつかの条件が満了時までに合意できていないような場合には、ゆとりを持って期限設定をするのも選択肢のひとつと思います」と、笑顔で話していた。

契約期間条項⑩ | Term　　　　　　　　　　　　　　　　　　　　　　　　**例文026**

◇一定以上の販売実績を達成した場合は自動更新とする
◇自動更新に必要な販売額に達しない場合は協議による

This Agreement shall commence in full on the Effective Date and shall be effective for a period of twenty-four (24) months from the Effective Date that is up to March 31, 20__. If during the said period ABC have made Net Sales of the Products of at least US Dollars 5,000,000 (United States Dollars Five Million Only), then the term of this Agreement shall be automatically extended for a further period of twenty-four (24) months that is up to March 31, 20__.

If during the period of 24 months commencing on April 1, 20__ and ending March 31, 20__, ABC shall have made Net Sales of the Products of at least US Dollars 6,000,000 (United States Dollars Six Million Only) then the term of this Agreement shall be automatically extended for a further period of twenty-four (24) months that is up to March 31, 20__.

On or before the expiry of any period, unless automatically extended pursuant to the provisions of this Agreement, the parties shall hold discussions and negotiate with a view to achieving a mutually satisfactory extension agreement for a further period of twenty-four months, which would include the minimum Net Sales of the Products for such period.

［和訳］
　本契約は発効日に全面的に開始し、発効日から24ヶ月間、すなわち20__年3月31日まで存続する。

> その24ヶ月の期間中にABCが本商品を純販売額ベースで5,000,000米ドル（五百万米ドル）以上販売した場合には、本契約の期間はさらに24ヶ月間、すなわち20＿＿年3月31日まで自動的に延長される。20＿＿年4月1日に開始し20＿＿年3月31日に終了する24ヶ月の期間中にABCが本商品を純販売額ベースで6,000,000米ドル（六百万米ドル）以上販売した場合には、本契約の期間はさらに24ヶ月、すなわち20＿＿年3月31日まで自動的に延長される。
>
> 　本契約の条項に従い自動的に延長される場合を除き、本契約の期間の満了日までに、両当事者は次の24ヶ月間につき相互に満足できる延長契約を締結するために協議し交渉するものとし、その交渉項目は、契約期間中の最低純販売額を含むものとする。

解説

1❖自動更新と協議条項の組み合わせ

　自動更新条項と協議条項には、どちらも一長一短がある。実務上しばしば採用される妥協案は、一定の目標数値を達成した場合は自動的に延長させ、それを下回った場合は協議により延長するかどうかを、また延長する場合はその条件を決めるという方法である。ソフトウエア販売店契約、ライセンス契約、ディストリビューターシップ契約（販売店契約）、フランチャイズ契約などで取り入れられている。

　ソフトウエア販売店、フランチャイジー、ライセンシー、ディストリビューターなどにとっては、順調に販売目標を達成し、投資を増やしビジネスを伸ばしているときに、期間満了時期が来て契約が打ち切られてはたまらない。そのために、両者であらかじめ定めた販売目標を達成したときは、自動的に延長することを契約で決めておくのである。

　ビジネスが順調に伸びているときほど第三者が割り込んできて、ライセンサーなどに高い金額（ダウン・ペイメントやミニマム・ロイヤルティ）の支払いを申し出、商権をさらっていこうとする事態が起こる。この条項は、ライセンシーたちがそのような攻撃から自らを守る手段なのである。ライセンサーにしても、初めから相手方に一定の目標を課すことができ、更新条件を明示できるのは意味のあることである。

　この場合に大事なのは、洗練された表現でなくとも自動更新する条件を明確に分かりやすく規定することと、その効果をはっきりと記載する工夫である。詳しすぎると思われるくらい丁寧に表現してちょうどよい、と考える姿勢が大事なのである。

2❖net sales（純販売額）

　販売額には総販売額と純販売額とがある。具体的には定義次第であるが、純販売額では通常、総売上額から、リベート代、回収不能額、販売促進各費用等一定の費目が差し引かれる。

3❖契約終了時の更新の交渉

　契約期間終了時の更新交渉の規定は実際にはなかなか難しい。中立的な規定は、合意が成立したら更新することができる、という趣旨であろう。更新できるという保証はなく、交渉することができるというのが実際上の効果である。ただ、双方に満足のいく協議をし、更新の条件を整えるためにおこなうわけだから、その希望、目標を規定する。具体的

な交渉項目があるときは、あらかじめ項目（agenda）として記載しておく。

契約期間条項⑪ | Term
例文027

◇契約者の一方の随意（discretion; option）で延長できるという規定

ABC shall have the right, exercisable in its sole discretion, to renew this Agreement for additional terms of two (2) years each, by notifying KVC of such decision in writing, on or before March 31, 20__, and on or before March 31, 20__ immediately preceding the subsequent expiration dates.

[和訳]
　ABCは、本契約の満了日の直前の20__年3月31日までに、またその後の満了日の直前の20__年3月31日までにその旨の決定を書面をもってKVCに通知することにより、各回2年間ずつ本契約を更新する権利を有する。この権利は、ABCの単独の裁量により行使できる。

解説

1❖一方的に契約期間を更新する権利

　販売店契約やソフトウエア販売契約、ライセンス契約、フランチャイズ契約の中には、商権の維持上どうしても更新する権利を確保したい場合がある。そのような場合の解決策として、例文026のように一定の販売目標を達成した場合には延長できるという取り決め方がある。

　ただ、それでも不十分不安定だという考えに立った場合、どうしても更新したいときに必ず更新できる裁量権（discretion）・オプション（option）を持つという取り決めもある。一見交渉が難しいように思えるが、ビジネスの世界の交渉ではあらゆる選択・提案が可能であり、その可能性を追求する態度が求められる。実際に、どうしても更新権を確保したいフランチャイズ契約などで、採用されている。

　これはフランチャイズ契約でマスターライセンス契約が中途解除されるのは、どうしても困るというケースが少なくないからである。オプション・フィー（オプション権付与の対価）を支払ってでも、ライセンス許諾を確保することが必要なケースがある。ライセンス許諾の対象となる知的財産やフランチャイザー、ライセンサーの事業や事業部門を買収しても確保を図るときさえある。

2❖in its sole discretion

　「単独の裁量により」の意味である。この条項の権利は非常に強いものであり、オプションと呼ばれることもある。行使してもよいし、しなくてもよい。その決定について理由はいらない。

例文028 一般条項｜契約期間条項⑫
例文029 一般条項｜契約期間条項⑬
例文030 一般条項｜契約期間条項⑭

例文028 契約期間条項⑫ | Term

◇特許期間満了まで有効とする規定
◇簡略版

The term of this Agreement shall be from the date hereof until the last to expire of the KVC Licensed Patents.

[和訳]
　本契約の有効期間は、本契約の締結日からKVC許諾特許が最後に満了する日までとする。

―――― 解説 ――――

1❖特許の期間終了と特許ライセンス契約の有効期間
　特許ライセンス契約では、特許が消滅しても関連するトレードシークレット部分のライセンスが残っているから等の理由で、すべての特許の有効期間終了後もライセンサーからロイヤルティの支払いを求める趣旨の契約条項を提案してくることが多い。
　しかしライセンシーの側からいえば、特許消滅と同時に当該特許のライセンス契約の期間は終了させたい。少なくとも、特許ライセンスとトレードシークレット・ライセンスを区別し、特許消滅後はトレードシークレット・ライセンスに対するロイヤルティのみの支払いに変更したい、とライセンシーが考えても不思議はない。本例文は、そのようなライセンシーの立場を端的に表現したものである。
　いくつかある特許がすべて終了した段階でライセンス契約は終了し、ロイヤルティの支払いは終了する。

2❖特許終了後の措置
　特許が切れた段階で、特許ライセンス契約は終了する。この例文の趣旨からいえば、その後、ライセンシーは継続して特許の対象であった製造方法などを使用でき、しかもロイヤルティの支払い義務はなくなるということである。

例文029 契約期間条項⑬ | Term

◇特許期間満了まで有効とする規定
◇詳細な規定

Unless previously terminated in accordance with any of the provisions of this Agreement, this Agreement and the license granted hereunder shall run until midnight on the expiration date of the last KVC Licensed Patents to expire, and shall thereupon terminate; provided, however, that ABC's obligation to pay royalties shall terminate as to each

KVC Licensed Patents at midnight on its respective expiration date as provided in Article _____.

［和訳］
　本契約の規定に従い満了前に終了する場合を除き、本契約及び本契約に基づき許諾されたライセンスは、最後に満了するKVCの許諾特許の満了日の午後12時まで有効とし、その時点で終了するものとする。ただし、ABCのロイヤルティ支払い義務は、KVCの各許諾特許につき本契約第__条に規定する当該特許の満了日の深夜（午後12時）に終了するものとする。

解説

1 ❖ 特許満了とライセンス契約の終了の詳細な規定
　本例文も例文028と同趣旨であるが、ロイヤルティの支払い義務の終了についてや、複数ある特許権に対するロイヤルティの支払い額がそれぞれ別個に規定されていることが明確にされている。それぞれの特許の満了ごとに、ロイヤルティ支払い義務が終了していくという仕組みである。例文028では、そこまで詳細には規定がなく、それだけにライセンサー側とライセンシー側とは別の解釈と期待をしているかもしれない。本例文の規定は詳細すぎるほどだが、争いを防ぐには有効である。

2 ❖ provided, however, that ...
　「ただし、…を条件とする」という趣旨である。"provided that ..."の場合は、「…を条件として（on a condition that ...）」の意味となる。

契約期間条項⑭ | Term　　　　　　　　　　　　　　　　　　　　例文**030**
◇合弁事業会社が存続する限り有効とする規定
◇合弁事業契約等の期間

This Agreement shall become effective on the Effective Date and shall remain in force as long as the joint venture company continues to exist, unless earlier terminated as provided for in this Agreement.

［和訳］
　本契約は発効日に有効となるものとし、本契約に規定する通りそれ以前に終了する場合を除き、合弁事業会社が存続する限り有効とする。

例文031 一般条項｜契約期間条項⑮
例文032 一般条項｜契約期間条項⑯

解説

1❖合弁事業契約等の契約期間──半永久的

契約期間には終了時期を予定しないケースがある。たとえば、合弁事業契約のように「半永久的」というものがある。合弁事業会社が存続し、合弁事業の当事者(株主)が主要株主として協力する限り、終了させる理由がない。

2❖合弁事業契約の終了

当事者の一方が、破産、倒産したり、全株式を譲渡して撤収してしまった場合や、合弁事業を解散するような場合には、合弁事業契約は終了する。いずれも例外的なケースばかりである。あらかじめ、このような中途解除事由を契約の中で取り決めておく。

例文031 契約期間条項⑮ | Term

◇一定期間
◇一方のみが中途解除権を持つ

This Agreement shall remain in effect until July 31, 20__, unless it is terminated by KVC as follows:
(a) Any of the permits and approvals of government of _____ necessary for the construction by ABC or its assignee of the Project has not been obtained by ABC on or before December 31, 20__.
(b) Construction of the Project has not been commenced by ABC on or before December 23, 20__.
(c) ABC or its assignee has materially violated the terms of this Agreement.

[和訳]
　本契約は、下記の条項に従いKVCが終了させない限り、20__年7月31日まで有効とする。
(a)ABCまたはその譲受人による本プロジェクトの建設に必要な_____政府の許認可がABCによって20__年12月31日までに取得されなかったとき。
(b)本プロジェクトの建設がABCによって20__年12月23日までに開始されなかったとき。
(c)ABCまたはその譲受人が本契約の条項について重大な違反をしたとき。

解説

1❖一方が解除権を持つ場合

契約違反や一方に責任のない別の理由であっても、一定の前提条件が満たされないときには、他方が一方的に解除できることを明示する契約期間の取り決め方がある。本例文は

その一例である。一方のみが解除権を保有しているのは、相手方は解除よりもその取得期限、開始期限を延ばすことを希望しているからである。

2❖許認可を一定期限までに取得する条件

プロジェクトによっては、関係政府当局あるいは地方公共団体からの建設了解が必要となる場合がある。近隣住民の了解やパーク・施設の建設用地の確保が前提条件となるケースもある。

たとえば、外国の人気の高いパークや施設の名前（パーク名）・デザイン・ノウハウの使用ライセンスを得て、日本版のパーク・施設をライセンサーの技術指導や助言を得て建設し運営するケースを想定してみればよい。

契約期間条項⑯ | Term   例文032

◇いずれの当事者からも中途解除を認めない
◇ファイナンス・リース契約

> The term of this Lease for _____ shall commence on the Delivery Date, and, unless sooner terminated as provided herein, shall continue for a period of sixty (60) months.
>
> This Lease shall not be subject to termination by KVC, except pursuant to Article __ hereof, nor by ABC, for any reason whatsoever.

[和訳]
　_____に関する本リースの期間は引き渡し日に開始するものとし、本契約に定める通り早期に終了しない限り、60ヶ月間存続するものとする。
　本リースは、第__条による場合を除き、KVC（貸主）により解除されないものとし、また、理由のいかんを問わず、ABC（借主）により解除されないものとする。

解説

1❖中途解除できない契約

リース契約は、名称はリースとはいうものの、実態はリース対象商品または施設を購入し、長期間の分割支払いとなる割賦販売と似通っているものがある。このようなリースはファイナンス・リースと呼ばれることがある。

ファイナンス・リースでは、リース対象機器が他の借り手に転用できないことがある。

また、事務所のリースなどでも、一定期間解除しないという約束をすることにより、有利なリース料、リース条件を獲得することがある。

2❖中途解除を認めない理由と背景

貸し手（lessor）側は、このリースによるリース料受け取り債権を担保にファイナンスを

受ける場合がある。借り手(lessee)側からの中途解除を認めると、担保とならなくなる。

例文033 契約期間条項⑰ | Term
◇一定期間の契約
◇期限のある雇用契約

Robin's employment by KVE under this Agreement shall commence on April 1, 20__, and shall continue to and through March 31, 20__, or such earlier date on which this Agreement may be terminated pursuant to Article __ (Termination).

［和訳］
　本契約上のKVEによるロビンの雇用は、20__年4月1日に開始し、20__年3月31日（この日を含む）または第__条（終了）の規定に従い本契約が早期に終了される日まで、存続するものとする。

―― 解説 ――

1❖期間の定めがある雇用
　本例文は、KVE（カレン・ビュー・コーポレーションの子会社）によるRobin（イギリス人 Robin Hood）の雇用契約の一部である。
　期間の定めがある雇用契約は珍しくない。その業績への貢献次第で延長もありうるが、契約では特に約束していない。有期（たとえば1年）の雇用契約では、その合法性と強行労働法規による更新の可否や更新回数の制限について、事前に丁寧に調査することが重要である。たとえばベトナムで雇用契約を締結する場合には、更新回数の制約と違反の効果が重要なチェックポイントになる。

2❖continue to and through ...
　「…まで存続する」という意味であるが、最終日が入るのか入らないのかを明確にするために、"and through"を加えている。最終日が入る（inclusive）ことを、念を入れて示す表現である。

第 3 節　通知条項 Notice

　契約の履行や解除に関連し、通知はしばしば重要な役割を果たす。売買契約やプロジェクト契約では、履行のため適時に通知をし、相手方に契約履行の準備をさせたり、相手方の指示や意向を確認したりすることが必要な場合がある。また、本章第2節「契約期間条項」で取り上げた自動更新条項の手続きや更新拒絶をするときは、適時の通知が絶対条件になる。

　また相手方が規模の大きな企業の場合、通知にあたっては、担当部署までを詳細に記載しないと、正確に相手方に渡るまでに予想外の日数がかかる場合があるので注意が必要である。ところが、契約書の通知条項では、「契約書の冒頭に記載の住所宛てに送付する」とだけ規定されているケースが少なくない。正確な宛て先の記載されていない通知(notice)では、該当しそうなセクションを順番に回覧しかねない。著者(山本)のように同姓の多い場合は、重要な連絡まで同姓の別人に届けられたり、順次心当たりを回覧されていて、期日に遅れてしまうこともしばしばである。

通知条項① | Notice　　　　　　　　　　　　　　　　例文034

◇標準的な規定
◇航空書留郵便かファクスを利用する

All notices required or permitted to be given under this Agreement shall be in writing in the English language and shall be given by registered airmail letter or by telecopy to the addresses shown below or to such other addresses as the parties may designate in writing. Notices given by telecopy shall be deemed to have been received on the day following its dispatch and notices given by registered airmail letter shall be deemed to have been received seven (7) business days after mailing.

If to KVC　：　Karen View Corporation
　　　　　　　xxx California Street, San Francisco,
　　　　　　　California, 94100 USA
　　　　　　　Attention: Miss Karen View
　　　　　　　　　　　　CEO and President
　　　　　　　Telecopy: ＿＿＿＿＿＿＿＿

If to ABC　：　Aurora Borealis Corporation
　　　　　　　x-x, Kanda-Surugadai 1 chome,
　　　　　　　Chiyoda-ku, Tokyo, 101-xxxx Japan
　　　　　　　Attention: Mr. Shion Keats
　　　　　　　Executive Managing Director

Telecopy: _____

[和訳]
　本契約で与えることを要求されるか許されるすべての通知は、書面をもって英語でなされなければならない。
　通知は、下記の住所または当事者が書面をもって指定する他の住所宛てに書留航空郵便またはファクスにより与えられるものとする。ファクスによる通知は送信の翌日に受領されたとみなされ、書留航空郵便による通知は投函から7営業日後に受領されたとみなされる。

KVC宛ての場合：米国カリフォルニア州　94100
　　　　　　　　サンフランシスコ市カリフォルニア・ストリートxxx番地
　　　　　　　　カレン・ビュー・コーポレーション
　　　　　　　　CEO兼社長　カレン・ビュー様気付
　　　　　　　　ファクス：

ABC宛ての場合：101-xxxx　日本国東京都千代田区神田駿河台1丁目x-x
　　　　　　　　オーロラ・ボレアリス株式会社
　　　　　　　　代表取締役　紀伊津志音様気付
　　　　　　　　ファクス：

解説

1 ❖ 通知方法──書留郵便、ファクス

　通知方法は、実際には書面を直接に手渡す（by hand）方法や、電話、電信なども活用される。通知方法の規定では、その中から代表的で双方にとって便利な手段を決めておくものである。"telecopy"はファクシミリ、ファクスと訳すこともできる。

2 ❖ 通知の効力が発生する日

　自動更新やクレーム提起、解除の手続きでは、いつ通知がなされたことになるのかが決定的に重要な問題である。その場合の判断基準として、相手方が受領したとみなす日をあらかじめ契約で決めておく規定である。推定ではなく、みなし規定である。立証の場合、このみなし通知規定が頼りになる。相手方が反論できない強い効果がある。
　実際の規定では、いつ受領したと見るかについて、郵便発送の3日後、5日後、10日後（暦日ベース）など、さまざまな定め方がある。実際に受領した日に通知がなされたという規定の仕方もある。わざわざ郵便料金先払い（支払い済み）という規定を記載することもある。
　ファクスについては、いつ受領されたのか実際に届いたのかが紛争になりかねないので、ファクス発信後に航空郵便でもう1通送ると決めることもある。その場合は"All communications by telecopy shall be confirmed by registered mail."という。

3 ❖ business day(s)

本例文では、営業日だけを基準に日数を数える方法を取っている。祝日や休日が間に入ると、それだけ（みなし）受領の日が遅くなる。営業しているかどうかにかかわらず数える場合は、"calendar day(s)"を使う。この場合は、祝日・休日を含めて期間を数えることになる。

4 ❖ 通知が重要な意味を持つケース

契約書で通知が要求されているケースとは、たとえば、「不可抗力事由の発生」「解除通知」「クレーム提起」などである。いずれも緊急で重要な通知である。

通知条項② | Notice　　　　　　　　　　　　　　　　　　　　例文035

◇通知方法を限定しない

All notices required or permitted to be given under this Agreement shall be in writing and may be given by any means reasonably calculated to reach the other party including but without limitation telex, telefax, or prepaid registered airmail addressed to such party at its address shown below or such other addresses as the parties may designate in writing:

ABC － By Mail　　　　　　：

　　　　　Attention　　　：
　　　　　Telex　　　　　：
　　　　　Telefax　　　　：

KVC － By Mail　　　　　　：

　　　　　Attention　　　：
　　　　　Telex　　　　　：
　　　　　Telefax　　　　：

Notices given by telex or telefax shall be deemed to have been received on the day following its dispatch and notices given by registered airmail shall be deemed to have been received ten (10) calendar days after mailing.

［和訳］

本契約に基づき与えることを要求されるか認められるすべての通知は書面でなされるものとし、相手方に届くと合理的に思われるいずれの方法によっても与えることができる。その方法は、下記に記載の住所または当事者が書面をもって指定する他の住所の相手方に宛てたテレックス、ファクスまたは郵便料先払いの書留航空郵

便を含み、それらに限定されない。

```
ABC  ：  郵便の場合： _____
         気 付     ： _____
         テレックス： _____
         ファクス ： _____
KVC  ：  郵便の場合： _____
         気 付     ： _____
         テレックス： _____
         ファクス ： _____
```

テレックスまたはファクスにより与えられる通知は、送信翌日に受領されたとみなされ、書留航空郵便により与えられる通知は、投函から10暦日後に受領されたとみなされる。

解説

1 ❖ 通知方法を限定せず、例示のみとする

例文034とほぼ同趣旨であるが、通知方法を限定せず例示にとどめている。

2 ❖ 受領されたとみなされる日

テレックス、ファクス、書留航空郵便について、それぞれ発信または投函の日より、翌日、10暦日後に受領されたという扱いをする。

実際にみなし規定よりも早く受領されたときは、その実際の受領の日に受領されたと扱ったほうがよいという考えも有力である。その考え方を取り入れた取り決めを、例文036で紹介する。

例文036 通知条項③ | Notice

◇実際に受領された日と、みなし受領日のいずれか早い日に受領されたとする

Any notice required to be given under this Agreement shall be in writing and shall be sufficiently given to the party to be served if delivered personally or sent by registered mail or by telex bearing the addressee's answerback code; in the case of KVC to _____ _____ California 94100 USA marked for the attention of Miss Karen View, and, in the case of ABC to _____ Tokyo 101-xxxx Japan for the attention of Mr. Shion Keats.

Any notice served by registered mail or by telex as aforesaid shall be deemed served on the earlier of actual receipt or the expiry of 120 hours after posting (excluding Saturdays, Sundays and public holidays in the area of posting or destination).

［和訳］

本契約上与えることが要求される通知は書面でなされるものとし、直接手渡しで届けられるか、書留郵便で送付されるか、または送信先のアンサーバックコードを付したテレックスで送信したときに送達先に十分に与えられたものとする。KVC宛ての場合には、米国カリフォルニア州94100＿＿＿＿＿＿＿＿＿＿、カレン・ビュー女史気付として送付し、ABC宛ての場合には、101-xxxx日本国東京都＿＿＿＿＿＿＿＿、紀伊津志音氏気付として送付するものとする。

上記の書留郵便またはテレックスによって送達された通知は、実際の受領日または投函から120時間後(ただし、土・日曜と発信・受信地の祝日を除く)のいずれか早い日に送達されたとみなされる。

解説

1❖通知方法――personal delivery; delivery by hand

通知には、直接書類を届ける方法もある。そのような通知方法を排除する理由はないので、本例文では採用している。“delivered personally”は、“delivered by hand”という言い方もある。郵便によらず、直接手渡す方法である。“by hand”を使った例を例文037で紹介する。

2❖実際に受領された日または送付後120時間後の早い方

実際に相手方によって受領された通知の日を、みなし規定によって遅らせる理由はない。このような考え方から設けられたのが、本例文の方式である。実際に受領された日だけにすると、相手方が受領したことを送付側が立証することが容易ではないので、みなし規定と融合させた規定としている。

考え方としては正しいが、実際に受領したことを否定するほうが有利になる立場の、いわば敵である相手が、わざわざ認めるかという反論がある。そのため、実際に受領した日はあまり実際的ではないという考え方に立つと、例文035(投函後10暦日後)や例文037(送付後5営業日後)のようにみなし受領を中心とした規定になる。

3❖electronic mail(電子メール)による通知の扱い

electronic mail(電子メール)による通知を正式な通知方法として扱うかどうか、また、通知方法として認めるとした場合に、いつ通知の効果を発生させると規定するか、についてはいくつかの選択肢がある。国によっては技術的なエラーもあり、到達の信頼性に欠けることがある。たとえば規定の仕方の1つは次の通りである。

“Any electronic mail to the electronic mail addresses set forth below shall be deemed to have been received by the other party on the earlier of actual receipt or the expiry of 120 hours after the time on which such notice is dispatched.”

電子メールの通知には、受領者から反論も含めて返信されることが多い。実際の受領時点が基準となる。この趣旨の規定の表現には、いくつかの方法がある。たとえば例文中の“to have been received by the other party”は、“to be effective”または“to have been given”とすることもできる。

例文037 通知条項④ | Notice

◇delivery by handを含む簡略版
◇送付後5営業日目に通知されたものとみなす規定

All notices to either party required under this Agreement shall be in writing and shall be delivered or sent to such party either by hand or by registered mail at the address first set forth above.
Any such notice shall be deemed given when delivered personally or, if sent by registered mail, five (5) business days after being sent.

[和訳]
　本契約により要求される一方当事者に対するすべての通知は書面でなされるものとし、冒頭に記載した住所で相手方に手渡しするか、または同住所の相手方に書留郵便で送付しなければならない。
　通知は、実際に手渡しされたとき、または書留郵便で送付されたときは、送付後5営業日目に与えられたとみなされる。

― 解説 ―

1 ❖ delivery by hand(手渡し)

　実務上"delivery by hand"(手渡し)には、自ら渡すだけでなく、クーリエサービスを使って届けることも含まれる。郵便を使わず、いわばドキュメントを届ける飛脚を起用するのである。現実に、米国のサンフランシスコなどの大都市では、他の大都市間への書類送付や同じ市内の数百メートル離れた相手先に対して、このクーリエサービスが広く活用されている。送付用の書類を入れた封筒の上に"By hand"と目立つように書かれており、渡したときにその受取証を受け取る。訴状を届けるサービスを"process server"と呼ぶ。
　このクーリエサービスが送付した場合に、書留郵便と同じ信用を与えてみなし規定を適用するのか、"by hand"の規定を適用して実際に渡した日とされ有利に働くのか、さまざまな議論が可能になる。そこでクーリエサービスを書留郵便と同様に扱うという考え方も成り立つ。それが例文038によるクーリエサービスの扱い方である。国際的に認められたクーリエサービスには、DHL、フェデックスなどがある。

2 ❖ 5日後に通知されたとみなす

　本例文では、送付後5日目に通知の効果が発生すると規定している。「日」だけだと、土・日・祝日が計算に算入されるかどうかが曖昧になる。ここでは営業日に限っている。営業日も別途定義の必要な用語である。
　なにもみなし規定などなくてもよいではないか、実際に受け取った日にすればよいではないかとの意見もある。ただ、現実の紛争の中で、受取人側が「そのような通知は見ていない」と、通知のあったことを否定するケースがある。そのような場合に、相手方が通知を受領したことを、送付した側が立証できるように、みなし規定を置いている。そのため

に、書留郵便でなければならないとしている。普通郵便では、いつ投函、送付したのかを立証することができない。

通知条項⑤ | Notice
例文038
◇クーリエサービスを書留郵便と同格に扱う、みなし通知規定を置く

Any notice required or permitted to be given hereunder shall be in writing and shall be addressed to the parties at their respective addresses first above written in this Agreement, to the attention of the person who executed this Agreement on behalf of such party (or to such other address or person as a party may specify by notice given in accordance with this Article). All notices shall be deemed given the day of receipt of facsimile transmission, seven (7) days after mailing by certified mail, return receipt required, or seven (7) days after sending by a internationally recognized courier service which provides a delivery receipt, including DHL and Federal Express.

[和訳]
　本契約上与えることを要求されるか認められる一切の通知は書面でなされるものとし、本契約の冒頭に記載した住所に宛て、各当事者を代表して本契約に署名した人を気付として（または本条に従って与える通知により当事者が指定する他の住所または人に宛て）送付されるものとする。すべての通知は、ファクシミリによる場合はその受信日、受領通知付き配達証明郵便による場合は投函後7日目、DHL、フェデラル・エクスプレスをはじめとする国際的に認知された配達証を発行するクーリエサービスによる場合は発送後7日目に到着したとみなすものとする。

解説

1 ❖ クーリエサービスのみなし配達規定──DHL、フェデックス

　通知の有無が、不可抗力や自動更新拒絶、契約の不履行による解除、契約譲渡の通知に与える効果・影響は、契約の存続やビジネスの基盤にも影響するほど重大である。クーリエサービス（courier service）の利用が進んでいる今日、通知の際にどのように扱うかは、緊急の課題のひとつである。

　本例文の規定は、クーリエサービスにも一定の認知をおこない、国際的に認知されたものについては、みなし配達規定を置いている。DHL、フェデックス（FedEx）がその代表的なものであり、この2社を含む旨、規定している。

　他のクーリエサービスについてはその信用次第で、両者の合意により追加していけばよい。一方の当事者から買収されて、虚偽の証言や証拠（配達受領証明）を提供する業者がいては困るのである。郵便と同じほど両当事者が信用を置くことのできるクーリエサービス

かどうかが、判断の分岐点である。

2❖to the attention of the person who executed this Agreement on behalf of such party;「当事者を代表して本契約に署名した人を気付として…」

本例文は、契約書の冒頭の住所記載に加えて、署名欄の署名者の記載を活用して通知条項に規定する方法である。このスタイルは新しくまだ一般的ではないが、実際に実務として担当してみると、なかなか合理的で便利な規定である。

クーリエサービスの活用といい、本例文は、ビジネス実務の実情を踏まえた現実的な対応を取り入れている。契約書のドラフティングにおいては一般条項として軽く扱うことの多い規定にも、実務をよく見て注意を払っていると、実情に合わせた改定の余地があることに気づかされるという一例である。

3❖execute this Agreement;「契約に署名する」

"execution of this Agreement"は、「契約の署名」である。"execute; execution"は、実務の上では執行や履行ではなく、調印やサインを意味する。契約の解釈をめぐる紛争で、"execution"を「履行」「執行」と、外国企業でさえ主張することがある。注意を要する用語である。

例文039 通知条項⑥ | Notice

◇電報、海外電報を加えた規定
◇実際に受領されたときに通知がなされたとし、みなし規定を置かない規定
◇通知の写しを送る規定

All notices and other communications hereunder shall be in writing, and shall become effective when received, and shall be delivered by registered or certified mail, return receipt requested, postage prepaid, or by telex, telegram, telecopy (so long as receipt is acknowledged) or cable (with prompt confirmation by registered mail), addressed as follows:

If to KVC, to it at:
_____
_____ California 94100 USA
Attention: _____
Telecopy: _____
Telex: _____
Answerback:
If to ABC, to it at:
_____
_____
Attention:
Telecopy:

Telex:
Answerback:

With a copy to:
Robin Hood & Company Limited
_____
_____ England

or such other address as any party hereto shall have notified the other party in accordance with this Article.

[和訳]
　本契約に基づくすべての通知及び他の通信は書面でなされるものとし、相手方により実際に受領されたときに有効となるものとする。さらに、下記を宛て先として、書留郵便もしくは郵便料先払いの配達証明便、または（受領の確認がとれる限り）テレックス、電報、ファクシミリもしくは（送信後、ただちに料金先払いの書留郵便で速やかに確認される限り）海外電報によって送付されるものとする。
　KVC宛ての場合、下記住所の同社：
　米国カリフォルニア州　94100
_____
_____気付
　ファクシミリ：
　テレックス：
　アンサーバックコード：
　ABC宛ての場合、下記住所の同社：
_____
_____気付
　ファクシミリ：
　テレックス：
　アンサーバックコード：

　写しを下記に送付すること：
　ロビン・フッド・アンド・カンパニー・リミティッド
_____
_____
　英国

上記の住所は、一方当事者が本条に従い相手方に通知した他の住所に変更されることがある。

解説

1 ❖ 実際に受領した日を通知の日とする

先に紹介してきた通知条項では基本的に相手方を信用していないため、みなし規定により、通知を送った側の立証を容易にすることに重点を置いていた。その代わりに、実際に到着するより少し余裕を置き、通知を早く送るよう促すという考えがあった。本例文の規定は、長期間にわたるよきパートナーとしてビジネス関係を築いている当事者の場合は、なにもみなさ（deem）なくても、実際に到着したときで十分ではないかという考え方によるものである。

2 ❖ 各種送信の通知到着の確認

技術的に通知の受領を確認する仕組みが構築されれば、それで確認とするとの考えである。重要な客先であれば互いに訴訟を考えることができないから、むしろ話し合いで解決する場合のベースと考えようというケースもある。普段から着信の確認を互いに丁寧におこない、紛争を防ごうという取り決め方もあるのである。

今後は、インターネット、e-mail等、電子取引の発達により、さまざまな通信方法が利用されるだろう。それぞれの通信手段にどの程度、契約上の「通知」の効果を持たせるか、その規定をどうするかが、技術的な進歩も含めた課題である。証拠保全の面と到着の確実性の問題があり、技術的な解決方法の進展が待たれている。

3 ❖ With a Copy to: 写しの送り方

本例文で紹介したのは、通知の「写し」を送るケースである。

ビジネスでは、契約の当事者ではないが、その取引を支える関連当事者がいるケースがある。この例文では、サンフランシスコのカレン・ビュー・コーポレーションが、英国のロビン・フッド社の創作したコンピューター・ソフトウエアの米国・アジア向け販売代理権を保有し、日本のオーロラ・ボレアリス株式会社に供給するというビジネスである。そのため、契約当事者ではない英国のロビン・フッド社にも重要な報告や連絡を入れ、契約履行上のコミュニケーションをよくしようとしている。代理店や契約の履行の補助者、履行保証人にも写しを送ることがある。この契約に基づくビジネスについて写し送付先の協力を確保するのが目的である。

第 4 節 | 最終性条項と修正・変更条項　Entire Agreement; Amendment and Modification

　英文契約書では、その取引事項について契約調印までに取り交わした文書、口頭の了解事項をすべて統合した形で最終的な契約書を作成するというのが、プラクティス(慣行)となっている。したがって契約書のドラフトの段階で、取り決めるべき事項がすべて規定されているかどうかは、十分チェックする必要がある。

　ただ、すべての事項を取り決めても、口頭で修正や変更が簡単になされるようでは、契約書をせっかく苦心して作成した意味が半減してしまう。そのため英米法のもとでは、いったん完全な契約書を作成した後は、修正・変更方法についても厳格な手続きを規定し、口頭による修正や変更は認めない方針が採用されている。

　具体的にいえば、英米の契約書の基本的な態度として、紛争を避けるためにすべての契約の内容、条件を文書にし、双方が署名し確認する。文書化されていない合意は契約内容として認めない。これを口頭証拠排除の原則(parol evidence rule)と呼んでいる。そのルールを具体化したのが最終性条項(Entire Agreement)であり、そのルールをさらに徹底化したのが修正・変更条項(amendment and modification)である。これらの規定のねらいは、相手方が契約締結後、口頭契約、了解事項(oral agreement; oral understanding)により契約を修正または変更したと主張するのを排除することにある。実際に口頭で修正や変更をしたときは、ただちに書面契約にするのが実務的な対応である。

　実務面から見れば、見出し(タイトル)が最終性条項となっている場合は、その大半の条項が同時に、修正・変更条項を第2文にともなっている。これから紹介する各例文条項は、表題は最終性条項となっているものの、その規定の内容は、最終性条項(entire agreement)と修正・変更条項(amendment and modification; no modification)を含んでいるものが大半である。

最終性条項① | Entire Agreement　　　　　　　　　　　　　　　例文040
　◇標準的な表現
　◇変更条項を含む

> This Agreement constitutes the entire agreement between the parties and supersedes any prior written or oral agreement between the parties concerning the subject matter. No modifications of this Agreement shall be binding unless executed in writing by both parties.

> ［和訳］
　本契約は、両当事者間のすべての合意を網羅しており、本件主題に関する両当事者間の書面または口頭による従前の一切の合意に優先する。本契約の変更は両当事

者が署名した書面によらない限り、拘束力がないものとする。

解説

1❖最終性条項のねらい

せっかく契約を締結できても、相手方が次々と契約書に記載のない条件や了解事項を主張し始めると、契約書を作った意味が薄れてしまう。本条項のねらいは、この契約書以外の了解事項や合意事項を、相手が後から持ち出すのを防ぐことにある。逆の効果として、自分のほうからも契約書に記載のないことをいい出せないので、注意を要する。

2❖補足的な合意事項の確認の仕方

重要な事項で記載されていないものがあれば、面倒であっても記載するよう主張しなければならない。契約書の中で記載できれば理想的であるが、追加補足了解事項として別途確認書を作り、相手方の同意を確認する署名を得ておけばよい。例文のひとつを第2章第3節「レター形式の契約書の書き方」の項目で紹介している（例文003参照）。

3❖変更契約

契約締結後、内容を変更したい場合はどうするか。別途、変更契約を作成し、両当事者の権限ある者が調印し確認する、というのがこの条項の第2文の趣旨である。書面であることと署名されることが絶対的な条件であるが、書面であれば契約書スタイルでも、レター・アグリーメント方式でもよい。第13章「各種契約」第4節「解除・修正契約」の例文と解説も参照されたい。

例文041　最終性条項② | Entire Agreement

◇詳細で丁寧な表現
◇補足・変更・修正条項を含む

This Agreement constitutes the entire agreement between the parties pertaining to the subject matter contained in it and supersedes all prior and contemporaneous agreements, representations and understandings of the parties.

No supplement, modification or amendment of this Agreement shall be binding unless executed in writing by both parties.

［和訳］

本契約は、本契約に含まれた主題に関する当事者間のすべての合意を網羅しており、両当事者の以前及び現在のすべての合意、表明及び了解事項に優先する。

本契約の補足、変更または修正は、両当事者が署名した書面によらない限り、拘束力がないものとする。

解説

1 ❖ subject matter

契約の対象となっている事項を指す。例文040でも使われている用語である。

2 ❖ all prior and contemporaneous agreements

通常の最終性の規定では、「本契約書を締結するに至る以前の」という趣旨の"prior agreements"と表現されるところである。ところが本例文では、それだけでは厳密には契約締結と同時に交わされた了解事項や別途の合意を否定できない、というリスクに着目している。その主張の余地をなくすため、"contemporaneous"（同時の）という用語を加えている。

3 ❖ representations and understandings

契約締結以前の「合意」に優先すれば十分ではないかとの思いに満足せず、「表明」や「了解」事項まで打ち消している。合意に至る前の段階の「説明」「了解」である。通常は、広い意味での「合意」に含まれるはずとの理解から、ここまで具体的に細かく言及しないことが多い。

最終性条項③ | Entire Agreement　　例文042

◇簡潔でやさしい表現
◇修正条項を含む

> This Agreement contains the entire agreement of the parties with regard to the matters contained herein, and may not be amended except in a writing signed by both parties.

[和訳]

> 本契約は、本契約に含まれた事項についての当事者のすべての合意を含んでおり、両当事者が署名した書面による場合を除き、修正することはできない。

解説

1 ❖ 簡潔さ

本例文では、余分な言葉や言い回しを一切省いて、最小限の重要なポイントのみを押さえて最終性と修正の方法を規定している。

2 ❖ except, unless

それぞれ「…という場合を除き」「…でない限り」の意味で、どちらの言葉も、いわゆる除外項目や例外的なケースを規定するための用語である。

例文043 一般条項｜**最終性条項④**
例文044 一般条項｜**最終性条項⑤**

例文043 最終性条項④ ｜ Entire Agreement

◇フォーマルで丁寧な表現
◇修正・変更条項を含む

> This Agreement sets forth the entire understanding and agreement between the parties as to the matters covered herein, and supersedes and replaces any prior understanding, statement of intent or memorandum of understanding, in each case, written or oral. This Agreement may not be amended or modified except by an instrument in writing signed by each of the parties and expressly referring to this Agreement.

［和訳］

　本契約は、本契約で取り扱われた事項に関する当事者間のすべての了解と合意を規定するものであり、書面または口頭による従前の一切の了解、意図の表明、了解覚書に優先し、それらに取って代わるものである。
　本契約は、各当事者によって署名され本契約に明確に言及する証書による場合を除き、修正または変更することができない。

解説
---

1 ❖set forth

　契約などが「規定する」ことを指す。"provide""specify"などもほぼ同意語である。ただ、"set forth"のほうがフォーマルな用語である。

2 ❖an instrument

　「証書」のことである。

3 ❖statement of intent

　"intent"は「意図」「意思」を意味する。契約の締結には、「意図の表明」より一歩進んで、合意(consent; agreement)まで達することが必要である。

4 ❖memorandum of understanding

　「了解覚書」などと訳される。確認のため了解事項を文書としたものである。契約拘束力のある書類なのか、その少し手前の段階なのか、文書そのものを調べないとはっきりしない。その内容、拘束力の解釈をめぐり、契約紛争の引き金になりやすい書類である。
　本例文では、その了解覚書にこの契約が取って代わると念を押すことによって、覚書の効力を否定し修正している。

5 ❖supersede and replace

　「優先し、取って代わる」ことをいう。
　契約締結前までに交わされたさまざまな書類、交信、準備段階の各種確認書、覚書がある場合に、最終的な契約書の規定と微妙に矛盾したり、いくつかの解釈が可能であったりと判断に苦しむことがある。そのような場合に備えて契約書の最終性を強調し明確にするために、本例文の"supersede and replace"という表現が使われている。それまでの了解に取

って代わるものであり、この契約がすべてで、かつ唯一（entire and only one agreement）であるという宣言である。

同じ趣旨の規定の仕方として、契約締結までの了解事項、書面の合意等をすべて"null and void"（無効）とする規定の仕方もある。ただ、補足的に有用なものまで無効にしてしまう必要はないという考えから、矛盾するものは無効とするという規定の方法もある。

6 ❖ supersede

"supersede"は「優先する」を意味し、契約書で使用するときは、「矛盾する規定を無効にする」という意味である。

はじめに"entire agreement"であることを規定して、補う形で"supersede"と使った場合は結果的にはあまり変わらない。例文044の用法がその例である。

一方、以前に締結した契約を基本契約として存続させ、その基本契約に基づき個別の事項について追加的に契約書を作成する場合がある。そうしたときに2つの文書が矛盾した場合は、いずれを優先するかを決定しなければならない。そのために、契約の中でどちらの規定を優先させるかを規定する"supersede"を用いる。

最終性条項⑤ | Entire Agreement　　　　　　　　　　　　　　　　　例文044

◇契約締結がいかなる表明にもよらないことを規定する

> This Agreement contains the entire agreement between the parties and supersedes any prior written or oral agreement between them in relation to its subject matter.
> The parties concerned have not entered into this Agreement on the basis of any representations that are not expressly incorporated into this Agreement.

[和訳]
　本契約はその主題に関する当事者間のすべての合意を含んでおり、その主題に関する当事者間の書面または口頭による従前の一切の合意に優先する。
　両当事者は、本契約に明白に組み入れられていない表明に基づいて本契約を締結したのではない。

　　　　　　　　　　　　　　　　解説　　　　　　　　　　　　　　　　

1 ❖ 表明（representations）

契約の締結に至る背景や動機として、契約外の説明が重要な役割を果たすことがある。この規定は、そのような相手方の説明や表明がなかったことを規定するものである。そのねらいは、もしそのような表明があり、相手方がそれを信頼して契約を締結したとすれば、契約書の規定通りの執行が妨げられる恐れが出てくるからである。

たとえば、動産の売買で売主側がその商品の価値を保証したり、万一の場合必ず第三者

が購入してくれると説明したり、金融商品の販売で一定の利益の保証を請け負ったと相手方が主張したりして、紛争することがある。

　本例文の規定は、そのような契約書にない表明や説明によって契約を締結したわけではないと相手方に確認させることが目的である。仮に表明があったとしても、明示的な規定により契約の一部を構成しない限り、それを主張することができない。

例文045 最終性条項⑥ | Entire Agreement

◇口頭証拠排除の原則
◇parol evidence rule

All oral agreements herebefore or hereafter made and purporting to modify the provisions of this Agreement, and all prior agreements shall have no force and effect.
No provisions or terms of this Agreement may be waived or amended except by a supplemental written agreement executed by both parties.

［和訳］
　本契約日の前か後かを問わず、本契約の規定を変更するためになされ、または変更を意図した口頭によるすべての合意及び従前のすべての合意は無効かつ効力がないものとする。
　本契約の規定または条件は、両当事者が署名した書面による補足書による場合を除き、放棄または変更することができない。

解説

1 ❖ parol evidence rule
　書面による合意以外の了解や合意を証拠から排除するというルールである。契約を変更するには書面を作成し、履行を約束した相手方の署名を取りつけることが欠かせない。詐欺防止法（statute of frauds）とともに、英米法のもとでの書面重視の表れのひとつである。英米で発達した契約書が、詳細にわたり長文になりがちな背景、根拠になっている。

2 ❖ supplemental agreement
　元の契約書に追加・補足する意図で作られる契約書のことを指す。

3 ❖ 本例文のねらい（parol evidence rule）
　この条項の主なねらいは、相手方が契約書に記載のない約束事項を後から持ち出して契約書の規定を否定するのを防ぐことにある。これまでの例文で紹介した変更条項（no modification）と同じである。

最終性条項⑦ | Entire Agreement 例文046

◇履行の強制の請求を受けている側の署名のある書面が必要と規定する

This Agreement constitutes the entire agreement between the parties hereto with respect to the subject matter and supersedes all prior or contemporaneous communications, understandings or agreements with respect thereto.
This Agreement may not be modified, terminated nor may any right be waived except either in writing signed by the duly authorized representative of the party against whom enforcement of such modification, termination or waiver is sought.

[和訳]
　本契約はその主題に関する両当事者間のすべての合意を網羅しており、当該主題に関する従前または今回のすべての通信、了解または合意に優先する。
　本契約は、変更、解除または権利放棄の実行を求められている当事者の正当に権限を有する代表者が署名した書面による場合を除き、変更、解除または権利放棄ができないものとする。

解説

1 ❖the party against whom enforcement of such modification ... is sought

「かかる契約の変更…の実行を求められている当事者」を指す。

　変更などの合意についての書面の署名で重要なのは、その変更によって不利益を受ける側、すなわち実行を求められている当事者の署名である、ということを規定したのが本例文の特色である。

　たいていの場合、本例文の趣旨が正しく当然なのだが、契約書ではさらっと「両当事者の署名がない限り」という程度に規定しておくのが契約ドラフティングの慣行である。その意味からは、この例文の規定は直接的で率直な規定ともいえる。

2 ❖waiver of right

「権利放棄」のことをいう。

　たとえば相手方が契約違反をした際に1度は黙って見過ごしたという事態があったとする。この場合、後に相手方が、「以前、同じ事態で黙認されたことがある。その後についても黙認の同意を得ているから、もう契約違反としてその救済を受けることはできない。権利を放棄したのだ」と、本来なら保有している権利の放棄を主張することがある。

　この主張は、"waiver"に基づく主張である。このような主張をさせないために、「書面の合意がない限り権利を放棄したことにならない」と規定するのである。実務上は、権利放棄（waiver of rights）については、最終性条項・変更条項とは別に独立して規定を置くことが多い。本章第10節「権利放棄条項」を参照されたい。

第 5 節 契約譲渡制限条項 Assignment

　信用を重んじる契約において、契約の相手先が変わることは、契約当事者にとって重大な事態である。契約相手先の履行能力や履行の誠実さ、相手方の所在地等場所なども含め、契約への影響は大きい。その一方、大きなプロジェクト契約、プラント建設契約、請負契約、販売店契約、合弁事業会社の株主間契約などでは、相手方が契約上の地位を譲渡・変更したり、あるいは変更はしないまでも、履行のための補助者としてサブコントラクター(sub-contractor)を起用する事態がしばしば発生する。

　契約書をドラフトする前には、契約の実行段階に起こりうる事態を具体的に想定して、契約譲渡条項を検討することが大切である。そして、ドラフティングの際には、契約譲渡について基本的な方針を選択する。

　たとえば、①双方とも、相手方の事前の同意なしに契約譲渡することを認めないとする(no assignment; 譲渡禁止の原則)、②株式の100％を保有する子会社(subsidiary)など一定の範囲の関連会社(affiliates)への譲渡を認める(関連会社への譲渡を認める方式)、③譲渡したり下請けに出したりした後も、元の契約者(契約譲渡を意図する者)が履行保証人と同様に責任を負担し続けるなどの条件を付すことによって譲渡を認める(重畳的債務引き受け方式)、などから方針を決定する。

　契約譲渡について何の規定もない場合は、相手方の同意なしには契約譲渡できないのが一般的な原則である。サブコントラクターの起用も当然には認められていないが、請負契約などでは慣行として広くおこなわれている。したがって、サブコントラクターの起用が想定されるケースでは、当事者間の紛争発生を予防するためには、サブコントラクター等起用、すなわち下請け(delegation)について契約で規定を置く必要がある。

　また、契約譲渡と関連した問題として、相手方の株式の過半数が第三者に譲渡され、当初の契約当事者のコントロールが変更するケースがある。オーナーシップの変更の問題である。通常の契約譲渡禁止条項の違反とはならないことが多いが、契約相手先は実質的に変更してしまう。オーナーシップの譲渡そのものの禁止は難しいので、防衛手段として、契約を解除できると規定する方法で対抗するのが、このような事態に対する実務上の解決となっている。

例文047 契約譲渡制限条項① | Assignment

◇標準的な契約譲渡制限条項
◇書面の同意を条件とする

> This Agreement or any part of this Agreement may not be assigned or transferred by either party without the prior written consent of the other party. Any assignment or transfer without such consent shall be null and void.

[和訳]
　本契約または本契約のいずれの部分も、相手方の書面による事前の同意がなければ、譲渡できないものとする。かかる同意なしになされた譲渡は無効とする。

解説

1❖書面の同意が条件

　もっとも一般的な規定である。これは、契約譲渡を原則禁止しておき、個別案件ごとに具体的に譲渡先や条件をよく検討してみて同意を与えるかどうかを決めればよい、というポリシーである。

　譲渡前に契約の相手方に通知して、譲渡について同意を得た上で、初めて契約譲渡が可能になる。相手方が譲渡に同意すれば、その同意を書面で得て確認し、後日の証拠とする。万一そのような書面の同意がなければ、同意を得たことにはならない。口頭での同意でも構わないようにも思えるが、後日の紛争を予防するため、あえて書面の同意を必要としている。

2❖Any assignment or transfer without such consent shall be null and void.

　「相手方の同意なしになされた契約譲渡は無効とする」という意味である。

　契約が元の契約の相手方の同意なしに譲渡されたとしよう。この場合、譲渡した行為は有効なのか。譲渡は有効だが、債務不履行として譲渡してしまった当事者が元の契約の相手方に損害賠償義務を負うという問題なのか。それとも、譲渡そのものが無効で、新しく譲渡を受けて当事者となったつもりの新当事者は、実は契約の当事者でも何でもない単なる第三者なのか。

　この問題は、実際には解決困難な問題である。契約譲渡についての各関連法令や強行法規なども確認しなければ答えが見出せないこともある。そこで、当事者間の元の契約で、契約譲渡が相手方の同意なしになされた場合には、その譲渡自体を無効にするというのが本例文の規定である。

　本例文の規定の第三者への有効性については、履行段階によって完全とはいえないケースもある。たとえば、一方の債務（たとえば商品の引き渡し）が履行されて代金債権に変わっている場合、譲渡禁止の規定があっても、履行済みの当事者は一定の手続きを取れば債務者の同意なく債権を譲渡でき有効とする、という強行規定のあるケースもある。その意味では、この例文の規定が及ぶ範囲は、未履行の債務がある場合という制限つきになるだろう。

3❖assign and transfer; null and void

　それぞれ、「譲渡する」「無効」という意味である。2語の表現であるが、基本的に同じ意味を持つ用語を並べて使っているだけであり、訳する場合も、それぞれ「譲渡する」「無効」のみでよい。

　2語を並べる表現は、英語の慣用的表現として頻繁に使用される。歴史を見ると、民族がいくつも加わり言葉の文化にも影響を及ぼし、あえてひとつに統一せず、並存して使われているという事実がその基盤にある。"made and entered"（締結された）という表現も、

例文048 一般条項｜契約譲渡制限条項②
例文049 一般条項｜契約譲渡制限条項③
例文050 一般条項｜契約譲渡制限条項④

その一例である。

例文048 契約譲渡制限条項② | Assignment

◇一方のみが譲渡の制限を受ける規定

ABC shall not assign or transfer the whole or any part of this Agreement without the prior written consent of KVC.

［和訳］
　ABCは、本契約の全部または一部をKVCの書面による事前の同意を得ないで譲渡または移転することができない。

―― 解説 ――

1❖一方のみが譲渡の制限を受ける規定
　契約の種類によっては立場や力関係から、一方のみが契約譲渡制限を受ける場合がある。実務上多いのは、ライセンス契約、代理店契約、販売店契約、サービス提供契約、コンサルタント契約などである。
　バリエーションとして、譲渡制限の対象を"the whole or any part of the benefit of this Agreement"と規定することもある。"benefit"を使用するのは、ライセンス(使用権)、代理権、販売権、サービスを提供する権利(いわば商権)という感覚である。

例文049 契約譲渡制限条項③ | Assignment

◇契約譲渡のみでなく、担保差し入れなども制限する規定

Neither party shall assign, sell, pledge, encumber or otherwise convey any of its rights and interests in this Agreement without the prior written consent of the other party.

［和訳］
　いずれの当事者も、相手方の書面による事前の同意なしに、本契約に基づく権利及び権益の一切を譲渡、売却、入質、担保設定または他の方法で移転させないものとする。

― 解説 ―

1❖広義の譲渡制限

　リース契約や継続的な受領債権のある契約では、それを銀行や取引先に担保に入れて、金融を受けることが多い。その場合、相手方が思わぬ影響を受けることがある。たとえば、知らない先から代金の支払い請求を受けるといった事態がある。そのため、契約自体の譲渡だけでなく、担保設定なども広義の譲渡、契約の処分の一環として譲渡制限規定で規制することがある。この例文はその意図で作成している。

2❖pledge; encumber

　それぞれ、「入質する」「担保設定する」ことを指す。不動産に担保設定する場合は、"mortgage"という。

契約譲渡制限条項④ | Assignment　　　　例文050

◇例外を設け、一方は子会社に対して譲渡可能とする規定

KVC may, by giving its written notice to ABC, freely assign its rights and obligations under this Agreement in whole or in part, to any wholly-owned subsidiary of KVC. ABC may assign this Agreement, or any interest in this Agreement, only with the prior written consent of KVC.

［和訳］

　KVCは、ABCに書面の通知を与えることにより、本契約に基づく権利と義務の全部または一部をKVCの100％子会社に自由に譲渡することができる。

　ABCはKVCの書面による事前の同意を得た場合に限り、本契約またはその権益を譲渡することができる。

― 解説 ―

1❖wholly-owned subsidiary

　「100％株式保有の完全な子会社」への契約譲渡を認めようというものである。相手方の同意は必要ない。単なる通知でよく、しかも"prior"（事前の）という文言が省かれているから、譲渡と同時あるいは事後でもよいという意図でドラフトが作成されている。

2❖may assign ... only with the prior written consent of KVC

　「譲渡できる」という用語で始まっているのは、第1文が「通知のみで…自由に譲渡できる」という用語で表現しているため、それに合わせたのである。しかし、カレン・ビュー社（KVC）と異なり、相手方の同意なしに譲渡することは一切できず、ABC社にとっては基本的に譲渡禁止と変わらない。子会社への譲渡の例外規定はない。

第3章　一般条項

例文 051 一般条項｜契約譲渡制限条項⑤
例文 052 一般条項｜契約譲渡制限条項⑥
例文 053 一般条項｜契約譲渡制限条項⑦

例文 051 ｜ 契約譲渡制限条項⑤ ｜ Assignment

◇新会社に譲渡を予定する規定
◇ただし、譲渡契約内容に相手方の同意を得ることを条件とする

> This Agreement shall not be assignable by either party without the written consent of the other party except that ABC may assign its rights under this Agreement to the New Company "＿＿＿＿＿", provided that such assignment is in a form that is acceptable to KVC.

[和訳]
> いずれの当事者も、相手方の書面による同意なしに本契約を譲渡できないものとする。ただし、ABCは、本契約に基づく権利を新会社の「＿＿＿＿＿」に譲渡することができるが、その譲渡はKVCが受諾できるフォームによることを条件とする。

――― 解説 ―――

1 ❖ 新会社への譲渡を予定する（assignment to the New Company）

合弁事業や新事業では、事業を担当する新会社の設立準備中に、あらかじめその経営基盤となる権利について親会社やプロジェクト参加会社代表、仲介会社が契約を締結するケースが少なくない。そのような場合には、通常の契約譲渡制限条項と異なり、あらかじめ譲渡する予定先を契約に記載して、譲渡のための契約締結であることを明確にしておく。

本例文はこの場合に使用するためのものである。"＿＿＿＿"の中には、設立予定の新会社の商号を記載する。実務上は、定義規定で、新会社の株主・資本金・所在地などを規定する。

2 ❖ assignment is in a form that is acceptable to KVC

契約譲渡について相手方（KVC）が同意するにあたって、その後の履行責任等につき、相手方が関心あるところをレビューし、意見を述べる場合がある。

同意を与える側にとっての最大の関心事は、譲渡を受ける側の契約及び事業の遂行能力であり、その能力に少しでも疑問があれば、新会社の株主や元の契約者すなわち契約譲渡者の履行保証を求めてくることがある。リスクマネジメントの中核となる問題である。

例文 052 ｜ 契約譲渡制限条項⑥ ｜ Assignment

◇一方のみが関連会社へ譲渡することができる規定

> Neither party may assign this Agreement or parts hereof without the prior written consent of the other party, except that ABC may assign this Agreement to its Affiliate with-

out such consent.

[和訳]
　いずれの当事者も相手方の書面による事前の同意を得ることなく、本契約または本契約の一部を譲渡することができない。ただし、ABCは、かかる同意を得ずに、本契約を「関連会社」に譲渡することができる。

解説
---

1 ❖Affiliate

　「関連会社」を指す。ただ、その内容・定義については幅がある。通常は、株式の50％あるいは50％超を保有した子会社、兄弟姉妹会社、親会社などを広く関連会社と呼んでいる。ただし、それぞれの具体的な契約でこの用語にどのような定義を与えるかは、リスクマネジメントの一環として考えることとなる。さまざまな場面を想定し、相手方の対応を想像し、その上で具体的に定義を規定していく。

　この定義にあたっては、譲渡時の定義規定だけでなく、契約譲渡後もどのような義務を譲渡者に負わせるかが勝負となる。たとえば、関連会社の株式を継続的に保有する義務や、関連会社の契約履行についてどのような継続的な責任を負わせるかである。担当者の経験とノウハウを発揮する場となる。

契約譲渡制限条項⑦ | Assignment　　例文053

◇契約譲渡後も、譲渡者が譲受人の履行義務を契約上、履行保証したのと同じ責任を負う
◇下請の場合も同様の義務を負う

Neither party shall assign this Agreement or its rights under this Agreement or delegate its obligations under this Agreement without the other party's prior written consent, which consent shall not be unreasonably withheld.
In the event of such assignment or delegation, the assigning or delegating party shall remain liable to the other party and shall not be relieved of any obligation under this Agreement.

[和訳]
　いずれの当事者も、相手方の書面による事前の同意なしに、本契約または契約上の権利を譲渡しまたは本契約上の義務を下請に出さないものとする。また、かかる同意は不当に保留されないものとする。
　かかる譲渡または下請がなされる場合、譲渡または下請に出した当事者は、相手

方に対して引き続き責任を負うものとし、本契約上の義務から解放されないものとする。

解説

1 ❖ プロジェクト契約、プラント契約における新会社、同業者、下請業者等の起用

実際にプロジェクトなどを遂行しようとすると、その規模にもよるが、1社ではすべてを遂行できないことがある。そのような場合に、共同事業として新会社・合弁事業会社に契約を譲渡をし、あるいは下請業者を起用することが必要となる場合がある。

この規定は、そのような現実に対応しながらも、元の契約者(通常は発注者)側が当初の契約相手に対し、契約上・法律上は、履行につき全責任を負わせようとするものである。譲渡しても責任が残る厳しい規定である。

2 ❖ remain liable

元の契約者があたかも契約を譲り受けた者の履行保証人であるかのように契約履行責任を負い続けるという効果をねらった表現であり、非常に厳しい規定となる。下請(delegation)の場合は、下請をする側が履行責任を負うのは当然であるが、譲渡者が契約譲渡後も引き続き"remain liable"というのは、この規定があって初めて負担する義務である。契約文言というのは、外科医の手術のメスと同じくらい注意深く、プロフェッショナルな技術で扱わなければならないのである。

例文054 契約譲渡制限条項⑧ | Assignment

◇関連会社への譲渡を認める代わりに条件を付す規定
◇譲渡後も、譲渡人が履行義務を負担する

Subject to the provisions of this Article set forth below, neither this Agreement nor any rights or obligations under this Agreement may be assigned by ABC without the prior written consent of KVC, or KVC without the prior written consent of ABC.

ABC may upon notice to KVC assign the whole or part of its rights and obligations under this Agreement to its Affiliate, and KVC may upon notice to ABC assign all of its rights and obligations under this Agreement to a successor or transferee of all or substantially all of its assets, provided in each case that:

(1) the assignor shall first obtain the execution by its assignee of an agreement whereby the assignee binds itself to the non-assigning party to observe and perform all the obligations and agreements of its assignor; and

(2) the assignor shall remain in all respects responsible to the non-assigning party for the performance of the assignor's obligations set forth in this Agreement.

[和訳]
　下記の本条の規定に服することを条件として、本契約も本契約に基づく権利も義務も、ABCによる場合はKVCの書面による事前の同意なしに、また、KVCによる場合はABCの書面による事前の同意なしに、譲渡することができない。
　ABCはKVCに通知することによって、本契約に基づく権利及び義務のすべてまたは一部を関連会社に譲渡することができ、KVCはABCに通知することによって、本契約に基づく権利及び義務のすべてをその資産の全部または実質的な全部の承継者または譲受人に譲渡することができる。ただし、いずれの場合も、下記の条件を満たす必要がある。
(1) 譲渡人がまず譲受人に同意書に署名させ、その同意書により譲受人に譲渡人のすべての義務及び同意を遵守し履行することを非譲渡当事者に対し約束させること、ならびに
(2) 譲渡人が、本契約に規定する譲渡人の義務の履行につき、非譲渡当事者に対してすべての点で引き続き責任を負うこと。

解説

1 ❖ 譲受人の「同意書」の取りつけ
　譲渡人(assignor)が譲受人(assignee)から「同意書」(書面による同意)を取りつけることが、譲渡の第1の条件である。

2 ❖ the assignor shall remain ... responsible
　譲渡人が引き続き契約履行の責任を負い続けることが第2の条件である。
　譲渡人は契約譲渡後も、あたかも履行保証状を差し入れた保証人のような立場に置かれる。

契約譲渡制限条項⑨ | Assignment　　　　　　　　　例文055

◇personalな契約であり、譲渡できないと規定する
◇生産委託先のリストを提出する条件つきでライセンス製品を委託生産させることができる

This Agreement is personal to ABC as a Licensee and neither it nor any of the rights nor duties under this Agreement may be assigned, sublicensed or otherwise encumbered by ABC except provided by this Article below.
ABC may, subject to obtaining KVC's prior written approval, utilize a third party for the purpose of manufacturing all or a portion of the Licensed Products, provided that ABC shall furnish KVC with a list of such manufacturers for the approval of KVC.
With respect to such manufacturer, ABC shall ensure that the manufacturer is not retaining any Licensed Products in order to sell them in its own name or to a third party.

[和訳]
　本契約はライセンシーとしてのABCに対する一身専属的なものであり、ABCは、本契約も本契約に基づく権利も義務も、本条の下記の規定による場合を除き、譲渡、再許諾または他の方法により担保差し入れをすることができない。
　ABCは、KVCの書面による事前の同意を得ることを条件として、本許諾製品の全部または一部を生産するために第三者を利用することができるが、その場合、ABCは製造者のリストをKVCに提出しKVCの承諾を得るものとする。
　かかる製造者について、ABCは、当該製造者が自己の名前で販売または第三者に販売するために許諾製品を保有しないよう図るものとする。

解説

1❖第三者への委託生産
　本例文では、契約譲渡は禁止しているが、委託生産をさせることについては条件つきで認めている。生産委託は、契約譲渡(assignment)ではなく"delegation"(下請)の問題であるが、ライセンサーから見れば、製造のためのトレードシークレットも含め、許諾製品の製造方法がかかる製造業者に技術移転されることに無関心ではいられないのである。
　本例文では、ライセンサーに生産委託先のリストを提出することにより、承認を得る方式を取っている。さらに詳しく、製造者のリストから不正な製造や販売の前歴のあるメンバーを削除するオプションを規定したり、立ち入り検査の規定まで置くこともある。

2❖the manufacturer is not retaining any Licensed Products
　ライセンサーが心配するのは、いわゆる生産委託先がそのトレードシークレット、ノウハウを吸収して、受託者自身の名前や第三者のために許諾製品を生産して販売することである。実際のビジネスではしばしば起こる事件なので、ライセンサーであるKVCは、そのようなことのないようABCに保証を求めている。

3❖personal(一身専属的)
　契約では、代理店、ライセンシー、フランチャイジー、生産委託のように相手先の信用、スキル、販売力などが重要な意味を持つことが少なくない。したがって、相手先が勝手に変わっては困るのである。そのような関係を表すのに、"personal"(一身専属的)という言葉を使うことがある。本例文と例文056の冒頭の規定がこの言葉を使用している。なぜ契約譲渡が困るのかを説明する導入部分にもなっている。"personal"には、一般的に「属人的」「個人的」などの訳語が充てられるが、法律用語としては「一身専属的」が正確にその意味を表し、格調が高い。

契約譲渡制限条項⑩ | Assignment   例文056

◇personalな契約であることを規定する方法
◇合弁事業の株主間契約の場合

This Agreement and all rights and obligations under this Agreement are personal as to each Shareholder, and shall not be assigned by any of the Shareholders to any third party without the prior written consent thereto of all of other Shareholders.

[和訳]
　本契約ならびに本契約に基づくすべての権利及び義務は、各株主について一身専属的なものであり、いずれの株主も他の株主全員の書面による事前の同意がない限り、第三者に譲渡しないものとする。

―― 解説 ――

1❖合弁事業での契約譲渡
　いわゆるジョイントベンチャー・アグリーメントでは、参加者（株主）は、互いに誰と組むかが重要事項である。その相手がさっさと株式を売却して第三者が登場すると、合弁事業の運営に大きな支障が発生する。そのため、厳しい譲渡制限条項を設けることが多い。当初の一定期間は譲渡不能という取り決め方もあるが、本例文では、すべての株主の同意がなければ譲渡できないという規定としている。

2❖合弁事業での株主変更の難しさ
　合弁事業では、それぞれの株主が、新会社への援助について合意していることがある。また、新会社の銀行借り入れに保証をしたり、原材料を売り渡したり、契約関係にあったり、債権債務関係にあることも多い。株式の売却による株主の変更や契約譲渡などの場合には、それらの整理、引き継ぎや清算の問題もしばしば登場する。
　契約関係に基づくものは、新しく株主になる第三者が引き継ぐとは限らない。例文054の"Affiliate"（関連会社）への譲渡の場合のように、譲渡後の譲受人の履行を保証させようとしても、株主でなくなった譲渡人にはそれだけの力はない。株主のみが、株主総会において議決権を行使でき、取締役を選任することができる。
　それだけに、株主の交代を引き起こす株式の譲渡や契約の譲渡は、普通の契約以上に譲渡時の調整が難しい。日本の商法のように、定款で株式譲渡制限の規定を設け、二重に制限の手立てを用意するのが、広くおこなわれているプラクティス（慣行）である。個人が株主の場合は、死亡の場合など相続が絡んでくるため、解決方法がより複雑である。

例文057 契約譲渡制限条項⑪ | Assignment

◇特殊規定
◇ライセンス契約等で相手方のオーナーシップ、コントロールが変更した場合に契約を終了させることができる

In the event of a change in the ownership or control of ABC as Licensee, ABC shall be obligated to inform KVE as Licensor by registered mail of any such change prior to its completion, and KVE shall have an option to terminate this Agreement and the license granted by this Agreement by giving a written notice of such termination to ABC.

［和訳］

ライセンシーとしてのABCのオーナーシップ（所有者）またはコントロール（支配者）が変更する場合、ABCは、その変更が完了する前に書留郵便で、ライセンサーとしてのKVEに通知する義務を負うものとし、KVEは、ABCに対して書面による終了通知を与えることにより、本契約及び本契約によって許諾したライセンスを終了させるオプションを有するものとする。

解説

1 ❖change in the ownership or control of ABC

　当事者のオーナーシップやコントロールが変更した場合、その契約はどうなるか。

　いわゆる契約譲渡制限条項の違反になるようにも思えるが、この問題は、実際には簡単ではない。文言上、契約の譲渡にはならないのである。そのため、契約譲渡制限条項への違反を避けて、実質的に契約譲渡実現の意図をもって株式が譲渡されることがある。そのようなケースに備えて、オーナーシップの譲渡そのものは禁止できないまでも、代わりに契約の解除権を得ておこうというのが、本例文の対応策である。

　和訳のうち、「所有者」「支配者」とあるのは意訳である。直訳では「所有」「支配」の変更となるのだが、本条のねらいは、過半数による所有者、支配者の変更があった場合の解除権の確保にあるので、こう訳してみた。

　現実のケースに幾度かぶつかると、結局この解除権が一番現実的な解決だと感じられる。解除のオプションを保有することによって、上記の意図を持った迂回譲渡を抑制しようとするものである。この条項がないと、オーナーシップの譲渡や株式譲渡に対しては、何の対抗措置も取れないケースが多くなる。

2 ❖control と ownership

　コントロールとは、通常、株式でいえば、50％超を指す。実質的に企業をコントロールするには、50％では必ずしも十分とはいえない。確実にコントロールするには、過半数ということになる。オーナーシップも同様である。

　オーナーシップとコントロールの違いは、コントロールという場合には、必ずしも株式保有を通じてのコントロールでなくても、契約等実質的に企業をコントロールできるあら

ゆるケースを含むことにある。取締役の過半数の選任権保有でもよいのである。
3❖option to terminate this Agreement
「契約解除のオプション」を指す。オプションは、行使してもしなくてもよい、完全に自由選択できる権利である。いずれを選択してもよいし、選択するのに理由はいらない。相手方は、その選択に対し抗弁できない。

第 6 節 契約解除条項　Termination

　契約有効期間中の相手方の倒産や重大な契約違反行為といった、契約の解除をしなければ対応できない事態が発生することがある。オーナーシップ変更の場合も、間接的な迂回譲渡と見ることもできるが、むしろ、契約解除条項の一事由と見るほうが分かりやすい。

　解除できるケースを契約書にあらかじめ取り決めておけば、それぞれのケースで解除の有効性をめぐる紛争を防ぐことができる。解除事由として代表的な事由には、倒産、支払いの遅延、その他の重要な契約違反などがある。最低販売数量の規定のある独占販売店契約、最低引取数量のある長期売買契約、ミニマム・ロイヤルティの規定のある独占的ライセンス契約などでは、当該年度の義務が達成できない場合を解除事由とするのが通常である。

　契約書で解除事由とするかどうかを検討する事項は契約の種類によっても異なるが、一般的には、先に紹介した①相手方のコントロール（オーナーシップ等）の変更、②他の契約の条項の違反（クロス・デフォルト）、③長期にわたる不可抗力事態の継続、などがある。通常、これら3つの事由は、契約で明示的に取り決めなければ当然には契約違反にはならず、したがって解除事由に該当しないことが多い。

例文058　契約解除条項①　Termination

◇標準的な規定
◇公平な解除権を規定する方式
◇解除事由を取り決める

> Either party may, without prejudice to any other rights or remedies, terminate this Agreement by giving a written notice to the other party with immediate effect, if any of the following events should occur:
> (a) if either party fails to make any payment to the other when due under this Agreement and such failure continues for more than fourteen (14) calendar days after receipt of a written notice specifying the default;
> (b) if either party fails to perform any other provision of this Agreement, which failure remains uncorrected for more than thirty (30) days after receipt of a written notice specifying the default;
> (c) if either party files a petition in bankruptcy, or a petition in bankruptcy is filed against it, or either party becomes insolvent, bankrupt, or makes a general assignment for the benefit of creditors, or goes into liquidation or receivership;
> (d) if either party ceases or threatens to cease to carry on business or disposes of the whole or any substantial part of its undertaking or its assets;
> (e) if control of either party is acquired by any person or group not in control at the date of this Agreement.

[和訳]
　下記のいずれかの事由が発生した場合、いずれの当事者も、相手方に書面による通知を与えることにより、他の権利または救済手段を失うことなく、本契約を解除することができる。解除の効果はただちに発生する。
(a) いずれかの当事者が期限の到来した本契約上の相手方に対する支払いを怠り、当該不履行を明記した書面による通知を受領後14暦日を超える期間にわたり当該不履行が継続するとき、
(b) いずれかの当事者が本契約の他のいずれかの規定の履行を怠り、当該不履行を明記した書面による通知を受領後30暦日を超える期間にわたり当該不履行が是正されないとき、
(c) いずれかの当事者が破産を申し立てもしくは破産を申し立てられ、または支払不能もしくは破産に陥り、または債権者の利益のために包括的な譲渡をおこない、または清算もしくは管財人の管理下に入ったとき、
(d) いずれかの当事者が事業を営むことを停止しもしくはそのおそれがあるとき、または事業もしくは資産の全部もしくは重要な一部を処分したとき、
(e) いずれかの当事者の支配権が、本契約日に支配下にない人またはグループにより取得されたとき。

―――――― 解説 ――――――

1 ❖ without prejudice to ...
　英文契約の慣用的な表現のひとつで、「…に不利益(prejudice)は何も被ることなく」という意味である。伝統的な英国法の考え方に、契約を解除すれば契約締結前の元の状態に戻るだけであって、損害賠償請求権は消滅するというものがある。このような主張の余地をなくすために、このフレーズ(without prejudice to)が置かれる。もし、代わりに"with prejudice to"と表現すると、他のすべての権利、救済措置を失うこととなる。
　また"without prejudice to"の代わりに"in addition to"を使っても、結果としては同じ効果がある。通常の法令上の救済(remedies)に加えて、解除(termination)の権利が契約書の取り決めによって生まれるわけである。

2 ❖ insolvent
　「支払不能」を指す。債務が超過し、債務を支払えなくなった状態のことをいう。

3 ❖ petition in bankruptcy
　「破産の申し立て」を指す。企業が自ら申し立てるケースと、債権者が取り立てのために債務者の破産申し立てをするケースとがある。本例文では、いずれのケースも解除事由になる。

4 ❖ default
　「不履行」のことをデフォルトという。融資契約やファイナンス・リースなどのケースでは、借主側に契約違反や破産などのデフォルト(default)事由が発生した場合には、ファイナンサー側は、契約の解除というよりは借主側の期限の利益を喪失させ、支払いや返済期

限を早めたり、担保の実行やリース物件の取り戻しができるように規定する。

5❖解除できるのは誰か

本例文は、双方に公平に解除権を与えている。代理店契約、販売店契約、ソフトウエア・ライセンス契約、フランチャイズ契約等では、必ずしも公平とは限らない。例文059でも一方の立場が強く、解除権もやや一方的である。

例文059 契約解除条項② | Termination

◇一方のみの解除権を規定する方式

> KVC shall be entitled to terminate this Agreement forthwith by written notice to ABC in any of the following events;
> (a) if ABC commits a material breach of the terms of this Agreement; or
> (b) if ABC commits an immaterial breach of the terms of this Agreement and fails to remedy such breach within thirty (30) days of being requested to do so; or
> (c) if ABC becomes insolvent or enters into liquidation or has a bankruptcy order made against it; or
> (d) if ABC is guilty of any conduct which is prejudicial to the goodwill or reputation of KVC; or
> (e) if there is a change in the control of ABC either as far as directors or shareholders are concerned;

[和訳]
　KVCは下記のいずれかの事由が発生した場合、ABCに書面による通知を与えることにより、ただちに本契約を解除することができる。
(a) ABCが本契約の条項について重大な違反を犯したとき
(b) ABCが本契約の条項について軽微な違反を犯し、その是正を要求された後30日以内に当該違反を是正しなかったとき
(c) ABCが支払不能に陥り、または清算を開始し、またはABCに破産命令が出されたとき
(d) ABCがKVCののれんまたは信用を害する行為をおこなったとき
(e) ABCの取締役または株主に関係する支配面で変更が生じたとき

――――― 解説 ―――――

1❖一方のみが解除権を持つ場合

実際の契約では、一方のみが解除権を持つケースを規定することがある。不公平に見えるかもしれない。しかし、メーカーが代理店を起用する場合や、ブランド・ライセンサー

がライセンシーや販売店を起用する場合、その信用を傷つける行為を代理店、販売店、ライセンシーがおこなったときは、信用を維持するため、ただちに契約を解除するという一方的な解除権を保有することが必要と判断することもある。

そのため、信用維持のために解除権が必要と判断するケースを、あらかじめブレーンストーミングにより、あるいは苦い経験に基づきリストアップしていく。何をどこまでリストアップするかは、それぞれの当事者の経験と判断、ビジネスを展開する国や地域の関連法令(破産法、会社法等)、倒産の場合の慣行によってさまざまである。

たとえば、実務上米国では、破産関連ではチャプター・イレブン(Chapter 11; アメリカ連邦破産法第11章の会社更生に関する規定)とチャプター・セブン(Chapter 7; 破産)の知識が欠かせない。英国では、"receivership"による手続きと"receiver"(管財人)の機能について知っておく必要がある。倒産時には、相手方を代表する権限のある者が誰なのか、しっかり把握して対応しなければならない。

2 ❖ conduct which is prejudicial to the goodwill or reputation of KVC

「カレン・ビュー・コーポレーションののれんや信用を害する行為」の意味である。

"goodwill"という言葉は、信用とのれんを包含したものである。漠然とした概念だが、事業譲渡の場合に、この"goodwill"の評価と値段が譲渡価格の重要部分を占める。顧客吸引力の基盤となるもので、フランチャイズやブランド・ビジネスではきわめて貴重な財産であり、資産価値のあるものである。

それだけに、代理店、ライセンシー、フランチャイジーの不注意や不誠実なビジネスの仕方は、ビジネスに重大な悪影響を及ぼす。たとえば、ファストフードのあるフランチャイジーが、「新鮮な牛肉のみを使ったハンバーガー」という看板にもかかわらず、賞味期限の切れた材料を使ったり、牛肉以外の肉を使用したような場合である。このような場合には、フランチャイザーは、ただちにフランチャイズ・ライセンス契約を解除できるようにしておくのが、一種のビジネスの防衛手段、リスクマネジメントといえよう。

3 ❖ material breach; immaterial breach; remedy

違反行為の中にも、修正することができる軽微なものと修正がほとんど不可能な重大な違反行為とがある。両者の区別は容易ではないが、概念上分けることができ、実務上も契約ではしばしば使われる。実際には客観的な基準がないので、その区別をめぐって紛争することも少なくない。それでも便利な区別なので使用されている。

ここでは"remedy"は、"cure"(治癒)とほぼ同意義で、治すことを指す。違反状態から契約に適合した状態に矯正または修復(法律用語では治癒)することである。契約に適合した状態を回復するのである。契約ではその期限を設けて、"remedy"や"cure"の促進を図っている。"cure"を使った例を例文060で紹介する。

例文060 契約解除条項③ | Termination

◇公平な規定
◇重大な義務違反の場合など、不履行が30日以内に治癒(是正)されなければ、自動的に解除する

(1) Either party may, at its option, terminate this Agreement upon default by the other party if such default has not been cured within the cure period set forth below in Section 3 of this Article. Events of default shall include the failure by a party to perform a material obligation under this Agreement.

(2) In addition to the events constituting a default under Section 1 of this Article, it shall constitute an event of default if either party ceases to do business, becomes or is declared insolvent or bankrupt, is the subject of any proceeding relating its liquidation or insolvency which is not dismissed within thirty (30) days, or makes an assignment for the benefit of its creditors.

(3) Upon the occurrence of any default, the non-defaulting party may terminate this Agreement only by giving a written notice of termination specifying the specific nature of the default. Such party shall continue to perform its obligations pursuant to this Agreement for a period of thirty (30) days following the receipt of such notice by the other party. This Agreement shall terminate at the end of such cure period without further notice by the non-defaulting party, unless the defaulting party cures such default within such period or the non-defaulting party, in its sole discretion, extends the cure period by written notice.

[和訳]

(1)いずれの当事者も、相手方による不履行があったときは、当該不履行が本条第3項に定める是正(治癒)期間内に是正されなかった場合、オプションにより、本契約を解除することができる。不履行事由には、相手方が本契約の重大な義務の履行を怠ることが含まれる。

(2)本条第1項下で不履行を構成する事由に加えて、下記の事項を不履行事由とする。いずれかの当事者が営業を停止したとき、または支払不能もしくは破産に陥るか宣告されたとき、または清算もしくは支払不能手続きの対象となり当該手続きが30日以内に取り下げられないとき、または債権者の利益のために譲渡をおこなうとき。

(3)不履行事由が発生したとき、不履行に陥っていない当事者は、当該不履行の明確な種類を記載した書面による解除通知を送付することによって本契約を解除することができる。不履行当事者は、相手方の解除通知を受領後30日間、引き続き本契約に従って義務を遂行するものとする。本契約は、不履行当事者が上記の期間内に当該不履行を是正しない限り、または不履行に陥っていない当事者が単独の裁量により書面の通知をもって是正期間を延長しない限り、不履行に陥っていな

い当事者が改めて通知することなく、是正期間の終了時に終了する。

解説

1 ❖ at its option

「その随意のままに」「オプションで」という意味である。

解除権が発生するが、行使するかどうかを決めるものは、不履行に陥っていない側の当事者（non-defaulting party）の任意となる。行使してもよいし、不履行に陥っている相手方（defaulting party）に対し、治癒(是正)期間（cure period）を延長してもかまわない。本例文では、重大な義務（material obligation）の違反に対しても治癒(是正)期間を30日間与えている。なるべく契約を維持しようという前提に立つ解除条項である。

契約実務からいえば、重大な義務の違反に際しては、本例文のように治癒(是正)期間を与える方式と、催告や治癒(是正)期間を与えず、ただちに解除できると規定する方式の両方がある。契約ごとに判断すべきもので、どちらが優れているとは一概に判断できない。

2 ❖ cure period

違反行為があっても治癒が可能なケースは多い。たとえば、支払いが契約期限に遅れても、7日遅れなら支払いが可能ということがある。そのような場合にも、30日の治癒期間を置いているのが、本例文の方式である。"cure"の訳は、法律用語を充てれば「治癒」であり、もっとも正確な訳語である。難しいと感じる人は「是正」でもよい。

3 ❖ Upon the occurrence of

「発生の場合」という意味である。"In the event of"などと同じ意味で、置き換えて使ってもよい。"Upon"は、「起こった場合」という意味と「起こったときは同時に」という意味がある。このケースでは「場合」という意味が強い。

4 ❖ in its sole discretion

「単独の裁量により」の意味である。

冒頭のコメント（at its option）とほぼ同じ場面で使われる用語であるが、この用語のほうが「自由裁量でその選択には根拠などまったくいらず、どちらでもかまわない」というニュアンスが強くなる。「違反行為をした相手にその治癒(是正)期間を延長しなければならない理由などさらさらないけれど、延長してあげようと思ったら、延長してもいいよ」という感覚である。

契約解除条項④ | Termination　　　　　　　　　　　　　　　　　　　　**例文061**

◇公平な規定
◇重大な義務の違反の場合、30日以内に治癒(是正)しなければ改めて通知により解除する

(1) This Agreement may be terminated by either party by written notice to the other, effective immediately upon its sending, if the said other party shall file a petition in bankruptcy, shall be adjudicated bankrupt, shall take advantage of insolvency laws of

any country or state, and shall make an assignment for the benefit of creditors, shall be voluntarily or involuntarily dissolved, or shall have a receiver, trustee or other court officer appointed for its property.

(2) In the event either party fails to fulfill its material obligations under this Agreement, the parties hereto shall first make efforts to settle to the their mutual satisfaction any matter causing such failure as expeditiously and amicably as possible.

(3) If either party shall fail to fulfill any of its material obligations under this Agreement and shall have failed or have been unable to remedy the said default within thirty (30) days after receipt of a notice of default from the non-defaulting party with respect to such default, the non-defaulting party may, at its option, terminate this Agreement by giving a written notice of termination to the defaulting party, effective immediately upon its sending.

[和訳]

(1) 当事者のいずれか一方が破産の申し立てをし、破産を宣告され、国もしくは州の支払不能に関わる法律の恩典を受けようとし、債権者のための譲渡をおこない、自発的もしくは強制的に解散し、またはその財産につき管財人、受託人もしくは裁判所官吏が指定された場合、相手方は、当該当事者に書面の通知を与えることにより本契約を解除できるものとし、解除は送付後ただちに発効するものとする。

(2) 当事者のいずれか一方が本契約に基づく重大な義務の履行を怠った場合、本契約の当事者は、まず、できる限り迅速かつ友好的に、当該不履行を引き起こした原因である事項を双方に満足のいくように解決すべく努力するものとする。

(3) 当事者のいずれか一方が本契約に基づく重大な義務の履行を怠り、当該違反につき不履行に陥っていない当事者から不履行の通知を受領後30日以内に当該不履行を是正しないか是正できなかった場合、不履行に陥っていない当事者は、そのオプションにより、不履行当事者に書面による解除通知を送付することにより本契約を解除できるものとし、解除は送付後ただちに発効するものとする。

解説

1 ❖first make efforts to settle any matter causing such failure

「まず、当該不履行を引き起こした原因である事項を解決すべく努力する」という意味である。やや異例な規定のように見えるが、一方の不履行が引き起こされた原因にはさまざまなハードシップや、思いがけない事態がありうる。不可抗力とはいえないが、それぞれ事情があってもおかしくない。下請け業者など履行補助者の倒産、原材料の不足や価格の高騰による入手困難、突然の政治経済情勢の変動、為替の大変動…。かつてのロシア、アジアでの経済変動でも、いくつかのハードシップに遭遇したことがある。

近年では、米国での9.11事件（2001年）やハリケーン、タイの大洪水（2011年）、日本の

3.11東日本大震災(2011年)による津波被害と福島の原子力発電所の事故など、枚挙に暇がない。

そのような事態に対処するため、お互いに努力を払うことを契約書に記載してもおかしくない。協議が調わない場合は解除に発展することもあるが、協議の過程で、その治癒期間を延長し、あるいは契約の条件を一部変更し、解決策が生まれることもあると期待した規定である。本来協力し合って契約の目的を達成しようとするのがビジネスであるから、ハードシップに遭遇したときの当事者の協議、協力の姿勢は常に有効である。ビジネスでは、相手方が違反したからといって、突然、敵・味方の関係に変わるわけではない。

2❖違反行為を、両者協力し友好的に解決するためのもうひとつの規定の仕方

同じ趣旨で別の表現として、次のような規定の仕方をすることもできる。

"KVC and ABC shall meet and negotiate in good faith to amicably resolve and settle any disputed matters related to alleged defaults. In addition, KVC and ABC shall negotiate in good faith procedures to be adopted by KVC and ABC to avoid ongoing defaults by either party."

(和訳:KVCとABCは、一方が主張する不履行に関係する紛争事項を友好的に解決し決着させるために会合し、誠実に交渉するものとする。さらに、KVCとABCは、一方当事者による継続的不履行を防ぐためにKVCとABCが採用すべき方法について、誠実に交渉するものとする。)

3❖be voluntarily or involuntarily dissolved

債務超過などの理由で、自ら解散を申し立てて手続きを進める場合が、"voluntary dissolution"である。一方、当事者は解散をする気持ちがないのに、債権者等が債権回収や保全等のため、その債務者の解散を申し立てて解散を進めるのが、"involuntary dissolution"である。

4❖effective immediately upon its sending

通知後ただちに、その解除の効果が発生するという趣旨である。もし、事前の通知による解除ということであれば、"by giving the other party at least seven (7) days prior written notice specifying the date of termination"等と規定する。

契約解除条項⑤ | Termination　　　　　　　　　　　　　　　例文062

◇一方が個人のサービス提供契約の場合
◇死亡、連続60日以上のサービス提供不能、詐欺、非行、信用失墜行為など個人特有の解除事由を規定する

(1) Upon the occurrence, prior to March 31, 20__, of any of the events described below in this Article, the term of this Agreement shall end, and this Agreement shall terminate, on the specified in the applicable Section below.

(2) If Robin's physical or mental disability prevents his performance of obligations under this Agreement for an interrupted period of sixty (60) days, KVE, at any time thereafter and during the continuance of the disability, may give a written notice

specifying the date on which this Agreement shall terminate.

The decision of any reputable physician selected in good faith by KVE as to Robin's ability to render services under this Agreement shall be final and binding on the parties for the purpose of this Article.

This Agreement shall automatically terminate on the date of the death of Robin.

(3) This Agreement shall automatically terminate on the date, if any, on which KVE for any reason closes its ＿＿＿＿＿ office or ceases to carry on operations at such office substantially similar to those carried on as of the date hereof.

(4) KVE at any time may terminate this Agreement, by giving Robin at least fourteen (14) days prior written notice specifying the date of termination, upon or by reason of any of following:

(a) Robin's material breach of any of his agreements or obligations under this Agreement,

(b) any act of fraud or dishonesty or any other act by Robin which brings him or KVE into disrepute in the community or which materially and adversely affects the business or reputation of KVE.

(5) Robin at any time may terminate this Agreement, by giving KVE at least fourteen (14) days prior written notice specifying the date of termination, upon KVE's material breach of any of its agreements or obligations under this Agreement.

［和訳］

(1) 20＿年3月31日以前に本条の下記に規定するいずれかの事態が発生したときは、当該項に定める日をもって本契約の期間は終了し、本契約は終了するものとする。

(2) ロビンの身体的または精神的な障害が本契約上のロビンの義務の履行を連続して60日間妨げたときは、KVEは、その後及びその障害が継続中はいつでも、本契約の終了日を記載した書面の通知を与えることができる。

本条の目的上、KVEがロビンのサービス提供能力を判断するために誠実に選任した評判の高い医師の診断は最終的とし、両当事者を拘束するものとする。

本契約は、ロビンの死亡日に自動的に終了する。

(3) 本契約は、理由のいかんを問わず、KVEが ＿（市　名）＿ 事務所を閉鎖し、または契約締結日に運営しているのと実質的に同等に当該事業所を運営することを停止したときは、当該閉鎖日または停止日をもって自動的に終了するものとする。

(4) KVEは、下記のいずれかの事態が発生した場合または下記のいずれかの理由により、本契約の終了日を記載した少なくとも14日前の書面による事前通知をロビンに与えることにより、いつでも本契約を解除することができる。

(a) ロビンが本契約に基づく約定または義務につき重大な違反を犯した場合、

(b) ロビンが、社会における彼自身もしくはKVEの名誉を傷つける、またはKVE

の事業もしくは信用に重大かつ悪影響をもたらす詐欺行為、不正行為または他の行為をおこなった場合。
(5) ロビンは、KVEが本契約上の約定または義務につき重大な違反を犯した場合、本契約終了日を記載した少なくとも14日前の書面による事前通知を与えることにより、いつでも本契約を解除することができるものとする。

解説

1 ❖ deathとdisabilityの場合の解除——連続60日のサービス提供不能で契約解除

個人が当事者である契約では、会社など法人が当事者の契約とは異なり、自然人の「死亡」「身体的、精神的障害の発生」の問題がある。法人の場合も、破産や解散、株式譲渡によるコントロールの変更など当事者の履行に大きな影響のある事態は起こりうるが、個人の場合にも、死亡、負傷、重病など、さまざまな事態がありうる。サービスの提供や、雇用契約による労働の提供では、現実問題として契約の継続に重大な支障になる。

本例文では、ロビンという個人(イギリス人)がカレン・ビュー・コーポレーションの海外子会社と契約を締結しているが、死亡の場合は自動的な終了、障害によるサービス継続不能の場合は連続60日経過をもって、KVE側からの通知により終了としている。本例文では連続60日とあるが、それではサービスの提供が不連続で70日間ないときはどう扱うか。また、サービスが不完全な場合、支払いはどうするか。減額とするか、またそのレベルは……。これらについては例文063で取り上げる。

2 ❖ act by Robin which brings him or KVE into disrepute in the community or which materially and adversely affects the business or reputation of KVE

個人が当事者という事情もあり、社会でその個人自身またはKVEの信用を失わせたり、実際にKVEの営業や信用に重大な悪影響を及ぼす行為があった場合は、契約を解除することができるという趣旨である。たとえば、談合(独占禁止法違反行為)、殺人や詐欺等刑事犯罪、各種取締法違反等を念頭に置いている。

現実の紛争の場面では、経済犯罪の場合、そのような行為を誰が主導で進めたのか、なかなか判断の難しい問題が起きることがある。ただ、契約が社会での信用を重んずることを明確にしている場合は、無理な注文、指示を断る根拠にもなるという効用もあろう。

契約解除条項⑥ | Termination 例文063

◇個人によるサービス提供契約の解除事由
◇サービス提供契約等において病気等で1年90日のサービス提供不能により契約解除、2ヶ月以上の提供不能の場合は、報酬額を半額(50%)に減額すると規定する

(1) In the event Robin shall be unable to perform his Service in any one (1) calendar year by reason of illness or incapacity for a period of two (2) months, whether or not consecutive, his Compensation for any additional period of disability by reason of

such illness or incapacity shall be reduced to fifty (50) percent of the Compensation otherwise payable by KVE to him for such period, and upon the return of Robin to full Service under this Agreement, the full amount of the Compensation shall become payable thereafter.

(2) Notwithstanding the foregoing, however, it is agreed that KVE may terminate this Agreement forthwith by giving Robin written notice of termination, in the event of Robin's absence from his Service for any cause whatever for a period of ninety (90) days or more in any one (1) calendar year, whether or not consecutive, and upon such termination, all obligations of Service under this Agreement shall forthwith cease and come to an end.

[和訳]

(1) ロビンが病気または故障により、連続・不連続を問わず、1暦年に2ヶ月間サービスを提供できないときは、その2ヶ月を超えて当該病気または故障によりサービスのできない期間に対するロビンの報酬は、KVEがロビンに支払うべき本来の報酬額の50％に減額される。ロビンが完全なサービスに復帰した場合、以後支払われる報酬は本来の報酬の満額とする。

(2) 上記の規定にかかわらず、KVEは、理由が何であれ、ロビンが1暦年に連続・不連続を問わず延べ90日以上サービスを提供しないときは、ロビンに対して書面の解除通知を与えることにより、本契約をただちに解除できるものとし、かかる解除の場合、本契約に基づくすべてのサービス提供義務はただちに消滅し、終了するものとする。

―――――――― 解説 ――――――――

1❖個人のサービス提供できない日が連続・不連続を問わず1暦年90日以上となったとき

例文062では、連続60日以上サービスが提供できない場合、解除事由となった。本例文では、KVEが解除するために必要な「サービス不提供の期間」の要求は90日以上と長くなったが、その代わりに、累計でよくなった。どちらが契約を解除しやすいのか、一概にいい切れない。

2❖対価の支払い額の減額

本例文では、1暦年でサービス提供を2ヶ月以上できない場合、KVEがロビンに支払う対価（報酬額）は、本来の額の50％に減額すると規定する。ゼロでもよさそうであるが、雇用に近い契約で、原則として毎日、フルタイムで雇用者の事務所に出かけてサービスを提供する契約では、実質的に労働契約として種々の保護の対象となりうることが多い。個別の契約では、適用される労働法の保護のチェックが欠かせない。

3❖厳しすぎる条件と各国労働法

厳しい条件や雇用者側に一方的な規定を定めても、労働法によって保護が加えられ、契約通りの執行ができないことがある。日本でも労働法は、近年30数年を見ても、女性労働

者の保護や性差別撤廃を目標に少しずつ変わりつつある。世界の動向として労働法は、労働者・勤労者保護の方向に進みつつあることに注目しなければならない。従来、特にオランダ、ベルギー、イギリスをはじめ欧州と米国での労働政策、法律と慣行には注意が必要であったが、近年では世界中の事業でそれぞれの国の法規と政策に注意をする必要がある。

たとえば、日本では勤労者が病気になると、有給休暇を使って休む。米国や英国では、病気の場合は有給休暇でなく"sick leave"（病気休暇）をあてる。消化しきれなかった有給休暇を退職時に対価を支払って買い上げなければならない国もある。労働契約の終了とその精算は、契約自由の原則と一言では言いきれない分野である。

契約解除条項⑦ | Termination 例文064

◇仲裁に付託された場合の解除の効果延期を規定する
◇一方のみが解除権を有する規定

This Agreement may not be terminated by KVC unless any of the following events occurs:

(a) any of the following:

(i) ABC fails to perform any of its obligations under this Agreement, or

(ii) ABC commits any breach of any terms and conditions of this Agreement,

and ABC has not substantially cured such default of (i) or (ii) as the case may be within thirty (30) days after receipt of a written notice from KVC specifying the particulars of the default, provided, however, that if the question of the existence of any of the foregoing is submitted to arbitration under Article ____ (Arbitration) hereof, the running of the said thirty (30) days shall be suspended during the pendency of such arbitration;

(b) any of the following:

(i) ABC files a petition in bankruptcy,

(ii) a petition in bankruptcy is filed against ABC,

(iii) ABC becomes insolvent or bankrupt,

(iv) ABC makes an arrangement for the benefit of creditors,

(v) ABC goes into liquidation or receivership.

［和訳］

KVCは、下記のいずれかの事態が発生しない限り、本契約を解除することができない。

(a)次のいずれかの事態が発生したとき：

(i)ABCが本契約の義務の履行を怠ったとき、または

(ii)ABCが本契約のいずれかの条項に違反し、

　　　　当該違反の内容を明記した書面の通知をKVCから受領した後30日以内に(i)または場合により(ii)の違反を実質的に是正しなかったとき。ただし、かかる違反が存在するか否かの問題が本契約第__条(仲裁)により仲裁に付託される場合は、この30日の是正期間は、仲裁の係属中、中断するものとする。
(b)次のいずれかの事態が発生したとき：
　(i)ABCが破産を申し立てたとき
　(ii)ABCに対して破産が申し立てられたとき
　(iii)ABCが支払不能に陥り、もしくは破産したとき
　(iv)ABCが債権者のための譲渡をおこなったとき、または
　(v)ABCが清算もしくは管財下に入ったとき。

解説

1❖仲裁(arbitration)手続きへの付託と解除通知

　解除通知が出されて治癒期間が経過していないうちに、一方が紛争を仲裁に付託したらどうなるか。本例文はこの問題を取り上げている。実務的には何も規定がなければ、なかなか解釈が難しい問題である。本例文では、仲裁で一方の契約違反行為の有無自体が争われているときは、その仲裁の判断が出るまで、治癒(是正)期間の経過の計算をさせないで止めようというものである。

2❖may not be terminated by KVC

　契約の解除については、「＿＿＿の場合、解除できる」という規定の仕方が多い。それに対して本例文は、解除されるケースを限定するという意味から、「＿＿＿の発生の場合を除き、解除されない」というスタイルを取っている。リストアップされた事態が発生すれば、結果はほとんど変わらないが、契約当事者のうち、通常、解除を嫌う側すなわちライセンシー・販売店・代理店・フランチャイジーの立場に立って、あるいは気持ちになって規定されたものである。ABC側のねらいとしては、契約がビジネスの基盤となっているという認識に立ち、契約がKVCによって解除されるケースを限定しようとするものである。

例文065 契約解除条項⑧ | Termination

◇合弁事業等における株主間協定等の解除条項
◇全当事者の合意による解除を最優先し、その他は、破産や重大な契約違反に限る

(1) This Agreement may be terminated at any time upon written consent of all of the Parties hereto;

(2) If any one of the following events occurs to a Party, then any other Party, so long as such event did not occur with respect to such Party, may terminate this Agreement upon written notice to the breaching Party and other Parties:

(i) appointment of a trustee or receiver for all or substantially all of the assets of a

Party;

(ii) a Party commences voluntary proceedings in bankruptcy or seeks reorganization, dissolution, liquidation or winding-up, or any other relief under bankruptcy laws; or

(iii) any involuntary proceedings are commenced or any other action is taken against a Party in bankruptcy or seeking reorganization, dissolution, liquidation, winding-up, or any other relief under bankruptcy laws and such event continues for ninety (90) days undismissed and discharged; or

(iv) assignment of all or substantially all of a Party's assets is made for the benefit of creditors other than as security for indebtedness; or

(v) business of a Party is suspended for more than sixty (60) days continuously other than for force majeure; or

(vi) the commission by a Party of a material breach of this Agreement, which breach is not cured, to the satisfaction to the other Parties, within sixty (60) days after the notice of such breach has given to the breaching Party.

This Agreement shall not terminate automatically upon the occurrence of an event described in this Article (i) through (vi) of this Section 2 above, but shall terminate only upon notice by a non-breaching Party in the first sentence of this Section 2 of this Article.

[和訳]
(1) 本契約は、当事者全員の書面による合意が得られたときは、いつでも解除することができる。
(2) いずれかの当事者に次の不履行事態のひとつでも発生したときは、他のいずれの当事者も、自らには当該事態が起きていない限り、違反当事者と他の当事者に書面により通知をおこなって、本契約を解除することができる。
(i) 当事者の資産の全部または実質的な全部に対して受託人または管財人が指名されたとき
(ii) 当事者が自発的に破産手続きを開始し、または会社更生、解散、清算もしくは破産法上の他の救済を求めたとき
(iii) 当事者に対して強制的な破産手続きが開始されるか他の申し立てがなされ、または会社更生、解散、清算、解散もしくは破産法上の他の救済を求める手続きが開始されるか申し立てられ、かつ、かかる手続きまたは申し立てが90日にわたり却下されず取り下げられないまま継続したとき
(iv) 当事者の資産の全部または実質的な全部の譲渡が債権者のためにおこなわれたとき(ただし、借入担保として譲渡する場合を除く)
(v) 当事者の事業が不可抗力以外の事由により継続して60日を超えて停止したとき
(vi) 当事者が本契約につき重大な違反を犯し、当該違反が、違反当事者に違反通知が与えられてから60日以内に是正されないとき。
本契約は本条第2項の上記(i)ないし(vi)に列挙された事態が発生しても自動的に終

了しないものとし、本条第2項の最初の文章に規定した違反していない当事者からの通知によってのみ解除されるものとする。

解説

1 ❖ 全当事者の合意による解除
当然のことを記載した規定であり、むしろ珍しい。しかしこのねらいは、合弁事業契約など長期の提携関係の維持を前提にした契約では、解除は原則として全当事者による合意なのだということを確認する意味がある。

2 ❖ 解除事由が発生しても、自動的な終了とはしない
"automatic termination"は、個人との契約の際の「当事者の死亡」などで採用されることがあるが、合弁事業契約など長期的な提携契約では適切でないという考え方から、本例文では採用していない。

契約当事者の一員の不履行事態、解除事由が発生しても、まず通知を出し不履行事態の治癒(是正)を求め、60日経過してもなお不履行状態が継続している場合に、改めて解除通知を出して解除するか、それとも別の解決策を模索するかを検討しようという方式である。合弁事業契約では、単なる不履行についてはこのくらいの慎重さでちょうどよいケースが多い。

3 ❖ 破産法の救済を求める行為
破産法は各国ごとにより異なり、用語も統一されていない。慣行となると、もっと多様である。したがって、破産法に関わる手続きでは、広く「破産法上の救済」を求める行為を契約による不履行事態であると取り決めることが実務上おこなわれている。

4 ❖ 破産法と契約の解除事由
破産法は強行法規であるから、契約で「破産法上の救済を求める行為」を解除事由のひとつとして規定しても、破産法では解除を認めないと規定されている場合、実際にはどちらが優先するかという問題が起こる。米国でのチャプター・イレブン(アメリカ連邦破産法第11章の会社更生に関する規定)の手続きを相手方(販売店など)が開始し、販売店契約を解除しようとして管財人と争った事例が実際にある。実際には、契約書締結段階で想定しているようには、簡単には解除できないことが少なくない。

例文066 契約解除条項⑨ | Termination

◇販売店契約等で、相手先が競争者に買収されたときや競争者と提携関係に入ったときに解除できるとする規定

(1) In the event of the bankruptcy, insolvency or voluntary dissolution of either party, the non-defaulting party may terminate this Agreement immediately upon written notice to the defaulting party.

(2) If ABC acquires, is acquired by or enters any business relationship with any business

entity which develops, manufactures or distributes products or render services, competing with the business activities of KVC, KVC may terminate this Agreement immediately upon written notice.

(3) If ABC breaches this Agreement and fails to cure such breach within fifty (50) days following the notice of such breach by KVC, KVC may terminate this Agreement upon written notice to ABC.

［和訳］
(1) 一方の当事者に破産、支払不能または自発的解散の事態が発生したときは、不履行に陥っていない当事者は、不履行当事者に書面の通知を出すことにより、本契約をただちに解除することができる。
(2) ABCがKVCの事業活動と競合する製品を開発、製造もしくは供給し、または競合するサービスを提供する事業体を買収しまたはその事業体に買収され、またはその事業体と取引関係に入ったときは、KVCは、書面による通知を出すことにより本契約をただちに解除することができる。
(3) ABCが本契約に違反し、KVCからの違反の通知を受領後50日以内に当該違反を是正しないときは、KVCはABCに対して書面による通知を出すことにより、本契約を解除することができる。

―――― 解説 ――――

1❖相手方が競合事業に買収されたとき

規定としては異例である。販売店契約などで、契約の相手方が競合先に買収されたり、提携関係に入ったりするときがある。そのようなケースでは、自社側の事業戦略やトレードシークレットが相手方から競合先に筒抜けになりかねない。その危惧からKVCが設けているのが、第2項である。解除事由のひとつに追加しているのである。

2❖KVC社の苦い経験(エピソード)

以前KVCが関わっていた長期契約で、事業支援のためきわめて低利の有利な条件で取引先を支援したことがある。その取引先が競合先に買収されてしまった。そのときの金銭消費貸借契約には、(通常の契約では解除条項にあたる)期限の利益喪失約款の「期限の喪失事由」に「競合事業によって買収されたとき」という項目が入っていなかったため、解決に苦労した。それ以来KVCの契約には、このような競合事業買収・提携条項が挿入されるようになったのである。

例文067 一般条項｜不可抗力条項①
例文068 一般条項｜不可抗力条項②

第 7 節 不可抗力条項 Force Majeure

　契約締結後、当事者の責任に帰せられない予期せぬ事由が発生し、そのために契約の履行ができないことがある。これを広く不可抗力（force majeure）と呼んでいる。自然災害、戦争、内乱などさまざまなケースがあるが、具体的にどの範囲を不可抗力事由とするか、履行の遅延などをどう免責するか、通知義務をどうするか、そのような事態が長期（例：90日）継続した場合に解除を認めるか、などの問題を考えて契約書を作成していく。

　不可抗力事由が発生した場合、通常、契約の履行遅延や不履行の責任を免責されるが、一般には契約で特約がない限り解除権は発生しないとされる。また、不可抗力事由として履行を免責される原因及び事由の範囲については、契約の履行に関連して当事者間で紛争がしばしば発生する。したがって、どの事由、事態を不可抗力と認めるか、また現実に起こった事態をどう評価するかは、契約履行をめぐるもっとも重要なテーマのひとつである。

　英国のスエズ運河の封鎖をめぐる事件である「ユージニア号事件」（デニング判事）や「スーダンナッツ事件」（Tsakiroglou号事件）などを丁寧に読んでみると、その適用の難しさ、契約の規定の大切さがよく分かる。フラストレーション（履行不能）や不可抗力の問題を扱う条項のドラフティングの前に、一読することが有益である。

例文067 不可抗力条項① | Force Majeure

◇標準的な規定

> 1 Neither party shall be liable to the other for any delay or failure in the performance of its obligations under this Agreement if and to the extent such delay or failure in performance arise from any cause or causes beyond the reasonable control of the party affected ("Force Majeure"), including, but not limited to, act of God; acts of government or governmental authorities, compliance with law, regulations or orders, fire, storm, flood or earthquake; war (declared or not), rebellion, revolution, or riots, strike or lockouts.

［和訳］
> 1 いずれの当事者も、本契約上の義務の履行が遅滞しまたは履行がなされなかった場合、当該遅滞または不履行が影響を受けた当事者の合理的な制御を超える事由（以下「不可抗力」という）により引き起こされた限度において、相手方に対し責任を負わないものとする。かかる事由は、天災地変、政府または政府機関の行為、法律・規則・命令の遵守、火災、嵐、洪水、地震、戦争（宣戦布告の有無を問わない）、反乱、革命、暴動、ストライキ、ロックアウトを含むが、これらに限定されない。

解説

1 ❖ act of God

英文契約では天災事変などの不可抗力を指す。不可抗力は必ずしも範囲が明確ではない。そのため、ドラフティングや契約交渉をする際には、広く網羅的に不可抗力事由を列挙するのが慣行となっている。もちろん、履行を受ける側に立てば、不可抗力の範囲を限定したいところであるが、契約においては、どちらの当事者も不可抗力事由に影響を受けることがありうるので、一般的には幅広く不可抗力事由をリストアップする傾向がある。

2 ❖ 本例文で列挙した事由以外の追加的な不可抗力事由のリスト

上記の例文では、代表的な事由のみを列挙したが、実際のケースでは、個別の契約の性格により、必要な事由を追加する。

たとえば、工場の爆発(explosion of the factory of the Manufacturer)、政府の行政指導(direction or guidance of any governmental or regulatory authorities)、長期間にわたる電力不足(prolonged failure or shortage of electric power)、石油・ガスなどのエネルギー不足(shortage of petroleum, gas or other energy sources)、原材料不足(shortage of raw materials)、政府許可の発行拒絶(refusal to issue licenses)などがある。

原子力発電所の爆発(explosion of nuclear power plants)は確かに不可抗力事由の1つにあたるが、契約交渉段階で近くに原子力発電所が所在することを強調することが、果たしてビジネス推進上、得策かどうかは再考の余地があろう。相手方が「危険性が高い」と考えれば、当方の取引上の交渉力は弱くなるリスクがある。

ABC社の法務部新人部員飛鳥凛は上司の日高尋春氏より「あえて記載しなくても問題はない」と指示を受けたという。典型的な不可抗力事由だから心配は不要だとのことだ。

不可抗力条項② | Force Majeure　　　　　　　例文068

◇不可抗力事態発生時の通知義務
◇金銭債務への不適用
◇不可抗力長期化による解除権

1 On the occurrence of any event of Force Majeure, causing a failure to perform or delay in performance, the party so affected shall immediately provide written notice to the other party of such date and the nature of such Force Majeure and the anticipated period of time during which the Force Majeure conditions are expected to persist.
2 The party so affected shall make all reasonable efforts to reduce the effect of any failure or delay by any event of Force Majeure.
3 The provisions of this Article shall not relieve either party of obligations to make payment when due under this Agreement.
4 If the Force Majeure conditions in fact persist for ninety (90) days or more, either party may terminate this Agreement upon written notice to the other party.

[和訳]
1 契約の履行を困難にしまたは遅延させる不可抗力事態が発生した場合、影響を受けた当事者は相手方に対して、当該不可抗力の発生日と内容と予想される継続期間を書面によりただちに通知するものとする。
2 影響を受けた当事者は、不可抗力事態の発生による不履行または遅滞の影響を軽減するよう合理的なあらゆる努力を尽くすものとする。
3 本条の規定は、本契約により期日が到来した支払い債務からいずれの当事者も解放しないものとする。
4 不可抗力事態が実際に90日以上継続した場合は、いずれの当事者も、相手方に対する書面の通知により、本契約を解除することができる。

解説

1❖不可抗力事態発生時の通知義務

第2項及び第3項は、不可抗力事態が発生した場合にも、不可抗力を援用する当事者に対し、相手方に迅速に連絡し、同時にその影響を最小限にとどめる努力をする義務を課すものである。「不可抗力を援用する」というのは、不可抗力を主張して免責の適用を受けようとすることである。

2❖不可抗力でも、金銭債務は免責されない

国際契約では、特に契約書で取り決めなくても、不可抗力事態が発生した場合にも金銭債務の履行は免責されないというのが原則である。長らく常識として、この原則が信頼されてきた。そのため、契約の中でもあえてその旨記載しないことが少なくなかった。

ところが、かつてロシア、アジアをはじめ、通貨危機や通貨暴落、外貨による対外支払いの凍結、銀行の倒産といった事態がしばしば発生するに至り、交渉過程で不可抗力事態という認識のもとに交渉のテーブルに議題として持ち出されるようになってきた。金銭債務は不可抗力でも免責されないのが国際的な常識だといっても、必ずしも相手方が共有しているとは限らない。国連制裁による貿易取引の禁止から、引き渡しを受けた商品の代金の支払いを禁止または制限される事態は、近年でも、イラク、旧ユーゴスラビア等に対して起きている。

実際に、各国の国内法（為替管理法、貿易管理法令）による貿易・貿易外取引の支払いの禁止・制限や、金融機関に影響のある政治的・社会的混乱状態、（旧ソ連のように）国家の消滅、分離や独立、大災害などの事態の場合には、債務の支払い遅延が生じている。契約の解釈でも紛争が起きるケースがある。

たとえばブラジルなどのように、法令により技術ライセンス導入によるロイヤルティ（ライセンス料）の支払いについて、率（5％を上限）と期間（最長5年）に制限が設けられているような場合、それ以前に締結された契約でロイヤルティが10％となっていたとすればどうなるか。また、製薬技術で導入国は無償と決めたら？

外国に銀行口座や資産があるとする。契約の一部無効についての規定（severability）も絡んでくる。その対応策が日高尋春氏の指示で法務部新人部員飛鳥凛が取り組んでいる課題

である。契約では、解答そのものよりも、起こりうる問題としてとらえ、あらかじめ覚悟をもって臨むことが大事なのだ。

3 ❖ 不可抗力事態発生と契約の解除権

不可抗力事態が一定期間継続した場合に、影響を受けた当事者または相手方に契約解除権があるだろうか。この質問については、通常の法制では否定的な回答が与えられる。

不可抗力は、履行義務をその不可抗力事態が継続している間免責するだけであって、解除権はいずれにも当然には発生しない。そのため、一定期間以上継続した場合、解除できるようにするためには、明文の規定が必要である。第4項はそのための特別規定である。

不可抗力条項③ | Force Majeure 　　　　　　例文 **069**

◇標準的な規定
◇コンピューターの誤作動・故障や公共通信設備の故障を不可抗力免責事由に加えた規定

No delay, failure or default in performance of any obligations in this Agreement shall constitute a breach of this Agreement, to the extent that such failure to perform, delay or default arises out of a cause beyond the control of and without the negligence of the party otherwise chargeable with failure, delay or default, including but not limited to action or inaction of governmental, civil or military authorities, fire, strike, lockouts or other labor dispute, flood, war, riots, earthquake, natural disaster, breakdown of public common carrier or communications facilities; computer malfunction.
This Section shall in no way limit the right of either party to this Agreement to make any claim against third parties for any damages suffered due to the said causes.

[和訳]

本契約の義務の履行遅滞、不履行または違反が、当事者の制御を超える事由により、当事者の過失によらずに発生した限りにおいて、当該不履行、履行遅滞または違反は、本契約の違反にならないものとする。その事由は、政府・文民・軍の当局の作為または不作為、火災、ストライキ、ロックアウトその他の労働争議、洪水、戦争、暴動、地震、自然災害、公共の交通または通信手段の故障、コンピューターの誤作動・故障を含むものとするが、それらに限定されないものとする。

本項は、上記の事由によって被った損害について、第三者に損害賠償を請求する当事者の権利を何ら制限するものではない。

解説

1❖コンピューター・マルファンクション（computer malfunction；コンピューターの誤作動・故障）

　情報化社会では、コンピューターウイルスや電力不足といった原因で、コンピューターの誤作動や完全なシステムダウンが発生し、通常なら間に合うスケジュールで進めてきた仕事が遅延することが現実に起こっている。情報化社会で、このような事由で履行が遅延した場合、果たして不可抗力として免責を主張できるのかは明確でない。何も特約がなければ、債務不履行に問われるというのが一般的な解釈であり、一般の見解であろう。

　しかし、サンフランシスコのKVCのNancyは、「適用は無理かもしれない、実効性はないかもしれない」という危惧を抱きながらも、コンピューター・マルファンクションを不可抗力事由のひとつに加えている。交渉のテーブルで説明できればそれだけでもよい、と割り切っているのである。契約違反の場合の解除の問題と絡めて、総合的に判断すべき問題であろう。

2❖第三者に対する請求権は影響を受けない（第2文）

　本来、契約は当事者間のものだから、第三者との権利関係で不利益に働くとは当事者は想像していない。にもかかわらず実際の場面では、契約とは関わりのない第三者が、その契約の条項に基づいてさまざまな主張をするのが現実である。

　裁判所の中にはその影響を受け、第三者にいわば受益者的な地位（third party beneficiary）を与える判決を下すことがある。この例文の条項は、そのような意図を当事者がまったく持っていないことを明らかにしたものである。

例文070 不可抗力条項④ | Force Majeure

◇不可抗力事由発生時の対応のため協議することを規定する

(1) A party shall not be liable for any loss suffered by the other party arising out of a delay in performance, or non-performance, of the party's obligations due to any cause (whether arising from natural causes, human agency or otherwise) which the party cannot reasonably and practicably control in the ordinary conduct of the party's business, including, without limitation, governmental actions, state emergency, war (declared or otherwise), warlike conditions, hostilities, civil commotion, riots, flood, fire, strike, lockouts and boycotts.

(2) If a party's performance is delayed or prevented by such a cause, then the parties shall meet immediately after the occurrence of such cause to determine to what extent such force majeure affects the performance of the present Agreement and to decide in which proportion the concerned party should be released from its obligation in terms of this Agreement.

If the parties fail to reach such agreement within a reasonable period, then this Agreement shall be immediately terminated.

[和訳]
(1) 当事者は、当該当事者が当該当事者の通常の事業行為では合理的かつ実際上制御できない事由（自然による事由か、人間の行為による事由か、その他の事由かを問わない）により、当該当事者の義務の履行を遅滞しまたは履行しないことから生ずる相手方の被る損害について、責任を負わないものとする。その事由には、政府の行為、国家の非常事態、戦争（宣戦布告の有無を問わない）、戦争状態、敵対行為、内乱、暴動、洪水、火災、ストライキ、ロックアウト、ボイコットが含まれるが、それらに限定されない。
(2) 当事者の履行がかかる事由により遅らされまたは妨げられた場合、両当事者は、当該事態の発生後ただちに会合し、その不可抗力事由が本契約の履行に影響する程度を判断し、影響を受けた当事者が本契約の義務の履行を免除される割合を決定するものとする。
両当事者が合理的な期間内にかかる合意に達することができない場合には、本契約はただちに解除されるものとする。

解説

1 ❖ 不可抗力による免責の割合を当事者により協議、決定する

本例文の特色は、不可抗力事由の発生後、両当事者が会ってその影響のレベルと不可抗力事由による免責の割合を協議し、合意できなければ契約を解除するという手続きにある。

ビジネスによっては、お互いにあまり長い期間、不可抗力事態により免責のままで放置できない場合がある。対応を急ぎ、対応についての協議が不成立なら解除するのも、ひとつの解決策であろう。

2 ❖ proportion the concerned party should be released from its obligation

本例文での解決方法は、不可抗力事由が発生した場合も、単純に、100％履行免責という形を取らずに、どの程度まで免責を認めるかを具体的に決めていこうというものである。不可抗力事由を援用する側（affected party）が話し合いを円滑に進めるためには、具体的に不可抗力事由を契約条項に列挙し、かつ事態が発生したときは、その影響と対応策について説得力のあるプレゼンテーションをする必要がある。

不可抗力条項⑤ | Force Majeure　　　　例文 071

◇不可抗力の定義を置いて規定する方法
◇金銭支払債務への不適用を規定する

"Force Majeure" means an event which prevents or delays a party hereto from the performance of its obligations under this Agreement, other than any obligation to make payment, whether in whole or in part, and which arises from any of the following and which despite the exercise of reasonable diligence cannot be overcome by the party concerned: any act of God, explosion, fire, civil war, riots, war, natural disaster, flood, earthquake or epidemic.

[和訳]

「不可抗力」とは、全面的か部分的かを問わず、金銭債務以外の本契約上の義務を当事者が履行することを妨げまたは遅滞させる事態にして、下記のいずれかの事由から発生し、その影響を受ける当事者が合理的な注意を払っても克服できないものを意味する。天災、爆発、火災、内戦、暴動、戦争、自然災害、洪水、地震、伝染病。

―――――― 解説 ――――――

1 ❖its obligations ... other than any obligation to make payment

不可抗力のように関わる項目(事由)の多い事項を扱う場合、契約のはじめのほうの定義規定や本文の不可抗力の規定で、定義が置かれることがある。その場合のひとつのポイントは、「金銭債務の支払い義務」をどう扱うか、という問題である。

本例文の定義では、従来通りのオーソドックスな立場に立ち、支払い債務を免責するものでない旨を明らかにしている。新興国や契約に慣れていない相手方との契約交渉では、金銭支払い債務の除外は、特に重要である。規定を入れておかないと、相手方が善意で、金銭支払い債務の不履行につき、不可抗力の主張をすることがあるからである。国の法律で、支払いを差し止められたのだから、その間は不可抗力であり、遅延金利は支払えないという主張をしてきたらどうするか。海外の銀行に口座を保有し、海外から送金しようとしても、国の外国為替管理法により規制されているという。そのような場面を想定しながら、契約条項を作り上げていく。日本民法では第419条が関連規定を置く。

2 ❖reasonable diligence

「合理的な注意」を払っても克服できないことによって、不可抗力免責が主張できる。合理的な注意を払えば、必ず達成できる事項の場合、逆に「＿＿＿＿」は、不可抗力にあたらないと次のように規定する方法もある。

"＿＿＿＿＿＿＿＿" shall not constitute Force Majeure.

例文072 不可抗力条項⑥ | Force Majeure

◇標準的な規定

No failure or delay by the parties hereto in the performance of any obligation contained in this Agreement shall be deemed as a breach of this Agreement nor create any liability if the same arises from any cause or causes beyond the control of the parties hereto, including, without limitation, acts of God, acts or omission of any government; compliance with laws, regulations, orders or requests of any Government; fires, storms, floods or earthquakes; wars, rebellions, revolutions, riots, strikes or lockouts.

[和訳]
　本契約に規定される義務の当事者による不履行または遅滞は、当該不履行または遅滞が当事者の合理的な制御を超える事由から生ずる場合には、本契約の違反とみなされないものとし、また、いかなる責任も生じさせないものとする。上記の事由は、自然災害、政府の行為もしくは不作為、法律・規則・命令の遵守、政府の要求、火災、嵐、洪水、地震、戦争、内乱、革命、暴動、ストライキまたはロックアウトを含み、それらに限定されない。

―――― 解説 ――――

1 ❖No failure or delay ... shall be deemed as a breach of this Agreement

　本例文は、不可抗力条項として標準的な規定である。リストアップしている事由もどちらかといえば、オーソドックスな事由のみである。"deem"という用語の使用が特色といえる。これは、（不可抗力事由による）義務の不履行、遅延は、契約違反（breach）とはみなさないという規定の仕方である。"deem"という用語は、使い方によって便利な言葉である。

2 ❖requests of Government

　法律まで明確にはなっていないが、政府の事実上の命令・指導をどう扱うかの問題がある。本例文では、"requests of Government"と表現している。この事由は、扱いが難しい。政府は、口頭で指導・助言しても、実際には書面では指示しないことが多い。しかし無視すればビジネス推進上、支障が生ずることがある。たとえば合弁事業契約で認可を申請しているとき、合弁事業契約の内容について一定の変更の助言が政府当局からなされ、助言に従えば認可を早くする、従わなければ審査に時間がかかるという場合なども含まれる。

　行政指導と呼ばれるものも同様であり、不可抗力に入れるかどうか実務上は難しいが、本例文では契約の規定上、不可抗力の一事由とした。

例文073 一般条項｜準拠法条項①
例文074 一般条項｜準拠法条項②
例文075 一般条項｜準拠法条項③

第8節 準拠法条項 Governing Law

　契約の解釈の基準となる法律を取り決める規定を、準拠法と呼んでいる。契約交渉の際には、はじめは双方が自国法を主張することが多い。そのまま簡単にいずれかの主張が通ることも、交渉が難航することもある。どの国（または州）の法を採用するかはビジネス上の判断次第である。
　いずれの当事者も簡単には譲らない場合は、相手方の国（または州）の法律を受け入れるか、あるいはお互いに妥協して双方の知っている第三国（あるいは州）の法律を準拠法として選択するのが一般的である。
　知的財産取引における登録に関する特許法・商標法や、合弁会社設立やM&Aの場合の会社所在地会社法のように、その登録や設立・会社機関等については、当然に適用される法律もある。このような場合でも、知的財産ライセンス契約や合弁事業契約、海外事業契約自体を律する準拠法は、当事者間で自由に取り決めることができる。

例文073 準拠法条項① | Governing Law

◇日本法を準拠法とする規定

> This Agreement shall be governed by and construed in accordance with the laws of Japan.

［和訳］
本契約は日本法に準拠し、日本法に従って解釈されるものとする。

―― 解説 ――

1 ❖construction; construe
　「解釈」「解釈する」という意味である。英米では解釈するという意味を表すのに"construe"という用語を通常、使用する。日本法を準拠法とする場合などは"interpret"でもよいが、慣習として英文契約では"shall be construed in accordance with the laws of ..."という表現が主流である。

2 ❖governed by
　直訳して「支配される」とするか、あるいは意訳して「準拠する」とするかの選択肢がある。どちらでもよさそうであるが、法律用語としては「準拠する」のほうが正確な訳である。

3 ❖governing law
　本例文では、「準拠法」と訳している。「支配法」とはいわない。

準拠法条項② | Governing Law　　　例文074

◇日本法を準拠法とする規定
◇簡潔版

This Agreement shall be governed in all respects by the laws of Japan.

[和訳]
本契約はすべての点において日本法を準拠法とする。

――――― 解説 ―――――

1 ❖ もっとも簡潔な準拠法の規定
日本側にとってはもっとも単純な準拠法の規定であり、分かりやすい。

準拠法条項③ | Governing Law　　　例文075

◇カリフォルニア州法を準拠法とする規定
◇法の抵触のルールは排除し、カリフォルニア州の実体法を適用する

This Agreement shall be construed in accordance with and governed by the laws of the State of California without reference to principles of conflict of laws.

[和訳]
　本契約は、法の抵触のルールを排除して、カリフォルニア州法によって解釈され、同法に準拠するものとする。

――――― 解説 ―――――

1 ❖ conflict of laws
　契約が国際間あるいは州間にわたるとき、どの国あるいはどの州の法律を適用するかというルールがある。日本法では、「国際私法」の問題として扱っており、法の適用に関する通則法(旧法例)がその根拠法規である。米国では、同じ問題を"conflict of laws"というタイトルで扱っている。直訳すれば衝突法、意訳すれば法の抵触のルール、国際私法である。

2 ❖ without reference to principles of conflict of laws
　本例文では、その衝突法、法の抵触の場合の適用法の選択のルールを考慮することを排除するとしている。なぜなら、カリフォルニア州法の実体法(substantive law)を適用したいというのが、カリフォルニア州の法人KVCのNancyの考えだからである。カリフォルニア

州あるいは他の国の法の抵触のルールを適用すると、その結果、日本法が実体法として適用されるかもしれない。KVC側はそうした事態を避けようとしているのである。

例文076 準拠法条項④ | Governing Law

◇ニューヨーク州法を準拠法とする規定
◇法の抵触のルールを考慮せず、ニューヨーク州法を適用する

This Agreement and all disputes under this Agreement shall be governed by, and all rights and obligations hereunder shall be construed in accordance with, the internal laws of the State of New York, without regard to principles of conflict of laws.

[和訳]
　本契約と本契約に基づくすべての紛争は、米国ニューヨーク州法に準拠するものとし、本契約上のすべての権利と義務は、衝突法に関わりなく、ニューヨーク州法に従って解釈されるものとする。

―――― 解説 ――――

1❖internal laws of the State of New York
　各州の法律には、日本の法の適用に関する通則法(旧法例)の国際私法にあたる衝突法、抵触法と、実体法としての州内部の法律とがある。また動産売買の分野では、日本も米国も国連物品売買統一法条約(CISG)の加盟・批准国であるから、排除しなければその適用を受けることになる。

2❖without regard to principles of conflict of laws
　「衝突法」「法の抵触のルール」によって本契約の実体法としての準拠法、適用法がニューヨーク州以外の国の法律になってしまうのを防ぐのがねらいでこの語句が加わっている。

3❖without regard to the conflict of laws provisions or principles thereof
　本例文と前の例文075のねらいである「抵触法のルール(原則)にかかわりなく」を表す表現にはさまざまなものがある。単なる"principle"(原則)を排除しただけでは不十分であり、"laws"も明示的にその適用を排除したいという意図に基づく規定である。

準拠法条項⑤ | Governing Law

例文077

◇ニューヨーク州法を準拠法とする規定
◇標準的な規定

The construction, validity and performance of this Agreement shall be governed by the laws of the State of New York, United States of America.

[和訳]
　本契約の解釈、有効性及び履行は、アメリカ合衆国ニューヨーク州法に準拠するものとする。

--- 解説 ---

1 ❖construction, validity
「解釈、有効性」を指す。

準拠法条項⑥ | Governing Law

例文078

◇フランス法を準拠法とする規定

This Agreement is made pursuant to and shall be governed by, and construed in accordance with the laws of France.

[和訳]
　本契約はフランス法に従って締結されるものであり、同法に準拠し、同法に従って解釈されるものとする。

--- 解説 ---

1 ❖is made
契約が「締結される」ことをいう。"is entered"とすることもできる。

例文079 一般条項｜準拠法条項⑦
例文080 一般条項｜準拠法条項⑧
例文081 一般条項｜準拠法条項⑨
例文082 一般条項｜準拠法条項⑩

例文079 準拠法条項⑦ | Governing Law

◇英国法を準拠法とする規定
◇適用法選択のルールには関わりなく適用

This Agreement shall be governed by and construed in accordance with the laws of England without reference to its choice of law rules.

［和訳］
　本契約は、適用法選択のルールに関わりなく、英国法を準拠法とし、同法に従って解釈されるものとする。

―――― 解説 ――――

1 ❖without reference to its choice of law rules
「適用法選択のルールを考慮することなく」という意味である。
　例文076、例文077ではカリフォルニア州法、ニューヨーク州法を準拠法としてその実体法を適用させようとした。本例文でも同じ注意深さで英国の実体法を適用できるよう工夫している。ねらいはすべて同じである。

例文080 準拠法条項⑧ | Governing Law

◇英国法を準拠法とする規定
◇簡潔版

This Agreement shall be governed by and construed in accordance with the laws of England.

［和訳］
　本契約はイングランド法に準拠し、同法に従って解釈されるものとする。

―――― 解説 ――――

1 ❖the laws of England
　"the laws of England"は、厳密には「イングランド法」とするほうが正確である。「英国法」とも訳されるが、「英国」は"Great Britain""United Kingdom"を指すこともある。

準拠法条項⑨ | Governing Law　　　例文081

◇カリフォルニア州法を準拠法とする規定
◇実体法を準拠法とする

This Agreement shall be governed by the substantive laws of the State of California, USA, excluding its choice of law rules.

［和訳］
　本契約は、適用法選択のルールを除き、米国カリフォルニア州の実体法に準拠するものとする。

―――― 解説 ――――

1 ❖substantive laws
「実体法」を指す。これまでの例文で紹介した"conflict of laws"や"choice of law rules"によらずにカリフォルニア州法を適用すると、その内容は実体法になる。

2 ❖excluding its choice of rules
いわゆる「適用法選択のルールを除いて」という意味である。

準拠法条項⑩ | Governing Law　　　例文082

◇豪州ニューサウスウェールズ州法を準拠法とする規定
◇ニューサウスウェールズ州の裁判所を非専属的な裁判管轄とする合意

This Agreement shall be governed by and construed in accordance with the laws of the State of New South Wales, Australia and each party submits to the non-exclusive jurisdiction of the courts of New South Wales.

［和訳］
　本契約は豪州ニューサウスウェールズ州の法律に準拠し、同法に従って解釈されるものとし、各当事者は、ニューサウスウェールズ州の裁判所の非専属管轄権に服することに同意する。

―――― 解説 ――――

1 ❖laws of the State of New South Wales
オーストラリアも連邦国家であり、契約法、取引法、会社法、財産法などは州ごとに異

なる。準拠法もそれぞれの州の法律を選ぶ。

現実の契約書のドラフトでは、New South Wales州法を指すときは、相手方(豪州側)がわざわざ"Australia"を記載しないのが通常である。しかし当方(日本側)としては、"Australia"と補足したほうが分かりやすい。米国との交渉で、相手方が通常、金額表示を"$""Dollars"と書き、わざわざ"US $""United States Dollars""US Dollars"とは表記しないことと同じ問題が、その基盤にある。それぞれの国に対する国民の「誇り」である。当方としては、相手方の誇りを傷つけず、敬意を示しつつ、補正していけばよい。

2 ❖ non-exclusive jurisdiction

「非専属裁判管轄」をいう。

例文083 準拠法条項⑪ | Governing Law

◇設立する合弁事業会社の運営は会社設立国の会社法による
◇ニューヨーク市の連邦裁判所の専属的裁判管轄と合意する

> This Agreement shall be governed by the laws of the State of New York, provided that the laws of ＿＿＿＿＿＿ shall govern as to matters involving the governance of the New Joint Venture Company.
> The parties hereto consent to the exclusive jurisdiction of the federal court in the City of New York for the resolution of any dispute arising out of this Agreement.

[和訳]
　本契約は、ニューヨーク州法を準拠法とする。ただし、新合弁事業会社の運営に関する事項については、(設立地の会社法)が適用されるものとする。
　当事者は、本契約から生ずる紛争の解決のために、ニューヨーク市の連邦裁判所の専属管轄権に服することに合意する。

―――― 解説 ――――

1 ❖ govern as to matters involving the governance of the New Joint Venture Company

「合弁会社の運営に関する事項については、＿＿＿＿法(新会社設立地の会社法)を適用する」という意味である。

これは、合弁協定などで、準拠法について対立したときにしばしば使われる一種の打開策である。すなわち、合弁事業協定書や締結交渉では通常、海外からの出資予定者は自己の属する国(例：日本)や先進第三国の法律(英国法、ニューヨーク州法など)を準拠法として主張する。一方、途上国、新興国の会社設立予定先の現地の出資予定者は現地法を主張する。その場合の折衷案が、定款、株主総会、株式発行等新会社の運営(corporate governance of the New JV company)に関わる事項については会社設立地の会社法を適用するが、合弁協定の解釈は選択した先進国の法律を準拠法とする、と規定する方法である。Bermuda(バミューダ)など、タックス・ヘイブンに合弁事業会社を設立する場合などに使用されることがある。コーポレート・ガバナンスやコンプライアンスという用語は、近年ではそのまま日本語化して用いられるようになった。

2 ❖ exclusive jurisdiction
　「専属裁判管轄」を指す。紛争解決方法として裁判による解決を選び、かつその裁判の地を選ぶ。"exclusive jurisdiction"となっていると、両者で別途合意しない限り他の解決方法は排除されてしまっている。例文082のニューサウスウェールズ州の裁判所を非専属管轄と合意していたのと比べ、専属管轄の合意であるという点で、この例文の合意のほうが厳しい。例文088を参照。

準拠法条項⑫ | Governing Law　　　　　　　　　　　　　　　例文084

◇カリフォルニア州法を準拠法とする規定
◇UNCITRALの国連物品売買統一法条約の適用排除を規定する

This Agreement shall be governed by and construed in accordance with the laws of the State of California, United States of America.
The parties agree to exclude the application of the United Nations Convention on Contracts for the International Sales of Goods (1980).

［和訳］
　本契約はアメリカ合衆国カリフォルニア州法に準拠し、同法に従って解釈されるものとする。
　当事者は、国連物品売買統一法条約(1980)の適用を排除することに合意する。

――――――― 解説 ―――――――

1 ❖ United Nations Convention on Contracts for the International Sales of Goods
　「国連国際商取引法委員会(UNCITRAL)の国連物品売買統一法条約」(CISG)を指す。1980年のウィーン外交会議で調印された後、米国、ドイツをはじめ多くの国が加盟し発効に必要な加盟・批准国数に達し、発効した。日本もこのCISGに加盟し、発効している。CISG国連動産売買統一法条約、ウィーン国際物品売買契約条約と呼ばれることもある。
　第2文は、CISGを排除するための規定である。米国の企業あるいは弁護士は、慣れ親しんだUCCを動産売買について適用法としたいので、国連物品売買統一法条約(CISG)を排除しようとするのである。

2 ❖ 国連物品売買統一法条約と日本

国連物品売買統一法条約は、日本においても2009年8月1日に発効した。したがって、単純に準拠法を日本法によるとした場合、本条約が適用になる可能性が実務上高いので、適用を排除できるよう本例文の第2文のような排除規定を入れるか、本条約を積極的に活用するか、検討することになろう。

例文085 準拠法条項⑬ | Governing Law

◇英語版が他の言語版に優先するとする規定
◇法の抵触のルールと国連物品売買統一法条約の適用を排除する

> This Agreement and any dispute relating thereto shall be governed by, and construed in accordance with, the laws of the state of New York and the United States of America, without reference to principles of conflict of laws, or the United Nations Convention on Contracts for the International Sales of Goods.
> In the event of any dispute, this English version of this Agreement will prevail over any other language versions.

[和訳]
　本契約及び本契約に関する紛争は、法の抵触のルール及び国連物品売買統一法条約の適用を排除して、ニューヨーク州とアメリカ合衆国の法律に準拠し、同法に従って解釈されるものとする。
　紛争が発生したときは、本契約の英語版が他の言語版に優先するものとする。

--- 解説 ---

1 ❖ English version will prevail over any other language versions

契約は複数の言語版が作成されることがある。たとえば、中国語版、ロシア語版、アラビア語版などは、英語版とともに作成されて調印されることがある。政府の認可申請などのために、申請書に現地語版を添付しなければならないこともある。

そのような場合に、英語版と異なった内容や条件の記載が現地語でなされていたら、どちらの版の規定を優先させるかという深刻な問題が発生する。そこで、本例文の第2文のような規定が設けられることがある。

ただし、このような規定がいつも有効かといえば必ずしもそうとも限らない。定款などでは、強行法規としての現地法が適用されると、当事者の契約書通りにはいかないことがあるかもしれない。ただ、できる限りの交渉力を保持するためには、英語版が現地語版に優先するという規定が重要である。

2❖「法の抵触のルール」と「国連物品売買統一法条約」の適用の排除

米国では、プラクティスとして多くの弁護士や有力な大学教授が国連物品売買統一法条約(CISG)の排除を勧め、同時に排除のための規定の雛型を提案している。せっかくUNCITRAL(国連国際商取引法委員会)が20年の歳月をかけて作成した国際協力研究の結晶でありながら、米国の実務家や学者はUCCの優秀さとアメリカ社会の慣れ親しんだ法という考え方から、UCCを第一に推奨している。

海外に進出して現地で契約をするときは、相手国が同条約批准国の場合もあるので、準拠法の規定の表現には注意を要する。日本でも2009年8月1日に発効したので、同条約(CISG)の適用を排除する際には、このような適用排除規定を設けることになる。

準拠法条項⑭ | Governing Law　　　　例文086

◇起草者が誰かによって一方に有利に、あるいは不利に解釈されないというルールを規定する

> This Agreement shall be interpreted and the rights and liability of the parties shall be determined in accordance with the laws of ＿＿＿＿＿＿＿＿＿＿. Further, this Agreement shall not be construed for or against any party based on any rule of construction who prepared the Agreement.

［和訳］
> 本契約は＿＿＿＿＿＿＿＿＿＿の法律に従って解釈されるものとし、当事者の権利と義務は同法に従って判断されるものとする。また、本契約は、どちらの当事者が契約を起草したのかによる解釈ルールに基づいて、一方の当事者に有利または不利に解釈されないものとする。

―――――――― 解説 ――――――――

1❖rule of construction who prepared the Agreement

国際取引契約の解釈について、解釈が複数可能なケースで争いがある場合、その契約書の条項をドラフトした側に不利に解釈されるというルールが、古くからしばしば主張されてきた。契約書のドラフティングを担当できるのはきわめて有利な立場に立つわけだから、曖昧な条項を起草してしまった場合は、起草者に不利に解釈することで双方をフェアに扱うという考え方である。

本例文の規定は、そのような契約書をどちらが起草したかによって、一方に有利に解釈したり不利に解釈したりするのはやめようということを明確に規定したものである。

2❖construed for or against any party

"for"は当事者に有利に(解釈する)という意味であり、"against"は当事者に不利に(解釈

する）という意味である。

例文087 準拠法条項⑮ | Governing Law

◇日本法を準拠法とする規定
◇成立・有効性・解釈・履行及び個別契約に適用する

> The formation, validity, construction, and performance of this Agreement and each of the transaction based upon this Agreement shall be governed in all respects by the laws of Japan.

[和訳]
　本契約の成立、有効性、解釈及び履行ならびに本契約に基づく個別の取引は、すべての面で日本法に準拠するものとする。

――― 解説 ―――

1 ❖formation, validity
「（契約の）成立と有効性」を意味する。

2 ❖construction, performance
「（契約の）解釈と履行」を意味する。

3 ❖each of the transaction based upon this Agreement
　本契約が販売店契約や長期契約、基本契約などの場合は、この契約で規定された共通の条件をベースにして個別の契約が締結される。本例文の規定は、その個別の契約もここで定める準拠法によって解釈されるようにしたい、というねらいである。

例文088 準拠法条項⑯ | Governing Law

◇個別契約にも適用する
◇東京地方裁判所の専属管轄とする

> This Agreement and all individual contracts entered into between the parties pursuant to this Agreement shall be governed by and construed in accordance with the laws of Japan.
> All disputes arising out of this Agreement or any individual contract shall be subject to the exclusive jurisdiction of the Tokyo District Court.

[和訳]
　本契約及び本契約に従って当事者間で締結されるすべての個別契約は日本法に準拠し、同法に従って解釈されるものとする。
　本契約または個別契約から生ずるすべての紛争は、東京地方裁判所の専属管轄権に服するものとする。

解説
---

1 ❖ individual contract
　販売店契約、代理店契約、基本契約などでは、基本的な条件を定める契約に基づいて、具体的な取引ごとに個別に契約が締結される。基本契約でだいたい共通な条件が決まっているので、個別契約は簡単なビジネス条件を確認するだけで済む。そのような取引をする場合に、基本契約と個別契約の両方の準拠法としようというのが、本例文の第1文の趣旨である。

2 ❖ exclusive jurisdiction
　「専属裁判管轄」を意味する。紛争の解決方法として、裁判によるか仲裁によるかという選択がある。裁判を選んだ場合、どこでおこなうかという問題と、専属管轄とするか非専属管轄とするか、という選択がある。
　専属管轄とすると、東京地方裁判所の訴訟による解決以外の方法は取らないという合意になる。ただし、東京地方裁判所の判決に不服な場合、この条項の効果として東京高等裁判所に控訴できないという意味ではない。

準拠法条項⑰ | Governing Law　　　例文089

◇マサチューセッツ州法を準拠法とする規定
◇英語版を正式なテキストと定める

This Agreement shall be governed by and construed in accordance with the laws of the Commonwealth of Massachusetts, USA.
The English language version of this Agreement shall be the official and controlling text hereof.

[和訳]
　本契約は、米国マサチューセッツ州法に準拠し、同法に従って解釈されるものとする。
　本契約の英語版を公式、かつ正式なテキストとする。

――― 解説 ―――

1 ❖ Commonwealth of Massachusetts

それぞれの国や州が、その地で正式な名称として、あるいは慣用的表現として使っている名称がある。それぞれの国の歴史についての認識や誇りがその用法の基盤となっている。マサチューセッツ州もその一例であり、"State"の代わりに"Commonwealth"が使われる。アメリカ合衆国の独立当初からの伝統ある州の歴史と誇りがその用語の基盤にある。

契約書のドラフティングや契約交渉では、互いに相手方の誇りを尊重することも大切である。日本側当事者が有する誇りを相手方が尊重した契約書の表記の例もある。たとえば、明治時代にWilliam S. Clarkに札幌農学校（現北海道大学）で1年間教壇に立ってもらうために交わした雇用契約書は、ワシントンDCを契約締結地とする一方で、締結日には明治の元号を表記している。この契約書は以下のような文章から始まっている。

"This Agreement made and entered into at Washington, D.C., United States of America, this third day of third month, ninth year of Meiji / corresponding with third day of March, 1986 / by and between William S. Clark of ..."

2 ❖ マサチューセッツ州以外の州、国の表示例

タイは、自国のことを英語で表示するとき、"Kingdom of Thailand"という。カナダの州は、"State"の代わりに、"Province"を用いる。中国の名称にも注意を払う必要がある。中国は、"the People's Republic of China"である。不注意でPeople'sを脱落した表示の契約書を作ったりすると、問題の原因になる。

3 ❖ official and controlling text

契約書の作成と署名では、英語版を公式テキスト、正文とするという意味である。

プロジェクト契約や合弁事業契約、ライセンス契約、ローン契約等で現地政府の認可を取得するため、英語版の契約書と現地語版の契約書と、2つの書類への署名が実務上なされることがある。たとえば、中東のビジネスでは、英語版とアラビア語版の両契約書に署名されることがある。スポンサーシップ契約などがそうである。他に、ロシア語版と英語版、中国語版と英語版等の契約がしばしば作成される。

また政府に提出するためでなくとも、相手方によっては、現地側の言語と英語版の契約書の作成・署名を要求することがある。現場にとっては、契約はビジネスを獲得するのが第一の目的であるから、両言語の契約書が作られることは不合理ではない。

ただ、その両国語版に解釈の相違をもたらす表現の差があったときに、どちらの言語版によるかは重要な問題となる。本例文は、その場合に英語版を公式テキストとして内容、解釈をコントロールすると明記したものである。

ABC社の日高尋春氏や法務部新人部員飛鳥凛は、契約交渉でアラビア語版、英語版の両方を正文として合意したことがある。

第 9 節 | 紛争解決条項 Settlement of Dispute

　国際取引契約では、紛争解決の規定として、通常、仲裁条項(arbitration)か裁判管轄合意条項(jurisdiction)を置く。ここでは、仲裁を主張した場合に、日本の日本商事仲裁協会による仲裁約款と、仲裁約款の交渉の際に双方が自国の歩み寄りにより決着させる、いくつかのバリエーションの例文を紹介する。

仲裁条項① | Arbitration　　　　　　　　　　　　　　　例文090

◇日本で仲裁をおこなうことを規定

> Any difference or dispute between the parties concerning the interpretation or validity of this Agreement or the rights and liability of the parties shall be settled by arbitration in Tokyo, Japan in accordance with the Commercial Arbitration Rules of The Japan Commercial Arbitration Association. The award thereof shall be final and binding upon the parties hereto. Judgement upon such award may be entered in any court having jurisdiction thereof.

> [和訳]
> 　本契約の解釈もしくは有効性または当事者の権利及び責任に関する当事者間の見解の相違または紛争は、日本国東京における仲裁により解決されるものとする。仲裁は、日本の日本商事仲裁協会の商事仲裁規則に従っておこなわれるものとする。仲裁裁定は最終的とし、両当事者を拘束する。仲裁裁定における判断は、管轄権を有する裁判所で執行判決を得ることができる。

―――― 解説 ――――

1❖The Japan Commercial Arbitration Association
　「一般社団法人　日本商事仲裁協会」という。略称JCAA。2003年1月1日に旧名称の国際商事仲裁協会から現在の日本商事仲裁協会に改称された。英文名称は変わらない。

2❖Judgement upon such award may be entered in any court having jurisdiction
　「仲裁判断は、管轄権を有する裁判所から執行判決を得ることができる」(意訳)との意味である。裁判所の確定判決と同じ効果が付与されるということである。直訳すれば、「仲裁裁定における判断はそれ(＝当該紛争)につき管轄権を有する裁判所に記録される」。

例文091 一般条項｜仲裁条項②
例文092 一般条項｜仲裁条項③
例文093 一般条項｜仲裁条項④

例文091 仲裁条項② | Arbitration

◇ジュネーブを仲裁地とする規定
◇第三国を仲裁地として合意する
◇UNCITRAL仲裁規則による

All disputes arising between the parties relating to this Agreement or the interpretation or performance thereof shall be finally settled by arbitration in English in Geneva, Switzerland, or such other place as may be agreed by the parties, by three (3) arbitrators in accordance with the Rules of Arbitration of the United Nations Commission on International Trade Law (UNCITRAL). Judgment upon the award rendered by arbitration shall be final and may be entered in any court having jurisdiction thereof.

［和訳］
　本契約またはその解釈もしくは履行に関連して当事者間に生ずるすべての紛争は、国連国際商取引法委員会（UNCITRAL）の仲裁規則に従い、スイスのジュネーブまたは当事者が合意する他の場所において、3名の仲裁人の英語でおこなわれる仲裁によって最終的に解決されるものとする。仲裁裁定における判断は最終的とし、管轄権を有するいずれの裁判所からも執行判決を得ることができる。

――――― 解説 ―――――

1 ❖ three arbitrators
　仲裁人の人数については、3名の仲裁人による仲裁が一般的である。2名だと意見が分かれたときに結論が出せない。そのため、費用を節減したいときは1名の仲裁人によると定めることもある。費用も安くなるし、1名だから仲裁のスケジュールも立ちやすいというメリットがある。

2 ❖ 仲裁手続きに使用される言語の指定
　裁判では使用言語の指定ができないが、仲裁では言語指定ができる。日本での仲裁以外で非英語圏での仲裁では、実務上「英語による仲裁」と英語を指定することが必要なケースが多い。

例文092 仲裁条項③ | Arbitration

◇ロンドンでの仲裁を規定
◇ロンドン国際仲裁裁判所による仲裁

Any difference between the parties concerning the interpretation or validity of this Agreement or the rights and liabilities of the parties shall be settled by arbitration in London, England, under the rules of the London Court of International Arbitration.

[和訳]
　本契約の解釈もしくは有効性または当事者の権利及び責任に関するいかなる当事者間の紛争は、英国ロンドンにおいて、ロンドン国際仲裁裁判所規則に基づく仲裁によって解決されるものとする。

―――――――――― 解説 ――――――――――

1 ❖London Court of International Arbitration
　欧州で仲裁機関を選択するとき、パリのICC（国際商業会議所；International Chamber of Commerce）と並んでその有力候補となるのが、このロンドン国際仲裁裁判所である。
　英国という場所と英語という言語の安心度からいって、日本企業にとってはICCと甲乙つけがたいほど実際に起用しやすい仲裁機関である。国際プロジェクトをはじめ、大きな取引の国際仲裁に利用されることが多い。

仲裁条項④ | Arbitration　　　　　　　　　　　　　　例文093

◇ニューヨークでの仲裁を規定
◇AAAルールによる仲裁

Any controversy or claim arising out of or relating to this Agreement or the breach thereof shall be settled by arbitration in New York City, New York in accordance with the laws of the State of New York. Such arbitration shall be conducted in accordance with the Rules of American Arbitration Association and judgment upon the award rendered by the arbitrator(s) may be entered in any court having jurisdiction thereof.

[和訳]
　本契約またはその違反から、またはそれに関して生ずる論争または請求は、ニューヨーク州法に従いニューヨーク州ニューヨーク市における仲裁で解決されるものとする。仲裁は、アメリカ仲裁協会規則に従っておこなわれるものとし、その仲裁判断は、管轄権を有するいずれの裁判所からも執行判決を得ることができる。

―――――――――― 解説 ――――――――――

1 ❖American Arbitration Association (AAA)
　「アメリカ仲裁協会」を指す。米国では訴訟もさかんであるが、同時に仲裁もさかんであ

る。アメリカでの仲裁も、ICCルール、UNCITRALルールに従っておこなうことができるが、米国企業にとってはAAAが一番身近であり、同協会を主張してくることが多い。妥協策は、米国での仲裁でもICCルールの適用を主張し、被告地主義で決着させることである。

2❖アメリカでの仲裁を選ぶねらい

訴訟に比べて仲裁には目立った特色がある。まず、陪審による事実認定を受けないことである。次に通常、仲裁人には懲罰的損害賠償を裁定でいい渡す権限はないと理解されていること。さらに、通常の訴訟に比べて、ディスカバリー、証拠提出命令の権限や仮処分の権限が弱いこと。この点に関しては疑義が残るので、契約の仲裁条項の規定の中で、仲裁人が懲罰的損害賠償を言い渡す権限のないことを規定することがある（例文102の仲裁条項⑬を参照）。仲裁を選ぶメンバーはこれらの特色を念頭に置いている。そのため、仲裁の足りない点を補う解決策を工夫して、仲裁条項に規定しようとすることがある。

例文094 仲裁条項⑤ | Arbitration

◇サンフランシスコで仲裁と規定
◇ICCルールによる単独仲裁人の仲裁

(1) Any controversy, claim or dispute between the parties, directly or indirectly, concerning this Agreement, including this arbitration clause, shall be finally settled by arbitration in San Francisco, California, before a single arbitrator.

(2) Such arbitrator shall be selected, and such arbitration proceedings shall be conducted, in accordance with the rules of the International Chamber of Commerce.

(3) Any decision or award of the arbitrator shall be final and conclusive on the parties to this Agreement; judgment upon such decision or award may be entered in any court having jurisdiction over the parties or assets; and application may be made to such court for confirmation of such decision or award, or for an order of enforcement, and for any other legal remedies that may be necessary to effectuate such decision or award.

(4) The arbitrator shall have the power to grant injunctive relief enjoining a party from performing any act prohibited, or compelling a party to perform any act required, by the terms of this Agreement.

[和訳]
(1)仲裁条項を含む本契約に直接または間接的に関わる当事者間の論争、請求または紛争は、カリフォルニア州サンフランシスコ市において単独仲裁人による仲裁によって最終的に解決されるものとする。
(2)ICC（国際商業会議所）の規則に従って仲裁人が選任され、仲裁手続きがおこなわれるものとする。

(3) 仲裁人の決定または判断は最終的なものとし、本契約の当事者を拘束するものとする。仲裁の決定または判断は、当事者または当事者の財産に管轄権を有するいずれの裁判所からも執行判決を得ることができ、裁判所に対して仲裁の決定または判断の確認を求めることができ、またはその執行判決を求めることができ、また、仲裁の決定または判断を実現するために必要な他の法的救済を申請することができる。

(4) 仲裁人は、本契約の規定により禁じられている行為の差し止めを当事者に命じる禁止的差止命令、または本契約の規定により要求される行為をおこなうことを当事者に命じる命令的差止命令による救済を与えることができる。

―― 解説 ――

1 ❖ arbitration before a single arbitrator

仲裁は3名でおこなわれることが多いが、当事者で合意すれば単独仲裁人による仲裁を受けることもできる。仲裁人(仲裁法廷)の費用は当事者が負担するので、1名のほうが3名の仲裁に比べて経費が節約できるメリットがある。スケジュールも1名のほうが迅速に立てることができる。Nancyがよく使う本例文では、このようなメリットに着目して単独仲裁人に合意する規定を置いている。

2 ❖ 米国での仲裁とICCルール

米国での仲裁だからといって、AAAルールによらなければならないということはない。米国を仲裁地とする仲裁条項でも、ICCルールや、UNCITRAL仲裁規則が広く使用されている。慣れた仲裁規則の適用を提案することは賢明な方策である。特に、被告地主義の仲裁条項を提案するときにはAAAルールよりICCルールのほうが適切である。

3 ❖ 仲裁人の権限の確認、強化

仲裁人の権限として、当事者に差し止めや契約に定める特定の行為の履行を命ずることができるかという問題に答えてその権限を明確に規定したのが、本例文の第4項の規定である。"equitable remedies"(衡平法上の救済)と呼ばれる。差し止めによる救済はインジャンクションといい、特定履行は、英米法上"specific performance"と呼ばれる。歴史的には英国で当初、"law in equity"の問題とされていたが、現在では通常の裁判所でこの救済措置が付与されている。ただ、歴史的に例外の権限であったので、仲裁人にも付与するかどうかをこの契約の規定で明確にしたのである。

仲裁条項⑥ | Arbitration　　　　　　　　　　例文095

◇ニューヨークでの仲裁を規定
◇UNCITRALルールによる
◇仲裁費用の負担を規定する

All disputes or controversies shall be settled solely by arbitration, in New York City, New

York, USA, in accordance with the UNCITRAL Rules.
All proceedings shall be conducted and evidence submitted in English.
Each party shall bear its own expenses but the two parties shall share equally the expenses of the Arbitral Tribunal.
The arbitral award shall be final and judgment thereon may be entered in any court of competent jurisdiction.

[和訳]
　すべての紛争または論争は、UNCITRAL（国連国際商取引法委員会）規則に従って、米国ニューヨーク州ニューヨーク市において仲裁によってのみ解決されるものとする。
　すべての手続きは英語でおこなわれるものとし、提出する証拠は英文とする。
　各当事者は自己の費用を負担するが、両当事者は仲裁法廷の費用を均等に負担するものとする。
　仲裁判断は最終的とし、それに基づく判決は、管轄権を有するいずれの裁判所からも執行判決を得ることができる。

解説

1 ❖ arbitral tribunalと費用負担

　「仲裁法廷」のことをいう。仲裁人によって構成される仲裁のための法廷である。通常は、3名の仲裁人であるが、1名の仲裁人で仲裁をおこなうと合意すれば、1名になる。この費用は両当事者で折半し均等に負担することになる。
　当事者が、この仲裁に要する費用を負担する点が裁判とは異なる。仲裁は、当事者が仲裁人名簿の中から希望する仲裁人を選んで、自分たちのために仲裁というサービスの提供を受けるのだから、その費用は両当事者が負担するのである。

2 ❖ arbitral tribunalを構成する仲裁人の人数と選任方法

　仲裁人の人数は3名が原則で、当事者間で合意すれば単独の仲裁人による仲裁でもよい。単独の仲裁人につき指名段階で両当事者が同意できないときは、3名の仲裁人とするか、それとも、仲裁法廷の長に選任を任せるかの決定をしなければならない。仲裁人の選任方法をあらかじめ仲裁条項で決めておくこともできる。

仲裁条項⑦ | Arbitration

例文096

◇サンフランシスコでの仲裁とする規定
◇当初単独の仲裁人を予定するが、当事者で選任できないときは3名の仲裁人による仲裁とする

(1) In the event of any allegation of breach or question of interpretation relating to this Agreement, the parties shall meet and negotiate in good faith to settle the matter amicably. If the parties are unable to settle the matter within thirty (30) calendar days after their first meeting, then upon the demand of either party, the matter shall be submitted to binding arbitration.

(2) The arbitration shall be conducted in the City of San Francisco, California, in the English language in accordance with the Commercial Arbitration Rule of American Arbitration Association.

(3) The arbitration shall be conducted by a single arbitrator selected by the parties, provided, however, that if the parties fail to agree upon a single arbitrator within thirty (30) calendar days after the demand for arbitration, then it shall be conducted by an arbitration panel consisting of three (3) members, one appointed by each party and the third appointed by the first two members.

(4) The arbitration award shall resolve the questions submitted, award the relief to which each party may be entitled and allocate the cost of arbitration.

[和訳]

(1) 本契約に関連する違反の主張または解釈問題が生じた場合、当事者は、友好的に解決するために会合し、誠実に交渉するものとする。当事者が最初の会談から30暦日以内に解決できないときは、いずれか一方の当事者の要求により、当該事項は拘束力を有する仲裁に付託される。

(2) 仲裁は、カリフォルニア州サンフランシスコ市においてアメリカ仲裁協会の商事仲裁規則に従って英語でなされるものとする。

(3) 仲裁は、当事者によって選任された単独の仲裁人によっておこなわれるものとする。ただし、仲裁の請求後30暦日以内に当事者が単独仲裁人に合意できないときには、仲裁は、3名の仲裁人によって構成される仲裁機関によっておこなわれるものとする。その場合、各当事者が各1名の仲裁人を指名し、両2名の仲裁人が第3の仲裁人を指名するものとする。

(4) 仲裁の判断は付託された問題を解決し、当事者が受けることのできる救済を与え、仲裁費用を割りあてるものとする。

例文097 　一般条項｜仲裁条項⑧
例文098 　一般条項｜仲裁条項⑨

解説

1❖仲裁人の選任――当事者が単独仲裁人を選任できないときはどうするか？

本例文の規定による解決策は、単独の仲裁人の選任ができないときは3名の仲裁人の原則に戻ることである。3名の仲裁人の選任では、まずそれぞれの当事者がそれぞれ信ずる仲裁人を選ぶ。次に、そのようにして選ばれた仲裁人が第3の仲裁人を選ぶことになる。

2❖仲裁人と第3仲裁人について、条件を付すケース

どのような仲裁人がよいか、当事者の希望・条件を仲裁条項に規定することがある。業界に詳しい、第3仲裁人は中立公正を保つために国籍に条件を付すといった規定である。公平ではあるが、選任手続きが迅速に進まなかったり、費用がかさんだりするというリスクがある。

例文097 仲裁条項⑧ │ Arbitration

◇被告地（被申立人）主義を規定
◇パリと東京を仲裁地とする
◇ICCルールによる

> Any claim, dispute or controversy between the parties arising out of or in relation to this Agreement or the breach thereof, which cannot be satisfactorily settled by the parties, shall be finally settled by arbitration upon the written request of either party, in accordance with the rules of Conciliation and Arbitration of the International Chamber of Commerce.
>
> The place of arbitration shall be Tokyo, Japan, in case ABC is the respondent, and Paris, France, in case Lynx is the respondent.
>
> The arbitration proceedings shall be conducted in English. The award shall be final and binding upon both parties. Judgment upon the award may be entered in any court having jurisdiction thereof.

［和訳］

本契約またはその違反から、またはそれに関して当事者間で生ずる請求、紛争または意見の相違について当事者が満足いくように解決できないときは、一方の当事者の書面による要求により、ICC（国際商業会議所）の調停・仲裁規則に従う仲裁によって最終的に解決されるものとする。

仲裁の場は、ABC社が被請求人のときは日本国・東京とし、リンクス社が被請求人のときはフランス・パリとする。

仲裁手続きは英語でなされるものとする。仲裁判断は最終的とし、両当事者を拘束する。仲裁裁定における判断は、管轄権を有するいずれの裁判所からも執行判決を得ることができる。

---解説---

1❖仲裁の場所の公平さ

仲裁条項の交渉で大切なポイントのひとつは、仲裁場所の決め方である。公平さを基準にすれば、被告地主義か第三国という2つのオプションがある。

2❖被告地（被申立人）主義

被告地（被申立人）主義により仲裁場所を決めるのは、双方の歩み寄りによって決める方法として合理的といえる。相手国に乗り込んで仲裁を提起する手間を考えると、話し合いによる解決への圧力とインセンティブにもなろう。

3❖respondent

仲裁を申し立てる側（申立人）を"claimant"、仲裁を申し立てられた側を"respondent"と呼んでいる。"respondent"は、厳密に和訳すると被請求人あたりが正確であって、訴訟で使われる用語の「被告」とは異なるが、立場を訴訟に置き換えると申立人が「原告」で、被申立人の"respondent"が「被告」にあたる。実務上は、被告という呼び方をすることもある。被告地主義はその表れとしての慣習的な表現である。

4❖第三国での仲裁

もうひとつのオプションは第三国を仲裁地に選ぶ方法である。適用される仲裁規則は先進国間ではICCルールが多い。一方、発展途上国との契約交渉では、UNCITRAL（国連国際商取引法委員会）の仲裁ルールによるケースが増えてきている。

仲裁条項⑨ | Arbitration　　　　　　　例文098

◇被告地主義の仲裁を規定
◇東京とサンフランシスコを仲裁地とする
◇東京での仲裁には日本の日本商事仲裁協会規則を適用し、サンフランシスコでの仲裁にはAAAルールを適用する

All disputes arising under this Agreement shall be submitted to final and binding arbitration.

If the respondent in such arbitration is ABC, the arbitration shall be held in Tokyo, Japan in accordance with the rules of the Japan Commercial Arbitration Association. If the respondent is KVC, the arbitration shall be held in San Francisco, California, USA in accordance with the rules of the American Arbitration Association. In all proceedings this Agreement shall be interpreted in accordance with the laws of the State of California, United States of America.

[和訳]

本契約から生ずるすべての紛争は、最終的で拘束力のある仲裁に付託されるものとする。

> 被請求人がABCの場合、仲裁は日本国東京において日本の日本商事仲裁協会の規則に従っておこなわれるものとする。被請求人がKVCの場合、仲裁は米国カリフォルニア州サンフランシスコにおいてアメリカ仲裁協会の規則に従っておこなわれるものとする。すべての仲裁手続きで、本契約はアメリカ合衆国カリフォルニア州の法律に従って解釈されるものとする。

―――― **解説** ――――

1❖被告地主義のケースにおける仲裁の場所と適用する仲裁規則の選び方

被告地主義の仲裁では、ICCルールやUNCITRALルールを仲裁規則として選択する契約条項が実務上、広く使われている。ところが、実際に活用し、仲裁を経験したメンバーの中には、仲裁地さえ決まれば、あとはなじみのある現地の仲裁規則を適用してもいいのではないかとの考え方がある。仲裁の便宜や施設の利用、仲裁人の選定、仲裁費用等を総合的に判断すると、その考えにも合理性がある。

本例文はそのような考えに基づき、KVC社（サンフランシスコのKaren View Corporation）とABC社（日本のAurora Borealis Corporation）間で締結された契約で使用されたものである。

2❖被告地主義の落とし穴（罠）と対応策

仲裁条項としての被告地主義には、国際契約交渉の現場でしばしば罠がしかけられることがある。

日本企業が米国など相手側に子会社または現地法人を持っている場合に、相手側（通常は、米国の企業、コングロマリット等）からビジネス推進の円滑化のために、日本企業の米国子会社を契約の当事者に加えるよう提案される。

軽い気持ちで受けると、紛争が起こったときに相手方の米国企業は、実質的には日本側親会社（ABC）との争いにもかかわらず、ABC社の米国の子会社のみを切り離してクレームをおこない、これを"respondent"として仲裁手続きを開始する。親会社として放置できないが、子会社が"respondent"なので、いわば訴訟参加ともいうべき相手側の国（米国）での仲裁への参加になる。

このような苦い経験を積むと、次回からの仲裁条項では、現地の子会社を契約当事者に加えるときには被告地主義は提案しない。実質的な被告地主義をドラフティング上で実現する手法に、"claimant"（申立人）が誰かによって仲裁地を取り決める手法がある。例文099で紹介する。オーロラ・ボレアリス株式会社の日高尋春氏の指示により、新人の飛鳥凛がドラフティングをして、カレン・ビュー・コーポレーションに提案したものである。

例文099 仲裁条項⑩ | Arbitration

◇当事者のどちらが原告かにより仲裁地を取り決める

The place of arbitration shall be Tokyo, Japan, if arbitration is brought by KVC, or San

Francisco, California, USA, if arbitration is brought by ABC.

[和訳]
　仲裁地は、仲裁がKVCによって申し立てられたときは日本国東京とし、仲裁がABC社によって申し立てられたときは米国カリフォルニア州サンフランシスコとする。

―――――― 解説 ――――――

1❖原告(claimant)側が誰かによって、仲裁地を取り決める
　本例文の取り決め方は、次のような経験をした企業が開発してきた手法である。すなわち契約当事者の中に、たとえば日本側(ABC)の米国子会社などが加わった場合、相手方がその子会社だけを"respondent"に選んで仲裁を開始し、当初のねらいだった被告地主義の標準的な規定の仕方(respondentの地を仲裁地とする)の裏をかかれたのである。
　本例文の手法なら、相手方(サンフランシスコのKVC)は、日本での仲裁以外に選ぶ道がない。

2❖the place of arbitration shall be Tokyo, if arbitration is brought by KVC
　「仲裁がKVCによって申し立てられたときは、仲裁地は東京とする」という単純なスタイルの規定である。標準的な被告地主義の"if respondent is ..."で、主語を"respondent"から"arbitration"に代えて規定している。例文100では、申立人を主語とした被告地主義の規定の仕方を紹介する。

仲裁条項⑪｜Arbitration　　　　　　　　　　　　　　　　　　　　　　　例文100

◇仲裁人の選任手続きを詳細に規定
◇もし被告側が仲裁人を指名しないときは、申立人側指定の仲裁人が単独で仲裁裁定すると規定する

(1) The arbitration panel shall consist of three (3) arbitrators. The party initiating arbitration (the "Claimant") shall appoint its arbitrator in its demand for arbitration (the "Demand").

(2) The other party (the "Respondent") shall appoint its arbitrator within sixty (60) calendar days of receipt of the Demand (wherever the Demand is received from the Claimant or the ＿＿＿＿＿ Arbitration Association) and shall notify the Claimant of such appointment in writing. If the Respondent fails to appoint an arbitrator within such sixty (60) day period, the arbitrator named in the Demand shall decide the controversy or claim as a sole arbitrator.

(3) Otherwise, the two arbitrators appointed by the parties shall appoint a third arbitra-

tor within sixty (60) calendar days after the Respondent has notified the Claimant of the appointment of the Respondent's arbitrator.

(4) If the two arbitrators fail to appoint a third arbitrator, either party may request the then President of the _____ Arbitration Association to appoint the third arbitrator within thirty (30) days after such request.

(5) The third arbitrator shall act as the chairman of the arbitration panel.

[和訳]
(1)仲裁機関は、3名の仲裁人によって構成される。仲裁を申し立てた当事者(「申立人」)は仲裁申立書(「申立書」)で申立人の仲裁人を指名する。

(2)仲裁の相手方(「被申立人」)は、申立書を申立人から受領するか_____仲裁協会から受領するかを問わず、仲裁申立書の受領後60暦日以内にその仲裁人を指名し、その指名を書面で申立人に通知する。被申立人が上記の60日以内に仲裁人を指名しないときは、申立人によって指名された仲裁人は、単独仲裁人として紛争または請求を判断する。

(3)被申立人が上記の60日以内に仲裁人を指名した場合、各当事者によって指名された2名の仲裁人は、被申立人がその仲裁人の指名を申立人に通知した日から60暦日以内に第3仲裁人を指名する。

(4)2名の仲裁人が被申立人による仲裁人の指名後60暦日以内に第3仲裁人を指名しないときは、いずれの当事者も、_____仲裁協会の会長に対して、第3仲裁人を指名要請から30日以内に指名するよう要請することができる。

(5)第3仲裁人は、仲裁機関の議長を務めるものとする。

解説

1❖仲裁人の人数と選任手続き

実際に仲裁をおこなう仲裁パネル(仲裁法廷)の人数は、原則3名である。2名の仲裁もあるが、意見が分かれてしまったときに双方が納得のいく仲裁にならない恐れがある。したがって、3名または1名が実務では利用される。

ただ、一方が指名しないとき、どのように対応するかという現実の問題がある。通常、仲裁を提起した側は迷わず仲裁人を指定するが、被申立人は戸惑うことも多く反発してあえて仲裁人を指名しないこともある。仲裁条項そのものに合意していないという反発と、仲裁の費用が高すぎて負担できないため指名できないという事情がある。

そのようなケースでは、被申立人は地元の裁判所に訴訟を提起し、仲裁条項の無効確認を求めることがある。その仲裁条項の有効性を含めて、仲裁がどこまで裁判と対抗できるかが試されるところである。仲裁約款の仲裁の判断事項に、「その存在と有効性も含め、…」と規定するのは、そのような訴訟を却下させるためである。

2❖被申立人が仲裁人を指名しないときどうするか

仲裁を担当する仲裁協会が第2の仲裁人を指名するという対応方法もあるが、もっとド

ラスティックに、申立人の指名する1名の仲裁人が担当し、紛争を裁定するというのが本例文の解決策である。単独仲裁人による仲裁という解決策（第2項）は、AAAルールを適用する前提でKVC社（サンフランシスコ）のNancyが提案したものである。

　ねらいは、被申立人に急いで仲裁人指名の手続きをするよう促すことにある。通常は、第2仲裁人も仲裁協会に選任・補充させる手立てで解決するよう規定することのほうが多い。そうした規定については例文101で紹介する。

仲裁条項⑫ ｜ Arbitration　　　　　　　　　　　　例文 101

◇仲裁人選任手続きを規定
◇3名の仲裁人を指定する。当事者が仲裁人を指名しないときは、仲裁機関が代わって指定すると規定する
◇仲裁費用は両者均等に負担する

(1) There shall be three (3) arbitrators. Each party shall appoint one (1) arbitrator within thirty (30) calendar days after giving or receiving the demand for arbitration.

(2) If either party fails to appoint an arbitrator within such time, such arbitrator shall be appointed by the International Chamber of Commerce ("ICC").

(3) The two arbitrators so appointed shall appoint a third arbitrator within thirty (30) calendar days after the appointment of the second arbitrator.

(4) If they fail to do so within such time, then the third arbitrator shall be appointed by the ICC within the next twenty (20) calendar days.

(5) The third arbitrator shall act as the chairperson of the arbitration.

(6) All direct costs of the arbitration proceedings under this Article, including fees and expenses of the arbitration, shall be borne equally by the parties.
All other costs, including counsel and witness fees, shall be borne by the party incurring them.

［和訳］
(1)仲裁人は3名とする。各当事者は、仲裁の請求をした日または仲裁の請求を受けた日から30暦日以内に、各1名の仲裁人を指名する。
(2)いずれかの当事者が上記の期間内に仲裁人を指名しないときは、その仲裁人はICC（国際商業会議所）が指名する。
(3)そのようにして指名された2名の仲裁人は、2番目の仲裁人が指名されたときから30暦日以内に第3仲裁人を指名する。
(4)2名の仲裁人が上記の期間内に第3仲裁人を指名しないときは、当該仲裁人はICCによって20暦日以内に指名される。
(5)第3仲裁人は、仲裁の議長として行動する。

例文102 一般条項｜仲裁条項⑬
例文103 一般条項｜仲裁条項⑭

(6)本条に基づく仲裁手続きのすべての直接費用は、仲裁人の報酬と仲裁費用を含めて当事者が均等に分担する。弁護士料、証人の費用等、他のすべての費用は、当該費用を生じさせた当事者が負担する。

―――― 解説 ――――

1 ❖ 仲裁人の選任手続き

例文100では、申立人が被申立人よりも先に選任をする仕組みであったが、本例文の採用している方法ではほとんど同時に選任が始まる。一方の当事者が先に選任し、もう一方が選任できないでいるときは、例文100では単独仲裁人に移行したが、本例文のシステムでは仲裁機関のICCが選任することになる。ICCは仲裁人の選任をするが、その費用負担は当事者であることに変わりはない。この点を忘れてはならない。仲裁人を指名しなかった当事者にも、ICCから請求が届く。裁判と異なり、国家や機関は一切負担しない。完全な受益者主義なのである。

2 ❖ 第3仲裁人の選任と役割

第3仲裁人を選任する通常の方法は、2名の仲裁人が指名する方法である。選任方法の代案として、契約によって、当事者が第3仲裁人も指名すると規定することもできる。ただ、実務上は仲裁とはいえ、争っている者同士が第3仲裁人を円滑に指名することができるかは疑問である。また、もし両者で仲裁人の選任に合意できるなら、何も3名の仲裁人による必要はなく、むしろ単独仲裁人によるという仲裁条項のほうがよいのではないかという考えもある。個別の案件ごとに相手を見て考え、決断すべき事項である。

3 ❖ counsel and witness fees

「弁護士料と証人の費用」を指す。その弁護士や証人を起用した当事者が負担する。

例文102 仲裁条項⑬ | Arbitration

◇仲裁人の権限を規定する
◇仲裁人には、懲罰的損害賠償を言い渡す権限のないことを規定する

The arbitrators will have no authority to award punitive damages not measured by the prevailing party's actual damages.

［和訳］
仲裁人は、勝った側の当事者の実損額によって算定されない懲罰的損害賠償を命じる権限はないものとする。

―――――――― 解説 ――――――――

1 ❖punitive damages

「懲罰的損害賠償」を指す。

米国など懲罰的損害賠償制度のある国(jurisdiction)では、仲裁人が仲裁条項によって裁判官に近い権限を与えられることがある。ディスカバリーやインジャンクションなどの差止命令を出す権限や特定履行命令権である。

規定が曖昧なこともある。そのような場合には、仲裁と裁判の相違で、仲裁手続き中に他の司法上の手続きをどこまで取ることができるか、また、裁判なら請求できるものを仲裁でどこまで請求できるか、との問題が発生することがある。

そのような問題のひとつに懲罰的損害賠償をいい渡すことができるかという問題がある。たとえばライセンス契約で、一方の当事者が故意または重過失により、許諾された販売地域や使用許諾ライセンス地域を越えて製造販売したような場合、あるいは秘密保持の対象のトレードシークレットを競争者に漏洩してしまったケースでは、仲裁人は懲罰的損害賠償をいい渡すことができるか。準拠法がカリフォルニア州法だとしよう。

飛鳥凛の直感によれば、伝統的な考え方のニューヨークでは消極的でも、リベラルな気風を持つカリフォルニアでは何があってもおかしくない。伝統的な考え方に立てば、懲罰権は国家権力のみが保有し、行使しうるものである。私人が行使すれば、これはリンチとなる。したがって、懲罰的賠償は国家機関である裁判所が言い渡すものであって、私人(民間)の仲裁人に同様の権限を付与するわけではない。しかしリベラルに考えると、民事法で認められた懲罰的賠償を仲裁人が許容してはならないという根拠は強くはない。

サンフランシスコのKVC社なら、ABC社に請求しそうである。そこで、日本側のAurora Borealis Corporationの日高尋春氏の指示でLegal Departmentの新人の飛鳥凛が提案したのが、本例文の規定である。

2 ❖the prevailing party's actual damages

「仲裁で有利な裁定を得た側が、実際に被った損害額」を指す。

では、どのようにして仲裁人はこの損害額の認定ができるか。立証書類の提出命令はあるのか。サンフランシスコKVC社のKaren View女史の指示で、同社の弁護士Nancyからライセンス料と実際の損害額の算定のため、ディスカバリーと、ライセンス契約違反行為の仮差止命令の権限を仲裁人に与えることを条件に、懲罰的損害賠償を排除することを考慮しようと提案があった。KVC社側のNancyの提案を例文103で紹介する。

仲裁条項⑭ | Arbitration 例文103

◇仲裁人の権限を規定する
◇ディスカバリーの権限と中間差止命令を出す権限を規定する

In addition to the authority conferred on the arbitration by the Commercial Arbitration Rules of the American Arbitration Association and law, the arbitrators shall have the authority to order such discovery and production of documents, including the depositions of party witnesses, and to make such orders for interim relief, including injunctive relief, as they may deem just and equitable.

> [和訳]
> アメリカ仲裁協会の商事仲裁規則と法律により仲裁に認められている権限に加えて、仲裁人は、ディスカバリーと当事者の証人の証言録取書を含む書類の提出を命ずる権限と、仲裁人が正義かつ衡平とみなす差止命令を含む中間的な救済を命ずる権限を有するものとする。

―――― 解説 ――――

1 ❖ discovery and production of documents
「ディスカバリーと証拠書類提出(命令)」を指す。証拠調べのための証拠提出の命令である。この書類提出命令が英語版に限られ、英語に翻訳して提出しなければならなくなると、日本など非英語圏の当事者には大変な負担になりかねない。

2 ❖ depositions of party witnesses
「証人の証言を記録したもの」をいう。裁判手続きでは法廷外でおこなわれた証言の記録を指す。仲裁でこの用語を使うときは、仲裁手続きの中ではなく、当事者が仲裁法廷外でおこなった証言を提出するものを指すことになろう。

3 ❖ 仲裁人の権限と仮処分、仮差止め
通常、仲裁人の権限としては、裁判官と同じような強力なディスカバリーの権限は付与されていない。利点として強調されることがあるが、逆に、例文102のように実際に被った損害を超えて損害額を算出してはならないという規定を厳密に遵守しようとすると、当事者の主張の裏付けが必要になることがある。そうすると、例文102の解説(第2項)のKVC側の議論が出てくる。仲裁人のディスカバリーの権限の強化にとどまらず、実際の交渉の席で、KVC社のNancyは、awardの範囲を明確にする規定を置くことを提案してきた。例文104で紹介する。

例文104 仲裁条項⑮ | Arbitration

◇仲裁人の権限につき規定する
◇差止命令などの救済命令と特定履行を命ずる権限を規定する
◇仲裁の理由を説明するよう規定する

(1) The arbitral award may grant any relief deemed by the arbitrators to be just and equitable, including, without limitation, specific performance.
(2) The arbitral award shall state the reasons for the award and relief granted, and shall be final and binding on the parties to the arbitration.

[和訳]
(1) 仲裁判断は仲裁人が正義かつ衡平とみなす救済を認めることができる。これは特定履行を含み、それに限定されない。
(2) 仲裁判断は、当該判断の理由と救済理由を明らかにするものとし、最終的とし、仲裁当事者を拘束するものとする。

―――――― 解説 ――――――

1 ❖specific performance

「特定履行」を指す。救済の中でも一定の行為をおこなうよう命ずる判決は、英米法のもとでは非常に厳しい例外的な救済と考えられている。裁判官でも、特定履行命令のいい渡しには慎重でなければならない。仲裁人に果たして特定履行命令の言い渡しはできるのか、という問題への回答を仲裁条項で明確にしたのが本例文である。通常は、仲裁人は特定履行よりは損害賠償による解決を中心にするといわれている。

2 ❖reasons for the award and relief granted

「判断及び認められた救済の理由」を指す。通常、仲裁では結論としての仲裁裁定だけを言い渡せばよいのであって、その結論に達した理由の説明は不要とされている。仲裁条項で当事者が理由の説明を求めると規定することは、当事者のオプション（随意）である。特に本例文のケースのように、特定履行など一方に非常に厳しい裁定のいい渡しがなされるとき、その説明をするよう規定するのはひとつの選択である。

仲裁条項⑯ | Arbitration　　例文105

◇予定した仲裁機関・ルールが、紛争発生時に消滅している場合の対応
◇特定の業界の仲裁機関などが消滅した場合、他の仲裁機関・ルールによる仲裁によると規定する

(1) Any controversy or claim arising out of this Agreement shall be resolved by arbitration in _____, _____, in accordance with the rules and procedures of the _____ Association (the "Association") as such may be revised from time to time, which rules and procedures are incorporated into a part of this Agreement.

(2) The parties hereto agree to abide by and perform in accordance with any award rendered by the arbitrator in such arbitration proceedings. In the event the Association or such rules and procedures of the Association do not exist at the time such claim arises, the controversy or claim shall be settled by arbitration to be held in _____, _____, pursuant to the rules and procedures of _____.

例文106 一般条項｜仲裁条項⑰
例文107 一般条項｜仲裁条項⑱

[和訳]
(1) 本契約から発生するすべての紛争または請求は、＿＿＿＿＿＿＿＿＿＿協会（「本協会」）の随時改訂される規則と手続きに従って、＿＿＿＿（国・市の名）＿＿＿＿＿で仲裁により解決されるものとする。本規則は、本契約の一部をなすものとする。
(2) 本契約の当事者は、かかる仲裁手続きにおいて仲裁人が下した判断を遵守し、その判断に従って履行することに同意する。本協会または本協会の規則が、請求の発生時に存在していないときは、当該紛争または請求は＿＿＿＿＿＿＿＿＿＿の規則と手続きに従って、＿＿＿＿（国・市の名）＿＿＿＿＿で開催される仲裁により解決されるものとする。

解説

1❖前提として合意しておいた仲裁機関、ルールがなくなったとき

　仲裁には、各業界の組合による仲裁機関も活用される。ところが、その業界の紛争解決機関とその仲裁によるとあらかじめ規定したものの、紛争が起こったときにはその機関がなくなってしまっていることがある。規則の改訂は最新版を適用すると規定してカバーできても、機関の消滅はカバーできない。

　一方は、仲裁約款そのものが失効したと主張して自国で裁判を始める。他の当事者は仲裁の合意自体は存続しているから、もっと国際的な、たとえばICCルールに従って仲裁を進めればよいと考えて手続きを開始したとしよう。どちらが勝つか。仲裁約款が失効したという主張のほうが通りやすく、別の機関の仲裁規則適用を主張しても、仲裁機関は簡単には取り上げない。その仲裁機関で紛争を解決する合意がないためである。

2❖業界の仲裁機関──建設、プラント、映画配給

　本規定はそのようなケースをリスクと把握し、あらかじめその対応に合意している。建設業界、プラント業界、映画配給業界などさまざまな協会があり、仲裁機関を保有している。業界の仲裁機関を起用するときは、挿入を考えておくべき規定のひとつである。新興国や発展途上国の仲裁機関などについても同様である。

例文106 仲裁条項⑰ | Arbitration

◇仲裁条項にかかわらず、裁判手続きを取ることができる例外を規定
◇ライセンス契約の違反に対し、裁判所に使用差止仮処分の申し立てを認める

The arbitrator may grant injunction or other relief in the dispute or controversy; provided that either party may seek preliminary injunctive relief for a breach of Article __ (Grant of License) or Article __ (Confidentiality) in any court of competent jurisdiction without breach of this Article (Arbitration).

[和訳]
　仲裁人は、紛争または論争に対し、差止命令または他の救済を与えることができる。ただし、各当事者は、本条(仲裁条項)に違反せず、管轄権を有する裁判所に対し、第__条(ライセンスの許諾)または第__条(秘密保持)の違反を止めさせるために予備的差止命令による救済を求めることができる。

解説

1❖仲裁合意と裁判所への仮処分の申し立ては両立するか

　仲裁合意をしている場合でも、たとえばライセンス契約のライセンシーが、許諾地域外の地域で販売や生産を始めたとしよう。ライセンサーは、その契約違反の販売・生産地域を管轄する裁判所に販売・生産差止仮処分を申請できるか。契約違反になるか。相手方が防訴抗弁として仲裁合意条項を持ち出したらどうなるか。

　このような緊急事態での対応をめぐって紛糾することがある。この規定は、そのような場合には、仲裁と併用して迅速に差止仮処分を請求しても差し支えないという点を明確にしている。仲裁人が3名全員選ばれるまでには、規定通り選任手続きが進んでも120日以上かかることがある。緊急事態への対処には、裁判手続きの併用を考えておかねばならないことが多い。リース契約でリース物件が売却されようとするときや、相手方の破産などの場合も同様の問題が発生してくる。仲裁条項の裁判手続きへの影響は十分考慮に入れ、検討しておく必要がある。

2❖Confidentiality(秘密保持条項)

　トレードシークレットなど秘密事項の漏洩禁止条項を指す。現代の取引では、秘密事項に価値がある場合が少なくない。また、漏洩されてからでは遅いことも多い。そこで、仲裁条項にかかわらず仮処分などができるよう確保するのが、本例文の規定の趣旨である。

仲裁条項⑱ | Arbitration　　　　　　　　　　　　　　　　　　　　　例文107

◇仲裁条項にかかわらず、裁判手続きを取ることができる例外を規定
◇自己所有物件の仮差押手続き等を認める

Notwithstanding the provisions of Article __ (Arbitration), KVC may, in its sole discretion in respect of any dispute referred to in Article __ (Ownership of the Leased Property) relating to the protection of KVC's interests in the Property, bring legal proceedings in any court of competent jurisdiction to whose jurisdiction ABC submits, for interim relief or otherwise in respect of this Agreement.

[和訳]
　第__条(仲裁)の規定にかかわらず、KVCは、その単独の裁量により、本物件に対するKVCの権利の保護に関する第__条(リース物件の所有権)に記載された紛争に関して、ABCがその管轄権に服することに同意する裁判所における中間的救済を求めるために、または本契約に別段に関係して、法的手続きを取ることができる。

解説

1 ❖interim relief

　仮処分、仮差し押さえなど中間的な救済を指す。仲裁合意をしていても、リース契約の場合のリース物件の差し押さえなど、事態によっては仲裁手続きと併用して保全措置を取らなければならない。物件そのものが、借主の債権者など第三者によって差し押さえられかけたり売却されそうになったとき、緊急の仮処分の手続きがどこでも取れるように、lessor(貸主)側のKVC社はこの規定を置いている。

2 ❖to whose jurisdiction ABC submits

　訴訟を開始するには、両者に対する管轄権を裁判所が保有していることが前提になる。この条項はABC社にそのような管轄に合意させている。

例文108 裁判管轄合意条項① | Jurisdiction

◇東京地方裁判所の裁判管轄に合意する
◇非専属裁判管轄とすることに合意する

The parties hereto submits to the non-exclusive jurisdiction of the Tokyo District Court of Japan with respect to all controversies arising from the interpretation and performance of this Agreement.

[和訳]
　本契約の当事者は、本契約の解釈及び履行から発生するすべての紛争について、日本の東京地方裁判所の非専属管轄権に服することに合意する。

解説

1 ❖裁判管轄合意

　融資契約・各種ファイナンス契約等、一方の当事者が金銭債権の取り立てを執行する契約や不動産関連契約など、契約の性格から仲裁よりも裁判のほうが適切なケースがある。

2 ❖ non-exclusive jurisdiction
「非専属裁判管轄」の意味である。実務上、非専属管轄の合意のほうが、専属管轄より一般的である。他の裁判所への訴訟提起など柔軟に対応することを考えるケースが多いためだろう。

裁判管轄合意条項② | Jurisdiction　　　例文109
◇東京地方裁判所の裁判管轄に合意する
◇専属管轄とすることに合意する

Any dispute arising out of this Agreement or any individual contract hereunder shall be subject to the exclusive jurisdiction of the Tokyo District Court.

［和訳］
　本契約または本契約に基づく個別契約から発生する一切の紛争は、東京地方裁判所の専属管轄権に服するものとする。

――――――― 解説 ―――――――

1 ❖ exclusive jurisdiction
「専属裁判管轄」を意味する。他の裁判所への訴訟提起はできない。

2 ❖ individual contract
継続的な取引では、基本契約を締結して大枠としての共通条件を決め、個別契約のたびに別途契約を交わす。個別契約にはビジネスに関わる簡単な取り決めしか記載しない。そのような取引の場合、個別契約の記載の解釈をめぐる紛争の裁判管轄はどうなるかは、議論の余地がある。そのため、その個別契約もこの裁判管轄の規定に従うという点を明確にしたのが、本例文の規定である。ディストリビューターシップ契約（販売店契約）などの場合も同様である。

裁判管轄合意条項③ | Jurisdiction　　　例文110
◇管轄権のある裁判所から差止命令等の救済を得られることを明確にする
◇専属裁判管轄と規定する

This Agreement shall be subject to and construed and enforced in accordance with the laws of England and the courts of England shall, (subject as hereinafter stated), have the exclusive jurisdiction in relation to matters arising under this Agreement, provided that nothing herein contained shall prevent KVC from obtaining any injunctive relief or other similar relief which may be available to it in the courts of any country in the Territory, and ABC hereby submits to the jurisdiction of any such court.

[和訳]
　本契約は、英国法に準拠するものとし、同法に従って解釈され履行されるものとし、英国の裁判所は、（下記の例外を除き）本契約から発生する事項に関して専属管轄権を有するものとする。ただしこの規定は、KVC社が許諾地域の国の裁判所で得られる差止命令または他の類似の救済を当該裁判所から得ることを妨げないものとし、ABC社は本契約によりかかる裁判所の管轄権に服することに同意する。

――― 解説 ―――

1 ❖ have the exclusive jurisdiction
　「専属裁判管轄権を有する」の意味である。"submit to the exclusive jurisdiction of"と同じである。

2 ❖ 他の裁判所に差止命令を求めることができるという例外規定
　例文106（仲裁条項）で、許諾地域外の生産・販売と秘密保持規定の違反には、仲裁と並行してでも本来管轄権のある裁判所に差止仮処分の請求を提出できると規定するドラフティングを紹介したが、本例文とねらいはまったく同じである。"non-exclusive jurisdiction"への合意ならこの例外規定を設けなくても問題がないが、専属裁判管轄合意の場合は、その合意によって差止訴訟提起の障害にならないように設けている。

例文111 裁判管轄合意条項④ | Jurisdiction

◇ニューヨーク州の裁判所の裁判管轄権を規定する

The parties, and each party of them, hereby consent to and confer non-exclusive jurisdiction upon any court in the State of New York over any action or proceedings arising out of or relating to this Agreement.

[和訳]
　全当事者及び各当事者は、本契約によって、本契約からまたは本契約に関して発生するいかなる訴訟または手続きについても、ニューヨーク州内の裁判所の非専属管轄権に服することに合意する。

解説

1❖標準的な裁判管轄規定——ニューヨーク州の非専属裁判管轄

"non-exclusive jurisdiction"とは、非専属裁判管轄のことをいう。その地域の裁判所に訴えられると訴訟が進行する。ただし、規定されている裁判所以外での裁判手続きも排除されているわけではない。訴訟を提起する場合は、ニューヨーク州でも提起できる保障があるというのが、この規定の効果である。ここまでは"jury trial"になる。

2❖consent to and confer non-exclusive jurisdiction

"submit to non-exclusive jurisdiction"と同じ意味である。「非専属裁判管轄に服する」という意味である。

裁判管轄合意条項⑤ | Jurisdiction　　　　　例文**112**

◇簡潔な管轄合意の表現

The parties submit to the non-exclusive jurisdiction of the Courts of ＿＿＿＿＿＿.

[和訳]

　当事者は、＿＿＿＿裁判所の非専属管轄権に服する。

解説

1❖簡潔な表現"submit to"

"submit to"が(裁判管轄に)「服する」という意味を表す用語である。

2❖non-exclusive jurisdiction

「非専属裁判管轄」を意味する。

3❖the Courts of ＿＿＿＿＿＿

このブランクの個所に地域(行政区域)を表示する。

第10節 権利放棄条項 No Waiver

英米法には、エストッペル（estoppel）という考え方がある。禁反言の原則とも言われる。この原則が適用されると、契約法上は本来保有している権利でも、相手方に対して行使しないことがたびたび重なると、その後に行使しようとしても権利を放棄したとみなされることがある。権利放棄条項のねらいは、その権利の喪失を避ける手段とすることである。

例文113 権利放棄条項① | No Waiver

◇標準的な条項

No failure or delay of either party to require the performance by the other of any provision of this Agreement shall in any way adversely affect such provision after that. No waiver by either party of a breach of any provision of this Agreement shall be taken to be a waiver by such party of any succeeding breach of such provision.

［和訳］
　当事者のいずれか一方が、相手方による本契約のいずれかの規定の履行を要求せず、またはその要求が遅れても、そのことは、以後その規定にいかなる意味でも悪影響を及ぼさないものとする。当事者のいずれか一方が、相手方による本契約の規定の違反に対する権利を放棄しても、その後の同じ規定の違反に対する権利を当該当事者が放棄したとみなされないものとする。

―――― 解説 ――――

1 ❖ shall not adversely affect
　「悪影響を及ぼさない」という意味である。本規定のねらいは、上記説明のように相手方がエストッペルの主張を持ち出すことを防ぐことにある。

2 ❖ shall not be taken to be a waiver
　「権利を放棄したとみなされない」という意味である。

例文114 権利放棄条項② | No Waiver

◇権利放棄は書面でなされなければならないと規定する

The failure of either party to insist upon strict adherence to any terms or conditions of

this Agreement on any occasion shall not be considered a waiver of any right thereafter to insist upon strict adherence to that term or condition or any other term or condition of this Agreement.
Any waiver must be expressly made in writing.
For such purpose the minutes of meetings or other informal documents shall not constitute a waiver made in writing.

[和訳]
　当事者の一方がいずれかの機会に、本契約の条件または条項の厳格な履行を要求しなくとも、そのことは、当該条件または条項あるいは本契約の他の条件または条項の規定を厳密に履行することについて、その後に要求する権利を放棄したとはみなされない。
　いかなる権利放棄も書面をもって明確になされなければならない。
　上記の目的上、会談の議事録または他の非公式の書面は、書面による権利放棄とならないものとする。

―――― 解説 ――――

1 ❖made in writing
　権利放棄の方法として、書面による明確な意思表示が必要であることを規定したものである。慎重さと、相手方の安易な主張を許さないという姿勢を明確に打ち出している。

2 ❖minutes of meetings
　ビジネス交渉では、会談のつど、会談の日時・出席者とその発言の主要な内容等を書面にして記録として残すことがある。相手方に送ることもある。議事録と呼んでいる。
　本規定の趣旨は、そのような書面である議事録はこの条文の規定でいう「書面」には該当しないと念を押すことである。

権利放棄条項③ | No Waiver　　　例文115

◇一方のみが権利放棄の主張につき制限を受ける
◇書面による放棄が必要と規定する

No waiver by KVC of any of ABC's obligations under this Agreement shall be deemed effective unless made by KVC in writing, nor shall any waiver by KVC in respect of any breach by ABC be deemed to constitute a waiver or consent to any subsequent breach by ABC of its obligations.

[和訳]

　ABCの本契約上の義務についてのKVCによる権利放棄は、KVCが書面で放棄しなければ無効とし、ABCの違反に対するKVCによる権利放棄は、ABCによるその後の義務違反に対する権利放棄または同意を構成するとみなされないものとする。

―――――――― 解説 ――――――――

1 ❖ No waiver shall be deemed effective

「いかなる権利放棄も無効である」という意味である。"deemed to be affective"の"to be"が省略されている。

2 ❖ nor shall any waiver be deemed to constitute a waiver

「権利放棄とみなされない」という意味である。

3 ❖ unless made by KVC in writing

「書面でなされなければ」という意味である。"unless such waiver is made by KVC in writing by a duly authorized representative"（KVCの正当に権限を与えられた代表者によって書面でなされない限り）というのが、本来の趣旨である。それが一部省略されて、この簡単な表現になっている。

例文116　権利放棄条項④ | No Waiver

◇一定期間、履行請求しなかったとしても、履行請求する権利を放棄したわけではないと規定する

The failure of either party to enforce at any time or for any period the provisions hereof in accordance with its terms shall not be construed to be a waiver of such provisions or of the rights of such party thereafter to enforce each and every provision.

[和訳]

　当事者のいずれか一方が本契約の条項をその規定に従い、いつであれまたはいかなる期間であれ強行させなくとも、そのことは、当該条項の放棄または当該当事者が各条項をその後に強行させる権利を放棄したと解釈されないものとする。

―――――――― 解説 ――――――――

1 ❖ to enforce the provisions hereof

「本契約の条項を強行させること」を意味している。

2 ❖ failure to enforce
「強行させる権利を行使しなかったこと」を指す。
3 ❖ 契約条項の表現から、waiverの意味を知る
　契約上の表現を読みながら、その中で使われている概念とその条項のねらいを修得していくのが、英米法を修得する早道である。"waiver"にまつわる規定の表現から、そのねらいと問題を紛糾させる原因を理解することができる。

権利放棄条項⑤ | No Waiver　　　　　　　　　　　　　　　　　例文 117

◇契約違反に対する請求や要求をしなかったことは、その後の同種の請求や要求を妨げないと規定する

> A waiver of any claim, demand or right based on the breach of any provision of this Agreement shall not constitute a waiver of any other claim, demand or right based on a subsequent breach of the same or any other provision.

> ［和訳］
> 　本契約の規定の違反に基づく請求、要求または権利の放棄は、同じ規定または他の規定のその後の違反に基づく他の請求、要求または権利の放棄とならないものとする。

――――― 解説 ―――――

1 ❖ a waiver of any claim, demand or right based on the breach of any provision
　相手方が契約条項に違反すると、請求や要求をおこなう権利が発生する。にもかかわらず「今回は見逃そうか」という姿勢で見逃しておき、次回の同じような違反のときに「今度は許せない」とばかりに請求をするとしよう。そのときに、相手方が持ち出してくる議論が、禁反言の原則、エストッペルである。一度同じような違反に黙っていると、その後の違反にも権利を行使しない旨の了解を与えたという主張を相手方がおこなう。そのような主張を許さないというのが、この"no waiver"の規定のねらいであり核心である。

権利放棄条項⑥ | No Waiver　　　　　　　　　　　　　　　　　例文 118

◇標準的な規定
◇契約条項違反に対する遵守要求の不存在は、権利の放棄を意味しないと規定

> The failure or delay of either party to require the performance by the other party of any

provision hereof will in no way affect the right to require such performance at any time thereafter, nor will the waiver by either party of a breach of any provision hereof constitute a waiver of any subsequent breach of the same or any other such provisions nor constitute a waiver of the provision itself.

[和訳]
　当事者の一方が相手方による本契約の規定の履行を要求せず、またはその要求を遅らせても、それは、その後いつであれ当該履行を求める権利にいかなる意味でも影響しないものとし、当事者の一方が本契約のいずれかの規定の違反に対する権利を放棄しても、同一または類似の規定のその後の違反に対する権利を放棄することにはならず、また、当該規定そのものの放棄にもならないものとする。

解説

1❖the failure or delay of either party to require the performance by the other party of any provision hereof

　「相手方による本契約の規定の履行要求を一方の当事者がしないこと、あるいは遅延すること」の意味である。

　規定を遵守するよう、毎回相手の違反に対し強く申し入れるのが通常の姿であるという前提に立って考えてみる。もしそのような要求をしなかったら、相手は当方がこの種の違反にはあまり関心を示さないと了解し、さらには違反に同意し、究極的にはその規定はないという扱いをしてもよい、と思いかねない。相手方のそのような都合のよい勝手な解釈や主張を認めないというのが、本規定のねらいである。

2❖例文113の表現との比較

　基本的には本例文の表現は、例文113ともっとも用語が近い。どちらも標準的なスタイルである。異なる点は、スタートの"No failure ... in any way"と"The failure ... in no way"の差ということになる。

3❖使い方のバリエーション――一方のみを守る規定に変える

　契約の種類によっては、一方の立場が強いことがある。また、一方だけが履行義務を負担している契約もある。そのような場合には、単純に"either party" "the other party"とする代わりに、"either party"を"lender" "licensor" "lessor"とし、"the other party"をそれぞれ"borrower" "licensee" "lessee"と変更して使う方法もある。

第11節 当事者の関係条項　Relationship of the Parties

　契約では、契約当事者が独立した法人であって、互いに相手の代理人として意思表示をしたり契約を締結したりする権限を与えていないことを確認したり、共同事業、ジョイントベンチャーやパートナーシップを構成するわけではないことを確認する場合がある。思いもよらぬうちに契約の相手方が当方を代理して、さまざまな義務や債務を負担してしまってはたまらない。
　このような関係を明確にする規定は、販売店契約やライセンス契約、ジョイントベンチャー契約、コンサルタント契約などで幅広く規定される。規定の見出しも、"Independent Contractors"、"No Agency or Partnership"、"Independent Parties"など多彩である。いずれもその規定のねらいは、契約相手方が代理人やpartnerであると誤認されて、予定しないリスクや損失、債務を負担することになるのを防ぐことにある。

当事者の関係条項①　Relationship of the Parties　　例文119

◇標準的な条項
◇当事者は独立しており、代理・パートナーシップ関係にないと規定する

Article ＿＿　Independent Contractors
The parties are independent contractors, and nothing contained herein shall constitute or be construed to create a partnership, agency or joint venture between the parties.

［和訳］
第＿＿条　独立契約者
　当事者は独立した契約者であり、本契約のいかなる規定も、当事者間にパートナーシップ、代理関係またはジョイントベンチャーを構成するものではなく、また、創出すると解釈されないものとする。

解説

1❖independent contractors
　互いに独立した契約者同士であると確認することをねらいとした規定である。

2❖nothing herein shall constitute a partnership
　"nothing herein"は"nothing in this Agreement"と同じ意味である。「本契約のいかなる規定も、パートナーシップを構成しないものとする」との意味である。

3❖joint venture
　「組合」のことをいう。損益を共通にする、いわば共同体のことである。

例文120	一般条項	当事者の関係条項②
例文121	一般条項	当事者の関係条項③
例文122	一般条項	当事者の関係条項④

例文120 当事者の関係条項② | Relationship of the Parties

◇販売店契約、ライセンス契約等での標準的な条項
◇パートナー、ジョイントベンチャーのメンバー同士でないこと、他の当事者を代理しないことを規定する

Article ___ No Agency or Partnership
The parties are not partners or joint ventures.
ABC is not entitled to act as KVC's agent except as provided in this Agreement and KVC shall not be liable for any representation, act or omission of ABC.

[和訳]
第___条 代理人またはパートナーシップの否定
　当事者は、互いにパートナーでもジョイントベンチャーのメンバー同士でもないものとする。
　ABCは、本契約で規定される場合を除き、KVCの代理人として行為してはならないものとし、また、KVCはABCの表明、作為または不作為につき、責任を負わないものとする。

―――― 解説 ――――

1 ❖representation
「表明」を指す。商品やサービスを提供する場合などに、販売者側・提供側が、顧客に対してその商品・サービス等について一定の説明することをいう。相手側がその説明を信頼して購入や契約を決めたとき、その表明は保証と同様の責任を負うかという問題がある。本条項は、KVC側にその意思がないことを明確にすることがねらいである。

例文121 当事者の関係条項③ | Relationship of the Parties

◇株主間契約等での標準的な条項
◇代理関係にないこと、他の当事者のために債務を負う権限がないことを規定する

Article ___ No Agency or Partnership
This Agreement shall not create a partnership or agency relationship among the parties hereto, nor either party shall have any right or authority to assume, create or incur in any manner any obligation or other liability of any kind, express or implied, or on behalf of any other party on the basis of this Agreement.

[和訳]
第__条　代理人またはパートナーシップの否定

本契約は、当事者間にパートナーシップまたは代理関係を創設するものではなく、いずれの当事者も本契約に基づき他の当事者に代わり、いかなるやり方でも、明示・黙示を問わずいかなる種類であれ債務または他の責任を引き受け、創出し、または生じさせる権利または権限を持たないものとする。

解説
---

1 ❖ shall not have any right to assume, create or incur ... obligation or other liability

「債務または他の責任を…引き受け、創出しまたは生じさせる権利を持たないものとする」ということを指す。いずれも、契約の当事者が、他のメンバーに債務や責任を負担させる行為や約束をすることを禁止するのがねらいである。契約関係に入るということは、それだけ契約相手の第三者への約束や行為について、あたかも代理関係やジョイントベンチャー、パートナーシップのメンバー（無限責任社員）にあるかのようにクレームを受ける機会が多いという、ビジネスの世界の現実を反映している。

2 ❖ express or implied

「明示的または黙示的に」を指す。「明示的」というのは、たとえば口頭あるいは書面により言葉で明確に説明あるいは保証する場合をいう。

当事者の関係条項④ | Relationship of the Parties　　例文**122**

◇標準的な条項
◇互いに独立した契約者であること、パートナー・ジョイントベンチャー関係、当事者関係にないこと、互いに相手を代理しないことを規定する

Article __　Relationship of the Parties
KVC and ABC are independent contractors with respect to each other, and nothing contained in this Agreement shall be deemed to create, and the parties shall not intend to create, any relationship of partners or joint ventures with respect to this Agreement.
None of the parties to this Agreement shall be, or shall hold themselves out to be, the agent of the other party under this Agreement.

[和訳]
第__条　当事者の関係

KVCとABCは互いに独立した契約者であり、本契約で定めるいかなる規定も、

例文123 一般条項｜当事者の関係条項⑤
例文124 一般条項｜当事者の関係条項⑥

　本契約に関わるパートナーまたはジョイントベンチャーの関係を創設するとみなされないものとし、また、当事者はかかる関係の創設を意図しないものとする。
　本契約のいずれの当事者も他の当事者の代理人ではないものとし、また、他の当事者の代理人と名乗らないものとする。

―――― 解説 ――――

1 ❖ nothing contained in this Agreement; nothing contained herein
　「本契約で規定する事項は、いずれも…しないものである」という趣旨である。
　契約書の中で使われる"here＿＿"は、「本契約＿＿＿」のことをいう。"this document"（この文書）という意味からきている。"there＿＿"は、"that document"（その文書）を指し、契約書で使うときはその文書が契約書であるから、本契約、その契約という意味になる。

2 ❖ deem to; intend to
　前者は、他人がそう見るということであり、後者は、当事者がどういった意図を持っているかということである。他者から見た場合と当事者からの場合と両方について規定している。どちらの場合でも、パートナーシップ関係にもジョイントベンチャーの当事者関係にもないと念を押している。

3 ❖ hold themselves out to be the agent of the other party
　「自己を他の当事者の代理人であるかのように称する」という趣旨である。あたかも契約相手方の代理人であるかのように、第三者に思わせるような言動をすることをいう。

例文123 当事者の関係条項⑤ ｜ Relationship of the Parties

◇販売店契約、代理店契約、ソフトウエア販売ライセンス代理店契約等
◇一方を相手方当事者の支店・事務所・従業員などが代理しないことを規定する

ABC is an independent contractor to KVC.
It is understood that ABC or its branch, liaison office and other offices, subsidiaries, affiliates, and employees are in no way the legal agent or representative of KVC, for any purpose whatsoever and have no right or authority to assume or create in writing or otherwise, any obligations of any kind express or implied in the name of or on behalf of KVC.

［和訳］
　ABCはKVCとは独立した契約者である。
　ABC、その支店、駐在員事務所、その他の事務所、子会社、関連会社及び従業員は、いかなる意味でも、いかなる目的のためにも、KVCの法定代理人または代表者ではなく、KVCの名前によりまたはKVCに代わり、明示か黙示かを問わず、書

面その他の方法により何らかの種類の債務を引き受けまたは創出する権利または権限を有しないものとする。

解説

1 ❖liaison office
　駐在員や駐在員の連絡事務所のことをいう。リエゾンと日本語化して使われることもある。連絡業務をするのが主な仕事であり、売買など営業活動はおこなわない。

2 ❖subsidiaries
　子会社のことを指す。

3 ❖affiliates
　子会社、親会社、兄弟姉妹会社を総称した用語である。関連会社と訳す。兄弟姉妹会社というのは、共通の親会社を持つ子会社同士の関係(companies which are commonly owned or controlled by their parent company)を指す。

当事者の関係条項⑥ | Relationship of the Parties　　例文124

◇関係会社も含め、パートナーシップ、ジョイントベンチャー、代理関係がないことを規定する

This Agreement shall not in any sense be deemed or construed to create a partnership, joint venture or agency relationship between KVC or any of its affiliates and ABC, and neither party hereto shall, by virtue of its being a party to this Agreement, so hold itself out by advertising or otherwise; nor will either party be liable for or bound by any representation, act or omission whatever of the other party. No party shall have any authority to bind the other or its representatives in any way except as otherwise expressly provided herein.
It is understood that each party shall act at all times as an independent contractor.

[和訳]

　本契約は、いかなる意味においても、KVCまたはそのいずれかの関連会社とABC間にパートナーシップ、ジョイントベンチャーまたは代理関係を創設するものとみなされず、そう解釈されないものとし、また、両当事者はいずれも、本契約の当事者であることによって広告その他によりその旨名乗らないものとし、いずれの当事者も、相手方の表明、作為または不作為に対し責任を負わず、それにより拘束されないものとする。いずれの当事者も、本契約別段に明確に規定される場合を除き、いかなる意味でも相手方またはその代表者を拘束する権限を有しないものとする。

各当事者は常に独立した契約者として行動しなければならないことが了解される。

解説

1 ❖ by virtue of
　「のせいで」「であるがために」という趣旨である。契約当事者であるというだけの理由で、相手方と何か特別な権限委任関係や共同事業者のような印象を与えたりして、責任や拘束をしてはならないという前後の脈略の中で使われている。

2 ❖ agency relationship
　「代理関係」を指す。販売店契約、ライセンス契約等に基づき、長期の継続的取引が生まれると、販売店やライセンシーの言葉や約束がその先の契約者である供給者やライセンサーがおこなった約束のように受け止められることがある。そうなると、あたかも保証人の役割を果たすように供給者やライセンサーが期待されることになりかねない。そのような軽率な言動を契約相手先にさせてはならないし、そのような責任を負担しないよう注意する必要がある。

3 ❖ 契約締結により当事者となっただけで、このように注意する必要があるのはなぜか
　これまで紹介した契約当事者の関係条項は、表現の差こそあれ、同じねらいを持って用意されたものである。契約関係から発生する紛争は、現実のビジネスの世界では数多い。

　たとえば、販売店が販売促進のためにメーカーや供給者が約束していない保証や表明を与えたり、販売権を得ている商品以外の商品をその販売代理の対象のように振る舞ったりすることがある。

　極端なケースでは、メーカーや供給者が債務を連帯して負担するかのように説明して、第三者から信用供与を受けたり、資金を借り入れたりすることまで起こる。ライセンシーがライセンス生産に必要な原材料を購入するのに、代金支払いはライセンサーが責任を持って保証しているからと供給者に説明したような場合である。ライセンシー側に出向しているライセンサーのメンバーが、ライセンシーと同席していたりすると、事態はさらに複雑になっていく。

第12節 | 無効規定の分離可能性条項 Severability

　意図していた契約内容の一部が、適用法の強行法規に触れて効力を失うことがある。契約の一部の条項が無効になったとき、他の規定あるいは契約全体の有効性にどのような影響を与えるか。契約全体が無効となるのか。それとも、他の規定にはまったく影響がないと扱うのか。この両極端な選択から折衷案まで、対応方法はさまざまである。

　ただ、そのような状況で契約を締結して履行段階に入ると、ひとつの規定が無効になったとき、あるいはひとつの規定の一部が有効性に制限を受けたときなど、そのような事態が起こるたびに両者で議論することになる。

　実務上では、軽微な一部の規定の無効について、他の規定に影響を与えないことを確認する規定（無効規定の分離可能性条項）が置かれることが多い。ただ、この規定は完全に強行法規に耐えられるかどうか、不明な点が残っていることを否定し切れない。そのため、全体に大きな影響のある一部無効の場合には、他の規定への影響を否定しない規定の仕方もある。

無効規定の分離可能性条項① | Severability　　　　例文125

◇標準的な条項
◇ある条項が無効になっても、他の条項に影響を与えないと規定する

> In the event that any of the provisions of this Agreement proves to be invalid or illegal, that will not in any way affect, impair or invalidate any other provision, and all other provisions of this Agreement will be in full force and effect.
>
> ［和訳］
> 　本契約のいずれかの条項が無効または違法となったときは、その無効または違法は、いかなる意味でも本契約の他の条項に影響せず、有効性を損なわず、無効にしないものとし、本契約の他の条項はすべて全面的に有効とする。

―――― 解説 ――――

1 ❖prove to be invalid or illegal
　「無効または違法であることが分かる」というのが、直訳である。契約締結時は合法であると確信して規定した条項が、その後の判決や法律改正などで有効性が制限されたり無効とされたりすることがある。"prove to be"はそのような場合を指している。
　"valid"は「有効な」、"legal"は「合法な」という意味である。

2 ❖impair or invalidate
　「損なったり、無効にする」を指す。一部とはいえ、契約が有効にならなかったり無効に

なったりするのは、当事者にとっては大変な事態である。
3❖規定の一部無効と契約全体への影響と当事者の選択
その影響をどう評価するか、全体を無効にしないで有効性を存続させようという方針を取るか、不利な立場に置かれた当事者の選択で全体を解除可能とするか、それとも当事者の選択を経ずに無効とするか。本例文では、他の規定はすべて完全に有効とする、という方針を採用している。

例文126 無効規定の分離可能性条項② | Severability

◇一部の規定の無効・強制執行不可能性は、他の規定に影響を与えないと規定する

The invalidity or unenforceability of any provision of this Agreement shall in no way affect the validity or enforceability of any other provisions of this Agreement.

[和訳]
本契約のいずれかの条項が無効または強行不可能とされても、そのことは、いかなる意味でも、本契約の他の条項の有効性または強行可能性に影響を与えないものとする。

―― 解説 ――

1❖invalidity
"invalidity"は、「無効にすること」「無効」を指す。

2❖unenforceability
"unenforceability"とは、無効ではないが、その契約上の権利を裁判所を通じて、いい換えれば訴訟によって判決を得て執行できないことをいう。日本法のもとでの自然債務と似ている面もある。

例文127 無効規定の分離可能性条項③ | Severability

◇一部の規定が無効・強制執行不可能でも、その規定が重要でない限り、契約は存続とする

If any provision of this Agreement is found invalid or unenforceable, the validity or enforceability of the remaining provisions or portions hereof shall not be affected, unless the invalid or unenforceable provision was material and essential to either one of the parties.

[和訳]
　本契約のいずれかの規定が無効または強行不可能とされたときは、無効または強行不可能とされた当該規定が当事者のいずれか一方にとり重要かつ不可欠な場合を除き、本契約の残りの規定または部分の有効性または強行可能性は、影響を受けないものとする。

解説
---

1 ❖ unless ... material and essential
「(…が)重要かつ不可欠でない限り」という趣旨である。

2 ❖ たとえば一方の支払い義務など、無効とされた規定が重要であった場合
　無効または強制執行不可能とされた規定が、契約の中の重要な義務や権利であった場合は、他の部分を残すと、契約として耐えがたいものになることがある。

　たとえば、国連経済制裁などで一方が支払い義務だけ履行を禁止されることがある。「買主は支払いをしない。しかし、商品やサービスの提供を受けることは差し支えない」というケースである。売り手側、サービス提供側から見れば、代金の支払いがないまま、商品やサービスの提供をおこなうことになる。

　このように、一方の契約当事者にとって無効または強制執行不可能になった規定の悪影響が重大なときは、残りの契約部分をそのまま有効とすると言いきらないのが本例文の選択である。

3 ❖ ライセンス契約で商標の使用許諾規定が無効とされた場合
　ロイヤルティ金額を修正せずにそのまま有効とし、ライセンシーに履行を強制するか。この問題は、例文125や例文126の規定を盛り込んでいる契約ではどのように扱われるか。

　契約違反とこの一部無効をどう区別するか。不可抗力はどう絡んでくるのか。このようにケースを具体的に頭に浮かべながら、ドラフトを磨いていく。

無効規定の分離可能性条項④ | Severability　　　例文128
◇取引バランスが著しく変化しない限り、残りの規定は有効とする

Should any provision of this Agreement be held by a court of competent jurisdiction to be invalid, illegal or unenforceable, the validity of the remaining provisions shall not be affected unless the commercial balance between the parties is materially changed.

[和訳]
　本契約のいずれかの規定が管轄権を有する裁判所によって無効、違法または強行不可能と判断されたときは、本契約の残りの規定の有効性は、当事者間の取引バラ

例文 129　一般条項｜無効規定の分離可能性条項⑤
例文 130　一般条項｜無効規定の分離可能性条項⑥

ンスが著しく変わらない限り、影響を受けないものとする。

解説
---

1 ❖held by a court of competent jurisdiction to be invalid, illegal or unenforceable

「管轄を有する裁判所によって、無効、違法または強制執行不可能と判断がなされたとき」という趣旨である。"a count of competent jurisdiction"は、直訳すれば「十分な（根拠のある）裁判管轄権を有する裁判所」あたりであろうか。ここでは、簡潔に意訳を試みた。

2 ❖契約の一部が無効となったとき、契約の全体あるいは残りの有効性をどう扱うか

たとえば、フランチャイズ契約で商標の使用を前提にしていたところ、そのライセンシーの国で使用を禁止されてしまったとする。ロイヤルティの金額を減額するよう請求することができるか。

契約にはその履行の内容で、価格決定の重要な要素を構成しているものがある。その重要な要素の一部が無効等で提供できなくなったとき、他の規定（たとえば価格）をどうするか、などと具体的に考えていくと、無効規定の分離可能性条項（Severability）の規定は一般条項であると簡単に扱うことはできなくなる。一定の調整をしたほうが双方にとってフェアなケースがある。当事者間のビジネス上の均衡が崩れてしまった場合には、残りの規定にも影響なしとはしない、という選択が本例文を採用した方針である。

3 ❖holdingとfinding

"holding"は、裁判所の判決を指す。"finding"は、英米などjury（陪審）制度の置かれている国の裁判では、陪審による事実認定を指すことが多い。

事実についての争いがないときと、当事者が"Jury Trial"を希望しないときは、裁判官が"finding"（事実認定）と"holding"（法律判断）の両方をおこなう。"holding"は法律上の判断、判決である。

裁判官と陪審の役割分担については、必ずしも明確でないことがある。1996年の米国連邦裁判決（マークマン判決）では、「特許の請求範囲」については陪審評決によらず、裁判官が解釈すべきものと判示した。

例文 129　無効規定の分離可能性条項⑤ | Severability

◇一部の規定が無効になっても、他の規定の有効性、合法性、強制執行可能性に影響を与えないと規定する

If a provision of this Agreement becomes invalid, illegal or unenforceable in any jurisdiction, that shall not affect;
 (a) the validity, legality or enforceability in that jurisdiction of any other provision of this Agreement; or
 (b) the validity, legality or enforceability in any other jurisdiction of that or any other

provision of this Agreement.

[和訳]
　本契約の一規定がいずれかの法域で無効、違法または強行不可能となった場合、そのことは、次の事項に影響しないものとする。
(a)当該法域における本契約の他の規定の有効性、合法性もしくは強行可能性、または
(b)他の法域における当該規定と本契約の他の規定の有効性、合法性もしくは強行可能性。

―――― 解説 ――――

1❖複数の法域に契約の履行が及ぶ契約
　合弁事業契約やプラント契約、ライセンス契約、リース契約などで、法域が複数絡んでくることがある。そのような場合に、ある法域(jurisdiction)で契約の規定が無効とされたときでも、他の法域では有効ということもある。そのようなケースで、契約を当事者間でどう扱うかの問題が発生する。

2❖契約規定の無効の判断を当事者間では法域内のみに適用
　ある法域の判断を他の法域にどこまで当事者間で及ぼすかは、契約によって自由に決定できる。当事者は、契約で合意した内容と条件がベストと考えているわけだから、無効判決等の影響を最小限にとどめようとする。その趣旨を規定したのが本例文である。
　国境を超える情報通信ビジネス、ソフトウエアビジネス、インターネット利用ビジネス等の発展により、契約条項が現地の法律や政府の方針と抵触する場面も少なくない。契約規定が現地法に抵触したような場合に当事者はどのように対応していくか、さまざまな対応方法があるが、その中核は現地法の尊重でなければならない。

無効規定の分離可能性条項⑥ | Severability　　　例文130

◇現地法と抵触の場合、現地法への適合を優先させると規定する
◇他の規定への影響を最小限にとどめ、解釈する

Nothing contained in this Agreement shall be construed so as to require the commission of any act contrary to statute or law, and whenever there is any conflict between any provisions of this Agreement and any statute or law, contrary to which the parties have no legal right to contract, the latter shall prevail.
In such event, however, the provisions of this Agreement affected shall be curtailed and limited only to the extent necessary to bring it within the legal requirements.

[和訳]

　本契約に含まれるいずれの規定も、制定法または法律に反した行為をおこなうことを要求するとは解釈されないものとし、また、本契約の規定と、当事者がそれに反して契約する権利のない制定法または法律の間に矛盾がある場合は、いつも後者が優先するものとする。

　ただし、かかる場合、影響を受けた本契約の規定は、当該規定を法律要件に合致させるために必要な限度に限り、削除され制限されるものとする。

解説

1 ❖commission of any act contrary to statute or law
　「制定法や法律に違反する行為をおこなうこと」をいう。

2 ❖the latter shall prevail
　「後者が優先する」という趣旨である。この場合の後者とは、制定法と法律のことである。「強行法規に違反してまで、契約を守れとはいわない」という趣旨である。

3 ❖本例文の規定のねらい
　法律違反の影響を最小限にとどめようというのが、本例文の規定のねらいである。

例文131 無効規定の分離可能性条項⑦ | Severability

◇有効部分だけの契約では不公正・不均衡になる場合を除き、存続させると規定する

In case any one or more of the provisions of this Agreement are held invalid, illegal or unenforceable in any respect, the validity, legality and enforceability of the remaining provisions hereof shall not be in any way affected or impaired thereby, except to the extent that giving effect to the remaining provisions would be unjust or inequitable.

[和訳]

　本契約の一以上の規定が、いずれかの点で無効、違法または強行不可能と判示された場合、本契約の残りの規定の有効性、合法性及び強行可能性は、それによっていかなる意味でも影響を受けず、または損なわれないものとする。ただし、残りの規定に効果を与えることが不公正または不衡平となる限度を除く。

解説

1 ❖thereby
　"by the fact that any one or more of the provisions of this Agreement are held invalid"を指す。

2❖unjust or inequitable

「不公正または不均衡」「不公正または不衡平」を指す。残りの部分だけではその契約がいかにも不公正、不均衡な場合は、その部分だけを有効とするわけにはいかないというのが規定の趣旨である。

たとえば売買契約で、商品の引き渡し義務が3ヶ月延期されたのにもかかわらず、支払い期日が予定通りというのは不均衡であろう。引き渡しの半分以上の量が輸出制限で引き渡しできなくなったのに、代金はそのまま全額支払われなければならないというのも不均衡であろう。

例文 132　一般条項｜秘密保持条項①
例文 133　一般条項｜秘密保持条項②

第 13 節　秘密保持条項　Confidentiality

　契約締結による履行義務の一環として、あるいは信頼関係に基づき相手方に秘密情報を提供したり偶然に相手方の秘密情報に接したりする機会がある。そのような場合に備えて、第三者に漏洩されれば相手方の営業に支障のある秘密情報については秘密に保持するという義務を課すことがある。一般に秘密保持協定と呼んでいる。また、秘密保持というほどではないかもしれないが、契約を締結したこと自体のプレスリリースを控えると合意することもある。ここでは両方の規定を紹介する。

例文 132　秘密保持条項①｜Confidentiality

◇履行中に知った相手方の秘密情報を互いに秘密として保持する義務を規定する

> (1) Each party acknowledges that in connection with the formation and performance of this Agreement, it may be exposed to certain confidential information of the other party, the disclosure of which to third parties would be damaging ("Confidential Information").
>
> (2) The Confidential Information includes, but not limited to, business plans, price lists, pricing data, technical data, and documents marked "Confidential" or "Proprietary".
>
> (3) KVC and ABC agree; (a) not to use the Confidential Information, except for the performance of this Agreement, (b) not to disclose the Confidential Information to any third party, except to its sublicensee or subcontractor, and, (c) to treat the Confidential Information with the same degree of care with which it treats its own confidential information of like importance.
>
> (4) The foregoing restrictions on disclosure and use will not apply to (a) information which a party can prove was previously known to it, (b) information lawfully received by a party from a third party without an obligation of confidentiality, (c) information which becomes known to the public other than by a disclosure prohibited by this Article.

> ［和訳］
> (1)各当事者は、本契約の成立及び履行に関連し、それを第三者に開示すると損害を生じさせることになる相手方の秘密情報(「秘密情報」)に接する可能性があることを認める。
> (2)秘密情報は、事業計画、価格表、価格資料、技術資料及び「秘密」または「専有」と表示された書類を含み、かつそれらに限定されない。

(3) KVCとABCは、(a)秘密情報を本契約の履行目的以外に使用しないこと、(b)各当事者のサブライセンシーまたはサブコントラクター（下請人）以外の第三者に秘密情報を開示しないこと、(c)同程度の重要性を持つ自社の秘密情報を扱う際に払うのと同程度の注意を払って秘密情報を扱うことに合意する。
(4) 開示と使用に対する上記の制限は、(a)当事者が以前から知っていたことを証明できる情報、(b)当事者が第三者から秘密保持義務なしに合法的に取得した情報、(c)本条で禁止された開示以外の方法によって公知となった情報には適用しないものとする。

解説

1 ❖ "Confidential" "Proprietary"

「秘密の」「財産的価値のある」という意味である。トレードシークレットとして秘密保持が必要で、かつ保全に注意が求められる書類は、このような印をつけることによって取り扱いに注意を促す。実務面では、トレードシークレットとして扱う重要書類には、このようなマーキングを書類に付すだけでなく、封筒に入れておく。さらにその内容の重要性に応じ、封筒にも一定のマークや印をつけ、あらかじめ定める秘密保持規程や要領に従って金庫、キャビネット等に保管する。また、アクセスできるメンバーも限定しておく。

2 ❖ 自己の同種の情報に対するのと同じ程度の注意義務

規定の仕方としては、相手の情報だから自己の同種の情報より高度の注意義務を課す取り決めも選択肢のひとつである。現実的に考えると、自己の情報と同じレベルというほうが、互いに遵守しやすいといえよう。相手方が秘密保持をまったくしていないような先であれば、この規定は不向きである。

3 ❖ 秘密保持義務対象の例外

秘密保持義務には例外がある。通常、規定される典型的な例外項目が本例文の第4項の3つのケースである。いずれも、立証の面で必ずしも容易でないという難しさがある。ドラフティングをするときは、立証責任をどちらが負うかを考えながら規定する。いずれとも事実関係がはっきりしないときは、立証責任を負う側が敗北することになる。

秘密保持条項② | Confidentiality　　　　　　　　　　例文133

◇ソフトウエア・ライセンス契約、トレードシークレット開示使用許諾契約、フランチャイズ契約、著作権ライセンス契約等での規定
◇ライセンシーの秘密保持義務を規定する

(1) ABC shall keep confidential and not disclose to any third party, except as expressly permitted herein, any information provided to it by KVC marked with a confidential, proprietary or other similar notice ("KVC Confidential Information").
(2) The term KVC Confidential Information shall not include information which (a) is

例文134 一般条項｜秘密保持条項③
例文135 一般条項｜秘密保持条項④

or becomes generally known or available through no act or failure to act by ABC; (b) is already known by ABC at the time of receipt as evidenced by its records; (c) is hereafter furnished to ABC by a third party, as a matter of right and without restriction on disclosure; (d) is disclosed by written permission of KVC or (e) is required to be disclosed by court order or law.

［和訳］
(1) ABCは、KVCから「秘密」「専有」または他の同様の表示を付して提供された情報（「KVC秘密情報」）の秘密を保持し、本契約で明確に許される場合を除き、第三者に開示しないものとする。
(2) KVC秘密情報は、(a)公知であるか一般に入手することができ、またはABCの作為もしくは不作為によらずに公知となるか一般に入手できるようになる情報、(b)ABCが受領時点ですでに知っており、そのことを記録で証明できる情報、(c)本契約締結後、第三者から権利としてかつ開示制限なしにABCに提供された情報、(d)KVCの書面による許可を受けて開示された情報、または(e)裁判所命令もしくは法律によって開示を要求された情報は含まないものとする。

―――― 解説 ――――

1❖marked with a confidential, proprietary or other similar notice
「"秘密""（財産的価値あるものの）専有"または同様の趣旨をマークした」を指す。受け取った側の目につくように「秘密で重要な書類」として「取り扱い注意」が必要であると表示してあることを指す。

2❖秘密保持の重要性
ライセンス契約等では、書類に含まれる情報に価値がありライセンスの対象となるので、開示・使用許諾される。そのために、長期にわたり高額のロイヤルティを支払う。その情報が第三者に容易にアクセスされるようでは、ライセンサーだけでなくライセンシーも困る。第三者が無料でアクセスできる情報に高額の対価を支払っていては、競争にならないからである。

3❖秘密保持の例外となる情報
どの秘密保持義務規定にも、除外事項として似通った共通の項目がリストアップされることが多い。たまたまリストアップされていなくても、当然除外されるものもある。本例文の「裁判所からの命令による秘密情報の提供」などが、そのカテゴリーに該当する。

ただ、「裁判所の命令があったからといって、提出してよいというわけではない」と主張する相手もいる。秘密情報は、公開の法廷に提出された段階でその秘密情報としての生命を失うという考え方があるからだ。日本にはアメリカでは周知の"in camera"（非公開の審理）と呼ばれる秘密扱いによる証拠提出手続きがない。そのため相手方によっては、秘密保持が不十分なので法廷への提出に賛成しないところまである。そのような紛争を防止するため、本例文の条項では、ライセンシーの立場に立ち、裁判所の命令と法律の要求のあ

る場合は提出してよいことにしている。
　実務の面では、どこまで提出しなければならないのか、また、提出せずに秘密情報の価値を守り訴訟そのものでは不利益を甘受するか、難しい局面に立たされることがある。

秘密保持条項③ | Confidentiality　　　例文134

◇簡潔な秘密保持条項

All information furnished by KVC or its representatives to ABC under this Agreement shall remain strictly confidential between the parties hereto.

[和訳]
　本契約に基づき、KVCまたはその代理人からABCに提供されたすべての情報は、当事者間で厳格に秘密に保持されるものとする。

―――― 解説 ――――

1 ❖ its representatives
「代表」という意味と「代理人」「事務所」という意味がある。ここでは仮に代理人と和訳したが、さまざまな解釈がある。"representative office"は駐在員事務所を指し、また単に"representative"ということもある。

2 ❖ all information furnished
「提供されたすべての情報」という意味である。契約実務では、"all information of confidential nature"というように言葉を補充して、情報を秘密性のあるものに限ることもある。

3 ❖ remain strictly confidential
「厳格に秘密に保たれる」という意味である。

秘密保持条項④ | Confidentiality　　　例文135

◇相手の情報を互いに秘密に保持すると規定する
◇秘密保持対象外のケースを列挙する
◇秘密保持義務は契約終了後5年間存続する

Each party shall maintain in confidence and safeguard all business and technical information which is disclosed by one party to the other in connection with this Agreement and which is designated confidential at the time of disclosure. The obligations under this Article shall not apply to:

(a) information now in the public domain or which hereafter becomes available to the public through no fault of either party hereof;
(b) information already known to either party hereof at the time of disclosure;
(c) information disclosed to either party hereof by any third party who has a right to make such a disclosure;
(d) information independently developed by either party hereof through the work carried by its employees, agent, or representatives;
(e) information approved for release in writing by either party.

The obligation under this Article shall continue for five (5) years after the expiry or termination of this Agreement.

[和訳]
　各当事者は、本契約に関連して一方当事者から相手方に開示され、開示時点で秘密と指示されたすべての事業情報及び技術情報を秘密に保持し、安全に保護しなければならない。本条に基づく義務は下記の情報には適用しないものとする。
(a)現在公知である情報または本契約当事者の過失によらずに今後一般公衆に知られるようになる情報、
(b)開示の時点ですでに相手方に知られていた情報、
(c)開示する権利を有する第三者から本契約当事者に開示された情報、
(d)当事者の一方が、その従業員、代理人または代表者の作業によって独自に開発した情報、
(e)当事者の一方が書面でリリースを承認した情報。
　本条に基づく義務は、本契約の満了または終了から5年間存続するものとする。

解説

1❖パブリックドメイン

　公衆の誰もが知っていて、誰かがその所有を主張する余地のないものを指す。民話や伝説、歴史上の人物や事件などもパブリックドメインに該当する。ただ、そのような誰もが知っている事件や話であっても、それをもとに独自の表現とストーリーを加えて作品を書き上げると、今度はその作品が著作権などに権利化されることもある。特許などの場合でも、出願が何十年も前で突然に登録されたような場合、登録時にはパブリックドメインになっている情報にも特許が成立することもある。いわゆるサブマリン特許である。

2❖契約満了(expiry)と終了(termination)

　"expiry"は契約で当初予定した契約期間が無事満了して終わった契約の終了を指す。"termination"は、相手方の違反等で本来予定していた期間の満了前に契約が終了してしまった場合を含む契約の消滅を指す。

3 ❖ 契約終了後の秘密保持義務

他の規定と異なり、秘密保持義務は契約終了とともに消滅してしまったのでは困ることが多い。では、いったいどのくらいの期間、秘密保持義務を負担させればよいのかは、現実的な問題である。どのような情報が提供されるのか、その価値はどの程度なのかを個別具体的なビジネスごとに検討し、選択しなければならない。

ここでは、一般的な「終了後3年から5年」というレンジ(幅)の中で、長いほうの「5年」を使った。

4 ❖ 契約終了後の秘密保持義務は「5年」で十分か

秘密保持義務が5年でも十分でないことがある。友人のところに電話がかかってきた。ライセンス契約が5年前に終了した客先である。「おかげさまで元気にやっています。お約束の5年がたちましたので、貴社からお教えいただいたトレードシークレットの数々、これから大いにビジネスの展開に活用させていただきます」との挨拶であった。

友人は、困惑のきわみであった。あなたなら、どうするか。

秘密保持条項⑤ | Confidentiality　　　　　　　　例文136

◇ソフトウエア・ライセンス契約等で、ライセンシーの秘密保持義務を規定する

(1) ABC agrees to hold all portions of the Licensed Products in confidence for KVC. ABC further agrees not to make any disclosure of the Licensed Products to anyone, except to employees of ABC and any third party contractor as authorized by ABC under the responsibility and control of ABC to whom such disclosure is necessary for the performance of this Agreement.

(2) ABC shall ensure, in the case of employees, that an obligation not to disclose confidential information forms part of its terms of employment and, in the case of a third party contractor under ABC's responsibility and control, that ABC enters into an appropriate written confidentiality agreement with such contractor protecting the confidentiality of such information and restricting its use.

(3) ABC's obligation under this Article shall not apply to any information relating to the Licensed Products that:

(a) is or becomes available without restriction to the general public by acts not attributable to ABC or its employees,

(b) was rightfully in ABC's possession prior to disclosure hereunder to ABC,

(c) is rightfully disclosed to ABC by a third party without restriction on disclosure, or

(d) is independently developed by ABC without reference to any information or material supplied by KVC to ABC.

The burden of proving the facts set forth in sub-paragraphs (3)(a) through (d) shall rest with ABC.

[和訳]
(1) ABCは、許諾製品のすべてをKVCのために秘密に保持することに同意する。
ABCはさらに、ABCの従業員と、本契約の履行のためにその者に対する開示が必要で、ABCの責任と支配下にありABCが認めた第3請負人以外には、許諾製品を開示しないことに同意する。
(2) ABCは、従業員に開示する場合は、秘密情報を開示しない義務がその雇用契約の一部をなすよう図るものとし、ABCの責任と支配下にある第3請負人に開示する場合は、かかる情報の秘密を保持しその使用を制限する適切な秘密保持契約をABCが当該請負人と書面をもって締結するよう図るものとする。
(3) 本条に規定するABCの秘密保持義務は、許諾製品に関わる下記の情報には適用されない。
　(a) ABCまたはその従業員の責めに帰すべきでない行為により制限なく一般公衆に知られるようになり、または知られているもの。
　(b) 本契約によるABCへの開示の前に、合法的にABCの保有下にあったもの。
　(c) 第三者から開示制限なしに、ABCに合法的に開示されたもの。
　(d) KVCからABCに提供された情報または資料を参照することなく、ABCが独自に開発したもの。
上記第3項(a)から(d)の事実の立証責任は、ABCが負うものとする。

解説

1 ❖ Licensed Products

ライセンス契約の中には、ソフトウエア製品やトレードシークレットに基づく新技術利用製品のライセンス生産、日本語版製作・販売のように、そのプロトタイプや現地語版(英語版等)が提供され、ライセンシーが自己のマーケット用に開発・修正を加える場合がある。そのような場合は、引き渡された製品そのものを秘密に扱うことが重要になる。第三者の請負人(ライセンシーの下請け先)も、選択とその秘密保持が重要になってくる。

2 ❖ confidential agreement between the Licensee and a third party contractor

秘密保持契約をライセンシーと第3請負人(下請け先)との間に締結することを規定している。その秘密協定の中では、第3請負人が第三者にその許諾製品を見せたり、情報を流したり、製品を横流ししないように種々規定を設けることが実務上、重要である。簡単な最低限の秘密保持のみを協定することも多い。

3 ❖ burden of proving

「立証責任」のことを指す。

プレスリリース① | Press Release

例文137

◇相手方の事前了解を取ることを規定する

Neither party shall make any press release or public announcement hereof without the prior written consent of the other party.

[和訳]
　いずれの当事者も、相手方の書面による事前の同意なく、本契約のプレスリリースまたは発表をおこなわないものとする。

――――解説――――

1 ❖ press release
　契約を締結したときは、ただちに新聞社をはじめとする報道陣に発表し宣伝をしたい場合と、逆に、秘密に保持しておきたい場合とがある。ビジネスの進め方やスケジュール、認可申請等も絡んで、なかなか一律にどの方法がベストとはいえないのである。発表の内容や説明の仕方もどの程度にするかの決定が大事になる。いずれにしても、プレスリリースについてどのように考えるかを契約段階で確認しておくことが重要なことも多い。

2 ❖ 本例文の規定のねらい――the prior written consent of the other party
　契約締結に関する発表を各自が単独でするのでなく、事前に内容・タイミングも含めて打ち合わせをし、確認しておくという考えに基づいている。事前の了解の対象として重要なのは、時期と発表内容である。

プレスリリース② | Press Release

例文138

◇相手方の事前了解を取ることを規定する
◇証券取引法等の法律に基づき開示が要求されている場合は例外とする

No party hereto shall make any press release or public announcement with respect to this Agreement or the subject matter hereof without the prior written consent of the other party, provided, however, that any party may at any time make an announcement, which is required by the security exchange law or any other applicable laws so long as such party promptly upon learning of such requirement and giving a notice to the other party.

[和訳]
　いずれの当事者も、本契約またはその主題について、相手方の書面による事前の同意なしにプレスリリースまたは公表をしないものとする。ただし、いずれの当事

者も、証券取引法または他の適用法により公表を要求される場合は、当該要求を知った後速やかに相手方に通知を与えている限り、要求された公表をいつでもおこなうことができる。

解説

1 ❖security exchange law

「証券取引法」を指す。証券取引法の要請によって公表が義務づけられているのは、株価に重要な影響のある事態である。インサイダー取引を許さないために、情報を迅速に株主をはじめとする市場に知らせることになっている。契約の締結は、普通はただちに株価に影響を与えるものではないが、重要な契約の場合にはそれの株価へのインパクトは計り知れない。たとえば企業の提携、買収、合併、新規大規模事業への進出などである。長期間続いていた紛争の和解もそのひとつであろう。

2 ❖SEC法（証券取引法）等の遵守とプレスリリース制限、秘密保持条項との調整

証券取引法によって、開示・公表が義務づけられている場合に、プレスリリースの制限条項への抵触をどう調整するかという問題がある。相手方に通知をおこなった上で公表してよいというのが本例文の解決方法である。

例文139 プレスリリース③ | Press Release

◇相手方の事前了解を取ることを規定する
◇法または当局の要求がある場合は開示を認める

Neither party may issue a press, marketing or other promotional release describing this Agreement or the development without the prior written consent of the other party.

Neither party may disclose to any third party the commercial terms of this Agreement, except (a) as required by applicable laws or governmental authorities, or (b) on a confidential basis, to attorneys, accountants or any other person with a reasonable reason to know.

［和訳］

いずれの当事者も、相手方の書面による事前の同意なく、本契約または開発に関するプレスリリース、マーケティングまたは他の宣伝発表をおこなうことはできない。

いずれの当事者も本契約の取引条項を第三者に開示することはできない。ただし、次の場合を除く。

(a)適用法もしくは政府当局により要求される場合、または(b)合理的な知る理由を持つ弁護士、会計士もしくは他の人に秘密裡に開示する場合。

第14節 損害賠償の制限条項 Limitation on Liability

契約違反の場合には損害賠償の問題が発生する。賠償の額や範囲をどう決定するかには、いくつかの問題がある。損害賠償制度について、各国が適用法の異なった法制・ルールを保有しているのである。米国各州のように実際に被った損害よりはるかに大きな金額の懲罰的損害賠償制度を保有している法域もある。間接的損害や逸失利益、結果的損害、付随的損害の問題も考慮しなくてはならない。

ここでは、基本的な問題である損害賠償金額の上限、結果的損害の排除等、損害賠償に関わる特約条項を紹介する。

損害賠償の制限条項① Limitation on Liability 例文140

◇標準的な条項
◇売買契約、ライセンス契約、サービス提供契約等での規定
◇売主、ライセンサー、サービス提供者の賠償金額は、契約価格で受領した合計金額を超えない
◇付随的損害、派生的損害には責任を負わない

(1) KVC will in no event be liable to ABC for cumulative damages greater than the total amount paid by ABC to KVC for the performance by KVC of this Agreement and invoiced by KVC hereunder.
(2) Either party will in no event be liable for incidental, consequential, or special damages, even if the other party is notified of the possibility of such damages.

[和訳]
(1)いかなる場合でも、KVCは、KVCが本契約を履行しKVCが本契約に基づき請求書を発行した履行に対して、ABCによりKVCに支払われた総額を超える損害賠償金(累積額)をABCに支払う責任はないものとする。
(2)いかなる場合も、各当事者は、相手方がかかる損害の可能性を知らされていても、付随的、派生的または特別損害に対する責任を負わないものとする。

── 解説 ──

1 ❖cumulative damages
「(名目のいかんを問わず)賠償額を合計したもの」「賠償累計額」のことをいう。
2 ❖本例文の規定のねらい
販売やサービスの提供、ライセンスの許諾をする側が、自己を守るため、対価として受

領した金額を上限としようというのが本例文の規定のねらいである。持ち出しをなくそうということである。

3❖(paid by ABC to KVC) for the performance of this Agreement──表現のバリエーション

契約のタイプにより、たとえば売買契約なら、"for the Products supplied hereunder"と具体的に表現することができる。また、サービス提供契約なら、"for the Services provided hereunder"とすることができる。

4❖incidental, consequential, or special damages

「付随的、派生的、または特別損害」を指す。いずれも通常の契約法のルールからすれば、予測が可能であれば責任を負う可能性があるところを、それにもかかわらず免責とするのが本規定のねらいである。"consequential damages"（派生的損害）は、「結果的損害」と訳されることもある。

例文141 損害賠償の制限条項② | Limitation on Liability

◇重大な契約違反の場合も、契約を解除せずに賠償を請求できると規定する
◇派生的損害、間接的損害については賠償しないと規定する

(1) Either party may seek damages for material breach without terminating this Agreement.
(2) KVC and ABC agree that damages, costs, and attorneys fees arising from breach are available in an action for material breach by either party.
(3) In no instance shall either party be liable to the other for special, consequential or indirect damages arising out of breach.

［和訳］
(1)いずれの当事者も、重大な違反に対して契約を解除せずに損害賠償を請求することができる。
(2)KVCとABCは、契約違反から生ずる損害賠償、費用及び弁護士料が一方当事者による重大な違反に対する訴訟で請求できることに合意する。
(3)いかなる状況であれ、いずれの当事者も、契約違反から発生する特別、派生的または間接的損害について相手方に責任を負わないものとする。

────── 解説 ──────

1❖material breach（重大な違反）と契約のtermination（解除）

重大な契約違反が発生したときに、契約を解除した上で損害賠償をおこなう方法と、解除せずに契約を維持しながら被った損害賠償をおこなう方法がある。重大な契約違反は解

除事由にあたるのが通常である。後者の賠償方法(解除せず賠償請求)はないという見解・主張がなされることがあるので、本契約ではそうではないことを明確に規定したものである。一方、契約を解除すれば原状回復のみで、損害賠償を請求する権利はないという主張がなされることもある。契約違反と解除、損害賠償の関係についてはさまざまな議論がなされるので、本例文の規定は明確な立場を表明している。

2❖attorneys fees

「弁護士料」のことを指す。

3❖action for material breach

「重大な違反に対する訴訟」を指す。"action"は行動ではなく、ここでは訴訟である。

4❖本例文の規定のねらい

本例文の特徴は、賠償金額の上限を設けていないことである。個別具体的なビジネスの評価次第ということであろう。

損害賠償の制限条項③ | Limitation on Liability　　例文142

◇ソフトウエア販売契約、ライセンス契約等で、受領したロイヤルティ金額を上限にすると規定する
◇直接的損害も免責とする規定

> KVC shall in no event be liable for any damages, whether direct or indirect, incidental, or consequential, under any circumstances whatsoever.
> KVC's maximum liability to ABC shall in no event exceed the amount of the royalties received by KVC from ABC.

> [和訳]
> いかなる場合も、KVCは、いかなる状況下でも、直接的か間接的か、付随的かまたは派生的かを問わず、一切の損害に対して責任を負わないものとする。
> KVCのABCに対する責任限度額は、いかなる場合も、KVCがABCから受領したロイヤルティ額を超えないものとする。

――――― 解説 ―――――

1❖KVC's maximum liability

「KVCの責任限度」を指す。

2❖royalties received by KVC from ABC

「ライセンサーであるKVCが、ライセンシーであるABCから受領したロイヤルティ」をいう。ライセンサーから見れば、本契約に基づき、ロイヤルティを「いつからいつまでに受領した分と同額を上限とする」というふうに、期間の限定(たとえば直近の1年間)を置くほ

うが有利である。期間に関しては交渉となる。「直近1年」なら合理性があろうが、あまり短期間を規定すると、逆に規定そのものが無効とされるリスクが出てくる。実情に即して対処する必要がある。

3❖本規定のねらい——2つの盾

本規定の特色は、一方で賠償限度額を受け取った代金(ライセンス契約なのでロイヤルティ)の額とし、他方で間接的・付随的・派生的損害を免責としていることである。

ここまでなら標準的な契約条項であるが、一歩進めて直接的損害も免責としているところに大きな特色がある。合理的かどうかは議論があるだろう。しかしこのようなケースでは、別の条項で、新品への取り替えと修理を救済方法として取り決める。それによって、金銭による賠償は一切しないシステムである、という説明をしていく。

ベンチャー企業等の場合、金銭で賠償しようにも財源がない。現状有姿渡し条件を組み合わせてみたりする。しかし、それでも不安なので、第2文に本来は矛盾しているが賠償額の限度を設けている。第1文が無効となっても、第2文でもう一度歯止めをかけようという考えである。

例文143 損害賠償の制限条項④ | Limitation on Liability

◇販売契約、サービス提供契約などで商品・サービス代金額を限度と規定する
◇不法行為、過失等の賠償も合わせて限度額を規定する
◇特別損害、派生的損害等の賠償の免責を規定する

(1) The total liability of KVC, including its sub-contractors, on any claim, whether in contract, tort (including negligence) or otherwise, arising out of or resulting from the sale or use of any Product or the furnishing of the Service shall not exceed the price allocable to the Product or Service, which gives rise to the claim.

(2) In no event shall KVC be liable for any special, or consequential damages, including, but not limited to, damages for loss of revenue.

[和訳]
(1)契約上か不法行為(過失を含む)によるかその他の理由によるかを問わず、本製品の販売もしくは使用または本サービスの提供からまたはその結果生ずる請求に対するKVC(下請人を含む)の責任総額は、当該請求を生じさせた本製品または本サービスに割り当てられた価格を超えないものとする。
(2)いかなる場合も、KVCは、特別または派生的損害に対し責任を負わないものとする。かかる損害は逸失収入を含むが、それに限定されない。

解説

1 ❖ 賠償限度額の厳密な決め方――price allocable to the Product or Service

賠償限度額を契約条項で決める場合に、全体の契約から受領した金額なのか、そのクレーム対象の商品やサービスの対価というように限定されるのか、解釈が分かれることがある。受け取った範囲内で処理するのがねらいであるから、個別のクレームの対象商品やサービスを見なくてもよいという意見がある。一方、クレーム対象の商品やサービスの金額に限られるという立場の人々もいる。契約の解釈が分かれる余地があるということである。

これに対し、このたびのクレームの対象となった個別の商品、サービスの代金の範囲内に賠償限度額を抑えようという考えで作成されているのが本例文である。

2 ❖ loss of revenue

相手の契約違反がなければ、入るはずだった収入の喪失のことをいう。"loss of profit"も同じ場面で使うことができる。"revenue"から原価となるコストを差し引くと"profit"(利益)が算出される。

3 ❖ tort(including negligence)に起因する損害

契約条項で損害賠償に限度を設けても、その規定が実際に個々のケースでどこまで有効に働くかは、不明瞭な部分がある。当事者間でも、重大な過失(gross negligence)の場合は、効果はあまり期待できない。特に契約関係にない第三者からのクレームには対抗できない。個別判断になろうが、契約交渉の段階では一定の力になる。

損害賠償の制限条項⑤ | Limitation on Liability

例文144

◇ソフトウエア販売店契約などでの規定
◇損害賠償額限度をそれぞれのソフトウエアの価格とする
◇付随的損害、派生的損害等については免責とする

> The maximum liability of KVC, if any, for damages arising out of or in connection with the use of a KVC Product shall be limited to the actual amount paid by ABC to KVC for the relevant copy of the KVC Product.
>
> In no event shall KVC be liable for incidental, consequential or tort damages of any kind, including damages resulting from any loss of profits, loss of use or loss of data, even if KVC is advised of the possibility of such damages.

[和訳]

KVC製品の使用からまたはそれに関連して発生する損害に対しKVCに責任がある場合のKVCの賠償限度額は、ABCがKVC製品の当該複製に対してKVCに支払った実際の金額に制限されるものとする。

いかなる場合も、KVCは、逸失利益、使用の喪失またはデータの喪失の結果生ずる損害をはじめとするあらゆる種類の付随的、派生的または不法行為による損害

について、たとえKVCがかかる損害の可能性を知らされていても、一切責任を負わないものとする。

解説

1 ❖ ソフトウエア製品の不具合から発生する損失と免責条項

　ソフトウエア製品について、不具合が宿命的になる部分がある。コンピューター・ソフトウエアが期待通りの稼動をしないとき、さまざまな影響や混乱がビジネスの現場で発生する。しかし、ソフトメーカーがそのような状況から発生する結果損害まで負担し、賠償責任を果たしていくわけにはいかない。たとえば、法律事務所でソフトが稼動しなかったために訴訟書類の提出が期限内にできず、訴訟の出訴期限が過ぎたからといって、ソフトメーカーは敗訴の責任まで負えるものでもない。ソフトウエア製品の販売やライセンスビジネスでは、結果損害についての免責は必須である。本例文の免責条項は、ソフトウエア製品の販売では、標準的な規定である。

2 ❖ loss of profits; loss of data

　ソフトウエアの稼動が途中でうまくいかなくなって、予定したビジネスの利益を上げる機会を失ったり、データを消滅させてしまうことがある。コンピューター産業、ソフトウエア産業の宿命的な部分ともいえよう。ソフトウエア販売業者、ライセンサーは、このような問題から、契約上、不法行為法上の免責を得るために、オンラインやソフトウエア自体で契約を締結したり、取引契約の中で最大限の工夫をこらしている。本例文の免責条項もそのひとつの試みである。

3 ❖ UCC第2B編のモデル法案の試みと黙示保証排除方法の普及

　ソフトウエア・ライセンスの法制について、米国ではかってUCC第2B編として草案が準備されたことがあるが、ソフトウエア産業の意見と消費者側に立った意見の両者の折り合いがつかず、UCC第2B編としての法制化を断念し、独立したモデル法典として"Uniform Computer Information Transactions Act"（略称UCITA）として発表された。しかし、UCC第2編草案が検討されていた1990年〜2000年代に、実務上はソフトウエアのライセンス契約においてもUCC第2編の影響のもとに普及した"Implied Warranties of Merchantability"の排除方法のプラクティスと同様のものが普及していった。

第15節 タックス条項 Tax

　国際契約を履行する段階では、税金に関わる問題が重要になる。契約の金額を定め、いざ支払う段階になって、支払者側で源泉徴収の手続きをしなければならないことがある。ロイヤルティ、配当、金利送金などでは源泉徴収の手続きは頻繁に発生する。

　このような場合に、契約のどこにも税金に関わる規定・条項がないと、どのように解釈してよいのか紛糾することがある。まず、誰が支払うかという問題がある。次に、その支払った額を誰が負担するかという問題がある。各国の税法では、誰が納税義務者かは定めている。しかし契約の中では、価格を決めたときにその税金をどちらが負担するのかを決めていないことが少なくない。税金がかかると想定していないこともある。後から税法が制定されて税金が賦課されたり、増額されたりすることもある。租税条約が締結されていることもある。さまざまな場面で、どのように税金に対応していくのかは重要な問題でありながら、国際税務知識の欠如から、必ずしも理解されないまま契約が作成されることが少なくない。

　税金の種類により負担者を決めていく方法がある。また、賦課する当局の国籍によって税金の負担者を決める方法もある。また、オーソドックスな選択は、その税法が定める納税者が負担すると決める方法である。ただ、そうした方法は採用できず、支払者側が税金を支払ったあとのアフタータックスベースで、価格を決める方法もある。ネットベースの価格取り決めという方法である。この場合は、グロスアップ(gross up)になる。税額負担部分にも課税されるので、単純に支払者負担という形にならないのである。グロスアップについては例文146の解説も参照のこと。

　国際取引には、対価の支払いがつきものである。その対価の支払いには、直接・間接に税金問題がつきものなのである。仮に、税金がかからないとすれば、そのことをしっかり確認しておくことが要求される。税金の規定は、個別のビジネスごとに真剣に取り扱うべき問題である。いつでも通用する決まり切ったフォームはない。ここでは、いくつかの対応規定を紹介していく。本節の例文中のKVEは、KVC(米国法人)が出資し海外(米国外)に設立したKVCの子会社である。

タックス条項① Tax　　　　　　　　　　　　　　　例文145

　◇標準的な規定
　◇売買契約、販売店契約等独立した関係の場合
　◇それぞれの税法によって課税された当事者が税法に従って支払い、負担すると規定

> Any tax arising from the separate business activities conducted by KVE and ABC pursuant to this Agreement shall be borne and paid by the party upon whom such tax is imposed by applicable law.

[和訳]
　本契約に従ってKVEとABCが遂行する個別の営業活動から生ずる税金は、適用法によりその税金が課される当事者により負担され支払われるものとする。

解説
---

1 ❖ the party upon whom such tax is imposed by applicable law
　税に関わる法律はどの国のものであっても、誰にその税を賦課するのかを規定している。その納税者がそれぞれ負担し納税するという取り決めである。

2 ❖ shall be borne and paid by
　タックス条項には、誰が支払うかということと、その勘定を誰が最終的に負担するかという2つのポイントがある。"bear"は負担者を決める用語であり、"pay"は支払い者を決める用語である。

3 ❖ 源泉徴収税の問題
　販売店契約、売買契約、株主間契約、事業売買契約など当事者が独立した契約関係であって、さらに源泉徴収税の問題がない場合には、本例文の趣旨である基本ルールが通用する。これは、資産税、付加価値税、所得税などそれぞれの税法に従って、税法が定める納税者が負担し支払うという考え方に立つものである。

　ただ、源泉徴収税が課せられる「ロイヤルティ、使用料（商標ライセンス、特許ライセンス、トレードシークレット・ライセンス、技術移転等）」「金利（融資契約）」などでは、本来の納税者はその所得を受け取る側のライセンサー（licensor）であり、貸主（lender）である。

　ところが、支払者であるライセンシー（licensee）、借主（borrower）に対し、支払い時に源泉徴収義務が課せられている。これは、源泉徴収なしにいったん外国のライセンサーや貸主に送金されてしまうと、支払地の税務当局が徴収するのが困難であるからである。そこで税務当局に代わって、支払者が外国のロイヤルティ、金利の受取者から税金を取り立て、当局に納税するのである。

　この源泉徴収の手続きがあるために、源泉徴収の絡む契約では価格の決め方に注意を要する。たとえば、契約金額全額を受け取ることを期待していたライセンサーが、20％または、(2013年1月1日以降は)復興特別所得税を加算した20.42％（租税条約で軽減されている場合は、通常10％）も源泉徴収された後、全額の支払いを要求することが現実の取引ではよく起こるからである。租税条約の規定は、ロイヤルティの軽減税率(10％)の条項を含め、国内法（復興特別所得税など）に優先し、適用される。日米租税条約（2004年3月発効）など少数ではあるが一部の国との間では所定の手続きを取れば使用料への源泉徴収税が免除されている。

　価格の決め方がこのような源泉徴収税額を含んだ金額なのか、それとも源泉徴収税を支払った後の金額なのか、当事者間で了解や解釈の仕方に誤解の生ずることが実務上少なくない。したがって、その問題を明確に取り決めておくことが契約のドラフティングで重要である。

　軽減・免除対象となる知的財産の種類・範囲ならびに恩典を享受するための手続き（フ

ォームや記載・調印方法、また提出時期・場所等)については、所轄税務署に赴き、しっかりと確認することが大切である。

4 ❖ 思わぬ税金の賦課の問題——資産税、所得税、付加価値税

取引に関連して賦課される税金には、頻繁に関わってくる源泉徴収税以外にも、付加価値税やセールスタックス(売上税)、思わぬときにかかる資産税、所得税などがある。

例を挙げてみよう。たとえば、所有権を留保して外国に保有して販売のため在庫していた商品にインベントリータックス(資産税)が賦課されることがある。次に、相手国の工場納め込み渡しで、備えつけて販売した機械のビジネスでは、同国での"doing business"とみなされ、法人所得税がかけられてしまった。また、商品の購入で、外国の相手方(売主)の要求により、前払い金を引渡しの6ヶ月前に支払って商品に本来の基準販売額より有利なディスカウントを確保していたら、同国の税務署から買主による融資としてディスカウント額を金利とみなされてしまい、過去数年にわたって課税処分を受けてしまった。過怠税まで……。契約には、売主負担か買主負担か規定がない。国際リースに関わる税金問題はもっとも注意を要求されるところである。

税金は、それぞれ国や自治体が制定し賦課する。契約時になかった税が導入されることもある。日本でも消費税が導入されたときは、その負担をめぐって契約書のタックス条項の不備が目立った。そのため、さまざまなタックスに関わる契約条項を工夫することが要求される。

タックス条項② | Tax 〔例文146〕

◇価格をネットベースで取り決め、税金が賦課されたときは支払者が負担し、最終的な受け取りがネットベースになるよう、グロスアップすることを規定する

(1) All payments by ABC under this Agreement shall be made without deduction for or on account of any tax or all tax.
(2) All taxes in respect of payments under this Agreement shall be for the account of ABC, and will be borne and paid by ABC prior to the date on which penalties apply.
(3) If ABC is compelled by law to make payment subject to any tax and KVE does not actually receive on the due date a net amount equal to the full amount provided for under this Agreement, ABC shall pay all necessary additional amounts to ensure receipt by KVE of the full amount so provided for.

［和訳］
(1)本契約に基づくABCによるすべての支払いは、いずれかの税金またはすべての税金を理由に差し引かれることなしに、満額の支払いがなされるものとする。
(2)本契約上の支払いに関わるすべての税金はABCの勘定とし、ABCは罰金が課される日の前に税金を負担し支払うものとする。

(3) ABCが法律によって税金の支払いを強制され、その結果、KVEが本契約に規定する満額通りの正味金額を支払い期日に実際に受領しないときには、ABCは、KVEが契約通り満額を受領できるようにするために必要な、すべての追加金額を支払うものとする。

解説

1 ❖payment shall be made without deduction for or on account of any tax

「タックス（税金）を理由に、（代金やロイヤルティなどの送金から）差し引かれることなしに支払いがなされる」という意味である。

税金が賦課され、源泉徴収義務者が送金前に源泉徴収をおこない税金分を差し引くのは、法律上の義務である。したがって、この「税金を根拠に差し引くことをせずに」という規定には、もともと無理がある。源泉徴収義務という法律上の義務に違反しろという強制はできない。もし、そうすれば、源泉徴収義務違反の刑罰を受けることになる。

本規定は、そのような不合理なことを契約の相手方に要求しているわけではない。要求したとすれば、それは法律に抵触することとなり一部無効の問題に発展する。しかも、源泉徴収されなかったとしても、納税義務者が受取人であることに変わりがないから、税務当局は直接に徴収する手段を講ずることができる。受け取った側も解決になっていないのである。

ビジネス面から見た本規定の趣旨、ねらいと効果は、「源泉徴収せずに支払え」というのではなく、経済的に結果として、源泉徴収による差し引きがなかった場合と同じ金額をネット（after tax）ベースで受け取れるように、契約金額を増額するということである。このことを実務上、グロスアップ（gross up）と呼んでいる。受取人が契約金額と同額をネットベース（純受取金額ベース）で受け取り、しかも支払地の税務当局への支払いが済んでいる状態をいう。

2 ❖gross up

グロスアップという規定が、このようなケースに使われる。契約金額を増額して、あたかも税金が賦課されなかったように、契約金額全額をネット（after tax）ベースで受け取れるように増額するのである。単に税金額のみを増額したのでは、その金額にも税金が課せられるので十分な増額にはならない。その点に注意しながら、増額金額を算出する。その作業をグロスアップと呼んでいる。

例文147 タックス条項③ | Tax

◇ライセンス契約で、ロイヤルティを日本側から（租税条約を締結している）外国向けに送金する際に、源泉徴収することを規定
◇日本の税務当局から取りつけた納税証明を送付することを規定

(1) Payment by ABC to KVE of the royalties set forth in Article ___ (Payment of Royalty)

shall be subject to a withholding by ABC for Japanese tax purposes of ten (10) percent of the aggregate royalties actually due and payable to KVE, but only to the extent of taxes actually paid to a governmental agency with respect to the royalties paid by ABC to KVE hereunder.

(2) ABC shall furnish KVE within fifty (50) days of the end of each Term of License of this Agreement with all documentation as shall be necessary:(a) to establish the amount of taxes actually paid, and (b) for KVE to receive the tax credit to which KVE would be entitled under the tax laws of _____, with respect to the amount withheld in Japan.

[和訳]

(1) 第__条（ロイヤルティの支払い）に規定するABCのKVEに対するロイヤルティの支払いは、日本で納税するために、実際にKVEに支払われるロイヤルティ総額の10％をABCにより源泉徴収される。ただし、この源泉徴収は、本契約に基づきABCがKVEに支払ったロイヤルティについて政府機関（税務当局）に実際に支払う税額を限度とする。

(2) ABCは、本契約の各ライセンス期間の終了後50日以内に、(a)実際に納付した税額を証明するため、かつ、(b)KVEが、日本で源泉徴収された金額につき、_____の税法に従って受けることのできる外国税額控除を受けるために、必要なすべての書類をKVEに送付するものとする。

解説

1❖日本での10％の源泉徴収

日本と相手国との租税条約に従って、通常の源泉徴収税率の20％または（2013年1月1日以降は復興特別所得税2.1％が加算され）20.42％が、10％程度に軽減されている。米国との租税条約（2004年3月発効）では、ロイヤルティに対する源泉徴収税の免除の恩恵が受けられる。減免を受けるためには、所轄税務署への手続きが必要である。租税条約のない国の相手先との契約では、20％または（復興特別所得税が加算される場合は）20.42％の源泉徴収が必要である。

2❖for KVE to receive the tax credit to which KVE would be entitled under the tax laws of _____（国　名）_____, with respect to the amount withheld in Japan

「(国　名)の外国税額控除制度に基づいて、（日本で源泉徴収された金額について）ライセンサーであるKVEが税額控除（tax credit）を受けることができるように」という意味である。KVEが利益を上げない体質の企業で、外国税額控除の枠がなければ、控除を受けることができない。

例文148 タックス条項④ | Tax

◇ソフトウエア販売店契約等で、源泉徴収税が課税されるときは、販売店が支払うとする
◇ロイヤルティの金額が、あたかも源泉徴収がなかったときに受け取る金額と同額となるよう増額(グロスアップ)すると規定

(1) ABC shall pay all import duties or sales, use, value added or property taxes or any other taxes of any nature, assessed upon or with respect to any Product or Service purchased by ABC from KVE.

(2) If ABC is required by law to make any deduction or to withhold from any sum payable to KVE by ABC hereunder, then the sum payable by ABC upon which the deduction or withholding is based shall be increased to the extent necessary to ensure that, after such deduction or withholding, KVE receives and retains, free from liability for such deduction or withholding, a net amount equal to the amount KVE would have received and retained in the absence of such required deduction or withholding.

[和訳]

(1)ABCは、ABCがKVEから購入した製品またはサービスに対し、またはそれに関して賦課されたすべての輸入関税、物品税、使用税、付加価値税もしくは資産税または他のあらゆる種類の税金を支払うものとする。

(2)ABCが、本契約に基づきABCによってKVEに支払われる金額から控除または源泉徴収をおこなうことが法律によって要求される場合には、当該控除または源泉徴収がおこなわれABCにより支払われる金額は、当該控除または源泉徴収がおこなわれたあと、KVEが当該控除または源泉徴収に対する責任を負うことなく、要求された当該控除または源泉徴収がなかったとしたらKVEが受領し保有していたはずの金額と同じ正味金額を受領し保有できるようにするために必要な限度まで、増額されるものとする。

解説

1❖契約金額の調整条項

当該国の税金がどのように課税されるのか、契約時には十分把握できないことがある。税理士や税務弁護士の見解を聞いても、確信が持てないこともある。また、インベントリータックス(資産税)や付加価値税の導入がささやかれていることもある。電子商取引への課税強化がなされる心配もあろう。

このような状況下で、相手方と交渉しているうちに、支払う側の相手先から次のような提案がなされることがある。「当方は、この契約金額の支払いには源泉徴収義務はなく、付加価値税もかからないと了解している。ネットベースで契約価格を決め、万一、課税されたら、そのときはネットでこの契約金額を貴社が受け取れるよう価格を調整しましょ

う」。本例文なども、そのような不確定要素がある場合のひとつの対処法である。

2❖free from liability for such deduction or withholding

「当該控除や源泉徴収に対する責任負担なしに」の意味である。"free"というのは、「(義務やリスクが)ない」という意味である。ABCが、税法を無視して源泉徴収を怠って全額をKVEに送金したのでは、"free from liability for such deduction or withholding"にならないのである。

タックス条項⑤ | Tax　　　　　　　　　　　　　　　　　　　　　例文149

◇ソフトウエア・ライセンス契約等で、ライセンサーがライセンシーの国で課せられた源泉徴収税を負担すると規定する
◇ライセンシーは、当局の納税証明書をライセンサーに送付する

(1) Within sixty (60) days after the end of each License Term, ABC shall remit in US dollars to KVE the amount of the Royalty.
(2) KVE shall bear the tax to be levied under the laws of Japan on the income of KVE arising under this Agreement.
In the event that such tax is or should be deducted from the amount of remittance to KVE by ABC, ABC shall furnish to KVE without delay, a tax certificate showing the payment of such tax.

[和訳]
(1)各ライセンス期間の終了から60日以内に、ABCは、ロイヤルティ(全額)を米ドルでKVEに送金するものとする。
(2)KVEは、本契約から生ずるKVEの所得に対して日本法によって課される税金を負担するものとする。
　かかる税金がABCによるKVEへの送金から差し引かれるか差し引く必要がある場合、ABCは、当該税金の支払いを証明する納税証明書を遅滞なくKVEに送付するものとする。

　　　　　　　　　　　　　　　　解説

1❖ロイヤルティの受取人による所得税の負担

本例文の第2項の規定の第1文は、税法上、もっとも筋の通った規定である。このような筋の通った税金条項を規定することが実務上むしろ少ないのは、このような規定に同意するためには、双方が源泉徴収制度と税制について十分に理解し、また互いに相手を信頼していることが前提になるからである。税制について十分理解しておらず、相手方の対応についても不安な場合は、ついネットベースでの契約金額の受領を主張しがちとなる。

2 ◆each License Term

ロイヤルティの支払いは、毎年1回でもよいし四半期ごとでもよい。これはビジネスタームであり、当事者が自由に決めることができる。本例文では、"License Term"という用語を、別途定義すべき用語としている。したがって、この用語を四半期とも1年とも6ヶ月とも、当事者で自由に決めればよい。ただ、定義がないと困るのでしっかりと定義条項を置き、また、起算日を明確にしておく必要がある。1年の場合、1月1日から数えるのか、それとも4月1日なのか、それとも契約の発効の日から数えるのかということである。年度の途中から始まる第1回のライセンス期間の定義が大事になる。

例文150 タックス条項⑥｜Tax

◇ソフトウエア・ライセンス契約等で、ライセンサーがライセンシーの国で課せられた源泉徴収税を負担すると規定する
◇ライセンシーは、当局の納税証明書をライセンサーに送付する

(1) Any withholding tax lawfully levied by the ＿＿＿＿＿＿＿＿ tax authorities on any amount due to KVE under this Agreement shall be borne by KVE. When ABC pays any such tax and deducts it from the royalty payments to KVE, ABC shall, without delay, send to KVE the official certificate of such tax payment.

(2) All payments to KVE shall be made to the account of KVE at a bank in the city of ＿＿＿＿ ＿＿＿＿＿ designated by KVE and shall be made in US dollars.

[和訳]
(1) 本契約に基づくKVEへの支払金に対し＿＿＿＿国の税務当局が合法的に課した源泉徴収額は、KVEが負担するものとする。ABCが当該税金を支払い、KVEへのロイヤルティの支払金から税額を差し引いた場合、ABCはかかる税金の納付を示す公式の証明書をKVEに遅滞なく送付するものとする。
(2) KVEに対するすべての支払いは、KVEの指定する＿＿＿＿＿＿市のKVEの銀行口座宛てに米ドルで、送金されるものとする。

解説

1 ◆源泉徴収税(withholding tax)と軽減税率適用の届け出

ロイヤルティに対する源泉徴収税は、租税条約がある場合は10％に軽減されることが多い。日米租税条約（2004年3月発効）では、この源泉徴収税が免除された。

本来、税法によれば、源泉徴収義務は日本の支払者のABC社にあるが、負担するのは受取人であるKVE社である。したがって本例文の規定は、もっとも税法に忠実な規定の仕方をしている。ロイヤルティに対する税金は、いわばABC社の日本を源泉とする所得だか

ら、申告・納税をするのは、本来KVE社なのである。日本で税務当局に租税条約の軽減税率の適用を受けたいと届け出るのも、KVE社である。実務の面では、第1回の源泉徴収税を支払う前に所轄税務署に手続きをする。書類を持参して提出するのは、支払者（源泉徴収者）であることが多いが、届け出者としてサインするのはKVE社である。

2❖be made to the account of KVE at a bank in ＿＿＿（市　名）＿＿＿ designated by KVE

支払い方法にはいろいろあるが、もっとも典型的で確実なのは銀行口座への振り込みによる支払いである。現金で渡す場合に比べて、いざという場合には証拠にもなる。領収証がなくても立証できる。相手方の銀行口座の確認が重要になるが、契約書では通常、どの市の銀行なのか、名義人が契約者になっているか、また、その口座指定の通知を書面等で別途するのかまで決めておく。通常は、口座番号までは契約書には記載しない。

タックス条項⑦ | Tax　　　　　　　　　　　　　　　　　例文151

◇ソフトウエア・ライセンス契約等で、ライセンサーがライセンシーの国で課せられた源泉徴収税を負担すると規定する
◇ライセンシーは、当局の納税証明書をライセンサーに送付する

(1) All ＿＿＿＿＿＿ income taxes, if any, levied on the royalties to be paid by ABC to KVE shall be borne by KVE and withheld by ABC in accordance with the tax laws of ＿＿＿＿＿＿＿＿＿＿.
(2) ABC shall promptly effect payment of the income tax so withheld to the appropriate tax authorities of ＿＿＿＿＿, and shall send to KVE the official tax receipt or other evidence issued by said tax authorities, in order to enable KVE to support a claim for credit against ＿＿＿＿＿ income taxes for such withheld and paid taxes.

［和訳］
(1)ABCがKVEに支払うロイヤルティに対して課税される＿＿＿＿＿国の所得税があれば、すべてKVEが負担するものとし、＿＿＿＿＿国の税法に従ってABCが源泉徴収するものとする。
(2)ABCは、そのように源泉徴収した所得税を＿＿＿＿＿国の所轄の税務当局に速やかに納付するものとし、KVEが上記のやり方で源泉徴収され納付された＿＿＿＿＿国の所得税を理由に税金控除を申し立てられるようにするために、当該税務当局から発行された公式の税金受領書または他の証明書をKVEに送付するものとする。

解説

1 ❖ effect payment
「支払いをおこなう」という意味である。

2 ❖ appropriate tax authorities
「所轄税務署」を指す。国によって制度が変わることもあるので、納税証明の書類のことを"official tax receipt"と"other evidence"といういい方をしている。日本の場合は前者の納付証明書が発行される。

例文152 タックス条項⑧ | Tax

◇源泉徴収税が課せられた場合、税率の半分の率を契約金額に掛けて契約金額を増額する

If any payment required by this Agreement to be made by ABC to KVE is or becomes subject to a withholding tax, then the amount of such payment shall be increased by a percentage equal to one-half of the effective rate of such withholding tax.

[和訳]
　本契約によりABCがKVEになすべく要求される支払いが源泉徴収税の対象であり、またはその対象になった場合には、当該支払い額は、当該源泉徴収税の有効税率の2分の1に相当する金額だけ増額されるものとする。

解説

1 ❖ be increased by a percentage equal to one-half of the effective rate of such withholding tax
　いわば、折衷案による解決策である。源泉徴収税が課されるかどうか分からないときに、一方がその負担をすべて引き受ける代わりに、源泉徴収税率の半分を元の契約金額に掛けた分を増額するのである。

2 ❖ 外国税額控除があてにならないときの妥協案
　外国税額控除の適用を受けられるかどうかは、本当は本国での外国税額控除枠の有無次第である。あまりあてにならないところから生まれた妥協案が本例文である。一見、乱暴な妥協案であるが実際に契約交渉をしていると、何がなんでも限られた時間内に決着させなければならないケースがある。そのようなぎりぎりに追い詰められた場合の妥協の仕方のひとつである。ビジネス条件である以上、他の条件とのバランスで合意するわけだから、このような理論的合理性には乏しい妥協策もありうる。利益の出せない企業(赤字企業)は、外国税額控除は受けることができない。
　外国税額控除を受けられるかどうかは、当事者ですら意外と分からないものなのである。

第16節 タイム・イズ・オブ・エッセンス条項 Time is of Essence

英文国際契約には、しばしば"Time is of Essence"という条項が現れる。初めて見た人はいったい何だろうと思って、いろいろ考える。この条項には大きなねらいがある。

すなわち、契約の履行期が重要な意味を持つ契約では、その期限に履行がなされなければ、"material breach"となる。もし、重要な意味がなければ、期日に履行がなされなくともそれだけでは"material breach"にあたらず、相手方(non-breaching party)はただちに契約を解除したり損害賠償請求の手続きに進んだりすることはできない。ところが、たとえばクリスマス前のクリスマス商品の仕入れや博覧会のためのパビリオンの建設のように、期日がきわめて重大な意味を持つケースがある。このような場合には、その契約の目的を明示し、かつ"Time is of Essence"と規定するのである。

もちろん、時間や期日がそれほど大事であると思われない契約にまで、この条項を入れる必要はない。ただ、期限が重要な契約では、ぜひ入れておきたい条項である。いくつか紹介する。

タイム・イズ・オブ・エッセンス条項① Time is of Essence 例文153

◇簡単な規定

Time is of essence under the terms of this Agreement.

[和訳]
本契約の規定上では、期限は重要な条件である。

解説

1 ❖ time is of essence
「期限が重要な要素である」ことを指す。"time is of the essence"ともいう。

2 ❖ 本条項のねらい
期限内に相手方が履行できないときに、重大な違反(material breach)として契約の解除を図るか、あるいは損害賠償を求める、という救済を受けるための準備のねらいがある。しかし、本当のねらいは、期日通り履行させることにある。一方、自分の側にも同じ責任とリスクがある。

例文154 一般条項｜タイム・イズ・オブ・エッセンス条項②
例文155 一般条項｜見出し条項①
例文156 一般条項｜見出し条項②

例文154 タイム・イズ・オブ・エッセンス条項② | Time is of Essence

◇当事者の一方による債務の支払い期限ならびに他の義務の履行期限が重要な条件であると規定する

The time stipulated in this Agreement for all payments payable by ABC to KVC and for the performance of ABC's other obligations under this Agreement is of essence.

［和訳］
　本契約に基づきABCがKVCに支払うべきすべての支払いとABCのその他の債務の履行について本契約に定める期限は、重要な要素である。

―――― 解説 ――――

1 ❖ 例文153との比較

　例文153の場合、期限内の履行が遅れると双方が同じように違反に対する責任とリスクを負う。本例文では、一方のKVCだけがこの条項で守られる。ABC側にとってだけ期日が重大な契約の要素であり、その履行遅延は"material breach"になる。

2 ❖ 実際の慣行、ドラフティングの仕方

　期日が重要となる義務の内容を、条文などを引用しながら明確にしておくのが、一番賢明である。支払い期日が一番典型的な義務であるが、他の義務でも、マーケティング上、期日が非常に重要なことも少なくない。裏面約款に入っている条項としてではなく、具体的な義務と関連して規定することがドラフティングとしては望ましい。

第 17 節　見出し条項　Headings

英文契約書では条文ごとに見出しを付したり、いくつかの条文をまとめて章として内容を示すタイトルを使ったりすることがある。いずれも、当事者が契約内容をすばやく理解できるための便宜として使われる工夫であり慣習である。このような場合に、見出しが契約の一部をなすわけではないことを取り決め、確認することがある。見出し条項(headings)と呼んでいる。

見出し条項①　Headings　　例文 155
◇簡明な標準的フォーム

Headings in this Agreement are for convenience only and shall not affect the interpretation hereof.

[和訳]
　本契約の見出し語は単に便宜上のものであり、本契約の解釈に影響を与えないものとする。

―――― 解説 ――――

1 ✤for convenience only
　当事者が内容を一目で把握できるよう、便宜のために置いただけである、という意味である。見出しはなくても、契約の内容・効力には影響がない。

2 ✤見出しの効用
　見出し(heading)は、契約を読む人にも便宜を提供するが、実際には、契約書のドラフティングや契約交渉の最中にも、非常に役立つものである。実務からいうと、欠かせないほど便利なのである。

見出し条項②　Headings　　例文 156
◇丁寧な表現

The Section headings set forth in this Agreement are for convenience only and shall not be considered for any purpose in interpreting or construing this Agreement.

[和訳]
　本契約に規定する各条の見出し語はもっぱら便宜のためであり、いかなる目的であれ本契約を解釈する際に考慮されないものとする。

解説

1 ❖section
　契約には、各条の数え方として"article"や"section"などを使う。どちらを使ってもよいし、他の数え方を使ってもよい。

2 ❖項の使い方
　大事なのは、一貫して同じ表現を使うことと、項目の数字の重複や脱落がないようにすることである。"clause"を使うこともある。"section, sub-section"というように、枝の規定を数えて記していくこともある。

例文157　見出し条項③ | Headings

◇丁寧な表現

The headings set forth in this Agreement are for convenience of reference only and do not qualify or affect in any way the meaning or interpretation of this Agreement.

[和訳]
　本契約で使用されている見出し語は、単に参照の便宜のためであり、いかなる意味でも本契約の意味または解釈を修正せず、また、影響を与えるものでもない。

解説

1 ❖headings set forth herein
　「本契約で使用されている見出し」を指す。"set forth"という用語を使っているので、「規定する」と訳すほうが、原文に忠実である。ただ、契約の一部としての効力を与えないのだから、本当は"headings used"の感覚に近い。

2 ❖convenience of reference
　たとえば、存続条項（survival条項）では契約終了後も存続する規定をリストアップするが、そのようなときに、「第＿＿条　＿＿＿＿＿」というように見出しを添える。この付記により交渉や理解が早まり、しかも途中で条文を削除し繰り上げたときのチェックにも役立つ。

3 ❖captions and paragraph headings（同義語）
　同趣旨を表現する方法はさまざまである。以下のように規定することもできる。

"Captions and paragraph headings contained in this Agreement are for the convenience of the parties only and shall not be considered for any purpose in interpreting or applying the provisions of this Agreement."

第18節 副本条項 Counterparts

　契約書は、契約調印者の数に応じて数通、作成・調印されるのが通常である。少なくとも2通は作成し、当事者が保有することが多い。そうでなければ、紛争が起こったとき、紛争解決のための証拠書類として役に立たない。通常、正本・副本など数通の書類が作成されるが、正当な調印権限を持った代表者によってサインされる限り、どの部も本紙として効力がある。この効力について規定することがある。

例文158 副本条項① | Counterparts

◇標準的なフォーム

> For the convenience of the parties, this Agreement may be executed in one or more counterparts, each of which shall be deemed an original, but all of which together shall constitute one and the same documents.

> ［和訳］
> 　当事者の便宜のために、本契約は、1通または複数の副本により締結することができる。各副本はいずれも正本とみなされるが、全部合わせて唯一の同じ書類を構成するものとする。

―――― 解説 ――――

1 ❖counterparts

　「副本」を指す。契約書には、パソコンなどから最初に打ち出したもの（original）と、そのコピーから作った契約書（duplicate）がある。なぜか、最初に打ち出した書面のほうがオリジナルと思われ、コピーより重要と思われたりするが、契約法上は調印（signature）さえ本物であれば、そのもととなっている用紙はコピーでも同じである。

　ただし、サインした契約書のコピーは、副本ではない。署名がコピーでは話がまったく異なる。証明力はなくなってしまうのである。

2 ❖original

　「正本」を指す。しかし、実際の契約書としての効力は"counterparts"も同じであり、その意味では両者とも正本である。

副本条項② | Counterparts

例文159

◇標準的なフォーム

This Agreement may be executed in any number of counterparts, each of them shall be deemed an original, but all of which together shall be constitute single instrument.

［和訳］
　本契約はいかなる部数の副本によっても締結できるものとし、各1通がそれぞれ正本とみなされるが、全部合わせて唯一の証書を構成するものとする。

解説

1❖executed in any number of counterparts
「何部でも、必要な部数の副本を作って締結できる」という趣旨である。

2❖each of them shall be deemed an original
「各部すべてがそれぞれ正本とみなされる」という意味である。その間に証明力の差はない。

第19節 存続条項 Survival

　契約が終了しても、その後、数年間有効とすべき条項がある。代表的な条項としては秘密保持条項や競合禁止条項などが挙げられる。そのような規定のことを存続条項（survival条項）と呼んでいる。

例文160 存続条項① | Survival

◇秘密保持と仲裁の規定を存続させる

> The provisions of Articles __ (Confidentiality) and __ (Arbitration) shall survive the termination of this Agreement.

> ［和訳］
> 　第__条（秘密保持）及び第__条（仲裁）の規定は、本契約の終了後も存続するものとする。

―――――― 解説 ――――――

1 ❖survive the termination of this Agreement

　「この契約の終了後も存続する」という意味である。"survive"という響きの強い言葉を使っている。他の表現も可能であるが、簡潔で分かりやすい用語であり、実務上愛用されている。

2 ❖秘密保持義務

　契約終了後も存続するとされる義務のもっとも一般的なものが、秘密保持義務（confidentiality）である。対象となる秘密の内容によって、存続期間についても十分な検討を要する。一般的な規定の中で期間を規定する方法と、秘密保持条項の中で期間を規定する方法とがある。矛盾する規定を置いたドラフトが交渉のテーブルに出されることがある。注意しなければならないポイントである。

3 ❖仲裁条項も存続する条項か

　仲裁条項（Arbitration）が契約終了後も存続する条項かどうかは、実務上、しばしば争いの発生する点である。仲裁条項を置く最大の理由は、紛争が発生したときの解決方法の設定のはずである。しかし、相手方が契約に違反した上、一方的に契約を解除したとしよう。解除事由にあたらないと当方側は考える。仲裁を申し立てると、相手方は仲裁条項は失効しているといって、相手側での訴訟提起を要求してきた。どう対応したらよいだろうか。

　このような場合も含め、仲裁条項を契約終了後も存続させる意味がある。特に実務から

いえば、相手方が秘密保持義務に違反したとき、仲裁によって解決する手段を失っては困ることもあろう。裁判は「公開」が原則だからである。

存続条項② | Survival　　　　　　　　　　　　　　　　　　　　　例文161

◇どのような理由による契約終了でも存続するとの規定

The provisions of Articles __ (Confidentiality) and __ (Arbitration) shall survive any termination of this Agreement by whomsoever and due to whatsoever reason.

[和訳]
　第__条(秘密保持)と第__条(仲裁)の規定は、本契約がいずれの者により、また、いかなる理由により終了させられても、終了後も存続するものとする。

―――――――――――― 解説 ――――――――――――

1 ❖any termination of this Agreement
　契約の終了には、当初の期間が満了する円満な終了と、一方の契約違反などによる一方からの解除通知による終了とがある。後者の場合にはむしろ、全体が解除され、失効してしまったという主張がなされることもある。

2 ❖by whomsoever and due to whatsoever reason
　本規定の趣旨は、いかなる形式や理由の解除であっても、該当の条項は存続するという規定である。その意味では、このsurvival条項の対象となっている規定は、簡単には解除できず、当事者を拘束するのだという認識のもとにリストアップすることが必要であり、また、その内容も慎重に確認することが求められる。

3 ❖ライセンシーなど、一方の当事者の義務のみを存続させる選択肢
　一方の当事者の義務のみを存続させる規定の仕方もある。たとえば、以下の通りである。
　"The obligations of Robin under Article __ (Export Control) and Article __ (Confidentiality) shall survive and continue after any termination of this Agreement."

例文162 一般条項｜第三者利益条項①
例文163 一般条項｜第三者利益条項②

第20節 第三者利益条項 No Third Party Rights

契約の締結は、当事者のものであるはずである。契約の当事者でない第三者が、その契約の利益を享受することができるといって権利を行使すると主張してきたらどうするか。

このような事態に対処できるよう、第三者に利益や権利を与えるために契約を締結したわけでないと規定することがある。いくつか例文を紹介する。

例文162 第三者利益条項① | No Third Party Rights

◇契約は当事者間のものであると規定する
◇第三者に利益を付与することを意図していない

> This Agreement is intended to be solely for the benefit of the parties and is not intended to confer any benefits upon or create any rights in favor of any person other than the parties hereto.

[和訳]
　本契約は、契約当事者の利益とすることのみを意図しており、当事者以外の者に利益を付与し、またはその者のために権利を創出することを意図していない。

―――― 解説 ――――

1 ❖intended to be solely for the benefit of the parties

「契約当事者の利益とすることのみを意図しており」の意味である。契約書の内容によっては、素直に見ると、その契約から第三者が利益を受けそうな項目もなくはない。

株主が合弁事業会社や関係会社を支援するプランを、契約書として書面化することがある。また、ある種のプロジェクトでは、ある地域の環境や産業、あるいは特定のグループに利益をもたらすことがある。

しかし、そのような規定があるからといって、その第三受益者的な立場から権利を主張されては困る。契約はあくまで当事者間のものであり、拘束力のある約束としては当事者だけのものである。第三者はそれを取り消されても何の権利もないという趣旨を明確にするのが、本規定のねらいである。

現実のビジネスでは、第三者がその利益を主張してくることはしばしばある。そのため、このような規定を置いてリスクをなくそうとしている。金融機関が、そのような支援契約、プロジェクト契約に基づいて融資したのだという主張をすることは少なくない。このようなケースでは、第三者と言い切ることができるか難しい局面もある。

2❖この規定は実際に役立つのか

実際の効果については疑問が残る。たとえば合弁事業の経営・資金調達について株主が株主間契約で「合弁事業会社の運営に必要な資金を合弁事業会社自身でも調達できないときは、株主が出資比率の割合により資金を提供し、または借入保証をおこない、調達に協力する義務を負う」と定め、合弁事業会社の財務担当が株主からの出向者とともに地場銀行に赴き、契約書の写しを示して借り入れをした場合などである。

第三者利益条項② | No Third Party Rights　　例文163

◇契約当事者を具体的に規定する
◇第三者に利益を付与することを意図していない

> This Agreement is not intended to benefit, and shall not be construed to confer any rights or remedies on, any person other than KVC and ABC.

[和訳]
> 本契約は、KVCとABC以外の者に利益を与えることを意図しておらず、また、かかる者に権利または救済を与えると解釈されないものとする。

―――― 解説 ――――

1❖intended to benefit
「利益を与えることを意図する」ことを指す。

2❖confer any rights or remedies
「権利または救済を与える」ことを指す。

第21節 ハードシップ条項 Hardship

　契約の履行にあたって、思いがけない経済変動や、不可抗力とはいえないまでも非常に厳しい状況が発生することがある。
　たとえば、不可抗力からは除外されている支払いに関わる条件でも、銀行の倒産や国家として対外債務支払いのモラトリアムがある。経済変動や市場価格の暴騰・暴落も、通常の法制では履行義務を免責される理由にはなっていない。わずかに中国の判例などで、4倍・5倍の価格の増減があったときに、免責との判断がなされているくらいである。その中国でさえ、1999年10月より施行された統一売買法では、経済変動による免責の条項は原案から削除されている。日本でも、いわゆるバブル全盛期に建設されたビルのサブリース特約をめぐる訴訟では、契約の厳格履行を求める判決が下されている。
　このような現実と法制を踏まえ、実務上、いわゆる「ハードシップ条項」が契約に盛り込まれることがある。そのねらいは、不可抗力には達しないが、契約通りに履行することが困難、あるいは、むしろ一方に過酷となった場合に、両者で会って事態の説明・分析をし、解決策を探ろうというものである。
　具体的には、履行期や価格を見直し、一部の解約も含めて検討する。もし解決策に合意できれば、改定契約を締結することができる。もし合意できなければ、やむをえない。その場合は、契約は元通りとなるが、相手に当方の事情を説明する機会があったということで、それなりに契約の履行上はプラスになったと評価する。相手方の事情を聞き、解決策を協議する機会があると、そのような協議のなかったケースに比べて、選ぶ法的な手段に影響がある。疑心暗鬼のまま相手の不履行に対して行使する手段に比べて、理解のある手段となると期待しているのである。
　甘いかもしれないが、これが一般的な背景である。国際的な法曹・法律学者の団体であるユニドロアなどでも評価している。両者の期待と評価、文化も含む契約観が絡むので、その運用は容易ではない。諸刃の剣でもある。マーケット価格、経済変動に対処するための解決策には、エスカレーション条項という方法もある。価格に影響を与える構成要素を決め、その変動を反映させる方法である。本節では取り上げないが、労働と資材等の価格をベースに指数をもとに計算する。
　ここでは標準的なハードシップ条項を紹介する。

例文164 ハードシップ条項 | Hardship

　◇簡明な標準的フォーム

> If between the date of this Agreement and the date on which the performance of the obligations of either party under this Agreement is to be made, there should be a material change in market condition or other circumstances, or a substantial change in exchange rate, which would impose hardship on either party in performing its obligations under

this Agreement, then both parties hereto shall, at the request of either party, meet, discuss and review in good faith, the terms and conditions of this Agreement so that it may be revised to resolve and overcome such hardship for the mutual benefit of both parties and the maintenance of good relationship.

[和訳]
　契約締結日と本契約に基づくいずれか一方の当事者の義務の履行日の間に、市況その他の状況に重大な変化が生じまたは為替レートに著しい変動が生じ、それが本契約に基づく一方当事者の義務の履行を困難にした場合には、両当事者は、一方当事者の要請のある場合、両当事者の相互の利益と良好な関係の維持のために当該困難を解決し克服すべく本契約の条項を修正できるように会合し、誠意をもって協議し、契約条項を見直すものとする。

解説

1❖hardship
　契約を規定通り履行することが非常に厳しい状況を指す。苦境、苦難というあたりの和訳が考えられるが、実際の国際ビジネスではハードシップとそのまま使っている。相場商品などで、思惑や予想が外れてしまって、そのまま履行すると損失が発生するというのは、本来のハードシップではない。マーケットクレームを区別し、本来のハードシップを解決するよう運用していくには、相手先が誠意ある信頼できるところでなければ、このハードシップ条項を規定することは賢明でないことになる。

2❖meet, discuss and review in good faith
　「誠意をもって会合し、協議し、見直す」ということである。日本企業にとっては、実際の国内のビジネスで、以前より解決策として採用してきた方法であるのでなじみがあり、むしろ当然という感覚で利用することができる。ただ、海外の客先との協議には、日本企業との協議と同じ姿勢・準備・話し方でよいわけではない。やはり、合理的・論理的な説明と具体的な解決策の提案という手法が要求される場面が多い。安易な期待によって本協議条項を使うことはできない。

3❖the terms and conditions of this Agreement so that it may be revised to resolve and overcome such hardship
　「ハードシップを解決し克服するために、本契約の各条項、条件を修正する」ことを指す。

第22節 贈賄禁止条項 No Bribery

　規模の大きな国際契約やプロジェクト、建設工事、代理店契約、コンサルタント契約、コンピューター・防衛機器納入契約、自治体への販売契約、国立病院への医療機器販売契約、各国水道局への販売契約などでは、公務員に対する賄賂の問題が無視できない。

　世界の多くの国々が、OECDの外国公務員贈賄防止条約の趣旨に沿って立法をおこなっている。日本でも、不正競争防止法第18条（外国公務員等に対する不正の利益の供与等の禁止）に規定し、1999年2月に施行している。このことにより、海外でおこなった贈賄工作が国内法によって罰せられるのである。もちろん国内での贈賄行為は以前から禁止されている。

　そのような環境の中では、現実のビジネス遂行上の指示徹底だけでなく、契約の中でも明文で贈賄を禁止しておくのはリスクマネジメントの一環である。贈賄行為が契約の相手方、特に代理店、販売店、パートナー等によってなされると、信用失墜ははなはだしい。そうした場合に契約を解除できるように、解除権を明確にして規定しておくべきである。賄賂を贈るような行為をしていない当事者が、その随意で契約を解除できるという趣旨がフェアである。自社側のエージェントやコンサルタントが贈賄工作をしているようでは、この規定は活用できない。

　贈賄は、送金先がタックスヘイブン、欧州（スイスなど）をはじめ、海外でおこなわれることも少なくないので把握しづらいが、契約相手先の行動にも注意を払わなければならない。贈賄事件の解決の困難は、実際には贈賄工作を指示しているわけでも了解しているわけでもないケースであっても、現地の業界では一定の行動と価格、フィーなどにより、第三者から見て贈賄を指示・了承しているという外形ができ上がってしまうことである。仮に本人が本当に知らなくても、そのエージェントやコンサルタントが贈賄工作をおこなったことを知らないことが過失だと判断されてしまう。そのためには、支払う報酬や代金の妥当性までチェックすることが必要である。規定を置いたからといって済むわけではない。

　ここでは、国際的に使用される典型的な標準条項を紹介する。

例文165 贈賄禁止条項 | No Bribery

◇簡明な標準的フォーム

(1) Neither of the parties nor its employees, agents, consultants or subcontractors, or their employees, agents or consultants shall make any payment or give anything of value to any government official, (including any officer or employees of any government department, or agency) to influence his or its decision, or to gain any other advantage for the parties in connection with the performance of this Agreement.

(2) The parties shall hold each of them harmless for all losses and expenses arising out of such violation.

(3) In the event of any such violation of this Article, the party whose conduct does not violate this Article may, at its sole option, terminate this Agreement.

[和訳]
(1) いずれの当事者もその従業員、代理人、コンサルタント、もしくは下請人も、またはかかる者の従業員、代理人もしくはコンサルタントも、政府の役人(政府部門の役職者もしくは職員、または機関を含む)に対して、本契約の履行に関連して当該役人または機関の決定に影響を与えるために、または当事者のために他の利益を得るために、支払いをなしまたは高価な物を贈与しないものとする。
(2) 当事者は、かかる違反により相手方に生ずるすべての損失及び費用を相手方に補償するものとする。
(3) 本条の違反が発生した場合、その者の行為が本条に違反していない当事者は、単独の裁量により、本契約を解除することができる。

解説

1 ❖its agents, consultants, subcontractors

「その代理人、コンサルタント、下請人」をいう。禁止される主体にこれらが入っているのは、実際のビジネスの現場では贈賄工作は当事者自身の手によってではなく、その起用する代理人やコンサルタント、下請人の手によってなされるのが通常だからである。多国籍企業をはじめ各企業は、自らのバランスシートに反映できない取引や支払いは、自分では直接おこなわない。契約相手方に賄賂工作をさせないためには、その起用する代理人やコンサルタント、下請人をリストアップしておかないとリスクが残る。そのために、契約当事者ではないメンバーの禁止事項を規定するという、契約としてはやや異例なスタイルになっている。その関連するメンバーも含め、しっかり監視監督していただきたいという趣旨である。

契約の効果としては、関連者、協力者の行為が第3項により解除事由になる。

2 ❖anything of value

「高価な物」と訳した。実際にどのくらいの価値以上のものを指すかは、国によって、法によって異なる。法定されている国もあるが、必ずしも明瞭ではない。カメラ1台でも贈賄事件に発展するというくらいの注意深さが要求される。相手先が国や国営企業の場合、食事の接待や海外招待も、この範疇に入るものである。実務上、難問の1つは、「知的財産」「情報」(proprietary information)や専門家の「助言」の提供である。

3 ❖贈賄禁止条項と海外ビジネス

海外でのビジネスにおいて贈賄行為の発生を予防することの重要性が増大している。本書第7章の「合弁事業契約」の中の例文455(No Bribery)とその解説も参照されたい。

例文166 一般条項｜相殺条項①
例文167 一般条項｜相殺条項②

第23節 相殺条項 No Set-off; Set-off

　契約の履行中にクレームなどが発生したときに、頻繁に起こる問題のひとつが相殺である。たとえば商品の売買契約なら、買主側がクレームをおこない、その損害賠償請求額と商品代金を相殺してしまう。ライセンス契約なら、昨年度売上高相当に対するロイヤルティの支払い時期に、次の年度用のデザイン、トレードシークレット書類等が期日に届かないといって相殺通告をおこなう。このような相殺を認めるかどうかという問題がある。

　一般ルールで解決するのもひとつの解決策である。しかし、売主やライセンサー、リース事業者は、その受領するはずの代金債権を担保に、事業展開のためのファイナンスを受けることもある。そのような場合に主張される規定に、相殺禁止条項がある。クレームは別途処理解決しようという趣旨である。代金の支払い側にしてみればつらい規定であるが、ビジネスを成立させるために受け入れることもある。

　一方、同じ契約相手先と他の契約を締結しており、その契約上の債権があるとき、期日に相手先が支払わないときは相殺する権利があると規定することもある。本来、法律に従い、相殺適状にあれば相殺できるといえるのであるが、国際取引では支店や国境を超える取引が絡むことが多いので、適用法の決定、適用法の内容等、契約時には不明確なことも少なくない。そこで、契約で相殺の権利があることを明確にしておくのである。

　実際のビジネスでは、相手方の関係会社との債権債務まで相殺に関わってくることもある。本来は、関係会社の債権債務を相殺に使うには債権譲渡の手続きが必要なのであるが、契約条項で相殺可能との特約を結ぶこともある。現実の場面では、適用される強行法規との抵触の問題が発生する可能性があり、確実とはいえないが、それほどさまざまな手法が試みられるということでもある。実際にロンドンのビジネスで、東京の親会社に対するクレーム債権と相殺するという主張を相手方がしてきたことがあった。驚いたが、契約によっては、そのような関連会社との契約から発生する債権との相殺条項を契約や約款等に挿入していることもあるので、注意を要する。

　いくつかの例文を紹介しよう。

例文166 相殺条項① | No Set-off

◇クレーム請求額で、商品代金を相殺してはならないと規定する

(1) In the event of any claim being made by ABC against KVC, ABC shall not be entitled to withhold any amount due under this Agreement or any individual contract or to set off the amount of such claim against any amount due under this Agreement or any individual contract.

(2) All such claims shall be settled separately.

［和訳］
(1) ABCがKVCに対して、請求を申し立てる場合、ABCは、本契約または個別契約に基づいて支払わなければならない金額の支払いを保留する権利はなく、また、本契約または個別契約に基づいて支払わなければならない金額と当該請求額を相殺する権利はないものとする。
(2) かかるすべての請求は別途に解決されるものとする。

―――― 解説 ――――

1 ❖ shall not be entitled to ...
「…する権利がないものとする」を指す。

2 ❖ クレーム請求と代金の相殺
　長期売買契約や販売店契約で、売主が一番困惑する問題のひとつは、買主が商品に瑕疵があったというクレームを提起して、引き渡した商品の代金支払いを拒絶し、相殺通知をすることである。クレームの正当性についてこれから検討しようというときに、支払いがなされない。極端なケースでは、売主側が競合者との間でカルテルを締結している噂があるという段階で、反トラスト法違反の賠償請求を主張して、代金を支払わず相殺を主張する。このような相手方の一連の行動に対し、相殺を禁止しクレームは別途処理解決しようというのが、本例文の規定である。

3 ❖ set off ___(A)___ against ___(B)___
「___(B)___ でもって、___(A)___ と相殺する」ことを指す。

相殺条項② | No Set-off　　　　　例文167

◇相殺を制限する条項

Except as otherwise expressly provided for in this Agreement, ABC shall not be entitled to set off or withhold any amount owing to ABC under this Agreement, against any payment to KVC for the performance by KVC of this Agreement.

［和訳］
　本契約で別段に明確に取り決めない限り、ABCは、本契約に基づきABCに支払われる金額を、KVCによる本契約の履行に対するKVCへの支払いと相殺する権利はなく、また、その支払いを保留する権利もないものとする。

例文168 一般条項｜相殺条項③
例文169 一般条項｜国家主権免責放棄条項

解説

1❖相殺禁止条項
　割賦販売契約やリース契約、オフィスのリース契約、ライセンス契約などで継続的な支払いが予定されているとき、その受領債権を担保に債権者がファイナンスを確保していることがある。そのような場合には、ファイナンス先から相殺禁止約款を挿入するよう要求されることがある。また、そのような事情がなくても、一定の資金計画のもとに相殺禁止条項を規定するよう主張することがある。

2❖set off or withhold
　「相殺または支払いを保留する」という意味である。

例文168 相殺条項③ | Set-off

◇相殺の対象を拡大する規定
◇相手方が不履行に陥ったとき、同じ相手方への他の契約の債務との相殺ができる
◇相手方の関連会社等と当方との間の契約に基づく相手方の当方への債務と相殺できる

---

(1) KVC may set off any matured obligation owed by ABC under this Agreement, or any other agreement between KVC and ABC, or its affiliates or subsidiaries, in respect of which an event of default has occurred and is continuing against any obligation owed by KVC to ABC regardless of the place of payment or payment of currency.

(2) If the obligations are in different currencies, KVC may convert either obligation into another currency available at the market of exchange for the purpose of the set-off.

[和訳]
(1) KVCは、本契約に基づき、またはKVCとABCもしくはその関連会社か子会社間の他の契約に基づきABCにより支払われる期日到来債務にしてそれについて不履行事態が生じており継続している債務を、KVCがABCに支払うべき債務と相殺できる。これは支払い場所または支払い通貨を問わない。
(2) (相殺する)両債務が異なる通貨建てである場合、KVCは、相殺のために、一方の債務を外為市場で入手できる他の通貨に交換できる。

解説

1❖本条項のねらい
　相手方の子会社などとの契約に基づく債権による相殺を認めるなど、相殺対象の相手方の範囲を拡大しようとするねらいがある。

第24節 国家主権免責放棄条項　Waiver of Sovereign Immunity

　契約の相手方が国家や国営企業の場合には、訴訟や仲裁をおこなうとき、国家主権に基づく主権免責を主張する可能性がある。その対応策として、特別規定を置くことがある。

国家主権免責放棄条項　Waiver of Sovereign Immunity　例文169
◇簡明な標準的フォーム

> ＿＿＿＿＿ National Corporation hereby waives and agrees to waive in any proceedings for the enforcement of this Agreement, any and all privileges or sovereign immunity, including the privilege of sovereign immunity from suit or immunity of the property from attachment or execution, to which it may be entitled under international or domestic laws, as a procedural defense or otherwise.

[和訳]

> ＿＿＿＿＿国営会社は、抗弁その他として当該公社が国際法または国内法により有する一切の特権または主権免除を、いかなる手続きにおいても本契約の履行のためにここに放棄し、その放棄に同意する。これには訴訟を免れる主権免除の特権及び財産の差し押さえまたは強制執行を免れる主権免除が含まれる。

―――――― 解説 ――――――

1 ❖enforcement of this Agreement
　「本契約の（強制）執行」「本契約の履行強制」を指す。

2 ❖privilege of sovereign immunity from suit
　国家は「外国で訴訟の提起を受けても主権に基づきこれを免れうるという特権」をいう。

3 ❖immunity of the property from attachment
　「財産の差し押さえからの免除」をいう。

4 ❖仲裁、訴訟と国家主権
　国家や国営企業と契約を締結するとき、免責(immunity)の放棄をさせないと、仲裁、訴訟のいずれの手続きを取ろうとしても、相手方は主権に基づき拒絶をおこなう可能性がある。仲裁約款を置くときは、特に注意を要する問題である。契約の中で相手が仲裁に合意しているのだから、なぜその上に主権免責の項目の特約が必要なのか、と思うかもしれない。しかし現実の紛争の現場では、相手方はあらゆる申し立てをおこなう。仲裁約款があっても、主権免責の特約がなければ、仲裁は円滑には進まないと認識しておく必要がある。

5❖ _____ National Corporation
　_____には国名や事業名が入ることを想定している。国営企業の名前である。

第1部

第4章 売買契約

第1節 売買契約の特徴

　売買契約(Sales Contract; Contract for Sale and Purchase)には、品目・数量・引渡し時期が決まったスポット契約(個別契約)と、たとえば5年間といった一定期間にわたって約定品を引き渡す長期契約とがある。この他には、両社間の長期間にわたる売買の基本条件を取り決める売買基本契約がある。

　国際間の物品の売買は、貿易取引となる。貿易取引契約は、FOB(本船渡し)契約やCIF(運賃保険料込み)契約などというように、貿易条件で分類される。したがって、貿易取引契約書を書くには、FOBやCIF条件など代表的な貿易条件を、インコタームズ(Incoterms)など国際ルールの定義に基づいてよく理解しておくことが大切である。

インコタームズ

　インコタームズとは、パリに本部のある国際商業会議所(ICC)がFOBやCIFなどの貿易条件の定義を定めた規則のことである。正式名は「貿易条件の解釈に関する国際規則(International Rules for the Interpretation of Trade Terms)」という。1936年に最初の規則が制定されて以来、数次の改訂を経ている。最新版は2020年に制定された規則で、11種類の貿易条件について規定し、現在の国際貿易取引でもっとも幅広く採用されている規則である。

FOB条件

　FOB条件契約では、インコタームズの定義による場合、売買契約(Sales Contract)で定められた船積港(port of shipment)で売主(seller)が本船(vessel)に、契約に適合した物品(goods)を船積みする。これにより、売主の引渡し義務が完了し、以降は費用とリスクが買主の負担となる。本船を手配するのは買主(buyerまたはpurchaser)である。

　物品に対する危険(risk)負担は、インコタームズ2000年版までの旧来の規定では、売主が輸出・通関した貨物が本船の舷側の欄干(ship's rail; 手すり)を通過したとき、売主から買主に移るとされていた。しかし、2010年版のルール(2010年規則)では、本船上に積み込まれた時点で引き渡しが完了し、危険負担が移転すると改定された。FOBは Free On Boardの略で、(貨物が)本船に積み込まれた時点(on board)で売主はfree(免責)となる。「本船渡し」条件ともいう。

CIF条件

　一方、CIF条件での契約では、売主が荷揚げ港までの海上運賃(freight)と保険料(insurance)を負担する。売主は、自分で仕向地行きの本船を手配し、契約上規定された船積港で船積みする。海上保険契約も売主が締結する。それぞれ契約先は、海運会社、保険会社である。売主は、船積書類として、船荷証券(bill of lading)、海上保険証券(marine insurance policy)、商業送り状(commercial invoice)を買主に提供する。これにより、売主の物品引渡し義務が履行される。CIFは、Costs, Insurance, Freightの頭文字を取ったものである。ただし、貨物についての危険(risk)は、貨物が本船に積み込まれた時点で買主に移転する。「保

険料・運賃込み」条件ともいう。船荷証券、海上保険証券、商業送り状は、いずれも有価証券である。

　UCCでは、FOBの表示の場合は、買主への納め込み渡しも含め、幾つかの異なった貿易条件の定義がなされている。そのため、インコタームズでのFOBとほぼ同じ意味を持つ貿易条件を指すためには、FOB Vessel（port of shipment）などと表示する必要がある。

　物品の売買契約でも近年は、半導体、コンピューター・ソフトウエア、CPU（中央演算処理装置）、デザイン、医療品、小型エレクトロニクス製品など、空輸（shipment by air）の取引が増えている。空輸の場合も、shipmentという。グラム単位の取引となることも多く、グラム取引と呼ばれることもある。航空貨物輸送も、10年間で倍増するほど輸送量が伸びたといわれるが、価格は海上輸送に対抗できない。また、航空貨物運送状（airway bill）は、有価証券ではなく受取証である。

第 2 節　基本的条件　Principal Terms

基本的条件(principal terms)とは、その取引の主となる契約内容のことである。

売買契約の場合、商品の限定、品質条件、価格条件、数量条件、受け渡し条件、代金支払い条件、保険条件などがこれに含まれる。

●―第1款　商品の限定、品質条件

商品名と品質の記載には、当然ながら正確さを期す必要がある。生産地、メーカー、工場名、商標、性能、仕様、品質、色彩、原産地表示、メーカーの商品ナンバー(ブランド名と商品ナンバー等)の表示など、さまざまな限定の仕方がある。

契約書に記載した商品が、新製品の発売や品質改良、特定のメーカー・工場での製造中止、特定生産地での不作(1次産品)などのために、引き渡しできなくなることがある。あまり厳密に規定してしまうと、不測の事態が発生した場合にも契約書の文面上、契約違反と相手方が主張する余地を残すことになり、不利な立場に立たされるリスクがある。

売主の側に立って契約書のドラフティングをするときは、契約適合品の範囲を広く規定し、柔軟に対処できるようにしよう。一方、買主の側でドラフティングをするときは、販売用なのか自家使用のためなのかなど、その用途をにらみ合わせて、目的に合致する商品をしっかり規定することが必要である。

いずれの場合にも大前提となるのは、売買の合意があったことを示す明確な確認条項である。

例文170　売買の合意条項　Sale and Purchase

◇商品名は別の条項で規定する

> Article ＿＿　Sale and Purchase
> The Seller agrees to sell and deliver to the Purchaser and the Purchaser agrees to purchase and take delivery from the Seller the Products set forth in Article ＿＿ hereof in accordance with the terms and conditions under this Agreement.

［和訳］
第＿＿条　売買
　本契約の条件に従って、売主は、第＿＿条に規定する商品を買主に売り渡し引き渡すことに同意し、買主は、これを売主から買い受け引き渡しを受けることに同意する。

━━━━━━━━━━ 解説 ━━━━━━━━━━

1❖the Products──商品の規定

　本例文では、商品の規定そのものは定義条項または別の条項で規定するという前提になっているが、商品名を本条で規定することもできる。本条項の中で商品名を規定するときは、たとえば"the Products set forth below"として、本規定の末尾に商品名を記載する方法がある。

2❖Purchaser──買主

　買主は、"Buyer"ということもできる。"Purchaser"のほうが改まった言い方で、契約書には"Buyer""Purchaser"のどちらも頻繁に使われている。

商品の仕様条項 | Specifications　　　　　　　　　　　　　　例文171

◇添付別表で商品の仕様を規定する

Article ___ Specifications
The Products to be delivered under this Agreement shall conform to or exceed the specifications set forth in Exhibit A.

[和訳]

第__条　仕様
　本契約に基づき引き渡される商品は、添付別表Aに規定する仕様に適合するか、その仕様を上回るものとする。

━━━━━━━━━━ 解説 ━━━━━━━━━━

1❖exhibitの利用

　交渉に時間のかかる条件を添付別表で取り決める方法を取れば、契約本文のみの交渉を早く進め、最終契約としていち早く合意できる。契約交渉を迅速に進めるための技術として利用される。

2❖exhibitの同義語──schedule; appendix

　添付別表は、日本語では、添付別紙、添付書類などいくつかの言い方がある。
　英語では、"exhibit""schedule""appendix""attachment"は同義語であり、それぞれ代わりに使うことができる。ただし、添付書類をつけるときは、ひとつの契約書にいずれかひとつの用語を選択し、統一しておくべきである。書類がいくつもあるときは、"Exhibit A""Exhibit B"のように、ナンバーを付していけばよい。"Schedule 1""Schedule 2"のように使うこともできる。

3❖仕様の書き方

　仕様(specification)の書き方は、商品の種類によりさまざまである。たとえば、各成分や

性能の上限・下限により許容品質の最低を規定したり、平均的な品質（fair average quality）を規定したりする。

　仕様で品質の条件を定めるときは、その品質がいつ、どこで、どのような条件の下での検査によるものであるかを取り決めておくことが大切である。たとえば船積み前なのか荷揚げ後なのか、あるいは温度や湿度の違いによっても、検査結果の数値は変わってくる。

　国際的に標準規格が統一されている商品や各国での標準的な基準・規格が決められている場合は、それをベースに品質を定める方法も採用されている。たとえば、JIS（Japanese Industrial Standard; 日本工業規格）なども利用される規格である。

例文172 見本売買条項 | Sample

◇商品は船積み前に提供される見本と一致すると規定する

Article ___ Sample
The Products to be delivered under this Agreement shall conform to the samples to be supplied by the Seller to the Purchaser before the shipment in accordance with the provisions of Article ___ in regard to description, quality, color and conditions.

［和訳］
第__条　見本
　本契約に基づき引き渡される商品は、品目、品質、色及び状態につき、第__条の規定により船積み前に売主から買主に提供される見本と一致するものとする。

解説

1❖見本売買

　国際売買において、見本（sample）は取引の成立に重要な役割を果たす。風俗や習慣、嗜好の異なる外国の商品がその国のマーケットで受け入れられるか、実際に国産品などに代替して使用できるか、あらかじめ需要家や消費者の反応を知り判断を得るために、見本は非常に役に立つ。

2❖見本と実際に引き渡された商品との微妙な相違

　ところが見本売買は、しばしばクレームや紛争の原因にもなる。販売促進の意図から、取引開始前の見本は、売主の製品・生産物の中で良好なものが選ばれる傾向がある。一方、実際に取引で引き渡される商品の全部が見本と完全に同一ではなく、ほとんど同等ではあるが、厳密には相違のある商品が混じっているというケースは少なくない。食品や繊維製品などで、素材・色合い・味・デザインの微妙な相違によりマーケットに受け入れられないこともある。

3❖売主としてのドラフティング

売主として見本売買条項案(ドラフト)を作成するときは、見本と同一ではないが同等の商品も受け入れられるように、"conform to the samples" "same as the samples" の代わりに、"equal to the samples" の後に "or equivalents"(同等)を加える余地がないかを検討する。

4❖買主としてのドラフティングの検討

買主としてドラフトを検討するときには、そもそも見本売買とするだけで十分かどうかを検討する必要がある。たとえば、「客観的な品質の記述(description)プラス見本」とすべきでないかも含めて検討する。

場合によっては、買主側から見本を提示したり、売主側の工場・生産地に出かけていって、実際に現地で商品や製造工程、生産状況を確認したりすることも大切になる。ケースによっては売主任せにせず、技術指導をおこなって、本当にマーケットで受け入れられる商品を開発することも検討すべきである。マーケットのニーズを十分見極めないまま曖昧な見本売買の規定で妥協することは、クレーム発生の原因になりかねない。

●―第2款　価格条項

商品代金額は、スポット契約では通常、単価と合計額の両方を規定する。長期売買契約や売買基本契約の場合は、当初の期間(initial term)の単価(unit price)や基準価格(base price)を取り決めておき、国際市場価格などを基準として、一定期間ごとに協議して決めたり、一定の価格算定の計算式を取り決めておいたりと、さまざまな工夫がなされている。

国際売買においては、価格の計算基準としてCIFやFOBなどの貿易条件が広く使われている。その定義の基準となる貿易規則としては、インコタームズが一般的である。インコタームズによるときは、その旨を明確に規定する。最新版は2020年規則である。

契約上の通貨の取り決めも大切である。為替レートを米ドル、日本円、英国ポンドなど、比較的安定した通貨で見た場合でも、2～3年のスパン(期間)では変動幅はかなり大きくなる。かつて、旧ソ連、東欧、一部の新興国の通貨に至っては、その数倍から十数倍になったことがある。1990年代に発生したタイやインドネシアなど東南アジア諸国の為替下落の急激さは印象に残るものだった。4分の1に下落するのに、半年もかからないことがある。

為替リスクについては、安易に「為替リスクは相手方負担」という契約書の条項のみに頼らず、ビジネス上のリスクとして建値と決済通貨の取り決めをすることが必要である。

ユーロの動向もギリシャ、イタリア、スペインなどの財政状態が影響するので、常に注意が必要である。長期的には、現在も残る英ポンドや将来加盟する各国の個別の通貨がユーロに統合されていく中で、どのように契約に影響があるのか、あらかじめ計算に入れたドラフト・契約書の作成が必要になっている。

例文173 売買契約｜価格条項①
例文174 売買契約｜価格条項②

例文173 価格条項① | Price

◇CIF条件の場合の規定

Article __ Price
1 The price payable by the Purchaser for the Products shall be as follows:
  i) Unit price of the Products: US $ 28.31 per ____
     Trade term: CIF Yokohama Port, Japan.
  ii) Total price of the Products: US $ 2,831,000
     (United States Dollars Two Million Eight Hundred Thirty One Thousand Only)
2 Unless otherwise expressly provided for in this Agreement, the price and trade term "CIF" shall be interpreted in accordance with INCOTERMS 2010, as amended.

［和訳］
第__条　価格
1　買主が本商品に対し支払う代金は、次の通りとする。
　ⅰ）本商品の単価：____あたり28.31米ドル
　　　貿易条件：CIF横浜港（日本）渡し
　ⅱ）本商品の合計価格：2,831,000米ドル（283万1千米ドル）
2　本契約で別段に明確に定めない限り、価格と貿易条件CIFは、2010年版インコタームズ（改訂されたときは改訂版）に従って解釈されるものとする。

--- 解説 ---

1❖価格の決め方、記載の仕方

それぞれのビジネスに合致した慣習、プラクティスを尊重しながら、正確な記載をする。本例文の場合、第1項ⅰ）の単価の記載の____の箇所には、数量を表す単位が入る。

2❖貿易条件の明示

貿易売買の価格条件では、貿易条件がCIF条件なのかFOB条件なのか、または別の貿易条件なのか明示することが大切である。CIF条件の場合には、その価格に仕向地港までの海上運賃と海上保険料が含まれている。FOB条件の場合には価格に含まれていないなど、ベースとなる条件によって違いが出てくるからである。

3❖数字の記載の仕方

金額を表す数字のうち重要な数字については、ミスを防ぐためにアラビア数字（算用数字）の表記に加えて英文で完全に表記することが実務上よくおこなわれる。万一、アラビア数字と英文の表記とが異なる場合には、英文の表示が優先される。

日本語の契約書や領収書でも、発行・交付したあとで書き加えたり、変造されるのを防ぐために、ときには「弐百八拾参萬壱千米ドル」というふうに古いスタイルの漢字を使って表記することがある。

価格条項② | Price　　　　例文 174

◇初年度の取り決め（添付別表による）
◇2年度以降は協議して決めると規定する

Article ___ Price
The price of the Products to be purchased by the Purchaser from the Seller during the first year of this Agreement is fixed as set forth in Exhibit B.
The price of the Products for any subsequent year commencing on the annual anniversary of this Agreement shall be such as may be negotiated and agreed upon between the parties not later than thirty (30) days prior to the commencement of such year.

［和訳］
第___条　価格
　本契約の第1年度に買主が売主から購入する本商品の価格は、添付別表Bに記載の通り固定される。
　1年後の応答日に始まる次の年度からの本商品の価格は、当該年度が始まる30日前までに当事者間で交渉して合意される価格とする。

――――― 解説 ―――――

1❖長期売買契約の価格の決め方
　以前は、固定価格で長期間維持するという考え方があった。しかし、オーストラリアの砂糖の輸入契約をはじめ、マーケットの変動でその後に紛争することが少なくなかった。
　近年、長期購入を前提にした場合でも、価格についてだけは毎年種々の事情を勘案して決定する方式が一般的になりつつある。本例文の価格決定方式も、その流れを反映した取り決め方のひとつである。

2❖交渉による2年度の価格
　仮に2年度の価格交渉が成立しなかったらどうなるか。
　あえて規定していないが、通常は取引は成立しない。契約によっては、交渉不成立の場合、前年度の価格によると規定した契約を見たこともあるが、あまり勧められない。合意できなければ2年度は取引をしないというのが、合理的な結論であろう。

3❖annual anniversary of this Agreement
　本契約からちょうど1年経った応答日をいう。契約では、この"anniversary"という用語をよく使う。初めて見るとびっくりするが、結婚記念日だけでなく、契約にもなじみのある用語なのである。

例文175 価格条項③ | Price

◇初年度の価格のみを取り決める添付別表
◇ハードシップ条項つき

> EXHIBIT B
> The Price for the First Year and Hardship
>
> 1 The price for the Products payable by the Purchaser for the first year shall be as follows:
> US $38.00 (United States Dollars Thirty Eight Only) per set CIF San Francisco, USA.
> 2 If, however, there should be a severe change in market condition or drastic change in exchange rate during the term of this Agreement, then both parties shall, at the request of either party, in good faith discuss and review the price of the Products set forth above.

[和訳]

> 添付別表　B
> 第1年度の価格とハードシップ
>
> 1　初年度に買主が支払う本商品の価格は次の通りとする。
> CIFサンフランシスコ（米国）条件で1セットあたり38米ドル（三十八米ドル）
> 2　ただし、本契約の期間中に市況が激変しまたは為替レートに急激な変動があった場合には、両当事者は、いずれか一方の要請に基づき、誠意を持って協議し上記の本商品の価格を見直すものとする。

解説

1❖価格の固定と見直し

1年の期間とはいえ、価格を固定させても順調に推移する場合と、突然の急激な市場変動などにより一方の当事者にとって契約の維持が苦しい場合とがある。そのような場合、契約は契約としてという基本ルールに従うのもひとつの選択である。通常は、その選択によることが多い。

2❖ハードシップ条項のメリット・デメリット

一定価格を維持することが厳しい場合、一方の要請に基づいて協議の上価格を見直そうというのが、本例文の規定である。実際に協議・見直しをしても、価格の改定には至らないかもしれない。しかし、2年目以降の価格交渉を見据え、両者間に信頼関係を築いておくほうが長期的にはプラスと判断することもできる。この規定はハードシップ条項と呼ばれ、近年、多くの契約に採用されるようになった。どこまで有用かの評価やメリット・デメリットについては、ビジネス現場の担当者の判断によることになる。交渉のテーブルに着くこと自体が、契約の円滑化に役立つこともある。

見直し条項、ハードシップ条項は、かえって契約が不安定になるという批判もある。したがって、固定価格による契約は依然根強い。もともと契約とはそういう厳しいものなのだ、という契約観がその根底にある。

価格条項④ | Price 　　　　　　　　　　　　　　　　　　例文176

◇固定価格（fixed price）とする規定

Article __ Price
Unless otherwise expressly agreed by the parties hereto in writing, the Prices stated in this Agreement are fixed during the term of this Agreement, and shall not be subject to any adjustment on account of increase or decrease in costs of materials or labor by reason of severe shortage or oversupply thereof or substantial change in exchange rate or market.

[和訳]
第__条　価格
　本契約当事者の書面による別段の明確な合意がある場合を除き、本契約に記載した価格は、本契約の有効期間中、固定価格とし、原材料もしくは労働力の深刻な過不足によるコストの増減または為替レートもしくは市場の相当な変動を勘案した調整はおこなわれないものとする。

―――――― 解説 ――――――

1❖固定価格制
　例文175とは異なり、期間中は価格を固定させ、市場や為替に変動があっても原材料や労働の高騰によるコストの上昇があっても、またその逆の場合にも、価格の調整はしないことを明言するものである。相手方との関係だけで完結するのではなく、手当てした商品をさらに第三者に転売することもある。少々の変動があっても、契約通りに履行されなければ困るというケースも少なくない。この契約は、そうした明確な価格固定を規定するものである。

2❖increase or decrease in costs of materials or labor by reason of severe shortage or oversupply
　「原材料、労働力の深刻な供給不足または過剰によるコストの上昇または下落」のことをいう。実際には下落の場合、クレームや紛争の原因になることは少ない。不足が深刻な紛争、クレーム、ノンデリバリーの原因になる。しかし、市場価格が下落していることを理由に価格の値下げを要求する買主もいる。本規定は、それを含めたあらゆるケースで価格調整はしない、そのつもりで契約価格を決めようという姿勢での交渉結果である。

第4章　売買契約

◉ 第3款　数量条項

商慣習として、契約数量は商品の性質により、数量・容積・個数・長さなどによって規定する。

1回の船積数量は契約の数量とぴったり一致するとは限らないので、どの程度の増減まで受け入れられるのか、あらかじめ取り決めておく。通常は、5または10％までのアロウアンス（増減許容数量；allowance）を定める規定を置く。アロウアンスは、商品の種類・性質によって慣行などを基準に定める。裏面約款などの印刷された規定に頼らず、明確に規定するのが望ましい。

長期売買契約では、1回の船積数量より四半期などの単位期間ごとの引渡し数量のほうを重視し、取り決めの対象となる。その約定期間内に引き取ることができなかった数量を、翌期以降どう取り扱うかについての規定も重要である。

例文177　数量条項①　Quantity

◇各年度の引き渡し数量を規定する

Article ___ Quantity
The quantity of the Products to be delivered under this Agreement shall be as follows:
 i) for the first year: _____ sets
ii) for the second year: _____ sets

［和訳］
第__条　数量
　本契約に基づき引き渡される本製品の数量は、下記の通りとする。
　ⅰ）初年度　：_____セット
　ⅱ）第2年度：_____セット

―――――解説―――――

1❖数量と期間

契約には期間があり、引き渡しについても一定期間、たとえば1年間に____セットという取り決めの仕方がある。個別の契約の場合は、期間でなく引渡し期日が記載される。

2❖for the first year; for the second year

いずれも、契約の締結日を基準に、第1年度、第2年度という考え方に立っている。これが、仮に1月1日から始まる年度だとすると、"the one calendar year commencing on the first day of January and ending on the thirty-first day of December"など、具体的に年度を規定する必要がある。カレンダーイヤー（calendar year; 暦年）といういい方もある。

数量条項② | Quantity

例文178

◇四半期ごとの最低引き取り数量を規定する

Article ___ Quantity
The Seller agrees to sell and deliver to the Purchaser and the Purchaser agrees to purchase and take delivery from the Seller during the each Calendar Quarter the following minimum quantities of the Products:
  i) the Product xxx: _____ metric tons (M/T)
  ii) the Product yyy: _____ metric tons (M/T)

［和訳］
第___条　数量
　売主は買主に対し、各暦四半期中に、下記の最低数量の本商品を売り渡し、引き渡すものとし、買主はこれを売主から買い受け、引き渡しを受けるものとする。
  ⅰ）本製品　xxx　：　_____　メトリック・トン
  ⅱ）本製品　yyy　：　_____　メトリック・トン

解説

1 ❖ metric ton; short ton; long ton
　「メトリック・トン、ショート・トン、ロング・トン」を指す。同じ「トン」でも、国際売買には3種類のトンが使われている。日本では、圧倒的に「メトリック・トン」である。これは、メートル法による「トン」で、キロトンと呼ばれることもあり、1,000キログラムのことである。
　これに対し、1ロング・トンは2,240ポンドであり、1メトリック・トンをポンドに換算すると、2,204.616ポンドになる。1ショート・トンは、2,000ポンドちょうどである。

2 ❖ M/T; S/T; L/T
　それぞれ、「メトリック・トン、ショート・トン、ロング・トン」を指す。契約などで単位を表示するのに使われることがある。契約書に単に"ton"と記載すると、このどれにあたるかが明確でなく、紛争の原因になりかねない。日本側が当事者の場合、少なくともM/Tと明確に表示することを勧める。

3 ❖ ミニマム・クオンティティー（minimum quantity）
　本例文では、四半期ごとの最低引き取り数量を定める方法である。この場合、"calendar quarter"を明瞭に定める必要がある。
　たとえば、"Calendar Quarter means a period of three (3) consecutive months beginning on the first April, or first July, or first October, or first January."というように、定義する。

●—第4款　引き渡し条項

受け渡し条件

　国際売買の受け渡し条件（delivery）としては、CIF、FOB、C&F、FAS等に代表される貿易条件による船積み（shipment）が中心となる。売主の受け渡しの基本的義務は、通常、契約に定められた期日（time of shipment）までに、定められた場所（port of shipment; port of loading）で、契約商品（the products; the goods）を、本船（vessel）に引き渡すことによりおこなわれる。

　CIFとFOBでは、本船を手配する義務を負う者が、売主と買主で逆になる。CIFでは売主、FOBでは買主が配船義務を負う。この基本的な役割分担をインコタームズ（2020年版）の規則により、しっかり理解しておくことが大切である。

　CIF条件は、運賃保険料込み条件と呼ばれることがある。売主が船会社と海上運送契約を締結し運賃を支払い、保険会社と海上保険契約を締結して保険料を支払うのである。その運賃と保険料分が値段に入っていることを意味する。

　C&FはCost and Freightの略で、商品の船積価格（cost）に仕向地までの運賃（freight）を加えた価格である。

　FASとは、Free Alongside Shipの略で、船側渡しと呼ばれ、木材の売買などに使われることがある。

受け渡し時期の決め方

　受け渡しの時期の決め方には、暦月や暦日で明確に決める方法と、一定の期日を基準として定める方法がある。前者のうち暦月で定める方法では、たとえば、"May shipment"（5月積み）、"May/June/July shipment"（5/6/7月積み）というように記載する。前者の場合は、5月1日から5月31日までの間に船積みをすればよい。後者の場合には、5月1日から7月31日までの間に船積みをすればよいのである。

　一定期日を基準に定める場合は、たとえば、"shipment within thirty (30) days after the receipt by the Seller of the Letter of Credit (L/C)"のように書く。翌月積み（next month shipment）、直積み（immediate shipment; prompt shipment; as soon as possible shipment）と規定する方法もある。この方法は便利であるが、やや曖昧さが残るため、トラブルが発生しやすいという問題がある。しかし実務上、（特に売主にとって）便利なので利用されている。

　引き渡し条件で、引き渡し時期以外に契約書で取り決める事項としては、①分割船積み（partial shipment）を認めるかどうか、②船荷証券（bill of lading）の日付けで船積みの日の最終的な証拠とするかどうか、また、③引き渡しの時期の条件を重要な条件（essence）とするかどうか、などがある。

　引き渡し条件の規定の仕方は、実際の運送形態を反映してさまざまである。石油、石油製品、鉄鉱石、石炭など、いわゆるバルキーカーゴの長期的な売買では、特別なタンカー（輸送船）やその輸送のために建造された貨物船や本船1隻を全部傭船するケースもある。

　ここでは、一般的な売買における引き渡しの規定の書き方を、いくつかのバリエーションを紹介しながら見ていく。

引き渡し条項① | Shipment　　　　　　　　　　　　　　例文179

◇船積時期を規定する
◇CIF条件とする

Article __ Shipment
Delivery of the Products shall be effected at Yokohama Port, Japan, on or before the 23rd day of December, 20__, on a CIF New York Port basis.

［和訳］
第__条　船積
　本商品の引き渡しはCIFニューヨーク港条件で、20__年12月23日までに、日本の横浜港でおこなわれるものとする。

―――― 解説 ――――

1 ❖CIF New York Port
　本例文のように、CIFニューヨーク港条件の場合は、日本側が売主・米国側が買主という関係である。米国向け輸出なのである。船積場所は横浜港である。
　ニューヨーク港までの海上運賃、海上保険料というコストは売主（日本側）が負担するが、契約上の引き渡し場所と期限は、あくまで船積地が基準となる。
　ニューヨーク向け輸出であるが、引き渡し場所が横浜であり、引き渡しの期限は横浜においての20__年12月23日なのである。いつニューヨークに到着するかは、この契約には表れておらず契約上の義務ではないのである。

2 ❖商品がニューヨークに着く前に本船が沈没した場合
　商品がニューヨークに着く前に本船が沈没してしまった場合、売主の引き渡し義務について契約違反になるだろうか。本規定では、契約違反にはならない。船積みを横浜で20__年12月23日までにおこなえば、それで売主の引き渡し義務は完了するのである。

3 ❖FOB条件のもとでの引き渡し
　FOB条件の場合も、引き渡しは船積港での本船（vessel）への船積みにより完了する。違いは、本船の手配をする義務が買主側にあることである。

引き渡し条項② | Shipment　　　　　　　　　　　　　　例文180

◇船積時期を規定する
◇FOB条件とする

Article __ Shipment
1　Delivery of the Products shall be made at San Francisco Port, California, on or be-

fore the 31st of December, 20__, on a FOB San Francisco Port basis.
2　The trade term "FOB" shall be interpreted in accordance with INCOTERMS 2020 as amended.
3　The port of the destination of the Products shall be Yokohama Port, Japan.

[和訳]
第__条　船積
1　本商品の引き渡しはFOBサンフランシスコ港条件で、20__年12月31日以前にカリフォルニア州サンフランシスコ港でおこなわれる。
2　貿易条件のFOBという用語は、インコタームズの2020年版（またはその改訂版）により解釈される。
3　本商品の仕向港は、日本の横浜港とする。

―――――――――― 解説 ――――――――――

1❖FOB San Francisco Port

　インコタームズによるFOB条件での契約では、船積みをもって売主の義務は完了（free on board）する。したがって本来、仕向港は特に契約書に記載する必要はない。このことから、CIF条件の場合の船積港の記載も理論的にはなくてよさそうであるが、実務上は契約書に記載するのが通常である。実務ではFOB条件の売買でも、買主の依頼に基づき買主のために買主の費用（purchaser's account）で、売主側が運送手配することがある。

2❖米国特有のFOB; FOB Vessel

　米国との契約では、しばしば改正アメリカ貿易定義や米国各州の州法である統一商事法典（Uniform Commercial Code; UCC）によるFOBが使われる。改正アメリカ貿易定義によると、FOBが6種類あり、FOBの中にも、買主側の工場引き渡しや荷揚げ港での引き渡し条件（delivery at US port of import）まで含まれている。

　米国の企業との取引で、準拠法を米国のいずれかの州法としている場合、貿易条件がインコタームズによると規定していないときは、UCCの貿易条件の定義が適用される可能性がある。この場合、船積港引き渡し条件であることを明確にするためには、米国での用語である"FOB Vessel"を使う。または、INCOTERMSの定義によると規定する。

　日本の民法及び商法には、貿易条件の定義に関する明文規定はなく、慣習や当事者の契約に委ねられている。

引き渡し条項③ | Shipment 　　　　例文 181

◇分割船積み・積み替え不可と規定する
◇船積み時期は重要条件と規定する
◇買主に有利な、買主の立場に立った約款。FOB、CIFいずれのケースでも買主を守る規定

Article ___ Shipment

1　In case of a FOB contract, the Purchaser will, at its own expenses, arrange for ocean freight of the Products from the port of shipment stated in this Agreement to the port of destination of the Products.

　　As soon as practicable after ocean freight is secured by the Purchaser, the Purchaser will notify the Seller of the name of the vessel and the estimated time of arrival (ETA) of the vessel at the port of shipment.

　　In case of a CIF contract, the Seller shall, at its own expenses, arrange for ocean freight of the Products from the port of shipment stated in this Agreement to the port of destination of the Products.

2　Partial shipment of the Products shall not be permitted.

3　Transshipment of the Products shall not be permitted.

4　Time of shipment is of essence of this Agreement.

5　Date of marine bill of lading shall be proof of the date of shipment, in the absence of the evidence to the contrary.

［和訳］

第__条　船積

1　FOB契約の場合、買主は自己の費用で、本契約に定める船積港から本商品の仕向港までの海上輸送を手配するものとする。買主による海上輸送の手配ができしだい、買主は売主に対し、本船の名前と船積港への到着予定日を通知するものとする。
　　CIF契約の場合、売主は自己の費用で、本契約に定める船積港から本商品の仕向港までの海上輸送を手配するものとする。

2　分割船積みは認められない。

3　積み替えは認められない。

4　船積み時期は、本契約の重要な条件である。

5　海上船荷証券の日付けは、反対の証拠がない場合、船積み日の証拠となる。

　　　　　　　　　　　　　　　解説　　　　　　　　　　　　　　

1❖本例文の規定のねらいと役割

　本例文では、引き渡し条件について比較的詳しく規定する個別契約書、基本契約書、裏面約款などで扱う事例を集めたものである。本例文の第2項から第5項はすべて、買主側に

とって有利になるように意図されている。

2❖第1項──本船の手配義務はCIFとFOBでは異なる

同じように見える輸入契約でも、FOB条件の場合とCIF条件の場合とでは、本船を手配する側が逆になる。FOB買主は自ら本船を手配し、いつ頃、輸出地に受領のために到着するのかを売主に連絡する。CIF買主の場合は、売主が手配した本船が到着するのを待って積み込めばよい。

3❖分割船積みと積み替え

分割船積みとは、1回で積み切れないときに、何回かに分けて積み込み、輸送することをいう。積み替えとは、海上輸送中に途中の港などで別の船に積み替えて輸送することをいう。

買主の側からいえば、どちらも積荷が傷む原因になるので不安であり、避けたい。売主側からいえば、分割船積みも積み替えも必要なケースでは自由裁量で使いたい。契約条件として、あらかじめ許容の有無を規定する。本例文では買主の希望が通り、分割船積みも積み替えも不可となっている。

4❖time is of essence

この規定はCIF買主がしばしば要求する規定である。ねらいは、クリスマス商品や季節もののように、時期が過ぎるとマーケットで売れなくなるものや、イベントのための使用など「時期が重要(time is of essence)」な場合に、"timely"な引き渡しを確保することにある。

5❖船荷証券の日付け(the date of B/L)

第5項も、買主の側に立った規定といえよう。いちおう船荷証券の日付けをもって引き渡しの証拠としているが、それがただちに最終的な証拠となるわけではない。"in the absence of the evidence to the contrary"(反対の証拠がない場合には)と続けて、反対の事実を示す証拠が出てきたら、覆されることになっている。

なぜ、このような規定がなされるのか。その背景には、必ずしも100％、実際に船積みされた日が船荷証券の日付けに記載されるわけではない、という現実がある。実務の慣行として、バックデートされることがある。この場合、現実の船積みが船荷証券の2、3日後であったかどうかで紛争になることがある。

CIF売買の場合に、信用状で記載された船積期日が6月1日だとする。実際の船積みが6月2日であると船荷証券に記載された場合、船積書類を銀行に持ち込んでも書類を買い取ってもらえない。そのため船会社に頼んで、6月1日を船積み日と記載してもらうことがある。頼む以上、この依頼に基づく船会社の損失は補償するというレターを提出する。このようなプラクティスがあるために、B/L dateは100％の信用が置けないのである。

しかし、このようなケースはきわめて希である。したがって、船荷証券の日付けをファイナルとしようという規定もありうる。また、誤差があるといっても、通常はせいぜい1日や2日であまり影響がないという割り切り方による。

次の例文182は、売主の側に立った規定である。

引き渡し条項④ | Shipment 〔例文182〕

◇期間内の船積みは船腹の確保を条件とする
◇分割船積みを認める
◇売主に有利な、売主の立場に立った約款

Article __ Shipment

1 In case of a CIF contract, the Seller shall, at its own expenses, arrange for ocean freight of the Products from the port of shipment stated in this Agreement to the port of destination of the Products.
Shipment within the time stipulated shall be subject to shipping space being available.

2 In case of a FOB contract, the Purchaser shall give shipping instructions and provide shipping space; otherwise the Seller may dispose of the Products for the account and risk of the Purchaser or extend this Agreement or terminate any or all of this Agreement without prejudice to the Seller's right to recover damages or loss resulting from termination.

3 In case of shipment in installment, each shipment shall be regarded as a separate and independent agreement. The Seller shall have the right to make partial shipment.

4 The date of the bill of lading shall be conclusive evidence of the date of the delivery.

〔和訳〕

第__条 船積

1 CIF契約の場合、売主は、自己の費用で、本契約に記載の船積港から本製品の仕向港まで本製品の海上運送を手配するものとする。
所定の船積期間内の船積みは、船腹が確保できることを条件とする。

2 FOB契約の場合、買主は、船積みの指図を与えるものとし、船腹を確保するものとする。そうでない場合は、売主は、本製品を買主の勘定とリスクで処分することができ、または本契約を延長することができ、または解除により生ずる損害もしくは損失を回復する売主の権利を損うことなく本契約の一部もしくは全部を解除することができる。

3 分割船積みの場合、各船積みは個別の独立した契約とみなされる。売主は、分割船積みをおこなう権利を有する。

4 船荷証券の日付けは、引き渡し日の最終的な証拠とされる。

解説

1 ❖ subject to shipping space being available

売主側で、本船を手配するのに適切な船の便がなく、船腹(shipping space)を確保できないときは、契約に規定する期限内に船積みできなくとも契約違反にはならないことをねらいとしている。1970年代半ばの石油危機の時期にはバンカーオイルが不足し、実際に、予定した船腹が確保できない事態が多く発生した。その頃から、このようなリスクマネジメントのための条項が増えてきている。

2 ❖ dispose of the Products for the account and risk of the Purchaser

「本製品を買主の勘定とリスクで処分する」ことを指す。勘定を買主に帰属させるとは、損失が買主に発生するということを意味する。

3 ❖ may terminate ... without prejudice to the right ...

「(本来あるはずの…)権利を損うことなしに、…解除できる」ことをいう。契約を解除すれば、損害賠償請求権を失うという議論がある。本規定は、そのような議論を受けつけないために、はっきりと損害賠償請求権を留保することを規定している。

4 ❖ The date of the bill of lading shall be conclusive evidence of the date of the delivery.

「船荷証券の日付けをもって、引き渡し日の最終的な証拠とする」ことである。

例文181と異なり、"in the absence of the proof to the contrary"がない。したがって、仮に反証が挙がっても、当事者間では船荷証券の日付けで最終とするという扱いをするのがねらいである。そのことによって、相手方(買主)に反証を見つけようとする意欲を起こさせないことが実際の効果である。

●第5款 代金支払条項

国際動産売買契約の代金決済(payment)には、信用状(Letter of Credit; L/C)付きの手形(draft)による決済方法が広く用いられている。信用状は、買主の依頼によって、発行銀行が売主に対して船積書類を添付した為替手形を買主あてに振り出す権限を与え、その為替の引き受け・支払いを保証することによって輸出代金の支払いを確約するものである。輸出する側にとって、もっとも安全な決済方法のひとつである。

実務面から見ると、売主側が、信用状の条件に完全に一致した船積書類と為替手形を添えて、取引銀行に買い取りを依頼する。

船積書類を"shipping documents"、為替手形を"bill of exchange; draft"、両方合わせて"documentary bill of exchange"と呼ぶ。取引銀行による買い取りは、"negotiation"と呼んでいる。取引銀行は、信用状の発行銀行に対し、買い取った荷為替手形の支払いを求める手続きを取る。このような取引銀行のことを"negotiating bank""negotiation bank"と呼んでいる。

これ以外にも、代金決済にはさまざまな方法がある。信用状のつかない手形振り出しもよく利用され、D/P手形とD/A手形の2種類の方法がある。

D/Pとは、買主による荷為替手形の支払いと引き換えに、売主が船積書類を引き渡す方法

をいう（Documents against Payment; 支払い渡し）。

D/Aとは、買主による為替手形の引き受けと引き換えに、売主が船積書類を引き渡す方法を指す（Documents against Acceptance; 引受渡し）。

このほか、買主から売主に対する前払い・後払いで送金することも広くおこなわれている。電信送金（telegraphic transfer）、郵便為替（mail transfer）、一覧払為替手形（demand draft）による方法がある。

支払い方法を定める規定には、支払い運賃、支払い先（銀行口座）、時期などを明示することが大切である。

新しい課題としては、経済の自由化、規制の緩和、技術進歩、電子化の進展を反映して、船積書類に代わる電子化された仕組みや、銀行以外の機関による決済の導入・拡大への対応の研究がある。いまだ主流とはいえないが、その進展には注意しておきたい。

代金支払条項① | Payment　　例文 183

◇荷為替信用状による決済
◇呈示すべき船積書類を詳細に列挙する
◇信用状の有効期限を規定

Article __ Payment
1 At least thirty (30) days prior to the date of shipment of the Products under this Agreement, the Purchaser shall open an irrevocable and confirmed letter of credit, through a prime bank satisfactory to the Seller, which letter of credit shall be in a form and upon terms satisfactory to the Seller and shall be in favor of the Seller and shall be payable in United States Dollars.
2 The letter of credit set forth above shall be negotiable against a draft at sight signed by the Seller upon the presentation of the following documents:
   i)   A full set of negotiable clean on-board bills of lading made out to the order of the Seller and endorsement;
   ii) Commercial invoice duly signed by the Seller in _____;
   iii) Marine insurance policy endorsed in blank for 110 per cent of the invoice value;
   iv) Certificate of inspection issued by _____;
   v)   Consular invoices, if required by the Purchaser;
   vi) Certificate of origin, if required by the Purchaser.
3 The letter of credit shall refer to this Agreement by its number, and shall authorize reimbursement to the Seller for such sums, if any, as may be advanced by the Seller for consular invoices, inspections fees and other expenditures made by the Seller for the account of the Purchaser.
4 The letter of credit shall also provide for partial availability for partial shipment and shall be maintained for a period of not less than thirty (30) days after the latest ship-

ment date set forth in this Agreement.

[和訳]
第__条 支払
1 本契約に規定する本商品の船積日の少なくとも30日前に、買主は、売主が満足する一流銀行で、取り消し不可能の確認信用状を開設する。信用状は、売主が満足するフォームと条件によるものとし、売主を受益者とするものとし、米ドルで支払われるものとする。
2 上記の信用状は、下記の船積書類の提示がある場合、売主が振り出した一覧払い手形と引き換えに買い取られるものとする。
　ⅰ）譲渡可能無故障船荷証券一式（売主により指図式で宛て先ブランクで裏書されたもの）
　ⅱ）売主により裏書された商業送り状　____部
　ⅲ）送り状金額の110％をカバーする金額で付保された海上保険証券（宛て先ブランクで裏書されたもの）
　ⅳ）_____により発行された検査証明書
　ⅴ）領事送り状（買主により要求された場合）
　ⅵ）原産地証明書（買主により要求された場合）
3 上記の信用状は、その契約番号により本契約に言及するものとし、また、売主が買主の勘定で領事査証、検査費用、その他の費用を立て替えた場合は、当該金額を売主に補償することを認めるものとする。
4 また、信用状は、分割船積みに対しても分割して支払われることを規定するものとし、本契約に定める最終船積日から30日以上維持されるものとする。

―――― 解説 ――――

1❖荷為替信用状による決済
　取引銀行への提示が要求される船積書類のうち、もっとも基本的で重要なものは、クリーン（無故障）船荷証券、商業送り状、海上保険証券の3種類の書類である。

2❖商業送り状の部数とその記載の仕方
　商業送り状の必要部数は、取引によって2部の場合や3部の場合などさまざまである。2部または3部の場合には、それぞれ"in duplicate""in triplicate"と記入する。

3❖検査証明書
　検査証明書の発行者は、契約により売主、メーカー、検査会社などさまざまなケースがある。例文のブランク欄にはそれぞれ、"the Seller""the Manufacturer"（定義されている場合）、"the surveyor"と書く。検査証明書の発行者を誰にするかは、契約書の検査条項を見て決める。

4❖概算払いと精算払い
　通常は、船積地での検査で決めるが、鉄鉱石などバルキーカーゴの場合は、船積みベー

スで90％の概算払い（provisional payment）をおこない、荷揚げ地での検査後に精算払い（final payment）をおこなう方式も広く採用されている。

5 ❖ 取り消し可能信用状

輸出取引において、売主にとってもっとも関心があるのは、輸出代金の支払いを無事に受けられるかどうかであろう。信用状つき決済では、取り消し可能信用状（revocable letter of credit）もあるので、発行後は銀行に対し、発行の取り消しも条件の変更も認められない取り消し不能信用状（irrevocable letter of credit）であることを明確に決めておくことが非常に大切になる。

6 ❖ 信用状統一規則

信用状の取り扱いについては、パリに本部を置く国際商業会議所（ICC; International Chamber of Commerce）が国際規則として「荷為替信用状に関する統一規則および慣例（2007年改訂版）」を定めている。まずはこの規則をしっかり理解し、信用状の仕組みを把握することが基本である。

代金支払条項② | Payment　　　　　例文 184

◇売主の銀行口座へ電信送金により決済する方法を規定する
◇支払い遅延については、遅延利息の支払いを規定する

Article ___ Payment

1　Payment for the Products shall be made by the Purchaser by telegraphic transfer to the bank account(s) designated by the Seller in United States Dollars within twenty (20) days after the receipt by the Purchaser of the Seller's invoice.

2　Unless otherwise agreed between the parties, invoices will be issued and mailed by the Seller to the Purchaser upon the delivery of the Products at the place of the delivery set forth in this Agreement.

3　In the event the full amount of any invoice issued by the Seller under this Agreement is not paid by the Purchaser when due, any unpaid amount shall bear interest from the due date until paid in full, at an interest of fourteen (14) per cent per year or the maximum interest rate permitted by the usury law of the Purchaser's country, if any, whichever is lower, on the basis of 360 days.

［和訳］

第__条　支払

1　本商品に対する支払いは、売主のインボイス（支払い請求書）を買主が受領後20日以内に、買主が売主により指定された銀行口座に米ドルで電信送金することによっておこなわれるものとする。

2　当事者間で別途に合意されない限り、請求書は本契約に規定された引渡し場

所で本商品の引き渡しがおこなわれ次第、売主によって買主に発行され送付されるものとする。
3 売主の発行した請求書の全額を買主が期日に支払わない場合には、当該期日から全額を支払うまで、1年360日として年14％または買主の国の利息制限法で認められる最高利率のいずれか低いほうの利率により遅延利息を支払うものとする。

解説

1 ❖ telegraphic transfer

「電信送金」を指す。ビジネスの現場で通常用いられるもっとも一般的な支払い方法。日常生活でも、なじみのある送金方法である。相手方の銀行口座に銀行経由で送金する。

契約上重要な項目は、銀行名、口座名義、銀行のある都市、送金時期等である。送金には、口座の種類(当座など)、口座番号が不可欠であるが、契約条項の中で、口座番号まで記載することは少ない。受取人側から後日連絡するとの取り決め方が一番多い。口座番号は秘密保持をしたほうがよい場合があり、また、契約によってはそのために口座を設定したほうがよい場合もある。

電信送金は、両当事者の取引関係が長かったり、互いに信用度が高く、商品と支払いを引き換えにしなくても大丈夫という客先との取引に使われる。通常は、契約上の商品の引き渡しが済んだ後に請求書を発行するという支払い手続きに入る。請求書のことを"invoice"と呼ぶ。売主にとっては、買主の信用に少しでも疑問があればこの方法には合意できないことになる。

買主の信用に疑念があって電信送金を使う場合には、引き渡しの前に一部または全部前払い(advance payment)で支払いを受領する方法を提案することがある。その場合は買主側に不安が残る。中間を取った折衷案が、一部を前払いにし残額を後払いにする方法である。支払い方法は、両者の相手方に対する信用度の反映である。ただし基本は、引き渡し後の支払いである。

2 ❖ 受領のための銀行口座を開設する銀行の所在地

本例文では、銀行口座の所在地を規定していない。厳密にいえば口座名義人も規定していない。別途連絡事項としている。

この規定の仕方には、不十分だという意見がある。たとえば、契約相手先が米国やインドネシア、エジプトというときに、受領のための銀行口座がチューリッヒやロンドン、バミューダなど思いがけない都市の銀行を通知されてきたらどうするか、という問題である。相手方の事務所もなく、関わりが確認できない。架空名義だったらどうするか。いくつかの都市の銀行に分けて送金するよう指示されることがあっても、名義が買主と異なっても、契約上はその通りに送金する義務があると解釈される。その通りに送金すれば、売主にとっては契約上は履行になるが、後でしばしば調査や事件に巻き込まれることになるというのである。

外国為替法や税法への抵触、不正支払い、贈賄、横領事件につながる遠因になるという経験上のリスク感覚である。相手方の不正行為のために、送金した側が送金額について使

途不明金として損金参入を認められない処分を税務当局から受けることがあるという。例外的ではあるが、そのような調査・事件に巻き込まれると、もう少し明確に丁寧に規定する方法を取るようになる。

次の例文185では、銀行口座の都市を指定している。

3❖telegraphic transferと同じように使われる送金方法

電信送金と同じように使われる送金方法に、郵便送金(mail transfer)、一覧払為替手形(demand draft)などもある。いずれも信用状決済と異なり、決済されるかどうかは相手の信用にかかっている。そのため、万一の場合のために保証状の取りつけをしたり、また、遅延利息の規定を置いて支払いを促したりすることがある。

遅延利息の規定は、遅延利息を受け取ることにねらいがあるわけではない。支払いを期日通りに受け取ることが第1のねらいなのである。遅延利息の受け取りを請求できる事態の到来は歓迎すべき事態ではない。もはや元本そのものが支払われない危機に直面していることでもある。

4❖usury law

利息制限法のことである。遅延金利の設定には、規定上細心の注意が必要である。本書の例文では、相手先をサンフランシスコのカレン・ビュー・コーポレーションと設定しているので、基本は米ドルベースで14％としている。しかし、トルコや南米、ロシアなどの国によっては、あるいは通貨によっては、もともとの通常金利が数十％という国々もある。

通貨の規定をはっきりさせずに、言い換えれば、ソフトカレンシー(発展途上国の現地通貨)と解釈できる余地のある通貨をもとに遅延金利を主張されると、とんでもない結果になる。

代金支払条項③ | Payment 例文185

◇売主の銀行口座へ電信送金により決済する方法を規定する
◇支払い地の銀行を指定する

Article __ Payment
1 Payment for each delivery of the Products shall be made by the Purchaser in United States Dollars by means of telegraphic transfer (T/T) remittance to such bank account in the city of San Francisco, as the Seller may designate from time to time, no later than thirty (30) days after the date of the bill of lading (B/L) for each such delivery.
2 In case payment by the Purchaser for the delivery of the Products is delayed later than thirty five (35) days after B/L date, the Purchaser shall pay to the Seller on demand the amount due together with interest from the due date until paid at the annual rate equal to the Prime Rate plus five (5) percent per year on any overdue amount.
3 For the purpose of this Agreement, the Prime Rate shall mean that rate announced

by the principal bank of the Seller as its prime commercial lending rate from time to time.

[和訳]

第__条　支払

1　本商品の各引き渡しに対する支払いは、当該引き渡しに関わる船荷証券の日付けから30日以内に、買主により、売主が随時指定するサンフランシスコ市内の銀行口座に米ドルで電信送金する方法で支払われるものとする。

2　買主による本商品代金の支払いが船荷証券の日付けから35日を超えて遅延した場合には、買主は売主に対しその要求に基づき、期限到来債務とともに遅延利息として支払い期日から支払い日までの期間につき、プライムレートに年率5％を加えた利率による遅延利息を支払うものとする。

3　本契約においては、プライムレートとは、売主の主要取引銀行が最優遇商業貸出利率として随時発表する利率を意味する。

解説

1❖支払い期日の決め方──船荷証券の日付けを基準とする

本例文も、先の例文184と同様、信用状をともなわない決済条件である。支払い期日を船荷証券（bill of lading）の日付けを基準に決める方法で規定してみた。例文184は、売主のインボイス（請求書）の発行を基準としている。

いずれが有利・適切か、それぞれ長所があるが、信用状の日から起算する場合は、船積みさえ無事に完了すれば期間は明快に確定する。インボイス発行上のミスの事由による遅れはない。対してインボイス発行方式の長所は、支払い時の支払い金額の確定と一種のリマインダー（支払い催促）の役割にある。

航空機による輸送の場合には、船荷証券（bill of lading）の代わりに、航空貨物運送状（air-way bill）の日付けを基準とすることができる。

2❖支払い地の銀行

本例文は例文184と異なり、支払い地の銀行がどの街にあるのかをあらかじめ特定している。ここでは、買主のKVC（カレン・ビュー・コーポレーション）がサンフランシスコの企業なので、サンフランシスコの銀行口座と指定している。

契約締結以降（後日）、指定すべき内容は、銀行名、口座の種類と口座番号である。あらかじめ銀行の所在する都市を確定しておくことにより、後日、バミューダ、スイス、ロンドン、オランダ領アンティル諸島、バハマ、ケイマン諸島等、思いがけない国や都市の銀行への送金指示を受けて戸惑ったりせずに済む。数ヶ所に送金先が分かれるときなど、脱税幇助、経済法規違反行為、横領、役員・役職者の忠実義務違反等に知らないうちに加担させられているのではないか、と心配しないで済む。偽の支払い指示だと、二重払いの危険性もある。支払い方法の確認は、支払い者にとって紛争の発生を予防するためにも細心の注意を要する重要な条件である。

3❖遅延金利

本例文では、実勢金利をベースに遅延金利を規定する方法を取ってみた。プライムレートに年率5％を加える方式である。

代金支払条項④ | Payment　　　　　　　　　　　　　例文186

◇商品引き渡し後支払い。請求書受領後、30日以内に支払うと規定する
◇商品のみでなく、サービスの提供に対する支払いも規定する

Article ___　Payment
Payment for the Products and Services shall be due at a location to be designated by the Seller within thirty (30) days of the Purchaser's receipt of the Seller's invoice. Unless otherwise agreed, invoices will be mailed upon delivery of the Products, as defined in Article ___ (Delivery) hereof, or at the end of the month in which the Services are performed in accordance with this Agreement.

［和訳］
第__条　支払

本製品とサービスに対する支払いは、売主の請求書を買主が受領後30日以内に、売主によって指定された場所で支払われるものとする。別途に合意されない限り、請求書は、本契約第__条(引き渡し)に規定された通り本製品の引き渡しがおこなわれたときに、または、本契約に従ってサービスが提供された月の月末に、郵送されるものとする。

解説

1❖due——支払い期限の到来

"due"とは、「支払い期限が到来したこと」をいう。"due and payable"というように続けて使われることも多い。「支払い期限が到来し、支払い義務がある」ことを指す。

本例文では、売主のインボイス(請求書)を買主が受領後、30日以内に支払うと規定している。

2❖will be mailed upon delivery of the Products

「本製品の引き渡し後、ただちに郵送される」ことを指す。

3❖will be mailed at the end of the month in which the Services are performed

「サービス(役務)が提供された月の月末に郵送される」という意味である。インボイスの送付には、商品の引き渡し後、ただちに送付する方式と、1ヶ月分まとめて月末あるいは翌月の指定日に送付する方式がある。ここでは、サービスの提供を受けた月の月末にまとめて送付する方式の表現を紹介している。商品であれば、"will be mailed at the end of the month during which the Products are delivered by the Seller to the Purchaser pursuant to this Agreement"と表現できる。

4 ❖ 製品の引き渡しとサービスの提供

ソフトウエア製品の販売をはじめとする近年成長しているビジネスでは、製品の販売とその後のメンテナンスサービスが重要な内容をなす。本例文の決済条件も、その両方をカバーするよう規定している。

例文 187 代金支払条項⑤ | Payment

◇契約締結当初6ヶ月間は、支払いと引き換えに商品を引き渡す条件とし、以降は買主の信用状態により、売主の判断で一定の限度枠まで、引き渡し後30日以内の支払いとすることがある

For a minimum of six (6) months following the execution of this Agreement, it is KVC's established policy that all payments by ABC to KVC for the KVC Products or Services be made through irrevocable letter of credit, cash against documents(CAD), cash on delivery(COD), or through full payment. Thereafter, at KVC's sole discretion, the terms of payment may be extended for thirty (30) days from the date of the invoice.

ABC's credit limit may be set by KVC at its sole discretion.

If ABC fails to meet KVC's credit terms or exceeds its credit limit, ABC agree to either:

(1) pay for the KVC Products ordered from ABC prior to shipment by means of wire transfer drawn on a major clearing bank and transferred to KVC's bank; or

(2) secure the issuance of an irrevocable letter of credit strictly in accordance with KVC's instructions for the total amount of the KVC Products ordered; or

(3) pay for the KVC Products by such other means as may be mutually agreed between KVC and ABC.

［和訳］

本契約の締結から最低6ヶ月間、KVC製品またはサービスに対するABCによるKVCへのすべての支払いは、取り消し不能信用状による支払い、書類引き換え現金払い、引き渡し時現金払い、または全額払いによりなされるものとするのがKVCの確立した方針である。その後は、KVCの単独の裁量によって、支払い期間をインボイス日から30日間延長することができる。

ABCの与信限度額は、KVCがその裁量により設定できる。

ABCがKVCの与信条件を満たさないとき、またはその与信限度額を超えるときは、ABCは、下記のいずれかをおこなうことに同意する。

(1) ABCが発注した製品の代金を、船積み前に大手決済銀行で振り込み、KVCの銀行に転送される電信送金により支払うこと、または

(2) 発注したKVC製品の総額につき、KVCの指図に厳格に従って取り消し不能信用状を開設すること、または

(3) KVCとABC間で合意されたその他の方法によりKVC製品の代金を支払うこと。

解説
---

1 ❖ irrevocable letter of credit for the total amount of the Products ordered
「発注した本製品の総額をカバーする取り消し不能信用状」を指す。

2 ❖ CAD; COD
CADは船積書類引き換え現金払い、CODは代金引き換え渡しであるが、実質的にどちらも現金引き換え渡しである。売主、買主の信用が相互によく分からず、いわば五分のときに用いられる標準的な支払い方法である。

3 ❖ credit limit
「与信限度額」を指す。本例文では、売主側のKVC（カレン・ビュー・コーポレーション）が、ABC（オーロラ・ボレアリス株式会社）側の資産状態と支払い状況を見て、その与信限度額を決める。その上で、支払い方法を指示する。KVC側の随意としているので、この契約締結時には、買主側にはその"credit limit"が分からない。

これに対し、与信限度額を明示するほうがよい、どの金額で支払方法が変わるのか契約時に分かったほうがよい、との考え方もある。その考えに立った支払条項を次の例文188と例文189により紹介する。支払い方法を分ける場合は、与信限度額だけでなく、支払いのための手間と費用を考慮して決められる。

代金支払条項⑥ | Payment　　　　　　　　　　　　　例文188

◇販売店契約、長期売買契約、売買基本契約等
◇金額が大きいとき、信用状ベースで支払う
◇金額が小さいとき、注文時に支払うと規定する

Article ___ Payment
Unless otherwise agreed by KVC and ABC to terms other than those set forth herein, payment for the Products sold hereunder shall be made in US Dollars in San Francisco as follows:

(1) on orders over fifty thousand US Dollars (US $50,000), payment shall be made through a medium of a Letter of Credit to be established by ABC at its expense. All letters of credit shall be in favor of and acceptable to KVC, and shall be maintained in sufficient amounts and the period necessary to meet all payment obligations, shall be issued or confirmed by a first class bank in San Francisco within twenty (20) days after acceptance of any order.

(2) on all orders of fifty thousand US Dollars or under, payment shall be made simul-

taneously with the giving of the order.

[和訳]
第__条　支払
　KVCとABCが本契約に定める以外の条件に別段に合意しない限り、本契約に基づき売り渡された本製品に対する支払いは、米ドルにより、サンフランシスコで次の通りおこなわれるものとする。
(1) 5万米ドル（US $50,000）を超える注文の場合、支払いは、ABCがその費用により開設する信用状によっておこなわれるものとする。
　すべての信用状はKVCを受益人としKVCが受諾できるものとし、すべての支払い債務を履行するに足る金額と履行に必要な期間を維持するものとし、注文の受諾後20日以内にサンフランシスコの一流銀行によって開設または確認されるものとする。
(2) 5万米ドル以下のすべての注文については、発注と同時に支払いがなされるものとする。

―――― 解説 ――――

1 ❖orders over fifty thousand dollars
　「50,000ドルを超える注文」を指す。この場合は、5万ドルは入らない。"orders exceeding fifty thousand dollars" も同じ趣旨である。一方、"Not less than fifty thousand dollars"（5万ドル以上）は、5万ドルちょうどの金額が入る。金額を区切りに契約条件を規定するときには、注意を要するところである。日本語の場合も、あまり意識せずに使われることが多いが、「5万ドル以上」というのは5万ドルが入る。「5万ドル超」だと5万ドルは入らない。

2 ❖orders of fifty thousand dollars or under
　「50,000ドルとそれ未満の注文」を指す。言い換えれば、「5万ドル以下」である。どちらの訳でも、意味は同じである。英語で、"not more than fifty thousand dollars" というのも、同趣旨である。

3 ❖letter of credit shall be issued or confirmed by a first class bank in San Francisco
　「信用状は、サンフランシスコの一流銀行によって開設または確認されるものとする」との趣旨である。
　例文に、わざわざサンフランシスコという言葉を入れているのには、ねらいがある。この言葉がなければ、信用状の発行は、たとえばロシアやトルコ、ナイジェリアの一流銀行でも契約に合致する。しかし、サンフランシスコに本拠を有するカレン・ビュー・コーポレーション（KVC）にしてみれば、代金決済から派生する信用状をめぐる紛争解決のために、モスクワやイスタンブール、ラゴスまで出かけていく余裕も時間もない。現地の一流銀行かどうかさえすぐには判断できないし、どのような理由で支払いを拒絶されるかも予見できない不安がある。サンフランシスコの一流銀行による開設か、あるいは確認があれ

ば、すべての交渉や紛争をサンフランシスコで決着させることができる。
　確認銀行は、発行銀行の発行した信用状の保証の役割を果たす。発行銀行が倒産しても、確認銀行が発行銀行に代わってその信用状に基づく義務を履行する。

代金支払条項⑦ | Payment　　　　　　　　　　　　　　　　　　　例文189

◇金額が小さいとき、売主の請求書送付の翌月の20日までに電信送金で支払うとし、金額が大きいときは、荷為替信用状を開設して支払うと規定する

Article __ Payment
Payment due from ABC shall be made to KVC in United States Dollars and invoices shall be issued upon shipment of the Products with payment due by means of one of the following:

(1) For invoices for orders of US Dollars 50,000 or less, ABC shall pay KVC amounts of invoices on or before the twentieth (20th) day of the month that is one (1) month after the month in which the Products were invoiced by KVC, by wire transfer directed to the following bank account of KVC:
_____ Bank
Account of Karen View Corporation
Account Number:_____
San Francisco, California 94100

(2) For invoices for orders exceeding US Dollars 50,000, KVC may, at its sole discretion, require ABC to open for KVC an irrevocable documentary letter of credit, in the form satisfactory to KVC for an amount at least equal to one hundred percent (100%) of the order value payable in accordance with the provisions of Section (1) of this Article above. The letter of credit shall be confirmed by and payable at:_____
_____ Bank of _____.
This letter of credit shall be opened not less than thirty (30) calendar days before the first scheduled shipping date for each order and shall be valid ninety (90) days beyond the anticipated final shipping date.

(3) All bank charges, commissions and other costs associated with a bank wire transfer or establishing and maintaining a letter of credit associated with payments under this Agreement shall be for the account of ABC.

［和訳］
第__条　支払
　ABCからの支払いは、米ドルでKVCに対してなされるものとし、請求書は本製品の出荷時に発行され、支払い期限に下記のいずれかの方法により支払われるもの

とする。

(1) 5万米ドル以下の注文に対する請求書については、ABCは、KVCによって本製品の請求書が出された月の翌月の20日までに請求金額をKVCの下記の銀行口座に電信送金することにより支払うものとする。

カリフォルニア州　94100　サンフランシスコ
＿＿＿＿＿＿＿＿銀行
口座名義人：カレン・ビュー・コーポレーション
口座番号：＿＿＿＿＿＿＿＿＿＿＿＿＿

(2) 5万米ドルを超える注文に対する請求書の場合、KVCはその単独の裁量により、ABCに対し、KVCのために、本条第1項の支払い条件に従って支払われる注文金額の、少なくとも100％に相当する金額の取り消し不可能な荷為替信用状をKVCが満足するフォームで開設するよう要求できる。信用状は、＿＿＿＿＿＿＿＿の＿＿＿＿＿＿＿＿銀行により確認され、支払われるものでなければならない。この信用状は、各注文の最初の出荷予定日より30暦日以上前に開設されるものとし、最終出荷予定日より90日を超えて有効でなければならない。

(3) 本契約上の支払いに関わる電信送金または信用状の開設及び維持に関わるすべての銀行費用、手数料及び他の費用は、ABCの負担とする。

解説

1 ❖ for invoices for orders exceeding US $ 50,000

「5万米ドルを超える注文に対する請求書について」「5万米ドル超の注文に対する請求書について」の意味である。この場合は、5万米ドルちょうどの注文は含まない。したがって、「5万米ドル以上の注文に対する…」と訳すと、重大な誤りとなる。「5万米ドル以上」というのは、5万米ドルを含んでそれ以上という意味である。

"over US $50,000"というのは、"orders exceeding US $50,000"と同趣旨である。異なるのは、"not less than US $50,000"である。これは、「5万米ドル以上」である。

2 ❖ letter of credit shall be valid 90 days beyond the anticipated final shipping date

「信用状は最終出荷予定日から90日を超えて有効でなければならない」という趣旨である。

3 ❖ shall be for the account of ABC

「ABCの負担である」「ABCの勘定である」という趣旨である。

代金支払条項⑧ | Payment

例文190

◇ソフトウエア製品など航空便による引き渡しがなされる売買契約等の規定
◇航空貨物運送状の日付けから一定期間内に電信送金で支払うと規定する

Article ___ Payment
Payment for the Products of Robin Hood Company Limited shall be made by remittance by wire transfer in Sterling Pounds within sixty (60) days after the date of airway bill. Late payment shall incur an interest charge of two (2) percent over the base rate current in _____ Bank at the time the charge is levied from the due date to date of payment in full.

[和訳]
第__条　支払

　ロビン・フッド・カンパニー・リミテッドの製品に対する支払いは、航空貨物運送状の日付けから60日以内に英国ポンドで電信送金によりおこなわれるものとする。
　支払いが遅延した場合には、支払い期日から全額支払日まで、遅延利息を課す時点で＿＿＿＿＿銀行が適用する基準利率より2％高い利率の遅延利息が生ずるものとする。

――――――――――― 解説 ―――――――――――

1 ❖Sterling Pounds

　「イギリスポンド」「英国ポンド」を指す。将来、欧州の通貨がユーロのみに統合され、各国の通貨が廃止されるようになると、このような規定には調整条項が必要となろう。たとえば、"Sterling Pounds or US Dollars or Euro currency"など、さまざまな方法が考えられる。通貨を売主、買主のどちらが選択できるかも規定を置く必要があろう。一番大事なのは、契約交渉時にこのような意識を持って協議することである。契約は協議の結果を反映するものである。

2 ❖late payment

　「支払い遅延」「期日に遅れた支払い」のことをいう。支払い遅延についてどのくらい遅延利息を課すかは、当事者の契約で自由に取り決めることができる。支払い遅延は、本来は不可抗力の対象にしていないが、日高尋春氏の話によると、1990年代末に、ロシアで実施された対外的な外貨決済の一時的なモラトリアムのような事態に遭遇したことがあるという。ロシア側担当者は、対外決済のために自国の通貨（ルーブル）を現地銀行に振り込んだのだが、銀行が外貨を対外送金できないと伝えてきたのだ。現実の国際ビジネス・金融界の実務からすれば、法的にも契約上も支払い遅延に対しては不可抗力的事由を一切認めない。現実には、ハードシップ条項等に基づき、協議するなどの対応策を検討することになろう。

例文 191 代金支払条項⑨ | Payment

◇支払い期日の指定時間までにロンドンの売主の指定銀行口座に支払うと規定する

Article __ Payment
Payment under this Agreement or any individual contract shall be made by the Purchaser on a receipt basis to the account of the Seller with _____ Bank of London as notified by the Seller, by no later than 10:00 am London time on the due date and for value in Japanese Yen and in immediately available and same day funds.

[和訳]

第__条　支払
　本契約または個別契約に基づく支払いは、受領時間を基準にして、買主により、売主によって指定されたロンドンの_____銀行の売主の口座に、支払い期日のロンドン時間の午前10時までに、日本円の価格に相当する金額をその日にただちに引き出せる資金で送金することによりおこなわれるものとする。

解説
---

1 ❖10:00 am London time
　「ロンドン時間の午前11時」を指す。契約では、当事者の所在地の標準時が国や同一国の中でも州等により異なることがある。実務からいえば、国際ビジネスでは売主、買主の両国で時差がないことはほとんどない。したがって、支払い期日、時間の指定は厳密な取引ではきわめて重要な規定になる。同時履行の抗弁など、さまざまな基本的な契約法上のルールを運用していく上で、時間まで含めて履行期限、履行時間は確認しておく必要がある。事業や株式の譲渡(M&A)の場合も、同様である。

2 ❖for value in Japanese Yen and in immediately available and same day funds
　「日本円の価格に相当する金額をその日にただちに引き出せる資金で」を指す。例文は、英国の契約で実際に使用された表現である。London timeの表示を紹介するため、そのまま取り上げてみた。米国流の記載に慣れた方にとっては、やや堅苦しい表現であろう。通常は、むしろ単純に、"in US Dollars or Sterling Pounds equivalent to the amount of the contract price in Japanese Yen"あたりの表現でよい。

代金支払条項⑩ | Payment

例文192

◇支払い期日に売主の指定銀行口座に支払うと規定する
◇銀行口座は複数のケースがありうるものとし、銀行と口座番号は、支払い日の10日前までに連絡される
◇銀行の所在地の国、都市は限定がない

Article __ Payment
Subject to the receipt of the documents referred to in Article __ (Documents) and of the Invoices referred to in Article __ (Invoices), the Purchaser shall pay or cause to be paid without set-off or deduction in United States Dollars or its equivalent by telegraphic transfer in immediately available funds for value on the due date all amounts which become due and payable by the Purchaser under this Agreement to the bank account or accounts to be designated from time to time by not less than ten (10) business days' notice to the Purchaser by the Seller.

[和訳]
第__条　支払
　第__条(書類)に規定する書類及び第__条(インボイス)に規定するインボイスを受領することを条件に、買主は、本契約により買主が支払わなければならなくなるすべての金額を、相殺または控除することなく、支払期日にただちに引き出せる資金で、売主による買主への10営業日以上前の通知により随時指定される銀行口座(1または複数の口座)に米ドルまたは同等の通貨をもって電信送金することにより支払い、または支払わせるものとする。

解説

1 ❖to the bank account or accounts to be designated by the Seller
「売主によって指定されるひとつの銀行口座または複数の銀行口座に対し」の意味である。

2 ❖on the due date
「支払い期日に」を指す。

3 ❖due and payable
「支払い期日が到来し、支払い義務がある」ことを意味する。

4 ❖without set-off or deduction
「相殺または控除することなく」を指す。

5 ❖pay or cause to be paid
「支払う、または支払わせる」ことをいう。"cause to be paid"は、自らの代わりに、誰かに支払いをさせることをいう。代わりに支払うのは、トラスティー(trustee; 受託者)であったり、連帯債務者だったり、保証人だったりすることがあろう。契約条項自体からは明瞭でないこともあるが、契約全体から判断できることが多い。通常の単純な契約ではこの

個所(cause to be paid)は不要であり、削除する。

●―第6款　保険条項

　保険条件(insurance)は、輸送の途中で商品が滅失した場合のリスクをカバーするために規定される。売主が買主のために付保する場合に、もっとも詳しく規定される。一方、FOB条件などで、買主が自分でリスクを負担する場合は、売買契約ではあまり規定しなくとも済む。船便と航空便の2つがある。最初は一般的な海上輸送の場合の保険条件の決め方から紹介する。

　保険条件では、船積港で契約商品を本船(vessel)へ引き渡した後、荷揚げ港まで海上輸送されるときに、まず売主・買主のいずれが海上保険を付保するのかを決める。次に、売主が付保する場合、売主・買主のいずれの費用で付保するのか、保険金額をいくらにするか、カバーする危険の範囲をどうするか、を決める。売主・買主のうち、どちらが付保するかは、売買契約の最初に紹介したように、貿易条件をどう取り決めるかで決まる。実務上一般的な貿易条件では、CIF条件の場合には、売主が売主の費用で買主のために海上保険を付保する。

　CIF条件では、インコタームズで売主の義務として基本的な付保条件が規定されている。保険金額には商品価格に買主の期待利益として10%を加えた110%の金額を保険価格とする。また、保険条件として当事者間で取り決めがない場合、FPA条件で付保されることになっている。FPA条件とは、"Free from Particular Average"(分損不担保)をいう。全損(total loss)と共同海損(general average)をカバーする。

　また、保険事故については、通常、担保されるのは、海上固有の危険、火災、投荷(船の遭難の場合)、強盗、船長または船員の悪行から発生する損害についてである。戦争、ストライキ、雨濡れ、さび損、自然発火などは、特約がなければ担保されない。担保されないとは、保険によってその損失がカバーされないという意味である。

　戦争などの保険を担保するためには、売買契約で取り決めておかなければならない。もちろんその分だけ保険料が高くなり、そのコストが売買価格に反映される。

　FOB条件では、海上保険の付保と費用負担の義務は買主側にある。ただ、実務では、FOB条件のもとでも買主が売主に海上保険の付保を依頼することがしばしばある。この場合は、あくまで売主は、買主のために買主の費用で買主の代理人として付保することになる。保険の費用は商品の契約代金(FOB価格)の中には入っていないので、売主から買主に対して別途支払いを請求する必要がある。

　本来のFOB条件での売買の場合は、海上輸送中の商品の危険を負担する買主が自分で付保するから、保険条件の詳細を決める必要はない。

保険条項① | Insurance 　　　　　　　　　　　　　　　　　　例文 193

◇CIF条件による売主の立場に立った規定

> Article ＿＿ Insurance
> 1 The Seller shall, for its own account, effect marine insurance only free from particular average (FPA Institute Cargo Clause) for the amount of CIF value of the Products plus ten (10) percent.
> 2 Any additional insurance required by the Purchaser shall be for the Purchaser's account. The Seller is not under the obligation to effect such additional insurance, unless the Purchaser's written request is received by the Seller at least thirty (30) days before the date of scheduled shipment of the Products.
> 3 Notwithstanding the above, the Seller may, if the Seller deems it necessary or is requested by the Purchaser, insure for an amount in excess of the amount set forth above or risks other than FPA for the Purchaser's account.

[和訳]

> 第＿＿条　保険
> 1　売主は、売主の勘定で、商品のCIF価格プラス10％の金額により分損不担保条件（FPA協会貨物保険約款）の海上保険を付保するものとする。
> 2　買主が要求する追加の保険は、すべて買主の勘定とする。売主は、商品の船積予定日の少なくとも30日前に買主からの書面による要請を受領しなければ、追加の保険を付保する義務を負わないものとする。
> 3　上記の規定にもかかわらず、売主は売主が必要とみなしまたは買主に要請された場合には、上記の金額を超える金額の保険を付保し、またはFPA条件以外の危険に対し買主の勘定で付保できるものとする。

―――― 解説 ――――

1❖CIF条件での海上保険の付保

本例文は、CIF条件での契約について、原則としてインコタームズの義務と同様の付保義務にとどめている（第1項）。ただし第3項で、売主の判断により追加の保険を買主の勘定（account）で付保できることとし、売主の保護を図っている。

2❖FPA

"Free from Particular Average"の略で、「分損を担保しない（free）」条件のこと。この条件のもとでは、通常担保される海上危険による全損と共同海損が担保される。原則として単独海損が担保されない。分損、単独海損（particular average）というのは、海上貨物の一部分のみが損失を被った場合をいう。

3❖Institute Cargo Clause

ロンドン保険業者協会が作成している英文貨物海上保険の約款のことである。さまざま

な保険の種類について規定している。実務上、追加保険としてしばしば問題となるものに、戦争保険(Institute War Risks)などがある。付保の内容をどう取り扱うかは、ビジネス上の問題である。

4 ❖ for the amount of CIF value of the Products plus ten (10) percent

これは、"for the amount of one hundred and ten (110) percent of CIF value"と書くこともできる。

5 ❖ notwithstanding the above

慣用的表現のひとつで、「上記の規定にもかかわらず」という意味である。少し硬い表現であるが、例外を示す表現のひとつである。

例文194 保険条項② | Insurance

◇FOB売買など買主付保の場合の規定

> Article ___ Insurance
> The Purchaser shall effect, at its own expense, marine insurance on each cargo of the Products from the point where such cargo are loaded on/under the deck of the vessel of the port of the shipment.

> [和訳]
> 第___条　保険
> 　買主は、船積港で本商品の各貨物が本船に積み込まれた時点から、買主の費用で、当該貨物に海上保険を付保するものとする。

――― 解説 ―――

1 ❖ effect marine insurance

「海上保険を付保する」という意味である。

2 ❖ where cargo are loaded on/under the deck of the vessel

「本船に荷物が積み込まれたとき」を指す。インコタームズ2000年版までは「本船の舷側欄干を荷物が越えるとき」とされていたが、2010年版でこのように改訂された。詳しくは第3節を参照。

3 ❖ at its own expense

「その費用で」という意味である。前後の文脈から、"at the Purchaser's expenses and account"と同じ意味になる。"expense""account"のいずれか一方の用語だけでもよい。前者は「費用」、後者は「勘定」である。その要した費用の請求先が買主だということを示す。

保険条項③ | Insurance 〔例文195〕

◇CIF条件による買主の立場に立った規定

Article __ Insurance
1. The Seller shall, for its own account, effect All Risks (Institute Cargo Clause) marine insurance with reputable underwriters or insurance companies for the amount of CIF value of the Products plus ten (10) per cent.
2. Upon the request of the Purchaser, the Seller shall, for the account of the Purchaser, provide insurance covering war (Institute War Clause) and SR& CC (Institute Strikes, Riots and Civil Commotion Clause) risks, and/or any other risks as may be requested by the Purchaser.

[和訳]

第__条 保険
1. 売主は、売主の費用で、本商品のCIF価格プラス10％の金額による全危険担保条件（協会貨物保険約款）の海上保険を、評判のよい保険業者または保険会社と契約するものとする。
2. 売主は、買主から請求あるときは、戦争危険（協会戦争危険担保約款）、ストライキ、暴動、騒乱危険（協会ストライキ、暴動、騒乱危険担保約款）及び／または買主から要請されたその他の危険に対する保険を付保するものとする。

――― 解説 ―――

1 ❖All Risks

「全危険担保条件」という。この場合は、全損（total loss）、共同海損（general average）、単独海損（particular average）に担保がつき、通常担保の危険による場合とともに、戦争危険、ストライキ（同盟罷業）危険以外の特殊危険もカバーしている。

2 ❖for the account of the Purchaser

「買主の勘定で」という意味である。"at the expenses of the Purchaser"と同じ意味になる。

保険条項④ | Insurance 〔例文196〕

◇CIF条件による買主の立場に立ってAll Risksを規定する

In case of individual contracts on a CIF basis, marine insurance covering All Risks including, but without limitation, war, strikes, riots, hijacking, confiscation, seizure, requisition, restraint, appropriation and civil commotion, shall be effected by the Seller on behalf of and in the name of the Purchaser, in respect of the Products purchased by it under an individual contract unless the parties agree in writing to the contrary.

Such insurance shall be for the amount of the purchase price specified in the individual contract entered into in respect of such Products plus ten (10) percent.

[和訳]
　　CIF条件による個別契約の場合、両当事者が書面をもって別段に合意しない限り、売主は、個別契約により買主が購入した製品につき、買主に代わり買主の名前により、全危険担保条件による海上保険を付保する。上記の危険は戦争、ストライキ、暴動、ハイジャック、没収、差し押え、徴用、公権力による抑止、収用及び市民騒動の各危険を含むが、それらに限定されない。
　　かかる保険は、当該製品に関して締結した個別契約に明記された購入価格に10％を加えた金額を担保するものとする。

――――――― 解説 ―――――――

1 ❖ 戦争危険

　例文195では、戦争危険は買主から売主に対し特に付保の請求がある場合にのみ、買主の費用で付保される約定であった。

　本例文では、CIF条件の個別契約の場合、戦争危険も付保されるとあらかじめ規定されている。

第3節 特殊条項 Special Terms

ここでは、国際動産売買契約で、これまで見てきた基本的条件、基本的な条項(principal terms)に加えて、取り決めることの多い重要な条項を説明する。

●―第1款　所有権・危険負担の移転時期

インコタームズでは、FOB条件、CIF条件などの場合につき、危険負担(risk)の売主から買主への移転時期を規定している。ところが、所有権(ownership; title)の移転時期についてはまったく規定していない。

危険負担とは、売買契約の対象商品が海上輸送または航空輸送中に、暴風雨・遭難・爆発・火災・盗難などさまざまな理由で傷んだり滅失したりした場合に、その損失を売主・買主のどちらが負担するかという問題である。

FOB、CIF、いずれの条件の場合も、インコタームズ2020年版では、船積港で本船(vessel)に商品を積み込むことによりリスクが買主に移転することを定めている。

契約書では、商品によって慣習上のバリエーションがあるので、正確に取り決める必要がある。たとえば石油、石油製品、穀物などのいわゆるバルキーカーゴでは、タンカーのタンクとホースの接合点(tanker's hose connection; flange connection)であったりする。

所有権は、リスクの移転と同時に移転することが多いが、信用状をともなわない決済方法による場合は、代金の支払い完了まで売主に留保されることもある。また、権利証券である船荷証券の買い取り(negotiation)のときから移転すると取り決めることもある。

ここでタイトル(title)という用語は、実務では広く所有権と呼ばれるが、法律上の正確な訳は「権原」である。単なる所有権ではなく、処分する権能を指す。ここでは、実務の世界の慣習的な表現として所有権という用語を使うが、学者を目指す方は権原という用語を使うよう勧める。ただし、ビジネスの世界では、本来の所有権を意味する"ownership"と権原を意味する"title"をほとんど同じように使っている。権原だと、特殊用語すぎて、ビジネスの世界では通用しない。

ここでは、いくつかのケースについて例文を紹介していく。

危険負担と所有権の移転時期① | Title and Risk　　例文197

◇船積港で積み荷が本船に積み込まれた時点で買主に移転する

> Article ___ Risk and Title
> Risk of and Title to the Products shall pass from the Seller to the Purchaser at the time when the Products or any part of the Products are loaded on/under the deck of the vessel at the port of the shipment.

[和訳]
第__条　危険及び所有権

本製品に関する危険と所有権は、本製品またはその一部が船積港で本船の甲板または船倉に積み込まれた時点で売主から買主に移転するものとする。

解説

1 ❖ 標準的な規定

インコタームズでは、所有権(権原)の移転時期については規定していない。しかし、通常のビジネスパーソンの感覚からいえば、この規定の考え方が一番近い。

2 ❖ インコタームズ2010年版による危険負担移転時期の変更

従来のインコタームズ2000年版までは、売主により輸出・通関された貨物が、本船の舷側欄干を通過したときに危険負担が売主から買主に移転するとされていた。しかし、2010年の改訂で貨物が本船に積み込まれた時点で売主から買主に移転するとされた。

3 ❖ 例外

この規定の通りにいかない面がある。所有権を代金の完全な支払いまで留保するケース、また、書類売買といわれるCIF取引で荷為替信用状で決済されるときは、積み出し港で貨物が本船に積み込まれた時点で所有権が移転するという規定を置いても、実際には、"shipping documents"(船積書類)を保有していないと、商品の処分はできない。船荷証券等の書類が商品を化体(かたい)しているのである。

例文198 危険負担と所有権の移転時期② | Title and Risk

◇リスクは船積港で本船に積み込まれた時点で移転する
◇所有権は本製品代金の決済完了まで売主に留保されると規定する(債権回収の手段)

Article __ Risk and Title
1. Risk of the Products shall pass from the Seller to the Purchaser when the Products are loaded on/under the deck of the ocean-going vessel at the port of loading.
2. In the event that the Products are delivered to the Purchaser before full payment for the Products, the Seller is entitled to retain the title to the Products until the Products have been fully paid.

[和訳]
第__条　危険及び所有権
1. 本製品に関する危険は、船積港で本製品が外航船の甲板または船倉に積み込まれた時点で売主から買主に移転するものとする。

2 本製品が、本製品の代金が全額支払われる前に買主に引き渡される場合、売主は、本製品の代金が全額支払われるまで本製品の所有権を留保することができる。

解説

1❖本規定のねらい

本例文は、売主の立場に立って所有権(権原)を支払い完了まで留保した規定である。"the port of loading"は、貨物を積み込む港という意味で、これまでの例文の"the port of the shipment"と同じ意味である。

2❖所有権留保の規定の役割と限界、注意すべき点

所有権留保の規定は、商品や船積書類が買主側に引き渡されてしまった後では、売掛債権確保上、現実にはどれだけ実効性があるか難しいところである。

第三者にも容易に分かる明認方法(「所有権留保の表示」)を、商品そのものにどのように付すかなど、具体的な方法の実施が必要になる。

危険負担と所有権の移転時期③ | Title and Risk　　例文199

◇船積書類・手形の買い取り銀行への提出・買い取りにより、所有権が船積み時に遡及して移転する
◇リスクは船積港で積み荷が本船に積み込まれた時点で移転する

1 Risk with respect to each shipment of the Products shall pass from the Seller to the Purchaser when the Products are loaded on/under the deck of the vessel at the port of the shipment.
2 Title with respect to each shipment of the Products shall pass from the Seller to the Purchaser when the Seller negotiates relative documents and receives proceeds from the negotiating bank for such shipment with effect retrospect to the time of such shipment.

[和訳]
1 本製品の各船積みに関する危険は、本製品が船積港で本船の甲板または船倉に積み込まれた時点で売主から買主に移転するものとする。
2 本製品の各船積みに関する所有権は、売主が関連書類を手形買い取り銀行に提出し本製品の代金を当該銀行から受領したときに、当該船積み時点に遡及して売主から買主に移転するものとする。

解説

1 ❖ 船積書類の買い取り（negotiation）

　船積みが完了し、売主が船積書類と手形を買い取り銀行に持ち込んで買い取りが終わり、代金を受領した時点で、所有権を船積み時に遡及して買主に移転させる方式である。

2 ❖ 船積書類と信用状の記載の一致と不一致

　船積書類と信用状の表示が完全に一致していることが前提になる。不一致のまま、代金相当額を買い取り銀行から受け取る場合は、実質的には、銀行から輸出者への融資にすぎない。注意を要するところである。なぜなら、信用状の発行銀行は買い取りを拒絶する可能性があるからである。その場合は、売主と買主との間の争いとなる。いずれにせよ、信用状の記載と船積書類の記載に不一致があるために発行銀行が書類の買い取りを拒絶したときは、信用状としての役割が売主にとってはなくなり、回収手段は買主への直接の取り立てしかなくなる。発行銀行の買い取り拒絶を"unpaid"と呼んでいる。

例文200　危険負担と所有権の移転時期④ | Title and Risk

◇石油・石油製品の売買契約に使用される規定

Risk of and title to the Products shall pass from the Seller to the Purchaser when the Products pass the flange connection between the delivery hose and the vessel's intake and loaded on the vessel.

［和訳］

　本製品に関する危険と所有権は、本製品が引き渡し用ホースと本船の貨物受入口のフランジ接続点を通過し、本船に積み込まれた時点で売主から買主に移転する。

解説

1 ❖ 特別なケース——石油・石油製品の売買

　本例文は、石油・石油製品等の売買契約などに使用される製品引き渡しの実務を反映した規定である。ビジネスの実務は、商品ごとに異なる面や慣習があり、それを無視してはならない。

2 ❖ flange connection

　「フランジ接続点」のことである。

危険負担と所有権の移転時期⑤ | Title and Risk　　例文201

◇ソフトウエア製品売買契約のリスクの移転時期の規定
◇リスクは、売主の工場でFOB条件(米国の用語)で運送者に引き渡したときに買主に移転
◇知的財産の権利者の地位は売主に残るという考え方のため、買主に対する所有権移転時期は規定しない

ABC accepts all risks of loss or damage from the delivery of the Software Products to ABC.
Delivery of the Software Products to ABC shall be completed when shipped, FOB KVC's plant in San Francisco.
The term "FOB" shall be interpreted in accordance with the internal laws of California, including the Uniform Commercial Code.

[和訳]
　ABCは、ソフトウエア製品がABCに引き渡された時点から、損害と損傷のすべての危険を負担する。
　ABCに対するソフトウエア製品の引き渡しは、サンフランシスコのKVCの工場でFOB条件で出荷されたときに完了するものとする。
　「FOB」とは、アメリカ統一商事法典を含むカリフォルニア州内法に従って解釈されるものとする。

解説

1 ❖ FOB Seller's plant

　米国では、インコタームズとは異なった貿易条件の定義を使用している。改正アメリカ貿易定義は、長い間米国で親しまれた定義であり、また法律としてもUniform Commercial Code第2編によって、各貿易条件の定義が置かれている。米国のUCCのFOBの定義には、売主の工場で運送人に引き渡すことにより、その引き渡しが完了するものがある。また、相手方(買主)の工場や事務所に納め込む条件もFOBと呼ばれる。インコタームズのFOBにもっとも近い条件は、"FOB Vessel"と呼ばれる。

2 ❖ ソフトウエア製品の引き渡しと所有権の移転問題——titleの移転の規定を置かない

　売買契約や販売店契約等で、ソフトウエア製品が取引されるとき、そのリスクについては規定しやすいし、それほど難しくはない。しかし、所有権や権原となると、通常の工業製品や農産品とは少し事情が異なってくる。引き渡した相手の使用目的や使用者の範囲を限定したり、ライセンスと組み合わせる方式が取られたりすることが多いためである。
　ソフトウエア製品は、誰でも自由に処分でき、転売可能とは割り切れないビジネスなのである。そのため、所有権の移転などの項目は、むしろ規定しない方法が取られることが多い。強いて所有権(title)に触れる場合は、"Proprietary rights"というタイトルで、開発者・ライセンサー側にすべて保有したままとし、移転させないのである。第5章「ライセン

ス契約」で詳しく説明する。

●─第2款　商品の保証(担保)・瑕疵担保に関する条項

　簡単な規定のみの売買契約では、商品・品質条項に関連して、その条項に明示されていない事項、たとえば買主の意図する使用目的に適合するかどうか、販売予定のマーケットで売れるかどうかなどについて、売主側がいかなる保証をしたのか、責任の範囲がどこまでなのかが不明瞭なために、後日、双方の理解の違いから、紛争が起こることがある。

　このような保証(担保)の詳細や特別な保証(担保)については、①約束自体、特に何もない場合、②営業担当者が口頭では説明したり、請け負ったりしたものの契約書には記載しない場合、③後ほどサイドレターで確認する約束にする場合など、さまざまなケースがある。

　実際には、②や③は紛争の宝庫になっている。会社として法的には拘束力がない約束であって、両社の担当者の在任中の個人的な道義上の了解事項なのか、法的拘束力のある契約の一部なのか、そもそもそのような約束があったのかどうかさえも分からなくなることが多いからである。

　国際的な売買契約に関わる紛争の過半数は、この商品の性能・品質、保証の範囲、用途への適合性、商品性の解釈、救済方法と代金支払いをめぐって起きている。

　曖昧な契約書の場合、当事者の解釈の相違を一般的な準拠法や仲裁、裁判により解決するには、時間も費用もかかる。あらかじめ、商品の性能・品質、保証の範囲などにつき明確に取り決めておけば、誤解や紛争を予防するのに役立つ。

　貿易の売買契約の実務では、売主・買主がそれぞれ自社の印刷した裏面約款(一般条項)のフォームの確認書を相手方に送りつけることが広くおこなわれているため、いわゆる書式の戦い(battle of forms)が起こりやすくなる。

例文202　保証・担保条項① | Warranty

◇売主から限定的な保証をおこない、黙示保証を排除する規定

Article ___ Warranty
1　The Seller warrants that the Products shall be free from defects in title.
2　The Seller warrants that the Products will conform to the specifications or quality expressly set forth in this Agreement.
3　THE SELLER DOES NOT MAKE AND HEREBY DISCLAIMS ANY WARRANTY IN RESPECT OF THE PRODUCTS OTHER THAN AS PROVIDED ABOVE IN THIS ARTICLE, WHETHER EXPRESS OR IMPLIED, INCLUDING WITHOUT LIMITATION ANY IMPLIED WARRANTY OF MERCHANTABILITY OR FITNESS FOR ANY PATICULAR PURPOSE.

[和訳]
第__条 保証
1 売主は、本製品の所有権に瑕疵がないことを保証する。
2 売主は、本製品が本契約で明確に規定された仕様または品質に合致することを保証する。
3 売主は、本条の上記規定以外、明示か黙示かを問わず、本製品に関していかなる保証もおこなわず、かかる保証をここに否認する。否認する保証は商品性または何らかの特定の目的への適合性の黙示の保証を含み、それに限定されない。

―――― 解説 ――――

1❖free from defects in title
「所有権(権原)に瑕疵がない」という趣旨である。"free from"というのは、「…がない」という意味を表す慣用的表現である。

2❖本例文の第3項のねらい
契約書に明文の規定のないすべての保証・担保を排除することが第3項のねらいである。

3❖本例文の第3項はなぜ大文字で書かれているのか？
本例文の第3項は、米国の各州で採用されている"Uniform Commercial Code"の黙示保証(あるいは、黙示担保)を課されるのを排除するための、大文字記述である。黙示保証などの規定は、UCCの2-312から2-317にある。この黙示保証を排除するために、UCCの規定の2-316に則って、目立つ(conspicuous)ように第3項を全文、大文字で書いている。目立たない表現だと、規定があったとしてもないと同様の扱いを受ける。フェアではないというのである。

4❖will conform to the specifications
「仕様に合致する」を指す。"will"の個所には、代わりに、"shall"を使用することも多い。この規定の場合は、どちらでも意味はほとんど変わりがない、と考えられる。
"will"のほうが義務の度合いがいくらか弱いというニュアンスの差がある。買主側に立つと、この売主が"will"を使う意図がなんとなく不安で、"shall"への変更を主張するケースが多いであろう。

5❖including without limitation
例示的表現の場合によく使われる慣用的表現である。"including, but not limited to"に置き換えることができる。

6❖disclaim
「保証しない」の意味である。保証を「否定する」(disclaim)ということである。慣用的に、"hereby disclaim"と"hereby"をともなって使用されることが多い。この場合の、"hereby"は、"by this Agreement"(本契約により)あるいは、"by the provisions of this Article"(本条の規定により)を指す。

例文203 売買契約｜保証・担保条項②
例文204 売買契約｜保証・担保条項③
例文205 売買契約｜保証・担保条項④

例文203 保証・担保条項② | Warranty

◇買主の立場に立った保証規定
◇商品性があること、購入目的への適合性を規定

1 The Seller warrants that whether or not the Products have been manufactured by the Seller, the Products are free from all defects in title, design, material and workmanship.
2 The Seller warrants that the Products shall conform to all descriptions, specifications or samples set forth in this Agreement.
3 The Seller warrants that the Products are of merchantable quality, and fit for the purposes for which they are being bought or which are indicated expressly or impliedly by the Purchaser to the Seller or known to the Seller.

［和訳］
1 売主は、本製品を売主が製造したか否かを問わず、本製品が所有権、設計、素材、製造技術の面でまったく瑕疵のないことを保証する。
2 売主は、本製品が本契約に定める細目、仕様または見本に合致することを保証する。
3 売主は、本製品に商品性があること、また、買主の購入目的または買主により明示的もしくは黙示的に売主に伝えられたか売主が知らされた目的に適していることを保証する。

―――― 解説 ――――

1 ❖workmanship
「製造技術・技量」のことをいう。

2 ❖fit for the purposes for which the Products are being bought or which are indicated expressly or impliedly
いわゆる用途への適合性の保証の問題である。購入目的に合致する、または明示的あるいは黙示的に示した用途に合致することを売主に保証（担保）させようというのが、ねらいである。
実際には、どのようにして用途を示したのかは、立証面でなかなか難しい。したがって、購入目的や用途がはっきりしているときは、一般的なこのような規定に頼らず、契約書の規定の本文あるいは添付別紙でよいから、書面により両者で確認することが望ましい。
購入目的を契約の規定で明確に定めたときは、"purpose"を定義された用語として"Purpose"と表示することができる。

保証・担保条項③ | Warranty　　　　　　　　　　　　　　　　例文204

◇自社製品でない場合
◇売主が原則として保証せず、他社（メーカー）の保証を提供するだけの場合

1. The Seller shall not be liable in respect of any warranty or condition as to quality or fitness which would arise by implication of law.
2. The Seller shall nevertheless provide the Purchaser with the benefit obtained by the Seller under the guarantee (if any) which the Seller may have received from the supplier of such Products in respect thereof.

[和訳]
1. 売主は、法律の運用により生ずる品質または適合性に関する保証または条件について、責任を負わないものとする。
2. 上記にかかわらず、売主は、売主が本製品の供給者から品質または適合性について保証を受けるときは、その保証により売主が得た利益を買主に提供するものとする。

―――――――――解説―――――――――

1❖自社製品でない製品の保証の仕方

本例文は、自社製品でない製品について、供給者から受けた保証の範囲で買主に保証を与える方法である。

2❖メーカーが他社からの調達品や部品等の保証をする方法

売主が商社などの場合にしばしば利用される。メーカーの場合でも自社生産でない他社からの調達品の場合、部品の保証は上記のような保証を使用するか、これと同様の目的で次の例文205のドラフトを利用することもできる。

保証・担保条項④ | Warranty　　　　　　　　　　　　　　　　例文205

◇他社からの調達品の保証の与え方
◇メーカー・供給者から受けた保証のみを提供と規定する

In respect of any products not manufactured by the Seller, only the warranty, if any, furnished by the manufacturer or supplier of such Products shall apply.

[和訳]
売主が製造したのではない製品については、当該製品の製造者または供給者によ

り与えられた保証があれば、その保証のみが適用される。

解説

1 ❖ 他社からの調達製品の保証
　もちろん他社からの調達品であっても、あたかも自社製品であると同様の保証を与えることも多く、むしろそのほうが一般的であろう。ただ、売主の立場に立てば、買主との間で話し合いさえつけば、本例文や例文204のように、供給者から受けた保証のみの範囲に限って、リスクの限界を明確にできることを紹介したいために取り上げた。"as is"ベース（現状有姿渡し）の一切責任を負わない方式よりは、良心的だと考えられる。

2 ❖ 供給者の保証を付与する方式
　また、商社など事実上の輸入代行のようなビジネスの場合は、仲介業者、中間業者自体の保証やサービス（補修など）はまったく期待されていないことも多い。契約では、余分な保証や責任を負担するよりは、責任の限界を明確にして価格で調整する方法もある。

例文206　保証・担保条項⑤ | Warranty

◇素材・製造技術の瑕疵の修理、一定期間の交換保証を与える規定
◇売主は製品につき、素材と製造技術面で欠陥がないことを保証

Article ___ Warranty
1　The Seller warrants that the Products shall be free from defects in material and workmanship.
2　The Seller's obligation under the warranty set forth above in this Article is limited to repairing or replacing, at the Seller's option, at the Seller's place of business or such other place of the country of shipment as the case may be agreed by the Seller and the Purchaser.
3　The warranty set forth above in this Article shall apply to any part of the Products which, if properly installed, used and maintained by the Purchaser, proves to be defective in material or workmanship within nine (9) months from the date of the bill of lading, provided that the Purchaser notifies the Seller of such defect, within fourteen (14) days from the date the Purchaser finds such defects, in writing, accompanying by the satisfactory proof.
4　The warranty set forth above shall not apply to any part of the Products, which i) is normally consumed in operation, or ii) has been misused or involved in an accident, or modified without the prior written consent of the Seller.

［和訳］
第__条　保証
1　売主は、本製品が素材及び製造技術面で瑕疵がないことを保証する。
2　本条の上記の規定に基づく売主の義務は、売主の選択によって、売主の事業所または場合により売主と買主が合意した船積国の他の場所で修理すること、または交換することに制限される。
3　本条の上記の保証は、買主が適正に設置し使用し維持している本製品のいずれかの部分が船荷証券日より9ヶ月以内に素材または製造技術面で瑕疵のあることが判明した場合、当該部分に適用される。ただし、買主が当該瑕疵に気づいた日より14日以内に、満足できる証拠を添えてその旨書面により売主に通知することを条件とする。
4　上記の保証は、本製品のいずれかの部分がⅰ）正常に使い尽くされた場合、またはⅱ）不正に使用され、事故に巻き込まれ、もしくは売主の書面による事前の同意なく改造された場合には、当該部分に適用されないものとする。

― 解説 ―

1❖本例文のねらい――救済方法の限定

本例文のねらいは、買主の救済方法の限定にある。その意味で、売主の視点から作成されている。ただ、その効果として買主の救済方法が明確になっているので、交渉の結果合意された条項とすると、買主側にとっても納得のいく規定になる。たとえば、保証期間、修理・交換等の手続きや期間が明確になる。

2❖free from defects in title, material and workmanship(第1項)

「権原(所有権と処分権)、素材及び製造技術面で瑕疵がない」という趣旨である。

売主側の保証の代表的なものである。titleは本例文では扱っていないが、この語句の説明用に加えた。

3❖repair or replace at the Seller's place of business(第2項)

「売主の事業所で修理または交換する」という意味である。

この例文規定のねらいは、運送料を、修理または交換を要求する買主に負担させることにある。運送料とその輸送中のリスクをカバーする保険料がコストとして計算され、その分を買主に負担させることによって、あまりにも些細なクレームの提起を防止する働きも期待されている。この"at the Seller's place of business"というフレーズがあるだけで、往復の運送料が買主負担になるわけである。

4❖prove to be defective in material or workmanship(第3項)

「(製品の)素材または製造技術面で瑕疵があることが(買主によって)立証される」との趣旨である。挙証責任または説得力のある説明義務を、買主側に負わせるための規定である。

5❖if properly installed, used and maintained(第3項)

「適正に設置され、使用され維持されている場合には」ということである。適正な設置、使い方、維持がなされていることを条件とした保証である。したがって、この条件が守ら

れていないときは、修理や交換の保証はない。引き渡し時の品質保証と異なり、一定期間（例文では9ヶ月）にわたる保証の場合、その製品の傷み具合と故障は、使い方がキーポイントになる。特に、この種のクレーム問題が多いのは、コンピューター関連の部品・商品やLSI、携帯電話、ソフトウエアなどの先端技術分野である。先端技術分野の商品の販売などにおいては、故障の修理、部品の交換サービスの整備は、重要なマーケティング戦略のひとつとなってきている。

6 ❖(if the Products) has been misused, involved in an accident, or modified without the prior written consent of the Seller（第4項）

「（もし、製品が）不正に使用されたり事故に巻き込まれたり、もしくは売主の書面による事前の同意を得ずに改造されてしまった場合には」という意味である。これも、保証を適用するための条件である。この場合は、保証を適用しないケースを列挙している。第3項の事項は、買主が保証を受けるためにしなければならない条件の列挙であり、第4項の事項は、その保証が受けられなくなるような事項の列挙である。

"if properly used"と"if misused"は対をなしている。契約の挙証責任からいえば、第4項の売主免責の挙証責任は、売主側ということになろう。

例文207 保証・担保条項⑥ | Warranty

◇売主にもっとも有利な規定
◇「現状有姿」で引き渡す条件を規定する

It is specifically confirmed that all of the Goods are hereby sold and delivered to the Purchaser on an "as is" basis. Notwithstanding any of the provisions of this Agreement. THE SELLER EXPRESSLY DISCLAIMS ANY WARRANTY OF CONDITIONS, FITNESS FOR USE OR MERCHANTABILITY.

［和訳］
商品はすべて、ここに、「現状有姿」で買主に売り渡され引き渡されることが明確に確認される。本契約のいずれの規定にもかかわらず、売主は、状態、用途適合性または商品性の保証を明白に否認する。

――――― 解説 ―――――

1 ❖on an "as is" basis

「現状有姿による引き渡し条件」をいう。"with all faults"（あらゆる瑕疵のあるまま）ともいわれ、品質保証が何もない買主に、もっとも不利な条件である。契約締結時にすでに存在している商品の販売などに使われ、特に中古品の売買では珍しくない。カメラ、自動車、土地・家屋、衣服、コンピューター等の中古品の売買では、現在あるがままの商品を

買主が見て確認して納得した上で、購入を決定してもらうという売り方があっても不公正な取引にはならない。偽物であるとかまったく稼動しないということがあれば、詐欺や錯誤の問題が絡んでくる。もし欠陥があれば、売主は知っている限りを買主に開示すべきであろう。

2❖コンピューター・ソフトウエア等と"on an as is basis"

一見"on an as is basis"とは結びつかないはずのコンピューター・ソフトウエアが、現実のビジネスの世界では"on an as is basis"で販売、ライセンスされることがある。

ベンチャー企業がソフトウエアを開発し、その商品を販売・ライセンスするマーケティングを実施しようとすると、新しいチャレンジをしているだけに、その新製品にわずかの不完全さ(隠れた瑕疵)があるかもしれないという危惧と、ひょっとしたら誰か第三者の著作権等の知的財産を侵害しているかもしれない、または侵害していないはずだが侵害しているというクレームを受けるかもしれないという危惧を抱くことが少なくない。

ただ、完全で広範な調査に費用と時間がかけられない。自国内だけでも大変なのに、ましてや遠い外国での著作権調査・商標調査まで手が回らない。第三者の侵害クレームの排除を保証するにもその費用はない。しかし、ベンチャーの自分たちが独自で開発したということは胸を張って言える。

いわゆるベンチャーではなくても、コンピューター・ソフトも先端技術を使った製品も画期的な進歩を遂げている段階では、どこかに性能の不足があり、特定の用途には適しても、他の目的には不具合が出ることがある。

このような状況で、新製品の開発に従事しているソフトメーカーが大手企業など顧客に提案する案のひとつが、本例文の姿勢である。著作権についても同じ立場を取る。第2文の"merchantability"の後に、"non-infringement of the intellectual property of third parties"(第三者の知的財産を侵害していないこと)といった事項を加えるのである。

次に紹介する例文208で、"non-infringement"についても扱う。

3❖ベンチャーのあなたが提案するとしたら?

あなたがこの条項を提案したとしよう。相手先があなたの提案を受けるかどうかは、まず相手先がそのソフト製品の出来映えをどう評価するか、次に相手先があなたの力量・実績とベンチャーとしての信用をどう評価するか次第である。非常に難しい交渉になるのが通常である。しかし、常に拒絶されるとは限らない。これまでの製品群とあなたの研究開発グループのスタッフの水準で判断されることになろう。

ベンチャーによるソフトウエア製品の販売、マーケティングにはあらゆる方法と選択肢があると信じてチャレンジする価値がある。19回失敗しても20回目で成功すれば、100%の勝利なのである。

大企業でも、十分な研究陣と資金の確保ができない条件のもとで果敢に新技術に挑戦しているときは、ここでは敬意を込めて、ベンチャーと呼びたい。

4❖ソフトウエア製品の保証の仕方と保証範囲の制限

"on an as is basis"は、提案する側にとってなかなか交渉が大変である。では、その提案がデッドロックに乗り上げたとき、どの程度の代替案がベンチャーのソフトウエアメーカーに残されているだろうか。次の例文208で考えてみよう。

例文208 保証・担保条項⑦ | Warranty

◇ソフトウエア製品、商品等の販売契約・販売店契約・長期契約等の場合
◇保証範囲を極力限定して規定する
◇仕様への適合性と商標権の保有について保証する
◇商品性・目的への適合性等、黙示保証を否定する
◇第三者の知的財産権の不侵害の黙示保証を排除する

1　KVC warrants and represents that KVC Products will conform to their descriptions set forth in Exhibit A.
2　KVC warrants and represents that the trademarks listed in Exhibit B, including "KVC", "Karen View" and "Karen", are the property of KVC.
3　THE EXPRESS WARRANTIES SET FORTH IN SECTIONS 1 AND 2 ABOVE ARE THE ONLY WARRANTIES GIVEN BY KVC.
KVC MAKES NO OTHER WARRANTIES OR REPRESENTATIONS WITH RESPECT KVC PRODUCTS AND DISCLAIMS ALL WARRANTIES, INCLUDING BUT NOT LIMITED TO IMPLIED WARRANTIES OF MERCHANTABILITY, FITNESS FOR A PARTICULAR PURPOSE AND NON-INFRINGEMENT.

〔和訳〕
1　KVCは、KVC製品が別紙Aに規定する内容に合致することを保証し、表明する。
2　KVCは、別紙Bに記載する「KVC」「カレン・ビュー」「カレン」をはじめとする商標がKVCの財産であることを保証し、表明する。
3　上記の第1項、第2項に規定した明示の保証はKVCが与える唯一の保証である。KVCは、KVC製品に関し他の保証または表明をおこなわず、また、すべての保証を否認する。これは、商品性、特定目的への適合性及び非侵害の黙示の保証を含み、それらに限定されない。

解説

1 ❖warrant and represent
「保証し、表明する」ことを指す。保証は現在だけでなく未来にも及ぶ。表明は、現在の状態についてである。

2 ❖conform to their descriptions
「内容に合致する」「内容に適合する」ことを指す。"descriptions"は、契約の中で、明確に記述されている内容のことをいう。

3 ❖the only warranties given by KVC; no other warranties or representations
いずれも、第1項、第2項で記述した保証と表明がすべてで、それ以外には何の保証も表明もないことを明確にしようとするものである。

4 ❖ disclaim all warranties ...

　この規定は、米国の各州が採用している"Uniform Commercial Code"（アメリカ統一商事法典）の2-316条を意識して規定されている。UCC2-312条から2-318条にわたって、さまざまなimplied warranties; express warrantiesに関わる規定があり、同時にその排除方法が規定されている。第3項がキャピタルレター（大文字）で記述されているのも、そのためである（UCC2-316）。存在が顕著になるように大文字にしているのである。ほかの記述から浮かび上がって見えないような"inconspicuous"（目立たない）だと、記載されていないのと同じ扱いを受ける。つまり、排除の効果がなくなってしまう。

5 ❖ disclaim ... implied warranties of ... and non-infringement

　ねらいは、第三者の知的財産権の侵害をしないという黙示保証を排除することである。ソフトウエア製品でもっとも侵害の恐れのあるのは著作権、次にトレードシークレットあたりであろう。その侵害がないことを保証しないのが、この規定のねらいである。

　ソフトウエアの販売店契約では、著作権は重要な問題である。第三者の著作権を侵害してしまうと、契約条項で誰かが免責されても、結局、商品の流通そのものが差し止められてしまう。ただ実際には、侵害しているのかしていないのかいいがかりに近い紛争も多い。契約では第三者の権利（知的財産権）を侵害しないという保証はないというマーケティングも、ベンチャー、ソフトウエアメーカーにはオプションのひとつである。自らのリスクの限界を確認し、マネジメントをするために、さまざまな手法を編み出して取り組んでいけばよい。

●―第3款　商標・特許・著作権等知的財産に関する条項

　近年、商品の売買に関連して、特許・著作権・商標などのいわゆる知的財産権（intellectual property rights）に関する紛争や訴訟が多発している。近年、トレードシークレット、原産地（country of origin）の表示、半導体チップ回路利用権などの新分野も知的財産とみなされるようになり、先進各国では立法による保護が進んでいる。

　国際売買契約に際しては、1970年代までは特許権、実用新案権、意匠権、商標権を指す工業所有権にのみ配慮すれば十分であったが、今日では上記のようなさまざまな知的財産に対しての注意が必要である。各国の法律では、損害賠償請求権だけでなく差し止め請求権が認められており、知的財産権の侵害は契約書の裏面約款などの一般条件として記載しておけば安全、解決済みという問題ではなくなっている。

　工業所有権という用語も、近年では、現実の産業界の進展に従い古い用語となり、現在は産業財産権という用語に取って代わられている。

　したがって、新製品の生産・取り扱い・購入を開始する前には、対象の商品について、他社・他人の特許、著作権、トレードシークレットなどの知的財産を侵害しないかどうかを調査、確認することが不可欠である。

　万一、侵害の可能性がある場合には、①該当する知的財産権の権利者からのライセンス取得、②侵害を避ける方法の採用、③あらかじめロイヤルティ相当額を価格に織り込んでライ

センスの取得・クレームに備える、などの対応策の決定が必要になる。対応策が採算に合わなければ、生産・販売・事業計画の変更も含め、検討することになる。

　ロイヤルティ相当額を織り込むという上記③の方式が以前は通用した。しかし近年の訴訟戦略では、知的財産権の侵害行為を差し止める仮処分の申し立てや、高額の損害賠償請求訴訟がおこなわれるようになってきた。このことを考慮に入れると、③の方式は安易に選択できなくなってきている。ロイヤルティ相当額で和解を目論むという姿勢では楽天的すぎるという警鐘である。特許・著作権侵害の疑いのある商品を輸出または輸入しようとすると、輸入国の税関で差し止められるリスクがある。

　新商品を扱うには、少なくとも、他者の特許・著作権等を侵害しないという意見書を取りつけた上で、決断すべきであろう。知的財産訴訟に巻き込まれた場合に胸を張って戦うことができる体制を築いてから進出すべき時代になったということである。そのような対応に加えて、知的財産権に関するクレーム発生事態に備えて契約書を書くには、どのような規定を織り込んだらいいのであろうか。

　以下、具体的な事例で見ていくこととする。買主、売主など立場を変えながら考えていただきたい。

例文209 特許、商標等条項① | Patents, Trademarks, etc.

◇売主の立場に立った規定
◇売主は仕向地（輸入者の国）の知的財産権侵害につき免責される
◇売主の国内での知的財産権の侵害についてのみ責任を負担する

Article ___ Patents, Trademarks, etc.
1 The Seller shall not be responsible for any infringement with regard to patents, utility models, designs, trademarks, copyrights, trade secrets or any other intellectual property rights in any country, except for the Seller's country, in connection with the sales, use or delivery of the Products.
2 The Seller shall be responsible to the Purchaser for such infringement in the Seller's country, if the patent, utility model, design, trademark, copyright, trade secret or any other intellectual property right is not designated, selected or provided by the Purchaser.
3 In case any dispute arises in connection with the above right, the Seller reserves the right to terminate unconditionally this Agreement or any further performance of this Agreement at the Seller's discretion.

［和訳］
　第__条　特許、商標等
　1　売主は、本商品の販売、使用または引き渡しに関連して、売主の国を除いたいずれの国でも特許、実用新案、意匠、商標、著作権、トレードシークレッ

トまたは他の知的財産権の侵害に対し、責任を負わないものとする。
2 売主は、売主の国におけるかかる侵害については、その特許、実用新案、意匠、商標、著作権、トレードシークレットまたは他の知的財産権が買主により指定され、選定されまたは提供された場合を除き、買主に対して責任を負うものとする。
3 上記の権利に関して紛争が発生した場合、売主はその裁量により、本契約または本契約のその後の履行を無条件に終了させる権利を留保する。

解説

1❖本例文の規定のねらい

本例文は、売主は、売主の国、すなわち日本からの輸出の場合は日本における知的財産権についてのみ責任を負い、輸出先の国における知的財産権侵害は買主の責任とする取り決めである。

2❖in the Seller's country

同じ趣旨の規定が、日本への輸入の場合に相手方の売主によって主張されたり、または日本の海外進出子会社によって使用されたりすることもある。そのために本例文では、あえて"in Japan"とせず、"in the Seller's country"としたものである。

3❖designated or provided by the Purchaser

「買主により指定または提供された」ということである。

売主の国における知的財産権侵害の問題も、かかる知的財産、たとえば商標や意匠が買主の指定または提供による場合は、売主は責任を負担しないこととしているのは、公平で合理的であるといえよう。

4❖hold harmless and indemnifyとshall not be responsible forの違い

"hold harmless and indemnify"という表現は、本例文では使われていない。しかし、もし使われていたとしたら、本例文の"shall not be responsible for"という表現と効果が異なるか。実際の契約交渉などの場では、第1項の「責任を負わない」の代わりに、"hold harmless and indemnify"というフレーズが使われることがある。

たとえば、"The Seller shall not be responsible for any infringement of the Products ... in the Purchaser's country."に代えて、"The Purchaser shall hold harmless and indemnify the Seller against any infringement of the Products ... in the Purchaser's country."となったとしよう。何が違うのか。元の表現に比べて、売主の買主における知的財産権侵害について免責がよりはっきりするだけでなく、売主は買主における知的財産紛争に巻き込まれても、買主がその費用で守ってくれる(hold harmless)点が明示されることになる。買主は、売主が被害や損失を被らないよう防御する義務がある。

買主側から見れば、"hold harmless the Seller against ..."という表現で受けてしまうと、売主が知的財産紛争で被った損失を補償する責任まで負担することになってしまう。"hold harmless"とは、厳しい責任を問う言葉である。

例文210 売買契約｜特許、商標等条項②
例文211 売買契約｜特許、商標等条項③

例文210 特許、商標等条項② | Patents, Trademarks, etc.

◇買主の立場に立った規定
◇買主免責。売主が全面的な責任を負担する

Article __ Patents, Trademarks, etc.
1 The Seller shall indemnify and hold the Purchaser harmless against any claim or dispute which may arise in connection with infringement of patents, trademarks, utility models, designs, copyrights, trade secrets or any other intellectual property rights in connection with the Products, whether in the Seller's country or the country of destination indicated in this Agreement.
2 The foregoing indemnity shall not apply to the Products manufactured in compliance with the Purchaser's specification or design, pattern, trademark or any other intellectual property designated or provided by the Purchaser.
3 In case of any dispute or claim in connection with any such infringement, the Purchaser may, at its sole discretion, cancel this Agreement or any part of this Agreement without prejudice to any other rights the Purchaser may have under the applicable law or the Agreement.

[和訳]

第__条　特許、商標等
1　売主は、本製品に関連する特許、商標、実用新案、意匠、著作権、トレードシークレット、または他の知的財産権の侵害に関して発生する請求または紛争につき、売主の国で生じたか本契約に規定された仕向国で生じたかを問わず、買主に補償し免責するものとする。
2　上記の補償は、買主の仕様または買主によって指定されたか提供されたデザイン、パターン、商標または他の知的財産に合致させて製造された本製品には、適用されないものとする。
3　かかる侵害に関連して紛争または請求が発生した場合、買主は単独の裁量によって、買主が適用法または本契約により有する他の権利を損なうことなく本契約または本契約の一部を解除することができる。

―― 解説 ――

1❖indemnify and hold harmless
例文209の解説の最後に説明したように、この言い回しを使った取り決めが与える保護の範囲は広く、義務を負う側にとっては非常に厳しい。負担する責任の範囲が広く、相手方が被るあらゆる費用、損失を補償する責任を負う。

2❖indemnityを与える決断の前にすべきこと
このような規定による"indemnity"（補償）の責任を負担するには、あらかじめ相手方の

国、仕向国の知的財産権について熟知し調査を十分おこない、その上での決断としなければならない。相手方が強く主張し、あなたは契約を成立させたかったというだけで合意してはならない。

特許、商標等条項③ | Patents, Trademarks, etc.　　　　例文211
◇売主が一定範囲で相手国での買主の使用による特許権等の侵害の責任を負担する

Article ___ Patents, Trademarks, etc.
1 The Seller warrants that the Products shall be sold and delivered free of any rightful claim of any third party for infringement of any patent, trademark, utility model, design or other industrial rights or copyrights by virtue of the use of the Products by the Purchaser or end users indicated in this Agreement in the Purchaser's country.
2 If the Purchaser receives a claim from any third party for the infringement, the Purchaser shall notify the Seller promptly in writing of the claim and give the Seller information, assistance and the authority to evaluate, defend and settle such claim.
3 The Seller shall, at its option and expense, i) procure for the Purchaser the right to continue using the said Products, ii) replacing the said Products or any part thereof with equivalent non-infringing products, iii) modify the Products to avoid infringement, iv) settle claims, v) remove the said infringing Products and return the purchase price received by the Seller for the Products, or vi) defend such claim.
4 The foregoing warranty shall not apply to i) any Products or part of the Products manufactured in compliance with a) the Purchaser's specification, or b) design, pattern, trademark or any other intellectual property designated or provided by the Purchaser, or ii) any claims for infringement based upon the combination of any Products with products or equipment not provided or sold by this Agreement.

［和訳］
第___条　特許、商標等
1　売主は、買主の国において買主または本契約に定められたエンドユーザーによる製品の使用の故に特許、商標、実用新案、意匠もしくは他の財産権または著作権が侵害されたとする第三者の正当な申し立てのない状態で製品が販売され引き渡されることを保証する。
2　買主が第三者から侵害の申し立てを受けた場合、買主は当該主張を速やかに書面で売主に通知するものとし、当該申し立てを評価し防御し解決するための情報と援助及び権限を売主に与えるものとする。
3　売主は、その選択権と費用により、ⅰ）当該製品を継続して使用する権利を

買主のために確保し、ⅱ）当該製品またはその一部を非侵害品に取り替え、ⅲ）侵害を回避するために当該製品を改造し、ⅳ）申し立てを解決し、ⅴ）侵害製品を排除し、売主が受領した当該製品の代金を返還し、またはⅵ）当該申し立ての防御をするものとする。
4　上記の保証は、以下に対して適用されないものする。ⅰ）a）買主の仕様もしくはb）買主が指定したか提供したデザイン、パターン、商標その他の知的財産に合致させて製造された本製品もしくは本製品の部品、またはⅱ）本契約により提供されるか販売される以外の製品もしくは装置と本製品を組み合わせたことに基づく侵害の申し立て。

解説

1❖本例文のねらい

　売主が知的財産権に関わる買主の国における紛争・クレームについて、その解決を引き受ける代わりに、具体的な解決の方法について売主が自己の裁量で選択できるようにするという考え方である。

2❖コンピューター関連ビジネスと知的財産権

　機械、プラント、先端技術・高付加価値製品、半導体関連製品、コンピューター関連製品、ソフトウエア製品などの取引では、知的財産権に関する問題がとりわけ重要となる。一般裏面約款、印刷フォームに頼るのでなく、個別の取引やプロジェクトごとに、具体的に検討・交渉し・解決すべきであり、価格に影響のある項目として認識することが大切である。

●─第4款　商品の検査、救済の方法に関する条項

　商品が買主に受領された後、受け入れ検査（inspection）をまったく実施しなかったため、瑕疵（欠陥）が発見されたのは実際に使用されてからとなった。そのため手遅れになり、被害が大きくなってしまい、買主から売買対象商品の価格の数十倍という多額の損害賠償額の請求がなされることがある。化学品原材料に不純物が混入しているケース、耐久性または強度に乏しい建設資材なども、このような問題の原因になりやすい。

　また、バルキーカーゴや相場商品などの場合は、国際的な商品価格が下落してくると、それまで起こらなかった品質クレームが発生しやすくなる。また、高技術製品の場合でも、まったく新しい競合品の登場によって受け渡し済みの製品が市場で競争力を失い、売れなくなることがある。このような場合、品質クレームが、引き渡し後、通常（たとえば2週間後）に比べて思いがけないほど遅く（たとえば4ヶ月後に）提起されたり、いつもは少額の価格調整で処理していたようなわずかの品質や規格の違いをもとに、契約解除が主張されたりする。

　したがって、あらかじめ契約書で、下記①～⑥のような項目について、その商品や取引にふさわしい規定を置いておけば、売主・買主間のクレーム処理に非常に役立つ。これは、双

方にとって大切な規定である。上記のマーケットクレームの防止という目的などを考慮すれば、売主にとっても大切な規定である。引き渡された商品に瑕疵(欠陥)が見つかったケースを想定すれば、救済(remedies)を受けられるのか、どのような救済があるのかは、買主にとって重要な規定である。
　①検査(inspection)の時期・程度・対象項目(数量、品質)
　②検査方法、検査人(買主または第三者、検査機関)
　③検査結果(証明書、レポート)の送付
　④クレームの通知方法・内容(添付書類)と通知期間
　⑤クレームが通知期限になされない場合の買主の権利の喪失の規定
　⑥簡単には発見できない瑕疵(隠れたる瑕疵)の取り扱い規定

　このうちクレームの通知期間の規定は、実務上、非常に大切な規定である。クレームの通知期間がいつまでなのか、また通知(notice)がいつ相手に到達したと扱われて通知の効果が発生するのかという規定は、売主と買主にとって非常に重要である。

　検査の結果、商品の瑕疵や欠陥、仕様との不一致、数量不足などが判明した場合に、買主が取ることができる対応処置、権利、救済方法(remedies)の範囲などをあらかじめ取り決めておくことも大切である。
　契約書に明確な規定がなく、後日の話し合いに委ねている場合には、たとえば次のような事柄をめぐって双方の解釈が対立し、紛糾したり、紛争に発展したりすることがある。
　①約定品が引き渡されなかったり、瑕疵(欠陥)があったりした場合に、買主側で、代品の購入や手当てができるか、増加費用や代金との差額を売主に請求できるのかどうか。
　②買主は、契約の全部または一部を解除し、損害賠償の請求ができるのかどうか。
　③買主は間接的、結果的損害まで請求できるかどうか。
　④買主は、数量不足(たとえば、11％の不足)を理由に、契約を解除できるのかどうか。それとも、代金額の調整のみなのか。
　⑤契約で保証された品質の確認は荷揚げ後の検査によっておこなえるのか。それとも、積み地のメーカー工場検査または船積み前の検査結果で最終なのか。
　⑥品質や仕様に適合しない場合、一定の方式で代金減額により調整されるのか、契約の解除や損害賠償請求の紛争に発展していくのか。
　このような事項は、慣行・法律によっても必ずしも明確でないことが多く、売主・買主双方の利害が衝突しがちである。できる限り契約書であらかじめ取り決めておき、解釈の違いによる紛争の発生を予防したい。

例文212 売買契約｜**検査条項①**
例文213 売買契約｜**検査条項②**
例文214 売買契約｜**検査条項③**

例文212 検査条項① | Inspection

◇第三者検査人による船積み前の検査で最終と規定する

Article __ Inspection
The quality and quantity of the Products shall be determined by a mutually acceptable surveyor at the expense of the Seller prior to loading. The Seller shall send a certificate issued by such surveyor of the quality and quantity of the Products to the Purchaser without delay.

［和訳］
第__条　検査
　本製品の品質及び数量は、売主の費用により、相互に受諾できる検査人によって積み込み前に決定される。売主は、本製品の品質及び数量につき当該検査人が発行した証明書を遅滞なく買主に送付する。

---解説---

1❖第三者検査機関

　石油・石油製品、バルキーカーゴなどでは、船積み前の第三者機関・検査人(surveyor)の検査によることが一般的である。本例文はそのもっとも簡単な例のひとつである。

例文213 検査条項② | Inspection

◇原則、船積み前のメーカー検査で最終とする
◇買主による船積み前検査権の留保を規定する

Article __ Inspection
The inspection by the manufacturer of the Products prior to loading shall be final between the Seller and the Purchaser in respect of the quality and quantity of the Products. Provided, however, that the Purchaser shall have the right to inspect the Products by an independent inspection company designated by the Purchaser at the premises of the manufacturer of the Products at such time as may be agreed upon by the Seller and the Purchaser prior to loading.
All costs for such inspection by the Purchaser shall be borne by the Purchaser.

［和訳］
第__条　検査

製造者による積み込み前の本製品の検査は、本製品の品質及び数量について売主と買主間では最終的とする。
　ただし、買主は、買主指定の独立した検査会社により、積み込み前に売主と買主間で合意される時期に本製品の製造者の構内で本製品を検査する権利を有する。
　買主による上記検査の費用はすべて買主の負担とする。

解説

1❖The inspection by the manufacturer of the Products prior to loading shall be final

「製造者による積み込み前の検査で最終的とする」ことである。

　信頼できるメーカーの場合、第三者の検査機関による検査までして費用をかけるよりも、当事者の信頼さえ成立すればメーカー検査最終とする方式も広く採用されている。故意に不正な検査をおこなったり、数値を不正に記入したりするというのは理論的には可能であっても、ビジネスの世界では例外中の例外である。したがって、この検査条項も不合理というわけではない。

2❖The Purchaser shall have the right to inspect the Products by an independent inspection company designated by the Purchaser

「買主は、買主指定の独立した検査会社により本製品を検査する権利を有するものとする」ことである。

　上記の第1項のメーカー検査を最終とするのを通常のルールとしながらも、買主が疑問を抱いたときには、確認のため独立した検査会社を指定、派遣して検査をする権利を保有している。この権利保有自体が、正確で公正な検査をメーカーにさせるよう促す効果があれば一番よい、との期待を持った規定でもある。バランスの取れた仕組みが国際売買の特色でもある。

検査条項③ | Inspection　　　　　　　　　　　　　　　　　　　　例文214

◇買主に有利な規定
◇仕向地到着後の買主検査を最終と規定する

Article ___ Inspection
The Products supplied under this Agreement shall be subject to preliminary inspection of the Seller at the Seller's premises prior to the shipment.
Such inspection, however, shall not, in any way, prejudice the Purchaser's right of inspection of the Products after the delivery at the final destination or rejection of the defective Products.
The inspection by the Purchaser of quality and quantity of the Products after the delivery at the final destination shall be final between the Seller and the Purchaser.

[和訳]
第__条 検査
　本契約に基づき供給される本製品は、出荷前に売主の構内で売主による予備的な検査を受けるものとする。
　ただし、かかる検査は、最終目的地での引き渡し後に本製品を検査し、または瑕疵ある本製品を拒絶する買主の権利をいかなる意味でも損わないものとする。
　最終目的地での引き渡し後に買主がおこなう本製品の品質及び数量の検査は、売主と買主間で最終的とする。

―――― 解説 ――――

1❖The inspection by the Purchaser of quality and quantity of the Products after the delivery at the final destination shall be final
　「最終目的地での引き渡し後に買主がおこなう本製品の品質及び数量の検査は最終的とする」ということである。
　買主によって荷揚げ地でおこなわれる品質及び数量の検査が最終という、買主にもっとも有利な検査条項である。

2❖preliminary inspection
　「予備的検査」のことをいう。
　売主の工場等でおこなわれる検査を単なる予備的検査という扱いにとどめている。たしかに、検査結果を争うためにはもっとも買主に有利な規定であるが、買主は貨物到着後に毎回検査をしなければならないから、検査費用を考えると厳しいものがある。いったん売主の検査で最終とし、歯止めとして随意に第三者検査機関による検査をする権利を保有する規定とどちらが現実的なのか、甲乙つけがたいところがある。相手方をどれだけ信頼できるかによって決めるべき事項である。

3❖FOB条件、CIF条件での積み地検査
　海上輸送による売買では、典型的な貿易条件であるFOBもCIFも、いずれも積み地で引き渡しが完了する。品質、数量も積み地検査が最終というのが原則で、あとはリスク移転後の問題となる。

4❖航空輸送による引き渡し(shipment)と到着後の検査最終
　その意味では、本例文の条件は必ずしも一般的な条件とはいいづらい。ただ、近年増加しつつあるグラムビジネスと呼ばれる航空輸送やソフトウエア製品の販売等では、この条件が適合するケースが多い。航空機による輸送の場合も、用語は"shipment"を使用する。

5❖積み地での引き渡し前検査最終条件の契約で、荷揚げ後、買主が問題を発見したら
　次に、積み地での船積み前の検査が最終とする条件の場合に、荷揚げ後に買主が検査した結果、品違いや規格違いや不良品などが発見されたとき、クレーム提起できないのかどうか。できるとすれば、いつまでに通知をすればよいのか、また、その救済(remedies)の範囲はどうかなどが問題となる。この問題を、次の例文215を見ながら考えていきたい。

クレームと救済に関する条項① | Claim and Remedies

例文 215

◇売主の立場に立った規定
◇クレームと救済の方法を規定する
◇契約違反の賠償責任の限度額を規定する

Article __ Claim and Remedies
1 Any claim by the Purchaser shall be made in writing and shall be received by the Seller within thirty (30) days after the arrival of the Products at the port of destination.
Full written notice of the Purchaser's claim accompanied by a licensed surveyor's report when the quality or quantity of the Products is in dispute shall be sent by registered airmail by the Purchaser to the Seller within twenty (20) days after the above notification.
If the Purchaser fails to comply with the above stipulation, the Purchaser shall be deemed to have waived such claim.
2 In the event of the breach of this Agreement by the Seller, the limit of the Seller's liability shall be for the actual damages directly sustained by the Purchaser from such breach, which shall in no event exceed the purchase price of the Products provided in this Agreement and actually received by the Seller with respect of which the damages shall have occurred.

[和訳]
第__条 クレーム及救済
1 買主によるクレームは書面でなされるものとし、本製品の仕向港到着後30日以内に売主により受領されなければならないものとする。
本製品の品質または数量につき争いがある場合、買主は上記通知後20日以内に、買主のクレームを詳細に記載した書面の通知に公認鑑定人のレポート（検査証明書）を添付して書留航空便によって売主に送付するものとする。
買主が上記の規定に従わない場合、買主は当該クレームを放棄したものとみなされる。
2 売主が本契約に違反した場合、売主の責任限度は当該違反から買主が直接被った実損額とし、いかなる場合も、本契約に規定され売主が実際に受領した、当該賠償製品の売買価格を超えないものとする。

解説

1❖クレームの通知期間

当事者間に取り決めがないときは、適用法によることとなる。通常は合理的な期間とされるが、実際に何日間なのかは分からないことが多い。したがって、当事者間の紛争の原

因になりやすい。本例文の第1項のねらいは、売主の立場から見れば、クレーム提起期間と通知方法を定め、期間経過後は買主のクレームの権利を失わせることにある。

2❖船積み前検査最終条件の契約で、仕向地荷揚げ後検査により、問題が判明した場合

例文212と例文213で、船積み前に検査をおこない、その検査で最終という規定を置いた例文を紹介したが、検査というのは、必ずしも全量についておこなわれるものではない。仕向地での荷揚げ後検査の結果、一部の商品が品違い（たとえば、純度の高い鉱石のはずがきわめて低い鉱石であったり、または契約で指定したブランドの製品でなかったりするケース）であったり、船積み前からの明らかな不良品、規格違いと分かる商品（ステレオのチューナーのはずが、モノラル）の混入が判明することがある。このような場合には、積み地検査最終の検査条件であっても、クレームの対象になる。

3❖クレームの提起の実際──手続き規定

本例文の第1項では、第1段階として、仕向地到着後30日以内にクレームの通知を出し、第2段階としてその通知後20日以内に詳細なクレームと鑑定人のレポートの送付を求めることとしている。クレームの通知期間は、実際の取引、商品、受け入れ検査の実務に即して決めるのが一番で、一般的なルールはない。

4❖損害賠償額の限度──製品価格の100％と50％

第2項の規定のねらいは、売主の立場に立って、品質違反など契約違反の場合の売主の責任、買主の救済方法を限定することにある。間接的または結果的損害の賠償を排除し、賠償額の最高限度をクレーム対象となった製品の価格に抑えるのが主なねらいである。限度額をその価格の全額とする代わりに50％とするのも一案であり、実務上は製品価格の100％と並んで限度額の基準としてよく使われる。

5❖ABC社法務部の新人部員飛鳥凛に出された上司からの宿題

ABC社が買主のケースで、海外（米国）から輸入した商品により転売先の従業員とその家族が食中毒になったという噂が流れてきた。「飛鳥。上記例文と同じ条項がうちの契約にも入っていたとする。その場合、どんなクレームレターを書くか。万一に備えて準備をしておくように」。飛鳥凛は、損害賠償額の限度条項をどのように突破するのだろうか。

例文216 クレームと救済に関する条項② | Claim and Remedies

◇売主の立場に立った規定
◇救済方法、売主の責任の限定をおこなう

Article ___ Claim and Remedies

1 The Purchaser shall give the Seller a written notice of any claim within forty-five (45) days after the date of bill of lading. After that, the Purchaser shall forward full particulars of such claim, accompanied by an authorized surveyor's certificate of inspection of quality and quantity of the Products delivered in dispute, to the Seller by registered airmail within thirty (30) days after such notification.
If the Purchaser fails to comply with the stipulation mentioned above, such claims

shall be deemed to have been waived and absolutely barred.
2. In case of any claim for which the Seller is responsible, the Seller has the option to either repair the defects on the Seller's account or to replace the defective Products or parts thereof or to refund the Purchaser damages not exceeding the amount of invoice value of such defective Products or parts thereof.
3. The Seller shall not in any event be liable for any indirect or incidental damages or any consequential damages, including, but not limited to, loss of profit or loss of use.

The Purchaser shall assume all risks and liability for the damages for loss of third parties, lives or properties resulting from the use of the Products which are delivered under this Agreement.

[和訳]
第＿条　クレーム及び救済
1. 買主は、クレームがあるときは船荷証券の日付けから45日以内に売主に書面で通知する。その後、買主は、上記通知後30日以内に、引き渡された問題の製品の品質と数量に関する公認鑑定人の検査証明書を添えて当該クレームの詳細を記載した書面を書留航空便により売主に送付する。

買主が上記の規定に従わないときは、当該クレームは放棄したものとみなされ、絶対的にしりぞけられる。
2. 売主がそれに対して責任のあるクレームの場合、売主は、売主の勘定によって当該瑕疵を修理するか、瑕疵ある製品またはその部品を取り替えるか、損害額を返還するかを選択するオプションを有する。かかる返還額は、瑕疵ある製品または部品のインボイスの金額を超えないものとする。
3. 売主は、いかなる場合も、間接的もしくは、付随的損害または派生的損害に責任を負わないものとする。これは逸失利益、使用の喪失を含むが、それに限定されない。

買主は、本契約により引き渡された製品を使用した結果もたらされる第三者、生命または財産に対する損害または損失に関わるすべての危険と責任を引き受ける。

解説

1 ❖within forty-five days after the date of bill of lading(第1項)
「船荷証券の日付けから45日以内に」ということである。

第1項はクレーム提起期間の規定である。クレーム通知期間の起算日を船荷証券の日付けとすると、売主にとって分かりやすくなるという利点がある。船荷証券の日付けは確定しており、しかも売主はあらかじめ知っている。「荷揚げ後、買主が発見したときから」などの起算点では、売主には知るすべもない。この点が、船荷証券の日付けからという起算

日の設定が売主に好まれる理由である。

2❖The option to either repair the defects in the Products or to replace the defective Products or parts thereof

「(売主の)本製品の瑕疵を修理するか、瑕疵ある製品またはその部品を取り替えるかを選択するオプション」をいう。

売主側で、修理と取り替えの権利を保有することがこの規定のねらいである。買主側に、その選択権や、契約の解除を認める主導権を与えないのがねらいである。あくまで主導権を売主側で維持し、その上で瑕疵ある履行に対する救済を図ろうとするのである。

3❖indirect or incidental damages or any consequential damages

「間接的もしくは付随的損害または(いかなる)派生的損害」ということである。

第3項の規定は、製品の性質上、使用前の検査の怠慢や不用意な使用による大きな付随的、派生的損害に対する売主の責任負担を防ごうとするものである。これは一般的な規定ではないが、買主による購入製品・資材の使用前の検査や注意を促す効果が期待でき、商品やケースによっては有効に働く。特に化学品では、その資材使用、添加・混入前の検査をしっかりすることによって、派生的な損害を予防するのに有益に働くことが期待される。

ただ、現場と契約交渉を担当する者との間のコミュニケーションが緊密でない場合は、契約書はそもそも読まれないから、このような期待とは無関係になってしまう。現場と契約担当者との間に緊密なコミュニケーションを維持することが、クレーム発生の防止に役立つのである。

例文217 クレームと救済に関する条項③ | Claim and Remedies

◇買主の立場に立った規定
◇クレームの提起は、瑕疵の発見後遅滞なくおこなうと規定する
◇損害賠償額に限度を規定しない
◇瑕疵のある商品について、買主が代品を購入し、その購入価格・費用を売主に請求できると規定する

Article ＿ Claim and Remedies

1　Any claim by the Purchaser, except for latent defects, shall be made in writing as soon as reasonably practicable after the arrival, unpacking and inspection of the Products, whether by the Purchaser or any subsequent purchaser of the Products. The Seller shall be liable for latent defects of the Products at any time after delivery to the Purchaser of the Products or any subsequent purchaser, notwithstanding the inspection and acceptance of the Products by the Purchaser or any subsequent purchaser.

2　In the event of any breach by the Seller of any of the warranties or conditions of this Agreement, the Purchaser shall have the right to reject the Products or to dispose of them for the account of the Seller at such price and time as the Purchaser may deem reasonable and the Seller shall reimburse the Purchaser for any loss, damages or expense incurred in connection with such rejection or disposal.

In addition, the Purchaser may at its option procure replacements or substitutes for the Products for the Seller's account from other sources at such price and time as the Purchaser may deem reasonable, or terminate this Agreement or any part of this Agreement, without prejudice to any other of its rights under this Agreement or applicable law.

[和訳]
第__条　クレーム及び救済
1　買主によるクレームは、隠れたる瑕疵を除き、買主によるか本製品のその後の購入者によるかを問わず、本製品の到着、開梱及び検査後、合理的にできるだけ速やかに書面でなされるものとする。
　売主は、本製品の隠れたる瑕疵については、買主または本製品のその後の購入者による検収にかかわらず、買主またはその後の購入者に対する引き渡し後いつでも責任を負うものとする。
2　本契約上の保証または条件に売主が違反した場合、買主は、本製品を拒絶し、または買主が合理的とみなす価格と時期で売主の勘定で本製品を処分する権利を有するものとし、売主はかかる拒絶または処分に関連して生じた損失、損害または費用を買主に補償するものとする。
　加えて、買主は、そのオプションにより、買主が合理的とみなす価格と時期で、他の供給元から取替品または代替品を売主の勘定で手当てすることができ、または本契約もしくは適用法上の他のいかなる権利も損なうことなく、本契約もしくはその一部を解除することができる。

―――― 解説 ――――

1❖第1項のねらい
　買主のクレーム提起のための期間を大幅に延ばすこと、隠れた瑕疵については提起期限を撤廃すること、が買主のねらいである。

2❖第2項のねらい
　保証(warranty)違反の場合における買主の救済手段を広げ、代品の購入手当てのオプションも保有している。米国のUCCなどでは、代品購入権が具体的に規定されているが、国際取引の準拠法がどうなるか、準拠法は契約交渉では最後まで分からないことが多い。契約書で、買主側として準拠法にかかわらず代品購入権を保有することを明確に取り決めるのがねらいである。

●―第5款　テイク・オア・ペイ条項

テイク・オア・ペイ条項(Take or Pay Clause)は、長期売買契約ではしばしば見られる規定である。買主にとっては非常に厳しい内容である。

国際動産売買契約では、通常、商品の引き渡しと代金の支払いは互いに履行の条件となっており、引き渡しがないのに代金を支払うことはない。しかしながら実際には、農産物や鉱産物などの輸入では、生産者に集荷や採掘の資金を供給するために、代金相当額の一部またはほとんど全部を、買主が生産者に前渡金として支払ったりすることがある。

さらにもっと複雑なケースでは、ファイナンサーからの生産者に対する資金供与と、生産者と生産物の買主との間の長期引き取り契約に基づく売掛代金債権とをセットに考えて、いわゆるプロジェクト・ファイナンスが組まれることがある。

後者の場合には、生産者からの長期引き取り契約に基づく売掛代金債権がファイナンサーに譲渡されることも多く、このようなケースの長期売買契約にはしばしば「テイク・オア・ペイ条項」が置かれる。この規定を含んだ売買契約自体が、いわばファイナンスの資金供与の担保になっているのである。引き渡し義務が履行されていない段階での譲渡であるから、債権譲渡というにはやや無理がある。債権譲渡予約というのが現実であろう。農産物が不作だったり鉱産物が事故や争議等のために採掘できなかったりすれば、テイク・オア・ペイともいえない。

それでは、テイク・オア・ペイとはそもそもどういう意味か。"Take or Pay"は、「生産物を引き取るか、または支払え」という意味からきている。通常、各四半期または半年ごとに買主が引き取る最低数量(minimum quantity)が規定されていて、万一引き取れない場合は、あたかも引き取ったかのように代金支払い義務を果たさなければならない。

この条項は、農産物や鉱産物など、開発をともなう発展途上国からの生産物の輸入契約にしばしば規定される。発展途上国からの輸入だけでなく、鉱産物、石油製品、エネルギー源となる原材料品などの安定確保を目的とする長期契約で、売主側のドラフトに挿入されていることがある。

買主にとっては大きな負担とリスクを長期間にわたって負担することになる。引き取ることができなくなったとき、引き取り義務の免除(release)を受けようとすると、買主は売主から売買代金に匹敵する多額の賠償金の支払請求を受けることになるので、テイク・オア・ペイ条項には注意が必要である。承知の上でリスクを負担する場合は、万一の場合、リスクをどのように分散、吸収するのか、その方法をしっかり考えておくことが必要である。

例文218　テイク・オア・ペイ条項 | Take or Pay

◇標準的な条項(「引き取るか、さもなければ支払え」)
◇引き取る義務のある数量については、代金支払いの義務が発生する

Article ___ Take or Pay
1 In case all or part of the quarterly minimum quantity of the Products set forth in this Agreement is not taken by the Purchaser, on or before the last day of the quar-

ter immediately succeeding each quarter during which the Purchaser is obliged to take delivery under this Agreement, the Purchaser shall pay to the Seller for the quantity of the Products which has not been taken by the Purchaser the price which would have been payable for such quantity of the Products, if taken.
2 The Purchaser shall be entitled to take the paid quantity of the Products on or before the end of the quarter immediately succeeding the quarter in which the Purchaser has paid the quantity which has not been taken by the Purchaser.

［和訳］
第__条　テイク・オア・ペイ
1　本契約に定める本製品の四半期ごとの最低購入量の全部または一部を、本契約に基づき買主に引き取り義務のある各四半期の直後の四半期の最終日までに買主が引き取らない場合、買主は、買主が引き取らなかった数量につき、当該数量を引き取っていたら支払わなければならなかった代金を売主に支払うものとする。
2　買主は、買主が引き取らなかった数量については買主が支払いをした四半期の直後の四半期の末日までに、代金を支払った分の本製品を引き取ることができる。

―――――― 解説 ――――――

1❖テイク・オア・ペイ条項の内容をどう検討するか

　テイク・オア・ペイ条項は、そのプロジェクト・ファイナンス全体のスキームを構築する中で決まるという性格上、さまざまなバリエーションがある。テイク・オア・ペイ条項については、実務担当者は具体的なケースに即して、実際に引き取りや支払いのスケジュールを表に書いて検討する必要がある。

2❖テイク・オア・ペイ条項のリスク

　買主側の事由で製品を引き取れない場合は、継続して長期間にわたり支払い義務が発生するから、リスクの性格と役割は、生産者のファイナンサーに対する借入金、前渡金の返済債務を肩代わりしているのと一部類似する。それだけのリスクを長期的に負担することになる。売買契約のリスクの比ではない。買主は、その資金があてにされているという意味では、生産者や売主の銀行等からの借入金の返済について実質的な保証人の立場に置かれるのである。生産者には返済のための自己資金、財源がない。

　法務部門をはじめ、財務部門などと一緒に検討することも必要、あるいは有益であろう。

●―第6款　ファースト・リフューザル・ライト条項

　ファースト・リフューザル・ライト条項とは、長期売買契約で、買主側にとって有利な権利を確保するための条項である。長期売買契約で売主側の製品の生産・供給に余裕ができた場合に、買主に優先的にオファーし、購入の機会を与えるという条項である。

　売主が、長期契約の買主に真っ先（first）に通知（offer）し、買主が、一定期間内に、この権利を行使してオファーされた数量を買い入れるか、それともこの権利を行使しない（refusal）かを決定する機会が与えられるので、「ファースト・リフューザル・ライト」と呼ぶ。

　ファースト・リフューザル・ライトには、確定した適切な和訳がない。株主間協定やライセンス契約でもそれぞれ株式、類似の技術・知的財産のライセンスについて使用されることがある。売買契約でのファースト・リフューザル・ライトを強いて日本語に訳すとすれば、「先買権」「優先購入権」あたりが適当だろう。これを行使することは、オファーを受けた数量を購入することを意味する。英語では、"first refusal right" "right of first refusal" のどちらのいい方も使用する。

例文219　ファースト・リフューザル・ライト条項　│ Right of First Refusal

◇簡単な仕組みの規定

In the event the Seller should have quantities of the Products available for sale, the Seller shall notify the Purchaser of such quantities, and the Purchaser shall have the first right to purchase such quantities or any part thereof under the same terms and conditions of this Agreement.

If the Purchaser chooses to purchase such quantities of the Products or any part thereof, the Purchaser shall so advise the Seller specifying the quantities of the Products to be purchased, within twenty (20) days after receipt of notice of the availability of such quantities from the Seller. In the event that the Purchaser does not wish to purchase all or any part of the Products from the Seller, the Purchaser shall so advise the Seller and shall not be obliged to purchase such quantities of the Products. In case the Purchaser fails to advise the Seller of its intention of selection within the said twenty (20) days, then the Purchaser shall be deemed to have waived its right to purchase such quantities so offered.

［和訳］

　売主は販売できる本製品に余裕数量がある場合には、買主に当該数量を通知するものとし、買主は当該数量の全部または一部を本契約と同じ条件で優先的に購入する権利を有するものとする。

　買主がその全部または一部の本製品の購入を選択する場合、買主は、売主からの当該数量の提供申し出通知を受領後20日以内に、購入する数量を指定して購入意思を売主に連絡する。買主が売主から当該数量の全部または一部を購入することを希

望しない場合も、買主は、その旨売主に連絡するものとし、買主は、なんら購入する義務を負わないものとする。買主が、上記20日以内に買主が選択した意思を売主に連絡しなかった場合には、買主は申し出を受けた数量の製品を購入する権利を放棄したとみなされる。

解説
---

1 ❖ the first right to purchase such quantities of the Products for sale

「販売できる本製品の数量を優先的に購入する権利」のことである。

ファースト・リフューザル・ライトという用語には、拒絶という響きがあるが、実際の意味は、最初に購入を検討し、希望すれば最優先的に購入できるという権利のことである。不要ならば、購入を見送ればよいのである。

2 ❖ 最恵国待遇とファースト・リフューザル・ライト

本例文は簡単な仕組みを規定しているが、実際のケースではさまざまである。たとえば、最恵国待遇類似の最優遇カスタマーとして扱うという趣旨が混在したファースト・リフューザル・ライトもある。売主が当初、買主よりも有利なオファーを第三者にしようとするときに、当初の買主にも、まず同じ金額でオファーする義務を売主に負わせ、詳細な手続きを決めたりすることがある。つまり、同じ価格条件なら、買主に優先的な購入権が確保される仕組みが規定されるのである。

第1部　第5章　ライセンス契約

第1節 知的財産ライセンス契約の特徴

　最近では、企業活動の国際化・ボーダーレス化を反映して、国際取引も多彩になっている。契約の種類も多岐にわたる。なかでも、いわゆる知的財産を取引の対象とする契約はとりわけ重要性を増してきており、注意が必要である。知的財産取引には、著作権、トレードシークレット、商標、特許、コンピューター・ソフトウエア、映像・音楽作品等さまざまなものがある。知的財産をライセンスすることもあれば、売買の対象とすることもある。

　知的財産取引とはどのようなものか。契約条項の具体的な内容、表現、用語はどのようなものか。売買契約とどのように異なるのか。契約の種類はどのようなものがあるのか。

　まず、代表的な知的財産取引であるライセンス契約の特徴と書き方、代表的条項と用語を紹介する。

●─第1款　知的財産重視の時代

　1980年代初めの頃から、米国をはじめとする先進諸国では、いわゆる知的財産権を強化・重視する傾向が強くなってきた。米国では、裁判所が特許侵害事件において均等論などに基づき、特許権をはじめとする知的財産権の範囲や侵害を広く認定している。その上、知的財産権の侵害における損害賠償額の算定を権利者に有利に変更したため、損害賠償は巨額化、高率化（みなしロイヤルティ）している。

　また、1980年代より、米国を先駆として各国で知的財産権保護立法が次々と制定され、従来の特許権の強化に加えて、半導体チップ、コンピューター・プログラムなどを著作権法で保護するようになった。また著作権法や不正競争防止法の相次ぐ改正により、デザイン、音楽、映像、通信、キャラクター・マーチャンダイジング、エンターテインメント分野などの著作権、著作隣接権（neighboring rights）の保護の強化もなされ、その後著作権法・不正競争防止法は改正を重ね、営業秘密の保護が厚くなってきている。

　日本においても、不正競争防止法の改正により、1991年6月から営業秘密（トレードシークレット；trade secret）の保護が強化されている。米国ではトレードシークレットの保護は以前から非常に厳格であり、国際企業間の深刻な紛争に発展することがしばしばある。米国のトレードシークレットの保護は、各州の州法（トレードシークレット保護法）によっておこなわれている。

　また日本では1992年4月には、商標法の改正により、サービスマークの登録出願ができるようになり、保護の対象となったのに続き、1992年9月から、関税局通達「知的財産侵害物品の取り締まりについて」が実施され、関税定率法第21条による特許、実用新案、意匠、商標、著作権、著作隣接権を侵害する物品の輸入の取り締まりが強化された。

　現在では関税定率法第21条に代えて、関税法第69条のⅡによりこうした知的財産権を侵害する物品の輸入を禁止している。

●―第2款　知的財産分野の取引の特色

　知的財産分野の取引の特色は、物品などの売買取引と比べて、①取引・ライセンスの対象、②契約対象品、技術の客観的な価値(value; price)、③契約対象品、技術またはマーケットそのものの寿命(term)などの見極めが容易でない点にある。

　法的な面から見れば、①法律によって保護される権利があるのかどうか、②権利があるとした場合、その範囲はどうなのか、侵害品・侵害技術に対する排除権行使ができるのか、また、③秘密の保持は大切だが、コピー(模倣)されやすいため現実に実効性のある秘密保持が可能かどうか、などの問題がある。しかも、各国はそれぞれ、自国民が適切と考え選択した知的財産保護制度(法と執行機関)を保有し、運営している。

　対象技術、ソフト、関連マーケットが絶えず進歩を続けるには、しっかりした法的・技術的リスクの認識・分析と、その対応のための細心の注意が必要である。

　知的財産取引は、他の契約の分野と比べると、非常に多彩である。その理由は、いわゆる知的財産と呼ばれるものが、人生を豊かにするもの、人の夢を実現しようとするさまざまなものを扱っているからである。暮らしを豊かにする画期的な製品、感動を呼び起こす映画・ストーリー・音楽・書物、また子供・青少年たちを楽しませるアミューズメント施設・キャラクター、さらには健康を守ったり資産を運用したり保護したりするノウハウ・成果(エキスパートシステム、薬品等)など、さまざまなものが特許、著作権、トレードシークレットなどの名前のもとに、知的財産として取引の対象となる。それには技術者(工学)、芸術家(作曲家、歌手、画家)、デザイナー、映画監督、作家、漫画家、エンターテイナー、映画会社、俳優、法律家等――あらゆる分野の人々が関わってくる。

　実務上、取り扱われることの多い主要な知的財産関連取引契約を列挙してみると、次のようになる。

①特許、ノウハウ(技術、トレードシークレットを含む)、商標、意匠(デザイン)、コンピューター・プログラム(ソフトウエア)などのライセンス契約
②新製品、新技術、ソフトウエアなどの研究開発委託、共同研究契約
③トレードシークレット開示契約
④知的財産・技術の評価契約
⑤知的財産(映画・ソフトウエア等)の販売店契約(Distribution Agreement)
⑥映画・テレビ(TV)番組・広告へのプロダクション所属アーティスト(artist)の出演(貸し出し)契約
⑦映画・テレビ(TV)番組の共同製作・配給契約
⑧映画・テレビ(TV)・音楽ソフトウエアの放映、放送権ライセンスに関する契約
⑨映画・音楽ソフト、エンターテインメント事業への投資・資本参加・M&Aに関する契約
⑩出版契約
⑪キャラクター・マーチャンダイジング(character merchandising; 商品化)に関わるライセンス契約
⑫秘密保持契約
⑬知的財産に関するコンサルタント契約、サービス提供契約

⑭情報・調査提供サービス契約
⑮ブランド・技術・ソフト開発などの知的財産に関わる事業の買収・出資に関する契約
⑯知的財産の譲渡に関わる契約
⑰知的財産に関わる担保設定契約（質権設定、譲渡担保契約等）
⑱知的財産（ソースコード、トレードシークレットなど）のエスクロウ契約（Escrow Agreement）
⑲知的財産に関わる紛争の和解契約（Settlement Agreement; License Agreement）

　ここではまず、知的財産契約の基本となる「ライセンス契約」について、その特色と主要条項、用語を紹介し、あわせて代表的な主要条項について例文を紹介する。そして次に、映画・映像作品の製作・販売（ライセンス）・商品化等について、その分野でのビジネスの発展・拡大を踏まえ、本増補改訂版では新たに「エンターテインメント契約」（第10章）を設けて例文を紹介し、詳細に解説を試みることにする。
　現実のライセンス契約でライセンシーが遭遇する一番困難（タフ）な問題に、①軌道に乗ったビジネスについて、ライセンサー側から思いがけない解除通知（更新拒絶）がなされるケース、及び②開示・使用許諾を受けた営業秘密の陳腐化、重要特許の失効によりライセンスの経済的価値が消滅しているのに高額のミニマム・ロイヤルティの支払義務を長期（契約期間）にわたり負担しているケースがある。拙著『英文契約書の読み方』（日経文庫、2006年）の第Ⅰ章（pp. 19-28）でもエピソードとして取り上げたので、参照されたい。

　日本においても、2009年8月1日から国連物品売買統一法条約（CISG）が発効した。現実に米国等の判例を見てみると、本条約は当初意図された国際物品売買のみならず、形式的にはライセンス契約の形を取るIT取引契約やソフトウエア取引にも適用されることがある。したがって、本条約の適用を本章で扱ったソフトウエアのライセンス契約等に適用されないようにするためには、準拠法を単に日本法、ニューヨーク州法、カリフォルニア州法と定めるだけでは不十分である。なぜなら、国際動産売買については既にCISGが日本法、ニューヨーク州法、カリフォルニア州法それぞれの一部となっているからである。例文084、例文085等で説明したように、明確なCISGの適用排除文言を使うことが必要である。あるいは、排除の方法として英国法のように本条約の加盟国でない国の法律を準拠法と規定することも現在は有効である。

第2節 ライセンス契約の主要条項

ライセンス契約の主要条項には、以下のものがある。
①主要用語の定義――特許、技術情報、ライセンス対象地域など
②特許、ノウハウ、著作権の実施権の許諾条項――独占的実施権の許諾の有無、実施許諾の地域、ソフトウエアなどの場合の使途・使用場所、複製の制限等
③技術情報の開示
④技術指導――技術指導のためのライセンシー(ライセンスを受ける側)への技術者の派遣、トレーニングのためのライセンシー技術者の派遣の受け入れ、教育
⑤商標の使用許諾――ライセンサーの商標の使用権、使用義務の有無
⑥ロイヤルティと支払い条件――ミニマム・ロイヤルティ、ランニング・ロイヤルティの計算義務、イニシャル・ペイメントの有無、ロイヤルティの支払い方法
⑦最優遇条項(most favorable terms)
⑧計算、記録保管義務――報告、ライセンサーの検査の受け入れ
⑨改良技術の供与・使用許諾――ライセンシーによる改良・開発技術のライセンサーへのグラントバック、ライセンサーの改良技術のライセンシーへの開示と使用許諾
⑩ライセンサーの保証と第三者の侵害排除に対する責任負担――第三者からの特許、著作権等知的財産侵害訴訟・クレームに対する対応、第三者からの侵害に対する排除の責任負担
⑪損害賠償額の限度(limitation on liability)
⑫秘密保持条項――契約期間終了後の一定期間の義務継続
⑬契約期間条項――中途解除権、更新権(right to renew)
⑭中途解除、契約終了後の権利義務――ライセンス契約終了後でプラント建設済みの場合、ノウハウの継続使用の可否、技術情報・資料の返還、独占禁止法ガイドライン
⑮ノンアサーション(不争)条項
⑯ライセンス契約の譲渡制限と子会社への再許諾(extension)
⑰不可抗力
⑱米国政府等各国政府による戦略的技術など技術輸出規制の遵守

ライセンス契約に列挙した条項が、すべて必要というわけではない。それぞれの条件について、どう考え、どのように取り決めるかを決定することが大事なのである。
このような条項に加えて、第3章で紹介した一般条項等を規定する。

第1款　前文とリサイタル条項

例文220　前文とリサイタル条項① | Preamble and Recitals

◇特許・営業秘密ライセンス契約での場合
◇斬新なスタイル

LICENSE AGREEMENT

This Agreement is made as of _____ th day of _____, 20__, between: Karen View Corporation, a California corporation, with its principal office at _____ _____ San Francisco, California, _____ USA ("Licensor"), and Aurora Borealis Corporation, a Japanese corporation, with its principal office at _____ _____, Tokyo _____ Japan ("ABC").

RECITALS

1 ABC desires to obtain a license under certain Patents (as defined in this Agreement) and Proprietary Information (as defined in this Agreement) owned by Licensor relating to a _____;

2 Licensor is willing to grant a license under such patents and proprietary information upon the terms and conditions set forth under this Agreement;

3 Licensor and ABC each represent that it is fully authorized to deal generally with and to make this Agreement respecting the subject matter hereof.

AGREEMENT

NOW THEREFORE, in consideration of the promises and the mutual covenants, hereinafter contained, the parties hereto agree as follows:

［和訳］

ライセンス契約

　米国＿＿カリフォルニア州サンフランシスコ市＿＿＿＿＿＿に主たる事務所を有するカリフォルニア州法人のカレン・ビュー・コーポレーション（「ライセンサー」）と、日本国＿＿＿＿＿東京都＿＿＿＿＿に主たる事務所を有する日本法人オーロラ・ボレアリス株式会社（「ABC」）とは、20＿年＿＿月＿＿日付けで、次の通り契約を締結した。

経緯

1　ABCは、ライセンサーが所有する＿＿＿＿＿＿＿＿＿＿＿＿＿＿＿＿＿＿＿に関するある特許（本契約で定義する）と営業秘密（本契約で定義する）に基づく実施許諾を得たいと希望しており、

2　ライセンサーは、本契約で規定する条件及び条項に従って、かかる特許と営業

秘密を許諾する用意があり、
3　ライセンサーとABCは、それぞれ、本契約の主題について全般的に取引し、本契約を締結する全面的な権限を授与されていることを表明する。

合意事項

　よって、ここに、本契約に含まれる約束と相互の誓約を約因として、両当事者は、以下の通り、合意する。

解説

1 ❖patents
　「特許」のことである。定義は契約書中でなされるという前提で、この用語(patents)が使用されている。頭文字が大文字の場合、通常、用語の定義がなされることを意味している。特許は、特許権とも訳す。特許取得のためには、通常、特許庁に特許を出願し、その審査を経た上で初めて登録され特許権が付与される。特許出願中の発明は、"patent application"であり、特許権とは区別される。その意味では、"patents"とは、通常は、"registered patents"(登録された特許)を指す。ただ、発明の保護の仕方には、先発明主義という制度がある国(米国)があり、必ずしも出願や登録だけが決め手とはいいきれない。

2 ❖proprietary information
　特許出願せず、秘密を保持することによって価値を保っているもの(発明、技術情報を含む)を含めて、"proprietary information""proprietary rights""trade secrets"と呼ぶことがある。"technical information"と呼ぶこともある。その厳密な意味が必ずしも明瞭ではないので、この用語を契約で使うときは定義が必要である。この用語には、特許を含んでいることも、含んでいないこともある。それぞれ、文脈と定義による。訳し方もさまざまであり、「営業秘密」「財産的価値ある情報」「専有情報」などがある。技術情報より範囲が広い。

3 ❖斬新なスタイルと用語
　この前文で使用されているスタイルと用語は、伝統的なスタイルに比べると、少し斬新である。次の例文221のスタイルと比べてみるとよい。

前文とリサイタル条項② | Preamble and Recitals　　例文221

◇ソフトウエア著作権ライセンス契約の場合
◇一定地域における独占的なライセンス・ディストリビューション権を付与、取得する場合

Software License and Distribution Agreement

THIS AGREEMENT is made on the seventh day of April, 20__, between
(1) Karen View Entertainment Inc., a _____ corporation, having its principal office at xxx _____ Street, _____, _____ _____, _____ ("KVE"), and;
(2) Aurora Borealis Corporation, a Japanese corporation, having its principal office at

x-x, Kanda Surugadai 1 chome, Chiyoda-ku, Tokyo, 101-xxxx Japan("ABC").

WHEREAS, KVE has developed, markets and licenses on a world-wide basis and owns all copyrights and other proprietary rights to or has the right to license the computer software programs called "Karen" (the "Programs"), as described more fully in Exhibit A attached hereto;

WHEREAS, ABC has considerable experience in connection with the promotion, advertising, marketing, licensing the computer software programs within the country of ＿＿＿＿ ＿＿＿＿＿＿＿＿＿ ("Territory"), and desires to obtain an exclusive license from KVE to market and sublicense the Programs in the Territory.

NOW, THEREFORE, in consideration of the mutual promises and covenants herein contained, the parties hereto agree as follows:

Article 1 Grant of License

［和訳］
ソフトウエア・ライセンス及びディストリビューション契約
　本契約は、(1)＿＿＿＿＿国＿＿＿＿＿州＿＿＿＿＿市＿＿＿＿＿＿＿ストリートxxx番地に主たる事務所を有する＿＿＿＿＿＿州法人のカレン・ビュー・エンターテインメント株式会社（以下「KVE」という）と、(2)〒101-xxxx 日本国東京都千代田区神田駿河台1丁目x-xに主たる事務所を有するオーロラ・ボレアリス株式会社（以下「ABC」という）との間に、20__年4月7日に締結される。
契約締結にいたる経緯
　KVEは、世界に向けて、「カレン」という名称で呼ばれるコンピューター・ソフトウエア・プログラム（添付別紙Aに詳細を規定）（以下「本プログラム」という）を開発、販売、使用許諾しており、かつ、本プログラムの著作権及び他のすべての所有権を保有し、本プログラムを使用許諾する権利を所有している。
　ABCは、＿＿＿＿＿＿＿の地域（以下「許諾地域」という）でコンピューター・ソフトウエア・プログラムの販売促進、マーケティング、ライセンシングに関して相当の経験を有しており、かつKVEから、許諾地域でプログラムのマーケティングに関する独占的ライセンスを得ると同時に、サブライセンスの権利の取得をも希望するものである。
　そこで、ここに本契約に含まれる相互の約束と誓約を約因として、両当事者は以下の通り、合意する。
第1条　使用許諾

解説

1 ❖ コンピューター・プログラムのライセンス・販売店契約の前文

ライセンサーがコンピューター・プログラムをどのようにして開発したか、あるいは、どのような経緯でライセンサーがこの契約でライセンスをする権利があるのかを簡潔に説明する。厳密には契約の一部ではないが、商品と両当事者との関わりなどが簡潔に紹介されているので、一種の表明、あるいは契約を締結する動機を説明していることになる。

2 ❖ スタイル

契約の内容は斬新なプログラムのライセンス・販売であるが、契約書のスタイルは斬新とはいえない。むしろ、もっとも伝統的で古典的なスタイルである。

使われている用語も、"WHEREAS" "NOW, THEREFORE" "covenants" などという古い用語ばかりである。ただ、現在のコンピューター・プログラムの販売・ライセンス契約交渉でも、この用語とスタイルが相手方から提案される契約書のスタイルとしてはまだ一般的なので、慣れておくことは必要である。自分から作成・提案するスタイルとしては、例文220のように、斬新なスタイルを使えばよい。

リサイタル条項① | Recitals 〔例文222〕

◇ソフトウエア・プログラムの使用許諾契約に関わる非独占的な権利を許諾する場合
◇第三者が開発し、著作権を保有しているソフトウエアの使用許諾契約

> WHEREAS, KVE has the right to grant a license to customers in ＿＿＿＿＿＿＿＿ (the "Territory") to use a computer software program called "Robin", developed by Robin Hood Company Limited of ＿＿＿＿＿＿, England; and, WHEREAS, ABC desires to obtain and KVE is willing to grant to ABC the said license.

> ［和訳］
> KVEは英国＿＿＿＿＿のロビン・フッド・カンパニー・リミテッドによって開発された「ロビン」と呼ばれるコンピューター・ソフトウエア・プログラムを＿＿＿＿＿＿＿＿＿＿＿＿＿＿＿（「許諾地域」）の顧客に使用許諾する権利を有しており、ABCはそのような使用許諾を得たいと希望し、KVEは、ABCに与えたいと考えている。

解説

1 ❖ 他社開発のソフトウエアの使用許諾

このライセンス契約のリサイタルの例文では、契約の当事者は前の前文・リサイタルと同じであるが、ライセンス対象のソフトウエアの開発者が第三者の英国の企業（ロビン・フッド・カンパニー・リミテッド）であり、著作権を保有しているのもその第三者である。

実際にこのようなライセンス契約や交渉がおこなわれることもある。ライセンス契約ではこのように、ソフトウエアの開発者・著作権者とそのマーケティングをおこなう者とが別であることが少なくない。KVEは、ロビン・フッド社からそのディストリビューションをおこなう権利を許諾されているのである。

このような契約の基礎となる基盤や背景を紹介するのがリサイタル条項の役割である。

2❖right to grant a license to customers

「顧客に対して使用許諾をおこなう権利」をいう。この契約では、この権利が契約の基盤をなす。KVEにこの権利がなければ、ソフトウエア「ロビン」は、そもそも単なる第三者のソフトウエアであって、契約は意味をなさない。実務では、この相手先が使用許諾をする権利を本当に保有しているかの確認が重要なポイントとなる。相手先がそのソフトウエアの開発者であり著作権者であることが確認されたケースでも、第三者にその排他的な使用許諾権を付与してしまっているときは、やはり紛争に巻き込まれてしまうことになる。

現実のビジネスでは、このようなソフトウエアの二重許諾（同地域に独占的なライセンス契約を2社に許諾する契約）が実際に発生することがある。たとえば、契約期間が満了するのでライセンサーが解除通知を出したが、解除通知の宛先がライセンシーの旧住所であって、契約の自動更新拒否が規定通りになされなかったとしよう。そのために、ライセンシーから見れば、自動更新条項が適用されて更新されたという場合である。

ライセンサーは、ライセンシーからの住所変更通知を受領していないとの立場をとり、ライセンサーが新しくあなたと独占的なライセンス契約を締結したとしよう。元のライセンシーとあなたと2人の独占的なライセンシーが存在し、相争うことになる。実際に起こったケースでは裁判で確認を求めるが、その間、マーケティング活動を中断しなければならなくなる。

例文223 リサイタル条項② │ Recitals

◇商標ライセンスにおけるリサイタル条項
◇独占的な使用許諾を認める規定
◇サブライセンシーを添付書類にリストアップする

> WHEREAS,
> 1　Licensor is the owner of the well-known trademark "Karen View" (the "Trademark") and of the substantial goodwill and reputation associated with it.
> 2　ABC desires to obtain an exclusive license to use the Trademark in order to manufacture and market the Products in the Territory set forth herein and wishes to be permitted to grant those rights to the sublicensees listed in Exhibit A in this Agreement.
>
> NOW IT IS HEREBY AGREED as follows:

［和訳］
契約経緯
1 ライセンサーは、著名な商標である"カレン・ビュー"（「本商標」という）の所有者であり、それに付随する相当なのれん、評判の所有者である。
2 ABCは、本契約に定める許諾地域で本製品を製造し販売するために本商標を使用することを許諾される独占的なライセンスを取得することを希望し、また、本契約の添付別紙Aにリストアップしたサブライセンシーに再許諾するライセンスを得たいと希望している。

ここに以下の通り、合意する。

解説

1❖サブライセンスのためのライセンス契約

地域だけの限定を置き、誰にライセンスするかは自由というのが、通常のライセンス契約の締結の仕方である。この契約の中で、サブライセンスをする先をあらかじめリストアップし、別紙で確認するという方式を取るのは、例外的なケースである。慎重な規定の仕方であり、サブライセンシーが明確になる。ライセンサー側から見れば、誰にサブライセンスされるかはその信用維持のために重要な関心事でもある。

もしライセンシー側で、あまりサブライセンシーを限定されたくないというのであれば、別紙で記載するときに工夫すればよい。たとえば、具体的なサブライセンシー名を記載した後に、"such other sub-licensees as appointed by Licensee for the manufacture and/or marketing in the Territory"といった追加を可能とする規定である。

2❖goodwill and reputation

商標のライセンスの本質は、マークの使用許諾を通じて、そのブランドが保有する顧客吸引力を活用するところにある。そのため、ブランドには一種の「のれん」のような高い評判がなければならない。"goodwill and reputation"とは、まさにそのことを指している。

●─第2款　定義条項

定義条項① | Definitions　　　　　　　　　　　　　　　　　　　　　　　例文**224**

◇「技術情報」を含むライセンスの用語の定義

Article ___ Definitions
In this Agreement, the following words and expressions shall, unless the context otherwise requires, have the following meanings:
1.1 "Licensed Products" means _____ to be manufactured by

the Licensee under the Technical Information and Patents.

1.2 "Patents" means those patents and patent applications, which are owned or controlled by the Licensor at the time of execution of this Agreement, as set forth in Exhibit A, and shall also include all the patents which may issue on the said applications.

1.3 "Technical Information" means all the technical information, knowledge, know-how, data developed, acquired or otherwise controlled by the Licensor at the time of execution of this Agreement, pertaining to the manufacture of the Licensed Products, as set forth in Exhibit B.

1.4 "Territory" means Japan, and ＿＿＿＿＿＿＿＿＿＿＿＿.

[和訳]

第__条　定義

本契約では、下記の用語と表現は、文脈が別の解釈を要求している場合を除き、下記の意味を有するものとする。

1.1 「許諾製品」とは、技術情報と特許によってライセンシーが製造する＿＿＿＿＿＿＿をいう。

1.2 「特許」とは、添付別紙Aに記載の通り、本契約の締結時にライセンサーによって所有または支配された特許と特許出願をいい、また、こうした出願により付与されるすべての特許を含むものとする。

1.3 「技術情報」とは、添付別紙Bに記載の通り、許諾製品の製造に関わる、本契約締結時にライセンサーによって開発、取得または別の方法で支配されるすべての技術情報、知識、ノウハウ、データをいう。

1.4 「許諾地域」とは、日本及び＿＿＿＿＿＿＿＿＿＿＿＿をいう。

― 解説 ―

1❖用語の定義の仕方

契約では、重要な用語を契約のはじめにまとめて定義する方法と、重要な用語が出てくるつど定義していく方法とがある。本例文で定義している用語は、ライセンス契約書で頻繁に定義される用語である。なお、本章で紹介する例文では、KVC/KVEがライセンサー、ABCがライセンシーである。

2❖特許(patents)から知的財産権(intellectual property rights)へ

近年のライセンス契約では、ライセンス対象とされる法的保護を受ける知的財産権が、特許権(patents)には限定されず、著作権(copyrights)、商標権(trademarks)、意匠権(design)、トレードシークレット(trade secret)などに広がってきていることを反映して、本例文の"patents"の定義に代えて、"proprietary rights"や"proprietary information""intellectual property rights"という用語を使用することもある。"intellectual property rights"は、知的財産権または知的所有権と呼ばれる。

3❖proprietary rights; proprietary information

"proprietary rights""proprietary information"という用語には、知的財産に関わる法律で保護されるあらゆる種類の「財産的権利」「財産価値ある情報」を含んでいる。登録等は前提とされない。したがって、特許権、実用新案権、意匠権、トレードシークレット、ソフトウエアの著作権を含む各種著作権も含まれる。登録済みのものも出願中のものも含まれ、登録しないものも含まれる。文脈により、さまざまな訳がなされている。

4❖territory

知的財産の使用許諾地域を指す。"territory"という用語の響きが歓迎されない国の企業が相手先のときは、代わりに"area"という中立的な用語を使えばよい。いずれの場合も、許諾地域を規定するのに、"East Asia"や"South Asia"といった広い地域を指す言葉を使うのは勧められない。双方の認識が異なると、客観的な基準がなく収拾がつかなくなる。国名をリストアップして規定するのが、一番誤解が少ない。

定義の仕方もさまざまであるが、例文226、227で例を挙げる。

定義条項② | Definitions 　例文225

◇"Proprietary Rights"という用語を定義する

> In this Agreement, the following words and expressions shall, unless the context otherwise requires, have the following meanings:
> "Licensed Products" means ＿＿＿＿＿＿＿＿＿＿＿＿＿＿＿＿＿＿＿ to be manufactured by ABC under the Proprietary Rights.
> "Proprietary Rights" means rights under the Licensor's patents, designs, trademarks and applications therefor and copyrights and trade secrets, which are now owned or controlled by Licensor; pertaining to the Licensed Products or the manufacture, ＿＿＿＿＿＿＿＿＿ and/or use of the Products, which are listed in Exhibit A attached hereto, and shall include such patent, design and trademark, and copyrights and trade secrets as may be obtained or acquired by Licensor during the term of this Agreement.

［和訳］
　本契約では、次の用語と表現は、文脈から別の意味がある場合を除いて、下記の意味を有するものとする。
　「許諾製品」とは、本知的財産権を使用して、ABCが製造する＿＿＿＿＿＿＿＿＿＿＿＿＿のことをいう。
　「本知的財産権」とは、許諾製品または添付別紙Aに記載された本製品の製造、＿＿＿＿及び／もしくは使用に関係し、ライセンサーが現在所有するか支配している権利にして、ライセンサーの特許、意匠、商標及びその出願ならびに著作権及びトレードシークレットに基づくものを意味する。これは、本契約の期間中にライセンサ

| 例文226 | ライセンス｜定義条項③ |
| 例文227 | ライセンス｜定義条項④ |

ーが取得または獲得する特許、意匠及び商標ならびに著作権及びトレードシークレットを含むものとする。

解説

1 ❖ 定義条項の並べ方のスタイル

定義条項には、いくつかのスタイルがある。例文224と例文225は、どちらも頻繁に使われるスタイルである。定義を置く用語の並べ方としては、いわゆるABC順（alphabetical order）と1.1項、1.2項と番号をつけていく方法とが一般的である。それぞれ、例文224と例文225で使ってみた。

2 ❖ ライセンス契約での定義の実際

開示、使用許諾（商標、マーク、営業秘密等）、実施許諾（特許、製法に関わるトレードシークレット等）の対象となる「知的財産権」の実質的な定義は、本文よりも添付別紙（exhibits）などで規定するのが実際的である。トレードシークレットのライセンス契約では、重要な事項や説明に数ページにもわたる事項は添付別紙に記載する契約が多い。契約の本文を大きく変更せずに契約交渉をしたいという効率の問題と、重要で具体的なビジネスに関わる事項についてなるべく最後まで交渉を続けながら、契約書の本文は早く決着させておきたいという要求に合致するからである。

例文226 定義条項③ | Definitions

◇許諾地域の定義を置く
◇国名を列挙し、許諾地域を規定する

"The Territory" shall mean the United States of America, Canada and Mexico.

［和訳］
「使用許諾地域」は、米国、カナダ及びメキシコとする。

解説

1 ❖ territory

特許ライセンスでは実施許諾地域を指し、著作権ライセンスやブランド・ライセンスでは使用許諾地域を指す。

2 ❖ 許諾地域の規定の仕方

具体的な国名で指定するのが、もっとも一般的で賢明な方法である。たとえば、本例文で定義している地域を指すのに、"North America"というような規定を見かけたことがあるが、メキシコがその中に入るのかどうかについて、争いの種になりかねない。アメリカ大

陸を単に、北と南に分けるのか、それとも中米という区別を入れるのかで変わってくる。

同じように、アジアを許諾地域とするときも、東南アジア(South East Asia)、極東(Far East)、東アジア(East Asia)などという表現は、紛争を呼び起こす原因となるので避けたい。

3❖許諾地域を規定する場合のもうひとつの視点──反トラスト法(米国)

以前、米国を許諾地域とするのに、西海岸、東海岸等を地域としているのを見たことがある。このようなケースでは、その地域が曖昧であるだけでなく、同国の反トラスト法の問題が関わってくることがある。米国内をいくつかのテリトリーに分けてマーケティングを展開するときは、反トラスト法上の問題を引き起こさないかどうか事前の検討が必要である。コンピューター・ソフトウエアのディストリビューター契約でも同様である。

テリトリーの意味も、規定の仕方で微妙に変化していく。重点的なマーケティング地域という意味を定義で置くことがある。その地域でしか実施や販売ができないというのとは意味が異なる。地域の定義には、その地域の定義とその定義により両当事者がどのような義務、制限を受けるのかという問題と、現地法の規制に注意を払うことが大事である。

反トラスト法をはじめ、強行法規に違反・抵触した場合、抵触した規定の効力に影響が生じるだけとは限らない。相手方が契約違反をし、支払うべき使用料を支払わないで、逆に損害賠償請求を突きつけてくることがある。裁判で不利な扱いを受け、結局、最初の契約構成のミスのため、相手方が違反してもその救済を受けられない状態であったことが後で分かる。このような事態を招かないためには、反トラスト法をはじめ、現地法に抵触しないことを相手方の弁護士意見書で確認したりさせたり、少なくともライセンサー自ら調査して確認することが望ましい。

定義条項④ | Definitions　　　　　　　　　　　　例文227

◇許諾地域の定義を国名列挙でおこなう
◇事後に許諾地域を拡大・追加できるように規定する

"The Territory" means Japan, Singapore, South Korea, Indonesia and other Asian countries upon which the parties herein agree as such from time to time.

[和訳]
「許諾地域」は、日本、シンガポール、韓国、インドネシア及び両当事者が随時に合意する他のアジア諸国とする。

解説

1❖許諾地域の指定

許諾地域の範囲をめぐる紛争を回避するためには、できる限り国名をリストアップして定義すべきである。一方、マーケティング調査をして初めて、加えたい地域が浮かぶこと

も事実である。その場合、広くアジア各国とだけ決めるのも問題を残す。その解決方法のひとつが、本例文のように随時合意する国を追加していく方法である。

両者が合意するときに、その条件も協議し、必要ならばミニマム・ロイヤルティなどを見直せばよいという考えに基づいている。ただ、ライセンシー側が追加を申し出る地域を、大きくアジア各国に限定しているのが特色である。これは間接的に、ライセンサーが契約締結時には、この地域にはまだライセンシーを指定していないことを示唆している。

2❖upon which

"which"は、"other Asian countries"を受けている。"＿＿＿＿ the parties agree upon"が「合意することのできた＿＿（他の国）」という意味である。

例文228 定義条項⑤ | Definitions

◇「商標」の定義をおこなう

"The Trademarks" means all the trademarks listed in Schedule A to this Agreement, registered or covered by applications and any other trademarks hereinafter to be registered in the name of Karen View within the Territory.

[和訳]
「本商標」とは、本契約の添付書類Aにリストされ、本許諾地域内でカレン・ビュー名義で登録または出願されているすべての商標及び今後登録される他の商標を意味する。

―――― 解説 ――――

1❖許諾対象の商標の規定の仕方

商標の定義規定では通常、契約締結時に出願登録されている商標と、出願中（未登録）のものの双方を含む。出願中なのか、またその権利者の名義、有効期間、更新時期、対象国、登録番号、出願番号等についても確認することが多い。記述が長くなるので別紙リストを作成して、添付するのが実務上の扱いである。

商標や特許でライセンスを受けながら、その具体的な内容を確認しておかないと、実際に得た権利が不明確であり、ビジネスの展開上で支障になりかねない。

2❖商標の形態

許諾商標が文字（言葉）だけなのか、図柄やロゴ、マークまで含むのか、契約に明示しておくことも大事である。文字は使用許諾されていても、マークが許諾されないこともある。文字（言葉）だけの使用許諾を確認して図柄の使用許諾をしないライセンスもある。また、逆に、マークや図柄だけを使用許諾して、特定のロゴや文字（言葉）は許諾の対象外であることもある。丁寧な確認が大切であり、欠かせない。

図柄の使用許諾も入っている場合、その許諾された国の嗜好に合わせて、図柄、ロゴ、色彩等を変更できるのかそれとも禁止されているのか、契約の規定の仕方にも注意する必要がある。

現実のビジネスでよく遭遇する問題は、現地語でのマークの記載の仕方である。ライセンサーの承認を取る方法を採用するか、通知させる方法とするか、どちらかを選ぶのが現実的であるが、現地語による表記を禁止することもある。並行輸入のことを考えれば、現地語での記載を義務づけるのもひとつの方法である。

定義条項⑥ | Definitions　　　　　　　　　　　　　　　　　　　　例文229

◇ソフトウエア・ライセンス契約で「許諾製品」を定義する

As used in this Agreement, "Licensed Products" means the KVE software products listed on Schedule A attached hereto together with all enhancements and modifications thereto as may from time to time be made by KVE.
Descriptions of the Licensed Products are set forth in Schedule B, and KVE may modify the descriptions from time to time as necessary.

[和訳]

本契約中で使用される場合、「許諾製品」とは、本契約に添付された別紙Aに記載されたKVEソフトウエア製品ならびにKVEによって随時改訂または変更されたすべてのものをいう。

許諾製品の品目は別紙Bに記載の通りであり、KVEは、その品目を必要に応じ変更することができる。

――――― 解説 ―――――

1❖ソフトウエア許諾製品の定義の仕方

商品名などは、詳細に記述する必要があるため、本文では書き切れないことがある。そのため、添付別紙に完全に記載して添付する方法が実務上採用される。この添付別紙を"Exhibit"や、本例文のように"Schedule"と呼んだりする。単に、"Attachment"という呼び方もある。どの用語を使ってもよい。大事なのは、ひとつの契約では同じ用語を一貫して使うことである。別紙が複数になるときは、A、B、C…あるいは、1、2、3…を使い、区別できるようにする。

2❖enhancements and modifications

「改訂版及び変更版」を指す。ソフトウエア製品では、絶えず改良や改訂がおこなわれて性能と実用性を高めていく。そのため、定義にこの用語を加えているのである。古い版の提供を求められても、製造中止などで提供できないことがある。

例文230 定義条項⑦ | Definitions

◇商標ライセンスで許諾製品を定義する

"The Licensed Products" means the following items bearing the Trademarks manufactured or imported from _____ by Licensee pursuant to this Agreement.
1 _____
2 _____
3 _____

[和訳]
「許諾製品」は、本契約に従ってライセンシーによって製造され、または_____
_____から輸入された、本商標を付している下記の製品をいう。
1 _____
2 _____
3 _____

解説

1❖商標ライセンスの対象となる許諾製品

　商標ライセンス契約には、許諾製品のライセンシー側国内における生産と販売が中心になるが、なかにはライセンサー本国からの製品輸入・販売をともなうケースもある。
　輸入については、ライセンス生産が軌道に乗るまでの暫定的なケースと、高級品など一部について契約期間中を通じて継続的に輸入するケースとがある。高級品については、採算上、ライセンス生産になじまないケースと、ライセンサーがそのライセンス対象から除外するケースがある。高級品については、そのブランドの命ともいえるノウハウと高い製造技術が必要な部分があり、その点についてはライセンスによる技術移転をあえて図らないのである。

2❖ライセンス契約とディストリビューターシップ契約の組み合わせ

　高級品の輸入販売と普及品のライセンス生産販売の両方があるビジネスを客観的に見てみると、実際は、ライセンス契約とディストリビューターシップ契約を組み合わせたものということができる。この場合の対価は、ライセンス契約については使用料(ロイヤルティ)、ディストリビューターシップ契約については輸入価格、言い換えれば製品売買価格となる。
　現実のビジネスは多彩である。それぞれの当事者の必要性と両者の利害の一致により、いかなる契約もありうるのである。ビジネスに合わせて契約書を作成するのであり、契約書に合わせてビジネスができるわけではない。

定義条項⑧ | Definitions 例文231

◇「技術情報」の定義をおこなう

"Technical Information" means all know-how, technical information and data, design and other intellectual property related to the Licensed Products and required for the manufacture and distribution of the Licensed Products, particulars of which are specified in Schedule ____ of this Agreement.

[和訳]

「本技術情報」とは、本許諾製品に関連し、本許諾製品の製造・販売に必要なすべてのノウハウ、技術情報、データ、デザインならびに他の知的財産のことをいう。その詳細については、本契約の添付別紙____に明記する。

解説

1❖技術情報

ライセンス契約で開示される技術情報の範囲は、個別の許諾製品によりさまざまである。ノウハウの開示が重要で主目的と思われるライセンスもある。トレードシークレット・ライセンス、特許ライセンス、商標ライセンスという名前の区別はあっても、実態は技術情報の開示が重要なことが少なくない。繊維製品、食品、ソフトウエア製品なども対象になる。

2❖デザイン

デザインは、特許庁に出願して「意匠権」登録により保護を受ける方法もあるが、必ずしも「意匠権」による保護がすべてというわけではない。不正競争防止法によって発売後3年間のデッドコピー禁止の規制が導入された。1999年にアップルのiMacがソーテックの類似意匠のパソコンe-oneの販売差し止め仮処分を求め、差止めに成功した事件があった。その結果、ソーテックのパソコンのデザインが変更された。

デザインは商標と異なり、更新による半永久的な寿命を享受することができない。

2012年にサムスンのスマートフォン販売に対して、アップルが米欧、日本など各地でアップルのiPhoneに関わる特許侵害を理由に販売差し止めや損害賠償を求めて訴訟を提起した。その際には、画面のアイコンのデザイン(意匠)やその配列の類似性の有無も争点になった。

例文232 定義条項⑨ | Definitions

◇関連会社とは、取締役を選任する議決権つき株式の過半数を直接・間接に保有する会社等と規定する
◇"related company"を"subsidiary"に置き換えれば「子会社」の定義として使うことができる

Article ___ Definition of "Related Company"

"Related Company" means with respect to any entity a corporation or other legal entity (i) the majority of whose shares or other securities entitled to vote for election of directors or managing authority is now or hereafter controlled by such entity either directly or indirectly; or (ii) which does not have outstanding shares or securities but the majority of whose ownership interest representing the right to manage such corporation or other legal entity is now or hereafter owned and controlled by such entity either directly or indirectly; but any such corporation or other legal entity shall be deemed to be a "Related Company" of such entity only as long as such control or ownership exists.

[和訳]
第___条 「関連会社」の定義

「関連会社」とは、あらゆる事業体についても(i)取締役または経営担当者を選出するための議決権つきの株式または他の証券の過半数が、現在または今後その事業体により直接的、間接的に支配されているか、(ii)発行済みの株式や証券を保有していないが、かかる会社や他の事業体を経営する権限を代表する持分が、現在または今後かかる事業体により直接的、間接的に所有され、支配される会社または他の事業体を意味するものとする。ただし、そのような会社または他の事業体に対し、かかる支配または保有が存続している間に限り、「関連会社」とみなすものとする。

解説

1❖関連会社とは、議決権つき株式の過半数を保有する会社であると定義する

関連会社(related company)の定義の仕方には、大きく分けて2通りある。ちょうど50％、つまり半分の議決権つき株式の保有関係をもって関連会社として扱うか、それとも過半数の議決権つき株式を保有し、その過半数の株式により、株式の保有会社が当該株式の発行会社の運営を決定できることを条件、資格とするかどうかということである。本例文では、過半数の議決権つき株式の保有を関連会社の要件としている。つまり、50％の出資の2社が設立したいわゆる合弁事業会社の場合は、いずれの株主も関連会社の資格はない。

本例文の2ヶ所で使用されている"the majority"は、"more than fifty percent(50％)"に置き換えることができる。この2つの表現は同義なのである。

この定義のもとでは、過半数の株式、持分所有による1社の決定権が重要なのである。この定義を採用することにより、実務上50％の出資では関連会社にはなることができない

という明確な基準が設定される。なお、本例文規定では、"Related Company"の定義といいながら、「親会社」(a parent company)や「兄弟姉妹会社」(a company commonly controled by such entity)を含んでいないので、「子会社」(subsidiary)の定義と同じである。言い換えれば、本例文の表現を使って"related company"を"subsidiary"に置き換えて「子会社」の定義として使うことができる。

2❖entityは、株式会社以外のさまざまな法人の形態を含む

特殊法人、公益法人なども、"entity"（事業体）にあたる。株式会社や法人格のある独立法人などもこれに含まれる。株式が発行されていない法人のときは、その持ち分の過半数によるコントロールを保有していれば、関連会社という定義にあてはまる。

3❖関連会社であるためには、支配権の継続的保有が要件

契約締結時に関連会社であっても、契約期間中に株式譲渡などにより支配関係がなくなれば、もはや関連会社ではない。過半数の支配が継続している間だけ、関連会社として扱われる。増資、第三者割り当て、株式譲渡など、支配の関係はさまざまな取引により変化しうるので、注意を要する。

定義条項⑩ | Definitions　　　　　　　　　　　　　　　　　例文233

◇「子会社」の定義条項
◇株式を50％保有の場合も「子会社」とする

> Article ___ Definition of "Subsidiary"
> "Subsidiary" means any corporation, company or other entity at least fifty percent (50%) of whose outstanding shares or stock entitled to vote for the election of directors is owned or controlled by ABC or KVC, as the case may be, directly or indirectly, but any such entity shall be deemed to be a Subsidiary so long as such ownership or control continues.

> ［和訳］
> 第___条　「子会社」の定義
> 　「子会社」とは、直接的または間接的に、取締役の選出のための議決権つきの発行済み株式または証券の、少なくとも50％が（場合に応じて）ABCまたはKVCにより保有されている株式会社、会社または他の事業体を意味するものとするが、かかる保有または支配が継続している限り、かかる事業体は子会社とみなされるものとする。

―――― **解説** ――――

1 ❖ 子会社(subsidiary)の定義

ライセンシーに親会社がない場合、「関連会社」(Related Company; Affiliated Company)の代わりに「子会社」を定義することがある。子会社として認めるには、過半数の支配条件か、50%ちょうどの支配(コントロール)かの、いずれを基準に「子会社」と扱うかの選択が大事になってくる。

日高尋春氏と飛鳥凛の経験でいえば、契約時、親会社がなかった相手方と契約する際に、親会社を加えずに「関連会社」の定義を規定したが、後に相手方の株式が第三者に買収されて、相手方が子会社になってしまうことがあった。やはり関連会社には、子会社だけでなく親会社(将来発生するかもしれない事態での親会社)も含めて考えないと完全ではない、というのが日高尋春氏と飛鳥凛の意見である。しかし日高氏らも現実の契約交渉では、相手方のプライドもあり、関連会社の定義の代わりに子会社だけの定義を置くことを受け入れることもある。

2 ❖ 50%ちょうどの支配で子会社にあたると定義するための表現の仕方

典型的には、2社(50%ずつ)折半出資で合弁事業を進める場合、子会社、関連会社の定義をどのようにするかで子会社にあたるかどうかが決まる。この差は大きい。

折半出資の場合、いずれの出資会社(50%出資親会社)も、過半数の支配とはならないから、互いに拒否権(veto)を保有する関係になる。子会社・関連会社に対しては許容される契約を、合弁事業会社やその50%出資会社が第三者と締結していた場合に、関連会社に該当するかどうかで、秘密情報の開示や契約譲渡が許容されるかどうかが決まる場合がある。

それぞれの契約において、関連会社や子会社をどう規定しているかがきわめて重要になる。本例文では、50%ちょうどの出資の場合も子会社として含める定義を採用している。

3 ❖ "not less than 50 percent"と"more than 50 percent"の違い

両者は、とても似ている。しかし、"not less than 50 percent"という表現は「50%以上」であり、ちょうど50%の場合を含む。"at least 50 percent"(少なくとも50%)の表現であれば、もっと容易に50%を含むことが分かる。

一方、"more than 50 percent"は、「50%を超える」場合であり、ちょうど50%の場合は含まない。ところが翻訳・通訳するときに、いずれの表現も「50%以上」とされることが実際には時折見られるが、明らかに誤訳である。日高尋春氏や飛鳥凛も、通訳者を起用した契約交渉や契約書案の翻訳を依頼した際に、幾度か経験をしたことがある。「大陸法」という言葉を"continental law"と通訳されるのを聞いて、びっくりしたこともあるが、それと同じくらい「50%以上」という訳に驚いたことを思い出す。「大陸法」は、法律英語では、"civil law"と翻訳するのが正しい。"more than 50 percent"は"the majority"(過半数)と同義である。

4 ❖ 契約期間中に50%の株式所有が継続できず、下回った場合は、子会社ではなくなる

例文の最後の句(so long as ...)により、50%の株式保有が継続していることが「子会社」として扱われる条件になっている。これは、契約時には子会社に該当している場合でも、その後に株主構成が変わるなどして株式の保有比率が50%を下回る可能性があることに着目し、そのような場合にはsubsidiary(子会社)とは扱わないと規定し、解釈上の紛争を避けようとしたのである。

第3款　ライセンス許諾条項

ライセンス許諾条項① | Grant of License　　　例文234

◇知的財産の実施許諾条項
◇特許、ノウハウなどの技術の実施権許諾と独占的実施権を丁寧に規定する

Article __ Grant of License
KVE hereby grants to ABC during the term of this Agreement, an exclusive and non-transferable right and license, with the right to grant a sub-license, to use the Information and Proprietary Rights, for the purpose of i) manufacturing, having manufactured, using and developing and the application or the improvement of the licensed products set forth in this Agreement ("Licensed Products"), at one or more plants located in the territory set forth in this Agreement (the "Territory") and ii) selling, distributing and/or leasing the Licensed Products by ABC's distributors in the Territory.

[和訳]
第__条　ライセンス許諾
　KVEはここにABCに対し、本契約の期間中、下記の目的のために本情報と財産権を使用する独占的で譲渡不可能な権利とライセンスを、サブライセンス権とともに許諾する。
ⅰ）本契約に定める許諾製品（「本許諾製品」）を本契約に定める地域（「本許諾地域」）に所在するひとつまたは複数の工場で製造し製造させ使用し開発し利用し改良すること。
ⅱ）本許諾地域におけるABCの販売店による許諾製品の販売、供給及び／またはリースすること。

――――――――――― 解説 ―――――――――――

1 ❖having manufactured
「委託生産する」ことを意味する。ハブ・メイド条項（have made clause）は、自ら製造せず、第三者に発注して製造させることを可能とする規定を指す。
　引き受ける側から見れば、下請け生産をおこなうことになる。無制限に誰にでも生産を委託できることになると、トレードシークレットが散逸してしまう。したがって、どこまでどのような条件でハブ・メイド条項を認めるかは、契約実務と交渉上の重要ポイントとなる。委託生産をおこなって品質を維持するためには、トレードシークレットの開示が必要となるが、1回限りでその後発注をしなくても、そのトレードシークレットとしての技術が委託先に移転してしまったことは事実である。ともすればそれが、不正商品の温床となりかねない。高い品質の維持とトレードシークレットの防衛、このバランスをどう取るかが実務上のポイントなのである。

2 ❖ 工場数の制限、指定

本例文では、「許諾地域内のひとつまたは複数の工場」という大まかな規定を置いている。ケースによっては、工場の規模と生産個数に制約を設けるライセンス契約もある。近隣諸国に別のライセンシーを指定しているときなど、ある程度、生産能力を抑えておかないと、本来は販売権のない地域に商品が流出、転売される可能性が大きくなり、そうなると、ライセンシー間での紛争にも発展しかねないからである。ただ、生産数量の制限が現地の独占禁止法等に抵触しないかといった問題もあり、契約前にその有効性、適法性について確認しておく必要がある。ライセンス契約でも、現地の強行法規に抵触すると契約の一部が無効になることがある。

例文235 ライセンス許諾条項② | Grant of License

◇営業秘密について独占的な使用許諾を規定する

> Licensor grants to ABC an exclusive license and right to use the Proprietary Information to manufacture, design, _____, have manufactured, designed, _____ as well as use, sell or lease the Products in the Territory.

> [和訳]
> ライセンサーはABCに対し、本許諾地域で本製品を使用し販売しまたはリースするほか、本製品を製造し設計し_____し製造させ設計させ_____させるために営業秘密を使用する独占的ライセンスと権利を許諾する。

解説

1 ❖ have manufactured

自社のプラント(工場)で生産するだけでなく、下請けなど第三者に営業秘密を開示して製造させることができる。これは、"have made clause"(ハブ・メイド条項)と呼ばれる。

この場合、下請け生産の場所がどの地域まで許されるのかがチェックすべき重要なポイントとなる。表現が曖昧だと、紛争の種になりやすい。ライセンサーから見れば、秘密保持義務と関連して、秘密情報、特に製品製造技術情報の漏洩・拡散リスクを判断することが必要になる。下請け業者についても秘密保持義務を守らせることをライセンシーとの契約上は規定できるが、現実にどこまで実効性があるか。営業秘密が第三者に開示されてしまえば、現実の漏洩リスクが増大することは否定できない。

特に、その第三者である委託先が自己の営業や第三者の委託先を探して同じ性能、品質のものをライセンシーからの委託とは無関係に生産、納入し始めたらどうするか。同じブランドの使用は禁止できたとしても、同じ商品をブランドだけ変えて販売されたらどうするか。"have made clause"は、その製造委託先の所在国の範囲・制限の問題も含めて検討す

べき事項である。
　1回限りのロイヤルティを支払って終わりとする半永久的なライセンスや、ライセンス契約の形式を取りながら実際には和解契約の場合などは深刻な問題である。

2❖製造、設計、＿＿＿＿
　空欄には、実際に使う項目を記入する。運営、建設、運用などさまざまな項目が考えられる。結局、何が営業秘密としてライセンスされるのかによる。
　フランチャイズなどの場合であれば、レストランやホテルやパークの「建設」「運営」「サービス提供」に使用されるであろう。生産だけとは限らない。

ライセンス許諾条項③ | Grant of License　　　　　　　　　　　　　例文236

◇営業秘密について非独占的ライセンスを規定する

KVE hereby grants to ABC a non-exclusive, non-transferable right and license, without the right to grant a sublicense, to manufacture and use at ABC's plant located at ＿＿＿＿＿＿＿ and to sell, distribute and/or lease the Licensed Products in the Territory under the Proprietary Information during the term of this Agreement.

[和訳]
　KVEはここにABCに対し、本契約の有効期間中、＿＿＿＿＿＿＿所在のABCの工場で本営業秘密に基づいて本許諾製品を製造し使用し、本許諾地域で本許諾製品を販売し供給し及び／またはリースする非独占的で譲渡不可能な権利とライセンスを許諾する。ただし、この使用許諾は、再許諾権を含まないものとする。

解説

1❖non-exclusive license
　「非独占的なライセンス」をいう。独占的なライセンスとの違いは、本設定でいえば、ライセンサー（KVE）が希望すれば、許諾地域（日本など）で、オーロラ・ボレアリス株式会社（ABC）以外のライセンシーを起用できるということである。
　ライセンシーのABCから見ると、同じテリトリーに競争相手が現れるかもしれないのである。ケースによっては、ライセンス契約締結時にすでに数社のライセンシーが指定されて、同じ製品を生産・販売しているかもしれない。同時に5社もライセンス契約が締結されている可能性もあるのだ。

2❖non-exclusiveともexclusiveとも書かれていないライセンスの解釈
　non-exclusiveともexclusiveとも明確に書かれていないライセンスは、「非独占的」ライセンスであると実務上は解釈されている。

3 ❖ non-exclusive licenseが締結される理由

では、本例文のように不利な非独占的なライセンスを、なぜライセンシーが受諾するのか。契約実務から見た答えは明瞭である。ライセンサーが独占的なライセンスを与えるときは、高額のミニマム・ロイヤルティを要求するからである。

非独占的なライセンス契約では、ロイヤルティが低いのである。ライセンシー数社で分担すると思えばよい。したがって、ライセンシーとしても高額のミニマム・ロイヤルティを数年にわたり支払うことを約束するリスクを避けて、あえて非独占的なライセンスの取得を選ぶケースがある。特に、自社使用のためなら、なおさらである。

4 ❖ ライセンシー工場の場所の指定

ライセンサーから見ると、ライセンシーのどの工場で生産されるかも関心事である。仮想のケースとして紹介しているが、KVEがかつて海外にライセンスしたとき、販売地域は指定地域内であったが、ライセンシーが工場を海外に移してしまった。円高が急激に進んだ時期に、日本のメーカーが次々とアジアやアメリカに工場を移転させたことを思い浮かべればよい。KVEの予想しない国にライセンシーが工場を移転させてしまったのだが、契約上違反なのか、文面上は明確でなかった。それ以来、KVEは親会社KVCの弁護士Nancyの提案とドラフティングで、ライセンシーの工場の所在地を記載させる方式を採用している。さらに、立ち入り検査を含む検査条項(inspection)も入れているという。品質の維持と横流し防止がねらいである。

例文237 ライセンス許諾条項④ | Grant of License

◇再許諾条項
◇事前に通知をすることで再許諾できると規定する

ABC may sublicense the Proprietary Information to its sublicensees to the extent of ABC's license under this Agreement, provided that ABC notifies Licensor of the name of any sublicensee(s) prior to sublicensing the Proprietary Information to such sublicensee(s).

[和訳]

ABCは、本契約に基づくABCのライセンスの範囲で、許諾された本営業秘密をそのサブライセンシーに対しても再許諾できるものとし、その場合は、ABCが本営業秘密を再許諾する前に、ライセンサーに、そのサブライセンシーの名前を通知することを条件とする。

解説

1 ❖ サブライセンシング(sublicensing)

　特許、営業秘密、技術情報等のライセンスを許諾する場合には、ライセンシーがそのサブライセンシーにサブライセンスすることを禁止あるいは制限する場合と、原則としてサブライセンシングを認める場合とがある。いずれの方針を取るかは、個別のビジネスの問題である。たとえば、ライセンシーが事業展開していく方法(マーケティング)とサブライセンシーの信用等によって判断する。

2 ❖ 本例文の選択

　本例文の選択した道は、原則としてサブライセンシーへの開示を認めるケースである。

ライセンス許諾条項⑤ | Grant of License

例文238

◇ライセンシーの関連会社に再許諾できると規定する

> Article ___ Sublicensing
> KVC grants to ABC a personal, irrevocable (but terminable to the extent provided in this Agreement), non-assignable, non-exclusive, worldwide and royalty bearing (in accordance with Article ___) license to use the KVC Patents and Technical Information, and to practice any method claimed or contemplated therein, in connection with the manufacture and sale of Licensed Products, with the right to sublicense to any of ABC's Related Companies for such time as they remain Related Companies.

> [和訳]
> 第___条　再許諾
> 　KVCはABCに対し、本許諾製品の製造と販売に関してKVC特許ならびに技術情報を使用し、それらにおいて説明され、また企図されるすべての方法を実施する一身専属的で撤回不能にして(ただし本契約の規定に基づき解除される限度には服するが)譲渡不能、かつ非独占的で世界規模での権利を許諾するものとする。この権利は(第___条に従って)ロイヤルティを支払う義務をともなうものであり、ABCの関連会社に対し、それらが関連会社である限り再許諾できるものとする。

解説

1 ❖ ライセンシーは、許諾された特許権ならびに技術情報をその関連会社にも、再許諾(サブライセンス)できる

　特許権や技術情報の許諾をライセンシーが受けた場合、その特許権や技術情報について、ライセンシーの子会社(subsidiary)や兄弟姉妹会社、親会社(parent company)にも再許諾できるかどうかについて、契約書で何の言及もしていないときは判断に困る。ライセン

シーは、当然のごとくライセンシー自身だけでなく、その子会社等関連会社（related company; affiliated company）にも再許諾できるつもりでライセンス契約を締結したと主張するかもしれない。一方、ライセンサーから見れば、ライセンシーとの契約であり、外国に事務所をかまえるライセンシーの子会社や親会社にまで及ぶサブライセンスの許諾に合意をした覚えはない、と強く主張するかもしれない。特に米国のように、先端技術・戦略技術等の国外への流出を強く規制する制度を有する国のライセンサーは、国外の関連会社への再許諾には絶対に応じないという主張を展開し、激しく対立することもある。解決を図るためのひとつの手段が、契約に規定を置いて合意内容を明確にすることである。

2❖ライセンシーの関連会社の限度

関連会社といっても、事業運営に関して本当は異なる考え方を持っているケースもあり、両当事者の考えに隔たりがあると紛糾する。

まず、関連会社には、子会社、親会社、兄弟姉妹会社がある。どこまでを関連会社とするかを明確に規定しないと、誤解のリスクはなくならない。次に関連会社や子会社の定義をしっかりする必要がある。経営の支配（control）がその条件であるが、50％ちょうどの株式保有の場合をどう見るかについては、見方が分かれる。したがって、経営のコントロール（支配）を主張するためには、50％超（過半数）の株式保有を要件とするか、それとも50％でよいかについて規定する必要がある。

もし契約でいずれかを定義したとすれば、次に、外国の関連会社をどう扱うか、どこの国の関連会社でもよいかについても規定することで、予期せぬ紛争を予防できる。

また、契約締結時に存在しなかった関連会社、特に小規模の子会社などが契約発効後にライセンシーによって設立された場合、それをどう扱うかが問題になる。もし、ライセンサーの立場で限定したいと思えば、契約締結時に存在する関連会社に限り、かつ契約の中で具体的にその会社名と所在地等を記載し、それ以外の関連会社への再許諾については認めない旨を規定しておくのも、選択肢のひとつになる。

例文239 ライセンス許諾条項⑥ | Grant of License

◇第三者に対するサブライセンスをライセンサーの同意なしにおこなうことを禁止する

ABC may not sublicense the Proprietary Information to any third party without the prior written consent of Licensor.

［和訳］

ABCは、ライセンサーの事前の書面による同意がない限り、本専有情報をいかなる第三者に対しても、サブライセンスできないものとする。

解説
---

1 ❖without the prior written consent of Licensor

「ライセンサーの書面による事前の同意なしに」ということである。

ライセンサーは、ライセンシーの再許諾希望を受けて、そのサブライセンス先の企業や秘密保持体制を具体的に確認し、その上で同意するか否かを決定する。

ライセンス許諾条項⑦ | Grant of License　　例文240

◇サブライセンシーを起用したいときは、事前にサブライセンシーのプロフィールやサブライセンス契約の概要を提示、同意を得ると規定する

Article ___ Sublicensing

1 In the event ABC desires to sublicense any part of the license granted by KVC hereunder to any person, firm or corporation (hereinafter referred to as a "Sublicensee"), ABC shall first provide KVC with a written profile setting forth the business experience, reputation and financial resources of any potential Sublicensee and an extract of draft sublicensee agreement, in the English language, which ABC proposes to offer to the Sublicensee candidate.

2 Such extract shall include the material provisions of the draft sublicense agreement.

3 ABC shall not grant any sublicense without the prior written consent of KVC with respect to the proposed Sublicensee and the extract of the proposed form of draft sublicense agreement, which approvals shall not be unreasonably withheld by KVC.

4 ABC shall include in any proposed sublicense agreement provisions substantially identical to the provisions of this Agreement which are for the benefit of KVC, including, but not limited to provisions of territorial restrictions on distribution of the Licensed Products, confidentiality and compliance with law.

5 ABC, at its expense, shall faithfully and vigorously enforce all of the terms and conditions of the sublicense agreement entered into with such Sublicensee.

［和訳］

第__条　サブライセンシーの起用

1　ABCが本契約に基づきKVCにより許諾されたライセンスの一部を、他の者、企業、法人（以降、「サブライセンシー」と呼ぶ）に対して再許諾することを希望するときは、ABCは、サブライセンシー候補の事業経験、評判、資金状況を表す書面によるプロフィールと、ABCがかかるサブライセンシー候補に対し提示を考えているサブライセンス契約書の案文の英文の概略を、まずKVCに対し提出するものとする。

2　かかる概略は、サブライセンス契約書案文の重要な規定を含むものとする。

> 3　ABCは、提案されたサブライセンシー（候補）ならびに提案されたサブライセンス契約書案文の概要に対するKVCの事前の書面による同意なしには、いかなるサブライセンスも許諾しないものとする。ただしKVCは、かかる同意について、合理的な理由なく拒絶することはしないものとする。
> 4　ABCの提案するサブライセンス契約書には、本契約のKVCのためである規定と実質的に同じ規定が含まれるものとする。そのような規定には、許諾製品の販売における地域的な制限、秘密保持、法令遵守の規定を含み、かつそれらに限定されないものとする。
> 5　ABCはその費用でかかるサブライセンシーと締結するサブライセンス契約のすべての条件と条項を誠実にかつ真剣に履行させるものとする。

解説

1❖サブライセンシー候補のプロフィールとサブライセンス契約案を提示させる

　ライセンシーによるサブライセンスの可否についてはライセンシーの判断に委ね、ライセンサーは細かい指示を一切しない方法もある。特に、サブライセンシー候補がライセンシーの子会社など関連会社や、ふだんからサブライセンシーやグループ企業として協力している企業である場合がそうである。しかし、そうではなく、ライセンスビジネスのために初めてライセンシーを選抜するような場合には、ライセンサーもライセンシーに任せず、正反対の立場・方針を選ぶことがある。

　本例文では、ライセンサーのKVCはライセンシーのABCに対し、きわめて詳細にサブライセンシーの起用について自己の判断を及ぼしている。サブライセンシーについて、ライセンシーからプロフィールに加え、締結しようとするサブライセンス契約の概要（extract）も提出させて審査する。ライセンシーにサブライセンシー起用を任せたところ、サブライセンシーに対するコントロール不足から、不適合品質の許諾製品の流通によるブランドへの悪影響や秘密情報の漏洩、販売許諾地域外への横流しなどの苦い経験をした過去のある場合には、サブライセンシー起用に関心が高くなるのも当然である。秘密保持や品質管理の面で、サブライセンシーの信用や行動がライセンサーのビジネスやブランドそのものに大きな影響を及ぼす場合もある。このような起用承諾方法も選択肢のひとつなのである。

2❖サブライセンス契約の締結

　基本的には、ライセンス契約と同様の（identical）内容・条件を盛り込んだサブライセンス契約を、ライセンシーがサブライセンシーと締結することを予定している。それでも実務から見れば、すべて同一ではなく、使用言語はライセンシー、サブライセンシーの国の言語、準拠法もライセンシーの国の法律となるのが通常である。サブライセンシーは通常、許諾製品をライセンシーに販売することは少なく、自身で直接市場に販売することのほうが多い。

3❖サブライセンス（sublicensing）と委託生産（"have made"条項）

　いったん、ライセンシーにすべての許諾製品を売り渡させ、その上で市場に出す方式もあるが、それはサブライセンシーというよりはむしろ、下請け生産と呼ぶべきものであろう。ライセンス契約では、サブライセンス条項というよりは、"have made"条項でカバー

されるべきものである。

　"have made"とは、ライセンシー自身が自社工場で製造する代わりに、提携する第三者に製造させる方法を指す。いわば、ライセンシーが、第三者に下請け生産をさせて製品をすべて買い取り、自分(ライセンシー)の手で、販売するのである。ライセンシーは、許諾製品の下請けとして製造を引き受ける製造者との間で委託加工契約を結び、加工費を支払う取引とすることもあれば、分かりやすい売買契約の形式を取り、原材料の提供という売買と完成品の買い取りという売買の契約をする方式もある。この場合は、厳密には、サブライセンスにはあたらない。

4❖ライセンシーは、サブライセンシーによるサブライセンス契約の忠実な履行責任を負う

　ライセンシーは、その費用により、サブライセンシーにかかるサブライセンス契約を誠実に履行させる義務と責任を負うとしている。いわば履行保証人のように、サブライセンシーにライセンスビジネスへの悪影響を与えかねない行為のないよう、監督責任をライセンシーが負うのである。

　"faithfully and vigorously"は、直訳すれば「忠実かつ精力的に」あたりであるが、ここでは「誠実かつ真剣に」と意訳を試みた。

ライセンス許諾条項⑧ | Grant of License　　　例文241

◇サブライセンス契約のフォームをあらかじめライセンサーが指定して契約書に添付する
◇ライセンス契約の終了時は、ライセンサーがライセンシーに代わってビジネスを引き継ぐ
◇ライセンシーはライセンサーに対し、サブライセンス契約書の写しを提出する

Article __ Sublicensing
1　ABC may sublicense the Licensed Products or Licensed Technology only in accordance with the terms and conditions of the form of the sublicense agreement attached hereto as Exhibit __.
2　ABC may translate the sublicense agreement into a Japanese language version for execution with its sublicensees or customers provided that (i) it conforms to the English language version, and (ii) KVC is given a copy with reasonable time to review it.
3　All sublicensees and customers shall enter into such sublicense agreements directly with ABC. The terms of the sublicense agreement used by ABC shall be modified from time to time after consultation and mutual agreement between ABC and KVC.
4　All such sublicense agreements shall state prominently (i) that the Licensed Product is a KVC Product sublicensed by ABC pursuant to rights granted under this Agreement; (ii) that the ABC sublicense agreement shall be expressly subject to the terms of this Agreement; and (iii) that upon termination of this Agreement, KVC shall become the direct licensor and shall be substituted for ABC under the subli-

cense agreement.

5　ABC shall promptly forward to KVC a copy of each sublicense agreement entered into relating to the Licensed Product.

6　ABC shall enforce the terms of its sublicense agreements against its sublicensees including, without limitation, taking all steps necessary to prevent and redress infringement of KVC's proprietary rights and violations of the confidentiality and non-disclosure provisions thereof.

[和訳]

第__条　サブライセンス契約

1　ABCは、本許諾製品または許諾技術を本契約書別紙____として添付するサブライセンス契約書フォームの条件と条項に従ってのみ再許諾することができるものとする。

2　ABCは、サブライセンシーまたは顧客と(契約)調印するためにサブライセンス契約書を日本語版に翻訳することができるものとする。ただしその日本語版は、(i)英語版と内容が一致し、かつ(ii)KVCが、それをレビュー(検討)するための合理的な時間的余裕を持って日本語版を受け取ることを条件とする。

3　すべてのサブライセンシーと顧客は、ABCと直接にかかるサブライセンス契約を締結するものとする。ABCにより使用されるサブライセンス契約の条項は、ABCとKVCとの協議と相互の合意により随時変更されるものとする。

4　かかるサブライセンス契約書のすべてに目立つように(i)本許諾製品が本契約に基づき許諾された権利に従いABCにより再許諾されたKVC製品であること、(ii)ABCのサブライセンス契約は本契約書の条件に従うこと、かつ(iii)本契約の解除の際は、KVCがかかるサブライセンス契約の直接のライセンサーとなり、ABCの地位に代わること、と規定するものとする。

5　ABCは、本許諾製品について締結した各サブライセンス契約書の写しを、ただちにKVCに対し送付するものとする。

6　ABCはそのサブライセンシーに対し、KVCの財産的権利の侵害と秘密保持、開示禁止規定の違反を予防し、排除するために必要なあらゆる手段を講ずることを含み、それに限定されないサブライセンス契約の規定を遵守させるものとする。

解説

1❖サブライセンス契約のフォームをあらかじめライセンサーが指定し、契約に添付する方式

本例文では前もってサブライセンス契約のフォームを決めておき、ライセンス契約に別紙として添付する方式を採用している。ライセンシーがサブライセンシーを指定し、起用するときは、ライセンサーが指定したサブライセンス契約(英文)を日本語に翻訳し、日本

に適した方式にして契約書に落とし、サブライセンシーと契約する。調印後、写しをライセンサーに送付する。

2❖サブライセンス契約の履行についてライセンシーが責任を負う(第6項)
　ライセンシーが、いわば後見人的な役割でサブライセンシーの履行を見守るにとどめる場合と、法的にもライセンシーの責任を明確にさせるため、履行保証人としてライセンシーの名を明記するか、または財務状態の健全な別の第三者をサブライセンシー履行の約定保証人として立てる場合の2通りがある。この第6項では、後見人的な履行の確保が目的と解される。"redress"は「正す」「除く」「是正する」を意味する。

3❖履行保証の仕方と約因(consideration)
　履行保証は、ライセンス契約の中で約定の項目を作ることによってもできるし、また別になすこともできる。いずれの場合も、保証には、約因(consideration)の工夫が必要である。約因がなければ、英米法の国の法廷では、契約としての強制力(enforceability)がない。

4❖本例文でのライセンサーのねらい(第4項)
　万一ライセンス契約が終了したときは、ライセンサーが従来のライセンシーに代わり、許諾地域におけるサブライセンシーとのビジネス(商権)を引き継ぎ、直接に契約を締結する形式でライセンスを継続することがねらいである。もちろん、第三者を新たにライセンシーに起用し、そのライセンシーに引き継がせることも次のステップとして視野に入れた契約条項である。

ライセンス許諾条項⑨ | Grant of License　　　　例文242

◇コンピューター・プログラムの独占的なライセンスを規定する
◇許諾地域外でのライセンシーの活動を制限する

> KVE hereby grants to ABC and ABC accepts the exclusive and non-transferable right and license to promote, market, sublicense the Program within the Territory under the terms set forth herein.
> Except with the prior written consent of KVE, ABC shall not promote, market or solicit customers for sublicense the Program outside the Territory.

[和訳]
　KVEはABCに対して、本契約に規定する条件で、許諾地域において、本プログラムの販売促進、マーケティング、サブライセンスをおこなう独占的で、譲渡禁止の権利を許諾し、ABCは、これを引き受ける。
　別途、KVEの事前の書面による同意がない限り、ABCは本プログラムを許諾地域外の地域で、サブライセンスのために販売促進し、マーケティングをおこない、または顧客を勧誘してはならない。

解説

1 ❖exclusive and non-transferable right

独占的な権利が認められるのは、許諾地域内のみである。したがって、許諾地域外に売り込む活動をすると、契約違反にあたる。ライセンシーには、ソフトウエアをマーケティングすることは認めても、ソフトウエアに関する著作権等の権利を第三者に譲渡することは認められない。

2 ❖ライセンス許諾地域外でライセンシーが許される活動

独占的なライセンス契約で、ライセンサーとライセンシー間でときどき起こる紛争、解釈違いのひとつが、許諾地域外での活動の許容の問題である。ソフトウエアの実務において、双方の思い込みから紛争が起こることがある。

独占的なライセンス契約において独占的な許諾地域でない地域では、ライセンサーの視点からすれば何の権利も与えていないはずである。ところが、ライセンシーの視点からは独占権はないが非独占的な販売活動は特に禁止されていない。したがって、独占権はなくとも注文があれば販売してもよいはずだと思うことがある。特に、交渉過程でライセンシーが独占地域外の活動について口頭で確認したところ、ライセンサーが独占権はないが販売はいいよ、と答えたというようなケースが出てくると、さらに分かりづらくなる。

そのような紛争を予防するために置かれたのが、本例文の第2文なのである。ライセンサーの立場で、ライセンシーの許諾地域外での活動を制限するのがねらいである。

第2文の"promote"は「ライセンス販売を促進する」、"market"は「マーケティングをおこなう」、"solicit"は「顧客を探す」という意味である。"solicit"には「(悪事を)そそのかす」「(売春婦が)客を探す」などの意味もある。英国では"solicitor"といえば「(事務)弁護士」を指す。"solicitor"は企業などの顧客を勧誘し、開拓し、代理できる。一方、"barrister"(法廷弁護士)は企業などを勧誘し、代理することはできない。"solicitor"を通じて活動する。

例文243 ライセンス許諾条項⑩ | Grant of License

◇コンピューター・ソフトウエアの非独占的・限定的ライセンスを規定
◇ライセンシーの社内使用のみとする

Article ___ Grant of License
1 Subject to the terms and conditions hereof, KVE grants to ABC, and ABC accepts, a non-transferable and non-exclusive license to use Robin.
2 The license granted hereby is solely for the internal use of Robin by ABC for the purpose set forth in Exhibit B.

[和訳]
第__条 ライセンス許諾
1 本契約の規定に服することを条件として、KVEはABCに対して、譲渡不可能

で非独占的な"ロビン"の使用権を許諾し、ABCはその許諾を受ける。
2　本契約の中で許諾された権利は、ABCによる"ロビン"の添付別紙Bに記載された目的のためのABCによる社内の使途のみとする。

解説

1 ❖ 本例文のRobin

本例文で「ロビン」というのは、例文222(リサイタル条項①)で扱ったロビンという商品名のコンピューター・プログラムのことを指す。

2 ❖ コンピューター・プログラムのライセンスの本質――動産売買との違い

コンピューター・ソフトウエアのライセンスは、あたかもそのソフトウエアを入れたパッケージが通常の商品(動産)が売買されるように取引されていく。そのため、買主は自由な処分権と所有権を取得したつもりになるが、その取引契約の中核をなすソフトウエアの「著作権」は、ユーザーに対して単に使用権が認められるだけなのである。ライセンサーは、ユーザーがそのプログラムの複製を作ったり、複製を販売したりすることについて同意を与えていない。そのプログラム自身の処分や転売も認めていない。このライセンサーの考えと了解をどこまで貫くことができるか、契約で明確に確認しようとするのが本例文のねらいである。

ライセンス許諾条項⑪ | Grant of License　　　　　例文244

◇コンピューター・ソフトウエア・ライセンスでエンド・ユーザー向け独占的販売、マーケティングの許諾を規定
◇ただし特定のユーザーについては対象外
◇日本を本拠とする多国籍企業は販売、設置の対象に加える

Subject to the terms and conditions of this Agreement, KVE hereby grants to ABC and ABC hereby accepts, an exclusive license to use, sublicense and market (i) in Japan (the "Territory") to end users other than YMM & Company Limited and ＿＿＿＿, and (ii) for installation outside Japan to end users which are Japanese multinational corporations having their principal offices in Japan, certain computer software products owned and developed by KVE as more fully described in Schedule A, with all enhancements, modifications and improvements to such programs which are generally made available by KVE and owned by KVE, to its customers ("Enhancement") and corrections thereto (collectively, the "Programs"), each sublicense to the Programs to be granted under the terms and conditions of a sublicense agreement which shall be substantially similar in form attached hereto as Schedule B.

[和訳]

　本契約の規定に服することを条件として、KVEは、KVEが所有し開発し別紙Aに詳細に記載されるコンピューター・ソフトウエア製品を、KVEが所有しKVEがその顧客に広く提供する当該プログラムのすべての拡張版、変更版及び改良版(「拡張版」)ならびにその修正版とともに(集合的に「プログラム」という)使用し、(i)日本(「許諾地域」)においては、YMM株式会社及び＿＿＿＿＿＿＿以外のエンド・ユーザーに再許諾し販売し、また、(ii)日本国外のインストール用として、日本に主たる事務所を有する日本の多国籍企業であるエンド・ユーザーに再許諾し販売するための独占的ライセンスをABCに本契約により許諾し、ABCは同ライセンスを受け入れる。プログラムの各サブライセンスは、別紙Bとして本契約に添付された書式と実質的に同様なサブライセンス契約の条件により許諾されるものとする。

―――― 解説 ――――

1❖エンド・ユーザー向けのソフトウエア販売・ライセンスとテリトリーの決め方

　ソフトウエア製品のディストリビューター(いわゆる販売店)を起用し、そのテリトリー(マーケティングをおこなう地域。いわゆる販売地域)を決める方法には、実務上、工夫が必要である。

　まず、ディストリビューター起用以前に、ソフトウエア製品の客先がすでに存在している場合がある。その客先からソフトウエアの追加の発注や、部品・サービス・アップグレードの注文があったとしよう。新しく起用されるディストリビューターが扱うのか、それとも以前と同様に、ライセンサーから直接あるいは以前の販売ルートから提供するのかが問題になる。

　本例文は、以前からの客先であるユーザーを新しく起用するディストリビューターの商権から外し、これをライセンサーが引き続き担当・供給するという方針を採用している。そのため、ユーザー名を契約の中に明記して、テリトリーから除外している。

2❖enhancements, modifications and improvements to the Computer Program

　コンピューター・プログラム(ソフトウエア)製品の特色は、絶えず性能・技術改良が加えられ、進歩・成長していくことである。ビジネス上の戦略でもあるが、この進展が競争力の基盤になっている。したがって、販売・マーケティングの対象となるソフトウエアは、絶えず変化していくことを前提に契約を作成することになる。その場合の表現として、「コンピューター・プログラムの拡張版、変更版、改良版」という表現をしている。通常、バージョンアップと呼ばれるように、性能の向上が期待されている。

3❖corrections thereto

　コンピューター・プログラムでは、瑕疵が発見されてその修正がほどこされることがある。そのため本例文には、上記の3つの用語(enhancements, modifications and improvements)に加えて、"corrections thereto"(プログラムの修正版)がつけ加えられている。"thereto"というのは、"to the Programs"のことである。

4❖for installation outside Japan to end users which are Japanese multinational

corporations having their principal offices in Japan

日本企業の海外店に対してコンピューター・プログラムを販売することも、「販売地域」の拡張として認めるという趣旨である。エンド・ユーザー向けのコンピューター・ソフトウエアの販売では、販売地域といいながら、ビジネスの実際から見れば客先の指定なのである。前半（ⅰ項）は、地域を基準に決めたものであり、後半（ⅱ項）は、そのいわば属性（客先が日本に主たる事務所を持つ日本の多国籍企業であること）に基づく客先指定である。

5❖ソフトウエアの販売、マーケティング

ビジネスの上で、一般にソフトウエアの販売店、販売、マーケティングと呼んでいるのは、法律上から見れば、"sales and purchase"（販売・購入）ではない。法律上は、「再使用許諾、サブライセンス」である。プログラムそのものは、所有権も処分権も移転しない。使用時には使用者を限定し、ライセンスする方式が取られる。いわば、コンピューター・ソフト優位の時代の象徴的な虚構であるが、契約上その仕組みが確立し、慣行として広くなされている。ライセンシーの範囲がコンピューターまで限定されるのか、それとも設置場所にある程度の自由を認めるか、また、ライセンシーの範囲も厳密にひとりの個人に限定するか、法人としての1社あるいはその組織のメンバー全員とするかなど、契約上の指定方法には幅がある。

ライセンス許諾条項⑫ | Grant of License　　例文245

◇テレビ番組・映画の放映権の許諾を規定する

KVE hereby grants to ABC, and ABC hereby accepts, a limited exclusive and non-transferable license to the television broadcast rights, including the right to sublicense such broadcast rights to Aurora Borealis Television Network ("ABTN") and such other ABTN affiliates pursuant to a valid sublicense agreement, to the television programs and films under the title of "Karen View Story" set forth in Exhibit ＿＿ in ＿＿＿＿＿＿ (the "Territory") and in the English and Japanese languages.

［和訳］

KVEは本契約により、ABCに対して、添付別紙＿＿に規定する「カレン・ビュー・ストーリー」というタイトルのテレビ番組と映画の＿＿＿＿＿＿（「許諾地域」）における英語と日本語による制限つきの独占的な譲渡不可能な放映権を、有効なサブライセンス契約に従ってオーロラ・ボレアリス・テレビジョン・ネットワーク（ABTN）とABTNの他の関連会社に対し許諾する権利を含んで許諾し、ABCはこれを受ける。

解説

1❖テレビジョン放映のための著作権ライセンス

　放映権や上映権等も、著作権ライセンスのビジネスの一環である。映画やテレビ番組など、映像作品・番組の国際的なライセンスもある。放映権だけでなく、ビデオグラム化権やCD-ROM化、CD化、DVD化等も関連してくる。放映にも、通常の地上波だけでなく、ケーブルテレビや衛星放送もある。契約での明確な取り決めがないと、具体的なところで曖昧さが残り、紛争の種になる。

2❖映像ソフト・番組のキャラクターとビジネス

　映像著作物、テレビ番組、アニメーションなどの放映ライセンスには、当然そのソフト、番組の主人公や副主人公などのキャラクターを商品に使用するという商品化権（キャラクター・マーチャンダイジング）は含まれない。商品化権のためには特別なライセンス契約が必要になる。

3❖許諾される言語版

　本例文では、許諾は英語版と日本語版に限られる。厳密には、日本語版も字幕版だけなのか吹き替え版も含まれるのかという問題点がある。

例文246　ライセンス許諾条項⑬ | Grant of License

◇映像ソフトウエアのライセンス契約
◇マスターテープを渡してその複製を許諾する独占的ライセンスを規定する

> KVE hereby grants to ABC the exclusive rights to manufacture or cause to be manufactured master video tapes of the Films "Robin Hood 2020" ("Mastertapes") for the sole purpose of making copying and duplicating video cassettes and DVD("Videograms") and distributing in the Territory under the terms of this Agreement and during the term.

［和訳］
　KVEは、フィルム「ロビン・フッド2020」のマスター・ビデオ・テープ（「マスターテープ」）を、本契約の有効期間中に本契約条件に従って本許諾地域でマスターテープからビデオカセット及びDVD（「ビデオグラム」）に複写し複製し、販売するために、（自ら）制作し、または（委託して）制作させる独占的な権利を、本契約によってABCに許諾する。

解説

1❖ビデオグラム化権

　映画産業では昔（1950-60年代）は、劇場上映のみで収入を確保することが可能であったが、テレビ、レンタルビデオ等の普及とエンターテインメントの多様化により、現在では

ヒット作品であっても、その収入の半分以上がビデオグラム化権、キャラクター・マーチャンダイジング、テレビ放映権ライセンスなどのいわば付随的な収入によって賄われている。典型的なライセンスがビデオグラム化権の許諾である。本例文は、劇場映画として制作された外国作品をビデオカセット化及びDVD化し販売するライセンスを取得する形態のひとつである。

2❖manufacture or cause to be manufactured
自ら制作するときは"manufacture"のみでよいが、委託先に制作させるときは、"cause to be manufactured"の語句が入っていないと、ライセンサーの承諾を改めて取得しなければならない。

3❖exclusive rights
「独占的な権利」「排他的な権利」を指す。独占的な権利であるが、本例文では、"in the Territory"という地域制約がある。制作の場所であると同時に、販売地域の制約でもある。

ライセンス許諾条項⑭ | Grant of License　　例文247

◇映像ソフトウエアのライセンス契約
◇テレビ放映権のライセンス。地上波、ケーブル放送での放映を含むが、衛星放送での放映を除くと規定する

Robin hereby grants to ASAYURI, subject to the payment of Royalty provided in Article ___ below and to the due performance by ASAYURI of its other obligations hereunder, and ASAYURI hereby accepts, the exclusive and sole license to distribute the Performance Rights of the Picture to the television broadcasting stations through the air and via cable in and throughout the Territory. Notwithstanding the provisions above, the license granted in this Agreement does not cover the facilities of satellite television, including subscription, or pay-per-view television, motion picture theater distribution, home video, or DVD distribution.
In this Agreement, the Performance Rights includes the rights to broadcast and exhibit the Picture in the media licensed herein.

［和訳］
　ロビンは、ASAYURIに対して、ASAYURIが第__条に規定するロイヤルティの支払いをおこない、かつ、本契約上の他の債務を期日に履行することを条件に、許諾地域でテレビ局に対し、地上波とケーブルテレビで放送するためにライセンス販売をする、本映画の独占的な放映権を許諾し、ASAYURIは、本契約によりその権利のライセンスを受ける。上記の規定にかかわらず、本契約により許諾されるライセンスには、有料契約放送やペイ・パー・ビュー・テレビを含む衛星放送を含まないものとし、また、映画館での上映やホームビデオ、DVDによる販売も含まれない。

本契約による放映権とは、本契約で許諾されたメディアで本映画を放映、上映する権利をいう。

解説
---

1 ❖ 放映権のメディアの限定

放映といっても、地上放送、ケーブルテレビのみでなく、衛星放送もある。また、先に紹介したビデオグラム化権もある。

2 ❖ 新しいメディアが将来誕生したらどうするか

最近の映像作品のライセンスでは、具体的に細かくメディアを規定していくと、いったいライセンスに含まれるのかどうか解釈に困るようなメディアが誕生している。そのため、ライセンス契約の許諾条項も、次第に長く詳細な規定が必要になってきている。ひとつの解決策は、具体的に列挙することである。

もうひとつの解決策は、列挙したもの以外は、いずれか一方が保有するということを明確に規定しておくことである。通常は、ライセンサー側がそのように主張する。結論は、ビジネス条件との関わりで判断すればよい。

例文248 ライセンス許諾条項⑮ | Grant of License

◇キャラクター・マーチャンダイジングの使用許諾を規定する
◇広告及び販売促進計画につき承認を得ると規定する

1. KVE hereby grants to ABC a non-exclusive right and license to use and utilize the character "Karen" (including the title "Karen View" of the television animation movie programs) in connection with the manufacture, sales, distribution and exploitation of the goods designated in Exhibit D in the territory of ＿＿＿＿＿＿＿＿＿＿＿＿ (the "Licensed Territory") under the terms of this Agreement.
2. ABC shall submit to KVE, for its approval, samples of each item of the designated goods and application of the advertisement and sales promotion plan for each year before the commencement of any advertisement or sales promotion to the public by ABC.

［和訳］

1. KVEはここに、ABCに対して、本契約の条件に従って、(テレビアニメーション映画の「カレン・ビュー」のタイトルを含む)キャラクター「カレン」を＿＿＿＿＿＿＿＿＿＿＿＿の地域(「ライセンス地域」)において、添付別紙Dに指定された商品の製造、販売(小売り、卸売り)、開発に関連して使用する非独占的権利とライセンスを許諾する。

2 ABCは、ABCが一般公衆に対する広告または販売促進を開始する前に、指定商品の各アイテムの見本と各年の広告及び販売促進計画をKVEに提出し、その承認を得るものとする。

解説

1❖本例文におけるキャラクター・マーチャンダイジングの前提

本例文は、ライセンサー（Karen View Entertainment Inc.）のキャラクター（Karen）がテレビのアニメーションで人気を呼んだために、そのキャラクターを使用したいという申し出があり、ライセンスするというケースを想定している。実際のビジネスでは、「ミッキーマウス」「ハローキティ」「ドラえもん」「スター・ウォーズ」などを思い浮かべてみればよい。

2❖実務上の観点から見たキャラクター・マーチャンダイジング

実務から見ると、その使用許諾の対象となる商品の種類、販売の範囲（地域）、許諾が独占的・排他的なものかどうかを、まず明確にしなければならない。細かくいえば、そのアニメーションに登場する他のキャラクターが使えるかどうか、また、新しいシリーズのストーリーがどう展開するか、登場キャラクターが使えるかどうか、さらに期間、ロイヤルティなども考え、その上で交渉する必要がある。

せっかく高額のロイヤルティを支払う約束のもとに長期のライセンス契約を締結しても、その締結時の人気キャラクターやその仲間のキャラクターが次のストーリーで死亡してストーリーから消えたり、実は悪役であることが分かったり、あるいは新しく登場するキャラクターに人気が移ったりすることもある。

また、キャラクター・マーチャンダイジングは、ライセンサーがライセンス生産される製品やサービスのメーカーや提供者ではないので、製品やサービスの品質、品位に無関心であることもあるが、それは危険である。キャラクターのイメージ、人気の維持のためにも、見本段階で確認し、承認する手続きを取るくらいの注意が必要である。

3❖exploitation of the goods ...

ここでは「商品の開発」と訳した。ライセンシー側から見た権利として、キャラクターを使った商品開発権があると考えたからである。"exploitation"には「開発」「利己的利用」などの意味もある。

ライセンス許諾条項⑯ | Grant of License　　　　　　　　　　　　　　　　　　例文**249**

◇販売許諾地域以外での許諾製品の生産を認める
◇ダイレクトマーケティングも認める規定

Article ___ License to use and manufacture the Licensed Products
1 ABC is licensed and authorized by KVC to use the character "Karen View" described and set forth in Exhibit ___ attached hereto, for manufacture or productions of the Licensed Products and sale to companies or other customers in the Licensed Territory

in accordance with the terms and conditions of this Agreement.

2 Direct marketing by ABC through television's shopping channel, magazine or other means is not prohibited, on a condition that royalties are paid timely by ABC pursuant to this Agreement.

3 Licensed Products may be manufactured or produced by ABC or ABC's affiliated companies only in Japan, Indonesia, Thailand and such other countries as approved by KVC from time to time, and shall meet all standards set forth in Exhibit __ attached hereto, and standards required by law of such countries.

4 ABC shall submit to KVC samples of new items of the Licensed Products before the first sale of each item of the Licensed Products for KVC's prior written approval. KVC reserves a right to withhold such approval at its sole discretion, when such sample(s) do not meet or satisfy standards described herein or standards expected by KVC.

[和訳]
第__条　本許諾製品を使用し、生産するライセンス

1 ABCは、本契約の諸条件に従い本許諾製品を製造、生産し、本許諾地域にある会社または他の顧客に販売するために、本契約書に添付する別紙__に説明され、規定されるカレン・ビュー・キャラクターを使用することをKVCにより許諾され、権限付与される。

2 テレビショッピングチャンネル、雑誌、または他の手段によるABCによるダイレクトマーケティングは、本契約に従い、ロイヤルティがABCにより適時に支払われることを条件として、禁止されないものとする。

3 本許諾製品は専ら日本、インドネシア、タイ及び随時KVCによって承認される他の国で、ABCまたはABCの関連会社により製造され、生産されることができるものとし、本契約書に添付する別紙__に規定するすべての基準ならびにかかる国々の法律により要求される基準に合致するものとする

4 ABCは、KVCに対し、各本許諾製品(新製品)ごとの最初の販売(発売)の前に、KVCの事前の書面による承認を取得するために、新製品ごとのサンプル(見本)を提出するものとする。
　　KVCは、かかるサンプルが本契約書に記載する基準またはKVCにより期待される基準を満たさないときは、その単独の自由裁量で、かかる承認を与えない権利を留保するものとする。

――――――――――― 解説 ―――――――――――

1 ❖ 販売許諾地域以外の国での製造を認めるが承認する外国でも実施できると規定する

　日本における労賃、資材費等のコスト高のために、たとえ販売許諾地域が日本のみであっても、許諾製品の製造は日本だけでなく、近隣アジア諸国で生産したいという場合があ

る。そのような場合、何も規定がなければ、外国での製造は契約違反になってしまう。現実的な対応策として、契約の中に明確に海外での製造(販売ではない)を認める条項を置くことがある。ライセンサーとしても、品質が契約で規定する水準に達するか、あるいは製造国の工場から闇ルートへの横流しし、契約で認めていない地域への輸出がなされないか、など心配な点がいくつかある。そのような状況で、互いに一定の妥協と譲歩をもって、契約条項が練られていく。キャラクターの著作権者やライセンサーから見れば、大事であるにもかかわらず、客観的な基準が明確でない場合もありうる。承認するかどうかについて"at its sole discretion"という表現を使い、ライセンサーが随意に決定できるようにしたのが、この規定のねらいである。

2❖ダイレクトマーケティングも販売方法として規定する

キャラクター・マーチャンダイジングの場合、子供に親しまれるアニメの主人公のライセンスなどは、ダイレクトマーケティングが有効な販売手段となる。

ライセンス契約では、テレビショッピング利用などのダイレクトマーケティングが認められているか、あるいはデパート、スーパーマーケットなどの店舗販売に限られるのか、双方の思い込みもあって、実際にはよく分からず、紛争になるリスクがある。第2項は、そのような紛争を避けるため、ライセンシー側の希望で明確に許容することを規定したものである。

3❖キャラクター使用製品の品質

キャラクターのライセンスでは、それを使用した製品の品質・仕様について、具体的に決めない場合と、高い品質、安全な品質を目指して具体的に決める場合がある。本例文では、どちらにも対応できるよう、契約書の添付別紙で規定する方法を選んでいる。

キャラクター・マーチャンダイジングでは、キャラクターの所有者が、必ずしもキャラクター使用製品の製造に関する専門知識があるとは限らない。むしろ知識があるほうが例外であろう。しかし、製品の品質の粗悪さ、危険性などがあると、あっという間にその商品で使われていたキャラクターの価値を下げてしまうことになる。また、キャラクターの描き方が、本来のキャラクターから乖離し、ライセンスを受けて製造された製品が偽物のように扱われても困る。本来の魅力あるキャラクターが美観を失った邪悪なイメージになってしまっては、大変である。

そこで、キャラクターの所有者・著作権者が、本来は製品の品質や性能についての専門家ではないが、サンプルの承認という手順を踏むことによって、所有キャラクターの信用を守ろうとするのは自然な行為といえよう。

例文250 ライセンス許諾条項⑰ | Grant of License

◇ライセンシー以外の第三者に生産のみの委託は認めるが、生産地は許諾地域に限定
◇許諾製品の販売に特化した専門知識を持つ人員による販売
◇名声に響く値引き販売を認めない
◇メールオーダーなどダイレクトマーケティングによる販売を認めない
◇広告宣伝でライセンサーとライセンシーのブランドを明確に区別し、混乱を生じさせない

Article ___ Quality Control of Distribution

1 ABC shall manufacture all Licensed Products in the Licensed Territory, provided however that ABC will be permitted to manufacture a portion of materials of each of the Licensed Products outside the Licensed Territory on a condition that (1) ABC may lawfully affix to such Licensed Products a label stating "Made in the Licensed Territory" and (2) the approval of the authorities of the Licensed Territory, if required, may be obtained by ABC to affix such label.

2 ABC may, subject to obtaining KVC's prior written approval, utilize a third party for the sole purpose of manufacturing the Licensed Products, provided that ABC shall furnish KVC with the list of such manufacturers and that KVC may at its sole discretion and at any time withdraw its approval of such manufacturer whereupon ABC will ensure that such manufacturer shall immediately cease any further manufacture of the Licensed Products.

3 ABC agrees that the Licensed Products will be manufactured, sold and distributed in accordance with all applicable national and local laws. ABC further agrees that the policy of sale, distribution, and exploitation by ABC will be of the highest standard through prestigious channels so that the same will in no manner reflect adversary upon good reputation of KVC or "Karen" trademarks or characters protected by copyright and other intellectual laws, and enhance the prestige of KVC and such trademarks and characters.

4 ABC agrees that the distribution of the Licensed Products by ABC in the Licensed Territory will be directly controlled by ABC, its affiliated companies or retailers who will have specialized and sufficient sales forces for the Licensed Products, and that the Licensed Products shall not be sold by retailers of questionable quality.

5 ABC undertakes not to offer at any time any substantial discount which might eventually contribute to the downgrading of the image of the Licensed Products or KVC's trademarks and characters licensed hereunder, except for discounts offered at close-out sales of inventories of non-current collection or versions of the Licensed Products, details of which are set forth in Exhibit ___ subject always to applicable laws, including anti-trust laws.

6 ABC agrees not to sell the Licensed Products through direct marketing, including without limitation, mail-order, shopping channel of television network or internet service, without having obtained KVC's prior written consent.

7 ABC agrees to ensure that Karen View characters and trademarks alone will be used in advertising and promotion hereunder. No other trademarks or characters or trade names, including ABC's trademarks or trade names may be associated with Karen View trademarks or characters.
8 With respect to the various operations and materials executed by ABC for the promotion of its own trademarks, ABC agrees to ensure that such operations and materials are sufficiently different from those which will have been conceived for the promotion of the Karen View trademarks and characters, so as to avoid confusion in the minds of the consumers.

[和訳]
第__条　販売における品質の管理
1　ABCは許諾地域ですべての許諾製品を製造するものとする。ただし、ABCは次の条件のもとで、各許諾製品の材料の一部を許諾地域外で製造することが認められる。(1)ABCが合法的にその許諾製品に対して「許諾地域で製造された」と記述するラベルを添付することができること、(2)必要なときは、かかるラベルを添付することについて、ABCにより許諾地域の当局の認可が取得できること。
2　ABCは、KVCの事前の書面による承認を得ることを条件に、専ら許諾製品を製造するという目的のために第三者を起用することができるものとする。ただしABCは、かかる製造業者の名簿をKVCに提出するものとし、KVCはその単独の自由裁量で、かついつでも、かかる製造業者の承認を撤回することができる。その場合ABCは、かかる製造業者にただちに許諾製品の製造を中止させるものとする。
3　ABCは、許諾製品が、適用される国家と自治体の法律に従って製造され、売り渡され、販売されることに合意する。ABCは、ABCによる売り渡し、販売、拡販の方針が権威あるチャネル経由による最高の水準のものであり、それがいかなる方法であれ、著作権法ならびに他の知的財産法により保護されたKVCまたはカレン商標またはキャラクターの名声に悪影響を及ぼすことがないこと、また、KVCならびにその商標、キャラクターの名声を高めることに合意する。
4　ABCは、許諾地域でのABCによる許諾製品の販売は、許諾製品を販売するために特化され、十分な販売部隊を有するABCあるいはその関連会社またはその小売店により直接にコントロールされるものとし、許諾製品が資質に疑問のある小売店により販売されないものとする。
5　ABCは、いかなるときも、許諾製品またはKVC商標またはキャラクターのイメージを低下させるような大幅な値引きを実施しないものとする。ただし、旧コレクションまたは旧版の在庫品の一掃セールの場合は例外とする。その場合の詳細については別途、別紙__に規定するが、いかなる場合も独占

禁止法を含む適用法を遵守することを条件とする。
6　ABCは、KVCの事前の書面による同意なしには、郵便による注文、テレビネットワークのショッピングチャンネルまたはインターネットサービスを含み、またそれに限定されない直接販売（ダイレクトマーケティング）を実施しないものとする。
7　ABCは、本契約のもとでの広告、販売促進において、カレン・ビュー・キャラクター及び商標が単独で使用されることに合意する。ABCの商標または商号を含む他の商標キャラクターまたは商号が、カレン・ビュー商標またはキャラクターと結合して使用されてはならないものとする。
8　ABC自身の商標の促進のためにABCが実施するさまざまな活動や資料については、ABCは、かかる活動ならびに資料が、消費者の認識するところによりカレン・ビュー商標ならびにキャラクターの促進のために計画されたものと混同しないよう、十分に区別して実施することに同意する。

―――― 解説 ――――

1❖ライセンシーに対し、許諾地域での生産・製造を義務づける規定

　許諾地域以外（海外）での生産・製造は、材料の一部を除き原則認めない。例外的に"Made in the Licensed Territory"との表示がラベルに合法的にできる範囲で、一部の材料の海外生産（製造）を認めるとしている。これは、ライセンサーの販売政策、ライセンシーや販売代理店(distributor)の起用方針に関わってくるテーマである。

　たとえばライセンサーが、許諾地域近隣の各国に独占的なライセンシーや販売店を起用している場合、今回のライセンシーが近隣の外国で委託生産・下請け製造業者等をうっかり起用して海外生産をさせると、ライセンサーがその委託生産（製造）先の国のライセンシーと締結している独占的なライセンス契約等の違反になるリスクが発生する。特に、許諾製品の生産地の表示自体がその国となると、同国に今回のライセンシーから販売した製品の再輸出、あるいは委託生産業者からの完成品の横流しが発生した場合、同じブランド製品の間で、競合・混乱が生じる。また、同じ委託生産業者に、同国で起用されたライセンシーと今回のライセンシーから、同じブランド製品の製造が同時に委託発注されるという事態が発生しかねない。

　生産地の表示については、虚偽表示にあたらないよう注意が必要であり、材料であっても主要な部分にあたる場合などでは、原産地虚偽表示とみなされるリスクがある。

　オーロラ・ボレアリス社の日高尋春氏と飛鳥凛が遭遇した事案に、タイで主要部分を生産し、イタリアで生産したカバー（デザインが美しく上質の金属が使われている）で覆うカメラを日本で組み立てたケースがあった。カバーには、"Made in Italy"と刻まれていた。このように、日本で組み立てた場合には生産地をどう表示すべきかという問題がある。カバーの生産地としては、たしかに正確に表示がなされている。しかし、そのまま市場に出せば、顧客はカメラ全体がイタリアで生産されたと思い込むかもしれない。日高尋春氏の指示で飛鳥凛が担当し、生産地をどう表示するかを検討したという。

2 ❖ ライセンシーには、生産を担当する第三者の起用が許容されている(第2項)

本例文ではライセンシーは、自ら自社工場で生産する義務はなく、ライセンサーの許可を得た上で第三者をして生産させることができる。ただし、起用にあたっては具体的に生産を担当させたい第三者の会社名等を提示し、ライセンサーの同意を得ることが必要である。ライセンサーが、その生産にあたる第三者に対して好ましくないという意思表示をしたときは、ライセンシーは、それ以降の生産を中止させることを約束している。

3 ❖ 許諾製品の販売に特化した専門知識を持つふさわしい人員に担当させる(第4項、第6項)

本例文では、名声の高い大切なブランド製品を扱うにあたり、ライセンシーはそれにふさわしい専門知識を修得した人員に販売を担当させることを保証し、ふさわしくない小売店等には販売しない。また、メールオーダー、テレビショッピングなどのダイレクトマーケティングは、名声に悪影響を及ぼしかねないというライセンサーの考え方に基づき、ライセンサーの事前の同意がない限り、実施しない。

4 ❖ 大幅な値引きも、原則しないと規定する(第5項)

販売にあたっての大幅な値引きは、そのブランドの名声を下げ、悪影響が出かねないので、原則として制限している。ただ、この販売価格に関する制約という問題は、各国のそれぞれの時代の独占禁止法により、公正な競争と取引の観点から好ましくないと見られる可能性があるので、独占禁止法はじめ経済法に抵触しないかどうか、そのつど調査するなど留意する必要がある。ライセンサーの視点からは、ブランドイメージを維持し、ブランド間の競争力を強化していく手段だと考えて正当な条件だと主張するが、小売店の販売が困難になる面もあり、必ずしも答えが明確ではない難しい問題なのである。

本例文では、ある程度発売から時間がたった古いコレクション、古い版の在庫品について、例外的にディスカウント(値引き)による販売を認め、詳細は別紙の条件で決めるとして解決を図っている。

5 ❖ 広告・宣伝で、ライセンサーとライセンシーのブランドの区別を明確にし、消費者に混乱を生じさせない(第7項)

ライセンシーの中には、著名なブランドの使用許諾を得た際に、そのブランドのイメージを利用し、ライセンシー自身の他のビジネスやブランドと一緒に、あたかも一体の事業、共同の事業のごとく扱って広告する者がいる。注意して見れば、たしかに別な事業であることは分かるのだが、そのまま放置すれば、許諾を得たブランドと無関係なビジネスに——たとえば不動産開発やサービスなどの販売に——ブランドの大きな看板などを掲げて、顧客を呼ぶというようなこともありうる。完全な虚偽の偽ブランドではなく、消費者側が無意識に誘導されるリスクの問題であるため、実際にはこの予防は容易ではない。

消費者に対し、有名ブランドが「ライセンシーは信用できますよ」と人物保証をしているような役割を果たしてしまうのだ。その予防対策として本例文では、ライセンサーから許諾されたブランドとライセンシーのブランドを、注意深く区別して扱うよう規定している。

例文251 ライセンス許諾条項⑱ | Grant of License

◇キャラクター・マーチャンダイジングの使用許諾を規定する
◇イメージ・キャラクターとしてサービス提供への使用を認める

KVE grants to ABC an exclusive license to use the character "Karen" under ABC's control, including the title "Karen" "Karen View" of the Motion Pictures and all the names and shapes of the characters appearing in the Motion Pictures, which are protected under copyright, trademark, fair competition or any other applicable laws in the Licensed Territory, for the purpose of sales promotion or advertisement of the merchandise and services of ABC, set forth in Exhibit A.

［和訳］
　KVEは、ABCに対し、添付別紙Aに規定するABCの商品、サービスの販売推進活動と宣伝のために、許諾地域で著作権法、商標法、不正競争防止法または他の適用法によって保護される本映画のカレン、カレン・ビューと本映画に登場するキャラクターのあらゆる名前、形を含むカレンのキャラクターを、ABCのコントロールのもとで使用する独占的なライセンスを許諾する。

――――――― 解説 ―――――――

1 ❖ 商品とサービスへのキャラクターの使用
　商品、サービスのマーケティングにキャラクターが使用される例には、銀行、証券会社、保険会社等金融機関やサービス企業のイメージ・キャラクターとしての使用がある。イメージ・キャラクターとしての使用にも、店舗の看板、ポスターでの使用から、預金通帳までさまざまである。KVEはKVCグループのライセンス事業をおこなう存在である。

2 ❖ 本例文の特徴――サービスへの使用を含む
　例文248は、キャラクターを使用する範囲が製品への利用だけであったが、本例文ではキャラクターを商品販売だけでなく、イメージ・キャラクターとしてサービス提供に利用することを認めている。

例文252 ライセンス許諾条項⑲ | Grant of License

◇製品の販売につき契約終了後も長期間にわたり輸出を制限する規定
◇ライセンサーの許諾地域へのブーメラン現象禁止条項

Article ＿ Prohibition of Export of the Licensed Product outside of the Territory
Notwithstanding any other provision in this Agreement to the contrary:
(i) 　During the term of this Agreement and for a period of five (5) years after the termi-

nation thereof, or for a total of fifteen (15) years after the effective date of this Agreement, whichever period is longer, ABC shall not;

(a) sell the Licensed Products outside of Asia, or

(b) use the Technical Information, or manufacture the Licensed Products outside of Japan.

(ii) For a period of thirty (30) years after the first effective date, ABC shall not use the Technical Information and shall not manufacture or sell the Licensed Products on the North American Continent, provided however that the said prohibition shall not be applicable to cases where the Licensed Products made by ABC in Japan is an integral part of end products also made in Japan, knocked-down parts or spare parts of such products, but exported to the North American Continent.

(iii) Provisions of this Article as well as other provisions hereof shall be subject always to all applicable laws of Japan and federal or state laws of United States.

Each party hereto represents that it has consulted such legal and technical experts as it deems necessary, and it has not relied upon any oral representation of the other party, in entering into this Agreement.

[和訳]

第__条　ライセンス製品の販売許諾地域外への輸出販売制限規定

本契約に定めるいかなる他の規定にもかかわらず、

(ⅰ) 本契約期間中ならびに本契約の終了後5年間または本契約の発効日から起算して15年間のうちもっとも長い期間、ABCは、

(a)アジア以外で本許諾製品を販売しないものとする。また、

(b)日本国外で本技術情報を使用し、または本許諾製品を生産しないものとする。

(ⅱ) 本契約の発効日から起算し30年間は、ABCは、北アメリカ大陸では、本技術情報を使用し、または本許諾製品を製造し、または販売しないものとする。ただし、かかる制限は、日本国内でABCにより生産された本許諾製品が日本国内で生産された最終製品の不可分の一部をなす場合、かかる製品のノックダウン（組み立て）用の部品または交換部品にあたる場合で、北アメリカ大陸に輸出される場合には、適用されないものとする。

(ⅲ) 本条の規定及び本契約の他の規定は、適用されるすべての日本法ならびに米国連邦法及び州法に従属するものとする。

各当事者は、本契約を締結するにあたっては、それぞれ必要と判断する限り、各々の法律上、技術上の専門家と相談しており、相手方の口頭の表明に依存してはいないことを表明する。

|例文253| ライセンス｜ロイヤルティ条項①
|例文254| ライセンス｜ロイヤルティ条項②

―――― 解説 ――――

1❖厳しい輸出先制限の規定

例外的であるが、米国側のライセンサー（カレン・ビュー社）が日本側のライセンシー（オーロラ・ボレアリス社）に対して非常に厳しい許諾製品の販売地域、販売先の制限条項を提示してきた。珍しい厳しい規定なので、輸出先制限のドラフティングのひとつの検討例、練習例として紹介した。

実際にこのまま調印されたかどうかについては、オーロラ・ボレアリス社の日高尋春氏、飛鳥凛から特に聞いていない。ただ、あまりにも、制限が長いので、驚いたという話を飛鳥凛から聞いたことがある。

2❖ライセンス製品の販売（輸出）先につき厳しい長期間の販売制限規定を置く

開示・供与したライセンサーの技術を使用した製品をライセンシーが許諾地域（製造・販売地域）を超えてライセンサー側の地域・国に輸出してくること、いわゆるブーメラン現象をライセンサーが嫌い、厳しく制限・禁止することがある。ライセンス契約では、製造・販売地域を規定するのが通常であり、特に問題を生じそうにないが、その制限が契約終了後も長期に及ぶのが、本例文の輸出制限の厳しさである。アジア地域以外への輸出販売は、契約期間中は技術情報の開示に関する契約の発効日から15年経過、または契約終了後5年経過のいずれか遅い時期まで、禁止されている。同じ期間、開示された技術情報を使用して許諾製造地域である日本以外の地域で許諾された製品を製造することも禁止している。

3❖技術情報開示契約の発効から30年間、許諾製品の輸出禁止という規定を置く

本例文では、ライセンシーは、ライセンス契約発効後30年間、許諾製品を北アメリカには輸出できない。厳しい制限である。ブーメラン現象を防止することをライセンサーが重視している影響もあろう。果たして、このような制限が米国独占禁止法上は有効なのであろうか、と飛鳥凛は不思議に思ったという。

4❖上記制限の適用外

上記の輸出制限規定は、許諾製品が独立して輸出される場合の制限であって、プラントやシステムなどの一部の部品として組成するにすぎないときは、適用の対象としないと規定している。実務上、合理的な輸出制限適用除外の規定である。

5❖独占禁止法等法規制に抵触しないことを、自分の責任で専門家に確認する義務を負う

契約のドラフティングや交渉の段階では、一方の強く主張したい条件が、相手国や交渉の結果として準拠法に選択した法律に抵触するかどうかが、すぐには分からないことがある。そのような場合、提案を取り下げるのも選択肢のひとつであるが、カレン・ビュー社のナンシーのように、「じゃあ、これは、あとで両社で、それぞれ強行法規に抵触するかどうか調べましょう」といって、その場では、結論を留保する選択肢もある。万一、結論が出ないときは、契約の一部が無効と判明したときの契約効力の規定を置くことにより対処する。独占禁止法上、このような条項の制限が問題となるかどうかは、個別・具体的に吟味することが必要な場合がある。

第4款　ロイヤルティ条項

ロイヤルティ条項① | Royalty　　　　　　　　　　　　　　　例文253
◇1回限りのロイヤルティの支払いを規定する

> In consideration for the rights and license granted under this Agreement, ABC shall, within thirty (30) days after the Effective Date, pay to Licensor a one-time royalty of Seven Hundred Thousand United States Dollars (US $700,000).

［和訳］
　本契約のもとで許諾された権利と使用許諾の対価として、ABCは、ライセンサーに対して1回限りのロイヤルティとして、70万米ドルを契約発効日から30日以内に支払うものとする。

――――――――解説――――――――

1 ❖ ロイヤルティの決め方、支払方法の種類

特許、トレードシークレット、著作権等のライセンス契約では、いくつかのロイヤルティの決め方、支払い方法がある。一番単純なのは、①1回限りの支払いで、ランプサム払いである。この他、一般的な支払方法には、②イニシャル・ロイヤルティと毎年あるいは半年、四半期（3ヶ月）ごとのランニング・ロイヤルティとの組み合わせによる支払い、③毎年、半年ごとのミニマム・ロイヤルティ（最低使用料）とランニング・ロイヤルティの組み合わせによる支払いなど、さまざまな組み合わせがある。

2 ❖ 1回限りのライセンス使用料の支払い

1回限りのロイヤルティの支払いによるライセンスの取得は、コンピューター・ソフトウエアの著作権、トレードシークレット、特許等の取得とともに、実際におこなわれることがある。特許やトレードシークレット、著作権をめぐる紛争を解決する場合に、ライセンスの契約方式でおこなわれることも多く、その場合には、1回限りのロイヤルティ支払方式が広く採用されている。互いに信頼関係が薄かったり、また、あまり会合を重ねたり、契約解釈をめぐって争いを起こすのを避けたいという動機がその主因である。

ロイヤルティ条項② | Royalty　　　　　　　　　　　　　　　例文254
◇イニシャル・ロイヤルティの支払いを規定する

> 1　In consideration of the grant of the rights and licenses hereunder, ABC shall pay to Licensor as follows:
> 　　i)　An initial payment:＿＿＿＿＿＿＿＿＿＿＿＿＿＿＿ United States Dollars (US

$ _____) shall be paid within twenty (20) days after the Effective Date of this Agreement.

ii)

[和訳]
1 本契約のもとでのライセンサーによるABCに対する権利とライセンスの許諾の対価として、ABCは、ライセンサーに対し、次の通り支払う。
　i）イニシャル・ペイメント：本契約の発効の日から20日以内に、_____米ドル（____米ドル）を支払う。
　ii）

解説

1❖イニシャル・ペイメント（initial payment）
　ライセンシーから見れば、まだ具体的なビジネスも始まっておらず利益も得ていない段階であり、金額をなるべく低く抑えたいところである。イニシャル・ペイメントを支払わないライセンス契約もある。イニシャル・ペイメントは、どのような場合も返還不能（non-refundable）という条件がつくことが多い。次の例文255で紹介する。

2❖ランニング・ロイヤルティ（running royalty）
　イニシャル・ペイメントは、ランニング・ロイヤルティの支払いを前提として決められる。ただ、イニシャル・ペイメントの性格を曖昧にしておくと、ランニング・ロイヤルティとの関係がはっきりしなくなり、紛争の引き金になりかねない。

例文255 ロイヤルティ条項③ | Royalty

◇イニシャル・ロイヤルティの支払条件を規定する

1　In consideration of the license granted hereunder, ABC shall agree to pay the following sum:
　i)　a non-refundable, initial license fee of two hundred forty eight million nine hundred eighty thousand Japanese Yen (Yen 248,980,000) payable in one lump sum on or before April 30, 20__.
　ii)

[和訳]
1　本契約に基づき許諾されるライセンスの対価として、ABCは下記の金額を支払うことに同意する。

ⅰ) 返還不能なイニシャル・ライセンス・フィーとして、二億四千八百九十八万円（¥248,980,000）を、20＿＿年4月30日までに一括で支払う。
ⅱ)

解説

1 ❖non-refundable, initial license fee
「返還不能のイニシャル・ライセンス・フィー」を指す。

2 ❖payable in one lump sum
「一括支払い（lump sum payment）」の意味である。反対は、"in two installments"（2回分割払い）等の「分割払い」である。「分けないで1度に」支払うという意味があるが、それ以降のランニング・ロイヤルティの支払いが不要であるとまではいっていない。

ロイヤルティ条項④ | Royalty　　　例文256

◇ランニング・ロイヤルティの支払条件を純販売額の一定率と規定する
◇ミニマム・ロイヤルティを規定する

ⅰ) An annual running royalty (or a Minimum Annual Royalty):
An annual running royalty of three (3) percent of ABC's Net Selling Price of the Licensed Products used, sold, leased or otherwise disposed of by ABC, which in any case shall not be less than ＿＿＿＿＿＿＿＿＿＿ United States Dollars (US $＿＿＿＿＿) ("a Minimum Annual Royalty") for each contract year commencing on the Effective Date or the anniversary date thereof during the term of this Agreement shall be paid within thirty (30) days after the end of each contract year.
ⅱ)

［和訳］
ⅰ) 年間ランニング・ロイヤルティ（または、年間ミニマム・ロイヤルティ）：
本契約の発効日または本契約期間中のその応答日に始まる各契約年度につき、ABCが使用、販売、リースまたは他の方法により処分した許諾製品に対するABCの純販売価格の3％に相当する年間ランニング・ロイヤルティを、各契約年度の終了後30日以内に支払うものとする。年間ランニング・ロイヤルティは、いかなる場合も、＿＿＿＿＿米ドル（＿＿＿米ドル）（「年間ミニマム・ロイヤルティ」）以上とする。
ⅱ)

解説

1 ❖ ランニング・ロイヤルティ

ライセンス許諾製品の販売額を基礎としてその一定率を算出し、使用料として支払うのが、ランニング・ロイヤルティである。基準となる販売金額を販売した金額そのもの（gross selling price）で計算するか、それとも、諸費用を差し引いた後の純販売額（net selling price）で計算するかの選択がある。具体的に定義をしておかないと、純販売額の計算方法をめぐって解釈が対立することがある。

2 ❖ ミニマム・ロイヤルティ

年額の一定金額（たとえば100万米ドル）をミニマム・ロイヤルティと定めるのは、ライセンサーから見た販売不振の場合の不安を取り除くためである。ミニマム・ロイヤルティの規定があると、実際にはほとんど販売実績がなくとも、その金額を支払わなければならない。

3 ❖ 販売不振でもミニマム・ロイヤルティさえ支払えば、契約は解除されないか

では、ミニマム・ロイヤルティの金額だけ支払えば、ミニマム・ロイヤルティの算出のベースとなった販売額を達成できなくても、契約の中途解除はなされないのか。ライセンシーの立場からすれば、ミニマム・ロイヤルティを支払った上、解除されるのでは目もあてられない。ライセンス契約では明文規定がなければ、ミニマム・ロイヤルティの基礎となる販売額が達成できなくても、解除事由にならないのが通常である。ライセンサーの立場からいえば、ロイヤルティの確保という点ではミニマム・ロイヤルティは役割を果たすが、販売不振の場合のイメージダウンを避けるためにライセンシーを変えたいという目的には不十分なのである。解除するためには、販売額が一定額以下のときには中途解除できると明確に決める必要がある。

例文257 ロイヤルティ条項⑤ | Royalty

◇純販売額の定義を規定する

For the purpose of this Agreement, "Net Selling Price" means the gross selling price of the Licensed Products as invoiced by ABC, less the following items to the extent they are included in gross sales in accordance with generally accepted accounting principle:

 a) sales, turnover taxes or value added taxes on sales invoices;
 b) custom duties;
 c) transportation, packaging, shipping expenses and insurance on shipments to customers and warehouse charges;
 d) credits allowed for the returned Licensed Products.

［和訳］

本契約においては、「純販売額」とは、ABCによって請求された許諾製品の総販売

額から、下記の費用項目を差し引いた金額を意味する。ただし、控除できる費用項目は、一般に受け入れられている会計原則に従って、総販売額に含まれているものに限定される。

　　a）販売請求額に課税される販売税、取引高税または付加価値税
　　b）関税
　　c）運送費、梱包費、輸送費、顧客への輸送に関わる保険料、倉庫料
　　d）返品された許諾製品について認めた返金額

解説

1 ❖ 純販売額の定義の必要性

本例文は、典型的な定義規定のひとつである。総販売額から控除すべき項目は、ライセンシーにとっては多いほうが有利であり、ライセンサーからは少ないほうがよい。そのため、しっかり規定しておかないと解釈紛争の原因になる。上記以外の控除項目として議論される項目にはリベート、販売促進費、広告料等がある。本例文の定義では、これらは控除されない。

2 ❖ gross sales price; gross selling price

許諾製品の販売額そのもので、あらゆる控除をする前の売上金額を指す。ライセンサー、ライセンシー間で控除項目等の意見が対立して合意に達しない場合は、代わりに、この総販売額を基準として、ロイヤルティ率を少し低くして交渉をまとめる方法がある。平均的な控除項目から試算して差し引き、合意すべきロイヤルティの率の取り決めに反映させればよいのである。

ロイヤルティ条項⑥ | Royalty　　　　　　　　　　　　　　　例文258

◇総販売額を基準にランニング・ロイヤルティを支払うと規定する
◇ライセンシーは1暦年ごとに販売に基づくロイヤルティ額を記載した計算書をライセンサー宛てに送付すると規定する
◇ライセンサーはロイヤルティ額の正確さを判定するために計算書を検査できる

Article ＿＿　Royalty

1　ABC shall pay a royalty to KVC equal to two (2) percent of the Gross Sales Price of all Licensed Products sold or otherwise disposed of by ABC.

2　For the purpose of this Agreement, the "Gross Sales Price" shall be equal to the price actually received for such Licensed Products in the form in which it is sold in arm's length sales to third parties, or in the case of sales to an entity which controls, is controlled by or under common control with ABC, its fair market value.

3　Within sixty (60) days following the end of each calendar year, ABC shall submit to KVC a statement setting forth all royalties due and payable by ABC to KVC for that

year, along with payment of the amount due.
4 Less than two (2) years following the receipt of any such statement, KVC may conduct an audit of the books and records of ABC in connection with the statement during reasonable business hours.
5 In the event the audit discloses an underpayment of more than ten (10) percent, the costs of the audit shall be borne by ABC.

[和訳]
第__条　ロイヤルティ
1 ABCはKVCに、本契約に基づきABCにより販売し、または他の方法により処分したすべての許諾製品の総販売額について、その2％と同額のロイヤルティ（使用料）を支払うものとする。
2 本契約においては、「総販売額」とは、第三者に対しアームズレングス価格で販売された場合はその実際に受領した金額、そして、支配しまたは支配され、または共通の支配を受ける企業への販売の場合は、その公正な市場価格を意味するものとする。
3 ABCは、各暦年の期末から60日以内に、KVCに対し、その暦年にABCによりKVCに対し期限が到来し、支払われるべきロイヤルティを記述した計算書を期限が到来した金額の支払いとともに提出するものとする。
4 KVCは、かかる計算書を受領後2年以内に、合理的な営業時間中にかかる計算書についてのABCの帳簿と記録を、検査することができる。
5 検査の結果、10％超の支払い不足が判明したときは、検査費用はABCの負担とする。

― 解説 ―

1❖総販売額を基準にランニング・ロイヤルティを支払うと規定する

　総販売額は、"gross sales price"とも、"gross selling amount"ともいう。ライセンス契約では、同じ概念を表すのにさまざまな表現・言葉が使用されることがある。どの用語を使用してもかまわないが、一度使用したならば、その契約の中では同じ表現・用語を一貫して使うことが大事である。同じ概念を表すために、文学や小説の文章のつもりで、少しずつ表現の仕方を変えていく努力は、英文契約書の場合は不要であり、むしろ異なる用語を使ったために意味が伝わらなくなったりするリスクが発生する。特に、定義を置いた言葉・用語に定義した用語以外の表現を使うと正確な意味が伝わらなくリスクが大きい。

　総販売額と対比する概念は、純販売額である。純販売額を指すものとして、"net sales price"、"net selling amount"などの用語が使用される。純売上額に比べて総販売額のほうが大きな数字となるが、その分ロイヤルティの率の交渉では、低い率の提案がなされるのが通常である。

　計算書の作成作業だけからいえば、総販売額のほうが純販売額より算出しやすいが、同

じロイヤルティ率だとロイヤルティ額が高くなり、ライセンシーにとっての負担が大きくなる。

2❖ロイヤルティ額を記載した計算書の送付義務を規定する

ライセンシーは、暦年ごとの総販売額に基づくロイヤルティ額を記載したロイヤルティ計算書（a statement setting forth all royalties due and payable）をライセンサー宛てに送付すると規定する。暦年ごとに計算書を作成し、各期末から60日以内に送付するというのが、本例文の趣旨である。

ライセンサーからいえば、計算書を作成する期間の単位が四半期、つまり3ヶ月ごとのほうが迅速にロイヤルティを受領でき、好ましい。しかし、ライセンシーの経理事務量などの作業負担上、困難ということがある。現場の事業部と経理部門の体制が整っていないと契約で約束した計算書が期日までに間に合わないことになりかねない。現場で対応が困難であれば、本例文のように、年に1回または半年に1回の計算書作成・送付義務に変更する選択肢がある。

支払いの間隔を伸ばすことは、実際には計算書作業の負担の軽減の問題だけでなく、ロイヤルティの支払い時期が遅れるという問題もともなう。ライセンサーからは、ロイヤルティ率を上げるよう要求したり、販売額にかかわらず先に一部の対価を受け取ることができるように、ミニマム・ロイヤルティの設定や増額の提案をするなど、対抗手段を講ずることがある。

契約交渉は、互いのさまざまな状況、希望を踏まえ、双方に納得のいく取引のルールを策定していく過程なのである。

3❖計算書でのロイヤルティについて、ライセンサーは検査する権利を有する

ライセンサーはロイヤルティ計算書の受領から2年以内に自己の費用負担（at the costs of Licensor）で、その正確さについてライセンシーの事務所に立ち入り検査（an audit of the records）をする権利がある。ただし、支払い不足額（an underpayment）が、10%超であることが判明したときは、検査費用（costs of the audit）はライセンシー負担とすると規定している。ある程度の誤差については、その差額を支払うのみで解決し、検査費用までは請求しない。日高尋春氏と飛鳥凛の経験では、ライセンサーによっては、「5%超」の場合、検査費用をライセンシー負担と提案し、支払い不足額の200%を支払うという規定を主張してくることがあるという。

4❖ライセンサーによるライセンシーの帳簿・記録検査についての付随的な規定（選択肢）

検査目的をライセンシーの計算書（ロイヤルティ額）の正確さの確認に限定し、知り得た情報の秘密保持義務を課す規定を置くのも、選択肢のひとつである。

（Such audit shall be limited in scope to the extent necessary for the Licensor to verify the correctness and accuracy of the statement of the Licensee.）

例文259 ロイヤルティ条項⑦ | Royalty

◇純販売額の2％をロイヤルティとして支払う
◇特許の使用料は、許諾対象の各特許権の有効期間満了による特許権の消滅とともに支払い不要となるものとする

Article __ Royalty
ABC agrees to pay to KVC royalties at rate of two (2) percent of the net selling price of the Licensed Products, and two tenths percent (0.2 %) of the net selling price of the System incorporating the Licensed Products (minus the net selling price of the Licensed Products) as defined in Article __, on all such items sold or otherwise disposed of under the license, provided, however, that the obligation to pay royalties shall terminate as to each Patent under which a license is herein granted, on its respective date of expiration, or termination the license hereunder.
A Patent shall be understood to expire at the midnight on its respective expiration date.

［和訳］
第__条　ロイヤルティ

　ABCは、本契約に基づき、販売または他の方法により処分されるすべての商品について、KVCに対し、本許諾製品の純販売額の2％、ならびに第__条に規定する本許諾製品を（部品として）組み込んだシステムの純販売額（ただし、その金額から本許諾製品の純販売額を差し引いた金額）の0.2％の割合によるロイヤルティを支払うものとする。ただし、かかるロイヤルティ支払い義務は、本契約により許諾される特許が消滅するごとに、その特許消滅または本契約に基づくライセンスの終了ごとに終了するものとする。
　特許は、その特許消滅の日の午後12時（深夜）に消滅するものと了解されるものとする。

解説

1❖特許使用料の支払い額は、許諾製品の純販売額の2％

　特許使用料（ロイヤルティ）の支払い額は、1年ごとに一定額と決める方法や、実際に許諾製品を製造販売した実績ベースをもとにロイヤルティ率を掛けて算出する方法がある。後者をランニング・ロイヤルティと呼ぶが、この場合、販売金額の実績を計算するのに、総販売額と純販売額のいずれを使うかという選択肢がある。本例文が選んだのは、純販売額を基準とする方法である。

2❖許諾製品そのものの販売をせず、システムに組み込んで販売する場合の対応

　特許権の実施許諾を受けたライセンシーが、その許諾製品を独立した製品として市場で販売する代わりに、自社で、他のさまざまな部品や構成要素と組み合わせたひとつのシステムとしての製品として販売することがある。そのような場合には、許諾製品そのものの

販売価格が明確に区別できない。

　実務上の対応方法はいろいろありうるが、ひとつの方法は、許諾された特許の、そのシステムの販売に貢献する割合などを考慮して、大体の目安でシステムの販売価格の一定比率をロイヤルティとして支払う合意をすることである。明確な合理的根拠があるわけではないが、独立した製品として販売しない以上、便宜上、このような選択肢も利用できるということである。

　実務上のもうひとつの対処方法は、単独の製品として販売した場合の価格を基に、1個あたりのロイヤルティ額を合意して計算する方法である。

3❖分数の表現──0.2％は、"two tenths percent"

　契約で難しい表現のひとつが、小数点以下の表現である。百分率の言い表し方を使うことがある。実際に契約交渉の場面で百分率が出てくると、口頭での確認だけではきわめて心もとない交渉になってしまう。しっかり書面に落とし込んで確認することが欠かせない。書いただけでは十分でなく、読み方もしっかり修得しておかなければ、契約交渉での確認の際に自信を持って交渉できない。

4❖特許権の消滅とロイヤルティ額

　ライセンス契約で複数の特許権の許諾がなされる場合、そのうち先に成立した特許権の有効期間が満了していく場合、契約で取り決めたロイヤルティ額は減額させるか、最後の特許消滅まで同額とするか。

　これは実務上、なかなか解決が困難になりうる問題である。当事者が、この問題に契約交渉時に的確に取り組み、契約上、たとえばそれぞれの特許権ごとにロイヤルティ率を、あたかも各特許のライセンスのように扱って決めておけば問題は回避できそうであるが、これがなかなか難しい。契約期間中にも、いくつも新しい関連特許権が成立することがあるが、だからといってロイヤルティを増額するよう取り決めるのは、ライセンシーには厳しい。消滅する特許権に対応するロイヤルティを減額していくことは、合理的に見えるが、ライセンサーの視点からいえば、ライセンシーの許諾製品の販売による利益は、いくつかの特許が消滅しても少しも影響を受けないことがある。また、特許ライセンスと呼んでいても実体は、ライセンス契約初期の段階では特許だけでなく、ノウハウ、トレードシークレット、技術指導、ブランドなどが密接不可分となった全体としての技術供与である。ライセンサーが自由にドラフティングしていいなら、最後の特許権の消滅までは、ロイヤルティ額は変更しないという方法もある。

　現実にはこのような場合、当事者で、個別案件ごとに実体を吟味して交渉し、決めていくことになる。1つひとつの特許の消滅ごとに減額するという方法を選んだときは、特許ごとにその特許を使用する許諾製品を取り決めるなど、あたかも複数の特許ライセンス契約があるかのような契約のドラフティングをしておいたほうが、減額するなどの対応がしやすい。

　ライセンシー側からは、時間の経過とともに生じる技術の陳腐化を根拠にロイヤルティ減額を実施したいという思いが地下水のごとくライセンス契約の底流に流れており、長期にわたる契約ではその対処は一筋縄ではいかない。

例文260 ロイヤルティ条項⑧ | Royalty

◇1年ごとにロイヤルティを計算し、期初から90日以内に計算書を送付し、支払うことを規定する

Article __ Royalty
ABC agrees to make written reports to KVC annually within ninety (90) days after the first day of each calendar year during the term of this Agreement, beginning with the calendar year following the Effective Date of this Agreement, stating in each such report the general descriptions of, and total royalty due for the Licensed Products sold or otherwise disposed of during the preceding calendar year upon which royalty is payable in accordance with the provisions of Article __ (Payment). Concurrently with the making of each such report, ABC shall pay to KVC royalties due and payable.

[和訳]
第__条　ロイヤルティ
　ABCは、本契約の有効期間中、本契約の発効に続く暦年(翌年)に開始する、毎暦年の初日(1月1日)から90日以内に、KVCに対し、書面の報告書を提出するものとする。かかる報告書には、第__条(支払い)の規定に従って、ロイヤルティを支払うべき前年(暦年)中に販売または別な方法で処分した本許諾製品についての全般的な説明及び期限の到来したロイヤルティ全額を記載するものとする。かかる報告書の作成と同時に、ABCは支払い期限が到来し、支払うべきロイヤルティをKVCに支払うものとする。

―――― 解説 ――――

1❖ロイヤルティの計算を1年ごとに実施し、期初から90日以内に計算書を送付する

　本例文では、ランニング・ロイヤルティの金額の計算書を1年ごとに期初から90日以内に作成し、ライセンサーに送付する。四半期(3ヶ月)ごとの計算書は、実務的に大変であるので、代わりに年に1回のロイヤルティ支払いとし、その計算書を、年初(つまり期初)から90日以内に作成し、送付すると規定している。

2❖1年ごとのロイヤルティ計算案に対するライセンサー側の対案の提示

　この方法により、各四半期にロイヤルティを支払う場合に比べて、ライセンシーは、計算書作成の手間・負担を軽減するとともに、支払い時期を遅らせることができ、それにより資金負担を軽減できる。これに対してライセンサー側は、ライセンシー案の1年ごとの計算書作成条件を受け入れる場合には、ロイヤルティ率の引き上げや、期初にミニマム・ロイヤルティの支払いを受ける等の案を検討するなど対案を示して交渉することがある。

ロイヤルティ条項⑨ | Royalty 　　　　　　　　例文261

◇ソフトウエア著作権、商標、トレードシークレット・ライセンス等での規定
◇販売額にかかわらず年度ごとの率を規定する

Article __ Royalty

ABC agrees to pay to Licensor for the license hereby granted a running royalty equal to:

(1) for the first contract year (April 1, 20__ to March 31, 20__): eight (8) percent of the aggregate Net Wholesale Price

(2) for the second contract year (April 1, 20__ to March 31, 20__): eight (8) percent of the aggregate Net Wholesale Price

(3) for the third contract year (April 1, 20__ to March 31, 20__): seven and seven tenths (7.7) percent of the aggregate Net Wholesale Price

(4) for the fourth contract year (April 1, 20__ to March 31, 20__): seven (7) percent of the aggregate Net Wholesale Price.

[和訳]

第__条　ロイヤルティ

ABCは、ライセンサーに対して、本契約により許諾されたライセンスの対価として下記のランニング・ロイヤルティを支払うことに同意する。

(1)第1契約年度(20__年4月1日〜 20__年3月31日)
　　純卸売販売額合計の8％

(2)第2契約年度(20__年4月1日〜 20__年3月31日)
　　純卸売販売額合計の8％

(3)第3契約年度(20__年4月1日〜 20__年3月31日)
　　純卸売販売額合計の7.7％

(4)第4契約年度(20__年4月1日〜 20__年3月31日)
　　純卸売販売額合計の7％

解説

1❖ロイヤルティ率の決め方

本例文では、販売額にかかわらず年度ごとの率を規定している。フラットなロイヤルティ率の決め方である。このような方法とは別に、売上金額が大きくなるに従って、価格合計ごとにゾーンを作って次第に低いレートに決める方法もある。一方、売上額が高くなるほど、そのゾーンにつきロイヤルティ率を高く設定する方法もある。

2❖基準額

本例文では、次の例文262で定義をおこなう純卸売販売額を基準としている。契約条項としては、総販売額(gross selling price)や純卸売販売額(net wholesale price)を基準とする方

法が広く採用されている。

3 ◆ ロイヤルティ率

本例文の8%という率は、特許やトレードシークレット・ライセンスではかなり高い率である。トレードシークレットといってもさまざまであり、一概にはいえないが、1%から5%あたりが一般的だからである。一方、ブランド、著作権のライセンスとなると、その顧客吸引力の強さにしたがって幅がある。5%から12%のレベルのロイヤルティ率も珍しくない。商品の価格が高級品と普及品とで値段が異なるように、ブランド、ソフトウエア・ライセンス、著作権ライセンスでは、ロイヤルティのレートはさまざまである。本例文の率(7〜8%)は、仮の設定である。

例文262 ロイヤルティ条項⑩ | Royalty

◇ライセンス契約で純卸売販売額(net wholesale price)の定義を規定する

"Net Wholesale Price" referred to in this Agreement is defined as the amount of the gross sales by ABC of the Licensed Products to ABC's customers in the Territory, less customary trade discounts (not exceeding six percent), insurance premiums, transportation and delivery charges, taxes and duties (VAT).

In computing the Net Wholesale Price, no deduction shall be made for costs incurred in manufacturing, distributing, advertising, selling or storing the Licensed Products and for uncollectable accounts.

[和訳]

本契約の中で使う「純卸売販売額」とは、ABCによる許諾製品の許諾地域のその顧客向け総販売額から、通常の値引き(ただし、6%以下)、保険料、運送・引渡し諸費用、税金(付加価値税)及び関税を差し引いた額とする。

「純卸売販売額」を算出するにあたっては、許諾製品の製造、販売(卸売り)、広告、販売(小売り)、保管にかかった費用や未収金を差し引かないものとする。

―――― 解説 ――――

1 ◆「純卸売販売額」定義の特色とねらい

差し引く項目をできるだけ明確にし、限定することがねらいである。特に、本例文では、差し引かない項目を明確に規定して、思わぬ解釈紛争を予防する規定としている。たとえば、販売にかかった費用、広告費用などがそれに該当する。製造にかかった費用など、どう考えても思いつかない控除項目であるが、ライセンシーがどんな主張をするかは、実際のビジネスでは予測がつかない。プロフェッショナルにとってあまりに当たり前のことは規定されることが少なく、逆に紛争の引き金になることがある。これは、慎重な

配慮をした規定である。

2 ❖ uncollectable accounts

「未収金」を指す。販売はできたが代金が回収できない、あるいは手形は受け取ったが期日に支払われないという事態がビジネスでは発生する。このような場合には、ロイヤルティの支払い義務はどうなるだろうか。本例文の規定は、そのようなことがあってもロイヤルティの算出の基礎となり、免除されないと定めている。ライセンサーの立場に立った規定である。

ロイヤルティ条項⑪ | Royalty 〈例文263〉

◇純販売額(net sales price)を定義する
◇どのような範囲の関連会社向け売り上げを「アームズレングス販売価格」にするか規定する
◇ライセンサーによる帳簿検査権を規定

Article __ Royalty

1　The Licensee shall pay a royalty to the Licensor equal to four (4) percent of the Net Sales Price of all Licensed Products sold by the Licensee.

2　For the purpose of this Agreement, "Net Sales Price" shall be equal to the price actually received for such Licensed Products in the form in which it is sold in arm's length sales to third parties or in the case of sales to an entity which controls, is commonly controlled by or under common control with the Licensee, its fair market value, excluding package costs, insurance, transportation and applicable taxes and duties.

3　Within thirty (30) days after the end of each calendar quarter, the Licensee shall furnish to the Licensor a statement setting forth all royalties due and payable by the Licensee to the Licensor for that quarter, along with payment of the amount due.

4　Not less than one (1) year following the receipt by the Licensor of such statement, the Licensor may examine the books and records of the Licensee to verify the accuracy of the statement of the Licensee during reasonable business hours.

　In the event such investigation shows that the statement furnished by the Licensee had underpaid the royalty due to the Licensor by more than five (5) percent, the costs of the audit shall be borne and paid by the Licensee, together with an amount equal to such underpayment.

［和訳］
第__条　ロイヤルティ

1　ライセンシーは、ライセンシーにより販売されたすべての許諾製品の純販売額の4％に相当するロイヤルティ（使用料）をライセンサーに支払うものとする。

2 本契約における「純販売額」とは、第三者に対する場合はアームズレングス・プライスによって、ライセンシーにより支配し支配され、一方、共同で支配される事業体に対する販売の場合には公正な市場価格により算出されたかかる許諾製品について実際に受領した販売額と同じ金額とするものとする。いずれの場合も、梱包費、保険料、運送費および適用される税金・賦課金は差し引くものとする。

3 各暦四半期の終了から30日以内に、ライセンシーはライセンサーに対し、その四半期について期限が到来し支払うべきロイヤルティ額を記述した計算書を、期限の到来した金額の支払いと並行して提出するものとする。

4 かかる計算書のライセンサーによる受領から1年以内に、ライセンサーはライセンシーの計算書の正確さを確認するために、合理的な時間帯にライセンシー帳簿の記録の検査をおこなうことができるものとする。万一、かかる検査によってライセンシーにより提出された計算書がライセンサーに対して支払い期限の到来したロイヤルティを5％超下回って支払っていたことが明らかになったときは、かかる検査費用ならびに当該支払い不足額と同額をライセンシーが負担し、支払うものとする。

解説

1❖純販売額をどう規定するか

　純販売額をどこまで詳細に規定するかは、各契約の性格と必要性に基づき判断して決める事項である。本例文では、アームズレングス・プライスという概念を使って取り決めている。アームズレングス・プライスという考え方・概念は、資本関係、支配関係の存在する関連会社間の取引で、両者に都合のよいように恣意的に設定される販売価格を、もし支配関係のない当事者であればどのような価格が設定されたかという発想で決定するものである。現実の販売価格ではなく、仮想の第三者への販売価格、言い換えれば、公平・公正な取引価格を見つけ、その価格に評価し直すのである。このようにして、ライセンシーがその支配する子会社などを取引に介在させ、市場価格よりはるかに低価格で販売することによって、売上額を低く操作することを防ごうとするのである。アームズレングス・プライスの概念を取り入れるということは、ライセンサーの立場を強化するのがねらいである。

　ABC社の新人法務部員の飛鳥凛は、新人時代に上司の日高尋春氏から、この言葉の由来を次のように教わったことを鮮明に覚えている。「飛鳥、両腕を思いっきり伸ばして横に広げてごらん。両腕を伸ばし、隣の人と腕の長さ（arm's length）の距離を保つことが大事なんだ。そのように、許諾製品の売主と買主とが距離を置いた取引により成立する取引価格を、アームズレングス・プライスというんだ。べったりと近づいて抱き合ったりしているような間柄では、公正な取引価格は生まれない。飛鳥、君も自分のものを譲るとき、家族や友人が相手なら、市場価格を要求せず、安く譲るんじゃないか」。

2❖an entity which controls, is commonly controlled by or under common control with the Licensee

　ライセンシーの親会社、子会社、兄弟姉妹会社のことを指す。家族を指す言葉を訳語に

あてているので、アームズレングス・プライスを理解することを容易にしている。

3❖総販売価格から差し引く項目

本例文では、純売上額を算出するために差し引く項目を、きわめて簡潔に列挙している。梱包費、保険料、運送費、関連税額等にとどめている。

4❖ライセンシーの記録の検査をライセンサーがおこなう権利

ライセンサーは、ライセンシーの記録を検査し、ライセンシーが算出し支払ったロイヤルティ額の正当性を確認できる権利を保有している。権利なので、行使してもいいし行使しなくてもいい。検査に要する費用はライセンサー負担である。ただし例外として、検査の結果、ライセンシーが支払ったロイヤルティが本来支払うべきロイヤルティ額と比べて、5％を超えて不足していることが判明した場合は、不足額を追加支払いするだけでなく、ライセンシーが検査費用の負担をすると規定する。不足額が5％以内であれば、不足額のみを支払えばよい。

実務では、この例文の採用する5％基準に代えて、10％とすることも多い。自由に決めればよい。不足額を支払う必要が生じたときは、実際には、遅延金利または違約金（約定損害賠償額）をどう算定するか、あらかじめ契約で取り決めるかが問題として浮上する。本例文では、支払い不足額と同額を加えて支払うと規定する。

ロイヤルティ条項⑫ | Royalty　　　　　　　　　　　　　　　　　　　　　　　例文**264**

◇許諾製品の純販売金額を基礎として、販売個数に応じた段階的なレートでロイヤルティ額を取り決める方法を取る
◇関連会社との取引価格をアームズレングス・プライスに引き直す

Article ___ Royalty

1　Within ten (10) calendar days of the effective date of this Agreement, KVC shall issue an invoice for the License Fee of US $50,000 (Fifty Thousand United States Dollars).
ABC shall pay the License Fee within thirty (30) days after the first twentieth (20th) of the month following ABC receives KVC's invoice.

2　In addition to the payment of the License Fee in this Article above, ABC shall pay KVC a running royalty based on the Net Sales Price of the Licensed Products shipped by ABC as follows:
(i)　five (5) percent of the Net Sales Price, for the first 500,000 units
(ii)　Four (4) percent of the Net Sales Price from 500,001 units-1,000,000 units
(iii)　Three (3) percent of the Net Sales Price over 1,000,000 units.

3　For the purpose of this Agreement, the Net Sales Price means the sales price of the Licensed Products on the purchase order for external ABC customers, after the deduction for the (i) sales, use, value added, and other taxes (other than taxes on ABC's income), and (ii) amounts paid or credited for returns, rebates, exchanges, discounts, bad debt and similar items, or (iii) the transfer price, as applicable, accounted for as if such sale or distribution were made to an unrelated third party on arm's length basis for fair market value, for ABC internal orders to other than ABC divisions or subsidiaries. ABC may also deduct from the sales price for external ABC customers one percent (1%) of the sales price, representing the allocated costs for freight, handling, service, insurance and other delivery charges for the Licensed Products.

[和訳]

第__条　ロイヤルティ

1　本契約の発効日から10暦日以内に、KVCは5万米ドルのライセンス・フィーの請求書を発行するものとする。
　ABCは、ABCがKVCの請求書を受領した翌月の20日から起算し、30日以内にライセンス・フィーを支払うものとする。

2　上記本条のライセンス・フィーの支払いに加えて、ABCはKVCに対し、ABCにより出荷した本許諾製品の純販売額を基礎として次の通り、ランニング・ロイヤルティを支払うものとする。
　(ⅰ)　最初の50万単位について、純販売額の5％
　(ⅱ)　500,001単位から100万単位まで、純販売額の4％
　(ⅲ)　100万単位を超える単位の純販売額の3％

3　本契約においては、純販売価格とは、グループ外のABCの顧客向けの買い注文に基づく本許諾製品の販売価格から、(ⅰ)(ABCの所得に課される税を除く)販売、使用、付加価値または他の税額、(ⅱ)返品、リベート、交換、値引き、不良債権及び類似の項目、または、(ⅲ)ABCのディビジョン(部門)または子会社以外のABCの内部の注文については、あたかもその販売や売り渡しが公正な市場価格で、アームズレングス・ベースで無関係の第三者向けになされたかのように適用される移転価格を差し引いた額をさすものとする。ABCは、外部のABCの顧客向けの販売価格については、その価格から、本許諾製品のために割り当てられる輸送費、取り扱い費用、役務、保険料及び他の引き渡し費用に相当する販売価格の1％を差し引くことができるものとする。

解説

1❖ライセンス・フィー

　ライセンス契約の対価の決め方には、さまざまな方法がある。契約の締結と同時または一定期間内に、具体的な許諾製品の生産・販売を開始する前に一定額をライセンス・フィーとしてライセンサーが受け取る方式を、本例文では選んでいる。ライセンサー側としては、ライセンシーがいつ、どのように許諾製品を許諾地域で生産し販売できるかについて、予測しえない部分がある。そのため、ライセンサーは、ランニング・ロイヤルティの

発生がいつになるか、コントロールできない。このライセンス・フィーの支払いを導入することは、ライセンサーには合理的な考え方である。実務面からいえば、ライセンシーは、ライセンス・フィーとランニング・ロイヤルティの合計額についてバランスを取りつつ、契約交渉でこの問題に対処することになる。ライセンス・フィーの額を大きくすれば、代わりにランニング・ロイヤルティの率を下げるなどの工夫をしてバランスを取るのである。

2❖販売数量が大きくなったとき、ライセンシーに有利な段階的レートを導入するランニング・ロイヤルティの決め方

ランニング・ロイヤルティの決め方には、販売数量や販売金額に関わりなく、一律に販売額の一定比率(たとえば3％)という決め方がある一方、販売数量や販売金額が大きくなれば、低いレートを採用するという方法もある。ライセンシーは、多額の販売をすることにより利益率を増大させることができ、ライセンサーにとっても許諾製品の売上額が大きく伸びていくことは歓迎すべきことである。具体的な売り上げが見通せない契約締結時に取り決めなければならないという交渉面での困難さはあるが、考え方としては有用であり、現実のライセンス契約でも採用されることがある。

3❖子会社など関連会社との取引価格をアームズレングス・プライス(第三者との公正取引価格)に引き直すことを規定する

本例文では、関連会社との取引を"internal orders"と呼び、関連のない第三者との取引を"external orders"と呼んでいる。前に紹介した例文でも、関連会社との取引の場合は、そのまま、取引価格をロイヤルティ算出の根拠としては採用していなかったが、本例文でも、関連のない第三者(unrelated third party)が相手方であれば採用したであろう取引価格、公正な市場価格(fair market value)がいくらになるかを算出し、ロイヤルティ計算の根拠として採用するとしている。ライセンシーによる子会社等を使った不正な操作を防ぐための規定である。

4❖For the purpose of this Agreement

「本契約においては」が、こなれた意訳である。以前、「本契約の目的上」と直訳したことがあったが、この増補版では「本契約においては」に改めた。

ロイヤルティ条項⑬ | Royalty   例文265

◇ミニマム・ロイヤルティを規定する
◇毎年のミニマム・ロイヤルティ額を定額で規定する
◇ミニマム・ロイヤルティは年間ランニング・ロイヤルティに充当されると規定する

1　ABC agrees to pay to Licensor during the term of this Agreement the minimum royalty for each contract year as set forth below:
　　Minimum royalty: Eighty Thousand United States Dollars(US $80,000)
2　The amount of the guaranteed minimum annual royalty for each year shall be paid in advance by ABC to Licensor by remittance to the bank account as designated by Li-

> censor on or before the 22nd day of December of the year in question.
> 3 The amount of the minimum royalty paid by ABC to Licensor will be credited against the payment of running royalty accruing under this Agreement.

[和訳]
1 ABCは本契約期間中、各契約年度につき下記のミニマム・ロイヤルティをライセンサーに対して支払うことに同意する。
　ミニマム・ロイヤルティ：八万米ドル(80,000米ドル)
2 各年につき支払いを保証された年間ミニマム・ロイヤルティは、前払いで当該年の12月22日までに（次の年度分を）、ライセンサーが指定した銀行口座に振り込むことによって支払われるものとする。
3 ABCがライセンサーに支払ったミニマム・ロイヤルティは、本契約により生ずるランニング・ロイヤルティに充当されるものとする。

―――― 解説 ――――

1❖ミニマム・ロイヤルティの役割と限界
　ライセンサーがミニマム・ロイヤルティを要求する場合、許諾製品の売り上げが少ない場合でも確実に一定の収入が得られるという役割に期待している。ブランド・ライセンスでいえば、このようなミニマム・ロイヤルティの確保は、ブランド・イメージの向上、維持には役立たない。その意味では限界がある規定である。本当にイメージの維持を図ろうとすれば、販売不振の場合の解除権を規定しておく必要がある。

2❖US $; United States Dollars
　米ドル表示には、必ず「米ドル」ということが分かるように記載する必要がある。豪州やカナダとの契約では、準拠法が相手方の法律で、単に"dollars"と表示されていると、豪州やカナダのドルと解釈される可能性が大きい。一度、痛い目にあわないとなかなか身につかないが、この単純なミスや誤解は、いったん紛争になると解決が容易ではない。国際契約では、金額記載にはどの国の通貨を用いるか、必ず記載することが鉄則である。

3❖ミニマム・ロイヤルティがランニング・ロイヤルティに充当（クレジット）される
　ミニマム・ロイヤルティは先に支払われるという考えである。実際に、契約年度内の販売実績に基づきランニング・ロイヤルティを計算して算出した年間ランニング・ロイヤルティ金額がミニマム・ロイヤルティを超えた場合は、この支払い済みのミニマム・ロイヤルティを差し引いて支払えばよいということである。
　この第3項がないと、クレジットできるかできないか、わずかではあるが不明瞭な点が残る。その疑問を払拭するための規定である。では、次年度分を先払いでない場合も含めた決済条件で、ミニマム・ロイヤルティの支払いに合意したときはどのような規定を置くべきか、クレジット（credit）の代わりにどのような用語で表現するとよいのかを、次の例文266で取り上げる。

ロイヤルティ条項⑭ | Royalty　　　　例文266

◇ミニマム・ロイヤルティはランニング・ロイヤルティから差し引く

ABC shall pay to Licensor the following guaranteed annual minimum royalties which shall be regarded as part of, and deducted from the running royalties set forth herein above;

(1) For the first contract year: ＿＿＿＿＿＿＿＿＿＿ Million Japanese Yen
(2) For the second contract year: ＿＿＿＿＿＿＿＿＿＿ Million Japanese Yen

[和訳]
　ABCは、ライセンサーに対して下記の年間保証ミニマム・ロイヤルティを支払うものとする。そのミニマム・ロイヤルティは本契約に定めるランニング・ロイヤルティの一部とみなされるものとし、ランニング・ロイヤルティから差し引かなければならない。
(1)第1契約年度：＿＿＿＿＿＿＿＿＿＿百万日本円
(2)第2契約年度：＿＿＿＿＿＿＿＿＿＿百万日本円

解説

1 ❖ Japanese Yen
　「日本円」を指す。和訳なら、「円」だけでもよい。ただし英文で表記する場合には、どこの国の通貨かはっきりさせるため、Japanese Yenとするのが正しい。円高が続くと、米ドルの合意では、円安になったときリスクが大きい。近年のように円の為替が不安定だと、日本円での支払いを合意するケースが増えてきた。現在は、国際的な円経済圏がないのが実情であるが、円決済が推進できる環境を構築していくことを、企業あるいは国家としても考慮する必要がある。

2 ❖ ミニマム・ロイヤルティとランニング・ロイヤルティ
　本例文では、ランニング・ロイヤルティを支払うときには、ミニマム・ロイヤルティを差し引いて支払う。差し引かない方法もあるので、本例文のように明確に規定しておくことは、紛争予防の効果がある。

例文267 ロイヤルティ条項⑮ | Royalty

◇ライセンス契約で販売額が一定金額を超えたときは、ミニマム・ロイヤルティに加え、ランニング・ロイヤルティを支払う
◇ブランド・技術情報のライセンスとして規定する

Article __ Royalty

1 In consideration for the license of the Trademark "Karen View" and the Technical Information granted under this Agreement, ABC shall pay to KVE the minimum royalty for each contract year as set forth below:

(1) In consideration of the license of the Trademark "Karen View", Minimum royalty: _____ United States Dollars

(2) In consideration of the Technical Information, Minimum royalty: _____ United States Dollars

2 In case the aggregate amount of the Net Wholesale Price during any contract year exceeds _____ United States Dollars, ABC shall pay to KVE an additional running royalty of four (4) percent of the aggregate amount of the Net Wholesale Price of the Licensed Products as set forth below:

For the part of the Net Wholesale Price exceeding _____ United States Dollars or equivalent Japanese Yen, ABC shall pay to KVE an additional royalty of two (2) percent of the Net Wholesale Price for the license of the Trademark "Karen View" for the Licensed Products, and two (2) percent for the use of the Technical Information.

[和訳]

第__条　ロイヤルティ

1 本契約で使用許諾された「カレン・ビュー」商標ならびに技術情報の使用の対価として、ABCは各契約年につき下記のミニマム・ロイヤルティ（最低使用料）をKVEに支払うものとする。

(1)カレン・ビュー商標使用許諾の対価として、ミニマム・ロイヤルティ：_____米ドル

(2)技術情報の対価として、ミニマム・ロイヤルティ：_____米ドル

2 ABCは、契約年度中の許諾製品の純卸売販売額の合計額が_____米ドルを超えた場合には、追加のランニング・ロイヤルティとして許諾製品の純卸売販売額の合計額の4％を次の通り、KVEに支払うものとする。

_____米ドルまたは日本円相当額を超えた純卸売販売額の部分に

対して、ABCは、KVEに対して、許諾製品についてカレン・ビュー商標の使用許諾につき純卸売販売額の2％、また、技術情報の使用について2％を支払うものとする。

解説

1❖商標使用許諾と技術情報の開示

　商標ライセンスといっても、商標、ブランド、マークの使用だけに価値があるわけではない。製品を製造するための技術情報やデザインなど情報の提供、指導にも同程度の価値がある場合もある。ライセンサーの立場からすれば、品質とイメージの維持のため、製品の品質が高くなければ困る。そのため、商標使用と技術情報の開示とを厳密に区分して、それぞれロイヤルティの支払いを求めることもある。

　もちろん、技術情報を含めてブランド・ライセンスとしてロイヤルティを合意し、規定してもよい。

2❖本例文のケースのロイヤルティ算出

　ミニマム・ロイヤルティの支払いを原則としてロイヤルティを決めているが、許諾製品の売上高が一定の目標を超えた場合は、その超えた売上高分の一定比率（本例文では商標使用については2％、技術情報使用について2％。合計4％）の追加ランニング・ロイヤルティを支払う約束としている。

ロイヤルティ条項⑯ | Royalty　　　　　　　　　　　　　　　　　　例文268

◇ソフトウエア・ライセンス等で、一定額のロイヤルティを1回のみ支払うと規定する

Article ＿＿ Royalty
In consideration of the license granted and the Products delivered by KVE, ABC shall, upon the delivery of the Products, pay to KVE a royalty in the amount listed in Exhibit A as the exclusive method of compensation under this Agreement.

[和訳]

第＿＿条　ロイヤルティ

　KVEによるライセンス許諾と本商品の引き渡しの対価として、ABCは本商品の引渡し時に、本契約に基づく対価の唯一の支払い方法として、添付別紙Aに規定するロイヤルティをKVEに支払うものとする。

| 例文269 | ライセンス｜ロイヤルティ条項⑰ |
| 例文270 | ライセンス｜ロイヤルティ条項⑱ |

解説

1❖エンド・ユーザーとのソフトウエアの取引と対価の支払い――1回払い（定額）

コンピューター・ソフトウエアなどの商品では、対価を支払ったユーザーに著作権が移転しない点を除けば、エンド・ユーザーとの取引は外形的、実質的に売買に近くなる。そのため、この例文のタイプによるロイヤルティの支払い方式が取られることが多い。1回限りの定額払いで、原則引き渡しと引き換えに支払いをおこなう。

2❖対価の支払いとソフトウエア所有権、著作権の移転

法的には、対価を支払ったユーザーには著作権、所有権ともに転移しない。単にその使用が認められるだけである。

例文269　ロイヤルティ条項⑰｜Royalty

◇ソフトウエア・ライセンス、映像著作物のライセンスで、一定額一括払いを規定する

1　The royalty for the license under this Agreement (the "Royalty") shall be _____ United States Dollars, the breakdown of which are as follows:
   (1) _____ US $ _____
   (2) _____ US $ _____
   　　　　　　　　　　　Total US $ _____
2　ABC shall pay to KVE the royalty by telegraphic transfer on or before April 30, 20__.

［和訳］

1　本契約に基づくライセンスのロイヤルティ（「ロイヤルティ」）は、_____米ドルとする。その内訳は、次の通りである。
   (1)（ライセンス対象品目）_____　_____米ドル
   (2)（ライセンス対象品目）_____　_____米ドル
   　　　　　　　　　　　合計額_____米ドル
2　ABCは、KVEに対し、20__年4月30日またはその前に、電信送金によりロイヤルティを支払うものとする。

解説

1❖ソフトウエア、映像著作物ライセンスのロイヤルティ支払い

作品ごとに値段（ロイヤルティ）をつけて規定している。本例文の決め方は、ソフトウエア、映像著作物ライセンスのロイヤルティ条項として、どちらでも使用できる。

2❖breakdown

「（価格）内訳」を指す。

3❖on or before April 30, 20__
　「20__年4月30日またはその前に」を指す。"on"があるので、その直後にくる日付けの4月30日に送金してもよいことが分かる。このonがないと、29日までに支払わなければならなくなるが、さらに日本の場合、4月29日は祝日だから、28日までには支払わなければならなくなる。
　"by April 30, 20__"だと、4月30日の電信送金は契約違反になる。"no later than April 30, 20__"なら、4月30日の電信送金も契約にかなったものとなる。　ただし、外国への送金の場合は、日付変更線、時差、送金と到着の時間等を考慮に入れ、十分な時間を見ておかなければならない。
　"by"は"by noon"等と使われると「正午までに」と訳されることがある。日本語の「…までに」という表現では、いつまでが期限なのか混乱を引き起こす引き金になりかねない。"by April 30, 20__"を「20__年4月30日までに」と訳すと、4月30日当日でも履行できそうである。飛鳥凛は、日高尋春氏の言葉を受け入れて、契約書の中の期限には"by"を使わないという。

ロイヤルティ条項⑱ | Royalty　　　例文270

◇ミニマム・ロイヤルティを年額ベースで年2回、前払いで支払うことを規定する

In consideration of the license granted to ABC pursuant to Article 1, ABC agrees to pay annually to KVE, in the manner set forth below, the minimum annual royalty.
Royalty with respect to each of the Licensed Program shall be paid semiannually in advance on each April 1 and October 1, during the term of this Agreement for the six-month period.

[和訳]
　第1条によってABCに許諾されたライセンスの対価として、ABCは以下に定める方法によって、年額のミニマム・ロイヤルティを毎年、KVEに対して支払うことに同意する。
　許諾された各プログラムについてのロイヤルティは毎年2回、本契約期間中の4月1日と10月1日にそれぞれ6ヶ月分があらかじめ支払われるものとする。

――――――解説――――――
1❖年額ベースのミニマム・ロイヤルティを半年ずつ支払う条件
　本例文では、ミニマム・ロイヤルティを年額ベースで取り決めておき、それぞれの許諾製品ごとに半年ずつ前払いする方法を取っている。
2❖四半期(quarter)ごとに支払う場合の規定の仕方
　3ヶ月ごとの支払いの場合は、たとえば、"semiannually"以下の文章を"quarterly in ad-

例文271 ライセンス｜ロイヤルティ条項⑲
例文272 ライセンス｜ロイヤルティ条項⑳
例文273 ライセンス｜ロイヤルティ条項㉑

vance on each January 1, April 1, July 1, and October 1 during the term of this Agreement for the quarter"と置き換える。

例文271 ロイヤルティ条項⑲ | Royalty

◇キャラクター・マーチャンダイジング・ライセンスに対する年額ロイヤルティの支払いを規定する

1　ABC agrees to pay to KVE an annual royalty of ＿＿＿＿＿＿＿＿＿＿ United States Dollars for the license of the use of the character "Karen" for the goods designated in this Agreement.
2　ABC agrees to pay in cash the annual royalty set forth above, within twenty (20) days after KVE's approval of the samples of any item of the designated goods, or on or before the first day of April of each year, whichever comes first.

[和訳]
1　ABCは本契約で指定した商品キャラクターの「カレン」を使用する許諾を受けるために＿＿＿＿＿米ドルの年額ロイヤルティをKVEに支払うことに同意する。
2　ABCは、指定商品のいずれかのアイテムの見本についてKVEの承諾を取得後20日以内または毎年4月1日のうち、いずれか早いほうの日に前項で定める年額ロイヤルティを現金で支払うことに同意する。

――― 解説 ―――

1❖キャラクター・ビジネスの実際とブランド・ライセンス
　キャラクター・ライセンスの実際は、商標(ブランド)のライセンス・ビジネスと似ているところがある。ライセンサー側で、キャラクターの名称や図柄につき「商標登録出願」することもよくおこなわれる。ロイヤルティの決め方も似たところがある。本例文のように年額ロイヤルティを決めるのもひとつの方法である。売り上げに応じてランニング・ロイヤルティを支払う方法も広く採用されている。

2❖イニシャル・ロイヤルティ(一種の契約金)を支払う場合
　純粋なビジネス上の問題であるが、ソフトウエア・ライセンスやキャラクター・マーチャンダイジング、フランチャイジング等で獲得競争が激しいとき、契約時にいわば契約金としてまとまった金額の支払いがおこなわれることがある。ダウン・ペイメント(down payment)、あるいはイニシャル・ペイメント(initial payment)と呼んでいる。

ロイヤルティ条項⑳ | Royalty　　　　　　　　　例文272

◇ソフトウエア・ライセンス、キャラクター・マーチャンダイジング契約で、イニシャル・ペイメントの支払いを規定する

ABC shall pay to KVE an initial license fee of Five Million United States Dollars (US $5,000,000) at the time of the execution of this Agreement.

[和訳]
　ABCはKVEに対して、五百万米ドル（5,000,000米ドル）のイニシャル・ライセンス・フィーを、本契約締結時に支払うものとする。

――――――― 解説 ―――――――

1❖イニシャル・ライセンス・フィー(initial license fee)
　いわば契約金である。ダウン・ペイメント（down payment）ともいう。契約は自由であり、普通のライセンス契約では支払われないことも多い。ただ、ライセンスを付与する側がこのイニシャル・フィーを強く主張する場合があり、そのケースでは支払うことを約束しなければ契約が成立しない。イニシャル・ペイメントを支払うときは、朝三暮四の言葉のごとく、後で支払うロイヤルティ額や率で調整すればよい。

2❖イニシャル・ライセンス・フィーを規定する場合の注意事項
　後日支払われることとなるランニング・ロイヤルティからイニシャル・ライセンス・フィーを差し引くことができるのかどうか、はっきりしないライセンス契約がしばしばある。その場合は解釈をめぐって争いの種になる。契約条項として、イニシャル・ライセンス・フィーの性格をはっきりさせる必要がある。

ロイヤルティ条項㉑ | Royalty　　　　　　　　　例文273

◇数年にわたる年額ミニマム・ロイヤルティと支払方法を規定する

Article ＿＿ Royalty
1　During the term of this Agreement, ABC shall pay an annual minimum royalty of at least the amount listed below:
　(a) First Year　　　　　　　　　　　　　US $600,000
　(b) Second Year　　　　　　　　　　　　US $700,000
　(c) Third Year　　　　　　　　　　　　　US $800,000
　(d) Each year after Third Year　　　　　　US $850,000
2　The annual minimum royalty set forth above shall be paid within fifteen (15) days after the end of each quarterly period ending March 31, June 30, September 30, De-

例文274 ライセンス｜ロイヤルティ条項㉒
例文275 ライセンス｜ロイヤルティ条項㉓

cember 31.
The first payment of annual minimum royalty under this Agreement shall be paid on or before the _____th day of _____, 20__.

[和訳]
第__条　ロイヤルティ
1　本契約の有効期間中、ABCは、少なくとも下記の年間ミニマム・ロイヤルティを支払うものとする。
　　(a)第1年度　　　　　　　　　　60万米ドル
　　(b)第2年度　　　　　　　　　　70万米ドル
　　(c)第3年度　　　　　　　　　　80万米ドル
　　(d)第4年度以降　　　　　　　　85万米ドル
2　上記の年間ミニマム・ロイヤルティは、3月31日、6月30日、9月30日、12月31日に終了する各四半期の終了日から15日以内に支払われるものとする。
　　本契約上の年間ミニマム・ロイヤルティの第1回支払いは、20__年__月__日までになされるものとする。

―――― 解説 ――――

1❖数年にわたるミニマム・ロイヤルティ支払い合意のリスク

本例文は、数年にわたるミニマム・ロイヤルティの支払いを定めた規定である。実務からいえば、ライセンス契約の期間の更新(延長)や中途解除が、ライセンシー側からどのようにできるかのバランスで検討すべき事項である。

ソフトウエアの取引では、数年のうちにマーケットが激変し、ライセンス対象の著作権の価値がなくなってしまうことも少なくない。それにもかかわらず、ロイヤルティの支払い義務だけが存続する。ライセンシーとしては、契約時に慎重な対応が必要である。

2❖ライセンサーの継続的な技術開発力への期待が裏切られたとき

ロイヤルティ金額の妥当性の基盤には、ライセンサーの継続的な技術開発力への期待がある。長期にわたる著作権ライセンス契約のミニマム・ロイヤルティ条項を検討していると、ソフトウエア著作権ライセンスのエッセンスは、実はすでに製作されて形になっている製品の著作権ライセンスにはなく、開発を続けているライセンサーの製品開発チーム、スタッフ、創造的な技術開発力に依存しているということに気づく。

ライセンシーから見たとき、ライセンサーは常に一段階上の改良版、関連製品を開発中であり、常にライバル社との競争状態にある。ライセンサーが事実上、閉鎖に近い人員整理をしたとしよう。ライセンシーはどうするか。何ができるか。大半の部門がM&Aで売却されてしまった。何ができるか。

このようなケースを考えながら、契約を作っていくことが重要である。

ロイヤルティ条項㉒ | Royalty　　　　　　　　　　　　　　例文274

◇ライセンス契約でロイヤルティの送金方法(電信送金)を規定する

All payments to KVC hereunder shall be wire-transferred by ABC and made to the account of KVC at a bank in Berkeley, California designated by KVC and shall be made in United States Dollars.

[和訳]
　本契約に基づくKVCに対するすべての支払いは、ABCによって電信送金されるものとし、KVCの指定するカリフォルニア州バークレーの銀行のKVCの口座に振り込まれるものとする。支払いは、米ドルでなされるものとする。

―――――――――――― 解説 ――――――――――――

1❖電信送金による支払い――"wire transfer" "telegraphic transfer"
　銀行口座への電信送金による送金が一般的である。言い方は異なるが、どちらも電信送金である。

2❖銀行口座の指定
　あらかじめ指定されていることもあるが、契約書の規定の一部として銀行口座番号まで記載するのは稀である。受け取る側が一方的に指定できるものであって合意によるものではないことと、秘密保持の2点が理由である。

ロイヤルティ条項㉓ | Royalty　　　　　　　　　　　　　　例文275

◇小数点以下の数値を使ってロイヤルティを規定する
◇マスター・ライセンシーは、契約発効時にイニシャル・フィーを支払う
◇イニシャル・フィーに追加して、総売上高の一定率のロイヤルティを支払う
◇定期的なロイヤルティ率見直し協議について規定する

Article ___ Royalty
1　In consideration of the rights and license granted to the Master Licensee hereunder, the Master Licensee shall pay to the Licensor an initial fee of Two Million Two Hundred Fifty Thousand US Dollars (US $2,250,000) upon the effective date of this Agreement.
2　In further consideration of the rights and license granted to the Master Licensee and in addition to all other payments provided for in this Agreement, the Master Licensee shall pay the Licensor a royalty in the amount of three and twenty-five hundredths percent (3.25%) of the gross sales of all Products as defined herein.

3 At the end of every three (3) years from the effective date of this Agreement, the parties hereto shall agree to enter into negotiation to possibly modify the rate of the royalty hereunder or such other modifications as may be required in the judgment of the parties hereto to maintain a competitive position in the Territory.

[和訳]

第__条　ロイヤルティ

1　本契約に基づきマスター・ライセンシーに付与された権利及びライセンスの対価として、マスター・ライセンシーはライセンサーに対し、本契約の発効日に225万米ドルのイニシャル・フィーを支払う。

2　マスター・ライセンシーに付与された権利及びライセンスのさらなる対価として、また本契約に定める他の一切の支払いに加えて、マスター・ライセンシーはライセンサーに対して、本契約に定義する本製品の総売上額の3.25%のロイヤルティを支払う。

3　本契約の発効日から3年ごとの終わりに、本契約当事者は、可能性として、本契約に基づくロイヤリティー率を変更し、または許諾地域における競争的地位を維持するために必要であると本契約当事者が判断するその他の変更をなすために、交渉することに同意する。

解説

1❖マスター・ライセンシーという呼称

　ロイヤルティの定め方、支払い方、見直しの仕方については、そのビジネスや競争の状況に応じて、さまざまな取り決め方がある。本例文で紹介しているのは、ライセンシーが許諾地域で独占的なライセンスを得て、しかもマスター・ライセンシーとして、資本関係のない第三者をサブライセンシーに指定・起用し、ビジネス展開を図るケースである。サブライセンシーを起用する立場のライセンシーは、その許諾地域内では、あたかもライセンサー（本部）のごとく振る舞うので、その役割に着目しマスター・ライセンシーと呼ぶことがある。

2❖イニシャル・ロイヤルティの支払い

　ライセンス契約の締結・発効と同時に、ライセンスの対価の一部として、イニシャル・フィーまたはイニシャル・ロイヤルティ（呼び方はさまざま）を支払う方法がある。

　本例文で取り上げたマスター・ライセンシーとしてのライセンス契約が締結される場合、イニシャル・ロイヤルティの支払いは、自然な取り決め方法のひとつといえよう。ビジネス展開からいえば、マスター・ライセンシーはまず、その許諾地域内での独占的なサブライセンス権を獲得し、その後にライセンスビジネスの展開を図るわけだから、ライセンサーから見れば、その許諾の段階で何らかの対価を得ておくのが、公平、合理的といえるからである。

　本例文では、このイニシャル・ロイヤルティは、マスター・ライセンス権を許諾した対

価の一部ともいえる。したがって、その後の実際の売上額を基礎として算出されるランニング・ロイヤルティに充当することは考えていない。ランニング・ロイヤルティは、このイニシャル・ロイヤルティとは関わりなく、言い換えれば、あたかもイニシャル・ロイヤルティの支払いはなかったかのごとく、新しくそれに追加して算出され、支払い義務が発生する。

3❖小数点以下の数値の表記

ランニング・ロイヤルティの定め方のひとつは、許諾製品の実際の売り上げに基礎を置いて、その総売上額(gross sales amount)の一定比率を支払う合意をすることである。ここでは、許諾製品の総売上額の3.25％(three and twenty-five hundredths percent)をランニング・ロイヤルティと規定している。百分率の表現方法として、本例文のような表現が取られる。この百分率を正確に表現することは、英語を母国語とするビジネスパーソンにもなかなか難しい。契約でも、誤記が多い箇所である。

ロイヤルティの率が、2.25％であれば、two and twenty-five hundredths percent となる。

また、ドラフティングの技術面からいえば、本例文の第2項、第3項の3行目の"royalty"は"running royalty"に置き換えるほうが、その性質が一層明確になる。

4❖ロイヤルティ率の定期的な見直しの規定

ライセンス契約の維持と継続的なライセンスビジネスの発展を考える際のポイントのひとつは、適正なロイヤルティ率の設定である。しかし現実には、新しい地域・市場で、どのようなロイヤルティ率が適正かは、当事者にも見通せないことが多い。そのような場合に、両者が数年ごとに協議して、適正な率で契約が継続できるようにしようという試みが、本例文の趣旨・ねらいである。どのように協議がなされ、双方に満足がいくように進んでいくか。現実には困難がともなうことは想像がつくが、両者にとって競争状況を踏まえてライセンスビジネスを成長させていくことは共通の目標でもある。こうした認識のもとにロイヤルティ率の見直しを進めることは、目的達成のためのひとつの試みである。

ロイヤルティ条項㉔ | Royalty　　　　例文276

◇電信送金による銀行口座への振り込みによると規定する

All payments to the Licensor under this Agreement, except as otherwise herein set forth, shall be remitted in United States Dollars by telegraphic transfer to the account of the Licensor at a bank in the city of San Francisco designated by the Licensor.

［和訳］

本契約に基づくライセンサーに対するすべての支払いは、本契約で他の支払方法を規定した場合を除き、米ドルで、ライセンサーが指定するカリフォルニア州サンフランシスコ市にある銀行のライセンサーの口座への電信送金によっておこなわれるものとする。

例文277 ライセンス｜ロイヤルティ条項㉕
例文278 ライセンス｜最優遇条項①

解説

1❖ロイヤルティの送金方法

サンフランシスコのライセンサーの指定銀行口座に送金して支払う。送金方法は、電信送金を使うと規定している。もっとも標準的な規定である。

2❖telegraphic transfer to the account of the Licensor at a bank in the city of San Francisco designated by the Licensor

具体的な送金方法の規定である。"telegraphic transfer"は電信送金を表すもっとも一般的な用語である。電信送金は"wire transfer"ともいう。例文274では"wire transfer"を使った。

例文277 ロイヤルティ条項㉕ | Royalty

◇ロイヤルティ送金にともなう源泉徴収と支払い証明書の送付を規定する

> Any withholding tax lawfully levied by the ＿＿＿＿＿＿ tax authorities on any amount due to the Licensor under this Agreement shall be borne by the Licensor.
> In the event that ABC deducts and pays any such tax in connection with payment of the royalty under this Agreement, ABC shall promptly send to the Licensor the official certificate of such tax payment.

［和訳］
> 本契約に基づきライセンサーに支払われるべき金額に対して、＿＿＿＿＿＿＿の税務当局によって合法的に課税されるいかなる源泉徴収税もライセンサーの負担とする。
> ABCが本契約のロイヤルティの支払いに関連して、源泉徴収税を差し引き納付する場合、ABCは、かかる源泉徴収税の支払いの正式な納付証明書をライセンサーに対して速やかに送付するものとする。

解説

1❖特許実施、著作権・商標・デザイン使用料、トレードシークレット開示・ライセンス料の支払いと源泉徴収税

特許、デザイン、著作権、トレードシークレット等の知的財産の使用料（ロイヤルティ）の送金に対しては、源泉徴収税が課税される。通常は、20％（または復興特別所得税を加えた20.42％）であるが、相手国と租税条約が締結されている場合には、10％以下に減免される。租税条約は国内法（復興財源確保法等を含む）に優先する。軽減税率または免除特典の適用については租税条約の規定次第である。ロイヤルティへの源泉徴収税免除については日米租税条約等参照。

2◆租税条約の減免措置の適用を受ける──第1回支払いの前に税務署に「届け出」

　租税条約の軽減税率または免除の特典（日本が締結した租税条約では10％が中心）などの適用を受けるためには、第1回の支払い（送金）をおこなう前に所轄税務署にその条約による特典の適用を受けたいという届け出をする。米国との租税条約など、免除特典付与の合意がなされているケースがある。この届け出をしないで送金すると、通常の20％（または20.42％）の源泉徴収がなされてしまう。租税条約があるからといって自動的に軽減税率や免除の適用を受けられるわけではない。

　届け出をする名義人は、所得を受ける外国会社であるライセンサーである。実務面で代理をライセンシーがおこなうのが通常ではあるが、届出人のサインはあくまでライセンサーのものである。ライセンシーがライセンサーの委任を受けて、代理人として署名し、届け出ることは可能であるが、ライセンシー自身は届出人ではない。

●──第5款　最優遇条項

　ライセンシーであるABC社が、ライセンス契約をライセンサー（ここではカレン・ビュー社としよう）と締結したあと、先にABC社が許諾を受けたのと同じ特許や商標・キャラクターについて、（ABC社とはライバル関係にある）舞法会株式会社がライセンシーとしてライセンス契約を締結したという噂が入ってきた。詳細は分からないが、噂では、ABC社の受けた同じ条件より、はるかに有利な低額のロイヤルティ率でライセンス契約を締結したらしい。ABC社は、許諾製品の販売額の5％のロイヤルティを支払う条件であるのに対し、舞法会株式会社は、3％のロイヤルティであるという。ABC社のライセンス契約で、どう対応できるか。舞法会株式会社と同等のロイヤルティまで下げるよう交渉できる余地がないか、飛鳥凛は調べてみた。しかしどこにも、このような時に値下げ交渉に使えそうな条項、規定は見つからなかった。

　さっそく上司の日高尋春氏から、飛鳥凛に指示が飛んだ。次にこんな場合に遭遇したときには、悔しい思いをしなくてもいいように研究し、役立ちそうな条項のドラフトを準備するようにとの指示である。飛鳥凛は、幕末の日米外交などで、不平等条約の問題に日本が苦しんだという歴史を思い浮かべた。「そうだ。最恵国待遇だ」と思い出し、企業同士の契約でも最恵国待遇条項に相当する条項を作ればいいのだと飛鳥凛は取り組みはじめた。いくつかの取り組みを紹介したい。

最優遇条項① | Most Favorable Terms　　　　　　　　　　　　　　　　　　**例文278**
◇最優遇条件によるキャラクター・商標ライセンスを規定する

Article ___ Most Favorable Licensee
In case KVC grants to a third party under another agreement a non-exclusive license to use the Licensed Character or Trademarks of "Karen" on terms more favorable than

those herein contained, then ABC shall have the right and option to substitute said terms of the agreement for the terms of this Agreement.

[和訳]
第__条　最優遇ライセンシー
　KVCが他の契約に基づき第三者に対して、本契約に定める条件よりも有利な条件で本許諾キャラクターまたは「カレン」の商標を非独占的に使用するライセンスを許諾した場合には、ABCは当該契約の条件を本契約の条件とする権利及び選択権を有するものとする。

―――― 解説 ――――

1❖非独占的ライセンスで、最優遇条件で、キャラクターと商標を許諾すると規定する

　ライセンサー(KVC)が他のライセンシーに、ABC社に対して使用許諾した同じキャラクターと「カレン」商標を、ABC社に対するより有利な条件(more favorable terms)で使用許諾した場合は、ABC社は、その有利な条件と同一の条件をABC社の契約条件として選ぶことができる。

2❖使用許諾条件の有利さを比較し、判断する基準と情報の開示の仕方

　最優遇条項では、あとから締結されたライセンス契約の許諾条件が先に締結したABC社の許諾条件より有利であることが前提で、その変更ということであるが、有利かどうかの判断の仕方は、実際には簡単ではない。たとえば最初の本款の説明の段階で、ABC社には販売額の5％、舞法会に対しては、販売額の3％というロイヤルティ率とのことであったが、前者の販売額が、「純販売額」(net sales price)を基準とし、後者の販売額が、「総販売額」(gross sales price)を基準としていれば、どちらが有利かはなかなか容易には判断できない。また、ミニマム・ロイヤルティ(最低使用料)やイニシャル・ペイメントの額が異なれば、総合的な比較も必要となってこよう。

　さらには、通常、ライセンス契約には秘密保持条項が規定されるので、その関係でどのように他社との契約条件の開示を要求し、あるいは、開示できるのかという問題も浮上してくる。

3❖the right and option to substitute said terms of the agreement for the terms of this Agreement

　直訳すれば「当該契約の、その(有効な)条件を本契約の条件に置き換える権利と選択権」である。本例文では意訳を試みた。

最優遇条項② | Most Favorable Terms   例文279

◇最優遇条件でのトレードシークレットやソフトウエアのライセンスを規定する

If KVC grants to a third party under another agreement a non-exclusive license to practice the Licensed Patents or to use the Licensed Trade Secret or Software on terms more favorable than those herein contained, then ABC shall have the right and option to substitute said terms of the agreement for the terms of this Agreement.

[和訳]
　KVCが他の契約に基づき第三者に対して本契約に定める条件よりも有利な条件で本許諾特許を実施し、または本許諾トレードシークレットもしくはソフトウエアを使用する非排他的ライセンスを許諾した場合には、ABCは当該契約の条件を本契約の条件とする権利及び選択権を有するものとする。

―――― 解説 ――――

1 ❖ 最優遇条項
　あとから締結されたライセンス契約のほうが有利であれば、その有利な条件と同じ条件になるように変更することをライセンシーが請求する権利を定める規定を、最優遇条項と呼ぶ。

2 ❖ 最優遇条項と特許、トレードシークレット、ソフトウエアのライセンス
　最優遇条項は、商標やキャラクター・ライセンスだけでなく、特許やトレードシークレット、ソフトウエアのライセンスでも活用できる規定である。同じ許諾地域内での許諾であり、許諾対象の知的財産権が同じであるという共通点がなければ、最優遇待遇での有利不利の比較ができない。

最優遇条項③ | Most Favorable Terms   例文280

◇最優遇条項の適用にあたっての有利条件の判断基準を規定する
◇最優遇条項を適用するにあたっては、遡及効果はない
◇最優遇条項を適用しない合理的事由を列挙する

Article ___ Most Favored Customer
1　In the event KVC subsequently grants to a third party an express license to make, use and sell Products under Patents for a lump sum amount or royalty rate less than that provided in this Agreement, then KVC shall offer the terms of such license to ABC. If ABC elects to substitute such newly offered terms for any terms of this Agreement, such newly offered terms shall be applicable only to subsequent manufacture, use or

sale.

2 Provisions of this Article shall not, however, be applicable if: (1) such subsequent license agreement involves exchange of patent or proprietary information rights between KVC and third party; or (2) such subsequent license agreement is with a company in which KVC has a controlling interest, direct or indirect; or (3) if such subsequent license agreement is in settlement of controversy under which KVC receives comparable benefits which reasonably justify such lump sum amount or lower rate; or (4) such subsequent license agreement involves a lump sum settlement which in the reasonable judgment of KVC is comparable to payment being made by ABC under this Agreement.

[和訳]

第__条　最優遇顧客

1　KVCが後日、第三者に対して、本特許に基づき、本契約に定める一括金額またはロイヤルティ率を下回る額で本製品を製作、使用及び販売する明示的なライセンスを許諾した場合には、KVCはABCに対して当該ライセンスの条件を提示するものとする。

　　ABCが新たに提示された当該条件を本契約の条件とすることを選択する場合には、新たに提示された当該条件は、それ以降の製造、使用または販売にのみ適用されるものとする。

2　(1)当該後続のライセンス契約がKVC及び第三者間における特許または知的財産情報に関わる権利の交換を含む場合、(2)当該後続のライセンス契約が、直接的または間接的にKVCが経営権を有する会社との間で締結される場合、(3)当該後続のライセンス契約が、KVCが当該一括金額または低率を合理的に正当化する同等の利益を享受するような紛争和解契約の一部として締結される場合、または(4)当該後続ライセンス契約が、KVCの合理的判断によれば本契約に基づきABCがなす支払いと匹敵する一括払いの和解を含む場合には、本契約の規定は適用されないものとする。

解説

1❖最優遇条件をライセンサーから申し入れる

非独占的な特許権や知的財産情報のライセンスで、あとから締結されたライセンスのほうが明らかにロイヤルティ金額が低額またはロイヤルティ率が低率の場合、ライセンサーはライセンシーに、その有利な条件を提示する。

2❖有利条件の不遡及について規定する

最優遇待遇のために、あとに締結された契約の有利な条件を適用する場合も、その有利な条件が、遡って適用されることはないとしている。

3❖合理的な事由があるときは適用されない──和解の条件、関連会社関係がある場合など

クロスライセンスや関連会社間のライセンスなど、一見有利に見えても、それぞれに有利である理由があるとき、それが合理的と考えられる場合には、最優遇条項は適用されないと規定する。和解条件の一部としてライセンスが使われる場合も、最優遇を適用しないと規定される。

第6款 技術情報・営業秘密の開示

技術情報・営業秘密の開示① Disclosure of Technical Information 例文281

◇技術情報の開示を規定する
◇技術情報を書面化し、その使用言語を規定する
◇契約締結後一定期間内に開示する
◇ライセンシーの要請があるときは改良情報も提供すると規定する

Article __ Disclosure of Technical Information
1 Within sixty (60) days after the Effective Date of this Agreement, KVE shall furnish ABC with all the materials of the Technical Information described in Exhibit A and Proprietary Rights described in Exhibit B, all of which shall be written in English and sent by registered airmail.
2 During the term of this Agreement, KVE shall, at the request of ABC, furnish ABC with additional data, information or improvements relating to the Licensed Products, Technical Information or Proprietary Rights.

［和訳］
第__条　技術情報の開示
1　本契約の発効日から60日以内に、KVEは、ABCに対して、添付別紙Aに記載する技術情報ならびに添付別紙Bに記載する知的財産権のすべての資料を提供するものとする。それらのすべては英語で書かれ、書留航空郵便で送付されるものとする。
2　本契約の有効期間中、ABCの要請があるときは、KVEはABCに対して、許諾製品、技術情報、または知的財産権に関わる追加的データ、情報または改良版を提供するものとする。

──────── 解説 ────────

1❖技術情報の開示時期、方法

ライセンサー、ライセンシーのいずれの側でライセンス契約を書く場合も、技術情報の

開示について、その範囲、時期、方法、書面かどうか、説明の仕方、使用言語等について、しっかり取り決めておくことが大事である。本例文では、契約の締結時を基準に、技術情報開示時期を規定している。

2❖開示の時期とロイヤルティの支払い

開示の時期については、ライセンサーの立場では、イニシャル・ロイヤルティが支払われてから開示するのが理想である。開示後、相手方が支払いを拒絶したり、倒産したりするリスクを防ぐことができるからである。

ライセンス権取得の競争が激しいと、次のような代金の一部先払いの条件をライセンサーが主張することがある。"within thirty (30) days after the payment of an initial license fee set forth in this Article"（本条に規定されたイニシャル・ライセンス・フィーの支払いから30日以内に）。

3❖written in English

マニュアルをはじめとして技術情報の開示を書類でおこなうときに、意外と規定が曖昧になりがちなポイントとして、使用言語の問題がある。日本からの技術指導やトレードシークレット開示契約で日本語のマニュアルとテキストを送ったところ、相手方（ライセンシー）から当然のごとく「英語で」と要求してきた。この程度のエピソードでは、驚かないかもしれない。しかし、英語のマニュアルとテキストを送ったところ、相手方から「現地語で」と要求してきたらどうするか。

現地語は、東欧やアジア、アフリカなどの少数民族の言語だとしよう。紛争が長引けば、結局、契約違反問題にまで発展するか、あるいは、相手方がおこなう現地語への翻訳料の支払いの分担の話に進むかもしれない。技術文書の翻訳は困難な上、費用がかかる。しかも、現地で翻訳するのを認めること自体が、実体面を見れば、貴重な秘密性ある情報が第三者（翻訳会社、翻訳者）に漏洩されることになる。翻訳者がどこまで秘密を厳守できるか、どのような体制で実際に翻訳がなされるのかは、ライセンサーのコントロールできない領域になってしまう。

たった3語（written in English）を契約に挿入しておけば、予防できる問題なのである。

4❖ソフトウエア・ディストリビューター契約で現地語への翻訳権を認めるケース

ソフトウエアのディストリビューター契約、いわゆる販売（法的に見るとライセンス）契約では、コンピューター・ソフトウエアの現地国向け販売店を起用するとき、販売店（ライセンシー）に現地語版への翻訳・制作を認める場合と、ライセンサーが現地語への翻訳版制作も担当して、単にマーケティングだけを現地販売店に担当させる場合とがある。

この現地語への翻訳は、ソフトウエアではその精度、完成度の高さがマーケティングの成否を決定づけるものであり、契約書の規定の問題だけでなく、ビジネスポリシーの決定でもきわめて重要なポイントとなる。日本のソフトウエア企業がそのソフトウエア製品を武器に、海外に輸出、進出を図るとき、質の高い英語版、現地語版を作成できるかどうかは、その世界での成功のカギのひとつとなる。相手に翻訳させ、その質を管理し、その著作権を保有することが肝要である。

ソフトウエア製品のマーケティング上、販売店というのは外見上は販売しているのだが、著作権から見るとライセンスをおこなっているのである。著作権は元のライセンサーの手元から離れない。ただ、現地語への翻訳版制作の話が出てくると、翻訳版の著作権の

帰属問題が絡んでくる。契約で明確に決める必要がある。成果物（ソフトウエア）の所有権、著作権の帰属を決めなければ、対価の交渉に入ることはできないはずなのである。

ビルの建設を請け負うのに、そのビルが建設を請け負った者の所有になるのか、発注者の所有になるのか、それとも共有なのかを決めないで、建設工事代金の取り決めをする者はいない。コンピューター・ソフトウエアではどうか。コンピューター・ソフトウエアのアウトソーシング、開発委託、制作委託等と並んで、著作権の帰属については曖昧な契約が多く、紛争の宝庫になっている。

5❖proprietary rights; proprietary information

「（ソフトウエア、知的財産等）財産的価値ある情報、権利」を広く総称している。実際の契約では、必ず定義を設けて内容を明確にする必要がある。"proprietary information"という用語も同じ目的でよく用いられる。技術情報よりは広い概念である。特許、著作権、デザイン、商標、トレードシークレット等、幅が広いが、正当な権利であることが必要である。価値があっても不正手段で入手した情報、たとえば、他人の顧客リストなどは"proprietary information"とは呼べない。次の例文282で"proprietary information"を使った例文を紹介する。

技術情報・営業秘密の開示② | Disclosure of Technical Information 例文282

◇トレードシークレット・秘密情報を一定期限内に開示、提供する

Article ___ Disclosure and Delivery of the Proprietary Information
Within _____ (____) days after the date of this Agreement, the Licensor shall disclose and provide to ABC the Proprietary Information in the manner set forth in Exhibit A attached hereto.

［和訳］
第__条　財産的情報の開示と提供
　ライセンサーは、本契約の調印日から_____日以内に、ABCに対して、添付別紙Aに記載する方法で本財産的情報の内容を開示し、提供するものとする。

解説

1❖トレードシークレットなどproprietary information（財産的情報）の開示

ライセンシーにとって、トレードシークレット・ライセンス契約等でもっとも重要な規定が、使用許諾とこのトレードシークレットの開示及び提供の規定である。

開示の方法としては、マニュアル(manual)化した書面による開示方法、現実の指導によるトレードシークレットの開示、提供がある。トレードシークレットの開示は、これを受ける側の力によってその方法も効果も左右される。契約条項としても、双方の協議によっ

てあらかじめ問題を防ぐように工夫して作成するという紛争予防努力が欠かせない。

2❖マニュアル、テキストの作り方と技術移転

　たとえばマニュアルを作成したり指導したりする場合、受け取る側がその内容についてどの程度の知識や技術を持っているか、また、英語の説明でコミュニケーションをどの程度図ることができるかによって、同じ開示方法でもその効果や開示されたトレードシークレット、技術情報が実際に移転できるかどうかが大きく異なる。

　特に発展途上国への技術指導、技術移転の場合は、それを受け止める側（ライセンシー）の技術レベル、専門技術知識、ビジネス教育の修得レベル、言語の力量の問題が大きな割合を占める。

3❖ノウハウ提供契約とトレードシークレット開示契約

　トレードシークレットの開示は、1960年代から80年代初めあたりまでは、日本の契約実務では、むしろ「ノウハウの開示・提供・ライセンス」と呼ばれることが多かった。ノウハウ(know-how)は主に工業製品の製法に関わる秘訣のことを指していた。その核心は特許法のもとでの出願によって保護を受けない製法（秘密情報）と呼んでもよい。

　しかし、米国の「トレードシークレット保護法」（各州の州法）や、日本でも、1990年代、2000年代の数次の改定による不正競争防止法の「営業秘密」の保護強化の風潮を受けて、トレードシークレット(trade secret)の保護が脚光を浴びるようになった。トレードシークレットは、ノウハウと重なる部分もあるが、もう少し広い概念で、「顧客名簿」などもこれに含まれる。コンピューター・ソフトウエアや情報など著作権と結合したものや、フランチャイズ展開などの対象となっている秘密のフォーミュラ(方式)なども含まれる。遊園地・イベント・事業の企画、設計、運営方法もトレードシークレットに含まれる。したがって、開示の方法も多彩になる。

例文283 技術情報・営業秘密の開示③ | Disclosure of Technical Information

◇改良情報は随時提供する
◇提供の仕方については両者で定める

As soon as practicable, following the date of this Agreement, the Licensor shall furnish to ABC:
  (i) the Proprietary Information in the form described in Exhibit A attached hereto;
  (ii) from time to time, the Licensor's Improvements in an appropriate form to be determined by the Licensor and ABC.

［和訳］
　ライセンサーは、本契約日後できるだけ迅速に、下記情報を下記の方法でABCに開示するものとする。
　(i)財産的情報を本契約添付の別紙Aに記載した形式で開示すること、

(ii)ライセンサーの改良情報をライセンサーとABCが定める適切な形式で随時開示すること。

解説

1❖トレードシークレットの開示対象の範囲(時間的な視点から)

例文282での開示規定の場合、ライセンス契約締結時にライセンサーが所有しているものの開示及び使用許諾のみを対象としているのか、それともライセンサーがそれ以降、契約期間中に開発・取得した改良情報も開示の対象に入るのか、解釈上、紛争が起こることがある。

2❖問題の所在①──改良情報は、開示対象になるか

何も具体的な明示規定がないとき、ライセンサーからいえば開示時期が契約締結時から一定期間内であるから、それ以降のものは開示対象になっていないと主張する。これに対してライセンシーは、契約期間はたとえば3年であり、ライセンサーが2年目にすばらしい改良情報やバージョンアップを開発・完成したとしたら、当然、開示・ライセンスされると主張するかもしれない。マーケティング上、マーケットのニーズ、競合品、ライバルとの競争を維持し継続していくには、当然、改良情報の提供が前提になるとライセンシーは考え、主張する。

この争いには、なかなか簡単に決着をつけられない。紛争を予防するためには明文で取り決めるのが一番よい。

3❖問題の所在②──「改良情報の随時の提供」規定の効果と限界

本例文はその試みの一例である。改良がいつなされるか分からないので、"from time to time"(随時)という表現に留めている。

以前、ソフトウエア・ライセンス販売店契約で「ライセンサーは、随時、改良情報を提供する」という趣旨で契約を締結したことがある。7年の長期で、ミニマム・ロイヤルティの支払条項つきである。当方がライセンシー(販売店)側であった。

契約から数年経過した時点で、相手方であるライセンサーが外国企業によって買収されてしまった。買収のねらいはライセンサー所有の土地にあり、ソフトウエア部門は、マーケティングの数人が残るのみで、100名近かった開発部門は大幅に縮小された。事実上開発は中止となり、相手方の開発は期待できなくなった。

しかし当方には、これから長期のミニマム・ロイヤルティの支払い義務が残っている。マーケットシェアは下がりはじめている。どうすればよいか。どうすればよかったのか。これが実務で直面する問題であり、数回ぶつかると契約を作成するとき、考えるヒントになる。

4❖問題の所在③──改良情報、改良発明と新発明、別のソフトウエアの開発との区別

相手方のライセンサーがすばらしい改良版を作ったという情報が流れてきた。このライセンス契約には、改良情報の提供が規定されているとしよう。改良版の提供を要求したら、相手方から次のような返答があった。「これは、貴社へライセンスしているソフトウエアの改良版ではない。新製品であり、ライセンスの対象外である。もし、この新製品もライセンス対象とすることを希望されるなら、別途、ライセンスの頭金として10万ドル支

払っていただきたい。他社からはすでにそのオファー（申し入れ）を受けている」。

実務上、現実によく起こる問題である。このような事態への対応を考えながら、契約を企画し作り上げていく。「改良した技術の情報」と「画期的で別の新しい技術の情報」との区別をどうおこなうかという問題である。

特に、ライセンサー側の開発が他社との共同研究・開発の成果であるときは、解決が容易ではない。

●—第7款　技術指導

例文284　技術指導①｜Technical Assistance

◇ライセンサーの技術者を派遣して指導をおこなう
◇派遣先はライセンシーだが、ライセンシーが指定したサブライセンシーへの派遣も認める
◇指導期間と指導員の人数の量的限界を「人日」で規定する

> Article ___　Dispatch of Engineers
> 1　Upon request of ABC, KVE shall provide to ABC and/or to a sublicensee designated by ABC ("Sublicensee"), qualified personnel of KVE to render technical assistance and services to employees of ABC and/or Sublicensee, in connection with the engineering, design or manufacture of the Licensed Products for a reasonable period to be mutually agreed upon between the parties, provided that the total period of such assistance and services shall not exceed ninety (90) man-days.

［和訳］
> 第___条　技術者の派遣
> 1　ABCの依頼に基づき、KVEは、ABC及び／または、その指定するサブライセンシー（「サブライセンシー」）に対して、許諾製品のエンジニアリング、設計、製造に関して、ABC及び／またはサブライセンシーの従業員への技術指導、サービスを提供するために、指導を担当するのにふさわしいKVEの人員を派遣するものとする。指導のための派遣期間については、当事者間で取り決める合理的な期間とするが、延べ日数は90人日(にんび)を超えないものとする。

――――― 解説 ―――――

1❖特許ライセンス、トレードシークレット開示、ソフトウエア・ライセンスなどでの技術指導

特許ライセンス契約、トレードシークレット契約、ソフトウエア・ライセンス契約、ブランド・ライセンス契約、フランチャイズ契約では、その契約内容により技術移転や技術指導が必要な場合がある。本例文は、そのような場合に利用するためのものである。カバ

ーすべきポイントは、それぞれのビジネスの性格によって異なる。ケースごとに実情に合わせて変化させて使う。

2❖90 man-days

"90 man-days"とは、技術指導のいわば量的な把握の仕方のひとつで、"man"（人員）を"days"（日数）で掛け合わせて計算する。"90 man-days"とは、たとえば指導員の派遣人数が「3人」で各人同一期間だとすると、派遣日数は「30日」である。派遣人数が「2人」の場合で期間が「45日」でも、"90 man-days"になる。この制限があって初めて、価格交渉やライセンサー側の人員計画が成り立つ。

3❖指導員の派遣先

ライセンサーからすると、派遣先はライセンシーのところだけに限定したいが、ライセンシーが履行補助者としてサブライセンシーを起用している場合に、サブライセンシーの指導にもあたるというのが本例文の趣旨である。サブライセンシーの場所が心配なら、指導場所をライセンシーの施設内として、サブライセンシーも指導を受けるための参加ができるようにすればよい。都市名で限定してもよい。外国での指導の場合に、ライセンシーの自由な指定に委ねると危険な地域や未開発で人が住めない島や地域を指定してしまうことを避けるためである。

技術指導② | Technical Assistance　　例文285

◇派遣されたライセンサーの技術者の渡航費用・宿泊の負担を取り決める
◇アブセンス・フィーの支払いと、金額等を取り決める

Article ___ Dispatch of Engineer
2　Travelling expenses to and from the country of KVE's personnel, and living and other expenses of KVE's personnel for the period of services, shall be borne and paid by ABC.
　ABC further agrees to pay KVE a daily absence fee in the amount of _____ United States Dollars per person, or such other amount as may be mutually agreed upon between the parties.

［和訳］
第__条　技術者の派遣
2　KVE（ライセンサー）の派遣指導員の、ライセンサーの国からABC国への往復旅費、ならびにサービス提供期間中の宿泊その他の費用は、ABCが負担し支払うものとする。
　ABCは、さらに、KVEに対して、1人あたり1日_____米ドル、または、両者間で別途合意する金額のアブセンス・フィーを支払うことに同意する。

―――――――― **解説** ――――――――

1❖渡航費用、宿泊費用等の負担の規定

　本例文では、ライセンサーの指導員の渡航費用、滞在期間中の宿泊費用といった派遣費用についてその負担者を決めている。いずれもライセンシーの負担である。一見完全な規定のように見える。

　しかし現実のビジネスでは、これでもなお紛争が発生する余地がある。典型的な紛争は、ライセンサーの指導員がビジネスクラスや、極端なケースではファーストクラスを期待するのに対して、ライセンシー側がエコノミークラスの利用を期待するようなケースである。宿泊についても、ライセンサー側は便利さと安全(security)、健康面への配慮から、市内中心地の一流ホテルでの滞在を予定あるいは期待しているのに対して、ライセンシー側はゲストハウス用の寮を手配しているケースがある。研修用の寮には、2人部屋、4人部屋も少なくない。筆者も研修寮で2人部屋に案内されたことがある。

2❖ゲストハウスもいろいろ

　名称がゲストハウスでも、別荘、ホテルクラスから工事仮設小屋まで実態はさまざまである。写真や図面を添付しても、夜中にベッドを虫が這い回ることまでは分からない。水、安全、電話、通信用回線、冷暖房、清潔さも、重要なチェックポイントである。

　1970年代に宿泊したニューヨーク(マンハッタン)の施設では、ピストルを携帯したガードマンが数人、入り口で24時間見張っていた。ラゴス、カイロのゲストハウスでは、マラリア蚊が数匹夜中飛んでいて、明かりをつけて蚊取り線香を焚いていたが、結局一晩中眠れなかった。公共交通、バス、鉄道の便があるとは限らない。中東では、タクシーもまっすぐに南北に走り、横(東西)には入らない国、地域もあった。タクシーが乗合バス代わりなのである。派遣前、現地語をとにかく単語だけでもと必死で覚えて出かけていく。生命を守るという単純な目的があると、不思議に覚えられることに気づく。電話もすぐには通ずるとは限らない。日本では当たり前と思うものが、そうでないことがある。

　紛争の完全な予防のためには、宿泊施設、航空便、交通などを詳細に取り決めておき、書面で確認する必要がある。

　規定外の残業などもその対象になる。派遣された技術者が、毎日14時間、休日もなしに働くことになったらどうするか。労働時間、労働日の規定はどうか。仮にこのように働いた場合の日当、残業代相当額は請求できるのか。病気になったらどのように手当てを受けられるか。

3❖アブセンス・フィー(absence fee);日当(daily allowance)

　一般的ではないが、ライセンサーの技術者の派遣中、すなわち技術者が不在(アブセンス)中に、もし技術者が勤務していた場合にはオフィスで通常稼ぐことができるはずの所得相当額の一部をライセンシーが負担するよう求められることがある。これをアブセンス・フィーという。通常は、技術指導料の中に価格構成要素の一項目として含まれているが、そうする代わりに別建てで支払いを要求する場合、アブセンス・フィーという用語が使われる。

　アブセンス・フィーの計算方法には実務上、大きく分けて2つの考え方がある。1つは、ライセンサー側で従業員が出張するときに出張者に支払う日当(daily allowance)相当額である。もう1つは、不在期間中にそのスタッフが、通常なら会社のために稼ぐ所得相当額

を換算して請求する。後者を基準とすると、アブセンス・フィーの金額が高くなる。

4❖人の派遣、プロフェッショナルサービスと職業観、生き方

人の派遣によるサービスの提供をめぐる紛争には、しばしばプロフェッショナルサービスへの考え方、職業観、生き方の問題が底流として横たわっている。

ビジネスから見てきわめて重大な時点での家族とのバケーションの約束の優先、ビジネス上の重要なコンファレンスや行事への夫人同伴なども文化の差を感じさせられる。

必ずしもトレードシークレット・ライセンス契約とは関係のない問題ではあるが、ビジネスで付き合っていくには相手国の風俗や文化、習慣、人の価値観、生き方をわきまえて柔軟に対応することが大切である。

技術指導③ | Technical Assistance 〈例文286〉

◇派遣されるライセンサーのエンジニアの人員、派遣日数は別途取り決める

Article __ Dispatch of Engineer
3 The period, method and number of KVE's personnel and other conditions of providing such services shall be mutually agreed upon by the parties hereto.

［和訳］
第__条　技術者の派遣
3　かかるサービス提供のための期間、方法ならびにKVEの派遣人数及びその他の条件については、両者間で別途合意されるものとする。

解説

1❖本例文のねらい——紛争発生の予防

例文285で触れたような問題を予防するために採用される実用的な方法が、本例文のように詳細なサービスの提供内容と条件を、別途取り決めることである。

2❖サービス提供条件の確認方法と確認時期

サービス提供条件は、契約調印と同時に確認できるのが一番よい。合意が早ければ別紙として添付することもできる。何も決めないで、"to be mutually agreed"という形のまま放置しておくということも実際には少なくない。

日本企業同士の契約では、「本契約に取り決めなき事項については、当事者は信義誠実に協議して決定する」あたりの規定で済ませるところである。

日本企業同士であれば解決できるものが、外資系企業や外国企業との間では文化、常識の差から実らないことがある。日本企業は従来、個別のビジネスよりも継続的な契約、取引関係を重視して解決を図ろうという傾向が強かった。その分、取引の相手を選ぶ。また、取引の相手に選ばれた以上は、相手の期待と信頼にこたえようとする。ねらいは堅固

で継続的な関係を築くことにある。外国企業はさまざまである。

例文287 技術指導④ | Technical Assistance

◇ライセンシー人員のライセンサー工場見学・訪問受け入れを規定する
◇訪問の期間、方法等は別途取り決めるとする

At the request of ABC, KVE shall permit a reasonable number of personnel of ABC or Sublicensee to visit KVE's plant or office in ＿＿＿＿＿＿＿, in operation utilizing the Proprietary Information, KVE's works in ＿＿＿＿＿＿＿ or such other works designated by KVE.
The period, time, method, and reasonable details of such visits shall be determined separately through mutual consultation between the parties.

［和訳］
　ABCの要請がある場合、KVEは、合理的な人数のABCまたはそのサブライセンシーの人員が、本専有情報を利用して操業している＿＿＿＿＿＿＿のKVEの工場または事務所、あるいはKVEの＿＿＿＿＿＿＿工場、あるいはKVEの指定する他の工場を訪問することを認める。
　かかる訪問の期間、時期、方法ならびに合理的な詳細については、当事者間の相互の協議により、別途、決定するものとする。

解説

1❖ライセンシー側の人員の訓練──ライセンサー工場訪問
　ライセンシーの人員の訓練は、現地でおこなう方法とライセンサーの工場でおこなう方法とがある。理想的には、その組み合わせである。本例文では、ライセンサー側の工場が実際に稼動しているところをライセンシーの従業員に見せて訓練するのである。

2❖ビジターの人員と期間の制限
　ライセンシー側が、予想外の大人数の訪問や、技術者以外の幹部の来訪を企画することがある。技術指導を受けるための本来の目的で来るのかどうかさえ疑問なケースもある。実際の技術移転の目的が忘れ去られることもある。
　そのため、合理的な人数に限定し、あらかじめ具体的なスケジュールと人数等を別途取り決めるとしたのである。実務面では、ライセンサー側で訪問者の名簿を確認して承認するシステムを取ることがある。

技術指導⑤ | Technical Assistance

例文288

◇ライセンシーのトレーニングを、ライセンサー施設に受け入れて実施すると規定する

KVE further agrees, at the request of ABC, to train ABC's personnel at KVE's plant or other appropriate place in ＿＿＿＿＿＿＿＿, to enable them to acquire and learn skills and knowledge required for the design and manufacture of the Licensed Products, provided that such visits for training shall be conducted one time only and the training period shall not exceed six (6) man-months.

The period, time, method and reasonable details of the training shall be determined separately through mutual consultation between the parties.

[和訳]

KVEはさらに、ABCの要請がある場合は、ABCの従業員が許諾製品のデザインならびに製造に必要な技術と専門知識を獲得、修得することができるように、KVEの工場あるいは＿＿＿＿＿に所在する他の適切な場所で、訓練を実施することに同意する。ただし、訓練のための訪問は1回限りとし、訓練期間の合計は6マン・マンス（人月）を超えないものとする。

訓練の期間、時期、方法ならびに合理的な詳細については、当事者間の相互の協議によって別途決定されるものとする。

解説

1❖ライセンシーの受け入れ訓練の期間・量的な制限の方法──マン・マンス（man-months）

ライセンシーを受け入れるにあたり、施設や訓練を担当する人員の制約から限定を置く必要がある。その場合、どのような量的及び期間的な制限の方法があるだろうか。実務上ひとつの方法は、受け入れる人数と期間を掛け合わせた「マン・マンス（man-months）」を使う方法である。本例文の"6 man-months"とは、訓練を受ける人数と訓練期間を掛け合わせて算出するもので、たとえば6名の人員を1ヶ月ずつ訓練すると、"6 man-months"になる。"man-months"は「人月」ともいう。「人月」はソフト開発などの分野では一般的に使われている。

2❖ライセンシーの受け入れ訓練の問題とリスク

長期の訓練の場合、ライセンシーの人員の訓練を引き受けるライセンサー（本例文では、KVE）が訓練にあたるインストラクターの費用、報酬、プログラム、設備等を負担するだけでなく、思いがけないトラブルや事故に巻き込まれることがある。この場合、ライセンサー、ライセンシーのどちらが保険を付保するか、その保険料をどちらが負担するかという問題もある。

もっと現実的な紛争を見たことがある。ライセンサーは、インストラクター等の費用をライセンシーに請求することを考慮して訓練の対価を決定したつもりだった。指導契約には、訓練の際に支払う金額だけが記載されていた。ところが、ライセンシー側から訓練期

間中の契約金額の請求書を送ってきた。有能な従業員がライセンサーの工場で見習いとして6ヶ月間も働いているのだから、その間の賃金として契約金額を請求するというものである。支払い者と受取人についての了解が逆なのである。どう解決したらよいだろうか。

3❖訓練の使用言語

訓練期間中の使用言語についても、両者(ライセンシーとライセンサー)で誤解がしばしばある。ライセンシーは国際契約である以上、当然英語で訓練を受けられると考えている。ところが、日本側では日本語で訓練をおこなうから、前提としてライセンシーが派遣する従業員、エンジニアは日本語が理解できるという了解でいる。契約では使用言語をはっきり書いていないために、両者がそれぞれ自分に都合よく理解している、という思い込みによるトラブルがある。このような紛争を予防するためには、契約書中に使用言語を明記すべきである。

例文289 技術指導⑥ | Technical Assistance

◇ライセンシーからライセンサーへの人員派遣による訓練は、すべてライセンシー負担

Travelling, living and all other expenses of ABC's personnel for such visits or training shall be borne and paid by ABC.

[和訳]
(ライセンサーの事務所への)訪問見学と(ライセンサーによる)訓練を受けるためのABCの人員の渡航、滞在ならびにその他のすべての費用はABCの負担とし、ABCによって支払われるものとする。

― 解説 ―

1❖派遣費用をライセンシーが負担するという規定

ライセンサー側にとっては紛争を避けるために重要な規定である。ロイヤルティとは別であることが明確になる。

2❖ライセンサー側が施設の提供などで協力するときの注意事項

ライセンサー側が、訓練期間中の寮や宿泊施設等を提供するなど協力をする場合は、施設の利用代、食費が有料の場合の金額と支払い条件、その費用の負担者(ライセンシーかそれとも従業員個人か)等につき、明確に取り決めておくことが必要である。

技術指導⑦ | Technical Assistance　　　　　例文290

◇技術者の指導のための派遣費用は、ライセンシーが負担すると規定する
◇ライセンサーから派遣される技術者の渡航は、ビジネスクラスとすると規定する

Article __ Travel and Living Expenses
1 In the event ABC requests engineering, marketing, maintenance, and/or training support or services in Japan or other Asian Countries as designated by ABC, and KVE agrees to provide such support or services, then ABC agrees to bear and pay all KVE approved travel and living expenses of employees during their involvement in such activities.
2 Trans-Pacific air travel shall be business class, or equivalent airfare.

[和訳]
第__条　旅費及び生活費
1　ABCが、ABCの指定する日本またはその他のアジア諸国におけるエンジニアリング、マーケティング、メンテナンス、または訓練のサポートあるいはサービスを要請し、KVEが当該サポートまたはサービスを提供することに同意した場合には、ABCは、KVEが承認した従業員の旅費及び生活費を、当該従業員がかかる活動に従事する間、負担し、支払うことに同意する。
2　太平洋横断(航空)渡航は、ビジネスクラスまたは同等の航空料金によるものとする。

―――――― 解説 ――――――

1❖ライセンサーが技術者を派遣し指導するときはライセンシーが費用負担(第1項)

ライセンシー(ABC)から技術指導、訓練等のためにライセンサー(KVE)に対し、技術者の派遣の要請があったときは、日本またはライセンシーが指定するアジアの国への渡航費用、宿泊費等はライセンシーの負担とする。費用には、渡航費だけでなく宿泊費と日当が含まれる。日当には、"living expenses"や"daily allowance"といった用語をあてることができる。

2❖太平洋を横断して渡航する際は、ビジネスクラスを使用と規定する(第2項)

米国から日本、またはライセンシーが指定するアジアの国への渡航についてはビジネスクラス、またはそれと同等のクラスを使うものとする。ファーストクラスではないが、一般のツーリストクラスでもないことを明確に規定する。

米国から日本、アジアに技術者を派遣するのに、何も取り決めておかないと日本側からツーリストクラスの席やチケットが用意されることがある。日本側の技術者には、幹部であってもファーストクラスというのは例外である。ビジネス出張者は、ツーリストクラスでもそれほど違和感を持たないことがある。一方、米国や欧州の技術者や経営者、専門家の中には、体格の差やプライドは別として、最低でもビジネスクラス、普段からファース

トクラスを利用している人々がいる。その人々は、クライアントからの依頼で出張する際も、自分たちの普段の待遇を期待する。紛争予防のためには、契約ではっきり決めておくのも、ひとつの解決方法である。

　日高尋春氏も、日米間の出張の際に、米国側の弁護士がファーストクラスなのに自らはビジネスクラスで手配された。キャビンの中で、弁護士がプロフェッショナルの礼儀として、ファーストクラスから、（主人・雇用側である）クライアントの日高尋春氏の隣の席に、わざわざビジネスクラスに移ってきたそうである。

例文291 技術指導⑧ | Technical Assistance

◇派遣技術者に対する受け入れ側の提供する業務遂行環境・サービスを規定する
◇派遣技術者1人につき、1日あたり定額のアブセンス・フィーを支払うと規定する

Article ___ Treatment of Engineer(s) of KVC: Absence Fee

1　ABC shall bear and pay KVC necessary travelling expenses for dispatch of KVC's engineer(s) to ABC in accordance with company rules of KVC.

2　ABC shall provide KVC's engineer(s), free of charge, working cloths, shoes, helmets and others which are necessary for them to perform their duties.

3　ABC shall take good care of the health and well-being of KVC's engineer(s) in _____. ABC shall provide doctors, medical care and treatment required to achieve complete recovery, if KVC's engineer(s) fall ill or suffer injury and ABC shall bear and pay all related costs. If the parties determine and agree that the patient(s) should be returned to (country of KVC) for treatment, ABC shall return the patient(s) to (country of KVC) by air. All related transportation expenses shall be borne and paid by ABC.

4　ABC shall provide, free of charge, comfortable accommodations for KVC's engineer(s).

5　ABC shall provide, free of charge, KVC's engineer(s) transportation facilities for them to perform their duties.

6　KVC's engineer(s) shall observe ABC's working rules and shall follow instructions received from ABC's directors while working at ABC.

7　Any fringe benefit to be provided to ABC's employees in accordance with ABC's company rules shall also be provided to KVC's engineer(s).

8　ABC shall pay KVC US $500 (Five Hundred United States Dollars) per engineer per day including the day of dispatch from (country of KVC) and his return to (country of KVC) as absence fee in addition to the payments set forth above in this Article.

[和訳]
第__条　KVCの技術者の取扱：アブセンス・フィー
1　ABCは、KVCの社内規則に従い、KVCの技術者をABCに派遣するにあたって必要な旅費を負担し、支払う。
2　ABCはKVCの技術者に対して無償で、仕事（作業）服、靴、ヘルメットその他業務の遂行に必要な物を提供する。
3　ABCは、＿＿＿＿＿＿＿におけるKVCの技術者の健康及び福利につき十分に世話をするものとする。KVCの技術者が健康を害しまたは傷害を負った場合には、ABCは完全な回復を達成するために必要な医師及び治療を提供するものとし、ABCが一切の関連費用を負担し、支払う。患者が治療を受けるために(KVCの国)に帰国させられるべきであると当事者が決定及び合意した場合には、ABCは患者を(KVCの国)に航空機で返すものとする。一切の関連交通費はABCが負担し、支払う。
4　ABCはKVCの技術者に対して、無償で、十分な宿泊施設を提供するものとする。
5　ABCはKVCの技術者に対して、無償で、業務を遂行するための交通手段を提供するものとする。
6　KVCの技術者はABCの就業規則を遵守し、ABCにて勤務する間は、ABCの取締役から受けた指示に従う。
7　ABCの社内規則に従いABCの従業員に提供される福利厚生の一切は、KVCの技術者に対しても提供されるものとする。
8　ABCはKVCに対して、本条の上記に定める支払に加えて、アブセンス・フィーとして、技術者1人につき、(KVCの国)からの派遣日及び(KVCの国)への帰国日を含み、1日あたり500米ドルを支払うものとする。

解説

1❖受け入れ側（ライセンシー）の提供する業務遂行環境・サービス

　ライセンサー（KVC）の技術者を、ライセンシー（ABC）の要請によりライセンシーに派遣する場合は、ライセンサーの旅費規則に従って、旅行費をライセンシーが負担する。

　現地で、ライセンシーはライセンサー派遣技術者に対し、無償で、業務に必要な仕事（作業）服、靴、ヘルメット等を用意する。現地での宿泊、交通の手配をおこない、費用を負担する。

　技術指導を実施する場合、工場などの立地によっては、その地にホテルなど一切ない場合もある。宿泊施設もホテルではなく、寮やゲストハウス、あるいは現場の仮設宿泊施設となることもある。電気、水、冷暖房、ガス、シャワーなど、どこまで整っているかは現地に行ってみなければ分からない。日高尋春氏や飛鳥凛も、中東やアフリカでは、工事現場でゲストハウスや仮設住宅に泊まったことがある。ナイジェリア（ラゴス）などでは、停電の中、マラリア蚊やサソリがいるという噂を聞き、ゲストハウスで蚊取り線香を一晩中

焚いて、朝を迎えたという。

2❖ライセンサー派遣技術者が病気になったときの対応

　技術者が病気になったときは、ライセンシーがその負担で、治療に必要な医療サービスを手配する。本国に帰国して治療を受けなければならない場合は、その旅費等もライセンシーが負担する。

3❖アブセンス・フィー

　派遣技術者1人につき、1日あたり一定額（本例文では500米ドル）のアブセンス・フィーを支払うと規定する。

　これは実費ではなく、その技術者がライセンサーの普段の仕事に従事していたら稼ぐだろうと想定される所得を、ライセンシーへのサービスにあたっている間について計算し、その金額の埋め合わせとして、ライセンシーが代わりに支払うという考えに基づく。

例文292 技術指導⑨ | Technical Assistance

◇技術者の現地での待遇について具体的に規定する
◇サービス提供時間を1日あたりで決める
◇滞在する住環境、事務室などの提供を規定する

Article ___ Working Conditions

1　The normal working hours at the _____ of ABC shall be eight (8) hours per day (including one hour recess) with forty (40) hours per week from Monday through Friday. In case of shift work, the total hours worked by KVC's personnel on shift hereunder shall not exceed such daily and weekly limits. ABC's holidays shall apply to KVC's personnel.

2　ABC agrees to provide or make available, free of charge, the following facilities or services as required by KVC's personnel dispatched by KVC under this Agreement;

　(i)　Furnished and air-conditioned living accommodations at a convenient location near the place of their services.

　(ii)　Furnished and air-conditioned and lighted office space at the _____ of ABC, and at ABC's _____ offices, together with office equipment, telephone, telex, telefax, etc.

　(iii)　Other facilities or services incidental to and required for the performance of said services by KVC's personnel, such as stationary, transportation between the living accommodations and the working places, first aid facilities, and lockers for storing tools, equipment, books and other property of KVC's personnel.

　(iv)　ABC agrees that KVC's personnel who are to stay outside (country of KVC) for the sake of technical assistance services under this Agreement for a continuous period of more than six (6) months shall be entitled to return to (country of KVC) at least once every six (6) months for a period not exceeding two (2) weeks.

(v) ABC agrees that KVC's personnel who are to stay outside (country of KVC) for the sake of technical assistance services hereunder shall be entitled to two days of paid leave for each month of absence from (country of KVC) for providing said technical assistance services.

[和訳]
第__条 就業条件
1 ABCの_____の通常の就業時間は1日8時間（1時間の休憩を含む）とし、月曜日から金曜日まで週40時間とする。
シフト勤務の場合には、本契約に基づきKVCの人員の就業した総時間数は、当該各日及び各週の上限を超えないものとする。
ABCの休日はKVCの人員に適用されるものとする。
2 ABCは、本契約に基づきKVCの派遣したKVCの人員によって要請される次の施設またはサービスを無償で提供し、または利用可能なものとすることに同意する。
(i) KVCのサービス場所付近の便利な場所における、家具及び空調設備の完備された宿泊施設
(ii) オフィス設備、電話、テレックス、ファクス等つきの、ABCの_____における、家具、空調及び電気設備の完備されたオフィススペース、及びABCの_____オフィス
(iii) 文具、宿泊施設及び就業場所間の交通、ファースト・エイド（応急手当）設備、ならびに道具・設備・書籍その他KVCの人員の所有物を保管するためのロッカー等、KVCの人員による当該サービスの遂行に付随しまたは必要なその他の設備またはサービス
(iv) 本契約に基づく技術支援サービスのために、継続6ヶ月間の期間を超えて(KVCの国)外に滞在しているKVCの人員は、(KVCの国)に少なくとも6ヶ月に1度、2週間を超えない期間の間だけ帰国する権利を有する旨、ABCは同意する
(v) 本契約に基づく技術支援サービスのために(KVCの国)外にいるKVCの人員は、当該技術支援サービスを提供するために(KVCの国)外に滞在する各月につき2日間の有給休暇を付与される旨、ABCは同意する

解説
---

1 ❖ 週の労働時間、勤労日と休日

1日あたり、8時間を限度とし、かつその間に1時間の休憩を入れることを明確に取り決めている。「ライセンシーの就業規則に従う」とだけ規定すると、実際には、際限なく、現

場でライセンシー側の労働者が働いている場合がある。やはり先進国には先進国としての労働時間や労働条件があり、開発途上にある新興国のルールは厳しすぎることがある。気候、環境なども異なり、当初は時差の疲労もある。十分なケアをしておかなければ、病気で倒れるケースも起きることになる。

2❖ライセンシー側ですべきものを規定

　冷暖房、空調つきの宿泊施設、事務室、事務用品なども大事な項目である。ときには、通訳も必要なことがある。現地で、訓練を受けるために集まった現地側技術者が、英語や日本語では十分に意思疎通が図れず、現地語に通訳する人間が必要になる場合がある。

　高度な技術情報の移転や工場の操業・運転に関わる技術移転の場合には、ライセンシー側に技術移転を受けるにふさわしいエンジニア（専門高等教育と訓練を受けた者）がいることが前提となる。この条件の見極めは、実務として容易ではない。技術知識と技能の伝授には、知識水準や能力だけでなく、学習意欲、勤労意欲、生き方、人格も含めた教育の問題がかかってくる。

3❖一定期間継続してサービスを提供した場合は、有給休暇を取ることができる

　技術指導が1年近くにわたることもあり、そのような場合には、帰国休暇や1ヶ月ごとに有給休暇を取ることができると規定することもある。これは、派遣元の技術者が、自社の出張などの場合の待遇・条件と照らし合わせて、健康に業務が遂行できるよう配慮して、契約に盛り込んでいくものである。ここでは、6ヶ月を目安に帰国休暇、1ヶ月を目安に2日間の有給休暇を規定している。

●—第8款　ライセンス許諾の表示

例文293　ライセンス許諾の表示① | Use of Legend

◇ライセンス許諾の事実を許諾製品に表示することを規定する

In connection with the Licensed Products, ABC may use the expression "designed and manufactured under the license from the Licensor Karen View Entertainment Inc.", or words similar thereto.

[和訳]
　許諾製品に関連して、ABCは「カレン・ビュー・エンターテインメント株式会社のライセンスに基づいて設計し製作された」という表現または類似の文言を使うことができる。

―――― 解説 ――――

1❖「ライセンスのもとで製作された」と表示する権利
　ブランド・ライセンスの場合は、ライセンス生産されたという表示をすることは非常に重要である。特許ライセンスやトレードシークレット等のライセンス生産等では、必ずしもその表示は必要ではない。仮に、その生産された製品について、知的財産権の侵害等を問題視されたりクレームをつけられたりするリスクを回避しようと思えば、表示することがひとつの解決策であるという程度である。特許の場合は、その製造方法により製造されたと表示することによって、クレームを排除する効果も期待できる。

2❖「トレードシークレット・ライセンスを得ている」とライセンサー名を表示する意味
　しかしトレードシークレットとなると、特許に比べれば定かではない。トレードシークレットとして秘密に保護されている技術情報により製造されていると表示することにどれだけ意味があるか。ソフトウエアであれ、工業製品であれ、フランチャイズであれ、ライセンサーが高い品質の製品とサービスを提供しているケースでは、そのライセンサーの名前とイメージが確立し、顧客吸引力を持っている場合がある。その場合は、そのトレードシークレットのライセンスを保有者から得ていると表示することは、その品質等に一種の保証を得ていることとなり顧客吸引力を強化することになる。

3❖legend（ライセンス許諾の表示）
　本例文はそのような場合に、"legend"を表示してもよいというオプションをライセンシーが保有することを規定している。

ライセンス許諾の表示② | Use of Legend　　　例文294

◇商標の許諾を表示する権利があることを規定する

> ABC shall have the right to use its own trademark as well as the trademark "Karen View" owned by KVE in connection with the Licensed Products.

> ［和訳］
> 　ABCは許諾製品について、自社商標とKVE（ライセンサー）が所有する「カレン・ビュー」商標を使用する権利を有する。

―――― 解説 ――――

1❖商標のライセンスの表示
　ソフトウエアなどでは、商標の使用許諾と著作権の使用許諾と一体化しているケースも多い。実務上、ライセンサーからライセンサー・ブランドの使用と使用許諾の表示を義務づけられることも多い。

2 ❖ 本例文のねらい

　本例文では、ライセンシーの立場に立ち、自社の商標で許諾製品を販売してもよいということを規定している。ライセンサー・ブランドと結合して使ってもよいという。ライセンサーによっては、ライセンシーの倒産や不正行為によるイメージダウンを恐れて、リスクを絶対に負わないようにするため、ライセンサー・ブランドと結合した表示を禁止するケースもある。結合したライセンシー・ブランドが倒産会社のものだとすれば、その在庫品を引き取って販売する大変さやイメージダウンが想像しやすいであろう。

3 ❖ 商標ライセンスの表示の確認

　実務の上では、表示用の"legend"のサンプルを事前にライセンサーに提出し、その承認を取り付けることを取り決めることもある。品位、大きさ、色彩、ロゴ、商品番号の表示の仕方等で、ライセンサーがそのイメージを傷つけないよう配慮するのである。特に、その"legend"だけが多数横流しされて偽物に使われないか等、細かくチェックされる。偽物に使われる"legend"にはしばしば、同じ品番（商品番号）のものがある。横流しにより"legend"だけが本物と同じで、商品が偽物というケースがある。

例文295　ライセンス許諾の表示③ | Use of Legend

◇著作権、商標権帰属の表示方法を規定する

Article ___ Copyright notice
1　ABC shall, in accordance with applicable copyright laws, affix to each item of the Licensed Products manufactured by ABC hereunder bearing the Character "Karen View" owned by KVC a copyright notice, in proper form, consisting of the letter "c" enclosed in a circle and followed by the name "Karen View Corporation", thus: ⓒKaren View Corporation 20__.
2　ABC shall also affix to each item of the Products manufactured by ABC using any registered trademarks owned by KVC a trademark notice, in proper form, consisting of the letter "R" enclosed in a circle, in case ABC is requested by KVC to do so.
3　It is fully understood and agreed by the parties hereto that any such item of Licensed Products manufactured by ABC which fails to contain a proper copyright notice or a proper registered trademark notice shall be deemed to be unfit for sale, and said item shall be destroyed unless the defect in such notice can be and is promptly corrected to conform to the provisions of this Article above.

［和訳］
第__条　著作権の表示
1　ABCは、適用される著作権法に従い、KVCの所有するキャラクター「カレン・ビュー」を含む、本契約に基づきABCの製造する本許諾製品の各製品

に、適切な様式で、「c」の文字を丸の中に収め、あとに「カレン・ビュー・コーポレーション」の名称で続く、著作権の表示(すなわち、ⓒKaren View Corporation 20＿)を付記するものとする。
2　ABCはまた、KVCに要請された場合には、KVCの所有する登録商標権を使用するABCの製造する本製品の各製品に、適切な様式で、かつ「R」の文字を丸の中に収めた、商標権の表示を付記するものとする。
3　本契約の当事者は、適切な著作権の表示または適切な登録商標権の表示を含まないABCの製造した本許諾製品は、販売に適さないとみなされるものとし、かかる品目は、当該表示の不備が速やかに本条項の規定に一致するよう訂正可能なもので、訂正された場合を除き、破棄されるものと理解し同意する。

解説

1 ❖ 許諾製品の各個に著作権、商標権の帰属先表示を義務づける規定

　各許諾製品を製造するたびに、その製品に使用キャラクターの帰属先を示す著作権者表示(copyright notice)をなし、また、ライセンサーの登録商標を使用するときは、登録商標使用の表示をなすことを明確に規定する。それぞれ、丸い円で囲んだⓒⓇ表示を付すように、詳細かつ具体的に規定している。

2 ❖ 適正な著作権表示、登録商標の表示がなされていない製品は、本契約の不適合製品とみなし、販売をしないことを義務づける

　万一、上記に記載したような著作権表示なしにキャラクターが付されているか、または登録商標が使用されているのに登録商標を示す表示がなされていないときは、その製品は本契約上の適合性を欠くものとみなし、ライセンシーは破棄する義務を負う。ただし、是正が容易にできるときは速やかにその不適正さが是正され適正な表示がなされたときに限り、救済することを規定している。

●―第9款　改良情報・グラントバック条項

改良情報・グラントバック条項①｜Improvements; Grant-back　　例文296

◇ライセンサー、ライセンシーによる改良技術・改良情報の相互交換・使用許諾の取り決め

Article ＿＿　Improvements; Grant-back
Each party agrees to inform each other of any development or improvement made in connection with the Proprietary Information relating to the Licensed Products, and disclose, at the other party's request, details of such development or improvement.

[和訳]
第__条　改良情報・グラントバック
　両当事者は、許諾製品に関する財産的情報に関連する開発、改良について互いに連絡し、相手方の要請あるときは、その開発、改良についての詳細を開示することに同意する。

解説

1 ❖ トレードシークレット(営業秘密)、秘密情報の改良に成功したとき
　トレードシークレットの内容を、その目的(許諾製品)に沿ってライセンサーまたはライセンシーが改良したとき、契約に何の規定もない場合は相手方に通知する義務があるか。すぐには、答えが見つからない問題である。実務上、この問題を解決するために設けられる解決策(solution)のひとつが、本例文の取った方針である。改良について互いに連絡し合うこととしている。

2 ❖ 一方だけが連絡する義務を負うとき
　一方だけが連絡する義務を負う規定もありうる。ビジネス上の必要性と相互の関係によって決まる。ケースによっては、ライセンサーは、ライセンシーによる改良を禁止することもある。

例文297　改良情報・グラントバック条項② | Improvements; Grant-back

◇ライセンサー改良情報の使用許諾を規定する

Article __ Improvements; Grant-back
ABC shall have the right to use such development or improvement of the Proprietary Information made and disclosed by KVE without payment of any additional royalty.

[和訳]
第__条　改良情報・グラントバック
　ABCは、KVE(ライセンサー)によって開発され、開示された本専有情報の開発、改良版の情報について、なんら追加のロイヤルティを支払うことなく使用する権利を有するものとする。

解説

1 ❖ 本例文のねらい
　ライセンサーが、ライセンス契約の有効期間中に改良した、いわばバージョンアップし

た改良版の商品情報を、ライセンシーが使用できる権利を明確にしたものである。

2❖without payment of any additional royalty

「追加のロイヤルティを支払うことなく」の意味である。ライセンサーの改良版の情報をライセンシーが使用できることだけを規定しておくと、改良版の使用について高額の追加使用料を請求されるリスクが残る。この語句のねらいは、その使用に追加のロイヤルティ支払いがないことを確認するものである。

改良情報・グラントバック条項③ | Improvements; Grant-back 例文298

◇ライセンシーの改良情報の帰属を規定する
◇ライセンシーによるライセンサーへのグラントバックを規定する
◇グラントバックの条件は協議して取り決めるとする

Article ___ Improvements and Grant-back
ABC shall, at the request of KVE, grant to KVE a non-exclusive license to use such development or improvement made and disclosed by ABC in the country _____ _____ under the terms and conditions to be mutually agreed upon between the parties.

［和訳］

第__条　改良情報・グラントバック
　ABCは、KVEの要請があるときは、ABCがおこない開示した開発・改良情報を、KVEに対して両者間で合意する条件に従って、_____の国で非独占的に使用する権利を許諾するものとする。

―――― 解説 ――――

1❖ライセンシーによる改良

ライセンシーによる許諾製品の改良がありうるだろうか。一見、ありえないようにも思えるが、許諾地域のマーケットや顧客に直接接しているライセンシーが許諾製品を改良することはありうるのである。ほんの少しの修正だけで大幅に受け入れられるようになったり人気を呼んだりすることがある。

ほとんどのケースでは、とてもライセンシーに帰属する財産的権利と呼ぶことのできないものであるが、例外的に、法的にも保護が及ぶ改良がなされるとしよう。すべてライセンサーに帰属し、ライセンシーには何も帰属しないと規定することができる。しかし、その場合、ライセンサーはライセンシーが改良情報を提供すると期待できるか。

本例文は、ライセンシーに改良情報が帰属する形を取っており、ライセンシーに有利な規定である。しかし一方で、こう規定することにより、ライセンサーはライセンシーに改良に向かうインセンティブを与え、成果を期待する。改良情報はいわば周辺のものであ

り、所詮、契約が終了した場合は、ライセンシーが単独でマーケティングを実行できる事情にはないと考えているのである。

2❖ライセンサーに保護の厚い規定の仕方──グラントバック条項

ひとつの代替案は、ライセンシーの改良情報については全世界で無償で非独占的な権利（non-exclusive worldwide license）を許諾される仕組みを作っておくことである。契約を締結するときは、圧倒的にライセンサーの立場が強いから、その交渉は難しくないはずである。このような許諾条項をグラントバック条項と呼ぶ。ライセンシー側からライセンサーへの許諾なのでバック（back）という用語を使っている。

改良情報か、それとも完全に新しい技術情報なのかは判断が難しく、紛争が起こると解決は容易ではない。

3❖ライセンスしたソフトウエア製品をライセンシーが改変、改良した場合の権利の扱い方

コンピューター・プログラムのユーザーやディストリビューターが、ソフトウエア製品の改変、改良をおこなうことがある。マーケットがよく分かっているから、このような改変、改良がユーザーにも可能なのである。この場合の知的財産上の権利、グラントバックはどう扱えばよいのか。経済ソフト化時代の最重要テーマのひとつである。

ライセンサー側の立場で、実務上の解決方法を考える。その解決策（solution）のひとつは、ライセンシーに改変を認めるのは許諾した用途と目的内に限定するものである。したがって、許諾された目的と用途が、ライセンシーの事務所や個人のコンピューター（ソフトウエアを使用するPCのCPU指定）であれば、その目的内のみとし、それ以外には使用できないことを明確にする。

次に、ライセンサーの要求があるときは、その改変の詳細をライセンサーに対し開示し、ライセンサーに評価する機会を与える。ライセンサーがその改変されたソフトウエアの他への転用、活用を希望したときは、ライセンシーとライセンサーで協議し、その間で整った条件によりライセンサーに使用させることができるようにする。ライセンシーはもともと自己のPC以外ではその改変した成果であるソフトウエアを使用することができないから、この交渉には積極的に臨むことが期待される。

この解決策を取り決める例を次の例文299で紹介する。

例文299　改良情報・グラントバック条項④ | Improvements; Grant-back

◇ライセンシーは改変についてライセンサーに開示し、ライセンサーがマーケティングへの適合性を評価する無償のライセンスを許諾する

Article ___ Modification of Licensed Program and Grant-back

1　ABC may, for its own use, modify or improve the Licensed Program in machine-readable form or merge into other program materials ("Modified Program").

2　The Modified Program or any portion of the Modified Programs shall at all times remain subject to all the terms of this Agreement.

3　The Modified Program shall be used by ABC only on the machine designated by

this Agreement ("Computer"), and for its internal use of ABC.
4 If requested by KVE, ABC shall;
   (i) disclose to KVE details of the contents of the Modified Program,
   (ii) grant to KVE a royalty-free license to use the Modified Program in order to evaluate its suitability for broader distribution and,
   (iii) grant to KVE an exclusive worldwide license for the purpose of marketing of the Modified Program, upon the terms and conditions to be mutually agreed upon between ABC and KVE.

[和訳]
第__条　許諾プログラムの変更とグラントバック
1　ABC（ライセンシー）は、その自己使用を目的として、許諾プログラムをコンピューターで解読できるフォームで変更、改良し、あるいは、他のプログラムと結合させることができる（「変更プログラム」）。
2　変更プログラムまたはその一部は、つねに本契約に従うものとする。
3　変更プログラムは、ABCにより、本契約で指定された機械（「コンピューター」）上でのみ、かつABCの社内での使用のためにのみ使用されるものとする。
4　もし、KVEにより要請があったときは、ABCは、
（i）KVEに対し、変更プログラムの内容詳細を開示する。
（ii）KVEに対し、変更プログラムがより広範な販売に適しているかどうか判断するために変更プログラムを使用する無料のライセンスを許諾する。
（iii）KVEに対し、ABCとKVE間で合意する条件に従って、変更プログラムのマーケティングをおこなうことを目的に、世界での独占的なライセンスを許諾する。

解説

1❖ライセンシーによるコンピューター・プログラムの改変

　本例文の規定の趣旨は、改変をライセンシーがおこなうのは認めるが、その使用目的と場所が、ライセンシーの用途（自己使用）であり、契約で指定されたコンピューター上での使用に限られることを明確に取り決めることである。これは、ライセンシーが改変したプログラムを第三者に販売してはならないと間接的にはっきりさせることになる。ライセンサー（KVE）にとって、ライセンシー（ABC）は重要な顧客なので、いい回しが肯定的な表現になっているだけであり、KVEのねらいは、第三者への販売や無償で使用させることの禁止にある。

2❖評価のためのロイヤルティ・フリー・ライセンス

　どうしてこのような規定（第4項のii）が必要なのか。こうした疑問を抱く方も多いと思う。テスト、評価、リエンジニアリング等のために、他人に属するソフトウエアやコンピ

ューター・ソフトを使用することが知的財産権の侵害になるという主張、考え方がある。法律によるリエンジニアリングの一部合法化の過程にあるのが現在の傾向ではあるが、完全に世界中のルールになっているかというと、いまだ明確ではない。そのため、本項が挿入されている。

3❖ライセンシーからライセンサーに対するライセンスの許諾（グラントバック）

このケースは、トレードシークレットや特許ライセンスのライセンシーによる改良発明、改良情報のライセンサーへのグラントバック条項と似かよったところがある。異なるのは、ソフトウエア・ライセンスでは、その用途・使用目的をライセンシーの特定コンピューターに限定しているので、ライセンシーによる改良発明、改良情報といっても権利としては確立していないことである。権利化するには、ライセンサーの名前となるか、またはライセンサーとの一定の合意がなければ不可能である。そのため、第4項(iii)の規定を置いている。

ライセンサーの合意がない限り、何の財産的権利にもならない改良にグラントバックという言葉が適切かという理論的な疑問があるが、特許ライセンス等でのグラントバックと類似するところもあるので、タイトルにはこの用語を使ってみた。

4❖KVE社がライセンシーからのグラントバック方式を規定する理由

KVE（ライセンサー）がなぜ、このような一見ライセンシー（ABC）に有利な規定をわざわざ置くのか、訊いてみたことがある。答えは、ライセンシーにインセンティブを与えることであった。すべての改変の成果がライセンサーに帰属すると規定することは簡単だが、そうするとすべて自ら開発・改良を重ねなければならない。ところが、本例文のように一定の手続きを前提としながら、ライセンサーへのグラントバックという方式を採用することで、KVEのソフトウエアの改良、変更、他のプログラムとの組み合わせ、不満部分の改善、故障個所の修理などのソフトウエア改善への多くのヒントが、KVE社のもとに寄せられるのだそうである。親会社のKVCのカレン・ビューやNancyは、契約の強い立場よりもこの情報が貴重なのだという判断をしているのである。

◉─第10款　著作権・所有権の帰属条項

著作権のライセンスにおいては、ソフトウエアと並んで、キャラクターも重要な分野である。キャラクターのライセンスでは、キャラクターの一部が商標登録され、ブランドとしての保護・権利化がなされることも多い。ライセンシーによっては、使用許諾を受けたキャラクターを、あたかもその自由な活用を許されたかのように、ライセンス契約の本来の目的を逸脱して自らの他のビジネスの拡大に利用することがある。それは、ライセンサーに信用失墜のリスクを負わせることともなるので、そのようなリスクを予防するには、ライセンサーが許諾したキャラクターの用途を厳重に制限し、ライセンシーによって濫用・悪用をさせないよう監督・管理することが必要となる。

KVC社のナンシーは、キャラクターのライセンスで手痛い経験をしたことがあるという。

ライセンスしたキャラクターやブランドを、ライセンシーが自社のブランドと結合させて表示した看板に使い、ライセンス契約で使用許諾した目的とはまったく無関係な不動産開発ビジネスやライセンシー自身の見本市などでプロモーションに利用してしまったのである。後に、そのような看板や見本市を見た客先から、ライセンサーを信用してライセンシーに支払った前金の返還と損害賠償請求を受けたことがある。事実が明らかになれば、すぐに誤解が解けてクレームもなくなると思っていたところ、意外にも、裁判でもKVC社は、そのようなライセンシーによるキャラクターの利用方法を知りうる立場にありながら放置したために善意の第三者に損害を被らせる原因を作ったと指摘され、和解を勧められ、クレーム解決に苦労したという。こうした手痛い経験をもとに、KVC社のナンシーがドラフティングし、ABC社の日高尋春氏たちに提示があったものが例文302である。普通はここまで厳密には規定しないから、日高尋春氏や飛鳥凛は、例外的に厳しく詳細な規定であると驚いている。

著作権・所有権の帰属条項① | Copyright and Ownership　　例文300

◇著作権・所有権はライセンサーに帰属し、ライセンシーに移転しないと規定する

Copyright and full ownership of the Licensed Products and all materials relating thereto shall at all times remain in KVE.

［和訳］
　許諾製品の著作権及びすべての所有権ならびにそれに関する一切の資料は、常に、KVEの所有にとどまるものとする。

――――――― 解説 ―――――――

1 ❖copyright and full ownership of the Licensed Products
　ライセンスされたソフトウエアは、あたかも物品を販売し引き渡すように、販売されて引き渡されていく。しかしそれにもかかわらず、その著作権と所有権がライセンサーに帰属したままであることを規定するのが本例文のねらいである。

2 ❖at all times remain in ...
　「常に…にとどまる」という意味である。

著作権・所有権の帰属条項② | Copyright and Ownership　　例文301

◇著作権・所有権はライセンサーに帰属すると規定する

ABC acknowledges and agrees that the exclusive rights to all copyrights and trademark used on or in connection with the Licensed Products shall remain the sole property of

KVE.

[和訳]
　ABCは、許諾製品上に、または許諾製品に関連して使用されるすべての著作権と商標に対する独占的な権利がKVE単独の財産としてとどまることを認め、それに同意する。

―――― 解説 ――――

1❖本例文のねらい
　例文300とともに、ライセンスされた製品の著作権の帰属先がライセンサー（KVE）であることを宣言する簡潔な規定である。

2❖the sole property of …
　この表現に代えて"the exclusive property of …"という言い方もできる。「独占的な財産」という意味である。

3❖残された問題点――ライセンシーによる改定版の著作権の帰属
　本例文でカバーしていない論点として、著作権ライセンスの交渉の実務では、ライセンシーが製作した製品の著作権の帰属問題が挙げられる。単にコピーしたにすぎないケースでは、当然ライセンサーに著作権が帰属するが、たとえば現地のマーケット向けに根本的に作り直したり現地語版を作ったケースはどうだろうか。形、色、ストーリーの改変まで加わってくる。
　その製作に要した費用、開発の独自の創造的な仕事や芸術的な仕上げ等が絡んでくると、問題が複雑になる。ライセンサーが費用を負担し、ソフトウエアの著作権を買い上げて常にライセンサーの帰属とするのが理想的なのだが、なかなかそうスムーズに進むケースばかりではない。契約が不明瞭な規定であると、必ず浮上してくる問題点である。

例文302 著作権・所有権の帰属条項③ | Copyright and Ownership

◇ライセンシーに対して厳しく詳細な規定

Article ＿　Copyright; Ownership
1　The ownership and copyright to the name and design of the character "Karen View" licensed by KVC to ABC hereunder remains the ownership and intellectual property of KVC.
2　It is specifically understood and agreed by the parties hereto that ABC shall not acquire any right to use by virtue of license hereunder, nor use the name "Karen View", either alone or in conjunction with or as a part of any word(s) or name(s) of ABC, (i) in any advertising or publicity for promotion of the business of ABC; (ii)

to express or imply any endorsement by KVC of the products or services of ABC; or (iii) for any other purpose or in any other manner except as specifically provided or approved by KVC under this Agreement.

3 ABC shall not use the Character "Karen View" or any product(s) bearing the Character "Karen View", in any trade show or other public exhibition not approved by KVC in advance, nor include photograph (s), or other reproductions of any of the items in any catalog, advertising or promotional literature which ABC may publish without prior written approval of KVC.

[和訳]
第__条　著作権；所有権
1 本契約に基づきKVCからABCにライセンス許諾したキャラクター「カレン・ビュー」の名称及びデザインの所有権及び著作権は、KVCに属する所有権及び知的財産権であり続けるものとする。
2 本契約当事者は、ABCが、(i)ABCの業務促進のための宣伝・広告、(ii)ABCの製品またはサービスのKVCによる推薦の表明または示唆、あるいは(iii)本契約に基づきKVCが具体的に定めまたは承認する場合を除き、他の目的または他の方法のために、本契約のライセンスにより、単独またはABCのいずれかの用語または名称との組み合わせにより、「カレン・ビュー」の名称を使用する権利を有しないことを、明確に理解し、合意する。
3 ABCは、事前にKVCが承認していないいかなるトレードショーまたはその他の公開見本市において、キャラクター「カレン・ビュー」またはキャラクター「カレン・ビュー」を含む製品を使用しないものとし、またKVCによる事前の書面の同意なしにABCが出版できるカタログ、宣伝用冊子にそれらのアイテムの写真またはその他の複製を使ってはならないものとする。

―――――― 解説 ――――――

1❖使用許諾されたキャラクターを、ライセンシーが自身のビジネス等に利用しない約束

ライセンス契約では、許諾されたキャラクター等の著作権の所有権はライセンシーに移転せず、ライセンシーは契約の目的外に利用することは許されない。しかし実際には、ある商品やサービスのビジネス展開にキャラクターの使用を許諾されると、それ以外のライセンシーのビジネスのプロモーションにもつい使いたくなるのが人情であるようだ。特定商品についてのキャラクター使用に関するライセンスにすぎないのに、あたかもライセンシーのあらゆるビジネスについても、事業提携をしたかのような印象を顧客に与える広告や看板を目にしたことがある。また、許諾を受けたキャラクターを、ライセンシーのブランドやロゴなどと組み合わせてビジネス展開を図ることも散見される。

そのようなキャラクターの使用方法を、許諾地域でのライセンサーの信用や名声に活用できると考えて積極的に認める選択肢もあるが、たとえ別なビジネスであっても、ライセ

ンシーの信用が傷ついてしまったときには、ライセンサーのキャラクターも影響を受けるリスクがある。

　本例文では、ライセンシーのロゴやブランドと結合させてライセンサーのキャラクターを使用することを制限している。また、ライセンシーの他のビジネスの推進上、あたかもライセンサーが支援、賛同しているような印象を与えないよう厳しく制限を置いている。

2❖商品見本市や広告用冊子などでの利用を制限・禁止する規定

　有名なキャラクターなどの使用許諾を受けた側は、そのキャラクターを最大限に活用するため、自社の商品・サービスを宣伝するための見本市や宣伝用冊子にもつい登場させて、あたかも推薦者、共同事業者のように利用したいという気持ちが湧くことがある。そのような誘惑をライセンシーに断ち切らせ、厳密にライセンス契約で承認した方法、目的以外には、キャラクターを使用させないというねらいを持った規定である。

例文303 著作権・所有権の帰属条項④ | Copyright and Ownership

◇ライセンサーが著作権の所有者であり続けると規定する簡潔な規定

Notwithstanding KVE's grant to ABC of a license to the Licensed Products under this Agreement, it is expressly agreed by the parties that KVE is and will continue to be the holder of any and all copyrights with respect to the Licensed Products.

[和訳]
　本契約に基づくKVEによるABCに対する許諾製品のライセンスの許諾にもかかわらず、KVEが許諾製品に関する一切の著作権の所有者であり、所有者であり続けることが両当事者間で明示的に合意される。

――― 解説 ―――

1❖Notwithstanding KVE's grant to ABC of a license to the Licensed Products
「許諾製品ライセンスをABCに許諾するにもかかわらず」という意味である。

2❖the holder of any and all copyrights with respect to the Licensed Products
「許諾製品に関する一切の著作権の保有者」の意味である。本例文は、ソフトウエア製品や映像作品、テレビ・映画などにも共通して使うことができる簡潔な条項である。

著作権・所有権の帰属条項⑤ | Copyright and Ownership 例文304

◇著作権その他の財産的権利はすべてライセンサーに帰属する
◇ライセンサーがアップデート版を発売したときは、ライセンシーにも無償で提供する
◇アップデート版の著作権は常にライセンサーに残る

1 ABC agrees that all rights, titles and interests in the Proprietary Material and Trademarks, including all copyrights in KVE Products and all derivatives thereof are the exclusive property of KVE.
2 KVE shall furnish to ABC at no charge any Updates that KVE incorporates into KVE Products and releases generally to users in the country of KVE, which is the United States of America. All such Updates shall become part of KVE Products and shall remain in the sole property of KVE.

[和訳]
1 ABCは、KVE製品とそのすべての派生品のすべての著作権を含み、財産的権利のある資産ならびに商標に関わるあらゆる権利、権原ならびに権益が、排他的にKVEの資産であることに同意する。
2 KVEは、KVEがKVE（ソフトウエア）製品の一部に組み入れ、その本国、つまり米国で、一般にユーザーにリリースしている最新版を無料でABCに提供しなければならない。かかるすべての最新版は、KVE製品の一部をなし、KVEの単独財産としてとどまるものとする。

―――――― 解説 ――――――

1 ❖Updates
「最新版」を指す。

2 ❖exclusive property
「排他的な資産」を指す。「sole property」と同義語である。

3 ❖at no charge
「無料で」を指す。

4 ❖derivatives thereof
「その（KVEのソフトウエア製品の）派生品」をいう。

例文305 ライセンス｜著作権・所有権の帰属条項⑥
例文306 ライセンス｜不争義務条項①

例文305 著作権・所有権の帰属条項⑥ | Copyright and Ownership

◇コンピューター・プログラムの使用許諾契約
◇ライセンシーがどのような変更を加えても、ライセンサーに著作権・所有権が帰属すると規定する

Article __ Copying and Modifying

The original and copies of the Robin Computer Program, in whole or in part and however modified, which are made by ABC, as between Robin and ABC shall be the property exclusively of Robin.

Except as expressly stated in this Agreement, ABC shall make no copies of the Robin Computer Program or any materials supplied to ABC pursuant to this Agreement.

[和訳]

第__条　複製・変更

　ロビン・コンピューター・プログラムのオリジナルとコピー（複製）は、全部であれ一部であれ、またABC（ライセンシー）によっていかに変更が加えられていたとしても、ロビンとABC間では排他的にロビンの財産とする。

　本契約で明確に規定されない限り、ABCはロビン・コンピューター・プログラムまたは本契約に従いABCに提供された他の資料のコピー（複製）を作成してはならない。

解説

1❖ライセンシーによるソフトウエアの変更

　ライセンシーがいくらソフトウエアを変更しても、その権利はすべてライセンサーに帰属するというのが、ロビン・フッド社（ライセンサー）の感覚である。その点を明文で規定したのが、本例文である。

2❖コピー（複製）作成の制限

　契約で規定したケースを除いては、コピー（複製）を作成してはならないというのが、ライセンサー側の感覚である。バックアップなどきわめて例外的なコピーのみを認めるのが、プラクティスである。

●─第11款　ライセンシーによる不争義務条項

　ライセンス契約において、特許・トレードシークレット・著作権等の使用許諾を受けたライセンシーがライセンサーのそれら知的財産権について詳細な情報を得た後に、その知的財産権の有効性を争うことになれば、それはライセンサーにとっては脅威となる。ライセンス

契約の実務では、ライセンシーが許諾を受けた知的財産権の有効性を争おうとする事態が現実に起こることがある。このような場合の特許権や著作権の無効申し立ては、実際には、他人名義を使ってなされるのが通常であるが、ライセンシーにとっては、ライセンサーから提示されたロイヤルティを減額する有効な手段のひとつなのである。第三国の他人の名義を借りて争う方法が取られることもある。ライセンス契約の交渉段階も含め、巧妙になされるので、ライセンサー側もなかなか気づかない。

　こうした問題に対処するために、ライセンサー側が編み出した契約上の工夫、契約条項のひとつが、いわゆる"Non-Assertion Clause"（不争義務条項）である。"Assert"とは、権利を「主張する」ということであり、ここで主張する内容は、ライセンシーが許諾を受けた、あるいはこれから許諾を受けようとするライセンサーの知的財産権の有効性を争う主張を指す。そのような主張をしない誓約を規定する条項を、"Non-Assertion Clause"と呼ぶ。

　Non-Assertion（不争義務）条項に似て非なるものに「非係争条項」と呼ばれるものがある。これは、ライセンス対象物に対して自己の特許権を行使しないライセンシーの義務を規定する条項で、共同開発に参加する場合などに同意を求められることがある。

　ソフトウエアのライセンス等では、ライセンサー側は、著作権、営業・技術情報等についてのノンアサーション（不争義務）の約束をライセンシー側から取りつけることが大事である。ノンアサーションとは、ライセンスを受けた側が使用許諾を受けた知的財産権についてその有効性を、原告側として、または第三者の原告側に協力して争わないことをいう。

　ライセンサーの立場から見れば、ライセンサーが開発し大事にしている知的財産について、ライセンス契約に基づき、いわば自分の味方と信じてライセンシーに秘密情報を提供し、その事業を支援してきたわけである。それが突然、敵方となって攻撃してくるというのは耐えられないという思いがある。

　一方、ライセンシーからいえば、第三者という公平な立場から見て、明らかに無効な知的財産の使用許諾を受けて多額のロイヤルティを支払う約束をしてしまった自らを恥ずる気持ちと、なぜ本来無効であるはずの知的財産のライセンス契約を継続する意味があるのかを考えたとき、その有効性について裁判所の判断を受けるのが合理的な解決方法だという考えに到達することもないとはいえない。

　いずれにしても、ノンアサーション（不争義務）がライセンシー側にあるのか、それともライセンシーはライセンス導入技術の有効性について争う立場も自由に選択しうるのかが曖昧なときに、ライセンス契約中に、このノンアサーション条項があると明確になり、ライセンサーは安心できる。

不争義務条項① | Non-Assertion　　　　　　　　　　　　　　　　　　　例文306

◇ライセンシーは、ライセンサーから許諾を受ける知的財産権の有効性について争わないことを誓約する

Article ___　Non-Assertion
The Licensee shall not, during the term of this Agreement and additional five (5) years after the expiration of this Agreement, institute or maintain any action or proceeding to

dispute the validity of any copyrights, trademark, patent, know-how, trade-secret or other proprietary rights relating to the Licensed Products or the Technical Information.

[和訳]
第__条　不争義務
　ライセンシーは、本契約期間中及び本契約満了後5年間の間、本許諾製品または本技術情報に関わる著作権、商標権、特許権、ノウハウ、営業秘密またはその他の財産的権利の有効性に異議を唱える訴訟、または手続きを提起または維持しないものとする。

―――― 解説 ――――

1❖ライセンシーは、知的財産権の有効性について争う訴訟や手続きを提起しない約束

　本例文では、契約期間中とその終了後5年間は、ライセンシーは、ライセンス契約によって使用許諾された知的財産権の著作権、商標権、特許権、ノウハウ、トレードシーレット等の有効性について争う訴訟を、提起または参加、継続しないという約束をしている。

2❖ライセンシーは、知的財産権に関する第三者の無効等の申し立てに対しては、ライセンサーとともに、その第三者と戦うことが期待されている

　本例文のようなノンアサーション（不争義務）条項が、ライセンサー側の要求でライセンス契約の条項として規定されることがあるのは、その前提として、通常、ライセンス対象の知的財産権の有効性を争うのは第三者であり、そのような場合には、ライセンサーはその有効性を主張して第三者と訴訟等で法廷で戦うことにより、ライセンシーの立場を防御し、ライセンス契約の目的を達成しようとする。そのようなときに、ライセンシー自身が相手方（第三者側）に協力して、訴訟上、ライセンサーの敵方に回るということは、ライセンサーから見ればありえない態度である。まして、ライセンシー自らが、ライセンサーの知的財産権の無効を主張し、訴訟を提起するなど許されないと考えるわけである。

　ただ、何の規定も約束もない場合、許諾される知的財産権の特許等が無効または有効期間の満了により消滅したときには、ロイヤルティ支払いが不要になったり、契約が消滅したりして経済的には有利になるという面もあるので、不利なことばかりではない、と考えるライセンシーもいないとは言い切れない。

　ノンアサーション（不争義務）条項は、ライセンス契約に標準的に含まれる条項ではない。注意深いライセンサーが、例外的に規定することがあるというものである。

不争義務条項② | Non-Assertion　　　　例文307

◇ソフトウエア等のライセンスにおけるノンアサーション（不争義務）条項

Article __　Proprietary Ownership and Non-Assertion
1. KVC will retain all ownership, right, title and interest in and to all current and hereafter existing revisions of the Licensed Products or modifications to the Licensed Products and all proprietary rights related to the Licensed Products and the Technical Information.
2. ABC hereby expressly acknowledges and affirms KVC's claim of ownership as set forth above. Accordingly, ABC shall not, at any time, based on the information received from KVC hereunder, directly or indirectly, dispute or question the validity of any proprietary rights of KVC in the Licensed Products, or cooperate or participate in any suit or proceeding brought by a third party which challenges or disputes any proprietary rights of KVC in the Licensed Products or the Technical Information disclosed to ABC hereunder.

［和訳］
第__条　知的財産の所有権及び不争義務
1. KVCは、現在または将来にわたって、本許諾製品について発生する改訂もしくは本許諾製品の変更ならびに本許諾製品及び本技術情報に関する一切の財産的権利について、所有権、権利、権原及び持ち分を有するものとする。
2. ABCは、上述するKVCの所有権の主張を明示的にここに了承及び確認する。したがってABCはいつでも、本契約に基づきKVCから受領した情報に基づいて、本許諾製品に係るKVCの所有権の有効性を直接的または間接的を問わず争いまたは異議を提起し、また本契約に基づいてABCに開示された本許諾製品または本技術情報に関するKVCの財産的権利に異議を唱え、または第三者により提起されたこれに異議を唱える訴訟または手続きに協力または参加しないものとする。

――――――― 解説 ―――――――

1❖ライセンサー側が、知的財産権の所有権を持ち続けることを確認する規定

　ノンアサーション条項の前提として、ライセンサーからライセンシーに使用許諾される許諾製品の権利や知的財産権の所有権（ownership）が、ライセンス契約によってライセンシーに移転するわけではなく、ライセンサーに所有権のあるままであることを、第1項で確認している。ライセンス契約は、法的には使用の許諾であって、許諾製品の譲渡ではない。しかし、外見だけから見ると、顧客など第三者の視点からは、あたかもソフトウエアがライセンシーのもののように見えることがある。

2 ❖ 許諾地域の言語の翻訳版を制作した場合の所有権

　英語版がオリジナルの場合、英語版で創作・製作されたソフトウエアをもとに日本国内での販売権を得たライセンシーが日本語版を製作し販売する場合は、あたかもソフトウエア（日本語版）が売買されるように受け取られる傾向が強い。このような場合、日本語版を製作し販売するライセンス契約のことを、ソフトウエアの販売代理店契約と呼ぶことさえある。日本語版のソフトウエアの所有権をどちらが所有しているかは、うっかりすると、ライセンシーも含め、分からなくなってしまうことがある。したがって、ライセンサーにその所有権があることを契約条項として確認しておくことは、ライセンサーにとっては記載するまでもない当然のことと思っても、ライセンシーや第三者の誤解を予防するためには、ひとつの選択肢である。なぜなら、ソフトウエアの販売と呼ばれても法的にはライセンス（使用許諾）だからである。

　日本の賃貸借契約で、貸しつけた後も、その貸借の対象物件が貸し主のもの（所有権）であることを確認する条項を規定するのは、「くどい」「まどろっこしい」と思う人がいるかもしれないが、国際契約では、あたり前のことも文化や感覚の相違により、どんな誤解が発生するか分からない。特に、許諾された地域の言語に翻訳することをライセンシーが担当する場合は、大事になってくることがある。あたり前のことを丁寧に確認して紛争を防ぐのも、契約の役割のひとつと考えてみればいいのかもしれない。

3 ❖ ノンアサーション（不争義務）条項

　許諾されたソフトウエアについて、ライセンシーはその有効性を法廷や特許庁などで争う主張をしたり、手続きを起こさないことを誓約すると同時に、第三者が同様の行為をしたときにも、その有効性を争う主張や手続きに同調し、協力することを禁止するのが、不争条項のねらいである。著作権や特許権だけでなく、営業秘密や他の法律により保護されているときは、その権利の有効性を争うことも禁止される。日高尋春氏や飛鳥凛の経験では、日本の大学のTLO（技術移転機関）やライセンサーが海外などのライセンシー（候補）を相手方としてライセンス契約締結のための交渉をしているときに、相手方は自分の息のかかった外観上は第三者に異議申し立てをさせて、ロイヤルティの大幅値下げを申し入れてくることがあるという。

4 ❖ 第三者による異議申し立てで、許諾された知的財産権が無効となった場合

　第三者がライセンシーとは関わりなくそのような手続きをなし、結果として裁判等で権利の無効が確定した場合には、法的な保護がその許諾された知的財産権については消滅する。そのような場合、ロイヤルティ金額の再交渉をおこない値下げするか、場合によってはライセンス契約の目的が達成されないので、解消という問題と向き合うことになる。

　現実に起こるとなかなか難しい問題であり、個別に対処することになる。特定の外国などでは一部無効ということもあり、個別のライセンス契約にどのような影響があるかは一律に論ずることができない。

●─第12款　知的財産権の保証と保証排除、損害賠償責任の限定

知的財産権の保証と保証排除、損害賠償責任の限定① | Limited Warranties; Limitation on Liability　例文308

◇コンピューター・ソフトウエア、著作物のライセンス等で、品質・知的財産の保証とその排除を規定する

1　KVE warrants that KVE Products will conform to descriptions described in Exhibit A attached hereto.
2　The express warranties set forth in this Article are the only warranties given by KVE. KVE makes no warranties or representations with respect to KVE Products and disclaims all implied warranties, including but not limited to implied warranties of merchantability, fitness for a particular purpose and non-infringement.

［和訳］
1　KVEは、KVE製品が本契約の添付別紙Aに記載された内容（仕様）に一致することを保証する。
2　本条の上述の明示保証は、KVEが与える唯一の保証である。
　　KVEは、KVE製品について他のいかなる保証も表明もしないものとし、すべての黙示保証を排除する。これ（排除される黙示保証）は、商品性、特定目的への適合性及び非侵害の黙示の保証を含み、それらに限定されない。

■解説■

1❖本例文のねらい

　添付別紙に記載された仕様に合致する以外には、保証や表明など何もないという点を規定するのがねらいである。これは、ライセンサーのねらいにより作成されている。ライセンシーにとっては、別紙の記載をいかに広く規定するかが交渉上のポイントになる。本文でいかに排除されていても、別紙での記載を工夫すればライセンシーの立場を守ることができる。

2❖conform to descriptions

　ライセンサーからすれば、ライセンシーとの交渉で別紙の記載内容がかなり詳しくなり、その適合が大変だというケースがある。そのような場合を想定するときは、あらかじめ、"conform"の代わりに、"substantially conform"（実質的に合致する）という規定を置く方法がある。厳密に一致しなくても、だいたい一致すれば合格というニュアンスがある。

3❖merchantability

　「商品性」を指す。米国の各州の法律である"Uniform Commercial Code"（アメリカ統一商事法典）で使われている用語である。商品がマーケットで、商品として通常通用しているかどうか、商品性があるか否かの基準である。たとえば、食用には適さない食品や有害な薬品は商品性がない。燃え上がりやすい危険な衣服もそうである。

4 ❖ コンピューター・ソフトウエアと商品性の排除の契約慣行

コンピューター・ソフトウエアの場合、まったく瑕疵がない完全なものはないという考え方がある。仮に瑕疵があると判定されればその損害額が算定できないほど大きくなる可能性もある。ソフトウエアのライセンスのための立法の基盤を整備するため、1990年代にモデル法典としてUCC第2B（情報ライセンス）編草案が準備されたことがあるが、その内容をめぐる利害、対立意見の調整がつかず、UCCとは独立したモデル法、"Uniform Computer Information Transactions Act"（略称UCITA）としてまとめられた。

実務上、ソフトウエア・ライセンス契約でも、動産売買における商品性保証排除条項と同様の条項の使用が、ソフトウエアの開発者やディーラー（ソフトウエア製作・販売者）によって推進され、契約で慣行化した。

5 ❖ コンピューター・ソフトウエアの商品性・品質保証の一切の排除の方法

文字通り、すべての保証を排除しようというケースがある。たとえば、ベンチャー企業がソフトウエアをリリースするときである。例文311で紹介する。

例文309 知的財産権の保証と保証排除、損害賠償責任の限定② | Limited Warranties; Limitation on Liability

◇本特許・商標ライセンスの妨げになるライセンスを第三者にしていないという表明と保証

1 KVC represents and warrants that KVC has the full right, power and authority to enter into and perform this Agreement and that the licenses conferred hereby shall have full force and effect.

2 KVC represents and warrants that KVC nor its direct or indirect parent nor its Related Company has taken any action or entered into any agreement with any third party that would (a) limit the patents or trademarks, or patent or trademark application that may be licensed to ABC or (b) limit or restrict the right of ABC to exercise the rights granted hereunder.

［和訳］

1 KVCは、KVCが本契約を締結及び履行する完全な権利、権能及び権限を有し、本契約によって付与されたライセンスが完全な効力を有することを表明し、保証する。

2 KVCは、KVCまたはその直接的もしくは間接的な親会社、またはその関連会社が、(a)ABCにライセンス許諾されうる特許もしくは商標または特許もしくは商標の出願を制限し、もしくは(b)本契約に基づき付与された権利を行使するABCの権利を制限または制約する措置を講じ、または第三者との契約を締結していないことを表明し、保証する。

―――――――――――――― 解説 ――――――――――――――
1❖ライセンサーは、本特許・商標ライセンスに権限があることを表明・保証する

　ライセンス契約を締結したあとで、実はライセンサーが使用許諾した特許や商標権を保有する正当な権利者でなかったことが判明する、という事態が起こっては大変である。そのような事態を避けるために、本例文のように、まず、ライセンスに関して完全な権利があることをライセンサーに確認させる。その際、契約を締結する権限があることと許諾するライセンスが有効であると表明と保証（representations and warranties）をなす。表明（representation）という専門用語は現在の状態を確認し、保証（warranties）はこれからもその状態が変わらず継続することを意味する。契約時だけ正しいのでは、ライセンシーが困る。

2❖ライセンスの二重契約がないことをライセンサーに確認させる（第2項）

　ライセンサー側で、ライセンサー自身、あるいはその関連会社によって、この契約で使用許諾の対象となる特許・商標が、第三者に対して使用許諾済みという事態のないことを表明し、保証する。実際には、この種の二重契約による紛争が起こることがある。

3❖二重ライセンス契約事件とライセンス契約の難しさ

　日高尋春氏と飛鳥凛も、十分注意したつもりにもかかわらず、やはり二重契約の事件に遭遇してしまった苦い経験がある。船舶に使用されていたブランドについて、フランスから日本市場向けに商標ライセンスを受けたのだが、本例文の第2項に相当する規定は置いていなかった。契約発効後まもなく、日本向けライセンス代理権はわが社にあると主張するイギリスのライセンス・エージェントが現れて、紛争したという。フランスのライセンサーに問い合わせると、あわてることもなく「ああ、その会社は、以前代理店だったが、パフォーマンスが悪くて、解除したばかりだ」という返事が返ってきた。第2項があれば、少なくとも過去に契約をしていたかどうかは分かったはずだと、飛鳥凛は思った。

　実際には、過去に解除してしまった契約についても別紙等でリストを提示させるくらい慎重に規定しないと、「解除済みの契約はもう存在しないのだから」と開示しないライセンサーがいてもおかしくはない。契約の規定の解釈というのは、難しいものである。互いに立場、利害が正反対の者同士が締結するのが、契約なのだ。両者とも、自分に一番都合のよい解釈をし、それを強く主張する。

知的財産権の保証と保証排除、損害賠償責任の限定③ | Limited Warranties; Limitation on Liability　例文310

◇映画作品のビデオグラム／DVD化の許諾についての権利があることを保証
◇ライセンサー、ライセンシー双方からの表明と保証

Article ___ Representations and Warranties
1　The Licensor represents and warrants that:
　(1) the Licensor has the full right, power and authority to make, enter into this Agreement, and perform its obligations hereunder,
　(2) the Pictures do not to the best knowledge, information and belief of the Licensor contain obscene or defamatory material or violate any other right of any person,

(3) the Pictures have not previously been licensed for videogram/DVD distribution in the Licensed Territory.
2　The Licensee represents and warrants that:
　　(1) the Licensee has the right to enter into and perform this Agreement in accordance with its terms, and all corporate action necessary to authorize the execution and delivery hereof on behalf of the Licensee has been duly taken,
　　(2) there is no outstanding contract or other arrangement with any party that will or may interfere with the full performance of this Agreement by the Licensee.

[和訳]
第__条　表明及び保証
　1　ライセンサーは下記の通り表明及び保証する。
　　(1)ライセンサーは、本契約を締結し、本契約に基づく義務を履行する完全な権利、権能及び権限を有すること。
　　(2)ライセンサーの知識・情報・信ずるところによれば、本映画は道徳に反する(みだら)または中傷的な内容を含まず、いかなる者のいかなる他の権利をも侵害するものではないこと。
　　(3)本映画は本許諾地域において、従前、ビデオソフト／DVDの販売のためにライセンス許諾されていないこと。
　2　ライセンシーは下記の通り表明及び保証する。
　　(1)ライセンシーは、本契約の条項に従い本契約を締結及び履行する権限を有し、ライセンシーのために本契約を調印し、引き渡すために必要なすべての会社法の手続きが正当に取られていること。
　　(2)ライセンシーによる本契約の完全な履行を妨害し、または妨害しうる現在有効な契約またはその他の協定は他のいかなる当事者との間にも存在しないこと。

―――― 解説 ――――

1❖映像作品のビデオグラム化・DVD化の許諾に関するライセンサーからの保証

　ライセンサーは、ライセンス対象の映像作品について、この契約を締結し、履行する権限があることを保証する。また、この映像作品は、ライセンサーの知る限り、第三者の著作権等を侵害するものではないし、不適正な映像部分を含んではいないことを保証する。言い換えれば、ライセンサーが知らない問題があるかもしれないが、それについては、保証はなされない。"to the best knowledge of the Licensor"という言葉があると、「(実際には分からないが)ライセンサーの認識している限りでは」という意味になる。

　したがって、本当に第三者の著作権への抵触問題が心配であれば、ひとつの選択肢として、保険をかける方法がある。日高尋春氏、飛鳥凛は、新作映画を米国でKVC社と共同製作する際に、10年以上前に先行して制作・上映された作品との著作権紛争の発生の場合に

対処すべく、"title insurance"をかけたことがあるという。万一、侵害問題が発生したときは、保険により損害をカバーし、対処するのだそうである。

2❖ライセンサーは、本映像作品のビデオグラム化・DVD化を許諾したことがないと保証する

　現在、使用許諾できるという保証だけでなく、事実あるいは歴史として、これまでに相手先にビデオグラム化・DVD化等について許諾したことがあるかどうかを開示させることを目的にした規定である。過去の実績が分かると、今後の販売見通しや戦略立案に使える有効なデータとなる。

3❖ライセンシーからの保証──契約締結権

　ライセンシーは、本映像作品のビデオグラム化・DVD化について許諾契約を調印し、履行するために必要なすべての会社の承認を得ていることを保証している。ライセンシーは、本ビデオグラム化・DVD化許諾契約を履行する上で、矛盾し、支障となる契約などを締結していないことを保証している。

知的財産権の保証と保証排除、損害賠償責任の限定④ | Limited Warranties; Limitation on Liability　例文**311**

◇ソフトウエア・ライセンス契約での規定
◇いかなる保証もしないライセンスであると規定する
◇"as is"ベース（現状有姿条件）であることを規定する

Article __ Disclaimer of Warranties
1　ABC confirms and agrees that Robin Products are hereby licensed and supplied to ABC on an "as is" basis.
　ABC agrees to accept the license to use Robin Products and the delivery thereof on an "as is" basis.
2　THERE ARE NO WARRANTIES EITHER BY KVE OR ROBIN HOOD COMPANY LIMITED ("RHC"), WITH RESPECT TO ROBIN PRODUCTS OR ANY PROPRIETARY RIGHTS THEREIN, EXPRESS OR IMPLIED, INCLUDING THE IMPLIED WARRANTIES OF MERCHANTABILITY AND FITNESS FOR A PARTICULAR PURPOSE.

［和訳］
第__条　保証の否認
1　ABCは、ロビン製品が本契約によりABCに対して、現状有姿条件で使用許諾され供給されることを確認し同意する。
　ABCは、ロビン製品を現状有姿条件で使用許諾を受け、その引き渡しを受諾することに同意する。
2　ロビン製品あるいはその知的財産権については、KVEからもロビン・フッド・カンパニー・リミテッド（「RHC」）からも、明示・黙示を問わず、商品

性の黙示保証、特定目的への適合性の保証を含む一切の保証が与えられないものである。

解説

1❖本例文の第2項(保証排除条項)が大文字で記載されている理由

　本例文の第2項が大文字(capital letter)で記載されているのは、アメリカ統一商事法典(UCC)第2編商品売買の規定の2-316条に基づく。UCCでは商品性保証等の排除のためには、契約書に"conspicuous"に規定しておかなければ、裁判になったとき、その排除条項の"enforceability"(強制力)を認めないと規定する。あたかも規定がないかのような扱いを受ける。では、"conspicuous"であるためにはどうすればよいか。大文字あるいは赤色など目立つ方法で記載すればよい。こっそり、目立たない方法で規定するのはフェアでないという考えがその基盤にある。

2❖ソフトウエアの瑕疵による付随的、結果的賠償責任の排除

　ソフトウエア・ライセンスでも、契約の規定により売買契約と同様に排除することができる。売買契約よりも排除は重要だともいえるが、ソフトウエアのメーカーから見れば、もともと賠償責任の対象になじまないという面がある。ところが現実のビジネスでは、イギリスのセント・アルバンス事件(セント・アルバンス市が施設の料金算出のためのソフトウエアを導入したところ、算出される金額が低すぎて市の財政を悪化させた事件)のように、ソフトメーカーが賠償責任を負わされる判決が出ている。契約における責任排除の方法は、慎重に考える必要がある。世界各国で、常に有効であるという保証がない。その意味では、契約条項に依存するには限界のある領域である。

　ソフトメーカーは、その製品から起こりうるあらゆる責任を排除するため、まず保証の排除から慎重に詳細な責任の排除規定を工夫する競争を繰り広げている。どこまで有効に働くかは管轄の裁判所次第のところがある。次の例文312以下で紹介する。難点は規定の文章が少しずつ長くなっていくことである。消費者やライセンシーにとって、決して読みやすいものではない。

3❖on an "as is" basis

　「現状有姿(ゆうし)条件」のことを指す。"with faults"条件ともいわれ、引き渡された製品に瑕疵があっても買主はクレームを申し立てることができない。買主側にきわめて厳しい条件である。

例文312 知的財産権の保証と保証排除、損害賠償責任の限定⑤ | Limited Warranties; Limitation on Liability

◇コンピューター・プログラムの保証について限定的に規定する
◇商品性、特定目的への適合性等の黙示保証を一切しないと規定する

Article ___ Limited Warranties
1 KVE warrants that the Licensed Program, when properly used, will operate sub-

stantially as set forth in the documentation subject to the conditions stated in this Agreement.

KVE further warrants the tape or disc on which the Licensed Program is delivered to be free of defects in material and workmanship for a period of sixty (60) calendar days following the date of delivery.

2 EXCEPT AS SET FORTH IN THE SECTION 1 OF THIS ARTICLE, KVE DOES NOT MAKE ANY EXPRESS OR IMPLIED WARRANTY WITH RESPECT TO THE LICENSED PROGRAM, INCLUDING WITHOUT LIMITATION ANY IMPLIED WARRANTY OF MERCHANTABILITY OR FITNESS FOR A PARTICULAR PURPOSE, AND THE EXPRESS WARRANTY STATED ABOVE IS IN LIEU OF ALL LIABILITIES OR OBLIGATIONS OF KVE FOR DAMAGES ARISING OR IN CONNECTION WITH THE DELIVERY, USE OR PERFORMANCE OF THE LICENSED PROGRAM.

［和訳］
第__条　保証；責任の限度
1　KVEは、許諾プログラムが、正しく使用されたとき、本契約で規定する条件に従って書類でなされる説明と実質的に同じように稼動することを保証する。
KVEは、さらに、許諾プログラムが引き渡されるテープまたはディスクが、引き渡し日から60暦日間、その材質と製造方法において瑕疵がないことを保証する。
2　本条の第1項に規定する場合を除き、KVEは、許諾プログラムについて、商品性または特定目的への適合性の黙示保証を含み、それに限定されないいかなる明示、黙示の保証もおこなわないものであり、上記の明示保証は、許諾プログラムの引き渡し、使用、履行から、あるいはそれに関連して発生する損害に対するKVEのすべての債務、責任に代わるものである。

解説

1❖ソフトウエアの保証責任の限定

例文311での規定よりも詳しい保証責任の排除規定である。"as is"という用語を使わないで、UCCの規定の排除条項を満たす規定を置こうとすると、本例文のようにきわめて長くなる。具体的に排除する保証（「商品性」「特定目的への適合性」の黙示保証等）に言及して排除することを、UCC（アメリカ統一商事法典）2-316条が求めているからである。

2❖implied warranty of merchantability or fitness for a particular purpose

「商品性、特定目的への適合性の黙示保証」をいう。UCCで使われる用語である。

例文313 ライセンス｜知的財産権の保証と保証排除、損害賠償責任の限定⑥
例文314 ライセンス｜知的財産権の保証と保証排除、損害賠償責任の限定⑦

例文313 知的財産権の保証と保証排除、損害賠償責任の限定⑥ | Limited Warranties; Limitation on Liability

◇コンピューター・プログラムの保証による損害賠償責任を限定する
◇受領済みのロイヤルティまたは一定額をもって賠償額の上限と規定する

Article ___ Limitation on Liability

1 ABC AGREES THAT KVE'S LIABILITY, IF ANY, FOR DAMAGES, INCLUDING BUT NOT LIMITED TO LIABILITY ARISING OUT OF CONTRACT, NEGLIGENCE, STRICT LIABILITY, TORT, WARRANTY, PATENT OR COPYRIGHT INFRINGEMENT, OR MISAPPROPRIATION OF INTELLECTUAL PROPERTY SHALL NOT EXCEED THE LICENSE FEES PAID BY ABC OR US $ _____ (_____ UNITED STATES DOLLARS ONLY) WHICHEVER IS LESSER.

2 KVE SHALL NOT BE LIABLE FOR ANY LOST PROFIT OR FOR INDIRECT, SPECIAL, INCIDENTAL OR CONSEQUENTIAL DAMAGES, OR FOR ANY CLAIM AGAINST ABC BY ANY THIRD PARTY, EXCEPT FOR PATENT OR COPYRIGHT INFRINGEMENT AS EXPRESSLY SET FORTH IN THIS AGREEMENT.

［和訳］

第__条　責任の限度

1　ABCは、契約、過失、厳格責任、不法行為、保証、特許・著作権侵害または知的財産の不正使用から起こる責任を含み、それに限られない損害に対するKVEの責任が（もし、あるとすれば）、ABCによって支払い済みのライセンス料か、または、_____米ドルのいずれか小さいほうの金額を超えないことに同意する。

2　KVEは、いかなる逸失利益、間接的または特別な、付随的、派生的損害に対しても、また、本契約に明確に規定された特許権、著作権侵害に対しての場合を除き、第三者からのABCに対するクレームに対しても責任を負わないものとする。

解説

1 ❖liability arising out of contract, negligence, strict liability, tort, warranty, infringement

「契約、過失、厳格責任、不法行為、保証、侵害から発生する責任」をいう。およそ、契約等から発生する可能性のあるあらゆる原因を列挙している。このほか理論的には、反トラスト法違反など経済法規違反を事由とする損害賠償請求がある。たとえば、ライセンサーが競合する他社とロイヤルティ価格の協定をしたり、市場を独占化しているという事実認定を受けたりした場合である。不法行為や経済法規違反の場合、この規定通りの免責が通

るかどうかは定かでない。一部無効になる可能性もある。

2❖賠償額の制限

本例文では、「支払い済みのロイヤルティ」または「一定金額」のいずれか低いほうの金額をもって上限としている。本来、損害賠償には一切応じないつもりのライセンサーであるが、契約条項による責任排除には限界がある。万一、責任を負うこととなった場合を想定し、二重の壁とするため、賠償額の制限規定を置くのである。具体的な金額については、保険によるカバーとビジネス上で実際に負うことのできる金額になる。ビジネスごとに実態を見て判断すべき事項である。難しい判断であれば、ロイヤルティのみにすればよい。

知的財産権の保証と保証排除、損害賠償責任の限定⑦ | Limited Warranties; Limitation on Liability 例文314

◇ライセンサーが許諾地域での商標の保有者であることを保証する
◇第三者からの他の知的財産権に基づくクレームが提起されないことは保証しない
◇商標に関する訴訟提起や防御は、ライセンサーが単独でおこなう

1 KVE warrants that it is the owner of the Trademarks "Karen", "Karen View", "KVC" (details of which are described in Exhibit A) in the Territory and the country of KVE, but does not warrant that no claim will be made against ABC or any Sublicensee by third parties for infringement of any other proprietary rights.
2 KVE shall have the sole right to conduct or defend any action relating to the Trademarks set forth above.

［和訳］
1 KVEは、許諾地域とKVEの国における「カレン」「カレン・ビュー」「KVC」の商標（その詳細は、別紙Aに記載）の所有者であることを保証するが、第三者がABCまたはそのサブライセンシーに対して、他の財産権に基づく侵害のクレームを起こすことがないことを保証しない。
2 KVEは、上記の商標に関する訴訟を起こし、または、防御する単独の権利を有するものとする。

―――― 解説 ――――

1❖商標権者であることの保証

本例文では、ライセンス対象のブランドについて、権利者であることを保証している。ただしこの保証が、登録状況をどこまで保証、確認しているかは別紙を見なければ分からない。ライセンシーの立場からいえば、登録商標であることに加え、その登録番号なども記載させて確認することが必要である。ライセンサーの立場からいえば、もし登録していない商標があれば、その対応方針を記載したほうが親切である。

2❖第三者に対する侵害訴訟を誰が提起し、誰が防御するか

この問題は重要である。基本的には、知的財産権者が提起すべきものである。ただし、紛争解決や訴訟に関わるライセンシーの費用分担や協力義務の問題は残る。知的財産権の侵害訴訟では、ライセンシーは訴訟提起の当事者としては不適格であることが多い。

例文315 知的財産権の保証と保証排除、損害賠償責任の限定⑧ | Limited Warranties; Limitation on Liability

◇双方の賠償金額の上限を設定する

1 Either party may seek damages to the other for material breach of this Agreement without terminating this Agreement.
2 In no instance shall either party be liable to the other for special, incidental, consequential, or indirect damages of any kind arising out of breach.
3 Either party's liability for a breach of this Agreement, special, incidental, consequential, or indirect damages under this Agreement shall not exceed the sum of Three Million United States Dollars (US $3,000,000).

[和訳]
1 いずれの当事者も、本契約を解約せずに、本契約の重大な違反に対する損害賠償を相手方当事者に対して請求することができる。
2 いずれの当事者も、いかなる場合においても相手方当事者に対して、違反により生じる特別損害、付随的損害、派生的損害または間接的損害について賠償責任を負わない。
3 いずれの当事者による本契約違反の責任、本契約に基づく特別損害、付随的損害、派生的損害または間接的損害は、300万米ドル（3,000,000米ドル）の金額を超えないものとする。

――― 解説 ―――

1❖双方の損害賠償額の上限を金額で設定する

ライセンス契約では、保証の違反などにより一方が相手方に対して損害賠償をなすことになった場合、限度を設けずいくらでも実際に被った額を賠償すべきとするか、それとも当事者間の合意により、損害賠償額のいわば天井である上限を設けるか、という2つの選択肢がある。上限を決める場合も、ライセンサーが一定期間（たとえば前年の1年間）に受け取ったロイヤルティ額の50％という取り決め方や、一定の限度額（たとえば本例文のように300万米ドル）という取り決め方がある。

損害賠償額を金額で取り決める場合は、ライセンサーの立場からは合理的でない場合もある。たとえば、支払うべきランニング・ロイヤルティ額を実際の許諾製品の売上額から

算出すると500万米ドルになるのに、ライセンシーが支払いを怠ったからと損害賠償を求めた結果、その上限が300万米ドルでは、納得はいかないだろう。したがって、ライセンス契約では、ライセンシー側の損害賠償義務には上限を設けず、ライセンサー側の保証責任などの違反についてのみ損害賠償額の上限を取り決めておくのが、より合理的だという考え方がある。本例文は、ロイヤルティ額がそのような上限を超えるケースはありえないというビジネスを扱うケースだと考えてみることにしよう。

2❖ライセンサーの賠償責任にのみ賠償額に上限を設定する場合の規定

たとえば、次のように取り決める。

"The Licensor's maximum liability for damages under this Agreement shall not in any event exceed the sum of Three Million United States Dollars (US $3,000,000)."

（ライセンサーの本契約による損害賠償額の最高限度は、いかなる場合も300万米ドルを超えないものとする。）

知的財産権の保証と保証排除、損害賠償責任の限定⑨ | Limited Warranties; Limitation on Liability 例文316

◇具体的に金額で賠償責任の上限を規定する代わりに、それまでにライセンサーがライセンシーから受領した金額（ロイヤルティ）の50％を超えないと取り決める

Article __ Limitation of Liability of ABC as Licensor
1　ABC shall not be liable for any lost profit or any claim of or demand by any third party, including, without limitation, any user or customer.
2　The Licensee agrees to indemnify and hold ABC harmless from any and all liability, loss, damage and expense (including reasonable attorney fees) incurred or sustained by ABC as a result of any such claim or demand of any user.
3　In no event shall ABC be liable for any indirect, consequential, incidental or tort damages arising in connection with this Agreement, even if ABC has been advised of the possibility of such damages.
4　ABC's liability for damages shall in no event exceed the amount equal to fifty (50) percent of the amounts paid by the Licensee to ABC for the past one (1) year period for the license of relevant Licensed Products under this Agreement.

［和訳］
第__条　ライセンサーとしてのABCの責任の限定
1　ABCは、第三者（ユーザーまたは顧客を含むが、これに限らない）による請求または主張による逸失利益について責任を負わない。
2　ライセンシーはABCに対し、ユーザーの苦情または請求の結果ABCが被り、あるいは負担する恐れのある一切の責任、損失、損害及び費用（合理的な弁護士費用を含む）について、補償し、免責することに同意する。

3　ABCは、ABCが当該損害の可能性について知らされた場合を含め、いかなる場合にも、本契約との関連で発生する間接的損害、派生的損害、付随的損害または不法行為上の損害について責任を負わないものとする。
4　ABCの損害賠償責任は、いかなる場合にも、本契約に基づき関連する本許諾製品のライセンスに対し過去1年間にライセンシーがABCに支払った金額の50％に相当する額を超えないものとする。

解説

1 ❖ 賠償責任の限度は、過去1年間にライセンシーから受領したロイヤルティの一定比率を超えないという例文

　本例文は、ABC社の法務部新人の飛鳥凛が、上司日高尋春氏の指示のもと、ライセンサーの立場で、ライセンシーに対する損害賠償責任は実際に受け取ったロイヤルティ額を超えないという趣旨でドラフトしたものである。

2 ❖ 予見可能性のある場合でも、ライセンサーは間接的損害・派生的損害・不法行為に基づく賠償責任は免責

　第3項は、ライセンサー側は、その所有する知的財産のライセンスによりライセンシー側に間接的・結果的損害が発生した場合、その損害の発生についてライセンシーからあらかじめ知らされていて予見できる場合でも、免責されると明確に規定している。飛鳥凛にはめずらしく、倒置法の言い回し（In no event shall ABC be liable for ...）を使っている。"consequential damages"は、直訳すれば「結果的損害」であるが、意訳するならば「派生的損害」あたりとなろう。

3 ❖ ライセンサーの損害賠償の限度は、受領金額の50％を超えない

　特約として、ライセンサーの損害賠償額の限度（上限）を設けている。ライセンサーが許諾製品のライセンスの対価（ロイヤルティ）として、ライセンシーから受け取った金額の50％を限度としている。ドラフティングの技術からいえば、異なる比率を選択することも可能であり、全額とするのも、逆に30％とするのも選択肢である。

　また、契約期間中に受領した金額とせずに、期間を限定し、本例文のようにたとえば過去1年の間に受け取ったロイヤルティに限定することも選択肢のひとつである。

　飛鳥凛がドラフティングの際、悩んだ問題のひとつは、間接的・結果的損害については、前の項でライセンサーは一切負担しないと言い切っているので、この損害賠償の限度ではわざわざ言及しなくてもよいのではないか、という点である。ただ、実際には、その規定が無効にされてしまうなど前の項の規定が効力を十分発揮できない場合に備えて、いわば二重の防波堤、防潮堤としてドラフティングしてみたという。

知的財産権の保証と保証排除、損害賠償責任の限定⑩ | Limited Warranties; Limitation on Liability　例文317

◇ライセンサーのライセンシーに対する損害賠償額は、ライセンサーがライセンシーから受領した金額を超えないものと規定する
◇ライセンサーが使用するスタイルの例文

> Article __ Limitation of KVC's Liability
> 1　KVC's liability arising out of this Agreement, the termination thereof, or relating to the Licensed Rights or any Licensed Products or services hereunder shall be limited to the amount paid by the Licensee to KVC hereunder.
> 2　In no event will either party be liable for any special, incidental, consequential or indirect damages, arising in any way out of this Agreement, however caused and on any theory of liability.
> 3　The limitation of this Article will apply even if the other party has been advised of the possibility of such damages.

[和訳]
第__条　KVCの責任の限定
1　本契約もしくは本契約の解除または本許諾権利もしくは本契約のもとで本許諾製品・サービスから発生するKVCの責任は、本契約に基づきライセンシーからKVCに支払われた金額に限定される。
2　いかなる場合にも、いずれの当事者も、いかなる方法により発生したか、かついかなる責任理論によるかを問わず、本契約から発生した特別損害、付随的損害、派生的損害または間接的損害について責任を負わないものとする。
3　本条の限定は、他方当事者が当該損害の可能性について知らされていた場合においても適用されるものとする。

――――――― 解説 ―――――――

1❖ライセンサーの損害賠償額（第1項）
ライセンサー（KVC社）は、自分がライセンシーから受け取った金額を超える損害賠償責任を本契約上、負担することはない。

2❖付随的・派生的・間接的損害（第2項）
ライセンサーもライセンシーも互いに、相手方が被るかもしれない付随的・派生的・間接的損害については、免責としている。

3❖損害の発生の可能性を予見できたとしても、損害賠償額の制限規定は適用（第3項）
たとえ、相手方に損害が発生することについて知らされていて予見可能性があったとしても、本例文の損害賠償の上限を定める規定は適用される。

例文318 知的財産権の保証と保証排除、損害賠償責任の限定⑪ | Limited Warranties; Limitation on Liability
◇最先端・宇宙・航空など特殊目的への適合性の排除、免責を規定する

Article __ Life Endangering Applications
1 The Licensee specifically acknowledges and agrees that the Licensed Products and Technical Information are not in any way designed, developed, made, or intended by KVC for use as parts, components, or assemblies for the planning, construction, maintenance, operation or use of any nuclear facility, nor for the flight, navigation, or communication of aircraft or ground support equipment, nor in use in any application for hazardous environment where failure or inaccuracy may, directly or indirectly, cause death or personal injury.
2 The Licensee agrees that neither KVC nor its licensors shall be liable, wholly or partially, for any claims or damages arising out of or in connection with the Licensee's use and performance of the Licensed Products or Technical Information in such applications. If the Licensee should use the Licensed Products or Technical Information for such applications, the Licensee shall indemnify and hold KVC, its licensors harmless against any claims, loss, cost, damage, expense or liability, including attorney's fees arising or in connection with the Licensee's use and performance of the Licensed Products or Technical Information.

［和訳］
第__条　生命に危険を与える恐れのある用途
1　ライセンシーは、本許諾製品及び本技術情報が、核施設の計画、建築、保守、運営もしくは使用のための部品、構成要素もしくは組立品の使用、または航空機もしくは地上サポート設備の航行、操縦もしくは通信、または失敗もしくは不正確性が、直接的または間接的に死亡もしくは人身傷害を引き起こす可能性のある危険な環境の用途への使用を目的としてKVCにより設計、開発、作成もしくは意図されていないことを明確に了承し、合意するものとする。
2　ライセンシーは、KVC及びKVCによるライセンス許諾者が、当該用途について本許諾製品または本技術情報のライセンシーによる使用及び履行から、またはそれに関連して発生する請求または損害について、その全部であれ一部であれ、一切責任を負わないことにつき、KVCに合意する。ライセンシーが当該用途のために本許諾製品または本技術情報を使用する場合には、ライセンシーはKVC及びKVCによるライセンス許諾者に対して、本許諾製品または本技術情報のライセンシーによる使用及び履行からまたはそれに関連して発生する弁護士費用を含む一切の請求、損失、コスト、損害、費用または責任を補償し、免責するものとする。

解説

1 ❖先端・特殊目的を意識して開発されていないことをライセンシーに確認させる

用途等に対する免責(ライセンシーはその許諾する製品・技術情報が、最先端技術・宇宙・原子力・航空等その他厳密で正確な作動を欠くと、人命や身体の安全に危険や悪影響を及ぼす恐れのある用途には設計、開発されていないことを確認し、そのような用途には使用しないことを約束する)を規定するのが、ねらいである。

2 ❖最先端・宇宙・原子力分野への利用には適合しないことを明確に規定

許諾製品・許諾技術情報は、最先端・宇宙・原子力・航空等その正確な作動が欠けると、人命・身体を危険にさらしかねない先端・特殊な分野への使用目的に適合するよう意図をもって設計開発されてはおらず、適合性がないことを明確に規定し、ライセンサーがライセンシーやその供給先に対し、そのような目的・使途には使用しないことを約束させる規定である。契約としては有効であっても、ライセンシーから許諾製品を購入した者に対して、ライセンシーが正反対の保証をしていると、ライセンサーも紛争に巻き込まれるリスクがなくならない。High Safety条項と呼ぶことがある。

3 ❖クレームを受けるリスクから守るためにライセンサーはどんな選択肢があるか

真剣にリスクを回避しようと考えれば、信頼できるライセンシーの選択が非常に重要になる。代理人でないにもかかわらず、ライセンサーの技術の信用を利用し、さらに技術情報だけでなく、商標を使用したり、その許諾製品がライセンサーの技術指導やライセンスのもとに製造されたことを示すロゴや文言が販売時の製品に刻み込まれていると、次第にライセンサーも相手先からクレームの対象として選ばれるリスクが増してくる。

予測可能性の問題も含め、実際に紛争になった場合のディフェンス(防御)の方法を事前に十分検討しておくことが賢明であろう。製造物責任保険をライセンシーに付保させ、ライセンサーも"the insured"(被保険者)に加えるなどの工夫も、選択肢のひとつであろう。

知的財産権の保証と保証排除、損害賠償責任の限定⑫ | Limited Warranties; Limitation on Liability 例文319

◇第三者による著作権・商標・営業秘密侵害への対応を規定する
◇ライセンシーは協力義務を負う

1 ABC shall promptly notify KVE of any infringement or attempted infringement or misappropriation of any copyrights, trademarks or trade secrets of KVE to the Licensed Products.

2 KVE will take all reasonable steps to terminate or prevent any third-party's infringement or misappropriation or other unauthorized use of such copyrights, trademarks or trade secrets. ABC shall, upon KVE's request, cooperate with KVE in such reasonable measures KVE may elect to take with respect to such infringement or misappropriation.

例文320 ライセンス｜知的財産権の保証と保証排除、損害賠償責任の限定⑬
例文321 ライセンス｜知的財産権の保証と保証排除、損害賠償責任の限定⑭

[和訳]
1 ABCは、許諾製品に対するKVEの著作権、商標または営業秘密が（第三者によって）侵害されたり侵害される恐れがある場合、または不正使用されている場合には、ただちにKVEに通知するものとする。
2 KVEは、そのような（第三者による）著作権、商標、営業秘密の侵害や悪用または他の不正使用をやめさせ、防止するために、あらゆる合理的な措置を講ずるものとする。KVEの要請があるときは、ABCはKVEがそのような侵害や目的外使用に対抗して選択する合理的な手段についてKVEに協力するものとする。

―― 解説 ――

1 ❖ 第三者の著作権侵害
ライセンス契約で第三者の侵害に対抗して取るべき措置は、実際には困難な問題を抱えている。ライセンサーから一方的に、ライセンシーに防御義務、排除義務を課すと、その紛争処理や訴訟の巧拙によって、ライセンサーにとって不利な結果をもたらすことがある。一方、ライセンサーですべて防御しようとすると余計な費用ばかりかかる可能性がある。"misappropriation"には、「誤用」と「目的外使用」の意味がある。用途について正確な知識が不足しているときは「誤用」、知りながら用途外に使用するのが「目的外使用」にあたる。

2 ❖ 本例文のねらい
原則的に防御遂行はライセンサーの義務とし、ライセンシーの協力義務を規定している。

例文320 知的財産権の保証と保証排除、損害賠償責任の限定⑬ | Limited Warranties; Limitation on Liability

◇ライセンシーが第三者による著作権侵害行為を知ったときは、ライセンサーに通知し、両者で協議し、侵害排除の訴訟を提起したときは、費用・成果を折半とする

If ABC finds any infringement or attempted infringement of any copyrights to the Licensed Products in the Territory, ABC shall promptly notify KVE of such infringement. Upon such notification, KVE and ABC shall discuss whether or not any action should be taken against such infringement.

In case KVE and ABC decide certain action to be taken, then KVE shall take, in its name, an appropriate action against such infringement. All outside expenses incurred and all damages recovered by such action, including attorney's fees, shall be equally shared by KVE and ABC.

In case actions are instituted by KVE without such discussion with or agreement of ABC, all the expenses incurred for such action shall be borne by KVE, and all the damages recovered therefrom shall belong to KVE.

[和訳]
　（第三者が）許諾地域内で許諾製品の著作権を侵害していたり侵害の恐れがあることをABCが発見した場合、ABCはただちにKVEに対してその侵害について通知するものとする。
　通知を受け次第、KVE、ABC両者は、何らかの対抗措置を講ずるかどうかについて協議する。
　両者が対抗措置を講ずると合意したときは、KVEは自己の名前で、侵害に対して適切な措置を取るものとする。その対抗措置のために費やした弁護士料を含む費用ならびに回収した損害賠償額については、両者で均等に負担、分配するものとする。
　KVEが著作権侵害に対する対抗措置をABCとの協議または合意なしに開始したときは、その費用も回収した賠償金額もすべてKVEに帰属するものとする。

―――― 解説 ――――

1❖著作権侵害への対抗策――原則はライセンサーとライセンシー間で協議する
　本例文の基本方針は、両者で協議をして方針を決めることである。協議が整えば、侵害行為に対し対抗措置を共同で取る。訴訟提起等の名義はその著作権者であるライセンサー（KVE社）になるが、費用の負担も成果の分配も折半である。通常、費用の大半は弁護士料（lawyer's fee; attorney's fee）である。弁護士料のコントロールがカギになる。対抗措置の"action"とは、通常は訴訟である。

2❖例外――ライセンサーが単独で決定し、単独で訴訟等を遂行する
　例外的なケースとして、ライセンサーのみで決定し、ライセンサーのみで侵害行為排除、損害賠償請求等の訴訟を遂行する場合がある。協議をせずにライセンサーが一方的に単独で訴訟等対抗措置を遂行する場合である。この場合、その費用も成果もライセンサーに帰属するとしている。

知的財産権の保証と保証排除、損害賠償責任の限定⑭ | Limited Warranties; Limitation on Liability 例文321

◇ソフトウエア、ブランド・ライセンス契約における規定
◇許諾される商標につき、許諾商標が許諾地域で登録された商標であることを確認する
◇第三者の商標を侵害しないことを保証する

Article ___　Representations and Warranties as to Trademarks
　1　KVE represents that it is the owner of Karen View Trademarks and that Karen View Trademarks have been duly registered (or applied) in _____.
　　(i)　Trademarks: Karen View

(ii) Class: _____
   (iii) Registered Number: _____
       Application Number: _____
       Status of Registration (Registration or Application): _____
   (iv) Date of Registration and Renewal: _____
2 KVE represents and warrants that Karen View Trademarks are and will be valid trademarks in the Territory during the term of this Agreement or any extension thereof and the use of Karen View Trademarks in the Territory will not infringe on any other person's trademarks.
3 KVE agrees to indemnify and hold ABC harmless from third party's claim for losses and damages which may arise from the use of Karen View Trademarks by ABC in the Territory under this Agreement.

[和訳]
第__条　商標に関する表明と保証
  1 KVEは、KVEがカレン・ビュー商標の所有者であり、同商標が（使用許諾国）で正当に登録されている（または登録出願がなされている）ことを表明する。
    (i) 商標名　　：　カレン・ビュー
                    _____
    (ii) 商標分類　：　_____
    (iii) 商標登録番号　：　_____
        商標出願番号　：　_____
        登録の状況（登録済み　・　登録出願中）　：　_____
    (iv) 登録日及び更新日　：　_____

  2 KVEは、カレン・ビュー商標が本契約の期間またはその延長期間中、地域において有効な商標であること、また、カレン・ビュー商標の地域における使用が第三者の商標を侵害しないことを表明し、保証する。
  3 KVEは、ABCが本契約に基づき許諾地域でカレン・ビュー商標を使用したことから生じたと主張する第三者の損失または損害賠償請求につき、ABCに補償し、ABCを免責することに同意する。

---解説---

1❖本例文第1項のねらい
　　許諾地域（国）でライセンス対象の商標が登録されているかどうか、登録されている場合はいつ、いかなる商標登録をしているか、更新されているのかどうか等を確認することが主眼である。意外にも、登録名義人がライセンサーでなく個人名だったり、タックスヘイ

2❖第三者からの使用差し止め請求等への対抗措置と費用

第三者からの使用差し止め請求などへの対抗措置とそれに要する費用はライセンサーがすべて負担し、対抗措置を取るという契約の趣旨になっている。

3❖indemnify and hold harmless

第3項の"hold harmless"条項は、ライセンサーがライセンシーを守るための規定である。実務上、しばしば見られる規定であるが、ライセンサーにとっては非常に大きな負担となる可能性がある。結果としてはまったく非類似のケースであっても、第三者がビジネス上戦略的な理由で商標権の侵害、不正競争防止法違反等に基づき、訴訟を起こして中止を求めてくることがある。訴訟を起こす側は、競争相手のイメージが傷つき顧客が不安を抱けば成功というわけである。時間をかけて訴訟を遂行し、相手のイメージを傷つけ、マーケティング上有利に展開する。あるいは、単に和解金目当ての訴訟もある。

それぞれの地域、分野で、"good faith"に使用されてきたブランドや商号が、たまたまその事業活動の国際化や多角化の結果、外見上、競合・侵害し合うようになることがある。

知的財産権の保証と保証排除、損害賠償責任の限定⑮ | Limited Warranties; Limitation on Liability 例文322

◇ブランド・ライセンス契約での規定
◇本国ならびに数ヶ国では商標登録済みであるが、許諾地域では未登録である
◇商標登録出願はライセンサーが契約調印後おこなうと規定する

---

1 The Licensor warrants that it has a valid trademark registration of _____ and _____ in _____ covering the Licensed Products, and that it has the right to license the Karen View Trademark in the Territory according to the terms of this Agreement.

2 The Licensor warrants that it will submit an application for trademark registration of Karen View Trademarks covering the Products in the Territory immediately after the execution of this Agreement.

3 ABC agrees to assist the Licensor in the procurement of any protection of the Licensor's right pertaining to the Karen View Trademarks, at the Licensor's request and expenses.

[和訳]

1　ライセンサーは、ライセンサーが ___(国名)___ において、許諾製品に使用する ___(商標名)___ と ___(商標名)___ の有効な商標登録を保有していることを保証し、また許諾地域において、カレン・ビュー商標を本契約の条件に従って使用許諾する権利があることを保証する。

2　ライセンサーは、本契約調印後ただちに、許諾地域において製品に使用するカ

レン・ビュー商標の登録出願をおこなうことを保証する。
3 ABCは、ライセンサーの要請とその費用で、カレン・ビュー商標に関するライセンサーの権利の保護を取得するにあたりライセンサーを支援することを約束する。

解説

1❖契約時には、許諾地域(国)で商標登録がなされていないとき

　例文321と比べると、本例文は、許諾地域における商標の権利確立についての保証がない。契約時にはまだ登録出願すら提出されていない。しかし、このような商標ライセンスは実際には多いのである。

　本国で商標登録されていても、商標は各国ごとの登録制度であるから、許諾地域で登録されていなければ、第三者によって同じあるいは類似の商標が先に登録されている可能性がある。その場合はライセンサーは登録できないこともある。

2❖許諾地域で登録されていないブランド・ライセンス契約締結の際に注意すべき点

　ライセンシーの視点からすれば、ライセンサーが約束しているのは、許諾地域において商標出願をするということだけである。外国では登録されていても、許諾地域で実際に商標登録できる保証はない。商標登録ができなければ、よほど著名・有名であって、登録の有無にかかわらず法律上も保護が受けられ、独占的に使用できるという場合でない限り、リスクが大きい。

　登録の有無にかかわらずビジネスは開始し、ダウン・ペイメントやロイヤルティの支払いが始まる。しかし、登録には時間がかかる。契約締結後、数年後に登録できなかったからといって、ダウン・ペイメントやロイヤルティの支払い済み分が返還される保証はない。契約でそう決めていても、返還が実際に得られるかどうかは未知、不確実である。実際の契約実務では、契約違反にでも該当しない限り、支払い済み分の返還はありえない。本契約例文でも、ライセンサーの保証内容は出願することのみであって、登録することを保証してはいない。登録できるかどうかは、保証の違反とは関係がない。

　したがって、このような場合は、本来はライセンサー側で契約締結前に、少なくとも許諾地域(国)において同一または類似の商標が第三者によって①登録されていないこと、②当該商品に使用されていないこと程度の確認はしておくべきである。いざというときに負うべきリスクを考えれば、ライセンシー側も自らこのような問題がないことを調査、確認してから契約を締結すべきである。侵害事件が発生したとき、一番打撃を受けるのはライセンシーである。ライセンシーによる許諾製品の製造・販売が差し止められるのである。

3❖ライセンシーへの差し止め請求への対応

　第三者からの商標権侵害に基づくライセンシーへの許諾製品差し止め請求には、誰が対応する責任を負うか。これは契約条件次第である。

　ライセンサー側から、商標登録の保証をしないことを条件としたライセンスであることが強調され、同時にライセンシーに対し、第三者からの侵害に基づく差し止め請求があっても責任を負わないことを追加条件として確認を求めることがある。ライセンシーがその両条件に同意すれば、ライセンサーはこの問題からは免責である。一方、ライセンサーが

責任を負うと約束するケースもある。個別の契約条件次第である。
　ライセンサーが未進出の国でライセンシーから商標の使用ライセンスを申し出た場合の使用許諾条件は、イニシャル・ロイヤルティ（ダウン・ペイメント）の額を含めたビジネス上の交渉項目となる。条件は力関係により千差万別である。決まりきったフォームも強制もない。

知的財産権の保証と保証排除、損害賠償責任の限定⑯ | Limited Warranties; Limitation on Liability 例文323

◇第三者の商標権侵害への対応方法・対応責任者・費用負担者を取り決める
◇ライセンサー主導で侵害を排除する場合の標準的な規定

1　ABC shall forthwith upon coming to its knowledge notify the Licensor of any infringement or threatened infringement or counterfeiting of the Karen View Trademarks.
2　In case of any infringement or counterfeiting as referred to above, the Licensor and ABC shall immediately mutually consult on the course of action to be taken. After its consultation with ABC, the Licensor will, to the extent it considers necessary, take at its expense all appropriate actions, including the commencement of any suit or other proceedings against such infringer or counterfeiter.
3　ABC shall at the Licensor's request render all reasonable assistance in connection with such actions.

［和訳］
1　ABCは、カレン・ビュー商標が（第三者により）侵害されたり、侵害されそうになったり、偽物が作られていることを知ったときは、ただちにライセンサーに知らせるものとする。
2　上記のような侵害、偽造が発生した場合は、ABCとライセンサーはただちに取るべき対抗措置について協議するものとする。ABCとの協議の後、ライセンサーは、ライセンサーが必要と判断する範囲と費用で、侵害者、偽造者に対する訴訟やその他の手続きを含むすべての適切な対応措置を取るものとする。
3　ABCは、ライセンサーの要請あるときは、かかる対応措置に関連した合理的なあらゆる協力をおこなうものとする。

―――― 解説 ――――

1❖本例文の目的
　本例文のねらいは、商標使用許諾地域で第三者からの商標権侵害が発生した場合、その侵害行為をどのように排除するかの、対応方法・対応責任者・費用負担者をあらかじめ取

り決めることにある。

　国際的ライセンス契約では、侵害行為を排除するための対抗措置をどのようにして決定し、誰が誰の費用でその対抗措置を遂行するのかをあらかじめ決めておくことが紛争防止に役立つ。何も取り決めずに協議事項に委ねるやり方は勧められない。

2❖原則としてライセンサーが排除責任を負うという規定

　侵害行為排除の責任をすべてライセンサーに帰属させるのもひとつの方法であり、実際に見かけることもあるが、協力義務をライセンシーに負わせることも頻繁におこなわれる。

　本例文は、両者の協議後、対抗措置はライセンサーがその必要と考える範囲で取ることとし、ライセンシーは協力義務を負担している。ライセンサー主導で侵害を排除する場合としては、標準的な規定であるといえる。

例文324 知的財産権の保証と保証排除、損害賠償責任の限定⑰ | Limited Warranties; Limitation on Liability

◇補償の基本ルール（原則）と損害賠償額の限度の設定
◇ただし、詐欺または意図的不実表示の場合は、損害賠償額の限度は適用されない

Article ___ Indemnification
1　The Licensor and the Licensee shall indemnify, defend and hold harmless the other party hereto from and against any and all actions, liabilities, obligations, damages, losses, amounts paid in settlement, interest, cost and expenses (including reasonable attorney's fees) and other out-of-pocket expenses incurred or suffered by any indemnified party arising out of, resulting from or relating to (i) the failure of any representation or warranty of the indemnifying party contained in this Agreement, or (ii) breach by the indemnifying party of any covenant or agreement under this Agreement.
2　The indemnifying party's liability for all claims made under this Article shall be subject to the following limitations: the indemnifying party's aggregate liability shall not exceed the amount equivalent to fifty (50) percent of the amount of royalties received by the Licensor from the Licensee during one (1) calendar year period immediately prior the time claim is made, provided, however, that, the limitation provided herein shall not apply to any claim made by the indemnified party for fraud or intentional misrepresentation made by the indemnifying party and proved by the indemnified party.
3　The indemnification provided in this Article shall be the sole and exclusive remedy for monetary damages available to the indemnified party to this Agreement for any of breach of representations and warranties or obligations set forth herein, provided however that the exclusive remedy for damages does not preclude a party from bringing an action for specific performance or other available equitable remedy for a breach of a covenant or agreement contained herein.

4　Notwithstanding anything contained in this Agreement to the contrary, no party shall be liable to the other party for special, indirect, consequential, punitive or exemplary losses or damages or lost profit, provided however that the foregoing shall not be construed to preclude recovery by the indemnified party in respect of all losses directly incurred or suffered subject to the limitation herein.

[和訳]
第__条　補償
1　ライセンサー及びライセンシーは、(i)本契約に定める補償当事者の表明及び保証の違反、または(ii)本契約に基づく誓約または合意の補償当事者による違反によりまたはそれに関連して被補償当事者に発生したすべての訴訟、責任、債務、損害、損失、和解のために支払った金員、利息、合理的な弁護士料を含むコスト及び費用及びその他の現金支払い費用の一切について、相手方当事者を補償、防御及び免責するものとする。
2　本条に基づき提起された一切の請求に関する補償当事者の責任は、以下の通り限定されるものとする。すなわち、補償当事者の賠償責任合計額は、請求がなされた時期以前の直前の1暦年の間にライセンサーがライセンシーより受領したロイヤルティの額の50％に相当する額を超えないものとする。ただし、本契約に定める責任限定は、被補償当事者が提起し、被補償当事者が立証した、補償当事者による詐欺または意図的不実表示に対してなされた請求については適用されないものとする。
3　本条に定める補償は、本契約に定める表明及び保証または義務の違反について、本契約に基づき被補償当事者の獲得しうる金銭賠償の唯一かつ排他的な救済手段とする。ただし、賠償の排他的救済手段は、一方当事者が、本契約に定める誓約または合意の違反について特定履行またはその他の衡平法上の救済手段について訴訟を提起することを妨げるものではない。
4　本契約における反対の旨の規定にかかわらず、いずれの当事者も特別損害、間接的損害、派生的損害、懲罰的もしくは懲戒的損失または損害、または逸失利益について相手方当事者について責任を負わないものとする。ただし、上記は、被補償当事者が直接的に被ったまたは負担した一切の損失について賠償請求することを妨げるものではないとするが、その場合も本契約の賠償責任合計額の限定の対象となるものとする。

例文325 知的財産権の保証と保証排除、損害賠償責任の限定⑱ | Limited Warranties; Limitation on Liability

◇ライセンサーの保証と侵害に対する責任、訴訟の防御、ライセンサー・ライセンシー両者の費用分担につき、解決方法と判決の結果に分けて、分担方法を規定する
◇ライセンシーに対して厳しい規定

Article __ Warranty and Infringement

1　KVE warrants that i) KVE is the sole and true owner of the Technical Information and the Proprietary Rights described in Exhibit __, and that ii) the license granted under this Agreement shall be sufficient to enable and permit ABC to manufacture the Licensed Products, or have the Licensed Products manufactured by ABC, such Licensed Products being substantially the same quality and physical characteristics as are achieved by KVE at its plants, provided that ABC uses and practices substantially similar equipment, materials, and processes as KVE does in its plants and that guidelines, instructions and manuals provided under this Agreement are complied with in full.

2　KVE warrants that the manufacture, sale and use of the Licensed Products utilizing the Technical Information and the Proprietary Rights will not infringe upon the claim of any valid patent in the Territory owned by a third party.

　Subject to the provisions of Paragraphs 3 and 4 of this Article, KVE agrees to indemnify and hold ABC harmless from and against any and all losses, damages and liabilities arising from or as a result of any claim or suit brought against ABC alleging that the manufacture, sale and use of the Licensed Products utilizing the Technical Information, or its improvements furnished by KVE and the Proprietary Rights constitutes an infringement on any valid patent in the Territory owned by a third party.

3　In the event that any third party's claim is made or suit is brought against ABC during the term of this Agreement upon the basis that the manufacture, sale or use of the Licensed Products infringes a patent in the Territory owned by the said third party, ABC agrees not to assume the defense of such claim or suit and to pay all expenses, costs and fees, including attorney's fees for the defense of any such claim or suit.

　In the event a final judgement is determined in favour of ABC and eliminates such claim or suit, all expenses and fees shall be borne by ABC.

　In the event a third party is successful in such claim or suit, all expenses and fees as well as the judgement (representing damages) shall be borne and paid by KVE.

　In the event such claim or suit is settled, then, KVC and ABC shall be responsible for payment to be made to such third party.

4　KVE shall not be responsible and does not hold ABC harmless from any and all claims of ABC for consequential damages, including, but not limited to, losses of profit.

5. In the event that any third party infringes any of the Proprietary Rights or the Trademark of KVE in the Territory, then the parties hereto shall cooperate to take appropriate action against such third party. All expenses, including attorney's fees shall be borne and paid by KVE and ABC equally, and any money recovered from such third party shall be shared by KVE and ABC equally.

[和訳]
第__条　保証・侵害
1. KVEは次の事項を保証する。i）KVEは、別紙__に記載された技術情報及び財産権の単独かつ真実の所有者であること、ならびにii）本契約により許諾されたライセンスはABCに許諾製品の製造ができるようにし、その製造を許すものであり、または製品をABCに製造させるものであること。KVEがその工場で使用し実施するのと実質的に同様な設備、原料及び製法をABCが使用し実施すること、また、本契約に基づき提供された要領、指示及びマニュアルが全面的に遵守されることを条件として、上記の許諾製品は、KVEがその工場で製造するのと実質的に同じ品質と物理的特徴を持つ。
2. KVEは、技術情報及び財産権を利用した許諾製品の製造、販売及び使用が第三者によって所有され許諾地域で有効な特許のクレームを侵害しないことを保証する。
　本条第3項及び第4項の規定に服することを条件として、KVEは、技術情報またはKVEの提供するその改良及び財産権を利用した許諾製品の製造、販売及び使用が第三者によって所有され許諾地域で有効な特許の侵害にあたるとしてABCに対して起こされた請求、あるいは訴訟からまたはその結果生ずる一切の損失、損害及び責任につき、ABCに補償しABCを免責することに同意する。
3. 許諾製品の製造、販売及び使用が第三者により所有され許諾地域で有効な特許を侵害するとして本契約期間中にABCに対して請求が起こされまたはABCが提訴された場合、ABCは、当該請求または訴訟の防御を引き受けず、すべての経費、費用及び報酬（当該請求または訴訟の防御をおこなうための弁護士報酬を含む）を支払わないことに同意する。
　最終判決がABC勝訴として下され、当該請求または訴訟が排除された場合、すべての費用及び報酬はABCの負担とする。
　当該請求または訴訟で第三者が勝訴した場合、すべての費用と報酬及び判決額（損害賠償金）はKVEが負担し支払うものとする。
　当該請求または訴訟が和解で解決された場合には、KVEとABCは当該第三者に対しておこなう支払いに責任を負うものとする。
4. KVEは、派生的損害（逸失利益を含むが、それに限定されない）に対するABCの一切の請求につき責任を負わないものとし、ABCに対し補償しない。
5. 第三者が許諾地域においてKVEの財産権または商標を侵害した場合には、本

契約当事者は当該第三者に対して適切な措置を取るべく協力するものとする。弁護士報酬を含むすべての費用はKVEとABCが均等に負担し支払うものとし、第三者から回復した金員はKVEとABCが均等に分配するものとする。

解説

1❖ライセンス契約と知的財産権の侵害
　ライセンス契約においては、①ライセンサーとライセンシーの保証の範囲、②ライセンス許諾製品の製造・販売に対する第三者による権利侵害のクレーム、訴訟への防御、③その費用(弁護士料等)の負担、④最終判決の賠償金支払い義務の負担、⑤間接損害の賠償責任の有無、などをさまざまな方法で取り決める。

2❖ライセンシーの製造販売地域における特許権抵触の有無と解決の責任者
　ライセンシーの製造販売地域(Territory)における特許権抵触の有無などは、明瞭でないケースも多く、実際にはさまざまな方法で取り決めがなされている。
　ライセンサーが責任を一切負担しない方式や、ライセンサーは自国の特許権・商標などについてのみ第三者の権利を侵害しない責任を負担するケース、ライセンサーがすべての責任を負担するケースまでさまざまである。契約条項次第になる。

3❖複数のケースごとにライセンサー、ライセンシーが分担する方式を決めるスタイル
　本例文では、許諾技術情報の使用により許諾製品の製造・販売が第三者の知的財産権を侵害する旨の最終判決が下されたときは、ライセンサーが全面的に費用等責任を負う。和解で解決したときは、ライセンシーとライセンサーがその費用と和解金額を折半して負担する。許諾技術情報の使用が第三者の知的財産権を侵害しないと判示されたときは、その紛争・訴訟に関わる費用は、ライセンシーの負担としている。かなり、ライセンシーに対して厳しい規定である。解決方法により負担が異なるのは、結果として和解解決の方法による終結を遅らせることになる可能性がある。和解解決にはライセンシーも合意する権利を持っていると考えられる。ライセンサーの一存で和解できるとの取り決めは難しい。

4❖本例文の第4項
　ライセンシーが被った逸失利益、派生的損害に対するライセンサーの賠償責任を排除している。

5❖本例文の第5項
　第三者が許諾地域内でライセンス契約の許諾対象となるライセンサーの知的財産権(特許、商標など)を侵害しているとき、ライセンサーとライセンシーが協力して費用も折半して対抗措置を取ることを規定している。ライセンシーに厳しい規定である。ライセンサーが一切関知しないというよりはまだ公正であるが、費用の負担はやはり厳しい。

知的財産権の保証と保証排除、損害賠償責任の限定⑲ | Limited Warranties; Limitation on Liability 例文326

◇ソフトウエア著作権ライセンス契約の規定
◇許諾ソフトウエア製品への第三者からの著作権侵害クレームに対し、ライセンサーが責任を持って対処、防御すると規定する

> Article __ Indemnification
> KVE shall indemnify and hold ABC harmless from and against any losses, damages, and liabilities arising out of any claim or suit (collectively "Claim") by any third party alleging that the Licensed Software Products and any materials supplied by KVE infringe upon the copyright or any other right of a third party.

[和訳]
第__条　補償
> KVEは、許諾ソフトウエア製品とKVEが供給した資材が第三者の著作権または他の権利を侵害していると主張する第三者によるクレームまたは訴訟(集合的に「クレーム」という)から発生する損失、損害、責任につきABCに補償し、ABCを免責するものとする。

―― 解説 ――

1❖ソフトウエア製品に対する第三者からのクレーム、訴訟

著作権の侵害というクレームが一番起こりやすい。そのような場合、ライセンシーだけではなかなか防御しづらい面がある。ライセンシーが中途半端な防御をして敗北しては目もあてられない。

本例文の規定はその点を踏まえ、ライセンサーであるKVEが全面的に責任を引き受け、防御し、しかもライセンシーであるABCが損害を被らないように約束している。

2❖indemnify and hold ABC harmless from and against ...

「ABCを…から守り、損害を被らないようにする」という意味である。

3❖ライセンサーとライセンシーが逆のケース

本例文は、ライセンサーとライセンシーが逆のケースにも活用できる。たとえば、KVEがライセンシーで、ABCがライセンサーというライセンス契約であったとしよう。日本のオーロラ・ボレアリス株式会社(ABC)が、そのソフトウエア製品をカレン・ビュー・エンターテインメント社(KVE)に使用許諾するのである。許諾先(相手)国に著作権侵害訴訟等があまりにも頻繁におこなわれるような風潮があるとき、ABCがその防御を引き受けることはしない代わりに、低いロイヤルティで合意したとしよう。いわゆる"as is"条件である。ライセンシーのKVEが、ライセンサーであるABCを"indemnify"するのである。その場合は、この規定をそのまま使うことができる。

例文327 ライセンス｜知的財産権の保証と保証排除、損害賠償責任の限定⑳
例文328 ライセンス｜知的財産権の保証と保証排除、損害賠償責任の限定㉑

例文327 知的財産権の保証と保証排除、損害賠償責任の限定⑳ ｜ Limited Warranties; Limitation on Liability

◇映像作品の著作権を侵害されたとき、ライセンシーはライセンサーに通知する
◇ライセンサーが必要と判断する措置をライセンシーは講じる

Article __ Action against Third Parties

1　The Licensee shall notify the Licensor in writing of any action or actions by a third party or parties which may come to the Licensee's attention which constitute a violation of any of the Licensor's or Licensee's rights in and to the Pictures and/or Videograms including, but not limited to, unauthorized or unlawful distribution, exhibition or use thereof.

2　The Licensee shall, subject to the prior consultation with and approval of the Licensor, take such action as the Licensor consider necessary or proper for the full protection of the rights of the parties hereto in the name of the Licensor or in the name of the Licensee and the Licensee shall indemnify the Licensor against all costs and expenses thereby incurred.

3　Subject to such indemnity, the Licensor shall assist the Licensee in connection with any proceedings brought against third parties pursuant to this Article.

［和訳］

第__条　第三者に対する訴訟

1　ライセンシーは、本映画またはビデオソフトに関するライセンサーまたはライセンシーの権利の侵害を構成する、ライセンシーの認識した第三者による行為（権限のないまたは不法な販売、展示または使用を含むが、これに限らない）について、ライセンサーに書面で通知するものとする。

2　ライセンシーは、ライセンサーと事前に相談し同意を得た上で、ライセンサー名義またはライセンシー名義で、本契約当事者の権利の完全な保護のために必要または適切であるとライセンサーが判断する措置を講じ、ライセンシーはライセンサーがこれによって被った一切のコスト及び費用について補償するものとする。

3　かかる補償を条件として、ライセンサーは、本条に従い第三者に対して提起された一切の手続きに関連して、ライセンシーを援助するものとする。

知的財産権の保証と保証排除、損害賠償責任の限定㉑ | Limited Warranties; Limitation on Liability 例文328

◇第三者による知的財産権の侵害に対して対抗する方法を規定する
◇ライセンサーは侵害行為に対するアクションの、自己裁量による決定権を持つ
◇ライセンサーがアクションを取らないときには、ライセンシーも侵害行為排除請求をすることが認められる

Article __ Infringement by Third Party

1. The Licensor shall have the right to protect its Intellectual Property Rights, including its patent rights and technical information, from infringement or misappropriation by third parties and to prosecute such infringers or misappropriation parties. The decision to undertake such protection shall be in the sole judgment of the Licensor and the Licensor's decision to enter into such actions shall be binding on the Licensee.

2. Notwithstanding above provisions, if the Licensor has, within six (6) months from the date on which it has evidence of a substantial infringement or misappropriation, neither terminated such infringement or misappropriation nor initiated legal action against the infringer or misappropriating party, the Licensor shall, upon written request of the Licensee, grant to the Licensee the right to prosecute such an action against the infringer or misappropriating party.

3. In the event that the Licensee cannot maintain such infringement or misappropriation action in the Licensee's own name, the Licensor agrees to join in such action at the Licensee's expense. Nothing in this Agreement shall prevent the Licensor from actively participating in any such lawsuit at its own expense.

［和訳］
第__条　第三者による権利侵害

1. ライセンサーは、第三者による権利侵害または不正使用から、自らの知的財産権（自らの特許権及び技術情報を含む）を保護し、かかる権利侵害者または不正使用者に対して法的措置を取る権利を有するものとする。
当該保護をなす判断はライセンサーの単独の判断によるものとし、ライセンサーの当該措置を講じる旨の判断はライセンシーを拘束するものとする。

2. 上記の条項にかかわらず、ライセンサーが、権利侵害または不正使用の事実の証拠を有する日付けより6ヶ月以内に、かかる権利侵害もしくは不正使用を差し止めることがなく、かつ権利侵害者もしくは不正使用者に対して法的措置を提起しない場合には、ライセンサーは、ライセンシーの書面の要請があるときは、ライセンシーに対して、権利侵害者または不正使用者に対してかかる法的措置を取る権利を許諾するものとする。

3. ライセンシーが、ライセンシーの名義でかかる権利侵害または不正使用に対抗する訴訟を維持できない場合には、ライセンサーはライセンシーの費用負

担で当該訴訟に参加することに同意する。本契約における内容をもってライセンサーが自らの費用負担でかかる訴訟に積極的に参加することをなんら妨げるものではない。

解説

1 ❖ ライセンサーが、第三者の知的財産権侵害行為への対抗措置を判断する（第1項）

本例文は、第三者による知的財産権（特許権など）の侵害に対抗する方法について規定するものである。まずライセンサーが、自己の知的財産権に対する第三者による侵害行為に対して、どのようなアクションを取るか、自己裁量による決定権を持つ。

2 ❖ ライセンシーによる第三者の侵害行為排除（第2項）

一定期間が経過しても、第三者による知的財産侵害状態が継続しているときは、ライセンシーは、ライセンサーにライセンシーが侵害排除請求をなしたい旨を請求し、その承諾を得た上で、自らが第三者による侵害行為の差し止め請求をなすことができる。ライセンシーにとって何らかの排除措置を取らなければ、ライセンスを受けたビジネスを遂行する上で、ときには重大な支障になるケースがある。自らの費用で対抗措置を取るのは大変だが、ライセンシーにとってもあとに引けない場合がある。

3 ❖ 対抗措置へのライセンサー名義の使用の許諾の仕方（第3項）

ライセンシーの名義のみでは第三者の侵害行為を差し止める訴訟を維持できない場合は、ライセンサーはその訴訟に参加し、ライセンシーにライセンサーの名義で侵害排除請求行為をなすことを許諾するが、その訴訟にかかる費用はライセンシーの負担とすると規定している。ライセンシーがその排除請求手続き遂行の際にライセンサーの名義を必要とするときは、ライセンサーに申し出て、使用することができるようにする。その承認手続きを取り決めておくのが第3項の規定の趣旨である。

最初から簡単にライセンサーの名義使用を認めない理由は、ライセンサーの立場から見れば、現地で予測不能の危険がつきまとうからである。たとえばKVC社のナンシーの苦い経験からいえば、ライセンシーがライセンサーの代理人のように振る舞って、ライセンサーに不利な交渉をすることがあった。ライセンシーが、ライセンサーの知らないうちに第三者の権利侵害者から和解金や損害賠償金を受け取り、和解をしてライセンサーの権利の一部を相手方に譲渡してしまうリスクが現実になったことがあるという。ライセンサーの名義を貸した場合は、貸主はよほど注意してコントロールしないと、どんな危険に巻き込まれるか分からないというのが、KVC社のナンシーの持論である。

知的財産権の保証と保証排除、損害賠償責任の限定㉒ | Limited Warranties; Limitation on Liability 例文329

◇ライセンサーの防御の進め方を詳細に段階ごとに規定する
◇ライセンシーは第三者から届いたクレーム、訴訟等をライセンサーに連絡する
◇ライセンサーは防御を引き受け、その手続きの進展について連絡する
◇ライセンサーが防御手続きを開始しないときは、ライセンシーはライセンサーの費用で防御を進めることができる

Article __ Indemnification
 1 Notice of Claim
  If any Claim shall be asserted or brought against ABC, in respect of which indemnity may be sought under Section 1 of this Article from KVE or its successor thereto, ABC shall give a prompt written notice of such Claim to KVE which may assume the defense thereof, including by the employment of counsel reasonably satisfactory to ABC and the payment of all of such counsel's fees and expenses. Any such notice shall (i) describe in reasonable detail and circumstances with respect to the Claim being asserted and (ii) refer to Section of this Article.
 2 Defense by KVE
  In the event KVE undertakes the defense of the Claim, KVE will keep ABC advised as to all material developments in connection with any Claim, including, but not limited to, promptly furnishing to ABC copies of all material documents filed, served or sent in connection with the defense of the Claim. ABC shall have the right to employ one separate counsel per jurisdiction in any of the foregoing Claims and to participate in the defense thereof, but the fees and expenses of such counsel shall be at the expense of ABC unless both ABC and KVE named as parties and representation by the same counsel is inappropriate due to actual differing interests between them; provided that under no circumstances shall KVE be liable for the fees and expenses of more than one counsel per jurisdiction in any of the foregoing Claims for ABC.
 3 Settlement by KVE
  KVE may, without ABC's consent, settle or compromise any Claim against or consent to the entry of any judgment if such settlement, compromise or judgment involves only the payment of money by KVE or provides for unconditional release by the claimant or the plaintiff of ABC from all liability in respect of such Claim and doesnot impose injunctive relief against ABC.
 4 Defense by ABC
  In the event KVE, within fifteen (15) business days after receiving a written notice of any such Claim, fails to assume the defense thereof, ABC shall have the right to undertake the defense, compromise or settlement of such Claim for the account of KVE for so long as KVE does not assume the defense.

[和訳]
第__条　補償
1　請求の通知
　　ABCに対して請求がなされるか訴訟が起こされ、それについて本条第1項によりKVEまたはその承継人に補償を求めることができる場合、ABCは当該請求の書面による通知を速やかにKVEに与えるものとし、KVEはその防御を引き受けることができる。これにはABCを合理的に納得させる弁護士の雇用及び当該弁護士の報酬と費用のすべての支払いが含まれる。上記の通知は(i)申し立てられた請求に関する状況を合理的に詳細に記載するものとし、(ii)本条項に言及するものとする。
2　KVEによる防御
　　KVEが請求の防御を引き受ける場合、KVEは、請求に関連した重要な展開をすべてABCに知らせ続けるものとする。これは当該請求の防御に関連して提出し送達しまたは送付したすべての重要書類の写しをABCに速やかに提出することを含み、それに限定されない。ABCは、上記請求において法域あたり1名の別の弁護士を雇用して、その防御に参加する権利を有する。ただし、かかる弁護士の報酬と費用は、ABCとKVEの両者が当事者として名を連ねておらず、当該弁護士による代理が当事者間で実際に異なる利害により不適切でない限り、ABCの負担とする。ただし、いかなる状況であれ、KVEは、ABCのために上記請求において法域あたり1名を超える弁護士の報酬及び費用に責任を負わないものとする。
3　KVEによる解決
　　KVEは、ABCに対する請求の解決、和解または判決がKVEによる金員の支払いのみをともなう場合または請求人もしくは原告により当該請求に関するすべての責任からABCが無条件に解放されABCに対する差し止め命令が下されない場合には、ABCの同意なく、当該請求を解決し和解しまたは判決の執行に同意することができる。
4　ABCによる防御
　　KVEが上記請求の書面による通知を受領後15営業日以内に当該請求の防御を引き受けない場合、ABCは、KVEが防御を引き受けない限り、KVEの勘定により当該請求の防御、和解または解決を引き受ける権利を有する。

解説

1❖ライセンサー(KVE)が紛争解決を担当して防御を進める
　本例文の規定は、第三者から知的財産権侵害とのクレームや訴訟を提起されたとき、紛争解決責任を負っている側のKVE(カレン・ビュー・エンターテインメント社)が、どのように防御を進めるかを詳細に段階ごとに規定している。
　KVEはABC(ライセンシー)のために弁護士を起用し防御を遂行する。訴訟等で防御に関

わる書類を裁判所に提出したり、クレームへの回答を送ったりするたびに、ABCにもそのコピーを送付して内容を知らせる義務を負う。また、原則としてABC側は弁護士を別途、KVEの費用で起用することはない。ただし、両者間で利害が対立するときは別の扱いとし、条件を詳細に規定している。ABCが自己の判断で弁護士を起用する選択権を有するが、その場合は費用も自己負担となる。

2❖KVEによる和解解決の場合の進め方（第3項）

KVEが原告（plaintiff）やクレーム提起者（クレイマント；claimant）と和解によって解決する場合も、ABCがその製造・販売等につき差し止めを受けるような条件であれば、単独で相手方に合意できない。ただし、KVEが単独で原告やクレーム提起者に和解金を支払い、ABCがクレームから免除されるだけであれば、KVEはABCの同意なしに和解に応ずることができると規定する。

3❖ライセンサーがライセンシー（ABC）のために訴訟等の弁護をしないとき

契約上の約束にもかかわらず、KVEが訴訟の防御をおこなわないときはどうするか。本例文では、通知受領後15営業日が経過してもKVEが何のアクションも取らないときは、ABCは単独で訴訟等の防御を進める権利を有すると規定している。しかもその費用（勘定）はKVEに帰属する。言い換えれば、請求できるのである。

4❖ライセンシー自身がライセンサーの費用で防御を進めるときの問題点

本規定の扱う第三者による侵害訴訟の重要さ、深刻さのひとつは、KVEがその防御義務を果たさないとき、敗訴判決を受けるのがABCであるということである。損害賠償だけならばまだ対応の方法があるが、製造・販売差し止めの（仮）処分（injunctive relief）が認められてしまうと、ABCは動きが取れなくなる。そのため、適時にKVEが訴訟防御手続きを開始しないときは、自分自身の手と判断で防御を進められるように規定したのである。

しかし、実際に訴訟防御を担当してみると、この規定にもアキレス腱があることが分かる。紛争対象の知的財産に関わる情報がなければ十分な防御ができないのである。

実務の世界では、契約のドラフティングは完成度を高めていくことができるが、極限まで高めたつもりでも完全というものがない。契約の世界では、改良はあっても完成することはないのである。契約書とは、成長していくビジネスとそのリスクに対して着せる服なのである。すなわちビジネスが成長を続ける限り、完成することがない。

知的財産権の保証と保証排除、損害賠償責任の限定㉓ | Limited Warranties; Limitation on Liability 例文330

◇映像作品の著作権保護のために、ライセンサー・ライセンシーが負う義務
◇著作権侵害行為の排除に要した費用の折半負担を規定する

> Article ___ Copyrights; Infringement
> 1 The Licensee shall take all steps and pay all fees necessary to protect the Picture and prints delivered or manufactured under this Agreement by copyright in the Licensed Territory, such copyright to be taken in the name of the Licensor or as the Licensor shall designate.

2 If the Licensee finds any unauthorized exhibition of the Picture or duplication of any print or the doing of any act which infringes upon the Picture, the prints, any printing materials or any advertising materials or the copyrights or trademark therein (hereinafter called collectively "Infringement"), then the Licensee shall promptly notify the Licensor thereof.
Upon such notification, the Licensor and the Licensee shall discuss whether or not any action or actions shall be taken against such Infringement.
3 If the parties hereto decide certain action to be taken, the Licensor shall take in its name, necessary action, against such Infringement, provided that all outside costs and expenses, including reasonable attorney's fees, incurred for such action, and all damages awarded or otherwise recovered shall be equally shared by the parties hereto.
4 The Licensor shall indemnify and hold the Licensee harmless from and against any loss, damages and liabilities arising out of any claim or suit by any third party alleging that the Picture and any materials supplied by the Licensor infringe upon the copyright or any other right of a third party.

[和訳]
第__条　著作権；権利侵害
1 ライセンシーは、本許諾地域において本契約に基づき引き渡され、または制作された本映画やプリントを著作権によって保護するために必要な一切の手段を講じ、一切の費用を支払うものとする（かかる著作権はライセンサーの名前で取得され、またはライセンサーの指定に従い取得されるものとする）。
2 ライセンシーが本映画の権限付与のない上映、プリントの複製、または本映画、プリント、印刷資材、宣伝用文書、それに含まれる著作権もしくは商標権を侵害する行為（以下、総称して「権利侵害行為」という）を発見した場合には、ライセンシーは速やかにその旨ライセンサーに通知するものとする。
かかる通知を受けて、ライセンサー及びライセンシーは当該権利侵害行為に対して何らかの措置を講じるか否かを協議するものとする。
3 本契約当事者が特定の措置を講じることを決定した場合には、ライセンサーは自らの名義で、当該権利侵害行為に対して必要な措置を講じるものとする。ただし、一切の外部コスト及び費用（当該措置のために被った合理的な弁護士費用を含む）ならびに認定されたまたは別途回復した一切の賠償金は、本契約当事者間で平等に負担、分配されるものとする。
4 ライセンサーは、本映画及びライセンサーが供給した資材が第三者の著作権またはその他の権利を侵害すると主張する第三者による請求または訴訟から派生する損失、損害及び責任について、ライセンシーを補償し、免責するものとする。

―――――――――― 解説 ――――――――――

1 ❖ 映像作品の著作権保護のためにライセンシーが負う義務

ライセンシーは、ライセンサーから使用許諾を受けて引き渡しを受けた映像作品とプリントについて、許諾地域で著作権の保護を得るために必要なあらゆる手段・手続きを取り、その費用を負担する。名義はライセンサー名またはライセンシー名による。

2 ❖ 第三者による著作権侵害行為があったときは、ただちにライセンサーに報告する義務

映像作品について不当な侵害があったことをライセンシーが見つけたときは、ライセンサーにただちに報告する義務を負う。

3 ❖ 侵害排除行為を実行すると決定したときの対応

ライセンサー・ライセンシーによる協議で侵害排除行為を取ると決定したときは、実行はライセンサーがその名義でなすが、費用については、ライセンサーとライセンシー折半負担とし、侵害者(相手方)から得た損害賠償金は折半し、分配されるものとする。

4 ❖ 映像作品が、第三者の著作権を侵害しているとのクレームを受けたときの対応

ライセンサーが防衛の義務を負担し、その責任で解決することとし、ライセンシーには損害を被らせないようにする。

第13款　品質コントロール

ライセンス許諾製品のブランド・イメージ、名声維持と品質コントロール①　Control of Quality　例文331

◇高品質と名声を維持するための規定を置く
◇ライセンシーは、ライセンサーの承認する見本、モデル通り製作する義務を負う

Article ___ Control of Quality

ABC agrees that the Licensed Products manufactured and sold under this Agreement shall be of high standard and such quality as to enhance the reputation and prestige of the Karen View Trademarks.

ABC undertakes to manufacture and distribute all of the Licensed Products strictly in accordance with samples, models approved by the Licensor and its instructions as to shape, color and materials.

ABC shall submit to the Licensor for its approval before starting the production of the Licensed Products for sale, samples or models which ABC plans to sell or offer for sale under Karen View Trademarks.

［和訳］
第__条　品質コントロール

ABCは、本契約のもとで製造・販売される許諾製品が高い水準のものであり、カレン・ビュー商標の評判と威信を高める品質であることに同意する。

> ABCは、すべての許諾製品をライセンサーが承認した見本、モデルならびに形、色彩、材料についての指示に厳密に従って、生産、販売することを約束する。
>
> ABCは、販売用の許諾製品の生産を開始する前に、ABCがカレン・ビュー商標により販売するか販売に供することを計画する見本またはモデルをライセンサーに提出し、その承認を得るものとする。

解説

1❖本例文の規定のねらい

冒頭にライセンス対象の知的財産（ブランドなど）の名声維持という目的を規定し、続いて具体的にサンプルやライセンサーからの指示に従うことを規定している。ライセンサー側からの指示には品質の同一性、高級イメージを維持するための技術やノウハウが含まれることが多い。いったん粗悪品、廉価品が多数出回ると、せっかく築き上げたブランド・イメージが根本から覆ることがある。本例文のねらいは、その知的財産やブランドの名声を維持することにある。

2❖ライセンサー本国では、生産・販売しない製品の許諾

商標使用許諾製品の許諾地域での販売にあたっては、ライセンサー本国の同商標製品と同じで同種・同等のものをライセンス生産する。これが基本である。しかし、それだけとは限らない。その許諾地域の消費者の嗜好を勘案して、デザイン、色彩、形、大きさに工夫を加え、また新しい商品のライン（商品群）を加えるなどを企画することがある。

典型的なのは、現地の言語によるブランド、ロゴの表示の追加である。ライセンサー側としては、ロゴ、美観も総合的に評価して、承認するかどうかを決める手続きを規定するのが賢明である。輸出に回ったり、並行輸入などで海外に出た場合のイメージの維持も考慮に入れた承認でなければならない。

3❖ライセンシーの廉価品戦略とライセンサー

ライセンシーによる生産で、ブランド名による顧客吸引力を利用して、素材やデザインの粗悪な品物を販売すれば、短期間のうちにブランド・イメージは凋落する。ロイヤルティの短期的な極大化戦略は、長期的にはマイナスになることもある。普及品や廉価品のライセンスには慎重でなければならない。

逆に化粧品などへの進出はブランド・イメージを高めることがある。化粧品への進出はブランド・オーナーの夢だといわれる。そのためか、化粧品にはさまざまなOEM生産の方法があり、欧州には「香り」だけの注文生産を引き受ける企業もある。

4❖イメージを落とす分野でのライセンスを拒絶する

一方、イメージを落とす分野、商品、サービスへの使用許諾は拒絶する。現実には、経済活動からいえば利益が絡み、なかなか難しい。ブランド・イメージを高める商品群かそうでないかの判断では、その見識とセンスが問われる。偽物ビジネス、バイオレンス、組織も絡んだアンダーグラウンド・ビジネスとの戦いもある。日本においてもシャネル、ディズニー、ニナリッチなどが、それぞれラブホテル、ポルノショップ、風俗喫茶などに対し、使用差し止め訴訟を提起して対決し、ブランド・イメージを守ろうとした。それぞれ生々しい判決が出され、原告側勝訴で終結している。

ライセンス許諾製品のブランド・イメージ、名声維持と品質コントロール② | Control of Quality 例文332

◇定期的に「見本」をライセンサーに提出し、その承認を受ける
◇ライセンサーからの指導員の派遣による品質維持を図ることを規定する

Article __ Submission of Samples and Dispatch of Licensor's Representatives

1. ABC shall deliver twice a year in advance of the each Season to the Licensor free of charge samples of each item of the Licensed Products currently being manufactured by ABC or its sub-licensees, including labels and packages in order to exercise Licensor's rights of quality control.
2. ABC shall ensure that ABC or its sub-licensees comply and observe any recommendation of the Licensed Products bearing Karen View Trademarks.
3. The Licensor may at its option once a year send one or two of its representatives to visit the premises of ABC and its sub-licensees in order to assist ABC or its sub-licensees in manufacturing the Licensed Products to conform the high quality.
   The costs of such trip and stay of the Licensor's representatives to ABC's country shall be borne by the Licensor.

[和訳]

第__条　見本の提出・ライセンサーの代表者の派遣

1. ABC（ライセンシー）は年2度、各シーズン前に、ABCまたはそのサブライセンシーがその時点で製造中の許諾製品の各アイテムの見本を無料で、ラベル及び包装とともに、ライセンサーが品質コントロールの権利を行使できるよう送付するものとする。
2. ABCは、ABCまたはそのサブライセンシーがカレン・ビュー商標を付す許諾製品に関する勧告を遵守しそれに従うよう図るものとする。
3. ライセンサーは、そのオプションにより、ABCまたはそのサブライセンシーが許諾製品を高品質品として製造することを支援するために、ライセンサーの代表者1名または2名をABCまたはそのサブライセンシーの工場に年1回派遣することができる。
   ライセンサーの代表者がABCの国に滞在する費用及び旅費は、ライセンサーの負担とする。

解説

1❖許諾製品の品質確保のためのスキーム

例文331で紹介したブランド・イメージ、品質のコントロールの基本条項に加えて、定期的に（たとえば年2回）、その維持とチェックを図るためのスキームが採用されることがある。サンフランシスコのKVC社は、ライセンシーから年2回、見本を送付するよう求めている。改めてその品質の確認をするのである。商品のシーズンは、商品ごとによって異

なる。シーズンが特になければ、具体的に年2回、いつまでと決めておけばよい。たとえば、"semi-annually on or before June 1, and December 1 each year"というようにである。

2❖ライセンサーによる毎シーズン前の「見本」の検査

本項は、実際に送付されてきた見本をライセンサーが遅滞なく検査し、その合格・不合格を連絡するのが前提である。もし、ライセンサーが必ず検査し連絡する体制ができていないときは、たとえば「見本送付後30日経過しても何の連絡もないときは、合格したとみなす」などの救済規定が必要である。権利には義務もともなうからである。

3❖ライセンサーからのライセンシー工場などへの品質管理指導員の派遣

このようなアドバイザーの派遣も品質コントロールのひとつである。ライセンサーにとっては、単にライセンス製品を見るだけでなく、ライセンシーのもとでの生産体制、品質管理体制、そして何よりも生産・品質管理・販売にあたる人々と工場、店舗の実際を見ることができる。その上で、ブランド・イメージと品質管理の実際を指導できるというメリットがある。費用負担をライセンシーとすると、どうしても発言力が弱くなってしまう。ライセンサー負担とすべき事項である。ミニマム・ロイヤルティで調整すればよい。

例文333 ライセンス許諾製品のブランド・イメージ、名声維持と品質コントロール③ | Control of Quality

◇市場導入前にサンプルのチェックによる品質コントロールをおこなう

Article ___ Sample; Quality Control

1 Prior to the introduction of the product bearing the Trademark "Karen" or the Character "Karen View", ABC shall obtain a written approval of KVC in advance with a sample of the Licensed Products.

2 KVC may require ABC to produce up to three (3) samples per each production of the Licensed Products.

3 ABC and ABC's sublicensee(s) or subcontractor(s) shall manufacture and distribute the Licensed Products strictly in accordance with all applicable laws and regulations of _____.

[和訳]

第__条　サンプル；品質管理

1　商標「カレン」またはキャラクター「カレン・ビュー」を含む製品の導入に先立ち、ABCは本許諾製品のサンプルとともに、KVCの事前の書面による同意書を取得するものとする。

2　KVCは、ABCに対して、本許諾製品の各製品につき、3個を上限としてサンプルを製作するよう要請することができる。

3　ABC及びABCのサブライセンシーまたは下請人は、_____の適用法令の一切に厳密に従い、本許諾製品を製造及び販売するものとする。

解説

1❖発売前にライセンサーがサンプル(見本・試作品等)で品質検査を実施し、承認する

　ブランド・ライセンスやキャラクター・ライセンスでは、ライセンシーの製造・発売する許諾製品の品質・性能が劣悪なものであれば、ライセンサーにとって貴重なブランドやキャラクターの信用、名声が一挙に失われる。そのようなリスク、事態を避けるため、許諾製品が市場に出る前に、あらかじめその見本をライセンシーから提出させ、品質・性能の検査を実施し、ブランド、キャラクターの信用、名声の維持を図ることがこの条項のねらいである。ライセンシーの製造する許諾製品の品質・性能について、ある程度信頼が置くことができるようになれば、見本等によるライセンサーによる承認は省略するのも選択肢のひとつである。

2❖製造技術、品質管理が信頼できるようになった後のサンプルによる承認の役割

　見本の提出を受けることにより、ライセンサーは許諾製品を把握できるので、万一、許諾していないいわゆる不正ブランド品、不正キャラクター品、偽物が市場に流通しはじめたとき、ライセンサーも発見が可能、容易になるという効果がある。また、ライセンシーがライセンサーに届けず、ロイヤルティを支払わない形で、ブランドやキャラクターを使用している場合に、ライセンサー自身の手で、手元の見本による許諾製品の管理をもとに不正使用を発見し、ロイヤルティの不払いについて、ライセンシーと交渉できる。

3❖ライセンシーは許諾された国の法律・規則を遵守して製造・販売する

　ライセンシーやその協力者(サブライセンシー、下請け製造業者など)が、許諾されたブランドやキャラクターを付した製品を販売する際に、違法な行為をなし、許諾製品の回収(リコール)や販売禁止、刑罰などの問題が発生すると、その製品に使用されているブランドやキャラクターの名声、信用に間接的に傷がつく。特に、食品や衣料、玩具など、その用途や使い方によって人命や健康に悪影響が生ずる恐れのある品目については、法律、各種規則の遵守や表示の正確さの確保が欠かせない。

ライセンス許諾製品のブランド・イメージ、名声維持と品質コントロール④ | Control of Quality 例文**334**

◇ライセンサーによる規格・水準管理と、規格・水準を満たさない「見本」の製品の製造・販売の差し止めを規定する

Article ___ Rejected Samples or Models

In case any of samples or models submitted by ABC is rejected by the Licensor, ABC shall not manufacture or distribute such rejected samples or models under Karen View Trademarks, and shall take the same out of collection of the Licensed Products.

If ABC manufactures or distributes any of such rejected items of the Licensed Products in violation of this provision, the Licensor may at its sole discretion terminate this Agreement or any part of this Agreement by giving a written notice to ABC.

［和訳］
第__条　見本またはモデルの拒絶
　ABCが提出した見本またはモデルがライセンサーによって拒絶された場合、ABCは拒絶された見本またはモデルをカレン・ビュー商標により製造または販売しないものとし、当該見本またはモデルを許諾製品のコレクションから除外するものとする。
　ABCが、拒絶された許諾製品アイテムをこの規定に違反して製造または販売した場合は、ライセンサーはその単独の裁量で、本契約の全部または一部を、ABCに対する書面の通知により解除できる。

解説

1 ライセンサーによる拒絶権
　品質コントロールの裏付けとして、ライセンサーによる不適合製品の拒絶権を明確にしたのが、本例文の趣旨である。素材、仕上がりなど品質そのものが不十分な場合と、その商品のデザインなどイメージがライセンサーの求める基準と合致しない場合とがある。

2 イメージが合致しないという拒絶理由
　ライセンシーにとって見れば、非常に厳しい拒絶理由である。しかし、ブランド・オーナーにしてみれば、これこそもっともブランド・イメージを傷つけるものである。たとえ、その許諾地域だけライセンスを与えても、並行輸入など別ルートから海外に販売される可能性を否定できない。ブランド・イメージの統一性と名声を守るため、ライセンサーにとっては容易に譲れないところである。

例文335　ライセンス許諾製品のブランド・イメージ、名声維持と品質コントロール⑤ | Control of Quality

◇ライセンサーは、ライセンサーの製品の品質に近い品質の許諾製品をライセンシーが製造できるよう支援すると規定

Article __ Quality of Licensed Products
1　ABC acknowledges and agrees that ABC is and will be completely and solely responsible for the quality of the Licensed Products manufactured by ABC, used and sold by it.
2　KVC makes no warranties, express or implied, regarding the Licensed Products or Technical Information, including any warranties or representations that ABC will be able to achieve the results as are actually obtained by KVC in the manufacture of the Licensed Products.
3　KVC will exert its best efforts to help ABC to obtain substantially the same results as are actually obtained by KVC in the manufacture of the Licensed Products at its

own plants.

[和訳]
第__条 許諾製品の品質
1 ABCは、ABCが製造、使用及び販売する本許諾製品の品質について、完全かつ単独で責任を負うことを了承し、これに同意する。
2 KVCは、本許諾製品の製造にあたり、KVCが現実に達成した結果をABCが達成できる旨の表明保証をはじめ、本許諾製品または技術情報に関する明示的または黙示的な保証については一切(保証)しないものとする。
3 KVCは、自らのプラントにおける本許諾製品の製造で、KVCが現実に達成した結果と実質的に同様の結果をABCが達成できるよう、支援に最善の努力をするものとする。

―――――解説―――――

1❖ライセンサーの求める品質が、ライセンシーの許諾地区では得られない可能性

開示された技術情報、生産プロセスに基づいてライセンシー(ABC)が許諾製品を製造しても、ライセンサー(KVC)が自社の試験場や工場で生産して得られた品質に達するかどうかは分からない。生産プロセスで使用する部品・部材の相違や、双方が習得している技術力の差、生産地を取り巻く気候・環境などが微妙な差をもたらすこともある。ライセンシーの生産・販売するマーケットで求められる品質が、ライセンサー側のものと異なる場合もある。

2❖ライセンサーの提示する見本と同一だと保証しないことを規定する

上記1のような背景を勘案し、本例文では、ライセンサー(KVC)は、ライセンシーがライセンス契約に基づき開示された技術情報を使用して生産した許諾製品について、その品質が、ライセンシーがライセンサーの生産現場で見たライセンサーの製品の品質と同等であるとは保証しないと規定している。

3❖ライセンサーによるライセンシーへの生産援助義務

同品質のものを生産できるとは保証しないが、代わりに、それに近い品質の製品を生産できるようライセンシーを援助する努力義務を規定している。

●―第14款　ライセンシーによる広告・宣伝、販売促進努力義務

広告・宣伝、販売促進努力義務① | Obligation for Advertisement and Promotion　例文336

◇ライセンシーは、許諾製品の販売額の一定割合を広告・宣伝に充てると規定する

1 ABC shall exercise throughout the term of this Agreement all reasonable efforts to

promote and advertise the Licensed Products in the Territory.
2 At least ABC shall in each year spend on advertising and promoting the Licensed Products as amount equal to _____ % (_____ percent) of the total Net Sales Amount of the Licensed Products invoiced in the previous year or _____ US Dollars, whichever is greater, in accordance with the advertisement plan to be approved by the Licensor.

[和訳]
1 ABCは、本契約有効期間中、本許諾地域で許諾製品の販売促進と宣伝をおこなうために合理的なあらゆる努力を尽くすものとする。
2 ABCは、最低限、毎年、前年度の許諾製品の純売上総額の_____%に相当する金額または_____米ドルのいずれか多いほうの金額を、ライセンサーが承認する宣伝計画に従って、宣伝・販売促進のために使うものとする。

―――――――― 解説 ――――――――

1❖ライセンシーの宣伝・販売促進努力義務
　第1項は、いわば抽象的な努力目標である。ただ、ライセンス契約を締結するライセンシーの中には、現実にまったく販売促進活動をせず、販売実績がゼロでも平然としているケースがある。そのような、どちらかといえば悪意に近いような販売意欲のないライセンシーを許さない、契約違反として中途解除するためには、このような規定が役立つ。

2❖販売促進努力義務を果たしたかを判断する客観的な基準――一定額または一定割合の広告宣伝費の使用
　第1項の規定だけでは、販売努力をしたかどうか、契約違反にあたるかどうかの客観的な基準がない。本例文の第2項は、その客観的な基準として、ライセンシーが許諾製品の販売のために広告宣伝費に充当した金額を基準にしようというものである。

例文337 広告・宣伝、販売促進努力義務② | Obligation for Advertisement and Promotion

◇ライセンス契約において、ライセンシーは販売促進努力義務を負う
◇広告・宣伝のための計画、広告見本について、ライセンサーの事前承認を受ける

1 ABC shall at all times during this Agreement use its best efforts to promote and to sell all the Licensed Products under the Karen View Trademarks.
2 Samples of all promotional materials or plans of advertisements referring to the Karen View Trademarks for intended use by ABC shall be submitted by ABC to the Licensor for its prior approval before the commencement of ABC's advertising cam-

paigns to the public.

> [和訳]
> 1 ABCは、契約有効期間中いつでもカレン・ビュー商標のもとで、すべての許諾製品を販売促進し、販売するために最善の努力を尽くすものとする。
> 2 ABCが使用予定のカレン・ビュー商標に関わる販売促進資料の見本と広告の計画書は、ABCが一般公衆に対する広告宣伝活動を開始する前にライセンサーに提出し、その事前承認を受けなければならない。

―――― 解説 ――――

1❖ライセンシーによる最善の販売促進活動
　本例文のライセンシーの義務は抽象的な表現にとどめている。具体的な予算については取り決めない方針を取っている。

2❖広告計画、広告見本・資材のライセンサーによる事前承認
　ライセンシーが利用しようとしている広告、宣伝の事前承認制度を規定する。ライセンシー側に任せてしまう方法もあるが、ライセンサーの予想を超えた比較広告や、一般大衆から批判を受けかねない広告、ストーリーを使うこともありうる。そのような事態発生のリスクを最小限に抑え、イメージアップにつながるような広告であることを確保するのが、ライセンサーのねらいである。

●―第15款　ライセンシーの計算・記録保管・報告義務

ライセンシーの計算・記録保管・報告義務① | Accounting, Records and Reports　　例文338

◇ランニング・ロイヤルティ計算の基礎データの整備を規定する

> 1 ABC shall keep, or cause to be kept, complete and accurate records and books in the English language sufficiently separate and detailed to show the amount of the Licensed Products manufactured and sold, used and the running royalty due and payable to the Licensor.

> [和訳]
> 1 ABCは、許諾製品の製造・販売・使用の数量とライセンサーに対して支払わなければならないランニング・ロイヤルティを証明するために、十分に区分され、詳細かつ英語で記載された完全で正確な記録と帳簿を自ら作成し保管するか、または作成、保管せしめなければならない。

例文339 ライセンス｜ライセンシーの計算・記録保管・報告義務②
例文340 ライセンス｜ライセンシーの計算・記録保管・報告義務③

―― 解説 ――

1❖本例文のねらい

　ランニング・ロイヤルティの計算の基礎となるデータを、ライセンシーが整備しておく義務を規定するものである。トレードシークレット、特許、商標、デザイン、キャラクター・マーチャンダイジング、著作権等のライセンスでは、ライセンサーが判断するデータで、ライセンシーの協力なしに入手できるものはほとんどない。したがって、ライセンシーの協力が不可欠なのである。

2❖keep, or cause to be kept, complete and accurate records and books in the English language

　サブライセンシーによる生産・販売等においては、記録と帳簿を整備させることを義務づけるので、"cause to be kept"という用語を使っている。下請け生産、サブライセンスの両方をカバーしようとしている。言語の指定は忘れがちになるが、現地語でまったく理解できないものもあるから、英語または日本語等を相手方との間で確認しておく必要がある。何の指定もなければ、相手方（ライセンシー）の国の公用語になってしまう。

例文339　ライセンシーの計算・記録保管・報告義務② | Accounting, Records and Reports

◇ライセンサーが人員を派遣してライセンシーの帳簿の検査をおこなう

> 2　ABC shall, at the request and at the expense of the Licensor, permit its personnel and/or an independent accountant designated by the Licensor to have access to, examine and copy during ordinary business hours such records as may be necessary to verify or determine any royalties, paid or payable, under this Agreement.

[和訳]
> 2　ABCは、ライセンサーの要請があるときは、ライセンサーの費用負担で、ライセンサーの人員及び／または、ライセンサーが指定する独立した会計士が、ABCの通常の営業時間中に、（ABCの事務所を訪れ、）本契約のもとで支払った、または、支払うべきロイヤルティの額を確認し、あるいは決定するために必要な記録を閲覧し、吟味し、コピーを取ることを許可する。

―― 解説 ――

1❖本例文のねらい

　本例文は、例文338に続くものであり、ライセンサーがその人員を派遣してライセンシーの帳簿を検査し、ライセンシーのロイヤルティの正確さを確認することがねらいである。本来支払われるべきロイヤルティより少額のロイヤルティの報告しかないのでは、という疑いを持って調査がされることが多い。

2❖its personnel and/or an independent accountant designated by the Licensor

ライセンサーから人員を派遣することもあるが、代わりに派遣先の国の会計士、自国の会計士を指定して、代理で調査させることもある。そのような代理での調査、検査を可能とするのがこの規定である。

ライセンシーの計算・記録保管・報告義務③ | Accounting, Records and Reports　　例文340

◇ライセンス契約で、ライセンシーからのロイヤルティの計算と額をライセンサーに報告する手続きを規定する

3　During the term of this Agreement and as soon as practicable after the end of each fiscal year and in any event within thirty (30) calendar days thereafter, ABC shall submit to the Licensor the report, in English showing the Net Selling Price as mentioned in Article __ (Running Royalty), the amount of royalties to be payable, and other data for calculation thereof with respect to the Licensed Products manufactured and sold, used or leased during each such accounting period.

［和訳］
3　本契約期間中、各会計年度の終了日後なるべく速やかに、そしてどんなに遅くとも各会計年度終了の日から30暦日以内に、ABCはその各会計期間中に、製造、販売、使用、リースされた許諾製品に関する第__条(ランニング・ロイヤルティ)に規定する純販売額、支払うべきロイヤルティ額及びその算出のために必要な他のデータを示す英語による報告書をライセンサーに提出するものとする。

解説

1❖ロイヤルティ算出の基礎となる期間
本例文の計算と報告は各会計年度を基準としている。したがって1年に1回計算をする。純販売額(定義される用語)を基準とし、その金額と契約のロイヤルティの規定で定められる条項をもとに計算をおこなう。

2❖ロイヤルティの計算とミニマム・ロイヤルティ
本例文の方式で算出されるロイヤルティは、ランニング・ロイヤルティである。この金額が最終となるかどうかは、ロイヤルティの規定にミニマム・ロイヤルティの規定があるかどうかによる。ミニマム・ロイヤルティ(最低使用料)の規定がある場合は、算出されたランニング・ロイヤルティとミニマム・ロイヤルティを比較し、ランニング・ロイヤルティのほうが高ければ、それが最終となる。しかし、ミニマム・ロイヤルティの金額のほうが高いときは、ミニアム・ロイヤルティの金額によることになる。ミニマム・ロイヤルテ

ィの規定がなければ、算出された金額が経過年度のロイヤルティとなる。

例文341 ライセンシーの計算・記録保管・報告義務④ | Accounting, Records and Reports

◇簡潔な規定の仕方
◇ライセンシーの許諾製品の生産・販売記録、帳簿作成、保存義務を規定する
◇ライセンサーの帳簿閲覧権を規定する

> Article ___ Records and Accounts
> 1 ABC shall keep full and accurate records and accounts relating to the manufacture and sales of the Licensed Products.
> 2 ABC shall make its records and accounts available for inspection by the Licensor or its duly authorized representatives upon reasonable advance notice.

> [和訳]
> 第__条 記録・帳簿
> 1 ABCは、許諾製品の製造、販売に関する完全かつ正確な記録と帳簿をつけるものとする。
> 2 ABCは、ライセンサーから合理的な事前の通知を受けたときは、その記録、帳簿をライセンサー、またはライセンサーが指定した代理人による検査に提供しなければならない。

―――― 解説 ――――

1❖本例文のねらい
第1項は、ロイヤルティ計算に必要な事項を簡潔に取り決めている。この資料がなければロイヤルティは算出できないし、その計算の正確さの確認もできない。

2❖ライセンサーの閲覧権
ライセンサーによるライセンシーの帳簿閲覧権を簡潔に規定したものである。ライセンサーは、事前に通知をしてライセンシーの事務所を訪問し、許諾製品の製造・販売記録の検査をおこなう。代理人を指定して検査をすることもできる。

ライセンシーの計算・記録保管・報告義務⑤ | Accounting, Records and Reports　例文342

◇ロイヤルティ計算の正確さについてライセンサーによる検査の権利を規定
◇万一、ロイヤルティが10％を超えて低額に計算され支払われていた場合の、ライセンサーによる検査費用のライセンシー負担特約

Article ___ Right of Audit by Licensor
1. Within sixty days following the end of each fiscal year, the Licensee shall submit to Licensor a statement setting forth all royalties due and payable by the Licensee to the Licensor for that year, along with payment of the amount due.
2. Not less than six months following the receipt of any such statement, the Licensor may conduct at its own costs an audit of the records of the Licensee in connection with the statement during reasonable business hours.
3. In the event the audit discloses an underpayment of more than ten (10) percent, the costs of audit shall be borne by the Licensee.
4. In any event, the Licensee shall promptly pay any underpayment together with interest at the annual rate of fourteen (14) percent.

[和訳]
第__条　ライセンサーによる検査権
1. 各会計年度の終了より60日以内に、ライセンシーはライセンサーに対して、当該年度においてライセンシーがライセンサーに期限の到来した支払うべき一切のロイヤルティを定めた計算書を提出するとともに、期限の到来した金額を支払うものとする。
2. 当該計算書の受領より6ヶ月以内に、ライセンサーは自らの費用負担において、合理的な営業時間内に、当該計算書との関連でライセンシーの記録の検査を実施することができる。
3. 検査の結果、10％を上回る支払い不足が判明した場合には、検査費用はライセンシーがこれを負担するものとする。
4. いずれの場合も、ライセンシーはただちに支払い不足額を年率14％の金利を付して支払うものとする。

―――― 解説 ――――

1❖ライセンサーは、報告された計算書、ロイヤルティ額に疑義があれば、検査を実施できる
　ライセンサー自身の費用で、ライセンサーから検査人を派遣し、ライセンシーの事務所でその帳簿などを閲覧し、検査できる。検査の時間は、合理的な業務時間内とする。また、検査を実施できるのは、報告書を受領してから6ヶ月以内とするとしている。

2❖検査の結果、ロイヤルティが本来あるべき額より低かったときの措置
　検査をおこなった結果、ライセンシーが報告したロイヤルティが、本来あるべき金額よ

り10％を超えて低かった場合は、単にロイヤルティ額の修正、あとからの不足額全額の支払いだけでなく、ライセンサーの要した検査費用を、ライセンサーに代わりライセンシーが負担すると規定している。

　支払い不足額は、10％を超えるか否かに関わりなく利息（本例文では14％）を付して速やかに支払う。利息は、当該ライセンスの条件として個別に決める。支払い不足額が10％未満だからといって、ライセンシーが不足額を支払わなくてよいという趣旨ではない。

●―第16款　契約期間条項

ライセンス契約の有効期間はどう定めるのが合理的かつ公平か

　ライセンス契約の有効期間の定め方はさまざまである。たとえば特許権のライセンスであれば、ライセンシーの立場からは、その許諾特許の存続する期間をライセンス有効期間とし、特許の消滅とともに契約終了としてもよい。

　しかし、現実には、ライセンス対象の特許は1つとは限らない。仮に3つの特許権があり、そのうちの1つが早く消滅したら、ライセンスの対価であるロイヤルティを、当初の3つの特許権が存続している場合と同様に支払い続けるのが合理的で公平なのか、それとも減額、たとえば3分の2に減額するのが公平なのか。

　このあたりから、ライセンシーの考えとライセンサーの考えに隔たりができ、衝突が生まれてくる。ライセンサーは、当初の3つの特許権のうち、1つでも有効であれば、変わることなく同額のロイヤルティを受けたいと考えるかもしれない。しかし、ライセンシーの立場から見た場合はどうか。

ハイブリッド・ライセンス

　さらに、特許権がすべて消滅しても、ライセンサーの立場からいえば、ライセンス契約は、いわば、"Hybrid License"と呼びたい場合が少なくない。通常、このような表現・言葉は使用されない。

　飛鳥凛が新人法務部員として修行しているオーロラ・ボレアリス社では、飛鳥凛は上司の日高尋春氏から、次のようにいわれたという。

　「ライセンス契約は、特許ライセンス契約、商標ライセンス契約、著作権ライセンス契約というように、別々の契約に分類して片づけてはならない。ライセンス契約は、いったんすべて、ハイブリッド・ライセンスと受け止めよ。ライセンス契約には、産業財産権と呼ばれる特許、商標、実用新案などとは別に、不正競争防止法で保護される営業秘密、著作権法で保護される著作権などさまざまな財産権が組み込まれている。それらのすべてに目を向けて有効期間、適正なロイヤルティの算出方法、技術指導、終了後の秘密保持について考えよ」

　飛鳥凛が、実際に、担当するライセンス契約の条項を丁寧に見ていくと、たしかにライセンス契約は、たとえタイトルが特許権ライセンスや商標ライセンスとなっていても、特許権だけ、商標だけのライセンスということは、むしろ少ない。許諾製品の製造に関わる特許権だけでなく、製造時に必要・有益とされるノウハウやトレードシークレット、それにライセ

ンシーによる販売の際に使用することも可能なライセンサー所有の商標権なども、ライセンスの対象になっていることがある。

たとえばカレン・ビュー社とオーロラ・ボレアリス社の契約には、次のような表現が見られる。

> KVC and ABC acknowledge that this license is a hybrid license and that the Licensed Rights under this Agreement include, among other things, patents, trade secrets, trademarks, know-how and copyrights. In the event any patent included in the Licensed Rights expires or is held invalid, the royalties payable hereunder shall be reduced to a reasonable amount thorough good faith negotiation by both parties.

> ［和訳］
> 　KVC及びABCは、本ライセンスがハイブリッド・ライセンスであり、本契約に基づき許諾された権利の中には、特許権、営業秘密、商標、ノウハウ及び著作権が含まれることを了承する。許諾された権利に含まれる特許権が満了しまたは無効と判断された場合には、本契約に基づき支払われるべきロイヤルティは、両当事者の誠実な交渉によって合理的な金額に引き下げられる。

　飛鳥凛は日高尋春氏に次のように質問した。「このような曖昧な規定では、実際には、ロイヤルティを減額するのは、難しいのではないでしょうか」。
　日高尋春氏の答えは、こうだった。「その通り。実際、カレン・ビュー社が話し合いにすら応ぜず、テーブルにつかなければ、現実には下げることができない。ただこの規定があれば、減額交渉を申し入れるきっかけにはなる。これがなければ、その申し入れのきっかけもない」。

特許ライセンスでの契約期間

　ソフトウエアのライセンスにおいては、「永久（perpetual）」という取り決め方もある。本来は、著作権の有効期間を前提に考えるべきであろうが、映画など長期の著作権保護の対象である場合や、継続してバージョンアップを図る場合、1回限りの取引で相手方（ライセンシー）に許諾する場合は、トレードシークレットなど他の知的財産等とセットにすることで「永久」というのも、ひとつの選択肢であろう。

　特許ライセンスでは、契約でライセンスの対象となる特許がすべて消滅した場合は、契約終了とするのが本来の姿であろう。こうした、特許の消滅までとする特許ライセンスもある。いくつか特許がある場合には、その最後の特許の消滅までという取り決め方もある。特許の許諾の対価について、対象特許が少なくなっても同額のロイヤルティが要求されるのは

困るというライセンシーの考え方が強いときは、特許ごとに別々に複数の特許ライセンス契約を結ぶ方法もある。しかしこれは、ライセンサーが希望しないから、交渉は難しい。

ライセンサー側の立場から見れば、特許の許諾時に、実際には技術指導などがあわせて実施され、ノウハウ、トレードシークレットの開示がなされることも少なくない。そのような場合は、特許消滅後も、トレードシークレット・ライセンスに移行して存続ということも理論的には可能である。その場合、ロイヤルティを特許権が有効な時期と比べて、どのようにしたら合理的なのか、現実の課題になる。

特許消滅と同時に多くの新規参入者が登場し、ライセンシーによる許諾製品の販売数や販売価格、すなわち利益に打撃がある場合と、実際には商標やトレードシークレットの存在のためにほとんど影響がない場合とがある。販売数量にスライドしない毎年のミニマム・ロイヤルティを高く設定しておくと、このような場合にライセンシーとして苦境に立たされることとなる。ランニング・ロイヤルティを基準にロイヤルティを取り決めている場合は、ライセンサーから見れば合理的であろうが、ライセンシーにしてみれば、ロイヤルティの支払い義務から解放してもらいたいという考えも出てくる。極端な場合では、ライセンシー側の経営判断として、ロイヤルティの支払いを止めるべく、ライセンス契約の打ち切り、解除通知が発せられることさえある。

飛鳥凛の話では、日高尋春氏の友人がある企業の法務部門にいるとき、次のような経験をしたそうだ。特許が消滅し、さらに数年が経過したとき、ライセンス導入時に許諾製品の製造のための工場の設計・建設のために指導を受け開示を受けたトレードシークレットが、すでに陳腐化し、パブリックドメイン化したと考え、友人の属する法務部門の意見を無視して、経営陣が一方的な解除通知を出してしまったという。このことでフランスのライセンサーは憤り、その後、相手方の申し立てにより、長期の仲裁による闘争が数年間続き、ロイヤルティの数倍にのぼる仲裁費用、弁護士料を負担することとなったという。相手方は、仲裁だけでなく、友人の属する企業の唯一といってもいい主力工場の操業停止の仮処分まで求めてきたというのである。

ライセンス契約は、1回限りの売買などと異なり、その紛争の勝敗により経営の根幹をなす工場の操業まで左右される場合がある。締結時だけでなく、その運用に際しても重要性を十分考慮しておかなければならない。

契約の自動更新と中途解除

商標ライセンスやフランチャイズ契約では、商標の更新による継続を考えれば、「永久（perpetual）」という取り決め方も選択肢のひとつであり、しかも可能である。しかし、経済の変化、暮らしぶりの進展、科学技術の進歩により、許諾商標をつけた商品が市場で契約締結時のように有力な商品として維持・流通するかどうかは、見通しがつかない。

実際には、たとえば当初5年くらいの有効期間を設定し、その後、売り上げが順調に伸びれば、さらに一定期間（たとえば3年ずつ）延長していくという方法が選択されることがある。契約の仕方次第で、自動延長という方法と、一方の当事者の申し入れで延長できる方法などがある。前者の自動更新は、延長したいときは何もしなくてもいいので、手間がかから

ず便利である。しかし、当方が延長するつもりでいても、相手方から延長しない旨の通知が来る可能性を残している。そのときになって、あわてる当事者がいる。

　日高尋春氏の友人の1人も、フランチャイズ契約のもと、アジアと日本でフランチャイズチェーンが大きく成長し、さらに出店計画を立てているときに、自動更新条項に基づいてフランチャイザー（本部）から延長しないという連絡が来るという話を聞いて飛び上がったことがあるという。信頼する相手方の担当者の好意と機転でフランチャイズ契約の終了を免れ、継続することができたが、その交渉は綱渡りに似て大変だったという。

　日高尋春氏の友人の到達した解決方法は、フランチャイズ契約の有効期間の定め方がその経営基盤になっていることを踏まえ、相手方の一方的な判断で更新を拒絶できる自動更新条項に代えて、"right to renew"（更新権、延長権）を取り決めることだったという。この取り決めにしておけば、フランチャイジーというライセンシー側からの判断と通知のみで契約を延長できる。これは、契約延長のオプションともいう。
　したがって相手方に対し、更新時にはその条項に基づき適時に、契約をさらに一定期間（たとえば5年）延長するという更新通知を送付する必要がある。何もしなければ、契約は更新されず、終了する。

　一方、上記と正反対のケースであるが、フランチャイジーやライセンシーがビジネスからの撤退を選び、契約有効期間中でも、その経営判断に基づいて一方的に解除を望む場合がある。そのような場合に、ライセンシー側から一方的に解除できるという権利を契約交渉時に確保することがある。
　相手方の契約違反や破産などにより中途解除する場合を"termination for cause"と呼ぶ。これは、相手方に帰すべき事由がある場合の解除である。
　これに対し、相手方には責めがない、帰責事由がない場合に、当方の一方的な理由・判断で契約を解除する権利を契約中途解除のオプションという。"right to terminate at its option"である。現実には、相手方にとっては厳しい規定であるが、状況により、当方にとっては必要なケースがある。そのような場合には、他のコマーシャルターム（ビジネス上の条件）で譲って、相手方の了承を得るようにすることがある。
　企業の経営には、合併や経営資源の集中や、相手方との取引継続について支障が発生する場合などさまざまなケースがある。ライセンス契約のように、一定のビジネスの継続を前提とする契約期間の取り決めには、細心の注意が必要なのである。

契約期間条項①｜Term　　　　　　　　　　　　　　　　　　　　　　　**例文343**

◇使用許諾対象特許の最後の分（特許権）の存続期間終了まで契約を有効とする

> Article ＿＿ Term of this Agreement
> This Agreement shall be in full force and effect from the date first herein written and shall remain in effect for the life of the last-to-expire patent licensed hereunder, unless

otherwise terminated by operation of law or by act of the parties in accordance with the terms of this Agreement.

[和訳]
第__条　本契約の期間
　本契約は、本契約の頭書に記載された日付けから完全な効力を有し、本契約に基づき許諾された最後に失効する特許権の存続期間中、有効に効力を有するものとする。ただし、本契約の条項に従い、法律の運用または当事者の行為によって別途終了する場合を除く。

―――― 解説 ――――

1❖ライセンス契約の有効期間を特許の存続期間と一致させる

　ある意味で、ライセンサーとして潔い規定の仕方である。付随的なトレードシークレットやさまざまな指導、協力とは関わりなく、ライセンサーがライセンシーに対して使用許諾する自己の特許権の最後の分が消滅したとき、同時にライセンス契約も終了し、ロイヤルティの支払い義務からライセンシーを解放するものである。

2❖複数の特許の一部分が消滅したとき、ロイヤルティ額の計算はどうなるのか

　それでも、ライセンスする特許がいくつかある場合には、そのうち早く消滅してしまう特許の使用許諾に相当する分をロイヤルティの額に反映させて減額するか、それとも、ライセンシーの許諾商品売り上げなどビジネスに影響がなければ、それまで通り、あたかも特許がすべて存続しているかのように同額のロイヤルティを支払い続けるのか、という選択肢に直面する。契約は自由に設計すればいいものであるから、いずれに合意してもよい。契約交渉次第なのであるが、契約にいずれとも規定がない場合は、その解釈・運用がむずかしい。裁判所は、わざわざいずれか一方のため、あるいは双方に公平に適切な条項を補充してくれるわけではない。当事者で協議して決めるのが実際である。

例文344　契約期間条項② | Term

◇最後の特許が消滅するまでを契約有効期間と規定する

Article __ Duration
The licenses and sublicenses granted hereunder shall be in effect from the date of this Agreement and shall continue in effect for the life of the last issue of the patents licensed hereunder, unless terminated earlier as provided in this Agreement.

[和訳]
第__条　存続期間
　本契約に基づき許諾されたライセンス及びサブライセンスは、本契約の日付けより効力を有し、本契約に基づき許諾された特許権のうち、最後に発効した特許権の有効期間中、効力を有するものとする。ただし、本契約の定めに従って中途解約された場合はその限りではない。

解説

1❖特許の最後の分が消滅するまで有効

　実際には、先の例文343と同趣旨で、表現が少し丁寧な上に具体的であるだけである。契約期間のことは、"term"という用語と同じ意味で、"duration"という用語が使用される。"term"のほうがやさしい用語のように見えるが、契約書で使用される場合、"term"には、期間だけでなく用語という意味もあり、なかなか手ごわい。一方、"duration"は、期間だけを意味しているので、扱いやすい。

2❖for the life of the last issue of the patents

　前の例文では、for the life of the last-to-expire patentと表現していたものと同義である。
　その特許ライセンス契約で実施許諾された特許のうち、最後に発効した特許権の有効期間が終了するのが、他の許諾特許に比べて一番遅いだろうとの前提に立ってこのように取り決めている。ここで"issue"とは、特許庁の審査の結果、特許権が付与され特許が有効になることを指す。
　いくつかの表現方法を身につけておき、ドラフティングを自らする立場になったとき、自分に合った好きな表現を選べばよいのである。相手方が別な表現を選んで提示してきた場合は、相手の選択を尊重すればよいのである。自らの表現方法に固執する必要はなく、いくつかの表現を修得しておけば、相手方の表現を尊重しやすくなり、余計な交渉をしなくてよくなる。

契約期間条項③ | Term　　　　　　　　　　　　　　　　　　　　例文345

◇有効期間を特許(複数)のうち、最終分の特許の存続期間の終了日の深夜(midnight)と一致させる

Article __ Term of this Agreement
1　Unless previously terminated in accordance with the provisions of this Agreement, this Agreement and the license granted hereunder shall run until midnight on the expiration date of the last patent to expire, and shall thereupon terminate; provided, however, that the Licensee's obligation to pay royalties and to make reports shall terminate as to each licensed patent at midnight of its respective expiration

> date as provided in Exhibit A (List of Licensed Patents and Respective Amount, Rate of Royalties).
>
> 2 If the Licensee shall at any time default in the payment of any royalty payable under this Agreement or in the making of any report hereunder, or shall commit any breach of any covenant herein contained, or shall knowingly make any false report and shall fail to remedy any such default, breach or report within thirty (30) days after written notice thereof by the Licensor, the Licensor may at its option terminate this Agreement and the license and other rights herein granted by notice in writing to the Licensee to such effect, said termination being effective subsequent to the notice.

[和訳]
> 第__条　本契約の期間
>
> 1　本契約の規定に従い早く終了した場合を除き、本契約及び本契約に基づき許諾されたライセンスは、最後に満了する特許権の満了日の真夜中（午後12時）まで存続し、その時点において終了するものとする。ただし、ロイヤルティを支払い、報告をするライセンシーの義務は、各許諾特許権について別紙A（許諾特許権、それぞれの金額、ロイヤルティ率のリスト）に定めるそれぞれの満了日の真夜中に終了するものとする。
>
> 2　ライセンシーがいかなるときも、本契約に基づき支払うべきロイヤルティの支払いまたはその契約に基づく報告の実施に関して不履行をした場合、あるいは本契約に定める誓約について違反した場合、または故意に虚偽報告をなし、ライセンサーから書面によるその旨の通知を受けた日より30日以内に当該不履行、違反もしくは報告を治癒することを怠った場合には、ライセンサーは自らの選択により、当該ライセンシーに書面の通知をなすことにより、本契約ならびに本契約で付与されたライセンスその他の権利を終了させることができる。なお、当該終了は当該通知の後に効力を発するものとする。

解説

1❖有効期間は、許諾特許（複数）のうち、最終分の特許の存続期間の終了日の深夜まで

　ライセンス契約の有効期間を、各特許の最終分の存続期間の終了日の深夜（midnight）と一致させている。

　有効期間の決め方としては、特許のみのライセンスとはせず、ノウハウ、トレードシークレットなどの使用許諾と組み合わせて、特許の消滅後もそれにかかわらず、契約発効日から一定期間有効とする決め方もある。特許の消滅と同時に、ライセンス契約を終了、消滅させ、ロイヤルティ支払いを終わりにしてしまうのは、潔い決め方である。技術指導やノウハウの開示が契約の一部に含まれない特許ライセンスなどの場合には、自然で、適合する決め方である。また、ノウハウのライセンス、技術指導などについては、別の独立し

た契約を締結する方式を取る場合にも、適合する。

　ライセンス契約でいえば、特許のライセンサーに厳しい決め方であるといえよう。

2❖許諾対象の特許ごとのロイヤルティを個別に決める方式

　一括してロイヤルティを取り決める方式のほうがライセンサーには有利であり、個別特許ごとにロイヤルティ率を決めるのはライセンシーに有利な規定である。さらに詳細に、それぞれの特許が消滅するごとに当該特許実施許諾についてのロイヤルティ(使用料)の支払い義務を終了させることを規定する。個別にロイヤルティを決めなければ、最終の特許が消滅するまでライセンサーは全額のロイヤルティを請求することになるだろうから、この個別の支払いの規定の仕方は、ライセンシーの利益を考慮した規定である。

　ただ、契約上の技術からいえば、契約の途中で特許が成立したり一部の特許が無効になったり消滅したり、またそれを補う関連特許が成立したりした場合、契約の解釈の仕方、読み方、対応に戸惑うことがある。ライセンサーから見れば、一括でロイヤルティ額を決めておくのが合理的だと主張したいだろう。重要な特許が失効し、ライセンスによりライセンシーが製造・販売を続ける許諾製品に関わりがなくなったときには、この個別に規定する方式は、合理的であり好ましい。

　いずれかが、絶対的に正しいわけではない。このような場合に契約交渉をどう進めるか、互いの法務部門の腕の見せどころでもある。ABC社の日高尋春氏、飛鳥凛とKVC社のナンシーの交渉を見ていると、いつも楽しんでいるように見える。

3❖ライセンシーの契約違反があった場合には、ライセンサーに中途解除権がある

　一方、ライセンシーに契約違反等があった場合のライセンサーによる中途解除の権利を明確に取り決めて、ライセンサーの利益を図っている。中途の解除権の選択肢としては、大きく分けて2種類がある。

　この規定のように、契約違反があった場合の中途解除権を"termination for cause"と呼ぶことがある。他方、相手方になんら契約違反などの帰責事由がないにもかかわらず、当方側の一方的な都合で随意に途中で解除し、終了させる権利、オプションを保有することがある。この場合の解除・終了の仕方を"termination without cause"と呼んでいる。

　後者は、日本での契約交渉では主張されることも採用されることも少なく、いわば例外的なケースであるが、KVC社の契約交渉の進め方など国際的に見れば、さまざまな苦労をした経験をもとに編み出され、必要と考えられるときは迷わず主張される。

　KVC社のナンシーによると、このような"termination without cause"をKVC社側のみが保有したいと提案、契約交渉にあたっては、相手方の不都合・不利益を考慮し、解除通知期間を長くし、ロイヤルティ率で譲歩するなど、他の条件を含めて対応しているという。

　「契約交渉に教科書はない。多角的・柔軟に交渉すべし」というのが、KVC社のナンシーの口癖である。

例文346 ライセンス｜契約期間条項④
例文347 ライセンス｜契約期間条項⑤

例文346 契約期間条項④ | Term

◇一定期間を有効期間と定め、具体的に暦日を記載して取り決める
◇当事者の書面による同意のない限り延長しない

Article ___ Term of this Agreement
1 The term of this Agreement shall commence on April 1, 20__ and shall terminate on March 31, 20__, unless sooner terminated pursuant to any other provisions of this Agreement.
2 There shall be no extension of this Agreement without the prior, mutual, written consent of both parties.

［和訳］
第__条　本契約の期間
1 本契約の期間は、20____年4月1日に開始し、20____年3月31日に終了するものとする。ただし、本契約の他の規定に従い中途解約される場合を除く。
2 本契約は、両当事者の事前の書面の同意なくしては延長されないものとする。

―――――― 解説 ――――――

1 ❖ 商標、ソフトウエアの著作権、トレードシークレットなどの一定期間のライセンス

ライセンスの期間の規定の仕方には、契約の発効日から一定期間という定め方や、具体的に開始と終了の日について暦日を用いて規定するなど、さまざまな方法がある。本例文では、具体的に暦上の日を明記して規定する方法を採用している。

2 ❖ 契約の延長

契約の延長については、あらかじめ延長することを前提として自動更新とする方法や、一方の当事者が希望すれば一定期間ずつ延長する方法を選択するなど、いろいろである。

ここでは、延長は前提とせず、両当事者が書面で延長に合意した場合のみ延長することとし、そうでない限り、当初の契約期間が終了すれば契約は終了することになる。

例文347 契約期間条項⑤ | Term

◇一定期間有効とし、その後、いずれの当事者からも期間終了30日前までに解除したいという通知がない限り、5年ずつ自動更新

Article ___ Duration and Termination
1 This Agreement becomes effective on the date shown above and will have a duration of five (5) years.

2　This Agreement will be automatically extended for successive periods of five (5) years each, unless one of the parties hereto gives notice by registered mail to the other party at least thirty (30) days before the expiration of the initial term, or any extended term.

3　The Licensor has the right to terminate this Agreement without delay by means of a written notice to the Licensee in each of the following cases:

　(i)　in the event that the Licensee breaches any of its material obligations arising from this Agreement,

　(ii)　in case of bankruptcy, moratorium, insolvency, liquidation, sale or other transfer of all or substantially all of the assets of the Licensee.

［和訳］
第__条　存続期間及び終了

1　本契約は上記の日付けに効力を発し、5年間有効に存続するものとする。

2　本契約は、一方当事者が他方当事者に対して当初の期間または延長期間の満了の少なくとも30日前までに書留郵便で通知する場合を除き、自動的に5年間ずつ、延長されるものとする。

3　ライセンサーは、以下の場合に、ライセンシーに書面で通知することにより、遅滞なく本契約を解約する権利を有する。

　(i)ライセンシーが本契約から発生する重大な義務に違反した場合。

　(ii)ライセンシーの破産、支払い猶予、倒産、清算、ライセンシーの財産の全部もしくは実質的に全部の売却または他の方法による譲渡の場合。

解説

1❖当初5年。以後5年ごとの自動更新

有効期間は当初5年とし、その後、期間終了の30日前までに解除の通知がない限り、さらに5年ずつ自動更新としている。

2❖相手方が重要な契約条項に違反したとき、破産・支払い不能等に陥ったときは中途解除

相手方がライセンス契約の重要な規定に違反、または破産・支払い不能等に陥ったときは、相手方に対し遅滞なく書面による（解除）通知をなして、解除できる。"moratorium"（モラトリアム）は、本来の支払い期限に支払うことを猶予される「支払い猶予（期間）」を指す。本例文では、解除通知を受け取った相手方が、一定期間内に違反した箇所を治癒すれば、契約解除を免れるという救済規定はない。

例文348 ライセンス｜契約期間条項⑥
例文349 ライセンス｜契約期間条項⑦

例文348 契約期間条項⑥ | Term

◇有効期間は、発効日から20年間とする
◇ライセンシーの契約違反、破産等の場合、ライセンサーは通知により契約を解除できる

1. This Agreement shall come into effect on the Effective Date and, subject to any earlier termination in accordance with the provisions of this Agreement, shall remain in force until the twentieth (20th) anniversary of the Effective Date.

2. If the Licensee shall default in fulfilling any of its material obligations herein stated, and such default is not cured by the Licensee within sixty (60) days after a notice from the Licensor to the Licensee specifying the nature of the default, the Licensor shall thereafter have the right to terminate this Agreement by giving written notice of termination to the Licensee, and upon giving such notice of termination, this Agreement shall terminate.

3. In the event the Licensee files a petition in bankruptcy, or such petition is filed against the Licensee, or the Licensee is adjudged a bankrupt, or the Licensee takes advantage of any insolvency act, or the Licensee executes a deed of trust or assignment for the benefit of creditors, this Agreement may be terminated by the Licensor at any time by giving the written notice of termination.

[和訳]

1. 本契約は発効日に発効し、本契約の条項に従い中途解約には服するが、発効日の20年目の応答日まで有効に存続するものとする。

2. ライセンシーが本契約に定める重大な義務を不履行し、当該不履行の種類を特定したライセンサーの通知より60日以内にライセンシーにより当該不履行が治癒（是正）されない場合には、ライセンサーはそれ以後、ライセンシーに書面による解除通知をなすことによって本契約を解除する権利を有し、当該解除通知をなすことをもって本契約は解除されるものとする。

3. ライセンシーが破産の申し立てをし、あるいはかかる申し立てがライセンシーに対して提起され、ライセンシーが破産したものと判断され、ライセンシーが倒産法上の救済を求め、またはライセンシーが信託証書または譲渡証書を債権者の利益のために締結した場合には、本契約はライセンサーが解除の書面の通知をなすことによっていつでも解除されるものとする。

解説

1 ❖ 有効期間は、効力発生の日より20年間とする

20年という長い期間を有効期間に選択した規定である。本例文のように、"anniversary"（記念日、応答日）という用語を使い、スタイリッシュな表現とする方法もある。

2 ❖ 新時代の表現の仕方──飛鳥凛への上司、日高尋春氏の指示

飛鳥凛など新人には、上司の日高尋春氏から「自分が絶対に間違わない、やさしい簡潔な表現を使え」と指示されている。したがって、飛鳥凛のドラフティングでは、この同じ意味を表すのに、次のような表現となっている。面白くもスタイリッシュでもないが、意味は正確に表現されている。これで十分なのである。

"The term of this Agreement shall be effective for a period of twenty (20) years from the date of the Effective Date of this Agreement."

3 ❖ ライセンシーの破産、契約違反等の場合、ライセンサーは通知により解除

本例文では、ライセンシーの契約違反や破産等の場合に、ライセンサーが通知することにより解除できるとの趣旨で規定している。前に紹介した、ライセンシーを含めて双方が解除できるという規定にはしていない。ライセンシーに厳しい。

ただ、ライセンシーに対してやさしい箇所もある。重大な規定違反がライセンシー側にあるときに、ライセンサーには解除権が発生するが、ライセンシーにその違反を治癒するチャンスを与えており、通知を受け取った日から60日以内に治癒すれば、解除を免れることができる。

契約期間条項⑦ | Term　　　　　　　　　　　　　　　　　　　　例文349

◇ライセンサーから更新する場合はその期間終了90日前までに更新通知をし、ライセンシーがその通知を受領後30日以内に延長を拒絶しない限り、2年ずつ延長と規定する

Article __ Term, Renewal and Termination
1　This Agreement shall take effect on the date hereof for an initial term of three (3) years.
2　This Agreement shall thereafter be renewed for successive renewal terms of two (2) years each upon notice by KVC in writing to ABC at least ninety (90) days prior to the termination of the initial term of this Agreement or any subsequent renewal term, unless ABC rejects such renewal within thirty (30) days of receiving renewal notice from KVC, unless sooner terminated as provided herein.

［和訳］
第__条　期間、更新及び終了
1　本契約は本契約に定める日付けに効力を発し、3年間の当初の期間、有効に存続するものとする。
2　本契約はその後、本契約の当初の期間またはその後の更新期間の終了の少なくとも90日前にKVCからABCへ書面による通知があった場合に、本契約の定めに従い中途解約される場合を除き、2年ごとの後続更新期間について更新されるものとする。ただしABCが、KVCからの更新通知の受領後30日以

内に当該更新を拒絶する場合は、この限りではない。

解説

1 ❖ 終了90日以上前にライセンサーから契約更新の通知がある場合、さらに2年間存続と規定

当初の有効期間が終了したときの対処方法については、さまざまな考え方や手法がある。ここでは、ライセンサー（KVC社）がその延長・更新の決定ができ、延長すると決めたときは、有効期間終了の90日以上前にライセンシーに通知をなす。ライセンシーも延長を希望するときは、そのままにしておけばさらに2年間、有効期間が延長される。もし、もう延長は希望しないとライセンシーが決めた場合は、延長に応じないという返事を、ライセンサーからの更新通知受領から30日以内に出せば、延長を拒絶できる。

2 ❖ 2度目の期間終了時も、最初と同じ手法で延長をするかどうかに対処する

2度目の契約期間終了時も、延長するかどうかについて第1回と同じ方法を取ることを規定する。1回目と同じように、ライセンサーが延長したいときは、期間終了の90日以上前にライセンシーに対して更新通知を出す。ライセンシーも更新したいと思えば、それを受ければよい。その際は、自動的にさらに2年間、有効期間が延長される。もし延長を希望せず打ち切りたいと思えば、30日以内に更新を希望しない旨を返事することができる。それにより、契約は終了する。

3 ❖ なぜ、終了の90日以上前に更新連絡がライセンサーから送られるか

延長手続きは両者がよければ、どのような対応でも規定でもよいのであるが、ここでは、ライセンサー側が、まずライセンシーの履行状況を見て、延長を希望するかどうかを決定する。そして、その更新通知に対し、ライセンシーが更新を希望しないことを連絡してくれば、ライセンサーは、期間終了の前に少なくとも30日くらいはあるから、次のライセンシー候補の選抜など、対応が可能である。

実務的には、対応しやすいことに加えて、自動更新の場合と比べて、まずライセンサーがリーダーシップを取ることができる点が、KVC社のナンシーが気に入っている点である。この規定を採用したとき、ナンシーの悩みどころは、事業部が契約書を読まずに更新通知を失念することだという。

例文350 契約期間条項⑧ | Term

◇1年ずつの自動延長を規定する
◇ライセンス契約の解除は、サブライセンス契約に影響を与えず、ライセンサーがライセンシーの義務を承継する

Article ___ Term and Renewal

1 This Agreement shall take effect on the date hereof and shall continue in effect for a period of five (5) years, and shall be renewed for additional periods of one (1) year each, unless terminated by the Licensee or the Licensor upon ninety (90) days writ-

ten notice to the other party prior to the anniversary date of the execution of this Agreement.
2 Termination of this Agreement or license granted herein shall not affect any sublicense agreement granted by the Licensee to any third person prior to the expiration or termination hereof, and the Licensor agrees that it will succeed and assume responsibility of the Licensee under such sublicense agreement with such third person and provide maintenance services to such third person under Licensor's then current maintenance terms and conditions.

[和訳]
第__条　期間及び更新
1　本契約は、本契約に定める日付けより効力を有し、5年間有効に存続するものとし、1年ごとの追加期間について更新されるものとする。ただし、本契約の締結の応答日の90日前までに書面の通知によりライセンシーまたはライセンサーが相手方当事者に対して解除する場合を除く。
2　本契約または本契約に基づき許諾されたライセンスの終了は、本契約の満了または終了前にライセンサーが第三者に許諾したサブライセンス契約に影響を及ぼさないものとし、ライセンサーは、その時点におけるライセンサーのメンテナンスの契約条件に従って当該第三者にメンテナンス・サービスを提供するものとする。ライセンシーの当該第三者とのかかるサブライセンス契約に基づくライセンシーの義務を承継し、引き受けることに同意する。

解説

1❖契約期間は当初5年間。その後は双方から解除通知をしない限り、1年間ずつ自動更新

当初のライセンス契約の有効期間の5年間が満了する際は、満了日の90日前までにライセンサー、ライセンシーのいずれからも解除通知が出されない限り、さらに1年ずつ自動的に延長されると規定している。

2❖ライセンス契約の解除はサブライセンス契約には影響を与えない

サブライセンス契約については、ライセンシーがいなくなっても、ライセンサーがライセンシーの地位を引き継いで、直接ライセンサーとサブライセンシーが契約を締結する形で継続できる場合がある。本例文の第2項は、そのような形で対処できる場合に活用できる例文である。本契約が解除または期間満了しても、ライセンシーが第三者と締結したサブライセンス契約にはなんら影響せず、ライセンシーに代わりライセンサーがサブライセンシーとの契約義務を承継し、必要なメンテナンスサービスを、その時点でのライセンサーの条件でサブライセンシーに対し提供する。

ライセンシーの信用がサブライセンシーにとって重要である場合にはこのような解決はできないので、サブライセンシーとの契約も終了させる方法を選択することになろう。

第17款　契約解除条項

例文351　契約解除条項① | Termination

◇ライセンス契約において、契約違反行為のある場合の当事者の解除権を規定する
◇相手方に違反があったときは、違反していない側はその違反行為の指摘と解除の意思を通知する

Either party shall have the right to terminate this Agreement on the occurrence of any of the following events by giving a written notice to the other party of such breach and intention of termination. Unless other party cures such breach within thirty (30) days after the receipt of such written notice of breach and intention of termination, this Agreement shall be automatically terminated on the elapse of such thirty-day period.

(a) In the event that any royalty or other payments due under this Agreement are not paid by ABC on or before the due date,

(b) In the event that the control of ABC is acquired by any third party,

(c) In the event that either party fails to perform any of its obligations under this Agreement, or

(d) In the event that either party files a petition in bankruptcy or a petition in bankruptcy is filed against it, or either party becomes insolvent or bankrupt, or goes into liquidation or receivership.

[和訳]

契約当事者は、相手方が下記の事由のいずれかに該当するときは、相手方に対してその違反事由と解除の意思を書面で通知することにより契約を解除する権利を有する。その契約違反事由と解除の意思について書面の通知が相手方によって受領された日から30日以内にその事由が解消されないときは、この契約は30日間の経過により、自動的に解除されるものとする。

(a) ABC（ライセンシー）が、本契約により支払うべきロイヤルティまたはその他の支払いを支払期日までに実行しないとき、

(b) ABCのコントロールが第三者によって取得されたとき、

(c) いずれかの当事者が契約による義務を履行しないとき、または、

(d) いずれかの当事者が破産申請をおこなうか、または第三者により破産申請されたとき、またはいずれかの当事者が支払い不能もしくは破産状態になったとき、またはいずれかの当事者が清算手続きに入るか、または管財人が指定されたとき。

―――――――― 解説 ――――――――

1❖本例文のねらい

ライセンサーとライセンシーに比較的公平に規定している。いずれの当事者の契約違反も解除事由になる。

2❖ライセンシーの解除権は必要ないか

ライセンシーから契約を解除するメリットはないから、ライセンサーからの解除権だけを規定すればよいのではないかという意見を聞くことがある。実際に、ライセンシーからの解除権を規定しないケースも散見する。

しかし、ライセンシーとしても毎年のミニマム・ロイヤルティ支払い義務を負担したり、マーケットでの販売努力をしたりと、さまざまな義務がある。相手方（ライセンサー）が倒産したり、契約違反行為をした場合には、解除したいという理由がある。たとえば、排他的なライセンス契約であるにもかかわらず、ライセンサーが第三者を通じて、あるいは自ら許諾地域でライセンス対象の商活動を推し進めるようなケースである。

ライセンシーとしても、ライセンサーに対して違反行為のインジャンクション（差し止め）請求をする一方、いざとなれば解除するという選択肢を契約上の明文規定で確保しておきたい。

本例文では、ABC（ライセンシー）のコントロールが変更した場合のみを解除事由としているが、実際にはライセンサーのコントロールの変更もライセンシーにとっては深刻な結果をもたらすことがある。解除事由に加えることもある。何も規定しなければ、契約当事者のコントロールの変更は契約の"breach"（違反）にはならない。

3❖unless other party cures such breach within 30 days …

「そのような契約違反行為が…30日以内に治癒（是正）されない限り」という意味である。違反行為があったからといって、ただちに契約を解除あるいは失効させないで、代わりに猶予期間を置いたのである。この治癒（是正）期間内に契約違反行為を治癒（是正）、あるいは解除事由を消滅させることができれば、契約は存続する。もし、そのまま30日を経過した場合は、その時点で契約は自動的に（automatically）効力を失い消滅する。

4❖shall be automatically terminated

「自動的に解除される」という意味である。

本例文では、自動解除という用語が使われているが、実際の解除までの手続きを見ていくと、まず相手方の違反行為について、"non-defaulting party"（違反をしていない当事者側）から「解除事由にあたる違反行為の指摘と解除意思の通知」が送付される。その上で、30日以内の治癒（是正）があるかないかを見る。治癒（是正）されれば解除はなされない。したがって、解除をおこなう側の意思が反映された上での解除手続きである。

もうひとつの解除の仕方として、当事者が相手方の違反行為を知らなくても、また、解除意思の通知を出すという手続きをとらなくても、一定の行為や状態になったら自動的に解除されるという考え方や方式がある。相手方による破産手続きの開始、時期が重要な支払い期限に支払いがなされないとき、などがその状態に該当する。この場合が、まさに自動解除である。解除事由が発生すると、"non-defaulting party"も知らないうちに、契約が解除される。

本例文で規定する自動解除は、解除しようとする側の解除意思の通知がなされることが

前提であるという意味では、完全な自動解除とは区別される。どちらが優れた規定かは判断が難しい。

5❖解除規定には完全な規定というものがない──いずれも欠陥に満ちている

離れていると、知らない間に相手方が倒産していたり、こっそり姿を消してしまって行方不明になっていたりすることがある。

筆者がサンフランシスコにいた頃の話である。ライセンス契約を締結しているシリコンバレーの相手先からレターの返事がない。電話も通じない。車を飛ばして相手方の事務所を訪ねると、張り紙が一枚。「転居しました。連絡先は、_____（弁護士の電話番号）」とだけある。電話すると、相手方の弁護士。「私もクライアントの行方を聞いていない。突然消えてしまった。あなたは知らないか。弁護士料もまだ受け取っていないのだ」。

催告などまったく意味がないことも少なくない。解除をめぐる規定に万全の規定はない。どんな規定も、いざとなると欠陥だらけであることに気づく。その中での選択になる。

例文352 契約解除条項② | Termination

◇契約維持に重大な支障を生ずる事由の発生を理由として、一方の当事者が通知により中途解除できる場合を規定する
◇各ケースにつき、幾日の通知によるか、またいずれの当事者が解除できるか、詳細に規定

Article __ Termination

1 Either party may, upon giving the other party written notice, immediately terminate this Agreement, if the other party files a petition in bankruptcy, is adjudicated bankrupt, makes a general assignment for the benefit of creditors, becomes insolvent or has otherwise been unable to meet its business obligations for period of six (6) months.

2 In the event of change in the controlling ownership of the Licensee, if such change is perceived unacceptable by the Licensor or in the event of a sale of all or substantially all of the assets of the Licensee, the Licensor shall have the right to immediately terminate this Agreement upon giving the Licensee written notice.

3 Either party may terminate this Agreement on ten (10) days written notice, if the other party breaches any of its material obligations and fails to cure such breach within thirty (30) days from the date of the receipt of written notice thereof from the aggrieved party.

4 The Licensor may terminate this Agreement on three (3) days written notice from the service of notice of delinquency by the Licensee. Such notice shall not be served by the Licensor to the Licensee sooner than thirty (30) days from the date the payment is due.

5 The Licensor may terminate this Agreement on three (3) days written notice, if any law, regulation or ordinance enacted subsequent to the effective date hereof by any

governmental authority in the Territory or the United States materially affects its rights and obligations hereunder.

6 In the event that this Agreement is terminated by the Licensor pursuant to the provisions of this Agreement, the payment date of all royalties or other payment that already have accrued shall be accelerated and such royalties or other payments shall become immediately due and payable as of the date of termination.

[和訳]

第__条　契約解除

1 いずれの当事者も、相手方当事者が破産の申し立てをおこない、破産の判決を下され、債権者の利益のための一般譲渡をなし、支払い不能に陥り、またはその他6ヶ月間の期間にわたり業務上の債務を履行できなかった場合には、相手方に対し、書面による通知をすることによって本契約をただちに解除することができる。

2 ライセンシーの支配権の変更があった場合には、当該変更がライセンサーによって認められない場合、またはライセンシーの財産の全部もしくは実質的に全部を売却された場合には、ライセンサーはライセンシーに対して書面による通知をすることによって本契約をただちに解除することができる。

3 いずれの当事者も、他方当事者が重大な義務の履行を怠り、被害を被った当事者からの書面の通知を受領してから30日以内に当該不履行を治癒(是正)できなかった場合には、10日間の書面による事前(予告)通知をなすことによって本契約を解除することができる。

4 ライセンサーは、ライセンシーから履行遅滞の通知を受領してから3日の書面による事前(予告)通知をなすことによって本契除を解約することができる。かかる通知は、支払われるべき日付け後30日間経過するまで、ライセンサーからライセンシーになされないものとする。

5 ライセンサーは、本契約の発効日の後に成立した許諾地域または米国の政府機関による法令または政令が、本契約に基づく自らの権利義務に大きな影響を及ぼす場合には、3日間の書面による事前(予告)通知をすることによって本契約を解除することができる。

6 本契約の条項に基づきライセンサーが本契約を解除した場合には、一切のロイヤルティまたはその他のすでに発生している代価支払日は期限の利益を喪失し、かかるロイヤルティまたはその他の支払いは解除日をもってただちに支払われるべきものとする。

解説

1❖ライセンシーが金銭債務の支払いを適時になさないとき

ライセンシーによる金銭債務の支払いが適時になされないとき、一定の期間経過後、催

告の通知を出した上で、ライセンサーは契約を中途解除できるとしている。

2❖いずれかの当事者が重要な債務に違反したとき、または破産等に陥ったとき

いずれかの当事者が重要な債務に違反したときは、相手方は違反した当事者に催告をした上で、30日以内に違反が治癒(是正)されなければ解除できる。

相手方が、破産、支払い不能等になったとき、財務上健全なほうの当事者は、書面の通知を出してただちに解除できる。ドラフティングの技術面からいえば、通知期間と治癒期間の有無、いずれの当事者からの解除権なのかなどが交渉やドラフティング上のポイントになる。経営支配権では、過半数か50％か、それとも技術にアクセスできるなら34％でも問題とするかなども重要なポイントになる。次の項で説明する。

3❖ライセンシーの経営を支配する株主が変更したとき、ライセンサーに解除権がある

ライセンシーの支配株主が変更したときは、その変更がライセンサーにとって受け入れられない場合は、解除できる。ライセンシーの経営を、新たにライセンサーのライバル、ビジネス上の敵が取得したときは、ライセンサーとして経営戦略上耐え難いときがある。そのような場合に備えて、かかる規定を置くことがある。新たにライセンシーの経営権を取得した相手先にとっては、そのライセンサーの技術を利用できることやアクセスできる機会には本当は関心がないかもしれない。

本条項も、単にライセンサーが受け入れられないと判断した場合に解除するオプションを保有すると決めているだけで、当然に解除されるわけではない。また、経営支配まで行かなくても、技術情報にアクセスするために、たとえば提携契約等に基づき、ライセンシーの34％の株式を取得し、経営陣・技術陣をライセンシーに送り込む機会を獲得しただけでも、十分かもしれない。

ライセンス契約を解除できるようオプションを保持するという規定の仕方もある。カレン・ビュー社のナンシーは、そのようなライセンサーのライバル、仮想敵によるライセンシーの経営支配、アクセス機会の確保の事態に対しては、ライセンス契約を解除することができるという規定を置く。カレン・ビュー社では、それをポイズンピル条項と呼んでいる。いわゆるM&A防止、対抗方法の手段のひとつである。

4❖on ten (10) days written notice

直訳すると「10日間の書面の通知により」であるが、たどたどしい。意訳には「10日前の書面の通知により」や「10日間の書面による事前(予告)通知により」などが考えられる。

例文353 契約解除条項③ | Termination

◇許諾されていた権利を使用できなくさせる契約解除の効果を規定する
◇ライセンシーはライセンサーから買い取り要求があれば、その在庫品を割引の上、引き渡すと規定する

1 When this Agreement is terminated pursuant to the provisions set forth above, ABC shall refrain from further use any of Karen View Trademarks, the Technical Information, copyrights in the Licensed Products and other proprietary rights of KVE and en-

sure the removal of the Karen View Trademarks from all the Licensed Products remaining in the inventory of ABC or its sub-licensees, if any.

2　KVE shall have the option to purchase ABC's stock of the Licensed Products or any portion of it at the price of ＿＿＿＿＿＿＿＿＿＿＿＿＿＿＿ less a discount of ＿＿＿＿＿ percent.

3　Any termination of this Agreement shall not impair or prejudice any right of such party not in default or insolvency accrued up to the date of such termination and shall not affect any obligations hereunder which are expressed to continue after such termination.

［和訳］
1　上記規定に基づいて、この契約が解除された場合には、ABC（ライセンシー）はその後、カレン・ビュー商標を使用し、KVEの技術情報、許諾製品に関わる著作権ならびに他の財産権を一切使用しないものとし、また、ABCまたはそのサブライセンシーの在庫として残っているすべての許諾製品からカレン・ビュー商標を削除することを約束するものとする。

2　KVEは、ABCの在庫になっている許諾製品を＿＿＿＿＿＿＿＿＿＿＿の＿＿％引きで買い取る選択権（オプション）を有するものとする。

3　本契約のいかなる解除も、その解除日までに違反や支払い不能に陥っていない当事者の権利を損ないまたは失わせるものではないものとし、また、解除後も存続すると規定された義務に影響を与えないものとする。

解説

1 ❖ 契約解除の効果——許諾された知的財産権の使用終了、在庫品からのブランド除去

解除の後、ライセンス契約で許諾されていた権利と事項がそのままライセンシーによって継続するのか、それとも終了するのかという問題がある。その事由いかんによらず、契約終了とともにライセンシーは許諾されていた権利を使用できなくなるというのが、本例文の採用した方針である。特に、ライセンサーのブランド継続使用に対して厳しい禁止条項があり、在庫からもブランド部分を除去しなければならない。

ライセンシー側からいえば、ライセンサーの倒産などライセンシーの責めによらない契約解除の場合は、本例文の規定と異なる扱いを求めるのも一案である。たとえば、在庫品についてはそのまま一定期間販売できるという内容を提案するといったことが考えられる。

2 ❖ ライセンサーによるライセンシーの在庫品の買い取りオプション

ライセンサー、ライセンシー双方にとって、在庫品買い取りオプションは歓迎されるときがある。ただし、難問は買い取りの価格である。卸売価格の50％くらいにするか。それとも、標準卸売価格の90％引きというようにコスト割れの極端な割引をするか。ライセンサー、ライセンシー双方のビジネス判断の問題であり、交渉事項であるが、合意に達するのはなかなか難しいものである。

3 ❖ shall not impair or prejudice

「損いまたは失わせるものではない」という意味である。契約解除の際には、単に契約前の状態に戻るだけだから、たとえば解除により損害賠償請求権が消滅するとか、さまざまな議論がある。そのため、解除したことによってそのような不利益を引き受けることはないというのが、この条項の意味である。本来あるべき権利との関連で使われるとき、"impair"（本来保有する権利を一部傷つける）も"prejudice"（本来ある権利の一部を不利益に変更し、あるいは消滅させる）も、ともに「損い、失わせる」という意味である。本例文の第3項は、そのような悪影響がないことを確認するための規定である。

例文354 契約解除条項④ | Termination

◇ライセンス契約終了後の扱いにつき規定する

> Article __ Effect of Termination
>
> Upon termination of this Agreement for a breach or three (3) months after its expiration of this Agreement,
> (1) ABC shall not distribute, sell nor accept any further orders for the remaining inventory of any Licensed Products bearing the Karen View Trademarks or any trademark which are similar to the Karen View Trademarks.
> (2) ABC shall, upon KVE's instruction, deliver to KVE or destroy all of the Licensed Products and all advertising and promotional materials including samples and catalogues, if any.

［和訳］

> 第__条　解除の効果
>
> 契約違反により解除されたときはその直後から、そして、期間満了により終了したときはその終了後3ヶ月経過以後は、
> (1) ABCは、カレン・ビュー商標またはカレン・ビュー商標に類似した商標を付した許諾製品の在庫品を卸売販売し、小売り販売し、またはその注文を受けてはならない。
> (2) ABCは、すべての許諾製品及び宣伝広告資材があればそのすべて（見本、カタログを含む）を、KVEの指示に従い、引き渡すか廃棄するものとする。

――――――――― 解説 ―――――――――

1 ❖ ライセンス契約解除と解除時のライセンシーの在庫品の処理

ライセンス契約を解除したとき、ライセンシーの手元に残った在庫品の取り扱いはそのブランドの信用を守るためにきわめて大切な事項である。たとえ解除が決まった後の残存

期間でも、大量の在庫品に加えて追加注文を引き受け、解除後に大量に安価に叩き売られてしまっては、ブランドのイメージダウンが著しい。保証期間のサービスの問題もある。

2❖ライセンス契約の終了・解除とライセンシーの類似ビジネスの開始

ライセンサーから許諾されたブランドは使用しないものの、よく似た代わりのブランドを考案し、顧客には同一ラインの製品、あるいはライセンサーのサブブランドのようにライセンス製品類似品を販売されても、マーケティングに与える悪影響は計り知れない。

ライセンシーにとっても、高額のロイヤルティを支払ってライセンス導入した技術情報とブランドを基盤として工場を建設し、技術者と従業員を雇用、修練して築いた現在のビジネスである。どのように工場を転用し、雇用と事業を継続していくかは、企業の生死の問題である。

発展途上国の中には、このようなケースで、強行法規によって、ライセンス契約の解除後もライセンスされた技術等の使用を認めたり、解除そのものを認めず更新を義務づける法政策を取る国もある。先進国間の企業のライセンス契約では、基本的に当事者の契約の自由に委ねられている。それだけに、具体的なビジネスごとに慎重に決定していかなければならない。

3❖shall not accept any further orders

「追加の注文を受けてはならない」という意味である。販売活動を積極的に展開しなくても、従来の顧客から注文が入ってもおかしくない。本例文の規定によって、追加注文を拒絶するよう求められているのである。

●—第18款　秘密保持条項

技術情報や秘密情報が契約相手方に開示される契約では、秘密保持条項が不可欠である。その規定では、①秘密保持の対象となる情報と対象外の区分、②秘密保持期間等が、特に重要である。なお、証券取引法（米国等）、金融商品取引法等の規制により、株価に影響を及ぼす重要な情報について、株主などに対し公平に公表することが求められる場合がある。このようなケースへの対処を考慮して、ドラフトを作成することも大切である。

秘密保持条項① | Confidentiality　　　　　　　　　　　　　　　　　　　　例文355

◇秘密保持の対象となる情報と対象外の情報を規定する

> Article ___ Confidentiality
> 1　ABC acknowledges that the Technical Information, know-how, trade secrets, and other information, disclosed by KVE ("Confidential Information") is valuable, confidential and proprietary in nature and that the disclosure of the Confidential Information would result in immediate and irreparable harm to KVE, and agrees that, at all times during the term of this Agreement and for five (5) years thereafter,

it will hold in confidence all of the Confidential Information, and that it will not disclose the Confidential Information to any third party, except to its authorized employees, without the prior written consent of KVE.

2 ABC's obligation under this Article with respect to the Confidential Information shall not apply to information which i) is already in the possession of ABC prior to the disclosure by KVE and was not acquired by ABC directly or indirectly from KVE; ii) is part of the public domain at the time of disclosure by KVE; or thereafter becomes part of the public domain without fault on the part of ABC; or iii) may be acquired hereafter by ABC from any third party without any obligation of secrecy.

[和訳]

第__条　秘密保持

1　ABCは、KVEにより開示される技術情報、ノウハウ、トレードシークレット及び他の情報（「秘密情報」）が有価であり秘密であり財産的価値があること、ならびに秘密情報を開示するとKVEに即時の回復不能な損害を生じうることを認めるものであり、また、本契約の期間中とその後5年間常に、ABCが秘密情報のすべてを秘密に保持すること、ならびにKVEの書面による事前の同意なく、ABCの権限ある従業員に開示する場合を除きいかなる第三者にも秘密情報を開示しないことに同意する。

2　本条に基づくABCの秘密保持義務は、下記の情報には適用されないものとする。(i)KVEによる開示前にABCの保有下にあり、ABCがKVEから直接または間接的に取得したのではない情報、(ii)KVEによる開示時点で公知であるかABC側の過失なしにその後に公知となる情報、または(iii)秘密保持義務なしにABCが第三者から今後取得する情報。

―――――― 解説 ――――――

1❖秘密保持の対象となる情報と対象外の情報

本例文では、第1項で、秘密保持の対象となる情報を規定し、第2項で例外として秘密保持規定の対象外の情報をリストアップしている。

2❖秘密保持義務の存続期間

本例文では「5年」である。実際にはその対象となる情報ごとに、適切な期間を検討して決定する。情報を開示する側にとっては、「無期限」「10年」のほうが「5年」よりよいと思われるが、長期間の義務について合理性がないと、有効性に疑問がある。個別・具体的な考察と対応が必要である。

秘密保持条項② | Confidentiality 〈例文356〉

◇ライセンス対象のソフトウエアに関する秘密情報の開示の相手先を限定する
◇秘密情報の開示を受けた側（ライセンシー）は、秘密に保持する義務を負い、開示を受けた従業員、契約者などから秘密保持誓約書を取りつける

Article __ Confidentiality

1 ABC agrees to hold all parts of the Licensed Software in strict confidence for KVC. ABC further agrees not to make any disclosure of the Licensed Software (including method of concepts utilized therein) to anyone, except to such employees of ABC and any third party contractor as authorized by ABC under ABC's responsibility and control as provided in this Agreement to whom such disclosure is necessary to the use for which rights are granted hereunder.

2 ABC shall ensure, in the case of employees, that an obligation not to disclose confidential information forms a part of its terms of employment and, in the case of a third party contractor under ABC's responsibility and control, that ABC enters into appropriate written confidentiality agreement with such contractor protecting the confidentiality of such information and restricting its use to that for which rights are granted hereunder. ABC shall make copies of such executed written agreement available to KVC upon KVC's request.

3 ABC's obligations hereunder shall not apply to any information relating to the Licensed Software that:

　(i) is or becomes available without restriction to the general public by acts not attributable to ABC or its employees,

　(ii) was rightfully in ABC's possession without limitation on disclosure before disclosure hereunder to ABC,

　(iii) is rightfully disclosed to ABC by a third party without restrictions on disclosure,

　(iv) is independently developed by ABC without reference to any information or material supplied to ABC by KVC. The burden of proving such independent development shall rest with ABC.

［和訳］

第__条　秘密保持

1　ABCは、KVCのために本許諾ソフトウエアのすべての部分に関し厳格に秘密保持するものとする。ABCはさらに、本契約に定めるところにより、ABCによりABCの責任とコントロールで承認されたABCの従業員と第三者の契約者で、本契約により権利が許諾された用途（目的）にかかる開示が必要な者に対する場合を除き、いかなる者に対しても本許諾ソフトウエア（本許諾ソフトウエアに利用される概念の方法を含む）を開示しないことに同意す

る。
2 ABCは、従業員の場合には、秘密情報を開示しない義務はその雇用条件の一部を構成し、ABCの責任及び支配に基づく第三者の契約者の場合には、ABCが当該契約者との間で、当該契約者がかかる情報の秘密性を保護し、本契約に基づき権利が付与された目的のみのためにその使用を制限する旨定める適切な書面の秘密保持契約の締結を確保するものとする。ABCは締結された当該書面の契約の写しを、KVCの要請に従いKVCに提供するものとする。
3 本契約に基づくABCの義務は、以下に該当する本許諾ソフトウエアに関する情報には適用されないものとする。
 (i)ABCまたはABCの従業員の責めによらない行為によって制限なく一般公衆が入手しうるものとなった情報。
 (ii)本契約に基づくABCへの開示に先立ち、開示制限なく、合法的にABCがこれを保有していた情報。
 (iii)開示制限なく、第三者がABCに合法的に開示した情報。
 (iv)KVCがABCに供給した情報または資料を参照することなく、ABCが独自に開発した情報。当該独自な開発を立証する証明責任はABCが負うものとする。

解説

1❖ライセンス契約における秘密保持契約の重要性

ライセンス契約における秘密保持契約は、その契約の本質的な部分が、高度の秘密性を要求するソフトウエアや秘密情報の開示・アクセスの問題にあるので、通常の秘密保持義務の規定の仕方に比べて、きわめて厳しく、限定的になる傾向がある。そのキーポイントとなる事項、問題を処理していくことが、秘密保持条項のドラフティングと交渉の基盤をなす。契約締結ですべて終わりというわけでなく、その実行を確保するための秘密情報開示と保持システムの構築が重要なのである。

2❖秘密保持を確保するための規定と仕組み──開示先の限定、秘密保持誓約書の取りつけ

ライセンス対象のソフトウエアに関する秘密情報を開示する相手先の限定規定を置いている。秘密情報の開示を受けた側は、開示側の秘密情報を秘密に保持すると規定する。

開示する従業員と第三者(契約者)との間の秘密保持の約束は開示を受けたABC社が責任を持って取りつける。第三者(契約者)との間の秘密保持契約は、開示側のKVCから要求があったときは、ABC社は契約書のコピーを渡すものとする。

3❖秘密保持義務の対象から除外される項目

ただし、開示を受けた側が、開示前から保有していた情報や開示の際にすでに公知の情報など本条に列挙する情報については、秘密保持義務の対象にならないと規定している。

この除外項目は、どの秘密保持契約、秘密保持条項にも、公平・合理的な除外項目として列挙される。表現方法は、条項により少しずつ異なるが、中核となる部分は基本的には変わらない。注意すべき事項のひとつは、立証義務が開示側、開示を受けた側のいずれにあるか、である。実際、いずれの主張する事実が真実なのか、契約違反の判断の際に立証

された事実として判断の基盤とすべきなのか、簡単には決まらないことがある。本例文では、その立証義務はライセンシー側（ABC）にあると規定している。

最後の1行は、KVC社のナンシーが提示し、ABC社の飛鳥凛の熱意を込めた反対提案を受けても、微塵も譲歩する気配を見せなかったことが飛鳥凛に強く印象づけられた。飛鳥凛は、次回の交渉まで保留にするのが精一杯だったという。

秘密保持条項③ | Confidentiality　　　　　　　　　　　例文357

◇許諾ソフトウエアに関する秘密情報の開示範囲と秘密保持義務を規定する

Article ___ Confidentiality

1　At any time during the term of this Agreement and thereafter, ABC shall not, in any manner or form, without the prior written consent of KVE, disclose, provide or otherwise make available, in whole or in part, any information regarding the Licensed Software and any technical knowledge derived therefrom to persons other than its employees whose access is reasonably necessary for the use of the Licensed Software under this Agreement.

2　ABC shall take all appropriate action, whether by restriction, agreement or otherwise, with employees or others, to ensure the protection, confidentiality and security of any information regarding the Licensed Software and any technical knowledge derived therefrom and to satisfy its obligations under this Agreement with respect to the use, confidentiality and copying of the Licensed Software.

3　The obligations of ABC with respect to the confidentiality hereunder shall not apply to any information which ABC can prove:

　(i)　is known to or possessed by ABC at the time of disclosure of the Licensed Software by KVE,

　(ii)　is now or becomes hereafter available to the public through no fault of ABC, or

　(iii)　is acquired by ABC from any third party who has a right to make such disclosure without any restriction of disclosure.

［和訳］

第___条　秘密保持

1　本契約の有効期間中及びその後、ABCは本契約に基づき本許諾ソフトウエアの使用のためにアクセスが合理的に必要なその従業員以外の者に対して、いかなる方法または形式においても、KVEの事前の書面の同意なく、本許諾ソフトウエア及び本許諾ソフトウエアから派生する技術知識の全部または一部を、開示、提供またはその他の方法で利用させないものとする。

2 ABCは、制限、契約またはその他の方法によるか否かを問わず、従業員その他との間で、本許諾ソフトウエアに関する情報及び本許諾ソフトウエアから派生する技術情報の保護、秘密性及び安全性を確保し、本許諾ソフトウエアの使用、秘密保持及び複写(制限)に関して本契約に基づく自らの義務を履行するために一切の適切な措置を講ずるものとする。

3 本契約に基づく秘密保持に関するABCの義務は、ABCが立証できる下記の情報には適用されないものとする。

(i) KVEによる本許諾ソフトウエアの開示の時点においてABCが知っていたかまたは保有していた情報。

(ii) ABCの責めによらず、現在または将来、公衆に入手されるようになった情報。

(iii) ABCがかかる開示をする権利のある第三者から開示制限なく取得した情報。

解説

1❖秘密情報の開示先は、"persons who needs to know for the performance and use of the Licensed Software"に限定

表現や言い回しはさまざまであるが、基本はライセンサー(KVE社)から許諾を受けたソフトウエアに関する秘密情報は、ライセンシー(ABC社)の業務遂行に必要な従業員にのみ開示することを明確に規定し、ソフトウエアの利用など契約の履行に直接関わらない人間にはアクセスさせず、開示の対象としないことである。ライセンシーの従業員以外の人間に開示する場合は、本契約の許諾対象のソフトウエアを使用するために開示が必要な人間に対してのみである。

2❖秘密保持の体制と実際

ライセンシー側には、秘密保持誓約書であれ開示範囲の限定であれ、ソフトウエアの使用、秘密保持、複写・複製、セキュリティー等の各項目で、本契約で負う秘密保持義務を十分に果たすことが要求される。

3❖秘密保持義務の対象とならない項目

秘密保持義務の対象とならない除外項目についても列挙し、規定している。KVE社は、この規定で、当初、本例文第3項冒頭のように立証責任を明示的にABC社側とするフレーズ(ABC can prove)を挿入する主張をしていたが、最終的にはこの3語を削除して、調印するに至ったという。ABC社側は、契約交渉で、日高尋春氏のもとで鍛えられている飛鳥凛が活躍したらしい。飛鳥凛は交渉の席上、どのような論陣、熱弁を振るったのだろうか。

秘密保持条項④ | Confidentiality

◇秘密保持のために負うべき注意義務の水準は、自己のために払うべき注意水準で足ると規定する

Article __ Confidentiality

1. The Licensor and the Licensee each agree that all information contained in documents marked, or referred to as "Confidential" which are forwarded to one by the other shall be received in strict confidence, used only for the purposes of this Agreement, and not disclosed by the recipient party (except as required by law or court order), its agents or employees without the prior written consent of the other party, unless such information (a) was in the public domain at the time of disclosure, (b) later became part of the public domain through no act or omission of the recipient party, its employees, agents, successors or assigns, (c) was lawfully disclosed to the recipient party by third party having the right to disclosed it, (d) was already known by the recipient party at the time of disclosure, (e) was independently developed or (f) is required to be submitted to a government agency pursuant to any obligation under law.

2. Each party's obligation of confidence hereunder shall be fulfilled by using at least the same degree of care with the other party's confidential information as it uses to protect its own confidential information.

   The obligation shall exist while this Agreement is in force and for a period of three (3) years thereafter.

[和訳]

第__条　秘密保持

1. ライセンサー及びライセンシーはそれぞれ、一方当事者が他方当事者に引き渡す「秘密」と記録または言及される文書に含まれる一切の情報は、秘密性をもって受領され、もっぱら本契約の目的のために使用され、他方当事者の事前の書面の同意なく、受領当事者（ただし法または裁判所の命令が要請する場合を除く）、その代理人もしくは従業員によって開示されないことに同意する。ただし、当該情報が(a)開示の時点において公知であった場合、(b)受領当事者、その従業員、代理人、承継人または譲受人の作為または不作為によらず、後日公知となった場合、(c)当該情報を開示する権利を有する第三者が合法的に受領当事者に開示した場合、(d)開示の時点において受領当事者がすでに当該情報を知っていた場合、(e)独自に開発された場合、または(f)法律に基づく義務に従い政府機関に提出することが要請される場合を除く。

2. 本契約に基づく各当事者の秘密保持義務は、他方当事者が少なくとも自らの秘密情報を保護するにあたり払うのと同程度の注意を払うことをもって充足されるものとする。

> かかる義務は、本契約の有効期間中及びその後3年間、存続するものとする。

解説

1❖秘密情報の管理上の注意義務の水準（第2項）

秘密情報であることを表示した書類などの交付により秘密情報が開示された際に、開示を受けた側が負うべき保持義務を規定している。秘密保持のために使うべき注意義務の水準は、自己のために払うべき注意義務の水準で充足されると規定する。対比する注意義務の水準として、善良なる管理者の注意義務がある。

2❖2つの注意義務の水準

各国とも、民法、商事法、契約法の規定の趣旨からいえば、自己の（資産管理等の）ために払う注意水準と（他人の資産の管理のために払う）善良なる管理者の注意義務の水準では、善管注意義務のほうが水準は高いはずである。しかし実際のところ、他人の資産や金銭を預かったり運用したりしているのと、個人として自己の資産、金銭を保管・運用するのに払う注意義務と緊張感、真剣さとは、いずれのほうが高いのだろうか。法律上の規定やねらい、精神とは別に、自己の資産を重視し高水準の注意を払ってその資産を管理している人々は少なくないだろう。

飛鳥凛は、以前「当社は、貴社から引き渡され、開示された資産について、善良なる管理者の注意義務を払う」と提案したところ、相手側から「他人の資産を運用、保管する際の注意義務の水準では困る。自己の資産を運用・管理するくらいの高い注意義務の水準、真剣な管理をお願いしたい」と申し入れられたことがあるという。たしかに、投資運用の信託など、他人の預かり資産や年金資産などを半減させても消滅させても平気な顔をしている金融業界の人々や、金融機関や企業において横領がしばしば起こる現実を見ていると、相手側の感覚も分かるような気がするという。

3❖秘密情報には、明示的に"Confidential"と印して、相手方に引き渡すことを義務づける

秘密情報の明示を義務づけるフェアな規定である。互いに相手方に開示し、引き渡す情報・資料で、秘密保持を求めるものには、明示的に「秘密情報である。取り扱いには注意」などと印されていれば、たしかに受け取った側は、開示・回覧等の範囲にも配慮するだろう。また、不用意に無関係な多くの人にアクセスを認めることもしないだろう。日本企業で、重要事項を決裁するのに使われるいわゆる稟議制度での書類の回覧でも、かかる書類は、コピーを作成することなく厳封をするなど、回覧中に多くの人に接するのを防ぐことを考えるだろう。

飛鳥凛の場合、稟議の手続きで回覧が必要なときも、高度の秘密情報は、自身が持って回ることとし、コピーを配布しないという。

4❖契約終了後の秘密保持義務の期間

本例文では、秘密保持期間は契約終了後、3年とされている。日進月歩の技術進歩の世界では、3年で十分なのかもしれない。現実の契約や交渉では、20年にわたるものなど、さまざまな期間が採用されている。相互に3年だから、公平ではある。ABC社、KVC社の基準からは、少し短いなという気がする、というのが飛鳥凛の感想だった。

秘密保持条項⑤ | Confidentiality 　　　　　　　　　　例文359

◇秘密保持の期間を契約発効日と契約満了日からの期間で規定する
◇秘密情報の開示先を秘密情報開示・使用許諾契約の目的を達成するのに必要な範囲の人員に限る

Article __ Confidentiality

1. ABC agrees and promises that for a period equal to the longer of ten (10) years after the effective date of this Agreement or five (5) years after the expiry of this Agreement, ABC shall not in any manner, either directly or indirectly, disclose, divulge or communicate to any unauthorized person, firm, corporation or entity any portion of the Technical Information disclosed to representatives of ABC by KVC in written, oral or visual disclosure, nor any confidential or proprietary information disclosed to ABC by KVC in connection with the disclosure of such Technical Information.
2. ABC further agrees to limit access to the Technical Information so disclosed to only those of its employees reasonably requiring the same for purposes of this Agreement.
3. The said obligations of ABC contained in this Article shall not be applicable to information which:
   (i) is known to or possessed by ABC at the time of disclosure from KVC;
   (ii) is now or becomes hereafter available to the public through no fault of ABC;
   (iii) will be hereafter acquired by ABC from any third party who has the right to disclose the same and without any obligation of secrecy.
4. ABC and KVC may learn from each other confidential or secret information which is unrelated to the subject matter of this Agreement. In that event, ABC and KVC each agree to treat as confidential any such confidential or secret information for a period of ten (10) years from the time of disclosure.

   This obligation of confidentiality shall not be applicable to information which:
   (i) is known to or possessed by the receiving party at the time of disclosure from the other party; or
   (ii) is now or becomes available to the public through no fault of the receiving party; or
   (iii) will be hereafter acquired by the receiving party from any third party who has the right to disclose the same and without any obligation of secrecy.

［和訳］
第__条　秘密保持
1. ABCは、本契約の発効日後10年または本契約の満了後5年のいずれか長いほうの期間、権限の付与されていない者、企業、会社または事業体に対して、

書面、口頭または視覚（画像）による開示でKVCがABCの代表者に開示した本技術情報の一部またはかかる本技術情報の開示に関連してKVCがABCに開示した秘密情報または財産的情報を、いかなる方法にせよ、直接的または間接的に開示、漏洩または伝達しないことに同意し、約束する。

2　ABCはさらに上記の通り開示された本技術情報へのアクセス権を、もっぱら本契約の目的のために合理的に必要とするその従業員に制限することに同意する。

3　本条に定めるABCの上記の義務は、以下の情報には適用されないものとする。
　(i) KVCによる開示の時点においてABCが知っていたかまたは保有していた情報。
　(ii) ABCの責めによらず、現在または将来、公衆が入手できることとなった情報。
　(iii) 当該情報を開示する権利を有する第三者から秘密保持義務なく、ABCが将来取得した情報。

4　ABC及びKVCは、本契約の対象事項と関連性を有しない秘密情報を相手方から取得することができる。その場合、ABC及びKVCは当該秘密情報を開示の時点から10年間、秘密に取り扱うものとする。
　当該秘密保持義務は以下の情報には適用されないものとする。
　(i) 相手方当事者から開示された時点において受領当事者がすでに知っていたかまたは保有していた情報。
　(ii) 受領当事者の責めによらず、現在または将来、公衆が入手するに至った情報。
　(iii) 当該情報を開示する権利を有する第三者から秘密保持義務なく、受領当事者が将来取得した情報。

解説

1❖開示の範囲は、"need to know"ベース

ライセンシー内での「秘密情報の開示の範囲」は、業務の遂行のため、その情報にアクセスすることが合理的に必要な従業員等に限るものとする方式である（第2項）。表現の仕方はさまざまであるが、"need to know"ベースと呼ばれる。

これにより、ライセンシー側の業務遂行上、秘密情報を必要としない者が秘密情報にアクセスするのは禁止される。業務上必要としない者が、秘密情報を聞きにきたときは、秘密情報の管理者はこう答える。"You do not need to know." CIAを扱った映画Spy Gameの中の会話にも出てくる。まるで情報機関の会議のようであるが、"need to know"は実際に使用される用語である。

2❖秘密情報の秘密保持・管理の期間

開示の時期が秘密情報ごとに明確にされていればよいが、もし仮に明確でない場合は、「開示後〇年」という規定は意外に運用が難しい。迷わないためには、もう1つ基準を設け

て、「開示後10年間または契約終了後5年」とする取り決め方も合理的な選択肢のひとつであろう。

飛鳥凛は新人として、2つの防波堤という考えから、このように2つの基準をドラフティングの際に作るようにしているという。日高尋春氏からは、より有効な1つに絞るよう幾度か指示されたというが。

3❖秘密保持対象の除外項目

パブリックドメインになった情報、公知の情報など、おなじみといってよい除外項目である。立証責任をはじめとして、微妙な表現の差はあるが、自分のなじんだ表現でドラフトすればよい。

飛鳥凛は、日高尋春氏からいつもいわれている。「相手方がドラフトを作成してきたなら、実質的に中身が同じである限り、相手方のドラフトを尊重すればよいだろう。中身次第だが」。

秘密保持条項⑥ | Confidentiality　　　　　　　　　　例文360

◇契約終了後も、相手方にとって秘密情報と考えるものは秘密保持をする義務を負う

> Article ___ Confidentiality
> Neither the Licensor nor the Licensee shall, whether during the continuance of this Agreement or thereafter, divulge to any third party any confidential information (or information which might reasonably be considered to be confidential by the other party) relating to the business affairs of the other or any of the Licensed Products, or any information which might reasonably be considered likely to affect detrimentally the other's business, goodwill or other interests.

> [和訳]
> 第__条　秘密保持
> 　ライセンサー及びライセンシーは、本契約の継続期間あるいはその後であるかを問わず、相手方当事者の業務活動もしくは本許諾製品に関連する秘密情報（または相手方当事者が合理的に秘密性を有すると判断するであろう情報）または相手方の業務、のれんもしくはその他の利益に悪影響を及ぼす可能性が高いと合理的に考えられる情報を、第三者に対して漏洩しないものとする。

解説

1❖秘密情報の決め方

当事者が互いに相手方にとって、第三者に開示、漏洩されると有害であろうと考える情報を秘密情報として扱う。具体的かつ詳細に契約では決めないが、ライセンス契約で互い

に契約相手として選び合った契約当事者は、相手方の判断、振る舞いを尊重し、いわば大人同士として、ゆったりした秘密保持の合意をするものといえよう。

　ライセンサーとライセンシーが互いに相手の立場に立って、相手が漏洩を嫌う情報を秘密に保持しようとする規定である。言い換えれば、互いに相手方に対して敬意と信頼を抱いている場合にのみ、有用な規定ともいえよう。

2 ❖ 秘密情報は、必ずしも技術的情報のみとは限らない

　ライセンス契約での秘密情報には、許諾製品の製造方法など技術情報も含まれるが、必ずしも、技術情報のみが重要な秘密情報とは限らない。ロイヤルティのレートや算出方法、契約に基づく販売計画や実績、品質上の問題など、ビジネス推進に関わる情報なども漏洩されれば、ライセンスビジネスの推進上、障害になりかねない。

3 ❖ 秘密情報であることを明示する

　上記の不安点を実務上克服する方法のひとつは、相手方に対して、当方が考える秘密情報を開示する際に、明示的に「本情報・データは秘密情報であり、ライセンス契約に基づく "Confidential Information" として秘密保持が必要である」と伝えることである。

　KVC社では実務上、秘密保持を要する秘密情報については大きな目立つ文字で封筒に明記し、アクセスできる範囲についても限定する表示をした上で厳封をし、ABC社側など相手方に渡すことがある。

例文361　秘密保持条項⑦ | Confidentiality

◇秘密情報を提供するときに、その情報が秘密情報として秘密保持義務の対象となることを明示して相手方に渡すと規定する

Article ___ Confidentiality

1　KVC and ABC acknowledge that, during the performance of this Agreement, each party may acquire knowledge or information considered by the other to be confidential and proprietary.

2　In consideration of the opportunity to receive such confidential information, each party agrees not to use such information except in support of the services to be provided under this Agreement, to only make such information available to those employees with a need to know, and not to disclose the information to any third party without the prior written consent of the disclosing party for a period of ten (10) years from the date of disclosure.

3　Each party agrees to protect such information disclosed to it by the other with at least the same degree of care as it normally exercises to protect its own confidential information of like character and importance.

4　To be considered "confidential" under this Agreement, any and all information shall be (i) disclosed in tangible form and marked as "Confidential" or "Proprietary", or (ii) disclosed in intangible form, identified as confidential at the time of

disclosure, and summarized in writing to the receiving party within thirty (30) days period thereafter.
5　Upon termination or expiration of this Agreement, each party shall destroy or return to the other all confidential information provided to the other under this Agreement and any copies, modifications, extractions made therefrom.

[和訳]
第__条　秘密保持
1　KVC及びABCは、本契約の履行中、相手方当事者が秘密かつ財産的価値があると考える知識または情報を各当事者が取得することがあることを承知している。
2　かかる秘密情報を受領する機会の対価として、各当事者は当該情報を本契約に基づき提供される役務のサポート以外に使用しないこと、当該情報を知る必要のある従業員にのみ提供すること、及び開示日から10年間開示当事者の事前の書面による同意なく第三者に当該情報を開示しないことに同意する。
3　各当事者は、相手方当事者から開示された情報を、少なくとも、類似の性質及び重要性を有する自らの秘密情報を保護するために通常行使するのと同程度の注意を払う旨同意する。
4　本契約に基づいて「秘密」と判断されるためには、一切の情報は(i)有形な形式で開示され、「秘密」または「財産的価値がある(proprietary)」と示され、または(ii)開示の時点において秘密性を有するものである旨指摘した上で無形の形式で開示され、その後30日以内に受領当事者に書面で概要を示すものとする。
5　本契約の解除または満了にあたり、各当事者は本契約に基づき他方当事者に提供された一切の秘密情報及び当該秘密情報の複製品、変更、抜粋を破棄するか相手方当事者に返還するものとする。

解説

1❖秘密情報を開示するときに、「秘密」「財産的情報」だと明示して引き渡すと規定する

　開示を受けた情報が、相手方にとって秘密(confidential)または財産的情報(proprietary)であることを明瞭に伝えることは、その情報が相手方にとって秘密情報であったのかなかったのかという紛争を予防する方法のひとつである。相手方に確実な秘密保持を期待するには、もっとも確実な方法のひとつといえよう。

2❖実務上の注意事項——「秘密情報」であることを明示する義務を徹底させる

　実務上、ライセンス契約を担当する法務部門・知的財産部門のメンバーが熟知している事項であったとしても、技術情報などの開示・研究を担当する現場のメンバーがこうした秘密情報であることの明示義務を知らないと、結果として相手方に秘密保持を要求できないという皮肉な悲劇も起こりかねない。ねらった効果を確実にするためには、ライセンス

契約の条件・内容について、技術情報の開示にあたる現場に周知し、その対応を徹底させることが肝要である。

例文362 秘密保持条項⑧ | Confidentiality

◇ライセンス契約に基づき引き渡した有形の許諾資料のリバースエンジニアリングの禁止を規定する

Article __ Confidentiality

1 ABC acknowledges and agrees that the Licensed Materials constitute and contain trade secrets and confidential information of KVC or its licensors. Except otherwise as provide in this Agreement, ABC shall not make the Licensed Material available in any form to any other person or entity.

2 ABC shall take appropriate action to protect the confidentiality of the Licensed Materials, and ensure that any person permitted access to the Licensed Materials does not disclose the Licensed Materials or use the Licensed Materials except as permitted by this Agreement.

3 ABC shall not reverse, assemble or otherwise reverse-engineer the Licensed Materials in whole or in part.

4 ABC agrees that it is a conditions of this Agreement that ABC protects the confidentiality of all Licensed Materials delivered by KVC under this Agreement.
To that end, ABC specifically agrees to: (i) maintain in confidence all Licensed Materials; (ii) refrain from disclosing the Licensed Materials to anyone, except ABC's employees, employees of ABC's subsidiaries defined in this Agreement and subcontractors who work with ABC to perform its obligations of this Agreement, unless such disclosure is specifically authorized by KVC, and (iii) not use the Licensed Materials in any manner which is contrary to the purpose of the license granted in this Agreement.

5 ABC agrees that ABC will maintain a reasonable system, including written confidentiality agreements with its employees, employees of its subsidiaries mentioned above, and subcontractors, consistent with industry standards, to protect its own confidential and technical information and confidentiality of the Licensed Materials shall be protected by such system to the same extent.

6 The confidentiality obligation of ABC, employees of ABC and its subsidiaries and ABC's subcontractors shall survive the expiry or termination of this Agreement and shall exist for a period of ten (10) years thereafter.

[和訳]
第__条　秘密保持
1　ABCは、本許諾資料が、KVCまたはKVCの使用許諾権者の営業秘密及び秘密情報を構成しこれを含むことを了承し、同意する。本契約に別途定める場合を除き、ABCは本許諾資料をいかなる様式においても他の者または事業体に入手可能なものとしないものとする。
2　ABCは本許諾資料の秘密性を保護するために適切な措置を講じ、本許諾資料にアクセスを認められた者が本許諾資料を開示せず、本契約が認める以外の方法により本許諾資料を使用しないことを確保する。
3　ABCは本許諾資料の全部または一部をリバース、アセンブル、その他リバースエンジニアリングしないものとする。
4　ABCは、本契約に基づきKVCが引き渡す一切の本許諾資料の秘密性をABCが保護することは、本契約の条件であることに同意する。
　その目的のため、ABCは明確に、(i)一切の本許諾資料の秘密性を保持すること、(ii)ABCの従業員、本契約に定義するABCの子会社の従業員ならびに本契約に基づく義務を履行するためにABCと共同で働くサブコントラクター以外の者に対して本許諾資料を開示しないこと(ただし、当該開示がKVCにより具体的に認められる場合を除く)、及び(iii)本契約で許諾されたライセンスの目的に反する方法で本許諾資料を使用しないことに同意する。
5　ABCは、ABCが自らの秘密情報及び技術情報を保護するために、業界水準を充足する、自らの従業員、上述したABCの子会社の従業員及びサブコントラクターとの書面の秘密保持契約を含む合理的な体制を維持し、本許諾資料の秘密性が当該体制により同程度保護されることに同意する。
6　ABC、ABCとその子会社の従業員及びABCのサブコントラクターの秘密保持義務は、本契約の満了または解除の後も存続するものとし、その後10年間存続するものとする。

―――――――― 解説 ――――――――

1❖リバースエンジニアリングの禁止条項は、なぜライセンス契約に規定されることがあるか

　ライセンス契約における秘密情報の開示は、実際の研究開発途中の資料、試料、材料、実験データ、試作品の提供などによってなされることがある。貸与であることも使用許諾であることもある。それは、バイオテクノロジーでも、IT産業、電子工業製品などの開発でも同様である。
　そのような場合に、ライセンシー側や協力者である研究開発陣の研究者やエンジニアは、つい興味と研究熱心な普段の性格から、それらを分解・解析し、また組み立てようとしがちである。そのような行為をリバースエンジニアリングと呼んでいる。
　リバースエンジニアリング(reverse engineering)は、ライセンシー側の研究陣からいえば、研究開発過程で欠かせない研究手法のひとつと言いたいところであるが、具体的なラ

イセンス契約では、ライセンシーによるそのようなリバースエンジニアリングを研究成果の盗用として、ライセンサーが嫌うことがある。こうしたケースでは、本例文のようにライセンス契約にリバースエンジニアリング禁止条項を規定することがある。

2❖リバースエンジニアリング禁止の警告の、試作品、資料、試料自体や容器への表示

さらに、ここでいう引き渡し試料、資料、試作品などに、大きな文字で「分析、リバースエンジニアリングを禁止する。万一、開いて分解などをしようとすると、爆発し、殺傷事故が起こることがあります」といった警告（warning）の表示が付されることがある。

日高尋春氏から飛鳥凜が聞かされた話であるが、以前、ケーブルテレビ事業において、コンバーターにもそのような警告が付されていたという。技術情報が盗まれ、競争者が登場することを防ごうとする試みのひとつである。

3❖Licensed Materials(許諾資料)へのアクセス(開示)が許容される範囲

ライセンシーの従業員、ライセンシーの子会社の従業員、サブコントラクターで、ライセンス契約の目的・義務の遂行・履行のために必要な人員のみに、アクセスを認めると規定している。それ以外の人間のアクセスを禁止し、技術情報の漏洩を防ごうとしている。

4❖秘密保持契約の義務づけ

かかる秘密保持義務が確実に履行されるために、従業員1人ひとり、請負人と秘密保持契約を締結することが本ライセンスの条件になっている。

5❖秘密保持の水準

秘密保持の水準は、「自己の技術情報の保護のために払う、注意義務の水準」と規定している。これは、民法でいえば、「自己の財産に対する注意義務」と「善良な管理者として他人から預かった財産を管理する注意義務」（善管注意義務）のいずれをこの契約で採用するか、の選択の問題である。

6❖ライセンス契約終了後の秘密保持義務

契約終了と同時に、契約上負担する義務は消滅するという考え方がある。そのような考え方に従って、契約が期間満了あるいは中途解除で終了したときに、ライセンシーが契約終了を根拠に秘密保持義務の消滅を主張するリスクはないか、とライセンサー側に立って考えてみよう。そのような主張をさせないために、ライセンサーの視点から規定するのが、本例文の最後の条項（第6項）である。

契約終了後も10年間、秘密保持義務は存続すると規定している。もちろん、技術内容や実情に合わせ、5年間程度に短縮することも、さらに長期間にすることもある。ただ、長期のほうが有利という考え方に立って、単純に「永久（permanent）」や「100年間」とするのは、意味がないだけでなく、「合理性がない」「一方的・恣意的な規定である」として、裁判などで無効と判断されるリスクが増大するので、推奨できない。

秘密保持条項⑨ | Confidentiality

◇緩やかな秘密保持義務(努力義務)にとどめるライセンシー側にきわめて有利な規定

Article ___ Confidentiality

1. During the term of this Agreement, KVC may provide ABC with technical and commercial information concerning the Licensed Products and Programs, some of which may be marked proprietary.

2. ABC agrees that ABC will use its best efforts to keep in confidence and prevent the disclosure of all such technical and commercial information to any person outside ABC, or ABC's Affiliated Companies located in _____, or to any person within ABC or ABC's such Affiliated Companies not having a business need for such information.

3. ABC shall have no confidentiality obligation with respect to such information, if such information:
   (i) was in the public domain at the time it was disclosed, or later becomes part of the public domain other than through the action of ABC;
   (ii) is disclosed with the prior written approval of KVC;
   (iii) is disclosed by KVC to others on a non-restricted basis;
   (iv) is disclosed inadvertently despite the exercise of the same degree of care that ABC takes to preserve or safeguard its own proprietary information;
   (v) becomes known to ABC from sources other than KVC without breach of this Article or any other provisions of this Agreement;
   (vi) is required to be disclosed by ABC or ABC's Affiliated Companies pursuant to an order or regulations or requirement of any government or instrumentality thereof having jurisdiction over their activities;
   (vii) is such information a period of more than fifteen (15) years has passed after the disclosure thereof, and a period of more than seven (7) years has passed after expiration or termination of this Agreement during which such information is disclosed.

[和訳]

第___条 秘密保持

1. 本契約の期間中、KVCは、本許諾製品及びプログラムに関する技術情報及び商業情報(財産的情報と示されるものも含む)をABCに提供することができるものとする。

2. ABCは、ABCまたは_____に所在するABCの関連会社の外部の者、または当該情報を業務上必要としないABCもしくはABCの当該関連会社の内部の者に対する一切の当該技術情報及び商業情報の秘密性を保持し、その開示を防止するためにABCが最善の努力を払うことに同意する。

3 ABCは、以下の情報について秘密保持義務を負わないものとする。
　(i)開示された時点で公知であった情報、またはABCの行為以外によりその後公知となった情報。
　(ii)KVCの事前の書面の同意を得て開示された情報。
　(iii)KVCが開示制限義務を課さずに他者に開示した情報。
　(iv)ABCが自らの財産的情報を保全または保護するために用いる同程度の注意を行使したにもかかわらず、不注意に開示された情報。
　(v)本条または本契約のその他の条項の違反なく、KVC以外の源（ソース）を通してABCが知るに至った情報。
　(vi)ABCまたはABCの関連会社の活動を管轄する政府またはその出先機関の命令、規則もしくは要請に基づき、ABCまたはABCの関連会社が開示することが要請される情報。
　(vii)その開示から15年を超える期間が経過し、その開示がなされたときの本契約の満了または解除から7年を超える期間が経過した情報。

―――― 解説 ――――

1 ❖proprietary informationとは、「財産的価値のある情報」である

　情報は所有しうる。所有しうるものは財産的価値がある。財産的価値のある情報として維持するためには、情報が秘密に保たれる必要がある。それが、不正競争防止法などで営業秘密を財産として保護する条件である。両者間で秘密に管理され、第三者に漏洩されることを禁止する情報を指定するのに、"Proprietary"という印をつけて相手方に開示するのは、そのような考え方に立っている。印のつけ方には、情報を入れて厳封した封筒の表面に"Confidential"（秘密）と表記することもあろう。「秘密」だけだと、財産的価値ある情報かどうかは分からない。"proprietary information"は、財産的価値のある情報という意味を含んでいる。

2 ❖秘密保持義務を努力義務として規定すること――例外中の例外（開示を受けた側に有利）

　本例文第2項のように"use its best efforts to keep in confidential"という表現で秘密保持義務を負担するのは、義務とはいいながら努力義務であり、きわめてゆるやかな義務である。万一漏洩事件が起こっても、努力を尽くして管理しようとしたことを立証すれば、契約違反にはならない。めずらしい規定であるが、ライセンシーには不満はない。

　秘密保持義務には、原子力技術、軍事技術、最先端技術分野など、秘密情報として最高水準の注意義務を要するケースがある反面、提供する情報について必ずしも最高水準の秘密保持を求めない場合がある。ビジネスの推進を主目的として提供される情報については、本来ビジネスと関わりのないライセンシーの人員や第三者への漏洩は制限したいが、それほど厳密に秘密保持しなくてもよい、と割り切ることができる場合がある。情報を受け取る側の企業の基準で秘密保持を図り、万一、不注意によりたまたま漏洩しても、あえて責任を追及しない。

　また、契約の終了後一定期間（たとえば7年、8年、9年、あるいは10年）経過後は、期間中に開示した技術的・商業的情報について秘密保持条項に該当する秘密情報ではないとい

う方針を取ることもある。技術革新が著しい分野では、陳腐化した情報なら、あえて秘密保持の対象にしなくてもよいという考え方もありうる。

3❖契約は自由

本例文の条項は、オーロラ・ボレアリス社の日高尋春氏のもとで法務部新人の飛鳥凛が携わり、ドラフトした契約の秘密保持条項である。ライセンシー（ABC社）側にもっとも有利で、緩やかな秘密保持条項として紹介した。「飛鳥凛は聡明なだけでなく、度胸がある！」と日高尋春氏が感心していたのを思い出す。たぶん、相手方のカレン・ビュー社のナンシー弁護士にとって、当該契約に基づき提供される技術的・商業的情報には、あまり秘密性がないと判断したのであろう。また、長年のビジネス上の付き合いを通じて、ABC社の経営や人々に敬意を持ち、信頼できるとの判断もあったのかもしれない。通常なら、ナンシーが承認するとは思えない緩やかな秘密保持義務（努力義務）規定である。

しかし、割り切って考えれば、契約はその契約限り、1回限りのビジネスに適用されるものにすぎない。気心の知れた間柄なら、自由に考えるのも不思議はない。契約は何も敵同士で取り交わす約束というわけではない。抜け道だらけでも十分機能することも多い。あなたが秘密情報を提供するライセンサー側に立った際には提示してはならないドラフトであるが、あなたがライセンシー側で秘密情報を守る側なら、何ら不都合はないはずである。相手側が机をたたいて怒り出すリスクがないとは保証できないが……。

秘密保持条項⑩ | **Confidentiality**　　　　　　　　　　　　　　　　　　　例文364

◇プレスリリースには他方当事者の同意を必要とする

Article ＿＿　Press Releases
Neither party to this Agreement shall make any public release or announcement, including photographs, movies or other announcements, with respect to this Agreement or the subject matter hereof without the prior written consent of the other party.

［和訳］
第＿＿条　プレスリリース
　本契約のいずれの当事者も、他方当事者の事前の書面の同意なく、本契約または本契約の対象事項に関して、写真、動画その他の公表手段を含む公的リリースまたは公表をなさないものとする。

―――――――― 解説 ――――――――

1❖プレスリリースがなぜ実施されるか？――証券取引法・金融商品取引法などの開示要求がある場合

ライセンス契約においても、事業提携契約やM&A契約と同様に、秘密保持条項の一部

として、両者がどのようにプレスリリースを実施するかを規定することがある。プレス（記者等）に対し事業提携やライセンス等について発表することは、秘密保持義務と矛盾する行為ではあるが、企業の経済的行為については、株式上場会社のような場合、その提携や契約が企業の将来の利益や成長に大きく影響すると考えられるときには、どの投資家に対しても公平に判断する機会を提供するため、プレスリリース等の方法で公表することが求められる。ライセンス契約でも企業収益に重大な影響を与える重要な提携や新しいブランド・ライセンス導入、あるいはこれまでの技術紛争をライセンス契約の締結で終結させる契約を発表しなければ、インサイダー情報として一部の関係者だけの間で、保持されることになってしまう。そのような情報を知らずに投資の機会を失った投資家から見れば、情報を得て投資活動をする投資家に対し、インサイダー情報を利用した違法行為という見方になりかねない。

秘密保持すべき情報と公表すべき情報との区別は必ずしも明確ではない。国によっても、その区別に差がある。具体的な事例ごとに判断するのは容易ではない。日高尋春氏や飛鳥凛の携わったライセンス契約や提携、技術問題の紛争の事例でも、証券取引法・金融商品取引法や上場企業の義務として、日本では公表が求められず米国では公表が求められたため、米国側の当事者のみがプレスリリースを実施したケースがあった。

2❖マーケティング戦略の一環として、プレスリリースを実施する場合

また、新しく市場に参入するためにブランドやソフトウエアなどのライセンスを取得した場合は、そのマーケティング戦略上、プレスリリースは広告と並ぶ広報活動の柱となることがある。一方で、本来秘密に保持すべき情報を、説明や写真、プレスへの質疑応答、取材への対応などを通して不注意で漏洩してしまうリスクも潜在的に存在する。うっかり発表した1枚の写真で、重要な秘密情報が漏洩するリスクがある。どこまで発表し、あるいはどこまで、いつまで秘密にしておくかが、販売戦略上、重要な場合もある。そのような場合に備え、紛争防止を目的に、あらかじめプレスリリースについて、契約中に取り決めておくのである。

●―第19款　契約譲渡制限条項

契約譲渡の可否・制限・禁止についてはライセンス契約以外の契約でも問題になりうる。しかし、ライセンス契約の契約譲渡の制限は、それ以外の契約とは別に固有の重要なテーマである。特許にしても、ノウハウなどの技術的・商業的秘密情報にしても、キャラクターマーチャンダイジング、ブランドビジネスにしても、契約締結時のライセンシーの規模、誠実性、立地、経営者、製造技術、販売ネットワークなどを前提にして締結したはずなのに、まったく異なる性格、規模、技術、販売能力、名声・評判の事業会社に譲渡されてしまうと、何のために契約相手を選んだのか分からなくなる。うっかりすると、想像もしなかった用途に技術やブランドが使われかねないリスクを負う。そのため、ライセンス契約の譲渡については、特に真剣に慎重に、ドラフティングや契約交渉に臨むことが大事である。

契約譲渡の制限と例外的な再許諾に関する条項は、ときに重要な役割を果たす。もちろ

ん、ライセンス契約の条項でいかにしっかり取り決めても、相手が守らなければ意味がないという批判はある。しかし相手が守らなければ、違反している相手には、民事訴訟法上のさまざまな対抗手段、差し止め請求、損害賠償請求の措置を取る選択肢はある。

契約譲渡制限条項① | Non-Assignability　　例文365

◇ライセンシーは、ライセンサーの事前の書面による同意なしに本契約や本契約上に基づくライセンスを譲渡できない
◇合併によっても譲渡できない

> This Agreement and license or sublicense conferred hereby shall not be assignable by the Licensee without the prior written consent of the Licensor.
> Without limiting the foregoing, the Licensee shall not be able to assign the rights under the license or sublicense by the Licensee by reason of sale of all or substantially all of their assets or by reason of any merger or consolidation.

[和訳]
　本契約及び本契約によって許諾されるライセンスまたはサブライセンスは、ライセンサーの事前の書面の同意なくしてライセンシーはこれを譲渡することができないものとする。
　上記を制限することなく、ライセンシーは、その財産の一切もしくは実質的に一切の売却または合併を理由として、ライセンスまたはサブライセンスに基づく権利を譲渡することができないものとする。

―――― 解説 ――――

1 ❖ ライセンシーによる契約譲渡は原則禁止
　ライセンシーは、ライセンサーから使用許諾を受けた権利やこのライセンス契約そのもの、ライセンシーとしての権利を享受できる地位を(誰に対しても)ライセンサーの事前の書面による同意なしには、譲渡できない。ライセンサーの書面による事前の同意を得たときのみ、例外としている。

2 ❖ 合併や全資産譲渡の場合
　契約の条項としては、ライセンシーは、上記1の契約譲渡禁止にもかかわらず、合併や全資産譲渡の場合は、譲渡できると規定するのも選択肢のひとつであり、理論的には、決して不合理でも、不当でもない。しかし、本例文のライセンサーが選んだのは、その場合も譲渡は認めない、という厳しくストイックな選択肢である。企業間の契約では「契約自由の原則」に基づき、さまざまな選択肢がある。

例文366 契約譲渡制限条項② | Non-Assignability

◇ライセンシーはライセンサーの書面による事前の同意なしにはライセンスを譲渡できない
◇譲渡されても無効になる

Article __ No Assignment
1 The Licensee shall not assign, or grant any right under, any of patents of the Licensor, or the application therefor, which qualify as the Licensed Patents to any third party, unless such assignment or grant is made subject to the terms and conditions of this Agreement.
2 Subject to the provisions of Article __ (Assignment to Licensee's Related Companies), the Licensee shall not assign any of its rights or privileges hereunder to any third party, without the prior written consent of the Licensor.
3 Any assignment in violation of the foregoing shall be void.

［和訳］

第__条　譲渡禁止
1 ライセンシーは、許諾された特許として認められた、ライセンサーの特許権またはその出願に基づく権利を第三者に対して譲渡または許諾しないものとする。ただし、当該譲渡または許諾が本契約の諸条件に従ってなされる場合を除く。
2 第__条（ライセンシーの関連会社への譲渡）の規定に従い、ライセンシーはライセンサーの事前の書面の同意なくして、第三者に対して本契約に基づく自らの権利または特典を譲渡しないものとする。
3 上記に反する譲渡は無効とする。

――――――――――― 解説 ―――――――――――

1❖本例文の概要

　本例文では、主に特許権と将来出願できる特許出願権の許諾を扱っている。第1項は、許諾された権利そのものについて、詳細な契約条件（terms and conditions）が関わってくることを規定し、第2項は、ライセンス契約によって付与された権利の譲渡の禁止を規定している。しかしいずれも基本的には同様の権利を扱っている。第2項は、別項目での譲渡に関する規定については、それが優先することを前提とする規定である。ここでは具体的に言及していないが、ライセンシーの関連会社等に対する例外（たとえば特定の子会社には通知のみで譲渡できる、などの例外規定）があるような場合、このような句を挿入することがある。関連会社に対する譲渡についての規定の例は、次の例文367などを参照されたい。

2❖規定に違反してなされた譲渡は有効か無効か

　ライセンス契約の契約譲渡制限の規定の基本部分は「ライセンシーはライセンサーの事

前の書面による同意なしには、ライセンスを譲渡できない」と規定することである。

この原則、基本をどう変化させ、また例外として譲渡できる場合を認めるかが、譲渡制限規定のドラフティングの基本的な問題である。

法的な面からは、「では、契約条項としての譲渡禁止規定に違反して譲渡がなされてしまったとき、譲渡そのものは有効と扱い、その救済手段としてライセンシーの違反に対するライセンサーからの損害賠償請求しか残されていないのか、それともライセンサーの同意なしになされた譲渡そのものが無効なのか」という問題が浮上する。無効なら損害はないではないか、とライセンシーから主張されそうである。第3項は、その法律問題について、契約の規定により、解答を出そうとするものである。

"void"は、"ineffective"などと並んで、「無効」という意味を表すのに使われる用語である。"null and void"というのも、よく使われる表現である。どちらも無効という意味であり、同義語を重ねて使っている。

"rights"と"privileges"も同義語の一例といえる。"rights"は、一般的・標準的に「権利」を表す用語として使われる。"privileges"は、例外的に認められる特別な扱い（特典）という意味合いが強いが、「権利」であることに変わりはない。

実際には、ライセンサーが譲渡に気がつくのが遅かったり、すでに他の多くの関係者、取引先も含めて、譲渡以後数年間、新しい譲受人との間のビジネスが続いていたりすると、なかなか簡単には片づかない問題である。ライセンサーとしては、主張しなければ「無効」と取り決めていても、手が打てない現実のケースも出てくる。ライセンシーによる契約譲渡は、ライセンサーにとっては許諾地域である外国で実行される法律行為であるから、「無効」と取り決めていても、実際には「無効を主張し、譲渡を無効と認めさせる請求権」、あるいは「実質的な譲渡の取消権」の効果しかないことがある。

契約譲渡制限条項③ | Non-Assignability　　　例文367

◇指定国にあるライセンシーの関連会社に適用の拡大を認める

Article ___ Right of Extension to Subsidiary
This Agreement including license under the patents granted hereunder may be extended by the Licensee to its Subsidiaries located in the country of _____ of the Licensee or its Japanese Subsidiaries, present or future, but only if such entities notify the Licensor in writing, that they accept all the terms and conditions of this Agreement, including the obligations of the Licensee hereunder respecting such license.

［和訳］
第__条　子会社への再許諾権
　本契約（本契約に基づき許諾された特許権に基づくライセンスを含む）は、現在または将来、ライセンシーによって、_____国に所在するライセンシーの子会社

または、その日本の子会社に対して、再許諾することができるものとする。ただし、かかる事業体がライセンサーに対して、自らが本契約の諸条件（当該ライセンスに関する本契約に基づくライセンシーの義務を含む）を承諾する旨書面で通知する場合に限る。

解説

1 ❖ 一定の国にある関連会社には、適用の拡大（ある種の譲渡）を認める

　契約譲渡を全面的に禁止する代わりにライセンシーに対して、あらかじめその一定国内での関連会社には、その効果を拡大してもよいと認めるのも、ライセンサーとして選択しうる契約の方法である。たとえば本例文のように、「ライセンシーは、＿＿＿＿国内におけるその関連会社に対し、本契約に基づくライセンスを拡大することができる」と規定する。"extended"というのは「広げる」という意味で、「譲渡」(assigned)の場合と比べて、ライセンシーがその契約上のライセンシーの地位・義務を離れる、あるいは解放されるわけではなく、新たに関連会社が当事者として加わるということである。正確な法律用語が使われないので、やや曖昧であるが、言い換えれば、「再許諾する(sublicense)」ということであろう。その場合、その子会社が、本契約上の義務をすべて引き受けることを約する書面をライセンサーに送付することが条件となる、と規定している。

2 ❖ なぜ曖昧な用語(extended)を使うのか

　新人飛鳥凜によると日高尋春氏は、KVC社のナンシーとの交渉で、しばしばこのような曖昧な用語を使って合意することがあるという。不思議に思って尋ねると、「契約交渉やドラフティングの世界では、意識的に法律用語を避けてこのような曖昧な用語の採用で解決することが多い。玉虫色という人もいる。ただ、ビジネス上の緊迫した利害関係や厳しい対立を解決・調整するには、役立つことが多い。レター・オブ・インテントもそんなところがあるかな」との答えであった。

　それは、法務部門のメンバーにとっての一種の「技(わざ)」かもしれないな、と飛鳥凜は受け止めたという。

3 ❖ subsidiaryとは何か——契約上の定義による

　この問題は、他の例文でも繰り返し扱っているが、当事者が契約で採用する定義次第である。支配の要件が、過半数であるか折半出資の50％でもいいかなど、基本的な問題もいくつかある。定義しないで、準拠法として選んだ国の法律でどう解釈されるかに任せるのは、賢明ではない。

例文368 契約譲渡制限条項④ | Non-Assignability

◇ライセンサーの権利は、ライセンサーの事業承継者に引き継がれることを規定する

The obligations of the Licensee hereunder, including the obligations to make payments and reports, shall run in favor of the successors, assignees or other legal representatives of the Licensor.

[和訳]
　本契約に基づくライセンシーの義務（支払い及び報告の義務を含む）は、ライセンサーの承継人、譲受人またはその他の法的承継人のためにも効力があるものとする。

解説

1❖ライセンサーの事業が、契約時とは異なった企業に譲渡され引き継がれた場合

　ライセンサーがその事業を第三者に譲渡した場合に、ライセンシーはその承継人に対し、ロイヤルティの支払い義務を継続して履行するか、それとも終結したとして履行を拒絶するかは、ライセンサーにとっては重要な点である。そのようなライセンサー側の危惧を払拭させるねらいで作られたのが、この規定である。

　ライセンサー側の事業・財務状態が万全でなく、事業を継続する代わりに、他の株主、事業家に譲渡しようと考えている場合がある。ライセンサーの事業を承継した会社が異なった産業分野の事業会社である場合もあり、研究開発部門を所有していない場合もある。ライセンシーの立場からいえば、従来期待できたライセンサーからのさまざまな開発、改良技術情報や、技術指導サービスなどが継続して提供されなくなることもある。

　このような場合には、ライセンサー側は、譲渡を受ける承継人も含め、事業譲渡後もライセンシーが異議なくロイヤルティの支払いをその譲受人に対し継続してくれることを確認したい。それを目的とした規定が置かれることがある。本当は、非常に難しい問題なのである。"legal representatives" は、直訳すると「法的代理人」であるが、米国では "representatives" に「相続人」という意味もあるので、ここでは「法的承継人」と訳してみた。"successors" と重複する嫌いがあり、削除するのも選択肢のひとつであろう。

2❖ライセンシー側の覚悟

　このような場合には、ライセンシーは、ライセンサー事業の譲渡を受けた新しい承継人（ライセンサー側）からの技術指導や改良技術の開示・提供などが期待できないので、割り切ることが必要となる。

　日高尋春氏、飛鳥凛がこのような問題に遭遇し、本当に驚いたことがあるというエピソードを以前、2人から聞いたことがある。ABC社が、カレン・ビュー社ではない米国企業から技術導入を受けていた時代のことである。ライセンサーの強みはその技術開発陣の開発力・技術力であり、80人の技術陣が信頼できた。ところが、その事業を承継したある欧州企業にとって、買収に踏み切った動機、その企業（ライセンサー）の魅力は技術力ではなく、会社が保有する土地だけだったという。したがって、買収後、技術部門は解散、研究者は（連絡役の1人を除いて）解雇され、名ばかりの研究開発部が残ったという。

例文369 契約譲渡制限条項⑤ | Non-Assignability

◇ライセンスをライセンシーの事業の承継者に対し継承できると規定する
◇事業承継者のライセンス契約に基づくライセンシーの義務すべての引き受けの確認を条件とする

> The Licensee's rights under this Agreement and the license rights herein granted shall pass to any person or corporation succeeding its entire business in the Licensed Products as a result of sale, consolidation, reorganization, or otherwise, provided such person or corporation shall, without delay, accept in writing the provisions of this Agreement and agree to become in all respects bound thereby in the place and stead of the Licensee, but may not be otherwise transferred without the prior written consent of the Licensor.

[和訳]

　本契約に基づくライセンシーの権利及び本契約に基づき許諾されたライセンス権は、売却、合併、再編成等の結果として本許諾製品の業務活動の一切を承継する者または会社に承継されるものとする。ただし、かかる者または会社が遅滞なく、本契約の条項を書面で承諾し、ライセンシーの代わりにあらゆる意味においてこれに拘束されることに同意した場合に限るものとする。ただし、それ以外の場合には、ライセンサーの事前の書面の合意なしには別途譲渡することはできない。

―― 解説 ――

1❖ライセンシーは事業承継者に対し、自身の地位、権利義務を引き継がせることができる

　ライセンシーは、合併等によるその事業の承継者に対し、ライセンスを継承させることができることを規定する。その場合、ライセンシーの事業の承継者が、ライセンス契約に基づくライセンシーの義務のすべてを引き受けることを確認することが条件となる。

2❖may not be otherwise transferred without the prior written consent of the Licensor

　上記(前半に規定する場合)以外の場合は、ライセンサー側の事前の書面による同意がない限り、契約譲渡ができない。"otherwise"とは、上記の合併など事業全体を引き継ぐ者が現れた場合であり、通常の場合はそのような扱いをしない、と話は続く。したがってここでは、「通常の譲渡の場合」ということになる。

例文370 契約譲渡制限条項⑥ | Non-Assignability

◇ライセンシーがその子会社に対するsublicense＝extension(再許諾)の許容を規定する

1　The licenses granted herein shall include the right of the Licensee to sublicense its

Subsidiaries and the right of such sublicensed Subsidiaries to sublicense other Subsidiaries.

2 Each sublicensed Subsidiary shall be bound by the terms and conditions of this Agreement as if it were named herein in the place of the Licensee with whom the sublicense originated.

3 If a Subsidiary ceases to be a Subsidiary and holds any patents or patent applications under which a party hereto is licensed, such license will continue for the life of such patents or patent applications.

4 Any sublicense granted to a Subsidiary shall terminate on the date such Subsidiary ceases to be a Subsidiary.

[和訳]
1 本契約に基づき許諾されたライセンスは、ライセンシーがライセンシーの子会社に再許諾し、再許諾された当該子会社がその他の子会社に対して再許諾する権利を含むものとする。
2 再許諾された子会社はそれぞれ、当該サブライセンスがもともと権利を許諾されたライセンシーの代わりに本契約に定められたかのように、本契約の諸条件に拘束されるものとする。
3 子会社が子会社ではなくなり、そのもとで本契約当事者が許諾された特許権または特許の出願を保有する場合には、当事者に許諾された当該ライセンスは当該特許権または特許の出願が有効に存続する間、継続するものとする。
4 子会社に許諾されたサブライセンスは、当該子会社が子会社の地位を喪失した日付けをもって終了するものとする。

解説

1❖子会社へのサブライセンス

1つひとつ、ライセンシーからその子会社への再許諾についてライセンサーの同意を得る手続きを経なくても、子会社であれば当然に、再許諾の対象となるとしている。再許諾という趣旨を表す用語には、先に紹介した例文367の"extended"と並び、"sublicense"という用語もよく使われる。サブライセンスという用語は、日本語として使用されることも多く、一番自然な訳であろう。サブライセンシーもまた、他の子会社にサブライセンスできる。

例文371 ライセンス｜契約譲渡制限条項⑦
例文372 ライセンス｜契約譲渡制限条項⑧

例文371 契約譲渡制限条項⑦｜Non-Assignability

◇譲渡については両者に公平な標準的な規定
◇付帯条件として、譲渡後も譲渡した者は、譲渡した先の契約履行について（履行保証人として）履行の責任を負うと規定する

> Article __ No Assignment
> 1 Neither of the parties hereto may assign any of the rights or obligations under this Agreement to any third party without the prior written consent of the other party, such consent will not to be unreasonably withheld, provided that the assignee is a financially responsible party and undertakes all of the assignor's obligations under this Agreement.
> 2 The assignor shall remain secondarily liable.

[和訳]
> 第__条　譲渡禁止
> 1 本契約の当事者はいずれも、他方当事者の事前の書面の同意なく、第三者に対して本契約に基づく権利義務を譲渡できないものとする。当該同意は、譲受人は財政面において責任を全うする当事者であり、本契約に基づく譲渡人の義務の一切を引き受けることを条件として、不合理に留保されないものとする。
> 2 譲渡人は（譲渡後も）2次的に責任を負うものとする。

―――― 解説 ――――

1❖互いに事前の書面による相手方の同意がなければ、契約譲渡をなさない
　公平な規定であり、これは標準的といえよう。

2❖相手方から契約譲渡の申し出があったときは、原則として同意する約束
　相手方から譲渡したいと申し出があった場合には、譲渡を予定する先の財産状態が良好であり、本契約上の義務の履行を引き受けることを条件として、申し出を受けた側は、不合理な同意拒絶をしないことを約束する規定を置く。財産状態に不安があれば、それを根拠にして相手方に同意を与えず、契約譲渡を阻止することができる。

3❖譲渡者は、いわば履行保証人として2次的な履行義務を負担し続ける特約
　譲渡したあとも契約を譲渡した当事者は、その譲渡先の契約の履行について2次的な責任を負うと約束する規定を置く。いわゆる重畳的債務引き受けにあたる。

契約譲渡制限条項⑧ | Non-Assignability　　　　　　　　　例文372

◇ライセンシーに対して厳しい契約譲渡制限と再許諾制限の規定

Article __　No Assignment
The Licensee shall not be entitled to assign this Agreement to any third party or to sublicense any right or interest under this Agreement without the prior written consent of the Licensor.

[和訳]
第__条　譲渡禁止
　ライセンシーは、ライセンサーの事前の書面の同意なく、第三者に対して本契約を譲渡し、または本契約に基づく権利もしくは権限を再許諾する権利を有しないものとする。

―――――――――― 解説 ――――――――――

1❖ライセンシーに対する①契約譲渡制限、②再許諾（サブライセンス）制限
　ライセンシーによる契約譲渡についての制限を規定する。ライセンシーによるサブライセンスの制限を規定している。

2❖ライセンサーの事前の書面同意
　ライセンシーは、ライセンサーの事前の書面の同意なしには、契約譲渡もサブライセンスもできないと規定している。

●第20款　不可抗力条項

　ライセンス契約においても、不可抗力条項は重要な規定のひとつである。融資契約など、不可抗力条項が適用されないとする契約も例外的には存在するが、ライセンス契約では、不可抗力事態が発生した場合に、ライセンサー、ライセンシーがどのように契約に対処したらよいのか、その指針になる重要な規定となる。
　まず、どのような事態を不可抗力とするかの取り決め、そして、そのような事態が発生した場合、単に不可抗力事態が継続している期間中の一方の当事者の債務不履行からの免責にとどめるか、それとも一定期間継続した場合に、いっそ契約の解除権を一方または両方の当事者に認めるか、など現実的な問題に対処することになる。当事者の特別な合意がない限り、通常は、法律上当然に、解除権は発生しない。
　危険性についての判断が加わる場合、不可抗力事由として扱うべきかどうか、判断が分かれるときがある。たとえば、地震・洪水・地すべり・津波などの自然災害が発端であっても、それが引き金となって原子力発電所の一部が爆発・破損したような事件が発生すると、

例文373 ライセンス｜不可抗力条項①
例文374 ライセンス｜不可抗力条項②

　どこまでが不可抗力となるか、必ずしも判断は容易ではない。政情不安や内乱の勃発などもそうである。疫病あたりになると、もっと難しい。そのような困難を抱えながら、やはりライセンス契約においても、不可抗力事態への対処については無視できない。何らかの方法、範囲で、契約に盛り込むことが賢明であろう。
　さまざまな試みがなされているが、ここでは簡潔なものを中心にいくつか紹介したい。
　不可抗力事由については、第3章「一般条項」第7節「不可抗力条項」で紹介した一般条項の規定例文も参照願いたい。

例文373 不可抗力条項① | Force Majeure

◇ライセンサーのみ、不可抗力事態発生の場合に免責されると規定する
◇標準的な不可抗力事由を列挙する

Article ___ Force Majeure
No failure or delay by the Licensor in the performance of any obligation herein contained shall be deemed as a breach of this Agreement nor create any liability, if the same arises from any cause or causes beyond the control of the Licensor, including, but not limited to, acts of God, acts or omissions of any government, compliance with laws, regulations, orders or requests of any government, fire, storm, flood, earthquake, war, rebellion, revolution, riots, strikes, lockouts or epidemics.

［和訳］
第__条　不可抗力
　ライセンサーによる本契約に定める義務の履行の不履行または遅延は、不可抗力（自然災害）、政府の作為または不作為、政府の法律、規則、命令もしくは要請の遵守、火災、嵐、洪水、地震、戦争、反乱、革命、暴動、ストライキ、ロックアウト、疫病を含むがこれらに限らない、ライセンサーの支配の及ばない原因に起因する場合には、本契約の違反を構成するものとみなされず、また責任を生じさせることはないものとする。

解説

1❖不可抗力事態・事由の列挙
　acts of Godをはじめ、政府の規制など法律上従わざるをえない事実、法令や当事者でコントロールする力の及ばない事象、たとえば火災、嵐、洪水、地震、戦争、暴動、ストライキ、ロックアウト、疫病など、典型的な事由を列挙している。

2❖不可抗力事由の発生の効果
　本例文では、不可抗力事態発生の場合、ライセンサーのみ免責されると規定している。本例文では、その効果は、ライセンサーのみがその契約上の義務の不履行（failure of per-

formance)や遅延(delay in performance)について、免責されると規定している。規定がないからといって、ライセンシーが免責されないわけではないが、交渉上、力の強い側のライセンサーが契約上免責を明確に取り決めたというだけである。不可抗力についての一般ルールの適用を排除しているわけではない。

3❖不可抗力事態の場合の解除権

本例文では、簡潔さを優先し、解除権は規定していない。不可抗力事態に陥ったとしても、解除権が発生するかといえば、特約がないときは当然には発生しない。長期にわたれば、当事者間の話し合いではさまざまな議論は可能であろうが、法律上は通常、解除権は発生しない。不可抗力事由が発生し、そのような事態が継続して履行を妨げている限り、その間は履行が免責され、契約違反の責任を問われないというのが基本ルールである。

解除権を明確に保有したいと考えるなら、契約条項の中に、どのくらいの期間そのような事態が継続したら解除できるのかを明確に取り決めることが選択肢となる。どちらの当事者がそのような権利を有することになるのかも、取り決めておくことが大事である。

不可抗力条項② | Force Majeure　　　　　例文374

◇不可抗力事態が60日間継続したとき、双方の当事者に契約解除権が発生すると規定する
◇不可抗力事態発生の場合、両当事者が免責される
◇不可抗力による解除後も、未払いのロイヤルティ支払いと秘密保持義務は残る

Article ___ Force Majeure
1 Neither party shall be liable to the other party for any prevention, suspension or postponement of its performance in terms of this Agreement where such prevention, suspension or postponement is due to an event of Force Majeure, including but not limited to any act of God, flood, fire, earthquake, satellite malfunction, war, riot, strike, or act of any civil or military authority, or other cause or similar nature beyond the reasonable control of a party hereto.
2 If any such event of Force Majeure shall continue for a period of sixty (60) consecutive days, or ninety (90) days in the aggregate in any one-year contract period during the term, either party shall have the option thereupon to terminate this Agreement upon no less than ten (10) days prior written notice to the other party.
3 In the event such termination, neither party hereto shall have any further obligations hereunder to the other party, except for payment of any royalties or other sums past due hereunder and obligations of confidentiality herein.

［和訳］
第___条　不可抗力
1　いずれの当事者も、本契約の規定の履行の妨害、中止または延期が、不可抗

力（自然災害）、洪水、火災、地震、衛星故障、戦争、暴動、ストライキ、民間もしくは軍事機関の措置、その他本契約当事者の合理的な支配の及ばない類似の性質の原因を含むがこれらに限らない不可抗力事由に起因する場合には、相手方当事者に対して当該妨害、中止または延期について責任を負わない。

2 かかる不可抗力事由が60日間継続または1年契約の期間中合計90日に達する場合には、いずれの当事者も、相手方当事者に対して少なくとも10日前の事前の書面通知をすることにより、本契約を解除する選択権を保有するものとする。

3 当該解除の場合には、本契約のいずれの当事者も、ロイヤルティその他本契約に基づきすでに発生した金額の支払い及び本契約に定める秘密保持義務を除き、相手方当事者に対して本契約に基づきそれ以上の義務を負わないものとする。

解説

1❖不可抗力事態の一定期間の継続により、解除権が発生すると規定する

選択肢のひとつとして、明確に解除権の発生を取り決める方法がある。では、どのくらい不可抗力事態が継続すれば、単なる履行義務の免除等だけでなく、解除権が発生するとすべきであろうか。実際には、不可抗力の激しさ深刻さなど、被害状況により、期間についての考察の仕方も変えなければならないのだが、予測がつかないだけに、深刻さの程度により日数を変える規定は非常に困難である。

そこで本例文では、程度の差は勘案せず、「60日間の継続」、不可抗力事由が一旦なくなっても再開することもあるから、「1年に合計（累計日数）で90日間（90 days in the aggregate in any one-year period）」を目安に、規定を作成している。

2❖解除権は双方に発生すると規定する

選択肢としては、不可抗力事由に襲われ、履行を免責される当事者でない一方（つまり、相手方）のみに解除権が発生するというドラフティングの方法もある。また、契約締結時の交渉において強い立場のライセンサー側にのみ解除権があるという取り決め方も可能である。ただ一般的にいって、一方のみに不合理に有利な規定というのは、裁判時に維持できるかどうか不安が残る。フェアであればあるほど、裁判等で有効な規定と判断される可能性は高い。本例文のような姿勢は、契約条項、特約を有効にするためには賢明な選択肢である。

不可抗力条項③ | Force Majeure　　　　例文375

◇金銭支払いを除き、不履行免責を定める
◇不可抗力事由の列挙は最小限にとどめ、簡潔さを求めた規定

Article __　Force Majeure
Except for payment of monies due, including, without limitation, payment of royalty, under this Agreement, nonperformance or delay in performance of either party will be excused to the extent that performance is rendered impossible by fire, flood, governmental acts or orders or restrictions, failure of suppliers, or any other reason where failure to perform is beyond the control and not caused by the negligence of the nonperforming party.

[和訳]
　第__条　不可抗力
　本契約に基づく支払うべき金額の支払い(ロイヤルティの支払いを含むがこれに限られない)を除き、いずれかの当事者による不履行または履行遅延は、当該履行が火災、洪水、政府の措置、命令もしくは制約、サプライヤーの不履行、その他不履行当事者の支配が及ばず、不履行当事者の過失に起因しない原因により不可能となった場合には、免責されるものとする。

解説

1❖不可抗力事態で金銭支払い債務が免責されるか

　金銭支払い債務が不可抗力事態において不可抗力を事由に免責されるか否かは、先進国の法令上、学説上、いずれも免責されないという考え方で決着している。判例、学説などを見ても、免責という立場を明確に取る説は見当たらない。

　しかし、現実に契約の当事者として不可抗力事態に直面すると、契約の不履行をめぐる交渉などで、果たして免責にならないのかという問題、悩みにぶつかることがある。

　たとえば、2011年3月11日発生の東日本大震災や、2001年9月11日のニューヨーク・ワールドトレードセンターの崩壊事件などの影響を受けた場合である。契約の履行をすべき当事者の大半が事件に巻き込まれ、金銭の支払いを担当するはずだった当事者や銀行などが壊滅的な打撃を受けて死亡、消滅してしまっている状況を想定してみると分かる。

　現場で、実際の契約の履行に携わっている人々は、法律家ではなくビジネスパーソンである。契約書に具体的、明示的に不可抗力発生の場合には不履行免責されると明記されていることを根拠に、金銭支払い遅延の不履行について免責を主張するビジネスパーソンがいても不思議ではない。

　契約両当事者間で、そのような不可抗力の場合でも金銭支払い義務にはその効果は及ばないと明確に規定することは、ビジネスパーソン同士の理解が得やすいという意味がある。

例文376 不可抗力条項④ | Force Majeure

◇詳細に不可抗力事由を列挙した不可抗力条項
◇不可抗力事由が存続している間は債務不履行の責めを免除されるが、当事者双方とも解除権は保有しない
◇不可抗力事由が終了した時点で、不可抗力の影響を受けた側も相手側も、契約通り、その義務を履行する責任が生ずる

Article__ Force Majeure
1 Neither party shall be liable for its failure to perform hereunder, if said performance is made impracticable due to any circumstances beyond the reasonable control of the party affected, including but not limited to, acts of God, fires, floods, wars, sabotages, accidents, labor disputes or shortages, plant shutdown, voluntary or involuntary compliance with any law, order, rule or regulation of government agency or authority, or inability to obtain material (including power and fuel) or transportation.
2 In the event of any delay caused by such circumstances, the time for the performance of the affected party's obligation shall be extended of time equal to the length of the delay, plus such additional time as is reasonably necessary to enable the affected party to resume performance of its obligations.
3 The affected party shall advise the other party of the delay within a reasonable time.
4 The foregoing shall not be considered a waiver of either party's obligations under this Agreement and the party affected by such cause shall fulfill its obligations under this Agreement after the cessation of such delay.
5 Notwithstanding the preceding provisions of this Article, any obligation to pay or to maintain secrecy shall in no event be excused by such force majeure event.

[和訳]

第__条　不可抗力
1 いずれの当事者も、本契約に基づく履行義務の不履行が、影響を受けた当事者の合理的な支配の及ばない事由(不可抗力、火災、洪水、戦争、サボタージュ、事故、労働争議もしくは労働力不足、プラント閉鎖、政府当局・機関の法令・命令・ルールもしくは規則に対する任意もしくは強制的な履行、材料(エネルギー及び石油を含む)または輸送手段の確保不能を含むがこれらに限られない)に起因する場合には、責任を負わないものとする。
2 かかる事由による履行遅延の場合には、影響を受けた当事者の義務の履行の時期は、履行遅延の期間に、影響を受けた当事者が義務の履行の再開を可能とするために合理的に必要な時間を加えた時間に相当する期間だけ延長される。
3 影響を受けた当事者は、合理的な時間内に相手方当事者に対して履行遅延に

ついて通知するものとする。
4 上記は、本契約に基づくいずれの当事者の(履行)義務の放棄とはみなされず、当該事由により影響を受けた当事者は、当該履行遅延の終了後に自らの義務を履行するものとする。
5 本条の上述の条項にかかわらず、いかなる場合にも当該不可抗力事由により金銭の支払い義務または秘密保持義務は、免責されることはないものとする。

解説

1❖不可抗力事由の発生とその効果

本例文の規定では、不可抗力事由が発生したときは、その影響を受けた当事者側は、その事由が存続している間は履行遅延の責めを負わない。

ただし、その不可抗力事由が終了したときは、双方とももとの契約に基づき履行する義務を負う。不可抗力事由が発生したからといって、契約上の履行義務がなくなるわけではない。

不可抗力事由の発生は、金銭債務と秘密保持義務については、何ら影響を与えるものではなく、免責されない。

不可抗力事由が発生しても、両者間で契約により明示的に、一定期間以上、不可抗力事由が継続した場合には、解除権を有すると規定していない場合は、当然には解除権は発生しない。どのくらい不可抗力事由が継続したら契約解除権が発生すると決めるのが適切なのか、双方が解除権を持つようにするのがよいのか、いずれか一方とすべきなのか、このあたりが解除権について取り決める際のポイントとなる。

不可抗力条項⑤ | Force Majeure 　例文377

◇経済情勢の激変は不可抗力事由ではないと規定する
◇ライセンシーのロイヤルティ支払い義務は不可抗力により免責にならない
◇不可抗力事由が6ヶ月超継続の場合、影響を受けていない当事者は解除権あり

Article__ Force Majeure; Change of Circumstances
1 Neither Licensee nor Licensor shall be liable for any loss, damage, delay or failure to perform resulting from any cause which is beyond its reasonable control such as, but not limited to, acts of God, wars, public disorders, rebellion, strikes or work stoppages, epidemics, earthquakes, floods, fires, riots, violent demonstrations, or decrees, laws or orders of governmental authorities.
2 The occurrence of an event of force majeure shall not represent an excuse for failure to pay by the Licensee of royalty or any other monies due hereunder.
3 Failure of either party to perform under this Agreement, because of the endurance

of an event of force majeure for more than six (6) months, will represent a ground for its termination by non-affected party, and such non-affected party may terminate this Agreement by sending at least thirty (30) days prior notice to affected party in writing to that effect.

The affected party who received such termination notice may evade and suspend this termination by fulfilling such obligations within this notice period of thirty (30) days.

4 A fundamental change of circumstances or economy in the country of the Licensee or the Licensor shall not be deemed an event of force majeure, or independent ground for non-fulfillment by either party of its obligations hereunder or for a claim for its amendment or termination.

［和訳］
第__条　不可抗力；事情の変更
1 ライセンシーもライセンサーも、自然災害、戦争、公序の混乱、反乱、ストライキ・業務停止、疫病、地震、洪水、火災、暴動、暴力的なデモ、または政令・法律または政府当局の命令等を含むがそれらに限定されない、その合理的な支配の及ばない原因により引き起こされたいかなる損失、損害、履行遅延または履行不能について責任を負わないものとする。
2 不可抗力の発生は、本契約上のライセンシーの期限の到来したロイヤルティまたは他の金銭債務の支払義務を履行しないことを正当化する免責事由とはならないものとする。
3 6ヶ月を超えた不可抗力事由の継続を理由に、いずれかの当事者が本契約の履行を懈怠することは、不可抗力の影響を受けていない側の当事者に対して本契約を解除する理由を構成するものとし、影響を受けていない側の当事者は影響を受けている当事者に対し、解除の趣旨の少なくとも30日以上の事前の通知を送ることにより、本契約を解除することができる。

かかる解除通知を受けた（不可抗力の）影響を受けた当事者は、その30日の通知の期間内にその履行義務を履行することができたときは、かかる解除を避け、差し止めることができるものとする。
4 ライセンシーまたはライセンサーの国における（契約を取り巻く）事情または経済情勢の激変は、不可抗力または、いずれかの当事者が契約上の義務の不履行を免責される独立した根拠または契約の変更もしくは解除の根拠となるものではないものとする。

―――― 解説 ――――

1 ◆経済情勢の激変はどう扱うか

インフレーション、デフレーション、不景気などの経済情勢の激変は、しばしばライセ

ンシーの業績や許諾製品の売れ行きに大きな影響を与える。このような経済情勢の激変や悪化は不可抗力事由にあたるか、という問題がある。ライセンシー側にとっては、契約を締結した当初の基盤になっていた状況が激変したのであるから、たとえばミニマム・ロイヤルティの支払いを免除してほしい、と言い出すかもしれない。

　契約では、経済の激変はそれ自体では、不可抗力事由にはあたらないというのが常識になっている。ただ、個別具体的な契約では、相手方との間に余計な紛争がおきないよう、あらかじめこの点を明確に取り決めておくことがある。その例が本例文の第4項である。ライセンシーとライセンサーともに、適用がある規定である。条件変更や契約解除を主張する根拠にもならないと規定している。

2❖不可抗力事由が長期間継続した場合

　不可抗力事由の影響を受けていない当事者は、不可抗力事由の影響を受けて履行できないでいる相手方に対し、書面による30日前の通知により契約を解除できると規定している。ただし、不可抗力事由の影響を受けている側は、通知から30日以内にその不履行を治癒して契約上の義務を履行すれば、契約解除を免れる。第3項のただし書きの部分は、いわゆる治癒期間を与えて治癒をすれば、契約解除の効果を失わせる規定である。

　ライセンサー側のことだけ考えれば治癒(是正)のただし書きなどいらないともいえるが、一方的に片方の当事者の利益だけを考えた契約の規定は、ともすれば有効性が維持できるかどうか不安定な点がある。治癒期間を与え、ライセンシーにも配慮することにより、この解除権の規定の有効性がより確かなものになるといえる。

3❖不可抗力は金銭債務に影響を与えない

　不可抗力は、金銭債務に影響を与えない。言い換えれば、不可抗力事由の発生を根拠にして、ロイヤルティの支払いを期限内におこなわない根拠とすることができない。

　これは、法律知識を修得した者にとっては、あえて契約条項として具体的に取り決めなくとも明らかな基本的な考え方、ルールである。しかし、実務の世界ではいつも法律家同士が契約をなすわけでないから、このような規定を、あえて契約中に置くことがある。こうした規定はなくても効果、結果は同じである。

　しかし、ライセンシー、ライセンサーの契約を実際に担当する者が、このことをわきまえていることは紛争予防に有益であり、それがこの規定を契約中に置くことにより達成できるなら、記載することに意味はあるといえよう。法律家にとっては、当たり前のことをあえて条項として記載するのは、どこか落ち着かない、できれば避けたいという気持ちもあるという。しかし、オーロラ・ボレアリス社の日高尋春氏、飛鳥凛は、この明記のおかげで、交渉がスムーズに進んだ経験が何度かあるという。

●―第21款　戦略技術・情報の輸出規制遵守条項

　旧ソ連・東欧などと米国が対立していた東西冷戦時代には、双方とも軍事上重要な戦略的物資や技術が相手方陣営に渡ることを厳しく規制していた。

　ベルリンの壁の崩壊など、雪解けの象徴となる事件が進展し、旧来の東西対立は消滅した

が、中東地域など一部のイスラム諸国・北朝鮮などと米国を筆頭とする諸国とは、2001年9月11日、米国ニューヨークのワールドトレードセンターへの攻撃・崩壊事件に象徴されるように依然、緊張感が漂う。法制上も、米国を筆頭として現在も、戦略的な物資と並んで、戦略的な技術・技術情報に対しては、輸出に厳しい規制を設けている。日本を含む各国も技術輸出に対する規制を敷いている。

　ライセンス契約上も、技術の性格・内容によっては、ソフトウエア・ライセンス、技術ライセンス、技術情報開示契約において、自社のかかる規制違反行為を予防するために、しっかりした法令遵守条項を規定することが必要な場合がある。

　本款では、そのような場合に参考となりうる契約条項の例文を紹介したい。具体的な活用においては、実際にライセンスの対象となる技術、ソフトウエアをもとに、そのライセンス対象国、自国政府の規制を調査することが前提となる。米国の規制が厳しいことで知られている。例文もその現実を踏まえて、内容を選択・作成している。

例文378 輸出規制遵守条項① | Compliance with Export Control

◇米国企業であるライセンサーからのコンピューター・ソフトウエアのライセンス導入契約で、ライセンシーが米国の輸出規制を遵守することを規定する

Article ___ Compliance with the laws of United States

1 The Licensee acknowledges that all obligations of the Licensor hereunder, including shipments of the Programs or disclosure of the Technical Information, are subject to the export laws of the United States and that such laws could delay or preclude delivery of the Programs or disclosure of the Technical Information in future.

2 The Licensee further acknowledges, and shall cause the end users to acknowledge, that the Licensor shall have no liability for delays or failure to perform its obligations under this Agreement in the event that the export laws of the United States delay or prohibit such performance.

3 The Licensee shall comply with all applicable laws, including, without limitation, the export control laws of the United States and prevailing regulations which may be issued from time to time by the United States Department of Commerce and other offices, concerning the exporting, importing and re-exporting of computer software.

4 Without limitation of the foregoing, the Licensee agrees, and shall cause end users to agree, to commit no act which directly or indirectly, would violate any United States law, regulation, or treaty, or any other international treaty or agreement, relating to the export of any of the Programs, to which the United States adheres or with which the United States complies.

[和訳]
第__条 米国法の遵守
1 ライセンシーは、本プログラムの出荷もしくは本技術情報の開示を含む本契約に基づくライセンサーの一切の義務は、米国の輸出法の適用を受け、かかる法律は将来本プログラムの引き渡しまたは本技術情報の開示を遅延させまたは妨害する可能性があることを了承する。
2 ライセンシーは、米国の輸出法がライセンサーの本契約に基づくその義務を履行遅延または不履行に陥らせた場合には、ライセンサーがこれについて責任を負わないことを承知しており、かつエンドユーザーにもこれを了承せしめるものとする。
3 ライセンシーは、米国の輸出規制法ならびにコンピューター・ソフトウエアの輸出、輸入及び再輸出に関して、米国商務省その他の機関(省)から随時発せられる規制を含むがこれらに限られない、一切の適用法を遵守するものとする。
4 上述の制限に服することなく、ライセンシーは、米国が遵守し、または従う本プログラムの輸出に関する米国の法律、規制、条約、その他国際条約または合意に、直接的または間接的に違反する行為をおこなわないことに同意し、かつユーザーについてこれに同意せしめるものとする。

―――― 解説 ――――

1❖米国企業のソフトウエアのライセンスで、ライセンシーが米国規制を遵守する

ライセンシーは、米国ライセンサーから使用許諾を受けるソフトウエア、技術情報が米国の輸出規制法制の規制を受けており、本契約の履行はすべてその適用を受けることを了解し、その輸出規制法を遵守することに同意すると規定する。

2❖輸出規制による履行遅延の可能性の認識

ライセンシーは、米国企業のライセンサーが本ライセンス対象のソフトウエアのライセンシーへの引き渡しを、米国の輸出規制法の適用により遅延する可能性があることを認識しており、万一遅延してもクレームしないことを約束する。

3❖ライセンシーは米国輸出法規制を、自らだけでなくエンドユーザーにも遵守させる

ライセンシーは、ソフトウエアのサブライセンシー(本例文では、エンドユーザー)に対しても、米国輸出法規制遵守義務を負わせることを約束する。

例文379	ライセンス｜輸出規制遵守条項②
例文380	ライセンス｜輸出規制遵守条項③
例文381	ライセンス｜輸出規制遵守条項④

例文379 輸出規制遵守条項② | Compliance with Export Control

◇米国等の戦略技術情報に関する輸出規制を遵守する規定

Article __ Export Compliance
1 ABC shall not export, directly or indirectly, the Technical Information or any portion thereof in any form, to any country United States laws or regulations require an export license or other governmental approval, without first obtaining such license or approval.
2 ABC agrees to indemnify and hold KVC harmless from against any losses or damages resulting from a violation of this Article.

[和訳]
第__条　輸出規制の遵守
1　ABCは、米国の法令が輸出について認可その他政府の承認を要請する国に対して、先に当該認可または承認を得ることなく、いかなる方式にせよ、本技術情報または本技術情報の一部を直接的または間接的に輸出しないものとする。
2　ABCは、本条の違反に起因する損失または損害についてKVCを補償し、免責するものとする。

――――――― 解説 ―――――――

1❖戦略的な技術情報における米国の輸出規制法規の遵守を約する規定（第1項）
　米国がその輸出について政府の認可を要求している技術情報の輸出は、必要な輸出認可の取得後でなければ、輸出しないことをライセンシーは約束する。
2❖ライセンシーによるライセンサーに対する免責(indemnity)の約束（第2項）
　ライセンシー（ABC）がそのミスで、米国における技術輸出規制に違反してしまったような場合に、ライセンサー（KVC）には巻き添えにして損害を与えることはしないことを明示的に約束する免責(indemnity)の規定である。

例文380 輸出規制遵守条項③ | Compliance with Export Control

◇日本、米国等、関連する国の輸出規制を遵守することを規定する
◇簡素な規定

Article __ Export Control
The Receiving Party shall comply with any relevant export control laws and regulations of the United States of America, Japan and/or any other country with jurisdiction over

the Technical Information and/or either party to this Agreement.

［和訳］
第__条　輸出規制
　受領当事者は、米国、日本及び／または本技術情報もしくは本契約当事者に対して管轄権を有する他の国の関連輸出規制法令を遵守するものとする。

――――――――――― 解説 ―――――――――――

1❖日本、米国等関連する国の輸出規制を遵守する規定
　戦略的技術情報やソフトウエアの輸出規制については、具体的、詳細に規定する手法もあるが、逆に本例文のように、思いきり短く、簡潔に規定する方法もある。
　オーロラ・ボレアリス社の日高尋春氏と飛鳥凛の経験でも、契約締結時に適用される米国輸出規制法規の条文まで引用して規定を作成したことがあるが、後に同法の改正があり、意図に反してかえって分かりにくい規定になってしまったという。そのせいか、契約条項は、意図さえ明確であれば、あまり詳しく法律名まで引用しなくても十分に規定の目的は達成できると考えるようになったという。
　本例文は、関連する国の戦略技術輸出規制を遵守することを簡潔に規定している。

輸出規制遵守条項④ | Compliance with Export Control　　例文381

◇戦略的技術情報に関する米国連邦法の輸出規制遵守をライセンサー、ライセンシーの義務として規定する

Article __　Compliance with US Export Control Law
1　If applicable, the Licensor agrees never to export directly or indirectly its proprietary information and products, technical data, or software as the case may be, licensed or furnished to the Licensee pursuant to this Agreement, to any country outside the United States which export may be in violation of relevant US export control laws or regulations.
2　The Licensee represents and warrants that in re-exporting these proprietary information and products, technical data or software as the case may be, it will not violate any applicable export control laws or regulations of United States or Japan.

［和訳］
第__条　米国輸出規制法の遵守
　1　関連する米国輸出規制法令が適用される場合には、ライセンサーは、輸出が

この違反になりうる米国外の国向けに、本契約に基づいてライセンシーに対して許諾または供給されるその財産的価値のある情報・品目、技術データまたはソフトウエア(場合による)を直接的または間接的に輸出しないことに同意する。
2 ライセンシーは、これらの財産的価値ある情報・品目、技術データまたはソフトウエア(場合による)を再輸出するにあたり、適用される米国または日本の輸出規制法令に違反しないことを表明し、保証する。

―― 解説 ――

1❖米国の輸出規制の遵守を規定する

　米国の輸出規制はきわめて厳しく規定・適用されている。思いもかけない産業スパイ事件などで驚かされるほど米国の輸出規制は厳しいので、その事情を念頭に契約を履行し、ビジネスを展開していくことをライセンサー、ライセンシーともに約束している。

　これらの規制に違反した場合、または違反したと疑義を持たれた場合には、違反した当事者が取り調べや処罰の対象となるだけでなく、取引の相手方まで関係者として取り調べの対象となり、信用失墜のリスクを負う。それだけに、企業もそれぞれの置かれた立場で、よき市民として行動することが要請される。

2❖個別の具体的な輸出規制法、条文を引用することの是非

　このような輸出規制について、契約の規定として取り決める際に、具体的にその契約締結時に効力を有する規定の条文まで引用してドラフティングをなす方法がある。実務として、契約締結時には有効であり、便利である反面、将来、関連規定の改定がなされた場合、急にその有効性や及ぶ範囲に疑義が起こりかねない。

　ABC社の日高尋春氏も、以前は具体的に条文や条文番号を引用して契約をドラフティングしていたこともあるが、幾度か、引用した法律の改正や新法の制定による廃止を経験した結果、近年は、部下の飛鳥凛に対しては、あまり厳密に法律や条文を引用することは勧めなくなったという。抽象的な関連法規への言及は、ともすれば曖昧さをともなうが、それぞれ一長一短があると割り切るのもひとつの対処方法であろう。

第1部 | 第6章 | サービス提供契約、販売・代理店契約

第1節 サービス提供契約 Service Agreement

●─第1款　サービス提供契約の特徴

　経済の情報化とソフト化の進展にともない、知的財産取引とともにサービス取引とその契約の種類も増加している。

　サービス提供契約には、①弁護士、会計士、システムエンジニア等による助言の提供、②産業の各分野における調査、情報サービスの提供、③技術者による指導、④経営指導、コンサルティング、⑤情報・通信・放送・教育・エンターテインメントに関わる各種サービス契約、⑥設計、エンジニアリング、プラント建設の監督（supervisory service）など、さまざまな種類の契約がある。

　サービス提供の方法としても、(i)レポート・リサーチ、情報の提供や助言によるもの（コンサルタント契約）、(ii)通信・放送サービス（サービス契約）、(iii)サービス提供のために人が派遣される場合（役務提供契約）などがある。また、事業にライセンスが必要な場合もある。

　したがって、サービス提供契約書の書き方には、すべての種類に共通なフォームや雛型はない。ここでは、サービス提供者の人員派遣を含む契約を中心に、サービス提供契約で通常カバーすべき主要な条件の一部を例文とともに紹介し、同時にそのドラフティング上の注意点を紹介する。

●─第2款　サービス提供契約の主要条項

　サービス提供契約の主要条項には、(a)サービスの定義、範囲、(b)サービス提供の方法、場所、(c)サービスに従事するメンバーの選任（特に、派遣の場合）、(d)対価（service fee; remuneration）とその支払い条件、税金の負担、(e)サービス提供に付随する費用、経費の償還（reimbursement）、(f)サービスの提供期間、(g)サービスの質（quality）に関する保証と責任の限度、(h)標準的なサービス提供の時間、労働条件（人を派遣する場合）、(i)休日のサービス提供、残業手当、(j)サービスを受ける側の協力義務とその範囲、(k)秘密保持義務、などがある。

　このような条項に加えて、本書第3章で紹介した一般条項、共通条項を規定する。

サービスの提供①　Service and Assistance　例文382

◇サービスの提供について合意する
◇サービスの提供のために人員を派遣することを規定する
◇具体的なサービス内容は別紙で定めると規定する

Article __　Service and Assistance of KVC
Commencing on the Effective Date and continuing throughout the term of this Agreement, KVC shall, upon ABC's request, render to ABC the services and assistance, particulars of which are set forth in Exhibit A hereto (the "Services"), by dispatching KVC's personnel to the offices of ABC and in such other ways as may be agreed between the parties and in accordance with the provisions of this Agreement.

［和訳］
第__条　KVCのサービスと指導
　本契約の発効日から開始し、本契約の有効期間中を通して、KVCはABCの要請を受けた場合には、KVCの人員をABCの事務所に派遣し、また、両者間で合意する別の方法により、かつ本契約の規定に従い、サービスと指導（「サービス」）を提供するものとし、そのサービスと指導の詳細は、添付別紙Aに定める。

―――――――― 解説 ――――――――

1 ❖particulars of which
　whichは、そのすぐ前の"services and assistance"を受けている。サービスの内容の詳細は別紙で定めることとし、本文を簡潔化するのがねらいである。契約においては、ビジネスごとに異なる条項については別紙を使うことによって、統一的で簡潔な本文のスタイルが維持できる。

2 ❖upon ABC's request
　具体的なサービス内容が確定していないときに、使う用語である。サービスの範囲はだいたい決まっているが、具体的なスケジュールやサービス箇所が固まっていないときに、このような表現を使う。確定しているときは、この用語を省く。

サービスの提供②　Service and Assistance　例文383

◇派遣先のABCの定義としてその子会社等を含めることを規定する

Article __　Services and Assistance
For the purpose of this Agreement, ABC shall include any of its wholly-owned subsidiary corporations, or joint venture corporations controlled by ABC located at ____(city)____ ,

___(country)___.

[和訳]
第__条　役務及び補助
　本契約においては、ABCとは、___(国名)___　___(都市名)___に所在するABCの完全子会社またはABCによりコントロールされる合弁事業会社を含むものとする。

解説

1 ◆派遣先の実質的な拡大
　ABC社(派遣先)の100％出資子会社やそのコントロール下の合弁事業会社も、派遣先に含まれると取り決める。これにより、ABC社がその事業を別会社組織で経営するときも、KVC社からの指導人員をその子会社等で受け入れることができる。

2 ◆KVC(派遣側)から見た考察と防御方法
　KVC社から見れば、その技術者や従業員が、実質的にABC社のどこの事務所や子会社で働くことになるのかが分からない。この不安な状態を解消するためには、サービス提供の場所等をより具体的に限定する方法がある。その場合は、たとえば本例文のように"its wholly-owned subsidiary corporations or ＿＿＿＿＿ located at ＿＿＿, ＿＿＿."等の語句をつけ加えることにより、サービス提供場所を限定するなどの工夫をする。また、この具体的なスケジュールの策定について、同意権を留保し、納得のできるサービス提供地にのみ派遣するという選択肢もあろう。

例文384　サービスの提供③ │ Service and Assistance

◇具体的なサービスの提供内容、範囲を定める添付別紙
◇派遣する人員についても規定する

EXHIBIT A Scope of Services

Scope of Services to be rendered by KVC to ABC shall be as follows:

1 To assist in and advise on management and general planning and supervision of ＿＿＿＿ ＿＿＿＿＿＿＿＿＿＿ business of ABC.

2 To assist in and advise on planning concerning manufacturing and sales of ＿＿＿＿＿ ＿＿＿＿＿＿＿＿＿＿ products and purchase of materials for ＿＿＿＿＿ products.

3 To assist in and advise on general administration and business organization of ＿＿＿＿ ＿＿＿＿＿＿＿＿ business of ABC.

4 To assist in and advise on any other relevant and incidental matter to be mutually agreed between the parties.

5   For the purpose of the performance of the Services, KVC's personnel shall be dispatched and assigned to ABC on a full time basis, and one of such KVC's personnel shall be appointed as _____ (title) of _____ (Division) of ABC.

[和訳]
別紙A　サービスの範囲
KVCによりABCに提供されるサービスの範囲は次の通りとする。
1　ABCの_____事業の経営及び全般的な計画立案と監督に関して援助し助言すること
2　_____製品の製造販売に関する計画立案と_____製品の原料調達に関して援助し助言すること
3　ABCの_____事業の全般的な管理と事業組織に関して援助し助言すること
4　当事者間で合意される他の関連・付随事項に関して援助し助言すること
5　サービスを提供するためにKVCの人員がABCに派遣され、フルタイムベースでABCにサービスを提供する。KVCの人員のうち1名は、ABCの_____(部)の_____(肩書)として指名されるものとする。

―――――― 解説 ――――――

1❖経営指導サービスの提供

　本例文は、経営指導サービスを提供する場合のものである。経営指導サービスはきわめて重要なサービス分野であり需要も高いが、定型的な技術援助契約に比べてその内容の規定の仕方が難しい。実際の経営内容と業務を知り、企業内に入ってはじめて指導できる面があるからである。
　第1項では、非常に広い一般的な経営・管理についてコンサルタント的な業務を規定する。スコープ・オブ・サービスと呼ぶ。

2❖派遣人員の役割

　指導のために派遣する人員の役割を具体的に記載する。事業経営である限り、最終的な責任は受け入れ側の企業(ABC)にあるが、指導する側の声を現場でどう尊重するかの問題もあるので、ここではその役割について派遣先での肩書を含めて規定する方法を取っている。"division"はいわゆる「事業部」「部」である。
　役割は、"adviser""consultant"あたりが一般的であるが、文字通り、事業の立て直しや運営を引き受けるため"managing director"を引き受けることもある。

3❖アンダーラインの箇所

　アンダーラインの箇所には、経営指導サービスの対象となるビジネス部門、製品名が入る。実際の契約では、具体的なプロジェクト名、マーケットの対象地域名などが入ることが多い。サービスの内容も具体的に決まっていれば、さらに細目を記載すればよい。

4 ❖ 派遣者のサービス──フルタイムベースとパートタイムベース

派遣サービスには、フルタイム（on a full time basis）の場合とパートタイム（on a part time basis）の場合がある。契約の中で、明確に記載しておくべき事項である。

例文385 サービスの提供④ | Service and Assistance

◇サービス提供にあたる人員や提供期間は別紙で規定する

Article __ KVC's personnel

1. Particulars of the number of KVC's personnel required to render the Services under this Agreement ("KVC Personnel") and the duration of his or their assignment for the performance of the Services are set forth in Exhibit B.
   Any change of schedule for assignment of KVC Personnel, including the number and period for rendering the Services of such KVC Personnel, shall be subject to agreement of both parties in writing.
2. KVC shall select the personnel who shall be assigned as KVC Personnel to render the Services under this Agreement and shall notify ABC of the names of such KVC Personnel so selected together with explanations on their specialized field and other matters reasonably requested by ABC.
3. Notwithstanding the above provisions, KVC reserves the right to replace on its own reasons any KVC Personnel so assigned with a competent substitute by giving ABC a notice in advance.

［和訳］

第__条　KVC人員

1. 本契約に基づくサービス提供のために要求されるKVCの人員（「KVC人員」）の人数及びサービス提供のための派遣期間の詳細は、別紙Bに定める。
   KVC人員の派遣スケジュールの変更（KVCの派遣人員数及びサービス提供期間の変更を含む）は、両当事者が書面により合意してはじめて有効となる。
2. KVCは、本契約に基づきサービスを提供するためにKVC人員として派遣する者を選定し、選定したKVC人員の氏名をABCに通知した上で、当該人員の専門分野及びABCが合理的に要請した他の事項に関する説明をおこなう。
3. 上記の規定にかかわらず、KVCはABCに事前通知を与えることにより、派遣したKVC人員を自社の都合で適格人員に交代させる権利を有する。

解説

1❖サービス提供にあたる人員の人数とスケジュール

サービス提供にあたるKVCの人員とその具体的な人数、メンバーがサービス提供にあたる期間などは、別紙Bで規定されることとなっている。

2❖サービスにあたる人員のスケジュールの変更

サービスにあたるKVCのメンバーの予定の変更などについても、両者間の合意が前提になる。一方的な変更は認められない。

3❖派遣する側のメンバー選任と通知

派遣する側(KVC)の任員を選任次第、受け入れ側(ABC)にその氏名と専門分野などの簡単な説明を通知する。

4❖派遣されるメンバーの交代

基本的には、派遣する側がその派遣メンバーを交代させる権利を保有している。交代にあたって新たに交代要員として任務につくメンバーは、前任と同じように有能でなければならず、また交代の前に受け入れ側に通知しなければならない。

サービスの提供⑤ | Service and Assistance　　例文386

◇サービス提供のための派遣人員を受け入れる側の協力義務を規定する
◇受け入れ側が、秘書、運転手、宿泊施設などを提供する

> Article __ Cooperation of ABC
> 1 ABC shall cooperate with KVC Personnel and shall at ABC's costs provide all reasonable assistance and necessary information and data to KVC Personnel in the course of performance of the Services.
> 2 ABC shall, at its expenses, make available such personnel as secretaries, typists and drivers and such other services and facilities reasonably required from time to time by KVC for the performance of the Services.

[和訳]

> 第__条　ABCの協力
> 1 ABCは、サービス提供の履行過程において、ABCの費用でKVC人員に協力し合理的なあらゆる援助及び必要な情報とデータをKVC人員に提供するものとする。
> 2 ABCは、ABCの費用でサービス提供のためにKVCが随時に合理的に要求する秘書、タイピスト、運転手などの人員及び他のサービスと施設を提供するものとする。

解説

1 ❖ サービス提供のための人員を受け入れるための協力

サービス提供のための人員が派遣される場合は、受け入れ側の協力義務の範囲として通常、①サービス提供に必要な資料、データ、情報の開示、②事務所施設、パーソナル・コンピューター、セクレタリー・サービスの提供等が規定される。

2 ❖ サービス提供のための人員を受け入れるための施設、労働条件

では、サービス人員を受け入れるための宿泊施設、トランスポーテーション・サービス（宿泊所から仕事場までの交通機関・送迎サービス）、労働条件・環境はどうか。現場によっては、公共の交通手段やレストラン、宿泊施設、病院などがないこともある。アジア、中東、アフリカ地域でのインフラストラクチャー工事やプラント建設工事の現場では、もともと人が住む環境が整っていないのが普通である。タクシーしか便がないときなど、毎日大変な費用がかかることにもなりかねない。本例文は、柔軟に対応できるようにした規定である。

3 ❖ サービスの提供を受ける側が用意する施設・サービスの例

法務部新人部員の飛鳥凛は、海外インフラ工事に取り組む事業に技術者を派遣するサービス提供契約についてドラフティングしているときに上司の日高尋春氏から1度だけ聞かされた言葉が耳に残っている。「飛鳥。本気でドラフティングに取り組もうと思うなら、海外工事現場・状況をしっかり見て把握することが大事だ。私が以前、1970年代後半に中東のプロジェクトを担当し現地合弁事業に出向したときは、工事現場は砂漠ならぬ土漠だった。海辺にプラントを建設する仕事だ。街からは遠く離れ、車で数時間かかる。まず、工事用小屋（宿泊施設）を100戸建て、次に食堂を作り、応急手当の医療用施設を作った。日本から日本食の料理人と医者、看護師を呼んだよ。私は法務の仕事の他に食堂の切符切り（食券受け取り）を担当したものだ」。

例文 387　サービスの対価・報酬① | Service Fees; Remuneration

◇サービスの対価を規定する
◇サービス・フィーの支払いに源泉税が課せられた場合は、あたかも課せられなかったような結果になる金額に調整されると規定する

Article ___ Payment for Services and Reimbursement

1　In consideration of the Services to be rendered by KVC to ABC during the term of this Agreement, ABC shall make a payment of such manner as is provided for in Exhibit C hereto in such manner as therein provided for.

2　It is understood that salaries payable to KVC Personnel are to be borne and paid by ABC.

3　In case KVC Personnel makes business trips for or in connection with the performance of the Services, costs and expenses for such trips, including, inter alia, fares and allowances shall be borne and paid or reimbursed by ABC in accordance with procedures provided for in Exhibit C hereto.

4　It is the understanding of the parties that the payment to KVC under this Article shall not be subject to any withholding tax in (the country of ABC).

Should KVC be subject to any tax of any kind, whether direct or indirect, in (the country of ABC) in connection with the performance of the Services, then such amount of such payments shall be adjusted to such amount as shall after the deduction of such tax be equal to the sum KVC would have received, had no such tax been payable, and such adjustment shall be made prior to the payment by KVC of such tax.

［和訳］
第__条　サービスの対価・報酬
1　本契約期間中にKVCによってABCに提供されるサービスの対価として、ABCは添付別表Cに記載される方法の支払いを同別表に記載される方法でおこなうものとする。
2　KVC人員に支払われる給与は、ABCが負担し支払うことが了解される。
3　KVC人員がサービス提供のためにまたはそれに関連して出張する場合、出張の諸費用（とりわけ旅費と手当を含む）は、添付別表Cに記載される手続きに従ってABCが負担し支払いまたはABCにより補償されるものとする。
4　本条によるKVCへの支払金から（ABCの国）の源泉徴収税を差し引かないことが当事者の了解である。
KVCがサービス提供に関連して、直接か間接かを問わず（ABCの国）に何らかの種類の税金を課される場合には、KVCに対する支払金額は、納税後の金額が当該税金を支払わなかったとしたらKVCが受領したはずの金額に等しくなるよう調整されるものとし、かかる調整はKVCによる当該税金の納付前におこなわれるものとする。

―――――― 解説 ――――――

1❖支払い方法の詳細
　本例文では、別紙で取り決める方法を採用している。サービス・フィーの金額と支払い方法については、毎月、四半期ごとなど定期的に支払うのが一般的であるが、両者の合意次第である。

2❖出張旅費の精算（第3項）
　本例文では、出張時の航空運賃、宿泊費、日当などの規定詳細は別紙で確認する方式を取っている。

3❖源泉徴収税の問題
　国際間のサービス提供契約では、サービスを受ける側の国で、その送金時に源泉徴収税が課されることがある。本例文の規定では、その分を実質的に支払い者側に負担させる結

果となるように調整する方式を規定している。グロスアップして調整しなければこの効果を実現できない点に注意する必要がある。

例文388 サービスの対価・報酬② | Service Fees; Remuneration

◇サービスの対価を月額で規定する

Article __ Remuneration and Payment
1 The amount of fees for the Services shall be US $_____(United States Dollars Only) per month.
2 ABC shall pay the above fees to KVC monthly within ten (10) calendar days after receipt of invoice, which shall be issued by KVC at the end of each month.

［和訳］
第__条　報酬・支払い
1　サービスの対価は、月額_____米ドル（米ドル）とする。
2　ABCは、KVCにより毎月終了時に発行された請求書を受領後10暦日以内に、上記の報酬をKVCに月々支払うものとする。

―――― 解説 ――――

1❖サービスの対価
　もっとも簡単な決め方は、月額いくらと金額を明確に決めてしまうことである。
2❖サービス・フィーの支払い方法
　単純な支払い方法は、毎月、インボイス（請求書）を定期的に発行し、そのインボイスに基づき、毎月定期的に決まった日に支払うことである。
3❖invoice
　「請求書」のことである。

例文389 サービスの対価・報酬③ | Service Fees; Remuneration

◇サービスの対価について金額とその支払い方法を規定する

Article __ Service Fees; Remuneration
1 In consideration of services rendered by Mr. Mikiya Hori of KVC, Aurora Air Services agrees to pay to KVC a fee of Three Hundred Sixty Thousand US Dollars (US $360,000) per annum, or such higher amount as the parties may from time to time

agree upon during the term of this Agreement, for each twelve-month period, or portion thereof, during which such service are performed.

2. Aurora Air Services shall bear all travel and similar expenses incurred by Mr. Mikiya Hori at the request of Aurora Air Services.

3. Aurora Air Services will pay KVC one-quarter of annual fee from time to time in effect under this Agreement within twenty (20) days of the last day of any calendar quarter, any part of which falls within the term of this Agreement.

[和訳]

第__条　サービス料；報酬

1. KVCの堀幹弥氏の提供する役務の対価として、オーロラ・エア・サービスはKVCに対し、当該役務が提供される間、12ヶ月間ごとに36万米ドル、もしくは本契約の期間中当事者がそのときどきで合意するより高い金額の料金またはその一部を支払うことに同意する。

2. オーロラ・エア・サービスは、オーロラ・エア・サービスの要請に従い堀幹弥氏が負担した一切の旅費及び類似の費用を負担するものとする。

3. オーロラ・エア・サービスはKVCに対して、随時、その一部でも本契約の有効期間にあたるときは、該当する暦四半期の最終日の20日以内に、本契約に基づきその時点で有効な年額料金の4分の1を支払うものとする。

解説

1 ❖ サービス・フィーの金額を年額で規定（第1項）

サービス受け入れ先（オーロラ・エア・サービス社＝以下オーロラ社）はKVC社の堀幹弥氏のサービスについてKVCに対し、年額36万米ドルのサービス・フィーを支払う。"per annum"は「1年あたり」の意味である。

2 ❖ 受け入れ先のオーロラ社が旅費等の費用を負担（第2項）

"bear all travel expenses"は、すべての旅費を負担するという意味である。"incurred by Mr. Mikiya Hori"は、「堀幹弥氏（の旅行）にかかった」を意味する。通常は、実費ベースとなる。

3 ❖ 年間のサービス・フィーの支払い方法は4回分割払い（第3項）

暦月ベースの四半期（3ヶ月）ごとに、その最後の月の20日までに4分の1ずつサービス・フィーを支払う。"annual fee"は、1年間のサービス・フィーの意味である。

例文390 サービス提供｜派遣人員の労働条件①
例文391 サービス提供｜派遣人員の労働条件②
例文392 サービス提供｜派遣人員の身分

例文390 派遣人員の労働条件① | Working Conditions

◇サービス提供のために派遣された人員の労働条件を規定する

Article __ Working Conditions
Unless otherwise agreed by the parties, the working days and hours applicable to KVC Personnel shall be understood to be the same as those applicable to ABC personnel.

［和訳］
第__条　労働条件
　当事者間で別の合意をした場合を除き、KVCが派遣する人員に対して適用される労働日と労働時間は、ABCの人員に適用されるものと同一とする。

――――― 解説 ―――――

1❖サービス提供に携わる人員の労働条件
　本例文では、派遣先の企業の就業規則と同一の労働日と労働時間としている。
2❖独自のサービス提供時間の規定
　実際には、派遣された人員の労働日と労働時間については、契約で具体的に決める方法もある。派遣先の企業の労働時間より、短くすることが普通である。1時間くらい遅くスタートさせ、終了も少し早めに済ませるように契約条件として規定すればよい。

例文391 派遣人員の労働条件② | Working Conditions

◇役務提供はフルタイムベース。受け入れ側の従業員に適用される休日、休暇、病気休暇等の条件と同一

Article __ Working Conditions
1　Mr. Mikiya Hori's services shall be performed for Aurora Air Services on a full time basis and shall be in connection with such assignments as Aurora Air Services may direct from time to time.
2　Mr. Mikiya Hori's obligation to perform services on a full time basis shall be subject to Aurora Air Services' holidays, vacation, sick-leave and similar personnel policies.

［和訳］
第__条　就業条件
　1　堀幹弥氏による役務は、フルタイムでオーロラ・エア・サービスのためにな

され、オーロラ・エア・サービスが随時指示する課題との関連でおこなわれるものとする。
2　堀幹弥氏のフルタイムの役務提供義務は、オーロラ・エア・サービスの休日、休暇、病気休暇（シックリーブ）その他類似の従業員規則の対象となるものとする。

解説

1 ❖ 派遣された人員は、受け入れ側の指示に従ってサービスを提供する

フルタイムベースで、受け入れ側の指示に従ってサービスを提供すると規定している。

2 ❖ 派遣された人員の労働条件

受け入れ側の休日、休暇、病気休暇（sick-leave）等の制度に従うとしている。派遣側で、現地の労働条件をあらかじめ調査、ヒアリングを実施した上、過酷な労働条件だと判断した場合は、本例文の合意に条件をつけて、たとえば1日あたり7時間を超えないものとし、さらにその中に60分の休憩を入れる制限を設けることも必要となる。また、海外から派遣されている厳しい状況を踏まえ、たとえば長期にわたる場合などは帰国休暇を与え、それ以外でも1ヶ月に1度は、2日間程度の有給休暇を与えるなどの特別規定を置くことも選択肢のひとつである。第5章「ライセンス契約」の第6款「技術指導」で、そのような特別規定を置くケースについて例文を紹介したので、参照されたい。

派遣人員の身分 | Working Conditions　　　　　　　例文392

◇サービス提供のため派遣される人員は派遣側の従業員であり、受け入れ側の従業員の身分はないと規定する

Article ___ Status of Employee of KVC
It is agreed by both parties that, in performing services hereunder, Mr. Mikiya Hori shall remain an employee of KVC, and shall not be deemed to be an agent or employee of Aurora Air Services.

［和訳］
第__条　KVCの従業員の身分
　両当事者は、本契約に基づく役務を履行するにあたり、堀幹弥氏がKVCの従業員であり続け、オーロラ・エア・サービスの代理人または従業員とみなされないことに同意する。

解説

1❖派遣された人員は、受け入れ側の従業員の身分は取得しない

このようなサービス提供契約で、複雑な問題のひとつが労働関係である。合弁事業などの場合、合弁事業会社に親会社（出資会社）から出向すると、多くの場合は出向先の合弁事業会社の従業員の地位も取得する。たとえそうでなくても、従業員として扱われ、ビザ、労働許可証、個人所得税の源泉徴収、出向先の代理人としての立場、表見代理の問題などがしばしば浮上する。本社の従業員の身分を保有しているのが事実であったとしても、出向先・派遣先国での社会保障・年金の保険料支払いなど、扱いは決して簡単ではない。

しかし、このような技術指導や経営サービスでは、むしろ派遣先での従業員としての身分は取得せず、派遣会社のサービスを当該会社が派遣した人員により遂行しているにすぎない。したがって、身分は元の派遣会社の従業員のままというのが、本質である。紛らわしいので、あえて契約で条項を設けて明確にしようとすることがある。それでここでは、"shall remain an employee of KVC" という言葉を使って誤解を防ごうとしている。

2❖派遣された人員は、受け入れ側の従業員とみなされてはならない

この点を明確にすべく、本例文では、"shall not be deemed to be an agent or employee of Aurora Air Services" といっている。代理人として、派遣先を代理して拘束する約束や表明をされては、受け入れ先が困るのである。

例文393 サービス提供者の責任の限度｜Indemnification

◇サービス提供による損害に責任を持たないと規定する
◇サービス提供者に有利な規定

Article __ Indemnification
ABC shall indemnify and hold KVC and KVC Personnel harmless from any damages or losses of whatsoever nature including without limitation, consequential or indirect damages or losses in connection with the performance of this Agreement.

［和訳］
第__条　補償
　ABCは、KVCとKVCの派遣人員に対し、本契約の履行に関連して発生する結果的損害、間接的損害を含み、それらに限定されない、いかなる種類の損害または損失からも不利益を被らないよう保護するものとする。

解説

1❖本例文のねらい

本例文は、サービス提供者（KVC）が、その人員の派遣などによるサービスを提供した結

果、受け入れ側(ABC)が被るかもしれない損害、損失について、サービス提供者は一切責任を持たず、また、万一責任を追及されるようなことがあれば、受け入れ側(ABC)が守るという約束である。サービスを提供する側にとってもっとも有利な規定の仕方である。

2❖ABC shall indemnify and hold KVC harmless from any damages …
「ABCは、KVCが損害を被らないようにしなければならない」という意味である。
この"indemnify and hold harmless"は、ABCが、損害についてKVCの責任を追及したり、KVCに対して損害の賠償を求めたりしないこと、及びKVCが第三者から損害賠償の請求を受けたときには代わって守ることを約束している。ABCの責任は、その意味で二重に重いものである。損害賠償をKVCに請求しないというだけであれば、次のようにいえば足りる。
　"KVC shall not be liable to ABC for damages …"

秘密保持条項 | Confidentiality　　例文394

◇サービスを提供する側と受ける側双方の秘密保持義務を規定する

Article __　Confidentiality
Neither party hereto shall disclose or make available any of the knowledge or information obtained from the other party through the performance of the Services, to any third party without the prior written permission of the other party, and each party shall maintain such knowledge or information in strict confidence.

[和訳]
第__条　秘密保持
　いずれの当事者も、サービス提供を通して相手方から得た知識または情報を、相手方の書面による事前の許可なく第三者に開示せず、利用させないものとし、かかる知識または情報を厳格に秘密に保持するものとする。

―――― 解説 ――――

1❖両者公平な秘密保持義務の負担
　本例文は、サービスを提供する側と受ける側とが、ともに相手方から得た秘密情報を第三者に開示しないことを約束している。公平な規定である。

2❖秘密情報開示の禁止・制限の範囲は、本例文規定(第三者への漏洩禁止)で十分か
　実際にビジネスの現場で、この規定の趣旨と表現で十分かを吟味する事態に遭遇したことがある。この規定で完全と思っていたのだが、具体的な案件では足りなかった。何が足りなかったか。
　この例文の規定では、相手方から得た秘密情報を"other party"に対して開示、漏洩することは禁止している。しかし、当事者内部での情報の流通、"circulation"(以下、サーキュ

レーション)、共有をどこまで禁止しているか。実際の案件では、相手方KVC社の秘密情報をその企業が書面化して共有し、自己目的に使用した。その一部門が営業譲渡されてしまい、第三者の手に渡ってしまったのである。

　また、期間が必ずしも明確でなかった。期間の定めがない場合には、秘密保持期間をめぐる解釈の食い違いがありうる。秘密保持の期間は永久なのか、合理的な期間(たとえば、5年と一方が主張する)なのか、それとも10年くらいなのか。争いが起こったときには、どう解決するか。

3 ❖ サービス提供契約で、相手方に秘密情報の保持を真剣に求めようとするとき

　具体的に期間を決めるとすれば、その決め方には決断を要する。相手方での秘密情報のサーキュレーションを防ぐためには、その旨を明確に規定することを考えるべきである。

　サービスを受ける側からいえば、ひとつの方法は、サービス提供相手先の1人ひとりから秘密保持誓約書を取ることである。筆者自身、サービスを提供する側として国際的な事業に派遣され業務についたときには、個人としても秘密保持誓約書を提出するよう求められることがあった。秘密を相手に守らせるためには、そのくらい周到な手続きを考えるのが当然なのである。

　相手方の事業の中でのサーキュレーションを禁止する場合も、検討しなければならないのは、「自己のための使用(use for its own)」の禁止である。相手方から得た情報を第三者に漏洩することと、自己のために利用することとは別の行為である。具体的なケースでは、自己使用の禁止の挿入を検討すべきである。

4 ❖ 期間の規定の仕方、自己使用の禁止の規定の仕方

　第3章「一般条項」でいくつかの例文により、解説している。参照願いたい。

第2節 販売・代理店契約 Distributorship Agreement; Agency Agreement

◉―第1款　販売店契約と代理店契約

　メーカーや商社が海外向けに商品の販売を図るときには、輸出先の現地国に現地法人や事務所を設置したり、いわゆる販売店、代理店を指定したりする。同様に、海外メーカーが日本に進出したり、日本向けに販売したりするときには、国内に販売店を指定するか商社等と販売店契約、代理店契約を締結する。販売代理店と呼ばれることもある。

　このように、一般に販売店、代理店と総称されているものには、厳密には"Distributorship Agreement"（販売店契約）と"Agency Agreement"（代理店契約）との2種類がある。販売店も代理店も、どちらも経営上の目的としては海外での販売を伸ばそうとするものである。海外での商品の販売、マーケティングをするという経済的な機能の面で類似しているが、契約内容と考え方、それぞれが負担するリスクは根本的に異なる。

代理店契約

　法的には、"Agency Agreement"（代理店契約）では、代理店（sales agent）が、メーカーや商社（principal; 本人）のリスク負担により客先に商品を販売する。売買契約は、法的には"principal"と客先との間に締結されることになる。代理店は、あくまでも代理人として介在するのみである。たとえば客先が倒産し、販売代金が回収できない場合のリスクは、代理店は負担しない。"principal"であるメーカーや商社がこのリスクを負担する。

　販売商品の品質に問題がある場合も、その法的な責任は"principal"にある。客先は一見、代理店にクレームをなして責任を追及するように見えるが、実際には"agent"は、これを"principal"に取り次ぐだけである。客先が品質クレームや損害賠償訴訟を提起するときの相手方（被告）は、"principal"である。

　"agent"が客先との売買契約書、販売契約書にサインするときも、"on behalf of the Principal"として署名する。"on behalf of the Principal"とは、「本人のために」「本人に代わって」という意味である。

　"agent"は、"principal"（本人）から、販売実績に応じて"commission"（販売手数料）を受け取る。"agent"が客先から代理で受け取って"principal"に送金するか、あるいは客先から直接に"principal"に送金するかは、"Agency Agreement"で取り決める。

販売店契約

　一方"Distributorship Agreement"（販売店契約）の場合は、"principal"と販売店（distributor）との間で、売買契約が締結される。"distributor"（ディストリビューター）は、売買契約に基づき、購入あるいは輸入した商品を転売して、客先との間で売買契約を締結する。"distributor"が在庫を保有し、販売することもある。客先に販売する契約を締結してから購入・手当

てをする場合もある。

客先との販売価格は、"Agency Agreement"に基づく販売では、"principal"が決めるが、この"distributor"の場合は自分で決める。厳密にいえば、"distributor"の場合、メーカーや商社は、"principal"ではなく"seller"（売主）であり、"distributor"は輸入契約では"purchaser"（買主）にあたる。

米国などでは、"principal"が"distributor"の販売価格を決めようとすると、"resale price maintenance"（再販売価格指定）として反トラスト法違反の問題が発生する。"distributor"の利益は、"principal"からの購入価格と客先への販売価格の差額から生ずる。客先の倒産など与信リスクは、"distributor"が負う。このことを「distributorは、自己の計算（account）とリスク（risk）で販売する」という。

独占的契約の場合

また販売店（distributor）や代理店（agent）の販売地域（territory）における販売権・代理権が独占的な場合を、それぞれ"exclusive distributor"（一手販売店）、"sole agent"（総代理店）と呼ぶ。またその契約を、それぞれ"Exclusive Distributorship Agreement"（一手販売店契約）、"Sole Agency Agreement"（総代理店契約）と呼んでいる。"exclusive"のもともとの意味は、「排他的」であり、総代理店契約のことを"Exclusive Agency Agreement"と呼ぶこともある。当該販売地域で他には指定された代理店（agent）がない、というのがその意味である。

代理店と販売店の区別

販売店契約や代理店契約で重要なのは、両者を混同しないことである。"principal"としてのメーカーや商社の担当者が、販売代理店という曖昧なとらえ方しかできず、"Distributorship Agreement"（販売店契約）を締結するつもりで、"Agency Agreement"（代理店契約）にサインしてしまうと大変なことになる。外国での客先（本来なら販売店の転売先）の売掛債権回収リスクなど、思いがけないリスクを負担することになってしまう。

日本でよく使われる「販売代理店」「代理店」「特約店」という言葉だけでは、"distributor"なのか"agent"であるのかはっきり区別できない。国際契約では、しっかり区別して契約書で明確に規定しておくという姿勢が大切である。なお、代理店契約は、"Agency Agreement"のほか、"Sales Representative Agency Agreement"ということもある。

● 第2款　代理店契約の主要条項

代理店契約（Agency Agreement）の場合、主要条項には、次のような項目がある。
①「代理店の指定」条項（Appointment）——総代理権（sole agency）を付与するかどうかの条項である。総代理店（sole agent）、独占的代理店（exclusive agent）、または非独占的代理店（non-exclusive agent）の指定について規定する。
②「商品」条項（Goods; Products）——代理権を付与する対象商品を規定する。
③「販売地域」指定条項（Territory）——販売代理権を付与する販売地域を規定する。
④「代理店の基本的義務」条項（Principal Obligations of the Agent）——代理店の基本的な義

務を規定する。たとえば、代理店の販売促進活動、組織、宣伝広告、客先との契約締結、代金回収・商品受け渡しについての協力義務、客先との個別売買契約に使用するフォームの確認、売買の代理署名の有無、署名の方法、報告義務等について規定する。
⑤「代理店の競合品の代理・販売の制限」条項(Exclusivity)——総代理店に指定する場合、このような制限が課されることがある。非独占的な代理店に指定されただけなら、この趣旨の規定は置かれないことも多い。いずれにしても、交渉項目のチェックポイントのひとつである。代理店にとっては、その事業基盤にまで影響のある規定になる。
⑥「最低販売数量・金額」に関する条項(Minimum Sales Quantity; Minimum Sales Amount)——毎年の販売数量・金額の最低達成すべき数値を規定する。もし、その数値を達成することができなかったときは、解除理由になると規定することが多い。もう1つの方法は、総代理店の指定を解くことである。
⑦「代理店手数料」条項(Commission)——"principal"が代理店に支払うべき手数料を規定する。通常は、販売契約を締結した段階で、販売額の一定率をコミッションとして支払うと規定する。レートは、1%から5%あたりまでさまざまである。商品によっては10%に達するケースもある。あまり高いコミッションは、代理店としても受諾を慎重に考えるべきである。商品の品質、性能、競争力等を見きわめ、適切なコミッションを逸脱するケースは商品そのものに問題が隠されていることがある。高額のコミッションに惑されてはならない。このほか、代理店手数料の支払方法と時期についても規定する。
⑧秘密保持条項(Confidentiality)
⑨契約期間とその更新条項(Term and Renewal)
⑩契約解除条項(Termination)
⑪知的財産権の侵害等に対する解決のための条項(Infringement)
⑫紛争解決条項(Resolution of Disputes; Arbitration)
⑬準拠法条項(Governing Law)

第3款　販売店契約の主要条項

販売店契約(Distributorship Agreement)の場合、主要条項は次の通りである。
①「一手販売店または非独占的販売店の指定」条項(Exclusive Distributor ; Non-exclusive Distributor)——独占的な販売店か、それとも非独占的な販売店なのかの区別をした上で、その指定を規定する。
②「販売地域」条項(Territory)——販売権を付与する地域を規定する。販売地域によって、独占的な販売権を与える地域と非独占的な販売権を付与する地域を規定することもある。
③「販売商品の指定」条項(Goods; Products)——販売権を付与する商品を規定する。
④「競合品の取り扱いの制限」条項(Exclusiveness)——競合品の取り扱いができるのか、禁止・制限されるのかを規定する。何の規定もなければ、原則として競合品の取り扱いの制限はないと解釈される。

⑤「最低購入数量・金額」に関する条項(Minimum Purchase Quantity; Minimum Purchase Amount)——販売店が年間(または半年間等)購入すべき数量、金額を約束した場合は、その規定をおこなう。販売店としては厳しい条項である。また、最低購入数量、金額の達成ができない場合はどのような意味があるのか、その効果を規定することがある。たとえば約束を達成しない場合、契約違反として解除の事由となるのか、また独占的販売権を撤回される根拠となるのか、または損害賠償あるいは購入したかの場合のように支払い義務が発生するのか、などである。一般的なルールはない。個別に交渉して規定すべき事項である。

⑥「個別の売買契約の注文の仕方、個別契約の成立、個別の売買契約の確認に使用する契約書フォーム」に関する条項——具体的な個別売買契約の注文とその確認の手続きを規定する。

⑦「価格、支払い条件、受け渡し条件など売買の共通条件」に関する条項——決まっていれば、これらの条件をこの販売店契約で確認しておく。個別売買契約でそのつど決める必要が省かれ、便利である。

⑧「商品の品質、商標、特許、著作権等知的財産権」に関する保証条項——保証条項として、このようなさまざまな項目についての保証、保証の排除・限度、賠償責任の限度等を規定する。

⑨「商品の所有権、危険負担の移転時期」に関する条項

⑩「商品の在庫、補修サービス、販売促進・宣伝広告、報告義務」条項

⑪「両者間の関係についての注意」条項(Relationship of Parties)——売買の関係であって、代理関係や合弁関係、パートナーシップの関係にないことを規定する。

⑫契約期間とその更新条項(Term and Renewal)

⑬契約解除条項(Termination)

⑭紛争解決条項(Resolution of Disputes; Arbitration)

⑮準拠法条項(Governing Law)

⑯秘密保持条項(Confidentiality)

このような規定の他に、さらに共通条項、一般条項などを規定することを検討する。契約の期間、更新、中途解除の規定には特に注意が必要である。

販売店契約書(Distributorship Agreement)を書くときには、これまで紹介してきた事柄に加え、第1部第4章「売買契約」のところで紹介してきた書き方、読み方、例文などを参考にしていただきたい。販売店契約も、継続的な売買基本契約書のひとつの形態だからである。ここでは、販売店契約に特有な主要条項の一部の例文を紹介し、その書き方のポイントを簡単に紹介する。

一手販売店の指定条項 | Appointment of Distributor

例文395

◇特定地域の特定商品について一手販売店を指定する
◇販売促進努力義務を規定する

> Article ___ Appointment of an Exclusive Distributor
> 1 KVC appoints ABC as an exclusive distributor of the products as defined in Exhibit A hereto (the "Products") within the territory set forth below (the "Territory") on the terms and conditions of this Agreement. The Territory : _____
> _____
> 2 ABC accepts such appointment and undertakes to use its best efforts, at its own expenses, to promote the sales of the Products throughout the Territory at all times during the terms of this Agreement.

[和訳]
> 第__条 一手販売店の指定
> 1 KVCは、本契約の条件により、下記の地域(「地域」)内で、別紙Aに定義される製品(「本製品」)の一手販売店としてABCを指定する。地域：_____
> _____
> 2 ABCは上記の指定を受諾し、本契約の期間中、常に、自らの費用で、地域全域で本製品の販売を促進するために最善の努力を尽くすことを約束する。

解説

1❖一手販売店の指定

販売地域_____における_____(商品)の一手販売店に指定することを明確に規定する。商品については正確に規定することが必要であり、誤解の生じないように詳細に規定する。本文で規定するには長くなりそうな場合には、別紙で丁寧に規定する。同じ商品を別の名称で呼ぶこともあり、また、用途、大きさ、ブランド、サブブランドも含めて詳細に規定し、区別できるようにする。特に独占的な販売権を付与する場合は、慎重に確認する必要がある。

2❖販売促進努力条項

具体的にマーケティングの努力、広告の仕方を規定する場合と、本例文のように、やや抽象的なマーケティング努力条項にとどめるケースがある。広告宣伝、マーケティング活動についての規定は、第5章「ライセンス契約」の項で紹介している(例文336、337参照)。

例文396 競合品の取り扱い制限条項 | Exclusiveness

◇販売店は、本製品と競合する製品を製造・販売しない
◇販売地域外ではマーケティング、販売促進活動をしない
◇プリンシパルは、販売地域に他の販売店を指定したり、直接・間接に製品を販売しない

Article ___ Exclusiveness
1 ABC shall not, during the term of this Agreement, manufacture or distribute any products which directly or indirectly compete with the Products.
2 ABC shall refrain, outside the Territory and in relation to the Products, from seeking customers and from establishing any branch or other sales organization.
3 KVC shall not, during the term of this Agreement, appoint any other distributor for the Products in the Territory and shall not supply, export or sell the Products to any person other than ABC within the Territory.

[和訳]

第___条　競合品の取り扱い制限
1 ABCは、本契約の期間中、本製品と直接的または間接的に競合する製品を製造または供給しないものとする。
2 ABCは、地域外で本製品に関して、顧客を探すこと、及び支店その他の販売組織を設置することを慎むものとする。
3 KVCは、本契約の期間中、地域内で本製品のために他の販売店を指定せず、また、地域内でABC以外の者に製品を供給、輸出または販売しないものとする。

解説

1❖第1項のねらい

販売店（ABC）が競合品を製造、販売することを制限し、指定した製品の販売にその努力を集中させるようにすることがねらいである。見出しも、"Non-competition"あたりのほうがねらいに近い。

2❖第2項のねらい

販売地域以外での販売活動を抑制させることがねらいである。完全な禁止にしてはいないが、販売地域外で積極的にマーケティングをおこなうことを制限している。販売地域外に販売組織を設置することも禁止している。具体的なビジネスでこの種の規定を置くときは、当該国での独占禁止法に抵触しないかどうか、十分チェックすることが必要である。

3❖第3項のねらい

KVC（本人；本国のprincipal）が、販売店の販売地域に商品を直接・間接に販売しないことを規定するものである。一手販売店に指定した以上、その指定を尊重することとなるが、その具体的な尊重の仕方を規定する。

最低購入数量条項 | Minimum Purchase Quantity

例文397

◇販売店は、年間に一定数量を購入する
◇約束した年間最低数量を達成できないときは、プリンシパルは、通知により解除できる

Article __ Minimum Purchase Quantity

1 For each one (1) year period commencing on the date hereof during this Agreement, ABC shall purchase from KVC not less than a minimum quantity of the Products as set forth below:

   1) The annual minimum quantity for the first year:
   _____

   2) The annual minimum quantity for the subsequent year:
   _____

2 In case ABC shall fail to purchase the minimum quantity of the Products for any one-year period, KVC may terminate this Agreement with immediate effect by sending a written notice to ABC within thirty (30) days after the expiry of the relevant period.

[和訳]

第__条 最低購入数量

1 本契約日に始まる本契約期間中の各1年間に、ABCは下記の最低数量以上の本製品を購入するものとする。
   1) 初年度の年間最低数量：_____
   2) 2年度以降の年間最低数量：_____

2 ABCがいずれかの1年間に本製品を最低数量まで購入しなかった場合、KVCは当該年度の満了後30日以内にABCに書面の通知を送付することにより本契約を解除することができる。これは即時に発効する。

解説

1 ❖ 最低購入数量の規定

最低購入数量・金額の条項は、競合製品の登場など、マーケットの変動や経済情勢の悪化などがあった場合、"distributor"（ディストリビューター）にとって、非常に厳しい規定になる。このような場合、"distributor"にとって契約交渉にあたる際の対応策として、一般的には次のような方法がある。

①最低購入数量・金額を義務とせず、購入目標、努力目標に変更する。ドラフトとしては、上記例文の"shall purchase"を"shall make best efforts to purchase"に変更すればよいのである。

②また、数値を達成できない場合、解除事由とする代わりに、「独占権」を返上し、非独占的な販売店（non-exclusive distributor）に変更するという取り決めにするのも、ひとつの対

処方法である。

2 ❖ ディストリビューターの立場を強化する方法

購入目標を達成したとき、ディストリビューター側の随意で、さらに一定期間（たとえば、2年）ずつ更新できるオプションを規定する。現実のビジネスでは、せっかく目標を達成しても、期限が満了し更新を拒絶されることがある。高く売却して、撤退されることもある。したがって、更新権を確保しておくのも、ディストリビューターの立場では経営基盤を堅固にするための賢明な方策といえる。

例文 398　個別の売買契約書 | Individual Sales Contract

◇本売買は、再販売のためにおこなう
◇個別契約はプリンシパル側の通常の売買契約書のフォームでおこなう
◇本契約に矛盾しない限りフォームの契約条項を適用する
◇販売店は、船積み予定の少なくとも6週間前にファーム・オーダーで注文する

Article ___ Individual Sales Contract

1　Subject to the terms and conditions of this Agreement, KVC shall sell the Products to ABC and ABC shall purchase the Products from KVC for resale.

2　Each sale and purchase shall be evidenced by a separate individual sales and purchase contract, which shall become effective and binding upon the parties at the time when an order placed by ABC is accepted by KVC by issuing sales confirmation in KVC's standard form of sales contract in use. A copy of such standard form in use as of the date of this Agreement is attached hereto as Exhibit B.

3　The terms and conditions thereof shall govern each sales and purchase contract except where such terms and conditions are inconsistent with the provisions of this Agreement, in which case the provisions of this Agreement shall prevail.

4　ABC shall give firm orders for the Products at least six (6) weeks in advance of expected shipping date from San Francisco, California.

［和訳］

第__条　個別の売買契約書

1　本契約の条件に服することを条件として、KVCはABCに本製品を販売するものとし、ABCはKVCから転売用に本製品を購入するものとする。

2　各売買は個別の売買契約により証明されるものとし、その売買契約は、ABCが出した買い注文が、KVCの使用中の売買契約標準書式の販売確認書を発行することによってKVCにより受諾されたときに発効し、当事者を拘束するものとする。本契約締結の日に使用されている標準書式の写しは添付別紙Bとして添付した通りである。

3 売買契約の条件は各売買契約を支配するものとする。ただし、売買契約の条件が本契約の条項と矛盾する場合を除くものとし、かかる場合には本契約の条項が優先する。
4 ABCは、カリフォルニア州サンフランシスコから出荷される予定日の少なくとも6週間前に本製品の確定注文を出すものとする。

解説

1 ❖ 個別契約の注文、確認の方法

両者の個別契約の基本的な条件については、KVC側の現行フォームによる。ただし、その規定が本契約に矛盾するときは、本契約の規定が優先するとしている。

個別契約についてはKVCの契約条項による。個別契約のつど、KVCのフォームにより契約の確認をする。そのフォームをこの契約に添付する。ただし、KVCがフォームを変更したときは、その改定版(form in use)が適用される。

2 ❖ 確定注文(firm order)発注時期

ABCは、サンフランシスコでの船積み予定の少なくとも6週間前までに、確定注文(ファーム・オーダー)を出す必要がある。

在庫、修理サービス条項 | Stock and Repair　　　　例文399

◇在庫維持と補修サービス提供を規定する

Article ___ Stock and Repair
ABC shall at all times during the term of this Agreement;
　i) maintain an adequate stock of the Products so as to enable it to meet the requirement and supply promptly all orders reasonably anticipated in the Territory; and
　ii) maintain adequate spare parts and adequately trained staff and qualified merchandise to provide qualified customers and repair service.

［和訳］
第__条　在庫・修理
ABCは、本契約の期間中、常に、
　i) 合理的に予想される地域内の必要量を満たすことができるよう、かつすべての注文品を迅速に供給できるようにするため、本製品の十分な在庫を維持するものとし、また、
　ii) 良質の顧客・修理サービスを提供するために十分なスペアパーツと十分に訓練されたスタッフ及び適切な商品を維持するものとする。

解説

1❖商品のストック(stock)

　販売店としてのサービス機能を果たすために、必要な商品、部品等のストックを普段から準備、用意しておくのが、販売店としては理想的である。本例文第1項は、販売地域で通常予想される数量の商品のストックを保管しておくという規定である。

2❖部品(spare parts)と修理にあたるスタッフ(trained staff)の整備

　販売店の補修サービスがマーケティングの成否を決定することがある。本例文の第2項は、補修サービスに必要な部品(spare parts)とその提供のために訓練されたスタッフ(trained staff)を整備しておくことを規定している。

例文400 秘密保持条項 | Confidentiality

◇販売店が取得するかもしれない製品に関する秘密情報につき秘密保持義務を負うと規定

> Article __ Confidential Information
> 1 ABC acknowledges that in the course of selling the Products and performing its duties under this Agreement, ABC may obtain information relating to the Products and to KVC which is of a confidential and proprietary nature ("Confidential Information").
> 2 Such Confidential Information may include, but is not limited to, trade secrets, know-how, inventions, techniques, processes, programs, software source documents, data, pricing and discounting plans and strategies.
> 3 ABC shall at all times, both during the term of this Agreement and for a period of at least six (6) years after termination hereof, keep in trust all such Confidential Information, and shall not use such Confidential Information for its own purpose without KVC's written consent.
> 4 ABC further agrees to promptly return KVC's all Confidential Information, including copies thereof, in ABC's possession, custody or control upon termination of this Agreement at any time and for any reason.

[和訳]

第__条　秘密情報
1　ABCは、本製品を販売し本契約に基づくその義務を履行する過程において、ABCが本製品及びKVCに関する秘密性、かつ所有物の性質を有する情報(以下、「秘密情報」という)を取得することがあることを了承する。
2　かかる秘密情報は、営業秘密、ノウハウ、発明、技術、プロセス、プログラム、ソフトウエア・ソース文書、データ、価格づけならびに割引方法及び戦略を含むが、これに限らない。

3　ABCはいつでも、本契約の期間中及び本契約の終了から少なくとも6年間、かかる秘密情報の一切を秘密に保持し、KVCの書面の同意なく自らの目的のためにかかる秘密情報を使用しないものとする。
4　ABCは、本契約の終了にあたり、ABCが保有、管理または支配する一切の秘密情報及びその複製物を、いつでも、かついかなる理由によっても、KVCに速やかに返還することに同意する。

―――――解説―――――

1❖販売店(ABC)の秘密保持義務(第1項)
　販売店は、契約履行過程で、本製品やKVCの秘密情報を取得する機会があるかもしれないことを認識すると規定している。

2❖販売店が取得する可能性のある秘密情報(第2項)
　本製品またはKVCに関連するトレードシークレット(営業秘密)、ノウハウ、発明、技術、プロセス、コンピューター・プログラム、ソフトウエア・ソースコード、データ、販売のための価格表などを含む。

3❖販売店の秘密保持義務の存続期間(第3項)
　秘密保持義務の存続期間は、契約有効期間中と契約終了後6年間である。実務的にいえば、この期間はそれぞれのビジネスの性質により「契約終了後3年間」が妥当なことがある。一方、「契約終了後10年間」程度にしたいケースもある。あまり長い期間だと、合理的な根拠のないときはその効力に疑義が発生する。

4❖KVCの秘密情報についての販売店(ABC)による返還義務
　契約の有効期間が終了した時点で、いつでもKVCの要求があり次第、秘密情報とコピーを返還する義務を負う。

●―第4款　ソフトウエアの販売店契約

ソフトウエアの販売店契約の特色

　近年の経済のソフト化やコンピューターの発達が産業・職場へ浸透するに従って、従来の物品の販売店に加えて、ソフトウエア、コンピューター・プログラムについての、いわゆるディストリビューター契約(Distributorship Agreement)が締結されるようになった。ソフトウエアの販売店契約と呼ばれる。
　厳密に法的に見れば、ソフトウエアの販売店契約とは、ソフトウエアのメーカー(プログラムのメーカー、ソフトウエア・メーカー)から"distributor"(販売店)が許諾を受けて、マスターから著作物(コンピューター・ソフトウエア等)の複製を作成し、その複製物を顧客(end user)に貸与(使用許諾)することである。著作物(ソフトウエア；コンピューター・プログラム)の所有権が移転するわけでも売買がおこなわれるわけでもない。外形上の取引形態は一見売買に類似しているが、法律上・契約上の構成では、通常取引の核心となるソフトウエア

については、エンド・ユーザーに使用許諾されるだけなのである。

販売店とエンド・ユーザーとの取引の法的な意味

　エンド・ユーザー（end user; 最終需要家）が契約違反をした場合には、契約が解除され、"end user"は、複製物を"distributor"（販売店）またはソフトウエア・メーカーに返還することが規定されている。使用許諾が終了するのである。

　ソフトウエアの取引では、"distributor"（販売店）と"end user"（最終需要家）との取引は、正確には再使用許諾契約（サブライセンス契約）なのである。

　ただ、経済面から実際の取引を見ると、"distributor"の"end user"への複製物の引き渡しや無期限の使用許諾と引き換えに対価が一括して支払われるため、売買契約に非常に類似している。実務上、「ソフトウエアの売買」（sales and purchase, marketing）と呼ばれることもある。ハードウエアの箱、媒体だけを取り上げてみれば、こう呼ぶのもあながち誤りではないかもしれない。

販売店によるソフトウエアの一手販売権と最低購入数量

　"distributor"はソフトウエアのメーカーから一定地域での独占的なマーケティング権、いわゆる"exclusive distribution right"（一手販売権）を得るために、しばしば自己の計算（account）とリスク（risk）で年間最低購入数量（または金額）の約束をしたり、販売目標を引き受けたりする。

　これは、"quota""minimum quantity"などと呼ばれている。実際に最低購入数量の約束が達成できない場合には、契約条件にもよるが、達成不足分については、複製して"end user"に引き渡す義務の履行に代えて、約束した"quota"に達するまで最低購入数量の代金という名目でその対価を支払うか、または契約違反として契約を解除されたり損害賠償請求責任を問われたりすることになる。

　"distributor"（販売店）の立場に立ったときは、不相応に大きな"quota"などのコミットメント（再許諾をおこない、複製・販売する約束）をしないことであろう。ディストリビューターは、販売店候補者間の競争の中で、販売権の獲得のために無理な約束をしてしまうことが多い。違反の場合の制裁（損害賠償または契約の解除）と実際の金銭上のリスクを計算して、負うことができるリスクかどうかを吟味した上で決断することが大事である。

　このような、ソフトメーカーといわゆる販売店とのマーケティングの基本契約のことを、実務上は"Software Distribution Agreement"と呼ぶことがある。単にライセンス契約と呼ぶこともあり、さまざまな呼称が使われている。経済活動面から見れば、販売店（distributor）の役割を果たすが、法的性格はライセンス契約である。

ソフトウエアの販売店契約の主要条項

　ソフトウエアの"Distribution Agreement"の主要条項も、その項目だけ見れば、物品の販売店契約に類似している。

　①"distribution"の付与——"end user"へのライセンス（sub-license）の許諾条項、著作物の複製、引き渡しの許諾条項、独占的な"distribution"の権利を付与しているか否かを規定する

②"quota""minimum quantity"(最低購入数量・金額)、または販売目標(target)に関する条項──未達成の場合に"distributor"が果たすべき義務及び契約の取り扱い(解除、非独占的権利への移行、約定金額の支払い)を規定する。
③競合ソフトウエアの取り扱いの制限条項(Exclusivity)──制限がある場合とない場合がある。制限がある場合、どのようにして制限を課すのか、競合の判断基準を規定する。
④"master tape""master"の引き渡し、オブジェクト・コード(object code)の開示
⑤プログラムの瑕疵(バグ等)、品質保証と保証排除、責任の限定、知的財産権(著作権、商標、トレードシークレット、デザイン等)侵害についての条項
⑥プログラム・メーカーの責任の限度に関わる条項──間接的、結果的、派生的責任の排除等を規定する。
⑦"distributor"と"end user"との間の契約(再許諾契約)の条件、フォームに関する条項──実際のビジネスでは、原則的にはソフトウエア・メーカー(software maker)の指定するフォームがベースとなるが、現地国の法律、契約慣習を勘案し、現地のマーケティングと法律、言語に適合したフォームに修正を図る。
⑧"end user"に対する技術的な面のメンテナンス・補修サービスに関する条項
⑨技術指導、"enhancement"(改良)などに関する条項──技術ライセンスなどでいえば、改良技術情報の開示、使用許諾に相当する規定である。ソフトウエアの改良については、そのスピード、頻度、定期的な改良、改良競争の激しさに特色がある。
⑩プログラム・メーカーの倒産などに備え、"distributor"からのソース・コード(source code)へのアクセスを確保するための条項──第三者へのエスクロウ(信託し、預ける手続き等)契約などについて規定する。ソフトメーカーのほうが力が強く、経営基盤が安定しているときには、このエスクロウ契約はおこなわれず、この規定はない。
⑪秘密保持条項(Confidentiality)
⑫ロイヤルティ条項(Royalty)──ロイヤルティ算出の基準資料等と支払い時期、方法について規定する。販売(法的には再許諾)の記録、報告義務を規定する。
⑬品質・性能保証またはその排除・限定と損害賠償額の限度

　これらの項目が、通常の販売店契約の項目(distribution促進活動、代金の支払い方法、商標の使用、両者の関係等)、契約の一般条項・共通条項(たとえば契約期間、準拠法、通知、契約譲渡、紛争解決条項、解除条項等)に追加される。ソフトウエア著作物のライセンス契約の性格が加わるためである。
　ソフトウエア・ライセンスに関わる各条項については、第5章「ライセンス契約」で、多数の例文と解説で紹介した。
　国際取引の実務では、通常、プログラム・メーカーによって綿密にドラフティングされた契約書が、交渉の際に提案・使用される。"distributor"として交渉をする場合には、安易に実行できない約束をしたり、過大なリスクを負担したりしないよう検討した上で、交渉する必要がある。

第Ⅰ部

第7章　合弁事業契約

| 第 1 節 | 合弁事業契約の方式

◉──第1款　新会社設立による合弁事業契約

　合弁事業は、通常、国籍の異なる参加者が共同でおこなう事業である。合弁事業の基本契約は、その事業の性格によりさまざまな形態をとる。
　もっとも一般的なケースは、数社が共同で海外または日本国内に合弁事業会社を設立する場合で、出資予定者(数社または数人)は、新会社を設立し運営するにあたっての基本的事項と互いの役割分担について取り決める。これを合弁事業契約と呼んでいる。通常、この基本契約で取り決める事項は次の通りである。
　①新会社の商号、設立地、準拠法、事務所所在地
　②会社形態(株式会社、合名会社、合資会社、合同会社、公開会社・閉鎖会社、特殊会社など)
　③事業目的
　④規模(生産規模、販売規模、従業員規模、事業規模など)
　⑤存続期間
　⑥出資比率
　⑦資本金(授権資本、払込資本、名目資本など)
　⑧株式の種類、発行と払込時期(分割払込の許容の有無など)
　⑨会社の運営方法(組織、CEO、社長、重要な事業部の部長など)
　⑩取締役の選任・取締役会の決議方法、監査役の人数・選任方法
　⑪各出資者の役割
　⑫定款内容(株主総会の定足数、決議要件の加重など)
　⑬重要事項(増減資、配当、事業の拡大、一定額を超える新規の借り入れ・貸し付け、第三者のための保証、重要資産の取得・処分など)
　⑭最終損益の分担
　⑮株式譲渡制限
　⑯会計監査

　新会社の運営にあたっての各当事者の役割分担については、たとえば、会社用地の確保、従業員の雇用、製品の製造・販売に関わる技術・販売協力、機器・原材料の供給、経営などについて規定する。ケースによっては、新会社の資金調達に対する協力・分担(保証、貸し付け)、一定範囲の競業禁止・制限義務の規定を置く。
　新会社は、設立地国の会社法に基づき、出資者とは別の独立した法人(株式会社、または合同会社等)として設立される。これを、"incorporated joint venture"と呼ぶ。このような場合に、合弁事業契約のタイトル(表題)を英文で、"Joint Venture Agreement"とした契約書の

ドラフトを見ることがある。しかし、これはあとで紹介する"Partnership Agreement"や"unincorporated joint venture""straight joint venture"と混同されるリスクをともなう。したがって、たとえば"Shareholders Agreement"(株主間契約)としたほうがよい。

"incorporated joint venture"の場合でも、途中から株式(または持ち分)の譲渡や増資新株の割り当てを受けて、資本参加するケースもある。途中から参加を受ける会社自身は合弁事業会社であることもあるが、初めてパートナーを迎えることもある。言い換えれば、この新しい参加があってはじめて、合弁事業会社になるケースもある。

この場合、新規の参加者は、前からの株主との間に事業運営に関わる権利、義務の分担について契約を締結する。これも、"Shareholders Agreement"(株主間契約)と呼ぶ。途中参加の場合、株主だけでなく、出資対象の合弁事業会社自身をその契約当事者として、契約に調印させるケースがある。株主だけでなく、合弁事業会社自身も契約に拘束し、契約内容を尊重させたほうがよいケースがあるからである。

◉—第2款　新会社設立によらない合弁事業契約

合弁事業にも、参加当事者と独立した法人格の新会社を設立しない方式がある。油田・鉱物資源の開発や架橋工事、海底通信ケーブル敷設工事、大規模鉄道敷設工事、発電事業等に代表されるような大規模で国際的な工事請負契約や単発のプロジェクト的な不動産開発事業などに参加するケースでは、独立した新会社を設立しないことも多い。このような場合の合弁事業、または共同事業は、"unincorporated joint venture"と呼んでいる。契約形態としては、"Partnership Agreement"や"Joint Venture Agreement""Consortium Agreement"(コンソーシアム契約)などがある。

"unincorporated joint venture"の場合、合弁事業の債務について"joint venture(JV)"の参加者それぞれが無限責任を負担し、納税申告も参加者が個別になす。わざわざ事業について無限責任を負う"unincorporated joint venture"や"partnership"形態を取る理由のひとつは、税法上のメリットを享受することにある。"unincorporated joint venture"の場合、その参加メンバー間の共同事業契約(または協定書)で、事業目的、それぞれの役割、運営方法とリスク、費用の負担、存続期間などを取り決める。

◉—第3款　当事者に意識のない合弁(ジョイントベンチャー)

国際的なプロジェクト工事を数社共同で調印したケースでは、その共同受注者がその共同工事の契約履行について、お互いの役割を取り決める「協定書」(agreement)を締結することがある。

その共同工事契約者(JV)のメンバーが、協定に基づき、直接(あるいは子会社を通じて)その工事・事業に必要な資材をJVに供給・販売する契約を締結し、引き渡して供給したとしよう。その供給した資材の代金債権を回収しようとするとき、その代金債権が、第三者あるいは工事注文者のJVに対する債権に劣後(subordinate)するとして扱われるリスクがある。

法的には、JVはJVメンバーから独立した法人とはされず同一法人と見られるために、売買契約が成立していないとされるからである。したがって、当事者の意思とはまったく異なった厳しい結果となりかねない。実際にそのような主張を根拠とした訴訟の提起や判決を受けてはじめて、そのリスクに気づき驚くことがある。

　また、JVのうち1社が倒産した場合に、その倒産したメンバーがJV事業のために第三者から借り入れていた債務につき、他のJVメンバーがその履行（返済）、支払い請求を受けることがある。また、その倒産した1社が果たすはずだった工事の部分は、原則として、受注者の他のメンバーで完成させる責任を負っている。いわゆる連帯債務を負っているのとよく似ている。

　このような思いがけないリスクを避けるには、工事発注者（owner）との契約書の中で共同契約者のそれぞれの担当する仕事、役割の範囲を明示し、責任の限度をそれぞれ個別に規定することである。通常、オーナー側は、受注者の共同での責任負担を期待するため、厳しい交渉になる。もし、オーナー側との交渉が厳しいときは、このような共同事業を引き受ける際のパートナーの信用度をしっかり見極めることが重要となる。

　合弁事業契約書や販売店契約書などでは、第三者に契約当事者同士が互いに責任を負うパートナーシップ（partnership）やジョイントベンチャー（joint venture; 事業共同体）、代理関係（agency）を構成しないという条項を取り決めることがある。これは、互いに無限責任を負うパートナーシップ、ジョイントベンチャーではないことを第三者に明示し、責任を限定したいというねらいからである。しかし、ねらい通りに条項が働かないケースがある。合弁事業契約には秘密保持条項があり、第三者には契約の内容を公開していない。大切なことは、事業遂行の際にパートナーシップや合弁事業と間違われないよう、レターヘッド、看板、商号、言葉などの使い方で注意することなのである。たとえば、レターヘッドに「KVC-ABC Joint Venture」などと表示するのは、きわめて危険なのである。

第 2 節　合弁事業契約の主要条項

　海外合弁事業の契約では、契約条件をどのように正確に分かりやすい英語で表現（ドラフティング）できるかがキーポイントになる。初めての方は、とにかく自分でドラフトを書くことから始め、用語と英語の表現になじむことである。英文契約書のドラフティングをしながら、問題点を探りシミュレーションをおこなって、解決策を手当てしていけばよい。ドラフティングができれば、交渉の準備にもなる。

　なお本章では、合弁事業契約が2社でおこなわれる場合と、数社でおこなわれる場合があることを踏まえて、2社間の契約のスタイル・表現と、数社間の契約条項との両方を併用している。当事者が2社の場合には、本書のあらゆる章に登場する"Karen View Corporation"（KVC社、サンフランシスコ市）と、"Aurora Borealis Corporation"（ABC社、東京・千代田区）の2社を、数社を当事者とする条項の紹介には、3社目に、本章のために設定した"ELNOX Corporation"などを登場させている。

●第1款　前文

前文 | Preamble　　　　　　　　　　　　　　　　　　　　　　　　　　　例文 401

◇古典的でフォーマルなスタイル

SHAREHOLDERS AGREEMENT

THIS AGREEMENT, made and entered into this _____ day of _____, 20__, by and between:

(1) Aurora Borealis Corporation, a company incorporated and existing under the laws of Japan, having its principal place of business at x-x, Kanda-Surugadai, 1 chome Chiyoda-ku, Tokyo, Japan (hereinafter called "ABC"), and

(2) Karen View Corporation, a company incorporated and existing under the laws of the state of California, having its principal place of business at xxx, California Street, San Francisco, California, USA (hereinafter called "KVC"), and

(3) ELNOX Corporation, a company incorporated and existing under the laws of _____, having its principal place of business at _____ (hereinafter called "ELNOX").

［和訳］

株主間契約書

> (1) 日本法のもとで設立され、存続している会社であり、日本国東京都千代田区神田駿河台1丁目x-xに事務所を有するオーロラ・ボレアリス・コーポレーション（以下「ABC」という）と、
> (2) カリフォルニア州法のもとで設立され存続している会社であり、米国カリフォルニア州サンフランシスコ市カリフォルニア・ストリートxxx番地にその事務所を有するカレン・ビュー・コーポレーション（以下「KVC」という）と、
> (3) ＿＿＿＿＿国法のもとで設立され、存続している会社であり、＿＿＿＿＿＿＿＿＿＿＿＿＿＿＿に事務所を有するエルノックス・コーポレーション（以下「ELNOX」という）
> との間に20＿＿年＿＿月＿＿日付けで締結された本契約は…

解説

1❖合弁事業契約における相手方当事者の確認の大切さ

契約交渉の最後の段階で、相手方が合弁事業契約の当事者として、思いがけない海外関連会社や子会社を指定してくることがある。たとえば、タックスヘイブンの会社や、グループ名は共通でも資産や実態の不明な法人などである。相手方の履行能力・誠実さが合弁事業の成功のカギであるから、前文の当事者の確認には手が抜けない。相手方が、合弁事業会社の株式を第三者あるいは関係会社に対して譲渡する権利を有するかも含めて、検討を要する。譲渡の余地が残る場合は、万一譲受者が不履行をおこなうようなときには、本来の信頼できるパートナー（親会社など）が譲渡後も譲受者に代わってパートナーの義務を履行する保証を取ることも考える。

2❖合弁事業契約書の英文の表題（タイトル）

タイトルは"Joint Venture Agreement"とすることが一般的であるが、極端な場合、ジョイントベンチャーとしての独立した法人格を持たない、いわゆるストレート・ジョイントベンチャー（組合）あるいは"partnership"（パートナーシップ）と受け取られて、合弁事業会社の債権者から各株主（パートナー）が無限責任を負うとして責任追及を受けることがある。設立前は株主ではないから正確を欠くとの批判はあるが、本例文のように"Shareholders Agreement"というタイトルのほうを勧める。

3❖英文契約書の前文のスタイル

英文契約書の前文のスタイルには上記のような古典的な正式スタイルから、簡略した斬新なスタイルまでさまざまである。各契約書に共通の一般条項に関するドラフティングの基礎知識については、たとえば、本書の第1部第3章「一般条項」、拙著『英文契約書の書き方〈第2版〉』（日経文庫、2006年）の第Ⅱ章「ドラフティングの基本と契約書の共通条項」（1 契約書の基本構造、2 フォーマルな契約書の書き方）[pp.44-92]及び『英文契約書の読み方』（日経文庫、2006年）を参照されたい。

●―第2款　リサイタル条項

リサイタル条項① | Recitals　　　　　　　　　　　例文 402
◇標準的な規定
◇契約締結に至る経緯・背景を説明する

WITNESSETH:

WHEREAS, KVC possesses certain technology for the design, manufacture, use, and distribution of ____(names of products)____ (hereinafter called "Products") and certain intellectual property pertaining thereto;

WHEREAS, the parties hereto have agreed to consider establishing a joint venture company which will _____;

WHEREAS, the parties hereto desire to establish a stock corporation under the laws of ____(a name of a country or state)____ to undertake and accomplish the manufacture and marketing of the Products in the Territory as defined in Article 1; and

WHEREAS, the parties hereto believe it to be their best interests and the best interests of the New Company as defined in Article 2, that they provide for certain rights, duties, and restrictions as among themselves and others who may become shareholders of the New Company, all as provided in this Agreement.

NOW, THEREFORE, in consideration of the promises and the mutual covenants, conditions and undertakings of the parties herein contained, the parties hereto do hereby agree as follows:

[和訳]
　KVCは、____（製品名）____（以下「本製品」という）の設計、製造、使用及び供給のための技術と、それに関する知的財産権を有しており、
　本契約当事者は、____である合弁事業会社の設立を検討することに合意しており、
　本契約当事者は、第1条に定義される地域において本製品の製造及びマーケティングを引き受け実行するために____（国名または州名）____法に準拠した株式会社を設立することを望んでおり、
　本契約当事者は、すべて本契約に規定される通り、両当事者と第2条に定義される新会社の株主となる他の者との間で権利、義務及び制約について定めることが両当事者にとって最上の利益となり新会社にとって最上の利益となると考えている。

よって、ここに、本契約に含まれる当事者の相互の約束、誓約、条件及び保証を約因として、契約当事者は次の通り合意する。

解説

1❖リサイタル条項の役割

リサイタル条項は、契約締結に至った経緯を説明する。契約の一部としての効果はないとされているが、契約の趣旨を明らかにし、解釈に影響を与える。

2❖合弁事業契約(Joint Venture Agreement)と株主間契約

米国企業との合弁事業契約では、設立前の合弁事業契約にはあまり法的効果を期待せず、まず新会社を設立し、パートナーが株主となって株主として契約(Shareholders Agreement)を締結することが多い。その場合は、リサイタル条項で設立に至る経緯を説明する。たとえば、次の例文403のようなリサイタル条項になる。

3❖intellectual property pertaining thereto

「それら(当該製品の設計・製造・使用・販売等)に関する知的財産権」を指す。

4❖consider establishing a joint venture company which will ＿＿＿＿

「＿＿＿＿である合弁事業会社の設立を検討する」という趣旨である。

5❖desire to establish a stock corporation

「株式会社を設立したいと希望している」の意味である。

例文403 リサイタル条項② | Recitals

◇米国で新会社を設立した上で株主として合弁事業契約を締結する株主間契約
◇クラス株式を活用する

WHEREAS, contemporaneously herewith KVC and ABC have entered into an agreement, dated as of the date hereof ("New Company Agreement"), pursuant to which each of KVC and ABC will become fifty percent (50%) owners of the New Company;

WHEREAS, prior to the effective date of this Agreement described in Article __, the authorized capital stock of the New Company will consist of _____ shares of Class A Common Stock, US $100 par value, and _____ shares of Class B Common Stock, US $100 par value, of which _____ shares of each class will have been issued and will be outstanding and will be held, respectively, by KVC and certain of its subsidiaries and ABC;

WHEREAS, it is desirable in this Agreement further to define certain of the rights, duties and obligations of the parties hereto, so that this Agreement becomes an integral part of a plan of operation and management of the New Company.

[和訳]
　本契約の締結と同時に、KVCとABCは本契約日付けの契約（「新会社契約」）を締結しており、新会社契約に従いKVCとABCはおのおの新会社の50％所有者となる予定である。
　第__条に定める本契約の発効日に先立ち、新会社の授権株式は1株あたり額面100米ドルのクラスA普通株式_____株と1株あたり額面100米ドルのクラスB普通株式_____株で構成される予定であり、うち各クラス_____株は発効済みになる予定であり、KVCとその子会社及びABCによってそれぞれ保有される予定である。
　本契約が新会社の運営経営計画の不可分な一部となるように、本契約当事者の権利、義務及び債務を本契約でさらに規定することが望まれる。

解説

1❖クラス株式の活用
　クラス株式を活用している。"class stock"は、そのグループとして権利が明確に確保できるので、米国の合弁事業会社では活用の余地が大きい。合弁協定のパートナーが、意見の相違や株主変更等の理由により合弁事業契約での約束に反して株主権を行使するような事態が発生しても、クラス株式の方式を取っていれば各クラス株式の株主の意向を活かすことができる。約款により、株式数のいかんを問わず、それぞれのクラス株主に一定の発言権、決定権、拒否権を与えることができるからである。

2❖contemporaneously herewith
　「本契約の締結と同時に」という意味である。契約がいくつか同時に締結されることが少なくない。そのような場合の言い回しである。いずれかが先で他の契約が後だと、一方の契約のみが有効となったり無効になったりと、優先順位が問題になりがちである。

3❖will become fifty percent owners of the New Company
　「新会社の50％の所有者になる」という意味である。株主とは、50％の株主を指す。

第3款　定義条項

定義条項 | Definitions　　　　　　　　　　　　　　　　　　　例文404

◇「関連会社」「支配」など主要用語を定義する

ARTICLE 1. DEFINITIONS

1.01 For the purposes of this Agreement each of the following terms shall have the meaning specified below:

"Affiliate" shall mean any person that directly or indirectly controls or is controlled by, or is under common control with, another person.

"Control" shall mean the power, directly or indirectly, to exercise a controlling influence over the management or policies of a person or activities of an individual (either alone or pursuant to an arrangement or understanding with one or more other persons), whether through the ownership of voting securities, through one or more intermediary persons, by contract or otherwise.

"KVC's Technology" shall mean KVC's proprietary technical and marketing information, laboratory data, plant design, and equipment information, operating information, specification and know-how which KVC owns on the date hereof relating to the Products and its production, application, use or sale to the extent that KVC has transferable or licensable interest therein and can transfer rights under such interest therein and can transfer rights acquired by KVC as of the date hereof and during the term of the licensing agreement referred to in Article __ __ hereof.

"KVC's Trademarks" shall mean the trademarks set forth in Exhibit ____ hereto, as well as any translations, transliterations and variations thereof.

"Territory" shall mean _____, _____, and _____.

[和訳]

第1条　定義

1.01　本契約においては、次の各語は以下に明記された意味を有するものとする。

「関連会社」とは、直接的または間接的に他の人を支配する人か、他の人により支配される人、または他の人との共同支配下にある人を意味する。

「支配」とは、議決権つき証券の所有によるか1人以上の仲介人によるか、契約によるかその他の方法によるかを問わず、直接的または間接的に（単独でまたは1人以上の他の人との協定もしくは了解に従い）人の経営もしくは方針または個人の活動に支配力を行使できる権限を意味する。

「KVCの技術」とは、本製品及びその生産、応用、使用または販売に関してKVCが本契約日に所有するKVCの財産的価値ある技術・マーケティング情報、ラボデータ、プラント設計、設備情報、運転情報、仕様及びノウハウにして、本契約日現在及び第__条に記載されるライセンス契約期間中にKVCが譲渡できるか許諾できる所有権を有しており、その所有権に基づく権利を譲渡でき、KVCの取得した権利を譲渡できる限度のものを意味する。

「KVCの商標」とは、本契約別紙__に記載された商標ならびにその翻訳、字（音）訳及び変形を意味する。

「本地域」とは、_____、_____及び_____を意味する。

解説

1❖定義の方法、並べ方

　定義の条項は、さまざまである。重要で頻繁に使用する用語を定義する。本例文では、アルファベット順に並べている。細目の項目ナンバーを付す方法もある。"terms"という単語にはいくつかの意味があるが、ここでは「用語」である。契約本文では、しばしば「条件」という意味で使われる。定義条項については、第1部第3章「一般条項」第1節「定義条項」の例文と解説も参照されたい。

2❖「コントロール(control)」とは何か

　「子会社(subsidiary)」「関連会社(affiliate)」を定義するときに、「コントロール(control)」という用語の定義が重要になる。コントロールが果たして株式の51％を意味するのか、それとももっと強く67％あるいは75％の保有を要するのか、または株式保有によらず、役員数や契約による実質的な支配を指すのか、などである。その定義によって、合弁事業契約の特定の規定が適用されるかどうかが決まるとすれば、その具体的な内容について関心を払う必要がある。通常は、"voting stock"（議決権株式）の51％（過半数）を保有することを指す場合が多い。

3❖「関連会社(affiliate)」と「子会社(subsidiary)」の相違点

　関連会社には、親会社(parent company)、子会社(subsidiary)、兄弟姉妹会社(company commonly controlled by a parent company)が含まれる。子会社は、その株式の過半数（あるいは定義によっては、さらに大きな割合の株式）が親会社によって保有される会社を指す。経営上は、独立しているとは見られない。"affiliate""subsidiary"は、株式譲渡制限、契約譲渡・下請け制限の規定の例外的な取り扱いを受ける先としても活用されることがある。それぞれの定義次第で、現実のケースでは、契約違反にも契約に合致した行為にもなりうる。定義には慎重を期す必要がある。定義のカギは、株式出資比率とコントロールである。

4❖directly or indirectly controlled

　「直接または間接に支配された」という趣旨である。

　直接の子会社として支配していなくとも、子会社経由で孫会社として支配することも可能である。また、取締役の過半数の派遣や、経営委託(trustなど)の方法による実質的な支配も可能である。間接的な支配の中にはさまざまな方法がある。外観だけでは分からない支配方法もあり、企業のトレードシークレットになっている。それだけに、"indirectly controlled"にあたるかどうかは、判定が困難なケースもある。資金援助による支配、事業の核となる知的財産権のライセンスによる支配・影響力の行使あたりになると、特に判断が難しい。通常は、支配にあたらないとされる。

第4款　合弁事業会社の設立に関する規定

例文405　合弁事業会社の設立① | Establishment of the Joint Venture Company

◇会社の名称、本店所在地、目的、存続期間を規定する

ARTICLE 2. INCORPORATION OF NEW COMPANY

2.01 The parties hereto shall, as soon as practicable after this Agreement takes effect pursuant to the provision set forth in Article _____ hereof, incorporate or cause to be incorporated under the law of _____, a stock corporation to be named in _____ language "_____" and in English "_____" (hereinafter called the "New Company").

2.02 The principal office of the New Company shall be in _____, _____. The principal office may be moved to any other place in _____ approved by all the parties hereto.

2.03 The objectives and purposes of the New Company shall be to manufacture the Products in the Territory, in particular, in (country), have manufactured by (OEM manufacturer) in the Territory, use and develop the application or improvement of the Products in the Territory, sell and distribute the Products in the Territory, cause the sale and distribution of the Products by ABC in the Territory, and to undertake the necessary business transaction incidental thereto.

2.04 The duration of the New Company shall be indefinite.

[和訳]

第2条　新会社の設立

2.01 本契約当事者は、本契約が第__条に定める規定に従って発効した後、できるだけ速やかに、_____語で_____、英語で_____と称する株式会社（以下「新会社」という）を_____法に準拠して設立しまたは設立させる。

2.02 新会社の本店は_____、_____に置く。本店は契約当事者全員が承認した_____の他の場所に移動できる。

2.03 新会社の目的は、本地域、とりわけ(国名)において製品を製造し、本地域において(OEM製造者)に製造させ、本地域において製品の応用または改良を使用し推進し、本地域において製品を販売し供給し、本地域においてABCに製品の販売と供給をおこなわせ、上記に付随して必要な事業取引をおこなうこととする。

2.04 新会社の存続期間は無期限とする。

解説

1❖合弁事業会社の存続期間——たとえば30年

会社の存続期間は外資法・商法・定款の規定によっては、無期限でなく、たとえば30年などと期限が付されることがある。合弁事業会社の存続期間が限定されている場合は"_____ years"となる。以下のように表現する。

"The duration of the New Company shall be for an initial period of thirty (30) years, extendable by a resolution by the general shareholders meeting of the New Company."

「合弁事業会社の存続期間は当初30年とし、株主総会での決議により延長できる」

2❖会社の存続期間——無期限

本例文では、存続期間は無期限(indefinite)となっている。外資側にとっては無期限のほうが有利である。期限があると結局、現地国側に経営権を奪われてしまう。たとえば存続期間が10年〜15年程度で、期間更新の保証、あるいはパートナーによる正当な時価での買い取り保証がなければ、合弁事業をおこなうメリットはほとんどない。外資側にとっては、最低30年くらいは存続期間を確保したいところである。

3❖会社の名称(商号)

現地国(設立国)では、現地の名称(商号)を決定し、登録しなければならないことがある。英語のままあるいは日本語名称のままでは、現地で登録できないことも珍しくない。そのような場合には、その名称の意味を現地語で表す場合と、その響き(発音)を現地語で表現する方法とがある。一方に決定したとき、第三者からの不正競争に対抗するため、商標登録をおこなって防御したほうがよい場合がある。

また、合弁事業会社の商号に、ジョイントベンチャー事業参加当事者の商号・商標の一部を使用する場合がある。使用許諾した当事者が撤退した場合や株式保有率を削減した場合、商号使用料(ロイヤルティ)の問題を考えることが必要になる。

子会社や合弁事業会社の商号の一部に親会社の商号や商標を使用させるときは、合弁事業契約を解消したとき、その継続使用についてどう考えるかを十分に検討しておく必要がある。うっかりすると、親会社(外資)が撤退しても、合弁事業会社が使用し続けてしまう事態が発生する。

商号変更をおこなうためには株主総会の特別多数決が要求されることが多く、しかも撤退時には、外資側はその株式数を保有していない。信義に厚く物分かりのよい合弁相手方の経営者がすでにいなかったり、あるいは相手方の協力が得られなければ、合弁事業会社の商号変更は容易ではない。

そのような場合に対抗できるよう、あらかじめ"device"(工夫)を構築しておくことが望ましい。親会社と合弁事業会社との間で、商号や商標について期限(延長可)を定めたライセンス契約を締結しておくことなど、いくつかの方法(ノウハウ)がある。

4❖合弁事業会社の本店の所在地

第2.02項には、新会社の本店の所在地を記載する。都市名と国名を記載する欄を用意している。その第2文は、本店を他の場所に移すことが可能であることを規定している。思いがけない国や場所への移動は困るという前提で、せめてある都市あるいは国等の範囲内での移動にとどめようという趣旨である。

5 ❖ have manufactured

「製造させる」という意味である。委託生産等アウトソーシングによって製造させる場合をいう。自社では工場を保有せず、他社など委託製造先に契約ベースで製造を依頼する企業が、半導体、コンピューター等の分野で増えてきている。合弁事業会社の場合も、すべて自社の工場で生産するとは限らない。マーケティングが成功すれば、生産能力が追いつかないこともある。工場完成までアウトソーシングに依存したり、新分野での進出時にアウトソーシングを活用したりすることもあろう。そのような場合に備え、"have manufactured"という用語は有用である。

6 ❖ as soon as practicable after this Agreement takes effect

「本契約が発効したのちできるだけ早く」という意味である。

7 ❖ "Territory"の訳し方

この契約がライセンス契約であれば、"territory"は"licensed territory"（許諾地域）である。ここでは合弁事業の出資者(2社)が合意した"territory"なので「本地域」「地域」と訳する。

例文 406 合弁事業会社の設立② | Establishment of the Joint Venture Company

◇合弁事業会社による製品の生産地を規定する

2.05 The New Company shall trade and do business only under the actual corporate name as set forth in Section 2.01 hereof. It shall not trade or do business under any fictitious or assumed name or name(s) of any shareholders.

2.06 The New Company shall not manufacture the Products outside the Territory and shall not conduct or transact business, or become authorized to conduct business, in a country not within the Territory, provided, however, that this Section shall not be deemed to prevent or prohibit the New Company from (i) entering into any agreement with KVC, (ii) convening meetings of its shareholders or Board of Directors outside the Territory or (iii) obtaining raw materials from suppliers located outside the Territory.

［和訳］

2.05 新会社は、本条2.01項に定められた実際の社名のみによって取引し事業をおこなうものとする。新会社は架空、仮想または株主の名前で取引し、または事業をおこなってはならない。

2.06 新会社は、本地域外で製品を製造しないものとし、本地域外の国で事業をせず、事業をおこなうことを認められないものとする。ただし、新会社が(i)KVCと契約を締結すること、(ii)本地域外で株主総会もしくは取締役会を招集すること、または(iii)本地域外に所在する供給元から原料を調達することを本項により妨げられまたは禁じられると解釈されないものとする。

解説

1 ❖ 合弁事業会社による製品の生産地の規定

たとえば合弁事業会社が製造業の場合、合弁事業会社の目的として、どの国や地域で製品を製造するのかを、合弁事業契約で明確に取り決めておく。さもないと、外資から提供した技術やノウハウ、トレードシークレットを使って、思いがけない国や地域で製品の製造を始めてしまう事態が起こるかもしれない。

2 ❖ convening meetings of its shareholders or Board of Directors outside the Territory

「本地域外の場所で、株主総会または取締役会を招集すること」をいう。

3 ❖ obtaining raw materials from suppliers located outside the Territory

「本地域外に所在する供給元から原料を調達すること」をいう。

4 ❖ this Section shall not be deemed to prevent or prohibit ...

「本項は、…を禁止するものであるとみなされてはならない」という趣旨である。

●―第5款　合弁事業会社の資本金に関する規定

合弁事業会社の資本金① | Capital of the New Company　　例文407

◇授権資本、設立時発行資本等を規定する

ARTICLE 3.　CAPITAL OF NEW COMPANY

3.01　The New Company shall have the authorized capital of ＿＿＿＿＿＿＿＿ (United States Dollars, or local currency) represented by ＿＿＿＿＿＿＿＿ ＿＿＿＿ common stock with a par value of ＿＿＿＿＿＿＿＿ (United States Dollars, or local currency).

3.02　The issued capital at the time of incorporation of the New Company shall be ＿＿＿＿＿＿＿＿＿＿＿＿＿＿＿＿＿＿.

3.03　The authorized but unissued shares of the New Company may be issued from time to time as the Board of Directors of the New Company so decides subject to the provisions of this Agreement.

［和訳］

第3条　新会社の資本金

3.01　新会社は、1株あたり額面＿＿＿＿＿（米ドルまたは現地通貨）の普通株式＿＿＿＿＿株で表章される授権資本＿＿＿＿＿（米ドルまたは現地通貨）を有する。

3.02　新会社設立時の発行済み資本金は、＿＿＿＿＿とする。

3.03　新会社の未発行の授権株式は、本契約の規定に従って新会社の取締役会が随時決定し、発行できる。

解説

1❖英米法のもとでの株式会社の資本——名目資本金、コール(call)、分割払込制度

英米法などの地域では、株式の制度が日本と異なるため、一部修正して対応することが必要になる。たとえば、株式の引き受けをおこなった後、分割払込制度を取る法制のケースがある。取締役会の決議に基づく払込請求(call)によって払い込む。設立時の授権資本と払込資本金額を同額にして、混乱・誤解を予防する方法もある。

2❖issued capital

「発行済み資本金」を指す。

3❖authorized but unissued shares

「(定款により)発行することが授権されているが、未発行の株式」をいう。授権されているのは会社であり、その発行を決定できるのは通常、取締役会である。では、誰が授権したのか。通常は株主であり、授権を決定するのは株主総会である。

4❖may be issued from time to time

「随時、発行することができる」という趣旨である。法律英語に使用される場合の"may"は、「することができる(＝have the right to)」であって、「かもしれない」ではない。

例文408 合弁事業会社の資本金② | Capital of the New Company

◇各株主の出資金額、出資比率等を規定する

The authorized capital of the New Company shall in preliminary phase be _____ _____ equivalent of _____ United States Dollars corresponding to _____ shares, of which _____ shall be issued to and subscribed and fully paid up in cash by the Parties as follows:

KVC: _____ (US $ _____) (_____ shares): ____ %
ABC: _____ (US $ _____) (_____ shares): ____ %
ELNOX: _____ (US $ _____) (_____ shares): ____ %

[和訳]

　新会社の授権資本金は、初期段階で、_____株分の_____米ドルに相当する_____とする。うち_____株は次の通り当事者に発行され、当事者により引き受けられ現金で全額が払い込まれるものとする。

KVC：_____（_____米ドル）（_____株）：____％
ABC：_____（_____米ドル）（_____株）：____％
ELNOX：_____（_____米ドル）（_____株）：____％

解説

1❖バリエーション

　現地通貨が米ドルでは直接表示できない場合、まず現地通貨でその1株あたりの額面額を決め、次に米ドルに換算するといくらになるかを記載する。その上で株式数を記載する、という方法がある。

2❖株式の払込方法

　もっともオーソドックスな方法は、現金による払い込みである。

3❖in preliminary phase

　「初期の段階では」という意味である。合弁事業が成功し成長していけば、将来増資もありうるが、スタート当初の資本金をどう規定するかをいっている。

4❖equivalent of

　「相当額の」を指す。現地通貨だけの表示だと、外資側にはなかなか具体的な金額のイメージが湧かない。そのため、たとえば米ドルでも表示し、この米ドル額に相当する金額の現地通貨額であることを明確にするのがねらいである。次の例文409のように"equivalent to"ともいう。

合弁事業会社の資本金③ | Capital of the New Company　　例文409

◇増資により、合弁事業会社への新参加者に割りあてるケース

> Forthwith upon the execution of this Agreement, KVC shall procure that the authorized share capital of the Joint Venture Company be increased from _____, equivalent to _____ US Dollars, to _____, equivalent to _____ US Dollars.
> KVC shall simultaneously procure an increase in the paid-up capital of the Joint Venture Company from _____ to _____ and issue and allot the relevant number of common stock to ABC so that the share capital in the Joint Venture Company may be held by the parties in the following proportions:
>
> | Party | Number of Common Stock | Percent |
> |---|---|---|
> | KVC | _____ | _____ percent |
> | ABC | _____ | _____ percent |
> | ELNOX | _____ | _____ percent |

[和訳]

　本契約の締結後ただちに、KVCは、合弁事業会社の授権資本額を_____米ドル相当額の_____から_____米ドル相当額の_____に増額するよう図るものとする。
　KVCは、同時に、合弁事業会社の払込資本額を_____から_____に増額するよ

う図るものとし、合弁事業会社の資本金が当事者に下記の比率で保有されるようにするため下記の株数の普通株式をABCに発行し割りあてるものとする。

当事者	普通株数	比率
KVC	_____	____%
ABC	_____	____%
ELNOX	_____	____%

解説

1❖合弁参加企業の増資による合弁事業

　合弁事業会社を新たに設立するには、時間と手続きの両面で手間のかかるケースがある。そのような場合に、既存の企業(会社)を活用し、その増資により合弁事業に転用することがある。そのようなケースにおける合弁事業会社の資本金の規定がこの例文である。

　本章のはじめの解説で"the Joint Venture"という表現は勧めない、といっておきながら、本例文では"the New Company"の代わりに"the Joint Venture Company"を使っている。KVC(現地側)で以前から保有し、事業経営をしている会社への、途中からの当方(ABC, ELNOX)の資本参加のケースを想定したので、この表現(the Joint Venture Company)を使ってみた。定義用語として"the New Company"あるいは"the Company"という用語を使うこともできる。

2❖増資の規定の仕方

　現在の資本金額を確認してその米ドル相当額を記載し、その上でいくら増額し、最終的にどのように割りあて、出資比率がどうなるかを確認する規定を置く。合弁事業契約の当事者は、必ずしも全株主である必要はない。実際にコントロールできる出資比率を保有することとなるメンバーだけで締結し、支配権をにぎる少数メンバー(株主)で支配・運営していくこともある。少額の出資者まで合弁事業契約の当事者に加えて、発言権を与えることが賢明であるとは限らない。ただし、株式譲渡制限、秘密保持条項など、規制を加える条項については、何らかの方法で少額出資の株主にも負担させておきたい。個別具体的な最善の方法をいつも探求していくのが、実務である。

3❖定款の変更

　現実に既存の会社を活用し、その合弁事業化を図るときは、その会社の定款を合弁事業会社の事業内容にふさわしいものに変えなければならない。通常の実務では、変更定款(amended articles of association; revised articles of incorporation)を合弁事業契約書に添付し、内容を確認する。

4❖Forthwith upon the execution of this Agreement

　「本契約の締結と同時に」「本契約締結後ただちに」と同趣旨である。

5❖paid-up capital

　「払込資本金」を指す。

6❖issue and allot

　「発行し、割りあてる」の意味である。

●―第6款　株式の引き受け、払い込みに関する規定

合弁事業会社の株式の引き受け、払い込み | Subscription and Payment of the Stock　例文410

◇株式の引き受け割合と払い込みについて規定する

> ARTICLE 4. SUBSCRIPTION AND PAYMENT OF PARTIES
> 　4.01 The parties hereto shall subscribe for, at par, shares of the common stock of the New Company to be issued at the time of its incorporation as follows:
> 　　　(i) KVC　　　＿＿ percent　　＿＿＿＿＿ shares
> 　　　(ii) ABC　　　＿＿ percent　　＿＿＿＿＿ shares
> 　　　(iii) ELNOX　＿＿ percent　　＿＿＿＿＿ shares
> 　4.02 The parties hereto shall, upon allocation, pay in full in cash for the shares subscribed for pursuant to Section 4.01 hereof.

［和訳］
第4条　株式の引き受けと払い込み
　4.01　本契約当事者は、新会社の設立時に発行される新会社の普通株式を額面で次の通り引き受ける。
　　　(i) KVC　　　＿＿％　　＿＿＿株
　　　(ii) ABC　　　＿＿％　　＿＿＿株
　　　(iii) ELNOX　＿＿％　　＿＿＿株
　4.02　本契約当事者は、割りあてを受け次第、本条4.01項に従って引き受けた株式について現金で全額を払い込むものとする。

解説

1 ❖ subscribe for
「(申し込みを)引き受ける」の意味である。発行された株式を引き受けることをいう。

2 ❖ at par
「額面で」の意味である。無額面の場合は金額(1株あたり＿＿で)を規定する。

3 ❖ at the time of its incorporation
「新会社の設立時に」の趣旨である。株式の発行や払い込みについては、時期を分けておこなう場合がある。

4 ❖ upon allocation
「(株式の)割りあてを受け次第」の趣旨である。

5 ❖ pay in full in cash for the shares subscribed for
「引き受けた株式について、現金で全額を払い込む」ことをいう。

例文411 合弁事業｜定款に関する規定
例文412 合弁事業｜株主総会に関する規定①

●—第7款　新会社の定款に関する規定

例文411 定款に関する規定｜Articles of Incorporation

◇新会社の定款の内容を規定する

> ARTICLE 5. ARTICLES OF INCORPORATION
> 5.01 The New Company shall be incorporated pursuant to the Articles of Incorporation in the form attached hereto as Exhibit ＿＿, which exhibit shall consist of one copy of the Articles of Incorporation in (language of the country of the incorporation of the New Company), and one copy of the translation thereof in English.
> 5.02 The New Company shall be managed under the provisions of this Agreement, the Articles of Incorporation and the applicable laws and regulations of (country or state of the incorporation of the New Company).

[和訳]

第5条　定款
> 5.01 新会社は、別紙＿＿として本契約に添付される書式の定款に従って設立される。同別紙は、(新会社の設立国の言語)語による定款1通とその英訳1通で構成される。
> 5.02 新会社は、本契約、定款及び(新会社を設立した国または州の)適用法令に従って運営される。

―――― 解説 ――――

1❖二重定款制——基本定款と付属定款

　米国・旧英連邦諸国では、"articles of incorporation"（基本定款）と"by-laws"（付属定款）の二重定款制の国・州が多い。両定款案または骨子を合弁事業契約書に添付するのが一般的といえよう。傾向としては、定款を重視し、合弁事業・契約のスキームを構築する。いったん新会社を設立して株主（stockholder）となってから、株主間契約を締結する方法を取ることがあるのも、そのひとつの現れである。新会社もその契約当事者に加えておく。

2❖定款と合弁事業会社設立契約の活用と効果——それぞれの規定に違反した場合の差異

　債権契約としての効力しかない合弁事業会社設立契約より、定款に基づく経営の仕組みを重視するのが米国の企業の姿勢といってもよい。契約は訴訟になったときに役立ってはじめて意味があるとの考え方を基礎に契約に取り組むと、会社法の株式の種類の組み合わせや定款を最大限に重視して、スキームを作ることになるのはひとつの帰結である。

　新興国でも、インドネシアのように定款が非常に重視される国もある。会社法は米国各州と対照的に実に簡単で、会社運営のルールはむしろ定款によって規定される。もちろん、合弁事業契約も重要である。

3❖the Articles of Incorporation in the form attached as Exhibit __
「添付別紙__として添付したフォームの通りの定款」を指す。

4❖language of the country of the incorporation of the New Company; language of the country in which the New Company is established
「新会社の設立国の言語」を指す。合弁事業契約書でどのように規定しても、合弁事業会社が設立される国の言語で定款を作成して届けないと、現地国での会社の設立ができず、また定款としての効力が認められないことがある。したがって、現地語での「定款」作成は避けられない。

その場合、合弁事業契約で、あらかじめその内容を英文にして確認することが外資側としては必要である。定款について、単に「定款については、本合弁事業契約の趣旨を尊重して作成する」という規定のみを置くことがある。その曖昧さに起因して、外資側が驚くような定款(外資側に不利な内容)を現地側が現地語で作成して、会社設立をすることがある。外資側にとっては、英語版の添付も欠かせない。

ただし、英語圏の国では英語版のみで十分である。

●―第8款　株主総会の招集・成立・決議に関する規定

株主総会に関する規定①　Meetings of Shareholders　例文412

◇株主総会の開催場所を規定する

ARTICLE 6.　MEETINGS OF SHAREHOLDERS
  6.01　Meetings of shareholders of the New Company shall be held in _____, or at such other place as agreed upon by unanimous consent of all the shareholders of the New Company in accordance with applicable law.

［和訳］
第6条　株主総会
  6.01　新会社の株主総会は、_____で、または適用法に従い新会社の株主の全会一致によって合意された他の場所で開催される。

――――――― 解説 ―――――――

1❖株主総会開催の場所
通常は本社所在の市である。商法・会社法が許容するケースでは、合弁事業会社の設立地外の国内や国外で開催するケースがある。現地国の株主の有無や便宜を踏まえつつ、開催地選択の自由を契約と定款で活かす工夫をすることが大切である。

2 ❖ unanimous consent of all the shareholders

「全株主の一致した同意」を指す。

例文413 株主総会に関する規定② | Meetings of Shareholders

◇株主総会の定足数、決議要件を規定する

> 6.02 Except as otherwise required by law, all resolutions of a meeting of shareholders shall be adopted by the affirmative vote of a majority of the shares represented in person or by proxy at such meeting of shareholders, and a quorum for a meeting of shareholders holding a majority of the total issued and outstanding shares of the New Company entitled to vote thereat.
>
> 6.03 Each party hereto shall have one vote for each share of which it is the holder and may be present at any meeting of shareholders either in person or by proxy.

[和訳]

> 6.02 法律により別段に要求される場合を除き、株主総会のすべての決議は、当該総会に本人または代理人が出席した株主によって表章される株式の過半数の賛成投票により採択される。株主総会の定足数は、新会社の議決権つき発行済み株式総数の過半数とする。
>
> 6.03 各当事者は、自ら所有する1株につき1票の議決権を有するものとし、本人または代理人の株主総会への出席が認められる。

解説

1 ❖ 株式保有数と議決権数

「1株式＝1議決権」が当然というわけではない。放置しておけば、株式保有数にかかわらず、出席株主の数により決議される国もある。さらにはクラス株式や転換・優先株式などが絡んで複雑になることもある。また、特別多数決の決議によって、すべての事項を決する方法が採用されることも多い。たとえば、「3分の2以上」「60％以上」などといった特別多数の場合がある。株主構成・株式の種類・比率による方法である。

2 ❖ 合弁事業契約の規定違反行為

合弁事業契約の事前承諾事項の規定に違反して決議されたときは、契約違反としての損害賠償問題に発展することがあっても、会社法上は有効な決議とされるリスクが高い。絶対に権利を守ろうとするには、決議要件を加重することが少数株主側の権利を確保するためには必要になる。いわゆる特別多数決である。

3 ❖ 3分の2以上の多数決

ドラフトの表現としては、"affirmative vote of holders of not less than two-thirds of common stock"等となる。

4❖present in person or by proxy
「自ら(本人)が出席、または(委任状で)代理人が出席する」という趣旨である。

5❖one vote for each share
「1株につき1議決権」をいう。株主総会においては、必ずしも当然に1株式＝1議決権とは限らない。1人の株主について1票と数える慣習のある地域や国もあり、注意を要する。「1株につき1議決権」あるいは「＿＿＿株(単元株)につき1議決権」等と規定するのは、注意深い規定方法である。

株主総会に関する規定③ | Meetings of Shareholders　例文414
◇委任状による代理出席、総会の招集方法を規定する

6.04 A shareholder may exercise its vote by proxy, who need not be a shareholder, provided that such proxy shall present to the New Company a document, the form of which shall be furnished to each shareholder or designated by the New Company, pursuant to law, evidencing his or her appointment as proxy.

6.05 Except as otherwise permitted by law, each meeting of shareholders shall be convened by the President of the New Company in accordance with a resolution of the Board of Directors upon written notice of the time, place, and purpose of such meeting given not less than ＿＿＿＿＿＿(＿＿＿＿) days before the date of the meeting either personally or by mail to each shareholder of record entitled to vote at the meeting.

6.06 The President of the New Company shall act as chairman at general or special meetings of shareholders unless otherwise permitted or provided by the Articles of Incorporation of the New Company.

［和訳］
6.04 株主は代理人により議決権を行使できる。代理人は株主である必要はない。ただし、代理人は代理人として指名されたことを証明する書面を新会社に提出しなければならない。その書面の書式は、法律に従い、新会社により各株主に提供されるか指定される。

6.05 法律により別段に許される場合を除き、各株主総会は取締役会の決議に従い新会社の社長が招集する。その際、会日より＿＿日以上前に、総会で議決権を行使できる株主名簿記載の各株主に対し、当該総会の日時、場所及び目的を記載した書面の通知が本人に直接にまたは郵便によりなされる。

6.06 新会社の定款により別段の許容がなされるか、規定される場合を除き、新会社の社長が定時総会または臨時総会で議長を務める。

――解説――

1 ❖ 株主総会議長の議決権

議長が可否同数の場合の"casting vote"を持つ場合がある。"president""CEO"や"managing director"が議長を務める場合、"chairman"が議長になる場合などさまざまである。本来の議長が出席できない場合の代行者の規定も必要である。議長の選任には、定款の規定の仕方でも注意を要する。

2 ❖ proxy（委任状）による議決権の行使

議決権を行使するためには、通常は総会に出席する。では、出席できない場合にはどうするか。委任状を発行することにより、議決権を行使する方法を取ることが認められる場合が多い。この場合、発行される委任状を"proxy"と呼んでいる。議長あるいは他の出席株主に委任するか、それとも、各議案につき賛否を表明する方式を取るかなど、具体的な行使の方法はさまざまである。どのような行使の方法が許されるかについて契約書に具体的に規定する。合弁事業会社に適用される会社法と定款の制約の範囲内から選ぶことになる。"proxy"（委任状）によって代理出席する者（代理人）も"proxy"と呼ばれる。

3 ❖ 総会に代わる書面決議

会社法によって許容されている場合は、総会を開催する代わりに、書面による承認によって決議をすることがある。この場合は、全株主の同意が原則である。

4 ❖ be convened by the President

「社長により招集される」という意味である。

5 ❖ general or special meetings

「定時総会または臨時総会」を指す。

● ―第9款　取締役の選任・取締役会の決議に関する規定

例文 415　取締役会の定足数と代理出席；決議 | Quorum; Voting

◇取締役会に関わる法律（会社法）が自由で柔軟な場合の表現の仕方

1. At any meeting of the board of directors, a quorum shall be three (3) or more directors.
2. A director expecting to be absent from a meeting shall be entitled to designate in writing or orally, provided such oral designation is later confirmed in writing, a proxy to act in his or her stead with respect to such meeting.
3. Except as otherwise provided in this Agreement, the board of directors shall act by the affirmative vote of a majority of directors. Each director shall have one (1) vote on all matters that arise before the board of directors.
4. The board of directors shall hold regular meetings at least once each fiscal quarter, at the principal offices of the Company or such other place as may be determined by the chief executive officer and chairman of the board of directors.

5 Special meeting of the board of directors may be called by any two directors. The call shall be in writing and shall state the location of the meeting and the agenda. Notice of each such meeting shall be given to each directors by telecopy or similar method or sent by reputable overnight delivery service, in each case at least _____ calendar days before the meeting, unless longer notice period is established by the board of directors or applicable law.

6 The attendance of a director at a meeting shall constitute a waiver of notice of such meeting, except when a director attends a meeting for the express purpose of objecting to the agenda because the meeting was not properly held.

7 Any action required to be taken at a meeting of the board of the directors, or any action that may be taken at a meeting of the board of directors may be taken at a meeting held by means of telephone conference or other communications equipment by means of which all persons participating in the meeting can hear each other. Participation in such meeting shall constitute presence in person at such meeting. The Company shall permit any director or proxy of any director to participate by telephone conference.

［和訳］
1 いずれの取締役会も、定足数は3人以上の取締役とする。
2 取締役会を欠席する予定の取締役は、書面または口頭でその旨を表示することができる。ただし、かかる口頭の表示の際は、かかる会議において当該取締役を代理することができる旨を、後日書面で確認されることを要する。
3 本契約で別途定める場合を除き、取締役会の決議は取締役の過半数の決議で決する。各取締役は、取締役会に提起される一切の事柄について1票を有する。
4 取締役会は、本会社の主たる事業所または最高経営責任者及び取締役会長の決定するその他の場所において、各会計四半期に1回以上、定期的に会合するものとする。
5 取締役会の特別会議は、2人の取締役によって招集できるものとする。当該招集は書面でなされ、会議の場所及び議題について記載するものとする。当該各会議の通知はファクスその他類似の方法または定評のある翌日配達サービスによって各取締役になされ、取締役会または適用法により長い期間が設定される場合を除き、少なくとも当該会議の_____暦日前になされるものとする。
6 取締役会における取締役の出席は、当該取締役会の通知を受け取る権利の放棄を構成する。ただし、取締役が、取締役会が適切に開催されなかったことを理由に議題に異議を申し立てる明示的な目的のために取締役会に出席する場合には、この限りではない。
7 取締役会において講ずることが要請される措置、または取締役会において講じうる措置は、当該会議の出席者全員が互いに聞こえる電話会議またはその他の通信設備による会議においておこなうことができる。

当該会議への参加は、当該会議における本人出席を構成する。本会社は、取締役または取締役の代理人が電話会議に参加することを認める。

解説

1 ❖ 会社法による取締役会の手続きが柔軟な場合

代理人による出席ができる。電話会議ができる。2名以上の取締役の招集で特別会議(臨時)取締役会が開催できる。その場合は、招集通知に議題を明記のこと。このような柔軟な対応を規定している。定例取締役会は、3名の出席で定足数が充足し、過半数で決議できる。電話による会議など、柔軟にできる、としている。

会社法上可能かどうかについて、確認が必要である。通常、各国、(連邦国では)各州の会社法は、本例文の取締役会の運営ほど柔軟ではない。

2 ❖ 第6項の規定のねらい

定款の定めに従った取締役会の招集通知を受け取らなかった取締役は、本来なら当該取締役会の成立や決議に対して招集手続き上の瑕疵を論拠に有効性を争うことができるはずである。しかし、遅ればせながら招集を知り、異議なく出席したときは、適切な招集通知がなされたという取り扱いをする。

例文 416 取締役会、取締役の選任① | Election of Directors

◇標準的な選任・決議方法

ARTICLE 7. BOARD OF DIRECTORS

7.01 Except as otherwise required by law or provided for in the Articles of Incorporation of the New Company, responsibility for the management and direction of the New Company shall be vested in the Board of Directors of the New Company.

7.02 The Articles of Incorporation of the New Company shall provide for the election of six (6) directors of the New Company.

7.03 The directors of the New Company shall be elected at a general meeting of the shareholders. Three (3) of the six (6) directors shall be individuals nominated by KVC, two (2) shall be individuals nominated by ABC, and the remaining one (1) shall be individuals nominated by ELNOX.

Each of the parties hereto shall vote all its shares of the stock of the New Company, and otherwise take or cause to be taken all such other action as may be necessary, to cause the election of the directors nominated in accordance with the foregoing.

In case of the death, resignation or other removal of a director prior to the expiration of his term, the parties hereto agree to cast their votes as shareholders, and otherwise take or cause to be taken all such other action as may be necessary, so as to appoint, as his replacement, a director nominated by the party hereto who has nominated the director whose death, resignation or other removal was the cause of such vacancy.

7.04 Except as otherwise required by law, the term of office of a director shall expire at the close of the second ordinary general meeting of shareholders to be held subsequent to this election.

The term of office of a director elected to fill a vacancy shall be the same term with the remainder of the term of office of his predecessor.

Notwithstanding the foregoing provisions of this Section 7.04, the term of office of the initial directors of the New Company shall expire at the close of the first ordinary general meeting of shareholders to be held after the election of the initial directors.

7.05 Except as otherwise required by law, a quorum for holding a meeting of the Board of Directors shall be four (4), provided that at least one (1) director nominated by each party shall be present.

All resolutions of the Board of Directors shall require the affirmative vote of four (4) directors.

7.06 No director of the New Company shall be required to own any shares of the New Company.

7.07 Regular meetings of the Board of Directors shall be held quarterly at the office of the New Company or at such other place as the Board of Directors may designate. Notice of regular meeting of the Board of Directors shall be given to each director by mail or hand delivery at least _____ (____) days prior to the date designated for such regular meeting.

[和訳]

第7条　取締役会

7.01　法律によって別段に要求されるか新会社の定款に別段の定めがある場合を除き、新会社の経営と指揮に対する責任は新会社の取締役会に帰属する。

7.02　新会社の定款は、新会社の取締役6名の選任について定める。

7.03　新会社の取締役は、定時株主総会で選任される。取締役総数(6)のうち3名はKVCが指名した個人とし、2名はABCが指名した個人とし、残り1名はELNOXが指名した個人とする。

各当事者は、上記に従って指名した取締役を選任させるために、当該当事者が保有する新会社の株式全部の議決権を行使するか他のやり方で、必要な他のあらゆる行為をおこなうかおこなわせる。

取締役がその任期満了前に死亡、辞任または他の理由により退任した場合、契約当事者は、その死亡、辞任または他の理由による退任により欠員

を生じさせた取締役を指名した当事者が後任取締役を指名できるように、株主として議決権を行使するか他のやり方で、必要な他のすべての行為をおこなうかおこなわせることに合意する。

7.04 法律により別段に要求される場合を除き、取締役の任期は、その選任後に開催される2回目の定時株主総会の終結時に満了する。

欠員補充のために選任された取締役の任期は、前任者の残りの任期と同じとする。

本7.04項の上記規定にかかわらず、新会社の最初の取締役の任期は、最初の取締役の選任後に開催される最初の定時株主総会の終結時に満了する。

7.05 法律により別段に要求される場合を除き、取締役会の会議の定足数は4名とする。ただし、各当事者が指名した少なくとも1名の取締役が出席するものとする。

取締役会のすべての決議は、取締役4名の賛成投票を要する。

7.06 新会社の取締役は、新会社の株式を保有することを要しない。

7.07 取締役会の定例会議は、新会社の事務所または取締役会が指定する他の場所で四半期ごとに開催される。取締役会の定例会議の通知は、当該定例会議に指定された日の少なくとも＿日前に郵便または手渡しにより各取締役に与えられる。

解説

1❖取締役の選任と株主の権利

取締役の選任については、クラス株式（Class A, Class B, Class C）を採用すれば、紛争の余地を大幅に減らすことになる（米国各州など）。

2❖決議要件（7.05項）

合弁事業会社の運営に関する事項の承認規定については、定足数と決議要件の両方が重要である。人数で規定する方法と、割合で規定する方法とがある。合弁事業会社に対し、たとえばマイノリティ（たとえば35％）の側として出資している場合は、マイノリティ側が"veto"（拒否権）の保有を要求するかどうか、がひとつのポイントになる。

3❖nomination of a director; appointment of a director

「取締役の指名」をいう。たとえば合弁事業会社の株主が、それぞれ取締役を指定する場合に、このような用語、表現を使用することが多い。「取締役候補を指名する」というほうが実態に近い場合が多い。実際に、取締役に指名されるのは株主総会の場であって、株主が議決権を行使し、投票により取締役を選出する。

4❖expire at the close of the second ordinary general meeting of shareholders

「2回目の定時株主総会の終結と同時に満了する」の意味である。

5❖a quorum for holding a meeting

「会議を開催するための定足数」をいう。

6❖No director ... shall be required to own any shares of the New Company.

「取締役は、新会社の株式を保有することを要求されないものとする」という趣旨である。

会社役員が、その会社の株式を保有するのは礼儀であり義務であるという慣習あるいは了解事項を持つ社会があっても不思議ではない。実際、上場された株式会社の事業報告書や、役員候補のリストには、所有株式数という項目があるのが通常である。そのような経緯から、株式を保有するメンバーしか役員(取締役、監査役)に選任されないという考え方さえある。

　ところが、合弁事業会社の場合は、むしろ出資するパートナーである投資家(企業、個人)は株式を保有するが、役員は株式を保有しないのが通常である。本規定はその趣旨を明確にし、誤解を起こさないようにしようとするものである。

7❖be held quarterly

　「四半期(3ヶ月)ごとに開催される」という趣旨である。

8❖Notice shall be given ... by mail or hand delivery

　「通知は、郵便または手渡しで、与えられなければならない」という趣旨である。"by mail"という用語では、厳密には、国家が運営する郵便事業の一環として配達されることが必要となる。したがって、1980年代頃から急速に拡大・普及した、いわゆる民間のクーリエサービス(courier service)は含まれない。米国では、DHL、フェデックス(FedEx)が急速に発達し、日本においてもヤマト運輸等によるクーリエサービスが発達している。この規定は、その両方を有効な通知方法と認めようとするものである。DHL等を利用するメリットは、到着日の確認が容易であることである。1980年代半ば、米国で実際にDHLのサービスを利用していたとき、たとえ中東の相手方への配送でも、その到着の日の確認をおこなうサービスが得られていた。国の郵便サービスによる配送より信頼されていたのである。現在では、荷物の配送状況をインターネット上で確認できるサービスが提供されることがある。"by major overnight carrier"ということもある。

9❖at least _____ days prior to the date designated for such regular meeting

　「そのような定例取締役会に指定された日の少なくとも__日前に」という趣旨である。取締役会の招集通知をいつまでに発送しなければならないか、を規定する。

取締役会、取締役の選任② | Election of Directors　　例文417

◇クラス株式を採用した場合の取締役選任・取締役会決議の方法

(1) The New Company shall have an initial Board of Directors of ____ (___) members. Of such directors, the holders of New Company's Class A Common Stock and Class B Common Stock shall be each entitled to nominate and elect _____(___) directors respectively. Regular meetings of the Board of Directors will be held quarterly.

(2) KVC and ABC agree that, without the prior written consent of the other, neither will vote its shares of Common Stock of the New Company for any person as a nominee to be a director of the New Company who is a director, officer or employee of a ___

_____ corporation or affiliate thereof, other than _____ or one of its wholly-owned subsidiaries.

(3) KVC shall be entitled to nominate the first Chairman of the Board of Directors of the New Company, and ABC shall be entitled to nominate the first Vice Chairman of the Board of Directors. KVC and ABC agree to use their best efforts to cause the election of their respective nominees by the Board of Directors. Subsequent chairman and vice chairman of the Board of Directors of the New Company may be of any class of directors.

(4) At each meeting of the Board of Directors, a majority of each of the Class A Directors and Class B Directors shall be necessary and sufficient to constitute a quorum for the transaction of business. An affirmative vote of a majority of each of the Class A Directors and Class B Directors present and voting shall be necessary and sufficient for any action by the Directors.

[和訳]
(1) 新会社には当初__名の構成員からなる取締役会を置く。そのうち、新会社のAクラス普通株式とBクラス普通株式の各保有者は、それぞれ取締役__名を指名し選任することができる。取締役会の定例会議は四半期ごとに開催される。
(2) KVCとABCは、相手方の書面による事前の同意なく、_____または100％子会社以外の_____法人または関連会社の取締役、役員または従業員である人を新会社の取締役候補者にするために、自ら保有する新会社の普通株式を投票しないことに合意する。
(3) KVCは新会社の最初の取締役会会長を指名することができ、ABCは最初の取締役会副会長を指名することができる。KVCとABCは、それぞれ指名した候補者を取締役会に選任させるために最善の努力を尽くすことに合意する。新会社のその後の取締役会会長と副会長は、どのクラスの取締役でもよいものとする。
(4) 取締役会の各会議には、クラスA取締役とクラスB取締役の各過半数の出席が必要であり、これをもって議事を進める定足数とする。取締役による行為には、出席したクラスA取締役とクラスB取締役の各過半数の賛成投票が必要であり、それで十分とする。

―――――― 解説 ――――――

1 ❖ クラスA株式、クラスB株式

米国各州での会社設立の場合は、"Class A Common Stock"と"Class B Common Stock"を発行して、それぞれのクラスにおける株式保有者の権利を明確にすることができる。"non-voting stock"や優先株の発行及び組み合わせも自由である。

2❖initial Board of Directors of ＿＿
「当初＿名からなる取締役会」をいう。

3❖nominee
「(取締役に)指名された者」をいう。

4❖use their best efforts to cause the election of their respective nominees by the Board of Directors
「彼らのそれぞれの指名を受けた候補が取締役会で選出されるよう最大限の努力をおこなう」との趣旨である。

5❖constitute a quorum
「定足数を充たす」という意味である。

6❖affirmative vote
「賛成投票」を指す。

取締役会の決議方法 | Resolution　　例文418

◇定足数、クラスにかかわりなく過半数で決議する

(5) However, any number of directors, whether or not constituting a quorum, present at any meeting or any adjourned meeting of the Board of Directors may make, by majority vote of those present, voting in the aggregate and not by class, ...

［和訳］
(5) ただし、定足数を充たすか否かを問わず、取締役の会議または延会に出席する取締役が何人であっても、クラスに関係なく、単純に出席取締役の過半数の投票により決議することができる。

解説

1❖クラス株式に基づくveto
クラス株式の活用は、それぞれのパートナーが絶対的な権利を確保できる点で有効である。一方、取締役会の決議では、各クラスの取締役の意見が一致しない限り、互いに拒否権(veto)を持っているので、何も決定できない。解決のスキームが必要になる。延会では、クラスに関係なく多数決で決する方法がひとつのオプションである。

2❖whether or not constituting a quorum
「定足数を充たそうと充たすまいと」という趣旨である。

3❖adjourned meeting
「延会」をいう。

4 ❖may make, by majority vote of those present, voting in the aggregate

「出席取締役の過半数による単純合計の投票によりおこなうことができる」ということである。

●―第10款　株主の事前同意を要する重要事項

例文419　事前承認事項① | Important Matters

◇合弁事業会社運営に関わる重要事項は事前に全株主の同意を要する

ARTICLE 8. ACTION REQUIRING UNANIMOUS WRITTEN APPROVAL OF THE SHAREHOLDERS

8.01 The parties hereto agree that the following actions require the unanimous written approval of all the shareholders of the New Company:

1. Any change in the name of the New Company;
2. Any change in the general object of the New Company;
3. Any merger or consolidation with or into any other corporation or entity or any dissolution not otherwise in accordance with this Agreement;
4. Any change in authorized, issued, or paid-up capital of the New Company or any amendment to the Articles of Incorporation;
5. Any issuance, sale or repurchase of the shares of the New Company or issuance of, or agreement to issue, any security, right, option, warrant, or instrument of indebtedness convertible into, exercisable or exchangeable for shares of the New Company;
6. Any payment on account of the purchase or redemption of the New Company;
7. Any sale or other disposition of all or substantially all the properties or assets of the New Company;
8. The formation, acquisition or sale of any subsidiary of the New Company and the formation of any partnership or joint venture involving the New Company.

［和訳］

第8条　株主の書面による全員一致の承認を要する行為

8.01 本契約当事者は、次の行為が新会社の株主の書面による全員一致の承認を要することに合意する。

1. 新会社の名称の変更
2. 新会社の全般的な事業目的の変更
3. 他の法人もしくは実体との吸収合併もしくは新設合併または別段に本契約に従わない解散

4. 新会社の授権資本、発行済み資本もしくは払込済み資本の変更、または定款の変更
5. 新会社の株式の発行、売却、買い戻し、または新会社の証券もしくは新会社の株式に転換できる権利、オプション、ワラント、債務証書の発行もしくは発行の承認
6. 新会社の株式の購入または償還による支払い
7. 新会社の財産または資産の全部または実質的な全部の売却その他の処分
8. 新会社の子会社の設立、買収または売却及び新会社を参加者とするパートナーシップまたは合弁事業の設立

解説

1❖事前協議事項規定のねらいと役割

本条の意図は、重要事項は全当事者による株主総会、取締役会以前の根回し、協議による意思統一をすることにある。一致できないときは、議案として提案しない約束となるため、方針が不一致の場合、デッドロックになる。一方が契約に違反して決議してしまうか、株式の買い取り等の問題に発展することがある。たとえば、拡大方針と縮小方針の衝突のケースである。列挙項目については、事業・当事者の性格、国情によって工夫が必要となる。たとえば、ストックオプション、株主との取引、新事業分野へ進出、重要雇用契約、株式の上場等などがある。「事前」とは、取締役会や株主総会の前にという意味である。

2❖merger or consolidation

「合併」を指す。

3❖amendment to the Articles of Incorporation

「定款の変更」を指す。

4❖redemption of the New Company

「新会社の株式の償還」を指す。

5❖formation, acquisition or sale of any subsidiary

「子会社の設立、買収または売却」をいう。

事前承認事項② | **Important Matters**　　　　　　　　　　　　　　　　例文**420**

◇限定された少数の重要事項のみ全員一致の承認を要する

The following activities of the New Company require the unanimous approval of the Parties.

(a) any change in the company name;

(b) any change in the general object of the New Company;

(c) declaration of dividends or returns of capital;

(d) any merger or consolidation, or any dissolution of the New Company.

[和訳]
　新会社の次の行為は当事者の全員一致の承認を要する。
　(a)社名の変更
　(b)新会社の全般的な事業目的の変更
　(c)配当の宣言または資本金の償還
　(d)新会社の吸収合併もしくは新設合併または解散

解説

1 ❖ 重要な協議事項
　「社名の変更」「新会社の事業目的の変更」「配当の宣言、または資本金の償還」「新会社の解散」など、特に双方が重要と主張する事項に絞り、他の事項の決定は定款による多数決に委ねるとしている。

●─第11款　代表取締役等の指名権・派遣に関する規定

例文 421　代表取締役の指名権と選任手続き│Executive Managing Director

◇株主がそれぞれ代表取締役を指名する

ARTICLE 9.　APPOINTMENT OF EXECUTIVE MANAGING DIRECTOR
　9.01 The Board of Directors of the New Company shall appoint from among its members two (2) executive managing directors, one of whom shall be selected from among the directors nominated by KVC, and the other of whom shall be selected among directors jointly nominated by ABC and ELNOX.

[和訳]
第9条　代表取締役の指名
　9.01　新会社の取締役会は、代表取締役2名を取締役構成員から指名する。うち1名はKVCが指名した取締役から選任され、他の1名はABCとELNOXが共同で指名した取締役から選任される。

解説

1 ❖ 代表取締役制度とは──株主による指名権
　代表取締役、社長（President）等の役職は国によって制度が異なる。アメリカではPresidentあるいはCEO（いずれも1人）、イギリスではManaging Director（1人）が通常である。

経営上キーポイントとなるのは、トップ(社長)をどちらが派遣し、経営をおこなうかである。交代制がよいのか、一方が継続するのか、投資先現地側パートナーが派遣すべきか、それとも外国投資家の本国が派遣すべきかは、経営事項としてもっとも重要である。合弁契約では、役員・重要役職者候補について個人名を明示して指定することがある。

2❖executive managing director
「代表取締役」をいう。

3❖appoint from among its members
「ボードメンバー(取締役構成員)の中から、指名する」の意味である。

4❖one of whom shall be selected from among the directors nominated by KVC
「その(代表取締役の)うちの1人は、KVCが指名した取締役の中から選任される」という意味である。

株主による社長、副社長の指名権 | Executive Managing Director　　例文422

◇株主がCEO兼社長、副社長を指名する

KVC shall appoint the CEO and President of the New Company and ABC shall appoint an Executive Vice President who shall, respectively, manage and represent the New Company.

[和訳]
　KVCは新会社のCEO兼社長を指名し、ABCは代表取締役副社長を指名する。両名はそれぞれ新会社を経営し、代表する。

―――― 解説 ――――

1❖社長と副社長の指名権
　株主がそれぞれ、社長または副社長を指名する権利があることを取り決めている。単なる"President"よりCEO兼社長のほうが、実質的なリーダーであることが対外的に分かりやすい。米国では、"President"も"Vice President"も、オフィサーにすぎない。"Executive Vice President"の場合は代表権のある実権者であるが、単なる"Vice President"だと代表権はない。

2❖CEOとCOO
　それぞれ、"Chief Executive Officer"と、"Chief Operating Officer"の略である。

3❖Executive Vice President
　「代表取締役副社長」を指す。米国においては、"Vice President"(副社長)の用語が持つ重みが日本の場合と異なる。通常、ひとつの企業に多数の"Vice Presidents"が選任されており、日本でいう課長または部長クラスの従業員にすぎない。代表権のある取締役とは程遠い。そのため、日本でいう副社長と同じ重みを持たせるためには、少なくとも代表権があ

る取締役であることを明確にする必要がある。"Executive"にはその役割が期待できる。

例文423 CEOの職務と権限 | Chief Executive Officer

◇CEOの職務と権限を具体的に規定する

Article __ Chief Executive Officer
1 The chief executive officer (CEO) of the New Company shall have the powers and duties of supervision and management usually vested in the chief executive officer of a company.
2 The CEO of the New Company may sign, alone or with any of the vice executive presidents or any proper officer of the New Company thereunto authorized by the board of directors, any contract, deed, mortgages, bonds, or other instruments which the board of directors has authorized to be executed, except in cases where the signing and execution thereof shall be expressly delegated by the board of directors or by this Agreement to some other officer or agent of the New Company, or shall be required by law to be otherwise signed or executed.

[和訳]
第__条　最高経営責任者
1 新会社の最高経営責任者は、会社の最高経営責任者に通常付与される監督及び経営に関する権限ならびに義務を有するものとする。
2 新会社の最高経営責任者は、単独または取締役会の認める新会社の副社長または適格な役員と共同で、取締役会が締結することを認めた契約、証書、抵当権、社債その他の文書に署名することができる。ただし、その署名及び締結が取締役会または本契約により新会社のその他の役員または代理人に明示的に委任された場合、または法により別途署名または締結されることが要請される場合を除く。

――解説――

1❖CEOの役職にともなう権限

　本例文のようにCEOの権限を規定しながら、意外にもCEOの役割が曖昧であったり、よく分からないことがある。会社法は、必ずしもCEOの役割・権限を明確に手引きしてくれるマニュアルの役を引き受けない。一般にCEOの権限と考えられている経営上の権限と職務を定義に置いている。定義になっていないとの声も聞こえてきそうであるが、意外にも定義は難しい。

　したがって、規定を置かず、合弁事業の現場に任せるのも選択肢のひとつであるが、何

か、指針になる程度でいいから規定を置く選択肢もある。「常識的にCEOに期待されている役割」とやや逃げ口上的な規定の仕方もある。これも、CEOという役職が実際には、そのような期待と慣行の上に成り立ち、運営されていることの反映なのだろうか。

2❖具体的な契約書などの署名の権限──ただし除外項目あり

本例文の規定では、CEOは会社の取締役会や本合弁事業契約書で規定した契約や書類には、調印する権限がない。

たとえば、利益相反事項の範疇に入る取引がそれにあたる。つまり、CEO自身の資産や利益につながる取引は利益相反行為にあたるのである。自分への貸し付けが典型的なもので、カジノで遊ぶ資金の融資などがそうである。会社の業務とはいえない。また、CEO個人の趣味として絵を購入する資金融資もそれにあたる。

微妙な取引もある。たとえば、数社の共同出資の場合、特定の出資者が、その土地を合弁事業会社のためにリースとして提供する場合や、技術の提供・指導、ライセンスを実施する場合、キーエンプロイーを派遣する契約、などである。いずれも、合弁事業会社の運営への協力義務を果たすものであることは確かであるが、一方で、その価格を交渉する段階で、果たして出身母体ともいえる親会社と公正に取引ができるか、という問題がある。

この問題について、飛鳥凛、日高尋春氏に聞いてみると、2人は、合弁事業契約に規定を置いて、他の出資者から派遣されている別の役員が担当するようにしたり、CEOがサインすることは認めても、必ず"co-signer"（共同調印者）を指名するなどして、CEOが単独で便宜を図ったと疑念を持たれないようにしているという。また、具体的な契約条件を単価、金額なども含めあらかじめ決めておいて、合弁事業契約に添付し、相手方も確認するようにしているという。CEOには窮屈な措置ではあるが、そのほうが紛争を予防するために有効な施策だということであった。

取締役の罷免と退任 | Removal of Director 例文424

◇当該取締役を指名した当事者が、罷免されたもしくは退任した取締役の後任をそれぞれ指名する

Article ___ Removal of Director; Resignation of Directors
1 A director of the New Company may be removed at any time, with or without cause, by the written notice of a party hereto that designated such director, delivered to the New Company and other party or parties hereto, demanding such removal. Upon the New Company's receipt of such written notice, such director shall be automatically removed without further action.
The party that removed such director shall promptly designate a successor to such director, provided that its failure to do so shall not affect any removal effected hereunder or the ability of the board of directors to meet or take any action.
2 If at any time a party hereto ceases to be a party hereto by any reason whatsoever, any director designated by such party shall be automatically removed without fur-

ther action.

3 Any director may resign at any time by giving the written notice of resignation to the New Company. Such resignation shall take effect at the time specified therein, or if no time is specified, at the time of its receipt by the New Company. In the event any director resigns or is unable to serve on the board of directors the party that designated such director shall promptly designate a successor to such director.

4 All provisions above in this Article shall be subject to the provisions of applicable laws and regulations.

[和訳]
第__条　取締役の解任；取締役の辞任

1　新会社の取締役は、理由の有無を問わず、当該取締役を指名した本契約当事者による当該解任を要請する書面の通知が新会社及び本契約の他方当事者に交付されることによって、いつでも解任することができる。新会社による当該書面の通知の受領をもって、当該取締役はさらなる措置なく自動的に解任される。
当該取締役を解任した当事者は当該取締役の承継人を速やかに指名する。ただし、これを怠ったことにより、本契約に基づき実行された解任または取締役の特定の措置をなす能力に何ら影響を及ぼすものではない。

2　本契約当事者が理由を問わず本契約当事者でなくなった場合はいかなるときも、当該当事者により指名された取締役は、さらなる措置なく自動的に解任される。

3　いかなる取締役も、新会社に辞任の書面の通知をなすことによっていつでも辞任することができる。当該辞任は当該書面の通知に特定される時期に発効し、または時期が特定されない場合には、新会社による受領の時期に発効する。取締役が辞任し、または取締役会で業務を遂行できなくなった場合には、当該取締役を指名した当事者は速やかに当該取締役の承継人を指名する。

4　本条の規定の一切は適用法令の規定の対象となる。

―――― 解説 ――――

1 ❖ 派遣取締役の罷免

取締役を派遣していても、すべてが順調にいき、他の株主も満足するとは限らない。実際に、共同で経営を担当する他の取締役やその取締役を派遣している株主、つまり合弁事業出資のパートナーから話が出る場合がある。「前の取締役は、従業員にも取引先にも評判がよかったけれど、今度の方は、なぜか様子が違うようですね」。間接的直接的に、交代を希望する意思を伝えてくる。そのような場合、取締役を指名し、派遣している合弁事業当事者が、その一存で交代させることができるか。その答えを明確に合弁事業契約に規

定することがある。社長を取締役会で罷免するのは解職という。

●—第12款　監査役の指名に関する規定

監査役の指名① | Appointment of Auditors　　例文425

◇取締役会で監査役を指名する

ARTICLE 10. STATUTORY AUDITORS

10.01　The New Company shall have ＿＿＿＿＿＿ (＿＿) statutory auditor(s) who shall be nominated by the Board of Directors and elected by the shareholders.

10.02　In case of the death, resignation or other removal of the statutory auditor prior to the expiration of his term, the parties hereto agree to cast their votes as shareholders so as to appoint as his replacement a statutory auditor nominated by the Board of Directors.

[和訳]

第10条　法定監査役

10.01　新会社に法定監査役＿名を置く。その監査役は取締役会によって指名され、株主によって選任される。

10.02　法定監査役がその任期満了前に死亡、辞任または他の理由で退任した場合、契約当事者は、取締役会により指名された法定監査役を後任監査役として任命できるように、株主として議決権を行使することに合意する。

解説

1❖監査役の役割と権限

監査役に関する規定は、合弁事業会社を設立する国の会社法に照らして方針を決める。監査役制度は国によって大幅に異なる。たとえばインドネシア、オランダなどの監査役（コミサリス、コミッショナー）は、取締役以上の大きな権限、すなわち業務監査権を有し、取締役を解任することができる。人数や指名権確保について、現地会社法、習慣をよくリサーチする必要がある。派遣会社の責任問題が背後にある。

2❖statutory auditor

「法定監査役」「会社法上の監査役」という意味である。いわゆる会計監査法人（auditing company）による監査と区別される。各国の商法の規定によって、その選任が要求される監査役である。

監査役の業務範囲・権限については、各国の商法の規定次第である。強い業務監査権を有する監査役制度の国とそのような業務監査権を保有しない国とがある。

例文426 合弁事業｜監査役の指名②
例文427 合弁事業｜各株主の合弁事業新会社との契約、経営協力

例文426 監査役の指名② | Appointment of Auditors

◇監査役は会社の状況を株主に報告する

Article __ Appointment of Auditor
An auditor shall be appointed for the New Company and shall report on the condition of the New Company to all of the Parties to this Shareholders Agreement.

[和訳]
第__条　監査役の指名
　監査役は新会社のために指名されるものとし、本株主契約の当事者全員に新会社の状態を報告するものとする。

―――――― 解説 ――――――

1 ❖ バリエーション
　例文425で紹介した監査役の指名についての例文のバリエーションである。

2 ❖ report on the condition of the New Company
　「新会社の状況について報告する」との趣旨である。

3 ❖ to all of the Parties to this Shareholders Agreement
　「本株主間契約のすべての当事者に対し」との趣旨である。

●―第13款　新会社とパートナーとの契約に関する規定

例文427 各株主の合弁事業新会社との契約、経営協力 | Cooperation of Shareholders

◇合弁事業会社に対する各株主の協力事項と契約を規定する

ARTICLE __ MANUFACTURE AND SALES OF PRODUCTS; LICENSE AGREEMENT

1　The New Company will establish its own facilities for manufacturing and warehousing in the site of _____ city as soon as practicable after this Agreement takes effect. The details of the facilities are set forth in Exhibit ____.

2　Without limiting its other obligations under this Agreement, KVC at the request of the New Company shall have the following specific obligations for the purpose of assisting the New Company with respect to the establishment, design, construction, equipment, furnishing and start-up of such facilities:

2.01 If requested by the New Company, to prepare and make available to the New Company, blueprints, and other necessary plans and drawings to build and construct such facilities in accordance with the general specifications to be provided by ELNOX pursuant to this Section below.

2.02 If requested by the New Company, to assume responsibility for the construction management of such facilities, including access roads, and utilities connections, in accordance with said blueprints, plans, drawings and specifications.

2.03 Immediately after the incorporation of the New Company, KVC shall enter into a service agreement with the New Company setting forth detailed terms of such technical and management services as described in this Section above.

3 Immediately after the incorporation of the New Company, ELNOX shall enter into a licensing agreement with the New Company in substantially the form same attached hereto as Exhibit ＿＿, which will grant and license to the New Company the use of its trademark "ELOR" and "ELNOX".

4 Immediately after the incorporation of the New Company, ABC shall enter into an exclusive distribution agreement of the Products in ＿＿＿ with the New Company.

[和訳]
第__条　製品の製造販売；ライセンス契約
1 新会社は、本契約が発効した後できるだけ速やかに＿＿＿＿市の現場に自社の工場と倉庫を設立する。かかる施設の詳細は別表__に定める。
2 本契約に基づく他の義務を制限することなく、KVCは、新会社の要請があるときは、かかる施設の設立、設計、建設、設備、造作及び運転開始に関して新会社を援助するために次の特定義務を有するものとする。
2.01 新会社から要請されたときは、本項の下記規定に従いELNOXにより提供される全般的仕様書に従って当該施設を建設し建造するために青写真及び必要な他の設計図と図面を作成し、新会社に提供すること。
2.02 新会社から要請されたときは、上記の青写真、設計図、図面及び仕様書に従って当該施設を建設する管理責任を引き受けること。これにはアクセス道路、ユーティリティーズ（電気・ガス・水道管・電話線など）の接続が含まれる。
2.03 新会社の設立後ただちに、KVCは新会社とサービス契約を締結する。その契約は本項の上記規定に記載された技術・管理サービスの詳細条件を定めるものである。
3 新会社の設立後ただちに、ELNOXは本契約添付の別表__と実質的に同じ書式によるライセンス契約を新会社と締結する。その契約は、ELNOXの商標「ELOR」及び「ELNOX」の使用を新会社に許し許諾するものである。
4 新会社の設立後ただちに、ABCは＿＿＿＿における本製品の独占的販売店契約を新会社と締結する。

解説

1❖合弁事業会社の製品の販売、工場の建設等をどう進めるか

新会社の具体的な事業目的に従い、製品を製造・販売したり、自社工場を設立したりすることがある。その場合、工場及び施設をどう設計・建設し、技術導入・技術指導するかが重要になる。たとえば株主の1人がその役割を引き受けるか、引き受けるとすれば、その契約条件はどのようになるか、などである。

2❖合弁事業会社のビジネス推進における各株主の具体的な役割と契約方法

あらかじめライセンス契約、サービス提供契約の内容を確定して新会社と締結することがある。販売を当事者の1社が担当するケースでは、ディストリビューター契約（販売店契約）または代理店契約を締結することもある。トラブルの原因になりがちな株主との契約条件を明らかにすることを目的にしている。外国株主がどこまで契約に入り込むことができるかは、受け入れ国側の外資指導方針に従うことになる。継続的な原材料供給契約、事務所リース契約が締結されることもある。

●―第14款　帳簿閲覧権に関する規定

例文428　合弁事業会社の帳簿閲覧権①　| Inspection of Accounting Books

◇合弁事業契約当事者は合弁事業会社の帳簿を閲覧できる

ARTICLE ＿＿　RIGHT TO INSPECT ACCOUNT BOOKS
Each party hereto shall, at any reasonable time during business hours of the New Company, have the right to inspect at its own expense, either by itself or through its duly authorized agent, the accounts, books and operating and other records of the New Company, which the New Company shall maintain in accordance with generally accepted accounting principles and the laws of ＿＿＿＿＿＿＿＿.

[和訳]
第＿＿条　帳簿閲覧権
　本契約の各当事者は、新会社の営業時間中の合理的な時間ならいつでも、自らまたは正当に権限を授与した代理人によって、一般に受け入れられている会計原則と＿＿＿＿法に従って新会社が備置する新会社の計算書、帳簿及び営業その他の記録を自らの費用で閲覧する権利を有する。

解説

1❖at any reasonable time

「合理的な時間ならいつでも」という趣旨である。

2 ❖ either by itself or through its duly authorized agent

「自ら、または、その正当に権限を授与された代理人によって」という趣旨である。

通常、権限を授与された代理人とは、実務上、出先の現地法人メンバー、会計士、弁護士等であることが多い。

3 ❖ in accordance with generally accepted accounting principles

「一般に受け入れられている会計原則に従って」の意味である。

"in accordance with internationally (generally) accepted accounting principles ..." とすることがある。発展途上国や経済体制の異なる国の企業では、帳簿の記録方法のルール・習慣が国際的な基準や外資側の国の基準と相当大きく異なることがあるためである。そのような場合は、現実には会計要員の派遣や、専門家による指導が必要とされる。

合弁事業会社の帳簿閲覧権② | Inspection of Accounting Books 　例文429

◇合弁事業契約当事者は、専門家等を派遣して帳簿や議事録を閲覧できる

> KVC and ABC shall each have the right at any time to inspect the books of the New Company by use of its employees or through an agent or through an independent certified public accountant of its choice.
> Subject to the provisions of any confidentiality agreements between the Parties and the New Company, KVC and ABC shall have full access to all books, records, and minutes of the meeting of the Board of Directors, Shareholders and such other Committees as described in Exhibit ＿＿ in order to be fully advised and informed of all activities of the New Company.

[和訳]

> KVCとABCは各々、その従業員を使って、または代理人もしくは選任した独立の公認会計士によって、新会社の帳簿をいつでも閲覧する権利を有する。
> 当事者と新会社間の秘密保持契約の規定に服することを条件として、KVCとABCは、新会社のすべての活動を十分に知り把握するために、すべての帳簿、記録ならびに取締役会、株主総会及び別表＿＿に記載された他の委員会の議事録を全面的に閲覧することができる。

―――――― 解説 ――――――

1 ❖ Subject to the provisions of any confidentiality agreements between the Parties and the New Company

「新会社と(合弁事業契約の)当事者の間に締結された秘密保持協定書の規定に従うことを条件として」「秘密協定書の規定には従うが」等の趣旨である。

2 ❖ minutes of the meeting of the Board of Directors
「取締役会の議事録」を指す。

●―第15款　配当・配当受取権に関する規定

例文430　配当に関する規定 | Dividends

◇配当の支払いにつき規定する

> ARTICLE __ DIVIDENDS
> 1　KVC, ABC and ELNOX intend that the New Company will pay dividends at such times and in such amounts as its Board of Directors determines are appropriate in light of its earnings, cash flow and capital requirements.
> 2　Dividends may be paid to the shareholders of the New Company of record as of the last day of each fiscal year of the New Company for which dividends are declared (subject to the approval of the shareholders) at a general meeting within the scope of such sum as is permitted under applicable law.

[和訳]

第__条　配当
1　KVC、ABC及びELNOXは、新会社の取締役会が収益、キャッシュフロー及び資本要件を勘案して適切と決定した時期と金額により、新会社が配当を支払うことを予定している。
2　配当は、新会社の各会計年度の最終日現在に株主名簿に記載されている新会社の株主に支払うことができる。配当は、適用法により許される金額の範囲内で株主総会において（株主の承認を得て）宣言される。

― 解説 ―

1 ❖ 株式譲渡と配当の支払先
　第2項は会計年度中に株式の譲渡がおこなわれた場合に、誰に配当を支払うかの規定である。日割り計算の方法もある。合弁事業会社の支払い実務を簡単にするためには上記の方法が分かりやすい。

2 ❖ in light of its earnings, cash flow
「その収益、現金を踏まえて」「その稼得、現金の状況を勘案して」を指す。

3 ❖ subject to the approval of the shareholders
「株主の承認を得ることを条件として」という意味である。

第16款　株式譲渡の制限に関する規定

株式譲渡制限条項① | Restriction on Transfer of Shares　　　例文431

◇取締役会の承認と他の株主のファースト・リフューザル・ライトを規定する

ARTICLE __　TRANSFER OF SHARES

1. Each party hereto agrees not to sell, assign, pledge, or in any other manner transfer title or rights to, or otherwise encumber, any of the shares of the New Company held by it, or take any action leading to or likely to result in any of the foregoing without the prior approval of the Board of Directors of the New Company except in accordance with the provisions of this Article __ or other Article hereof, provided, however, that approval of the directors nominated by any party hereto shall not be withheld and shall be deemed to have been given where such party has declined or failed to exercise its right of first refusal pursuant to Section ____ with respect to shares of the New Company offered for sale by one or more of the parties hereto.

2. Subject to the need for approvals as set forth in Article ____ hereof, a party hereto may sell all or any portion of the shares of the New Company then owned by it to a third party only on condition that such purchaser agrees in writing, concurrently with such sale, to be fully bound by the terms and conditions of this Agreement.

3. A party hereto proposing to effect a sale of any shares of the New Company (the "Offeror") shall give a written notice to the other parties hereto, or their assignee, who are then shareholders of the New Company (the "Offerees"), of the Offeror's intention, the identity of the prospective third party purchaser, and the terms and conditions of the proposed sale (the "Proposed Sale") and shall make a written offer (the "Offer") to sell the shares of the New Company in question to the Offerees (pro rata, in accordance with the Offerees' shareholdings in the New Company), on the identical terms and conditions of the Proposed Sale, including, but not limited to the purchase price and terms of payment.

4. Acceptance by Offerees of any Offer that has been made to it pursuant to Section 3 will be effective upon the giving by an Offeree of written notice of acceptance within _____ (____) days after the Offeror's receipt of the Offer.

［和訳］

第__条　株式の譲渡

1. 本契約の各当事者は、本第__条または他の条項に従う場合を除き、新会社の取締役会の事前承認を得ることなく、当該当事者が保有する新会社の株式に対する所有権または権利を売却せず、譲渡せず、入質せず、他の方法により移転せず、株式に別段に負担を負わせないこと、または上記のいずれかにつながるか、結果的にそうなりそうな行為をおこなわないことに同意する。た

だし、本契約の1以上の当事者によって売却の申し出がなされた新会社の株式に関する第__条の規定に従い先買権の行使を拒絶するか行使しない場合には、当事者により指名された取締役の承認は保留されないものとし、承認が与えられたとみなされる。

2　第__条に定められた承認が必要であることを条件として、当事者は、当該当事者がその時点で保有する新会社の株式の全部または一部を第三者に売却することができる。ただし、当該購入者が売買時に、本契約の条件に全面的に拘束されることに書面をもって同意した場合に限る。

3　新会社の株式の売却を申し出る当事者(「申込者」)は、他の当事者またはその時点で新会社の株主である譲受人(「被申込者」)に対し、申込者の売却の意思、予定される第三者購入者の身元(住所・氏名)及び申し出をした売却の条件を記載した書面の通知を与えるものとし、申し出をした売却とまったく同一の条件(売買価格及び支払い条件を含み、それに限定されない)により、被申込者に対し新会社の当該株式を(新会社における被申込者の株式保有比率に応じた割合で)売却するため書面によるオファーをおこなうものとする。

4　第3項に従って被申込者に対してなされたオファーの被申込者による受諾は、被申込者がオファーを受けた後___日以内に、被申込者が書面をもって受諾通知を与えたときに有効となる。

解説

1❖株式譲渡と譲受人の役割──合弁事業契約上の前株主(譲渡した株主)の義務

株式譲渡のケースでは、その譲渡希望株主が合弁事業に関連してそれまで負担してきた役割と責任を譲受者が引き継ぐかどうか、履行能力があるかどうかが問題になる。また、譲渡価格も問題である。

2❖株主のファースト・リフューザル・ライト(first refusal right; right of first refusal)

優先購入権の一種である他の株主のファースト・リフューザル・ライトの仕組みを規定する方法も、具体的な解決策としてよく使われる。価格決定のメカニズムと考慮期間が重要である。譲渡希望の意思(intention)の通知先を合弁事業契約のパートナー(株主)とする方法もある。設立後一定期間は譲渡を禁止する方法もある。

3❖ファースト・リフューザル・ライトはどのような契約で活用されるか

ファースト・リフューザル・ライトは、一般の長期売買契約などでも使われるスキームである。言葉の響きとは反対に、同じ条件(値段・数量等)なら他人が購入するのを拒絶して自分が優先的に購入できる優先権のことである。第1部第4章「売買契約」第3節「特殊条項」第6款「ファースト・リフューザル・ライト条項」の解説も参照されたい。

4❖用語の解説

"article"が「条」にあたり、"section"が「項」にあたる。本文で大文字を使って定義している用語は、文中の2度目の使用の際に、短く定義された用語として使いたいからである。

"Proposed Sale"は、一方の当事者がその持ち分株式を譲渡したいと申し入れている譲渡を指す。"pro rata"は「その割合に応じて」という意味なので、ここでは「株式保有比率に応

じた割合で」を意味する。

5❖株式譲渡制限条項のねらい

　合弁事業会社の相手方を誰にするかは、それぞれの合弁当事者にとって重大な関心事である。その相手方が株式を譲渡して、第三者(third party)が株主になってしまったらどうするか。その対応手段として設けられるのが、株式譲渡制限条項である。

　もちろん、第三者でなければ構わないという割り切り方もある。その場合は、第三者に対する譲渡のみを制限し、子会社や親会社への譲渡を制限しないと取り決める方法もある。

　ただ、その場合でも何ら支障がないかというと、そうは言い切れない。たとえば、譲渡先が合弁事業の相手方にとって外交関係のない国の子会社でもよいだろうか。譲渡先が、タックスヘイブンにある資産のないペーパーカンパニーでもよいだろうか。実際の交渉では、あらゆるケースに想像力を働かせて、シミュレーションをしながら考えていく。

株式譲渡制限条項② | Restriction on Transfer of Shares　　例文432

◇株式譲渡に他の株主の同意を要すると規定する

Article ___ Transfer of Shares
Without first obtaining the written consent of other parties hereto, KVC, ABC and ELNOX agree that no party, nor its successors or assignees, shall sell, assign, transfer, pledge, encumber or otherwise dispose of, whether by operation of law or otherwise, any shares of voting the New Company or instruments convertible into such shares, except expressly permitted by and in accordance with the provisions of Section ____ hereof.

［和訳］
第__条　株式の譲渡
　KVC、ABC及びELNOXは、他の当事者の書面による同意を最初に得ることなく、いずれの当事者もその承継人または譲受人も、法律の運用によるか他の方法によるかを問わず、第__条の規定により、かつその規定に従い明白に許容される場合を除き、新会社の議決権付き株式またはかかる株式に転換できる証書を売却、譲渡、移転、入質、担保差し入れ、または他のいかなる方法でも処分しないことに同意する。

解説

1❖原則譲渡禁止とする規定

　原則として他の株主(パートナー)の同意なしに株式譲渡ができない規定とし、例外的に譲渡できる特別規定を設けることがある。例外規定としては、前の例文431で取り上げたように"preferential purchase rights"(優先購入権)を他のパートナーに合弁事業契約の効果と

して与える方法がある。初めに他の株主に譲渡したいと申し入れ、拒絶された場合に他の第三者に譲渡をオファーすることが認められるというものである。同条件なら、また他の株主が購入できるスキームとすることが多い。

2 ❖ sell, assign, transfer, pledge, encumber or otherwise dispose of
　「販売、譲渡、移転、質入れ、担保差し入れ、または他の方法で処分をおこなう」という趣旨である。

例文433 株式譲渡制限条項③ | Restriction on Transfer of Shares

◇譲渡株式について他の株主の優先購入権を規定する

Article __ Transfer of Shares
In the event any of the parties hereto desires to transfer its shares of the New Company, it shall make a written offer to transfer such shares of the New Company held by it to other parties.
If, within _____ days after such offer is made, no agreement is reached with other parties, the party making such offer may offer, subject to the rights in this Section of the other parties, the rejected shares to any person or persons who are acceptable to other parties as evidenced by their approval, which approval shall not be unreasonably withheld. In the event that, as a result of such offering, the party desiring to transfer receives a bona fide offer which it considers acceptable to purchase the rejected shares, it shall, before transferring such shares to such person, re-offer or cause such shares to be re-offered to other parties who rejected them, in the terms of such offer to purchase. The parties who rejected them originally shall have _____ days within which to accept such offer.

[和訳]
　第__条　株式の譲渡
　　いずれかの当事者が新会社の株式の譲渡を望む場合、当該当事者は、その保有する新会社の株式を譲渡するオファーを、書面をもって他の当事者に対しておこなう。
　　かかるオファーをおこなった後____日以内に他の当事者と合意できない場合、オファーをおこなった当事者は、他の当事者の本条による権利に服することを条件として、拒絶された株式を当事者による承認により、受け入れ可能な他の人にオファーできるものとし、かかる承認は不当に保留されないものとする。
　　オファーをおこなった結果、譲渡を希望する当事者が、拒絶された株式の購入受諾と考えられる善意の申し込みを受けた場合、当該当事者は、株式をその人に譲渡する前に、拒絶した他の当事者に対して購入申し込み条件による再オファーをおこない、または再オファーをおこなわせる。最初に拒絶した当事者は、そのオファー

を受諾する期間として＿＿日を有する。

解説

1❖本規定のねらい
　第三者に株式を譲渡する前に、他の株主に同条件の譲渡を申し入れることを義務づける。これにより、他の株主に対して優先購入権を付与するのが規定のねらいである。

2❖bona fide
　「善意の」という意味である。有利な取引をおこなうための、他人を頼んでの「やらせ」や「悪意から」のオファーを除外するために"bona fide offer"という表現を使っている。
　"bona fide"はラテン語であり、英語の"in good faith"にあたる。第2部第2章「英文契約書の頻出表現」第3款・第4款も参照されたい。

株式譲渡制限条項④ ｜ Restriction on Transfer of Shares　　例文434

◇例外として子会社、関連会社への譲渡を自由に認める
◇譲渡により元の株主は合弁事業契約の履行を免責されず、あたかも履行保証人であるかのように引き続き履行責任を負う

Notwithstanding any provision of this Agreement to the contrary, each party shall have the right to transfer any or all the shares owned by it to any of its subsidiaries or affiliates, provided, however, that simultaneously with such transfer the said party shall assign and transfer its rights, duties, liabilities and obligations under this Agreement to any such subsidiaries or affiliate, which shall assume and undertake to discharge such rights, duties, liabilities, and obligations.

Any such assignment shall not release the assigning party from its duties, liabilities or obligations hereunder, and the assigning party shall guarantee the performance by its subsidiaries or affiliate of its duties, liabilities, and obligations hereunder. The approval of the other party or the board of directors shall not be required for any transfer of shares.

［和訳］
　本契約にこれと矛盾する規定があるかにかかわらず、各当事者は、当該当事者が所有する株式の一部または全部を子会社または関連会社に譲渡する権利を有する。ただし、譲渡と同時に、当該当事者は本契約上の権利、義務、責任及び債務を当該子会社または関連会社に譲渡し移転すること、また当該子会社あるいは関連会社は、かかる権利、義務、責任及び債務を引き受け履行を約束することを条件とする。
　かかる譲渡は、本契約に基づく義務、責任または債務から譲渡当事者を解放しないものとし、譲渡当事者は、本契約に基づく義務、責任及び債務の子会社または関

連会社による履行を保証するものとする。株式の譲渡に対して、相手当事者または取締役会の承認は不要とする。

解説

1❖子会社、関連会社への譲渡

子会社や関連会社への譲渡は自由とするが、その譲渡後も合弁事業会社上の義務の履行については、新しい譲受人の履行保証人として引き続き責任を負担するケースである。

2❖such assignment shall not release the assigning party from its duties, liabilities or obligations hereunder, and the assigning party shall guarantee the performance by its affiliate of its duties, ...

「かかる譲渡は、譲渡当事者を本合弁事業契約上のその義務、責任、または債務から解放するものではなく、また、譲渡当事者は、（譲渡を受けた）関連会社による本合弁事業契約上の義務…の履行を保証するものとする」という趣旨である。このように、譲渡後も履行責任を負担する場合を、重畳的債務引き受けという。

3❖provided, however, that ...

「ただし、…を条件とする」という趣旨である。

例文435 株式譲渡制限条項⑤ | Restriction on Transfer of Shares

◇関連会社への譲渡は自由とする
◇譲渡後は、その譲受人のみが合弁事業契約の当事者となる

ABC shall be entitled to transfer the shares in the New Company to any of its affiliate (the "Transferee") in accordance with the Articles of Incorporation of the New Company in which case, any rights and obligations held or assumed by ABC under this Agreement shall be assigned to the Transferee.

[和訳]

ABCは、新会社の定款に従い、新会社の株式をその関連会社（「譲受人」）に譲渡することができる。その場合、本契約によりABCが有しまたは引き受けた権利及び義務は譲受人に譲渡される。

解説

1❖関連会社への譲渡

ABCは、その関連会社への譲渡を、定款の手続きによっておこなうことができる。合弁契約相手方の同意は特に必要としない。ただし定款で要求される手続きで、合弁相手方、

あるいはその指名した取締役が、一定の同意権や発言権を保有することがある。

2❖譲渡した場合の契約の当事者

本例文の規定では、株式がABCの関連会社に譲渡された場合、契約上の地位と義務の履行責任は、譲渡を受けた新株主のみが負担する。

株式譲渡制限条項⑥ | Restriction on Transfer of Shares 〔例文436〕

◇合弁事業契約発効後、一定期間のみ株式の譲渡制限を置く

In the absence of default by ABC or KVC, the other party shall not sell, transfer or otherwise dispose of any or all of its shares in the Joint Venture Company for a period of six (6) years from the effective date of this Agreement.

[和訳]

ABCまたはKVCによる不履行がない場合、相手方は、本契約の発効日より6年間、自ら保有する合弁事業会社の株式の一部または全部を売却せず譲渡せず、また、他の方法により処分しないものとする。

――― 解説 ―――

1❖一定期間後、株式譲渡を自由とする方法

合弁相手方との提携理由が、設立後の一定期間のみ重要で、その後は合弁事業会社の経営上特に不可欠ではないという場合もある。たとえば、立ち上げ期の資金需要を解決するために、いわば資金提供協力者として参加しているケースなどである。そのように割り切ることができるときには、単に「時の経過」のみによって、株式譲渡の道を開いておく方法がある。本例文はその例である。

2❖for a period of six (6) years from the effective date of this Agreement

「本契約の発効日から6年間（譲渡が制限される）」という趣旨である。

共同売却(撤退)条項 | Co-Sale 〔例文437〕

◇マイノリティ側が、容易に撤退できるように防御するための特殊なねらいを持つ規定
◇マジョリティ株主が株式持分を第三者(買主)に譲渡するときは、少数株主に対し持ち株比率に応じてその譲渡先へ一緒に譲渡する機会を与える

Article ___ Co-sale
If at any time KVC shall propose to transfer all or any portion of its shares in the New

> Company to a proposed purchaser, KVC shall provide notice of such transfer to ABC, and ABC shall have the option to transfer to the proposed purchaser, the same proportion of ABC's shares in the New Company as being transferred by KVC, on the same terms as are and at the same price per share as is applicable to shares of the New Company being transferred by KVC.

[和訳]
第__条　共同売却
　KVCが、新会社について有するKVCの全部または一部の株式の譲渡を、提案する購入者(譲渡先候補)に対して提案する場合にはいつでも、KVCはABCに対し、かかる譲渡について通知するものとし、ABCは、KVCが譲渡する新会社の株式に適用されると同じ条件及び1株あたりに適用される価格のもとに、KVCが譲渡するのと同じ割合で、ABCの新会社について有する株式を移転することができるものとする。

―― 解説 ――

1 ❖ co-sale条項(共同売却条項)

　たとえば、KVC社側からABC社に提案して、米国、アジアで、KVC社側の経営資源を主たる競争の武器として合弁事業を始めたとする。KVC社側が75％出資、ABC社は25％出資である。ところが、3年後、突然、KVC社側から全株式またはその一部の株式を第三者に譲渡したいという申し出があった。KVC社の申し出の趣旨もたしかに分かるが、ABC社も同じ相手に一緒に売ることはできないだろうか。契約上で、このような事態に対応できる策はないだろうか。

　合弁事業会社のマイノリティ株主のみが第三者にその持ち分を売却して撤退することは困難なので、マジョリティ株主の第三者(買主)への株式譲渡に相乗りして売却するための条項をco-sale条項と呼ぶ。マジョリティ側のKVCが、第三者の買主に持ち分株式の譲渡を提案する場合は、マイノリティ側のABCも同条件で、出資割合に応じて譲渡することができるようにする。

　本例文は、上述の通りの状況を想定し、飛鳥凛がドラフトしたものだそうである。当然、ABC側に立ってドラフトしている。ただ飛鳥凛は、これはどちらかといえば先に説明した状況での合弁事業からの撤退を主なねらいにして作成したもので、逆に成功裡に進展している場合には必ずしも満足のいく規定ではない気がするという。その危惧については、解説2で触れる。

　株式を第三者に対して譲渡して有利に売り抜いて合弁事業から撤退することは、マイノリティ側の株主には至難の技である。マジョリティ側のKVCがその保有する株式を譲渡する先(買主)を見つけたら、マイノリティ側のABCも同じ条件で、株式保有比率に応じた株式を売却できるオプションを保有する。

2 ❖ co-sale条項のメリットとデメリット

本例文のco-sale条項は、常にメリットがあるとは限らない。マジョリティ側が撤退を希望していても、マイノリティ側が事業を継続したいときは、ファースト・リフューザル・ライトや優先購入権のほうが役立つ。実際には、その事業の性質や取り組むねらいを踏まえて、かかる規定に取り組むことが大事である。

そのあたりを考えて飛鳥凛は本例文では、マジョリティ側のKVCがマジョリティ持ち分株式を第三者に売却するときにも、マイノリティ側は「共同で、同条件で譲渡するオプション（選択権）を保有する」という言い回しで共同売却の機会に相乗りできるようにドラフティングをしているのだろう。マジョリティ側のKVCのナンシーがドラフトするならば、ここはABCの義務として規定するだろう。

第17款　新会社の運営と資金調達に関する規定

新会社の資金調達 | Funding

例文 438

◇標準的な規定

ARTICLE __ FUNDING
1 KVC shall make a loan (hereinafter called "Loan") to the New Company in the amount of _____ United States Dollars (US $ _____) pursuant to the terms and conditions of a loan agreement (hereinafter called "Loan Agreement") in substantially the same form attached as Exhibit ____.
  The Loan Agreement shall be entered into between KVC and the New Company immediately after the incorporation of the New Company.
2 Except as otherwise set forth herein, the New Company shall be responsible for raising the funds necessary to carry on the business of the New Company. In case the New Company cannot raise funds on its own responsibility and if all the parties agree to finance such funds, the parties hereto shall, unless otherwise agreed, make loans in favor of the New Company in proportion to their then existing shareholdings in the New Company.

［和訳］
第__条　資金調達
1　KVCは、添付の別表__と実質的に同じ書式による融資契約（以下「融資契約」という）の条件に従い、新会社に対して金額_____米ドル（_____米ドル）の融資（以下「融資」という）をおこなうものとする。
　　融資契約は、新会社の設立直後にKVCと新会社間で締結される。
2　本契約に別段に定める場合を除き、新会社は、新会社の事業遂行に必要な資

> 金の調達責任を負うものとする。新会社が自らの責任で資金を調達できないときに当事者全員が融資に同意した場合には、当事者は、別段に合意されない限り、その時点における新会社の株式保有比率に従い、新会社に対して融資をおこなうものとする。

解説

1❖合弁事業会社の資金調達──株主は出資比率に応じて融資するとの規定

資金調達を、当然のごとく株主が出資比率に応じておこなうという規定には問題がある。株主の有限責任というルールそのものが壊れてしまうリスクをはらむ。第三者たる金融機関から、その規定を信じたからこそファイナンスをおこなったと主張されたら、株主はどうするか？

2❖合弁事業会社の資金調達は、原則、自身でおこなう

原則は合弁事業会社自身による調達としておき、必要に応じて当事者で協議して、そのつど合意により資金援助していくのがベターだと考える。あらかじめ特定の株主がローンなどで援助するときは、契約条件を確認しておくほうがよい。あわせて合弁事業会社の資産の担保などにも注意が必要である。

3❖In case the New Company cannot raise funds on its own responsibility

「もし、新会社が、自己の責任で資金を調達できない場合」との趣旨である。

4❖if all the parties agree to finance such funds

「もし、すべての当事者が、かかる資金調達に合意したときは」との趣旨である。

このフレーズは、新会社の資金不足につき、自動的には合弁当事者が資金援助の責任を負わないことを明確にするのがねらいである。この文言により、第三者から「この合弁事業契約を信頼して資金を提供した。したがって、株主である合弁事業契約の当事者が代わって履行しろ」といういいがかりや請求を防ごうとしている。しかも万一、資金調達に協力するときは、出資比率の範囲内にとどめようとの意図もある。

それでも問題が発生することがある。たとえば金融機関が、合弁事業契約の当事者であるあなたの保証状がなければ資金を提供しないといったらどうするか？

例文439 新会社の運営① | Operation

◇新会社の運営については、(会社)設立地の法による
◇新会社運営に関わる通常の事項は、取締役会の単純過半数によって決まる
◇全株主の同意を要する重要事項を規定する

Article __ Management of Business
1 All business of the New Company shall be conducted by its board of directors (the "Board") under the Bermuda law.
2 All matters with respect to the New Company may be approved by the affirmative

vote of a simple majority with number of votes of the Board as determined by the by-laws of the New Company other than the following which shall require the approval of all of the Shareholders.

(i) the acquisition, transfer and disposition of assets or property of the New Company exceeding US $ _____ in book value or selling price, or the merger or combination of the New Company into or with any other company;

(ii) any issuance or sale of shares of common stock of the New Company or other equity or debt securities of the New Company, or of any option, warrant or other right to purchase such securities or any securities convertible or exchangeable into such securities; or

(iii) _____.

[和訳]
第__条　業務の遂行
1　本会社の新会社に関する業務の一切は、バミューダ法に基づき、その取締役会によって遂行される。
2　新会社に関するすべての事項は、新会社の定款により定められる取締役会の過半数の賛成投票により承認されるものとする。ただし、下記項目についてはすべての株主による承認を必要とするものとする。
　（i）新会社の帳簿価格または売却価格が_____米ドルを超える財産または所有物の取得、移転もしくは処分または新会社の他社との合併
　（ii）新会社の普通株式、またはその他新会社のエクィティ（持ち分）証券もしくはデット（借款）証券または当該証券に転換可能、もしくはこれと交換可能な証券を購入するオプション、ワラントその他の権利の発行もしくは売却
　（iii）_____

解説

1❖運営は取締役会がなす
　本条で列挙する重要事項以外の事項について、取締役会の決議は、過半数による（単純に50％超で決議が成立）としている。

2❖特別重要事項
　どのような事項でも、当事者が同意権を保有したい事項を列挙すればよい。本例文は、自由にいくつかの候補を挙げている。実際には、新規事業への進出や借り入れなども候補になろう。新株やオプション発行、合併などは重要な事項であるが、それに限定されない。

3❖バミューダ会社
　考え方は、バミューダ会社でなくとも同じである。バミューダ会社は、国際取引や国際事業では、提携先のコングロマリットから投資、合弁事業会社として、活用の提案が多

く、親しみやすいので本例文に取り上げた。

バミューダ会社は合弁事業の経営に活用される機会がしばしばあり、ある程度バミューダ会社の経営・運営についての知識を修得しておくことは、国際取引、国際事業では有益となる。不祥事を起こすメンバーもいるので、それに対抗して正当な運営をするためにも修得すべき知識と技術である。

合弁事業契約書全体を律する準拠法は、バミューダ法でなくともよい。合弁事業会社の運営に関する会社法以外は、日本法、カリフォルニア州法、イングランド法など、自由に準拠法を選択すればよい。

例文440 新会社の運営② | Operation

◇新会社の運営の独立性を強調する規定

The New Company shall be operated as a separate enterprise independent of KVC, ABC and ELNOX and any transferee of any party, (if any).

All major corporate functions, including, without limitation, financing, accounting, insurance, purchasing, production, sales, research and development, shall be staffed by employees of the New Company, or if otherwise agreed, obtained from third parties, except as provided herein and in such service agreements with parties hereto set forth in this Agreement.

[和訳]
　新会社は、KVC、ABC、ELNOX及びいずれかの当事者の譲受人（もしいれば）から独立した別企業として運営されるものとする。
　重要なすべての会社機能は、本契約及び本契約に定める当事者とのサービス契約に規定されたものを除き、新会社の従業員または別段の合意があれば第三者から派遣された従業員が果たすものとする。上記の機能は資金調達、会計、保険、購買、生産、販売、研究及び開発を含み、それらに限定されない。

解説

1❖合弁事業会社と株主の関係を明確に規定するねらいは？

合弁事業会社の独立性を明確にし、親会社への責任追及という不測のリスクを最小限にしようと試みられる。

現実には、さまざまな方法で、新会社への運営協力が避けられないことも多い。サービス提供契約を締結してふさわしい報酬（service fee）を受け取り、サービスを提供することがある。出向の場合は、対価を無償にしたり、高い報酬を得て親会社のビジネスにしたりと、さまざまである。

2❖出向契約を英語で何と呼ぶか？

"Loan Agreement"というタイトルを見たことがある。1970年代の後半、筆者自身が革命の3年ほど前からイランとの合弁事業会社（Iran Japan Petrochemical Company Limited; 略称IJPC）にlegal officerとして2年間出向しているときだった。"loaned staff"というわけである。自分がloanの対象になっているというのは、不思議な感覚だった。出向契約のことを"Assignment Agreement"ともいう。

●—第18款　新会社の知的財産権の帰属

新会社の知的財産権の帰属 | Ownership of Intellectual Property Right　　　例文 441

◇新会社の製品・商号・ロゴ・サービスマークの帰属先を規定する
◇新会社自身が独自に開発した成果物（仕事・作品）の知的財産権は新会社に帰属する

Article __ Ownership of Intellectual Property Right
1　All right, title and interest in and to all trademarks, service marks, logos, symbols and names used to identify the New Company and its products and services provided by the New Company shall be owned by KVC.
2　All right, title and interest in and to all trademarks, service marks and other intellectual property rights provided or produced by personnel of KVC assigned to the New Company by KVC shall be owned by KVC.
3　All right, title and interest in and to all the works originated and produced by the New Company shall be owned by the New Company.

［和訳］
第__条　知的財産権の帰属
1　新会社ならびに新会社の提供する製品及び役務を特定するために使用されるすべての商標、サービスマーク、ロゴ、シンボル及び名称に対する一切の権利、権原及び利益は、KVCがこれを所有するものとする。
2　KVCによって新会社に出向を命じられ、派遣されるKVCの人員によって提供または製作されるすべての商標、サービスマークその他の知的財産権に対する一切の権利、権原及び利益は、KVCがこれを所有するものとする。
3　新会社が生み出し、製作したすべての成果物（作品）に対する一切の権利、権原及び利益は、新会社がこれを所有する。

例文442 合弁事業｜競合制限規定①
例文443 合弁事業｜競合制限規定②

解説

1 ❖ 合弁事業会社の商号、ロゴ、商標等は出資者に帰属する

　海外等で事業をおこなうとき、当事者の名称や商標を一切使わずにスタートし、そのまま営業できればよいが、実際には、マジョリティ出資者所有の名称やブランド、技術に頼ることが多い。そのような場合に、撤退や譲渡となると、合弁事業会社で使っているものが、合弁事業会社のものかそれとも出資者のものなのか、判然としなくなることがある。のれんという見方を新しい買主はするかもしれない。そのような問題が起こる前にあらかじめ、はっきりさせておこうというのがKVC側の考えである。

　これらのブランド・名称について、その所有権を主張する一番確実な方法は、最初からライセンス契約を、その名称や商標を提供する出資者(株主)であるKVCとその使用許諾を受ける合弁事業会社とで結ぶ方式である。

　最初は採算が取れないからと合弁事業会社側に配慮して何も契約を結ばないでいると、やがてそれらは、合弁事業会社の資産だと、合弁事業会社の運営に携わる現地の人は思うようになる。このあたりの事情を十分に意識して、ライセンス契約を結ぶことを忘れないようにしたい。

2 ❖ 新会社が、独自に開発して獲得した知的財産

　本例文(第3項)は、合弁事業会社自身が開発した知的財産は、新会社に帰属すると規定している。

　合弁事業会社を解散する場合、競売等で第三者に移転することを防ぎたいと考えるならば、出資者(株主)である親会社に帰属することと規定したり、買取権を規定するなどの工夫をする余地がある。

● 第19款　競合の制限に関する規定

例文442　競合制限規定① | Restriction on Competition

◇株主と合弁事業会社との標準的な競合制限規定
◇特定地域における競合を禁止する規定

ARTICLE __ COVENANT NOT TO COMPETE
No party hereto shall engage or be interested, whether directly or indirectly, in the business of manufacturing, selling, or otherwise dealing with any product similar to and competitive with the Products in the Territory during the term of this Agreement except with the consent of the other parties hereto.

［和訳］
第__条　競合禁止誓約
　いずれの当事者も、他の当事者の同意を得た場合を除き、直接的か間接的かを問

わず、本契約の期間中、許諾地域において本製品に類似する競合品を製造販売しまたは他の方法により取引する事業に従事せず、かかる事業に関与しないものとする。

解説
---

1 ❖ 合弁提携先の競合事業を禁止しているか

投資先国のパートナーが、合弁事業会社の隣で競合事業をおこなったらどうなるだろうか。果たして契約で禁止・制限されているか。合弁会社に主要技術とブランドの使用を許諾している外資が、同じ国・市に同じような商品の販売会社を設立したり、同国向け商品のOEM（Original Equipment Manufacturing；相手方商標製造）ビジネスをおこなったりしたらどうなるだろうか。別のパートナーが外国から低価格の類似品を輸入して、同国内で販売したらどうなるか。さまざまなケースをシミュレーションしてドラフトを考えていく。

2 ❖ 合弁事業会社と（外国）親会社との競合をどう考えるか

親会社の事業展開から見て、あまりに厳密な競合制限が、現実的でも合理的でもないケースがある。一方、外資（株主）の本国に対する合弁事業会社からの輸出が問題を引き起こしたりすることもある。販売政策とも関連するため、競合制限条項は重要である。

3 ❖ 合弁事業会社と親会社との競合制限規定と独占禁止法

厳しすぎる競合禁止規定は、状況によっては合弁事業会社を利用した国際カルテルと誤解を受けたり、反トラスト法上の問題を引き起こすリスクがある。

4 ❖ covenant not to compete

「競合しないという誓約」「競合禁止誓約」を指す。
"covenant"は、"agreement"と同じ意味を持つ用語であるが、フォーマルな用語である。

5 ❖ any product similar to and competitive with the Products

「本製品と類似かつ競合関係にあるいかなる製品も」という意味である。

競合制限規定② | Restriction on Competition　　　　　　　　　　例文443

◇契約当事者は、新会社の事業との競合は、関連会社を通じてでも避ける
◇契約当事者が競合避止義務を負う新会社の事業を、明示的・限定的に規定する

For the entire term of this Agreement each of the parties agrees that it will not directly or indirectly, by means of its Affiliates or otherwise, (i) engage in any Prohibited Competing Business (as hereinafter defined) anywhere in the world, (ii) assist others in engaging in any Prohibited Competing Business in any manner or (iii) induce employees of KVC, its Affiliates or subsidiaries to terminate their employment with KVC or such Affiliate or subsidiary.

As used in this Section, the term "Prohibited Competing Business" shall mean the manufacture, production, development and improvement of the Products except for the products set forth Exhibit ___.

[和訳]
　本契約の全期間中各当事者は、直接的にまたは関連会社により間接的に、または他の方法により、(i)世界中のどこであれ競合禁止事業（以下に定義する）に従事しないこと、(ii)競合禁止事業に従事する他の者をいかなる方法でも支援しないこと、また、(iii)KVC、その関連会社または子会社の従業員に、KVC、その関連会社または子会社との雇用関係を終了させる気を起こさせないこと、に同意する。
　本条で使われる場合、「競合禁止事業」とは、別表__に定める製品を除き、本製品の製造、生産、開発及び改良を意味する。

解説

1 ❖ 合弁事業における株主間の競合禁止条項と独占禁止法

　世界市場での競合禁止条項は、合弁事業への参加者が現実の競争者であるか、または潜在的な競争者であるかのどちらかに該当する場合は、独占禁止法上の抵触問題を検討しなければならない。検討にあたっては、市場の集中度・市場占有率がどの程度であれば反トラスト法上の問題を引き起こすかを、検討した上で判断する。

2 ❖ 合弁事業会社が解散を命ぜられることがある

　合弁事業会社を設立したあとで、反トラスト法上の問題が指摘された場合、最悪どうなるだろうか。もっとも厳しい措置は、合弁事業会社の解散である。その場合どうすればよいかを、次の例文444で取り上げる。

3 ❖ Prohibited Competing Business

　「競合することを禁止されるビジネス」を指す。

4 ❖ its Affiliates or subsidiaries

　「関連会社または子会社」を指す。

●─第20款　株式のリパーチェス条項とプットオプション（売り戻し権条項）

　米国では、国際的な合弁事業も反トラスト法適用の対象となることがある。いったん設立しスタートした事業が、その後に解散を命じられることもしばしばである。反トラスト法の問題のクリアランスは、国際合弁事業のキーポイントのひとつである。

　きわめて希であるが、外資が米国の会社やその一部門に資本参加して合弁事業をスタートする場合、万一、反トラスト法の適用を受け、解散命令・指導を受けたときに備えて、一種のプットオプション、リパーチェス条項を置くことがある。

　例文444では、カリフォルニアのKVC社がその一部門を新会社（子会社）として独立させて、外資（日本のABC社、ELNOX社）に株式を売却して合弁事業をスタートさせたケースを

想定している。

　また合弁事業では、ときに合弁事業の方針の選択をめぐって当事者の意見が激しく対立することがある。一方の当事者、多くの場合は多数派、つまりマジョリティを出資している側が拡大路線、新規事業への進出を希望しているのに対して、マイノリティ側は縮小路線を主張する場合が典型的なケースである。このような場合に、いわば少数株主の持ち分を相手方パートナー（出資者で、かつ合弁事業契約の当事者）に買い取りを請求する権利を規定することがある。

　マイノリティの側から見ると、これはプットオプション（put option）である。"put option"は国際的なM&A取引契約実務では、コングロマリットの相手方が活用し、提案してくることがある。日高尋春氏、飛鳥凛の話だと、"put option"は"termination without cause"や"option to renew""first refusal right""waiver of sovereign immunity"（主権免責の放棄）などと並んで、国際取引の交渉の席で相手方が、当方の交渉担当者の契約交渉の力量を試すために使うことがある条項だという。カレン・ビュー社はよく交渉に使うらしい。国際契約交渉に慣れていないと戸惑う技といってもよいだろう。プットオプションは、ブラフとして使っても、契約交渉では役に立つことがある。ただし、まさに「外科医が手術でメスを扱う手さばきの精緻さ」が要求される規定である。

リパーチェス条項①　Repurchase of Shares

例文444

◇反トラスト法など、強行法規違反の場合の株式の買い戻しを規定する

ARTICLE ＿＿　REPURCHASES

It is the firm belief of all of the parties hereto that the establishment by the parties of the New Company and the conclusion of this Agreement is lawful under all applicable laws, including the Anti-trust law of the United States. If, however, as a result of litigation which is initiated against ABC or ELNOX within twenty-four months after the date hereof and which arises out of the sale of the stock of the New Company, ABC and/or ELNOX, after having vigorously contested such litigation, are ordered by the United States federal court applying United States federal anti-trust laws to divest itself of its interest of the New Company, KVC will, if ABC or ELNOX so requests KVC in writing within six months of the entry of such order of divestiture, offer or arrange an offer or offers, to repurchase the interest of ABC and/or ELNOX in the New Company.

Within three months of such request by ABC or ELNOX, KVC shall purchase or cause to be purchased the interest of ABC and/or ELNOX at a price which shall be equal to ＿＿＿＿＿＿＿＿＿＿＿＿.

［和訳］
　　第＿＿条　リパーチェス
　　　当事者による新会社の設立と本契約の締結は、米国の反トラスト法をはじめとす

るすべての適用法上合法的である、というのが当事者全員の確信である。ただし、本契約日より24ヶ月以内に、ABCまたはELNOXに対して提起され新会社の株式の売却から生じた訴訟の結果、当該訴訟で激しく争った後に、ABC及び／またはELNOXが米国反トラスト法を適用する米国連邦裁判所により新会社に対する持ち分（株式）の剥奪を命じられた場合、KVCは、ABCまたはELNOXが剥奪命令の言い渡し後6ヶ月以内にKVCに書面をもってその旨要請したときは、新会社におけるABC及び／またはELNOXの持ち分（株式）の買い戻しを申し出るか、買い戻しを手配するものとする。

　ABC及び／またはELNOXによる上記の要請後3ヶ月以内に、KVCは、ABC及び／またはELNOXの持ち分（株式）を_____に相当する価格で購入しまたは購入させるものとする。

解説

1❖米国反トラスト法違反による国際合弁事業の解散

　本例文は、国際的なジョイントベンチャー事業が現実にさまざまな問題・リスクをはらんでいることと、個別の案件ごとにさまざまにドラフティングの工夫をする余地があることを示すために紹介した。実効性がどこまであるかは別である。交渉の助けになればよいとの考え方もある。合弁事業契約も、背広と同じようにテーラーメイドで仕立てるものが一番よい。

2❖ネガティブ・クリアランス――反トラスト法上の問題がないことを確認する手続き

　このケースにおけるオーソドックスな対策は、反トラスト法上の問題がないことをシャーマン法、クレイトン法、合併のガイドライン等を調べ、インフォーマルな照会により合法性を確認しておくことであろう。ただし、業務提携の秘密保持やビジネスの迅速な決断等の要請を無視できないことがある。実際の対応には、合弁事業契約では正解がないことがしばしばである。

3❖as a result of litigation which is initiated against ABC

　「ABCに対して提起された訴訟の結果として」という趣旨である。

4❖at a price which shall be equal to __

　「__と同額の価格で」という意味である。譲渡価格については、あらかじめ予定価格を規定する方式や、第三者による評価に基づく方式などさまざまである。両者の利害が対立するため、価格の決定はなかなか難しい。どのように価格を算定して解決するかは、個別具体的なケースごとのノウハウといえよう。

リパーチェス条項② | Repurchase of Shares 例文445

◇当初5年間は、株式(持ち分)譲渡等に制限がある
◇マイノリティ株主がその株式(持ち分)の譲渡を希望するときは、マジョリティ株主に買い取り優先権がある(当初5年間)
◇6年目以降は、マジョリティ株主がファースト・リフューザル・ライトを持つ

Article __ Right to purchase by KVC

1. Until fifth anniversary of the Closing, ABC shall not sell, transfer, assign, pledge or otherwise encumber its interest in the New Company unless it shall have first offered to sell such interest to KVC for a purchasing price equal to eighty (80) percent of the fair market value thereof, determined by an appraisal process to be agreed by the parties.

2. In the event KVC shall receive and decline to accept such an offer, ABC may only transfer such interest to (i) a shareholder of the New Company or (ii) any person, so long as such person and terms of the transfer are acceptable to KVC in KVC's reasonable discretion.

3. In respect of the period after the fifth anniversary of the Closing, ABC may not sell, transfer, assign, pledge or encumber its interest in the New Company unless it shall have first given KVC a right of first refusal to purchase such interest at the price and on the terms offered to any prospective purchaser.

[和訳]

第__条 KVCによる購買権

1. クロージングの5年目の応当日までに、ABCは、当事者の合意する査定過程により決定された公正な市場価格の80％に相当する譲渡価格でまずKVCに当該持ち分を売ることを申し込まない限り、新会社について有するその持ち分を売却、移転、譲渡、質権設定その他担保として差し入れしないものとする。

2. KVCが当該申込みを受領し承諾することを拒否した場合には、ABCはかかる持ち分を(i)新会社の株主または(ii)他の人に対し移転することができる。ただし、KVCの合理的な裁量に基づき、KVCの承認可能な譲渡条件の場合に限る。

3. クロージングの5年目の応当日以降の期間については、ABCは、見込み購入者に申し込まれた価格及び条件でまずKVCに買い取りの先買権(ファースト・リフューザル・ライト)を与えない限り、ABCが新会社について有する株式持ち分を売却、移転、譲渡、質権設定または担保に差し入れすることができないものとする。

―――――――――― 解説 ――――――――――

1❖当初5年間はマイノリティ側（ABC）は、新会社に対する持ち分（株式）を譲渡しない

　もし譲渡したいときは、KVCに対し譲渡を申し入れる義務があるが、KVCが購入を決めたときは、時価の80％で譲渡する。KVCは断ってもよい。

2❖マジョリティ側（KVC）は一定期間経過後、"first refusal right"を有する

　5年経過後は、マジョリティ側（KVC）は、ファースト・リフューザル・ライトを保有する。ABCが売り渡そうとする相手から提示された購入希望価格等と同条件で、KVCが優先的に買い受けることができる。KVCが同条件でABCから新会社の持ち分（株式）を買ってしまうと、当初ABCから買うはずだった先が、買うことができなくなる。これをKVCのファースト・リフューザル・ライトと呼ぶ。

例文446 リパーチェス条項③ | Repurchase of Shares

◇マイノリティ株主がトリガー事由に該当したとき、マジョリティ株主は全株式を買い取る選択権を保有
◇トリガー事由として、マイノリティ株主の重大な契約違反、倒産などを規定

Article ___　KVC's Option to Purchase

1　In the event that, for any reason whatsoever, there shall occur a trigger event as defined in this Agreement, KVC shall have the option to purchase ABC's entire equity interest in the New Company for an amount equal to the lesser of (i) fifty (50) percent of the fair market value of such equity interest determined by an appraisal process to be agreed by the parties and (ii) the total of all capital invested by ABC in the New Company, reduced by the total of all dividends and distributions received by ABC from the New Company.

2　For the purpose of this Agreement, a trigger event shall have occurred if;
　(i)　there shall be any continuous breach by ABC of any of its material obligation under this Agreement;
　(ii)　the continued ownership by ABC of its interest in the New Company shall violate or cause the New company to be in violation of any law, regulation or decree of any country, which violation may result in an adverse effect on the New Company; or
　(iii)　ABC or any controlling person with respect to ABC shall become insolvent or shall be subject to insolvency or similar proceeding.

［和訳］
第__条　KVCの買い取り選択権
　1　本契約に定義するトリガー事由が、理由のいかんを問わず、発生した場合に

は、KVCは、(i)当事者の合意した査定過程により決定された当該持分権の公正な市場価格の50％、または(ii)新会社に対してABCが出資した資本総額からABCが新会社から受領した配当及び分配の総額を差し引いた額の、いずれか少ないほうに相当する額で、新会社についてABCが有する持分権全体を買い取る選択権を有する。
2 本契約においては、トリガー事由は以下の場合に発生する。
　(i) ABCによる本契約に基づく重大な義務の違反が継続している場合。
　(ii) ABCの新会社に対する持ち分の所有の継続によって、新会社がいかなる国の法令または判決に違反することとなり、その違反が新会社に悪影響を及ぼす場合。
　(iii) ABCまたはABCの支配権を有する者が倒産し、または倒産もしくは類似の手続きの対象となった場合。

――――― 解説 ―――――

1❖マイノリティ側がトリガー事態に陥ったときの、マジョリティ側の株式買い受け権

　マイノリティ株主（ABC）が、第2項のいずれかの項目に該当するトリガー事態を引き起こしたときは、マジョリティ株主側（KVC）は、ABCの保有株式を買い受けることができる。価格は、通常の時価よりはるかに低く設定する。交渉事項ではあるが、契約で決めた価格が税法上も耐えられるものかどうか、同時に個別の検証が必要である。低廉譲渡として、税法上問題になるのであれば、価格の調整が必要である。

　それと同じくらい難しい問題として、マジョリティ側が譲渡を受けず、放置した場合にどうなるか、という現実のテーマが残っている。個別にそのつど調査・吟味しないと、結論が出ない問題である。放置を選ぶほうが、マジョリティ側に有利なことがある。たとえば、マイノリティ側の倒産などの場合がそれである。

2❖トリガー事態とは――重大な契約違反、支払い不能など

　第2項に列挙している通り、いわゆるデフォルト状態である。重大な契約違反、破産・支払い不能などが該当する。

3❖マイノリティ株主の株式買い受け権

　マイノリティ株主がこの買い受け権を保有することはあるだろうか。現地法制上、出資当初は外資に対して保有比率が制限されていることがある。しかし、時の経過により、かかる制限が撤廃されることがある。マイノリティ側がかかるオプションを持つことも選択肢にある。

例文447 リパーチェス条項④ | Repurchase of Shares

◇あらかじめ株式の譲渡価格の算出方式を定める
◇純利益額を基準に譲渡価格を算出する

For the purpose of Article __ hereof, the purchase price for each share pursuant to the said Article shall be an amount equal to the multiple of five (5) times of the net profits of the New Company per share for the most recent fiscal year to the determination of the purchase prices, calculated in accordance with generally accepted accounting principles.

［和訳］
　本契約__条においては、同条に従う各株の譲渡価格は、一般に受け入れられている会計原則に従って計算された、譲渡価格決定直前の会計年度における新会社の1株あたり純利益の5倍に相当する金額とする。

――――― 解説 ―――――

1❖譲渡価格の予定の決め方①――額面、純利益基準
　その理由がいかなるものであれ、いったん合弁事業を始めてから、一方の当事者が撤収または持ち株比率を縮小するために相手方に株式を譲渡する場合は、いくらで譲渡するかは実務上は難問である。利害関係が真っ向から対立するからである。あらかじめ、そのような場合の譲渡価格の予定金額が決められていれば紛争防止に役立つ。では、譲渡価格をあらかじめ決めるには、どのような方法があるだろうか。
　たとえば、額面という方法がある。ただし、実態と大幅にかけ離れることもある。実質的にゼロの価値であることも、大幅な価値増の場合もあるからだ。もうひとつの一般的な方法は、譲渡直前の会計年度の純利益を基準に、一定の数値をかけて導き出す方法である。本例文は、その方法を採用している。

2❖譲渡価格の予定の決め方②――資産価値、第三者による計算
　さらに、資産価値を基準に計算する方法がある。また、額面ではない一定の価格を決めておく方法もある。いずれもあらかじめ決めておく方法であって、どの方法も実態に合致しない場合に備えて、会計士やシンクタンクに適切な価格を提示してもらう方法もある。
　譲渡価格の決定は、当事者の立場、利害が逆になる典型的な問題であるために、どの方法が最善であるかは、簡単には判断できない。しかし、算定基準を設けないよりは、手掛かりがあるだけでも有用といえる。ただし、どの方法を採用しても、諸刃の剣であることには変わりがない。

リパーチェス条項⑤ | Repurchase of Shares 　　例文448

◇マイノリティ株主からのプットオプション(持ち分の売り戻し権特約)

Article __ Right to Put Interest in the JV of ABC

1. ABC shall have the absolute and conditional one time right to sell to KVC or KVC's designees all, but not less than all, of the interest in the New Company as defined in Exhibit __ owned by ABC for an amount in cash equal to US $10,000,000 (hereinafter referred to as the "Exercise Price") in accordance with the provisions of this Agreement.

2. The put right set forth in this Agreement may be exercised by ABC by the delivery of a written notice of exercise, which exercise shall be irrevocable, to KVC.

3. Such written notice of exercise may only be delivered during the period commencing on the earlier to occur (i) _____, 20__, and (ii) _____ _____ and strictly in accordance with the provisions set forth in Exhibit __.

4. No exercise or notice of exercise of its put right shall be effective if made or delivered other than during the period set forth above or not in accordance with the provisions set forth in Exhibit __.

5. KVC or KVC's designees will pay the Exercise Price to ABC within one hundred and twenty (120) calendar days after the date of the exercise by ABC of its put right made in accordance with provisions of hereof. KVC hereby unconditionally guarantees of the obligations of KVC's designee.

6. If and when KVC fails to pay the Exercise Price in full when due, KVC agrees to pay default interest on the Exercise Price at a rate per annum equal to six-month LIBOR plus two and half (2.5) percent from the date that is one hundred and twenty (120) calendar days from the date of the exercise of ABC's put option to the date the Exercise Price is paid in full together with accrued interest.

[和訳]

第__条　ABCの合弁事業の持ち分についてプット権(売り戻し権)を行使する権利

1. ABCは、本契約の条項に従い、1000万米ドル(以下「行使価格」)に相当する金額で、別紙__に定義するABCの所有する新会社の持ち分のすべて(ただし、これを下回らない)をKVCまたはKVCの被指定人に売却する、完全かつ条件つきの1回限りの権利を有する。

2. 本契約に規定するプット(売り戻し)権は、その行使を示す書面の通知(その行使は取消不能とする)をABCがKVCに交付することによって行使される。

3. プット(売り戻し)権の行使を示すかかる書面の通知は、別紙__に規定する条項に厳密に従い、(i)20__年_____または(ii)_____のいずれか早いほうに開始する期間中だけ交付することができる。

4 プット(売り戻し)権の行使またはプット(売り戻し)権の行使の通知が、上記の期間中になされない、もしくは交付されない場合、または別紙__に規定する条項に従ってなされない、もしくは行使されない場合には、効力を有さないものとする。

5 KVCまたはKVCの指定人は、本契約の条項に従ったABCのプット(売り戻し)権の行使日の120暦日以内に、ABCに行使価格を支払うものとする。KVCはKVCの指定人の債務を無条件に保証する。

6 KVCが期限の到来した行使価格を全額支払わなかった場合には、KVCは、6ヶ月LIBORに相当する年率に、ABCによるプット(売り戻し)権の行使から120暦日から行使価格が全額支払われた日までの2.5％の年率を加算した遅延利息を、経過利息とともに支払う。

解説

1❖本例文の設定

本例文は、一定の時期が到来し、あるいはある状況が発生した時点で、ABC社側はプットオプションを行使して撤退できるという条件を、飛鳥凛が日高尋春氏の指示のもとに規定したものである。

これはドラフトであり、KVC社のナンシーとの今後の契約交渉次第でどうなるか分からないという。ある状況とは、現在も意見のすり合わせを試みているある新規事業、合弁事業会社の第2の柱とカレン・ビュー社はいうが、ABC社はまだ賛同できる状況にはない。事業については、契約書ではブランクにしている。

2❖プットオプションの行使は1回限り、持ち分すべてを譲渡するか否か

プットオプション(put option)は売り戻し権を指し、"put right""right to put"ともいう。訳では「プット(put)」という用語と、意味の「売り戻し」を強く印象づけたいという趣旨から「プット(売り戻し)権」としている。本例文では、分割譲渡や一部を譲渡することは認められない。

3❖KVCの指定人の支払い義務を保証

KVCは、自らの支払い義務と並んで、KVCが指定した譲渡先の支払いも保証する。

●―第21款　当事者の破産・契約違反等に関する規定

例文449 当事者の破産・契約違反等 | Default

◇当事者の契約違反等の場合の相手方の権利を定める
◇違反の通知と治癒期間を定める

ARTICLE __ EVENTS OF DEFAULT

1 In case of the occurrence of any of the following events:

(a) if any of the parties hereto fails to perform, or commits a material breach of, any part, provision, or covenant of this Agreement, and fails to rectify or remedy such breach or failure to perform within ____ (____) days following delivery to such party of a written notice of the alleged breach or failure to perform;

(b) if any of the parties hereto becomes insolvent or bankrupt, or makes an assignment for the benefit of creditors, or if a committee of creditors is appointed to represent its business and the party fails within ____ (____) days following the appointment of such committee to affect the discharge of such committee, or if any of the parties hereto commits any other act indicating insolvency; or

(c) if the New Company suffers operating losses in each of any ____ (____) consecutive fiscal years, or, if the total expenditures of the New Company exceeds its tangible assets and income by ____ United State Dollars (US $____), or such other amount as the parties hereto may hereafter designate in writing,

then any of the other parties hereto (in any case of above(c), any of the parties hereto) may terminate this Agreement by giving a written notice to the other parties hereto within ____ (____) days after receipt of notice of such event from the New Company or otherwise.

2 If this Agreement is terminated pursuant to above __.01(a) or (b), any of the non-defaulting parties shall be entitled to any of the following:

(a) the dissolution and liquidation of the New Company,

(b) the purchase of all the shares of the New Company held by the defaulting party at the time of termination of this Agreement.

In the event that any of the non-defaulting parties elects the dissolution and liquidation of the New Company, the parties hereto shall exercise their voting rights in a general meeting of shareholders so as to enable the New Company to dissolve and liquidate.

［和訳］
第__条　不履行事態
1　下記のいずれかの事態が発生した場合、他のいずれの当事者も（下記(c)の場合は本契約の各当事者）、新会社から当該事態の通知を受領後____日以内に他の当事者に書面の通知を与えること、または他の方法により、本契約を解除することができる。

(a) いずれかの当事者が本契約のいずれかの部分、条項または約束を履行しないかその重大な違反を犯し、当該違反または不履行を指摘する書面の通知が当該当事者に届けられた後____日以内に当該違反または不履行を是正または治癒しない場合

(b) いずれかの当事者が支払い不能に陥るか破産し、もしくは債権者の利益のための譲渡をおこなう場合、または債権者委員会が事業を代表するた

めに任命され、委員会の任命後＿＿日以内に当該当事者が委員会を解散できない場合、またはいずれかの当事者が支払い不能を示す他の行為をおこなった場合

(c) 新会社が連続する＿＿会計年度の各年に営業損失を計上した場合、または新会社の出損総額がその有形資産と収入を＿＿＿＿＿米ドルもしくは当事者が今後書面をもって合意する他の金額を上回った場合

2　本契約が上記＿＿.01項(a)または(b)に従って解除される場合、いずれの不履行にも陥っていない当事者は次の事項をおこなう権利を有する。

(a) 新会社の解散と清算
(b) 本契約の解除時点で不履行当事者が保有する新会社の全株式の購入

不履行に陥っていない当事者が新会社の解散と清算を選択する場合、本契約当事者は、新会社が解散し清算できるようにするために定時株主総会において議決権を行使するものとする。

解説

1 ❖defaulting party
「違反当事者」を指す。違反を犯していない当事者のことを"non-defaulting party"と呼ぶ。

2 ❖any of the non-defaulting parties shall be entitled to …
「契約違反を犯していない当事者は、…の権利がある」という趣旨である。

3 ❖so as to enable the New Company to dissolve and liquidate
「新会社が解散し、清算できるようにするために」の意味である。

4 ❖ブランク箇所の日数
通常のビジネス契約、たとえば物品売買やライセンス契約に比べて、合弁事業契約の場合、解除には慎重に臨むべきケースが多い。通常なら30日程度のところであるが、不履行事態の治癒期間を決めるときも、双方同じ立場で比較的長期（たとえば50～90日）の期間を選ぶ選択肢もある。

第22款　独立した会計監査人の指定条項

例文450　独立した会計監査人の指定｜Independent Auditors

◇会計監査人として会計監査事務所を指定する

Article ＿＿　Independent Auditors
At the first meeting of the board of directors of the New Company after the effective date of this Agreement, KVC and ABC each agree to cause the appointment of ＿＿＿＿＿＿＿＿＿＿＿＿ as independent auditors of the New Company and they agree that such auditing firm shall be retained in such capacity until such time as both KVC and ABC shall

agree that such firm shall be removed and replaced by other independent auditors.

[和訳]
第__条　独立した〔会計〕監査人
　本契約発効日後の新会社の最初の取締役会会議において、KVCとABCは各々、新会社の独立した会計監査人として_____を指名させることに合意する。また、両当事者は、かかる監査法人を解任し他の独立した会計監査人と交代させることにKVCとABCが合意するときまで、当該監査法人をその資格で雇用しておくことに合意する。

―――――― 解説 ――――――

1❖独立した会計監査人の指定
　お互いに相手方パートナーを信頼するにはまだ関係が浅い場合、新会社の会計処理には不安が残る。また信頼関係はあっても、合弁事業会社の設立地によっては、その国の会計処理が外国投資家にとってはなかなか理解できないことがある。そのような場合に、独立した国際的にも著名で、信頼ある会計監査事務所を独立した会計監査人に指定することがある。万が一、現地パートナー側の主張で会計監査人を変更することになる場合も、あくまで独立した会計監査人を指定するスキームとしている。

2❖取締役会で指定するという合意の仕方
　監査人を指定することについては、単に、「KVCとABCは、_____を会計監査人に指定することに合意する」と規定しても構わないが、その場合、相手方が指定を遅らせるとき、合弁事業契約違反となるのかどうかにやや曖昧な点が残る。本例文のように、具体的に取り決めておけば、相手方の違反が明確になる。合弁事業契約では、曖昧さを残さないよう明確に詳細に規定する技術が要求される。

第23款　マネジメント・フィー条項

マネジメント・フィー | Management Fee　　　例文 451
◇総収入をベースにマネジメント・フィーを計算する

Article __　Management Fee
The New Company shall pay to KVC for the management of the business activities of the New Company, a fee of three (3) percent of the gross income of the New Company, payable quarterly, within twenty (20) days of the completion of the financial statements of the New Company for the quarter.

[和訳]
第__条　マネジメント・フィー
　新会社は、新会社の事業活動のマネジメントに対し、新会社の総収入の3％に相当するフィーをKVCに支払うものとする。このマネジメント・フィーは四半期ごとに、すなわち新会社の当該四半期の財務諸表の完成後20日以内に支払われるものとする。

解説

1 ❖ マネジメント・フィー条項のねらい

　外資のパートナーの中には、新会社のマネジメントを引き受ける代わりに、対価としてマネジメント・フィーを受け取るケースがしばしばある。日本企業側が新会社経営のために役員・職員を派遣してもそのフィーを受け取らないのに対して、外資はコストに厳しい傾向がある。相手方は、新会社がタックス（法人税）を支払う前に、実質的に利益を受け取ることをねらいとしていることがある。外資から合弁事業経営のノウハウを修得すべき事項は多い。

2 ❖ マネジメント・フィーの決め方

　金額の決め方については、年額を定額で規定する方法や、運用・経営の実績に基づいて一定率をかける方式などさまざまである。本例文では、グロス・インカム（総収入）をベースにしている。グロス・インカムをベースにすると、会計年度の純損益では損失である場合にも、マネジメント・フィーを支払うことになる。

●―第24款　契約期間条項

例文452　契約期間条項①｜Term

◇合弁事業契約は、当初の契約当事者が株主である限り有効と規定

Article __　Term
This Agreement shall continue to be effective and be binding upon each of the parties hereto as long as such party shall remain a shareholder of the New Company.

[和訳]
第__条　契約期間
　本契約は、本契約当事者が新会社の株主である限り有効に存続し、各当事者を拘束するものとする。

―― **解説** ――

1❖合弁事業契約の有効期間

合弁事業契約の有効期間は、通常の他の契約に比べて長いのが特徴である。そもそも決めないケースもある。20年あたりの契約も少なくない。期間が到来したからといって、合弁事業が継続しているなら、消滅させるのは賢明でも現実的でもない。規定を作るのがなかなか難しいのが、合弁事業契約の期間なのである。

2❖契約は、株主でいる限り有効であると規定する

このスタイルの規定には批判がある。当初、合弁事業を始める際には「どのくらいの期間一緒に事業をやりましょうか」という話からお互いの意見を交換し、すり合わせの結果、どのくらいで投資の回収を図るかを検討していく。ところが結果だけを見れば、株主である間は有効という取り決め方は、合理的ではあるが、本当は何も決めないのと同じという批判を受ける。では、どうすればよいか。それが課題であり、飛鳥凛が日高尋春氏から課されているテーマのひとつである。

3❖当初、折半出資だったのが、10年を経て比率が1対99になっていた場合

このような事態にも対応できる合弁事業契約とするには、どのような配慮、規定が必要か。1％でも事前協議事項を主張できるようなら、どうか。では、もしおかしいとすれば、どのような規定にすべきか。一定比率以下になったとき、契約の当事者から外すか、それとも一定の権利を主張し享受するためには、一定の持ち株比率を要件に規定するか。そのような契約例を見たことがあるか。飛鳥凛は吟味・検討中だという。その場合、たとえば10％の保有を条件にすると、"... as long as such party shall remain a shareholder holding ten (10) percent or more shares in the New Company."あたりのドラフトにするのだろうか。契約期間の終了後も免責されない義務、債務をどう選び出し、どのように規定するかが大切であろう。

契約期間条項② | Term　　　　　　　　　　　　　　　　　　　　　　　　例文**453**

◇合弁事業会社の存続期間は当初20年、その後株主総会決議で延長できると規定する
◇合弁事業契約は、当初の契約当事者が株主である限り有効と規定する

Article ___ Duration of the New Company
1 This duration of the New Company shall be for an initial period of twenty (20) years, and may be extended further by a resolution adopted by the general assembly of shareholders of the New Company.
2 This Agreement shall remain in full force and effect so long as KVC and ABC shall own any shares in the New Company.
3 If either KVC or ABC ceases to own any shares in the New Company or transfers its shares pursuant to this Agreement, this Agreement shall terminate automatically without notice or other action by the parties hereto.
4 This Agreement may also be terminated at any time by mutual agreement of the

parties hereto or upon dissolution of the New Company.

[和訳]
第__条　新会社の存続期間
1　新会社の存続期間は当初20年間とし、新会社の株主総会の決議を採択することによりさらに延長できるものとする。
2　本契約は、KVCとABCが新会社の株式を保有している限り、有効に存続するものとする。
3　KVCまたはABCがその新会社の株式の保有をやめ、または本契約に従ってその株式を譲渡した場合には、本契約は、当事者による通知または他の措置なしに、自動的に終了するものとする。
4　本契約は、当事者の相互の合意、新会社の解散によってもまた、いつでも終了するものとする。

―――― 解説 ――――

1❖契約としては、新会社の存続期間を当初20年、その後延長が可能とする
　設立当初には、あまり将来のことは見えないから、大まかに20年を会社の存続期間とし、20年後に延長するなら、可能と取り決める。投資時には、現地政府に認可で期間が決められることがあり、その期間に合わせておこうという考えである。それが30年なら、そうするのも選択肢である。

2❖当事者の一方が株式を譲渡したら、契約は終了
　当事者の一方が株式保有を継続しなくなったら契約は終了、というのは明白である。残りの問題は、少数株主が本当にわずかの比率の株式保有をすることがありうるか、である。譲渡を認めるときに、全株を条件とすればひとつの解決策である。しかし、増資を引き受けられないときもそうかといえば、なかなか難しい。その場合の対処を考えておく必要がある。

例文454　契約期間条項③ | Term

◇累積赤字が一定額に達したら、解散を選択できると規定する

Article __　Dissolution of the New Company due to Financial Results
1　In the event the New Company sustains an accumulated loss up to five hundred percent (500 %) of its paid-up capital at any time, either of KVC or ABC may send to the other party a notice that it considers a cause for dissolution to exit, provided, however, that this percentage will be reviewed and agreed upon by the parties after three years from the date of this Agreement. In the event that no agreement is

reached, the above percentage shall remain effective thereafter.

2 After such notice has been received, the parties hereto shall meet and attempt to negotiate to reach an agreement whereby the party who sent such notice transfers all the common shares of the New Company to the other party or to a third party.

3 If after ninety (90) days have passed since the parties commenced the negotiation set forth above, the parties have not reached an agreement on a suitable transfer of ownership, either party may call a special meeting of shareholders of the New Company to dissolve the New Company, and the parties hereto agree that at such meeting, all shareholders shall vote in favor of dissolution.

4 This Agreement shall forthwith terminate without notice upon the consummation of the purchase by a party of the common shares held by the other party or upon the dissolution of the New Company pursuant to provisions of this Agreement.

[和訳]
第__条　財務状態による新会社の解散
1　いかなる時点であれ、新会社の累積赤字がその払込資本の500％を超えることになった場合は、KVCあるいはABCの各々の当事者は、相手方に対し解散を正当化する事由に該当する事態であると通知を発することができるものとするが、この割合は、本契約の日付けから3年間経過後は、当事者により見直し、合意して変更することができるものとする。ただし、両者で、特に異なる割合について合意がなされないときは、そのままこの500％の割合が維持されるものとする。
2　かかる通知が受領された後、当事者は会合し、その通知を送った側の株主がその保有する新会社のすべての普通株式を相手方または第三者に譲渡する合意に達するように努力をするものとする。
3　もし、上記のかかる交渉開始後90日が経過してなお、両者が株式の適切な譲渡について合意に達することができないでいる場合には、いずれの当事者も、新会社を解散するための特別株主総会を招集することができるものとし、すべての株主は新会社の解散（案）に賛成投票をおこなうものとする。
4　本契約は、本契約の規定に従い、一方の当事者が保有する普通株式の他方当事者による買収が完了したとき、または新会社が解散したときは、通知なしにただちに終了するものとする。

―――――――――――――― 解説 ――――――――――――――

1❖累積赤字が一定額になったら、撤退を選択できる
　一定の累積赤字に達したら、当事者は相手方に通知を送り、協議をし、保有株式を売却することができる。協議不調の場合は解散する。

例文455 合弁事業｜贈賄禁止条項
例文456 合弁事業｜準拠法条項①

2❖協議をして、90日かかってもまとまらない場合は解散手続きをする
解散総会には、当事者は賛成議決権を行使する。

●―第25款　贈賄禁止条項

例文455 贈賄禁止条項｜No Bribery

◇外国公務員に対し賄賂を贈らないことを定める
◇たとえ外国公務員に直接でなくても、その一部が賄賂として使われることを知って他の人に支払うことも禁止する
◇当事者だけでなく、その関連会社が実行することも禁止する

Article ＿＿ No Bribery

1　Each of the parties hereto warrants that neither it nor its affiliates has made or will make, with respect to the matters provided for in this Agreement, any offer, payment, promise to pay or authorization of the payment of any money, or any offer, gift, promise to give or authorization of the giving of anything of value, directly or indirectly, to or for the use of or benefit of any official or employee of the government, unless such offer, payment, gift, promise or authorization is authorized by the laws or regulations of ＿＿＿＿＿＿＿＿.

2　Each of the parties hereto further warrants that neither it or its affiliates has made or will make any such offer, payment, gift, promise or authorization to or for the use of any other person if the party hereto knows, has a firm belief, or is aware that there is high probability that the other person would use such offer, payment, gift, promise or authorization for any of the purposes described in the preceding paragraph.

［和訳］
第＿＿条　贈賄禁止
1　本契約に関わるいずれの当事者も、その関連会社も、本契約で規定する事項について、政府の官吏または従業員に対し、または彼らの使用に供するために、または彼らの便宜のために、直接的であるか間接的であるかを問わず、いかなる金銭の支払いについての申し入れ、支払い、約束、または授権、もしくは価値のある物の供与についての申し入れ、供与、約束、授権をしたことがなく、今後も一切しないことを保証するものとするが、かかる支払い、ギフト、約束または授権が＿＿＿＿（国名）＿＿＿＿法の法律または規則により承認されている場合はその限りでないものとする。
2　さらに本契約に関わるいずれの当事者も、その関連会社も、他の者のために、またはその使用のために、かかる申し入れ、支払い、ギフト、約束または授権

をしたことがなく、今後もしないことを保証するものとするが、それ(＝かかる贈賄禁止が適用されるの)は、前掲の他の者が前項に規定する目的のために、かかる申し入れ、支払い、ギフト、約束、または授権を使用することを知っているか、確信しているか、高い蓋然性があると承知している場合に限るものとする。

解説

1❖外国公務員への贈賄禁止の法律

OECDの外国公務員贈賄防止条約に基づいて、我が国をはじめ世界各国で、1999年より外国公務員への贈賄が贈賄側の国で違法とする法律が制定された。米国以外の国ではそれまで国内法上は違法でなかった外国公務員への贈賄が違法とされ、贈賄側の国で取り締まりの対象となった。米国では以前から、"Foreign Corrupt Practice Act"により禁止されていた行為が、米国以外の国々でも広く違法とされるようになったのである。我が国でも、従来の国際入札の競争、プラントビジネスや合弁事業会社の展開などでおこなわれても日本国内では違法とならなかった行為が1999年2月から違法とされることとなった。その根拠となるものは、日本の「不正競争防止法」の第3章「国際的約束に基づく禁止行為」の第18条「外国公務員等に対する不正の利益の供与等の禁止」の規定である。"no bribery"条項または"anti-bribery"条項と呼ばれるものである。

2❖knows, has a firm belief, or is aware that there is high probability ...

「知り、確信し、または高い可能性があると認識している」という趣旨である。

本人が贈賄をしなくとも、事情を知り、または知るべき事由がありながら金品を渡す行為も、契約違反行為にあたり禁止される。エージェント・仲介人、コンサルタントの起用や、弁護士・会計士への依頼にあたって、通常のレートより高い報酬を請求されるときには注意をしなければならない。かかる不明朗な操作には、従来、スイス・英国・タックスヘイブンなどへの送金が利用されることが多いといわれてきた。不自然に高額の報酬の支払いを求められるとき、特に契約の相手先がスイスや英国の事業者でもないのにスイス・英国やタックスヘイブンなど、相手先の国外銀行口座への送金が求められるときは、贈賄や脱税、外国為替法違反の問題が関わっていないかどうか、警戒し、注意する必要がある。

●―第26款　準拠法条項

準拠法条項①　| Governing Law　　　例文456

◇新会社の運営は設立地国法を適用するが、契約の準拠法はカリフォルニア州法とする

This Agreement and all matters related thereto shall be governed by the laws of the State of California, provided that the laws of (<u>the country in which the New Company is established</u>) shall govern as to matters involving the governance of the New Company.

[和訳]
　本契約及び本契約に関するすべての事項はカリフォルニア州法に準拠する。ただし、新会社の運営に関する事項については　　（新会社の設立国）　　法が適用される。

―――――――― 解説 ――――――――

1❖合弁事業契約に適用される法律と合弁事業会社に適用される法律の区別
　合弁事業契約では、この2つの適用法を区別することにより、現地側の当事者の主張をかわすことができる。通常、現地側は、その合弁事業会社が設立されることを理由として、現地法を適用法とするよう強く主張するものである。それに対し、合弁事業契約のドラフティングで対抗できなければ、現地法を適用することで妥協させられることが多い。絶対に現地法を合弁事業契約全体の準拠法としては採用したくないとき、本例文のような巧妙な策により、解決されることがある。
　国際契約の交渉においては、あらゆる問題について突き詰めて考えていけば、必ず解決策がある。しかし、大半の解決策はトレードシークレットとして、各企業やローファームに保持され、一般の刊行物には掲載されていない。公表してしまえば、その対抗策が生み出されるからである。

2❖＿＿ shall govern as to matters involving the governance of the New Company
　「新会社の運営に関する事項については＿＿＿法が適用される」という趣旨である。

例文457 準拠法条項② | Governing Law

◇抵触法のルールにかかわらず、イングランド法を準拠法とする

This Agreement shall be governed by and construed in accordance with the laws of England, without reference to its choice of law rules.

[和訳]
　本契約は、抵触法のルールを考慮することなく、イングランド法に準拠するものとし、同法に従って解釈されるものとする。

―――――――― 解説 ――――――――

1❖without reference to its choice of law rules
　「法律選択ルールに関わりなく」「抵触法（国際私法）のルールに関わりなく」という趣旨である。国際私法のルールを適用すると、実際の適用法である実体法の選択がイングランド

法でなくなることがありうるが、このフレーズを置くことによってそれを防いでいる。"laws of England"は、厳密には英国の"England"のみを指し、ウェールズやスコットランドを含まない。それぞれ別の会社法や契約法がある。英国連邦なのである。

2❖実体法に米国の法律を選択するとき

同様に、米国の法律を準拠法として選択するときも、各州の法律の中から選択しなければならない。契約解釈の準拠法として、"laws of the United States"を選択するという規定を見たことがあるが、これは誤りである。契約法は各州法の問題である。

準拠法条項③ | Governing Law　　例文458

◇カリフォルニア州法を準拠法とするが、会社運営は（会社設立地の）バミューダ法による

Article __ Choice of Law
1 This Agreement and all matters related thereto shall be governed by the laws of the State of California, provided that the laws of Bermuda shall govern as to matters involving the governance of the Company.
2 The parties to this Agreement consent to the exclusive jurisdiction of the federal and state courts located in the city of San Francisco for the resolution of any disputes arising out of this Agreement or performance pursuant hereto.

［和訳］
第__条　法の選択
1　本契約及び本契約に関連する一切の事項は、カリフォルニア州法に準拠するものとする。ただし、本会社の運営に関する事項については、バミューダ法に準拠するものとする。
2　本契約当事者は、本契約より発生する紛争の解決または本契約に基づく履行に関し、サンフランシスコ市に所在する連邦裁判所及び州裁判所の専属的管轄に服することに同意する。

　　　　　　　　　　　解説

1❖契約と会社運営で準拠法を別々に選択

準拠法は原則としてカリフォルニア州法とするが、会社の運営についての事項は、会社の設立地の法律による。ここでは、バミューダ法。実際のそれぞれの合弁事業では、その設立地の会社法を選択すればよい。バミューダも、海外のコングロマリットには人気のある地のひとつである。

2❖裁判管轄

裁判管轄はサンフランシスコ市の裁判所としている。実際のケースでは、仲裁を選ぶの

もよい。いずれにしろ、自由に判断し、もっとも得意な解決ができる方法を選べばよい。

●―第27款　一般条項

合弁事業契約書も、通常の契約書の共通条項として、一般条項を規定する。たとえば、次のような項目がある。
　①最終性条項(Entire Agreement)
　②秘密保持条項(Confidentiality)
　③修正条項(Amendment)
　④放棄条項(No Waiver)
　⑤通知条項(Notice)
　⑥紛争解決方法に関する条項(Arbitration＝仲裁またはJurisdiction＝裁判管轄)
　⑦当事者の関係条項(Relationship of Parties; No Partnership)
　⑧不可抗力条項(Force Majeure)
　⑨主権免責放棄条項(Waiver of Sovereign Immunity＝主権免責の放棄；パートナーの1人が国家、国営企業のケース)
　⑩補償条項(Indemnification)
　⑪無効規定の分離可能性条項(Severability)
　⑫契約発効日に関する条項(Effective Date)

合弁事業契約やプロジェクト契約では、他の契約ではあまり経験しない問題が絡んでくることがある。それは、プロジェクトファイナンスなど、事業投資に必要な資金の調達のために金融機関に事業計画やプロジェクトの説明をする必要があることである。資金調達の裏付けなしには、事業もプロジェクトも遂行できない。資金調達の見通しが立つことが、調印の条件となることもある。また、調印は先に済ませるが、実行の条件とすることもある。

資金調達先の金融機関への説明については、秘密保持義務から例外事項として除外しないと、不安な状況に置かれることがある。実際に担当者として事業に携わっていると、事業の遂行なのだから必要だと割り切ることになる。たいていの法務部の知人も気にしない。しかしこれは、事業を遂行する立場であるからこそ言えることではないか。

例文459 秘密保持条項｜Confidentiality
◇資金調達のため、金融機関に開示するのは例外と規定する

Article ＿＿　Confidentiality
Except as otherwise required by law or agreed by the parties hereto, the parties hereto shall hold in confidence the contents of this Agreement and all information obtained from each other in discussions of the transactions contemplated by this Agreement, pro-

vided, however, that the parties hereto may disclose certain information to sources of financing to the extent necessary or desirable to implement the transactions contemplated by this Agreement.

[和訳]
第__条　秘密保持
　法律により要求された場合、または当事者により合意された場合を除き本契約当事者は、本契約の内容及び本契約により企図されているすべての取引の各々の協議の結果、相手から受け取ったすべての情報について秘密を保持するものとする。ただし契約当事者は、本契約で企図される取引の遂行のために必要または望ましいと考えられる限度で、資金調達に対しては一定の情報を提供できるものとする。

―――― 解説 ――――

1❖秘密保持の例外事項――資金調達のために金融機関に事業計画を開示する
　合弁事業を遂行するためには資金調達が必要であり、そのために事業計画について金融機関に開示するのは例外として認められると規定している。

2❖合弁事業について互いに相手側から取得した秘密情報の秘密保持
　これ自体は、目新しい約束ではない。秘密保持義務を定めた規定である。

当事者の関係条項 | Relationship of Parties　　例文460

◇各当事者はパートナーではなく、独立した当事者であるとの確認

Article __ Relationship of Parties
Nothing contained herein shall constitute KVC, ELNOX and ABC members of any partnership, joint venture, association, syndicate or other entity, or be deemed to confer on either of them any express or implied authority to ensure any obligation or liability on behalf of any of the other parties hereto.

[和訳]
第__条　当事者の関係
　本契約に含まれたいかなる条項も、KVC、ELNOX及びABCをパートナーシップ、合弁事業、社団、シンジケートまたは他の実体の構成員にするものではなく、また、他の当事者に代わり義務または責任を引き受ける明示または黙示の権限をいずれかの当事者に与えるとみなされないものとする。

―――――――――― 解説 ――――――――――

1 ❖ No Partnership

本契約を締結して合弁事業会社を運営することが、ジョイントベンチャー（合弁事業）やパートナーシップを形成するものではない、と強調している。

2 ❖ 合弁事業会社が、パートナーシップとみなされるとどうして困るのか？

パートナーシップやジョイントベンチャーとみなされると、合弁事業会社の債権者など第三者に対してそのメンバー（出資者）が責任を負うことになるからである。米国の合弁事業（incorporated joint venture）では、「株主間契約（Stockholders Agreement）」として締結し、"Joint Venture Agreement"というタイトルの使用を避けることが多い。

例文461 不可抗力条項 | Force Majeure

◇不可抗力事由が発生したとき、当事者は履行義務を免責される
◇不可抗力事態が一定期間継続したら解除できると規定する

(1) Force majeure shall mean any event or condition, not existing as of the date of signature of this Agreement, not reasonably foreseeable as of such date and not reasonably within the control of the parties, which prevents in whole or in material part the performance by one of the parties of its obligations hereunder or which renders the performance of such obligations so difficult or costly as to make such performance commercially unreasonable.

Without limiting the foregoing, the following shall constitute events or conditions of force majeure: acts of state or governmental action, riots, disturbance, war, hostilities, strike, lock-outs, slowdowns, prolonged shortage of energy supplies, epidemics, fire, flood, typhoon, earthquake, landslide, lightning and explosion.

(2) No event described in Section ___ hereof shall be considered an event of force majeure for purposes of this Agreement, unless the party whose performance is prevented or affected there by gives a written notice of such event to the other parties. Such notice shall include a description of the nature of the event, its causes and the respects in which the notifying party's performance is or may be affected.

The party claiming an event of force majeure shall also notify the other parties immediately upon cessation of such event. All notices given pursuant to this Section shall be given within _____ days after the dates of the commencement and cessation of the event concerned by registered mail.

(3) The respective rights of the parties in the event of force majeure shall be as follows: The party whose performance hereunder is affected by an event of force majeure reasons, shall be released without any liability on its part from performance of its obligations hereunder to the extent and for the period that its performance of such obligation is prevented or made commercially unreasonable as a result of such event.

(4) In the event such force majeure event continues for a period of not less than _____ months, the affected party may, by giving a written notice to the other parties and in accordance with the procedures set forth in Exhibit _____, terminate this Agreement without any liability on its part.

[和訳]

(1) 不可抗力とは、本契約の署名日現在に存在せず、または同日現在では合理的に予測できず、かつ当事者の合理的な制御を超える事態または状態にして、一方の当事者の本契約上の義務の履行を全面的もしくは相当程度に妨げ、またはかかる義務の履行を困難にするか当該履行を営業上不合理なほど費用のかかるものにする事態または状態を意味する。

上記を制限することなく、下記は不可抗力の事態または状態を構成するものとする。州または政府の行為、暴動、動乱、戦争、敵対行為、ストライキ、ロックアウト、怠業、長期にわたるエネルギーの供給不足、伝染病、火災、洪水、台風、地震、地すべり、落雷及び爆発。

(2) 本条__項に記載されたいずれの事態も、義務の履行を妨げられたか影響を受けた当事者が当該事態を他の当事者に書面をもって通知しない限り、本契約の目的上、不可抗力事態とみなされないものとする。上記の通知には、当該事態の種類、原因及び通知当事者の履行が影響されたか影響される可能性のある事項を記載する。

不可抗力事態を申し立てる当事者は、当該事態が終結したときもただちに他の当事者に通知する。本項に従って与えられるすべての通知は、発生した事態の開始日及び終結日より____日以内に書留郵便で与えるものとする。

(3) 不可抗力事態が発生した場合の当事者のそれぞれの権利は、次の通りとする。不可抗力事態によって本契約上の義務の履行を妨げられた当事者は、当該事態の結果かかる義務の履行が妨げられまたは営業上不合理となる限度においてその期間中、当該当事者側にいかなる責任もなく、当該義務の履行を免除される。

(4) 不可抗力事態が__ヶ月以上継続した場合には、影響を受けた当事者は、別表__に定める手続きに従い他の当事者に書面の通知を与えることにより、当該当事者側にいかなる責任もなく、本契約を解除することができる。

解説

1 ❖ 不可抗力条項の必要性の有無

合弁事業契約に不可抗力条項が必要かどうかは、見解の分かれるところである。通常の「合弁事業契約書」には盛り込まないことが多い。では、役立つことはないのだろうか。革命、内乱、戦争、国連制裁、大災害といった事態が発生したケースではどうだろうか。必要かどうか考えてみてほしい。また、いつ、どのような場合に解除権を発生させるかどう

かは難問であるが、重要なポイントである。本例文では第4項で規定している。

2 ❖ 不可抗力事由の列挙
不可抗力の定義をおこなう。第1項はその事由を列挙している。

3 ❖ 不可抗力発生の効果①——免責
免責については第3項に規定している。

4 ❖ 不可抗力発生の効果②——解除
第4項に規定している。当事者が特に合意した場合以外、解除は困難であり、規定が重要となる。合弁事業契約の解除については、相当長期の不可抗力事由に該当する事態の継続が前提条件となろう。期間を記載する空欄への候補も、事態にもよるが、6ヶ月から12ヶ月程度の長期を考えるのが現実的である。本例文では、"affected party"に解除権があるが、"either party"とする代替案も有力である。

例文 462 無効規定の分離可能性条項 | Severability

◇一部が無効でも他の規定は有効
◇残る規定だけでは衡平性を欠く結果となるときは除外

Article __ Severability
In case any term or provision of this Agreement is held by a court of competent jurisdiction to be invalid, illegal or unenforceable in any respect, the validity of the remaining terms and provisions hereof shall not in any way be affected or impaired thereby, except to the extent that giving effect to the remaining provisions would be unjust or inequitable.

[和訳]

第__条　分離可能性
　本契約のいずれかの条件または規定が正当に管轄を有する裁判所により無効、違法または執行不能と判断された場合にも、本契約のその他の条項や規定はそれによっていかなる方法でも影響を受け、または損なわれないものとする。ただし、その他の条項が有効であることが不当となりまたは衡平性を欠く場合には、この限りではないものとする。

解説

1 ❖ 一部無効でも他の規定は有効
基本ルールは、契約の規定の一部が無効・違法となっても、他の規定には影響がないとする。残りの規定はそのまま有効で拘束力を持つ。切り離して考えるのである。

2❖残りの規定が、一方に過酷な場合

例外ではあるが、一方の当事者にとって過酷になる場合は別の解決を考える。無効とするかどうかについての規定は置いていない。

◉―第28款　その他の一般条項の趣旨、文例とドラフティング上の注意点

　前の第27款で取り上げなかった一般条項の解説については、本書の第1部第3章「一般条項」及び拙著『英文契約書の書き方〈第2版〉』（日経文庫、2006年）の第Ⅱ章「ドラフティングの基本と契約書の共通条項」[pp.54-92]もあわせて参照するようお願いしたい。

　合弁契約等の「ドラフティングのための法律基礎知識」については、第1章第4節「ドラフティングのための法律基礎知識」で触れた。合弁契約に関連して日本会社法の知識を修得するための良書として江頭憲治郎『株式会社法〈第4版〉』（有斐閣、2011年）と宍戸善一・梅谷眞人・福田宗孝『ジョイント・ベンチャー戦略大全』（東洋経済新報社、2013年）がある。

第I部

第8章 秘密保持契約

第1節 秘密保持契約の役割と特徴

●―第1款 秘密保持契約の役割と特徴

　秘密保持契約の役割はさまざまである。合意した取引や契約の履行の段階で、契約当事者の相手方から受領する情報を契約上の目的にのみ使用し、秘密に扱い、第三者への漏洩・散逸を防ぐために締結されるのが典型的なケースである。しかし、それだけでなく、これから正式に取引、契約、提携関係に入るかどうかを吟味するための、いわば契約交渉の段階で締結されることもある。契約の形態もさまざまで、ライセンス契約、ソフトウエア販売店契約、売買契約、合弁事業契約、雇用契約、株式譲渡契約など、それぞれの契約の中で、条項のひとつ（秘密保持条項）として取り決められることがある。

　また、それぞれの取引契約とは独立して、一方あるいは双方の当事者の秘密保持義務を独立して取り決める秘密保持契約が締結されることも広くなされている。このように独立して秘密保持契約を締結する場合には、"Confidentiality Agreement"と"Non-Disclosure Agreement"（略称はNDA）という契約名称が広く使用されている。

　秘密保持契約は、単に秘密保持義務だけでなく、研究成果の開示や知的財産権の譲渡などを取り決める場合にも使用される。契約書のタイトルが"Confidentiality Agreement"やNDAとなっていても、文字通り相手方から受領した情報を秘密に保持する義務を課すことだけをねらいとしているとは限らない。実際のねらいは研究成果に関する知的財産権の帰属の規定にあるケースがある。このような場合、実態をフェアに表すタイトルとして、"Non-Disclosure and Invention Assignment Agreement"や"Patent and Confidentiality Agreement"などが使われることもある。

　秘密保持契約が独立して締結されるケースでは、対価の支払いがなく、秘密保持義務だけを取り決めるケースが多い。対価の支払いをともなう秘密保持契約は、実務上、単なる秘密保持契約にとどまらず、開示された情報について何らかのライセンス（使用許諾）や譲渡（売買）が実施されたのだと相手方（開示を受けた側）から主張されるリスクが発生する。経理上の処理としても、対価の支払いをともなう契約では、開示される技術情報の取得、使用許諾権の取得などがなされるとの誤解が起こっても不思議ではない。契約書のタイトルが秘密保持契約であり、対価の支払いが秘密保持契約そのものの中では規定されていなくても、技術者の雇用にともなう秘密保持契約の場合などでは、秘密保持義務と並んで、（従業員から雇用者への）知的財産となりうるあらゆる権利の帰属・移転の規定がなされることがある。実際には、後者（研究成果の開示と知的財産となりうる権利の帰属・移転）のほうが主目的というケースもある。この場合、実態は"Employee Non-Disclosure and Invention Assignment Agreement"なのである。

秘密保持契約は、対価の支払いがなく比較的短い契約書が多いため、実務上新人任せにしたりと、つい軽く扱いがちになる。しかし、一見簡単そうでいて、秘密保持契約には、実際には一筋縄ではいかないさまざまなねらいが込められていることがある。紛争が発生した場合、意外にも解決や契約の解釈に対して困難な問題に直面することがある。
　本章では、独立した秘密保持契約とあわせて、他の契約書の中でも使用される秘密保持条項を扱うこととしたい。

　紹介の仕方としては、Aurora Borealis Corporation（オーロラ・ボレアリス・コーポレーション；ABC社）の法務部門のリーダーである日高尋春氏のもとで鍛えられている新人法務部員、飛鳥凛の取り組みを紹介するスタイルとした。オーロラ・ボレアリス社は、現在、カリフォルニア州サンフランシスコ市のKaren View Corporation（カレン・ビュー・コーポレーション；KVC社）と秘密保持契約を締結すべく交渉中である。カレン・ビュー社には、日高尋春氏も飛鳥凛も、これまで幾度か契約交渉を通じてなじみとなったナンシー弁護士がいる。

●─第2款　秘密保持契約に置かれる規定

　秘密保持契約は、その個別の取引に応じて、詳細な取り決めをなすものから思いきり簡単な取り決めで済ますものまで、さまざまなバリエーションがある。一般的にいえば、比較的詳しく取り決める場合には、主に次のような規定が置かれる。
　(a)秘密情報の定義、範囲
　(b)秘密情報の提供方法、場所、時期
　(c)秘密情報にアクセスできる者の範囲
　(d)秘密保持情報の用途の制限
　(e)秘密情報に対する秘密保持義務の程度、方法（たとえば、秘密情報にアクセスできる者からどのような秘密保持誓約の書面を誰に対して提出させるか、など）
　(f)秘密保持期間
　(g)秘密保持期間終了後の秘密保持情報の返却、破棄義務……など
　ただし、契約のタイトルが秘密保持契約でも、研究開発部門、研究機関など知的財産権が絡んでくる業種で使われる秘密保持契約には、実態が秘密保持ならびに研究成果の事業者への開示と譲渡誓約契約と呼ぶべきものが広く使われている。その場合は、研究成果の開示とその研究に関わるあらゆる知的財産権の譲渡の規定が詳細に規定される。

第 2 節　秘密保持契約の主要条項

　たとえば、双方がこれから従来以上にビジネス提携を強化し、場合によっては、さらに共同事業などの機会を模索しようとする場合などには、双方が相手方から随時開示を受ける情報について秘密保持を誓約し合う、という趣旨の秘密保持契約を締結することがある。

　具体的な技術情報やきわめて重要な先端情報というほどではない互いの企業情報・技術情報を開示し合うという意図から、互いに秘密保持義務の水準についてそれほど厳密な管理体制を敷くことを要求しないケースである。相手方から開示を受けた情報について、双方が公平に同程度の秘密保持義務を負担するという契約（NDA）は、現実には合理的で実用的な場合が多い。実際には、当事者間の現場では両社が互いに信頼し合い、堅苦しい秘密保持契約まで本当に必要かという議論が出るケースもあるくらいである。

　本節では、そのように簡単で相互に秘密保持義務を負担するNDAというケースでの契約条項を取り上げたい。初めての取引ではなく、以前からトップも含め互いに周知の間柄で敬意を抱き合っている両者間で締結されることもあれば、あるいは初めての取引先で、事業提携、技術ライセンス、M&Aなどの交渉の初期段階で、フィージビリティー・スタディーやデュー・ディリジェンス調査（正式契約締結をなすかどうかの調査）の際に締結されることもある。実際には、解釈や履行上曖昧さがつきまとい、うっかりすると紛争の遠因にもなりうるのだが、締結時にはなかなか予測ができない。

●──第 1 款　前文

例文463　前文　Preamble

◇契約当事者名、どの国または州の会社法により設立された法人か、主な事務所の所在地、契約締結日を記載する

> This Agreement is made as of ＿＿＿＿＿th day of ＿＿＿＿＿, 20＿＿, by and between Aurora Borealis Corporation, a Japanese corporation, having its principal place of business at ＿＿chome, Kanda-Surugadai, Chiyoda-ku, Tokyo, Japan (hereinafter called "ABC") and Karen View Corporation, a California corporation, having its principal place of business at ＿＿ California Street, San Francisco, California, United States of America (hereinafter called "KVC").

［和訳］
　本契約は、日本国東京都千代田区神田駿河台＿＿丁目に主たる事務所を有する日本の会社であるオーロラ・ボレアリス社（以下「ABC」という）及びアメリカ合衆国カリフォルニア州サンフランシスコ市カリフォルニア通り＿＿＿に主たる事務所を有する

カリフォルニア州の会社であるカレン・ビュー社(以下「KVC」という)の間で、20__年__月__日付けで締結された。

解説

1 ❖ 契約当事者名を記載する

当事者名は完全かつ正確に記載する。当事者名は、契約書中に幾度も出てくるので、毎回、詳細に記載しなくてもよいように、その呼称を決め冒頭前文に記載する。定義条項を別途設けて呼称を記載することもあるが、冒頭前文で呼称を決めるのが通常である。

2 ❖ 設立準拠法を明示する

当事者が、どの国、もしくは連邦制の国の場合はどの州の会社法のもとに設立されたかによって、その会社を規制する法制度が異なる。したがって会社の運営、機関等を正確に把握するためには、その設立準拠法を知っておく必要がある。グループ会社などの場合は、名称が同じでも設立準拠法が違っていることがあり、想定していたのとは別の会社であったということもありうる。契約で設立準拠法を明示することは、契約する当事者が互いに相手方を確認するためにも必要かつ有益である。

3 ❖ 当事者の主たる事務所の所在地を記載する

たとえば、設立準拠法がデラウェア州法となっていても、米国では実際に、主たる事務所がニューヨークやサンフランシスコというケースも珍しくない。会社の運営に都合の良い会社法を利用するために、設立手続きはデラウェア州法などで実施することがひとつの手法として定着している。そのような場合は、主たる事務所の所在地を前文に記載しておかなければ、契約当事者は相手方の実態をつかむことができない。ドラフティングでは、前文に本店(head office)所在地を記載するという選択肢があるが、設立準拠法をデラウェア州法などとする米国法人を相手方とするときは、本店と限定するより、主たる事務所(principal office)とするほうが実用的である。

4 ❖ 契約締結日を記載する

国際契約では、契約締結日がうっかりすると分かりにくくなる。たとえば、同じ時間に相手と調印したとしても、国が違えば時差があり、日付けも異なることがあるからである。太平洋戦争の開戦日(米国では、パールハーバー・デイと呼んでいる)も、日本では1941年12月8日であるが、米国では同年12月7日である。ましてや郵送などの事情により、当事者がそれぞれ3日から7日ほどの日付けのズレをもって契約書に調印することがきわめて普通になされる実務を勘案すると、契約締結日を実際の調印日とは別に、両者で合意の上、契約書に明確に記載することは大事なのである。

契約発効日を契約書本文の有効期間条項で改めて規定し、明確化を図ることもある。

●―第2款　リサイタル条項

契約のリサイタル条項は、契約締結の背景や経緯を説明するものである。WHEREASと

いう単語から始めることが多いので、ホエアラズ条項(whereas clause)と呼ばれることがある。秘密保持契約では、リサイタル条項でなぜ当事者が秘密情報を相手方に開示することになったのか、その理由、背景、または何を達成しようとしているのかなどについて、簡潔に説明しようとする。

あえて、リサイタル条項を置かない秘密保持契約もある。リサイタル条項は、契約の解釈を補助するのが目的であり、ないからといって契約が無効になるものでもない。

英米法のもとでは、約因(consideration)のない契約は"unenforceable"とされ、裁判等でその履行を強制し、あるいは違反の場合に損害賠償を求めることはできない。したがって通常、対価の支払いがなされない秘密保持契約では、約因が何なのか、どうしたら"enforceable"で法的にも拘束力がある(legally binding)とされるのか、ドラフティング上も工夫が大切である。秘密保持契約は、単なる紳士協定ではない。開示を受けた相手方が、秘密情報を第三者に漏洩しようとするときには、裁判によって相手方の漏洩行為に対して差し止め請求を出し、かつ差し止めることができなければ意味がない。

例文464 リサイタル条項① | Recitals

◇共同でビジネス開発をしようとする場合に、秘密情報交換に先立ち結ぶNDAの標準的なリサイタル条項

WHEREAS ABC and KVC intend to explore joint business opportunities, and in the pursuance of this interest, ABC and KVC may disclose certain confidential technical and business information which ABC and KVC desire the recipient party to treat as, and keep strictly, confidential.

［和訳］
　ABCとKVCは共同のビジネス機会を開発しようと意図しており、この機会の遂行の過程で、ABC、KVC両社は、開示を受ける相手方に厳格に秘密保持を図ってほしいと希望しているそれぞれの秘密の技術的・ビジネス上の情報を、相手方に開示することがありうる。

―――――― 解説 ――――――

1❖秘密保持契約締結を必要とするビジネス交渉の目的と経緯を説明する

契約を締結するに至った経緯や背景を説明する。秘密情報を開示して遂行するビジネスが何なのか(秘密情報を相互の相手方に開示する目的)を説明する。ここでは、両者のビジネスの提携の機会を検討することが開示の目的である。共同事業(joint business)であるから、事業提携や合弁事業などの検討も含めて広く解釈される。同時に秘密情報は、大まかに分類して何なのかを示す。本例文では、技術的・ビジネス上の情報(technical and business information)が含まれることを示す。これは間接的に、その開示目的が達成された場

合には、互いにその情報を第三者には漏洩しないという当事者の期待、要求の根拠が示されているともいえよう。

本例文の最後の部分を和訳では意訳したが、直訳すると「ABCならびにKVCが、（情報の）受領当事者に対して秘密に扱い、厳格に秘密保持することを希望する…」となる。

リサイタル条項② | Recitals 〈例文465〉
◇秘密情報開示の目的の詳細は添付書類に記載する

RECITALS

A ABC is in the business of developing and marketing ＿＿＿＿＿＿＿＿＿＿ products; and KVC is in the business of ＿＿＿＿＿＿＿＿＿＿＿＿；

B ABC and KVC are pursuing discussions to further the business purpose described in Exhibit ＿ (hereinafter called the "Business Purpose");
ABC and KVC recognize that in the course of their discussions to further the Business Purpose, it may become necessary for either or both parties to disclose Confidential Information as defined below orally and/or in writing;

C ABC and KVC intend that any Confidential Information disclosed by either party shall be used by the other party only to further the Business Purpose. Further, ABC and KVC intend that any Confidential Information disclosed shall be protected from further disclosure by the terms of this Agreement.

[和訳]

A ABCは＿＿＿＿＿商品の開発及びマーケティングの業務に従事しており、KVCは＿＿＿＿＿の業務に従事している。

B ABC及びKVCは、別紙＿に記載する事業目的（以下「事業目的」という）を促進するために、協議を実施する。
ABCとKVCは、事業目的の遂行の打ち合わせの過程で、一方または双方が下記に定める秘密情報を口頭もしくは書面で（相手方に）開示することがありうることを認識している。

C ABC及びKVCは、いずれかの当事者により開示された秘密情報に関し、もっぱら事業目的を促進するために他方当事者により利用されることを意図している。さらに、ABC及びKVCは、開示された秘密情報に関し、本契約の規定によりそれ以外には開示しないことを意図しているものである。

解説

1 ❖ 開示目的の詳細は添付書類に記載する方法

双方が相手方に秘密情報を開示する際に、その開示目的と用途について具体的に記載するが、具体的なビジネス、プロジェクトの目的については契約本文に記載せず、添付書類に記載して契約本文のドラフティングを簡素化する方法がある。

開示目的を具体的に記載することは、ドラフティング上は負担になり、秘密保持上も異論が出ることがある。しかし一方で、開示目的を明確にすることにより、運用上、契約の有効期間や終了について明確になり、実務上役立つ面もある。

2 ❖ 開示情報の秘密保持

開示された情報が第三者に漏洩されないよう、契約各条項に従い管理されるよう希望している。リサイタル条項では双方の希望や期待を記載し、具体的な秘密保持の規定は本文でおこなう。リサイタル条項で期待や希望を記載しただけでは、法的拘束力はない。

例文 466 リサイタル条項③ | Recitals

◇相互に秘密情報を開示する目的は、技術とプロジェクトの評価であると記載する

> WHEREAS
> A the parties wish jointly to assess and evaluate ＿＿＿＿＿＿＿＿＿ Technology and Project, and
> B in the course of the assessment of ＿＿＿＿＿＿＿ Technology and Project, each party may disclose to the other party information which is of secret or confidential by nature.

[和訳]
A 当事者は＿＿＿＿＿技術及びプロジェクトを共同で査定及び評価することを希望する。
B ＿＿＿＿技術及びプロジェクトの査定の過程において、いずれの当事者も他方当事者に対し、性質上秘密性を有する情報を開示することができる。

解説

1 ❖ 情報開示の目的を明記する

秘密情報開示の目的は、両者で実施しようとする(共同での)技術とプロジェクトの査定・評価(assessment)である。

2 ❖ 秘密情報の表現方法

さまざまな表現方法がある。本例文では、"information which is of secret or confidential by nature"が使用されている。単に、"confidential information"でもよい。種類に着目して、

"confidential business and technical information"という言い方も標準的に使われる。

　本例文では、情報交換の目的は、契約書で別途定義する「(　　)技術とプロジェクト」の査定・評価である。用語の定義を置かずに契約書中で規定するときは、たとえば"the technology and project set forth herein"くらいの表現に代えることができる。

リサイタル条項④ | Recitals　　　例文467

◇さまざまな事業協力関係にある当事者間で使用できる、汎用性の高いリサイタル条項

> RECITALS
> A　In connection with the evaluation or pursuit of certain mutually beneficial business opportunities, ABC and KVC may disclose valuable proprietary information to each other relating to their respective operations and business.
> B　ABC and KVC would like to protect the confidentiality of, maintain their respective rights in and prevent the unauthorized use and disclosure of such information.

［利訳］
> A　ABC及びKVCは、相互に利益をもたらす商機の評価または追求との関連で、それぞれの事業及び業務に関する高価値の所有情報を相手方当事者に対し開示することができる。
> B　ABC及びKVCは、かかる情報の秘密性を保持し、それに関するそれぞれの権利を維持し、その許諾のない利用及び開示を防止することを望んでいる。

―――― 解説 ――――

1❖秘密情報の開示の可能性
　両者がより有意義なビジネスの協力・発展の機会を求めて実施する協議・検討などに関連して、互いのビジネス上の秘密情報(proprietary information)を相手に開示する場合がありうることを認識していると記載している。

2❖汎用性の高い秘密保持契約のリサイタル条項
　さまざまな事業協力関係にある両者が、相互の事業上の秘密情報の開示をなす場合に、プロジェクトや技術分析などに具体的に言及することを避けて、どんな場合にも共通して使用できる抽象的な表現による普遍的な条項としたものが、本例文の書き方である。
　両者とも、相手方に開示した自己の秘密情報(proprietary information)の法的な保護と適切な使用が確保されることを希望し、必要と考えていると記載している。

例文468	秘密保持	約因・契約締結意思確認条項①
例文469	秘密保持	約因・契約締結意思確認条項②
例文470	秘密保持	約因・契約締結意思確認条項③

●―第3款　約因・契約締結意思確認条項

　英米法のもとでは約因（consideration）の存在が契約の法的拘束力、裁判等を通じての法的な履行強制に必要であることは、リサイタル条項でも説明した。秘密保持契約が独立して結ばれる場合、通常は対価の支払いがないので、金銭の支払い以外で約因の存在を説明することが必要とされる。そのため、リサイタル条項などでも触れた両者の事業協力強化や事業提携の機会追求、あるいはさらに大きな契約締結の機会追求などを反映させた約因を工夫し、相手方の所有する秘密情報にアクセスできること自体を約因と考える方法などを組み合わせて、対処することになる。

例文468　約因・契約締結意思確認条項①｜Agreement

◇契約書中に"warranties"（保証）規定がある場合の標準的な表現

NOW, THEREFORE, in consideration of the discussions and sharing of information between the parties, and premises, conditions and warranties herein contained, both parties agree as follows:

［和訳］
　よって、当事者の協議及び情報共有ならびに本契約に含まれる前提、条件及び保証を約因として、両当事者は以下の通り合意する。

―――― 解説 ――――

1❖秘密保持契約の約因（consideration）

　契約を有効で法的拘束力のあるものとするため、約因を記載する。
　秘密保持契約では対価の支払いがないので、約因について記載する（相互的な情報開示が約因になっている）。あえて約因について記載しない場合も、相互の開示ならびにその開示された情報を使用してなす検討作業（義務・負担）などが約因となりうる。

2❖保証・条件などへの言及

　本例文では、条件（conditions）や保証（warranties）に言及し、それを約因として扱っている。したがって、本文中に保証（Warranties）などの規定がまったく出てこない契約では、この例文は適切ではない。その場合は"warranties"の代わりに"terms"を使い、"terms and conditions"（条件）とすれば汎用性が高まる。"terms and conditions"は、どの契約書にも含まれるからである。言い回しとして、一般に"terms"を前に、"conditions"を後ろに置く。

3❖契約締結の意思の確認

　双方が契約を締結する意思があることをしっかりと確認している。法的な拘束力のないレター・オブ・インテント（letter of intent）などの場合と明確に区別している。

約因・契約締結意思確認条項② | Agreement　　　　例文469

◇具体的な説明を省略した簡潔な表現

In consideration of the mutual covenants herein, the parties hereto agree as follows:

[和訳]
本契約の相互の約束に則って、両当事者は以下の通り合意する。

―――――――― 解説 ――――――――

1❖契約締結意思の確認
　契約締結意思の確認を明確に記載することを主眼としている。

2❖mutual covenants herein
　約因には具体的な説明を省略し、不親切なくらい簡潔に表現している。mutual covenants hereinとは、本契約の相互の約束を指し、互いに自己を拘束する約束を相手方にしており、それが互いに約因になっている、という考え方を示している。

約因・契約締結意思確認条項③ | Agreement　　　　例文470

◇さまざまな契約に使用可能な汎用的な約因条項

NOW, THEREFORE, in consideration of the mutual covenants set forth herein and other good and valuable consideration, ABC and KVC agree as follows:

[和訳]
　よって、本契約に定める相互の誓約及びその他価値ある対価を約因として、ABC及びKVCは以下の通り合意する。

―――――――― 解説 ――――――――

1❖簡潔な約因の表現
　本例文は、さまざまな契約に使用可能な汎用的約因条項である。約因条項では、具体的にこの契約で何が約因にあたるかをあえて提示しないで、契約の中で、双方が何らかの約因を互いに提示しており、法的拘束力を維持するのには、それで十分であるという立場に基づく。実際には、秘密保持契約では一方からの情報開示のみの場合もあり、法的拘束力を維持するためには、何らかの説明を約因条項でするほうが安全・賢明だという考えもありうる。両者の関係、特に事業協力、今後の契約関係の機会追求などに触れるリサイタル

条項も、それ自体が契約の約因の存在を示しており、約因条項の表現が簡潔であっても、契約の拘束力を確実なものとするために役立っていると評価できる。

例文471 約因・契約締結意思確認条項④ | Agreement

◇あえて約因には触れず、約因という用語も使用しない
◇契約締結意思の確認のみを記載する

AGREEMENT
ABC and KVC agree as follows:

［和訳］
約定
ABCとKVCは、以下の通り合意する。

―――― 解説 ――――

1 ❖簡潔な契約締結意思の確認条項
　契約としての法的拘束力がある合意であることを示すのには十分な表現である。単なる覚書やレター・オブ・インテント、議事録ではないことを示す。

2 ❖約因への言及がない場合の約因の存在
　約因について何も触れていなくても、契約全体を読んで約因の存在が分かれば、それだけで契約の法的拘束力はあり、十分なのである。準拠法が英米法でなく、訴訟管轄地が英米法を採用していない国々であれば、そもそも約因が不要ということで、関心を持つ必要のない場合もある。

●―第4款　定義条項

　秘密保持契約においては、いくつかの重要な用語がある。それは繰り返し契約書中に登場するので、あらかじめ具体的、詳細に取り決めておくことも選択肢のひとつである。定義条項もその役割を果たす。重要な用語には、たとえば"confidential information" "receiving party" "disclosing party" "related company"がある。もちろん、本文中で取り決めることもドラフティングの技術と選択肢のひとつであり、広く実施されている。

　独立した定義条項は、契約書が長い場合には貴重であるが、普通の契約書ならなくても差し支えがない。

定義条項① | Definitions

例文 472

◇開示した秘密情報の扱いとして、双方とも開示後30日以内は追加して秘密情報扱いに指定する権利を留保

Article __ Definitions
For the purpose of this Agreement, the following terms shall have the following meanings;
(a) "Confidential Information" shall mean:
　(i) any information disclosed by one party to the other party with regard to the subjects described in Exhibit __ and specifically identified as confidential at the time of disclosure;
　(ii) any other information which the Disclosing Party has indentified to the other party in writing as confidential before or within thirty (30) days after disclosure.
(b) "Disclosing Party" shall mean the party disclosing the Confidential Information.
(c) "Receiving Party" shall mean the party receiving disclosure of the Confidential Information.

［和訳］

第__条　定義
　本契約においては、次の用語は以下の意味を有する。
(a)　「秘密情報」とは、以下をいう。
　（i）別紙__に定める対象物に関し一方当事者から他方当事者に開示され、かつ開示時点において秘密性を有する旨を具体的に特定された情報
　（ii）開示前または開示から30日以内に開示当事者が他方当事者に対しその情報が秘密性を有する旨の書面を示したその他一切の情報。
(b)　「開示当事者」とは、秘密情報を開示する当事者をいう。
(c)　「被開示当事者」とは、秘密情報の開示を受ける当事者をいう。

解説

1❖秘密情報の開示前だけでなく開示後も追加して指定できる権利の意義

　開示される秘密情報の扱いについては、双方とも、開示前または開示後30日以内に秘密情報扱いに指定する権利を保有すると規定する。開示後に指定されても実務上間に合わないというリスクを承知の上で、秘密情報追加指定の権利を確保している。(a)(ii)項2行目の"before"は"disclosure"にかかる（開示前）。ただし、相手方により"thirty (30) days"にかかると読むケースがある。まぎらわしさを解決する対処法のひとつに、"before the time of disclosure or within ..."とすることがある。

　オーロラ・ボレアリス(ABC)社の法務部新人部員の飛鳥凛は一度、上司の日高尋春氏に進言したことがある。「日高さん、この規定は、開示後30日経過する前に、開示を受けた

側が秘密情報を本来予定した開示範囲を超えて開示してしまったら、違反になるのでしょうか。ならないとしたら、欠陥規定という気がします。開示時に秘密情報と指定した情報に限定するほうがよいのではないでしょうか。この開示後30日間の猶予（追加指定）期間は、いっそ削除してしまったほうが理論的にはすっきりするように思いますが」。

日高尋春氏の返事はこうだった。「飛鳥、理論的には君の言う通りだ。削除したほうが美しいかもしれない。ただ、こういう場合もあるんだ。当社の技術陣が、技術指導の現場で相手方の技術者から質問されて、うっかり大事な情報を説明してしまった。数日経過したあとで、その情報が本来は秘密保持を要する当社の秘密情報だったと気がついたとしよう。悩んだ末、7日後に私たち法務部を訪ねてきて、飛鳥が相談を受けたとする。その際、その30日間の猶予（追加指定）規定があるのとないのとでは、どちらがいいか。考えてごらん」。

2❖秘密情報を開示する側（disclosing party）と開示を受ける側（receiving party）

開示する側という用語（disclosing party）は、双方いずれにも使用できる方法で規定している。開示を受ける側（receiving party）という用語も双方いずれにもあてはまる規定の仕方を採用している。この場合、どちらの用語も、ある立場を示すだけで、一貫して具体的にどちらの当事者を指すというわけではない。双方が互いに相手方に対して自己の秘密情報を開示する契約では公平な規定となり、契約交渉では互いに受け入れやすいという特色がある。

例文473 定義条項② | Definitions

◇秘密情報が開示される形態を規定する

"Confidential Information" means any information disclosed to the recipient party ("Recipient Party") by the disclosing party ("Disclosing Party") either directly or indirectly, in writing, orally or by inspection of tangible objects, including without limitation business plans, documents, prototypes and/or samples.

［和訳］
「秘密情報」とは、直接的もしくは間接的に、書面、口頭もしくは有形物（事業計画、書面、プロトタイプ及び／またはサンプルを含むが、これに限らない）の閲覧によって、開示当事者（以下「開示当事者」という）から被開示当事者（以下「被開示当事者」という）に開示された情報をいう。

―――― 解説 ――――

1❖秘密情報の開示の方法、形態――書面、口頭、試作品など有形物、設計図等

秘密情報がどのような形態で開示されるかを詳細に規定している。実際、秘密情報の開

示方法はさまざまであり、書面、口頭、試作品などの有形物、設計図、マニュアルなどあらゆる形態がある。本例文では取り上げていないが、講義、実習、工場・職場見学、ゼミナール形式の教育という形態もある。

2 ❖ recipient party; receiving party

用語として、開示を受ける側の呼び方には、"recipient party"と並んで、"receiving party"という用語も使用される。両者は同じ意味である。被開示当事者と訳したが、分かりやすくしようと思えば受領当事者、受領者と訳すこともできる。

契約文中で、出てくる用語(recipient party; receiving party)を、そのつど定義する方法を併用している。

定義条項③ | Definitions　　　　　　　　　　　　　　　例文474

◇秘密情報に含まれる項目を列挙する

(1) As used in this Agreement, "Confidential Information" means all information of either party that is not generally known to the public, whether of a technical, business or other nature, including without limitation, trade secrets, know-how and information relating to the technology, customers, business plans, promotional and marketing activities, finances and other business affairs of such party.

(2) Confidential Information may be contained in tangible materials, such as drawings, models, data, specifications, reports, compilations and computer programs, or may be in the nature of unwritten knowledge. In addition, Confidential Information includes all information (i) that the Receiving Party may obtain by walk-through examination of the Disclosing Party's premises, or (ii) concerning the existence, progress and contents of the discussions between ABC and KVC.

[和訳]

(1) 本契約において「秘密情報」とは、トレードシークレット、ノウハウならびに当該当事者の技術、顧客、事業計画、販売促進活動、営業活動、資金調達その他事業活動に関する情報を含むがこれに限られず、技術上、ビジネス上、または他の性質上のものであるかを問わず一般的に公知となっていないいずれかの当事者に関する一切の情報をいう。

(2) 秘密情報は、図面、モデル、データ、仕様書、報告書、編集物またはコンピューター・プログラムなどの有形物に含まれ、あるいは書面化されていない知識の状態であることもある。さらに、秘密情報は(i)被開示当事者が開示当事者の事業所の見学を実施することによって取得しうる情報、または(ii)ABC及びKVCの間の協議の存在、その進展及び内容に関する情報の一切を含む。

―――――――― 解説 ――――――――

1 ◆ 秘密情報の定義(第1項)——項目の列挙

本例文では、「秘密情報」の定義として、その項目を列挙し、規定している。

2 ◆ 秘密情報に該当する情報の範囲(第2項)

設計図、モデル、データ、仕様書、レポート、コンピューター・プログラムなどさまざまな有形、無形の方法で開示される。単なる見学や口頭でのディスカションからも秘密情報にアクセスでき、受け取ることもありうると規定している。

●―第5款　秘密情報の範囲を規定する条項

例文475　秘密情報の範囲条項① | Confidential Information

◇秘密保持の対象とならない情報を列挙し、除外する標準的な規定

Article __ Non-Confidential Information
Confidential Information shall not include information which;
(a) is now or hereafter becomes, through no act or omission on the Receiving Party, generally known or available to the public or within _____ industry, or is now or later enters the public domain through no act or omission on the part of the Receiving Party;
(b) is acquired by the Receiving Party before receiving such information from the Disclosing Party without restriction as to use or disclosure;
(c) is hereafter rightfully furnished to the Receiving Party by a third party, without restriction as to use or disclosure.

[和訳]

第__条　秘密保持対象外の情報
秘密情報は以下の情報を含まない。
(a) 被開示当事者の作為ならびに不作為によらず、現在ならびに将来、当該情報が_____業界内で一般的に知られもしくは入手可能である場合、または被開示当事者の作為ならびに不作為によらずに現在または将来当該情報が公知となった場合。
(b) 被開示当事者が開示当事者から当該情報を取得する前に、使用もしくは開示の制限を受けることなく、当該情報を取得した場合。
(c) 使用または開示の制限を受けることなく、第三者が正当な権利に基づき将来当該情報を被開示当事者に提供した場合。

解説

1 ❖ 秘密保持の対象とならない情報を列挙し、除外する規定

秘密保持の対象から除外されるのは、下記の項目である。

①開示を受ける側が寄与することなく、パブリックドメインとなった情報

②開示を受ける側が相手方から開示を受ける前に、秘密保持義務を負担しない条件で第三者から取得していた情報

③開示を受ける側が、相手方からの秘密情報開示後、秘密保持義務を負担しない条件で、第三者から取得した情報

2 ❖ 被開示側が仮に同じ情報を取得しても秘密保持義務が継続するケースと根拠

開示を受けた側が取得した情報でも、客観的に見て、開示を受けた会社自身が不正にその情報を取得するような事由を作り出している場合は、秘密情報として秘密保持義務を維持するように条件が付されている。

たとえ、上記①でいえば、パブリックドメインとなってしまった情報でも、開示を受けた側が、その秘密保持義務に違反して公表したことでパブリックドメイン化した場合は、公平性から見て、秘密保持義務を免除しない。②でいえば、たとえ秘密情報開示の際にすでに第三者から取得していた情報でも、その条件に秘密保持義務が課されているときは、秘密保持義務を免除しない。③は、実際には紛らわしいケースが発生することがある。たとえば開示後、第三者から同じ秘密情報を開示を受けた側が取得したとしても、情報を提供した第三者が不正に取得し、あるいは本来、秘密保持義務があるにもかかわらず、それに違反して、あるいは偽って、秘密保持義務を負担させないで、開示を受けた側に提供したような場合である。③の要件を満たさないが、開示を受けた側が善意ということもある。

秘密情報の範囲条項② | Confidential Information　　例文 **476**

◇秘密保持義務の対象外の情報を列挙することで、秘密保持義務を負担する情報を決める

Article ＿＿ Non-Confidential Information

The Confidential Information shall not include any information which the Receiving Party can establish (i) was already publicly known and generally available, or was already known to the Receiving Party at the time of disclosure by the Disclosing Party; (ii) becomes publicly known and made generally available after disclosure to the Receiving Party through no action of, or breach of this Agreement by the Receiving Party or any party acting on its behalf; (iii) at the time of disclosure had been available to the Receiving Party on a non-confidential basis by a source other than the Disclosing Party if, to the best knowledge of the Receiving Party, such source was not under a duty to the Disclosing Party to keep such information confidential; or (iv) at the time of disclosure, had been independently developed by the Receiving Party as evidenced by the Receiving Party's records.

[和訳]
第__条　秘密保持対象外情報
　秘密情報の中には、受領当事者において、当該情報が以下の事由に該当することを立証できるものを含まない。
(i)開示当事者からの開示の時点において、すでに公知かつ一般的に入手可能であり、または受領当事者が認識していたもの
(ii)受領当事者もしくは受領当事者を代理する当事者による作為または本契約の違反によらずに、受領当事者への開示後に、一般的に知られまたは入手可能となったもの
(iii)開示の時点において、開示当事者以外の情報源により"non-confidential basis"（秘密保持義務を負わない条件）で受領当事者が入手可能であったもの。ただし、受領当事者の知りうる限り、当該情報源が開示当事者に対して当該情報を秘密に保持する義務を負っていなかった場合に限る
(iv)開示の時点において、受領当事者の記録で証拠づけられるように、受領当事者により独自に開発されていたもの

解説

1❖秘密保持義務の対象外（除外）の項目を列挙

秘密情報からの除外項目は、例文(訳)にもあるが次の通り。

①開示の際にすでに公知となっている情報であるか、または開示を受ける側が知っていた情報
②開示以降、開示を受けた側やその代理人の違反行為や過失によらずに公知となった情報
③開示した当事者以外の第三者から、秘密保持義務の負担なしに開示を受けた側がすでに取得し、保有していた情報
④開示を受けた側が、開示の際にすでに独自に開発していた情報

2❖立証責任はいずれにあるか——"to the best knowledge of the Receiving Party"

　この規定で秘密保持義務から除外されている場合でも、それぞれの前提となる事実をどのように立証するか、またどこまで立証ができているかの判断が困難あるいは不明のときにはどうするかが、実務上難しいところである。契約上の文言で詳細に立証責任の負担者を決めることもあるが、あまり詳細には記載しないこともある。

　上記の条項中に使われている"to the best knowledge of the Receiving Party"とは、「開示を受けた側が知りうる最善の認識(best knowledge)では」という程度の意味である。現実にその認識が誤っている場合も要件を満たすことになる。その意味で"to the best knowledge of the Receiving Party"というフレーズは、開示を受けた側を有利に導く効果を持つ。

第6款　秘密情報の開示範囲を規定する条項

秘密保持契約に基づいてビジネスあるいは技術に関する秘密情報(business & technical confidential information; proprietary information)の開示を受けた企業(recipient)内において、どの範囲の従業員や、関連会社、下請人やコンサルタントなどにアクセスを認めるか、あるいは開示するかについては、限定的に契約で規定する場合("need to know"ベース)と、ほとんど具体的な規定を置かない場合の2通りがある。

秘密情報にアクセスできる従業員などの範囲を限定する場合("need to know"ベース)は、情報を開示した従業員に秘密保持の遵守をどのように徹底するかが大事な問題として浮上する。それぞれの従業員と開示する当事者が直接秘密保持契約を締結すれば、契約上もっとも確実に秘密保持が図れそうである。しかし、それでは開示を受けた従業員は、開示した側から直接に被告として訴訟を提起されるリスクを負い重圧感の下に置かれる。直接、訴訟や損害賠償の請求を受けるリスクは、従業員には耐えがたいものがある。

では、中間的な解決策として、開示を受けた企業が自社の従業員から秘密保持の誓約書を受け取るのはどうだろうか。いろいろ考えていくと、さまざまなバリエーションが浮かんでくる。開示を受けた従業員が、まもなく開示を受けた勤務先を退職して、秘密情報を活用して起業したらどうだろうか。

いくつかの代表的な場合について、以下に関連条項の例文とその考え方を紹介し、考察していきたい。

ところで、以前業務に関連して日高尋春氏が、米国や中東等の企業と3ページにわたる厳しい相手国の秘密保持誓約書に直接サインしていたという話を飛鳥凛から聞いたことがある。そのひとつに飛鳥凛が立ち会っていた。紛争解決方法の管轄地は、いずれも相手側の国の地方裁判所であった。飛鳥凛が笑いをこらえたくなるほど日高尋春氏は神妙な表情でサインしていたという。普段は、表情に感情を出さない人である。そのあと日高尋春氏は、飛鳥凛にこう言ったという。「飛鳥、君には、オーロラ社の仕事で、相手先との秘密保持誓約書には直接サインさせることはないようにするから」。なぜか飛鳥凛はそのとき、日高尋春氏は気が進まない思いでサインしたのかもしれない、という気がしたという。

秘密情報の開示範囲条項① | Disclosure　　　　　　　　　　　　　　　　　例文477
◇"bona fide need to know"ベースで開示範囲を規定する

> Article __ Disclosure to Employees
> ABC and KVC may disclose the other party's Confidential Information to its responsible employees with a bona fide need to know, but only to the extent necessary to carry out the Business Purpose. Each party agrees to instruct all such employees not to disclose such Confidential Information to third parties without the prior written consent of the Disclosing Party.

[和訳]
第__条　被用者への開示
　ABC及びKVCは、事業目的の遂行上必要な限りにおいて、業務遂行上必要不可欠と考えられる担当被用者に対し、他方当事者の秘密情報を開示することができる。いずれの当事者も、かかる一切の被用者に対して開示当事者の事前の書面の通知なく第三者にかかる秘密情報を開示しないよう指示することに同意する。

解説

1❖開示する従業員の範囲
　"bona fide need to know"ベース（ビジネス目的・契約目的を遂行するために情報の開示が必要となる従業員に限定する方法）を規定する。職務遂行上必要不可欠基準ということができよう。双方とも、相手方から開示を受けた情報について、開示することのできる従業員範囲を、このように情報開示の目的と連動させて規定する。

2❖どのようにして秘密保持誓約をさせるか
　開示を受けた側の企業は、その従業員に対し第三者への秘密漏洩の禁止を指示することを約束している。換言すれば、解釈上、相手方従業員から直接、開示側へ個別従業員の秘密保持誓約書を取るようなことはしない。労働組合と会社との協定などにより、従業員から直接、相手先の会社に秘密保持契約書や誓約書を提出させ、契約関係を結ばせることに制約がある場合がある。原則としては、開示を受けた会社がその従業員から同国の言語で秘密保持誓約書を取りつける形式を取る方法、それも自社の秘密情報の開示の際に使用されるのと同じ形式、書式としたほうが自然で、波風が立たないことが多いだろう。

例文478　秘密情報の開示範囲条項② | Disclosure

◇秘密情報を開示する従業員及び関係者の範囲を規定する
◇引き渡しを受けたプロトタイプ（試作品）の分析、リバースエンジニアリングを禁止する規定

Article __ Disclosure to Employees
ABC and KVC agree not to use any Confidential Information of the other party for any purpose except to evaluate and engage in discussions concerning the potential business relationship between ABC and KVC and/or their clients. The Receiving Party shall hold in confidence and agrees not to disclose any Confidential Information to third parties or to their employees, except where a bona fide need to know is required for evaluation or to engage in discussions concerning the potential business relationship.
All said employees, though not signatories to this Agreement, shall be bound by its covenants. The Receiving Party agrees not to copy, reverse engineer, disassemble or decom-

pile any prototypes or tangible objects which embody the Disclosing Party's Confidential Information and which may be provided to the Receiving Party hereunder.

[和訳]
第__条 従業員に対する開示
　ABC及びKVCは、ABC、KVC及び／またはそのクライアントとの間の潜在的ビジネス関係を評価しまたはこれを協議する以外の目的のために、相手方当事者の秘密情報を使わないことに同意する。被開示当事者は潜在的ビジネス関係を評価しまたはこれを協議するために業務遂行上必要不可欠な場合を除き、秘密情報を秘密に保持し、第三者またはこの被用者に秘密情報を開示しないことに同意する。
　かかる被用者は全員、本契約の署名者でなくともこの誓約に拘束される。被開示当事者は、開示当事者の秘密情報を構成し、本契約に基づき被開示当事者に提供されうるプロトタイプまたは有形物を複製、リバースエンジニアリング、解体または逆コンパイルしないことに同意する。

解説

1❖関連会社への開示を希望する場合は、その所在地、所在国の情報をもとに判断

　本例文では直接触れてはいないが、開示を受けた企業の従業員だけでなく、その関連会社（親会社、子会社、グループ企業など）、コンサルタント、取引先などのどの範囲まで開示を認めるかの基準を明示する規定を置くことがある。開示を受けた側が開示してよい対象に関連会社を含めたいと希望する場合は、その会社やアクセスできる従業員が外国に所在・居住している場合でもよいのかもあわせて検討し、契約上明確にしておく。

　しかし、検討した結果を契約書にどこまで取り上げるかはまた別の問題である。意図的にあえて何も規定をせずにおく選択肢もある。交渉過程でやぶへびとなり、相手方を警戒させ、かえって不利な条件を提示されることもある。広い範囲で開示を認める場合、開示した側の同意をそのつど取りつける方式を取るか、それとも開示を受けた側の判断によるとするかの問題もある。本例文では、第2文で"a bona fide need to know"を秘密情報の開示先範囲を決定する基準として設定することにより、解決を図っている。

2❖リバースエンジニアリングの制限、禁止の規定

　秘密情報の開示を受ける人数、部署が拡大する場合、秘密保持管理の方式をどうするかも規定する。開示を受けた側が、引き渡しを受けたプロトタイプ（試作品）などを分析、リバースエンジニアリング（reverse engineering）しないという誓約をさせられることがある。開示された技術情報の評価の際に、現場の技術者、開発者が、かかる禁止事項にうっかり触れてしまうことがありうるので、注意を喚起する必要がある。リバースエンジニアリングなどは研究開発の一手法のため、犯罪行為として認識されているものではない。

●—第7款　秘密情報の管理の注意義務水準を規定する条項

　秘密保持義務の規定では、秘密管理を実施する注意義務を中心として秘密情報の管理の仕方がひとつの焦点になる。"the care that recipient applies to its own confidential information"か、それとも"the due diligence of a prudent merchant"を基準とすべきか、である。
　また、秘密情報の開示を受けた側は、どの範囲の人員にアクセスさせることができるか、どのような目的に使用できるか、アクセスできる人員には開示を受けた側の従業員だけでなく、関連会社、下請け会社、コンサルタントなども含まれるかどうか、秘密情報の保管管理の仕方として、どの程度の注意・体制が必要なのか、管理場所（コンピューター、国、都市の限定など）は限定するのか、善管注意義務かそれとも自己に対すると同程度の注意義務かなど、どこまで具体的に取り決めるか、検討すべき事項は少なくない。

　オーロラ・ボレアリス社法務部の飛鳥凛と上司の日高尋春氏は、このいずれの注意義務を選択するかという問題で、不思議な経験を幾度かしている。通常、法律上は、善管注意義務のほうが高い水準の注意義務と規定され、理解されている。にもかかわらず現実には、他人の財産を管理運用する事業の注意義務や責任感、真剣さが、自己の財産を管理運用する場合に払う注意義務、真剣さと比べて明らかに低い実態をしばしば見ることになる。それを反映してか契約交渉の席でも、善管注意義務は現実にはあまり高い水準ではないと指摘してくる相手方と対峙することも少なくない。契約交渉の席では、「善管注意義務だけではなく、最低、自己の財産に対する注意義務と同等、またはそれ以上にしてほしい」と相手方から要求されるのである。民商法など法律上は明らかに高い水準のはずの「善良な管理者の注意義務」だけでは不安だというのである。なぜだろうか。
　性悪説に基づいて他人の財産の管理運用の注意義務水準を見ると、現実には存在しない空虚な「善良な管理者の注意義務」というものは、相手方が善良なプロフェッショナルでない場合には、役に立たないことがあるという。善良でない人も、自己の資産の管理に払う注意の水準は決して低くはないという。不思議な議論である。
　具体的なエピソードを日高尋春氏、飛鳥凛の2人に尋ねたことがある。そのときの返事はこうだった。ある新興途上国で、取引先の裕福なビジネスパーソンが、余剰資金を活用して、片手間に銀行を経営していたが、同時に個人としても融資をおこなっていた。決算は急がないで、貸し付けがこげつくと銀行の債権として処理し、期日に貸付金が回収でき利益が出た場合には個人の債権に振り分け、処理していく。銀行は有限責任の組織である上、個人保証もしていないので、倒産させても個人としては傷つかないと割り切っている。日本とは感覚が異なるが、自己の資産の管理に対する注意義務と他人の資産の管理に対する注意義務の水準、真剣さの差が、実感として法律とは一致しないことがたしかに感じられるようであった。
　いろいろ考えたのだろうか。飛鳥凛と日高尋春氏は実務として、最近は、「自己の資産を管理するのに払う水準」と「善良な管理者の水準」両方の注意義務を規定することが多いという。
　以下に紹介する例文でもその感覚が反映されているといえよう。

秘密保持の注意義務水準条項① | Confidentiality 　　　　　　　　例文479

◇秘密保持の程度は、「少なくとも自己の情報を管理する注意義務と同程度」を基準とする

Article ___ Non-Disclosure Obligation
Each party agrees:
(a) to hold the other party's Confidential Information in strict confidence;
(b) to exercise at least the same care in protecting the other party's Confidential Information from disclosure as the party uses with regard to its own Confidential Information;
(c) not use any Confidential Information for any purpose except for the Business Purpose;
(d) not disclose such Confidential Information to third parties.

［和訳］
第___条　非開示義務
　いずれの当事者も以下の通り合意する。
(a) 相手方の秘密情報を厳に機密に保持すること。
(b) 少なくとも自らの秘密情報に対して払うのと同程度の注意を、相手方当事者の秘密情報の保護において行使すること。
(c) 事業目的以外の目的のために秘密情報を使用しないこと。
(d) 第三者に対して秘密情報を開示しないこと。

―――――――― 解説 ――――――――

1❖自己の秘密情報を守るために払う注意水準と同一の注意水準

　本例文の"at least the same care in protecting its own Confidential Information"は、資産であれば、"at least the same care in protecting its own property"というところである。善良なる管理者の注意を払うよう要求するのが、法律を念頭に交渉した場合の自然な帰結と思えるが、先に紹介したように、オーロラ・ボレアリス社の飛鳥凛と日高尋春氏は、本例文のような条項を、むしろ標準的な規定として相手方と交渉しているようである。

　一方、善良なる管理者の注意義務の水準を主張できる場面では、次の例文480のような表現(with the due diligence of a prudent merchant)を取っているという。

2❖開示目的外の使用禁止の表現

　(c)の"not use ... for any purpose except for the Business Purpose"は"Business Purpose"が定義用語の場合の表現である。定義されていない場合、たとえば"except to the extent necessary to carry out the business purpose set forth herein"とすればよい。

例文 480 秘密保持｜秘密保持の注意義務水準条項②
例文 481 秘密保持｜秘密保持の注意義務水準条項③
例文 482 秘密保持｜秘密保持の注意義務水準条項④

例文 480 秘密保持の注意義務水準条項② | Confidentiality

◇善管注意義務を採用する簡潔な秘密保持条項
◇注意義務の水準は善管注意義務(with the due diligence of a prudent merchant)とする

The Receiving Party shall treat the Confidential Information disclosed by the Disclosing Party with the due diligence of a prudent merchant.

［和訳］
　被開示当事者は、開示当事者によって開示された秘密情報について、善良な管理者の注意義務を払うものとする。

―――― 解説 ――――

1 ❖ 善管注意義務の表現

　善管注意義務の表現には、本例文で使用した"with the due diligence of prudent merchant"と並んで"with the due care of a prudent merchant"がある。"care"を使う表現が一番簡潔なものであろう。

2 ❖ 注意義務の水準――善管注意義務

　秘密保持のために要する注意義務の基準を自己の秘密情報の管理に対する注意義務の水準でなく、善良なる管理者の注意義務(with the due diligence of a prudent merchant)を基準として規定している。
　善管注意義務で要求される水準は、法的には、自己の財産の保護のために払う注意義務より高い水準のものである。

例文 481 秘密保持の注意義務水準条項③ | Confidentiality

◇少なくとも自己の秘密情報を管理するために払う注意義務の水準と規定する

The Receiving Party shall treat the Confidential Information received from the Disclosing Party with the due diligence of a prudent merchant or at least the same care the Receiving Party applies to its own confidential information.

［和訳］
　被開示当事者は、開示当事者によって開示された秘密情報について善良な管理者の注意義務を払うか、または少なくとも被開示当事者自身の秘密情報を扱う際に払うのと同等の注意義務を払うものとする。

解説

1 ❖ 折衷案――「善管注意義務」と「自己の秘密情報を守るために払う注意義務」を併記

オーロラ・ボレアリス社の飛鳥凛が出張し、契約交渉に臨んだ際の話である。先にも紹介した例文のごとく、善管注意義務(with the due diligence of a prudent merchant)を基準にして規定をドラフティングし、交渉していたとき、ふと気になって、率直に訊いてみた。「実際には、善管注意義務を前提にどのような管理体制を敷いて他者の資産や情報を守っていらっしゃるのですか？」。

案の定、十分な管理体制は構築していないという。他人の財産の管理には、自己の財産の管理ほど熱心でもなく、真剣に取り組む様子も見られない。そこで、ドラフティングをし直して提示したのが、本例文の条項である。

2 ❖ 2段構えの注意義務の水準と体制

本来あるべき姿は、善管注意義務による管理であるという立場は崩さない。しかし、2段構えを取り、善管注意義務を注意義務の水準とする体制が構築されれば、その注意義務の水準と体制によって管理し守るが、それが構築されない段階では、少なくとも開示を受けた側が自己の秘密情報を守る注意義務の水準と体制によって保護すると規定する。

3 ❖ 管理体制は均一か

飛鳥凛のこの解決方法と提示してきた案文(本例文)を上司の日高尋春氏に報告した際の、日高氏からの返事と質問は次のようなものだった。「飛鳥、いろいろ現場で学んでいるね。いい修行の機会になっているよ。ただ、今回の相手先の場合、自己の資産を管理する注意義務の水準だけで大丈夫かな。相手先にとっては、自己の資産や情報の中でも、管理水準の程度・等級というか、本当に大事な資産として最高水準の注意義務を払って管理するいわば重要度Aクラスのものと、注意義務の水準がそれほど高くなく、管理体制も緩やかでアクセス制限もあまりしない重要度Bクラスの資産の管理の仕方に分かれるんじゃないかな」。

飛鳥凛が上司の指示をヒントに工夫を加え、先の出張交渉のあと次の交渉時に提示したいと考えた案文が、次の例文482である。実質的にはどのように進歩しているのだろうか。

秘密保持の注意義務水準条項④ | Confidentiality 〔例文482〕

◇情報開示を受けた側が実施する自己の秘密情報の管理のうち最上位の厳格な管理とする

> The Receiving Party undertakes to take all reasonable measures to protect the secrecy of and avoid disclosure and unauthorized use of the Confidential Information. Without limiting the foregoing, the Receiving Party shall take at least those measures that the Receiving Party takes to protect its own most highly confidential information and shall have its employees and/or subcontractors, consultants etc. who have access to the Confidential Information sign a non-use and non-disclosure agreement in content substantially same or similar to the provisions hereof, prior to any disclosure of the Confidential Information.

The Receiving Party shall not make copies of any Confidential Information unless the same is previously approved by the Disclosing Party in writing.

The Receiving Party shall reproduce proprietary rights notice on any such approved copies, in the same manner in which such notice were set forth in or on the original.

[和訳]
　被開示当事者は、秘密情報の秘密性を保持し、その開示または許諾のない使用を回避するための一切の合理的措置を講ずることを約束する。上記の制約に服することなく、被開示当事者は、少なくとも被開示当事者が自らのもっとも秘密性の高い情報を保護するために講ずる措置を施し、秘密情報にアクセス権を有する自らの被用者及び／または下請人、コンサルタント等について、秘密情報の開示に先立って本契約の条項と実質的に同じまたは類似する内容の非使用及び非開示契約に署名させるものとする。

　被開示当事者は、開示当事者が事前に書面で承認する場合を除き、秘密情報を複写しないものとする。

　被開示当事者は、所有権を示す表示が元の秘密情報に規定されているのと同じ態様で、かかる承認された複写物上に、所有権を有する旨の表示を記載するものとする。

―――― 解説 ――――

1❖注意義務の水準と管理方式・体制
　秘密保持の注意義務の水準は、情報の開示を受けた側の自己の秘密情報の管理の注意義務の水準とするが、その管理方法の中で最上位の厳格な管理方式・体制を取ると規定している。

2❖秘密情報の複製の制限・禁止
　開示する側の事前の同意なく、秘密情報を含む有形物を複製することの制限・禁止を規定している。

3❖知的財産権の帰属についての表示
　開示した側の同意を得て複製する場合は、その知的財産権が開示者側にあることの表示をすることを規定している。

秘密保持の注意義務水準条項⑤ | Confidentiality　　例文483

◇開示する範囲は、"need to know"ベース――開示するメンバーは、開示を受けた企業側の達成目的の遂行のためにアクセスが必要な人員に限る
◇秘密保持を努力義務にとどめる

Each party shall generally use its best endeavors to keep secret the Disclosing Party's Confidential Information, and, in particular, shall not, without the prior written consent of the Disclosing Party, permit the Confidential Information;
(1) to be disclosed except to those of its employees and consultants who may need to have such information in connection with the pursuance of the Business Purpose specified in Exhibit ___ attached hereto, and who have confirmed their adherence to the terms of this Agreement,
(2) to be copied,
(3) to be commercially exploited in any way,
(4) to pass outside the Receiving Party's control.

［和訳］
　各当事者は、開示当事者の秘密情報の秘密性を保持するために一般的に最善の努力を払うものとし、とりわけ開示当事者の事前の書面の同意なく、開示情報について、下記の行為を認めない。
(1) 本契約に添付される別紙__に規定する事業目的の追求に関し当該情報を必要とし、本契約の条件への遵守を確認した被用者及びコンサルタント以外の者に、これを開示すること
(2) これを複写すること
(3) いかなる方法によりこれを商業的に利用すること
(4) 開示を受けた当事者の支配から離れること

―――――― 解説 ――――――

1❖秘密保持は努力義務でよいと割り切って規定する
　信頼し合っている企業同士や専門家同士の秘密保持では、別に秘密保持契約書を作って法的に縛らなくても、当然のように相手の期待に応えようとするのが自然である。そのような場合、あえて秘密保持義務の負担について互いに契約書で確認する必要がないという考え方も成り立つ。また、秘密保持とはいっても、さまざまな情報や関係者が絡み、いざというときは裁判所で争うことになるより、紳士協定としての努力義務でもいいか、という選択肢もありうる。本例文はそのような場合の条項のひとつである。

2❖開示をする範囲について"need to know"ベースにより限定する
　開示する範囲は、"need to know"ベース（開示するメンバーは、開示を受けた企業側の秘密保持契約での達成目的の遂行のためにその秘密情報へのアクセスが必要な人員に限る）

としている。

　企業間での秘密情報を相手方に開示する契約において、最優先、最重要な課題は開示された情報を開示目的を達成するために、その情報を活用、分析、評価、利用する部署の人員に伝えることにある。同時に、目的外使用や開示対象外人員への開示を防ぐことも大切なのである。

●―第8款　不保証と所有権の留保

　相互に自社の秘密情報を相手方に開示する場合であっても、たとえば秘密保持契約で明示されているように、両者の事業提携の可能性を分析すること、正式な技術提携をおこなうかどうかの判断の材料とすること、あるいは合併の検討をするなどの特定の目的のもとに開示するときは、その情報について、相手方のビジネスに知的財産として使用許諾を与えるわけではない。また、開示したからといって、その情報について、ライセンスの場合のように、何か特別な保証(warranties)をするわけでもない。そのあたりの問題を明確にし、紛争を予防するために、種々の工夫を凝らして規定が置かれる。ここでは、基本的あるいは標準的な条項を中心に紹介したい。

　飛鳥凛が上司の日高尋春氏から新人時代に教わった例文が中心であり、飛鳥凛にとっては、すべて空でいえるほど修得し、教科書的に使用している。

　空でいえるほど覚えてしまって初めて、契約交渉の場面でようやく使えるのである。日高尋春氏は、契約交渉の際には、契約書など書類を一切手元に置かずに交渉を進めることを飛鳥凛に求めた。交渉に専心するためには、いちいち書面を見ていては交渉に集中できない、という考えである。そのせいか飛鳥凛は、契約書をほとんど空でいえるほど暗誦して、契約交渉に臨む。

例文484　不保証条項①｜No Warranty

◇簡潔な表現
◇開示する秘密情報は現状有姿(as is)で引き渡し、開示する側は何ら保証をしない

Article ＿＿　No Warranty
All Confidential Information is provided "as is". The Disclosing Party makes no warranties, express, implied or otherwise, regarding its accuracy, completeness or performance.

［和訳］
第＿＿条　不保証
　一切の秘密情報は「現状有姿」で提供される。開示当事者は、当該情報の正確さ、

完全性または履行について、明示、黙示その他を問わず、一切の保証をしない。

解説

1❖"as is"「現状有姿のまま」

"with all faults"ということもできる。何の保証もなしに引き渡す場合に使う。

"as is"のほうが"with all faults"より響きがやさしく曖昧なので、好んで使用される。効果は同じである。日本でも、中古の不動産の売買の場合に、「現状有姿」渡しという用語が使われる。意味は、"as is"とほとんど同じであり、"as is"を「現状有姿」と訳している。

2❖makes no warranties, express, implied or otherwise

"makes no warranties"は「何らの保証もしない」という意味である。"express or implied"は、「明示的であれ、黙示的であれ」の意味である。

3❖accuracy, completeness or performance

「正確さ、完全性または実行性」の意味である。

不保証条項② | No Warranty　　例文485

◇あらゆる種類の知的財産権についての不保証を詳細に取り決める
◇秘密情報は現状有姿条件で開示される

The Confidential Information is disclosed "as is", and none of the Confidential Information shall contain any representation, warranty, assurance or other inducement by the Disclosing Party to the Receiving Party of any kind, and in particular, with respect to the non-infringement of patents, trademarks, copyrights, or any other intellectual property rights or other rights of third parties.

[和訳]

秘密情報は「現状有姿」で開示されるものとし、いかなる秘密情報も開示当事者から受領当事者に対して、いかなる表明、保証、もしくは誘引をも含まないものとし、かかる不保証は、特許権、商標権、著作権もしくは他の知的財産権、さらには第三者の他の権利についても及ぶものとする。

解説

1❖保証排除のねらいを規定する詳細な表現

"as is" "no representation, warranty, assurance or other inducement by the Disclosing Party"とは、開示は「現状有姿条件」で、「表明・保証・誘引」はいずれもないことを規定している。

2 ❖ 知的財産権について何ら保証をしない

"non-infringement of patents, trademarks, copyrights, or any other intellectual property rights or other rights of third parties" と、開示する情報が第三者の特許・商標権・著作権あるいは他の知的財産権を侵害しないという保証はない、ということを詳しく規定している。

例文486 所有権留保条項① | No Transfer

◇秘密情報の所有権は開示した側から開示を受けた側に移転しないと規定する
◇開示を受けた側に情報の使用権が許諾されるわけではないと規定する

> Article __ Ownership of Confidential Information
> All Confidential Information will remain the exclusive property of the Disclosing Party, and the Receiving Party will have no rights, by license or otherwise, to use the Confidential Information except as expressly provided herein.

> ［和訳］
> 第__条　秘密情報の所有権
> 　一切の秘密情報は開示当事者の排他的な財産であり続け、受領当事者は本契約で明示的に定められる場合を除き、当該秘密情報を使用する権利をライセンスその他の方法により有しない。

解説

1 ❖ 秘密情報の所有権は移転しない

秘密情報の開示は、その所有権の移転をともなわないことについて、"will remain the exclusive property of the Disclosing Party" と、念を入れて丁寧に規定している。開示後も、その情報の所有権は一貫して開示側にある。

2 ❖ 秘密情報の使用権

開示によって、開示を受けた側にその秘密情報の使用権が発生するわけではないことを "have no rights, by license or otherwise, to use the Confidential Information except as expressly provided herein" と、明確に規定している。開示目的として契約上に規定された目的以外の用途での使用は禁止されているのである。

所有権留保条項② | No Transfer

例文487

◇開示を受けた側に秘密情報の知的財産権の使用許諾の権利が発生しないと規定する

Article ___ No Grant of Rights
Each party agrees that nothing contained in this Agreement shall be construed as conferring, transferring or granting any rights to the Receiving Party, by license or otherwise, to use any of the Disclosing Party's Confidential Information except clearly specified in this Agreement.

［和訳］
第__条　権利の留保
　各当事者は、本契約で明確に規定される場合を除き、本契約のいかなる定めをもって、開示当事者の秘密情報を使用するために、ライセンスその他の方法により受領当事者へ権利を付与、移転または許諾するものと解釈されないことに同意する。

―――― 解説 ――――

1❖開示を受けた側に秘密情報の権利の移転、使用許諾はされない

　情報の開示は、契約に記載している特定の目的を達成するためになされるものであり、情報開示を受けた側に当該秘密情報について何らかの権利の移転、使用許諾（ライセンス）などが発生するわけではないことを規定している。

所有権留保条項③ | No Transfer

例文488

◇開示を受けた側にはいかなる知的財産権についても何ら権利が移転しない

Nothing contained in this Agreement shall be construed as granting or conferring any rights under any trademark, patent, copyright or any other intellectual property right by license or otherwise, express or implied.

［和訳］
　本契約のいかなる定めをもっても、明示または黙示のライセンス契約あるいは他の方法により、商標権、特許権、著作権その他知的財産権に基づくいかなる権利も許諾または付与するものと解釈されない。

解説

1 ❖ 権利の移転の否定

秘密情報の開示により、商標、特許、著作権ほか、いかなる知的財産権の移転、ライセンスがなされるわけではないと規定している。

2 ❖ express or implied

「明示的にも、黙示的にも」(移転、ライセンスされない) との意味である。

● 第9款　差し止め条項

相手方の同意を得ずに、契約に違反して秘密情報を第三者等に開示されるリスクが発生したとき、それを裁判の手続きで差し止められることを契約で取り決める場合がある。差し止め(injunction)に関する規定である。英米法のもとでは、差し止め行為は例外的に重要で緊迫したケースのみに認めることとなっている。そのため契約書の中で、その違反行為が当事者にとって、いかに重大で、取り返しがつかないほど計り知れない損害を発生させかねないかを明らかにし、規定することがある。

こうした表現は、実際に巨額の損害が発生するとは限らないケースでも、差し止め手続きを可能にするため、決まり文句のようにドラフティング上使用される。このような条項の受け入れを検討する場合、損害賠償額の制限がないために賠償額が巨額になるのではないか、と心配になることがある。米国の訴訟に見る損害額の請求の水準が日本に比べて相当に高いことを考えれば自然な心配といえようが、"irreparable"(損害額が計り知れない)という表現は、差し止めを可能とするために使われる用語であり、実際には別な問題である。損害賠償額が大きくなることを心配するのならば、損害賠償額について具体的に規定を置いて限度を決めておくのも、選択肢のひとつであろう。

損害賠償額の規定を置く場合は、差し止め請求を可能にするという目的との整合性、バランスが大切である。工夫を重ねてそれを実現するのが、ドラフティングや契約交渉の楽しみというのが、日高尋春氏の口癖である。いつも、新人法務部員の飛鳥凛が日高尋春氏のもとでトレーニングを積んでいる。飛鳥凛が取り組んでいる条項のいくつかを紹介する。

例文489　差し止め条項① | Injunctive Relief

◇契約に違反する秘密情報の開示・漏洩がなされようとする際には、差し止め手続きを裁判所に対しておこなうことができると取り決める

Article ___ Injunctive Relief
1　ABC and KVC acknowledge that all of the Disclosing Party's Confidential Information is owned solely by the Disclosing Party and that the unauthorized disclosure or use of such Confidential Information would cause irreparable damages and signifi-

cant injury, the degree of which may be difficult to ascertain.
2 Accordingly, each party agrees that the Disclosing Party shall have the right to obtain an immediate injunction from any court of competent jurisdiction enjoining breach of this Agreement and disclosure of the Confidential Information.
3 Each party shall also have the right to pursue any other rights or remedies available by law or equity for such breach.

[和訳]
第__条　差し止め救済
1　ABC及びKVCは、開示当事者の秘密情報の一切については専ら開示当事者がこれを保持し、当該秘密情報の正当な権限に基づかない開示または使用は、その程度を確定することが難しいほどに回復不能な被害及び重大な損害をもたらすことを了承する。
2　そのため各当事者は、開示当事者が管轄権を有する裁判所から、本契約の違反及び秘密情報の開示を禁じる即座の差し止め命令を取得する権利を有することに同意する。
3　各当事者は、当該違反について、コモンローまたは衡平法に基づき得られる権利または救済手段を追求する権利を有する。

解説

1❖開示される秘密情報の所有権の確認(第1項前半)

秘密情報の開示という行為によって、秘密情報の所有者が変わるわけではない。開示によって、秘密情報の所有権が開示を受けた側に移転しないことを確認している。

2❖甚大な損害の恐れの確認(第1項後半)

開示を受けた側が開示された秘密情報を第三者に漏洩し、または公表する行為は、開示した側が所有する秘密情報が法的に守られていた財産権を失うことになり、開示した側の当事者に取り返しのつかない損害(irreparable damages)、損害額の算出不可能なほどの甚大な損害を発生させるリスクがある。このように両者が認識することにより、次の項目(第2項)が規定する裁判所による差し止め請求をおこなう権利の根拠としている。

なぜなら、英米法の下では、裁判所は通常、なるべく損害賠償の支払い等を金銭的に見積もり、算出した損害額(monetary damages)で解決しようとするのが原則で、特定行為の命令や差し止め命令については、差し迫って必要な場合、つまり例外的な場合を除き、避けようとするからである。

3❖差し止め請求権の確認(第2項)

損害賠償をあとからするだけでは、開示した秘密情報を漏洩されてしまった当事者の十分な保護、救済にはならない。したがって、開示した相手先が秘密情報を第三者に漏洩し、または公表しようとするときは、その契約違反行為を裁判所に対し差し止めるように請求できると規定し、その損害発生を未然に防ぐ手立てとしている。

4 ❖ 損害賠償等の他の救済権を失わないことの確認(第3項)

　裁判所に対する差し止め請求ができる代償として、違反行為に対する本来の他の権利や救済手段を行使する権利を失うわけではないことを念のために規定し、確認しようとしている。この規定があると、相手方が「漏洩を差し止める請求をした以上、他の救済方法については放棄(waive)したのだ」という主張をしても、退けることができる。このような規定がなくても、同じ主張を退けることができないわけではない。しかし、規定しておけばより確実に対抗できるし、そもそもそのような主張をしても相手方に勝ち目はないので、しなくなるという効果がある。

5 ❖ 第3項の規定のねらいの別表現

　第3項の規定の代わりに、"without prejudice to its other rights and remedies available by law or equity for such breach"というフレーズを第2項の最後に付加しても、同じ趣旨の規定になる。「本来あるはずの他の権利や救済を失うことなしに」という趣旨を表すときに、"without prejudice to"の語句を使用する。"prejudice"には「傷つける」という意味がある。

例文 490　差し止め条項② | Injunctive Relief

◇契約違反行為を裁判所で差し止める手続きを取ることができると取り決める条項

> Article ___ Injunctive Relief
> The Receiving Party acknowledges that any breach of this Agreement would subject the Disclosing Party to irreparable injury.
> In the event of a breach or the possibility of breach of this Agreement by the Receiving Party, in addition to any remedies otherwise available, the Disclosing Party shall be entitled to seek injunctive relief or equitable relief, as well as monetary damages as may be deemed proper or necessary by a court of competent jurisdiction.

> [和訳]
> 第__条　差し止め救済
> 　受領当事者は、本契約の違反が開示当事者に対し回復不能な損害をもたらすことを認識している。
> 　受領当事者による本契約の違反または違反の可能性がある場合には、開示当事者は、(法律等)他の根拠により与えられた救済手段に加えて、管轄権を有する裁判所が適切または必要と判断する金銭的損害賠償ならびに差し止め救済及び衡平法上の救済を求める権利を有するものとする。

― 解説 ―

1❖本秘密保持契約の違反は、回復不可能な損害をもたらすという両者の認識を確認する

冒頭の文章は、前掲の例文489の第1項の規定と同じ趣旨を異なった語句で表している。後半の裁判所に対する差し止め請求の根拠とすることがねらいである。差し止め請求をするための序曲、枕詞といってもよいだろう。

2❖injunctive relief（差し止めによる救済）とmonetary damages（金銭的賠償）

秘密保持契約の違反をめぐる救済での特色は、秘密情報の保護については、違反のあとで金銭的賠償で解決するというのでは遅すぎる、不十分である、ということである。不正競争防止法やトレードシークレット法で財産権として秘密情報が保護されるための前提要件に「その情報が秘密に保たれていること」というものがある。違反行為によって情報の秘密が保たれなくなると、もはや財産と認められず、保護を受けられなくなる。損害賠償というよりは、本来の財産権が完全に喪失してしまう。そのような特色が秘密情報保護の基盤にあり、契約条項にもその緊迫感が表れる。その際のキーワードが"irreparable damages" "irreparable harm"なのである。

差し止め条項③ | Injunctive Relief　　　　例文491

◇契約違反となる秘密情報の開示・使用の差し止めを裁判所に対し請求できると規定する

The Receiving Party acknowledges that disclosure or use of Confidential Information in violation of this Agreement could cause irreparable harm to the Disclosing Party for which monetary damages may be difficult to ascertain or an inadequate remedy.
The Receiving Party therefore agrees that the Disclosing Party will have the right, in addition to its other rights and remedies, to seek and obtain injunctive relief for any violation of this Agreement.

［和訳］

　受領当事者は、本契約に違反した秘密情報の開示または使用が、開示当事者に対し金銭的損害が確定困難もしくは不適切な救済手段となりうる回復不能な損害を引き起こすことがあることを認識している。

　そのため受領当事者は、開示当事者が本契約の違反に対してその他の権利及び救済手段に加えて、差し止め救済を求めこれを取得する権利を有することに同意する。

― 解説 ―

1❖秘密保持義務違反行為に対しては、通常の救済では不十分な場合がある

開示を受けた側の契約違反による漏洩等の契約違反行為を差し止められない場合、金銭

的な損害賠償(monetary damages)では損害額の算定が困難な場合(difficult to ascertain)、あるいは不十分な救済(inadequate remedy)となるケースが出てくることにつき両者の理解を確認する。開示を受けた側による秘密情報の漏洩など契約違反行為により、開示をした側が取り返しのつかない損害(irreparable harm)を受ける恐れがあるという認識を規定している。

2 ❖ remedies to seek and obtain injunctive relief

　　開示をした側が、秘密情報を漏洩しようとするなど契約違反行為については、相手方に対し損害賠償などの通常の救済に加えて、違反行為の差し止め請求を求め、命令を受けることができる。1に規定した認識が、この差し止め請求という"equitable remedies"(衡平法上の救済)を正当化する根拠となる。金銭的な賠償だけでは、救済として不十分だからである。

●――第10款　情報開示と独自の技術開発

情報開示を受けると独自の技術開発は制約を受けるか

　双方がビジネス関係を強化・発展させることを目的として互いに秘密情報を提供するからといって、それぞれの当事者が、独自の技術を開発し、発展させ、製品開発をすることについては、何ら制限を受けるものではない。しかし相手方が、何らかの制限が道義上あるいは契約上もあってしかるべき、と考える可能性も否定できない。李下に冠を正さず、という言葉もある。ソフトウエアなど著作権が絡む場合は、あらかじめ改良・変更などを禁止することもある。

　しかし、「将来の両者の技術提携、事業提携を探るからといって、独自の研究開発を制約されることなどありえない。そもそも、提携に進む可能性などどれだけあるか分からない。どうしても制約するというのなら、提携を目指して、情報交換に携わる側と独自開発の側と、技術陣のメンバー、組織を2つに分けて、チャイニーズウォール(万里の長城)を設けて、技術情報の遮断を図ればいい」という主張が出てくることもある。

　もっとストレートに言う人もいる。「秘密保持協定を結んで情報交換をしたとしても、競合品の開発禁止については何の取り決めもないのだから、独自技術の開発をするのはあたり前。何ら規制されない。あたかも道義上、法律上、当社が、独自技術・競合品の開発を遠慮しなければならないような不安を引き起こすような発言は慎んでほしい」。

　さまざまな考え方がある。技術者の誇りが絡んでくることもあるので、難しい。

独自の研究開発を制限しない取り決め

　そこで、たとえば両者間で、将来の提携の可能性を探るため、あるいは合弁事業や共同研究である特定技術や新製品開発を協力して実施するため、両者間あるいは一方がもう一方の子会社などと本秘密保持契約に基づく秘密情報の開示をし合うとしても、両者とも、それぞれ独自の研究開発を決して制限しないという了解がほしい場合には、念のため、そのことを書面で明確に取り決めておくことがある。誤解から生ずる技術者同士の誇りをかけた紛争をあらかじめ防ぎたいからである。独立した契約として取り決めることも、秘密保持契約の中

の条項のひとつとして扱うこともある。

　一方、開示を受けた側が、開示された秘密情報に触れ、あるいはそれをヒントに自らの発明をさらに発展させ、改良するきっかけとすることがある。発明を禁止しておいても、結果としてそうなることもある。発明のヒントは、契約で完全にはコントロールしえないのである。秘密情報の開示を受けた側が、何らかの発明や改良品を開発し、特許、実用新案などの権利化のための出願をしようとするとき、開示した側はどうすべきか。相手方の秘密情報をヒントにして発明をし、改良をした側が、出願の前に相手方(開示した側)に通知する義務を負うとするのが公平だという考えを取り、その旨を取り決めることがある。それにより、権利化の場合の対応を両社で協議する場を設けるのである。開示したからといって、相手方がその秘密情報を自由に使用し、改良し、権利化することに同意しているわけではないが、ヒントになることがあり、それはあらかじめ、禁止しても無理なことさえある。

　こうした問題は実務上、開示を受けた秘密情報を使用して開発し発展させた発明・改良なのか、独自に開発した発明なのか、双方の誇りをかけた争いにも発展しかねない解決困難な領域となる。アイディア、発想など、何がきっかけで浮かぶか、研究開発者の本人でも正確には把握できないからである。また、研究者の発明や改良への意欲は、それぞれ身についているものであり、契約によってコントロールしえない側面もあるからであろう。

　オーロラ・ボレアリス(ABC)社の新人法務部員飛鳥凛は、日高尋春氏のもとでこの問題と取り組み、2つの例文をたたき台としてドラフトしたという。実際の使用の際には、それぞれの事業部担当者、エンジニアから実情についてレクチャーを受けて、調整を図っているという。

　万能薬として、あるいはすぐに役立つわけではないが、本款で取り上げた問題に対処するためのたたき台、あるいは考えるきっかけになるかもしれない。日高尋春氏がいつも飛鳥凛に言っている言葉を借りれば、「契約書というのは、それぞれのビジネスという子供に着せる服だ。子供の成長に合わせて、子供の活動に合わせて、服は変えていかなければならない。手入れも大事。初めて着るときの採寸も大事だが」。

開発権条項① | Right to Develop　　　　　　　　　　　　　　　　例文492

◇秘密保持契約のいずれの当事者も、秘密情報の開示を受けた品目、技術等につき単独で独自の競合品、競合技術等の開発を妨げられない

> Article ___ Right to Develop
> 1　The Disclosing Party acknowledges that the Receiving Party may currently or in the future be developing information internally, or receiving information from other parties, that is similar to the Confidential Information.
> 2　Accordingly, nothing in this Agreement will be construed as a representation or agreement that the Receiving Party will not develop or have developed for it products, concepts, systems or techniques that are similar to or compete with the products, concepts, systems or techniques contemplated by or embodied in the Confidential Infor-

mation, provided that the Receiving Party does not violate any of its obligations under this Agreement in connection with such development.

[和訳]
第__条　開発権
1 開示当事者は、受領当事者が現在または将来、秘密情報に類似する情報を内部的に開発し、または他の当事者から受領する可能性があることについて了承する。
2 そのため、本契約のいかなる内容をもって、受領当事者が将来または過去に秘密情報で企図されまたは体現される製品、コンセプト、システムまたは技術に類似しまたは競合する製品、コンセプト、システムまたは技術を開発しない旨の表明または合意とは解釈されないものとする。ただし、受領当事者が当該開発との関連で本契約に基づくその義務に反しない場合に限る。

解説

1❖開示される情報と類似の情報、競合する技術・製品の開発の可能性の認識
　秘密保持契約の両当事者は、開示を受ける側の会社が、現在あるいは将来、相手方から開示される秘密情報と類似の情報を（秘密情報を交換する部署とは）別の自社の部署、研究所で開発研究することがありうることを承知していると規定している。

2❖開示される情報と類似の情報、競合する技術・製品の開発をしないとの表明や合意はない
　両当事者は、秘密保持契約を守ることは約束しているが、開示される秘密情報と類似する情報や競合品の開発をしないとの約束や義務はないと規定している。

例文493　開発権条項② | Right to Develop

◇開示された秘密情報を使用して開発した発明等を特許出願するときは通知義務を負う

(1) If the Receiving Party makes an invention or other valuable development using the Confidential Information in the process of performing the Business Purpose and plans to make an application for a patent or for a utility model registration, the Receiving Party shall inform the Disclosing Party of such invention or development in writing before such application for patent or utility model registration, and discuss in good faith the treatment of such invention or development, including ownership, application process with the Disclosing Party.
(2) If the Receiving Party fails to inform the Disclosing Party pursuant to this Article, then, in addition to any other remedies available to the Disclosing Party, the Disclosing Party shall be deemed to automatically receive all rights, including but not

limited to undivided ownership rights, in and to such invention or development from the Receiving Party.

[和訳]
(1) 受領当事者がビジネス目的を履行する過程で、秘密情報を使用して何らかの発明またはその他の価値のある開発をなし、特許権または実用新案権登録の出願を実施しようとする場合には、受領当事者は当該特許権または実用新案権登録の出願に先立ち、開示当事者に対しこれについて書面で通知し、当該発明または開発(所有権及び出願過程を含む)の取り扱いについて誠実に開示当事者と協議するものとする。
(2) 受領当事者が本条項に基づき開示当事者に通知をしなかった場合には、開示当事者の利用可能なその他の救済手段に加えて、開示当事者は一切の権利(受領当事者からの発明または開発に関する分割不能な所有権を含むがこれに限らない)を自動的に得るものとみなされる。

―――― 解説 ――――

1❖開示を受けた秘密情報を使用して開発した発明を特許出願するときは相手方に通知

相手方から開示を受けた秘密情報を使用して発明などをなし、特許出願を考えているときは、出願手続きを取る前に、開示した側にその発明について通知すると規定している。

2❖両者による発明の取り扱いについての協議条項

通知を受けたときは、両者で発明の扱いにつき誠実に協議すると規定している。

3❖通知義務に違反し、特許を取得してしまった場合は、共同特許とみなすとの規定

開示した側に通知をせずに特許出願をしてしまった場合には、開示した側は、他の一般的な救済に加え、かかる発明について共同の権利があるものとみなされると規定している。

●――第11款　秘密情報の返還

　秘密情報がいったん相手方に開示されたら最後、もはや取り戻せないという考え方もある。しかし、双方が事業提携や技術提携などの可能性を探るために互いに開示し合った秘密情報については、提携に進まないと決定したような場合にはやはり、その交換し合った情報を明確に相手方に返還すると約束し、履行するのが基本であろう。

　実際に相手方に開示した(元は)秘密情報が相手の記憶に残ることを防ぐことはできない。それでも、契約条項で明確に返還義務を規定すれば、契約終了後、相手が情報を堂々と他の目的に利用し、あるいは第三者に開示・漏洩すれば、契約違反となり差し止めることができる。万一、差し止めることができなくても、損害賠償など通常の救済を受けることが可能である。何も規定しなければ、開示された秘密情報、付随して引き渡されたコンピューター・

例文 494　秘密保持｜情報の返還条項①
例文 495　秘密保持｜情報の返還条項②

ソフトウエア、データ、書面、設計図、レポート、試作品、研究試料及びそれらのコピー、複製品などの扱いが曖昧になる。

開示側が返還請求できるのか、破棄にとどまるのか、そのいずれになるのか。仮に返還請求できるとしても、その期限、費用負担はどうなるのか。確認のための検査権はあるのか。返還請求したところ、相手側から「開示を受けた秘密情報、データ、試作品などは、契約終了と同時にすべてすでに破棄しました。お返しできません」と返答されたら、どう対処するか。仮に具体的にこのようにしたいという返還・破棄の仕方、その手続きなどが思い浮かべば、契約条項で明示的に規定しておくことも可能である。

例文 494　情報の返還条項①｜Return of Information

◇相手方から秘密情報（有形物）の返還請求があった場合には、速やかに返還することを約する

Article __ Return of Information
Upon the request of the Disclosing Party, the Receiving Party shall promptly return to the Disclosing Party all materials or tangible items containing the Disclosing Party's Confidential Information and all copies thereof, if any.

［和訳］
第__条　情報の返還
　受領当事者は、開示当事者の請求に基づき、開示当事者の秘密情報及びその複製を含む一切の資料もしくは（もしあれば）有形物を開示当事者に速やかに返還するものとする。

――――――――― 解説 ―――――――――

1❖返還請求があったときは、速やかに返還する義務を負う

返還する秘密情報は、有形のものと規定する。返還対象となる秘密情報には、相手方から開示の方法として提供された有形のものすべてと、開示を受けた側が作成したその複製、コピーのすべてであると規定する。相手方から、開示した秘密情報の返還請求があったときは、秘密情報を含むすべての有形物を速やかに返還することを約束する。有形物に化体した秘密情報ということもできよう。

2❖有形物の英語での表現――"tangible"

本例文では、"materials or tangible items containing the Disclosing Party's Confidential Information"と言い表している。もちろん、それらの複製（コピー）も返還の対象になる。秘密情報の返還で、コピーやコンピューターに保存された電子データが残っていては、返還の意味がまったくない。秘密の本質は、情報なのである。有形物に化体した秘密情報なのである。

3❖返還の時期は相手方から返還請求があったとき

本例文では、秘密情報を含む資料・有形物やその複製を返還する義務を履行するのは、開示した当事者から請求があったとき(upon the request of the Disclosing Party)としている。

4❖開示側が返還請求しなかった場合

「飛鳥、君のこの例文だと、開示した側が返還請求しなかったときは、どうなるのかな」

さらに日高尋春氏は続ける。「飛鳥、その場合、開示した当社の秘密情報の返還を受けなくて、そのまま相手側の手元に残っても差し支えないと思うか？」。

次に紹介する例文495は、飛鳥凛がこの日高尋春氏の質問と課題に応えようとして、ドラフトしたものだそうだ。特にオーロラ・ボレアリス社が開示した情報の返還要求をしなくても、秘密保持契約が終了した時点で、自動的に秘密情報が戻ってくるように工夫したと聞く。

情報の返還条項② | Return of Information　　例文495

◇開示した秘密情報を化体する有形物の返還条項
◇返還請求がなされたときか、ビジネス目的の終了時のいずれか早い時期に返還する義務を規定

Article __ Return of Confidential Materials
The Receiving Party will promptly return all tangible materials embodying the Confidential Information in any form, including, without limitation, all summaries, copies and excerpts of the Confidential Information upon the earlier of (i) the completion or the termination of the Business Purpose, or (ii) the Disclosing Party's written request.

［和訳］
第__条　秘密情報化体資料の返還
　受領当事者は、(i)ビジネス目的の完了または終了、または(ii)開示当事者の書面の請求のいずれか早い時期に、秘密情報を構成する一切の化体資料（機密情報の一切の要約、複製及び抜粋を含むがこれに限らない）を速やかに返還するものとする。

解説

1❖返還の対象となる秘密情報を化体した有形物の表現の仕方

詳細には、"tangible materials embodying the Confidential Information in any form, including, without limitation, all summaries, copies and excerpts of the Confidential Information"といっている。

2❖返還期限の規定の仕方

開示した側からの返還請求があった場合に追加して、秘密保持契約で定められたビジネ

ス目的が達成され、または達成されなくとも終了した時点を返還の期日として規定したものである。それも、秘密保持契約を締結するきっかけとなった開示したビジネス目的が期待通り実って完了する場合と、期待に反して終了してしまう場合の両方をカバーするように規定されている。いずれか早い時期(upon the earlier of (i) the completion or the termination of the Business Purpose, or (ii) the Disclosing Party's written request)が返還の期日となる。

飛鳥凛は、日高尋春氏の期待に応えようとして、この最後のフレーズに工夫を凝らしたのだろう。"Business Purpose"が契約の中で定義されていない場合は、小文字で"business purpose"と表現すればよい。

●─第12款　秘密保持契約の一般条項

秘密保持契約においても他の契約と同じように、一般条項が最後のほうで規定されるのが通常である。たとえば、有効期間条項(term)、その更新(renewal)に関する条項、完全な合意条項(entire agreement)、無効規定の分離可能性条項(severability)、準拠法条項(governing law)、権利放棄条項(no waiver)、紛争解決方法(dispute resolution)・仲裁(arbitration)、最後の契約調印の結びの文言、調印欄がある。基本的には、どの契約にも共通の条項である。

ただ、秘密保持契約では、対価の支払いをともなわないものが中心であり、他の契約に比べれば簡潔なものが多い。秘密保持契約で大事なのは、相手方の開示する秘密情報が適切な範囲で、かつ契約の目的に沿って開示され、その目的が達成されることなのである。そして、目的が達成され、技術提携や事業提携などに進む場合も打ち切りとなる場合も、相手方に開示した秘密情報が秘密に保たれ、不正使用されないことが大事なのである。

その意味では、あまり長い契約書を書く必要はない。共通条項については、第3章「一般条項」で紹介した各条項を参照していただきたい。ただ一部ではあるが、関連ある一般条項を例文により以下に紹介しておきたい。

例文496　契約期間条項｜Term

◇標準的な自動更新条項
◇当初3年間の有効期間が終了後は、終了30日前までに一方の当事者より解除通知がない限り、1年ずつ自動延長

> Article ___ Term and Renewal
> This Agreement shall remain in effect for three (3) years from the date hereof and thereafter shall be automatically renewed for one (1) additional year each, unless otherwise indicated by written notice from either party to the other party within thirty (30) days before the end of the each term hereof.

[和訳]
第__条　有効期間と更新
　本契約は、本契約の日付けより3年間有効に存続し、その後は各期末の30日前までに一方当事者から他方当事者に書面の通知がない限り、1年ごとの期間について自動的に更新されるものとする。

解説

1 ❖ 自動更新条項
　当初3年有効、以降は契約期間終了30日前までにいずれか一方より解除通知なき限り1年ずつ自動更新としている。標準的な自動更新条項である。更新を希望しない場合は、更新しないという異議の書面通知をいつまでにしなければならないかが実務上重要になる。本例文では、契約終了の30日前までに書面で通知すると規定する。更新は1年ずつである。

2 ❖ 事業提携などの判断を目的として情報交換する場合の期間の規定
　事業提携などの判断を目的として情報交換する場合は、判断をいつまでにするかが大事である。その目標期限を規定し、それまでにいずれかの返事をすることを明確に規定するようにしたい。単なる期間の規定では間に合わない。
　オーロラ・ボレアリス（ABC）社の新人法務部員飛鳥凛がドラフトした契約条項の例文を見て、参考としたい。たとえば、次の例文497は判断の期日を暦日で決め、返事を求めている。

評価・検討の期限 | Term　　　　　　　　　　　　　　　　　　例文 497

◇秘密情報の開示を受けた当事者側が正式な契約の締結を希望するか否かを通知する期限を暦日で規定する

Article __　Deadline for Evaluation and Notice of Decision
The Receiving Party shall, as soon as practicable, evaluate and examine the Confidential Information disclosed by the Disclosing Party hereunder, and shall, on or before _____ _____ 20__, at latest, notify the Disclosing Party of its decision on whether or not the Receiving Party wishes to enter into a formal _____ agreement with the Disclosing Party, and its proposed terms.

[和訳]
第__条　評価・検討及び通知の期限
　受領当事者は本契約に基づき開示当事者の開示した秘密情報を可及的速やかに評価及び検討し、遅くとも20__年_____までに、受領当事者が開示当事者との間で

正式な_____契約（及びその提案された事項）を締結するか否かに関する判断を、開示当事者に対して通知するものとする。

解説

1 ❖ 秘密情報を分析・評価しての正式な契約締結の返事を一定の期限までに求める規定

いつまでも検討に時間がかけられるような緩慢な規定だと、次の提携候補との話が進められない。またうっかりすると、事業提携の話を口実に、技術情報を際限なく流出させられるリスクもはらむ。そこで飛鳥凛は、秘密情報の開示の理由、動機を明確に示し、その上で相手方に正式な契約の締結を希望するのか、それとも打ち切るのかの返事を求める期限を暦日で設定したのである。

また、締結を希望するときは、希望する具体的な条件をあわせて通知するように求める規定を置いた。いずれにしても、かかる通知が来たら、正式な契約についてその条件を詰める最終交渉が始まることになろう。

2 ❖ 返答期限は秘密情報の開示を受けた日から一定の期間経過後という選択肢

たとえば、秘密情報受領の日から30日以内に正式契約の締結を希望するかどうかの返事を通知する、という決め方もできる。

その場合は、"within thirty (30) days after the Disclosing Party discloses all the Confidential Information set forth herein to the Receiving Party"（本契約で規定するすべての秘密情報を、開示する側の当事者から開示を受ける当事者に開示されたときから30日以内に）というような決め方である。現実のビジネスに合わせて調整すればよいと考えてみよう。

例文498 完全な合意条項 | Entire Agreement

◇標準的な完全な合意条項

> Article __ Entire Agreement
> This Agreement sets forth the entire agreement between ABC and KVC with respect to the subject matter hereof, and may not be modified or amended except by written agreement by the parties hereto.

［和訳］
第__条　完全な合意条項
　本契約は、本契約の対象目的に関し、ABC及びKVCの間の完全な合意を構成し、本契約当事者の書面の合意以外をもって変更もしくは修正されないものとする。

―――― 解説 ――――

1 ❖ 標準的な完全な合意条項

本例文は両者間の本事案についての完全な合意事項を表すものであると確認する標準的な規定である。

2 ❖ 合意の変更・修正は、両者の書面による合意のみにより可能

本契約は両者の書面による合意がない限り変更できないことを明確に取り決めている。

この項目の目的は、せっかく完全な合意条項により唯一の正式契約書ができて契約条件をひとつの契約に統合できたのに、後になって口頭で条件が変更され、それが有効だとなれば、何のために最初の完全な合意条項があるのか、その重要性が著しく損なわれるからである。変更方法も限定できれば、契約書の条件の安定化を図ることができる。

無効規定の分離可能性条項｜Severability 例文499

◇一部の規定が強行法規に反し無効となっても、その部分を切り離し、他の規定はその影響を受けず、契約の有効性は維持される

Article __ Severability

If any provision of this Agreement shall be adjudged invalid, illegal or unenforceable in any respect, the remaining provisions of this Agreement shall continue in full force and effect.

［和訳］

第__条　分離可能性

本契約の規定がどの部分であれ、無効、違法または強制執行不能との判決を受けた場合でも、本契約のその他の条項は完全に効力を有し続けるものとする。

―――― 解説 ――――

1 ❖ 契約中の一部の規定が強行法規に反し無効とされたとき、他の規定や契約全体は無効となるか、それとも他の規定には影響なく契約の有効性は不変か

一部の規定が強行法規に反し無効となった場合の、本契約の分離可能性を規定する条項である（Severability）。契約中の一部の規定が、適用法によりその強行法規に違反して無効となった場合に、契約の他の規定や契約全体にどのような影響を及ぼすかを規定する。

2 ❖ 選択肢

一部の規定が無効となる場合には、全体のバランスから契約全体を無効または解除可能とする選択肢もある。たとえば合弁事業契約で、現地法の独占禁止法違反によりその維持ができず分割命令を受けたり革命が起こったりして、合弁事業の継続が不可能なことがある。契約全体の目的が無意味となるほどに重大な場合である。そのような場合の規定の例

については、第3章「一般条項」で紹介した例文127を参照されたい。

3❖標準的な規定――無効となる規定を切り離し、他の部分の契約の維持を図る

無効となる規定を切り離し、他の規定はその影響を受けず、契約を維持する方針を採用することが多い。本例文も契約中の無効な部分は分離可能とし、無効とされる規定の影響を最小限に抑え限定的なものとしている。

例文500 準拠法条項 | Governing Law

◇標準的な準拠法の規定

Article __ Governing Law
This Agreement shall be governed by and subject to the laws of _____, applicable to agreements made and to be wholly performed therein, without reference to or application of principles of choice of laws.

［和訳］
第__条　準拠法
　本契約は法選択の原則の適用を排除して、当該国内で締結され完全に履行される契約に適用される_____法に準拠し、従うものとする。

――――解説――――

1❖標準的な準拠法の規定

米国、カナダ、豪州、英国などの連邦制の国では、州（state; province等）の法律を準拠法に選んで規定する。たとえば、米国ではカリフォルニア州法、ニューヨーク州法、カナダであればオンタリオ州法、豪州であればニューサウスウエールズ州法などと規定する。独占禁止法、マネーロンダリング禁止法、証券取引法、外国公務員に対する贈賄禁止法などが連邦法として制定されており、近年その重要性が増大している。したがって、連邦法の適用がないというわけではない。ただ、会社法、契約法、財産法等は連邦法ではなく、それぞれの州などの議会が制定しており、契約にもっとも影響するので、契約の準拠法としては州法を選び、規定する。連邦法の強制法規は、準拠法として規定しなくても当然に適用される。不思議に聞こえるかもしれないが、英国の場合も準拠法は、laws of the Great Britainではなく laws of England, laws of Scotland等を選択する。会社法、契約法などは、それぞれイングランド、スコットランド、ウェールズが制定している。

2❖実体法と国際私法・抵触法（conflict of laws; choice of laws）

準拠法に選んだ国の法律は、その国際私法、適用法を決めるための選択手続きとしての法（conflict of laws; choice of laws）ではなく、適用する実体法（substantive law）を指すと規定する。

| 権利放棄条項 | No Waiver | 例文501 |

◇契約上、本来ある権利の不行使が権利の放棄を構成しないと規定する

Article __ Waiver
No waiver by either party, whether express or implied, of any provision of this Agreement shall constitute a continuing waiver of such provision or a waiver of any other provision of this Agreement. No waiver by either party, whether express or implied, of any breach or default by the other party, shall constitute a waiver of any other provision of this Agreement.

[和訳]
第__条　放棄
　いずれの当事者による本契約の条項に関する放棄も、明示または黙示を問わず、本契約の条項の継続的放棄またはその他の条項の放棄を構成しないものとする。いずれの当事者による他方当事者の違反または不履行に関する放棄(明示または黙示を問わない)も、本契約のその他の条項の放棄を構成しないものとする。

解説

1 ❖ No Waiver(放棄)条項──なぜこのような規定が置かれるのか？

　契約上、本来保有する権利を最初は行使しないことがある。英米法では、そのような場合に2度目に同様に権利を行使しうる事態となったとき、最初の権利不行使によって権利は失われないと規定する。かかる規定をわざわざ置くのは、権利を行使しない態度を取ったことによって、権利の上に眠る者という扱いを受け、本来保有する権利を喪失してしまう恐れがあるためである。それを防止し、2度目に行使したいときには行使できるよう権利を確保しておくのである。

2 ❖ 放棄しない権利

　放棄しない対象の権利として、以下のものを挙げる。
　第1に、相手の違反に対し、ある条項に基づいて行使できた権利を失わないとする(継続的放棄の否定)。第2に、ある規定に基づく権利を行使しなかったからといって、他の規定に基づく権利を放棄するものではない(他の規定の放棄の否定)。第3に、相手側の不履行や倒産などの違反事由に基づき行使できる権利を放棄しない。
　この3つの権利の、いずれも放棄しないと規定する。

例文502 調印意思の確認（結語）と署名欄

◇正当に調印権限が付与された代表者が調印することを規定
◇契約書の冒頭の記載日を調印日と規定する

IN WITNESS WHEREOF, the parties have executed this Agreement through their duly authorized representatives on the date set forth.

Aurora Borealis Corporation

Signature:
Name: Hiroharu Hidaka
Title: General Manager, Legal Division
Date: _____ th, 20__

Karen View Corporation

Signature:
Name:_____
Title: General Counsel, Legal Division
Date: _____ th, 20__

［和訳］
　以上の契約の成立を証して、本契約当事者は記載の日付けにおいて、正当に権限を授権された者により本契約を締結した。

オーロラ・ボレアリス・コーポレーション

署名
氏名：日高尋春
役職：法務部長
日付け：20__年____月____日

カレン・ビュー・コーポレーション

署名
氏名：_____
役職：法務部ゼネラルカウンシル
日付け：20__年____月____日

第1部

第9章　事業譲渡契約

第1節 株式譲渡による事業譲渡契約　Stock Purchase Agreement

　本書では、これまでに一般条項に続いて、①物品の売買契約、②知的財産のライセンス契約、③サービス提供契約、④販売・代理店契約、⑤合弁事業契約について、主要条項を中心に紹介してきた。本章では、国際事業活動、国際取引に関連した事業譲渡に関する契約について、その特色とポイントを簡単に説明したい。
　海外事業を買収する場合、その株式(stock)を購入する方式(Stock Purchase Agreement)と、会社資産を資産ごとに分けて購入する方式(Assets Purchase Agreement)がある。

●─第1款　株式の譲渡による事業譲渡契約

株式譲渡による事業の譲渡──買主側のリスクの吟味
　株式の譲渡による事業譲渡は、典型的な場合、その全株式を保有する株主との間で株式譲渡契約(Stock Purchase Agreement)を締結し、代金を支払って会社法の規定に従い株式の譲渡(transfer)を受けるだけである。株式の譲渡方式は、株券の発行がある場合には株券が交付され、不発行の場合は株主名簿に株主として記載されるのが代表的な手続きとなる。契約の形態としては、実務上もっとも簡単なものである。
　その一方、買主の側から見ると、前の事業をそのまま引き継ぐことになるため、その引き継いだ事業(株式会社)が買主の知らない隠れた債務を負っていたり、深刻な訴訟の被告になっていることが、事業譲渡後に判明することがある。こうしたケースは、売主が知っていて隠している場合と、売主も知らずに実際にはそのような状態になっていた場合の2通りがある。買主側としては、株式の譲渡によって事業の譲渡を受ける際は、粉飾決算、第三者のための保証、不利な長期契約、年金・税金の滞納、環境問題などがないかについても注意が必要である。
　もちろん、"Stock Purchase Agreement"の"representations and warranties"(表明と保証)条項により、売主(前の株主)に会社の資産、債権の内容、最新の財務諸表などの詳細を契約書に添付させ、契約書に記載した債務、訴訟以外には隠れた債務や訴訟の一切ないことを確認させた上、万一それらが後日発覚した場合には責任を持って解決することを約束させる。
　しかし、第三者からの債務の履行や支払いの請求は、引き継いだ会社の側に来るので、これに対応しなければならない。売主が約束を守るかどうか、またその資金力があるかどうかは、実際には分からない。たとえば、事業を譲渡(売却)した元の株主がその代金を負債の返済に充当しているかもしれない。そもそも事業を売却する状態に置かれた元の株主(売主)に、何も問題がないというケースのほうが少ないと考えるのが賢明であろう。
　契約交渉上は難しいが、万一に備えて、売り戻し権(プットオプション)を契約条項(特約)として提案することもある。その場合、価格、行使期限、実効性には工夫を要する。

事業譲渡前のデュー・ディリジェンス調査

そのため事業譲渡にあたっては、買収希望者あるいは候補が、譲渡側の協力を得てエキスパートを起用し、ともに譲渡対象候補会社を訪問・インタビューし、その資産・債務・財務内容・主要契約・従業員・営業内容を、買収する側の目であらかじめ確認する調査がおこなわれることがある。これを実務上、デュー・ディリジェンス調査(due diligence investigation)、または単にデュー・ディリジェンス(due diligence)と呼んでいる。

その調査の結果を受けて、買収の推進の可否、価格条件、ケースによっては譲渡対象資産の見直しや譲渡方式の変更(たとえば、株式譲渡を取りやめ、資産の一部の譲渡に変更)などの方針を決定する。

売主側のリスクの吟味

売主側から見ると、第1に事業(株式)に見合う正当で適正な対価により合意し、適時に全額の支払いを受けられることが大切である。株式の引き渡しと代金の授受を同時に実施することによって、代金回収を確実にする必要がある。そのための手法の1つが、クロージングと呼ばれる方式である。

日高尋春氏と一緒にサンフランシスコに出張してクロージングに立ち合った飛鳥凜が感想を漏らしたことがある。「まるで人質と身代金の交換のような真剣な空気が場には張りつめていた」と。

譲渡をする前の事業の商号・商標などの知的財産権が譲渡する側にとって重要である場合は、譲渡対象から除外する必要がある。

株式移転の方式

従来は、日本や米国各州、アジア諸国において、株式移転の方式として株券(share certificate)の交付が主流であった。しかし近年、日本をはじめ株券不発行が原則となり(会社法219条)、株主名簿への株主としての記載が会社と第三者への対抗要件として重要になってきている。本書では、株券交付による移転と株主名簿への記載による方法との両方式を例文で取り上げている。実務では、まず会社法を調べることが大事である。

●──第2款　資産の譲渡による事業譲渡契約

資産の譲渡による事業譲渡契約の実際──契約の吟味

"Assets Purchase Agreement"(資産譲渡契約)による事業買収の場合は、契約書に規定した資産のみを会社から買い取る。したがって、株式の譲渡による事業の譲渡のように、隠れた保証債務、訴訟の継承などの問題は原則として発生しない。

全資産を譲渡した会社は、多くの場合、解散する。株式譲渡による場合と異なり、譲渡会社の株主は、資産譲渡契約の契約当事者ではない。

営業活動をしている会社資産を契約上ばらばらに分けて、資産譲渡契約(資産買収契約とも呼ぶ)を作るため、それぞれの資産項目の購入・譲渡(assets, account receivablesのPurchase Agreement)や事業の承継(Assignment Agreement)、従業員の引き継ぎまたは新規採用(Employment Agreement）など、商権引き継ぎのためにしなければならないことが多く、契約は複雑になる。事務所や工場設備がリース（Lease Agreement）による場合は、その契約の引き継ぎ手続き（Assignment Agreement）も必要になる。

契約、"accounts receivables"（売掛金）の処理、リースや従業員の引き継ぎをするためには、資産譲渡の合意だけでなく、会社以外のそれぞれの相手方の同意の取りつけが必要となる。また、契約上「通知のみで譲渡できる場合」には、適用法に従った通知をおこなうことが必要である。

事業許可、ライセンスの引き継ぎ

資産の譲渡による事業買収の場合は、前の会社が保有している営業許可など、ライセンスの引き継ぎにも注意しなければならない。規制されている事業のライセンス、たとえば、運送事業、通信事業、放送事業、危険物取り扱い、環境関連事業の許可・協定、官公庁への入札参加資格・納入資格などの引き継ぎがこれに該当する。別会社になってしまうため、当然には引き継ぐことができない。うっかりすると事業基盤が消滅してしまう。

こういった個別の引き継ぎの手間は、"Stock Purchase Agreement"（株式譲渡契約）を選択したときには不要なものである。事業譲渡の方法の決定には、税法上のメリット、デメリットを勘案することも大切である。ただし、例外的なケースとして、事業を運営する会社の株主の国籍が外国人・外国会社である場合、その国の規制により事業ライセンスを維持できないことがある。このような場合は、個別的な対応が必要となる。

◉―第3款　事業譲渡と知的財産の承継

最近では知的財産権重視の傾向を反映して、M&A（Merger and Acquisition）の際に、トレードシークレットや知的財産権ライセンス契約の引き継ぎなども、重要な検討項目として扱われるようになってきた。すなわち、特許、ソフトウエア（著作権）、商標、営業秘密やそのライセンスに関する権利、義務の継承が検討項目になるのである。

特に、クロスライセンスや和解などで、高額の"paid-up royalty"（一括払いのロイヤルティ）の支払いにより取得し、または許諾した特許・著作権などの権利、義務、契約上の地位の継承の可否などが問題となりやすい。せっかく買収した会社の資産のうち、膨大な価値のあるはずの技術やソフトウエア（著作物、著作権）が、すでに第三者に独占、排他的（exclusive）ベースで長期間ライセンスされてしまっていたり、厳重に管理されているはずのトレードシークレットが書面化、保存されておらず、従業員の離散とともに消滅または公知になってしまうことがある。重要資産が担保（譲渡担保、質権）、差し押さえの対象になっていたり、売買予約がなされていることもある。

また、技術開発力がその研究員などの従業員に依存している場合は、キーメンバーの退職・転職もリスクのひとつとして計算に入れておく必要がある。職業選択の自由が保証されている社会では、退職・転職のリスクは常に存在するといわなければならない。

第 2 節　前文とリサイタル条項　Recitals

前文とリサイタル条項 | Preamble and Recitals　　　　例文 503

◇外国の個人株主（100％オーナー）から日本企業が外国の会社を買収するケース
◇無額面株式の譲渡

Stock Purchase Agreement

This Agreement made and entered as of April 1, 20__ in San Francisco, between Ms. Karen View, a natural person, having her residence at _____, San Francisco, California, USA, (hereinafter referred to as the "Seller" or "Karen View"), and, Clara & Natsumi International Entertainment Inc., a Japanese corporation, having its principal office at _____ Tsukiji, _____, Chuo-ku Tokyo, Japan (hereinafter referred to as the "Purchaser" or "CLANIE")

WITNESSETH:

WHEREAS, the Seller owns one hundred (100) shares of the common stock, without par value per share, of Karen International Entertainment Inc., d.b.a. KIE, a California corporation (hereinafter referred to as the "Company") and said one hundred (100) shares of the common stock of the Company constitute one hundred percent (100 %) of the outstanding and issued capital stock of the Company;

WHEREAS, the Purchaser desires to purchase from the Seller, and the Seller is willing to sell to the Purchaser, one hundred (100) shares of the common stock of the Company;

NOW, THEREFORE, in consideration of the mutual premises hereinafter set forth and subject to the terms, provisions and conditions hereof, the parties hereto agree as follows:

［和訳］

株式買収契約書

　20__年4月1日に米国カリフォルニア州サンフランシスコ市で、サンフランシスコ市_____に住所を有するカレン・ビュー女史（以下「売主」または「カレン・ビュー」という）と、日本国東京都中央区築地_____ _____に主たる事務所を有する日本法人クララ・アンド・夏美インターナショナ

ル・エンターテインメント株式会社（以下「買主」または、「CLANIE」という）との間に締結された本契約は、以下のことを証明する。

売主は、カリフォルニア法人で、KIEという名称で営業を営むカレン・インターナショナル・エンターテインメント株式会社（以下「本会社」という）の無額面普通株式100株を所有しており、その普通株式100株は、本会社の発行済み株式資本の100％を構成し、

買主は、本会社の普通株式100株を売主から購入したいと希望しており、売主は買主に対して売り渡したいと希望している。

そこで、以降に規定する相互の合意を約因として、また、本契約の条項、規定ならびに条件に従って、本契約の当事者は以下の通り合意する。

解説

1❖前文では当事者、契約日付け、（時には契約締結地）を記載する

個人の場合は、その住所とパスポートナンバーで確認、確定することがある。信頼し合う者同士の契約では、住所だけでも十分であるが、初めての取引のケースや同姓同名の人が多数いるような場合は、パスポートナンバーのように特色があり、国家機関により発行され、一般に本人特定に有効と考えられているものを使う。企業の場合は、設立準拠法とその主たる事務所の所在地で表す。

契約締結地は、普通は記載しない。ただカレン・ビュー女史はその経営するKVC社の契約でも、できる限り契約締結地をサンフランシスコとするのが習慣となっている。ときにはそれが、準拠法や紛争解決地を決める際に有利に働くという考えに基づいていると聞いたことがある。ただし、その効果はそれほど確かではないはずである。

2❖リサイタル条項

売主（カレン・ビュー女史）がKIE社の発行済み普通株式100株（全株）を保有し、買主のClara & Natsumi International Entertainment Inc.がその全株を購入することを希望しているという経緯が説明されている。

3❖d.b.a. KIEとは、doing business as KIE

売買の対象となっている会社の営業上の看板・名称は、略称でKIEとしている。d.b.a.とは、"doing business as"の略である。その名称で営業をしているという意味で、屋号のようなものである。個人の場合にも、"d.b.a."を使うことがある。営業上の名称を聞くと、あたかも会社のように響くが、実際は個人ということもある。

4❖約因は、株式の譲渡と対価（代金）の支払いの約束

具体的な約因（consideration）の説明はされていないが、実際には会社の株式譲渡による事業売買契約では、株式の譲渡、引き渡しと対価（代金）の支払いの約束が、互いに約因関係を形成している。

リサイタル条項① | Recitals　　　　　　　　　　　　　例文504

◇株式売買による事業の譲渡契約
◇全株式の譲渡

RECITALS

(a) The Seller owns 100 percent of the total shares in "After Nineteen Bar Company Limited", a company organized and existing under the laws of ＿＿＿＿＿＿＿, having its principal office at ＿＿＿＿＿＿＿ (the "Company"),

(b) The Seller is willing to sell to the Purchaser all of the said shares in the Company, and,

(c) The Purchaser, in reliance upon the covenants, representations and warranties of the Seller contained in this Agreement, is willing to purchase from the Seller the said shares of the Company.

NOW IT IS HEREBY AGREED as follows:

［和訳］

リサイタルズ

(a) 売主は、＿＿＿＿法によって設立され、＿＿＿＿＿＿＿に主たる事務所を有する会社「アフター・ナインティーン・バー株式会社」(「本会社」)の全株式の100%を保有しており、

(b) 売主は、買主に対して本会社のすべての株式の売却を希望し、また、

(c) 買主は、本契約に含まれる売主の約束、表明、ならびに保証を信頼して、本会社の全株式を売主より買い受けたいと希望している。

よってここに、次の通り合意する。

―――――― 解説 ――――――

1❖株式の譲渡

リサイタル条項の中で紹介されている内容は、誰がこの譲渡対象の会社の株主であり、何%を保有しているのか、また買主が買い受けたいと考えているのがそのうちの何%であるか、である。

本例文では、もっとも単純明快なケースを扱っている。すなわち、売り手側は100%の株式を保有し、買主側はその株式全部を買い受けようとしている。

2❖covenants, representations and warranties(誓約、表明、保証)

売主側が譲渡対象の会社について詳細に説明し、説明の正確さについて誓約し、表明し、また、保証をおこなうのが通常である。買主は、その売主の説明等を信頼して会社の買収を決断する。その経緯を簡単に述べたのが、このリサイタル条項である。

会社をそのまま引き継ぐのだから、その会社が譲渡以前に差し入れた保証状や種々の契約、継続中の訴訟、隠れた債務もそのまま引き継ぐことになる。信頼した表明が虚偽であ

ることが後日判明した場合、何らかの救済を求められるように、このようなリサイタル条項の記載がなされる。救済は簡単ではないが、一部の株式譲渡なら売り戻し、全部の株式譲渡で売り戻しが現実的ではないときは、損害賠償や価格の調整などが考えられる。

例文505 リサイタル条項② | Recitals

◇株式売買による事業の譲渡契約
◇無額面普通株式の譲渡により全事業を譲渡する

WHEREAS, KVC owns one hundred (100) shares of the common stock, with no par value per share, of Karen View Entertainment and Music, Inc., a _____ corporation (the "Company") and one hundred (100) shares of the common stock of the Company constitute one hundred percent (100%) of the outstanding and issued capital of the Company;

WHEREAS, ABC desires to purchase from KVC, and KVC is willing to sell to ABC, one hundred (100) shares of the common stock of the Company upon the terms and conditions set forth in this Agreement;

NOW, THEREFORE, in consideration of the mutual promises hereinafter set forth, the parties hereto agree as follows:

[和訳]

　KVCは、_____法人であるカレン・ビュー・エンターテインメント・アンド・ミュージック株式会社（以下「本会社」という）の無額面普通株式を100株保有しており、本会社の普通株式100株は、本会社の発行済み株式の100％にあたる。
　本契約に定める条件で、ABCは本会社の普通株式100株をKVCから購入することを希望し、KVCはABCに対して売り渡すことを希望しており、
　よってここに、本契約の以下に規定する相互の約束を約因として、本契約の当事者は次の通り合意する。

―――――― 解説 ――――――

1❖無額面普通株式（common stock with no par value; common stock without par value）

　普通株（common stock）とは、議決権（voting right）のある株式をいう。事業の支配権を掌握するためには、"common stock"を保有することが必要である。"common stock"と対立するもうひとつの種類株式を優先株（preferred stock）と呼んでいる。「優先（preferred）」という

快い響きに反して、優先株は通常、経営に関しての発言権は小さく、普通株のような価値はない。なぜ、優先株と呼ばれるかという理由は、配当について優先的に財源が回されるというだけである。株式市場に上場されて流通するのも、普通株(common stock)である。普通株には、額面(par value)のある株式と額面のない株式(stock with no par value; stock without par value)とがある。

2❖constitute 100% of the outstanding and issued capital of the Company
　本会社の発行済み普通株式100％の買い取りにより、買主は事業の譲渡を受ける。その意味で、このリサイタル条項の説明は、取引の性格をよく表しており、明快である。

3❖the outstanding and issued capital
　"issued"は株式が「発行された」こと、"outstanding"は株式が「自社株消却されずに現存している」ことを表す。ここでは「発行済み株式」と訳した。

リサイタル条項③ | Recitals　　例文506
◇株式売買による事業の譲渡契約
◇株式の一部を譲渡する

WHEREAS, ASAYURI Television Company Limited (the "Company") has issued an aggregate of one hundred (100) shares of its common stock ("Common Stock"), of which twenty (20) shares have been issued to John Keats Company Limited of London ("JKC"), and eighty (80) shares have been issued to Karen View Corporation of San Francisco ("KVC"),

WHEREAS, Aurora Borealis Corporation of Kanda-Surugadai, Chiyoda-ku, Tokyo ("ABC") wishes to purchase from KVC, and KVC is willing to sell to ABC, thirty (30) shares of the Common Stock of the Company,

NOW, THEREFORE, in consideration of the promises herein contained and other good consideration, the parties hereto do hereby agree as follows:

[和訳]
　アサユリ・テレビジョン株式会社(「本会社」)は、合計100株の普通株式(以下「普通株」という)を発行しており、そのうちの20株はロンドンのジョン・キーツ株式会社(以下「JKC」という)に対して、80株はサンフランシスコのカレン・ビュー・コーポレーション(以下「KVC」という)に対して発行されている。
　本会社の普通株30株を、東京都千代田区神田駿河台のオーロラ・ボレアリス株式会社(以下「ABC」という)は、KVCより買い受けたいと希望し、KVCは、ABCに売り渡したいと希望している。
　よってここに、本契約に含まれる約束、ならびに他の十分な対価を約因として、

両当事者は以下の通り合意する。

解説

1❖株式の一部の譲渡と事業の一部の譲渡

　本例文は例文504、例文505と異なり、対象とする会社の全株式でなく、一部（30％）のみの譲渡である。結果としてあるいは目的として、合弁事業としての運営、事業提携を図る場合と、単に配当を目的とする場合とがあろう。ただ、30％という大きなシェアを保有するからには、相手方との合意さえ成立すれば、役員を派遣したり、経営に参画したりすることも考えられる。30％の株式保有というのは、他の株主とどのような合意ができるかにより、経営への参加の程度はさまざまである。

2❖発行済み株式数の確認をおこない、譲渡の意味を確認する

　リサイタル条項の重要な役割のひとつは、譲渡対象となる株式銘柄の普通株式の発行総数を確認し、この契約における株式譲渡がどのような意味を持っているのかを確認することである。

第3節 株式譲渡契約の重要条項　Transfer of Shares

●―第1款　株式譲渡条項

株式譲渡条項① | Sale and Purchase　　　　　　　　　　　　　　　　例文 **507**

◇株式の売り渡しと買い受けの合意
◇全株式の譲渡
◇額面株式の譲渡

> 1.1 Subject to the terms and conditions herein set forth, the Seller hereby sells and transfers and the Purchaser hereby purchases and accepts the transfer of, from the Seller at the price specified in Article __ of this Agreement, the total of one hundred (100) shares, of which par value is _____ and which constitute one hundred (100) percent of all the issued and outstanding shares in the Company (hereinafter referred to as the "Shares").
>
> 1.2 The transfer of the Shares hereunder shall become effective as of the first day of June, 20__ (hereinafter referred to as the "Transferring Date").

> ［和訳］
> 1.1 本契約の条項と条件に従って、売主は、本契約により買主に対して額面が_____である100株の株式全部を本契約第__条に定める価格で売り渡し、移転させるものとし、買主は、売主からこれを買い受けて移転を受けるものとし、売り渡される株式100株は、本会社の発行済み株式の100％（以下「本株式」と呼ぶ）にあたるものである。
> 1.2 本契約による本株式の移転は、20__年6月1日に有効となるものとする（以下「移転日」と呼ぶ）。

――――――――― 解説 ―――――――――

1 ❖額面株式の譲渡

　譲渡される株式は額面の場面と無額面の場合がある。額面株式の場合、額面の金額を譲渡条項に記載し、株式を特定する。本例文でも、譲渡の株式が、会社の発行株式のどの程度の比率を占めるかを明確にしている。本例文では、100％の株式の譲渡であり、事業まるごとの譲渡にあたる。

2 ❖「売主が売り渡し、買主が買い受ける」という確認

株式の売買でも、売主が売り渡し、買主が買い受けるということを、双方から確認する方法で契約を規定する。記述を簡単にするために、売主が買主に対し、売り渡すことのみを規定するドラフト(契約書案)を見ることがあるが、それだけでは買主が本当に買い受ける義務があるのかどうか、後日、買主側から争われるリスクが残る。つまり、買主は買い受けることを約束したわけではなく、売主のみが義務を負い、買い受ける場合の価格が決まっているだけだという主張の仕方である。また、一方のみが拘束される契約ではその法的拘束力に疑問が残る。くどいくらいの言い回しであるが、ねらいがあるのである。

例文508 株式譲渡条項② | Sale and Purchase

◇株式の売り渡しと買い受けに合意する基本的な文言

> Subject to the terms and conditions set forth in this Agreement, KVC hereby sells and agrees to transfer the Shares to ABC, and ABC hereby purchases and agrees to accept the transfer of the Shares from KVC.

[和訳]
> 本契約に規定する条項、条件に従って、KVCは本契約により、本株式をABCに対して売り渡して(所有権を)移転することに同意し、ABCは本契約により、KVCから本株式を買い受けて(所有権の)移転を受けることに同意する。

解説

1 ❖ 売主の義務──株式を売り渡し、移転させる(sell and transfer)

株式の売買契約における売主の基本的な義務は、株式を売り渡し、その所有権を移転させること(sell and agree to transfer the Shares)である。本例文は、その基本的な義務のみを規定している。クロージングをおこなうかどうかは、単にその進め方の問題であって、株式譲渡に必要な前提ではない。

2 ❖ 買主の義務──買い受け、移転を受ける(purchase and accept the transfer)

株式の売買契約における買主の基本的な義務のひとつは、株式を買い受け、その所有権の移転を受けることであり、もうひとつは、その代金を支払う(pay the purchase price for the Shares)ことである。

株式譲渡条項③ | Sale and Purchase

例文509

◇ノミニー(nominee)が２名いるが、実質的には株主は１名で100％保有というケース
◇額面株式の譲渡

Article __ Sale and Transfer of Shares

1. Subject to the terms and conditions set forth hereunder, the Seller hereby sells and transfers and the Purchaser hereby purchases and accepts the transfer from the Seller at a price specified in Article __, a total of Two Hundred and Fifty (250) shares, of which par value is _____ and which constitute one hundred percent of all the issued and validly existing shares in the Company (hereinafter called the "Shares").

2. The Seller hereby represents and warrants to the Purchaser that the present shareholding of the Company is as follows;

   the Seller   240 shares
   Miss Soyeon Park   5 shares
   Miss Sayaka Nakaoka   5 shares

   and that the latter two shareholders hold a part of the Shares as nominees of the Seller and therefore that the Seller is an ultimate owner of the Shares and has an absolute right to dispose of the Shares in any manner as the Seller may deem appropriate.

3. Five shares out of Two Hundred Fifty shares shall be transferred to a nominee of the Purchaser, Miss Minako Abe, and, as a result, the shareholding immediately after the transfer hereunder shall be as follows,

   the Purchaser   245 shares
   Miss Minako Abe   5 shares

4. The transfer of the Shares hereunder shall become effective as of the first day of January, 20__, (hereinafter called the "Transfer Date").

5. Before the Transfer Date, the Seller shall, in accordance with the instructions given by the Purchaser from time to time, take procedures to modify the Articles of Association of the Company to conform with the draft Articles of Association of the Company attached hereto as Exhibit __, so that such modified Articles of Association shall become effective on the Transferring Date.

[和訳]

第__条　株式の売買と移転

1. 本契約に規定する諸条件に従って、額面が_____で本会社の発行済みかつ有効に存続している株式すべての250株式(以下「本株式」という)を、本契約第__条に規定する価格で、売主は売り渡し、譲渡し、また買主は、買い受け、引き渡しを受けるものとする。

2 本契約により、売主は買主に対し、本株式の現在の株式保有(株主)構成が次の通りであることを表明し、保証する。
　　売主　　　　　　　　　240株式
　　朴昭蓮　　　　　　　　5株式
　　中岡　さや香　　　　　5株式
　また、あとの2者は、売主のノミニー(名義人)として本株式の一部を保有していること、したがって、売主が究極的な本株式の保有者であり、売主が適切と考えるいかなる方法によっても、本株式を処分する完全な権利を保有することを表明し、保証する。

3 250株式のうち、5株式については、買主のノミニーである安部美奈子に譲渡されるものとし、したがって、本契約のもとでの譲渡の直後の株主構成は次の通りとなるものとする。
　　買主　　　　　　　　　245株式
　　安部　美奈子　　　　　5株式

4 本契約に基づく本株式の移転は、20__年1月1日(以下「本移転日」という)をもって有効となるものとする。

5 本移転日の前に、売主は、買主により随時出される指示に従って、本会社の定款を、定款変更が本移転日をもって発効するように本契約添付別紙__の本会社の定款案に変更するよう、手続きを取るものとする。

解説

1 ❖ ノミニー(nominee)

　株式の保有の仕方に"nominee"(ノミニー)という形がある。実際の資金、勘定は他の人のものだが、制度上、あるいは何らかの要請があって、いわば名義を借りるのである。そのようなノミニーが、法律上違法となる場合もなくはないが、むしろ少ない。それほど実務が先行しているのが、現実の世界なのである。本例文は、譲渡する側(売主側)に、名義株を持っている人(ノミニー)が2名いるという設定である。

　付言すると、名義株の保有の仕方にはいくつかの形態があり、実際に勘定を持つ本人から名目株購入資金の融資を受けた名義人が本人の勘定で保有する場合と、そこまでせずに、金額も小さいからと名義人自身が少額ながら負担して保有することなどがある。負担にならないほど小さな金額の場合は、この方法もなされる。

　名義株はなぜ名義株による保有という手段を採用しているのか、その背景・法的根拠を調査するのが、法務部門の仕事になる。場合によっては、名義株による保有自体が刑事罰で禁止されている法制もあるからである。1970年代後半にナイジェリアで実施された経済の国民化政策とそれを達成するための法制では、実際、名義株は違法とされて刑事罰が科された。インドネシアをはじめ他の比較的穏やかな制度を採用する国々では、刑事罰が科されるほど厳格な制約はないことが多く、これらの国では制度というより執行面で判断されることになる。弁護士事務所で、名義株保有用の会社をいくつも用意していて、クライアントに活用するよう提案してくる国もあるくらいである。空っぽの会社をいくつも所有

して、クライアントに提供できるよう用意することもある。そのような会社を"shell company"（シェルカンパニー）と呼ぶことがある。

2❖名義株の2名分を含め、250株全株（発行株式の100％）を譲渡する（第1項・第2項）

3人のうち2人は名義株主であり、実質的には1人の株主であることを契約の中で説明している。これは、第3項の買主側の株主構成にもヒントになっており、名義株であることを契約書で明らかに記録でき、買主側の説明資料にもなる。会社設立時に、発起人制度を採用している国は、世界にはいくつもある。発起人分の株式の払い込みは、通常、発起人の自己勘定というよりは、実質的なオーナーの会社などが負担してなされることが少なくない。そのような場合にも、株式譲渡による事業譲渡の際には、実質的なオーナーが1人であることを説明して、契約上もその旨明記することは、契約実務の上でも会計上も、自然な対応方法のひとつである。

3❖買主側の株主構成、名義株の使用の明記

会社法と会社の運営上の実務は、それぞれの国、社会で合理的と考えられる方法により実施される。不正や法律違反でない限り、ある程度はその現地に合わせることも、円滑に会社を運営するひとつの選択肢である。

4❖1月1日（祝日休日）の日に契約を発効させることも可能

契約調印を1月1日に実施することには、不自然さがともなうかもしれない。しかし、祝日に発効するという規定は、両者が合意すれば十分有効である。

5❖定款変更

譲渡発効の日にただちに営業が新体制のもとで実施できるように、定款変更の手続きを実務として早くなすことも選択肢のひとつである。

6❖名義株の税法上や財務諸表上の取り扱い

名義株の税務上、あるいは財務諸表上の取り扱いについては、その名義株の方式を採用している根拠・理由により、一律にはこうだとは言い切れない面がある。

たとえば、従来の日本のように、会社の設立時の発起人制度が採用され、実質親会社100％の子会社であるにもかかわらず設立時に複数の株主がいる場合には、財務諸表や税務上も、実質的な株式所有者を株主として取り扱われることがある。

ただ、海外で名義株が採用される背景には、設立国の住民・国民など一定の要件を備えた者にのみ所有が認められ、それ以外の例は禁止・制限されることもある。違反については、制裁も含め、どのような取り扱いになるのか明確ではない場合も少なくない。そのような場合の税務上、または財務諸表上の取り扱いについては、専門家や関係当局の意見にも耳を傾け、個別に吟味・判断し、対応することが賢明である。

飛鳥凛と上司の日高尋春氏が、以前ある海外の案件で経験したそうであるが、税務当局で、名義株も実質的な所有者を認定し、外国税額控除など制度上の恩典が適用されたことがあるという。税務問題など、裁量行政という分野の問題には、さまざまな形での説明、丁寧な調査、相談が欠かせないというのが、彼らの持論のようだ。

例文510 株式譲渡条項④ | Sale and Purchase

◇クロージング(closing)による譲渡
◇無額面株式の譲渡

> Subject to the terms and conditions herein set forth, KVC and ABC agree that at the Closing (as hereafter defined), KVC shall sell to ABC, and ABC shall purchase from KVC, one hundred (100) shares (the "Shares") of the Common Stock with no par value of the Company owned by KVC at the purchase price of One Million United States Dollars (US $1,000,000) (the "Purchase Price").

[和訳]
　本契約に規定する条項、条件に従って、KVCとABCは、（これから定義する）クロージングにおいて、KVCが保有する本会社の無額面普通株式100株（以下「株式」という）を、百万米ドル（100万米ドル）の譲渡価格（以下「譲渡価格」という）で、KVCがABCに対し売り渡し、ABCがKVCから買い受けることに合意した。

――― 解説 ―――

1 ❖ クロージングで(at the Closing)

　事業や株式の売買で、期日と時間を定めて、売主と買主が互いの債務を同時に履行するための手続きをクロージングと呼んでいる。重要な資産を交換するわけであり、株式の譲渡手続きと代金の払込手続きが同時になされる。履行の時間がずれることによって、一方が不測の損害を被らないようにするデバイスのひとつである。株券が発行されている場合は株券(stock certificate)の交付、不発行のもとでは株主名簿への株主名義の記載等による株式譲渡(transfer)に対し、現金または小切手(check)による支払いがなされる。全株式の譲渡のように経営権が買主に移る場合は、会社の全取締役の辞任届けや銀行・倉庫などへの代表・代理人変更手続きなども同時におこない、円滑な移転を図ることが大切である。あたかも人質を身代金と交換するような緊張感を持って進められる。万が一、一方の手続きが早く進行して、その直後に相手方が破産申請をしたり不履行を決めたりした場合に備えた工夫ということができる。不動産の売買の際にも同様の手続きが取られることがある。米国や英国では、クロージングは実務上、法律事務所でおこなわれることが多い。オランダをはじめ欧州各国では、公証人の事務所でおこなわれることがある。

2 ❖ The Seller agrees to sell to the Purchaser and the Purchaser agrees to purchase from the Seller ...

　「…を売主は買主に売り渡し、買主は売主から買い受けることに合意する」の意である。本例文では"KVC and ABC agree that KVC shall sell to ABC, and ABC shall purchase from KVC"としている。KVCが売主、ABCが買主である。
　この表現が売買契約の基本形である。一方が直接、相手と取引をおこなうことと、両方がそれぞれ売主、買主として互いに相手に約束している形を明確にしている。

3❖譲渡金額の書き方における留意事項──米ドル以外の通貨で価格を決める場合

米国以外の国での取引、たとえば欧州やアジアの国々での取引では、株式の売買価格を米ドル以外の現地通貨で取り決める場合がある。この場合、送金通貨がその国の通貨でなく、標準的な国際送金通貨である米ドルによらざるをえないことがある。売主が不誠実な相手先の場合、契約違反だと主張する根拠にもなりうる。したがって、代金の決め方自体に工夫と注意が必要となる。たとえば、"at the purchase price of a sum equal to _____"（通貨の単位）というように記載する。

●─第2款　デュー・ディリジェンス調査

事業の買収交渉の過程では、売主側の資産、在庫、営業などの現状について、買主側が自分の目で確認したいと思うことがある。売主側の説明が誠実なものであっても、数字やリストだけではすべてが伝わるとは限らない。それぞれの企業には歴史、人柄にもたとえられる社風、職人気質、規律、職場の空気など、言葉では伝えられないものもある。実際に職場、工場、店舗の現場に往訪し、従業員に話を聞き、買主側の目で確認したいという希望がある場合に実施される調査のことを、"due diligence investigation"と呼んでいる。

日本では、相手を信頼して契約交渉をすることが基本であるという感覚が強く、いままではこのような調査の実施は一般的ではなかった。そのせいか、ぴったりと対応する言葉が見つからない。翻訳しづらい言葉である。やむを得ず、契約書やビジネスの現場でも、そのまま、デュー・ディリジェンスと呼ぶことが多い。デュー・ディリジェンス調査などと呼ぶこともある。

株式売買による事業譲渡の場合、最終的に交わす株式売買契約書には、通常、デュー・ディリジェンス調査についての規定はしないことも多い。なぜなら、買主が希望するときは、実際にそのようなデュー・ディリジェンス調査を実施し、満足してはじめて契約が作成されるのが通常のプラクティスだからである。しかし現実には、最終的な価格について合意する前に、レター・オブ・インテント（Letter of Intent）や覚書、仮契約を締結し、クロージングの前にデュー・ディリジェンス調査を実施し、実際にクロージングまで進めるか価格調整をするか、それともクロージングを見送るかなど、さまざまなバリエーションがある。

オーロラ・ボレアリス社の日高尋春氏が飛鳥凛をともない交渉した際にもそのような例があり、契約書の中で、デュー・ディリジェンス条項を規定したことがあるという。飛鳥凛が、心もとない顔でドラフトしていたのを、いまでも日高尋春氏は思い出すという。デュー・ディリジェンス調査の扱いは、実際、非常に難しい。そもそも、契約がクロージングに進み、履行されるかどうかが不確かな上、場合によっては、特に日本側の買主は費用負担や時間を考えて、省略すると決めることもある。日高尋春氏と飛鳥凛が携わったある株式買収のデュー・ディリジェンス調査では、会計士・弁護士の派遣も含めて6千万円かかったという。

ここでは、飛鳥凛のドラフトを紹介して、検討してみよう。飛鳥凛は買主側である。

例文511 デュー・ディリジェンス条項① | Due Diligence

◇買主側はデュー・ディリジェンス調査を実施できる
◇買収対象会社の人員にインタビューを実施できる
◇調査実施中は双方ともプレス発表をしない

Article __ Due Diligence Investigation

1. The parties hereto understand and agree that the Purchaser may, at its option, conduct a legal and accounting due diligence investigation of the business and properties of the Company at its own expenses during the period beginning on _____, 20__ and ending _____, 20__.

2. The Purchaser may have access to the items it has requested and which are listed in Exhibit __ attached hereto which constitutes an integral part of representations and warranties by the Seller.

3. The Purchaser may investigate the information as listed in Exhibit __ which was already provided by the Seller to the Purchaser in _____, 20__, which constitutes an integral part of the representations and warranties by the Seller.

4. Upon the request of the Purchaser, the Seller will cause the Company to enable the Purchaser and its attorneys and accountants to carry out such due diligence investigation during the normal business hours of the Company at such premises of the Company as designated by the parties hereto.

5. The Purchaser and its attorneys and accountants may interview with such persons of the Company as designated by the Company.

6. The total period of such due diligence investigation will not exceed seven (7) days, and the total hours of such interview with persons of the Company shall not exceed twenty (20) hours.

7. For the duration of such due diligence investigation, neither party hereto shall issue any press release or make any public announcement regarding such due diligence or the transaction contemplated herein without the prior written consent of the other parties hereto.

8. In case the due diligence investigation is conducted, each party shall bear its own costs to be incurred in connection with the due diligence investigation.

9. In case the Purchaser fails to give a written notice of its decision to conduct the due diligence investigation to the Seller by the end of _____, 20__, the Purchaser will be deemed to have waived its right to conduct such due diligence investigation, without prejudice to any other right of the Purchaser under this Agreement.

[和訳]
第__条　デュー・ディリジェンス調査

1 本契約当事者は、買主がその自由裁量で、20__年_____に開始し、20__年_____に終了する期間に、自己の費用負担で、本会社の事業内容と資産について法的、会計上のデュー・ディリジェンス調査を実施することができることを了解し、合意する。
2 買主は、買主が要求し、本契約の添付別紙_____に列挙した項目についてアクセスできるものとし、かかる項目は売主による表明と保証の不可分な一部を構成するものとする。
3 買主は、すでに20__年__月__日に売主から買主に提供された添付別紙_____に列挙した情報の調査をすることができるものとし、その情報は、売主による表明と保証の不可分な一部を構成するものとする。
4 買主の要請があるときは、売主は本会社に対し、本会社の通常の営業時間中に当事者により指定された場所で、かかるデュー・ディリジェンス調査について買主、その弁護士ならびに会計士により実施できるように取り計らうものとする。
5 買主とその弁護士ならびに会計士は、本会社により指名された本会社の人員に対しインタビューができるものとする。
6 デュー・ディリジェンス調査にかけることのできる合計期間は7日間を超えないものとし、本会社の人員に対するインタビュー時間の合計は20時間を超えないものとする。
7 デュー・ディリジェンス調査の期間中、いずれの当事者も、相手方による事前の書面による同意なしに、かかるデュー・ディリジェンス調査または本契約で企図される取引に関するいかなるプレスリリースまたは公表はしないものとする。
8 デュー・ディリジェンス調査が実施されるときには、それぞれの当事者は、デュー・ディリジェンス調査に関連してかかるそれぞれの費用を負担するものとする。
9 買主が20__年__月の最終日までに売主に対してデュー・ディリジェンス調査を実施するという決定の書面による通知をしないときは、買主は、本契約における買主の他の権利を何らそこなうことなく、かかるデュー・ディリジェンス調査の実施に関する権利を放棄したものとみなされる。

解説

1❖買主は随意の選択により、デュー・ディリジェンス調査を実施できる（第1項）

　飛鳥凛が買主側のデュー・ディリジェンス調査を義務でなくオプションとしたのは、それまでの実経験から、デュー・ディリジェンス調査は、交渉への進捗状況や買収する事業の把握次第で省略することも選択肢のひとつだと割り切っているからである。具体的なケースでは、買収候補企業にすでに出向者を派遣して現状を把握していたという背景がある。相手方より正確に財務状況も把握していたという。

2 ❖ デュー・ディリジェンス調査の費用は実施する側の負担

本例文では、実施する場合は買主の負担と規定している。費用負担をめぐる件では、飛鳥凛の驚いた経験がある。本例文のように、相手方で数日間にわたりインタビューをした後、交渉打ち切りを決断し通知した際に、相手方から請求書が届いた。金額は数万ドルにのぼる。インタビューにあたったメンバーの時間あたりの給与まで計算して、その費用を請求してきたのである。その経験に懲りて、飛鳥凛はそれ以後の契約では、上記第8項のように、それぞれが自分の側の費用を負担すると明確に規定するようにしている。飛鳥凛の反省をいえば、最初の契約では、第1項のように、「買主側の費用負担で」という言葉が入っていた。飛鳥凛は、買主側から派遣するメンバーの航空運賃、宿泊費、交通費等を念頭にこのように規定したのだ。しかし相手側は静かに、だが決然と「デュー・ディリジェンスのために各地から、ABC社のために説明するメンバーを呼び寄せたのだから、その費用を負担するのは当然だ。しかも、あなたのドラフトした契約書には、『買主の費用負担で』実施することができると書かれている。説明者の航空旅費、ホテル代、日当、時間あたりの給与（アブセンス・フィー）も計算し、請求書に記載されている」と反撃してきた。

3 ❖ デュー・ディリジェンス調査を実施しないときの規定（第9項）

実施するという通知を期限までにしないときは、実施する権利を失うことと、そのことは、買主の他の権利には何の影響も与えないことを規定している。

4 ❖ デュー・ディリジェンス調査の細目（第4項・第6項）

調査・インタビューの合計日数・時間の上限を設定するほか、調査やインタビューは会社の通常の営業時間内と規定している。秘密を必要とするときは、土曜日曜、祝日など一般の従業員がいない場で実施する特約を決めることもある。その場合は、明確にその旨を記載して誤解を防ぐ。

5 ❖ デュー・ディリジェンス調査と秘密保持、広報

広報も大事であるが、会社のイメージ・信用の面からいうと、デュー・ディリジェンス調査は会社で働く従業員や取引先に対し、不安を呼び起こすこともある。基本的な姿勢として、不用意にマスコミに情報をリークしないよう注意をするとともに、ニュースリリースや取材記者への対応など、統一的に両者で対応できるように契約でも規定しておくことがある。マスコミ対応は個別案件ごとに対処し、取り決めていく。従業員への説明、秘密保持についても考える必要がある。必ずしも、契約書の問題ばかりではない。

海外における事業を買収しようとするときは、その買収を進める側とそれまで事業に関わってきた人々との間に、資産・財産・金銭的な秤では評価しえないさまざまな思いが絡んでくる。M&Aでは、単に取引の「勘定」だけでなく、買収される側に関わる人々の「感情」に対し、どう対処するかも大事である。

情報の管理と発信の仕方は、M&A遂行の重要な柱のひとつである。デュー・ディリジェンス調査の途中で、うっかり不用意な発言をすると、その報道が引き金となって、紛糾することが起こりかねないので双方が心がけなければならない。日高尋春氏と飛鳥凛が、ある買収を手がけていたある朝、地元紙を見て驚かされたことがある。大きく、見出しの字が躍っていた。

"Pearl Harbor Again! Our local company is attacked by Foreign Capital!"

デュー・ディリジェンス条項② | Due Diligence　　例文512

◇due diligenceの代わりの用語、accessを使用する
◇デュー・ディリジェンス調査を実施し、買収対象企業の帳簿等にアクセスできる
◇買主は、買収対象企業の運営、財産状態等に関する書類のコピーを作成できる

Article ___ Access

Until the Closing or the termination of this Agreement in accordance with this Agreement in its terms, whichever first occurs, the Seller:

(i) will provide the Purchaser and its representatives full access to the books, records, facilities and senior management and financial personnel of the Company and provided that the Purchaser informs the Seller reasonably in advance and allows such participation by the Seller or its representative as each of them may reasonably request, such customers, suppliers and employees of the Company, and such other persons having to do with the Company's business or properties as the Purchaser may reasonably request; and,

(ii) will permit the Purchaser and its representatives to make copies and retain other documentation with respect to the Company, its business operations, financial position, prospects and properties.

[和訳]

第___条　アクセス

クロージング、または本契約に従ってその規定により本契約が終了するか、いずれか早く起きるときまで、売主は以下に挙げる事項を認めることとする。

(i) 買主ならびにその代理人に対し、本会社の帳簿、記録、施設、上級経営担当者ならびに財務担当人員に対する十分なアクセスと、また、買主が売主に対し、合理的に前もって通知し、かつ売主またはその代理人のそれぞれが合理的に要請する同席を認めるという条件で（買主が）合理的に要請する、本会社の顧客、仕入先、従業員または本会社のビジネスまたは資産と関わりのある人々に対するアクセス。

(ii) 買主ならびにその代理人に対し、本会社、その事業の運営、財産状態、将来の業績見通しならびに資産に関連する他の書類についてのコピーの作成と保有。

解説

1❖デュー・ディリジェンスという用語を避ける

事業買収にあたっては、買主はクロージングまでに実際に考えていることが本当にそうであるのか、買収対象の事業にアクセスを図り、専門家とともに往訪し、調査し、関係人員にインタビューを実施し、関心ある帳簿等のコピーを受け取りたいと考えることがあ

る。これらを正式に正面から実施することを"due diligence investigation"（デュー・ディリジェンス調査）と呼んでいるが、売主側がこの用語を好まないことがある。また、先の例文511で飛鳥凛が対応とドラフティングに苦心していたように、デュー・ディリジェンスを結局実施しないこともある。

そのような状況を踏まえ、日高尋春氏の指示のもとで、飛鳥凛がもう一度工夫してたどり着いたもうひとつのドラフトを紹介し、一緒に考えてみたい。あえて、デュー・ディリジェンスという用語を避けているが、実質的には、同様のねらいを持ち、ニーズに対応しようとしている。それは、アクセス（access）である。ライセンス契約、秘密保持契約でのキーワードでもある。アクセスを認められるのは、"need to know"ベース。

あなた自身が、このドラフティングに取り組むとしたら、どちらのドラフトに近いだろうか。

2❖買主に買収対象会社の帳簿、施設、財務担当者等へのアクセスを認める

買主は、買収対象会社の事務所等を往訪し、その帳簿、施設、財務担当者等にアクセスが認められ、確認をすることができる。売主側は、希望すれば、自らまたは代理人により立ち会うことができる。

3❖必要な資料のコピーを取り、手元に置く（retain）ことができる

第1項でアクセスが認められ、第2項でコピーを取り、持ち帰ることが認められる。

4❖provided that the Purchaser informs the Seller reasonably in advance

先の例文511では、デュー・ディリジェンスの期間をあらかじめ決め、また費用についても、往訪しインタビューするにも、非常に厳格に構えてドラフティングを実施している印象があった。本例文では、飛鳥凛は自然体というか、構えを見せず、飄々としたスタイルで同様の企てをなすことができるようにドラフトしている。工夫の跡が見られるような気がする。

例文513 デュー・ディリジェンス条項③ | Due Diligence

◇買収対象の事業情報にアクセスする買主側の権利と買主側の費用負担を規定する
◇情報へのアクセスは、買主側が要請したときに限りおこなうことができると規定する

> Article ___ Access to Information; Reimbursement of Out-of-Pocket Expenses of the Seller
>
> 1　The Seller shall, upon the request of the Purchaser, provide to the Purchaser and their employees, counsel and representatives reasonable access, during normal business hours, information and assistance as is reasonably necessary for the Purchaser to verify and confirm any amount allocated to or proposed for the purchase of the Company pursuant to this Agreement, or for any other reason reasonably requested by the Purchaser in connection with this Agreement.
>
> 2　The Purchaser shall reimburse the Seller for reasonable out-of-pocket costs and expenses incurred in connection in assisting the Purchaser pursuant to this Article.

[和訳]
第__条　情報へのアクセス；売主の実際にかかった費用の買主による償還義務
1　買主の要請があるときは、売主は買主ならびにその従業員、弁護士及び代理人に対し、本契約に基づく本会社の買収のために割りあてられ、もしくは提示された金額の正当性を吟味し確認するために、または本契約に関連して買主から他の理由により合理的に要請された通常の営業時間中におけるアクセス、情報ならびに援助を与えるものとする。
2　買主は売主に対し、本条による買主への助力に関連して被った支出済みの合理的な費用については、償還するものとする。

―――――――― 解説 ――――――――

1❖買主が要請した場合の売主側の情報へのアクセス

買主側が、売主側の帳簿や人員から直接情報を獲得し、購入価格の評価をしたいと希望する場合に、当初は原則としてしなかったはずのアクセスを認めるかどうかという問題が起こることがある。当初からデュー・ディリジェンスを予定していれば、契約として確認できるが、例外的に買主が思い立ったとする。その対応としては、これまでの例文では、相手方、すなわち売主の側の費用を買主は一切負担しなかったが、歩み寄る妥協案がある。売主側の費用を買主が負担するのである。ただし、実費(out-of-pocket expenses)を埋め合わせる分の支払いとなる。このような場合は、費用を償還(reimburse)するという。本例文による場合、買主側から何も言い出さないときは、売主は買主に対し、アクセスを認めたり情報を提供することはしない。

2❖買主候補(candidate purchaser)からの譲渡対象事業の帳簿へのアクセスの可否

買主から要請があったときは、売主は、買主がその買収価格を評価し確認するための行為に協力し、必要な情報へのアクセスを認める。これは、通常の業務時間内とする。買主側は、従業員、弁護士、代理人をアクセスさせることができると規定している。

3❖秘密保持――売主側はどう秘密保持を図るか？

秘密保持をどう形式的、かつ実質的に確保するかが重要な問題となる。アクセスを認める相手は売買不成立の場合、ビジネス上のライバルになるリスクが現実にある。第三者に漏洩しなくても、ビジネスの競争上、情報を得た側が優位な立場に立つのは避けられない。売主側としては、どう対処するのが賢明か。

法務部の立場で考えてみると、契約書やその交渉の場面が浮かんでくるだろう。飛鳥凛が、上司の日高尋春氏からいつも受けている指導、あるいは訓練方法である。

例文514	事業譲渡	クロージング条項①
例文515	事業譲渡	クロージング条項②
例文516	事業譲渡	クロージング条項③

● 第3款 クロージング条項

例文514 クロージング条項① | Closing

◇クロージングの日時(ローカル・タイム)と場所を規定する

> The closing of the purchase and sale of the Shares pursuant to Article __ hereunder (the "Closing") shall be held at the office of _____ Law Firm of _____, San Francisco, California, USA at 2:00 pm local time, on June 1, 20__, or at such other time and place as KVC and ABC shall agree, but in any event, no later than July 1, 20__.

> [和訳]
> 　本契約第__条による株式売買のクロージング(「クロージング」)は、20__年6月1日SFローカルタイム(現地時刻)の午後2時に、米国カリフォルニア州サンフランシスコ市_____の_____法律事務所のオフィスにおいて、または、別途KVCとABCが合意する他の日時と場所において、おこなわれるものとする。ただし、クロージングはいかなる場合も20__年7月1日以降になることはないものとする。

─── 解説 ───

1❖クロージングの日の決め方

　実務では、あらかじめクロージングの日を決めて、その日を目標に準備を進めていく。ただ、クロージングの予定日が近づいてから、思わぬ事態や予想外の手続き、微調整が必要なこともあり、そのために別途合意して延期する余地を残すことも実務上多い。無限に延期していくと、売買自体の熱意が冷めることもある。そのため、遅くともいつまでにクロージングを完了するかは決めておくのが賢明である。

2❖クロージングの場所

　ひとつの候補として、法律事務所が適切である。金融機関が選ばれることもある。

例文515 クロージング条項② | Closing

◇クロージングで株式の移転と引き換えに代金を支払う
◇株券の交付による株式譲渡をおこなう場合の規定

> At the Closing, KVC will deliver to ABC share certificates, representing the number of the Shares sold under this Agreement, affixing proper endorsement duly executed by KVC on the back of the certificates, against the payment of the Purchase Price therefor,

by check payable to KVC or wire transfer per KVC's instructions.

> [和訳]
> 　クロージングにおいては、KVCはABCに対し、本契約により売り渡した株式数の本株式を表章し、KVCが適切に裏書きした株券を、KVC宛ての小切手またはKVCの指示による電信送金による購入代金の支払いと引き換えに、引き渡すものとする。

解説

1❖株式の譲渡は代金と引き換え
　クロージングでは、代金の支払いと引き換えに株式の譲渡がおこなわれる。代金の支払いには、通常は小切手または電信送金が使われる。

2❖deliver (share certificates) against the payment
　「代金と引き換えに（株券を）引き渡す」という意味である。近年、日本をはじめとして株券不発行のケースが増加し、株券の交付や裏書きによる株式譲渡方式は主流ではなくなってきた。しかし、伝統的な譲渡方式であり、例文515から例文517で取り上げることとする。株主名簿への記載方式による譲渡については、例文518を参照願いたい。

　実務上は、譲渡対象会社の設立地に関する根拠法の会社法の規定を調査することと、その他の実務に従うことが大事である。

　使用をあまり勧めるものではないが、ABC社の法務部新人部員飛鳥凛が日高尋春氏から教わった、あらゆる場合に使えるクロージングでの条項を付記する。

　"The closing shall take place on the Closing Date at the office of _____ at the city of _____ as of [_____] (am)/(pm). At the closing the parties hereto shall take such actions and they shall sign and execute such documents and agreements as shall be required to be taken, signed or executed, in order to consummate the transactions contemplated by this Agreement."

　飛鳥凛の話だと、あまりに厳密な株式譲渡手続きを規定しても、思いがけず株券が発行されていなかったり、当該国あるいは会社の実務に合わないことがあったりするので、このような「アバウト」な規定が役立つケースもあるという。

クロージング条項③ | Closing　　　　　　　　　　　　　例文516
◇クロージングで株券と引き換えに小切手または銀行振り込みで支払う

The closing of the transactions contemplated in this Agreement (the "Closing") shall be held at 11:00 am (_____ time) at the office of _____ Law Firm in the city of _____, on June 1, 20__ or at such other date, time and place as KVC and ABC may agree upon. At the Closing,

(a) KVC shall deliver to ABC validly issued stock certificates representing the Shares being sold by KVC, affixing proper endorsement duly executed by KVC on the back of the certificates;

(b) ABC shall deliver to KVC a check in the amount of _____ United States Dollars (US $_____), or transmit the same amount to such bank account of KVC in _____ as may be designated by KVC.

[和訳]

本契約で企図されている取引のクロージング（以下「本クロージング」という）は、20__年6月1日、_____市の_____法律事務所のオフィスで（_____時間の）午前11時、または別途KVCとABC間で合意される他の日時と場所で、開催されるものとする。

本クロージングでは、

(a) KVCは、KVCが売り渡す株式を表章する正当に発行された株券を、その株券の裏側に正当に裏書きをした上で、ABCに引き渡すものとし、

(b) ABCは、_____米ドルの金額の小切手をKVCに引き渡すか、またはKVCによって指定された_____のKVCの銀行口座に同額を送金するものとする。

解説

1 ❖ 株式と株券

株式が"stock"または"share"であり、株券が"stock certificates" "share certificates"である。

2 ❖ 裏書（endorsement）

株式の裏書を"endorsement"という。

3 ❖ 振込（transmittance）

送金方法には、さまざまな方法がある。クロージングを開催するなら、あらかじめ電信送金をしておくか、または売主の口座のある銀行で振込み手続きをおこなうのが、時間のずれがなく実務的である。そうでないときは、受取口座のある銀行にあらかじめ送金しておき、同じ銀行内で手続きをすることもできる。クロージングでは、1時間の差が致命的なミスを引き起こすことがある。地域による時差やサマータイムなど、時間をしっかり確認して臨む必要がある。

4 ❖ クロージングの場所と時間

各国、各地により時差があることを踏まえ、クロージングの場所とローカルタイムを、しっかり規定する。

クロージング条項④ | Closing 例文517

◇株式売買につき、株式の種類、株式数、売買価格等を規定する
◇クロージングにおける代金の支払い、株式譲渡方法（ここでは株券の交付等）を規定する

Article ___ Terms of Transaction; Purchase Price; Closing

1 Purchase and Sale of Stock

On the basis of the representations, warranties and agreements of the Seller and the Purchaser, and subject to the terms and conditions herein stated, the Seller and the Purchaser agree that at the Closing, the Seller shall sell to the Purchaser, and the Purchaser shall purchase from the Seller, one hundred (100) shares (hereinafter referred to as the "Share") of common stock without par value per share of the Company owned by the Seller at the purchase price of One Million United States Dollars (US $1,000,000) (hereinafter referred to as the "Purchase Price").

2 Closing

The closing of the transactions contemplated hereby (hereinafter referred to as the "Closing") shall be held at 10:00 am (_____ time) at the office of _____ Law Firm in the city of _____, on April 7, 20__, or at such other date, time and place as the parties hereto may agree upon (the actual time and date of the Closing is hereinafter referred to as the "Closing Date").

At the Closing:

(1) the Seller shall deliver to the Purchaser validly issued stock certificate representing the Share being sold by the Seller, affixing proper endorsement duly executed by the Seller on the back of the certificate, if necessary, with any required stock transfer stamps affixed against payment of the Purchase Price;

(2) the Purchaser shall have delivered to the Seller a check in the amount of One Million United States Dollars (US $1,000,000) or transmitted the same amount to such bank account of the Seller in _____ as the Seller may designate.

［和訳］
第__条　取引の条件；購入価格；クロージング
1　株式の購入と売り渡し
　売主と買主との表明、保証ならびに合意を基礎として、また、本契約に規定される諸条件に従って、売主と買主はクロージングにおいて、売主によって保有される本会社の無額面普通株式100株（以下「本株式」という）を、100万米ドル（1,000,000米ドル）の購入価格（以下「本購入価格」という）で売主が買主に対して売り渡し、買主が売主から買い受けすることに合意するものとする。
2　クロージング
　本契約により企図される取引のクロージング（以下「クロージング」という）は、_____市の_____法律事務所において、20__年4月7日の午前

10時（_____時間）に、または本契約当事者が、別途クロージングのために合意する他の日、時間、場所（以下実際のクロージングの日時を「クロージングの日」という）に、実施されるものとする。

クロージングにおいては、

(1) 売主は買主に対し、購入価格の支払いに対して売主により売り渡される本株式を表章する有効に発行された株券を、必要に応じて株券の裏面に適切な裏書をし、移転にともない要求される印紙を貼付の上、引き渡すものとする。

(2) 買主は、100万米ドルの金額の小切手を引き渡し済みであるか、または売主が指定した_____の売主の銀行口座に同額を送金済みである。

解説

1❖株式の売買の合意──株式の種類、株式数、価格

第1項で合意しているのは、会社の無額面・普通株式100株を100万米ドルで譲渡するということである。本例文では、譲渡対象の株式を発行する会社の根拠法（会社法）を指定していないので、会社法次第では株券が発行されているケースも不発行のケースもありうる。

第2項の(2)は株券の発行を規定しているが、不発行のもとではその制度のもとでの譲渡手続き（株主名簿における株主名義の書き換えなど）を規定する。

2❖クロージング

第2項で、クロージングの日時、場所を決め、その日に実施する基本的な事項を取り決めている。株式の引き渡しと代金の支払いの履行がその中核である。それが株式の譲渡による会社の売買においてはもっとも重要な事項であり、他の規定はそれを補充するものといってもいいほどのものである。これまでは株式売買とクロージングを別の規定として扱ってきたが、本例文のように合わせてひとつの規定として定めることもできる。

3❖買収代金の支払い方法

本例文の最後の記載では支払い方法として、買収代金の100万米ドルを額面とする小切手による方法と、売主指定の銀行口座に振り込む方法を挙げている。実務では、実際にいずれかに決まっていれば、一方を契約書から削除しておけばよい。もし2つの支払い方法を残すなら、実際のクロージングの日に、いずれの方法であれ支払いが完了しているかどうかを確認するのが、当事者と弁護士の重要な仕事になる。それを確認し、引き換えに株券を交付するのが、クロージングの目的なのである。

"shall have delivered ... a check"は、"have"という語句があるため訳すのが難しい。「引渡しが済んでいる」あたりの感覚なのである。特に"shall have transmitted"となると銀行を介在させるため、履行される時間の確認が難しい。送金が完了していることを確認しようとしている。株式の移転手続きと代金の支払い完了が同時に履行されればよいのだから、"shall deliver"という表現を使うこともある。

4❖緊張感あふれるクロージング──人質解放と身代金の支払いとの対比

その際の緊張感は、日高尋春氏と飛鳥凛の話だと、ちょうど身代金と誘拐された人質の交換に匹敵するくらい緊迫感があふれるものだと聞いたことがある。

飛鳥凛から聞いた話では、日高尋春氏は、その知己のイギリス人弁護士が、イランのア

メリカ大使館人質事件の際、その人質の解放に関連して弁護士として代理の仕事を引き受け、無事、解放交渉をなし遂げたという。飛鳥凛は、当然、日高尋春氏の知己が代理したのは、米国人質側だと受け止めていたが、後の話ではどうも、逆にイラン側を代理していたようだ。弁護士は、いずれをも代理するのがプロフェッショナルであり、その覚悟なしにはなることができないと聞かされた。

クロージング条項⑤ | Closing　　　　　例文518
◇株券の譲渡を株主名簿への名義書換手続きによりおこなう

On the Closing Date, KVC shall transfer the Shares to ABC through the execution by the parties of the Deed of Transfer. KVC undertakes to cause the Company to acknowledge the transfer of the Shares as of the Closing Date and to register such transfer in its register of shareholders on the Closing Date.

［和訳］
　クロージングの日に、KVCはABCに対し、譲渡証書に両当事者が調印することにより、本株式を移転させる。KVCは、クロージングの日に本株式を譲渡することを本会社に確認させ、かかる譲渡をクロージングの日にその株主名簿に登録させることを約束する。

―――――― 解説 ――――――

1❖譲渡証書の調印
　株式の譲渡については、手続き上、一定のフォーマリティー（形式的手続き）を要求する法制や慣習を持っている国がある。たとえば、"the Deed of Transfer"（譲渡証書）を作成、調印するケースである。株式、船舶、不動産等の譲渡には、この譲渡証書が作成されることが少なくない。印紙税（stamp duty）の納付が必要なこともある。

2❖株主名簿の名義書換登録
　近年では、日本をはじめ株券不発行の場合が増加している。そうなると、株主名簿の名義書き換えは、従来のように第三者等への対抗要件を備えるだけでなく、株式譲渡を実施する手段・方法と位置づけられる重要な手続きになってくる。株式の譲渡について、株式を発行している会社に確認させ、その株主名簿の名義を新しい株主名義に書き換えて初めて、株主として扱われる場合も多い。むしろ大陸法系の国々では、このほうが一般的である。株主総会の召集通知、株主へのさまざまな通知、配当金支払い等のためにも、この株主名簿への新株主名義の登録が必要なケースがある。株券不発行のもとでは本会社が株主名簿の名義書き換えをおこない、確認しないと、譲渡そのものが認められないケースもある。定款に譲渡制限の規定があるケースもある。クロージングの日にすべての手続きが完

例文519 事業譲渡｜株式代金支払条項①
例文520 事業譲渡｜株式代金支払条項②

了しないときは、完了の期限を決めておく、譲渡代金の支払いの一部をその手続きの完了まで留保する、といった工夫をすることも必要になってくる。

第4款　株式代金支払条項

例文519　株式代金支払条項①｜Payment

◇分割払いとする
◇株式代金の決定方法、評価機関を規定する

> (a) The price of the Shares has been determined by KVC and ABC to be ＿＿＿＿＿＿＿＿ in total for all of the Shares. It is based on the net asset value of the Shares as of the 31st of December, 20＿, determined by KVC and reviewed and checked by ＿＿＿＿＿＿ ＿＿＿＿＿ Accounting Firm.
> (b) The price of the Shares shall be paid by ABC to KVC in installments in accordance with the following payment schedule:
>   (i) within ten (10) working days of the date of the Transferring Date: ＿＿＿＿＿
>   (ii) not later than the ＿day of ＿＿＿＿, 20＿: ＿＿＿＿＿＿＿＿
>   (iii) not later than the ＿day of ＿＿＿＿, 20＿: ＿＿＿＿＿＿＿＿

［和訳］
> (a) 本株式の価格は、その全株式につき、合計額で＿＿＿＿＿＿＿とKVC・ABC間で取り決められた。その価格（決定）は、20＿年12月31日現在の本株式の純資産額に基づいており、KVCにより決められ、＿＿＿＿＿＿＿会計事務所により検討、チェックされたものである。
> (b) 本株式の代金は、ABCによってKVCに対し、下記の支払いスケジュールにより、分割して支払われるものとする。
>   (i) 株式移転の日から10営業日以内に：＿＿＿＿＿＿＿＿＿＿＿＿＿＿
>   (ii) 20＿年＿＿＿＿月＿＿日までに　：＿＿＿＿＿＿＿＿＿＿＿＿＿＿
>   (iii) 20＿年＿＿＿＿月＿＿日までに　：＿＿＿＿＿＿＿＿＿＿＿＿＿＿

――――――― 解説 ―――――――

1❖代金の決定の根拠

株式譲渡といっても、何も売主と買主とが互いに相手に対し不信感を持って取引をするケースばかりとは限らない。むしろ、互いに業界で長い付き合いがありよく知っており、しかも信頼関係がある場合も少なくない。本例文は、そのような信頼関係に基づく取引のケースを想定している。

本例文で買主は、その株式の評価を売主の評価に任せているところがある。ただ、その評価の信頼性を高めるために、確認のため会計事務所による検査をしている。簡単なデュー・ディリジェンス(due diligence)といえよう。

2❖代金の支払いを分割払いでおこなう

株式代金の支払いといっても、売主と買主の信頼関係が確立していたり、支払う金額によっては、普通のビジネスと何ら変わるところがない。

本例文のケースは、支払いについては売主が買主を信頼しており、いわば延払い条件である。信頼関係が確立していない場合には、このような条件は希である。少なくとも売主の立場からは、確実な支払いを受けるために、保証状など債権確保手段を取るくらいの注意を払うのが通常である。

"＿＿＿＿"の欄には、3回分割支払いのそれぞれの金額が記載される。

株式代金支払条項② | Payment

例文520

◇クロージングのときに現金で支払う

(a) The purchase price for the Shares (the "Purchase Price") shall be a sum equal to ＿＿＿＿＿＿＿＿ (＿＿＿＿＿＿).
(b) The Purchase Price shall be paid at the Closing in cash.

[和訳]
(a) 本株式の売買価格(以下「売買価格」という)は、＿＿＿＿＿＿＿(＿＿＿＿＿)通貨単位と同額とする。
(b) 本株式の売買価格は、クロージングのときに現金で支払われるものとする。

―――― 解説 ――――

1❖売買代金が現地通貨(米ドル以外の通貨単位)取引のケースにおける代金額の記載の仕方

アジアや欧州等の株式の売買では、売買代金が米ドルでなく、その国の通貨によって取り決められることが多い。しかしながら実際の送金となると、国外への送金で特別な相手国あるいは特別な通貨であるとき、その所定の通貨では送金の手段がなく、米ドルによる送金となることが多いのも現実である。思わぬ事態に直前になって慌てることがある。このようなケースに備えて、契約代金の価格を現地の通貨を基準としつつも、その同額、同等の額という取り決め方をしておくのが、注意深い取り決め方である。国際送金にあたっては、米ドル以外はあてにならないケースが多い。そのために発生するトラブルの予防も考えなければならない。

契約書に、現地通貨そのものを代金額として記載したが、取引銀行からの国際送金通貨ではなかったため、同額の米ドルで送金したところ、契約違反に問われたケースがある。

2 ❖ 現金(in cash)、銀行振り込み(transfer to the bank account)

現金の支払いは、分かりやすい支払い方法である。ただ、金額が大きくなると、その保管や引き渡しの際に、盗難などの危険をともなう。現実には、銀行口座への振り込みをその決済手段に加えてリスクの回避を図ることが多い。その場合には、以下のように取り決める。

"ABC shall transfer an amount equal to the Purchase Price on the Closing Date to the bank account of _____ with _____ Bank in the city of _____."

（ABCは、クロージングの日に、売買代金と同額を_____市にある_____銀行の_____の口座に振り込むものとする。）

3 ❖ "at the Closing"と"on the Closing Date"

実務上は両方の表現が使われるが、どう違うのだろう。契約で"at the Closing"と定めるときは、たとえば「東京で20__年6月1日の午前10時」というふうに、クロージングのおこなわれる時間まで指定する。一方、"on the Closing Date"と規定するときは、定義次第ではあるが、素直に解釈すれば「クロージングの日」の営業時間中、あるいは具体的に時間まで取り決めたときは、その合意した時間に履行することとなろう。

第4節 株式譲渡による事業譲渡に関わる表明と保証

　株式譲渡契約では、株式代金の支払いと株式、株券の引き渡しが完了すれば、その基本的な部分の履行は完了する。株式譲渡に関連するその他の規定としては、売主による株式について、あるいは譲渡の対象となる事業についての種々の"representations and warranties"（表明と保証）がなされる。

　会社が正当に設立され、存続しており、その財務内容、財務諸表、借入金、資産内容がどうなのか、また、どのような訴訟、クレーム、環境問題、税務問題があるのか、主な契約などの説明もなされる。契約の中で、こうした事項について確認する条項が、表明と保証条項なのである。万一、その表明、保証に虚偽や違反などがあれば、損害賠償や補償（indemnity）の対象になりうる。

第1款　株式に関する表明と保証

株式の正当な所有者であることの表明と保証① | Representations and Warranties　例文521

◇売主は株式の法律上の完全な所有者であることの表明

To induce ABC to enter into this Agreement, KVC represents and warrants to ABC, as follows:

(a) KVC is the legal, record, and beneficial owner of the Shares free and clear of any liens, charges or other encumbrances, and when the Shares are transferred to ABC as provided in this Agreement, ABC will acquire title to the Shares, free and clear as aforesaid.

(b) The authorized capital stock of the Company is as listed below, of which the shares listed below are issued and outstanding and held by KVC. All such issued and outstanding shares are validly issued, fully paid and non-assessable.

There are no outstanding warrants, options, or other commitments of any nature relating to the authorized but unissued common stock.

Class	Authorized	Outstanding
Class A Common	_____	100
Class B Common	_____	_____

［和訳］
　ABCが本契約を締結する誘因として、KVCは、次の通りABCに対し表明し、保証する。
(a) KVCは、本株式を先取特権、担保、またはいかなる他の担保設定もなく、自

由で完全な形での法律上、登録上、受益権上の保有者であり、本株式が本契約書の規定通りに移転されたとき、ABCは上記の通りの自由で完全な形で本株式の所有権（権原）を取得する。

(b) 本会社の授権資本は、下記の通りであり、そのうち下記の株式数が発行され、現在存在しており、KVCによって保有されている。かかるすべての発行済みで存在する株式は、有効に発行され、全額払い込まれており、追加支払いを要求されることがないものである。

現在、ワラント、オプション、あるいは授権された未発行の普通株式に関するいかなる他の約束も存在しない。

クラス	授権株式数	発行済み株式数
クラスA普通株式	_____	100
クラスB普通株式	_____	_____

解説

1 ❖ いかなる担保もない完全な(free and clear ...)

契約で使用される場合、"free and clear"は、「何も担保など障害(encumbrances)がない」という意味である。この部分が表明(representation)にあたる。「完全な（権利、所有権）」等を指す。本例文の(a)項では、譲渡手続きが完了したとき、買主が完全な株式の所有権を取得することを約束している。この部分が保証(warranties)にあたる。

2 ❖ authorized stock; authorized capital; issued stock（授権株式[資本]と発行済み株式）

授権資本、払込資本という言葉が使われるとき、誤解しやすい問題がある。

会社法は各国（米国では各州）の法制であるために、その資本、株式発行についてのルールはさまざまである。日本の会社法の下での制度になじんでいると、外国の株式会社の全株式を購入するときにも、設立時に授権資本の最低4分の1は株式が発行され、額面全額払い込まれていると、当然のように信じてしまうことがある。実際には、すぐ隣国の米国の企業を株式により買収する場合でも、授権資本のうち、ほんの100分の1程度しか株式が発行されていないケースに驚かされることがある。また、株式のクラスA、クラスBという用語がただちには理解できないことがある。さらに、株式が発行されたあと、数回に分けて払い込みがおこなわれる制度にも驚かされる。交渉にあたっては、日本側のこのような外国会社法に対する無知につけこまれることもある。

国際的なM&Aに関する取引契約に従事するときは、日本法を基準とせず、それぞれの国、州の会社法を基準に考えていかなければならない。外国資本の相手方が、日本企業の株式を譲渡するときも、相手方が描いている会社、資本が日本の常識と異なることを前提に説明していかなければならない。

株式の正当な所有者であることの表明と保証② | Representations and Warranties 例文522

◇株式について完全なる所有権（株式の所有者＝株主）があることを表明させる

Article __ Ownership of the Company
The Seller represents and warrants that:
(1) The Seller is the legal, record and beneficial owner of the Share of the Company free and clear of any liens, charges, trusts, options or other encumbrances, and when the Share is transferred to the Purchaser as provided herein at the Closing, the Purchaser will acquire title to the Share of the Company, free and clear as aforesaid.
(2) The Share of the Company has not been registered under the Federal Securities Act of 1933, as amended, or any state blue sky act in the United States of America.

［和訳］
第__条　本会社の所有権
　売主は次の通り表明し、保証する。
(1)　売主は、本会社の本株式の法律上、記録上、かつ実質的な所有者であり、先取特権、質権、信託、オプションあるいは他の担保など一切なく、またクロージングで本契約に規定した通り、本株式が買主に譲渡されたときに、買主は、上述の通り、一切の担保なしで本会社の本株式の所有権を取得すること。
(2)　本会社の本株式は、1933年証券取引法（その後の改正を含む）または米国のいかなる州のブルースカイ法上の登録もしていないものであること。

―――― 解説 ――――

1❖譲渡する株式の所有権の確認

　株式の譲渡により会社を取得しようとする場合、売主がその会社について、どこの担保にも入っていない株式の所有者であることの確認は必要である。さもなければ、権利者でない者から取得したことになり、単なる幻想に終わりかねない。不動産詐欺が横行するように、事業買収も詐欺のよく起こる分野である。所有権の確認なしに、売買を実行することはできない。

2❖米国での1933年連邦証券取引法と各州のブルースカイ法（第2項）

　公正な証券取引を確保するための米国における基本法は、大恐慌の経験をもとに1933年に連邦証券取引法（Federal Securities Act of 1933）として制定された。また、同様の目的を持って、各州でも証券取引の公正化、情報の正確・公平な伝達を目指してブルースカイ法（blue sky act）と呼ばれる立法が州議会でなされている。日本で現在、同様の役割を担っている法律は、金融商品取引法である。

　本例文では、そのような法律に付随して制度化されている株式の登録手続きがなされていないことを確認している。不特定多数の投資家に公平に伝達するようにする制度だか

ら、この例文で扱うような閉鎖的な株式については登録の要請がなく、登録していないという事情を説明しているのである。"Federal Securities Act of 1933"に"as amended"がつくと、同法が改正されたときは、その改正法を指すことになる。

ActもLawも法を指すが、Actは議会で制定し、法としたものを指す。Lawは、制定法とコモンロー、判例法など広い法を指す用語である。

3❖売主は法律上正当な所有者、かつ担保権設定などの行為をしていないという表明・保証

買主に完全な株主としての権利が移転することを保証している。売主が正当で完全な株式所有者であり、自らがその立場を承継できることは、買主にとっての基本的な要求であり、売主からなされるべき基本中の基本、最低限必要な保証といえる。

"free and clear of any liens, charges, trusts, options or other encumbrances" とは、質権に始まる株主としてのさまざまな権利行使を妨げるようなものが一切ついていないことを表明するものである。"liens"も"charges"も質権等担保を指し、"trusts"と"options"は日本語でもトラスト(信託)、オプション(株式等の取得の選択権)として使い、"encumbrances"は抵当権など担保を指す。

例文523 株式の発行に関する表明と保証 | Representations and Warranties

◇株式の発行や払い込みに関する表明と保証

> Article __ Capitalization
> The Seller represents and warrants that:
> (1) The authorized capitalization of the Company consists of Two Hundred (200) shares of common stock, without par value per share (hereinafter referred to as "Common Stock"), and Two Hundred (200) shares of Common Stock are currently outstanding, and all of the outstanding Common Stock is validly issued, and fully paid up.
> (2) There are no outstanding warrants, options, calls or other commitments of any nature relating to the authorized but unissued Common Stock, or concerning the authorization, issuance or sale of any other equity or debt securities of the Company.

[和訳]
第__条　資本
　売主は次の通り表明し、保証する。
(1) 本会社の授権資本は、200株の無額面普通株式(以下「普通株式」)で構成され、発行済み株式は200株、これらすべての発行済み普通株式は、有効に発行され、全額払い込まれている。
(2) 授権された資本で、未発行の普通株式に関連するワラント、オプション、コール(払い込み請求権)、または他のコミットメントならびに、本会社の(普通株

式以外の)他の株式または社債の授権、発行または売り渡しに関してそれら(ワラントのオプション、コール、または他のコミットメント)がないこと。

解説

1❖資本に関する表明・説明

　日本では、株式発行の時点で、払い込みが全額なされていることは当然のこととして受け止められている。しかし、国や会社法が変わると、幾度かの取締役会からの払い込み請求(call)があった後に払い込む制度を保有している会社もあり、払い込みについてさえ、一定ではない。株式構成と払い込み状況について、売主からその実情に関する表明を取るのが、問題発生の予防になることがある。本例文は、そのような場合に使う例のひとつである。

2❖資本構成、発行株式数と払い込み状況についての説明、表明

　授権資本が200株、いずれも無額面の普通株式で、すべてが発行済み株式である。その200株全株式について、全額払い込まれていることが確認されている。

　普通株式(common stock)は、優先株式(preferred stock)に対比する言葉で、取締役(director)選任権をはじめ、会社の運営に関する議決権(voting right)を保有するのが特色である。会社を買い取る際にはこの普通株式を購入・取得することが重要であり、いったい何人のメンバーがその普通株式を保有しているのか、また将来、保有する可能性があるのかを確認することが大事である。発行済みでなくとも、将来、取得する権利を保有しているメンバーがいると、支配権が失われるリスクがあるからである。

3❖warrants(ワラント)、options(オプション)等の発行、約束がないことの表明

　ワラントやオプションは、将来、普通株式を発行させ、取得する権利である。いずれも発行していないことを表明させている。それにより、発行済みの普通株式を200株取得すれば完全な支配ができることが確認できる。

●——第2款　財務諸表の正確さの表明と保証

財務諸表の正確さの表明と保証① | Representations and Warranties　　例文524

◇標準的な条項

KVC represents and warrants to ABC, as follows:
Exhibit ____ includes the balance sheets of the Company as of December 31 in each of the years from 20__ through 20__, and related statements of income, changes in financial position and cashflow for each of the years ending on such dates, all prepared without audit by _____, an independent public accountant. All such financial statements (i) have been prepared in accordance with generally accepted accounting principles consistently applied throughout the periods indicated, (ii) fairly

present the financial position of the Company as of the respective dates, and (iii) were prepared from the books and records of the Company, which books and records are complete and correct and reflect the transactions of the Company.

［和訳］
KVCはABCに対し、次の通り表明し、保証する。

　添付別紙__は、20__年から20__年までの毎年、12月31日現在における本会社の貸借対照表と関連する損益計算書、ならびにその日（決算期日）に終了する年度についての財務状態の変化ならびにキャッシュフローを含むものであり、そのすべては独立した公認会計士である_____により作成されたものであり、会計監査を受けていないものである。すべての財務諸表は、(i)関連する全期間を通して、一般的に受け入れられている会計原則に従って作成されており、(ii)それぞれの日（決算期日）における本会社の財務状態を公正に示しており、(iii)本会社の取引を完全かつ正確に記録した本会社の帳簿と記録に基づいて作成されたものである。

解説

1 ❖ 貸借対照表(balance sheet)などの正確さの表明

　企業、株式の売買では、その会計上の書類、中でもバランスシート（貸借対照表）とプロフィット・アンド・ロス・ステイトメント（損益計算書）の提示とその正確さの保証が重要になる。この2つの書類があってはじめて、株式の値段の交渉が可能になる。

2 ❖ 会計監査を受けていない(without audit)

　株式売買の対象となる企業の決算書や会計帳簿は、監査法人による会計監査(audit)を受けている場合とそうでない場合がある。その正確さを判断する上で、この点についての説明、表明については注意する必要がある。会計帳簿や決算書には、常に何らかの粉飾が施されていることを前提に、必ずリスクありきで対処しなければならない。会計監査がなされていても同様である。

3 ❖ 一般に受け入れられている会計原則(generally accepted accounting principles)

　会計原則には、世界で共通の基本的な考え方がある一方、それぞれの国の法律や会計原則として認められているものもある。株式売買契約の表明では、この原則のいずれによるのかを明確にすることが重要である。

4 ❖ 会計書類の言語——英語版の作成か翻訳版か

　契約交渉中に、会計帳簿や会計書類が英語では作成されていないと気づくことがある。その場合、相手方に対し、その会計帳簿類の英語版の作成を求めて契約書中にも規定するか、またはその譲渡対象である会社が通常作成している帳簿の言語、つまり会社設立国の言語のまま会計書類を受け取って、あるいは契約書に添付して、あとで当方側で翻訳するか、対応を検討しなければならないことがある。日本企業の株式の売買においても、英語版の帳簿や会計書類の作成・添付を求められることがある。

財務諸表の正確さの表明と保証② | Representations and Warranties　　例文525

◇貸借対照表、営業報告、損益計算書などの正確さを表明する

> KVC represents to ABC that:
> the balance sheet, operation statement and profit and loss statement and the statement of changes in the financial position of the Company as at December 31, 20__ prepared by the Company, heretofore delivered to ABC, are in accordance with the books, records and accounts of the Company and present the financial statement information that is the representation of management of the Company as at and for the periods indicated in conformity with accounting principles in the country of _____ applied on a basis consistent throughout the periods indicated.

［和訳］
KVCはABCに対して、次の通り表明する。
　本会社によって作成され、これまでにABCに引き渡された20__年12月31日現在における本会社の貸借対照表、営業報告と損益計算書、ならびに財務状態の変化を示す書類は、本会社の会計帳簿、記録ならびに勘定に従っており、また、当該各期間中に一貫して適用された_____国の会計原則に従い、当該各期間の本会社の経営を反映した財務諸表情報を提供するものである。

―――――― 解説 ――――――

1❖会計上の情報
　会計上の情報の提供とその正確さの表明、保証については、例文524のように、相当長期間にわたって提供するケースと、比較的短期間の会計情報のみを提供、保証するケースがある。たとえば譲渡対象の会社が、ベンチャーのように設立からの歴史が比較的浅い場合や、以前から取引や提携関係にあって相手方も熟知していて詳細情報を必要としないケースもある。

2❖特定の国における会計原則
　特定の国における会計原則が、世界で一般に採用されている会計原則と異なる場合も少なくない。日本において、はるか以前に取得した不動産が数千倍にも時価が増加している場合の価格・価値の帳簿への反映の仕方が外国と異なるとして、話題になったこともある。
　先進国ですら、必ずしも同じ基準、原則に基づいていないことから考えると、発展途上国の特別な会計処理の仕方に大きく幅があることも不思議ではない。特定の国の会計原則に基づき作成された外国企業の貸借対照表、損益計算書を見るときは、その国の会計システムの特徴を知ることが必要になる。

第9章　事業譲渡契約

例文526 財務諸表の正確さの表明と保証③ | Representations and Warranties

◇財務諸表の正確さについて簡潔に表明する

KVC represents to ABC that:
The annual fiscal statements for the financial year ending on December the 31st, 20__, a copy of which is attached as Exhibit __, has been prepared in accordance with generally accepted principles in _____ and they present a true and fair view of the financial position as of the date thereof.

[和訳]

KVCはABCに対して、
　20__年12月31日に終了する会計年度の財務諸表は、その写しが本契約に添付別紙__として添付されており、_____国において一般に受け入れられている会計原則に基づいて作成されており、あわせて、同日における財務状態について真実かつ公正な見方を示していることを表明する。

解説
---

1 ❖fiscal year ending on December the 31st, 20__
　「20__年12月31日に終了する会計年度」のことをいう。会計年度には、3月31日までを1年とする考え方を取る国、企業もあるから、明確に区別するために、このような表現が使われる。

2 ❖annual financial statements
　「年度会計書類」を指す。典型的なものには、貸借対照表、損益計算書などがある。

3 ❖present a true and fair view of the financial position
　「財務状態について真実、かつ公正な見解を提供する」という趣旨である。

例文527 財務諸表の正確さの表明と保証④ | Representations and Warranties

◇財務書類に開示していない負債はないという売主の表明と保証

Article __ Seller's Representations and Warranties on Absence of Undisclosed Liabilities
The Seller hereby represents and warrants that;
1　Except as and to the extent reflected against in the Financial Statements, to the knowledge of the Seller, the Company did not have, as of the date thereof, any material liabilities, debts, guarantees, or obligations of any nature whatsoever, whether accrued, absolute, contingent or otherwise (hereinafter referred to as "Liabilities"),

including, without limitation, any tax liability or employee benefit liability of any nature whatsoever, due or to become due, whether (i) incurred in respect of or measured by income, profits, earnings or dividends of the Company, or (ii) arising out of transactions entered into or any other state of facts except for any liability as set forth in Exhibit __ attached hereto.

2 To the knowledge of the Seller, the Company has no Liability not fully reflected or reserved against in the Financial Statements, except for Liabilities incurred since the date thereof in the ordinary course of business.

[和訳]

第__条　開示していない債務はないという売主の表明と保証

売主は本契約により、下記の通り表明し、保証する。

1　財務諸表に記載されている事項ならびにそれを限度として、売主の知る限り、本会社は、当該財務諸表の日付け時点でいかなる重大な責任、負債、保証、またはいかなる種類の債務も、それらが利息が生じたものであれ確実なものであれ偶発的なものであれ、何であれ（以下「本責任」という）一切ないこと。この表明と保証は、それら列挙したものに限定することなく、いかなる性格かを問わず、また、すでに期限が到来しているかどうかを問わず、いかなる税務上の責任、従業員に関わる給付を含み、本契約に添付した別紙__に記載する責任を除き、それらが、(i)本会社の所得、利益、収入または配当、または(ii)契約した取引、または他の事実の記載から発生したのかを問わず、ないこと。

2　売主の知る限り、本会社についての財務諸表に反映されていない本責任は、その日付け以降に通常の営業行為において発生しているものを除き、一切ないこと。

―――――――――― 解説 ――――――――――

1❖財務諸表に反映されていない隠れた債務はないという表明――ただし、"to the knowledge of the Seller"という条件つき

日高尋春氏が、よく飛鳥凛にするように、あなたに現実的な質問をしよう。

事業譲渡契約に添付された財務報告書には記載されていない、隠れた債務が30万米ドル分あったことが後日判明した。経理部員も部長も承知の上で、記載しなかったという。早速、買主から売主にクレームを申し出て、30万米ドル分の支払いを求めた。それに対し、相手側売主はにこやかに返す。

「私は、そのような粉飾は知らなかった。株主という立場だし、現場の経理の操作については知る立場にない。契約書でも、明確に、"to the knowledge of the Seller"といっている。売主（Seller）は私個人であって、売却した会社の経理部員でも経理部長でもない。私が知っている限り、財務諸表に記載されない隠れた債務はない。今回の件は、私が知らな

いことだから、関知しない。お気の毒、残念だったね」と。

　当社が買主だとしよう。あなたが、当社側の法務部員飛鳥凛の立場だったらどうするか。何ができるか。

　せっかくの機会だから、これ以上私のほうから、この件について話すのはやめにしておきたい。こういう問題を考えさせて、答えを与えないのが、日高尋春氏の飛鳥凛の育て方なのであり、それでこそたくましく育ってきているのだろう。

2❖whether accrued, absolute, contingent

　"accrued"は通常、「利息が発生した」場合を指す。"contingent liability"は、偶発債務を指す。保証など、実際には何もなしに済むかもしれないが、万一の事態には大きな債務を負担するリスクを負う。通常、なかなか表面化しないので、逆に企業経営上、危険なのである。財務諸表に代表される財務報告書にどのように反映させるかについては、数十年の歴史を見ると、必ずしも明確な一貫した対応をしてきていない。以前(たとえば1960年代～1990年代)は、貸借対照表を汚さない形での第三者や関係会社に対する実質的な保証が好んでなされていた時期がある。近年は、早い段階で、厳しく偶発リスクを財務諸表に反映させる方向に進んできているが、それでもなおグレーゾーンが残っており、偶発債務をどのように扱うか、対処するかは、契約書のドラフティング上のノウハウとなっている。"letter of awareness"(念書)の扱いなどもその1例である。

例文528 財務諸表の正確さの表明と保証⑤ | Representations and Warranties

◇財務諸表の正確さと税務申告書についての表明と保証をする

Article ___ Financial Statements and Tax Returns

The Seller represents and warrants that:

(1) The Balance Sheet, the Statement of Operations and Profit (or Deficit) audited by ___ _____ and the Statement of Changes in Financial Positions of the Company as at December 31, 20___ (hereinafter collectively referred to as the "Financial Statements") prepared by the Company, heretofore delivered to the Purchaser, are in accordance with the books, records and accounts of the Company and present the financial statements information that is the representation of management of the Company in conformity with accounting principles in the United States applied to on a basis consistent throughout the period indicated.

(2) The tax returns of the Company for five (5) fiscal years from 20___ to 20___ filed with US Internal Revenue Service heretofore delivered to the Purchaser are true and correct copies of the tax returns for these fiscal years.

[和訳]

第__条　財務諸表と税務申告書

売主は次の通り表明し、保証する。
(1) 本会社により作成され、本契約締結前に買主に引き渡された20__年12月31日付けの本会社のバランスシート、業績説明書、損益計算書（＿＿＿＿＿＿＿＿＿＿＿により、監査を受けているもの）ならびに財務状態の変更説明書（総称して、以下「財務諸表」という）は、本会社の帳簿、記録、勘定に基づいており、その期間に適用される米国における会計原則に合致しており、本会社の経営の表明である財務状態の情報を提示するものである。
(2) 本契約締結前に買主に引き渡した、本会社の20__年から20__年までの5年分の米国税務当局に提出済みの税務申告書は、その5年間分の税務申告書の真実で正確な写しである。

―――― 解説 ――――

1❖財務諸表の正確さのポイント――いつの財務情報か

財務諸表を株式売買契約書に添付させ、その正確さを売主に保証させることが、買主にとっては粉飾決算の心配もしなくて済み、安心して購入を決断できる基盤となる。さまざまな表明と保証がなされるが、これはもっとも中核となる価値評価の基本である。それだけに、この表明・保証が虚偽だと買主にとっての打撃は大きい。

正確さについては、いくつかのポイントがある。まず、いつの時点での数値かということがある。最新の財務状態が把握できなければ、事業の価値・評価を正確には把握できない。事業譲渡契約、あるいはクロージングの直前・直近の財務諸表、資産の目録、重要な契約が必要である。古い財務情報に基づき、事業の買収を実行することは賢明ではない。

リーマンショック時や米国ワールドトレードセンターが崩壊した9.11アメリカ同時多発テロ事件、3.11東日本大震災・原子力発電所の爆発事故の例を出すまでもなく、事業の財務状態は、場合によりたったひとつの事件が引き金になって瞬時に悪化することがある。事業譲渡の際には、直近、最新の財務状態の把握が大切である。

本例文では、直前の変動については、通常の（多くの場合）監査済みの財務諸表に加えて、"Statement of Changes in Financial Positions of the Company as at ＿＿＿＿＿＿"というフレーズを加えて、米国の会計原則に合致した財務諸表であることを示している。

2❖財務諸表はどこまで正確か――監査は誰がどこまで責任を持って実施しているか

財務諸表の数値が最近の時点のものだとしても、それが現実の事業状態を反映していなければ意味がない。では、最近の数値という要請と、信頼できる第三者専門機関による監査とその真実性、正確さの担保とをどう両立させるか、それとも一方を重視・優先するかという問題がある。内部での決算だけだと、最新の財務諸表、決算という要請には合致するかもしれない。一方で、譲渡を前提とした状態で、売主側から示される第三者の監査を受けていない決算書類、財務報告資料をどこまで信頼できるか。仮に、信頼できないとすれば、どのようにして確認するか。デュー・ディリジェンスといっても、本来部外者による調査であり、しかも期間にも人的にも限度があろう。

3❖どこまでの誤差を許容するか

財務諸表や財務報告書には、ある程度の誤差は付き物であるが、どこまでの誤差なら許

| 例文529 | 事業譲渡 | クレーム、訴訟等に関する表明① |
| 例文530 | 事業譲渡 | クレーム、訴訟等に関する表明② |

容できるか。誤差がある場合は、どのように対処し、契約上どのように取り決めるか。

　この問題は、現実的な対応の問題である。些細なことは問題にしないとして、どこまで許容するかという課題がある。一般に、契約上、indemnification（補償）の問題として、規定を置くことが多いが、その取り決めの仕方は千差万別であり、実際には、そのindemnificationの方法は、本当に難しい。

●―第3款　クレーム、訴訟等に関する表明と保証

例文529　クレーム、訴訟等に関する表明①　| Representations and Warranties

◇売主の知る限り、添付別紙がクレーム、訴訟などの完全なリストであることを表明する

KVC represents to ABC that:

a) Exhibit ___ sets forth a complete and accurate list of all claims, suits, actions, arbitrations, legal or other proceedings or governmental investigations to which the Company is a party or which is, to the knowledge of KVC, threatened against the Company or which affects the financial condition, liabilities, or prospects of the Company.

b) The matters set forth in Exhibit ___, if decided adversely, will not result in a materially adverse change of the financial conditions of the Company.

[和訳]
KVCはABCに対し、次の通り表明する。

a) 添付別紙___は、本会社が当事者となった、あるいはKVCの知る限り本会社が当事者となる恐れのある、または本会社の財務状態、債務または将来に影響があるすべてのクレーム、訴訟、仲裁または法律上もしくはその他の手続き、あるいは政府の調査の完全で正確なリストである。

b) 添付別紙___に記載の事項は、万一、本会社に不利益な決定が下されても、本会社の財務状態に重大な悪影響を及ぼすことにはならない。

解説

1 ❖ to the knowledge of KVC (the Seller)（KVC＝売主の知る限りでは）

　物品に瑕疵のないことを表明・保証するときに、「売主側の知る限り（to the knowledge of the Seller）…ない」という言い方を使うことがある。実際には、瑕疵があったことが後日判明しても、その表明・保証の時点で売主が知らなければ、虚偽の表明をしたことにはならない。契約締結当時にすでに売主が知っていたと買主側が証明するのは、容易ではない。

　この"to the knowledge of the Seller"という口実を与えないためには、たとえば、"known or unknown"（知っているものであれ、知らないものであれ）という文言を使う表現がある。たとえば、思わぬ責任や義務やクレームがないことを表明するのに、例文530で紹介する表現によって確約させる。

2❖if decided adversely

具体的にいえば、「訴訟なら敗訴の判決を受けるケースになっても」という意味である。

本例文が扱っているケースは、まだ、結論が出ていないが、クレームや訴訟になっていて、ひょっとすると不利な結果に終わるかもしれないが、仮にそうでも事業の価値にそれほど影響がないというケースを指す。フランチャイズ展開をしている企業がフランチャイズのもととなっているマスターフランチャイズ契約の更新で紛争になっていたりすれば、本例文のカテゴリーの紛争の枠を超えることになりかねない。本例文のねらいは、そのような重大な紛争やクレームがないことを確認することにある。

3❖suits, actions

どちらの用語も「訴訟」「法廷での争い」を指す。日本語に訳すなら「訴訟」（裁判）でよい。

クレーム、訴訟等に関する表明② | Representations and Warranties　例文530

◇添付別紙の表示以外には、いかなる偶発的な債務、クレームもないことを表明する

> KVC represents to ABC that:
> the Company has no liabilities, debts or obligations, and is subject to no claims, known or unknown, fixed or contingent, or of any other kind, other than those liabilities, debt, obligations or claims specifically set forth in Exhibit ＿.

> ［和訳］
> KVCはABCに対し、
> 　本会社には、添付別表＿に明確に記載した債務、負債、義務またはクレーム以外には、いかなる債務、負債または義務もないこと、また知っているものであれ知らないものであれ、確定または偶発的なものであれ、いかなる種類のクレームも存在しないことを表明する。

解説

1❖known or unknown

「知っているものであれ、知らないものであれ」の意味である。売主側にとっては"to the best knowledge of KVC"とあるよりも、表明として良心的であり、厳しい責任を負担する。

2❖fixed or contingent

"contingent"とは、偶発的なものを指す。現在は存在しないし、その発生が確実でないものをいう。"fixed"は、固定したものという意味から、本例文では、契約時に、または契

約中で規定した時点ですでに存在するものを指す。偶発債務のことを、"contingent liability"という。

例文531 クレーム、訴訟等に関する表明③ | Representations and Warranties
◇株式譲渡時には、いかなる訴訟もクレームもないことを表明する

KVC represents to ABC that:
the Company does not at the Transferring Date have any litigation, legal action, arbitration, proceeding, claim, pending or threatened, against the Company which might affect the business or property of the Company, or might affect this Agreement, including without limitation any action, suit, proceeding or investigation involving the revocation or suspension of a license or permit of the Company to conduct any type of the business of the Company.

[和訳]
KVCはABCに対して、次の事項を表明する。
　本会社には、譲渡日において、本会社の事業もしくは財産に影響しうる、または本契約に影響しうる、係争中または提起される恐れのあるいかなる訴訟、法律上の訴え、仲裁、手続き、クレームもないこと。これは、本会社のいずれかの種類の事業をおこなうために必要な本会社の免許または許可の取り消しまたは停止をともなう訴え、訴訟、手続きまたは調査を含み、それに限定されない。

―――― 解説 ――――

1❖pending or threatened
「現在すでに係争中、または、恐れのある」という趣旨である。

2❖revocation or suspension
「撤回または取り消し」を指す。

3❖at the Transferring Date
訴訟がないという表明をする時点は、本例文のように株式譲渡日でもよいし、またクロージングや年度末などの特定の日とすることもある。年度末の特定の日を基準に表明をおこなうときは、クロージングの日までその表明が変わらないことを確認（survival of the representation）するのが、プラクティスである。

クレーム、訴訟等に関する表明④ | Representations and Warranties　　例文532

◇環境問題に関するクレーム、訴訟がないことを表明・保証する

Article ___ Representations and Warranties on Environmental Matters
To induce the Buyer to enter into this Agreement, the Seller represents and warrants as follows;

(1) the operation of the business and design, construction, use and conditions of the premises of the Company comply with, in all material respects, all applicable environmental laws;

(2) the Company has obtained all material environmental, health and safety governmental permits necessary for its operations and for the construction, installation, use and, where relevant, occupancy of the premises;

(3) the Company is not subject to any ongoing or, to the best knowledge of the Seller, threatened action or investigation by, order from or any agreement with any person (including any governmental body), respecting (i) any environmental law or (ii) any remedial, enforcement, corrective or other action arising from the release or threatened release of a hazardous substance;

(4) the Company is not subject to any pending or, to the best knowledge of the Seller, threatened action or judicial or administrative proceeding, order, judgment or settlement alleging or addressing a violation of or liability under any environmental law;

(5) to the best knowledge of the Seller, there are not now any aboveground or underground storage tanks or any premises from which there have been releases of hazardous substances, nor have there ever been, on any premises, any aboveground or underground storage tanks from which there have been release of hazardous substances;

(6) as of the date of this Agreement, the Company has not received any written notice to the effect that it is or may be liable to any person as a result of the release or threatened release of a hazardous substance.

[和訳]

第___条　環境問題に関する表明と保証
　買主を本契約締結に誘引するために、売主は次の通り表明し、保証する。

(1) 事業の運営、会社の構内施設の設計、建設、使用ならびに状況は、適用される環境法のすべてを、あらゆる重要な点で遵守していること。

(2) 本会社は、その運営及び、その構内施設の建設、据え付け、使用ならびに関係ある場合には占有について、必要なすべての重要な環境、健康、安全に関する政府許可を取得していること。

(3) 本会社は、売主の知る限り、(i)いかなる環境法、または(ii)危険物質の放出ま

たは放出の恐れから発生するいかなる修復、執行、修正またはその他の行為について、（政府機関を含む）いかなる相手による現在係属中または開始される恐れのある訴訟がなく、調査または命令を受け、またはかかる相手との契約に縛られていないこと。

(4) 本会社は、売主の知る限り、いかなる環境法上の違反または責任を主張し、または責任を追及するための、係属中または開始される恐れのある訴訟、司法上または行政上の手続き、命令、判決、または和解に服していないこと。

(5) 売主の知る限り、現在、地上あるいは地下貯蔵タンク庫または他の施設であれ、（そこから）危険物質の放出をなした施設のないこと、また、危険物質の放出をなした地上、地下貯蔵タンクまたは他の施設は、（現在だけでなく）過去にも保有したことがないこと。

(6) 本契約の日において、本会社は、危険物質の放出またはその放出の恐れの結果、他者に対して本会社が責任を負う、または負う恐れがあるという趣旨の書面による通知を受領していないこと。

解説

1 ❖ 環境問題への関心の高まり

環境問題に対する関心の高まりが近年著しい。住宅用であれ製造業であれ商業であれ、その基盤となる不動産(土地、建物)、工場、店舗、事業所など、いずれもそれぞれの利用・運営のためには、適用される環境法制、産業廃棄物規制、関連する政府・自治体の許認可等へのコンプライアンスが重要な問題となっている。環境問題に関して紛争がいったん勃発すると、企業活動も重大な影響を受けることになる。事業の譲渡においても、買収し承継する側は、買収する事業がいったいどのような環境問題を抱えているのか、あるいはまったく問題なく運営されており、将来も問題発生のリスクがないのか、自らデュー・ディリジェンスなどを通して確認するとともに、契約上も環境に関する表明・保証を売主から取得し、確認することも選択肢のひとつとして浮上する。

ポイントは必要な許認可を取得済みであり、事業譲渡の現在に至るまで、紛争、調査など一切ないことの確認、及び産業廃棄物や危険物質(工場排水を含む)などを排出していないことの確認である。

2 ❖ 売主の事業、施設等の建設、運営等に関して、環境・安全等に関わる政府・自治体の許認可を取得済みであることの表明

買収後に、その事業や事業をおこなっている施設・土地に環境問題があり、政府・自治体の許認可すら取得していないという状況では、事業の買収自体が失敗となる。特に株式譲渡により事業を取得し承継した場合は、その事業の不正や法律違反行為そのものも、当事者として責任を引き継ぐことになる。いったん、会社を清算・解散して、土地や資産を新たに個別に購入し、従業員を雇用するという資産買収の場合とは異なり、株式買収による事業承継は、単に株主という形で事業の所有者を変更しただけであり、すべての責任・リスクを直接に負うことになるのである。

本例文では、売主が自分で経営している際にこの事業に関わる建設などを手がけたとい

う前提があり、かかる許認可手続きについては、知らないことが許されないという考えをもとに、次の解説3で説明する"to the Seller's knowledge"という逃げ口上ともなりかねないフレーズによる制約は第2項には入っていない。ただ、些細な手続き漏れはあるかもしれないので、売主は、許認可手続きの表明の説明の際に、"all material"というフレーズを挿入して、対応している。些細な（immaterial）手続き漏れは問題にしないとの考えによるドラフティングなのである。

3❖"to the Seller's knowledge"──「売主の知る限り」「売主の承知している範囲では」

本例文の第1項・第2項による表明と保証には、"to the Seller's knowledge"という語句は使われていない。第3項〜第5項になってはじめて"to the Seller's knowledge"という、いわば売主の主観的な知識といえるものが前提要件・制約要件となって、表明・保証の力を弱めている。第3項〜第5項では、売主がたまたま知っていればこの表明・保証は有効に働くが、知らなければ責任を負わない。売主の主観的要件である「知っていたこと」を買主が立証することは、事実上不可能に近いハードルになることが多い。したがって買主側に交渉力があれば、"to the Seller's knowledge"を削除要求することも選択肢のひとつになる。

日高尋春氏と飛鳥凛の経験では、99％、相手方は拒絶してくる。しかし、それからが交渉の面白さである。たとえば、一定の重要な係争、特定の施設、特定の事業に限定し、"to the Seller's knowledge"を使わない表明・保証を引き出し、他の部分では譲歩するなど、さまざまな対処方法があり、それが契約交渉の醍醐味なのだという。放射性物質さえ環境問題で議論される時代である。環境問題について曖昧な状態のまま事業を承継することには慎重でなければならない。

4❖飛鳥凛への日高尋春氏からの課題──"to the best knowledge"

"to the best knowledge"では、どの程度の注意義務を払えば、知らないことが通るのか？ 売主が注意義務を怠って知らなければ買主は免責されないという論理は通るか？

実は、飛鳥凛は、上司からの宿題を抱えている。それは、「"to the best knowledge of the Seller"と規定されている場合、実際に"Seller"が知らないとしても、それが意味するのはどのような場合なのか、具体的に分析せよ。そして、第3項で触れた契約交渉に役立つ考えが浮かんだら、それを次回の交渉で提案し、活かせ」というものである。

考えてみれば、①いったい「"Seller"とは、誰なのか？」という問題がある。"Seller"は法人であり、特定の個人ではない。社長やCEOではない。②たまたま、"Seller"という会社の中の数人が偶然その知識を保有していて、上司に叱られることを恐れて、ひた隠しにしていたために幹部や管掌する部署が知らないときは、"Seller"が知らないことになるか？ ③"best knowledge"とは、どこまでの具体的な内部調査の実施が必要とされるのか？

飛鳥凛は、いろいろと世の中で起こっては消えていくさまざまな事件の場面場面を思い浮かべて、答えを探しているという。あなたも、企業の粉飾決算事件、インサイダー事件、原子力発電所の水素爆発事故、各地の学校で起こっているいじめ事件における当局者の会見等を思い浮かべながら、この"to the best knowledge of the Party"を考えてみてほしい。いつか、飛鳥凛に、その次の契約交渉がどのように進んだのか、聞いてみたい気がする。私は、飛鳥凛のことだからきっと、免責のために"to the best knowledge"を活用し、知らなかったと主張するための前提となる注意義務を果たすための行為について、具体的に説明し、列挙したのだろうと推測しているが……。日高尋春氏がそれに対し、どのように

答え、指示したか想像ができない。

第4款　さまざまな表現と保証

例文533　従業員の承継に関する表明と保証｜Representations and Warranties

◇従業員の承継・引き継ぎについての売主・買主両者の考え方と合意事項を規定する
◇引き継ぐ従業員についての詳細なリストを提供する
◇事業譲渡時点で労働争議がないことの表明

Article ＿　Employees
1　The Seller and the Buyer intend that the transactions contemplated by this Agreement shall not constitute a severance or termination of employment of any employee prior to or upon the consummation of the transactions contemplated hereby and that such employees will have continuous and uninterrupted employment immediately before and immediately after the Closing Date.
2　Except otherwise specifically provided in this Agreement, the Seller shall be solely responsible for all liabilities for severance pay and benefits, redundancy pay and benefits, termination pay and benefits, supplemental pension benefits resulting from the transactions contemplated by this Agreement with respect to employees that arise as a result of the termination of their employment with the Company.
3　The Seller represents and warrants that Exhibit ＿ attached hereto contains a complete and accurate list of all employees of the Company as of the date specified on the list, showing for each employees (i) position held, the current base salary or base compensation and the annual bonus for the Company's last fiscal year, (ii) such employee's service recognized by the Seller for the purposes of the applicable benefit plans and (iii) whether such employees is on leave of absence or short term disability leave and if so, the nature and expected duration of such leave.
4　The Seller represents and warrants that there is no presently pending or existing, and to the Seller's knowledge, there is no (i) any strike, slowdown, picketing or work stoppage; nor (ii) labor union organizing activity.

［和訳］
第＿条　従業員
1　売主と買主は、本契約による取引は、本契約により企図されている取引の完了前あるいは完了時に、従業員の解雇または雇用の終了を構成しないものとし、かかる従業員は、クロージングの日の直前ならびに直後には継続し、切れ目のない雇用関係が維持されるものとする。

2　本契約に別途具体的に規定した場合を除き、売主は、本会社との雇用の終了の結果生ずる従業員について本契約により想定される取引から発生する退職金と給付、（余剰人員）解雇にともなう支払い金と給付、雇用終了にともなう支払い金と給付ならびに補充的年金給付について、単独で責任を負うものとする。

3　売主は、本契約添付別紙＿＿が、リストに記載された日における、おのおのの従業員の(i)保持している地位、現在の基本給与と基本手当、ならびに本会社の昨年度における年間賞与、(ii)適用あるベネフィットプラン（年金）の目的上の本会社により認識された従業員の売主に対する勤務年数、及び(iii)かかる従業員が有給休暇中か傷病休暇中であるか否か、もし休暇中である場合は、かかる休暇の性質と予定（休暇）期間を記載した、本会社の従業員の完全で正確なリストを含むものであることを表明し、保証する。

4　売主は現在、売主の知る限り、（未解決で）係属中のもの、進行中のものを含め、(i)いかなるストライキ、スローダウン（サボタージュ）、ピケッティングまたは仕事の中断、(ii)労働組合結成活動について、いずれもないことを表明し、保証する。

解説

1❖事業買収と従業員の引き継ぎ

　事業の買収の際に問題になる点は数多いが、その中でも買収される事業に働く従業員をどう引き継ぐかは大切なテーマである。一定数、たとえば従業員半数の解雇をクロージング前に売主側でおこない、退職金支払いなど解雇に関わる事項を完了した後に残りのメンバーを新しいオーナー（経営者）が引き継ぐか、それとも、従業員の水準・勤労意欲が低く、労使関係が悪化している場合など、従業員は原則引き継がずに新体制のもとで全員新規雇用の方針を取るか、重大な選択を迫られることがある。

　経営者側にとっても働く従業員にとっても、重大な問題である。従業員を入れ替える場合などは、株式譲渡の形式を取らず、個別の資産譲渡の契約としたほうが円滑に進む可能性の高いケースも少なくないであろう。

　海外の事業では、日本で1960年〜1980年代の前半ごろまで健在だった終身雇用制は採用していないが、それでも解雇には合理的な理由が必要である。事業買収の当初は従業員（正規の雇用）を原則全員、または大半の従業員を承継し、解雇を予定していないという了解を契約書等で確認しておくことが買収を円滑に進めるためには有効である。一方、買収の本来の目的、経営の黒字化、健全経営や事業の発展を見据えた場合、従業員のリストラ・入れ替え・新規雇用を視野に入れて、契約条項をドラフティングしなければならないこともある。

2❖"no severance or termination of employment" "continuous and uninterrupted employment"

　本契約（第1項）により、クロージング直前、クロージング直後にリストラは計画しておらず、売主の従業員は、解雇なしに途絶えることなく働き続けるものと両者は了解する。

これは、売主の事業に働く従業員を解雇する計画は買主には当初からない場合の買収である。それでも、売主側の親族や売主に近い人々、経営中枢の人々で従業員の地位を有する人たちは退職していくのが通例である。第2項は、そのようなクロージング前に早々と自ら退職していく従業員について売主側ですべて対処するという規定である。

3❖事業承継までに解雇した従業員についての退職金、企業年金等の支払い

事業承継までに退職した従業員については、売主側が退職金、年金、その他の支払い、責任について単独で引き受け、処理し、買主には迷惑をかけないことを約する。(第2項)

4❖買主への事業譲渡後、引き継がれる従業員についての詳細なリスト

売主側で、買主の買収後、引き継がれる従業員についての詳細かつ正確なリストを用意し、契約書の別表として添付する。それには、役職、基本給与、賞与なども詳細に記載される。仮に休暇中の者がいれば、その詳細についても記載される。(第3項)

5❖"leave of absence" "disability leave"

それぞれ「休暇」「傷病休暇」である。病気による休みの場合は、"sick leave"という。

6❖事業譲渡時点で、労働争議などがないことの確認

事業を引き継ぐにあたって、ストライキやスローダウン(サボタージュ)などの労働争議が勃発し、労使関係が激しく悪化している場合は、事業の遂行が困難なことがある。そのようなときは、事業買収の是非、価格の見直し、または事業買収の契約方式の変更(資産の買収と従業員の新規採用など)が検討されることがある。そのためにもこの条項は、クロージング前で買収先事業を詳細には知らない買主にとっては意味のある表明なのである。

本当に難しいのは、クロージングまでは何も労働争議の気配がなかったが、新経営者の方針と従業員が買収後まもなく衝突し、経営が困難になるケースである。周りの経営環境の変化も同様の影響を与える。急速な景気の悪化、その業界特有の危機的状況……。その時こそ、経営手腕が問われる。事業は人の集合体という側面がある。生き物なのである。契約によってカバーできる面とそうでない問題がある、と割り切って取り組むことも必要であろう。ただ、契約での対応法の1つに、プットオプション(put option; 売り戻し特約)がある。

例文534 契約の承継に関する表明と保証 | Representations and Warranties

◇譲渡対象の企業が締結している契約を詳細に表明させる

Article __ Contracts

The Seller represents and warrants that Exhibit __ hereto contains a complete and accurate list as of the date of this Agreement, of

(1) (i) all contracts, arrangements or understandings with distributors of the Company's products or services, (ii) all sales agreements between the Company and their respective customers, (iii) all contracts, arrangements or understandings whereby the Company supplies components or products to original equipment manufacturers, (iv) all services, maintenance or supply agreements relating to the business of

the Company;

(2) all notes, mortgage, indentures, letters of credit, guarantees, keepwell agreement or other obligations and agreements for or relating to any lending or borrowing of Five Hundred Thousand United States Dollars (US $500,000) or more pursuant to which any property or assets of the Seller are pledged or mortgaged as collateral, any agreement creating any guarantee or other arrangements to be liable for the obligations of another person;

(3) all joint venture or partnership and material asset purchase agreements related to the Company;

(4) all agreements that may materially adversely affect or materially restrict the right of the Company to compete with any other person, to sell to or purchase from any person, or to hire or solicit for hire any person;

(5) any other agreement, lease, sublease, or commitments related to the Company, which involves payments or receipts in excess of Five Hundred Thousand United Stated Dollars (US $500,000) on an annual basis with respect to the Seller;

(6) all agreements which cannot be cancelled by the Company on less than 120 days' notice or without liability.

[和訳]
第__条　契約
　売主は、本契約添付別紙____が本契約の日における下記のものの完全で正確なリストであることを表明し、保証する。

(1) (i)本会社の製品またはサービスの卸販売についてのすべての契約、取り決めまたは了解事項、(ii)本会社とその個別の顧客との間のすべての販売契約、(iii)本会社のOEMメーカーに対する部品または製品供給に関するすべての契約、取り決め、了解事項、(iv)本会社の事業に関連するすべてのサービス、メンテナンスまたは供給契約

(2) 50万米ドル以上の貸し出しまたは借り入れのための、もしくは関連する手形、担保、債務証書、信用状、保証、保証契約、または他の債務あるいは契約で、そのために売主の不動産または資産が、担保として質入れ、担保設定されているもの、また他者の債務のために責任を負う保証義務または他の取り決めを創設する契約

(3) 本会社に関連するすべての合弁事業契約、またはパートナーシップ契約ならびに重要な資産の購入契約

(4) 本会社の権利に対し、いかなる他者と競争し、人に売却し、または人から購入し、人を雇用し、または雇用のために勧誘するために、重大な悪影響を与え、または重大な制限を加えるすべての契約

(5) 本会社に関連する売主との取引で、年間ベースで支払い金額または受け取り金額が50万米ドルを超える他の契約、リース、サブリース、またはコミットメン

トの契約
(6) 本会社により120日未満の(解除)通知では、あるいは損害賠償金を支払わなければ解除できないすべての契約

―― 解説 ――

1❖事業譲渡にともなう契約の引き継ぎ

　株式譲渡による事業買収の場合は、株主が変わるだけなので、買収した事業が以前から契約しているさまざまな契約も法的には自動的に引き継ぐことになる。個別に契約を引き継ぐ資産買収方式の場合には、この契約の引き継ぎの選択と譲渡手続きが、より重要かつ厳しいものとなる。

　実際には、契約には相手方があり、相手方は旧オーナーとの関係で契約を締結し、取引をしてきたが、新しく経営にあたる新株主・新経営者のもとでも、その契約を継続するか、それとも契約の打ち切りを図るかは、予測がつかない。事業を買収する側にとっても、自社グループ企業や信頼できるこれまでの取引企業に買収した事業の取引を開始させたい場合もある。そういったさまざまな事情や思惑を踏まえた上で、買収した事業の重要な取引について、その契約を個別に検討することが必要となる。

　その際に考慮すべき点としては、事業買収にあたって、重要契約の解除に関する条項を調査することである。理想的には、事業の売主に、詳細な重要契約の内容・条件、解除条件、期間等に関する情報をリストにして作成させ、事業買収契約書に添付させることである。売却する側には大変な手間になるが、法務部門はじめ管理部門がしっかりしている企業なら可能であろう。

　株式の譲渡による事業の売買の場合、大胆に迅速に実施することが必要なケースでは、あまりこのような契約リストにこだわらずにM&Aを進めることがある。実際、有利不利を問わず、株式譲渡による事業の売買では、契約譲渡とは異なり、相手先への通知手続きも何もなく契約の引き継ぎが実施されるからである。柔軟に考えればよいのだろう。

2❖リストアップする重要契約の基準

　買収企業の締結済み契約のうち、リストアップし、添付するものを選び出す基準の設定が大事になる。買収企業の規模、買収する企業の資金力等リスク耐久力・吸収力によっても基準は異なるが、この契約例文では50万ドル超という金額の基準を設けて選び出すことにしている。他にもさまざまな選択肢がある。実際のM&Aのケースを踏まえ、その必要性と合理性を考えて、決めればよい。ただし、第三者のために実施する履行保証など、すぐにはその重要度・危険性が判断できない場合もある。保証は注意を要する項目である。

3❖会社の資産に担保を設定して資金調達するための契約

　会社の資産を担保に設定し、一定金額を超える借り入れを可能にする契約もリストアップの対象に加えている。50万ドル超の借り入れを可能にするというのは、企業の運営上、利益をもたらす代わりに、リスクにさらす効果もある。そのリスクに着目してリストに挙げ、明示させるのである。

4❖合弁契約など事業経営に重要な影響を与える契約

　パートナーシップや合弁事業など、企業経営に大きな影響を与える契約もリストアップ

する こととしている。

5 ❖ 多額の支払い・受け取りを発生させる取引の元となる契約

リストアップが要求されている契約の中には、120日未満の解除通知では解除できない契約や、自社の自由な競争が制限される競合禁止条項の入った契約も含まれている。

コンプライアンスに関する表明 | Representations and Warranties　例文535

◇コンプライアンス上の問題と税務問題がないことの簡潔な表明

> Article __ Compliance
> The Seller represents that;
> (i) the business of the Company as presently conducted does not, to the knowledge of the Seller, violate any applicable law, order, regulation, standard or requirement in any material respect,
> (ii) neither the Seller or the Company have received any notice of violation of any applicable regulation, ordinance or order relating to the operation or property of the Company,
> (iii) the Company was incorporated on _____, April __, 20__, and it has filed with all appropriate federal, state, local and foreign authorities all tax returns and tax information required by applicable law and regulations, and
> (iv) no federal, state, local, foreign income tax return or other tax return of the Company is, to the knowledge of the Seller, currently under investigation by the Internal Revenue Services or other tax authorities.

> ［和訳］
> 第__条　コンプライアンス
> 　売主は次の通り、表明する。
> (i) 現在実施されている本会社の事業は、売主の知る限り、重要な部分において、いかなる適用法、命令、規則、標準、または要請に違反していないこと
> (ii) 売主も本会社も、本会社の経営または資産に関連して適用規則、条例または命令に違反したという通知を受領していないこと
> (iii) 本会社は、20__年4月__日に_____に設立されており、本会社は、適用法と規則に要求されたすべての適切な連邦、州、地方、外国当局の税務申告を提出していること
> (iv) 本会社のいかなる連邦、州、地方、外国あるいは他の税務申告も、売主の知る限り、現在、連邦税務当局（内国歳入庁）または他の税務当局の調査を受けていないこと

──── 解説 ────

1 ❖ 企業経営とコンプライアンス

　近年、企業活動を営む上で、コンプライアンスの問題が重要性を増している。事業を買収したときも、株式譲渡による事業の承継の場合には、その前の経営におけるコンプライアンス違反があれば、買収後もそのまま責任を引き受ける。重要な違反ならば、営業の停止や取引の途絶だけでなく、刑事責任をも問われる可能性がある。仮にその点で不安があるなら、株式譲渡による事業の承継を見直し、資産の買収に切り替え、別会社で事業をおこなう方法も選択肢のひとつになる。

　それほどにこのコンプライアンスの問題は、近年は重要になってきており、それだけにこの表明は重要である。本当は、売主が知らない間に密かに一部がなされているかもしれない違法行為が問題なのだが、そこまでこの表明条項でカバーできるか、それはM&Aではいつも向き合うことになる永遠の課題といってもよい。

　契約技術、契約交渉の視点からすると、ひとつの焦点は、"to the knowledge of the Seller"（売主の知っている限りでは）というフレーズを規定の中に挿入することを認めるか、削除するかである。

　日高尋春氏のもとで修行を積んでいる飛鳥凛がM&Aやライセンス契約交渉に携わるとき、表明条項を扱うたびにこの問題に取り組んでいる。

2 ❖ 簡潔にコンプライアンスに関する表明をする

　会社の運営とその所有資産等について、適用法の違反がないことを表明している。

　売主は会社の経営を担当する株式所有者であるが、末端までのすべての活動を熟知しているわけではない。「重要な点で（in material respect）」というフレーズと「売主の知る限り（to the knowledge of the Seller）」という限定がなされている。このあたりが、M&Aにおいては、前の経営者の信用がいかに大事かを示しているともいえよう。

3 ❖ 税務問題がないことの表明

　税務問題が発生すると、新たに事業を承継し、経営を担当することになる側には厳しいことがある。問題発生までの経緯や、仮に調査を受けているなら、その対応の経緯などを知っておかなければ、的確な対応ができない問題もある。そのような問題がないことを確認しておくのは有益である。

例文536 在庫品に関する表明と保証 | Representations and Warranties

◇在庫品の数量・品質・保管場所、管理、リコールについて確認する

Article ___ Inventory and Recalls

1　The Seller represents and warrants that, except as set forth in Exhibit ___, all inventory (i) consists of items of quantity and quality historically usable or saleable in the ordinary course of business, except for obsolete items that have been written down to estimated net realizable value in accordance with generally accepted accounting practices, (ii) is located in the facilities of the Company, as set forth in Exhibit ___, and (iii) has been consigned to third parties, including warehouses, as set forth in Exhibit ____.

2 The Seller further represents and warrants that, with exception of items below-standard quality that have been written down to their estimated net realizable value in accordance with generally accepted accounting practices, the inventory is in good and proper physical condition, free from defects in materials and workmanship.

3 The Seller further represents and warrants that, since September 30, 20__, the Company has sold and continued to replenish inventory in a normal and customary manner consistent with past practices.

4 The Seller represents and warrants that, since September 30, 20__, there has been no material pending, or to the knowledge of the Seller, threatened material recall or material investigation of any product sold by the Company in connection with the business activity of the Company.

[和訳]

第__条　在庫品とリコール品

1 売主は、添付別紙__に記載した分を除き、すべての在庫品は、(i)通常の営業で歴史的に（経験上は）使用可能であり、販売可能な数量と品質の品目で成り立っており、例外的に品質の下落した品目については、一般に受け入れられている会計慣行に従って、実際に換金可能な正味の価値に（帳簿）価格を切り下げ済みであり、(ii)添付別紙__に記載した本会社の設備に保管しており、また、(iii)添付別紙__に記載した倉庫を含む第三者に保管を委託していることを表明し、保証する。

2 売主はさらに、一般に受け入れられている会計慣行に基づき、実際に処分換金できる正味の価値に切り下げ済みである標準品質を下回る品目を例外として、在庫品は、材料と製品の両面で瑕疵がない、正しい物理的な状態にあることを表明し、保証する。

3 さらに売主は、20__年9月30日以降、本会社は、過去の慣行と一致した正常で通常の方法で、在庫品を販売し、補充していることを表明し、保証する。

4 売主は、20__年9月30日以降、売主の知る限り、本会社のビジネス活動に関連して本会社により販売されたいかなる商品についても、係属中または開始される恐れのある重大なリコールまたは重大な調査のないことを表明し、保証する。

解説

1 ❖ 在庫品についての表明はなぜ重要か

商品の在庫についての表明が大事になることがある。

日高尋春氏と飛鳥凛が対応した事業買収のケースに、こういう例がある。明日がクロー

ジングという日の朝方、相手方(売主)の手配したトラックが数台、買収する事業会社の在庫品を預けている倉庫へ、その在庫品(保管品)の引き出しに駆けつけた。通常の営業ではありえないことであるが、倉庫との契約では、クロージング前日までは保管品を引き出すことができるのは、元のオーナー社長が指定し、倉庫会社に届けている人員である。買主はまだ指示が出せない状況にあった。売主側の意図が、在庫品を引き出して、クロージングの日に退社する自分たちのいわば仲間の手のうちに在庫品を確保しようということなのだろうか、と飛鳥凛は思ったという。引き出されずに残ったのは、実際には長期間売れなかった不良在庫品ばかりで、本来は償却されるか処分されるべきものだったそうだ。

　厳格に対処しようと思えば、契約書の中に在庫品に関する条項を設けて、その扱いについては通常の営業方法に基づくものであること、また不良在庫品については償却し、価値をゼロとしておくべきであろう。

2❖在庫品の確認──数量、品質、保管場所等

　品質の劣化した在庫品については、その分について償却を実施し、実際の価値を反映した金額で評価しているかどうかについて記載する。品質良好な在庫品については、保管場所についても、会社の倉庫などに保管した在庫品と外部(第三者)の営業倉庫などに保管した在庫品を区別して記載することとしている。在庫といっても、第三者に保管を委託している場合は、その引き出し権を誰に与えているか、具体的な手続きも含めて確認し、事業の買収後にはただちに変更手続きが必要になる。

3❖在庫管理

　在庫品の販売の仕方、在庫からの引き出し等について、過去の正常な手続きを記述し、その通常の方法で管理を継続していることを確認する。事業譲渡を前にして異常な引き出し手続きをしていないことを、少なくとも半年は遡って確認させる。

4❖リコールについての確認

　製品のリコールの状況について確認する。仮に調査や手続きがなされていれば、率直かつ正確に記載する。リコールは、営業にただちに影響があるので、顧客、当局、マスコミに対して迅速な対応が必要な場合がある。経営が変わった時点でのリコール等への対応は、経営建て直しと経営陣の変更をアピールするチャンスでもあると捉えることができる。コンプライアンスの問題は、広報の立場から見ても、むしろ貴重な機会なのである。

例文537 知的財産権に関する表明と保証 | Representations and Warranties

◇知的財産の権利や紛争についての表明・保証
◇知的財産は別表で明示するスタイル

Article ___ Representations and Warranties on Intellectual Property
  1 Karen View represents and warrants that;
    (1) KIE owns or has a valid right to all the Intellectual Property described in Exhibit ___.
    (2) Except as set forth in Exhibit ___, no material litigation has been instituted or

is pending, or, to the knowledge of the Seller, has been threatened in writing as of the date of this Agreement which challenge the rights of KIE in respect of the Intellectual Property.

(3) To the knowledge of the Seller, Exhibit __ sets forth a list as of the date of this Agreement of all notices or claims received by and suits or proceedings pending or which have been threatened in writing against KIE, which notices, claims, suits or proceedings assert infringement or misappropriation of any intellectual property rights of a third party in relation to the activities of KIE.

2 Notwithstanding the foregoing, under no circumstances, shall Karen View be required to grant to CLANIE a license, right or other permission to use the names, marks or other indicia (or indication) of "Karen" "Karen View", or the Karen View's logo or other similar mark which may indicate Karen View, other than those set forth in Exhibit __.

[和訳]
第__条　知的財産権に関する表明と保証
1　カレン・ビューは次の通り表明し、保証する。
　(1) KIEは、添付別紙__に記載したすべての本知的財産権に対する有効な権利を保有し、所有していること
　(2) 添付別紙__に記載した分を除き、本契約の日現在で、知的財産権について、KIEの権利に異議を申し立てる重要な訴訟は提起されておらず、係属中のものはなく、また売主の知る限り、訴訟を起こすことを書面で通告してきてもいないこと
　(3) 売主の知る限り、添付別紙__は、本契約の日現在、KIEによって受領されたすべての通知または苦情、あるいは係属中または書面で予告されている訴訟または手続きのすべてであり、それらはKIEの活動に関連して第三者の知的財産権が侵害または不正使用されたと主張しているものであること
2　前項にもかかわらず、いかなる場合もカレン・ビューはCLANIEに対し、添付別紙__で記載するものを除き、「カレン」「カレン・ビュー」の名称、マーク、証、またはカレン・ビューのロゴまたはカレン・ビューを示す可能性のある他の類似のマークの使用の許諾を求められるものではない。

―――――――― 解説 ――――――――

1❖売主・買主ともに重要になった知的財産権の表明と保証

　知的財産権がM&Aの主たるねらいという場合がある。ソフトや技術の確保が目的なのに、実はそれらがライセンスを受けていただけで、所有者は他社であることが実際に事業を買収した後に分かる場合がある。あるいは同じ経営者の別のグループ企業や、ときには個人が保有していることさえある。別会社を設立して知的財産の管理を集中しておこなっ

たり、あるいは大事な知的財産は、創業や発明、創作に関わった個人が保有しているということは決してありえないことではない。

　ライセンス事業のために、カリブ海に浮かぶ、いわゆるタックスヘイブンの地域に設立した会社に知的財産を管理させるというのは、国際的な活動をする企業の場合、合理的な場合もある。決して違法、不合理な選択肢というわけではない。粉飾決算等の不祥事のために、タックスヘイブンでの事業活動が、不審の目、懐疑的な目で見られることが増加しつつある時代ではあるが、ライセンス、知的財産管理、合弁事業の投資などに関し、国際企業としてビジネスプランニングを実施する際には、バミューダ諸島をはじめとするタックスヘイブンの活用の有効性は軽視できない。

　したがって、知的財産の確保を目的とする事業譲渡の際は、その譲渡対象の事業が、譲渡時に正当にそれら知的財産の権利を保有し、かつ譲渡後、譲り受けた側が完全な形で使用できるかどうかの確認がきわめて重要になる。たとえば、100億円の価値のあるブランドや特許でも、仮にブランドで20年、特許で有効期間が切れるまでの間、第三者や譲渡する側の企業が独占的なライセンスを受けていれば、引き継いだ側は実際には使用できない。長期のライセンスでも、譲渡前にロイヤルティの全額が前払いされていれば、かかる知的財産を所有する意味は金銭的にはゼロに近い。買収する側にとっては、きわめて重要な表明事項になる。

　一方、事業を譲渡する側も、他の事業やむしろ本丸というべき事業等で使用しているブランド、事業名称、商号については、会社や株式を譲渡したからといって、買主に譲渡する意図も使用許諾する意思のないことも少なくない。

　この章の最初に取り上げた例文503（前文とリサイタル条項）の売主であるカレン・ビューもその考え方を取る。したがって、カレン・ビューに関するあらゆる商号、商標等は移転させる意思はない。しかし、事業名となって運営されてきたため、事業で使っている便箋、パッドのレターヘッド、看板、商品、サービス名など多くの部分がその名称であふれている。しばらくの猶予期間、たとえば1年くらいの猶予期間をかけて、名称等の変更をし、円滑な移行を図ることもできる。あるいは株式譲渡と同時に短期あるいは株式譲渡の直前に商号変更も含めてすべて一新し、新規出発することもできる。いろいろな選択肢から当事者の事情に合わせて自由に選択決定すればよい。大事なことは、その経過措置よりも、最終的にそのような知的財産のうち、どの項目を引き継ぎ、どの項目を除外するかの選別とその明示である。本例文では、別表で明示することとしている。

2❖会社が保有する知的財産権のリスト

　会社が保有し、買主がその会社の全株式を取得することにより使用を引き継ぐこととなる知的財産権のリストである。仮に引き継がないものがあるなら、その旨、明確になるようリストに入れない注意が必要である。別紙の中に1項目（excluded list）を作成し、引き継がない項目を明確にする選択肢もある。猶予期間を置いて当初は使用を継続するなら、その使用許諾について期限やロイヤルティも含め使用条件を明確にしておくことである。

　カレン・ビューとナンシーが経験した事業譲渡で、笑うことのできないエピソードがあるという。それは、商号変更について6ヶ月間の猶予期間、いわば過渡期を置いて、会社を株式譲渡により譲渡したあと、買主の経営陣が交代し、6ヶ月を待たずに転売されてしまった。その譲渡についてはカレン・ビュー側に同意権はなく、あっという間だった。気

がつくと、当初の買主は商号変更をまだしておらず、その転売先の経営者にカレンの名称を商号から削除してもらう交渉が本当に大変だったという。株主総会を開催し、株主総会決議がなされないと商号は変更できず、そのままでどのような対抗措置が取れるか、知恵を総動員して考えたそうである。使用差し止めといっても、購入し、自分の会社となったと理解している商号そのものの使用差し止め請求であるから、相手方はナンシーの幾度かの請求にも動きが遅かったという。カレン側が主張し、契約書の一部になっている第2項の厳しい規定は、そのときの苦い経験に基づきナンシーがドラフトしたのだと、飛鳥凛から聞いたことがある。

3❖知的財産権に関わる紛争のリスト

知的財産権については、侵害差し止め訴訟を第三者から起こされるほか、さまざまな紛争に巻き込まれることがある。詳細なリストを別表に明確に記載している。すでに提起された訴訟のみでなく、提起するという予告・警告をしてきている相手先についても、そのリストに明示する方式を選択している。

4❖ブランドの名称、商号、商標等は一切譲渡しないことを確認する

株式を譲渡する側が、そのブランドや商号等について、買主の継続使用を認めるか、そもそも商号は譲渡される会社の名前であるから、買主は何の手続きをしなくても、会社の株式の購入により当然に取得できると考えていることがある。したがって契約では、注意深くその商号変更のスキーム、計画を練る必要がある。

交渉の席で買主側代表から、「今回購入する会社の値段の半分は会社名とその暖簾(のれん)だよ」と話す相手に飛鳥凛は会ったことがある。

カレン・ビューをよく知っている人なら、第2項の規定はきわめて合理的だと思うだろう。しかし、実業界から完全に引退する人が経営する事業の場合は、名称を他のメンバーでいいから引き継いでほしいと願うケースも、希にはある。誤解を引き起こさないためにも第2項で扱っているテーマについては、契約書で明確に取り決めておきたい。

不動産に関する表明と保証｜Representations and Warranties　例文538

◇不動産リースの内容と契約の継続を確認する

Article ___　Real Estate; Permit
The Seller represents and warrants that:
1　Exhibit ___ contains a complete and accurate list and description of the leased real property, including (i) the address thereof and a description of each third party lease which is an assumed lease by the Company and date, (ii) the approximate number of square meter demised by each third party lease, (iii) any structures, improvements, fixtures or other real property owned by the Company, and (iv) the term and major conditions of the lease for the operation of the Company.
2　The said third party lease for the operation of the Company shall remain valid and binding in accordance with their terms following the Closing, even if the shares of

the Company are transferred by the Seller to the Purchaser.
3 Except as set forth in Exhibit __, there are no material governmental permits necessary for the operation of the Company under current effective laws and necessary to own, lease and use the property necessary for the operation of the Company contemplated hereunder, and, to the knowledge of the Seller, there is no governmental permit which will be required to be obtained by the Purchaser or transferred to the Purchaser in connection with the operation of the Company.

[和訳]

第__条　不動産；認可

売主は次の通り表明し、保証する。

1 添付別紙__は、リースした不動産資産の完全かつ正確なリストと説明を含み、それは、(i)その所在地ならびに本会社が引き受けている第三者からのリースの説明と日付け、(ii)第三者からのリースにより賃借する土地のおおよその広さ（平方メートル表示）、(iii)本会社が保有する構造物、改造部分、定着物、または他の不動産、ならびに(iv)本会社の運営のためのリースの期間及び主要契約条件、を含むものであること。
2 本会社の運営のための上記の第三者からのリースは、仮に本会社の株式が、売主から買主に移転しても、クロージングの終了後も彼らの条件に従って（引き続き）有効で、拘束力のあるものであること。
3 添付別紙__に記載された分を除き、現行法上、本会社の運営のためならびに、本契約で企図される本会社の運営のために必要な不動産を所有、リース、ならびに使用するために要求される重要な政府認可はないこと、また売主の知る限り、本会社の運営に関連して買主によって取得しなければならない、または買主に移転されることが必要とされる政府許可はなにもないこと。

―――― 解説 ――――

1❖不動産に関する確認の重要性

　事業譲渡で、最終段階になって紛糾する可能性のある問題のひとつが、不動産や事務所の契約、権利関係の確認であり、その他の問題として、事業許認可の継続（運輸・輸送・倉庫業・銀行等）、主要取引先（重要顧客、原材料・資材の仕入先）の取引拒絶などがある。

　不動産は、隣の地主や近隣の事務所等との間に、利用に関するさまざまな取り決め、規制などがおこなわれていることがある。事業を購入し、新しい所有者になったからといって、近隣の企業、個人とのそれまでの約束事から完全に自由になるとは限らない。近隣の人々から見れば、オーナーは変わっても、買収された企業自身は同じ法人格であり、それまでの約束はすべて拘束力があると受け止める。

　事務所の問題は、たとえば事務所がリースだとしよう。リース契約には特約があって、

借主（テナント）の経営、資本構成が変わって51％以上が別の人になったときは、貸主は解除できると規定している場合がある。解除されたら、どうするか。別の事務所を探して移転するデメリットは大きいものとなる。こうしたリース契約の解除の問題は、いったん起こってしまうと、意外にも対処が難しい問題なのである。

日高尋春氏や飛鳥凛も、これらの問題には幾度か苦い経験を経て最近は慎重に取り組むようになったと聞いている。

2❖不動産リースのリストと契約が継続することの表明

買主にとっては、株式全株取得により事業買収した後にその事業の基盤となっている不動産リースが解除される事態が起これば、買収の目的が達せられない。その点に焦点を合わせて、表明を規定している。（第1項、第2項）

3❖事業運営には政府認可は取得不要

本事業の運営のためには、売主、会社は特に何も政府の認可を得ていない、また、必要な認可もないと了解している。さらに、売主の知る限りでは、買主がこの事業を買収してその運営をするには、特に取得が必要な政府認可はなく、本事業が必要とする土地などを取得するにあたっても、特に政府認可は必要がないと表明している。（第3項）

顧客・取引先に関する表明と保証 | Representations and Warranties　　例文539

◇大口顧客のうち上位10社のリストの表明と保証

> Article ＿＿ Customers and Suppliers
> The Seller represents and warrants that:
> 1　Exhibit ＿＿ contains a list setting forth (i) the ten (10) largest customers of the Company, by dollar amount, during the periods set therein, and (ii) the amount for which each such customer was invoiced during such period, including allowances and adjustments for returns;
> 2　The Company does not have any credit or vendor financing attributable to it for any of these ten (10) largest customers;
> 3　All purchases and sale orders and other commitments for purchases and sales made by the Company in connection with the operation of the Company have been made in the ordinary course of business in accordance with the past practices, and no payments have been made to any supplier or customers or any respective representatives other than payments to such suppliers for the payment of the invoiced price of supplies or goods sold in the ordinary course of business;
> 4　No customer or supplier listed in Exhibit ＿＿ has, since September 30, 20 ＿＿, cancelled or terminated or provided written notice of an intention to cancel or terminate its contract or agreement with the Company after the Closing.

[和訳]
第__条　顧客と仕入先
　売主は、次の通り表明し、保証する。
1　添付別紙__は、(i)契約に記載されるそれぞれの期間で、取引金額によるトップ10の大規模顧客、ならびに、(ii)かかる各顧客に対して、返却分についての値引きと調整を含んでその期間に支払い請求をした金額を列挙したものである。
2　本会社は、かかる大規模顧客のうち上位10社のいずれに対しても、いかなる信用供与または、売主側からのファイナンシング（資金援助）もしてはいないこと。
3　本会社の運営に関連して本会社によりなされたすべての購入ならびに売り渡しの注文、ならびに他の購入及び売り渡しの約定は、従来の慣行に従って通常の営業の過程でなされてきたものであり、通常の営業で仕入先からの請求された商品代金金額、または販売された商品についての仕入先への支払い以外には、いかなる支払いも、いかなる仕入先、顧客またはそれぞれの代理人に対しても、なされていないこと。
4　20__年9月30日以来、添付別紙__に記載のどの顧客または仕入先も、クロージング以降は、本会社とのおのおのの契約または合意を解除し、または終了せしめ、あるいは解除または終了させる意図を書面により通知していないこと。

―――― 解説 ――――

1❖トップ10の主要顧客と取引金額のリスト
　海外で譲渡を受けた事業を円滑に運営するには、それまでの主要な客先、原材料・資材・商品の仕入先を確保することが重要な場合がある。さまざまな確認方法があるが、ひとつの選択肢は、経営にとって重要な意味を持つ主要顧客のリストを売主に作成してもらい、その提供を受けることである。それぞれについて、取引の金額を確認する。同時に、その取引や支払いが正常な慣行に従ってなされていることも確認する。（第1項～第3項）

2❖株主変更後の取引中止を検討している取引先のリスト
　"intention to cancel or terminate its contract or agreement with the Company"とは、会社との取引を（クロージング、株主変更後）解除するという意図があることである。その場合は、売主から買主に、その意図や事情の報告を受けておくことが対応の上で有益な情報となる。本例文では、そのような解除意思を持った先はないということである。（第4項）

銀行口座に関する表明 | Representations and Warranties　　例文540

◇売主は、譲渡対象会社の銀行口座と引き出し権者名、融資契約等の完全なリストを引き渡す

KVC represents to ABC that:

the list set forth in Exhibit __ containing:

(a) the name of each bank, saving institution or other institution with which the Company has an account or safe deposit box and the name and identification of all persons authorized to draw thereon or to have access thereto;

(b) all loan and leasing agreements of the Company which are in effect as of the date of this Agreement; and

(c) all insurance policies possessed or owned by the Company together with brief statements of the interest insured;

are complete and accurate.

[和訳]

KVCはABCに対し、

添付別紙__に記載したリストに含まれる

(a) 本会社が口座または貸し金庫を保有する銀行、貯蓄機関または他の機関の名称と、その機関から引き出す権限を付与されたか、またはそれにアクセスする権限を付与されたすべての者の名前と確認方法、

(b) 本契約の日付け現在、有効である本会社のすべての融資契約とリース契約、

(c) 本会社が所有または保有しているすべての保険証券と、その被保険利益の簡単な説明、

が完全で、正確であることを表明する。

―――――― 解説 ――――――

1❖銀行口座、引き出し権を付与された者のリスト

　株式の買収による会社の引き継ぎにあたって、引き継いだ者にとっては、例文529から例文531で紹介したような思いがけない隠れた債務、クレームがないこととあわせて、会社の資産内容について正確な知識・情報を取得することが欠かせない。

　本例文(a)項は、その中で特に、銀行口座、引き出し権者、銀行の金庫による保管等についての情報の完全さと正確さについての確認をさせようとするものである。

　譲渡対象企業が商品の売買に従事しているときは、商品の在庫倉庫の確認、その在庫品の引き出し権者の確認も重要となる。株式による企業の買収者にとっては、商品保管倉庫へのアクセスについてのコントロールをしなければならないし、場合によっては、自らが信頼できる者に、買収直後の日から変更しなければならない。

2 ❖ 融資契約、リース契約のリスト

融資契約とリース契約とそのポジションの確認は、会社の運営、価値の判断の材料として重要であり、欠かせない。

●─ 第5款　表明・保証違反の場合の補償規定

例文541　表明・保証違反の場合の補償条項①　| Indemnification

◇もっとも広範な救済のケース
◇表明・保証に違反したときは、補償し、損害賠償の責任を負う
◇表明・保証がその契約書の規定通りに履行された場合の状態に置くために金額を支払う

(a) KVC shall indemnify and hold ABC harmless from, and reimburse ABC for, any damages, loss or expenses (including, without limitation, the reasonable fees and expenses of counsel or others) resulting from, or incurred in connection with or based upon (i) the inaccuracy as of the date hereof of any representation or warranty of KVC which is contained in or made pursuant this Agreement, or (ii) KVC's breach of or failure to perform or fulfill any agreement of KVC contained in or made pursuant to this Agreement.

(b) Without prejudice to, and not in limitation of, any other remedies or relief to which ABC may be entitled under this Agreement or otherwise, KVC agrees to pay to ABC the amount in cash which would then be required to put ABC in the position which it would have been in had such representation or warranty been true, correct and complete, or had such agreement been performed or fulfilled.

[和訳]

(a) KVCは、(i)本契約に含まれるか本契約に従ってなされたKVCの表明もしくは保証が本契約日現在で不正確であったこと、または、(ii)本契約に含まれるか本契約に従ってなされたKVCの約束にKVCが反し、もしくはその履行か遂行を怠ったことから結果的に招来され、またはそれに関連して生じ、またはそれに基づく一切の損害、損失または費用（弁護士その他の合理的な費用と経費を含み、それらに限定されない）につきABCに対して補償し免責し、弁償するものとする。

(b) 本契約により、または別段にABCが権利を有する一切の救済手段または救済（それに限定されない）を損なうことなく、KVCは上記の表明もしくは保証が真実、正確かつ完全であったなら、または上記の約束か履行が遂行されていたならABCが置かれていた立場にABCを置くために、その時点で必要な金額を現金でABCに支払うことに同意する。

―――――――――― 解説 ――――――――――

1❖株式の売主による買主に対する表明・保証違反の場合の、買主側の救済及びその権利

本例文の救済は、もっとも広範な例である。実際のケースでは、契約交渉により、一定のシーリング（補償金額の上限）を設けることもある。上限を設ける場合については、例文544、例文545を参照願いたい。

本例文では、表明・保証は絶対的なものとして扱われ、あたかもそれらがすべて真実であったら、買主側が置かれるのと同じ状態に置かれるよう売主に賠償責任を課している。本例文では、補償には限度額を設けていない。

2❖KVC (the Seller) shall indemnify and hold ABC (the Purchaser) harmless from, and reimburse ABC (the Purchaser) for, any damages, loss ... resulting from ...

売主側の"indemnity"（補償）の基本形である。「KVCは、ABCを、…から損害を被らないように、補償し、また、万一損害・損失…を被ったときは、かかる損害・損失を償還するものとする」との意味である。

3❖remedies or relief

"remedies" "relief"は、いずれも救済を指す。

4❖Without prejudice to, and not in limitation of, any other remedies or relief

このフレーズのねらいは、KVC（売主側）の表明・保証違反に対するABC（買主）への救済の規定を契約書に置くことによって、本来、この規定がない場合に、本契約や法律により付与されている救済の権利をABCが放棄したのだ、と相手方が主張する余地をなくすことにある。

この規定による救済及び補償は、本来有する権利に付随・追加的な権利なのだということを強調し、明確にするのがねらいである。ちょうど、契約解除で、その解除にともなう権利を規定するときと同じ注意の仕方である。

5❖in the position which it would have been in had such representation or warranty been true ... or had such agreement been performed ...

仮定法の表現を使っている。「仮に、なされた表明や保証が真実…であったなら、また、なされた約束が履行…されていたら、ABC（買主）が置かれていたであろう地位に…」という意味である。"had such representation or warranty been true,"と、"had such agreement been performed"は、倒置法の表現が使われている。

――――――――――――――――――――

表明・保証違反の場合の補償条項② | Indemnification　　例文542

◇売主による買主のための補償の規定

Article ＿＿ Indemnification by the Seller

1　The Seller will indemnify and hold the Purchaser harmless from, and reimburse the Purchaser for, any damage, loss, liability, cost or expense, including, without limitation, the reasonable fees and expenses of counsel and other advisers, resulting or arising from, or incurred in connection with or based upon (i) the inaccuracy as of the date hereof of any representation or warranty of the Seller which is contained in or made pursuant to this Agreement or any ancillary documents, or (ii) the Seller's breach of or failure to perform, comply with or fulfill any covenant or agreement of the Seller contained in or made pursuant to this Agreement or any ancillary documents.

2 Without prejudice to, and not in limitation of, any other remedies or relief to which the Purchaser may be entitled under this Agreement or otherwise, the Seller agrees to pay to the Purchaser the amount of cash which would then be required to put the Purchaser in the position which it would have been in had such representation or warranty been true, correct and complete, or had such covenant or agreement been performed, complied with or fulfilled.

[和訳]
第__条　売主による補償
1 売主は買主に対し、(i)本契約またはその付属書類に含まれるか、またはそれらに基づいてなされた売主の表明または保証の本契約日現在における不正確さ、あるいは(ii)本契約またはその付属書類に含まれるか、またはそれらに基づいてなされた売主の誓約または契約の違反、不履行、違背、不達成からもたらされ、または発生し、または関連して被り、もしくはそれらに基づくいかなる損害、損失、責任、費用または支出からも損失を受けないよう補償するものとし、その補償対象の費用には、弁護士及び他の助言者の合理的な料金と費用を含むが、これに限らないものとする。

2 本契約または他の根拠により、買主が享受しうる他の救済、手段、または権利を何ら損なうことなく、またそれらに限定せず、売主は買主に対し、かかる表明または保証が真実で、正確で、完全であったならば、また、かかる誓約あるいは契約が履行され遵守され満たされていたならば、買主が置かれていたであろう地位を与えるために必要とされる金額を現金で支払うことに合意する。

解説

1❖売主による買主に対する補償

売主による表明・保証に違反があった場合の補償に関する規定については、さまざまな仕方がある。本例文は、買主の側から見て、主張したい事項をドラフトにしたものである。結局、表明・保証が真実でなかったというのであれば、仮に真実であれば買主が置かれたであろう地位、立場に置くようにしてほしいという希望を、契約上の要求として文章にし、条項としたものである。仮定法を使った文章が使われている。

2 ❖ 表明・保証に違反した時は、そのために買主が被った損害、費用等を支払う

もっとも基本的で素直な補償の約束を規定にしたものである。違反には2種類あり、ひとつは表明・保証が不正確であった場合。もうひとつは、買主との合意に違反した場合である。補償する費用の範囲には、弁護士費用が含まれる。（第1項）

3 ❖ without prejudice to

（以下に挙げる権利等を）「失うことなく」の意味である。

4 ❖ 倒置法と仮定法の表現

"the Seller agrees to pay to the Purchaser the amount of cash which would then be required to put the Purchaser ..., or had such covenant or agreement been performed, ...".

売主の表明・保証が不正確であり、また約束に違反したときは、そのようなことがなければ買主が置かれていたであろう地位、ポジションにいるように埋め合わせをする義務を売主が負うことを規定する。

倒置法と仮定法を使って表現しているのを、飛鳥凛がとても気に入っていると聞く。英語の好きな人には、格好がいい、スタイリッシュに響くという。上司の日高尋春氏に聞くと、こんな言葉が返ってきた。「飛鳥凛がスタイリッシュな英語が好きなのはかまわないが、美しく表現しようとして、他の部分が抜けると心配だ。飛鳥は、大丈夫かなあ」。飛鳥凛ははたして大丈夫だろうか。

余談であるが、飛鳥凛の上司日高尋春氏が、仮定法の表現が苦手なのには、どうやらエピソードがあるらしい。以前、飛鳥凛が笑いながら話していた。突然、話の相手からこのようにいわれ、とっさに言葉が出なかったことがあるそうだ。

"What would you say, if I had asked you to take me home?"

契約上の表現や言葉の使い方には、人によりそれぞれ、短くともその経験してきた辛さや甘さに応じて、選択に違いがあるのだろう。契約書のドラフティングは、それぞれのたどってきた人生のつづれ織り（tapestry）が反映されるのだろう。修行を積んでも、1人ひとり個性がある。みんなが同じドラフティング技術を修得し、同じように行使するわけではない。

表明・保証違反の場合の補償条項③ | Indemnification　　　　例文**543**

◇買主による売主のための補償の規定
◇例文542と対になる規定

1 The Purchaser will indemnify and hold the Seller harmless from, and reimburse the Seller for, any damages, loss, liability, cost or expense, including attorney's fees, relating to or arising from, or incurred in connection with or based upon (i) inaccuracy as of the date hereof of any representation or warranty of the Purchaser which is contained in or made pursuant to this Agreement, or (ii) the Purchaser's breach of or failure to perform any of its covenants or agreement contained in or made pursuant to this Agreement.

例文544 事業譲渡｜表明・保証違反の場合の補償条項④
例文545 事業譲渡｜表明・保証違反の場合の補償条項⑤

2 Without prejudice to, and not in limitation of, any other remedies or relief to which the Seller may be entitled under this Agreement or otherwise, the Purchaser agrees to pay the Seller the amount of cash which would then be required to put the Seller in the position which would have been in had such representation or warranty been true, correct and complete, or had such covenant been performed, compiled with or fulfilled.

[和訳]
1 買主は売主に対し、(i)本契約に含まれるか、または基づいてなされた本契約の日における買主の表明または保証の不正確さ、または、(ii)本契約に含まれるか、それに基づいてなされた買主の誓約または契約の不履行、違反、違背または不達成から、あるいは関連して被った、またはそれらに基づく損害、損失、責任、費用または支出について、弁護士費用も含めて補償し、損害を与えず償還するものとする。
2 本契約または他の根拠に基づき売主が保有する救済や権利を何ら損なうことなく、またそれらに限定せず、買主は売主に対し、売主がかかる（買主の）表明または保証が真実で、正確で、完全であった場合、また、かかる誓約が履行され、遵守され、達成されていたら置かれていたであろう立場（ポジション）に置くために必要とされる金額を、現金で支払うことに合意する。

―――― 解説 ――――

1❖買主側からの補償も重要

　買主による売主のための補償の規定である。先に紹介した例文542と逆の立場から規定していると思えばよい。用語も構文もほぼ同じであるので、分かりやすいだろう。対にして理解し、覚えておけば便利だろう。

　事業買収契約では、その譲渡対象の事業に関する価値、譲渡後の運営に関わるさまざまな事項についての売主側からの表明・保証と、その違反の場合のindemnification（補償）の問題がいつもクローズアップされる。しかし、買主側の表明・保証に対する違反の場合についても、注目度や重要性は一見低く目立たないが、重要なことに変わりはない。

　買収目的や買収後の事業運営において、その引き継いだ従業員や資産の扱いなどで、表明・保証の内容、条件と乖離し、違反が明白となれば、やはり補償請求権も大事になってくる。

　本例文では、弁護士費用を含む費用、損失等を、買主は売主に支払うことを約束している。"reimburse"という用語は、相手が実際に被った費用、損失を埋め合わせるという意味を持っている。補償は、元の状態に戻すというのが基本である。元の状態とは、本来あるべき状態であり、買主の表明が正確であり、約束がすべて履行されていたら売主が置かれていたであろうポジションを売主に与えるように、差額を買主が現金で売主に支払う約束である。

表明・保証違反の場合の補償条項④ | Indemnification　　例文544

◇補償責任に上限金額を設ける

Notwithstanding any provision in this Agreement, KVC shall not be liable for any Indemnifiable Loss herein set forth insofar as such Indemnifiable Loss exceeds ＿＿＿＿＿＿ (＿＿＿＿＿＿).

[和訳]
　本契約中のいかなる規定にもかかわらず、KVCは、本契約に規定された補償すべき損失が、＿＿＿＿＿＿（＿＿＿＿＿＿）を超える限りにおいて、その補償すべき損失に対して賠償の責任を負わないものとする。

―――――― 解説 ――――――

1❖補償金額（indemnifiable loss）に上限を設ける
　上限を規定するにはさまざまな方法があるが、上限金額を規定する方法がもっとも簡潔で、明快である。

2❖shall not be liable for ... as such Indemnifiable Loss exceeds ＿＿＿＿＿＿
　「補償責任損失が＿＿＿＿＿＿を超えたときは、その補償責任損失について責任を負わない」という趣旨である。厳密にいえば、一定の場合には責任を負わないとすると、あたかも＿＿＿＿＿＿を超えたときは、限度を超えた分のみならず全体について売主が1ドルも責任を負わないと主張する余地がある。そのような主張を封ずるためには、超過額についてのみ責任を負わないという規定にしなければならないということにもなるが、そのような解釈には合理性が乏しいから、本例文ではそこまで詳細に規定していない。

3❖Indemnifiable Loss
　本例文のような方法で上限を設けるときは、"Indemnifiable Loss"について定義をすることがある。たとえば、例文541の補償規定をおこなうとき、その文章の最後に、"hereinafter referred to as Indemnifiable Loss"等と定義をする。定義条項で定義を置いてもよい。

表明・保証違反の場合の補償条項⑤ | Indemnification　　例文545

◇補償責任に累計の上限金額を設ける
◇補償責任の対象に本会社（譲渡される会社）を加える

KVC shall indemnify and hold ABC and the Company harmless up to an aggregate maximum of US $＿＿＿＿＿＿ (＿＿＿＿＿＿United States Dollars), against (i) any loss and damages caused to ABC or to the Company by any misrepresentation, breach of warranty or breach of any agreement on the part of KVC in this Agreement, (ii) ...

[和訳]
　KVCは、ABCと本会社に対し、(i)本契約におけるKVC側の不実表明、保証違反、契約違反によりABCまたは本会社に引き起こされたすべての損失と損害、(ii)…から損害を被らないように補償し、合計額＿＿＿＿＿米ドルまで損害賠償の責任を負うものとする。

解説

1 ❖ indemnify and hold ABC ... harmless ... against any loss and damages caused to ABC ...

　補償責任の対象に、買主だけでなく本会社（譲渡される会社）を入れているのが、本例文の特色のひとつである。株式の売買による会社の譲渡契約では、形式だけで見ると、その売主（元の経営者）の表明・保証違反による損害が、買主でなく、売却された本会社に発生することがある。

　そのような場合に、買主による損害の証明までいかなくとも、本会社に発生した段階で賠償を求めることができるようにするのが、本例文のねらいである。

2 ❖ indemnify ... up to an aggregate maximum of ＿＿＿＿＿

　売主の賠償責任の限度が、「合計（累計）額＿＿＿まで」の趣旨である。補償対象の項目が数項にわたるとき、それぞれに対しての上限でなく、累計となることを明確にしている。

例文546　表明・保証違反の場合の補償条項⑥ ｜ Indemnification

◇表明・保証違反の場合の補償と補償額の上限規定
◇frauds（詐欺または虚偽行為）の場合は上限規定の適用はない（無限）と規定する

Article ＿＿　Indemnification
1　The Seller and the Purchaser will indemnify, defend, and hold harmless the other party hereto and its representative, director, agent or officer from and against any and all actions, liabilities, losses, damages or out-of-pocket expenses, incurred or suffered by the indemnified party arising out of, or resulting from or relating to the failure of any representation or warranty of the indemnifying party contained in this Agreement, or the breach by the indemnifying party of any covenant or agreement of such indemnifying party.
2　The indemnifying party's liability for all claims made under this Agreement shall be subject to the following conditions:
(i)　The indemnifying party's aggregate liability for all such claims shall not exceed fifty (50) percent of the Purchase Price set forth in this Agreement.
(ii)　The indemnifying party shall have no liability for such claim until aggregate

amount of the losses incurred by the indemnified party shall exceed one (1) percent of the Purchase Price, provided that, if such threshold is exceeded, the indemnifying party shall be liable for all losses starting from the first dollar of such losses without giving effect to such threshold.

3 Notwithstanding the above provisions of this Article, the limitations of liability provided herein shall not apply to any claim for fraud or intentional misrepresentation made by the indemnifying party, provided that commitment of fraud or misrepresentation by the indemnifying party shall be proven by the indemnified party.

4 Notwithstanding anything contained herein to the contrary, neither party shall be liable to the other party for indirect, special, punitive, consequential damages or lost-of-profit incurred by the indemnified party.

5 The indemnification provided in this Agreement shall be the sole and exclusive remedy for monetary damages available to the parties hereto, provided, however, that this exclusive remedy does not preclude a party from (i) bringing an action for specific performance or other available equitable remedy for a breach of agreement of the indemnifying party, or (ii) pursuing remedies under applicable laws for fraud or intentional misrepresentation.

[和訳]
第__条　補償
1　売主と買主は、本契約に含まれる補償者の表明・保証の違反、あるいは補償者の誓約・合意に対する補償者自身による違反に関連して発生、またはもたらされたいかなる訴訟、責任、損失、損害に対して、または実際に支出することとなった費用についても、本契約相手方ならびにその代表者、取締役、代理人、役職者が損失を被らないよう補償し、防御するものとする。
2　本契約のもとで提起されたあらゆるクレームに対する補償者の責任は、下記の条件に服するものとする。
　(i)　かかるクレームに対する補償者の責任の累計額は、本契約に定める買収価格の50％を超えないものとする。
　(ii)　補償者は、補償を受ける者が被った損失の累計額が買収価格の1％に達するまでは何ら損害賠償責任を負担しないものとするが、もしかかる累計額が1％を超えた場合には、その1％以下の損失も加えて、最初の1ドルから算出し、全額の損失を補償するものとする。
3　本条の上記規定にかかわらず、本契約に規定する（補償）責任の上限額は、補償者によってなされた詐欺または意図的な虚偽の表明については適用しないものとする。ただし、補償者による詐欺または意図的な虚偽表明については、補償を受ける側の当事者が立証責任を負うものとする。
4　本契約に規定される反対の内容にかかわらず、いずれの当事者も、相手方に対し、補償を受ける側の当事者が被った間接的、特別、懲罰的、結果的損害

または期待利益の損失に対しては補償責任を一切負わないものとする。
　5　本契約に規定する補償は、本契約当事者に対し与えられる唯一、排他的な金銭的賠償の救済方法とする。ただし排他的救済方法は、当事者に対し、(i)補償者による契約違反に対抗して与えられる特別履行または他の衡平法上の救済を求めること、(ii)詐欺または虚偽表明に対抗するための適用法により与えられる救済を求めることを妨げないものとする。

解説

1❖一方の当事者のみが補償(賠償)義務を負うとは限らない

　事業の売買契約では、売主が買主に対して、その譲渡対象である事業に関してさまざまな表明・保証をなし、その違反が後日明瞭になった場合に"indemnify"(補償)する契約条項を置くのが通常である。株式譲渡契約や事業譲渡契約では、性能・品質の状態が検査可能な動産売買と異なり、事業が単に資産の集合体というわけでなく人の集合体ということもあって、各部門組織のリーダーの資質や従業員の士気など、デュー・ディリジェンス調査等によっても専門家の鑑定によっても、簡単には評価できない要素がある上、周りには取引先や契約相手などが多く存在している。こうした状況下で、表明・保証の内容が不正確であったり意識的にゆがめられていたりしたのでは、正常な取引ができない。

　しかし、このような補償は売主側だけの義務かというと、そうではない。買主側も、その買収目的が自己の勘定によるものであることや、財務状態・資金力・法人格、営業許可・独占禁止法・業法上の問題をクリアしていること、一定期間内の転売禁止、従業員の継続雇用、秘密保持義務など、さまざまな表明・保証をなすことがある。

2❖"Indemnified Party" "Indemnifying Party"の指す当事者

　双方が互いに相手方に対しそれぞれ表明・保証をなし、その違反について相手方に責任を果たそうとする場合は、その違反に対しての救済の一部として、通常、indemnification(補償)の規定が置かれる。その場合、売主・買主双方から、相手方に対する補償を求める規定と手続きが置かれる。その限度額については双方に関わりが出てくるので、無関心ではいられない。

　"indemnified party"と"indemnifying party"は、前後の文脈や具体的な状況によって売主・買主の双方、あるいはいずれか一方を指すことになる。このような規定は、読みこなすときに紛らわしいという辛さはあるが、他方、双方に対し、公平であるという利点があり、契約交渉の際には非常に交渉がスムーズに進むことが多い。

　交渉の際にも、想像力が試される規定である。

●—第6款　クレームの通知と補償

　表明・保証に反する事態が発生したとき、保証に基づく"indemnification"を受けている側は、契約により、表明・保証をしている側に通知をなしてただちに対処してもらうというの

が、通常である。しかし実際には、相手側からは即時に返事のない場合や、適切な対応のないこともある。

　法務部新人部員飛鳥凛と上司の日高尋春氏が今日は、表明・保証違反に基づく補償請求の問題について、ミーティングを開いているという。日高尋春氏が、飛鳥凛に問いかけているようだ。

　「飛鳥、今日はわれわれが"indemnified party"の立場で考えてみよう。事業の売主の本人は経済活動から引退し、外国で第2の人生を静かに送っているかもしれない。旅行していることもある。第三者が事業に関して引き継いだはずの不動産、建物、ブランド・特許などの知的財産について権利を主張し、経営ができなくなったり、主要な取引先から思いもかけない債権や契約条項を突きつけられたり、借りていないはずのローンの返済を求められた場合、どうするか」

　「………」。飛鳥凛は黙ったまま、日高尋春氏の話の続きを待っている。

　「"indemnifying party"から返事がなければ、まずは自ら、何か手を打たなければならない。その費用はどうするか。事業の譲渡契約をめぐる表明・保証の問題は、実際に問題が発生してしまうと、意外にも、簡単ではないよ。そのような場合、現実に対応できるように、契約条項を考えてくれないか」

　飛鳥凛が取り組んでいる契約条項ドラフト（案）を見ながら考えてみたい。

クレームの通知と補償① | Notice of Claim; Indemnification　　例文547

◇表明・保証違反に基づく補償請求の通知義務
◇相手側が第三者クレームの解決を引き受ける際の、もう一方の当事者の参加の権利を規定

Article __ Notice and Procedures for Indemnification

1. The indemnified party seeking indemnification relating to the representations and warranties herein shall promptly notify in writing the party against whom indemnification is sought of the assertion and basis of any claim, or the commencement and basis of any action by any third party in respect of which indemnity may be sought hereunder, and will give the indemnifying party such information with respect thereto as the indemnifying party may reasonably request, but failure to give such notice shall not relieve the indemnifying party of any liability hereunder.

2. The indemnifying party shall have the right, but, not the obligation, exercisable by written notice to the indemnified party within thirty (30) days of receipt from the indemnified party of the commencement of a third party claim, to assume the defense, through counsel reasonably acceptable to the indemnified party.

3. Furthermore, the indemnifying party shall have sole control of settlement of any such third party claim that (i) involves solely monetary damages or (ii) involves claims for both monetary damages and equitable relief against the indemnified party that cannot be severed, where the claims for monetary damages are the primary claims asserted by the third party and claims for equitable relief are incidental to

the claims for monetary damages.
4 Failure by the indemnifying party to so notify the indemnified party shall be deemed a waiver by the indemnifying party of its right to assume the defense of such third party claim.
5 The indemnifying party or the indemnified party, as the case may be, shall have the right to participate in (but not control), at its own expense, the defense of any third party claim.

[和訳]
第__条　補償請求の前提となる手続き
1 本契約に定める表明・保証に関連する補償の請求者は、補償の請求を受ける者に対し、本契約において補償を請求しうる（対象の）クレームの主張と根拠、または第三者による訴訟の開始と根拠について書面でただちに通知し、補償者が合理的に請求したクレームに関わる情報を提供することとするが、補償請求者がかかる通知を怠り、情報を提供しなかったとしても、補償者の義務を免責するものではない。
2 補償者は、補償を受ける者からの第三者からのクレーム開始の通知を受領後30日以内に、補償を受ける者に対して書面の通知をすることにより、補償を請求する者にも合理的に承諾できる弁護士を通じて防御を引き受ける権利を保有するものとする。ただしこれは、補償者の随意の選択であり、義務ではない。
3 さらに、補償者は、(i)金銭的な損害のみが対象の場合、または(ii)補償を受ける者に対する金銭的な損害と衡平法上の救済に対するクレームが切り離せない形で対象となっている場合で、金銭的損害賠償が第三者からのクレームの主たる内容で、衡平法上の救済請求は単に金銭的損害のクレームに付随しているにすぎない場合は、かかる第三者からのクレームを和解によって解決に導く単独の権利を保有するものとする。
4 補償者が補償を受ける者に対し、かかる通知を怠った場合は、補償者によるかかる第三者からのクレームの防御を引き受ける権利を放棄したものとみなすものとする。
5 補償者、または該当する場合には補償を受ける者は、各々自己の費用負担で、第三者からのクレームに対する防御に参加（ただし支配権はない）する権利を保有するものとする。

―― 解説 ――

1❖補償を求める事態が発生したときは、補償を受ける者から補償者に対して通知をする

補償を受ける者は、書面により補償を求める根拠等といかなる補償を求めるかについてすみやかに通知する。補償者から求められたときは、第三者からのクレーム内容と根拠を

報告する。補償請求者は、補償者からの合理的な要請の範囲内で、クレーム・訴訟に関する情報を提供する。ただし、万一補償を求める者がそのような通知を怠り、情報の提供をしなかったからといって、補償者の補償責任は免責されない。(第1項)

この最後の部分は、契約当事者の考え方と力関係、交渉力に左右される問題である。ただそれだけではなく、(本例文のように)売主と買主が互いに相手方に対し、自己の側からの表明・保証に基づいて補償義務を負担している場合には、公平性という視点から合理的なのである。

2 ❖ 補償者の和解による解決 (settlement of claim of monetary damages)

補償者は、第三者からのクレームについて和解で解決する方法として、それが主として金銭的な請求である場合は、解決に導く行動の主導権(コントロール)を保有する。もし、クレームが権利等に絡んでいる場合は、その和解解決には第三者からクレームを受けている者の同意を必要とする。(第3項)

金銭的な賠償、支払いによって、第三者からのクレームを解決することは、資金負担能力さえあれば補償者には可能である。しかし、譲渡した会社の土地、建物の所有権、リースの契約期限切れによる立ち退き請求、ブランド・商号・特許など知的財産権などが第三者からのクレームの対象となっている場合は、簡単にはいかない。そのような場合には、補償者のみでは解決できないし、解決することが適切でもない。

そのような観点から、和解には一定の条件を付し、いわば牽制をしているのである。

3 ❖ 補償者が自ら防御しようとするとき

補償を引き受けている者(補償者)は、第三者による訴訟が提起されたという通知を補償請求者から受領してから30日以内に、自ら訴訟の防御を引き受けることを通知し、訴訟の防御をすることができる(第2項)。補償者は、補償を受ける者が認める合理的な弁護士を起用して防御にあたることが条件として課されている(第2項)。力量、誠実性等から見て明らかに適切ではない弁護士による補償者の弁護・防御なら、補償請求者は異議を申し出て、それを拒絶する余地がある。そうでもなければ、"indemnifying party"がその費用で訴訟等の防御を引き受けることができる。

4 ❖ 補償者による防御の権利の放棄 (waiver)

補償者が防御することを適時に補償を受ける者に対し通知しないときは、補償者が防御する権利を放棄したものとみなされる。その場合は、補償を受ける者が防御してその費用を要求してくることになる。(第4項)

5 ❖ 法務部新人部員飛鳥凛と上司の日高尋春氏の痛恨のエピソード

法務部新人部員飛鳥凛と上司の日高尋春氏には、この補償に関して痛恨のエピソードがある。それはたまたま日高尋春氏の夏期休暇中に、新人時代の飛鳥凛がひとりで任され、担当しているときに起こった。飛鳥凛が法務部に配属される前に実行された海外事業の買収案件に関連して、買収した会社に対し、ある第三者からその事業に関わる土地の権利の件でクレームが提起された。米国で訴訟が正式に提起され、裁判所から訴状(complaint)と質問書(interrogatory)、承認請求書(request for admission)等が届いたことを知らされた事業部が、対処方法について飛鳥凛に相談した。買収を担当している部の事業部員とはほかの案件で協力した経緯から飛鳥凛は気が合った。海外のその地に共通の弁護士の知己もいて、互いにその顔が浮かぶ。日高尋春氏とは、すぐに連絡が取れなかったので、先輩の事

業部の幹部にも報告し、その共通の知己である弁護士に、訴訟の根拠と解決策、裁判所の手続きへの対応などを相談した。裁判所への回答手続きが迫っていて、その要求通りには対応できないと判断され、やむをえず応急措置として、裁判所への手続きの期限延長の手続きを取ることにした。訴訟の代理人としてその知己弁護士を指定し、応急の措置、対応を図った。2人は互いにほっとして、充実感を覚えていた。

1週間たち、日高尋春氏が休暇から戻った。報告を聞いた日高尋春氏から、飛鳥に返ってきたのは、次の言葉だった。「飛鳥、ご苦労さん。ところで、ずいぶん厚いんだけれど、飛鳥はその事業の売買契約書を丁寧に読んだか。何か、今回の事案の指針として頼れそうな条項はなかったか。たしか、補償条項があったと思うんだけど……」。

長くなるので、その後の経緯は省略したい。ただ、飛鳥凛から聞いた結論部分だけ伝えると、その翌日から訴訟の対応は、その海外事業を買収した際の売主側（元のオーナー側）の弁護士がすべて対応し、飛鳥たちが起用した弁護士は訴訟代理人から完全に外れたそうである。飛鳥たちが、知己の弁護士を起用した1週間の間にかかった弁護士費用については、売主側は、契約書の規定を盾に頑として負担しなかったという。

本例文はそのようなエピソードを念頭に置いて、飛鳥凛が次のケース、今後のために取り組んだようであるが、果たしてこのドラフトで対処できるのだろうか。

例文548 クレームの通知と補償② | Notice of Claim; Indemnification

◇補償の実行を請求する通知とその実行方法

Article __ Notice of Claim; Defense of Claim; Indemnification

1 If any party (hereinafter referred to as the "Indemnitee") receives written notice of any claim or of the commencement of any action or proceeding by a third party (hereinafter referred to as the "Third Party Claim") with respect to which any other party is obligated to provide indemnification (hereinafter referred to as the "Indemnitor") pursuant to this Agreement, Indemnitee will, with reasonable promptness, give Indemnitor notice of thereof (hereinafter referred to as a "Claim Notice").

2 Upon receipt by an Indemnitor of a Claim Notice from an Indemnitee with respect to any claim for indemnification which is based upon a Third Party, such Indemnitor may assume the defense of the Third Party Claim with counsel of its own choosing.

The Indemnitee will cooperate in the defense of the Third Party Claim and will furnish such records, information and testimony and attend such conferences, discovery proceedings, hearings, trial and appeals as may be reasonably required in connection therewith, provided that such attendance by the Indemnitee or its representative(s) is reasonably necessary for such defense.

3 The Indemnitee shall have the right to employ its own counsel with respect to the

Third Party Claim, but the fees and costs of such counsel shall be at the expense of the Indemnitee.
4 The Indemnitor shall have the right, in its sole discretion, to satisfy or settle any Third Party Claim for which indemnification has been sought and is available hereunder.
5 If the Indemnitor fails with reasonable promptness either to defend such Third Party Claim or to satisfy or settle the same, the Indemnitee may defend, satisfy or settle the Third Party Claim at the expense of the Indemnitor.

[和訳]
第__条　クレームの通知：クレームに対する防御：補償
1 もし、いずれかの当事者（以下「補償を受ける者」と呼ぶ）が、他の当事者（以下「補償者」と呼ぶ）が本契約に従って補償をする義務を負っている事項について第三者によるクレームあるいは、訴訟または手続き（以下「第三者からのクレーム」と呼ぶ）の開始の書面による通知を受けたときは、補償者に対し、合理的な迅速さで通知（以下「クレーム通知」と呼ぶ）をなすものとする。
2 第三者に起因する補償を求めるクレームについて、補償を受ける者からのクレーム通知を補償者が受領したときは、補償者は、補償者自身の選択する弁護士により、第三者からのクレームの防御を引き受けることができるものとする。
　補償を受ける者は、第三者からのクレームの防御に協力するものとし、防御に関連して合理的に必要とされる記録、情報、証言を提供し、また、補償を受ける者またはその代理人の出席がかかる防御のために合理的に必要とされる場合であることを条件として、会議、証拠開示手続き、審理、裁判、控訴審に出席するものとする。
3 補償を受ける者は、第三者からのクレームに関連して（補償を受ける者）自身の弁護士を起用する権利を保有することとするが、その場合、かかる弁護士の料金と費用は補償を受ける者の負担とする。
4 補償者は、補償することが請求された第三者からのクレームに対して、可能である場合にはその単独の自由裁量により、そのクレームを（満足させ）解決し、和解する権利を有するものとする。
5 補償者が、かかる第三者からのクレームを合理的な迅速さで防御し、満足させ、または和解できないときは、補償を受ける者は補償者の費用負担で、第三者からのクレームに対し、防御し、（満足させ）解決し、和解することができるものとする。

解説

1❖第三者からクレームを受けたとき

　補償の請求手続きの規定としてドラフトを作成するときは、まず第三者からクレームを受けた場合、どのように通知するかを取り決める。通知内容としては、第三者からクレームを受けたことが中核であるが、具体的にどのようなクレームなのか、訴訟であるならば訴状や関連する書面、また補償請求する者が防御したいのか、それとも補償する者に防御をさせたいのか、具体的な事項をどこまで記載するか、なども問題となる。詳しい状況を知るのも大事かもしれないが、迅速に情報を通知することも大事である。その選択がドラフティングの基本である。

2❖第三者からのクレーム、訴訟に対する対応

　補償を約束している側が迅速に対処すれば問題はないが、仮に本来の回答期限や訴訟に対する対応に遅延しそうな場合は、補償者の対応を待つまでもなく、クレームを受けた者が自らの手で、あるいは弁護士を起用して対処せざるをえない。その権利を契約上明確に留保しておかないと、補償規定は大事なときにその役割を果たせない。現実に起こりうる事態を想像し、その対処策を考え抜くのが、契約のドラフティングなのである。

　事業買収契約における表明と保証、そしてその違反の場合の補償規定のドラフティングと契約交渉は、要求される技量、胆力ともに、難易度がもっとも高いものである。商品と異なり、事業経営というあらゆる要素の総合的な契約であるからである。事業売買においては、本当に価値あるもの、あるいは価値自体は専門家にも容易には把握できない。なぜなら、買収する者の力量、ニーズにより同じ事業がその姿、価値を変えることがあり、また、買収後のその事業に関わる内外の人間関係の維持・改善、取引先との関係の再構築も含め、新しい事業がどう運営されるかが、事業の将来に大きな影響を与えるからである。

　比較的客観的に価値が評価できるのは、その事業の買収目的・ねらいが、その保有する土地・建物など不動産、商標・ソフトウエアなど知的財産権である場合であるが、それは例外的なケースである。通常は、常に10倍の誤差があると受け止めて取りかかるのが、法務部新人の飛鳥凛と上司の日高尋春氏のチームの姿勢であると聞いたことがある。

3❖"indemnitor" "indemnitee"

　補償をする責任を負う当事者を、"indemnitor"（補償者）と呼び、補償を受ける立場の当事者を、"indemnitee"（被補償者）と呼ぶ。補償をする人と、補償を受ける人である。どちらもなかなか難しい用語であり、辞書にも載っていないことがある。

　ワープロソフトのワードなどでも、間違いとして、赤の下線が記されることがある。もし、ワープロソフトなどの校閲が気になるという人は、新人法務部員の飛鳥凛が普段しているように、"indemnitor"の代わりに"indemnifying party"（補償供与者）を使い、"indemnitee"の代わりに"indemnified party"（補償を受ける人）という用語を使えばよいだろう。これなら紛れがない。

　大事なことはただひとつ。1つの契約書の中では、この意味を表すのにいずれか一方の用語を選択したら、それで契約書全体を通すことである。同じ意味を示すのにさまざまな用語を使うことは、いずれ問題を起こす遠因になる。

クレームの通知と補償③ | Notice of Claim; Indemnification 　　　　　　例文549

◇売主から補償を受けるためにクレームを通知する義務を規定
◇最終的な防御方法の選択は買主側にあるが、和解には売主の同意が必要とする

Article __ Notice of Third Party Claim

1. The Purchaser will give the Seller reasonable notice of any claim or demand asserted by third parties against it or the Company for which indemnity may be sought under this Agreement and shall permit the Seller to have reasonable access to relevant information in its possession or control related to the claim or the demand. The Seller shall have the right at its own expense to appoint counsel to be associated counsel as to the handling of the defense of such matter, but the Purchaser shall have the exclusive right to prosecute, defend, compromise, settle or pay any claim unless the Seller procure from the claimant a full and complete release not entailing any commitment of or limitation of any kind on the Purchaser and the Company and satisfactory in form and substance to the Purchaser and its counsel.

2. No compromise or settlement of any such claim shall be subject to indemnification under this Article unless consented to by the person from which indemnification is sought, which consent shall not be unreasonably withheld.

3. Any failure of the Purchaser to comply with Section 2 of this Article shall reduce the amount subject to indemnification under this Article by damages actually and foreseeably resulting from such failure, but shall not release or otherwise affect the Seller's obligations under this Agreement.

[和訳]

第__条　第三者からのクレームの通知

1. 買主は、本契約に基づいて補償を求めることができるものについては、第三者から買主または本会社に対し主張されたクレームまたは請求で、（買主がその損失について）売主に対して合理的な通知をなすものとし、売主にかかるクレームまたは請求について、買主が保有または支配する関連情報への合理的なアクセスを認めるものとする。売主は、かかる事項の防御の取り扱いについて、連携する弁護士を売主の費用で指名することができるものとするが、売主が、クレーム提起者から買主または本会社に対し何ら制約または限度のない完全なリリース（免除）を取得し、それがその形式、内容ともに買主とその弁護士にも満足のいくものでない限り、買主はいかなるクレームについても、遂行し、防御し、妥協し、和解し、または、支払う排他的な権利を保有するものとする。

2. 本契約に基づく補償の対象となっているクレームについて、その妥協または和解は、かかる補償を引き受けている者の同意なしには実施されてはならないものとし、かかる同意は、不合理に留保されるものではないものとする。

3　買主が本条第2項を遵守することを怠ったときは、本条に基づく(売主の)買主に対する補償金額はかかる懈怠により引き起こされた現実かつ予見可能性のある損害金額については減額の対象となるものとするが、この懈怠が、本契約に基づき売主が負担する他の債務を免除または影響するものではないものとする。

―――― 解説 ――――

1❖会社譲渡後のクレームに対する売主の補償責任

　"indemnification"(補償)という難しい用語が使用されている。この問題は、本契約では本来、クレームがない前提で事業の譲渡代金が決められている、と考えれば分かりやすい。したがって、思いがけず第三者から、買主や譲渡を受けたばかりの本会社に対し、この事業の譲渡という行為から発生した損害賠償や債権などのクレームが提起された場合は、その金額を譲渡代金から差し引かないと公平でない、という考え方が底にある。

2❖買主側が和解するときは、補償を引き受けている者(売主)の同意を得た上で実施する

　クロージングの日以降に提起される買主や譲渡された本会社に対する第三者のクレームには、筋の通らないものや虚偽のものもありうる。このようなとき、売主が継続して経営していたならば容易に解決し、クレーム提起者を引き下がらせることができる場合もあろう。しかし、それだけではない。買主側が単独で、排他的に解決にあたるといっても、事情をよく知らなかったり、第三者が思いがけない証拠の書面や証人を出してきたような場合には、対処の仕方に困ることがあるかもしれない。基本は、買主側で処理し、決定できると規定をしたが、何らかの形で筋の通らないクレームについては、売主側でも担当あるいは連携という形で手助けをし、第三者に対し協力して損害額を抑えようとする試みをしているのが、本例文のねらいである。

　このような考え方は理解し、到達しやすいが、契約条項としてドラフティングを起こすとなると、決して簡単ではない。第2項では買主側がクレーム提起者にだまされて安易に和解する解決方法に対し、歯止めの条件を加えている。

　法務部新人部員の飛鳥凛と上司の日高尋春氏が遭遇した事件では、第三者が、偽造した当該第三者からの本会社に対するローン契約や本会社が差し入れたという本会社とはまったく取引のない者のための連帯保証状を持参してその履行を迫ってきたという。事業譲渡という混乱状態に乗じて、偽造書類を用意してクレームを持ち込んでくるときには、保証状と委任状がよく利用されるという話であった。そこで飛鳥凛と日高尋春氏の会社でのプラクティスとしては、そのような特に重要な書類の作成時には、法務局に届けてある印鑑証明の取れる印章の使用、サインの場合は公証人の証明などの活用により、第三者による偽造書類との区別を図ることがあるという。法的には、なにもそのような手続きは必要がなく、このような手続きを取ると費用も時間もかさむ。安全性と迅速性の両方の目的を達成する方法はなかなか見つからないという。

　飛鳥凛には日高尋春氏から、このような点をすべて考えて、何かよい方法を開発して提案するよう命じられているとのことであった。

第5節　株式譲渡による事業譲渡契約の重要条項

●―第1款　競業禁止条項

競業禁止条項①｜Covenants not to Compete　　　例文550

◇売主は10年間、競合事業には直接的・間接的に従事しない
◇上場株式の5％未満の保有は禁止されない

Article ＿＿　Non-competition

1　For so long as the Purchaser engages in a business same as or similar to that carried on by the Company or the Seller, up to ten (10) years from the date of the Closing, the Seller will not, without the prior written consent of the Purchaser, directly or indirectly, engage or participate or have any interest, directly or indirectly, in any person, firm, corporation or business either (i) financially as a shareholder or creditor, or (ii) as an employee, director, officer, partner or consultant, or (iii) in any capacity that calls for the rendering of personal serviced, advice or acts of management, operation of control that engages in a business similar to the business of the Company or the Seller, as presently conducted, in the countries of ＿＿＿＿＿＿＿＿＿＿＿＿＿＿.

2　It is understood and agreed that nothing in this Article shall prevent the Seller from owning less than five (5) percent of the outstanding shares of any corporation listed on a national securities exchanges in the countries of ＿＿＿＿＿＿＿＿＿＿＿＿＿＿＿＿＿＿＿＿.

［和訳］

第＿＿条　競業避止義務

1　買主が、本会社または売主により運営されているのと同じ、または類似の事業に従事している限り、クロージングの日から10年間を上限として、売主は買主の事前の書面による同意なしに、＿＿＿＿＿＿＿＿＿＿＿＿＿＿＿＿＿＿国において、本会社または売主が現在実施している事業と類似の事業に、(i)財政的に株主または債権者として、(ii)従業員、取締役、役職者、パートナー、またはコンサルタントとして、あるいは(iii)人的なサービスの提供、経営上の助言や行動、経営にあたることを求める資格により、本会社または売主、いかなる人、事業、会社または営業に、直接的または間接的に従事しまたは参画することなく、直接的または間接的に持ち分を保有しないものとす

2 本条の規定は、売主が＿＿＿＿＿＿＿＿＿＿＿＿＿＿＿国における同国証券取引所に上場されている発行株式の5％未満の数量を保有することを妨げるものではないことを了解し、合意する。

解説

1❖事業買収契約における競業禁止規定

　株式取得あるいは資産取得の方法で事業を買収しても、売主がすぐ近くで、同業者として営業を開始したとしたら、事業を購入し、承継したと思った買主はどのように対処すればよいのか。事業を譲渡した後、一定期間、競合事業に従事しないことを義務づける法制度を整備している国もあるが、それでも当事者間で何の取り決めもなければ、競業禁止には地域的、時間的には限度がある。契約で要求できる規定を置かないで期待だけしているというのは、軽率だろう。

2❖売主は、事業・株式譲渡（クロージング）後、10年間は競合事業に従事しない

　通常、5年程度が合理的といわれる競業禁止期間を、本例文では10年間と規定している。実務上は、独占禁止法等の規制、営業譲渡等をめぐる競合禁止法制度などを総合的に判断してドラフトを作成し、相手方との交渉を通して詰めていけばよい。法制が必ずしも明確でないときは、契約の有効性を維持するため、弁護士意見書を取りつけて添付する選択肢もある。また、契約書中に無効規定の分離可能性条項を置き、「強行法規により契約の一部が無効となっても、他の規定は有効に存続する」とし、最長の競合禁止期間に読み替える選択肢もあろう。

3❖売主が禁止されない行為を、例外事項として列挙して取り決める

　ここでは、上場株式の5％未満ならば投資を禁止しない、という例外項目を記載している。実務ではこのほか、相手がクロージング後に従事しようとしている事業が何なのかを交渉の席で聞き、その希望と考えに沿って例外項目を列挙していけばよい。

　人は生きる権利がある。競業禁止のもとにすべてを禁止することは適切ではない。また、"overreaching"（行きすぎ）と見なされると、強行法規により無効とされるリスクが高くなる。

4❖less than five (5) percent「5％未満」とnot more than five (5) percent「5％以下」

　「以上」「未満」「以下」等という用語は、正確にその意味を理解し、表現するのが難しく、うっかりすると間違いやすい。それぞれ、その次にくる数値が入るのか排除されるのか、注意して読むことが大事である。

5❖競合する行為とは何か——契約条項の中で簡潔に定義または規定を置く

　直接的な事業を起こす行為だけでなく、間接的に、たとえばコンサルタント、従業員、投資家（5％超）などの立場で競合事業に参加することも本例文の規定では制限している。

6❖競合禁止の地域の規定

　世界中どこでも競合事業への参加を禁止する、とすれば完全かつ容易であるが、果たしてそのような禁止規定が合理的か、という問題に答えなければならない。もし、そうでないなら、一定の制限を設けることになる。この地域を制限する規定は、うっかりすると独

占禁止法など強行法規と抵触するリスクもある。そのつど、慎重に柔軟に取り組むべき問題である。

競業禁止条項② | Covenants not to Compete　　例文551
◇売主は本会社譲渡後5年間は競合事業をおこなわない

KVC agrees with ABC that, for a period of five (5) years from the date of this Agreement, KVC will not start or be engaged in, whether directly or indirectly, any new business in the countries of ＿＿＿＿＿＿＿＿＿＿＿＿＿＿, where the Company was doing business before the date of this Agreement, that would be in competition with the business as now conducted by the Company.

［和訳］
　KVCは、本契約の日から5年間、KVCが、本会社が本契約の日までに営業をおこなっていた＿＿＿＿＿＿＿＿＿国において、現在本会社が営んでいる事業と競合関係になる新事業を、直接的にも間接的にも開始せず、またはこれに従事しないことをABCと合意する。

―――――― 解説 ――――――

1❖競合禁止規定（Seller's covenants not to compete）
　株式譲渡契約には、競合禁止規定をどう扱うかという重要なキーポイントがある。
　株式の譲渡により事業の承継をしても、通常、その事業の商号や商標、サービスマーク等については、一定の期間（たとえば半年）を過ぎると、使用を取りやめて売主への返還を求められる場合が多い。その場合、売主が返還後に元の事業の商号と商標を使って近くで営業を開始したらどうなるだろうか。ひょっとしたら、買収した事業の従業員が新しく設立された新事業へと次々と移っていくかもしれない。商号と商標と従業員を引き継がないとき、顧客を引き継ぐことは可能だろうか。株式を買収した買い手は、いったい何を買ったことになるのか。そのような悪夢を断とうとするのが、この規定のねらいである。

2❖株式買収による新事業の承継と商号・商標・サービスマーク
　株式買収によって新事業を傘下に収めるとき、その事業が使用していた商号と商標、サービスマークについて、当然に承継できると考えているケースが多い。
　しかし、実際に調べてみないと、買収対象事業の資産としてリストアップされているか、または単に親会社やオーナー個人からライセンスを受けているだけかは分からない。

例文552 競業禁止条項③ | Covenants not to Compete

◇5年間の競業禁止を規定する

Article __ Non-Competition

1. The Seller agrees that, for five (5) years after the date of the Closing, it will not, directly or indirectly, engage in any business or other endeavor of a kind being conducted by the Seller, (at the time of the transfer of the Company,) in the area of _____ (hereinafter referred to as "Restricted Area"); provided, however, that the Seller shall not be prevented from;

   (i) Maintaining and continuing in accordance with current and past practices the operations of the Seller that are not being sold to the Purchaser by any means, provided that such practice is not related to the business of the Company;

   (ii) acquiring shares of capital stock, partnership or other equity interests as investments of the Seller's pension funds or funds of any other benefit plan of the Seller;

   (iii) acquiring shares of capital stock, partnership or other equity interest, provided that such investment is made by the Seller's venture capital group in the course of ordinary business and such equity investment represents less than twenty (20) percent of the securities entitled to vote in the election of the directors of such entity and is not in excess of One Million US Dollars (US $1,000,000) in the aggregate.

2. The Seller will refrain from using or employing in any way any of Seller's names, trade names, trademarks, service marks, brands or any mark or name or reference associated with "Karen" "Karen View" or the Karen logo in connection with any business being conducted by the Company in the Restricted Area for a period of five (5) years from the date of the Closing.

[和訳]

第__条　競合避止義務

1. 売主は、クロージングの日から5年間、_____地域（以下「本制限地域」という）では、売主が（本会社譲渡時点で）おこなっている種類のいかなる事業または他の企てに、直接的あるいは間接的に従事しないことに合意する。ただし売主は、下記の事項をおこなうことを妨げられないものとする。

   (i) 買主に売却されなかった売主の事業を、現在ならびに従来通りの方法で維持し、継続すること。ただし、かかる方法が本会社の事業に関わりがないことを条件とする

   (ii) 売主の年金基金の投資または売主の他の厚生プランの資金運用のために、株式、パートナーシップまたは他の資本の一部を取得すること

(iii) 株式、パートナーシップまたは他の資本の一部を取得すること。ただし、その取得が売主のベンチャーキャピタルグループにより通常のビジネスの一環としてなされ、その投資合計がかかる事業の取締役を選任することができる株式の20％未満の割合であり、投資金額合計でも100万米ドル（1,000,000米ドル）を超えないことを条件とする
　2　売主は、クロージングの日から5年間、本制限地域で、本会社によってなされる事業に関連して、いかなる方法においても、売主の名称、商号、商標、サービスマーク、ブランドまたは「カレン」「カレン・ビュー」またはカレンのロゴと関連するマーク、名称、引用の全部または一部の使用、活用を控えるものとする。

―――――― 解説 ――――――

1❖事業譲渡と競業禁止

　永遠ではないが、会社が譲渡されて一定期間、売主が譲渡前に携わっていた事業を実施しないという約束をなすのが、事業譲渡の基本条件のひとつである。仮に、このような競業禁止義務を一切ともなわない事業譲渡であると、それは単なる設備の譲渡にほかならない。売主側が事業を譲渡した後、従来と同じ看板を掲げ、または新事業名を掲げて競争事業を新たに立ち上げるなら、買主にとっては強敵を迎えることになる。譲渡された事業の従来の顧客は、揃ってそちらの新会社に移ってしまうかもしれない。

　営業譲渡や事業譲渡の場合は、地理的にも事業の種類でも、合理的な範囲で合理的な一定期間、競合をしない約束をするのが通常である。どのくらいの競業禁止義務なら、独占禁止法、不正競争防止法の規定に抵触しないか、その国の適用法の下で合法性を調べることは、事業譲渡の際には重要な法務問題である。合弁事業の場合もこの調査は必要であるが、事業譲渡の場合でこの点が曖昧だと、事業譲渡価格が不当に高かったり、価格算出の根拠が崩れてしまうことさえある。実際に実施された事業譲渡の例などを調査し、丁寧に検証する必要がある事項である。

2❖事業譲渡後の名称、商号、商標の使用

　事業の承継をスムーズになし、顧客にも安心感を与えるためには、通常は従来の商標、商号、サービスマークを継続使用する方針が採用される。ただしその名称が、売主側の氏名やグループの名称であったりした場合には、どのくらいの期間、そのまま旧名称を使用することが賢明であるかの判断は難しい。2年とか3年とか、期限を付して売主側の名称を使い、一定期間経過後に顧客に新しい事業主（買主）側の名称を知ってもらうのも、ビジネス上の選択肢のひとつである。

　事業の売主が事業を譲渡した後に引退を考えていて、しかもその譲渡事業のみがその名称を使用している場合は、むしろ名称をそのまま半永久的に使用することも戦略のひとつとなる。その場合は、事業の譲渡というよりは、実質的にはブランドの譲渡・売買と呼ぶべきであろう。

　事業の売買にはこのように、ブランドに重きを置く場合と、そうではなく建物・設備・従業員等に重きを置く場合がある。いずれの性格の事業譲渡かにより、価格交渉や価格算

出方法が大きく異なってくる。

3❖商号・営業譲渡と関連法規

商号・営業譲渡については、たとえば日本の商法第15条（商号の譲渡）、第16条（営業譲渡人の競業の禁止）のように、各国で関連法規が制定されている。個別の取引に関連する規制を調査した上で、契約においてそれを修正補強する姿勢が大切である。

●―第2款　追加協力義務条項

例文553 追加協力義務条項① | Cooperation

◇買主が、買収した事業の正式な株主として完全な権利を取得するための追加書類、確認書などへの調印義務を規定する

> Article ＿＿ Further Assurances
> The Seller, at any time and from time to time after the date of the Closing, will at its own expense execute, acknowledge, and deliver and cause to be executed, acknowledged and delivered, all such further acts, deeds, assignments, transfers, conveyances, power of attorney, and instruments, whether by or from the Seller or third parties, as the Purchaser may reasonably require to convey and transfer to and vest in the Purchaser, and protect its rights, title and interests in and enjoyment of, the Share of the Company.

> ［和訳］
> 第＿＿条　追加的な保証
> 　売主は、クロージングの日の後いつでも、随時、売主自身の費用負担で、買主が本会社の株式の権利、所有権ならびに持ち分の（買主に対する）移転を受け、譲渡され、買主に帰属させるために、または本会社の株式の権利、所有権、持ち分ならびにその享受を守るために、買主が合理的に要請するかかる追加的なすべての行為、証書、譲渡、移転、譲渡（証書）、委任状、書類について、それが売主からのものであれ第三者からのものであれ、調印し、確認し、引き渡し、また（必要に応じ）調印させ、確認させ、引き渡させるものとする。

―――― 解説 ――――

1❖譲渡後も、買主の要請により売主は書類に調印をするなど協力をする

事業譲渡では、契約締結後に、またクロージングの後にも、手続きを進める上で売主側の署名などさまざまな追加協力が必要になる。事業譲渡契約でも、一般条項のひとつとして追加協力義務を規定することがある。表現方法、ドラフティングの仕方はさまざまであるが、基本は同じ。買主側から売主側に事業あるいはその事業を構成する部分、資産、譲渡した不動産、知的財産、営業権などについて、それが買主側に移転したことの証明、届

け出書類への署名、確認手続きが中核をなす。

本当は、事業が移転したからといって、その所有者は会社のままで、譲渡前と変わらないことも多いのだが、手続きは思いがけないときに思いがけない先から、買主の事業運営に関連して要請されることがあるため、クロージング前にはすべてを洗い出し、手続きを完了することができないのである。本来は、最善を尽くして後から売主の協力を求める事態は避けるのが、買主側での作業での心掛けでもあるが、実際には無理なことが多く、実務上このような規定を設けるようになってきている。

2❖費用の負担者は売主側と取り決める

クロージング後の追加の協力義務であり、売主は協力に要した費用などを買主側に請求することが十分考えられる。そのため買主側の立場で、かかる協力にかかった費用については売主側の負担と取り決めている。もともと、重要な役職を務め、現在はその職を離れている人たちだから、何も取り決めがなければ、航空運賃など交通費、宿泊費、日当などが請求されることが容易に想像できるからである。

追加協力義務条項② | Cooperation　　例文554
◇売主が自己の費用負担で買主への追加の協力をおこなう義務を規定

Article ___ Further Assurance
The Seller, at any time at or after the Closing, will at its own expense execute, acknowledge and deliver any further deeds, assignments, conveyances and other assurances, documents and instruments of transfer reasonably requested by the Purchaser, and will take any other action consistent with terms of this Agreement, that may reasonably be requested by the Purchaser, for the purpose of assigning, transferring, granting, conveying and confirming to the Purchaser.

[和訳]
第__条　さらなる保証
売主は、クロージングの際、またはそれ以降いつでも、買主から合理的な範囲内で要請された追加の証書、譲渡・移転ならびに他の確認書や書類、譲渡を示す書類に、売主自身の費用負担により調印し、確認し、交付するものとし、買主に対する譲渡、移転、許諾、承継、ならびに確認の目的で、買主から合理的に要請される、本契約の条件と合致する他の措置を講ずるものとする。

――――――― 解説 ―――――――

1❖事業の譲渡に必要な追加の書類に売主が協力する義務

事業譲渡は、その譲渡がおこなわれた後にも、つまりクロージングという儀式的な譲渡

契約の手続きが完了したつもりでも、官庁や取引先などから、その譲渡と新しい譲受人が正当、真実のものかを確認する手続きのために、追加手続き、書類の作成と提出などがいくつも続くことがある。そのようなときに、すでにその手続きはクロージングで終了し、あとは一切協力できない、と売主側からはねつけられると、譲り受けた側は本当に困る。

2❖正当な譲受人であることを証明するために必要な書類

正当な譲受人、新たな所有者を証明するために、前の所有者の確認や署名などを求める官庁や銀行、取引先などが現れることがある。売主側の費用負担で、契約上の売主の義務としてこのような協力義務を規定しておくことは、売主側も協力しやすくなる有用な規定なのである。

─第3款 資金調達条項

例文555 資金調達条項① | Finance

◇譲渡会社の銀行借入金と売主家族からの借入金債務を売主に譲渡し、譲渡会社から解放する合意

Article __ Financing Arrangements

1 The Seller hereby confirms that the Company has borrowed an amount of Three Million United States Dollars (US $3,000,000) from the _____ Bank, San Francisco _____ (hereinafter referred to as the "Bank"), under the loan agreement dated _____, 20__, for the purpose of purchasing the present office building and residence for the chief executive officer and president accompanied by his family, and that an amount of One Million United States Dollars (US $1,000,000) is still outstanding as of the date hereof.

2 The Seller hereby agrees that the Seller shall accept the assignment from the Company of the obligation to repay such outstanding amount to the Bank and that the Seller shall take all necessary procedures to cause the Company to be discharged and released by the Bank from any obligations under the loan agreement mentioned above on and after the date of the Closing.

3 The Seller hereby confirms that the Company has borrowed a certain amount of money from family members of the Seller and that an amount of Five Hundred Thousand United States Dollars (US $500,000) is still outstanding as of the date hereof.

The Seller hereby agrees that the Seller shall take-over from the family members of the position of a lender under the said loan and that the Seller shall take all necessary procedures to cause the Company to be discharged and released by the family members from any obligations in connection with the said loan on and after the date of the Closing.

4 The Seller hereby agrees to waive any right to indemnity and any other rights against the Company which may have otherwise arisen by taking procedures to cause the Company to be discharged and released from its obligations to repay under the Company's loan agreements with the Bank and family members of the Seller.

[和訳]
第__条　資金調達の処理
1 売主は、本会社が、本会社のCEOと帯同家族のために現在の事務所兼住居を購入するためにサンフランシスコ＿＿＿＿＿の＿＿＿＿＿銀行（以下「銀行」という）から20__年＿＿＿＿付けの融資契約に基づき300万米ドル（3,000,000米ドル）を借り入れていること、ならびに100万米ドル（1,000,000米ドル）が本契約の日において未返済であることを確認する。
2 売主は、銀行に対するかかる未返済の金額を返済する義務を本会社から売主が譲渡されたことを確認し、本クロージングの日以降は、かかる借入契約に基づくいかなる債務からも本会社を免除し、解放させるために売主が必要な一切の手続きを取ることに同意する。
3 売主は、本会社が売主の家族のメンバーから一定の金額を借り入れていること、ならびに50万米ドル（500,000米ドル）が本契約の日に未返済であることを確認する。
　　売主は、売主がその家族のメンバーからそのローンの貸主の地位を承継すること、ならびに、そのクロージングの日以降は、本会社をかかるローンに関わるいかなる債務からも免除し、解放するためのすべての必要な手続きを取ることに合意する。
4 売主は、銀行ならびに売主の家族のメンバーとの本会社のローン契約に基づくその返済義務から本会社を免除し、解放させるための手続きを取ることによって、通常なら発生するはずの本会社に対して保有する求償権ならびに他の権利を放棄することに合意する。

解説

1❖譲渡される会社の借入債務、保証関係の問題

　事業の譲渡には、さまざまなバリエーションがある。たとえば買主側で、事業会社の銀行借入金をそのまま引き継ぎ、新しい経営者の下で銀行に返済を続けるのも、少しも不思議でも不自然でもない。

　しかし、旧オーナー経営者や株主が、個人保証をして銀行から借り入れをして、会社の社屋とともに経営者自身の家族も住む住宅をひとつの建物として建設し、会社の施設として使用してきたとしよう。事業を手放したあとも、旧経営者である売主はその施設に家族とともに住み続けたいと申し出ることがある。一方の買主も、その施設を会社で使う予定

はなく、売主に対し所有権の移転をするつもりである。買主は、公私混同を嫌う。そのような場合に銀行借入債務は、売主側でクロージングまでに承継し、譲渡のクロージングのときまでに会社からはなくすということもある。

また、事業の買収の際、その事業が創業者の起こした場合などは、創業者本人から融資をしたり、創業者の家族から融資、保証などをすることも希ではない。こうしたとき、事業の買収を機会にきれいに整理することがある。事業譲渡契約で、会社が家族から借り入れている借入債務をどう扱うかについては、錯覚を起こしがちな落とし穴もあり、注意を必要とする。一見、簡単に見えてそうではないのが、借入債務、保証関係などの問題なのである。

2❖事務所兼住居として使用する会社施設購入資金の借入債務の解消

会社はCEOに対し、いわゆる事務所兼用社宅、あるいは社長宅兼事務所を提供し、使用させるにあたり、（税務対策も勘案の上）報酬・給与を支払う代わりに銀行借り入れをさせ、銀行には保証を差し入れる形式でその資金の調達を図ることがある。

そのようなとき、その事務所兼住居（社長と帯同家族の住む場所）を新しく会社を購入する買主に移転させるのか、それとも買主には引き継がずに売り払って銀行への返済債務を売主側で解消する方法を取るかなどが、対処すべき問題として浮上する。どのように解決してもかまわないが、見落としがちな問題でもある。重要顧客のためのいわゆる迎賓館やパーティー会場などとして、会社業務の遂行に必要な設備であることも希にはある。

3❖会社に対する旧経営者とその家族からの提供（融資）資金の解消

譲渡される会社に対し、旧経営陣やオーナーからの貸付金があるときは、それをどのように扱うかも見落としてはならない問題である。会社の運営に関わる資金の一部を銀行から資金調達をしている場合にも、オーナー家族の借り入れ（返済）保証が差し入れられていることもある。それぞれどのように対処するかは、譲渡資産や負債内容を確認する際、注意を要する項目である。担保もからむが、求償権についての注意も大事である。

また、借り入れ保証のある場合には、その保証に関連し、保証委託契約（Indemnity Agreement）が締結されていることがある。日本民法のもとでも、被保証人から委託を受けた保証と委託を受けない保証では、保証が実行されたときに求償の範囲が異なる。さらには保証委託契約に基づく担保の設定もありうる。民法の関連規定を精査し、契約上も注意すべきである。特にM&Aのときは、この保証委託契約と求償権の問題を見落としがちなので、注意したい。

例文556 資金調達条項② | Finance

◇売主が保証人として会社の借り入れのため銀行に入れている保証状を買主が処理し引き上げさせる

> Article ___ Financing
> At the Transfer Date the Purchaser shall make such financial arrangements for the Company as will enable the Seller to withdraw from all guarantees or other obligations in re-

spect to the banking accounts and credit facilities of any kind maintained by or provided to the Company and set out in Exhibit ___.

[和訳]
第__条　資金調達
　（事業の）移転の日に買主は、本会社により維持され、または本会社に対し提供されている銀行勘定ならびに信用設定に関連し、添付別紙__に記載されている一切の保証または他の債務から売主が解放されるように、本会社のためにかかる資金調達の取り決めをおこなうものとする。

―――――― 解説 ――――――

1❖旧経営者などが差し入れる借り入れ保証の扱い

　事業の買収を契機に、前の創業者等経営者個人が銀行に差し入れていた借り入れ保証をすべて買主側で肩代わりして、引き上げさせることがある。必ずしも、売主が個人の場合に限られず、親会社の場合もあてはまる。旧経営者からの保証やローンのポジションをそのまま残しておくと、うっかりするとその資金調達上の弱みから、せっかく買収した会社に対する旧経営陣の影響力が復活することがある。買収した側にとっても、資金調達面で旧経営陣との関係を切断することにはメリットがある。

　合弁事業でそのパートナーが変更するときも、このような資金調達をめぐる役割についての引き継ぎ、交代が大きなテーマになることがある。資本金だけでなく借入金についても、どのような役割を株主が果たすかは、大きな経営上のテーマである。

　本例文では売主が会社の資金調達のためにしている銀行への借り入れ保証状の差し入れなど、資金調達への協力については、すべて譲渡日までに買主が肩代わりすることを約束している。

2❖取引先への履行保証などの肩代わり

　資金調達への協力、支援方法には銀行借り入れだけでなく、取引先等への履行保証や、明確な保証債務とは言い切れないグレーな領域の"letter of awareness""completion guarantee"などさまざまな形態がある。詳細は別紙に記載し、そのすべてについて買主は売主を免除し、代わりに差し入れる等の処理・調整をする。

3❖買収対象会社の銀行借入金の売主の保証を、買主側が肩代わりする場合の注意点

　飛鳥凛の聞いた話である。忘れられないエピソードだという。

　ある欧州の企業を、飛鳥凛と日高尋春氏が担当して買収しようとしている交渉の場で、相手方から提案があった。「今回お譲りする会社の銀行からの借入金の件ですが、御社に肩代わりしていただく代わりに、今回の銀行借入金100万米ドルは、われわれ売主側がその銀行に対する連帯保証人の責任を果たし、事業の移転前に返済しておくことにしましょう。その代わり、事業の譲渡価格を100万米ドル増額していただけませんか。従来の価格交渉では、御社が借入金を肩代わりするということで、事業の譲渡価格を1ユーロとしていました」。

このときの日高尋春氏の返事が、飛鳥凛には非常に印象的だったという。どんな返事だったかは、飛鳥凛は、「ちょっと、企業秘密。教えられません」と笑っていた。このような場合、どのような事項を考えればいいのだろうか。

4❖"set out"と"set forth"

「記載された」を表現する用語として、一般的な"set forth"だけでなく、本例文のように"set out"あるいは"specified" "described"なども使用される。

●—第4款　ブローカー否定条項

　本章で扱ってきた事業譲渡の場合、最初に話を持ち込んできたブローカーが後になって、法外なコミッションを一方の当事者または両当事者に請求してくることが現実にある。日高尋春氏や飛鳥凛は、そのような話を聞いても最初は遠い世界のことと思っていたが、現実は予想と違い、詐欺師まがいのことをする人にしばしば遭遇した。

　このブローカー、ファインダーを起用していないという両社の表明は、そのような苦い経験を味わった人々にはリアリティーのある規定である。特にファインダーの存在は当事者が意識していないこともあり、いったん巻き込まれると対応、解決に時間がかかることがある。そのため、互いに相手方に迷惑をかけないことを補償（indemnify）している。

例文557　ブローカー、ファインダー否定条項① | No Brokerage or Finder

◇ブローカー、ファインダーを使っていないことを表明・保証し、相手方を免責する

Article ___　Brokerage
1　Each party represents and warrants to the other party that it has dealt with no broker or finder in connection with any of the transactions contemplated hereby and, insofar as each party knows, no broker, finder or other person is entitled to any brokerage commission or finder's fee in connection with any of such transactions.
2　Each party agrees to indemnify and hold the other party harmless from and against any losses incurred by reason of any brokerage commission or finder's fees alleged to be payable because of any act, omission or statement of the indemnifying party.

［和訳］
第__条　ブローカー口銭
1　各当事者は他の当事者に対し、本契約によって企図されるいかなる取引に関連しても自らがブローカー、ファインダーを起用していないこと、及びこれまでに当事者が知る限り、いかなるブローカー、ファインダー、または他の者も、かかる取引に関連していかなるブローカー口銭、ファインダーズ・フ

ィーを受け取る権利を有しないことを表明し、保証する。
2　各当事者は他の当事者に対し、免責した当事者の行為、不作為、または言動をもとに支払いを請求されるいかなるブローカー口銭、ファインダーズ・フィーを根拠として被る損失に対して補償し、免責する。

解説

1❖ブローカー、ファインダーをこの取引では起用していないという表明

　取引の間に入ってそのビジネスの成立に貢献したといって、コミッション・フィーを請求してくる人間が世の中にはいる。そのような人をファインダーと呼んでいる。ファインダーは、ビジネスの種を見つけたと主張し、それを育てる人からフィー（口銭）を受け取る権利を主張する。支払う義務があるとは想像もしていなかった外国企業は、その法制に驚かされることがある。ファインダーズ・フィー（finder's fee）というそれらしい名前がついている。そのような人間とは付き合いがない、この取引では起用していないというのが、この表明の趣旨である。ブローカーや仲介人は、両方の当事者にコミッションを請求してくる。ファインダーの請求も請求先も予想がつかない。

　日高尋春氏と飛鳥凛から以前、実際のファインダーのエピソードを聞いたことがある。そのときのビジネスの種は世界的に有名なカーレースの誘致とレース用サーキットの建設運営の話、そして（その頃登場したばかりの）コンビニエンス・ストア・チェーンにATMを設置するビジネスのライセンス／フランチャイズの話のようだった。ファインダーズ・フィーを売り上げや収入額の一定比率とするか、たとえば「1億円」「100万米ドル」といった丸い数字にするか、議論に花が咲いていた。事実については確かめようのないストーリー展開だったが、そのような不確かさ、それがファインダーの本質的な一面なのだろう。うっかりすると詐欺などと紙一重という気がする。それだけに、この規定による補償（indemnification）には役割と意味がある。

2❖indemnification

　万一、相手方のところにファインダーズ・フィーなどの請求がいったら、迷惑をかけないよう処理します、という補償の約束である。金銭的な賠償だけでなく、つきまとうなどの迷惑をかけないという約束でもある。

ブローカー、ファインダー否定条項② | No Brokerage or Finder　　例文558

◇ブローカーやファインダーを起用していないことを確認する規定

Article ___　Brokerage

1　Each party hereto represents and warrants to the other party hereto that it has not incurred any obligation or liability, contingent or otherwise, for brokerage commission or finder's fees, agent commission or other like payment in connection with this Agreement or transactions contemplated hereby.

2　Each party hereto agrees to indemnify and hold the other party hereto harmless from and against and in respect of any such obligation or liability based, in any way, on agreements, arrangements or understandings claimed to have been made by such party with any third party.

[和訳]
第__条　ブローカー口銭
1　本契約の各当事者は他の当事者に対し、自らが本契約または本契約によって想定される取引に関連し、ブローカー口銭、ファインダーズ・フィー、代理店口銭、または他の類似の支払いに対する義務または責任を、偶発性あるものであるかどうかを問わず、負担していないことを表明し、保証する。
2　各当事者は他の当事者に対し、いかなる方法であれ、かかる当事者によって第三者と契約、取り決め、または了解がなされたという根拠に基づくかかる義務、責任について、（損害を被らないよう）補償し、免責する。

――――――解説――――――

1❖ブローカー、ファインダーに対する債務は負担していないことの表明
　売主も買主も、ブローカー、ファインダーを起用していない、したがって、そのような支払いはないことを相手方に表明している。エージェント・コミッション（代理店口銭）という言い方もあるが、それも負担していないと表明している。さまざまな名称の存在を広くカバーしようとしている。

2❖indemnification
　ブローカー、ファインダーとして起用されていることを理由に相手方に金銭（コミッション、ファインダーズ・フィー）を請求してきても、迷惑をかけないという約束をしている。互いに相手に対し補償している。

●―第5款　その他の重要条項

例文559　転売目的買収否定に関する表明と保証 | Representations and Warranties
◇投資の目的は転売ではないことを確認する規定

Article __ Investment Purpose
The Purchaser hereby represents and warrants that the Purchaser is acquiring the Company for his own account for investment and not with a view to sale or distribution thereof; and, the Purchaser has no intention of selling or distributing the Company without complying with all applicable laws.

[和訳]
第__条　投資目的
　買主は、買主が本会社を自己の勘定による投資目的のために取得するのであり、本会社を売却または転売するために取得するのではなく、また買主は一切の適用法を遵守せずに、本会社を売却または転売する意図は持っていないことを表明し、保証する。

―――――― 解説 ――――――

1❖転売目的での買収を防ぐ

　M&Aの世界では、単に転売目的で企業を売買する人たちもいる。株式を短期で売買するトレーダーと同じ感覚で、頻繁に売買を繰り広げる。事業の経営者や投資家は、そのような買主には、事業や経営を支配する株式の売却はしたくないと考えることもある。

　そのような場合には、買主側にいわば表明（representation）として、投資目的が事業の切り売りのための転売ではないことを確認させる場合がある。どれだけ意味があるのかは明白ではないが、それまで育てた事業であるという元の経営者、資本所有者の自負や思いが絡むので、例外的ではあるがこのような規定もありうるということである。

　もうひとつは、最近では戦略的な見地から、本来、取引をすること自体その国では好ましくないと、取引制限を実施している国の企業への転売を防ぐという切実な目的の場合である。悪辣なケースでは、買主がダミーということもある。ダミーとは、本物の買主を隠すための手段、表向きの代理人のことをいう。

2❖買主は、自己の勘定による投資のために事業を買収したという表明

　上記の説明で触れたように、ダミーではなく、自己の投資のために購入するという買主の表明である。本人名を明かさない代理人ではないことを強調している。"undisclosed principal"という語句が、正体を明かさない代理人によるビジネスの場合に使われることがある。それほど、現実の取引の世界では、さまざまなことが起こっているのであろう。

3❖転売するときは、関連する法律を遵守すること

　先に目的ではないという表明をさせながら、なお不安が残るので、転売の場合の適用法の遵守を規定している。転売しないのだから、この部分の規定は不要である、と買主が交渉の席で強調すればするほど疑いを持たれるのが現実の世界である。二段構えで問題の発生を防ごうとするのが、この規定の趣旨である。

4❖クロージング後一定期間、転売しないという特約

　法務部新人部員飛鳥凛と日高尋春氏が話をしている。

　「飛鳥。君なら、このような場合、どうドラフトしてみたいか。これまでの規定で十分だと思うか」

　「少し、物足りないような気がします。私なら、もっと直接的に売主側の希望を契約条項に反映させてみたいという気がします」

　「それは、法律上有効だろうか。いったん、所有権を譲渡してしまっているという事情はあるけれどね」と日高尋春氏。

譲渡する企業を、買主が転売せずに買主自身によって経営してほしいと売主が真剣に願うときには、契約中に「クロージングの日以降、一定期間、売主の事前の同意なしには、第三者に転売しない」という趣旨の特約を設けることも選択肢のひとつであろう。

契約自由の原則に照らして可能ではあろうが、事情によっては、買主が譲渡せざるをえない合理的な理由がある場合もあろう。したがっていかなる場合も、一定期間、買主が譲渡を受けた企業を第三者に譲渡するのを認めないというのは無理がある。多くの場合は、やむをえない事由があれば同意を与えることが要求されよう。いったん、その事業の所有権が買主に移転した以上、前の所有者が強い影響力を持ち続けるのはあまりにも合理性に欠けるといえる。その意味では、どこまで意味があるか分からないが、売主の意図、希望を本例文の規定より、強く反映させた規定を考えてみよう。

次のドラフティングは、飛鳥凛が試しに作ったものだという。

"The Purchaser agrees that it will not sell or transfer the Company to any third party for a period of twelve (12) months from the date of the Closing, without the prior written consent of the Seller, which will not be unreasonably withheld by the Seller."

「買主は、クロージングの日から12ヶ月間、売主の事前の書面による同意なしに第三者に本会社を売却、または譲渡しないものとすることに同意する。ただし、その同意は、売主により不合理に与えられないことはないものとする」

実際に日高尋春氏がこの飛鳥凛案を採用したとは聞いていない。日高尋春氏はいつものように、飛鳥凛の研修のために話をしてみただけなのだろう。

例文560 商標・商号使用禁止 | Prohibition of Use of Trademark

◇クロージング後の商標・商号の使用禁止と6ヶ月の猶予期間を規定する

Article ___ Use of Karen's name

1 The Purchaser (or Clara & Natsumi International Entertainment Inc. or CLANIE) agrees that (i) as soon as reasonably practicable after the Closing, it will mark products and other property and materials, both internally and externally, with the Purchaser's name and mark, such as "CLANIE", "Clara & Natsu", "Clara & Natsumi International", and shall remove and cease to mark products and other property with the names, marks or other indicia of "Karen", "Karen View", "KVC", "KVE", the Karen logo or other similar marks; provided, however, that for a period of six (6) months following the date of the Closing, the Purchaser may continue to use, sell, or otherwise dispose of any inventory of products, catalogue, manuals and packaging materials that bear the mark "Karen", "Karen View", "Karen International Entertainment" or other similar mark, in a manner consistent with that employed immediately prior to the Closing, and (ii) it shall not advertise or hold itself out as an affiliate of Karen View Corporation or a member of Karen View group companies after the date of the Closing.

2　The Purchaser will use its best efforts to cause the names of the Company to be changed to delete any references to "Karen" "Karen View" from such names as promptly as reasonably practicable after the date of the Closing.

［和訳］
第__条　カレン名称の使用
1　買主は(またはクララ・アンド・夏美・インターナショナル・エンターテインメント株式会社またはCLANIE)は、(i)クロージングから合理的で実行可能な限り早期に、商品や他の資産ならびに資材に対し、対内的にも対外的にも「CLANIE」「Clara & Natsu」「Clara & Natsumi International」などのような買主の名称とマークを付すものとし、かかる商品や資産から「Karen」「Karen View」「KVC」「KVE」という名称、マーク、または印及びカレンのロゴまたは他の類似のマークを除去し、使用を取りやめるものとする。ただし、クロージングの日から6ヶ月間、買主は、「Karen」「Karen View」「Karen International Entertainment」または他の類似のマークをつけた在庫商品、カタログ、マニュアルならびに梱包資材を、クロージング直前までに取られていたものと同一の方法で、使用、販売または別の方法で処分することができるものとするが、(ii)買主は、クロージング以降、買主があたかもカレン・ビュー・コーポレーションの関連会社またはカレン・ビュー・グループ企業の一員であるかのように広告し、または振る舞ってはならないものとする。
2　買主は、クロージングの日の後、可及的速やかに、本会社の名称について「カレン」「カレン・ビュー」に関係あるものを削除して変更するよう最大限の努力をするものとする。

解説

1❖事業譲渡後の商標・ブランド名の継続使用

　事業が譲渡されたあと、その譲渡前の事業が使用していた商標、ブランド、キャラクター、商号などを、買収した後も継続使用してよいのか、それともただちに使用を禁止し、新しい事業として新商号、新ブランドで営業するのかという選択がなされなければならない。現実には、すぐに変更するには無理をともなうことが多い。そのような場合には、6ヶ月から1年間の猶予期間を設けて段階的に変更していく第3の道がある。この第3の選択肢を選んだ場合について、本章のはじめで取り上げた取引、カレン・ビューのClanie社に対するKIE社の株式譲渡事例を参考に例文を作成してみた。

2❖商標、商号の使用禁止特約

　買主は、会社(本例文ではKaren International Entertainment Inc.)の株式を購入後に、その会社を運営するにあたり、速やかにそのあらゆる商品、資産に付されている「Karen」「Karen View」などの商標、商号などを使用しないことに合意している。
　株式譲渡による経営変更の場合、譲渡する経営者、オーナーが文字通り引退する場合

は、クロージングの後も、その会社がそれまでの会社名や商標を使用し続けても差し支えない場合がある。ブランドや商号自体が顧客吸引力や商品の信用を支えているのだから、別に不合理ではない。

しかし、譲渡する事業からは撤退しても別の事業からは撤退せず、むしろ本業に戻っただけだったり、その名称が経営者や創業者の個人名・名字やその経営するグループ企業名と結びついていることもある。そのような場合は、譲渡後の継続使用は取りやめる特約を設けることがある。しかし、手続きに一定の猶予期間、過渡期を設けるのも、現実的な対処である。

3 ❖ 会社名の変更

できる限り速やかに、株主総会の決議など会社の正規の手続きを経て、カレン名称を使った商号を使わない会社名に変更することを約束している。KIEの中で使っているそれ以外の言葉、"International Entertainment Inc."については、別に残してもかまわないだろう。本例文の規定でも、「カレン」ほど直接にその削除は要求されていない。もともと、購入した会社の名称の中に使われているのである。旧商号の"Karen International Entertainment Inc."と新商号の"Clara & Natsumi International Entertainment Inc."を比較すると、文字数でいえば変更のない言葉のほうが多いが、紛れはない。キーワードは、最初の言葉"Karen"だけだからである。残りの言葉には、特に特色があるとはいえないだろう。

4 ❖ cause the name of the Company to be changed to delete any references to "Karen"

株式の譲渡手続き完了（クロージング）後、できる限り早い機会にカレン名称を削除した商号に変更させることを指す。会社の名称の変更には、会社法や定款に基づく手続きが必要なので、"cause ... to be changed to delete"という表現を使っている。会社の株主総会の召集手続きなど、会社法の手続きに従わなければならず、他の行為のように単独ですぐに実行することはできないのである。

例文561 従業員引き抜き禁止 | Non-Solicitation

◇売主による譲渡した会社の従業員の引き抜き制限

Article __ Non-Solicitation
The Seller or any of its representatives will not at any time prior to three (3) years from the date of the Closing, directly or indirectly, solicit the employment of any employee of the Company or induce or encourage or assist others to induce any candidate of prospective employees to decline an employment arrangement with the Company or the Purchaser or its affiliates in each case without the prior written consent of the Purchaser.
The Purchaser or any of its representatives will not at any time prior to three (3) years from the date of the Closing, directly or indirectly, solicit the employment of any employee of the Seller without the prior written consent of the Seller.
This restriction will not apply to any employee who has retired in good standing from the

Company.

> [和訳]
> 第__条　従業員引き抜き禁止
> 　売主またはその代理人は誰も、クロージングの日から3年の間、買主の事前の書面による同意を得た場合を除き、いかなるときも、直接的または間接的に本会社の従業員を雇用のために誘わず、他者をして本会社、買主またはその関連会社との雇用契約を拒絶するようにそれらの企業の従業員候補に対し、勧め、または奨励をしないものとする。
> 　買主またはその代理人は誰も、クロージングの日から3年経過するまではいかなるときでも、売主の事前の書面による同意なしには、直接的または間接的に売主の従業員を（自社で）雇用するよう誘うことはしないものとする。
> 　この（雇用）制限は、本会社から円満に退職した従業員については適用がないものとする。

解説

1❖譲渡企業の従業員の引き抜き

　会社を買収しても、その会社の全株を譲渡した側（売主）が、6ヶ月後か1年後、あるいは2年後に、自己の名前を使って新しい会社を立ち上げ、元の会社の従業員を引き抜いて競合事業に進出したらどうだろうか。譲り受けた側（買主）がクロージングから6ヶ月経過後、前の経営者の時代の名称をすべて返上し、新しい会社名でスタートしているとしたら、どうだろうか。元の商号、ブランドを復活させて、華々しく競争を始めたら買主はどう思うだろうか。

　これは、「会社とはそもそも何なのか」という問いに関係する。新しい会社が、譲渡した会社の通り一筋隔てただけの場所にできると、一般の人や従来の取引先は、「ああ、事務所を移転したんだ」と思うかもしれない。この問題は、いざ起こってみると深刻である。

2❖禁止期間の設定

　売主による譲渡会社の従業員の引き抜きは禁止、応募しようとする従業員候補にやめるように働きかけることも禁止し、禁止期間はクロージングの日から3年間としている。実際は、さまざまなバリエーションが考えられるし、引き抜き禁止期間も本例文のように3年というもの、2年程度という案、それでは短すぎるという考え方など、その置かれている雇用状況、産業界の特色、景気の状況、競合状況、独占禁止法などの経済法規、労働法等の取り締まりなどにより、柔軟に検討すればよいのだろう。独占禁止法や労働法の遵守と安全圏を考えれば、2年ならば多くの場合、まず大丈夫であろう。

　では、5年にしたいときはどうだろうか。このあたりからドラフティングは、個別の案件として、それぞれの条件を吟味して真剣に取り組むことになる。

3❖売主の従業員の引き抜きも禁止（第2パラグラフ）

　ちょうど、反対側から見た引き抜き禁止条項である。期間も3年で同じである。

第6節 株式譲渡による事業譲渡契約の一般条項

事業譲渡契約でも、一般条項が規定される。たとえば、通知条項(Notices)、最終性条項(Entire Agreement)、無効規定の分離可能性条項(Severability)、譲渡制限条項(Non-Assignment)、準拠法条項(Governing Law)、紛争解決条項(Jurisdiction; Arbitration)、秘密保持条項(Confidentiality)、タイム・イズ・オブ・エッセンス条項(Time is of Essence)などである。

第1款 秘密保持条項

例文562 秘密保持条項① | Confidentiality

◇秘密保持とプレスリリースについての詳細な合意

> Article __ Confidential Information and Press Release
> 1 Except as provided in this Agreement, the Purchaser agrees that it shall treat as the property of the Seller and shall not disclose to any third party (other than the Purchaser's advisers and agents who receive the information in confidence) all confidential information with respect to the Company's business that is received from, or made available by the Seller or the Company during the due diligence investigation by the Purchaser of the Company or in the course of the negotiation or consummation of transactions contemplated hereby, including, for the purpose of this Article, Company's business plans and strategies, software, hardware, data, prototypes or other technical and business information, except such confidential information as is duly assigned or transferred to the Purchaser hereunder.
> 2 The Purchaser agrees that the abovementioned confidentiality agreement shall apply to all documents, materials and other information that it shall have obtained regarding the Company during the course of the negotiations leading to the consummation of the transactions contemplated hereby and any investigations made in connection therewith and all analysis, evaluations and other materials prepared by the Company or the Seller which contains the financial and business information of the Company, provided that this confidentiality agreement shall be of no further force and effect after the date of the Closing with respect to any such information that is related to the Company.
> 3 The Purchaser will not use the foregoing confidential information of the Company for any purpose other than those expressly authorized under this Agreement nor disclose such information to any other persons except where reasonably required for the uses for which rights are granted hereunder or as expressly permitted by this Agreement.

4　Except to the extent that disclosure thereof is required under accounting rules, stock exchange or applicable law, the terms and conditions of this Agreement shall be considered confidential information.

5　From the date of this Agreement until and after the Closing, the Seller agrees that it will, and will cause its affiliates, to keep confidential information related to the Company and other information that may be assigned or transferred to the Purchaser pursuant to this Agreement, subject mutatis mutandis to the same terms and conditions set forth in this Article with respect to the confidentiality obligations of the Purchaser that is applicable to it from the date of this Agreement until the date of the Closing.

6　Upon signing of this Agreement, the parties hereto will prepare a mutually agreeable press release announcing the transaction contemplated hereby.

Except for such press release, neither the Seller nor the Purchaser will, without the written consent of the other party, make any press release or other public announcement, including statements to its or the Company's employees, concerning the transaction contemplated hereby, except as and to the extent that any such party shall be so obligated by applicable law or stock exchange disclosure requirement in which case the other party shall be advised and the parties shall exert their best effort to cause a mutually agreeable release or announcement to be issued.

[和訳]

第__条　秘密情報とプレスリリース

1　本契約において別段の定めがある場合を除き、買主は、買主による本会社のデュー・ディリジェンス調査の過程で、または本契約で企図される取引の交渉・遂行の過程で、売主または本会社から受領し、または提供を受けた本会社についてのすべての秘密情報を売主の財産として取り扱い、いかなる第三者（情報を秘密裡に受け取る買主の助言者、代理人を除く）にも漏洩しないものとする。ここでいう秘密情報には、本条においては、本契約に基づき正当に買主に譲渡、移転される秘密情報を除く本会社の事業計画と戦略、ソフトウエア、ハードウエア、データ、プロトタイプ、または技術・商業的情報を含むものとする。

2　買主は、上記の秘密保持契約が、本契約により企図されている取引の遂行を目指す交渉の過程で買主が取得する本会社についてのすべての書類、資料ならびに他の情報について適用されること、及びそれに関連してなされたいかなる調査にも適用され、本会社または売主により準備され、本会社の財務的・商業的情報を含むすべての分析、評価ならびに他の資料にも適用されることに合意する。ただし本秘密保持契約は、本会社に関連する情報については、クロージングの日の後は効力がないものとする。

3　買主は、本会社に関する上記の秘密情報を、本契約のもとで明示的に認めら

れた目的以外には使用しないものとし、本契約のもとでかかる権利が許諾された用途のために合理的に必要な場合ならびに本契約で明示的に許容された場合を除き、いかなる他人にも漏洩しないものとする。

4　その開示が会計原則、証券取引所、または適用法に基づいて要求される限度を除き、本契約書の条項・条件は秘密情報として取り扱われるものとする。

5　本契約の日からクロージングの日まで、ならびにクロージング以降も売主は、売主自らならびにその関連会社をして、本契約の日からクロージングの日まで買主に適用される秘密保持義務について本条に規定される条項・条件を準用して、本契約に基づき買主に譲渡、移転される本会社に関する秘密情報ならびに他の情報を開示しないことに合意するものとする。

6　本契約の署名にあたり、本契約の両当事者は、本契約により扱われる取引を発表するための互いに合意できる内容のプレスリリースを準備するものとする。

かかるプレスリリースを除き、売主も買主も、他の当事者の書面による同意なしには、当事者及び本会社の従業員に対する説明も含め、いかなるプレスリリースも他の公表もなさないものとする。ただし、いずれかの当事者に適用法または証券取引所からの開示要求がある場合にはその限度で例外とするが、その場合は、他方当事者はその旨を通知される権利があり、当事者は、相互に同意できるリリースまたは公表がなされるように最大限の努力を払うものとする。

解説

1❖事業譲渡契約と秘密保持

　デュー・ディリジェンス調査に関する項目のところでも少し触れたように、事業の譲渡取引に関連する契約交渉の際は、その秘密保持とプレスリリースに非常に大きなエネルギーと注意を払う。不用意な憶測・発言・漏洩は、情報の不正確さもあり、従業員を不安にさせるとともに、うっかりすると関わる企業の株式価格の乱高下を呼びかねない。インサイダー情報による取引として問題視される取引の源となっている情報の中には、M&Aに関するものも含まれる。成否が分からないのが、M&Aの交渉である。交渉の途中で、不正確な情報が当事者の意図に反して漏洩・流布されることは、予防しなければならない。その一方で、M&Aが成立するときは、あらゆる投資家に公正・平等に投資に関わる情報を提供することもまた、金融商品取引法や証券取引法等の要請である。そこで、事業の譲渡交渉にあたる当事者、プロフェッショナルは、細心の注意と覚悟で、秘密保持とプレスリリースの準備にあたる。

　秘密保持の対象には、知的財産権、業績に関する数字に加え、この事業譲渡自体とその成否まで含まれる。

2❖秘密情報についての買主による秘密保持

　クロージングの前、デュー・ディリジェンス調査の最中に買主が受け取った秘密情報や、ときにはデュー・ディリジェンス調査を実施していること自体を開示・プレスリリー

スすると、売主側が大きな損害を被るリスクがある。譲渡完了まで買主は、重い秘密保持義務を負う。

3❖譲渡完了後の売主の秘密保持義務

事業譲渡が完了すると、今度は売主が譲渡した事業の秘密情報につき秘密保持義務を負う。財産としての秘密情報が買主に移転するのである。

秘密保持条項② | Confidentiality　　　例文563

◇買主は、売主より開示された秘密情報につき秘密保持義務を負う
◇秘密保持のための注意義務の水準は、買主の自己の情報の保護と同水準とする

Article ＿＿ Confidentiality

1　Until the Closing or termination of this Agreement in accordance with its terms, whichever first occurs, and, in the case of such a termination, thereafter, the Purchaser will treat the information disclosed to the Purchaser by the Seller, to the extent it is not known and does not independently become known in the ＿＿＿＿＿＿＿＿ industry in the country of ＿＿＿＿＿＿＿＿, as confidential, giving it the same care as the Purchaser's own confidential information, and make no use of any thereof not independently known to the Purchaser except in connection with the transactions contemplated hereby.

2　In the event of such a termination, the Purchaser will promptly return all copies of all such confidential information to the Seller.

［和訳］

第＿＿条　秘密保持

1　本契約の条件に基づく本契約のクロージングまたは終了のいずれか早い事象が起こるまで、ならびにかかる終了の場合にはそれ以降も、買主は、売主により買主に対して開示された情報を、それが＿＿＿＿＿＿＿＿国における＿＿＿＿＿＿＿＿業界で知られておらず、独立して知られるようになっていない限度において、秘密のものとして取り扱うものとし、かかる情報に対し、買主が自社自身の秘密情報に対して払っているのと同じ注意を払うものとし、また、本契約により企図されている取引に関する場合を除き、買主に独立して知られていない秘密情報については、使用しないものとする。

2　契約終了の場合には、買主は、かかる秘密情報のすべてをすみやかに売主に返却するものとする。

― 解説 ―

1❖売主・買主、交渉成立・不成立の双方に対応する秘密保持規定

　事業譲渡に関わる秘密保持規定には特色がある。事業の所有者が売主となるわけだが、株主であれ資産の売却により事業の一部門を譲渡する会社であれ、事業譲渡の手続きが完了すると、秘密情報として事業に関わる情報の秘密保持を要求される。負担するのは、その事業を譲渡した側、売主である。もちろん、交渉やクロージングの過程で売主側の秘密情報も付随して買主側が取得することもあろうが、中核の秘密情報ではない。

　しかし、クロージングができず事業譲渡が破談になってしまった場合は、買主側は、買収しようとした対象事業についての多くの秘密情報を売主や会社そのものから、デュー・ディリジェンス調査などを経て取得している。その秘密保持義務は、クロージングがスムーズに進んで完了したときと比べて、比較にならないほど重い。その落差は激しい。

　その点を踏まえて、どちらの場合にも対応できるようにドラフティングを図るのが、M&Aにおける秘密保持協定、あるいは秘密保持条項である。

　最近は、日高尋春氏のもとで鍛えられた法務部新人部員の飛鳥凛が、一生懸命M&Aの契約を勉強していると聞く。日高尋春氏は、飛鳥凛に対して、「要点を押さえて(to the point)、簡潔に(simple)」。それができたら、「美しく(beautiful)」ドラフティングをするよう、期待しているそうである。汎用性を考えているのだろうか。

2❖事業が譲渡されなかったときの買主の秘密保持義務

　クロージングが完了し、その事業が買主の所有するところとなれば、それ以降は、売主との関係や契約による秘密保持義務を買主が負担する理由はない。しかし、この買収契約が途中で終了し、解除され、事業が買主に移転しないときは、買主がその情報を開示することは許されない。したがって解除の場合はそれ以降も、買主は長期間にわたり秘密保持義務を負うことになる。その場合の秘密保持の注意義務の水準は、自社の秘密情報の秘密保持に払っているものと同水準であると規定している。

　ただし、秘密情報に該当しないものとしては、すでに業界で知られているような情報がある。ブランクをどうするのか、と飛鳥凛に尋ねてみた。返事はこうだった。「基準となる業界については、基準となる国を契約で取り決め、明記する。契約対象が、米国企業なら、米国の他に関連する当事者の国なども検討し、日本を加えるのが合理的なら日本を加えたい。事業部の人に考えてもらいたい。わが社では、契約書を作るとき、ブランクの項目を残しておいたほうが担当者は一生懸命考えるみたい。法務部で、あまり完全に作ってしまわないほうがいいかもしれない」。

3❖give it the same care as the Purchaser's own confidential information

　「買主が自己の秘密情報に対して払っているものと同じ水準の注意を払う」という意味である。

4❖契約が解除されたときは、取得した秘密情報を返還する

　譲渡取引が中止されてこの契約が解除された場合は、事業を譲渡するつもりで売主が開示した情報を買主の手元に残す理由はない。すみやかにすべての資料を返還し、それまでに取得した秘密情報については、秘密保持を図る。

5❖return all copies of all such confidential information

　ここで使っているcopiesという用語は、いわゆる「写し」「コピー」という意味ではなく、

「写し」「コピー」も含むがオリジナル（原本）を中核として、売主から引き渡され、開示を受けたすべての秘密情報のことである。秘密情報のオリジナルが脱落しているから、コピーのみを返せばよいという議論は成り立たない。元来、オリジナル（原本）については、正確には"original copy"という表現があり、"copy"は単に、部数を指すにすぎないこともある。オリジナルコピーを含め、すべての部数を返却するのである。

●—第2款　タイム・イズ・オブ・エッセンス条項

株式譲渡であれ、資産譲渡であれ、事業譲渡を進めていく上で、その区切りとなる時間、期限はきわめて大事になる。特に事業譲渡で広く実施されるクロージングにおいては、その重要性はいうまでもない。契約の履行について、時間まで指定された上に、厳格にそれを守るのが当然という取引は、際立ってその時間の重要性を示している。

時間の重要性を強調する規定を置く効果は、他の契約より、時間への遅延が持つ意味、違反の重要性が格段に上がるということである。通常なら、あまり問題にされないはずの遅延は重大な違反として、解除事由などになることもある。事業譲渡でクロージングが1日遅れるのは、他の動産の引き渡しが1日遅れるのと異なる意味を持つことがある。

タイム・イズ・オブ・エッセンス条項｜Time is of Essence　　例文564

◇契約の履行において"time"（時間）が重要な要素であると規定する

Article ＿　Time is of Essence
Time is of essence of this Agreement and all of the terms, conditions and provisions hereof.

［和訳］
第＿条　タイム・イズ・オブ・エッセンス
　時間は本契約ならびに本契約のすべての条項、条件ならびに規定のきわめて重要な要素である。

――――解説――――

1 ❖ M&Aに関わる契約では、時間まで重要なことがある

通常は、"time"は契約上では、「時」「日」を指すことが多いが、こと事業譲渡のクロージングにおいては、まさに1分、1秒もゆるがせにはできない「時間」を指す。会社の経営権、所有権という売買契約の対象資産の譲渡とまさに引き換えに、代金が振り込まれ、支払いがなされる。さもないと万一、一方がその履行直後に倒産手続きを開始したりすれば、本

来の同時履行が実施できなくなってしまう。

2 ◆ "of essence"と規定したときのねらいのひとつは、違反の場合の解除権

契約により、その履行において、"time"が非常に重要でゆるがせにできない場合と、そうでない場合がある。本例文のような規定の効果のひとつは、履行時期が遅延したときに、ただちに契約解除の引き金にできるという状態を作り上げることにある。この規定の有無だけではなく、実際にその契約において、その遅延がどのような意味、影響を与えたのかも総合的に判断されるが、まず当事者の意思が明確に示されないと物事は解決しない。

"of essence"とも"of the essence"ともいう。"of the essence"のほうがフォーマルな言い方なのであろう。

●─第3款　無効規定の分離可能性条項

契約を締結したときにはすべて合法だったことが、後に法改正や裁判の判例や政策の変更等で、一部が無効になることがある。このとき当事者は、契約についてどう対処するか。この問題は、契約書を担当するたびに、毎回のように考えさせられるテーマである。さまざまな考えや対処方法があるが、基本は、よほど不公正な結果を呼ばない限り、残りの規定を有効と考えて対処していこうというものである。なにしろ契約交渉段階ではまだ何も起こってはいない上、その段階では他に検討すべき事柄がたくさんある。

バリエーションは種々あり、たとえば、もしそのような無効となる規定が最初からなかったら、当事者はどのように合意しただろうかと仮定の事態を想定して、互いに受け入れられる合意地点を探るような場合もある。

日高尋春氏と飛鳥凛の経験によると、後者の解決方法は、明確な解決を好む米国の知己には懐疑的に受け止められたという。しかし欧州やアジアの地域で古くからの顔見知りが相手のときには、興味を示してその方向で交渉が進んでいったこともあるという。

例文565　無効規定の分離可能性条項① | Severability

◇無効規定は他の規定には影響を与えないとする

> Article ___ Severability
> If any provision of this Agreement shall be determined by any relevant authority of Japan, the United States or _____, any relevant authority of any other jurisdiction, to be unlawful, unenforceable or invalid, the legality or validity or enforceability of the remainder of this Agreement shall not be affected or impaired thereby and the unlawful, unenforceable or invalid terms shall be deemed deleted from this Agreement to the same extent as if never incorporated.

[和訳]
第__条　分離可能性
　本契約のいずれかの規定が、日本、米国または____の関係当局により、または関連する他の法域の関係当局によって、違法、強制履行不能または無効と決定された場合には、本契約の残りの部分の合法性、有効性または強制履行可能性については、それにより影響を受け、または不完全なものにならないものとし、かかる違法、強制履行不能、または無効な条項は、もともと契約の当初からなかったと同じように、本契約から削除されたものとみなされる。

―――――― 解説 ――――――

1❖条項の一部が無効とされても、他は影響されないという考え方

　米国等での基本的な対応方法である。契約の維持を図り、その影響を最小限に食い止めようとする姿勢である。違法、無効といっても、契約全体から見れば、ほとんど影響がないほどのケースが大半だと考えるのである。実際、それでほとんどのケース、事態は乗り切れる。しかし、あまりにも重要な規定が無効となったり、違法として差し止められたらどうなるか。

　日高尋春氏と飛鳥凛の話だと、実際には、不可抗力事態として対処しなければならないケースもあるという。そのような場合は、米国では人気がないが、例文566のアプローチが適合する場合があるのかもしれない。

2❖deemed deleted from this Agreement to the same extent as if never incorporated

　「契約締結の当初からその規定は契約書中になかったと考えて対処する」という意味である。かかる規定の削除による当事者に対しての個別の事情や影響を配慮しない対処方法である。一見、乱暴に見える対処方法であるが、多くの場合、実際にはこの方法が通用することが多いといわれる。契約書には、もともと厳しい性格があり、その拘束力から免れたいという事態は、契約締結後の市場の変動によりしばしば訪れる。その点からは冷たいが、契約の他の部分には影響なしに当初の契約通り履行されなければならないというスタンスは、多くの場合はフェアで実際的である。そのため、契約では、本例文のような姿勢が基本となる。

3❖外貨不足により、対外的な支払いが一定期間禁止されたとき

　ただ、飛鳥凛が日高尋春氏から幾度か聞いたエピソード＝現実の例では、20世紀の終わり頃、ある旧社会主義国で外貨不足により国内企業の対外支払いを急に禁止・制限し、同国内の銀行が、現地国内通貨であるルーブルで支払い用の資金を預かっていても、外貨による対外支払いができないことがあったという。日高尋春氏は、その国の企業とリース契約を締結しており、ヘリコプターを引き渡すことを約束していたが、リース料の支払いがなされない状態では引き渡しはできないと主張し、履行を拒絶したという。

　契約通りの時期に契約通りの通貨で支払うことが関係国の適用法により違法とされたときは、それに対応する相手方への義務も、その支払いを制限された期間中は履行を差し止めるように読むのが契約である、と日高尋春氏は主張したという。契約規定の一部の無効

が、一方の当事者にとって著しく公平でない結果をもたらすときは、例外的ではあるが、相手方に対し公平になるような変更を加えるよう、契約を読み替えるべきだという考え方である。同時履行の抗弁権（民法533条）の援用でもあろう。

例文566 無効規定の分離可能性条項② | Severability

◇一部無効・一部非実際的・一部脱落でも、残りの規定には影響を与えない
◇解決ルールは「本契約の目的に照らし事態を考えて達したであろう意図を反映」と規定する

Article __ Partial Invalidity

1 If any of the provisions of this Agreement is or becomes invalid, or turns out to be impracticable or if omission appears in this Agreement, the validity of the other contractual provisions shall not be affected thereby.

2 Instead of the invalid provisions or to correct the omission or replace an impracticable provision, a suitable regulation or rule to resolve such invalidity or impracticability shall be deemed to be agreed upon which, to the extent that this is legally possible, shall convey the intentions which the parties had or would have had, in the light of the sense and purpose of this Agreement, had they considered the matter.

［和訳］
第__条　部分的な無効

1　本契約のいずれかの規定が無効となるか、または実現不能であることが後から分かったとき、あるいは本契約に一部の規定が脱落していた場合にも、それにより他の契約条項の有効性は影響を受けることがないものとする。

2　無効な規定の代わりに、または脱落した規定を修正するために、または実現不能な契約条項を置き換えるために、かかる無効あるいは実現不能な規定を解決するための妥当な規則またはルールは、それが適法に可能である限り合意されるべきものとし、それは、本契約の意識、目的に照らして、当事者が事態を考慮したのであれば達したであろう意図を反映したものとする。

解説

1 ❖原則は、「一部無効、一部脱落、一部実現不能でも、残りの規定には影響を与えない」

一部無効について定める規定は通常「本契約の一部の規定が無効であることが後で判明したときは、……」あたりの文章で始まる。本例文の特色は、そのような仮定のケースの設定に、「一部の規定が、実現不能なことが判明したとき」、さらには「（当然に取り決めておくべき規定が何らかの不注意で）一部の規定が脱落していたとき」を加えていることにあ

る。実際には、注意して契約書を作成していても、ミスがあるものである。

2❖思わぬ事態の発生により、契約規定が非現実的になる場合もある

　契約当時にはすでに生産されていない商品やすでにないはずのサービスまで、勘違いで提供項目に規定してしまうこともある。また、物価・サービス価格の上昇を反映して契約価格を変動させるつもりで規定したのに、その根拠として引用した数値の発表が取りやめになる場合もある。具体的には、2012年に発覚した一部銀行によるLIBORの不正操作疑惑ではそこまで影響はなかったものの、LIBORが廃止されてしまうというような場合の対応も、類似・共通の問題を抱えている。別の指標が採用されるような事態になれば、新指標に取って換えるほうが合理的であることもあろう。

　エネルギー問題や環境保護の問題も、よく似た事情をいつもはらんでいる。海底油田開発の事故、原子力発電所建設による自然破壊、水産資源と動物愛護などもそうである。住民・国民感情、意識の急激な変化が契約に対し、大きな影響をもたらすことさえある。

　理論的には、「不可抗力」「事情変更」の範疇の問題でもありうるし、それぞれ法的な解決法、対処法はあるはずだ。契約時、当事者が後に起こる事態を予想できなかったが、もし当事者双方が知っていたと仮定したら、契約の趣旨に照らして双方ともどのように合意したか、容易に想像がつく場合もあろう。

　しかし、本例文が扱う本来の分野の問題は、そのような不可抗力、事情変更というよりは、もっと単純なミス、勘違い、認識不足、関連強行法規の調査不足あたりが中心である。ただ、契約締結後の法改正、政治・社会の変動は共通の問題を投げかけることがある。

3❖必要な契約条項の脱落

　実際の契約の際には、思いがけない条項の脱落がある場合がある。契約交渉段階では、価格条件、納期（引き渡し）などビジネス面の基本的な条件にテーマが集中し、他の条件を見落とすこともあるのが現実である。

　通常は、もちろん後から補充する契約書を作成、締結し確認すればよいのだが、市場の状況、当事者の経営条件に大きな変化が起こると、それを奇貨として一部のミスを根拠に契約を無効とし、契約の拘束から逃げ出したいと考える側が出てきても不思議ではない。

4❖仮定法を使った規定の仕方についての賛否

　本章に登場する例文541、例文542でも触れたテーマだが、仮定法を使って契約条項を規定する方法には賛否両論がある。飛鳥凛が笑いながら話していたように、日高尋春氏は仮定法による規定の仕方を苦手としている。というよりも懐疑的である。「置かれた立場やそれまでの経験、生き方の違いに基づいて、それぞれに異なる結論に達しても不思議ではない」という。一方の飛鳥凛は、若さの力だろうか、上記例文2項を提案している。

例文567 事業譲渡｜無効規定の分離可能性条項③
例文568 事業譲渡｜無効規定の分離可能性条項④

例文567 無効規定の分離可能性条項③｜Severability

◇無効な部分を切り離し、他の規定には影響を与えない
◇標準的な条項

Article __ Severability
If any provision of this Agreement, or any application thereof to any circumstances, is invalid, in whole or in part, such provision or application shall to that extent be severable and shall not affect the remaining other provisions or applications of this Agreement.

［和訳］
第__条　分離可能性
　本契約のいずれかの規定、またはその規定のある状況への適用が、全体的にまたは一部において無効とされる場合には、かかる規定またはその適用は、その規定を無効とする限度で切り離しが可能とし、本契約の残りの規定またはその適用に対しては影響を与えないものとする。

解説

1❖invalid
　無効を指す用語はいくつもある。ニュアンスや意味するところは少しずつ異なる。しかし、割り切って考えれば、契約条項としての効力を発揮できないという意味では、共通である。本例文は、たった1語、"invalid"を使う。潔い態度である。

2❖severable
　無効な規定を切り離し、残りの有効な規定のみで契約を運用していく……。覚悟のできた規定であるという評価をしたい。

3❖本当に不公正な結果をもたらす場合
　残りの規定のみでは不公正な結果をもたらす場合はこの規定によらず、リサイタル条項の経緯と契約締結目的の記述と照らし合わせて、どうしても達成できないものがあるなら、見直すことにする方法があるのではないかと筆者は考える。事後の変動、法律の改正、政策の変更なども絡むときは、不可抗力の規定も関わってくるかもしれない。
　解決策は、他の規定を見て、契約全体から多角的かつ柔軟に考えていくことではないか。

4❖説得力のある無効規定の取り扱い方法
　無効規定の取り扱いについてはいろいろ考えられるが、一番説得力があり、紛らわしくないのは、やはり無効な規定を全体の契約から切り離し、他の規定には一切影響がないとする対処方法ではないかという気がする。日高尋春氏もこの立場である。しかし飛鳥凛には、日高氏自身の考えにとらわれず研鑽するよう指示しているという。飛鳥凛には、日高尋春氏や筆者の感覚は物足りないらしい。しばしば筆者の経歴、特にミシガン大ロースクールに学び、サンフランシスコに駐在し、そこでの法務経験に愛着を持っていることを指摘され、「アメリカかぶれで、保守的」という批判を受けている。筆者がミシガン大学（Ann

Arbor）、ニューヨーク、サンフランシスコでの生活を思いきり楽しみ、その生活、人々、街、風物、文化が大好きなのは事実である。ただ、契約で例文566の第2項のように仮定の状況を描き出し、あるべき公平な条件を考えるのは、意欲は認めるが、利害の違う双方が一致するとは限らず、なかなか難しい気もする。紛らわしくないのもひとつの取り柄ではないか。飛鳥凛は、仮定の条件、状況のもとで双方の当事者が到達する結論は、両当事者が考えるべきものという。しかし、現実の訴訟では裁判官が考えることになろうが、そのような手間をかけるだろうか。「"a few seconds"かければ、当事者で明確に取り決められたはずだ」と、突っぱねられないだろうか。本例文は筆者が普段使ってきた標準的な条項である。飛鳥凛からは、やはり、保守派という批判を受けそうであるが……。飛鳥凛は、日高尋春氏から関連判例を研究するよう、宿題を課されているそうである。

無効規定の分離可能性条項④ | Severability　　例文568

◇一方にあまりに悪影響がある場合は、解決方法を見つけるため努力する

Article __ Severability
The provisions of this Agreement are severable, and, in the event that any one or more provisions are deemed illegal or unenforceable, the remaining provisions shall remain in full force and effect, unless the deletion of such provision shall cause this Agreement to become materially adverse effect to either party, in which event the parties shall make reasonable efforts to arrive at an accommodation that best preserves for the parties the benefits and obligations of the offending provisions.

［和訳］
第__条　分離可能性
　本契約は、分離することが可能であり、万一、1つまたはそれ以上の規定が違法、強制履行不能と判断されたときは、かかる規定の削除が本契約をいずれかの当事者について重大な不利益をもたらすこととならない限り、残りの規定は完全に有効で効力があるものとする。（かかる規定の削除が）一方の当事者に対し過度に不利益をもたらす場合には、困難をもたらす規定の便宜と義務を当事者にとって一番適切に対処できる解決方法を見つけるよう合理的な努力を払うものとする。

―――――― 解説 ――――――

1❖基本は、無効規定を削除、切り離し、残りはそのまま有効とする
　基本的な解決方法は、これまでに紹介した例文と同じである。
2❖例外的に一方にあまりにも悪影響があるときの対応――話し合い
　一部無効規定の削除が、一方の当事者にのみ過酷な結果をもたらす場合は、両者間で話

し合い等により合理的な対応方法に到達するよう努力すると規定している。

第1部 第10章 エンターテインメント契約

第 1 節　はじめに

　国際化の進展が著しい分野のひとつに、エンターテインメントの分野がある。日本政府もカワイイ大使など、アニメブームを意識した日本の売り込みを試みている。日本のアニメやゲームソフトなどについては批判的な声もあるものの、国際舞台でその人気を背景に、ときにはスポーツ選手や代表的な国際建築家、芸術家、科学者、政治家と並んで日本のイメージを築き、日本を背負っての活躍も始めている。米国、欧州から始まり、近年では、韓国・中国・台湾に広がってきた各国の映画・テレビ作品との交流の活発化は、国際交流全般から見てもプラスが大きいと評価できる。

　国際交流の中で、テレビ・映画作品の配給や歌手の出演が、外交を通じて政府が獲得、構築する両国民の信頼関係に勝るとも劣らない貢献をすることがある。世界で広く親しまれているディズニー作品も、テーマパークとしてライセンスされたディズニーランドが、日本、フランス、香港に建設・運営されるようになると、もはやアニメーションを超えた観光産業のひとつとしてその国に認知される。

　こうした例からも、国際交流においてエンターテインメントが果たす役割は軽視することができない。映像や音声が伝えるありのままの姿、生きざまに接することにより大衆の心に生まれる共感は、外交やビジネスを通じて伝わるものより心の奥深く染み通ることがある。米国が、世界でときには嫌われつつも一定の影響力を維持してきた裏には、ハリウッドやブロードウェイの果たした役割を無視できない。「風とともに去りぬ」「ラマンチャの男」「コーラスライン」「キャッツ」……。人々は、苦しい中でも、楽しみや楽しい時間を求める。

　雑誌、アニメーションなどの輸出は、産業としてはもちろん、経済交流を図り、推進していく上でも重要なインフラを築くことがある。経済交流の重要性と並んで、普段の自然な人々の生活、感覚を伝える手段として、エンターテインメント分野での交流は軽視できない。

　本章では、紙面の都合上、限定的・断片的とはなるが、映画・テレビ作品等の輸出入契約、映画の共同製作（俳優の貸し出し、外国映画出演）、外国からの公演招聘契約、商品化（キャラクター・マーチャンダイジング）契約などを扱いたい。映画の輸出入といっても、著作権の譲渡をともなわない使用許諾が中心となるので、法的にはライセンスである。

　映画製作に関連し、所属俳優を派遣出演させる契約は、役務（サービス）提供契約の性格が中核をなすが、個々の俳優にとっては出向契約（loan agreement）でもあり、雇用契約の性格も帯びる。

第2節 映画作品の輸出契約の特色と規定する条項

◉―第1款　"Distributorship Agreement"と"Sales Agency Agreement"

　海外に日本の映画作品を輸出する場合の基本的な契約条項を、本節と次節では取り扱う。まず本節では、映画作品(picture; film)の輸出契約の特色と規定する典型的な条項を紹介したい。第4節「映画作品の輸入契約の主要条項」で扱う映画輸入によるビデオグラム化契約とは、立場・ビジネス展開の場所が異なるだけで共通点が多い。また、本章の第5節「映画作品ライセンス契約に共通の規定」では、第3節・第4節で取り扱う映画の輸出・輸入契約の共通規定を取り上げているので、本節で紹介することはこれらに共通の解説になる。

　海外に映画を輸出する場合には、大きく分けて"Distributorship Agreement"(配給契約；販売店契約)と"Sales Agency Agreement"(輸出代理店契約)とがある。前者が一般的であり、後者は例外的な契約方式といえる。

　後者は、物品の輸出における代理店契約と同じように、輸出者自身が契約上"principal"(本人)として、代理店の開拓した顧客の信用も含め、最後まで代金回収リスクを負担する。海外の代理店は本人の代理人であり、客先を探し、本人の代理人として契約に調印するが、法律上の契約者はあくまで輸出者本人である。客先との間に契約関係が成立するのは本人であって、代理人(sales agent)ではない。

　この契約方式だと、海外の市場・客先の事情がよく分からない輸出者にとっては厳しく、現実に合わないリスクを負担することになりかねない。前者の"Distributorship Agreement"のほうが実際的であり、かつ一般的でもある。本書ではもっぱら、前者の"Distributorship Agreement"を取り扱う。

　映画作品の輸出における"Distributorship Agreement"(配給供給；販売店契約)における典型的な条項は、以下の通りである。

◉―第2款　前文とリサイタル条項

　前文(preamble)やリサイタル条項(Recitals)では、契約での許諾対象となる作品についてライセンサー側がどのような権利を確保しているのか、しっかり確認することが大事になる。

　実際に作品を製作し、その著作権やライセンス許諾をする権利を保有している場合もあれば、単にライセンスのための代理人(agent)ということもある。映画作品の製作会社の名称の一部をその会社名に冠していても、グループ会社でしかなく、単に輸出ライセンスのみを担当しているケースもある。

　逆に、その映画作品を製作した会社であっても、すでに他の代理店を通して、第三者に対して長期にわたり、独占的に配給契約を締結済みのケースもないとはいえない。映像作品ラ

イブラリーのラインアップに憧れて、製作した海外の映画会社を買収しても、その映像作品ライブラリーの大半がすでに第三者に配給許諾済みで、新たなビジネス展開がほとんどできないという事態があってもおかしくない。このような厳しさが、映画ビジネスの世界には厳然として存在する。

一方、ライセンスをする側から見れば、ライセンシーがその許諾地域で、劇場上映やビデオグラム化について実績が十分でなければ、ライセンスすることの賢明さを問われることになる。

互いに供給契約を締結するのにふさわしい相手なのかどうか、契約書に記載する事項だけでなく、しっかり調査し、確認することが必要になる。実績のない相手方に許諾してしまうと、せっかく良い作品であっても、ビジネス展開のチャンスを失いかねない。提示されるロイヤルティ金額がすべてではない。

●─第3款　配給者に許諾される権利と輸出者に留保される権利条項

配給者に許諾される権利と輸出者に留保される権利条項(rights granted to the Distributor and rights reserved to the Licensor)では、輸出・配給対象の映画作品を具体的に記載する。

映画作品には、よく似たタイトル(題名)の映画作品があり、さらにシリーズ化されると、シリーズのうちのどの分なのかを混同しがちになる。作品を明確に規定することが第一である。複数の作品を契約の対象とするときは、そのいずれについても疑義を残さないよう記載する。対象作品数が多くなるときは、契約書の添付別紙(exhibit; attachment)に記載することがあるが、配給者にとってもっとも大事な作品名は、契約書本文に記載しておくことを勧める。なぜなら、添付別紙の内容はうっかりすると契約調印ぎりぎりまでブランクのままで、最後の確認がおろそかになることもあるからである。他の作品はどちらかというと配給者の希望ではなく、輸出者側からいわば抱き合わせで配給作品に加えられることもないとはいえない。映画作品には当たり外れがある。配給者にとってその契約を締結するねらいがある特定の作品にある場合は、その作品の確認を別紙に委ねることは勧められない。

次に、どのような媒体で上映することが許諾されるのかを明確に規定する。

"all rights"という用語があり、通常、許諾国・許諾地の「劇場における上映権」「ビデオグラム化権」「テレビ放映権」を総合してライセンス(配給)交渉をすることを考えるが、そのすべての権利を許諾し、あるいは許諾を受けなければならないというものではない。その権利のうち、どの権利の許諾を受け、どの権利の許諾を受けないかを検討し、1つ1つ確認することが大事である。

テレビ放映権やビデオグラム化権についても、さらに具体的に、その媒体や言語、字幕と吹き替えの別、通常のDVDかブルーレイなどの区別もある。これからも新たな媒体が開発・商品化されていく。これらをつぶさに検討していくとなれば、実際には細かな作業になる。現在はDVDがビデオグラム化の主流であるが、ブルーレイが主役の座を確立しつつあるようにも見える。近い将来どうなるか予想がつかない。1980年代には主役だったビデオテープは、デジタル時代を迎えていまはその姿を見る機会も少なくなってしまった。

また、製作者・ライセンサー側に留保することが多い代表的な権利として、商品化権、キ

ャラクター・マーチャンダイジングのライセンス権がある。ディズニー映画のキャラクターをはじめとするアニメーション映画のキャラクターや、「スター・ウォーズ」シリーズの登場キャラクターのように長年にわたる人気を誇るキャラクターは少なくない。日本の劇場映画やテレビ映画からも、ドラえもん、ウルトラマンのように、世界各国に親しまれるキャラクターが数多く誕生している。これからも、さまざまなキャラクターが誕生することだろう。

今後登場するかもしれない新しい分野への映画の活用・流通・配信等については、広告への利用も含め、製作者側でしっかり権利を留保すべき項目であろう。

●─第4款　許諾地域条項

許諾地域(territory)は通常、国名で規定する。一般に、これで差し支えないと考えられているし、筆者も実務上は国名で十分だと考えて対処してきた。ただ、厳密な吟味・議論をする立場からは、これだけでは不十分な場合があるという。

細かい議論になってしまうが、たとえば海外では、リグを作って油田・ガス田を掘削することがある。航空機や船舶は、領空・領海内を航行する。航空機や船舶には、旗国も絡んでくる。自国内に海外の国の軍事基地が存在し、軍関係者や家族が居住している。領事館や在外公館というものもある。そのような場合、思いがけない不都合が発生するかもしれないので、許諾地域から除外する規定を置くのが賢明だという見解である。面倒で、現実的ではないかもしれないが、グレーエリアという問題の解決・解消には有益な選択肢かもしれない。

また、ライセンス許諾した国で、世界各国向けの映画祭や見本市が開催される場合がある。そのような場合には、たとえ排他的な配給・ライセンス許諾を与えていても、ライセンサーや製作者がそのようなイベントに参加・出品できるように、権利・機会を確保しておく工夫が必要である。当該国でのライセンシー・配給者にとって何ら不利益はない上、映画製作者にとっては、広報活動の一環として映画の正当な評価を獲得するためにも必要な活動だからである。許諾地域・テリトリー(territory)に関わる条項で規定することも選択肢のひとつであるが、第3款で扱ったライセンサーに留保する権利として規定することもできる。

このように考えていくと、許諾地域を単にそれぞれの国名だけで済ませて、あとは一切考えないというのは、反省の余地があろう。ひとつの選択肢は、原則として非排他的・非独占的なライセンスにとどめ、代わりに一定の販売実績・ロイヤルティ額(目標)を条件に、次の(2番目)のライセンシーの指定を待つという手法である。映画のライセンスにおいても、国ごとに排他的か非排他的かの二者択一の選択として扱う必要はない。ライセンシー候補がそのテリトリー内でコントロールしている劇場数にもよるが、カバーできる能力・営業展開力は、試してみなければ分からない面がある。

●─第5款　許諾期間条項

映画作品の配給契約やライセンス契約では、その許諾期間(term)の取り決めが大事である。始期を契約締結時とするか、それともその作品が実際に引き渡された時点とするか、2

つの選択肢があるので、いずれか明確に規定しておくことが大事である。理論的にはいずれでもよいが、契約当事者が互いに誤解していることがあってはならない。

　そもそも、許諾対象の映画作品が契約締結時に完成しているのか、まだ制作途中なのかくらいは、契約上明確になっていなければ、契約そのものの実効性が問われることになりかねない。当事者が映画製作に関与していても、その完成が確信できないこともあるのが映画の世界の現実である。

●─第6款　対価条項

　対価(guarantee; royalty; consideration)の決め方や支払い方法については、さまざまな規定の仕方がある。映画作品の引き渡しの前、たとえば契約時あるいは契約時から一定期限内に、一定の金額を前払い金として支払う方法と、劇場公開、ビデオグラム化、テレビ放映等の各段階で幾度かに分けてロイヤルティを支払う方法、あるいはその組み合わせなどがある。

　最初の前払い金についても、その金額の多寡にもよるが、文字通り契約金としての性格を持つものから、後日の劇場公開、ビデオグラム化、テレビ放映などのロイヤルティの一部の前払いという性格を与え、後日ライセンシー(配給者)がロイヤルティ支払い期日に、その前払い金を差し引き充当する取り決めにすることもできる。

　このあたりは、一般の知的財産のライセンスとも共通するところである。いずれにしても、そのような「充当」を前提にした前払い金なのかどうかはしっかりと区別して規定をしないと、善意の当事者同士でありながら、紛争が発生する原因になりかねない。

●─第7款　支払条項

　対価、ロイヤルティをどのように、いつ支払うか(payment)は、対価の取り決め同様、輸出者・ライセンサーにとっても配給者・ライセンシーにとっても、重要な規定である。支払期日について一定の事態が発生した時点という取り決め方があるが、映画作品のロイヤルティの支払条項では、そのような事態が結局発生しないときでも、一定の暦日で規定した支払い期限までに支払う義務を規定しておかなければ、ライセンサー側からは不安である。これは、ライセンサーからはきわめて大事な条項である。対価の規定があっても、支払い期限が到来しなければ、ライセンサーは支払いを受けることができない。

　支払先について、振込先の銀行と口座名を契約に明記する方法と、それらを後日通知するという取り決めにとどめる場合の両方の方法がある。具体的に契約書に規定するほうが明瞭であるのは確かであるが、契約履行過程でライセンサー側がそれらを変更したい場合もある。変更通知のオプションを規定する方法と、秘密保持を優先し、銀行口座は契約書には規定せず後日通知するという方法との、どちらを選ぶかの選択をする。

　送金側からいえば、脱税やマネーロンダリングに巻き込まれないことも大事である。送金先としては、カリブ海に浮かぶ島にある不思議な名義の銀行口座を指定する通知が届くとい

う悪夢を避けたい。受領者側である相手先に送金先の指定を無条件で完全に委ねると、複数の国にまたがる複数の銀行口座への振り込みが指定されることさえあるという。銀行口座には、スイスやカリブ海の島国の銀行などが指定されることもあるという。

したがって、たとえ銀行口座の指定が契約書でなされない場合でも、契約書に記載したライセンサー側の事務所がある都市に所在する銀行に振り込むことだけは確保しておきたい。いったん違法な送金がなされてしまうと、たとえ法の遵守規定があったとしても手遅れであり、役に立つことは稀だという。

●―第8款　ビデオグラム化リリースの準備費用の"recoup"条項

映画作品をビデオグラム化する際には、ビデオグラムリリースに備えて、準備段階でおこなう事項がある。それは、ビデオグラム化した作品をその利用者・視聴者が購入、あるいはレンタルにより楽しむことができるように、その消費地にふさわしい言語(local languages)版を制作し、かつデザインや題名を工夫し、ビデオグラムのジャケットを制作することである。その出来栄えにより、作品がヒットするか、その市場にどれだけ浸透・普及するかが左右される。その作業をライセンサー・輸出者側が担当する場合か、あるいはライセンシー・配給者側が担当するが、要した直接費用をライセンサーが負担しライセンシーに実費を償還する場合は、ビデオグラムの販売・レンタルの1ドル目、1円目からただちに約定したロイヤルティ率を乗じてロイヤルティを支払うのが、合理的であろう。

しかし現実には、この作業は、ライセンサーが担当することも、ライセンシーの実費を償還することもなされないのが実務である。そこで、ライセンシーの立場に配慮して、現地版ビデオグラム化に要した直接費用を、ロイヤルティ計算の基礎となるビデオグラム総収入高(gross receipt from the sales and rental of the videogram)から、一定限度まで控除すること(recoup)ができるという取り決めがなされることがある。この取り決めがいわゆる"recoup"条項である。

要する費用については、ライセンサー側とライセンシー側との間で了解違いが起こりやすいので、個別契約で具体的に明確に規定する。たとえば、うっかりするとライセンサーには理解できないような高額な費用がかかったというケースが起きかねないので、その防止のために、控除できる限度額を契約であらかじめ決めておくのである。また、最初から300万円を超えない範囲での直接費用実費とし、さらに控除対象となる項目を限定しておく。また、作品にもよるが、児童向けのアニメ等であれば、吹き替え版だけを制作するか、字幕版を制作するか、両方を制作するか。また、ジャケットのデザイン、制作費などである。

このような"recoup"費用分を総収入から控除する方法を採用する代わりに、そのコストを勘案して、ロイヤルティ率を軽減して対応することも選択肢である。また、劇場映画として上映段階での同様の準備のために費用がかかるので、"all rights"のライセンスによる映画配給の場合のビデオグラム化の"recoup"の規定は、他のビジネスの展開と関連づけて取り決めをする場合もある。

複雑になるので、ここでは以上にとどめる。"recoup"には形容詞もあり、"recoupable"(控除することができる)というふうに使う。

●─第9款　映画作品(フィルム)の引き渡し

映画作品(picture; film)をライセンサーからディストリビューター(配給者；ライセンシー)に引き渡す期日と引き渡す方法、その期限(delivery of the picture)を規定する。

以前はマスターテープやカセットによる引き渡しが中心だったが、デジタル化が進み、マスター(master)の引き渡しによりおこなわれる。空輸だけでなく、デジタル化、記録媒体の開発、インターネットの普及・進展により、ダウンローディングなど、さまざまな方法が可能な時代となった。これからも技術革新は進展し、高い品質の維持と秘密保持が確実に保たれる(厳重なアクセスの制限ができる)という条件を満たす限り、さまざまな方法が開発されるであろう。

本章の例文では、空輸によるマスターの引き渡しを採用している。

●─第10款　ライセンサー(輸出者)による表明と保証

ライセンサーは、ディストリビューターに対し、自己が契約対象とする映画作品について、契約上のあらゆる義務を履行するために必要な完全な所有権・著作権・権利などを保有していることを表明し、保証する(representations and warranties)。この表明と保証なしには、ディストリビューターは安心して契約を締結し、配給することができない。

契約の履行を妨げるような権利を他の者に許諾していないことを表明、保証する条項も大事である。たとえライセンサーが正当な権利者・著作者であっても、第三者が、当該許諾地域におけるビジネスについて排他的なライセンシーであると主張し、ライセンシー(ディストリビューター)の業務展開を差し止めるという事態が起こることがあるのは、商標ライセンスビジネスなどと同様だからである。

いわゆる二重契約の問題がないことをライセンサーに確認させることは、ライセンシー側にとっては常に大事である。

●─第11款　ホールドバック条項

映画作品のビジネス展開には、劇場公開のほか、ビデオグラム化、有料テレビ放送(pay television; subscription television)、無料テレビ放送など、いくつかの形態・段階がある。劇場公開をしない映画作品もあるから、すべて同じ扱いはできないが、この順序でビジネスが展開されていくと考えてみよう。もし映画の劇場公開と同時にこれらのすべてが一斉に開始されると、それぞれが悪影響を与え合い、最大の成果を上げることができなくなりかねない。ビデオグラムが発売され、テレビで放映されれば、映画館に足を運ぶ観客が激減することは容易に想像がつく。そこで、それぞれの段階に進むのに、一定の待機期間を設けるのが、いわゆるホールドバック(holdbacks)条項である。

たとえば、許諾地域におけるビデオグラムのリリース開始(exploitation and initial release of the videogram)を映画の劇場公開(initial theatrical release)から「6ヶ月間」待たせるといっ

た規定をホールドバック条項と呼ぶ。有料テレビには、たとえば映画劇場公開から「18ヶ月」置くとしよう。無料テレビ放映には、たとえば映画劇場公開から「24ヶ月」待機させてみよう。このような待機期間を取り決めた規定がホールドバック条項である。

　ホールドバック条項を実際に取り決めるには、現地の独占禁止法や慣行をよく調査することが大事である。また、ライセンサーの国や許諾地域の近隣諸国における劇場公開やビデオグラムのリリース日も関わってくる。契約で取り決める事項でない広範囲の問題にも関心を持ち、時には、契約の条項として、確認したほうがよい場合もある。

　劇場映画ではなく、テレビ映画の場合は、テレビ放映から一定期間後のビデオグラム化となるので、ホールドバックの始期と待機期間の設定の仕方が変わってくる。

◉─第12款　劇場公開の期限条項

　先のホールドバック条項（第11款）のような取り決めをしておきながら、思いがけない事態が発生することがある。予想しなかった事由が原因となって、マスターを引き渡したにもかかわらず、引き渡し後12ヶ月を経過しても、ついに劇場公開がされることがなかったという事態が発生したとしよう。かかる事由には、9.11同時多発テロ、3.11東日本大震災のようないわゆる天変地異や武力衝突、国境問題、民族対立激化、疫病、政変など、さまざまな事由がありうる。単に不況でヒットしそうにないというケースもあり、劇場による上映拒否もある。ライセンシー・配給者の資金力不足のケースもあろう。

　映画の配給契約で、最初の劇場公開ができない期間が長期化することは好ましくない。その対応策として、劇場での公開をマスターの引き渡しから一定期限内におこなうことを配給者の義務として、劇場公開の期限条項（deadline of theatrical release）であらかじめ義務づける方法がもっとも分かりやすい。たとえば、マスター引き渡し後6ヶ月以内に、契約で合意した一定数以上の劇場で、一定期間以上、上映することをライセンシー・配給者の義務とし、達成できなければ、ライセンサーは契約を解除できるというオプションを保有する。あるいは、上映がなされたと同じように、ミニマム・ロイヤルティの支払いを受けた上で、他のビジネス展開（ビデオグラム化、テレビ放映等）によるミニマム・ロイヤルティ、ランニング・ロイヤルティの支払いに期待する選択肢を取るかなどである。

　この場合、ビデオグラム化のビジネス開発、リリース開始については、「劇場公開看做(みな)し規定」を置く必要がある。たとえば、実際には、劇場公開がなされなくても、マスターの引き渡しから6ヶ月経過をもって「劇場公開がされた日」と設定するのである。その「看做(みな)し劇場公開日」から起算して、6ヶ月後に、ビデオリリースを認めるのである。

　本章でいえば第3節のように、映画を輸入しビデオグラム化をおこなう権利を中核としてライセンスを受けたときは、劇場公開はライセンシー自身では実施しないので、この看做し公開日の設定規定は重要である。そうでなければ、劇場公開ライセンスを得た第三者が公開しないままだと、いつまで経ってもビデオグラムのリリースに着手できない。

　また、映画が劇場公開されず、ビデオグラム化ができるなら、むしろ、映画の新鮮さが維持できて、有利に展開できるかもしれないという希望さえ湧いてくる。「劇場公開看做し条項」は、思いがけないメリットを輸入者にもたらすかもしれない。少なくとも輸入者には、

必要な規定である。

◉―第13款　その他の一般条項

　上記のほか、映画に関わるいくつかの規定や一般の契約に置かれる一般条項などが規定される。一般条項については、第3章「一般条項」を参照されたい。

◉―第14款　本書／本節の契約当事者の設定

　以下、本書／本節で解説する例文に登場させた契約者（企業・人物）について少々長くなるが、紹介しておく。契約者として登場する会社の名称は、本書／本節のために仮に作ったものであり、特に意味はない。単なるブランク名称やABC社、XYZ社等より、具体的な会社名のほうがイメージが湧き、愛着も持ちやすい。

　筆者が小学校1年の頃の話である。父に連れられて近くの池に釣りにでかけ、大きな美しい鯉を釣った。家に持ち帰り、風呂桶に水を張って泳がせ、泥を抜いてきれいになった3日後くらいに料理するはずだった。ところが、少年時代の私は美しい鯉に魅せられ、釣ってきたその日に名前をつけてその鯉に呼びかけるようになった。3日目、出刃包丁を手に料理を始めようとする母の手を止め、父がいった。「名前をつけて呼ぶようになったら、生き物は友達だ。食べてはいけない。池に返しにいこう。孝夫も一緒にこい」。

　20年前、筆者にとって最初の著書である『英文契約書の書き方』（1993年刊、日経文庫）を執筆した際、編集者（福田恭子さん）から「例文に登場する当事者に名前をつけてください」といわれた。急遽、家族の協力を求め、（家内の美恵から）日高尋春、（娘の志織から）Aurora Borealis Corporationとカレン・ビュー（Karen View）の名前の提供を受け、契約交渉の主役として登場させた。Aurora Borealisはnorthern light（北極光）であり、「北のオーロラ」である。Ann Arbor（ミシガン）でも1970年初めに現れたことがある。その後、日高尋春氏のもとでドラフティング修行に勤しむ法務部新人として、飛鳥凛（あすかりん）を加えた。命名と同時に命を得た彼らは、やがて筆者の手を離れ、自己主張し、成長を遂げてきている。まるで、魂を持っているかのようにである。

　「日高尋春」は、美恵が新婚時代に詠んだ短歌「休日の夫は幾度か日の高さを尋ねて眠る春浅くして」から取った。

　この章のために、エンターテインメント産業界に活動する3社を設定したい。米国サンフランシスコに本社を構え、ハリウッドに事務所を有するKaren View Entertainment Inc.、そして日本のClara International Entertainment & Films Inc.（東京・築地）とThousand Springs Inc.（大阪・淀屋橋）である。

　Karen View社は、映画を中心として、テレビ番組、ゲームソフト、キャラクター・マーチャンダイジング、ミュージカルにも進出し、日本とも輸出入の両面で交流がある。合作も計画している。ハリウッド・ウィルシャーブルーバードにも事務所を構えているが、本社はサ

ンフランシスコのノブヒルにある。マークホプキンスホテル、フェアモントホテルのすぐそばだという。マーケット通りからケーブルカーに乗って、ちょうどノブヒルを上りきったあたりである。

　後者2社は、映画、テレビ番組の輸出入とライセンスを業務としている会社である。自社製作とは限らない。いずれも、中堅企業に位置づけられる。Clara社は、歌舞伎座に近い築地にある。Thousand Springs社は大阪にある。オーナー社長の千春女史は、その活動範囲として、東京を手はじめに関東に進出を図っているが、地元では大阪、京都、愛知に加え、伊勢・津・鈴鹿など三重を大事にしているという。

　では、いま交渉中という映画作品の輸出と輸入などの話を見てみよう。Clara社からKaren View社への映画輸出に関しては、オールライツ(all rights)の許諾による米国・カナダでの劇場上映、ビデオグラム化権、テレビ放映権の許諾を中核とするビジネスである。配給会社・販売店(distributor)という位置づけを考えているが、Karen View社は代理店を希望しているようで、交渉が交錯していると聞く。Karen View社の視点からすれば、ディストリビューター(配給会社)より代理店のほうが、リスクが少ないのであろう。Karen View社のもうひとつの日本向けビジネスは、大阪のThousand Springs社との、日本でのDVD制作販売ライセンス・ビジネスである。日本側のThousand Springs社が、Karen View社から映画作品(オリジナル)の提供を受け、オリジナルからDVDを制作し、販売する輸入ビジネスである。

　おのおのの契約について、契約交渉の内容を、その提示された契約の各条項で見ていきたい。本章の契約書案は、日本側のClara社やThousand Springs社と米国側のKaren View社などから交渉時に提示されたものが混在しているという。

第3節 映画作品の輸出契約の主要条項

例文569 前文と約因条項 | Preamble and Consideration

◇映画配給契約の前文と約因

Exclusive Distributor Agreement

THIS AGREEMENT is made and entered into this third day of November, 20__, between;

Karen View Entertainment Inc., a California corporation, having its branch office at _____ Wilshire Boulevard, Beverly Hills, California, _____, USA (hereinafter referred to as "Karen View" or the "Distributor"), and

Clara International Entertainment & Films Inc., a Japanese corporation, having its principal office at _____ Tsukiji, Chuo-ku, Tokyo, Japan (hereinafter referred to as "Clara" or the "Licensor").

WHEREAS, Clara owns and controls all the rights in the Films set forth herein (hereinafter referred to as the "Films"), and is willing to grant the license to the Distributor within the Territory set forth herein (hereinafter referred to as the "Territory") in accordance with the terms of this Agreement; and

WHEREAS, the Distributor desires to obtain a license to distribute the Films throughout the Territory in accordance with the terms of this Agreement,

NOW, THEREFORE, in consideration of the mutual promises and covenants herein contained, the Distributor and Clara agree as follows:

［和訳］

独占的ディストリビューター（配給）契約

　本契約は、米国_____カリフォルニア州ビバリーヒルズ、ウィルシャーブルーバード_____に支店を有するカリフォルニア州法人のカレン・ビュー・エンターテインメント株式会社（以下「カレン・ビュー」または「ディストリビューター」という）と、日本国東京都中央区築地_____に主たる事務所を有する日本法人であるクララ・インターナショナル・エンターテインメント・アンド・フィルムズ株式会社（以下「クララ」または「ライセンサー」という」）との間に、20__年11月3日に締結された。

　クララは、本契約に規定する映画作品（以下「本映画作品」という）のすべての権利を保有し、管理するものであり、本契約に規定する条件に従って、本契約規定の許諾地域（以下「許諾地域」という）内で、ディストリビューターに対し、ライセンスを

許諾したいと希望しており、
　ディストリビューターは、本契約の条件に従って、本許諾地域で、本映画作品を配給(販売)する権利を取得したいと希望している。
　そこで、本契約に含まれる相互の約束ならびに誓約を約因として、ディストリビューターとクララは、次の通り合意する。

解説

1❖前文の記載事項
　前文では、契約当事者を記載し、同時に締結日を明確に規定する。各法人の設立準拠法とその事務所の住所等を記載する。事務所については、本店や主たる事務所を記載することが多いが、実際にその契約の履行を実施する事務所を記載することもある。ここではディストリビューターは、ビバリーヒルズ(ハリウッド)の事務所を記載している。

2❖hereinafter referred to as "Clara" or the "Licensor"
　契約では、両当事者のうちいずれがライセンサーなのか、またライセンシーなのかが分かりづらいことがある。そのため、勘違いを防ぐためにあえて"Clara" or the "Licensor"と2つを並べて印象づけることがある。

3❖whereas条項の記載事項
　いわゆるwhereas条項は、契約背景を詳しく記載してもよいし簡潔でもよい。なくてもかまわない。しかし実務上は、英語を母国語としない外国人には、この経緯の説明が契約全体を把握するのに役立つことが多いので、むしろ丁寧に記載し注意深く読む習慣をつけるほうがよいだろう。当事者が、権利関係で本来どのような立場にあるのかを理解するのに有益である。日本の法律のもとでは、他人の所有物の売買も有効な契約であり、詐欺ではない。しかし、契約対象の物件が誰の所有かを確かめずに契約を締結することは危険である。所有権、著作権等を扱う契約で、特に本来の権利者が当事者以外の場合には、本来の所有権者・著作権者とその契約を履行できる裏づけを確認する必要がある。

配給許諾条項 | Grant of Distribution　　　　　　　　　　　　　　　　　例文570

◇映画の配給の許諾でいわゆるオールライツの許諾
◇ライセンサーに留保する権利を規定

Article ___ Rights Reserved to the Licensor
1　The Licensor hereby grants to the Distributor for the term and in the Territory only, the following rights in the following languages (hereinafter referred to as the "Granted Rights") in and to the Film:
Theatrical Rights, Non-Theatrical Rights, Videogram Rights, Pay/Subscription Television Rights and Free Broadcast Television Rights in the local language subtitled or dubbed version.

例文571　エンターテインメント｜定義条項①
例文572　エンターテインメント｜定義条項②

> 2 All rights not specifically granted to the Distributor above, are expressly reserved to the Licensor, including but not limited to, Airline Rights, Hotel/Motel Rights, Pay-Per-View Rights, Video-On-Demand Rights and Interactive Rights.
> The right to transmit still images, video images and audio through the Internet is retained by the Licensor.

[和訳]

第__条　ライセンサーに留保される権利

1　ライセンサーは、ディストリビューターに対して、契約期間中、本許諾地域に限り、本映画作品について下記の言語による下記の権利（以下「許諾権利」という）を許諾するものとする。
本許諾地域における現地語字幕、または吹き替えによる劇場上映権、劇場以外での上映権、ビデオグラム化権、ペイ（有料）／会員制放送テレビジョン放映権、フリーテレビジョン放映権

2　上記規定で、ディストリビューターに明確な規定により許諾されていないすべての権利は、明示的にライセンサーに留保されるものとし、その留保される権利には次の権利を含み、かつ限定されないものとする。
航空機内放映権、ホテル・モーテル放映権、ペイパービュー権（有料視聴権）、ビデオ・オン・ディマンド権、インタラクティブ（双方向性放送）権。
静止画、ビデオ画像と音声をインターネットで配信する権利は、ライセンサーに留保される。

解説

1❖映画のライセンス権利関係
　all rightsとは、劇場上映権、ビデオグラム（DVD）化権、テレビ放映権の3つの権利を指す。アニメーション映画の場合は、これらに加えてキャラクター・ライセンスがビジネス上、重要な権利になる。この主要な権利以外にもさまざまな権利があり、どの権利を許諾し、どの権利をライセンサーが留保するかを明確に記載し、紛争を避けることが大事である。権利はすべて、期間と地域の制約を付する。使用言語、吹き替え、字幕に関しても、ライセンスの内容や条件を詳細に決めておくことが大事である。海外への不正な流通、合法的とはいえない海賊版、横流し、密輸などの横行が、映像作品につきまとう問題である。

2❖将来に登場するかもしれないメディアに対応した権利の扱い方
　映画の権利については以前、ハリウッドがテレビの登場を予測した契約をしていなかったために、苦い経験をしたといわれる。これから登場するかもしれないメディアで生ずる商機をどう契約に取り込むか、ドラフティングの技術が問われる。困ったときは、参照すべき約款がある。AFMA（American Film Marketing Association; 米国映画協会）が海外輸出の際に使用しているAFMA約款である。正確には、AFMA International Multiple Right License Standard Terms & Conditions（米国映画協会海外映画配給約款）と呼ばれる。

3✤the local language subtitled or dubbed version

　許諾地域によっては、複数の公用語や言語が使われていることがある。そのような場合は、具体的に言語を規定して紛争を防止する。たとえば次のように規定する。

"For the purpose of this Agreement, the local language means ＿＿＿＿＿＿．"（本契約において現地語とは＿＿＿＿＿＿を指すものとする。）

定義条項① | Definitions　　　　　　　　　　　　　　　　　　　　例文571
◇ライセンス対象の映画の定義規定

Article ＿＿　Films
The Film shall mean the feature length motion picture now entitled "Adventure in ＿＿＿＿＿＿＿＿＿＿＿＿＿＿＿＿＿ 20＿＿", "＿＿＿＿＿＿＿＿＿＿＿＿＿＿＿＿＿＿＿＿＿＿＿＿＿" and such other films fully described in Exhibit ＿＿ attached hereto.

［和訳］
第＿＿条　映画作品
　本映画作品とは、「20＿＿年＿＿＿＿＿＿＿＿における冒険」「＿＿＿＿＿＿＿＿＿＿＿＿」（仮題）ならびに本契約に添付した別紙＿＿に余すところなく記載した他の映画作品を指すものとする。

定義条項② | Definitions　　　　　　　　　　　　　　　　　　　　例文572
◇映画作品の配給（販売）ライセンス許諾地域の定義規定

Article ＿＿　Territory
The Territory shall mean the United States, Canada, ＿＿＿＿＿＿＿＿＿＿＿ and such other countries as may be agreed upon between the parties hereto and confirmed by the written supplement agreement duly executed by their authorized representatives.

［和訳］
第＿＿条　許諾地域
　許諾地域とは、米国、カナダ、＿＿＿＿＿＿＿＿＿、ならびに本契約当事者の間で合意され、当事者の権限ある代表者によって正当に調印された書面の補充契約書で確認された他の国々を指すものとする。

解説

1 ❖ ライセンス対象の映画

実際に完成する前に契約をする場合、いったいどのような作品でいつ完成するのか、不安が残る。契約には、映画見本市のようにすでに完成した映画のライセンスをするビジネスもあれば、撮影中あるいは企画段階での商談に対するものもある。具体的には、添付別紙を使って記載し、合意を確認する方法もある。

2 ❖ 許諾地域と言語

許諾地域に加え、言語もあわせて規定することがある。どの地域にもマイノリティの人々がいる。ローカルに販売していくためには、そのようなマイノリティの言語への吹き替えや字幕のライセンスも関わってくる。一方、そのようなマイノリティの吹き替え等を許諾すると、付随してその言語が話される本国等への再輸出や横流しが必ずといっていいほど起こる。人の金銭、金儲けのチャンスへの執着の強さ、娯楽への渇望を垣間見させられる世界だが、法務を担当する者にとっては、感心している場合ではない。仕事としてどう取り組むかを考えることが大事なのである。一切認めない選択肢もある。

例文573 契約期間条項 | Term

◇本契約の始期・有効期間と終了時の権利の消滅を規定する

Article __ Term
1 The term of this Agreement shall commence on the date hereof (hereinafter referred to as the "Commencement Date") and shall be effective for a period of six (6) years from the Commencement Date.
2 Upon the expiration of the term mentioned above, all rights shall automatically revert to the Licensor, unless otherwise agreed upon between the parties in writing.

[和訳]

第__条　契約期間
1　本契約の有効期間は、本契約の日(以下「開始日」という)に開始し、本契約の開始日から6年間有効とする。
2　上記の契約期間の満期による終了の場合、両者間で別途書面で合意されている場合を除き、すべての権利は自動的にライセンサーに戻るものとする。

解説

1 ❖ 有効期間——始期、契約期間

有効期間は、まず、いつから始まるのかを具体的に、まぎれない記述方法で規定することが大事である。契約の調印日が、もっとも一般的な始期である。仮に、契約や輸入手続

きに政府の許認可が必要な場合には、始期あるいは有効期間の計算の基準日として、許認可の取得日を使うことも選択肢のひとつである。

　契約終了日に、どのような影響がこの（特にディストリビューターの）ビジネスに対してあるのかも、重要な契約条件のひとつである。即時すべての権利が失われ消滅するのか、いくつかの権利はしばらく存続するのか……などである。劇場やテレビ局などに上映ライセンスをしている場合、すでにライセンス済みの分については一定期間猶予されるのかなども、大事な実務上の問題である（物品の売買でいえば、在庫品、仕掛品の扱いである）。

マスターの引き渡し条項 | Delivery　　　　　　　　　　　　　　例文574

◇マスターの引き渡し時期を規定
◇ディストリビューターによる映画作品の編集に対しての制約に関する規定
◇検閲による編集の要求があった場合は認める

Article __　Delivery of the Films

1　The Licensor shall deliver the materials and master of the Films to the Distributor on or before the __th day of _____ 20__, or such later date(s) as may be agreed upon between the parties in writing.

2　The Distributor will cause the Films to be made and distributed based upon the Films in their entirety and identical form in which they are delivered to the Distributor without any changes, inserts or deletions except such as may be expressly required by the censorship authorities in the Territory and which changes shall only be made with the written approval of the Licensor.

3　The Distributor shall have the right, but not the obligation, or cause its sub-licensee(s) to include in the main and end titles of the Films and in all advertizing and publicity material for the Films, in a manner which is not inconsistent with other credits for the Films, the words "Distributed by Karen View Entertainment Inc." or similar indication of the Distributor's function.

［和訳］
第__条　映画作品の引き渡し

1　ライセンサーはディストリビューターに対し、20__年__月__日、または両当事者間で書面により別途合意した日の後日までに、本映画作品の資料とマスターを引き渡すものとする。

2　ディストリビューターは本映画作品を、本許諾地域における検閲機関により明示的に変更または削除が要求された場合を除き、全編を通してディストリビューターに引き渡されたのとまったく同じ形で、変更または追加・削除を一切なさずに、本映画作品に基づき製作し、配給するものとする。また、か

かる変更は、ライセンサーの書面による承諾を得た上でのみなされるものとする。
3　ディストリビューターは、自らまたはサブライセンシーをして、本映画作品のメインならびにエンドタイトル（エンドロール）ならびに本映画作品のすべての宣伝及び広報資料に「本映画作品は、カレン・ビュー・エンターテインメント株式会社により配給される」という文言または同趣旨のディストリビューター（配給会社）の役割を表示する権利（義務ではない）を有するものとし、その表示方法は、本映画作品の他のクレジットと調和したものでなければならない。

解説

1❖映画のプリント、マスター等の引き渡し

映画のプリントをどのように引き渡すか、また、その期限、部数、引き渡しの方法も明確に決めることが大事である。これには、広告宣伝用のパンフレット、ポスターも加わる。広告方法については、ライセンサーが条件をつけることもあれば、支援することもある。地域ごとに個別に作ることもあれば、統一性を保つ販売戦略もある。これらについては、添付別表で決めればよい。以前はマスターテープと呼んでいたが、デジタル化が進展し、デジタルマスターあるいは単にマスターと呼ぶようになった。

2❖編集の制限と検閲の問題

映画は文化である。文化には価値観がともなう。ある国の価値観が他の国の価値観と衝突することもある。歴史の認識や、その国の社会の善良な風俗を乱す恐れのある基準は、世界中で共通ではない。検閲にどのように対処するかも、契約ではゆるがせにできない。双方の話し合いやライセンサーによる同意を軸に取り決めていくのが、基本であろう。

3❖クレジットへのディストリビューターの役割の表示

映画は、制作した人々もその配給に携わった人々にも、愛着と誇りを生むものである。そのような愛着、思いのある人々は、儲けることと並んで、自らの参加した事実を映画のクレジット（エンドロール）などに明確に記録し、映画を見る人々にも見てほしいと思うはずである。したがって、作品と調和する形でディストリビューター（配給会社）の役割を表示・記述することが認められているのである。

映画の制作に携わる人々には、登場人物の生き方や言葉、撮影されている土地、景色に愛情があり、それが見る人々に伝わり、共感を呼ぶ。映画制作、配給に携わったことを映画自体に記録することは、十分意義がある。

ロイヤルティ条項 | Royalty

例文 575

◇ミニマム・ギャランティーの金額、支払い時期、支払い方法の規定

Article __ Minimum Guarantee

1 In consideration of the rights granted by Clara in this Agreement, the Distributor agrees to pay to the Licensor the sum of One Million United States Dollars, net of any and all taxes and or deductions (hereinafter referred to as the "Minimum Guarantee").

2 The Minimum Guarantee shall be apportioned:
  (i) A Theatrical Advance of US Dollars _____ (US $ _____)
  (ii) A Television Advance of US Dollars _____ (US $ _____)
  (iii) _____
  (iv) _____

3 The Minimum Guarantee shall be paid as follows:
  (i) Twenty Percent (20%), i.e.; US Dollars _____ (US $ _____) by wire transfer, upon signing of this Agreement, but no later than _____, 20__.
  (ii) Eighty Percent (80%), i.e.; US Dollars _____ (US $ _____) by wire transfer, within thirty (30) days after the delivery of the Films.

[和訳]

第__条　ミニマム・ギャランティー

1 本契約により、ライセンサー（またはクララ）から許諾される権利の対価としてディストリビューター（またはカレン・ビュー）は、いかなる税額も控除額もすべて差し引いた上での（ライセンサーの）純受取額として、100万米ドル（以下「ミニマム・ギャランティー」という）を払うものとする。

2 ミニマム・ギャランティーは、次の通り、振り分けられるものとする。
  (i) 劇場上映使用料の前払い金として、_____米ドル（___米ドル）
  (ii) テレビジョン放映使用料の前払い金として、_____米ドル（___米ドル）
  (iii) _____
  (iv) _____

3 ミニマム・ギャランティーは次の通り、支払われるものとする。
  (i) 20％、すなわち_____米ドルについては、本契約の調印（20__年__月__日より、遅くなることはない）と同時に、電子送金により支払われる。
  (ii) 80％、すなわち_____米ドルについては、本映画作品の引き渡しから30日以内に、電子送金により支払われるものとする。

解説

1 ❖ 支払い金額とミニマム・ギャランティー

　支払い金額やミニマム・ギャランティーは、許諾する権利とその作品の売れ行き等を予測の上、交渉して決める。予測であるから、外れることもある。むしろ、正確な予測など、ヒットした作品の続編やシリーズものでもなければ困難である。同じ監督、出演者でも、時期、国が異なれば、人気がどうなるかは予測できない。そのような条件の中で、またライバルがいる中で、契約条件が決まっていく。冒険といえば聞こえがよいが、かなりアバウトな世界である。もちろんこれは、法務部新人の飛鳥凛と上司の日高尋春氏の携わる世界の話で、彼らの視点から見た場合である。世の中には、もっと近代的なシステムに立った、科学的な予測により対処しているプロフェッショナルの世界があっても不思議ではない。ただ、飛鳥凛と日高尋春氏は、エンターテインメントの世界のビジネスに携わる者の心構えとして、すべてについて科学的に予測し、コントロールすることはできないという謙虚さが必要と考えているという。

　映画作品がヒットするかどうかには、心が関わってくる。マーケティングの大事さは否定できないが、それだけで解決できる問題ではない。

2 ❖ 赤字覚悟とミニマム・ギャランティー

　映画のヒットの度合いで、映画の配給者の間にも、悲喜劇が起こることがある。なかなか決められないはずの条件を、予測に基づいて決めていく。外れれば、赤字を覚悟する。実際には赤字の場合がきわめて多いのが、映画作品の輸出入ビジネスであり、契約である。楽観できない状況で契約条件をどう表現するか、慎重に取り組む必要がある。

　この場合、外国映画の輸入（配給）を引き受ける側としては、ライバルがいるからといって無理な金額のミニマム・ギャランティーを呑まないことが大事である。事業買収の競争と共通するところがあるが、作品や事業が良いものであっても、それから得られる収益の予想が明確に立てられないときは、競争からの撤退も大事な選択肢なのである。

例文576　調印文言と署名欄｜Execution and Signature

◇契約当事者、調印者と役職名を明示する
◇両当事者の契約調印を確認する文言を記載する

IN WITNESS WHEREOF, the parties hereof have caused the Agreement to be executed by their duly authorized representatives on the day and the year set forth first above.

THE LICENSOR :
CLARA INTERNATIONAL ENTERTAINMENT & FILMS INC.

Name :　　Ayaka Kurauchi
Title :　　　Chief Executive Officer and President

```
THE DISTRIBUTOR :
KAREN VIEW ENTERTAINMENT INC.

Name  :   Karen View
Title  :   CEO & President
```

[和訳]
　本契約の証として、両当事者は、本契約の冒頭に記載の年月日にそれぞれを正当に代表する者をして本契約を調印せしめた。

ライセンサー：
　　　　　　クララ・インターナショナル・エンターテインメント・
　　　　　　アンド・フィルムズ株式会社

氏　名：　　倉内　彩圭
肩書き：　　CEO兼社長

ディストリビューター（配給者）：
　　　　　　カレン・ビュー・エンターテインメント株式会社

氏　名：　　カレン・ビュー
肩書き：　　CEO兼社長

解説

1 ❖ 結びの文言
　契約書の結びには、当事者がその権限ある代表者に調印させることを記載する。

2 ❖ 調印欄と署名
　契約書は、署名だけでは済ませない。うっかりすると誰が調印したかよく分からないことがあるからである。特に映画ビジネスの世界は浮き沈みが激しく、プロダクションのオーナーが突然変わったり、ときには倒産することもめずらしくない。契約書の調印者も、問題発生時になお同じ職にいるかどうか分からない。
　契約書では、相手の調印者の姓名、役職、権限をしっかり確認できる調印欄を作ることが大事である。もっとも大切なことは、その役職者が会社を正当に代表して契約を調印し、その契約が会社を法的に拘束する力があるかどうかという点である。もし、不安であれば、相手方の正式な代表権限ある者から委任状を取りつけて確認する。それでも不安が残る場合は、会社の取締役会でのその取引の承認、あるいは調印者への調印委任を確認するための議事録を取りつけ、しかも委任状と取締役会議事録には公証人（notary public）による認証を付せさせることも選択肢のひとつである。

費用と時間とのバランスで決める事項ではあるが、エンターテインメントの世界はなかなか細やかな神経を要することもあり、事業や契約交渉に携わる者にとって、仕事そのものはエンターテインメントとは限らない。地道な仕事の積み重ねである。

第4節 映画作品の輸入契約の主要条項

　海外で製作された映画作品を輸入し、DVD等の日本語版を制作して販売するというビジネスがある。仮に、このビジネスに進出しようとする日本企業が、米国あるいはアジアの国のライセンサーとの契約締結交渉を始めるとしよう。この場合、さまざまな方法が考えられるが、選択肢としてひとつの方法を検討してみる。前節では日本映画の海外進出を扱い、劇場での上映、テレビ放映、DVD化を中核とする幅広いマーケティング方法によるライセンスを解説した。本節では、日本におけるDVD制作・販売中心のライセンスを扱う。

　先に取り上げた一方の当事者、Karen View社のサンフランシスコ本社に加えて、新しく日本側の輸入者としてThousand Springs Inc.を登場させる。会社名のThousand Springsは、同社を率いるオーナー社長の「千春」女史から取ったもの。映画作品のDVD制作・販売だけでなく、関西のお笑い（コメディー）作品にも力を入れているという。活動範囲は東京、横浜、千葉などの関東地区だけでなく、大阪、京都、三重をはじめとする近畿地方でも活発に活動している。

前文とリサイタル条項 | Preamble and Recitals　　　例文577

◇海外映画作品を日本に輸入し、ビデオグラム化する契約のリサイタル条項
◇独占的なビデオグラム化権を獲得し販売・レンタルするライセンスのリサイタル条項

THIS AGREEMENT is made as of March 10, 20＿, in Tokyo, between Karen View Entertainment Inc., a California corporation, having its principal office at ＿＿＿＿＿＿＿＿＿＿＿＿＿＿＿＿＿＿ Nob-Hill ＿＿＿＿＿, San Francisco, CA ＿＿＿＿, USA (hereinafter referred to as "Karen View" or the "Licensor"); and,
Thousand Springs Inc., a Japanese corporation, having its principal office at ＿＿＿＿＿＿＿＿＿＿＿＿＿＿＿＿＿＿ Osaka, Japan (hereinafter referred to as "Thousand Springs" or the "Licensee").
WHEREAS:
1　The Licensor owns or controls the videogram rights and all other rights hereby granted by the Licensor in and to the motion pictures and/or shows and/or cartoons and/or programs and/or documentaries more particularly described in Paragraph ＿ of Exhibit ＿ (hereinafter collectively referred to as the "Films");
2　The Licensor has agreed to grant to Thousand Springs;
　（ⅰ）the exclusive right to manufacture or cause to be manufactured DVD of the Films throughout the territories defined in Article 2 hereof (hereinafter referred to as the "Territory"); and,
　（ⅱ）the exclusive right to let, rent, lease and sell to others said DVD throughout the

Territory as those rights are more particularly described herein.

NOW THEREFORE, in consideration of the representations, warranties and mutual promises herein contained and for other good and valuable considerations, the parties hereto agree as follows:

[和訳]

　本契約は、20__年3月10日に、米国カリフォルニア州サンフランシスコ市ノブヒル_____に主たる事務所を有するカリフォルニア州法人であるカレン・ビュー・エンターテインメント株式会社(以下「カレン・ビュー」または「ライセンサー」という)と、日本国大阪_____に主たる事務所を有する日本法人であるサウザンド・スプリングス株式会社(以下「サウザンド・スプリングス」または「ライセンシー」という)との間に東京で締結された。

1　ライセンサーは、添付別紙__の第__項に詳細に記載する映画、ショー、漫画、プログラム、ドキュメンタリー(以下総称して「本映画作品」という)に対するすべてのビデオグラム化権、ならびに本契約に基づきライセンサーにより使用許諾されるすべての他の権利を所有、または管理しており、

2　ライセンサーはサウザンド・スプリングス社に対し、

(i)　本契約第2条に規定する地域(以下「許諾地域」という)において、本映画作品のDVDを制作し、または制作させる独占的な権利

(ii)　許諾地域において、かかるDVDを他人に対し、貸し出し、貸与し、リースし、販売する排他的な権利(その詳細については本契約中に記載される)

を許諾することについて合意している。

　そこで、本契約に含まれる表明、保証ならびに相互の約束、及び他の良質で価値ある対価を約因として、本契約当事者は次の通り合意する。

解説

1❖ビデオグラム化権とその販売・レンタルに関するライセンス

　本例文では、オールライツ(all rights)に代えて、ビデオグラム化権のライセンスを扱っている。実際には、DVDが主要なビジネスになる。公衆への販売とレンタルを中心として普及しているこの媒体は、今後のメディアの発展次第で、進歩していく可能性が残されている。

2❖レンタルの表現

　似通った意味を持つ用語がいくつかあり、レンタルだけに統一してもよいのだが、問題が発生しては意味がないので列挙し、漏れることを防いでいる。以前、レンタル、リースについて、大きなビジネスに成長しそうだと予想しながらロイヤルティの算出基準を販売額にした従前の契約書(フォーム)で調印して悔いている人と話したことがある。

3 ❖ パッケージ（抱き合わせ）販売

ライセンシー側として苦労するケースのひとつに、ヒット確実な作品とそうではない作品群をパッケージとしてライセンスしたいとライセンサー側から提案がある場合の対応がある。商品の売買の場合でいえば、独占禁止法上の「抱き合わせ販売」として、法律上の合法性の確認などの対処方法を考えられるが、映画などエンターテインメントビジネス上の交渉では、ライセンシー側としてなかなか簡単には手を打てないことがあり、大変なのである。

ライセンスしたくない相手とは基本的に取引拒絶が可能な世界と、法務部新人部員飛鳥凛と上司の日高尋春氏は受け止めて対処しているそうだ。

ところで、この飛鳥凛に上司の日高尋春氏から出されている宿題をひとつ紹介しておきたい。「飛鳥。パッケージディールであれ他のビジネス方式であれ、映画ビジネスにおける国際取引で適用されるのは、どこの法律、特に独占禁止法などの強行法規だと思うか？」。

ライセンス許諾条項 | Grant of License　　　例文578

◇独占的なビデオグラム化権
◇DVD化し、販売・レンタルビジネスを展開する権利（ライセンス）

> Article ___ Grant of License; Reserved Rights to the Licensor
> 1 The Licensor hereby grants to Thousand Springs the following rights under copyright and license:
>   (i) the sole and exclusive right to manufacture or cause to be manufactured the master of the Films (hereinafter referred to as the "Master") for the sole purpose of making, copying and duplicating DVD therefrom (hereinafter referred to as the "Videograms") in the Territory and during the term hereof;
>   (ii) the sole and exclusive right to let, rent, lease, and/or sell outright Videograms to the public for private use in their private homes only throughout the Territory and during the term;
>   (iii) the sole and exclusive right to dub and/or subtitle the Videograms as Thousand Springs shall require and to take and use the clips and extracts therefrom for promotional purpose;
>   (iv) the sole and exclusive right to use, reproduce and distribute such promotional materials as the Licensor may have available in connection with the other rights hereby granted and/or the business of the Licensee.
> 2 The Licensor reserves to itself all rights in the Films subject only to the rights licensed to Thousand Springs pursuant to this Article.

[和訳]
第__条　ライセンスの許諾；ライセンサーに留保される権利
1　ライセンサーは本契約により、サウザンド・スプリングスに対し、著作権とライセンス権に基づく次の権利を使用許諾する。
　（i）本許諾地域において、かつ本契約の有効期間中、本映画作品のマスター（以下「本マスター」という）を、それ自体からコピーしDVDを複製するという単一の目的のために制作し、あるいは制作させる単独かつ独占的な権利
　（ii）本ビデオグラムを、本許諾地域において、かつ本契約の有効期間中、公衆に対し、その私的家庭利用用のために、貸し出し、レンタルし、リースし、または市場にて販売する単独かつ独占的な権利
　（iii）本ビデオグラムにサウザンド・スプリングスが必要だと考える吹き替えまたは字幕作成を施すこと。さらには、販売促進の目的で本ビデオグラムからクリップならびに抜粋作品を作成し、使用する単独かつ独占的な権利
　（iv）本契約により許諾される他の権利及びライセンシーの事業と関連してライセンサーが提供する販売促進材を使用し、複製し、配布する単独かつ独占的な権利
2　ライセンサーは、本条に基づいてサウザンド・スプリングスに許諾した権利を除き、本映画作品の(他の)すべての権利をライセンサー自身に留保するものとする。

解説

1❖映画作品のビデオグラム化権の実際──契約条件のチェックポイント

　映画作品のライセンス・ビジネスでは通常、①どの地域で、②どのような方法・手段により、③どれくらいの期間、④どんな編集・加工を加えて制作、販売、レンタルできるか、そしてそのライセンスされた権利は、⑤独占的・排他的な権利として許諾されるのか、それとも多くの他のライセンシーと並ぶ非独占的な権利として許諾されるのか、が重要な契約条件となる。③に関連しては、⑥契約の当初の期間(initial term)の満了時には自動延長がなされるのか、それともライセンシーが延長するオプションを与えられるのか、あるいはいったん終了するのか、または延長の考え方は契約の中では何も意思確認されていないのか、などが重要な契約の確認事項、交渉項目になる。

2❖sole and exclusive right to manufacture or cause to be manufactured the master of the Films for ... purpose of making, copying and duplicating DVD

　許諾された映画作品のマスターを制作し、そこからDVDを複製し、販売またはレンタルするのが、ビデオグラム化権の中核の内容である。商業的な価値、あるいは契約上の枠組みとしては、そのDVDの制作・販売がどこで(地理的制約)できるかが重大な関心事になる。世界中(worldwide)という条件もあるが、独占的なライセンス契約では、地域(territory)と期間(term)の制約を付すのが、ライセンサーの常である。地理的制約に関連しては、言語の条件が問題として浮上する。

3❖字幕、吹き替えができる

英語圏以外の国では許諾地域の言語を加えないと、商品としての流通はほとんど期待できない。商業的な成功を目指すなら、現地語への適合に関する努力は欠かせない。字幕と吹き替えの両方があるが、どちらがマーケティング上良策かは、映画作品の内容、性格、ターゲットとする顧客層によって決まる。多くの場合、字幕と吹き替えを両方認めるのが、ライセンシー側のニーズに応えるためだけでなく、ライセンサー側にとっても賢明な手段であろう。一般的には、アニメーションなど幼児・少年・少女世代向けの作品の場合は、吹き替えのニーズが大きい。

4❖right to dub and/or subtitle

映画作品を有効に販売するには、言語が大事になる。それぞれの許諾地域における主要言語への適応方法を考えなければならない。

その際に、作品の内容、主な観客・購買層により、字幕がふさわしいのか、それとも吹き替えのほうが適切なのかの判断も、マーケティング上の重要な選択肢である。これをライセンシー側で選択できるとするか、それともライセンサーとの協議事項とするかなども、契約条件のひとつとなる。一見、ライセンシーに完全に任せてよい項目のように見えるが、現地国の人々に対し、不快な吹き替えの表現があっては困る。ライセンサー側から見れば、大事なアニメーションキャラクターのイメージに傷がつくような吹き替え、字幕は絶対に認められない。字幕、吹き替えは、国民感情にも影響をしかねない面があり、安易には扱えない事項である。

5❖Licensor reserves all rights in the Films subject to ...

ライセンサーが、その映画作品の著作権に関して、契約で許諾したライセンスの権利以外はすべてライセンサーに留保する、と自己の映画作品に対する著作権を強く主張している。この強い表現の背景には、ハリウッドが以前、テレビの登場により大きな損失を被った反省、悔いがある。本来の著作権者、ライセンサーが予想だにしなかった新しい映像メディア、通信メディアの登場・発達やマーケティング方法の出現・拡大により、自己の財産である映画作品の権利から本来得られるはずの利益を十分に享受できなかったという思いである。権利を自らの側に確保するためには、ライセンスの際に、巧妙で強力なドラフティングが要求される。その姿勢の表れのひとつが、この"reserve all rights in the Films"の規定(第2項)に反映されている。

許諾地域条項 | Territory　　　　　　　　　　　　　　　　　　　　**例文579**

◇許諾地域を国名で規定する

> Article ___ Territory
> The rights hereby granted to Thousand Springs extend throughout Japan and _____
> _____.

例文580 エンターテインメント｜契約期間条項
例文581 エンターテインメント｜著作権表示条項

[和訳]
第__条　許諾地域
　サウザンド・スプリングスに対し許諾される権利は、日本ならびに＿＿＿＿＿＿＿＿＿＿＿＿＿＿＿＿＿＿に及ぶものとする。

解説

1❖追加の許諾地域

　＿＿＿＿＿＿内の追加の許諾地域を規定する方法としてもっとも明確なのは、合意した国名を記載することである。そのほか、両者が別途合意する国・地域という取り決め方もある。たとえば、"such other countries as may be agreed between the parties hereto."と規定する。

例文580 契約期間条項｜Term

◇当初4年。3年を限度に延長できるオプションを付与する

Article __　Term
The term of this Agreement shall be for a period of four (4) years from the date of this Agreement, with an option to extend for an additional period not exceeding three (3) years at the choice of Thousand Springs, provided that such option shall be exercised by Thousand Springs within 30 days prior to the end of the term of this Agreement by notifying its written notice of its extended term.

[和訳]
第__条　期間
　本契約の期間は、本契約の日から4年間とし、サウザンド・スプリングスの選択によりさらに期間を延長することができるものとするが、その延長期間は3年を超えないものとする。また、かかる延長のオプションは、サウザンド・スプリングスによって本契約の終了前の30日以内に、その延長期間についての書面による通知をおこなうことによって行使されなければならないものとする。

解説

1❖契約期間

　期間は、契約日から4年とし、延長も可（ライセンシーに契約期間延長のオプション付与）。ライセンシーが希望すれば、さらに3年を限度として延長することができるとしている。その場合は、終了前の30日以内に延長を希望することをライセンサー側に通知する。

他に、自動更新の方式や、幾度も繰り返して延長するオプションをライセンシーが保有する方式なども考えられる。また、最初の期間（initial term）を長く調整する方法もある。ヒットシリーズ物など、当初から一定の販売が確実に予想できる作品の場合は、特に長い期間について契約すること、また最初から一定のミニマム・ロイヤルティを約束することも選択肢であろう。個別具体的に対応していくのが、実際的なビジネス交渉である。

著作権表示条項 | Copyright Notice　　　　例文581

◇空輸によるフィルムの引き渡しとコピーライト（著作権）の表示を規定する

Article __ Copyright Notice

1. With respect to the Films, the Licensor will deliver by air to Thousand Springs the materials (hereinafter referred to as the "Materials") described in Exhibit __.
   Such costs incurred for delivery of the Materials shall be borne and paid by Thousand Springs against the invoice issued by the Licensor.
2. Thousand Springs shall cause the Videograms to be made and distributed based upon the Films in their entirety and in the identical form in which they are delivered to Thousand Springs hereunder without any changes, inserts or deletions without the prior written consent of the Licensor, which consent will not be unreasonably withheld.
3. Thousand Springs agrees that no individual Film will be copied as part of a Videogram with any other work without the prior written consent of the Licensor.
4. Thousand Springs shall include in all promotional and advertising materials and on all Videograms such copyright notice for each of the Films as shall have been supplied to Thousand Springs by the Licensor or as may be specified in Exhibit __, with a notice in the words "Licensed by Karen View Entertainment Inc.".

［和訳］
第__条　著作権表示

1. 本映画作品について、ライセンサーはサウザンド・スプリングスに対し、添付別紙__に記載する（本映画作品の）資材（以下「本映画資材」という）を空輸で引き渡すものとする。
   本映画資材の引き渡しにかかる費用は、ライセンサーが発行する請求書に基づき、サウザンド・スプリングスにより負担され、支払われるものとする。
2. サウザンド・スプリングスは、本映画作品に基づき、全編を通しても個別箇所にしても、サウザンド・スプリングスに引き渡されたと同じ状態でビデオグラムを制作し、販売するものとする。また、その変更、追加あるいは削除は、ライセンサーの事前の書面による同意なしにはなさないものとするが、

かかるライセンサーの同意は、不合理に留保されることはないものとする。
3 サウザンド・スプリングスは、ライセンサーの事前の書面による同意なしには、本映画作品の個別作品について、他の映画作品と合わせてビデオグラムの一部として複製してはならない。
4 サウザンド・スプリングスは、ライセンサーからサウザンド・スプリングスに対し提供された映画作品、または添付別紙__に記載するすべての映画作品に関する、一切の販売促進・宣伝資材ならびにビデオグラムに、「カレン・ビュー・エンターテインメント株式会社により許諾を受けている」という言葉で、著作権表示をなすものとする。

解説

1❖フィルムの提供とコピー

フィルムは、空輸で送付する。その費用は、別途ライセンサーが送付する請求書に基づき、ライセンシーにより支払われる。

2❖他の作品と合わせたビデオグラムの制作制限(第3項)

単体としてDVD化ライセンスした映画について、その一部を取り出して他の映画と組み合わせたDVDを制作することを制限している。

3❖著作権表示(第4項)

コピーライトの表示をビデオグラムに付する。ビデオグラムの主なものは、DVDである。販売とレンタルの両方が考えられる。

例文582 ロイヤルティ条項① | Royalty

◇契約締結から一定期日以内に前金を支払う
◇DVDの売上高(総額)につき一定比率のランニング・ロイヤルティを支払う
◇ライセンシーはDVD制作費用等の所定経費を差し引くことができる

Article __ Royalty

1 As an advance against the royalties payable hereunder, Thousand Springs agrees to pay to the Licensor the sum of Two Hundred Thousand United States Dollars (US $200,000) within _____ calendar days after the date of this Agreement.

2 In consideration of the rights granted herein, Thousand Springs shall pay to the Licensor a royalty at the rate of _____ ( ) percent of gross revenue earned by Thousand Springs in connection with the distribution or rental business of the Videograms in the Territory pursuant to the procedures described in Exhibit __.

3 From the gross revenue at the source Thousand Springs shall be entitled to first recoup out-of-pocket expenses incurred and paid by Thousand Springs for releasing of the jackets of the Videograms in strict accordance with the limitations and pro-

cedures described in Exhibit __.

[和訳]
第__条　ロイヤルティ
1　本契約により支払うべきロイヤルティの前払い金として、サウザンド・スプリングスは、本契約の日から____暦日以内に20万米ドルをライセンサーに対し支払うことに合意する。
2　本契約で許諾された権利の対価として、サウザンド・スプリングスはライセンサーに対し、本許諾地域におけるビデオグラムの販売とレンタルに関連して稼得した総金額の____％のロイヤルティを、添付別紙__に記載する手続きに従って支払うものとする。
3　サウザンド・スプリングスは、添付別紙__に記載する制限と手続きに厳格に従って、ビデオグラムジャケットのリリースのために、または（リリースに）関連して、サウザンド・スプリングスが実際に支出した費用を、総収入から最初に差し引くことができる。

―――――――――― 解説 ――――――――――

1❖recoup条項
　ビデオグラム化し、リリースを開始するにあたっては、ライセンシー側に初期費用が発生する。その代表的な項目は、現地語への吹き替え版・字幕制作の費用やジャケットのデザインならびに制作の費用である。かかる費用を総収入から差し引くことを認める規定である。実務としては、かかるrecoup条項なしに、ロイヤルティ条項により対価を取り決めることもできる。

ロイヤルティ条項② | Royalty　　　　　　　　　　　　　　例文583

◇6ヶ月ごとにロイヤルティ報告書を提出
◇ライセンサーはライセンシーの帳簿検査ができる

Article __　Statements; Remittance of Royalties
1　The Licensee shall render to the Licensor a semi-annually royalty fee statement no later than thirty (30) days following the end of six month period (hereafter referred to as the "Statement"); such six month periods ending on September 30th, and March 31st. Each statement shall be accompanied by a statement of remittance of the amount, if any, shown thereon to be due to the Licensor.
2　The Licensee shall keep and maintain true, complete and accurate books of account and record of its receipts from the sales or lease of the Videograms.

All books of account and record pertaining to a particular statement shall be kept for inspection by the Licensor for four (4) years following delivery of such statement.

3 Representatives or accountants designated by the Licensor may inspect, at the expenses of the Licensor, such books and records during the normal business hours upon fourteen (14) days advance written notice to the Licensee.

4 In case such inspection reveals an error in excess of ten (10) percent of the detriment of the Licensor, then the Licensee shall bear and pay the expenses of such inspection plus interest on the unpaid balance due to the Licensor at a current rate of statement in which the error appeared until the date of actual payment of such balance due to the Licensor.

[和訳]

第__条　ロイヤルティ報告書；ロイヤルティの送金

1　ライセンシーは、6ヶ月ごとの期末から30日以内に、その6ヶ月間のロイヤルティ報告書を作成し、ライセンサーに対して提出するものとする。かかる6ヶ月間は、それぞれ9月30日、3月31日に終わる6ヶ月の期間とする。
　各々の報告書には、ライセンサーに対し、支払い期限の到来したロイヤルティの送金の報告記録が添付されるものとする。

2　ライセンシーは、真正かつ完全で、正確な帳簿記録とビデオグラムの販売またはリースの受領書の記録を、保管、維持するものとする。
　各々の報告書に関わるすべての帳簿類と記録は、かかる報告書の提出から4年間、ライセンサーの検査を受けられるように保管されるものとする。

3　ライセンサーにより指名された代理人または会計士は、ライセンシーに対する14日間の事前の書面通知をなすことにより、ライセンサー自身の費用負担で、かかる帳簿ならびに記録を通常の営業時間中に、検査することができる。

4　かかる検査により、ライセンサーに損失を与えるような10％を超える誤りを発見するに至ったときは、ライセンシーは、かかる（ライセンサーによる）検査費用及びライセンサーに対し支払うべき不足額に加えて、ライセンサーに対する実際の支払いの日までの利息を加算して負担し、支払うものとする。

解説

1 ❖ 年2回、ロイヤルティを計算し、送金（第1項）

毎年、9月30日と3月31日の半期ごとの期末に販売高と支払うべきロイヤルティを計算して、計算書をライセンサーに送付する。

2 ❖ 計算書の保管は4年。検査を受ける義務あり（第2項＋第4項）

計算書を保管し、ライセンサーの検査を受け、万一、10％を超えて不足額があることが

判明したときは、検査派遣費用がライセンシー負担となる。

表明・保証条項 | Representations and Warranties

例文584

◇ライセンサーによる映画作品に関する表明と保証
◇ライセンスの支障となる担保設定などが一切ないことを保証

Article ＿＿ Representations and Warranties by the Licensor
1 The Licensor hereby represents and warrants that;
   (i) it has the right to enter into this Agreement and to grant all of the rights herein granted to the Licensee;
   (ii) there are not and will not be any outstanding claims, liens, encumbrances on or against rights of any nature in or to the Films, or any part thereof, including copyright thereto and any literary, dramatic or musical material contained therein or upon which the Film is or may be based, which may impair or interfere with any of the rights herein granted;
   (iii) to the knowledge of the Licensor, the exercise of the rights granted to the Licensee hereby will not violate or infringe upon any rights of any third party;
   (iv) to the knowledge of the Licensor, the Films do not contain obscene or defamatory material or violate any other right of any person;
   (v) the Films have not been previously licensed for videogram distribution in the Territory.
2 The Licensor shall defend, indemnify and hold the Licensee harmless from any and all claims, liabilities, costs and expenses, including attorney's fees arising out of any breach of this representations and warranties made by the Licensor.
3 Without limiting the generality of the foregoing, it is understood that the Licensee shall not be required to make any payment whatsoever in exercising the rights granted hereunder with respect to music contained in the Film.

[和訳]
第＿＿条　ライセンサーによる表明と保証
1　ライセンサーは次の通り表明し、保証する。
　（i）ライセンサーが本契約を締結する権限があること、及びライセンシーに対し本契約に基づき許諾するすべての権利を保有していること
　（ii）本映画作品またはその一部に関わる権利について、いかなる性質のものであれ著作権であれ、本映画作品に含まれているかそれに依存している文学的・演劇的・音楽的要素であれ、それが、本契約に基づき許諾している権利を害し、妨げる恐れのあるものは一切なく、いかなる係属中の

クレーム、質権、担保は、現在存在せず、これからも発生しないこと
(iii) ライセンサーが知る限り、本契約によりライセンシーが許諾された権利を行使することは、いかなる第三者の権利をも侵害しないこと
(iv) ライセンサーが知る限り、本映画作品は、不道徳的あるいは誹謗中傷的な素材を含まず、他人の権利を侵害することがないこと
(v) 本映画作品はこれまで、本許諾地域内での販売のために、ビデオグラム化権をライセンスされたことがないこと

2　ライセンサーはライセンシーに対し、ライセンサーによってなされたこの表明と保証に反して発生するいかなるクレーム、責任、弁護士費用を含む費用・支出について、防御し、補償し、一切損害を与えないようにする。

3　前項の一般的な制約に服することなく、ライセンシーは、本映画作品に含まれる音楽について、本契約に許諾された権利を行使する際に、いかなる根拠であれ、（その使用について）支払いを要求されることがないことを両者は確認する。

解説

1 ❖ ライセンサーは本許諾をなす上で必要なあらゆる権利を有することを表明し、保証する

著作権をはじめ、さまざまな権利が絡んでいるのが、映画である。ライセンシーの不安に対し、ライセンサーはすべての権利を保有し、この契約の履行について、何らライセンシーが心配することはないと表明している。万一、表明に反して問題が起こったときには、ライセンサーはライセンシーに対して補償する。

2 ❖ 音楽について著作権問題がないことを、あらためて保証

著作権の中でも、音楽については問題が起こりやすい。ここでは、他の一般的な保証には影響がない形で、音楽について著作権問題が起こらないことをあらためて表明・保証し、確認している。映画の中には、さまざまな音楽が使われる。誰もが知っている音楽の場合、著作権処理がどうなされているかは、素人でも気になる。音楽の使用権、ライセンスをどのように取得しているのかを心配しなくてもよいよう、この項目（音楽）だけ取り出して確認している。

第 5 節 映画作品ライセンス契約に共通の規定

　映画作品を海外向けに輸出するときには、輸出先の国の言語による吹き替え版や字幕を制作する。劇場映画では、たとえば特に大作の場合など、大事な市場である外国映画館での同時公開をねらって市場をコントロールしたいときや、外国映画祭への出品参加をするときなどに、製作側が自ら外国語版（字幕版）を制作することもあるが、これはあくまで例外的なケースである。通常の映画作品やテレビ映画作品のライセンスなどでは、ライセンシー側でその現地語版の製作を担当するのが通常である。

　この場合、法律上または契約上、重要な問題が起きる。それは、ライセンシーが制作した外国語版に関する著作権やコントロールが、制作したライセンシーに帰属するのか、それともライセンサーと共有なのか、あるいはやはりライセンサー単独で著作権、所有権を保有し、管理するのか、という問題である。

　これはさらに、映画作品のライセンス契約の有効期間終了後、外国語版の著作権の帰属先いかんによっては、次の期間にその外国語版の作品をライセンサーが別のライセンシーに扱わせる、または自ら使用することができるのか、という問題と関わってくる。ライセンサーにすべて帰属するとなれば、当該国における別のライセンシーに対して、ライセンサーはその映画作品をそのままの字幕つき、吹き替え版で使うことも含めてライセンス許諾できる。

　サンフランシスコのカレン・ビュー社（Karen View社；ライセンサー）は、日本のサウザンド・スプリングス社（Thousand Springs社；ライセンシー）に対し、厳しい条件を提案してきた。それは、サウザンド・スプリングス社が制作した日本語版字幕つきの素材も吹き替え版も、その著作権と管理はすべてカレン・ビュー社に帰属し、契約期間終了後は、サウザンド・スプリングス社には何も権利が残らないというものであった。この分野に初めて進出したサウザンド・スプリングス社には、非常に厳しい条件である。

　ある日、飛鳥凛が大阪を旅行した際、偶然出会った顔見知りの千春女史（Thousand Springs）から聞かれたそうである。

　「飛鳥、こんな厳しい条件ってある？　もし、カレン・ビュー社のこの提案の契約条項を交渉で拒絶して、この件（＝日本語字幕版と吹き替え版の著作権についての帰属先と権利関係）について一切契約で触れないことにしたら、どうなると思う？　私は、このままでは納得できない。法律を信頼し、契約交渉によらず、潔く著作権に関する適用法で勝負してみたいの」。千春女史のこの発言の根拠のひとつになっているのは、カレン・ビュー側の提案による次の例文585の規定だという。「カレン・ビューがこんなことをわざわざ言ってくるなんて。両者に公正な法律では、こんなバカな一方的なルールはありえないでしょう！」。

　飛鳥のよく知っている学生時代の千春女史は、意思が強く、勝気な娘だったから、本当にカレン・ビュー社案に「No!」と言いそうである。意思（芯）の強さでは、カレン・ビューといい勝負かな、と飛鳥凛は思っている。飛鳥は、ふたりの契約交渉の場面を想像しただけで楽しくなり、思わず微笑んでしまったという。

　果たしてカレン・ビューと千春女史のふたりが会ったかどうか、契約交渉はどうなったか

について、筆者はその後の経緯は聞いていない。ここでは、カレン・ビュー社の千春女史に対する最初の提示ドラフト（例文585）を見てみよう。

例文585 外国語版条項 | Foreign Language Version

◇外国語版映画ソフトの制作に関する規定
◇ライセンシー制作による外国語版の著作権はライセンサーに帰属すると規定する
◇ライセンシーは外国語版をライセンサーに帰属させるための書類に署名する義務を負うと規定する

Article ___ Ownership of Foreign Language Version

1 The Licensee (or Thousand Springs) may make foreign language version of the Films, all at the sole cost and expense of the Licensee, as permitted in Exhibit ___.

2 The Licensee shall consult with the Licensor (or Karen View) and abide by the Licensor's instructions in connection with the cost, preparation, manufacturing of foreign language version of the Films.

3 In any event, the Licensee shall strictly conform to all relevant restrictions applicable to artists and other third parties of which the Licensor shall advise the Licensee.

4 The Licensee shall indemnify and hold the Licensor harmless from any claims, loss, damages, or expenses, including reasonable legal fees and expenses, arising out of or in connection with the foreign language version of the Films.

5 Legal title to all prints, pre-print materials and other materials provided to the Licensee hereunder shall at all times remain in the property of the Licensor or in the property of party or parties from whom the Licensor obtains the rights herein licensed to the Licensee, and legal title in and to any material, including, without limitation, dubbed or subtitled prints and/or pre-print material, created by, for or at the instance of the Licensee, and all rights, including copyrights therein shall vest in the Licensor upon creation thereof, subject to only to possession and control thereof by the Licensee during the term solely for the purpose of exercise of the rights licensed herein.

6 The goodwill pertaining to the Films, the characters and the names of the characters and the name of the Licensor, alone or in a combination of other words, and the trade name or trademark or other identification of the Licensor shall belong exclusively to the Licensor.

7 The Licensee shall execute, acknowledge and deliver to the Licensor any instruments of transfer or assignment in or to any such material deemed by the Licensor necessary or desirable to evidence of effectuate the Licensor's ownership thereof and in the event that the Licensee fails or refuses to execute, acknowledge or deliver any such documents or instruments upon fourteen (14) days written notice, then

the Licensor shall be, and the Licensee hereby irrevocably nominates, constitutes and appoints the Licensor as its true and lawful attorney-in-fact to execute, acknowledge and deliver all such documents and instruments in the Licensee's name or otherwise.

[和訳]

第__条　外国版の所有権（著作権）

1　ライセンシー（またはサウザンド・スプリングス）は、添付別紙__で許容されている本映画作品の外国語版を、ライセンシー自身の費用、経費負担で制作することができる。
2　ライセンシーは、本映画作品の外国語版の制作費用、制作の準備、制作それ自体について、ライセンサー（またはカレン・ビュー）と相談し、ライセンサーの指示に従わなければならない。
3　いかなる場合も、ライセンシーは、ライセンサーがライセンシーに対して助言するアーティストと他の第三者に適用されるすべての制限を厳密に守らなければならない。
4　ライセンシーはライセンサーに対して、本映画作品の外国語版から、あるいはそれに関連して発生するいかなるクレームや損失、損害、または弁護士料を含む費用について、補償し、（それらを）被らないように免責するものとする。
5　本契約に基づきライセンシーに対し提供されるすべてのプリント及びプリプリント素材ならびに他の素材に対する法的な所有権は、常にライセンサーの財産権、またはライセンシーにライセンスするためにライセンサーがライセンスを取得した当事者の財産権に属するものとし、ライセンシーによりライセンシーのために、またはライセンシーの求めにより制作された素材の法的な所有権に関しては、吹き替え版、字幕版プリントならびにプリントの素材を含め、いかなる素材についても、著作権も含めたそれらに対する権利のすべてが、その制作時よりライセンサーに帰属するものとする。ただしそれらは、本契約で許諾された（ライセンシーの）権利を行使する目的のために限り、本契約の有効期間中は、ライセンシーにより、占有し、管理されるものとする。
6　単独であれ他の言葉と組み合わせたものであれ、本映画作品に関するのれん、キャラクターならびにキャラクターの名前、さらには、ライセンサーの商号、商標または他の標識は、排他的にライセンサーに帰属するものとする。
7　ライセンシーはライセンサーに対し、かかる素材に対する所有権を明確にするための証拠として、ライセンサーによって必要または望ましいと思う移転または譲渡の証書に調印し、認諾し、交付するものとし、万一、ライセンシーが書面による通知から14日以内にかかる書類または証書に調印し、認諾

> し、交付することを怠り、または拒絶することがあった場合には、ライセンサーは本契約に基づき、撤回不能条件で、ライセンサー自身をライセンシーの真実の法的な代理人として、すべてのかかる書類ならびに証書に、ライセンシーの名義または他の方法により、調印し、認諾し、交付することができるものとする。

――― **解説** ―――

1❖外国語版制作の権利とその著作権

　後の規定をあわせて考えると、ライセンシーはライセンス期間中、その業務を達成するために限って、この外国語版の制作が認められる（第5項）。契約期間が終了した後は、その許諾国の法制にかかわらず、その外国語版の著作権等は、ライセンサーの要求するところに従い、ライセンサーに帰属させるよう書類にサインし、協力する義務を負う。契約終了時、同時に字幕版・吹き替え版などに対しても、ライセンシーはすべての権利を失う。

　映画の製作会社は、それだけ映画に対する著作権については、全世界ベースで確立し、維持したいという揺るぎない姿勢と方針を維持しているということであろう。契約上、法律的には、ぎりぎり、あるいはむしろ一部無効になるかもしれないほど、ライセンサーは強力に自社の著作権を維持しようとしている。ライセンサーがライセンシーの代理人としてライセンシーの権利に関してライセンサーに譲渡する書類に調印する権限を委任する最後の条項などは、かなり"enforceability"について不確かな怪しいものであるが、それだけ自社の権利を守ろうとする必死な姿勢が伝わってくる（第7項）。

2❖映画の中の登場人物のキャラクター他について使用する権利

　キャラクターの使用権が他の条項により許諾されていた場合でも、すべての権利は、契約期間の終了とともに、使用権が消滅する。ライセンシーには一切残らない。すべて、ライセンサーに帰属している（第6項）。

3❖ライセンシーが制作した外国語版の字幕・吹き替え版の著作権の帰属とライセンス期間終了後の扱い

　この問題については、さまざまな対応方法があろう。本例文では一方的に、ライセンシー（日本のサウザンド・スプリングス社）が外国語字幕（本例文の設定では日本語字幕）版・吹き替え版を自己の費用と企画で制作しても、その著作権はライセンサー（カレン・ビュー社）側に帰属すると規定されている。ライセンシー側の権利は、ライセンス契約期間中に、そのライセンス契約の目的の範囲内で、自ら制作した外国語版を使用できることのみである。契約終了後は、その外国語版に対する著作権や使用権は一切なくなる。

　その点が、飛鳥凛の話にあった日本側の千春女史が受け入れられない点なのであろう。

　実際に、千春女史が契約交渉をすると仮定すると、どのようなカウンタープロポーザルが可能なのであろうか。法務部新人部員の飛鳥凛は、いつも上司の日高尋春氏から、交渉項目の焦点を絞った上で、「相手方のドラフトに対し可能なカウンタープロポーザルを、ベストと思うものから3つ提示せよ」という課題を課されるそうである。この第7項であれば、飛鳥凛ならどのような案を3つ提出するのだろうか。

　千春女史は単純に、このカレン・ビュー側提案の第7項は削除し、適用法に委ねるとい

う考えのようであった。カリフォルニア州法や日本法ではどうなるのだろうか。第7項での考えとは、どう異なるのだろうか。

飛鳥凛なら、第1に、ライセンシー側制作による外国語版の帰属については、ライセンシー、ライセンサーの共有を提案しそうである。その共有の仕方には、持ち分で決める方法と、国・使用許諾地域による分配の方法を考えそうである。

もうひとつは、ライセンサーに対し、もしライセンサーが著作権など権利を取得したいなら、そのオプションを与え、その行使の場合は、代わりに制作にかかった実費の一定割合をライセンシー側に支払う（reimbursement and payment）よう求めそうである。オプションを行使しないときは、外国語版はいずれの当事者も使用できず、闇に葬られることになる選択肢のほかに、別途生かす方法を用意するのだろうか？

筆者としては、ライセンサー側には理解できなくても、実際に芸術的にもエンターテインメント作品としても高品質の外国語版の作品ができ上がっているとすれば、ライセンサーもライセンシーも使えないのは、社会、公衆の視点からは損失だという気がするのだが。ただ、カレン・ビューがライセンサーであるとすると、彼女の横にいつもいるナンシー弁護士が反対しそうで実現不可能だが、ライセンシーが制作した外国語版を誰かが放映できるチャンスはないのだろうか？

4❖当事者名を書き添えるメリット

本例文では、普通は単に"Licensor"あるいは"Licensee"とあるところを、最初のほうでわざわざその実際の当事者名を使って、"Licensor (or Karen View)"あるいは"Licensee (or Thousand Springs)"と記している。これは、奇妙に見えるかもしれないが、千春女史や飛鳥凛が大事なライセンス契約書などのドラフトを、自分自身で検討し、考えをまとめるときにする習慣といってもよいプラクティスだそうである。

飛鳥凛の話であるが、契約書というものは英語で表現されると、ともすれば無味乾燥な遠い存在になりがちである。しかし、このように自分たちと相手方の名前を挿入して、相手方から提示された契約書案を眺めていると、相手方のねらいが浮かび上がってくるという。両当事者にとってフェアとはいえず一方的な自己の利益を主張している契約条項を見つけると、自然に憤りに近い思いが沸き立ち、契約書ドラフトを正確に把握できるという。これも、法務部新人時代の飛鳥凛を鍛えるために、上司の日高尋春氏が試みたトレーニング方法のひとつなのだろう。

たしかに、"or Karen View""or Thousand Springs"という表現なら、仮に契約書にそのまま残っても、通用に問題はなく、契約書の体裁を壊すこともない。ライセンサー、ライセンシーのいずれの立場に当社側が置かれているのかを見誤ることも防ぐことができる。新人のトレーニング方法としては、有効かもしれない。

例文586 エンターテインメント｜ホールドバック条項①
例文587 エンターテインメント｜ホールドバック条項②

例文586 ホールドバック条項① | Holdbacks

◇ホールドバック（映画の上映中など一定期間、DVD等ビデオグラム発売を控える期間）の規定

Article __ Holdbacks
The Licensee shall not exploit the Videogram rights under this Agreement within six (6) months from the date of the initial theatrical release of the Films in the Territory.

［和訳］
第__条　ホールドバック条項
　ライセンシーは、本契約に基づくビデオグラム化権を、本許諾地域で、本映画作品の劇場での封切り上映の最初の日から6ヶ月を経過するまでは実施しないものとする。

―――――― 解説 ――――――

1❖ホールドバック条項とは

　映画館で封切り上映している間に、同時に映画作品をDVD等ビデオグラム化して販売またはリースを開始したら、どのような影響があるか。もっとも顕著な影響のひとつは、DVDの購入やレンタルのほうが映画館に行くより時間の制約を受けず、家族で見ることもできるため、映画館に来なくなるということである。映画館のスクリーンの大画面や音響の魅力は確かにあるが、それでも家庭のテレビの画質も負けないくらいに向上してきている。まず映画館で映画を見てもらいたいライセンサーにとっては、この映画の劇場上映期間中は、ビデオグラム化を待ってもらいたいというのが、実際の要求である。それを具体的な契約条項としてライセンス契約に規定したものがホールドバック、英語では"holdbacks"条項である。

2❖ホールドバックの期間

　ライセンサーとライセンシーの間で、マーケットを見ながら自由に決めればよい項目である。許諾地域での映画館での封切り日を基準に、一定期間と決めるのが通常である。暦月でいつまでと決めることもできる。劇場での上映が実施されないケースもある。テレビ映画作品の場合は、テレビでの最初の放映の日から一定期間という決め方もある。それぞれのマーケットでの流通のさせ方を見据え、もっとも有効な手段を考えればよい。ホールドバックの期間があまりに長いと、忘れられてしまうリスクが発生する。映画館での上映やテレビ放映が、一種の広報、広告活動の役割を果たす。忘れられてしまってからではビデオグラム化の意味も薄れてしまう恐れがある。

ホールドバック条項② | Holdbacks

例文587

◇ペイ・有線放送、契約テレビ放送などのビジネス開始に対するホールドバックの期間を規定する

Article__ Holdbacks
The Licensee shall not exploit the pay or subscription television rights in the Films within the Territory within eighteen (18) months from the date of first theatrical release of the Films in the Territory.

[和訳]
第__条 ホールドバック条項
ライセンシーは、本映画作品の本許諾地域における劇場公開(封切り)の日から18ヶ月間は、本許諾地域内で、本映画作品のペイテレビジョンまたは有料(月極め)テレビ放送のビジネスの開拓に取りかかるのを控えるものとする。

解説

1❖テレビ放送局との放映契約に関するホールドバック事項

趣旨は、前の例文586の解説で触れたことと同様である。手段は異なるが、劇場公開以外の手段で、公衆に直接映画作品を送るのがテレビ放送である。しかも、視聴の機会がDVDよりも確実に一挙に増える。テレビ放送が実施されれば、そうでなければ劇場に足を運んだはずの人への影響は、DVDよりも大きいものがあるだろう。

2❖ホールドバックの期間

影響を踏まえて決めることになる。本例文では、劇場での公開(封切り)の日から18ヶ月としている。

3❖ホールドバックと映画のリリース

許諾地域において、映画のリリースとビデオグラム化権、テレビ放送に対するライセンス権(一般にオールライツ;all rightsと呼ぶ)を1社に付与する場合と、いくつかの複数の事業に分けてライセンスする場合がある。後者の場合、映画のリリース権を得ている者は、一般にディストリビューター(または配給会社)と呼ばれることが多い。この映画のリリースが映画館でいつ、どのように実施されるか、あるいは採算見通しが立たず、映画館でのリリースが見送られることもあるが、DVD等ビデオグラム化権、テレビ放送へのビジネス交渉をしようと待ち構えているライセンシーには大事である。

次の例文588でひとつの対処法を見てみよう。ここでは、米国カレン・ビュー社(ライセンサー)から、日本のThousand Springs社が3つのライセンス権ともに得ているという一番単純なケースを想定して見てみたい。千春女史は、土地柄なのか、DVD化による販売については長期的な安定した売れ行きを楽観視し、劇場公開、テレビジョン放送の採算には、控えめな見通しを立てているそうだ。

例文588 リリース条項 | Release of Films

◇映画のリリースについてのライセンシーの義務を取り決める
◇映画のリリースについて期限とみなし公開規定を取り決める
◇リリースの際の現地語のタイトルについてライセンサーは同意権を有する

Article __ Release of Films

1 The initial theatrical release of the Films in the Territory shall take place no later than six (6) months after the Licensee's receipt of the Licensor's notice that the Licensor is prepared to deliver the Films.

2 For the purpose of holdbacks and other provisions hereof, such release shall be deemed to have occurred on the date six (6) months from delivery of the Films, if actual release has not occurred by said date.

3 Not later than sixty (60) days prior to the initial theatrical release of the Films in the Territory, the Licensee shall give the Licensor written notice of the initial release pattern, including any key city first-run exhibition engagements, release patterns, advertising and publicity budgets and concepts, and the number of prints to be used.

4 The Licensee shall advise the Licensor of the local language title of the Films and the literal English translation thereof that will be used in connection with the distribution of the Films in the Territory.

5 The Licensor shall have the right of approval with respect to such matters as provided in these Clauses 3 and 4 of this Article, provided that such approval will not be unreasonably withheld by the Licensor.

[和訳]

第__条 映画作品の公開

1 本許諾地域における本映画作品の最初の劇場公開は、ライセンサーが本映画作品を引き渡す用意ができたという通知をライセンシーが受領してから、6ヶ月以内に実施されるものとする。

2 本契約のホールドバックならびに他の規定の目的上、万一、本映画作品の劇場におけるリリースが、本映画作品の（ライセンシーに対する）引き渡しの日から6ヶ月以内になされなかった場合には、かかる（劇場における本映画作品の）リリースは、本映画作品の引き渡しから6ヶ月経過した日になされたとみなすものとする。

3 本許諾地域において本映画作品の最初の劇場公開が実施される日の60日以上前に、ライセンシーはライセンサーに対し、最初のリリースの形式に関する書面による通知をなすものとし、その通知には、封切り上映の主要都市のスケジュール、リリースの形式、上映方法、広告・広報の経費と考え方、ならびに上映に使用するプリントの本数が含まれるものとする。

4　ライセンシーはライセンサーに対し、本許諾地域における本映画作品の配給に関連して使用する本映画作品の現地語のタイトルならびにその直訳の英語訳を通知するものとする。

5　ライセンサーは、本条の第3項ならびに第4項に規定したかかる事項について承認する権利を保有するものとするが、かかる承認は、ライセンサーによって不合理に留保されることはないものとする。

解説

1❖みなし公開日

ホールドバックの起算日を決めるために、（劇場が公開されないとき）みなし公開日を規定している。

2❖現地語のタイトルへの同意権

映画のタイトルは、映画のイメージや名声に関わってくることがあり、ライセンサーの評判を左右することも考えられる。ライセンス先の相手国だけでなく、周辺他国や自国の評判も考えなければならない場合もある。

支払条項 | Payment　　例文589

◇ライセンサーの指定する銀行口座に送金する

Article ＿＿ Payment
All payments required to be made by the Licensee under this Agreement shall be payable to:
Karen View Entertainment Inc.
c/o Bank of California ＿＿＿＿＿＿＿＿＿＿
1230 ＿＿＿＿＿＿＿＿＿＿＿＿＿＿＿＿＿＿ Avenue, Nob-Hill ＿＿＿＿＿＿, San Francisco, CA ＿＿＿＿＿＿, USA
Account Number: ＿＿＿＿＿＿＿＿＿＿＿＿＿

or such account number as the Licensor will designate by writing notice to the Licensee.

［和訳］
第＿＿条　支払い
　本契約上でライセンシーがなすことを要求されているすべての支払いは、以下の口座に送金させるものとする。
カレン・ビュー・エンターテインメント株式会社
カリフォルニア＿＿＿＿＿＿＿＿銀行

_____通り1230、ノブヒル_____
米国カリフォルニア州サンフランシスコ市
口座番号_____
または、ライセンサーがライセンシーに対する書面による通知により、指定する銀行口座番号。

解説

1 ❖ 支払い方法はどこまで具体的に契約に記載するのがよいか
　実際に契約書に払い込み先の銀行口座まで記載しておくことが賢明なのかどうかについては、議論がある。契約書はどうかすると、思いがけない第三者の手に落ちるリスクがある。では、後に書面で支払いを受ける者から通知をするほうが安全か。

2 ❖ 契約後に、支払いを受ける口座を連絡する方法は、本当に安全か
　一見、直前まで秘密に保つことができて、安全なように見える。しかし、連絡方法を誤れば、少しの書き誤りが命取りになることがある。また、詐欺をねらう者が、偽造書類を用意して偽の送金先を連絡して、横取りを企図することもありうる。借金にまみれた社員による不正行為が起こるのも、国際取引での現実である。

例文590 通知条項 | Notice

◇書面による通知方法を規定する

Article __ Notices
All notices and reports which either party is required to give to the other party under this Agreement shall be in writing and shall be sent by prepaid air mail or prepaid cable or telegram, addressed as follows:

To the Licensor

Karen View Entertainment Inc.
Attention: Ms. Karen View, CEO & President
_____
_____

To the Licensee

Thousand Springs Inc.
Attention: Miss Chiharu Matsubara, CEO & President
_____

or such other addresses as either party may designate by written notice to the other party.

[和訳]
第__条　通知
　本契約書に基づき、相手方への履行を要求されているすべての通知ならびにレポートは書面でなされるものとし、下記の宛先に対して、料金前払いの航空郵便または料金前払いの電報によりなされるものとする。

ライセンサーに対して：
カレン・ビュー・エンターテインメント株式会社
カレン・ビュー　　CEO兼社長

_____

ライセンシーに対して：
サウザンド・スプリングス株式会社

松原　千春　　CEO兼社長

_____

または、いずれかの当事者が他の当事者に対し、書面の通知で別途指定した他の通知先とする。

解説

1 ❖ 通知方法の規定の大事さはどこにあるか
　通知方法の規定に記載されていない方法により相手先に通知すると、どのような効果があるかは大事な問題である。たとえば本例文のように、通知の宛先が、特定の氏名、役職者を指定しているとしよう。緊急事態で、担当者が、普段契約などで付き合っている顔見知りの相手先担当者に対してファクスで連絡をしたとする。情報としては相手先の担当者に確かに届いてはいる。しかし、これが契約上一定期間内に要求されている解除通知だとする。契約上解除権があるとしても、契約により求められている解除通知の効果があるだろうか。では、文書で郵送し、相手先名が担当者になっていたとすればどうだろうか。
　宛先の問題ではなく、通知方法が普段相手先と取引の連絡に使っているインターネットのメールであればどうであろうか。あるいは、緊急に電話した場合はどうか。

いずれにしても、契約に規定している通知方法以外の方法により通知したときは、それが、契約上要求される通知に該当するかどうかが明白でなく、場合によっては通知の効果が発生しないことがある。常に通知の効果がないとは言い切れないものの、通知の効果が曖昧な状態に置かれ、いずれかに決するまで時間がかかることがある。この曖昧さが残ることが、一番困る。たとえば、前の例文589で取り上げた支払い方法に関わる銀行口座の変更の通知を考えてみよう。その曖昧さに、実務上耐えられるか？

2❖通知条項の記載の仕方

本例文のブランク（アンダーライン）の欄には、それぞれの当事者の事務所所在地を記載することを予定している。本来は"address"（住所）のみを記載すれば十分なはずであるが、クーリエサービスなどによる配送の際に、電話番号等の情報が求められるという実務上の必要性などから、住所のすぐ下の欄（行）に"Telephone＿＿＿＿＿＿"として記載することがある。郵送（mail）に加えて民間のクーリエサービスによる配送も認めるときには、条項の本文に"or sent by international recognized courier service"（または国際的に認められたクーリエサービスにより配送される）という語句を挿入付記する。

第6節 公演招聘基本契約の特色と規定する条項

◉—第1款　公演招聘基本契約の特色

　ミュージカルや演劇などを上演するには、その原作のシナリオ、振り付け、音楽、衣装、背景などについて使用許諾を受けて上演する方法と、相手方(劇団等)からミュージカルや演劇公演の主要メンバー、楽団等を招聘し、一部を招聘側で補充して上演する方法などがある。実際には、そのさまざまなレベルでの組み合わせになるが、基本的には、相手側から主要メンバー等を招聘するかどうかにより、契約の内容や構成が決まる。海外からの公演を招聘する契約はさまざまである。1人の歌手の公演を招聘することもある。マライア・キャリー、マドンナやセリーヌ・ディオンの招聘を考えてみれば、その規模の想像がつくだろう。しかし、ジャズ歌手を小さなクラブに呼ぶケースもある。また、ミュージカルや演劇、歌劇団の招聘のように大規模な公演の場合もある。

　このような公演招聘契約ではどのような条項が取り決められ、どのような特色があるのだろうか。他の取引契約と比べて際立った特色はどのような条項にあるのだろうか。その特色ある条項を、共通項中心に簡潔に紹介したい。まず、大事な規定・条項から始めたい。

◉—第2款　公演招聘基本契約で規定する条項

公演の題目

　最初は、どのような公演をおこなうかを取り決める。演劇であれミュージカルであれ、観客の興味が前提になる。どの公演を見る、あるいは聴くために高額のチケットを購入し、劇場に足を運ぶのか。やはり、公演の題目をしっかりと取り決めることが第一である。ミュージカルであれ演劇であれ、題目とシナリオや音楽の作者の確認の規定などが大事になる。コリグラファー(振り付け師)が大事な場合もある。

　海外で同じタイトルの作品が公演されたことがあるなど、特に紛らわしい場合は、なおさら注意が必要である。米国では、「オペラ座の怪人(the Phantom of the Opera)」で、2人の別々の作者により制作されたものが同じ時期に上演されたことがある。ストーリーの原作者は同一であるが、悲劇版と喜劇版であり、ミュージカルの作者は別々であった。批評の中には「混同しないように」という警告をしたものもあり、「一方のミュージカルが本物、他方があたかもフェイク(偽物)」という印象を与え、訴訟になったほどである。

　契約では、招聘した地での題名を現地語(local language)で名づける場合、ポスター、パンフレットで使うデザインなどについても劇団が同意権など発言権を要求することがある。

　海外公演は、著作権者たちの承認が前提となる。劇団は海外で公演しているからといって、日本に招聘し、公演することについて、あらかじめ著作権者の承認を得ているとは考え

られない。新たに公演するために著作権者の承諾を取得することが公演招聘の前提であり、それは通常、相手方の劇団側で取得する。招聘せず、公演をすべて当方(日本)側でおこなう場合は別である。本書では、演劇やミュージカルの公演ライセンス取得ではなく、海外劇団による公演の招聘を取り上げる。

招聘するキャストと現地で用意するキャストの取り決め

大半のキャストを海外から公演のために招聘するのか、それとも主役級のみ招聘し、大半のキャストは現地で用意するのかを、まず明確に取り決める。大半のキャストを招聘するほうが、現地でのオーディションや配役、練習、リハーサル、合同練習の苦労や期間は軽減されるが、招聘のための費用がかさむことが多い。しかし、公演の水準の高さの維持を考えれば、現地でキャストを多く用意することが賢明かどうかは判断が難しい。それまでの現地側での公演の経験の積み重ねや一定の水準が確保されていない限り、かえって信用・評判を落としかねない。

本書の例文では、子役以外のキャストは海外劇団から招聘し、子役のみ現地でオーディション、練習も含め、用意することとしている。子役のキャストの招聘は、児童の労働に関わる規制や義務教育などの事情で無理な場合がある。国内でも、児童労働規制や教育には配慮しなければならない。

公演の期間と場所・劇場手配条項

公演の場所を国名と都市名で取り決める。招聘の場合、日本だけでよいか、それとも一連のアジア・ツアーとして、日本を中心に豪州を含むアジア諸国・都市をカバーし、公演するかを取り決める。劇場の手配、費用負担も取り決める。通常、招聘側の負担である。また、公演期間の取り決めにあたっては、好評の場合、ロングランや追加公演の可能性があるかないかを規定する。劇団には、それぞれの所属国の組合員としての保護や規約を配慮しなければならない事項もあり、それには1週・1日あたりの公演回数や待遇条件なども含まれる。契約を正式に調印するまでには、招聘側が守らなければならない条件を確認した上で記載した条件書(ペーパー)を別紙として、契約に添付する。

照明、音楽、警備、通訳、送迎移動手段、宿泊施設の手配と条件などの条項

詳細は省略するが、かかる事項はいずれも公演のために必要であり、通常招聘側の手配と費用負担になる。契約書で明確に規定する。移動手段や宿泊施設については、相手方の基準を尊重し、たとえば部屋なら、1人部屋が基準であることが多い。派遣側のキャストが組合に所属している場合は、海外公演について、一定の保証がなされていることが少なくない。現地の慣行より手厚い保護や待遇を受けられるのが通常と考えて対処し、その上で採算も考えなければならない。

テレビ放映権やビデオグラム化権等に関わる知的財産権の確認とライセンス

劇団が通常、このようなライセンスをおこなう権原を保有していることは少ない。通常は、海外におけるこのような知的財産権に関わるライセンスについては、劇団が上演許諾を受けている本来の作品の著作者の許諾が必要になる。もちろん、劇団の公演であり、劇団自

身からのライセンスも必要だが、それだけでは十分ではないのが実情である。よく確認し、テレビ放映であればその放映回数合計や間隔、放映期限まで厳格に取り決め、確認しておく必要がある。DVD制作・発売については、知的財産に関わる問題の十分な確認をしておかなければ、そう簡単にはライブ盤の制作発売にはつながらない。

対価(公演料)の取り決めと対価の支払条項

　支払い金額や各種実費の負担条件も含め、その支払い方法・支払い時期とともに取り決める。キャストの食事代や日当(daily allowance)をどうするかなど、思いがけない問題が議論に加わってくることがある。キャストの本国の空港からの航空運賃や食費まで関わってくる。

一般条項

　説明は省略するが、公演招聘契約でも一般条項を規定する。人が関わってくるので、その身体に関わる事故などについての保障や保険も関係してくる。

◉─第3款　本節・次節の契約当事者の設定

　本節では、相手方から主要メンバーを招いて上演する場合を取り上げる。余談ながら筆者が初めて見たミュージカルは、映画では、中学時代に父に連れられて映画館で見た「オクラホマ」、劇場公演では、ミシガン大学留学時代の1972年12月にサンフランシスコの劇場で見た「Day by Day」だ。

　本節では設定として、サンフランシスコでヒットしたミュージカル「Project You」(仮想ミュージカル)をその公演を実施しているKaren View Entertainment Inc.(カレン・ビュー社)から、日本のClara International Entertainment & Films Inc.(クララ社)がThousand Springs Inc.(サウザンド・スプリングス社)と協力して招聘しようとする基本契約を扱う。カレン・ビュー社は、この公演のために別組織として、Karen View-Project You Production Inc.(カレン・ビュー・プロ)を組成している。ミュージカルや演劇興行にはリスクがつきものであり、公演ごとにいわば有限責任の劇団を組成するのだという。クララ社は、サウザンド・スプリングス社と共同で招聘する方針である。ミュージカルの主要メンバーは、現在サンフランシスコで同劇団により上演されているミュージカル「Project You」の主要な出演者(artist)を招聘することとするが、音楽の演奏、助演者、子役、舞台美術、警備、通訳などについては、招聘側のクララ社とサウザンド・スプリングス社が共同で担当するという構想で、交渉が開始されている。両社が共同で事業に携わるときは、舞法会(略称「MLS」)を作る。カレン・ビュー社側の契約当事者は、カレン・ビュー・プロになる。この書類は、まだ正式契約ではなく、基本的な合意確認書を目指すものである。現時点では曖昧な点も多いが、それは、正式な契約書を作成・締結する際に確認すればよいと考えて、交渉を始めようとしている。

　飛鳥凛の話では、契約条件の中で、日本側、特に千春女史が関心を持ち、獲得したいと考えているライセンスに下記3項目(①②③)があるという。千春女史は、ライブの公演だけでは採算は厳しく、いつも次のビジネス機会を求める姿勢で臨んでいるそうだ。

最初に、①公演についてのテレビジョンによる放映権（broadcast rights）である。次は、②公演を撮影して、DVDを制作して、国内販売をするビデオグラム化権（videogram rights）の獲得である。また、ミュージカルの中で歌われる楽曲、音楽が魅力的なので、③CDを制作して販売したい、と考えているという。映画作品のビジネスと異なり、ホールドバック期間は短くてよいし、むしろ必要ないのではないかと、千春女史は言っているという。

　いずれも、これからの重要交渉議題となるかもしれない。カレン・ビュー社がその元となる著作権を保有していることが前提となる。どのような交渉になるか、彩圭女史（愛称クララ）も千春女史も楽しみにしているそうである。

　一言、飛鳥凛の漏らしていた予感について触れる。「きっと、カレン・ビュー社側は、ミュージカルの上演についてのライセンスは持っていても、その日本公演について、放映権やビデオグラム化権、さらにCD制作許諾権は、持っていないんじゃないかな」。とすると、カレン・ビューグループとして、その許諾権をどう獲得するかが勝負になりそうである。カレン・ビューのことだから、本来の権利者へ紹介するなどの労は取るだろうが、厳しい交渉になるかもしれない。

　いずれにしろ、まだ基本契約の交渉段階で、まだまだ流動的である。気軽に双方のドラフトを見ることにしたい。

第 7 節　公演招聘基本契約の主要条項

前文 | Preamble　　　　　　　　　　　　　　　　　　　　　　　例文 591

◇ミュージカル日本公演についての基本契約ドラフトの前文

This Letter Agreement dated March 10, 20__ sets out the fundamental terms and conditions under which Clara International Entertainment & Films Inc. (hereinafter referred to as "Clara"), and Thousand Springs Inc. (hereinafter referred to as "Thousand Springs"), (hereinafter collectively called "Maihoukai") have agreed with Karen View-Project You Production Inc. (hereinafter referred to as "Karen View Pro."), subject to contract to use their best efforts to cooperate to bring a production of "Project You" to Japan from July 8, 20__, subject to both terms outlined below and to a formal agreement being negotiated and agreed between the parties and this letter agreement and any subsequent agreements will be under the laws of the State of California; and further subject to any and all necessary agreements with third parties having been fully and properly entered into, (including, without limitation, owners of the copyright and other rights in Project You, members of the creative team and funding partners).

[和訳]
　20__年3月10日付けの本レター・アグリーメントは、クララ・インターナショナル・エンターテインメント・アンド・フィルムズ株式会社（以下「クララ」という）とサウザンド・スプリングス株式会社（以下「サウザンド・スプリングス」という）、（両者を総称して、「舞法会」という）がカレン・ビュー・プロジェクト・ユー・プロダクション（以下「カレン・ビュー・プロ」という）と合意した基本条件を記述するものであり、かかる合意は、当事者が20__年7月8日からの「プロジェクト・ユー」の日本公演を実現するよう全力で協力するよう努力すること、また下記に記載する条件と、当事者間で交渉し合意される正式契約の両方に従うこと、本レター・アグリーメントならびにそれに続く合意書がすべてカリフォルニア州法に準拠すること、さらには（プロジェクト・ユーに関する著作権、他の権利の所有者及びクリエイティブ・チームと資金提供パートナーのメンバーを含み、それらに限られない）第三者と適切に締結されるすべての必要な契約に従うことを条件とする。

例文592 エンターテインメント｜公演提供条項
例文593 エンターテインメント｜劇場公演日程条項

解説

1❖ミュージカルを海外で公演するための前提条件

ミュージカルは、総合芸術である。それを海外で公演するには、作品の著作権をはじめとする権利のライセンスを確保する契約、公演にともなう費用を確保するための資金を集める手法、さらには公演に必要な出演者（アーティスト）ならびに演奏者、通訳、舞台関連の技術陣のチーム創設など、さまざまな準備・手配が必要になる。

2❖採算とファイナンス、契約の進め方

採算についても考えなければならない。どのように公演を企画し、実施していくか。最初は不透明なところもあり、いきなり正式契約（a formal agreement; a definite agreement）が締結できないときは、基本的な合意書を結ぶことから始め、その後に準備し、整えていって、ある程度目処が立ってから正式契約の締結に移行すればよい。もちろん、正式契約を締結した上で、その契約中にいくつかの条件（"subject to"から始まる条項）を規定するという選択肢もある。

法務部新人部員の飛鳥凛と上司の日高尋春氏が、よく選択するひとつの手法は、自己資金だけでは不安があり、ファイナンスが主要な課題になるのであれば、レター・オブ・インテントを締結して関係当事者の意図を確認し、それを基にしてファイナンスを期待できる機関や第三者に説明し、自社のマネジメントからも了解を取る手段とすることである。

いずれが先かは難しい問題であるが、国際的なエンターテインメントのプロジェクト契約では、口頭での話でいかに深く了解し合っているような気分になっても、書面で確認してみると互いに意外な了解違いをしていることに気づくことがある。契約対象に対して、実際には相手方がまだ所有権、知的財産権を保有していないことや、契約を遂行する必要資金や人員を持っていないことに気がつく……などが、その典型的な例である。交渉相手を間違えていて、変えなければならないのではないか、と思うことさえある。そのような事態を予防するためにも、交渉途中でレター・アグリーメントやレター・オブ・インテントを作成することは、一定の効力があるのであろう。その克服すべき障碍は、停止条件として規定されることになる。

"subject to …" "provided that …" といったフレーズが出てきたら、要注意である。

例文592 公演提供条項 | Provision of Presentation

◇公演の基本条件を確認するための規定

Article ___ Presentation
Karen View Pro. will provide a presentation of Project You based upon original direction by _____ and original musical direction by _____, provided that Karen View Pro. or one of its affiliated companies shall have secured the presentation of another production of Project You whether in Japan, United States, Australia, or elsewhere in the world so that such production is financed, duly licensed, physically capable and available to tour to Japan at the dates given in Paragraph ___ below, and

within the financial terms outlined in Paragraph __ below.

[和訳]
第__条　公演
　カレン・ビュー・プロは、プロダクションであるカレン・ビュー・プロまたはその関連会社が、必要な資金を集め、必要なライセンスを取得し、下記の第__項に規定された日程で、下記の第__項に規定された財政的な条件の範囲で、日本での公演（ツアー）を実現できるように、日本、米国、オーストラリアまたは世界の他のどこかの国においてもうひとつのプロダクションの公演を確保できることを条件に、_____をオリジナル監督とし、_____をオリジナルの音楽監督として作られた「プロジェクト・ユー」の日本公演を提供するものとする。

―――― 解説 ――――

1❖規定のねらい
　ミュージカル「Project You」の日本公演（プレゼンテーション）を実現するためのいくつかの基本条件を確認しようとする規定である。カレン・ビュー側が用意したドラフトであるが、まだ日本公演向けの具体的な資金の裏づけとミュージカルの新たな日本ツアー用プロダクションの結成について、音楽、振り付けなど著作権関連の権利も獲得できていない状況なので、慎重な規定、言い回しが目立つ。

劇場公演日程条項 | Dates for Presentation　　　　例文593
◇公演をおこなう劇場や具体的な日程を規定する

Article __ Dates for Presentation
The production will open at the _____ Theater in Tokyo on ____ __, 20__, where it will remain for eight (8) weeks and it will then play four (4) weeks at the _____ Theater in Kyoto, with a mutually agreed option to extend the tour by two (2) weeks, provided such option is exercised no later than _____ ____, 20__, provided further that such additional weeks are paid for at the currently weekly running rate as set forth out in Paragraph __ below.

[和訳]
第__条　公演日程
　プロダクションは、東京の_____劇場で20__年__月__日に公演初日を迎え、そこで8週間公演を実施し、その後、京都の_____劇場で4週間公演を実施する

ものとするが、両者が合意した場合は、さらに2週間延長する選択権を有するものとする。この延長オプションは20__年__月__日までに行使されなければならず、さらにかかるオプションによる延長の期間については、第__項に規定する現行の週ごとの興行に対する金額が支払われるものとする。

解説

1❖公演日程

都市名と劇場名を挙げて、公演日程を提示したものである。ヒットした場合に追加公演が可能かどうかも大事な条件である。

例文594 放映・DVD化権条項 | Broadcast & Videogram Rights

◇テレビ放映権ならびにビデオグラム化権のライセンスについてのライセンシー側からの提案

Maihoukai will obtain from Karen View Pro., or by arrangements of Karen View Pro., as the case may be, the broadcast rights and the videogram rights of the musical performance of "Project You" for a Japan tour, pursuant to the terms and conditions of the definite agreement to be concluded between Maihoukai and Karen View Pro. and/or appropriate other party or parties in case the said broadcast rights or the said videogram rights are held by such other parties solely or jointly with Karen View Pro.

[和訳]

舞法会は、カレン・ビュー・プロから、またはその仲介により、「プロジェクト・ユー」の日本ツアーのミュージカル公演に関するテレビ放映権ならびにビデオグラム化権を取得するものとするが、詳細については、舞法会とカレン・ビュー・プロ、あるいは、もし仮にかかる権利が他者により単独またはカレン・ビュー・プロと共同で保有されている場合は、その適切な当事者を加えて締結される正式な契約の条件によるものとする。

解説

1❖ミュージカル日本公演のテレビ放映権、ビデオグラム化権の取得

千春女史が希望しているテレビ放映権、ビデオグラム化権については、カレン・ビュー社側がその権利を保有しているという確信がないので、そのときの対応策としてカレン・ビュー社側に権利者との契約締結への仲介の労を求めることを考えている。その権利者を紹介し、ライセンス契約が締結できるようカレン・ビュー社側にアレンジメントを求める

内容となっている。

千春女史は、いつもこのように、第2、第3の手を用意して契約交渉に臨むという。壁や障碍に出会っても、それを越える方法や、遠回りの道を見つけて乗り越えていく。決して屈しない（invictus）のである。

2❖余談ながら

本条項は、サウザンド・スプリングス社からカレン・ビュー社側への提案のドラフトだという。飛鳥凛から示されたものであり、これがその後、どのように議論され交渉されたかは聞いていない。千春女史は、契約交渉では奇策を使わず、まっすぐ自らの考えを相手方に示す交渉の仕方で通っている。ドラフトについても、英語のミスなど気にしない。「相手方が英語表現を直してくるなら、いつでもいくらでも譲る用意がある」というのが、彼女の口癖である。相手方の弁護士もしばしば笑って答えている。「千春さんが、譲ったように見えるのは、いつも英語だけだ。ビジネスタームでは、いつもわれわれが譲歩させられる。私は、英語の先生としてここに来ているわけじゃないのだけどね」。手練手管に一切頼らず、しかも英語について間違いを指摘されても、それをむしろ歓迎する素振りで笑顔を通している。彼女はときどき、相手方弁護士にいう。「ありがとう。本当は、私の英語の修正にかかった時間については、教授料をお支払いしたいのです。でも、交渉相手から謝礼を受け取ると、あなたはその職を失うわね」。契約交渉でプロフェッショナルは、その交渉に必要な表情しか相手方には見せない。

CD化権条項 | Manufacturing of CD　　　　　　　　　　　　　　　　　　　　例文**595**

◇公演の音楽のCD制作・販売権の取得に関して規定する

> Article ___ License of Rights
> Maihoukai will obtain from Karen View Pro. or by arrangements of Karen View Pro. the right and license to make an audio recording of the musical performance of "Project You" by Karen View Pro. during its Japan tour for the purpose of manufacturing and distribution of CD in the territory of Japan, subject to the definite agreement to be executed between Maihoukai and Karen View Pro. and/or any other appropriate party.

> ［和訳］
> 第__条　権利のライセンス
> 　舞法会は、カレン・ビュー・プロから、またはその仲介により、カレン・ビュー・プロによる日本ツアー中のミュージカル公演を録音し、（それを音源として）CDを制作し、日本国内を販売地域として販売する権利を取得するものとするが、その詳細は、舞法会とカレン・ビュー・プロ、または他の適切な当事者との間に締結される正式な契約に従うものとする。

解説

1 ❖ 招聘側は、日本公演を録音してそのCDを制作し、国内で販売する権利を取得できるか

　実際には難しい提案かもしれないが、招聘側のひとりである千春女史の強い希望で、今回はカレン・ビュー側に提案し、交渉する予定である。実際、日本公演のために結成されたプロダクションが、あらかじめ公演開始前にこのようなライセンスを日本側に付与する権利を保有することは現実的には期待できない。しかし、そのような障壁をものともせず、契約交渉の場で千春女史は提起し、主張し、カレン・ビュー側に権利保有者とのアレンジメントの労を取らせたいと考えているのではないだろうか。あるいは、相手側に「そのようなライセンス権を自分たちは保有していない。もし強く希望するのなら、権利保有者であるレコード会社に紹介するから、直接、交渉してみては？」程度の返事を引き出し、相手方を契約交渉の舞台で受身の立場に追い込み、優位な立場で交渉を進めようと考えているのかもしれない。考えすぎだろうか。彼女なら、そんなことを考えそうな気がする。

例文596 対価と支払条項 | Consideration and Payment

◇招聘側はプロダクション費用とロイヤルティを支払う
◇支払いはネット（税引後）ベースでおこなう

Article ___ Consideration and Payments
1　Maihoukai will pay to Karen View Pro. production costs currently estimated to be US $1,000,000 (One Million United States Dollars Only) plus weekly running expenses currently estimated to be US $100,000 and Maihoukai will also pay the royalties either in the form of fees or based on actual ticket sales as may be determined between Karen View Pro. and Maihoukai.
2　All payment by Maihoukai hereunder shall be made to Karen View Pro. net of any withholding tax or such other taxes as may apply in Japan.

［和訳］
第__条　対価と支払い
1　舞法会はプロダクション費用として、現在見積もり額である100万米ドル（1,000,000米ドル）に加えて、1週あたりにかかる見積もり実費費用として10万米ドルをカレン・ビュー・プロに支払うものとする。さらに舞法会は、一定金額方式によるか、あるいは実際に販売されるチケット（鑑賞入場券）収入に基づいて算出する方式によるか、カレン・ビュー・プロと舞法会により決められるいずれかの方式により、ロイヤルティを支払うものとする。
2　本契約に基づく舞法会によるすべての支払いは、日本における源泉徴収税または他の税金の控除額を差し引いた後のネット（純受け取り金額）ベースでカレン・ビュー・プロに対してなされるものとする。

解説

1❖送金額は、源泉税徴収後のネット（税引）金額という規定

　この規定は、実務上、新人や経理処理に慣れない人には誤解して受け止められることがあり、大変な危険をはらむ。素直に読むと、たしかに「源泉徴収税を差し引かずに」と読み取りかねないが、税法は強行法規であるので、仮にその対価の支払いに対して日本で源泉徴収税等の課税がなされるなら、それを差し引かずに送金することはできない。そのまま送金すれば、送金した支払い者には、源泉徴収義務者としての義務を怠ったとして罰則があり、実際に差し引くべき義務のある金額の税務署への支払いが求められる。さらに、受取人である外国会社も、本来納めるべきである税金が免除されるわけではない。それどころか、過怠税を課される根拠にもなる。したがって、"net of any withholding or other taxes (in Japan)" というのは、「源泉徴収税や他の税金を差し引くことなく」ではなく、「源泉徴収税や他の税金を差し引いた後のネット（純受け取り額）ベースで」となる。

2❖実務上大事なのは、どのような源泉徴収税がかかるのかを事前に調べること

　この種の調査は、法務部新人部員の飛鳥凛が上司の日高尋春氏の指示で、幾度も実行している。実際にはそれほどむずかしくはない。まず、相手先の国との租税条約の関連規定をよく読む。その上で、一定の見解を作る。もし自信が持てないようなら、所轄税務署に尋ねればよいのである。

　飛鳥凛は、幾度も所轄税務署を訪ね、担当者とは顔見知りになっている。もちろん、異動も多いので、新しい顔ぶれとも付き合うこととなるが、無償で相談できるし、春には桜、秋には紅葉の美しい地域にある税務署通いは、飛鳥凛にとって嫌いな時間ではない。税法は強行法規なので、税務問題は契約で自由に決められるとは限らない。飛鳥凛は、早いうちに権限当局に相談し、その指導を受けるのも、若い世代の特権と考えている。幹部となってから相談に行くと、相手方が緊張し、大きな問題に発展する可能性を考えて慎重になりかねない。問題は、相談した内容と受けた有益な助言・指導について書面で確認できないことだが、最近は、飛鳥凛はお礼状を出すことによって、手元に相談の記録を残すようにしているという。飛鳥凛は、自らドラフトを用意するときは、ネットベースの金額では交渉せず、税込み金額で取り決めることにしているという。日本では復興特別所得税が課されるようになり、源泉徴収税率が20.42％や10.21％となってグロスアップが実務上複雑になってきたことも、この方針（税込み金額で取り決め）を後押ししているという。税込みベースで取り決めたときは、tax条項は簡明になる。源泉徴収税込み金額で契約金額を規定し、税務署で確かめた源泉徴収額を明記し、納付証明書の送付を約束すればよいのである。海外に送金するロイヤルティ等の源泉徴収税率が、租税条約により10％に軽減あるいは免除されている場合は、租税条約の規定が復興特別所得税に優先して適用される。もっとも基本で無理のない規定で対処できる。たとえば次のような例文でよいだろう。

　"Karen View Pro. shall bear the income tax to be levied under the laws of Japan on the income of Karen View Pro. arising under this Agreement. In the event that Maihoukai deducts such tax from the amounts of the income to be remitted to Karen View Pro., Maihoukai shall send to Karen View Pro., in due course, a tax certificate showing such tax."

例文597 エンターテインメント｜公演キャスト条項
例文598 エンターテインメント｜スタッフ条項

例文597 公演キャスト条項｜Casts

◇公演のキャスト、ならびにオーケストラ演奏者について規定する
◇主要キャスト以外の子役、照明と音響については招聘側が準備すると規定する

Article __ Casts
1 Karen View Pro. will provide the fully cast, excluding children, and appropriately staffed and rehearsed and with all necessary sets, costumed and properties.
2 Karen View Pro. will provide a musical director and a conductor, and five (5) orchestral players.
3 Maihoukai will provide and pay for such other necessary orchestral players as shall be required by Karen View Pro.
4 Maihoukai will provide and pay for all necessary lighting, sound and technical equipment required by Karen View Pro. in each venue.

[和訳]

第__条　キャスト
1　カレン・ビュー・プロは、子役を除き完全なキャストを提供し、かつ適切にスタッフを揃え、リハーサルを実施し、すべての必要なセット、衣装、小道具を用意するものとする。
2　カレン・ビュー・プロは、音楽監督、指揮者ならびにオーケストラ演奏者5名を提供するものとする。
3　舞法会は、カレン・ビュー・プロにより必要との指示を受けた他の演奏要員を提供し、その費用を支払うものとする。
4　舞法会は、各公演地でカレン・ビュー・プロにより必要とされるすべての必要な照明、音響、技術資材を提供し、対価を支払うものとする。

─────── 解説 ───────

1❖子役を除くキャストをプロダクションが提供する
　子役については、実際には招聘する側の舞法会が、日本で子役を募集し、オーディションを実施し、ダブルキャストで公演できるように登場人物の倍のメンバーを選抜の上、公演初日に間に合うようトレーニングの日々を送った旨、招聘側のクララと千春女史から聞かされたと飛鳥凜はいう。招聘側も、楽ではなかったらしい。子役については、労働基準法等その出演者を守り、活動を制約する法制があって、簡単には長期の海外公演には連れてこられない仕組みになっているそうだ。海外だけでなく、国内でも同様なのだろう。義務教育、教育年齢という考え方があり、それを優先するとたしかに、公演やエンターテインメント産業との適合の問題はなかなか難しい課題をはらんでいる。日本も、精神より物質・金銭を重視する傾向が深まり、子供の芸能界への進出を願う親の世代も増え、このあたりの問題がエンターテインメントの世界ではなかなか難しくなってきている。テーマか

ら離れるので、ここでは深入りしないこととしたい。

2 ❖ 公演に参加するキャスト、オーケストラ演奏者の人数等の規定

　この人数の規定は、ときに重要な役割を果たすことがある。本例文のサンフランシスコからの公演のケースではないが、法務部新人部員の飛鳥凛と上司の日高尋春氏の知己が経験した例では、公演の舞台を見て、ホテルと劇場の間の移動に付き添っているうちに、契約人数との間に相当なずれがあるのに気がついた。たまたま撮影していたビデオでチェックすると、公演に直接関わっている人数に比べてあまりにも随行員が多い。調べたところ、出演者のガールフレンドなど、本来プロダクションによる公演に必要のない観光目当てのメンバーが10名近く紛れ込んでおり、招聘側が用意したホテルの宿泊や食事やバスの移動サービス、クリーニングサービスなどを受けていたという。実際に契約で提供すると決めていないサービスを招聘側は提供させられていたのだ。このような本来ないはずの費用がかからぬよう、厳密にチェックし、防止する必要がある、と日高尋春氏は飛鳥凛に語っていたという。エンターテインメントビジネスとはいえ、気を抜くことのできない、単純には楽しめない面があるようだ。初めての海外からの招聘だといっていたが、クララと千春女史の今回の「プロジェクト・ユー」では大丈夫だったのだろうか？

スタッフ条項 | Staffing　　　　　　　　　　　　　　　例文598

◇劇場・スタッフの手配、国内移動の交通費は招聘側負担と規定する
◇キャラクター・マーチャンダイジングについては別途契約を締結する

Article ___ Staffing
1　Maihoukai will meet all local theater and staffing costs, all costs of internal transportation within Japan for all personnel required by Karen View Pro. for the performance hereof and all publicity materials, including artwork and logos, if required up to a total of seven (7) per item at no charge.
2　A separate agreement will be negotiated in good faith and concluded between the parties with respect to character merchandising of Project You.
　All rights other than those expressly referred to in this Agreement shall remain with Karen View Pro.

[和訳]
第__条　スタッフの手配
1　舞法会は、すべての地方劇場ならびにスタッフに要する費用、カレン・ビュー・プロが本契約の履行のために必要とする人員の日本国内における移動のための交通費用を負担するものとする。さらには、要求に応じて、（ミュージカルのための）創作（広報用）作品とロゴを含むすべての広報の資材を、それぞれ7部まで無料で提供するものとする。

2 「プロジェクト・ユー」に関わるキャラクター・マーチャンダイジングについては、当事者間で別個の契約が誠実に交渉され、締結されるものとする。本契約で明示的に言及した権利以外のすべての権利は、カレン・ビュー・プロに帰属するものとする。

―――― 解説 ――――

1❖ミュージカルの登場人物、登場する動物などのキャラクターについての権利（キャラクター・マーチャンダイジング）

　映画やミュージカルでは、そのストーリーや描写により、さまざまなキャラクターが人気を博し、それを商業的に活用したいという要求が生まれることがある。そのような場合、ライセンシーや、今回のように招聘側がキャラクターを使用したいと申し出たとき、どうするかが課題となる。ここでは、別途、キャラクター・マーチャンダイジング契約を締結して、解決を図ろうとしている。

2❖キャラクター商品化契約に取り組む基本姿勢

　キャラクター商品化契約は、その登場人物や動物など、人気がどうなるかが当初は見通せないケースが多く、実際にはなかなか難しい契約交渉になる。このような場合、基本姿勢が大事となる。①契約期間（term）を短くすること、②許諾対象品目（items）を絞ること、③独占的・排他的なライセンス（exclusive license）とせず、非独占的なライセンス（non-exclusive license）にとどめること、④これらを組み合わせること、などであろう。また、独占的なライセンスとするときは、許諾対象商品の限定を図ることやミニマム・ロイヤルティ規定の導入が大切になろう。

例文599 宿泊・日当条項 | Accommodation and Living Allowances

◇キャストの宿泊、日当の支払いについて規定する
◇ホテルはシングルルームと規定する

Article __ Accommodation and Living Allowances
1　Maihoukai will provide and pay for accommodation and living allowances for all personnel required by Karen View Pro. in Japan for this project from _____, 20__ until such time as all casts and staff shall have left Japan.
2　Accommodation shall be in single rooms in hotels of recognized international standard in each city, and the living allowances payable hereunder shall be no less favorable than that specified in the internal rules of Karen View Pro.

［和訳］
第__条　宿泊施設の提供手配及び日当

> 1　舞法会は、20__年__月__日からすべてのキャストならびにスタッフが離日するまで、本プロジェクトの遂行のために、日本において、カレン・ビュー・プロにより必要とされるすべての人員に宿泊設備を手配し、提供し、また日当を支払うものとする。
> 2　宿泊設備は、各都市で国際的に認められている水準のホテルのシングルルーム（1人部屋）とし、本契約に基づき支払われる日当は、カレン・ビュー・プロが組織内ルールとして決めている水準と同等のものとする。

解説

1❖本規定のねらい

例文597で規定したキャストやオーケストラ演奏者の人数と関連してこのような規定を設けるのは、ホテルなどへの宿泊費、日当、移動の交通費などが招聘側の負担となるからである。契約の目的となる本公演を遂行するために必要な人員かどうかが大事なのである。この判断基準をはずして、単に人員はプロダクションの判断と決定に委ねるとしておくと、本来の契約目的、つまり公演の遂行に関わりのない不必要な随行員の面倒までもをみることになり、招聘側の採算に大きな誤算と痛手を受けかねない。

2❖accommodation

旅先（日本）における宿泊設備について規定する。宿泊施設の規定を置く際に真っ先に注意すべきは、その部屋が1人部屋（single room）かどうかという点である。飛鳥凛と上司の日高尋春氏の経験では、以前、海外からのゲストを迎えたとき、この点における配慮が足りなかったために、ゲストが宿泊設備を飛び出して行方不明になったり、ほかの場所で1人部屋を借りて宿泊するということがしばしばあった。日本では、1人では話し相手がなくて不安であろうとの配慮から社員寮の2人部屋を用意したらしいが、広さは別にして、プライバシーを大事にして成長してきた外国人には耐えられなかったらしい。

もうひとつのポイントは、ホテルそれ自体も、国際的な基準で一定のクラス以上という条件である。随行しなかったのが問題をよりやっかいにしたらしいが、日本式の旅館で、しかも和式トイレのみだったという。

3❖(daily) living allowances

この言葉は、初見では、何のことをいっているのか、なかなか分かりづらい。"living"という用語も、"allowances"という言葉も、一見しただけではその意味を推し量るのが難しい。2つの単語を合わせて「日当」と理解し覚えるのが手っ取り早い。

次に、いったいいくらなのか、金額で決めるのも推察するのも、やはり容易ではない。なぜなら、「生きる」「生活する」ために1日いくら必要かという問題だからである。人により個人差があるのは当然であるが、そういってしまえば話が前に進まない。ここでは、カレン・ビュー・プロ側の日当を基準にし、その水準より低くならないことが条件である。カレン・ビュー・プロが自己のプロジェクトのために、その人員を海外に派遣する際に適用されるレートが基準になる。実際には一律ではなく、国や都市により、妥当な日当額は異なるので、簡単ではない。その人員の地位（ランク）も関わってくる。招聘側の日当も、もうひとつの基準になりうる。

ここでは深入りはしないが、問題の発生を真剣に予防したい場合は、交渉のテーブルで確認するのが一番確実であろう。

例文600 契約締結準備費用条項 | Costs for Preparation of a Formal Agreement

◇正式契約の締結準備費用について各当事者による自己負担とする規定
◇正式契約締結の期限を設定する

Article __ Costs for Preparation of a Formal Agreement

1　Unless the formal agreement referred to in Paragraph 1 of this letter agreement shall have been jointly signed by all the parties hereto, all expenses incurred by any party and any claims or expenditure for which such party may become liable shall be the sole responsibility of the party incurring such expenditure or liability.

2　Provided that another production as referred to in Paragraph 1 of this Letter Agreement shall have been fully financed and confirmed as available to tour to Japan within the appropriate financial parameters, and subject to the granting of all and any necessary licenses and permissions, Karen View Pro. will enter into a formal agreement with Maihoukai for the presentation of "Project You" no later than thirty (30) days after confirmation of such financing shall have been giving in writing by Karen View Pro. to Maihoukai.

［和訳］

第__条　契約締結準備費用

1　本レター・アグリーメント第1項で言及した通り、正式契約が関係するすべての当事者により調印されない限り、各当事者によってかかった費用、ならびにかかる当事者に支払い義務のあるクレーム、及び支出した費用については、かかる費用をかけ、責任を負った当事者の単独の責任とする。

2　本レター・アグリーメントの第1項に言及したもうひとつのプロダクションが、日本ツアー向けに適切な財務指標を満たす範囲で十分資金調達でき、（日本ツアー向けに）提供されることが確認され、また必要とするすべての許認可を取得することを条件としてこれらの条件が整った場合には、かかる資金が提供されることが、カレン・ビュー・プロから舞法会に対し書面通知で確認されてから30日以内に、カレン・ビュー・プロは、「プロジェクト・ユー」のプレゼンテーション（公演）について正式契約を舞法会と締結するものとする。

解説

1❖正式契約に至らなかった場合の費用負担

　本例文は、正式契約（a definite agreement; a formal agreement）ではなく、基本契約である。しかも、複数の"subject to"条項がついていて、契約が正式に法的拘束力のあるものなのかどうか、また実現性がどの程度あるのかどうか、疑わしい点がある。誠実に履行する意思は確認できても、実際にその通り日本公演が実現するかの見通しは定かではない。

　しかし、条件を1つ1つクリアして正式契約締結の準備を進めていくにも、双方とも費用がかかる。そうしたとき、実現しなかった場合には、相手方にその費用、いわば契約締結準備に要した費用を請求できるものなのだろうか？　信頼利益という法理を持ち出して、相手方に請求はできないのだろうか？　心配しはじめると、すっきりしない点が残る。

　信頼利益（reliance interest）とは、契約が実際には成立しない場合でも、一方の当事者が契約が成立していると善意に解釈して、その契約の存在と有効性を信じて振る舞い、その結果として損害を被った場合に保護に値するとされる損害のことをいう。

　履行利益（expectation interest）は、契約通りに履行されれば得られたであろう利益をいい、これを積極的利益と呼ぶ。これに対して信頼利益を消極的利益と呼ぶことがある。

　このような問題を解決、予防したいという目的で、確認のために、この条項が提示された。互いに契約準備にかけた費用は相手に請求しないという約束である。

　本レター・アグリーメントの冒頭に付されたいくつかの重要な条件が満たされなければ、正式契約は調印されない。その際、締結準備のために先行して出費した費用や引き受けた責任については、互いに相手方には請求しない。本規定がなくても、本来は変わらないはずであるが、契約締結上の過失や信頼利益などのさまざまな理論に基づいて、相手方にも共同で負担、あるいは一部を負担してほしいと求めるケースが現実にある。そのリスクをなくすのが、本規定のねらいである。

2❖条件が満たされれば正式な契約に調印する義務がある

　基本契約ではあるが、停止条件がレター・アグリーメント通りすべて充足されたときは、正式契約を締結する義務を負うと規定する。契約締結につき期限を設けているのが特色である。

第8節 俳優出演契約の特色と規定する条項

◉―第1款　俳優出演契約の特色と規定する条項

　俳優の派遣・貸し出し出演契約について、その特色と規定する条項を簡単に紹介する。プロダクションがその所属俳優を海外映画に出演させるために派遣する契約について、他の契約と異なる際立った特色を紹介したい。

当事者の規定

　前文とリサイタル条項に関係する当事者の規定で、俳優の派遣を受けて映画を撮影する側と所属俳優を派遣する側の2者だけでなく、俳優自身も当事者として規定し、最後の調印欄で署名させる形式を取っている点に特色がある。

　通常、ビジネスでは、法人同士がその取引について互いの権利義務を確認し合い、法人の構成員である個人(自然人)を当事者にはしない。この契約は、プロダクション(法人)からの派遣契約であり、本来であれば、所属メンバーである個人は当事者である必要はない。これは、技術指導契約などで派遣側の技術者が現地に派遣される場合の契約と類似している。

　しかし、この俳優出演契約では映画製作側は、受け入れる俳優について過去の実績や映像での演技を見たり、あるいは事実上のオーディションである面接・審査などを通して、その出演を決め、派遣を依頼してきたのである。万一、映画の撮影中にプロダクションと俳優との間に解雇や事務所移籍といった問題が発生すると、受け入れ側は不安定な状況に置かれる。出演対価の支払い先がプロダクションという契約条件ではあるが、移籍騒動が起こると、対価の支払い先が曖昧になるだけでなく、そもそも俳優の演技の提供がどうなるのかさえ、分からなくなる。

　本書で扱う例文では、受け入れ側がそのような事態に備えて契約の当事者ならびに署名者に派遣される俳優自身を加える契約案を提示している。当事者すべてが合意しているので、俳優自身を当事者に加えたこの形式で進む。これは、本質として俳優契約は雇用契約と類似の要素があるからだということができよう。

出演映画作品と役の条項

　俳優が派遣される場合、どのような映画で、その役が何なのかは、出演の是非を決めるために重要な条件である。脚本は完成している場合も執筆中の場合もあろうが、いずれにしても、どのような重要な役なのか、ストーリーの中で果たす役割は何なのか、共鳴できるものかどうか、役作りに要求される技術は何か、といった程度は知らなければ、準備もできない。契約条項のひとつとして、最初に確認する規定である。

出演期間の規定

　雇用契約の性格のある契約であるから、いつからいつまで撮影がなされ、どのような条件で宿泊し、撮影地がどこなのか、といった出演期間と撮影日数に関わる条件を確認することが大事になる。1日の撮影時間ならびに休日の確認も大事である。健康維持も不可欠なのである。強行スケジュールでは、俳優の健康や未来に翳りが生じることにもなりかねない。

対価と生活費用の規定

　出演に対する対価とその支払い条件を契約で取り決める。海外派遣中、俳優の宿泊や食費、生活のための日当（daily allowance）を、撮影をおこなう現地受け入れ側から提供を受けるのか、出演の対価を受け取る日本のプロダクションからの手配と旅費、日当の送金を受けて生活するのかを規定することも大事である。契約で確認を怠ると双方とも、相手側が宿泊先を手配し日当を支払うと考えて、派遣された当事者が悲劇的な境遇に置かれることがないとはいえない。支払い時期もしっかり確認し、契約で規定する必要がある。

タックス条項

　契約に関わる対価や日当などの支払いに対して、税金が賦課されることがある。その場合、税金の負担者をいずれにするか、契約で取り決める。タックス条項と呼んでいる。

　本書の例文では、派遣プロダクション（日本側）で負担するよう受け入れ側から条件提示がなされている。具体的には、受け入れ側（米国側）が支払う金額は、すべてタックス込みの金額であり、タックスが課されれば、源泉徴収等をおこなうこともあり、実際に送金される金額は契約金額より少なくなることがあるが、それは調整しないという趣旨である。

　俳優も技術者も、そのサービス提供期間が長くなり、同じ地に継続して滞在しサービスを提供していると、状況により、居住者とみなされ所得税が課されるリスクが発生することがないとはいえない。

撮影した映画作品での肖像権など著作権の帰属条項

　各当事者間でこの問題にどのように合意するかは、映画撮影では取り決めるべき事項である。俳優にもこの権利については発言権があるので、受け入れ側は、俳優も契約当事者に加え、その本来有すべき権利を受け入れ側（米国側）に譲渡させようとしているのが見て取れる。本書では、日本側と米国側のこの問題をめぐるそれぞれの提案について扱っている。いずれの場合も、俳優は自己の権利を主張していない。彼らは、そのような権利より、俳優としての成功・報酬を期待している。

派遣俳優を交代させる権利

　本書の例文では、相手側（受け入れ側）も派遣プロダクション（日本側）も双方ともに、俳優を交代させる権利を保有している。これは、もともと受け入れ側から要求してきたものを、派遣側も要求し、双方の権利として規定している。本来は、受け入れ側が、撮影中に英語力や演技力などさまざまな視点から判断して、期待に反し映画の撮影には適格性を欠くと判断したときに、ふさわしい別の俳優に交代させるオプションを要求してきたところから交渉が始まった結果である。俳優の将来にも関わるし、決してあってはならない事態であるが、映

画の成功を責任を持って遂行するためには、プロフェッショナルとしてこの要求は受けざるをえないと日本側も判断し、代わりに当方側（日本側）にも事情があるときは、俳優の希望などを聞いた上で交代させる機会を保有するため、当方側の交代オプションも設けた。

最優先出演条項

　撮影が始まってから、他の映画への出演について魅力的なオファーがこの派遣俳優にあり、俳優自身や所属プロダクションが心動かされることがあってもおかしくない。特に本書の例文のように、俳優の交代オプションをプロダクション側も保有しているときは、なおさらである。そこで、心配した受け入れ側（米国側）から、この受け入れ側の映画への出演を最優先でおこなうことの約束を求めてきた。それを受け入れたのが、最優先出演条項である。したがってプロダクション（クララ社）も、上記の交代オプションの行使には、このような良いオファーを受けたという程度の事情では不十分であると考えている。
　ちなみに、この条項の話をクララ社から聞いた飛鳥凛は、一言感想を漏らしていたという。「クララ社の交代条項と最優先出演条項は、両立しない。カレン・ビュー社は、クララ社の交代オプション条項(案)を決して受けない」。

事故などについての補償条項

　"Indemnification"条項である。技術者派遣の場合にも同様の規定が合意されることがある。

一般条項

　説明は省略するが、各種契約に共通する一般条項は、この種の契約でも規定する。

●―第2款　本節・次節の契約当事者の設定

　日本のClara International Entertainment & Films社（クララ社）は、海外進出の試みの一環として、普段、同社の映画作品の米国向け輸出で"Distributor"（配給会社）として貢献の大きい米国のKaren View Entertainment社（カレン・ビュー社）から、同社との合作映画製作の提案を受けた。クララ社は、カレン・ビュー社に協力し、クララ社の専属契約下にある俳優（女優）2名を米国に派遣し、出演させることとした。
　2人の俳優も、ビバリーヒルズに支店を構え、ハリウッドで映画製作をしているカレン・ビュー社には憧れを抱いているようで、話はすぐに決まった。2人は、学生時代にあるプロダクションに属し、毎週ボイストレーニングなど地道な基礎トレーニングを積み重ねるとともに、学業面でも、国際取引ゼミの早朝サブゼミで米国映画を中心とする映画シナリオを登場人物になりきって演ずるESS活動を続けていたという。クララ社としても、安心して送り出せる。
　クララ社としては、将来はカレン・ビュー社と対等の立場で国際映画の合作をしたいと考えているが、まずは俳優に海外進出のチャンスを与えたい。クララ社にとって、カレン・ビュー社は信頼できるパートナーと位置づけている。今回は、俳優を貸し出し、出演させるという形となったので、契約名は仮にアーティスト契約（Artists Agreement）と呼んでみよう。

またクララ社としては、いわば3段跳びのホップの段階と位置づけている。貸し出す女優の待遇や安全に配慮をし、その次の飛躍にかけたいという願いを持っている。同社の代表的な有望女優を2人派遣し、共同で主演を演ずるという約束である。日高尋春氏が以前、合弁会社に出向したときのように、契約名が"Loan Agreement"となっては、少しかわいそうである。将来のハリウッドでの活躍を目指し、今日まで修練を積んできたのであるから。

第 9 節 | 俳優出演契約の主要条項

例文 601 リサイタル条項 | Recitals

◇契約当事者に自然人(個人)を加える規定
◇個人当事者を住所とパスポートナンバーで特定する規定

This Agreement is made and entered into this _____ th day of _____, 20__,
in San Francisco, USA between and among:
(1) Karen View Entertainment Inc., a California corporation, having its principal place of business at _____ _____, San Francisco, CA ____ USA (hereinafter called "Karen View");
(2) Clara International Entertainment & Films Inc., a Japanese corporation, having its principal place of business at _____ Tsukiji, Chuo-ku __ _____, Tokyo, Japan (hereinafter called "Clara");
(3) Miss Miki Kuzuna, a natural person, residing at _____ _____, Yokohama, Kanagawa, Japan, and a holder of Japanese passport number _____ (hereinafter called "Miki");
(4) Miss Natsumi Haraguchi, a natural person, residing at _____ _____, Japan, and a holder of Japanese passport number _____ (hereinafter called "Natsumi").

RECITALS
1 Clara hereby represents and warrants that it is and will throughout the term of this engagement stipulated in Article 2 hereof be entitled to the exclusive services of Miki and Natsumi (hereinafter collectively called "Artists") with the right to make such services available to others and has agreed to make the same available to Karen View as hereinafter provided;
2 Karen View wishes and intends to produce a motion picture provisionally entitled "Adventure of _____" (hereinafter called the "Motion Picture") and wishes to engage each of the Artists to play lead female role(s) in the Motion Picture as Karen View deems fit, and, further, is willing to grant to Clara all rights in the Motion Picture, including theatrical rights, videogram rights, and TV broadcasting rights, as well as certain character-merchandizing rights, in Japan
3 Each of the Artists has given their consent to the execution and delivery of this Agreement by Clara and agreed to be bound by the undertakings, warranties, cov-

enants and agreement made by themselves and Clara under this Agreement.

NOW, THEREFORE, in consideration of the mutual agreement and covenants herein contained, the parties hereto agree as follows;

[和訳]

本契約は、次の当事者の間で、サンフランシスコで20__年__月__日に締結された。

(1) 米国_____カリフォルニア州サンフランシスコ市_____に主たる事務所を有するカレン・ビュー・エンターテインメント株式会社(以下「カレン・ビュー」という)と

(2) 日本国_____東京都中央区築地_____に主たる事務所を有するクララ・インターナショナル・エンターテインメント・アンド・フィルムズ株式会社(以下「クララ」という)と

(3) 日本国_____神奈川県横浜市_____に住所を有する自然人であり、日本国の_____というパスポート番号の保有者である久津名美希(以下「美希」という)と、

(4) 日本国_____に住所を有する自然人であり、日本国の_____というパスポート番号の保有者である原口夏美(以下「夏美」という)。

リサイタルズ

1 クララは、クララが現在及び本契約の第2条に規定する期間中、美希と夏美(以下、両者を合わせて「アーティスト」と呼ぶ)のサービスを排他的に受ける権利を有していることを表明し、保証するものである。その権利の中には、そのサービスを他者に受けさせる権利を含む。また、本契約に規定するようにカレン・ビューに提供することに合意するものである。

2 カレン・ビューは、仮のタイトルを「_____の冒険」とする映画(以下「本映画作品」)を製作することを希望し、企画しており、カレン・ビューの適切との判断に従い、本映画作品の2人の女性主人公役としてアーティストの各々の起用を希望しており、またクララに対して、日本における劇場での公開・上映権、ビデオグラム化権、ならびにテレビジョン放映権、さらにはキャラクター・マーチャンダイジング権を含む本映画作品のすべての権利を、与える用意がある。

3 アーティストの各々は、クララによる本契約の調印と交付に対して同意を与えており、さらに本契約に基づきアーティスト自身及びクララによりなされた約束、保証、誓約ならびに合意に拘束されることに同意している。

したがってここに、本契約でなされる相互の約束ならびに誓約を約因として、契約当事者は、次の通り合意する。

例文602 エンターテインメント｜出演の同意条項
例文603 エンターテインメント｜サービス提供条項

解説

1❖当事者が個人の場合の契約当事者名の記載の仕方

法人（a corporation）と対比すれば、国籍、パスポートナンバー、住所等を記載して特定し、自然人（a natural person）であることを付記するほうが分かりやすい。

2❖リサイタルズでの説明

契約に基づきアーティストが出演する映画作品と役柄（主人公）を規定し、両者で契約の背景として確認している。契約本文の条項でも規定する。

例文602 出演の同意条項 ｜ Consents to Performance

◇プロダクションは所属アーティストの出演、サービス提供に合意する規定
◇アーティスト自身も契約に基づくサービス提供を約束する規定

Article ___ Engagement of the Artist

1 Karen View will engage each of the Artists and Clara agrees to make available to Karen View the services of each of the Artists to play the part (hereinafter referred to as the "Part") in the Motion Picture, including without limitation, the photographing, shooting, recording and dubbing of the Part(s) according to the instruction of the director and producer of the Motion Picture upon the terms and conditions hereinafter set forth.

2 Each of the Artists will perform their services under this Agreement conscientiously and to the full limit of their technical, artistic and creative skill and will faithfully comply with all the reasonable rules and regulations of Karen View.

［和訳］

第__条 アーティストの起用

1 カレン・ビューはアーティストの各々を起用（雇用）し、クララはかかるアーティストの各々のサービスをカレン・ビューに対し提供させ、本映画作品の役（以下「役」という）を演ずることに合意するものとする。そのサービスには、本契約に規定する条件に従い、本映画作品の監督、プロデューサーの指示に従って、役の写真撮影、映画撮影、録音、吹き替えをすることを含み、（それに）限定されないものとする。

2 アーティストの各々は、本契約の下での自らのサービスを意識して（真剣に）履行し、技術面でも芸術性面でも、創造性面でも、自らの最高の技量を限界まで発揮するものとし、さらには、カレン・ビューの合理的なルールと規則を誠実に遵守するものとする。

―――――――― 解説 ――――――――

1❖本例文の背景にある考え

本例文は、女優自身による映画出演に対する同意確認の規定である。通常は、このような所属俳優による直接の出演意思の確認を契約書でおこなうことはしない。本例文では、相手側のカレン・ビュー社の強い望みにより、このように出演する女優2人も、契約当事者として調印するドラフトで交渉が始まった。それぞれの考え方を説明すると、俳優による契約書への調印が不要という考えの基盤は、事務所が俳優の代理権行使をして出演契約に調印するのであり、だからこそ専属俳優なのだという考えによる。所属事務所の基本的な役割のひとつという考えである。

一方のカレン・ビュー社側の考えは、そうはいっても実際には過去の契約で、事務所が倒産し、所属俳優との間に紛争が生じて、俳優が本来の期間の途中で独立して事務所を離れてしまったという苦い経験を抱えている。そのため、俳優本人の出演の合意を契約で確認しておけば紛れがない、というものである。

2❖アーティストは、カレン・ビュー社側の監督、プロデューサーの指示に従う

現地で、誰の指示に従って演技をするか、サービスの提供をするかについて、分かりやすく規定する。「技術的な最高限度の技量を使って」というだけではときに分かりづらいことがある。ここでは、「カレン・ビュー社側の映画の監督、プロデューサーの指示に従う」と明確に規定された。

3❖アーティストはカレン・ビュー社側の規則に従う

便法のようであるが、実際にはこの規定があるほうが行動しやすい面がある。

どのようにして、受け入れ側の規則をアーティストに示すかは、ときに難しい。就業規則をあらかじめ全部見せることまで必要なのか、という議論がある。しかし、知らない規則は守ることができない。本来秘密保持義務があるものだとすれば、必要に応じて個別限定的（need to knowベース）でよいのではないかという考えも成り立つ。筆者は、"need to know"ベースでよいだろうと考えている。

"need to know"については、第8章「秘密保持契約」を参照願いたい。実務的には、受け入れ側がアーティストに守らせたい規則を抜粋して渡し、その誠実な遵守を求めることで対処できる。

サービス提供条項｜Services

例文603

◇アーティストの出演期間と1日あたりの撮影時間を規定する

> Article __ Services
> Each of the Artists will perform their services for a period of six (6) months starting from __ _____, 20__, and ending _____, 20__ during which the Artist will, following a call by Karen View, attend to render services for _____ _____ (__) days (hereinafter called the "Working Period") for seven (7) working hours per day.

[和訳]
第__条　サービスの提供

アーティスト各々は、20__年__月__日から開始し、20__年__月__日に終わる6ヶ月間、そのサービスを提供するものとし、その期間中アーティストは、カレン・ビュー社の要求に従い、_____日間（以下「労働期間」という）、かつ1日あたり7時間のサービスを提供するものとする。

解説

1 ❖撮影期間・撮影時間の規定

慣れない外国の現場で1日どのくらいの時間を撮影（shooting）にあてるのか、また全体で、どのくらいの撮影期間となるのかは、俳優も所属俳優を派遣するプロダクション（事務所）も、あらかじめ明確に把握しておきたいところである。なぜなら、映画撮影というのは、10分間のシーンだけのためにトレーニングを1ヶ月積んでも不思議ではないし、撮影も撮り直しも含めて3日間かけておこなわれることもある。かといって、どのようにしても受け入れ側の自由というのでは、契約締結の意味がない。

俳優の派遣の場合、現地での管理の権限は、貸し出され派遣された俳優にも、派遣した側のプロダクションにもない。撮影の始期と終期、1日あたりの撮影時間（トレーニングを含む）、1週のうちの休日などに関する規定については、派遣する側として、契約書でしっかり押さえておきたい。

例文604　対価条項 | Consideration

◇アーティストの出演に対する対価とその支払いについて規定する

Article __　Consideration for Services
1　Karen View agrees to pay, as full consideration for all services rendered by each of the Artists and for all rights assigned and granted to Karen View, a fee of United States Dollars One Million Only (US $1,000,000) per person by installments as follows;
  (i)　US $200,000 per person　　　　　upon signing of this Agreement;
  (ii)　US $_____ per person　　　　　_____
  (iii)　US $_____ per person　　　　　_____
2　Accordingly, the aggregate amount to be paid by Karen View to Clara by the end of _____, 20__ shall be United States Dollars Two Million Only (US $2,000,000).

> [和訳]
> 第__条　アーティストのサービスへの対価
> 1　カレン・ビューは、アーティスト各々によって提供されるすべてのサービスの対価ならびに、カレン・ビューに対して移転され、許諾されるすべての権利の対価の総額として、1人あたり100万米ドルのフィーを次の通り分割して支払うものとする。
> 　(i)　1人あたり、20万米ドル　　　　本契約の調印と同時に
> 　(ii)　1人あたり、_____　　　_____
> 　(iii)　1人あたり、_____　　　_____
> 2　したがって、20__年__月__日までにカレン・ビューによりクララに支払われる金額の合計額は、200万米ドルとなる。

―――――― 解説 ――――――

1 ❖ 出演料規定の留意点——支払い先、生活費

　アーティストに対する出演料がいくらかを決める規定である。気をつけるべき点のひとつは、この対価が、俳優に対し、そのサービスの対価として支払われるのか、それともプロダクション（事務所）に対し、いわばその貴重な財産である俳優のレンタル（貸し出し）料として支払われるものか、という点である。支払先をしっかりチェックすることに加えて、撮影のために現地に滞在している間の生活費（日当など）がどうなるのかについても検討すべき問題である。

　カレン・ビュー社側の考えの基本は、事務所財産のローンであり、支払先はクララ（俳優所属の事務所）であり、その収入となる。では、俳優2人はどのようにして、米国で撮影期間の6ヶ月間を生活するのだろうか？　生活費は誰が払うのか？　所属事務所であるクララ社からそれぞれの女優に送金があるのだろうか？　それとも、カレン・ビュー社側から、ホテル代、食費、交通費、日常品の購入費などが支払われるのだろうか？　第5章「ライセンス契約」の、技術者の技術指導のためのライセンシーの現地国への派遣契約、本章のミュージカル公演契約の例文599でも取り上げている"daily living allowance"の問題である。

　ホテルなどない僻地、山の中、砂漠、離島等での撮影では、撮影をする側が関係者全員に対し、宿泊施設や食事、移動のための交通サービスなどを提供しても不思議ではない。ただ、事務所に支払われる対価が大きな金額であって、撮影場所がロサンゼルス、サンフランシスコ、ニューヨーク、パリ、ロンドン、ローマなど大都市である場合には、ホテルに宿泊し、所属事務所から送金される"living allowance"（日当）で生活することもありうる。

　大事なのは、契約がどちらの考えに基づいて作成されているかを、契約上の文言で確認することである。意外にもこのあたりの問題は、契約では見落とされやすく、当事者が現地で困惑することがある。どちらでもかまわないが、誤解があってはならないのだ。

2 ❖ 派遣する俳優1人あたりの対価を決め、その支払い方法を決める

　本契約の趣旨からいって、対価の支払い方法についての一番難しく、紛らわしい点は、派遣し、出演させる2人の俳優に対するその2人分の対価なのか、それとも1人ずつの対価

なのかを明確に規定することである。そこで「1人あたり(per person)」という用語を使って明確にしようとしている。

3❖合計額を記載して、もう1度2人分の金額を確認する

上記の「1人あたり」という表現で間違いはなさそうであるが、それでも早とちりをする人がいるかもしれない。そこで、明らかに二重の構えなのだが、第2項で合計額を記載し、絡れのないように工夫をしている。「くどい」という人もいるかもしれないが、これがナンシー弁護士が心がけている「紛れのない」「紛争・誤解を防止しようとする姿勢のドラフティング」なのだろう。

売買契約で、単価と合計金額を確認し、記載するのと似通っていると考えればいいのだろう。"Only"はあってもなくてもよいが、金額を明確に示すときに挿入して強調すると同時に、修正や偽造を防いでいる。日本で「也（なり）」を使うのと、ねらいは同じである。

例文605 タックス条項 | Tax

◇支払いにともなう源泉徴収税等、税金込みの支払いであることを確認する規定

Article ＿ Taxes
The moneys provided to be paid by Karen View to Clara in accordance with this Agreement shall be deemed to be inclusive of all kinds of taxes including withholding taxes under the applicable laws in any part of the world where each of the Artists' services are rendered under this Agreement.

［和訳］
第＿条　税込みの支払い
　本契約に基づき、カレン・ビュー社によりクララ社に支払われると規定された金額は、本契約によりアーティスト各々のサービスが提供される世界の各地に適用される法律に準拠して適用される、源泉徴収税額を含むあらゆる税の金額を含んだものであるとみなされるものとする。

――――― 解説 ―――――

1❖国際取引と源泉徴収

国際取引では、海外先への支払いで送金をする際に、当該国の税法により源泉徴収義務が支払い者に課されることがある。租税条約により、源泉徴収税率が軽減または免除されることもあるが、いずれの場合もその恩典を享受するためには税務署への軽減税率の適用、あるいは免除の恩典を受けるための届出手続きが求められる。

一般に、租税条約を含み、条約は国内法に対して優先的に適用されると解釈されている。租税条約による軽減税率（源泉徴収税）が10％の場合、復興特別所得税の課税に関わり

なく10％でよい。10.21％ではない。

　本規定はカレン・ビュー社側から提示されているものであるが、支払い者側として源泉税等税金はこの支払い額に含まれているので、実際に受取人（クララ社）に送金され、受け取る金額は、契約金額より少なくなることを示している。

2❖税金は受取人の負担

　アーティストの提供に対してカレン・ビュー社が支払う対価は、税込みである。映画製作に所属俳優を派遣・提供するような契約では、動産売買や融資契約などの定型的な契約形態に比べ、課税のされ方が分かりづらい。アーティストにかかる場合もある。

著作権条項① | Copyrights　　例文606

◇アーティストによる持ち分の譲渡（50％を米国側、残りの50％を日本側）を規定
◇日本における映画のオールライツは、追加の支払いなしに日本側にライセンスされる
◇2人の俳優の演ずるキャラクターの日本における商品化権は日本側に帰属

Article ＿＿　Copyrights

1　Each of the Artists as a beneficial owner of the copyright in the Motion Picture with respect to their lead female role(s) hereby assigns and irrevocably grants to Karen View fifty (50) percent of its ownership in or of the future and existing copyright in all products of their services in respect of the Motion Picture (including but not by way of limitation, all acts, poses, photographs, sound effects, literary, dramatic, musical, and artistic materials that may be directed or created by the Artists) throughout the world for the full period of copyright therein including all renewals or extensions thereof and including all rights similar to or related to copyright such as but not limited to the rights to exploit the said copyright in all media now known or hereafter devised, rental and lending rights.

2　Each of the Artists as a beneficial owner of such copyrights in the Motion Picture hereby assigns the remaining fifty (50) percent of the copyright in the Motion Picture to Clara.

3　Notwithstanding anything contrary herein, it is fully understood by all the parties hereto that (i) all rights in the Motion Pictures in Japan will be licensed by Karen View to Clara without any payment of royalties, and (ii) the merchandizing right in Japan in the Motion Picture with respect to two lead female role(s) played by the Artists shall exclusively belong to Clara, who will have the sole and exclusive right to exploit the merchandizing of the characters of the lead female role(s) played by the Artists in such manner as Clara may deem fit in Japan.

4　It is fully understood that Clara may exploit its copyright in the Motion Picture independently in Japan without any requirement of payment of royalties to Karen View.

[和訳]
第__条　著作権
1　アーティストのおのおのは、本映画作品におけるその女性主人公役の著作権の受益者として、カレン・ビュー社に対し、本映画作品における彼らのサービス(演技)のもたらすすべてのものについて、将来及び現在保有する著作権一切の50％を譲渡し、撤回不能条件でその使用を(カレン・ビュー社に)許諾するものとする。その著作権の範囲は、アーティストによって演出され創造されたすべての行為、ポーズ、写真、音響、文学的・演劇的・音楽的・芸術的な素材を含み、それらに限定されないものとし、著作権、またはすべての現在知られているものであれこれから発明されるものであれ、今後メディアを介した商業化を図る権利を含み、それは、レンタル・貸与権にも及び、世界におけるかかる著作権に類似あるいは関連するすべての権利の(更新または延長されたときはその期間を含む)存続する期間に及ぶものとする。
2　アーティストの各々は、本映画作品に関するかかる著作権の受益者として、その映画作品における著作権の残りの分をクララ社に譲渡するものとする。
3　本契約における反対の旨の規定にかかわらず、(i)日本における本映画作品に対するすべての権利は、カレン・ビュー社から、(カレン・ビュー社に対する)ロイヤルティの支払いなしにクララ社に許諾されるものとし、(ii)アーティストにより演じられた女性主人公(2人)に関連する、日本におけるキャラクター・マーチャンダイジング(商品化)権は、排他的にクララ社に帰属するものとし、クララ社は、クララ社が適切と判断する方法で、アーティストにより演じられたキャラクターを活用したマーチャンダイジング(商品化)を実施する、単独で排他的な権利を享受するものとする。
4　クララ社は本映画作品の著作権について、カレン・ビュー社に対するロイヤルティの支払いなしに、日本で独立して商業的活用を追求できることにつき完全に合意されている。

―――― 解説 ――――

1❖出演映画についてのアーティストの著作権
　本例文は、クララ社側の提案で、アーティストの著作権を、カレン・ビュー社に50％、残る50％はクララ社に譲渡するというものである。(第1項)

2❖日本における商品化権
　本例文では、クララ社に帰属すると規定している。(第3項)

著作権条項② | Copyrights　　　　　　　　　　　　例文607

◇アーティストは、著作権及び著作権を活用したビジネス探求の権利のすべてを映画会社に譲渡する

Article ___ Copyright
Each of the Artists as beneficial owners hereby assigns and grants to Karen View the entire future and existing copyrights in all products of their services in respect of the Films, including, but not limited to, all acts, poses, photographs, sound effects, literary, dramatic, musical and artistic materials that may be created by each of the Artists, throughout the world for the full period of copyright therein including all renewal and extension thereof and including all rights similar to or related to copyright such as the rights to exploit the said copyright in all media now known or hereafter devised, rental and lending rights, and merchandising rights to hold the same to Karen View absolutely.

[和訳]
第__条　著作権
　アーティストのおのおのは、本映画作品におけるそのサービスに基づき得られる受益者としての著作権を、現在ならびに将来の権利に至るまで、すべてカレン・ビュー社に譲渡し、許諾するものとし、その著作権の対象には、限定的列挙ではなく例示的列挙として、アーティストおのおのにより創造されたすべての行為、ポーズ、写真、音響効果、文学的・演劇的・音楽的・芸術的素材を含み、更新（期間）も含めて世界中で著作権の存続する限り、また、現在知られているもの、将来開発されるものも含め、メディアにおいて著作権を活用したビジネス機会の探求の権利のすべてを、カレン・ビュー社に譲渡するものとし、その権利には、レンタル、リース、キャラクター・マーチャンダイジング（商品化権）を含むものとする。

―――――― 解説 ――――――

1❖余談ながら――ビジネス交渉

　クラフから提案された先の条項案（例文606）に対し、翌日、カレン・ビュー社社長から話があり、その後、ナンシーからファイナルドラフト（最終案）が提示されたという。
　「クララさん、あなたの提案の話を聞いたわ。もし、あなたのところのアーティストの知的財産権について、50％が本当にほしいのなら、それでかまわないけど、条件がひとつ。200万米ドルでクララ事務所の看板女優2人をお借りするという提案を10％引き下げて、180万米ドルで受けるのなら結構。もし、180万米ドルに引き下げるのが困るのなら、今日、ナンシーから提示する最終案で受けてみない？　どちらを選ぶか、クララに委ねるわ。クララは、知的財産権の条項は大事というけど、20万米ドルの価値があると思う？」
　カレン・ビュー社は、これまでもそうだが、リーガル・タームズ（法律的な契約条件）だけで契約交渉をするわけではない。コマーシャル・タームズ（commercial terms）を巧みに

交えて交渉を仕掛け、常に先手を取る。相手の心理を読みきり、変幻自在な交渉を繰り広げるのだ。今回も、カレンがこのような提案をするのは、クララがナンシーの提示する案を受けると確信しているのだろう。筆者はクララの選択は聞いていない。いつか聞いてみたい気もする。飛鳥凛の言葉を借りると、カレン・ビュー社の交渉の技にはある特徴があるという。

「カレン・ビューと交渉したあとは、なぜか相手方には、敗北したという気持ちがない。彼女は、最後の選択を交渉相手に委ねることを恐れないからだ。いつも、巧妙にコマーシャル・タームズを組み合わせ、相手に考えさせる。自分の考え、価値観を押しつけないのに、カレンのゲームの予測の中でいつも収まってしまう。不思議だ」

筆者は、その話を聞いて、それはきっとカレンがカレン・ビュー社の立場だけでなく、相手先を含めて両者にとっての最大の利益を等距離で考え、落とし所を探しているからではないか、という気がする。いつか、日高尋春氏に尋ねてみたい。

例文608 著作権条項③ | Copyrights

◇アーティストは、出演作品の編集に同意する

Article __ Edition, Deletion of Films
The Artists hereby consent to all acts done by Karen View in making additions, deletions, alterations or adaptations of the said products of the Artists' services in such manner as it deems fit, notwithstanding any moral right or performer's right or similar right to which the Artists might be entitled in Japan or United States or any other country applicable in connection with performance of the services or making of the Motion Pictures.

[和訳]
第__条 映画の編集
　アーティストは、サービスの提供または本映画作品の製作に関連して日本、米国、または他の国で、アーティストが享有すべき著作者人格権、演技者の権利、または類似の権利にもかかわらず、カレン・ビュー社が適切と考える方法で、アーティストの出演作に関する追加・削除・改訂・採用について、カレン・ビューによって(編集のために)なされるすべての行為に同意するものとする。

―――― 解説 ――――

1 ❖making additions, deletions, alterations or adaptations of the products of the Artists' services
　アーティストの出演、演技による作品を仕上げるための、種々の編集作業を指している。

2 ❖ moral right

著作権のうち、著作者人格権のことをいう。人格権は譲渡不能とされているので、「譲渡の合意」に代えて「(人格権の)行使をしないこと」を確認して、実務上対処している。

肖像権条項 | Artist's Photographs　　　　例文609

◇アーティスト(俳優)の名前や写真(顔)、録音(声)の、商業テレビや広告、販促物への利用権

Article ___ Artist's Photographs
Karen View will be entitled to use the Artists' names, photographs, likeness and recordings of their voices and the products of their services hereunder in commercially sponsored television and broadcasting programs and other advertisements or promotional materials relating to the Motion Pictures in the world except Japan, and Clara shall be entitled to use exclusively the Artists' names, photographs, likeness and recordings of their voices and the products of their services hereunder in commercially sponsored television and broadcasting programs and other advertisements or promotional materials relating to the Motion Picture in Japan.

［和訳］
第__条　アーティストの写真〔肖像〕
　カレン・ビュー社は、日本を除く世界中で、本契約に基づくアーティストの名前、写真、肖像、録音した声ならびに本契約によるサービスの成果としてもたらされるものを、広告スポンサーつきの商業テレビジョン放送と放送番組、ならびに映画作品の宣伝あるいは販売促進のための物品に使用できるものとする。一方クララ社は、日本において排他的に、アーティストの名前、写真、肖像、録音した声、及び本契約による彼らのサービスの成果としてもたらされるものを、広告スポンサーつきの商業テレビジョン放送と放送番組ならびに本映画作品の日本での広告あるいは販売促進のための物品に使用できるものとする。

―――――― 解説 ――――――

1 ❖ 映画の宣伝の一環としての俳優の氏名、写真(肖像)、録音(声)の使用権の許諾

世界(日本を除く)では、映画製作にあたるカレン・ビュー社側が使用することができる。日本においては、クララ社(日本側のプロダクション)が排他的に利用する。その住み分けを規定している。

2 ❖ 映画の宣伝と関わりない使用は範囲外

出演した映画の宣伝と関わりのない使用まで、許諾するという話ではない。丁寧に読む

と、目的を映画の宣伝に限定していることが分かる。

例文610 最優先条項｜First Priority

◇他の作品等のスケジュールに対する優先的出演について規定する

Article __ First Priority
The Artists hereby agree that in the event of any conflicts with other commitments of the Artists with any third party during the term of this Agreement, the services undertaken by the Artist under this Agreement to be provided to Karen View will rank the first in priority.

［和訳］
第__条　第1順位
　万一、本契約の期間中にアーティストが第三者との間で結んだ他の取り決めと矛盾する事態が起きたときは、アーティストは本契約に基づき、アーティストがカレン・ビュー社に提供することを請け負った役務を最優先させることに同意する。

―――― 解説 ――――

1❖本規定の背景
　本規定は、本来ならなくてもよさそうな規定である。ただ以前に、カレン・ビュー社が契約した相手先のアーティストが、ほかにいい仕事、大事な仕事が入ったからという理由から、途中で本国に帰ってそちらに参加し、カレン・ビュー社の仕事が遅れてしまった経験があるので、この点をどうしても譲らず、主張してきたものである。アーティストを当事者としているのは、事務所移籍のリスクを考えているからだ。
　途中で、ほかの仕事を入れるのは不当だという気はするが、たとえばそれが、俳優やプロダクションにとって母国の国家的行事により断れないようなケースもないとはいえないだろう。そこで、百歩譲って、他の仕事を並列して入れることがあったとしても、カレン・ビュー社の仕事が最優先するという趣旨で提案しているのだという。
　果たして、そのように読むことができるだろうか。いっそ、他の仕事をこの撮影期間は引き受けないと規定したほうがよいのだろうか。そして、それは現実的だろうか。
　カレン・ビューが笑って言っていたのを思い出す。「200万米ドルだよ。ほかの仕事を断って十分な報酬だと思うけど」。クララはどうするだろうか。

2❖rank the first in priority
　優先順位が第1位であることを指す。
　この契約に反してアーティストが、契約期間中に他社や国家の要請に応えて、そのコミットメントや要請に応じようとしているとき、この契約条項に基づき、カレン・ビュー社

はどんなアクションを法廷に対して、あるいは相手方、あるいは当の俳優に対して取ることができるのだろうか。実際にこのような場面に遭遇してみると、それほど簡単明瞭ではないというのが、飛鳥凛や上司の日高尋春氏の感じていることである。

なぜなら、人は誰でも意志がある。心の問題である。たとえ契約があっても、その契約の拘束力をわきまえていても、それでもその俳優の気持ちとして新しいコミットメントを守りたいというときもある。そのときには、法律の問題と並んで、生き方の問題が浮上する。契約に違反し、損害賠償義務を負うことになっても、果たすべき使命、あるいは応えたい呼びかけがあるとすれば、人はどうすればよいのか。ビジネスに限らず、私的な、家族の問題もありうる。親、子、配偶者の負傷、危篤の場合もある。

英米法の下では、特定履行(specific performance)という概念で呼ばれる契約通りの履行は、原則として相手方は請求できない。原則は、損害賠償なのである。良心の問題は、簡単に国家権力が立ち入ることができない、立ち入るべきではないという考え方がその底辺にある。特定履行は衡平法上の救済(equity remedies)であり、例外的にどうしても必要なケースでなければ認められない。

飛鳥凛や日高尋春氏に訊く機会があれば、意見を訊いてみたい。きっと、この条項のような簡単な規定では、その必要性の説明が足りないというのが、ファーストインプレッションであろう。飛鳥凛なら、約定損害額(liquidated damages)の規定を置くことを考えるかもしれない。

補償条項 | Indemnification　　　　　　　　　　　　　　例文611

◇撮影中の事故による損害等から俳優を守るための補償規定

Article __ Indemnification
Karen View shall indemnify and keep each of the Artists and Clara harmless from and against all losses, injury, illness, abduction, action, proceedings, demands, costs and expenses, including reasonable attorney's fees, and liabilities whatsoever incurred or sustained by either of the Artists or Clara arising out of or in connection with any breach, non-performance or non-compliance by Karen View or its contractors who are engaged in the shooting of the Motion Picture for Karen View, of any terms, conditions, or obligations, representations or warranties herein or negligence.

[和訳]
第__条　補償
　カレン・ビュー社はアーティストとクララ社に対して、カレン・ビュー社または本映画作品の撮影を遂行するためにカレン・ビュー社が起用した下請契約者による本契約における条件、義務、表明、保証に対する違反、不履行または遵守義務違反、あるいは彼らの過失により、または関連して引き起こしたすべての損失、負

傷、病気、誘拐、訴訟、手続き、請求、弁護士費用を含む費用・出費、そしてアーティストまたはクララ社の被る責任から保護し、一切損失を被らないよう補償するものとする。

解説

1 ❖ 本想定の背景

本規定は、クララ社側から提示した、俳優を守るための補償条項の規定(案)である。クララ社側から見れば、今回の撮影は、航空機内での撮影シーンがふんだんに出てくるので、航空機事故や撮影中の事故に巻き込まれるリスクがないとは言い切れない。大事な看板女優が負傷した場合の俳優本人及びクララ社の打撃は小さくない。そこで、撮影期間中にその安全に配慮してもらうためにも、カレン・ビュー社側には明確に補償責任を取ってもらいたい、という考えがその基盤にある。今回の撮影の監督は、スタントパーソンを使うのが嫌いということでも知られている。

かなり前の作品ではあり、別の監督作品ではあるが、日本から *Kill Bill* の制作、撮影でロサンゼルスに招かれて、当時まだ10代だった栗山千明が撮影に臨んだ。格闘シーンを撮るためのトレーニングもシューティングも、かける時間だけでなく、その真剣さは目を見張るものだったという。

2 ❖ 撮影中の事故による(日本から派遣した)俳優の負傷への受け入れ側の配慮を求める規定

これは、クララ社側からの提案ドラフトである。

実際に、映画撮影中の事故は俳優にとっては、ときに重症、あるいは致命傷となりかねない。医療機関との提携も含め、外国での負傷は精神的にも厳しい結果をもたらすことがある。クララ社側が求める厳しい、しかしクララのやさしさの伝わってくる規定である。

誘拐は突飛とも見えるが、日高尋春氏たちの経験が源になっているという。外国では、誘拐や銃撃は意外にも身近に起こるものなのだという。警備が甘ければ起こっても不思議ではないらしい。身代金交渉は本当に大変なのだそうだ。

3 ❖ 逆の立場での補償要求

実際に、本例文を受け取ったカレン・ビュー社側からは、ナンシー弁護士がドラフト作成したらしい契約条項が提示されたという。飛鳥凛の話だと、派遣した俳優が窃盗や過失により撮影クルーに迷惑をかけたり負傷をさせたときには、カレン・ビュー社側を、クララが"indemnify"(補償)するようにという要求だったそうである。「藪蛇だったかなあ。いいアイディアと思ったんだけどなあ」と彩圭女史が独り言を言っていたという。

例文612 契約譲渡制限条項 | No Assignment

◇相手方の同意なくして契約譲渡をしない合意

Article ___ No Assignment

1 Any party to this Agreement shall not assign this Agreement or the benefit of this

Agreement, in whole or in part, to any third party without the prior written consent of all the other parties hereto.
2　Any party hereto may not delegate this Agreement or any part of this Agreement to any third party without the prior written consent of all the other parties hereto.
3　No assignment or delegation of this Agreement in whole or in part made by any party hereto without such consent shall be null and void.

［和訳］
第__条　譲渡禁止
　1　本契約のいずれの当事者も、本契約の他のすべての当事者の事前の書面による同意がなければ、本契約またはその権益の全部または一部でも第三者に譲渡しないものとする。
　2　本契約のいずれの当事者も、本契約の他のすべての当事者の事前の書面による同意がなければ、本契約の全部または一部を第三者に下請けに出すことはできないものとする。
　3　本契約がかかる他の当事者の同意なしに全部または一部が譲渡、または下請けに出された場合は、そのような譲渡または下請けに出したことは無効であり、効力を有しないものとする。

―――――――― 解説 ――――――――

1❖出演契約は譲渡できるか

　契約譲渡の可否は、俳優を派遣する日本側事務所にとっても派遣される俳優にとっても、また受け入れる側にとっても、重大な関心事である。先の例文611で取り上げた安全の問題、補償(indemnification)の問題も、大きく影響を受ける。ことに、アーティストが契約を他の俳優に譲渡してしまったら、いったいどうなるか。契約の目的は果たして達成できるのか。
　このような問題への対処方法は実際には多様であるが、一番分かりやすいのは、まず、相手方の事前の同意がなければ、契約は譲渡も下請けに出すこともできないという合意をすることである。
　何らかの事情で、アーティストを別の同クラスの俳優に交代させたいときについては、この次の例文613で考えてみることにしたい。

2❖本例文では、譲渡、下請けは完全に禁止

　もちろん、他の当事者に説明し、全員の同意を事前に書面で受け取ることができれば、譲渡も下請けに出すことも可能である。ただし、違反して契約譲渡、下請けをなした場合は、その譲渡、下請けは無効と取り決めている。
　本当に無効なのか、それとも契約違反としての損害賠償義務を負うだけなのか、実際に問題が発生してみると、意外に契約譲渡の問題はもつれることがある。たとえば、一方が完全にその契約上の義務を履行し、あとは受領しうる金銭債権のみ残っているという段階

になると、もはや契約譲渡を禁止する合理的理由がないという議論がなされることもある。

ただし、契約の基本姿勢として、相手方の事前の書面による同意を求めるのは、分かりやすいという点で、優れているといえよう。

3❖一方が強い立場にあるときは、その一方だけが契約譲渡の権利を保有することがある

この問題は、契約自由の原則にのっとって、どのような解決方法もありうる。ただ、あまりずさんだと、何のために契約締結前に相手方の信用調査をするのか、意味がなくなってしまう。

例文613 交代条項 | Replacement

◇両当事者ともに、必要な場合はアーティストを他の俳優に交代させることができる

Article __ Replacement of Artist
Each of the parties hereto shall have the right to replace at its discretion either of the Artists with other appropriate artist(s), by giving written notice to the other party and the Artist(s), provided that such notice is not required to address its specific reason to replace them or her.

［和訳］
第__条　アーティストの交代
　いずれの当事者もその随意の判断で、相手方とアーティストに対し書面の通知をすることにより、派遣俳優を他の適切な俳優と交代させることができるものとし、その際の通知には、交代させる具体的な理由を記載する必要はないものとする。

――― 解説 ―――

1❖アーティストの交代

本当に起こると重大な事態とはなるが、アーティストを交代させる必要が出てくることもある。突然の監督との対立や、他の俳優と息が合わないということもある。有能な俳優であっても、代えざるをえないと現場で判断することがある。黒澤作品の『影武者』でも、撮影開始後に主役俳優が交代した。

このような場合に、正当な理由がなければ交代させられないというルールにすると、両者とも動きが取れなくなって、現場で困ることがある。派遣元のプロダクションにも、思いがけず、しかしやむをえない理由が出てくるときがある。そのような場合、相手方にとっては不合理な理由となり、違反として争いの発生となると、事態の収拾は容易ではない。

ひとつの、しかしやや乱暴な解決方法が、双方ともが交代させるオプションを保有することである。実際には、交渉は相手方次第という面があるが、ひとつの案として今回、クララ社から提示されたものである。元のカレン・ビュー社案では、同社だけが交代権を保

有していた。本来はオーディション等を丁寧におこない、交代というような事態は避けるべきであるが、外国映画への出演・撮影では予測しえない状況が生まれることがある。交代もひとつの解決方法であろう。

　もちろん実際の契約では、当事者の一方のみが俳優を交代させる権利を保有し、相手方には付与しないケースもある。飛鳥凛は、クララ社の俳優交代権についてはカレン・ビュー社は拒絶すると予言している。その場合の表現方法としては、本例文冒頭の"Each of the parties hereto"を、元のカレン・ビュー社案通り単に"Karen View"と一方の当事者に代えればよい。理由（cause）を示すかどうかの選択も同様である。理由を告げることが賢明とは限らない。

2❖俳優の交代にともなう措置、契約の条件変更

　派遣俳優が相手方の気に入らず、相手方が別途、他の俳優を独自に起用すると、この契約の契約金額をはじめとする他の条件に大きな影響を及ぼすことが避けられない。この規定は、容易には双方とも頼ることができない。もし、適用するような事態が起きれば、他の条件は、相互に話し合って決め、解決を図ることが必要になる。契約解除や制作中止も視野に入ってくる。紛争解決方法も大事になってくるが、ここでは議論することは避けたい。他の契約とも共通の問題と考えるからである。双方とも痛みをともなうこととなろう。俳優という個性ある一個の人格を傷つけないためにも、迅速に問題を当事者間で解決していくためにも、この交代させる権利を確認し合うのは、ムダではない。

締結文言と署名欄 | Execution and Signature　　　例文614

◇契約当事者による調印欄（氏名、肩書、法人名）、代理人による調印欄

IN WITNESS of this Agreement, the duly authorized representatives of the parties hereto have executed this Agreement on or prior to and exchange of contracts has taken place on the date specified at the beginning of this Agreement.

Signed by
Karen View

_____

CEO and President
Karen View Entertainment Inc.

Signed by
Ayaka Kurauchi

_____

CEO and President

Clara International Entertainment & Films Inc.

Signed by
Miki Kuzuna

―――――――――――――――――――

Signed by
Lynn Asuka, Attorney-in-fact

―――――――――――――――――――
For and behalf of
Natsumi Haraguchi

[和訳]
　本契約の証として、本契約の当事者の正当に権限を付与された代理人が本契約を本契約冒頭に記載された日付けで調印した。

署名
カレン・ビュー

―――――――――――――――――――
CEO兼社長
カレン・ビュー・エンターテインメント株式会社

署名
倉内彩圭

―――――――――――――――――――
CEO兼社長
クララ・インターナショナル・エンターテインメント・アンド・フィルムズ株式会社

署名
久津名美希
_____

署名
飛鳥凛(代理人)
_____
原口夏美を代理して

解説

1❖締結文言

　締結文言あるいは調印文言は、契約書の末尾で契約書全体を確認し、その締結の意思を明確にした上で各当事者に調印権限ある者により調印することを宣言する役割を果たしている。

2❖the duly authorized representatives of the parties hereto have excuted this Agreement

　本例文の署名欄では、カレン・ビュー社とクララ社、俳優2名が、それぞれ代表者、本人、代理人によって調印している。法人は常にそのrepresentative(代表者・代理人)により調印する。俳優は自然人(a natural person)であるから、本人自ら調印することも代理人(attorney-in-fact; representative)により調印することもできる。実務上代理人が署名するときは、代理調印権限を示すために代理人(attorney-in-fact)に対し、委任状(power of attorney)が発行される。

第10節 キャラクター・マーチャンダイジング契約の留意点

キャラクター・マーチャンダイジングとは

　映画・テレビ映画といった映像作品やアニメーション、ゲームソフトがヒットすると、そのストーリーに登場し、活躍するキャラクターが人気や共感を呼び、人をひきつけることがある。そのキャラクターに人気が出ることもあれば、そのキャラクターを演じる俳優や声優に人気が集まることもある。あるいは、その作品に登場する衣装や作品自体のロゴや動物、身の周りの品に人気が出ることもある。

　そのような場合に、映画、映像、ゲーム、アニメーション等に登場するキャラクターや物、ロゴの顧客吸引力を借りて、商品やサービスの販売・提供・集客に活用したいという考えのもとに、使用許諾を求めてくる場合がある。そのようなキャラクター使用許諾契約を"Character Merchandising Agreement"と呼ぶ。カタカナ書きで「キャラクター・マーチャンダイジング契約」と呼ぶこともあれば、「商品化契約」と訳すこともある。キャラクターそのものの使用許諾ではなく、題名などのデザイン、ロゴの使用許諾だけという場合もある。

　キャラクターに人気があるのか、それともそのキャラクターを演じた俳優に人気があるのか、判然としない場合もある。演じる俳優が2代目、3代目と交代しているのに、人気が衰えないキャラクターもある。そのような場合、俳優の芸名や顔、イメージを含むキャラクターの使用許諾なのか、それとも演じられたキャラクター・役のほうの使用許諾なのか。キャラクター使用許諾契約では、明確に規定しないと曖昧になり、紛糾することがある。劇場映画やテレビ映画に出演しているからといって、その映画作品を製作・配給する会社とは別に、その俳優が所属するプロダクションや代理人が、その俳優のイメージ・芸名等の使用許諾に関する権利や権益を保有し、その権利を主張することもある。

　アニメーションのキャラクター・マーチャンダイジング契約の利点のひとつは、役を演ずる俳優のイメージ、芸名についての使用許諾の問題が起こらないことである。ただし、別の問題として、アニメ制作会社とアニメの原作者が、そのキャラクター・マーチャンダイジングの許諾権にどう関わるかという問題は残されている。原作者とアニメ制作者が商品化権について契約する際に、契約の規定によって対処しなければ、うっかりすると第三者に誤解されかねない状況が生まれるリスクがある。キャラクターの人気を作り出したそれぞれのメンバー、言い換えるとキャラクターの使用許諾について、アニメがヒットして人気が出てからアニメ制作会社から使用許諾を得た者と、そのキャラクターを生み出した原作者から使用許諾を得た者とが、互いに自己の排他的な権利を主張し合う事態にもなりかねないのである。

　権利意識や契約関係、契約条件の詳細について、必ずしも十分に研ぎ澄まされた感覚と慣習を共有していない社会では、このリスクを回避するために、そのつど、かつ個別に状況を把握した上で交渉をすることが賢明である。

権利の帰属先と現地語版の問題

　俳優の名称やイメージ、声、さらにはその"likeness"(似顔絵を含む)の使用許諾は、映画に出演したからといって、その作品中のあらゆるイメージ・映像・音声について、映画の上

映とは別のものである商業的なマーチャンダイジング権まで含めて、映画作品を製作した会社に対して譲渡されているかどうかは、その出演契約を丁寧に見ないと分からないのである。これは、本節の1つ前の第8節「俳優出演契約の主要条項」で取り上げた映画出演契約や俳優貸し出し契約でも、交渉対象のひとつになっていたことを想起していただきたい。このような権利は、映画製作会社と俳優が所属するプロダクションとが共有することもあろうし、国を分けてその帰属を取り決めることがあってもおかしくない。著作権や商品化権は公的な登録が前提とならないだけに、その帰属をめぐる紛争や誤解を完全に防ぐことは容易ではない。結果的に詐欺事件だったと後になって知ることがあるのも、この世界では珍しくはないのである。

　ビデオグラム化権の使用許諾と同様の問題も、いくつか関わってくる。たとえば言語の問題がある。日本で製作したアニメーション映画を、アメリカ、イギリス、オーストラリア、シンガポールなどで上映・放映する場合に、英語版を字幕か吹き替え版で制作するのと同様に、キャラクター・マーチャンダイジング契約でも、現地語での表記・表現をどうするか、という課題がある。手塚治虫が生み出した鉄腕アトムは、米国では"ASTRO BOY"（アストロ・ボーイ）という名称で紹介された。

　キャラクター・マーチャンダイジングのビジネス展開の場合も、現地語版の制作や現地市場への適応の段階で、新しい著作権や権利問題が発生する。その場合の権利の帰属を"work made for hire"というカテゴリーのものとし、元の映画製作者やライセンス側に帰属させるという契約上の取り決めは大事である。現地語版を相手方ライセンシーの著作権・知的財産として認めると、契約期間が終了した後の映画やキャラクター・マーチャンダイジングのビジネス展開上、支障となりかねないのである。

　また、例文で取り上げる映画作品は、主にアニメーションを想定しているが、そうではなくて実写映画だとすると、その役柄を演ずる俳優自身のイメージ・顔・声・芸名をキャラクター・マーチャンダイジングでの使用許諾対象に加えるか、それとも排除するかという問題がある。契約上の取り決めで、いずれかを規定することが大事になる。①俳優所属事務所と映画製作会社が同じ場合、②両者は別だが俳優所属事務所の了解を得ている場合など、さまざまな取り決め方がある。なお例文に登場させるライセンス対象作品(the "Works")はアニメーションのフィーチャーフィルム（長編映画；feature film）で、仮称「舞法妖精物語(the Maihou Fairies Story)」としておこう。

　映画やゲームソフトも最初の作品がヒットしてシリーズ化された場合は、登場するキャラクターの知名度や人気から、キャラクター・マーチャンダイジングのビジネス上の成果が、ある程度予測できる場合もある。商品化契約の契約期間、ロイヤルティ率、アドバンス（前払い金）額、ミニマム・ギャランティー額などで、ライセンサー側に有利に展開する面がある一方、同じ許諾地域ですでに別のライセンシーに使用許諾している可能性も高い。その契約の終了がどのようになっているか、現状についての表明・保証条項が非常に大事なチェックポイントとなってくる。

重要となるライセンスをめぐる状況把握

　飛鳥凛、日高尋春氏は以前、フランスから船舶のイメージと名称のマーチャンダイジングで、日本市場向けにライセンスを受け、契約を締結し、導入した。その後、イギリスのライ

センシング代理店であると主張する相手から、契約侵害に基づく差し止め、損害賠償請求を受け、その収拾に相当苦労した経験があるという。ライセンサーは、そのイギリスのライセンシング代理店との契約は6ヶ月前にすでに終了しており、何ら問題はないと説明したが、元のライセンシング代理店は、契約解除が無効であると争っていたのだ。その経験から、著作権で保護されたキャラクターや(登録の有無を問わず)商標のライセンスでは、締結前のライセンス関係についての状況把握が大事な要素のひとつである、と飛鳥凛は学んだ。

　新しいキャラクターが登場する初公開の映画は、ヒットするかどうか不明であるという弱点がある反面、シリーズもののライセンスにしばしば付随して起こることのある偽物ビジネスや以前のライセンシーとの紛争はないという利点がある。浮き沈みの激しい世界ではあるが……。

　ウルトラマン、バットマン、ハローキティ、ミッキーマウス、スター・ウォーズのダースベイダーとロボットたち、宇宙戦艦ヤマト、エヴァンゲリオンと綾波レイ、バイオハザード、ドラえもんなど、さまざまなキャラクターがあり、ビジネスとしても多彩である。ストーリーやキャラクターは楽しく人気を博しているが、楽屋裏で、そのキャラクター・ライセンスの契約交渉や契約書のドラフティングをしながら悪戦苦闘している飛鳥凛の姿は、アニメの人気者にはなりそうもない真剣な表情であったという。

　キャラクター・ライセンスや映画輸出・輸入ライセンスの契約を学ぶために飛鳥凛がテキストとしているのは、AFMA(American Film Marketing Association)の映画輸出約款である。同じようにプラント契約ではFIDIC(International Federation of Consulting Engineers; 国際コンサルティング・エンジニア連盟)やICE(Institution of Civil Engineers; 英国土木技術者協会)の約款を学び、穀物売買ではロンドンの取引所の約款がある。それぞれの約款からいくつかの条項を、使いやすい自分の言い回しに変えて書き直し、京大カードに採集する。幾多の紛争の歴史を踏まえて解決策を探求した、厳しくも丁寧な規定が宝石のように並んでいるように、飛鳥凛には見えるという。飛鳥凛の日々は、それらのテキストに学び、同時に1つ1つのビジネスの実際について、それに携わる人々から、講義を聞くように教わり、自分のやり方・言い回し・使いやすい表現で、すべての条項についてドラフティングを積み重ねていく修行の連続なのである。飛鳥凛は、失敗も多いが、くじけることはない。上司の日高尋春氏からいつもいわれている言葉を信じ、割り切って取り組んでいる。

　「契約書は、"ビジネス"という名前の(成長していく)子供に着せる服なのだ。ビジネスが成長すればするほど、服はその身体に合わなくなる。破れることも綻ぶこともある。常に不完全であるが、それはかまわない。着せ替える次の服を用意しておけばよい」

キャラクター・マーチャンダイジングと製品の安全性

　商標ライセンスとの実務上の違いは、商標ライセンスにおいては、ライセンサー自身がその商標を使用した商品を本国で生産・販売していることが少なくないのに対し、著作権に基づくキャラクター・マーチャンダイジングでは、ライセンサー自身はキャラクター商品を発売しているとは限らないことであろう。ライセンサー自身が生産・販売している場合には、その品質・名声維持のためにも、ライセンシーの製品の品質に関心が高く、場合により、技術指導や技術情報の開示などが契約条項に加わってくる場合もある。

　キャラクター製品の生産・販売にあたっては、製品の安全性が特に大事となる。キャラク

ター製品による子供の負傷などの事故が起こるのは絶対に避けなければならない。実際には、キャラクター製品に関する問題だけではないのであるが、キャラクターを使用した製品を購入した家族の一員である子供が、そのキャラクター製品であるカジュアルウエアを着ているときなどに、その欠陥により、火が燃え移ったり皮膚がかぶれたりすると、製品の問題だけでなくキャラクターの仕業のように受け取られかねない。品質の管理、特に製品の安全性は大事である。

　低い確率であっても事故の可能性が予見される商品や用途であれば、安全管理を徹底するか、あるいは、いっそ使用許諾しないという方針の堅持も必要である。遊戯施設や航空機等にキャラクターを使用許諾する場合も、その安全性の確保には、注意を払うことが欠かせない。アブダビのフェラーリ・ワールドには、フェラーリのF1マシンをモデルにしたジェットコースターがある。

第11節 キャラクター・マーチャンダイジング契約の主要条項

例文615 前文 | Preamble

◇契約当事者名を正確に記載する
◇一方の当事者は2社（共同）であり、2社を総称する呼称を規定する

CHARACTER MERCHANDISING LICENSE AGREEMENT

Parties

This License Agreement (together with its schedules, the "Agreement"), dated as of _____ __, 20__, is entered into between;
Karen View Entertainment Inc., a California corporation, having its principal office at _____, San Francisco, CA_____, USA, ("KVC" or the "Licensee"); and
Clara International Entertainment & Films Inc., a Japanese corporation, having its principal office at _____, Japan ("Clara"), and
Natsumix Inc., a Japanese corporation, having its principal office at _____, Japan ("Natsumix") (collectively "Maihoukai" or the "Licensor").

［和訳］

キャラクター・マーチャンダイジング契約

当事者

20__年__月__日付けの本ライセンス契約（添付書類と合わせて「本契約」）は、米国カリフォルニア州サンフランシスコ市_____にその主たる事務所を有するカリフォルニア州法人であるカレン・ビュー・エンターテインメント・コーポレーション（「KVC」または「ライセンシー」）と、

日本国_____にその主たる事務所を有する日本法人であるクララ・インターナショナル・エンターテインメント・アンド・フィルムズ株式会社（「クララ」）と、

日本国_____にその主たる事務所を有する日本法人であるナツミックス株式会社（「ナツミックス」）（両者を合わせて「舞法会」または「ライセンサー」と称することがある）との間に締結されたものである。

解説

1 ❖ 2社が共同でライセンサーとなる場合

　共同でライセンサーとなる場合に、両者で共同出資して合弁事業会社などの法人を設立する方法もある。ここでは、あえて合弁事業会社を設立することまではせず、2社共同でライセンサー役を務めている。キャラクター・マーチャンダイジングの対象となるキャラクターが登場する映画そのものを共同で製作したので、そのまま共同でライセンサーを務めている。実際のロイヤルティの受け取り・配分は、当事者間で取り決めればよい。たとえば折半とする方法などがある。

　他のタイプの契約と比較すると、キャラクター・マーチャンダイジングは、すでに創作した映画作品の主人公などのキャラクターの使用許諾なので、ライセンサー側として新たに創作や指導をしなければならない領域・業務が、実質的にはあまりないのが特色である。したがって、あえて新会社を設立しなくても契約への対処や履行上は問題がないと判断している。

2 ❖ ライセンサーが2社の場合のロイヤルティの受け取り方法

　本例文中では具体的な規定を置いていないが、たとえば2社のうち1社をロイヤルティの受領についてもう一方の代理人に指定し、ライセンシーからは1社への送金で決済する方法もある。単純にロイヤルティの50%ずつをそれぞれの指定銀行口座に振り込む方法もある。むしろ後者のほうが、問題が起こるリスクは少なくなる。大事なのは、契約中でいずれかを明確に規定することである。

　通知の規定にも同じような問題がある。一方に代理受領権を与えて、一方のみへの通知で処理することも可能であるが、その場合は、契約中に明確に規定しておかないと、通知を受け取らない当事者から異議が出されると、契約上、通知についての履行義務を果たしたかどうかという問題が浮上する。

リサイタル条項 | Recitals　　　　例文616

◇契約締結に至る背景を説明する
◇ライセンサー側がライセンス対象のキャラクターの登場する映画作品を共同制作した経緯を説明する内容

RECITALS

A　Clara and Natsumix (or the "Licensor") jointly produced a feature film entitled the "Maihou Fairies Story"(the "Work") and the film made a smash hit and huge success during the year of 20__;

B　KVC wishes to use the five female lead characters, including, Anna, Marine, Miki, Kaoruko and Rie (collectively the "Maihou Fairies"), and designs and visual representations of the logo (the "Logo") of the Work as they appear in the Work pursuant to the terms and conditions hereinafter set forth;

C　Clara and Natsumix are willing to grant to KVC a license to use the characters of the

Maihou Fairies and the Logo pursuant to the terms and conditions hereinafter set forth.

AGREEMENT

NOW, THEREFORE, in consideration of the promises and mutual covenants herein contained, the parties hereto agree as follows:

[和訳]

契約締結の経緯

A　クララとナツミックス（または「ライセンサー」）は、共同で「舞法妖精物語」（「本作品」）という題名の長編映画を製作し、その映画は20__年に大ヒットし、盛大な成功を収めており、

B　KVCは、本契約に規定する条件に従って、本作品に登場する杏奈、マリーヌ、美希、香子ならびに梨絵を含む5人の主人公のフェアリーズ（合わせて「舞法フェアリーズ」）のキャラクターならびに本作品のロゴ（「ロゴ」）のデザインと映像を使用したいと希望しており、

C　クララとナツミックスは、KVCに対して、本契約に規定する条件に従って、舞法フェアリーズのキャラクターならびにロゴを使用することを許諾したいと願っている。

合意

そこで、本契約に含まれる約束と相互の誓約を約因として、当事者は次の通り合意する。

解説

1❖キャラクター使用許諾契約のリサイタルの役割

　どのキャラクターの使用許諾をライセンシーが求めているのかを説明するために、リサイタル条項は適している。"RECITALS"の代わりに、文字通り"Background Statement"（背景の説明）という用語を使うこともできる。

　公開された映画であれば、その映画のタイトルなどを公開時期などの説明とともに具体的に記述し、説明すればよいのである。原作が同じでも、テレビ映画と劇場映画があったり、またシリーズ化されたりしているときは、具体的な作品の指定が大事になってくる。アニメと実写作品があるときも、いずれか明確に説明する。

　リサイタル条項では、その記述をあえて「規定」とか「規定する」と呼ばないことがある。法的な拘束力を有する規定というよりは、リサイタル条項に続く契約各条項で構成される契約書の成立に至る経緯や背景を説明するのが、リサイタル条項なのである。

定義条項 | Definitions

例文617

◇キャラクター・マーチャンダイジング契約の主要用語を定義する
◇「許諾製品」「サブライセンシー」などの定義を置く

Article ___ Definitions

The terms provided in this Agreement shall, throughout this Agreement, have the meaning provided herein. Defined terms may be used in the singular and in the plural.

1 "the Goods" means (i) umbrella, (ii)socks, (iii) towels, (iv) all items of ladies' wear and ladies' accessories, and (v) all items of men's wear and men's accessories, and (vi) any other goods for which the Maihou Fairies or the Logo may be used and the Licensor may offer to add to this Agreement from time to time;

2 "the Licensed Goods" means Goods upon which the Maihou Fairies Characters or the Logo is used pursuant to this Agreement;

3 "the Sub-Licensees" means the sub-licensees approved by the Licensor and listed in Schedule ___ of this Agreement or added by subsequent agreement;

4 "Net Sales Value" means the Licensee's or Sub-Licensee's gross wholesale price actually charged to an unconnected third party for the Licensed Goods less the amount of any value added or sales taxes;

5 "the Territory" means the "United States of America".

[和訳]

第__条　定義

　本契約に規定する用語は、本契約のすべてにおいて、本条に規定する意味を保有するものとする。定義された用語は、単数で使用される場合と複数で使用される場合の両方を含むものとする。

1 「本製品」とは、(i)傘、(ii)靴下、(iii)タオル、(iv)すべての婦人用の服と婦人用のアクセサリーの用品、(v)すべての紳士服と紳士用アクセサリーの用品、ならびに(vi)舞法フェアリーズまたは本ロゴが使用される他の商品で、ライセンサーが本契約に追加することを随時申し入れた用品を指すものとする。

2 「許諾製品」とは、本契約に従って、舞法フェアリーズのキャラクターまたは本ロゴが使用される商品を指すものとする。

3 「サブライセンシー」とは、ライセンサーにより承認され、本契約の添付書類__に列挙されたサブライセンシー、ならびに今後の合意により追加されるサブライセンシーのことを指す。

4 「純販売額」とは、ライセンシーまたはサブライセンシーからその関連のない第三者に対する（販売した）許諾製品について実際に請求受領した卸総売上高価格から付加価値税額または売上税額を差し引いたものを指すものとする。

5 「許諾地域」とは、米国を指すものとする。

解説

1❖定義する用語の例

　ここでは、商品、許諾製品、サブライセンシー、純販売額、許諾地域について定義している。実際には、定義用語にはさまざまなものがある。たとえば、映画作品に登場するキャラクターについて、著作権による保護に加えて商標登録により商標として保護を受けられる場合には、その商標権についての定義を置く。商標は国ごとの登録となるから、商標を出願し、登録されている番号など具体的に規定する。商標の数や記載事項が多くなる場合は、添付別紙に記載する方法を取る。また、キャラクターには、その著名性・周知性により、不正競争防止法による保護が与えられる場合もあり、かかる保護を得られることを追加して記載することもある。このような場合には、商標ライセンス契約とも似通った条項が増えてくることになる。

2❖許諾地域(Licensed Territory)

　以前であれば、生産地を販売地域と同一と考えても問題がないくらい、生産は、販売権を獲得した国でおこなわれていた。しかし近年では、工場や生産事業者が、国境を越えて、海外に立地することが普通に見られるようになってきた。台湾を筆頭として、受託製造事業も伸びてきている。子会社や関連会社、合弁事業会社から受託製造事業を専業とする会社まで、製造委託先候補も多岐にわたる。

　ケースにより、必要に応じて、許諾地域の定義や規定を置く際に、実情を詳細に検討し、別の規定を設けることも選択肢となる。たとえば、販売に関わる許諾地域（販売許諾地域）とは別に、生産のみをおこなう許諾地域、または、製造受託事業会社への委託を認める場合、その製造受託事業会社の所在地域（たとえば台湾）、そして製造受託事業会社の工場の所在地域・実際の生産地（たとえば中国など）を規定することである。

　これらを定義条項で取り扱うと複雑になりすぎるならば、定義条項で扱う代わりに、実際の規定の中で扱うことが適切な場合もある。なにも、定義条項ですべての用語を定義することが必要だと考えることはない。前文でも、契約中の条文の中でも、添付別紙でも、どこでも定義を置くことはできる。自由に考えればよいのである。ただ、定義条項で規定しておくと、目立つので紛れがないというメリットを享受できる。

3❖許諾製品(licensed goods)

　同じ事柄を規定するのに、"licensed products"（許諾製品）、"licensed articles"（許諾商品）、"licensed goods"（許諾商品）等の異なる用語が使われることもある。

　"goods"と"products"は、多くの場合、互換性がある用語であるが、メーカーの人々、言い換えれば、商品の生産に携わる人々は、その工場や生産に愛着と敬意を込めて、無意識のうちに"products"（製品）という用語を使うことが多い。誰かが製造するのだから、"products"と呼ぶことは間違いではない。

　一方、デパート、卸売業、輸出入業者は、自分自身では生産しないし、流通で扱うものを"goods"（商品）と意識し、そのように呼ぶことが多い。海運会社、鉄道会社などは、同じものを"cargo"（貨物）と呼ぶ。顧客から預かり、指定された場所に輸送するものだから、大切な"cargo"（貨物）なのである。

　それぞれの立場により、同じもの（動産）に対して別の呼び方を使用する。契約では、いずれでも間違いではないが、商品と呼ぶほうが普遍性があり、多くの立場の人々にとって

抵抗がないだろう。国連物品売買統一法条約でも、"goods"という用語を採用している。

4 ❖ 許諾役務、許諾施設

　キャラクターの使用許諾の用途には、遊園地、商業施設、預金通帳、植物園、パチンコなどの遊戯設備など、映像作品の製作者にとって思いもつかないものが含まれることがある。そのような場合には、そのキャラクター愛好者や製作者側の守りたいイメージを考慮して、許諾の可否を決めることになる。エヴァンゲリオンはパチンコなど遊戯施設にも許諾されているのに対し、ディズニーキャラクターは許諾されていないのは、それぞれの製作者が選択した方針である。キャラクター・マーチャンダイジング契約で、もっとも重要な決定事項のひとつである。

5 ❖ 純販売額と総販売額

　"net sales value"や"net selling price"を純販売額、"gross sales price""gross selling price"を総販売額という。

ライセンス許諾条項 | Grant of License　　例文618

◇許諾地域における許諾製品の独占的販売権につき規定する
◇ライセンシーが100％保有の関連会社に対し、サブライセンスする権利があることを規定する

Article ＿＿　License

1　The Licensor hereby grants to KVC, during the term hereof, the right to manufacture or have manufactured, and the exclusive right, within the Territory, to distribute, sell, advertise and promote the Licensed Goods in the Territory, all except as provided in this Agreement.

2　KVC has a right to grant sub-license to its affiliated companies, which are wholly owned by KVC, and are existing and located in the Territory as of the date of the execution of this Agreement, to manufacture and distribute, sell the Licensed Goods pursuant to this Agreement, provided that KVC unconditionally guarantees the full performance by such affiliated companies, and shall maintain the ownership thereof during the term hereof.

3　In case KVC wishes to manufacture or have manufactured the Licensed Goods outside the Territory for good reasons, then KVC shall obtain the prior written approval of the Licensor by sending a written letter of request for approval strictly in accordance with the procedures set forth in Schedule ＿＿ attached hereto.

［和訳］
　第＿＿条　ライセンス
　1　ライセンサーは本契約により、KVCに対し有効期間中、許諾製品について、

許諾地域において、生産し、または生産せしめる権利を許諾し、本契約の規定により除外されるものを除き、すべて許諾製品を、許諾地域で販売（卸売）、販売、広告、販売促進することができる排他的な権利を許諾するものとする。
2　KVCは、KVCにより完全に保有され、かつ、本契約調印日現在において許諾地域に存在し、所在する関連会社に対し、本契約に従って、許諾製品を生産し、販売（卸売）し、販売することを再許諾することができるものとするが、その再許諾は、KVCがかかる関連会社による完全な履行を無条件で保証し、かつ有効期間中その株式保有を維持することを条件とする。
3　KVCが合理的な理由に基づき、許諾製品を許諾地域の外で生産し、または生産せしめることを希望するときは、KVCは、本契約に添付する書類＿＿＿に規定する手続きに厳格に従って、かかる承認を求める書面の申請書を提出し、ライセンサーの事前の書面による承認を取得するものとする。

解説

1 ❖ 使用許諾は排他的か、非排他的か

　使用許諾においては、排他的（exclusive）か、非排他的（non-exclusive）かは、きわめて重要な条件・規定である。いずれの場合もありうるが、許諾地域、許諾製品と関連づけ決定し、かつ契約で明示することが大事である。いずれか明確に記載しないときは、非排他的な許諾だと解釈される。したがって、排他的であることを条件とするときは、"exclusive"という用語を記載することを忘れてはならない。

2 ❖ 販売地域と生産地域

　許諾地域の規定に関連し、許諾地域以外に所在する製造コストの安価な合弁事業会社や子会社で生産したいとき、あるいは、いっそ資本関係のない製造受託事業会社などに製造させたい場合には、そのような生産形態も認められるように、それぞれ具体的に規定を工夫する必要がある。"have made"条項は、生産地域にかかわりなく、ライセンシー自身以外の者に生産させる場合に使う用語である。生産地が許諾地域外であれば、その場合も認められるように、あらかじめ規定で認めるか、あるいは認める手続きを規定するのが妥当であろう。ライセンシーが生産を許諾地域外でこっそりおこなう事態が発生し、ライセンサーに発覚すると、契約条項の明瞭な違反、あるいはライセンサーの信頼に背く行為として、解除の引き金になりかねない。ライセンシーにしてみれば、許諾地域の規定は販売地域の制限にすぎず、生産地域の制限はない、と主張したいこともあろうが、それは通常ライセンサーには受け容れられることはなく、第三者、仲裁人にも通らない。

ロイヤルティ条項 | Royalty

◇販売し、実際に受領した卸総売上額の10％をランニング・ロイヤルティとして支払う
◇前払金とミニマム・ギャランティー額の支払いにつき規定する

Article ___ Royalty

KVC shall pay to the Licensor:

(i) a Royalty of ten percent (10%) of gross wholesale price sold and actually charged by KVC or its Sub-Licensee to its unconnected third party customer;

(ii) a non-refundable advance of Four Hundred Thousand United States Dollars (US $ 400,000), payable upon execution of this Agreement by KVC and the Sub-licensee, to be applied against the aforesaid Royalty;

(iii) a Minimum Guarantee of Four Hundred Thousand United States Dollars (US $ 400,000) per year, payable irrespective of Royalties earned hereunder, except that the advance and Royalties actually paid by KVC shall be credited against said Minimum Guarantee; said Minimum Guarantee shall be paid on or before the expiration or earlier termination of the term hereof.

The term hereof shall commence on April 1, 20__ and shall continue for one (1) year until March 31, 20__, unless terminated or extended as provided for in this Agreement.

［和訳］

第__条 ロイヤルティ

　KVCは、ライセンサーに対し、次の通り支払うものとする。

(i) KVCまたはそのサブライセンシーにより、関連のない第三者顧客に対し、実際に代金を受領した総（卸売）売上額の10％のロイヤルティ

(ii) 本契約の調印と同時に、40万米ドルを返還不能の前払い金として支払うものとするが、この金額は、将来発生するロイヤルティに充当されるものとする

(iii) KVCまたはサブライセンシーにより、本契約に基づき稼いだロイヤルティの金額に関わりなく、年間40万米ドルの最低保証額を支払うものとするが、上記の前払い金とKVCにより実際に支払われたロイヤルティ額を差し引くものとし、その最低保証額は、本契約の有効期間の終了時かその前、または早期に本契約が終了したときは、その終了時に支払われるものとする。

　本契約の有効期間は、20__年4月1日に開始し、本契約の規定するところにより終了あるいは延長されない限り、20__年3月31日までの1年間とする。

解説

1 ❖ ロイヤルティ

　ロイヤルティには、生産・販売数量や販売額などに応じて支払われる分と、それらに関わりなく支払われる分がある。前者をランニング・ロイヤルティ、後者をミニマム・ロイ

ヤルティ（最低保証使用料）と呼んでいる。

契約条項で大事なのは、この最低保証使用料の支払い時期と、該当する期間のランニング・ロイヤルティとの関係でどのように扱われるかについて明瞭に規定することである。いわゆる最低保証使用料のランニング・ロイヤルティへの充当の問題である。

本例文では、前払い分の充当を認めているが、契約によっては、契約締結時の支払い分は、ランニング・ロイヤルティとはまったく別の独立した、いわば契約調印時の対価という扱いをするケースもある。いずれにしても、その考え方と位置づけを明確にしておくことが大事である。

2 ❖ ミニマム・ロイヤルティ（最低保証使用料）

ミニマム・ロイヤルティの規定を置くときは、期間との関わりで、どう扱うのかを明確にすることが大事である。その期間単位を1年とすることも、半年（6ヶ月）とすることも選択肢のひとつである。ただ、中途解除、あるいはその単位には足りない期間で使用許諾したときに、割合に応じて金額を下げるのか、それとも1単位として全額支払いを求めるのか、意外にも実務上、解決に困難をもたらす問題をはらんでいる。ライセンシーは期間に応じて減額されるべきだと主張することがあるが、契約では期間冒頭に最低使用料を支払うケースも少なくなく、その場合にも、いったん支払ったロイヤルティは理由のいかんを問わず返還請求できないという規定がなされていることが多い。当初から端数の生じる期間と分かっていれば、まだ対応の方法があるが、中途解除もありうる。なかなか難しい問題なのである。

3 ❖ 為替換算

販売が現地通貨でなされ、送金が別の通貨でなされる場合には、為替換算の問題が発生する。どの為替レートを採用するか、いつの時点のレートを採用するかが大事になる。本例文の設定では、許諾地域をたまたま米国としたので、使用料や送金通貨の問題で複雑な問題は発生しない。途上国向けのライセンスでは、これらの問題も考えなければならない。送金時の為替交換レート、各期末の為替交換レートなどが絡んでくる。加えて、国家が定めたレートと銀行の実勢レートの差など、別の現実的な問題が絡んでくることもある。過少にランニング・ロイヤルティの支払いをしていたのが発覚し、追加支払いするときの為替レートなどとなると、選択肢がもっと増え、難しくなる。

例文620 販売開始日条項 | Marketing Date(s)

◇一定期限までに許諾製品を販売する義務を規定
◇期限までに販売を開始しないときは、解除事由にあたる

Article __ Marketing Date(s)
1 KVC agrees to manufacture or have manufactured, distribute and commence marketing _____ units of the Licensed Goods no later than _____, 20__.
2 KVC shall ensure that KVC and the Sub-Licensee at all times use their best efforts to promote and to sell all the Licensed Goods throughout the Territory during the

term hereof.
3 In case KVC and the Sub-licensee fail to manufacture, have manufactured, distribute or commence marketing pursuant to the provisions of Paragraph __, the Licensor will have the right to terminate this Agreement, without prejudice to its any right or remedies, including its right to receive the Advance and the Minimum Royalties set forth in Article __ hereof.

［和訳］
第__条　販売活動開始の日
1　KVCは、20__年__月__日までに、許諾製品の_____単位の生産をおこない、または生産せしめ、販売し、マーケティングを開始するものとする。
2　KVCは、KVC及びサブライセンシーが、本有効期間中、許諾地域全域において、すべての許諾製品の宣伝販売について常に最善の努力をおこなうことを確約するものとする。
3　KVC及びサブライセンシーが第__項の規定に従って生産し、または生産せしめ、販売し、またはマーケティングをおこなわないときは、ライセンサーは、本契約をただちに解除する権利を保有するものとし、その解除によってライセンサーは、本契約の第__条に規定する前払い金ならびにミニマム・ロイヤルティを受領する権利を含む、その他のいかなる権利や救済を受ける権利を喪失しないものとする。

―――― 解説 ――――

1❖販売開始時期の規定の意味

　この規定は、ライセンサーがライセンシーに対し、排他的なライセンスを与えたときに大事になってくる。つまり、商品化が、ライセンシーの怠慢あるいは別の現実的な理由により、実際には進展しないことがある。そのような場合には、ライセンス権を早く返上させて別の事業者(ライセンシー候補)にライセンスを付与したいのである。

　ライセンサー側の商品化の機会を活かすためには、キャラクターの鮮度の高いうちにビジネス上の成果を上げ、キャラクターの人気の上昇にも一役買わせたいと考えれば、商品化の遅延は致命的なロスである。キャラクタービジネスの成否だけでなく、キャラクターをマーケットで浸透させ、知名度を上げることは、映画作品をシリーズ化するときには、一定の広報の役割を担うと考えることもできる。その考え方からすれば、商品が市場に出ないこと自体が、いわば失敗なのである。それを契約解除事由として規定し、解除権を確保することをねらいとしている。

2❖許諾地域全域における販売・広告宣伝

　この規定は、ロイヤルティだけを考えると、必ずしも必要でない条項かもしれない。一方、キャラクターの知名度の向上をひとつの目的ととらえれば、ライセンサーにとっては、意味のある規定となる。

広すぎる許諾地域の設定はマーケティング上、賢明ではないという考え方がある一方、ひとつの国を細かく許諾地域に分割し、それぞれに独立した排他的なライセンシーを指定するのも、問題を発生しやすくする。非排他的なライセンシーをひとつの許諾地域に多数指定するのも、それなりの運営の難しさがある。

本規定では、許諾した全地域に販売活動を展開する義務を負わせ、同時に、そのような規模で販売活動を展開する陣容と資金力、販売力の裏づけのあることを要求し、表明させる方針を取ったと考えればよい。

例文621 契約期間条項｜Term

◇契約期間について、開始日と終了日を明示して規定する
◇両者の合意により延長できる

Article __ Term
1 The term of this Agreement shall commence on April 1, 20__, and continue in effect until March 31, 20__, unless sooner terminated as provided for in this Agreement.
2 This Agreement may be extended by the agreement of both parties in writing.

[和訳]
第__条　有効期間
1 本契約の有効期間は、20__年4月1日に開始し、本契約に規定するところにより途中で解除されない限り、20__年3月31日まで有効に存続するものとする。
2 本契約は、両当事者の書面による合意により延長することができる。

――― 解説 ―――

1 ❖ 期間の定め方

キャラクター・マーチャンダイジングにおいては、映画作品のヒットとビジネスの成功は必ずしもリンクしない。したがって、契約の有効期間の定め方、あるいはミニマム・ロイヤルティ（最低保証使用料）の定め方は、ライセンシーにとっては霧の中でゴルフやテニスをするような、先の見えない決断に迫られることになる。自動更新条項を採用するのには、あまり適した契約でないことも多い。

一方、成功したアニメ作品のように、シリーズ化され、幾度も映画化され、人気がますます上昇していく場合もある。長い人気を保つものもある。

2 ❖ いくつかの選択肢

ビジネスの展開が予想できないときは、短い期間、たとえば当初2年くらいと決めてお

いて、その後の継続・延長は別途合意によるという決め方がひとつの選択肢であろう。いずれにしても、ミニマム・ロイヤルティ（最低保証使用料）の規定との兼ね合いで検討するのが現実的な対処方法である。

　皮肉であり、悲喜劇であるが、契約を延長したいと考えるほど成功したときには、無残にもライセンサーから契約を打ち切られる悲哀を味わうのが、ライセンシーの常である。もしそれが悔しいなら、"option to renew"（契約更新権）をライセンシーが取得すればよいのである。経営基盤として必要なフランチャイズを確保するときや、コンピューター製品化上欠かせないソフトウエアを導入する際などに、浮上する権利、条項のひとつである。

ライセンス許諾製品のブランド・イメージ、名声維持と品質コントロール | Control of Quality　例文622

◇ライセンシーは発売前にプロトタイプをライセンサーに送付し、承認を受ける
◇ライセンサーは、プロトタイプ受領後14日以内に承認か否かを決めライセンシーに通知する

Article ＿＿　Approval by Licensor of Prototype Samples of the Licensed Goods

1　KVC shall submit for the Licensor's approval, including but not limited to prototype samples of the Licensed Goods and all packaging, advertising and promotional materials prior to any use or distribution thereof by KVC.

2　As soon as such prototype samples are submitted by KVC and received by the Licensor, the Licensor will examine and evaluate such prototype samples and give its notice of approval in writing within fourteen (14) business days, when such samples are approved. Any prototype samples for the Licensor's approval which is not approved within fourteen (14) business days in writing shall be deemed to have been disapproved by the Licensor.

［和訳］
第＿＿条　ライセンサーによる許諾製品の試作品の承認

1　KVCは、ライセンサーの承認を取得するために、KVCがそれを使用、販売（卸売）する前に、許諾製品の試作品及びすべてのパッケージ、広告ならびに販売促進材料を提出するものとする。

2　KVCによりかかる試作品が提出され、ライセンサーにより受領され次第、ライセンサーは、かかる試作品を検査し、評価し、かかる試作品を承認する場合は、14営業日以内に、書面による承認通知を送付するものとする。ライセンサーにより（受領後）14営業日以内に書面により承認が与えられない試作品については、ライセンサーにより承認が拒絶されたものとみなされるものとする。

|例文623|エンターテインメント|ライセンシーの計算・記録保管・報告義務|
|例文624|エンターテインメント|帳簿閲覧権|

解説

1❖試作品に対するライセンサーによる承認手続き規定のねらい

　ライセンサーからいえば、本規定のねらいは許諾製品に使用されるキャラクターのイメージを損なわない製品になっているかの確認をすることにある。ライセンシーにとっては面倒なだけで、このサンプル・試作品の提出によるライセンサーの審査手続きにより、時間と一定の費用を失うだけである。しかも本例文の規定では、返事がこないときは承認拒否という扱いである。仮に、ライセンシーの立場で自由に変更できるならば、「14営業日経過しても何の通知もないときは合格扱い」という規定があれば便利であろう。承認通知だけでなく、承認・拒絶いずれかの通知を出すのを原則とし、その例外で何も連絡がないときは、特に問題がなく承認とみなす規定である。

2❖ライセンサー側の承認手続き

　できることなら試作品の審査段階で、その製品が身体生命に危険・悪影響がないことを含め、ライセンサーが審査できればよいのだが、ライセンサーの事業からいって、現実には期待できない。それぞれの事業のエキスパータイズ（専門性）、要する経費や時間を勘案すると、キャラクター製品については、その安全性の面で、そのキャラクターへの愛着・人気・信頼からくるリスクは大きい。

　ライセンサーの製造物賠償責任は、実際には難しい問題をはらんでいる。実際の契約では、例文627で紹介するように、ライセンサーの承認にかかわらず、ライセンシーに一切の責任を負わせ、ライセンサーを"indemnify"させる規定を設けることがある。

　実際に、"product liability, torts"に基づく最終ユーザーからのクレームが提起されたときの対応は、実際には難しい面がある。ライセンシーがすでに解散しているような場合、ライセンサーが確実に無責任といえるか不透明なところがある。裁判管轄権がないなど、法的には責任を免れる方法はあるだろうが、キャラクターそのものの人気への悪影響は避けるのが困難となろう。

　ライセンシーにその費用負担で生産物賠償責任保険を付保させ、自ら（ライセンサー）も被保険者に加えさせるのは、ひとつの選択肢である。ただ、それ以前に、試作品による承認段階でも、安全性について何らかの方法で検査・検証する工夫が必要ではないだろうか。

例文623 ライセンシーの計算・記録保管・報告義務 | Accounting, Records and Reports

◇ライセンシーはロイヤルティ計算の基準となる売上高について報告し、記録を保管する

Article ___ Statements of Gross Wholesales Price and Royalty

1　KVC shall during the term hereof render statements to the Licensor on a quarterly basis within thirty (30) days after each applicable quarter and remit payments due the Licensor along with such statements, in the form specified in Schedule ___ attached hereto.

2　KVC shall keep accurate books of account and records covering all transactions relating to this Agreement at KVC's San Francisco office for not less than two (2)

years after the expiry of the term hereof or any extension thereof, or earlier termination hereof.

[和訳]
第__条　卸総売上額とロイヤルティの報告書
1　KVCは、本契約有効期間中、ライセンサーに対し、四半期ごとに、各該当四半期の終了後30日以内に、報告書を提出し、本契約書に添付した書類____に規定する書式の報告書とともに、ライセンサーに対し、期限の到来したロイヤルティの支払いを送金するものとする。
2　KVCは、本契約に関連するすべての取引をカバーする正確な帳簿と記録をそのサンフランシスコ事務所に、最低、本契約期間またはその延長期間満了後2年間、あるいは本契約の中途解除の場合はその時点から2年間、保管するものとする。

解説

1❖ロイヤルティの計算、支払いに関わる規定
総売上額に対して一定比率のランニング・ロイヤルティを課す方法は、標準的な規定である。ただ、キャラクター・マーチャンダイジングなどの場合、ライセンシーによっては、その品目だけの独自の販売数量・金額のデータを報告するシステムが機能しないことがある。他の柄の品目と一緒の販売データしか出てこないというライセンシーからの説明を聞いて、飛鳥凛や日高尋春氏が唖然としたことがあるという。現場では何が起こるか分からない。したがって、いい加減な規定のように見えて、ミニマム・ロイヤルティ条項は大変有益な規定なのだと、飛鳥凛や日高尋春氏によって見直されたという。

2❖ロイヤルティ計算の基礎となるデータの虚偽の問題
本例文で保管を求めているロイヤルティ計算の基礎となるデータが虚偽であるような場合、ライセンサーとしてはお手上げというのが、実情であることが多い。ただ、そうはいっても、自らの目で確認してみたいとライセンサーが考えることがある。そのような場合のライセンサーによる検査の規定が、次の例文624で扱う問題である。

帳簿閲覧権 | Right to Audit Books of Accounts and Records　　例文**624**

◇ライセンサーは、自己の費用でライセンシーの帳簿を検査することができる
◇ロイヤルティ支払い不足額が10％を超えることが判明したときは、検査費用はライセンシー負担となる

Article __　Right to Audit Books of Accounts and Records
1　The Licensor shall have the right to audit KVC's books and accounts covering such

transactions relating to this Agreement, by dispatching its representative(s) and/or accountant(s) and make copies thereof at the Licensor's costs, and KVC shall allow them to audit such books and records during the normal business hours at KVC's San Francisco office.

2 When any such audit by the Licensor reveal Royalties due to the Licensor in excess of ten (10) percent more than the Royalties paid by KVC to the Licensor for the period covered by such audit, then all auditing costs and expenses shall be borne by KVC, in addition to which interest shall be added to the amount discovered to be due, from the first dollar more than the Royalties actually paid, in the amount set forth above.

[和訳]

第__条　帳簿と記録を検査する権利

1　ライセンサーは、ライセンサーの費用負担でその代理人または会計士を派遣し、本契約に関連する取引をカバーするKVCの帳簿と記録を検査し、それらのコピーを作成することができる権利を保有するものとし、KVCは彼らに対し、そのサンフランシスコ事務所で、通常の営業時間中にかかる帳簿と記録を検査することを許容するものとする。

2　ライセンサーによるかかる検査により、ライセンサーに対して支払い期限の到来したロイヤルティについて、検査がなされた期間のロイヤルティの支払い額の10％を超えて不足していたことが判明したときには、すべてのライセンサーの検査に要した実費と費用は、KVCにより負担されるものとし、かかる支払い不足金額に加えて、実際に支払われたロイヤルティとの差額につき支払い不足金額の（10％の猶予なしに1ドルから）全額についての（遅延）金利が加算されるものとする。

解説

1❖ライセンサーによるライセンシーの帳簿・記録検査権の保有規定

　ライセンシーから提出されるロイヤルティの金額が、現地許諾地域で販売されている商品の人気から判断して、ライセンサーにとってどうしても納得がいかないときがある。そのような場合、どうすればよいのだろうか。

　1つの方法は、ライセンシーに説明を求めることである。一部の裏づけ資料の提出を求めることもあろう。それでも納得できないときは、実際に現地に赴き、状況を調べることを考える。しかし、ライセンサーにいったい何ができるか。現地での最終販売価格・小売価格（上代）は分かるとしても、ロイヤルティの計算の根拠は、最終小売価格ではなく、ライセンシー（たとえばメーカー）から卸売業者に対する卸売価格であることが通常であろう。そのような取引の内容・数量・卸売価格は、当事者の帳簿・記録でしか確認できない。したがって、オーソドックスな取り組み方は、やはりライセンサーが疑念を抱いた相

手方であるライセンシーの帳簿・記録を検査することしかない。

　ライセンサーの中から、帳簿・記録を見て内容の正確さを理解できる人間を指名し、会計士あるいは数字にも強い弁護士と一緒に現地に派遣するか、または現地で信頼できる会計士などを指名してライセンシーの帳簿・記録を検査するのが、もっとも本格的な確認方法であろう。

　検査費用は、ライセンサーが負担するのが合理的であろう。疑念を抱いたのはライセンサーであり、多くの場合、検査をして、そのロイヤルティ報告の正当性を確認するだけだからである。

　ただ、仮にロイヤルティ額が操作され、または過失で過小に算出されていた場合は、どう決着させるのが合理的だろうか。大人の解決方法のひとつが、10％までの誤差はありうる範囲、許容できる範囲としてそのままにしておき、何も調整しないという対処方法である。もちろん10％未満の不足という誤差であっても、その差額（不足額）を約定金利を付して追加支払いさせると取り決める選択肢もある。

　不足額が10％を超えていた場合は、許されない誤差として、差額に遅延金利を付して追加支払いをさせ、さらにはやや罰則的ではあるが、検査に要したライセンサー側の実費をライセンシーが負担するという解決方法である。実費には、検査をおこなった要員の航空運賃・宿泊費・交通費などが含まれる。このような規定は、ロイヤルティ計算の誤差を見つけようという検査チームのインセンティブにもなるという。

2 ◆飛鳥凛と日高尋春氏の考え方

　この規定について、別の契約でライセンサー側の当事者であった飛鳥凛と日高尋春氏に尋ねてみたことがある。気軽な返事が返ってきた。「ライセンサーによる検査権がライセンシーに対するロイヤルティの過小算出操作の抑止力になれば十分です」。

　それに、笑顔で飛鳥凛がつけ加えた。「日高さんからは、こう言われています。このライセンスビジネスが成功すれば、この条項を使ってサンフランシスコに出張してきていいよ。アラ探しなどせずに、現地のビジネスや人々をしっかり見てこい」と。

ライセンサーに留保される権利 | Rights and Licenses Reserved to the Licensor　例文625

◇ライセンサーに留保される権利を規定する

Article ＿＿　Rights and Licenses Reserved to the Licensor
1　All rights and licenses in the Maihou Fairies Characters and the Logo of the Work hereunder not specifically granted to KVC are hereby reserved to Licensor, and its designees, including, but not limited to, the right to license the manufacture, distribution and sale of articles not specifically approved by the provisions of Article ＿＿ of this Agreement.
2　The Licensor shall have the right to fully exploit all rights not specifically granted to KVC, directly or through third parties at any and all times throughout the Term hereof without limitation.

[和訳]
第__条 ライセンサーに留保される権利
1 本契約に基づく舞法フェアリーズのキャラクターならびに本作品のロゴの使用許諾または関連するすべての権利とライセンスのうち、本契約により明示的にKVCに対して許諾されていない権利とライセンスは、すべてライセンサーの権利として、ライセンサーならびにその指定者に留保されるものとし、その留保される権利は、本契約の第__条の規定により明示的に承認されていない品目の生産、（卸売）販売、販売のライセンスを含み、それらに限定されないものとする。
2 ライセンサーは、KVCに対して明示的に許諾していないあらゆる権利について、本契約期間中いつでも、何らの制限を受けることなく、直接または第三者を通して十分に開発する権利を保有するものとする。

解説

1❖なぜ、このような規定が置かれるのか

映画作品のキャラクターは、商品化許諾条項で具体的に使用商品名を記載し、限定して許諾される。「食品」について許諾したキャラクターが、ライセンシーの他の事業（たとえば不動産、テーマパーク、金融業の通帳、銃砲など）に使用されては困るのである。

例文626 不争義務条項 | Non-Assertion

◇ライセンシーは、ライセンサーの知的財産権（著作権等）の有効性については争わないと規定する
◇ライセンシーは、ライセンサーの知的財産権表示をおこなう義務がある

Article __ No Assertion
1 KVC shall not attack the title or rights of the Licensor in and to the Work nor the validity of the license granted in this Agreement, and shall protect and promote the goodwill attached to the Work.
2 KVC shall cause such copyright notices or trademark notices as may be from time to time designated by the Licensor to appear on or within each Licensed Goods.
3 In the event KVC creates any copyrightable works in the course of performance of this Agreement, which works are derivations from the subject of this license, then KVC shall copyright said works as the Licensor designates and said works shall constitute a work made for hire.

[和訳]
第__条　不争義務
1　KVCは、本作品における所有権または権利あるいは本契約により許諾されたライセンスの有効性を争うことはしないものとし、また、本作品についてのグッドウィル（のれん）を保護し、高めるものとする。
2　KVCはライセンサーから随時指示される著作権表示と商標表示をそれぞれの許諾製品に表れるように表示するものとする。
3　KVCが本契約の履行過程で、著作権の保護を受けることのできる作品を創作した場合は、かかる作品は本ライセンスの対象の派生的な作品にあたるものとし、KVCはかかる（派生的）作品についてライセンサーの指示するところにより著作権を取得し、かかる（派生的）作品は、雇用により制作された作品を構成するものとする。

―――――― 解説 ――――――

1 ❖ ライセンシーに対し「不争義務」を課す理由

　ライセンシーは、許諾を受けた権利が法的に保護されないものとなると、ロイヤルティ支払いの負担は軽減される。ライセンサーからいえば、いわば自分側の者（味方）がライセンサーの著作権や商標権を無効にしようとする第三者の側に手を貸すこと、さらにはライセンシー自らがそのような行為を起こさないようにしたいのである。

補償条項 | Indemnification　　　例文627

◇ライセンシーは許諾を受けて製造販売した製品の安全性に責任を持つ
◇ライセンシーは生産物賠償責任保険を付保し、ライセンサーも被保険者とする

Article __ Indemnification
1　KVC shall indemnify and hold the Licensor harmless against and from;
　(i)　any alleged defects in any Licensed Goods, despite Licensor's approval of samples of such Licensed Goods pursuant to the procedures of provisions of Article __ hereof;
　(ii)　any alleged unauthorized use of any patent, trademark, design or copyright or trade-secret of any third party by KVC.
2　KVC shall obtain and maintain at its sole expense standard product liability insurance, naming the Licensor as additionally insured parties, in the amount of One Million United States Dollars (US $1,000,000).

[和訳]
第__条　補償
1　KVCは、ライセンサーに対し、下記の項目について、（被害を受けないように）防御し、補償するものとする。
　(i)　許諾製品について主張される瑕疵について、本契約第__条の規定による手続きに従ってライセンサーによるその許諾製品の見本の承認がなされていたとしても、（それにかかわらず）
　(ii)　主張される第三者の特許、商標、デザイン、著作権または営業秘密の許諾を得ないKVCによる使用について
2　KVCは、その単独の費用で、ライセンサーを追加的な被保険者に指定して加えた生産物賠償責任保険を100万米ドルの金額まで付保するものとする。

解説

1❖ライセンシーによる補償の約束の生産物賠償責任保険による裏付け・強化

　生産物賠償責任保険の活用は、実務上検討の余地がある。ドラフティング上、検討すべき項目のひとつが、その被保険者にライセンシーだけでなく、ライセンサー本人とその関係者をどこまで追加することが適切かという問題である。あまり広げるときりがない。しかし、うっかりすると、ライセンシーだけが守られて、その保険会社からライセンサーを被告とした訴訟が提起される事態が現実となり、驚くことがある。

　追加を検討するライセンサー関係者には、そのサプライヤー、製造受託会社、ライセンサー自身に加え、その許諾地域にある関連会社、現地法人、さらにその代表者や担当者個人までである。なかなか難しい問題であり、本例文では、ライセンサーのみを被保険者として追加している。費用対効果を考えるとほとんど無駄な出費となりかねない恐れもあるという。これが実務上の面白さ、リスクを適切に配分していくポリシーを決定する醍醐味なのだろう。

2❖生産物賠償責任保険の保険金額の決定

　保険金額は、現地の保険制度、損害賠償の請求・訴訟提起の仕組み、賠償の実際を勘案して決めていく。訴訟が絡んでも保険会社がその賠償責任も含め、大半を引き受けてくれるものもあれば、実質的におよそ役に立たず、付保にあまり意味がない場合もある。金額もケースにより考えることとなる。

第I部

第11章　雇用契約

第1節 雇用契約のチェックポイント

　企業の海外進出やソフトウエア、研究開発投資など知的財産関連事業の拡大にともなって、日本国外において雇用契約（Employment Agreement）が締結されるケースが増えてきた。雇用契約の締結にあたっては、採用の仕方、雇用条件、労働時間、賃金、休暇、各種の社会保険、年金など、現地国規制や制度、慣行に十分注意し、尊重することが大切である。慣行上、書面による契約の締結をしない場合も多い。

　一方、システムエンジニア、研究開発エンジニアの中途採用など、人の移動の激しい知的財産分野における雇用契約の締結にあたっては、前の会社（employer）を退職するときの条件について、十分に注意を払うことが大切である。

　米国などにおいては、機密性の高い部門である研究開発部門や営業部門のシニアマネジャーなどに対しては、旧雇用者との間に、旧雇用者の"proprietary rights"や"trade secret"についての秘密保持契約（Non-Disclosure Agreement; Confidentiality Agreement）、雇用期間中の従業員による発明ならびにその他の研究開発成果についての会社への開示・譲渡契約（Invention Assignment Agreement）、などを締結している可能性がある。かかる契約については、第8章「秘密保持契約」で詳しく説明したので、あわせて参照願いたい。

　サンフランシスコ郊外のシリコンバレーなどでは、他社から技術者を中途採用して新規参入した会社（ベンチャー）が、新製品をマーケットに出してヒットしたところで、前の会社（旧雇用者）からそのベンチャーに対し、旧雇用者のトレードシークレット侵害を根拠にして新製品の生産・販売を差し止めるよう請求する訴訟が提起されることがある。

　雇用契約の作成や交渉における主要なチェックポイントは次の通りである。
①雇用の合意（Employment）
②仕事の内容（Duties of Employee）
③雇用期間（Term）
④労働時間（Full time work; Part time work）
⑤仕事・労働の提供場所（Place of Work）
⑥報酬、給与（Remuneration; Salary; Bonus）
⑦残業（Overtime）
⑧厚生施設、通勤用の車の使用等（Fringe benefit）
⑨休暇、病気休暇（Home leave; Sick leave）
⑩秘密保持義務（Confidentiality; Secrecy）
⑪契約中途解除（Termination for Cause; Termination without Cause）
⑫契約終了後の一定期間（たとえば2年）の競業制限（Non-competition after termination）
⑬紛争処理条項（Settlement of Dispute）

第2節 雇用契約の主要条項

雇用契約には、いくつかの基本的な用語と表現が使われる。雇用の合意と確認の規定、労働時間、報酬、休暇、中途解除、秘密保持義務などである。典型的な用語を紹介する。

契約の一方の当事者である従業員を、普通に"the employee"と表示しただけではイメージが湧かないので、本章に限り例文に飛鳥凛を登場させたい。

第1款 前文とリサイタル条項

前文とリサイタル条項 | Preamble and Recitals　　　　　　　　　　　例文628

◇雇用契約のリサイタル条項

> This Employment Agreement is made and entered into as of the ____th day of _____, 20__, _____ Inc., a California corporation, with its principal office at _____, (hereinafter referred to as the "Company"), and, _____, an individual residing at _____, (hereinafter referred to as the "Employee").
> WHEREAS, the Company desires to employ the Employee as its _____,
> WHEREAS, the Employee is willing to accept such employment by the Company on the terms and conditions set forth in this Agreement,
> NOW, THEREFORE, in consideration of the employment of the Employee by the Company, the mutual covenants and obligations contained herein, the Employee and the Company hereby agree as follows:

[和訳]

　本雇用契約は、_____に主たる事務所を有するカリフォルニア州法人である_____社（以下、「本会社」という）と、_____に住所を有する_____（以下、「従業員」という）との間に20__年__月__日に締結された。

　本会社は、本契約に定める条件に基づき、従業員を_____のポジションで雇用したいと希望しており、

　一方、従業員は、本契約書に定める条件に基づき、本会社によるかかる雇用を受諾することを希望している。

　したがって、本会社による従業員の雇用、本契約に含まれる相互の誓約と義務を約因として、従業員と本会社とは以下の通り合意する。

解説

1 ❖ 当事者の表示と確認

本例文では、個人の表示については住所を使用している。雇用契約では通常、住所による表示で十分な場合が多い。しかし現実には、引っ越し等の要因により、書かれた住所にいったい誰が住んでいたのか分かりづらくなる場合がある。

日本では、官庁への手続きや重要な銀行取引などで、本人特定のために、戸籍謄本、戸籍抄本、住民票などの提出を求められることがある。しかし海外では、日本のように戸籍や住民票による本人特定の手続きが一般的ではない。契約などで、正式に本人の特定を図ろうとする場合などには、後の紛争を予防するため、パスポートナンバーなどの公的な証書を個人の確定手段として記載することがある。住所の表示だけでは、広域にわたる住所表示の場合は同姓同名もありうるため、必ずしも十分とはいえない。

真剣に当事者を確定しようとするならば、ひとつの選択肢として、公証人（海外では、notary public）の立会いと証明のもとで、契約を結ぶ方法がある。手間と費用さえ惜しまなければ公証人制度の活用は有用であり、当事者をめぐる誤認や紛争の防止に役立つ。

2 ❖ リサイタル条項での職種、役職の明示

あらかじめ職種や役職を記載することがある。ジョブ・ディスクリプション（職務記述書；job description）を明示して雇用することが慣行、あるいはフェアだと考えられる社会では、リサイタル条項や本文で明示するのが自然であろう。"employ as its _____"を「_____のポジションで雇用」と訳したのは意訳である。「_____として雇用する」が直訳となる。厳格に英語で表現しようとすれば、"employ the Employee in the position of _____ of Company"と規定し、_____内に部署、役職を記載する。

3 ❖ 雇用契約の約因（consideration）

雇用の場合、雇用に基づく給与・報酬の支払いの約束と、サービス（役務）の提供の約束が互いに約因となる。

4 ❖ "WHEREAS"と"NOW, THEREFORE"

1行目（This Employment ...）の表現は、主語（This Agreement）と述語（is made）を冒頭で用いる斬新な形式の文章である。古典的、伝統的な表現方法では、"This Employment Agreement is"の代わりに、単に"This Agreement"（主語）を用い、最初に登場する"WHEREAS"の前の行に、述語として"WITNESSETH:"（witness〔証明する〕の三人称・単数・現在形）を挿入する。その前の文は完結していないので、句点（.）を読点（,）にする。

実務では、文法にとらわれず、自由に表現されることもある。"WHEREAS"、"NOW, THEREFORE"と大文字に揃えることが標準的な表記方法である。

●─第2款　雇用合意条項

雇用契約締結の段階で、雇用後のポジションや待遇についてあらかじめ規定しておくことは、日本の雇用慣行ではめずらしいことであろう。ただ、ヘッドハンティングや経営に関わる重要なポジションへの雇用の場合は、求人広告も含めてある程度の役職、事業部門、勤務

地についての約束がなされ、そうした条件のもとで雇用することがある。引き抜きたい人材を見つけても、引き抜きに際してある程度の約束がなされなければ、わざわざ現在の職を投げ打って転職することなどありえないのも現実である。

では、どのような説明が必要で、どのような方法で、どの程度確認することができるだろうか。こうした場合、契約書により仕事内容、役職を確認するのは、もっともフェアな方法のひとつである。

雇用が始まると、従業者は会社に対して役務（サービス）を提供する。フルタイムとパートタイムという言葉があるが、フルタイムを契約でどのように表現し、どこまで詳細に規定するかは、技術的には決して容易ではない。詳しく検討していくと問題も多い。

たとえば家族が本人とは別に家業を経営している場合、休日にその家業を手伝うのはどうか。誰もそれについては、異議がないように見える。しかし、その家業が会社組織で、代々承継されてきた地元の老舗であったとき、その店長、社長であったらどうか。スポーツクラブの代表取締役であったらどうか。役職に就くのは好ましくない、という感覚はあるだろう。では、実質的に手伝うだけなら問題はないか。仮に契約で、こういった問題を扱う場合には、どう対処すればよいか。

ビジネスではなく、個人としてさまざまな社会活動に従事することは通常、禁止の対象にはならないだろう。では、非営利団体のリーダーはどうだろうか。動物愛護、自然愛護、環境保護、芸術活動、詩人・文学者としての活動……など。雇用契約は人との契約であるから、人としての生き方がその契約の文言に反映される。どのように干渉するかまで不用意にドラフティングにまとめると、人権との衝突、思想の自由との相克まで生み出しかねない。詳細まで決めようとすると、雇用契約は法的にも、解決が必ずしも容易ではない側面が隠されている。

通常、このような問題は会社側の規則で対応し、就業規則等の形で扱うことにより、雇用契約からは外して扱うことをプラクティスとすることが多い。しかし、一定の役職・ポストを用意し、経営の中枢として、あるいはプロフェッショナル、技術者として、ヘッドハンティングをするときには、または国際的な事業展開では、ある程度の了解事項を契約書で確認しなければ採用できないこともある。

雇用合意条項① | Employment　　　　　　　　　　　　　　　　　　　例文629

◇雇用者が個人を雇用する

KVE hereby employs Miss Lynn Asuka (hereinafter referred to as the "Employee" or "ASUKA") and the Employee hereby accepts employment upon the terms and conditions hereafter set forth.

［和訳］
　　KVEは、本契約により、以下に定める条項と条件に従って飛鳥凛（以下「従業員」または「飛鳥」という）を雇用し、従業員はかかる雇用を受諾する。

―――――――――――――――――――― 解説 ――――――――――――――――――――

1 ❖employ

「雇用する」の意味を表す用語である。本例文の前後の例文のようにポジションについては特に規定していない。雇用の際には、実際に配属先が未定であるケースも多く、その場合は契約書に配属先や役職をあえて記載しない。

2 ❖the Employee hereby accepts employment

雇用は双務的な契約であり、雇用主が雇用するというだけでは契約として不完全である。契約では、雇用主が雇用し、個人（労働者）がかかる雇用を受諾して初めて雇用契約が成立する。"employer"は一般に、「雇用者」「雇用主」と訳し、"employee"は「従業員」「被用者」と和訳するのが一般的である。

3 ❖"the Employee"と"ASUKA"の併記

"Employee"と"ASUKA"のいずれの表現も使えるように、"Miss Lynn Asuka"（hereinafter referred to as the "Employee" or "ASUKA"）のような定義の仕方をすることがある。

例文630 雇用合意条項② | Employment

◇事業部・役職名を明示して雇用する
◇非営利活動への参加は制限しない

Article ＿＿ Scope of Employment

1　The Company hereby employs Miss Lynn Asuka (hereinafter referred to as the "Employee" or "ASUKA") in the position of ＿＿＿＿＿＿＿＿＿＿＿ of ＿＿＿＿＿＿ ＿＿＿＿＿＿ Division of the Company.
　　The Employee shall report to and shall be under the direct guidance and direction of the General Manager of Legal Division of the Company.

2　The Employee shall have such other duties and responsibilities and shall perform such duties and responsibilities as may be determined from time to time by the Company, provided that any such duties shall be reasonable and consistent with the Employee's position as ＿＿＿＿＿＿＿＿＿＿＿.

3　All other aspects of the Employee's employment by the Company shall be consistent with the Company's regulations and policies for its ＿＿＿＿＿＿＿＿＿＿＿ employees, and in accordance with applicable laws.

4　The Employee shall devote one hundred percent (100%) of her professional time, skills and best efforts to the successful operation of the business of ＿＿＿＿＿＿ ＿＿＿＿＿ Division of the Company.

5　The Employee agrees not to engage in any other occupation or business except pursuant to this Agreement on her own or for any corporation, partnership, person or legal entity other than the Company during the term of this Agreement without the prior written consent of the Company.

6 Notwithstanding the foregoing, the Employee may participate in activities of non-profit and community organizations as she deems appropriate, provided that such participation does not materially interfere with or materially adversely affect the performance of her duties and obligations under this Agreement.

[和訳]
第__条　雇用の範囲
1　本会社は、飛鳥凛女史（以下「従業員」または「飛鳥」という）を本会社の_____部の_____のポジションに雇用するものとする。従業員は、本会社の法務部長に対し報告し、直接その指導と指示を受けるものとする。
2　従業員は、本会社により随時決定される他の義務と責任を負い、その義務と責任を果たすものとする。ただし、その義務は合理的であり、従業員の_____のポジションと矛盾しないものとする。
3　本会社による従業員の雇用のその他の面については、いずれも本会社の_____の従業員のために用意された本会社の規則・方針と一定したものであり、適用法に合致したものであることとする。
4　従業員は、本会社の_____部の事業を成功裡に運営するためにそのプロフェッショナルとしての時間と技能の100％を捧げ、最高の努力を尽くすものとする。
5　従業員は、本会社の事前の書面の同意なき限り、本契約の有効期間中は、本契約に基づく場合を除き、自分自身のため、または本会社以外の会社、パートナーシップ、人、または法人のために、自らが他のいかなる職業またはビジネスにも携わらないものとする。
6　上記の規定にもかかわらず、従業員は、自らが適切と考える非営利事業、地域組織への活動には参加できるものとする。ただし、かかる参加は、本契約に基づく自らの義務の履行に対し、重大な干渉あるいは重大な支障にならないことを条件とする。

解説

1 ❖ 雇用する場合のポジションと上司

　最初の2項は、雇用する場合のポジションを明確にし、誰の指示のもとで働くかを明確に規定している。国際的な事業における雇用契約では、特に重要なポジションになればなるほど、"Who are you reporting to?" という問いに明確に答えられない仕事の仕方はしない。責任を明確にするのである。また、従業員（employee）といっても、CEO & PresidentからVice Presidentクラス、各ディビジョン（事業部）の部長・工場長・責任者、主要な技術開発研究所の主任クラスの場合もある。経営と所有が分離されている社会では、不思議で

はない。社長も副社長も、研究所長、工場長もみな、"employee"なのである。

本例文では、飛鳥凛の上司は法務部長としている。法務部長である日高尋春氏の雇用契約であれば、報告先（上司）は"the CEO and President"となろう。

2❖就業規則

第3項では、従業中の一般のルールは、就業規則に拠ることを明記している。雇用契約では通常、この項目だけで対応することができる。

3❖会社業務に使うべき時間

基本的には、プロフェッショナルとしての時間は、すべて会社の業務の執行のために充てることを約束する。本条項では、契約のドラフティング上の技術的視点から、従業員の時間を"professional time"とそうでない時間"private time"とに分け、私的な時間については不当な干渉や制約をしないよう、契約上、注意深く言及を避けている。（第4項）

4❖社会的な非営利活動については制約しない

社会的なさまざまな非営利活動については、制約しないことを明確に規定している。本来はなくてもいい規定である。ねらいは、それが基本であるが、その活動が雇用契約の業務執行に悪影響を及ぼす場合や衝突する場合は、許容範囲を超えることを明確に警告し、制限を加えている。社会的に意義のある活動、たとえば環境保護や自然保護などであっても、会社事業の遂行と衝突する場合には一定の自制を求め、反するときは契約違反として解雇の事由に繋がる規定である。

家業については、プロフェッショナルの時間、非営利活動のいずれにも直接該当しないように見えるが、議論の余地があり、簡単には解決しない問題である。報酬の金額、その役割の重要性などを勘案し、かつ雇用契約上の責務の執行への影響等を含め、総合的に判断されることとなろう。

5❖従業員の家族の問題には触れない

カリフォルニア州をはじめとする米国などでは、雇用の際に家族の職業を尋ねてはならない、というルールがある。そのような場合、たとえば「家族が思いがけない事業を所有し、経営し、その株式を従業員本人が保有している場合はどうするか。たとえば市内最大ホテルのオーナーだったら？」など、ロースクールのクラスでは、さまざまな質疑応答が教授と学生の間で繰り広げられている。

「答えは大事ではない。問題を見つけるのが大事なんだ」。教授の声がいまも聞こえてくる気がする。私のミシガンロースクール時代のロイヤーズクラブ（ロースクールに隣接するロースチューデントの寮）のルームメイトは、ホテルやマディソンスクエアガーデンなど、米国中に50社ほどの会社を保有しているビリオネアの家族で、姉妹など、家族は絶えず身代金めあての誘拐にさらされるリスクを抱えていた。ルームメイトが深夜2時ころまで帰らなかった日、級友が誘拐を心配して多くのメンバーが私の部屋に集まった。ギター、ピザでパーティーのようなにぎやかさだった。教授も、真夜中に訪ねてきてくださった。家業との兼業の問題は、本当は難しい。教授の声が聞こえるようである。「家業がマフィアという噂があるとき、君が人事部長ならどうするか。証拠は何もない。単なる噂にすぎないのだが」。

雇用合意条項③ | Employment

例文631

◇ポジション(役職)・職務を明示して雇用する

Article __ Duties
1 The Employee will be in charge of the _____ business of the Company in its _____ office, and it is contemplated that she shall be named and appointed as Deputy General Manager of _____ ____ Division.
2 The Employee shall devote her entire time, attention and energy to the business of the Company, in accordance with the internal rules and regulations of the Company.
3 Provisions of this Article shall not be construed as preventing the Employee from investing her assets in such form or manner as will not require the performance of services on the part of the Employee in the operation of any enterprise in which such investment shall be made.

[和訳]

第__条　義務
1　従業員は、本会社の_____事業所における_____ _____事業に従事するものとし、現在、彼女は、_____部の副部長に指名、任命されるものと企図されている。
2　従業員は、本会社の規定・規則に従って、自らの時間、注意ならびにエネルギーを本会社の事業のために注力するものとする。
3　本条の規定は、従業員自らの資産から投資する事業の運営に、従業員が直接・間接を問わず手を下すものでない投資まで妨げるものと解釈されてはならない。

―――――― 解説 ――――――

1 ❖ポジション(地位)の約束

　雇用にあたって、仕事の場所(オフィス)とポジションを規定している。ポジションについては、ここでは"contemplated"(企図している)という緩やかな表現を使っている。
　背景を説明すると、重要なポジションに対し、それぞれの会社の委員会において正式に承認されなければ、会社の正式な決定や発表ができない場合が少なくない。そのような手続きを考えると、雇用契約締結時には、まだ明快に義務として規定できないこともあり、少し曖昧ではあるが、"contemplated"といった表現を使うことがある。正式な機関による承認が不必要で、人事部限りで決定できる場合には、もっと分かりやすく、明確に"The Employee shall be assigned as _____ of _____ Division of the Company."と規定することもできる。

あるいは素直に、"subject to the approval of the Board of Directors of the Company"というフレーズを規定の中に挿入して、実際には取締役会の承認を得なければその通りの役職に就くことができるかどうか、まだ未確定あるいは不確実なのだということを従業員に伝える選択肢もある。ただ、それでは、前職に残るほうを選択され、雇用契約自体が果たして成立するか分からなくなってしまうリスクがある。

引き抜きの場合には、この種の非常にデリケートな問題をはらんでいる。突然の変更で、雇用自体や当初口頭で約束したポジションに就くことができないといった紛争は枚挙に暇がなく、ロースクールの教材や試験問題の重要テーマのひとつになっている。

2 ❖ すべての時間を仕事にむける

パートタイムの際は、出勤日等を週のうち3日などと規定するが、普通の勤務の場合は、いわゆるビジネスデイには毎日出勤して業務時間中は働く。他の仕事には就かない。あたり前のことを記載し、確認している。

当該企業のビジネスデイ（business day）、出勤日や勤務時間を「就業規則や会社の規則による」という規定は十分だろうか。詳細は会社の就業規則に拠るとして柔軟性を持たせ、委ねることがある。出勤日と勤務時間については、業種により、通常は休日であるはずの「土曜・日曜」勤務もあれば、「深夜」「宿直」勤務もある。運輸、小売業、ホテルなど、そういった業種は決して少なくない。勤務にあたる曜日も契約で確認したほうがフェアであり、紛争防止に役立つことがある。例文644（労働時間条項）で紹介している。

3 ❖ 資産を投資するのは、自由──資産運用で事業を運営するのは困るが……

第3項は、従業員がその個人資産を投資するのは自由ということを確認している。投資し、自らその社長、役員、オフィサーとして、その運用にあたるというのでは困るが、その資産の運用について、自らのサービスを必要としない投資まで、禁止してはいない。投資運用のために時間を費やし、業務に支障が生ずることさえなければ、差し支えない。

例文632 不干渉条項 | Outside Activities

◇従業員が個人・家族の資産・資金を運用するのは、制限されない
◇重大な悪影響（materially adverse effect）を会社業務に与えない限り干渉はしない

> Article __ Outside Activity
> Nothing herein shall preclude the Employee from devoting time during reasonable periods required for investing personal assets and/or those of family members in such form or manner that will not violate this Agreement, and these activities will be permitted so long as they do not materially interfere with or materially adversely affect the performance of the Employee's duties and obligations to the Company.

［和訳］
第__条　会社の外での活動

本契約のいかなる規定も、従業員が自己または家族構成員の個人的資産を本契約違反にならない方式、方法で投資・運用するために必要な期間、自己の時間を費やすことを禁止しておらず、またかかる活動は、それが従業員の義務ならびに本会社の義務の執行に対する重大な妨害となり、または重大な悪影響を及ぼさない限り、許容されるものとする。

解説

1❖個人資産の運用の制限規定
　競合避止義務との関係で、従業員が個人や家族の資産を運用・投資することについては何ら制限がない。これは、個人・家族の資産がいわゆる常識の範囲内なら、何ら問題は起こりえない。しかし、その金額が巨額に上り、その事業や投資が、会社の業務の遂行や従業員の職務の遂行と衝突しはじめたらどうなるか。このあたりの問題をスマートに処理・対応すべく、重大な悪影響 (materially adverse effect) という概念を使い、その水準まで影響が出てくるなら制限しなければならない、というルールを契約条項の中に規定している。

2❖個人資産の運用を合理的な範囲でおこなうことを会社は認める
　会社は、従業員が自己の資産、家族の資産を投資・運用するために時間を使うことは、会社における従業員の職務の遂行に支障をきたさない限り認める。会社は従業員の私生活には不干渉の立場を取る。
　例外として、会社での職務遂行に悪影響が出るほどになれば、会社外の活動についても制約を設ける必要もあろうが、そうでない限りはかまわないということである。

3❖so long as they (=activities) do not materially interfere with or materially adversely affect the performance of the Employee's duties and obligations to the Company
　プロフェッショナルとしての時間を会社のために100％使うと役務の提供を約束しながら、自己の資産の運用のために時間を使ってよいのか、という質問・反論に対処できるよう、例外として認めている。人が人として生きる営みを現実的に考えれば、このルールはきわめて合理的であろう。それでも、その会社外の行為が従業員の義務に違反し、会社業務遂行に重大な悪影響を与えるレベルまでいくと、職務遂行の契約違反となる。

サービス提供条項 | Services　　　　　　　　　　　　　　　例文633
◇サービスを提供する方法を規定する

(a) During the term of this Agreement, ASUKA shall render such services related to the management of the _____ division of KVE's _____ office as shall be assigned from time to time by the general manager of the office.

(b) ASUKA shall render the services assigned to her to the reasonable satisfaction of KVE and to the best of her ability, in diligent, trustworthy, businesslike and efficient manner.

[和訳]
(a) 本契約の有効期間中、飛鳥は、KVEの_____事務所の所長によって随時指示される同事務所の____部の運営に関わるサービスを提供するものとする。
(b) 飛鳥は、指示された役務を、勤勉に、信頼でき、実際的かつ効率的なやり方で、その最高の能力を使って、KVEが合理的に満足するように提供するものとする。

―――――― 解説 ――――――

1 ❖render the services
「サービスを提供する」ことを指す。雇用契約やサービス提供契約の基本的な用語である。

2 ❖to the reasonable satisfaction of the Company
「会社が満足するように」という趣旨で、会社側の主観的判断が基準となり、従業員にとっては厳しいものである。

●―第3款　雇用期間条項

例文634 雇用期間条項① | Term

◇始期と終期を明確に規定する

The Employee's employment under this Agreement shall commence on April 1, 20__ and shall continue to and through March 31, 20__ or such earlier date on which this Agreement may be terminated pursuant to Article __.

[和訳]
　本契約による従業員の雇用は、20__年4月1日に開始するものとし、20__年3月31日または、第__条の規定に従ってそれより早く本契約が解除されたときは、その日まで、存続するものとする。

解説

1❖**雇用の始期と満了**──shall commence on April 1, 20__ and shall continue to and through March 31, 20__

「20__年4月1日に開始し、20__年3月31日まで存続する」という趣旨である。

2❖**to and through March 31, 20__**

「20__年3月31日を含み、その日まで」という意味である。最終日が期間に含まれるかどうかを明確にするため、"to and through"といっている。

雇用期間条項② | Term
例文**635**

◇雇用期間と終了前の更新協議を規定する

Unless sooner terminated in accordance with the provisions hereinafter set forth, the term of this Agreement shall commence on April __, 20__, and shall terminate on April __, 20__. It is agreed that not less than three (3) months prior to the normal expiration date hereof, the parties shall discuss an extension or renewal of this Agreement, but failure to conduct such discussions, and failure to agree upon the terms of an extension or renewal shall in no way constitute a breach of this Agreement.

[和訳]
　以下の本契約中の規定により早期に終了した場合を除き、本契約の期間は、20__年4月__日に開始し、20__年4月__日に終了する。通常の終了日の3ヶ月前までに、両者は、本契約の延長または更新について協議をおこなうことに合意する。ただし、かかる協議ができないこと、また、延長や更新の条件について合意できないことをもって、いかなる意味でも本契約の違反にはならないものとする。

解説

1❖**雇用の始期と満了**──shall commence on April __, 20__, and shall terminate on April __, 20__

期間を規定する基本形のひとつである。

2❖**期間更新をめぐる協議条項**

期間の延長・更新をめぐる協議の規定は、いつ協議をおこなうかという問題と、万一協議が整わないとき、どのような結果として扱うかという現実の問題とがある。本例文では、3ヶ月前開催と、協議が整わないときは更新なしという規定である。もっとも合理的な規定の仕方のひとつである。

例文636 雇用期間条項③ | Term

◇雇用期間と終了時の自動更新について規定する

Article ___ Initial Term of Employment
1 The initial term of employment of the Employee by the Company shall be for a period of three (3) calendar years beginning on October 1, 20___, (hereinafter referred to as the "Effective Date") and ending with the third anniversary date of the Effective Date, (hereinafter referred to as the "Initial Term") unless terminated earlier pursuant to this Agreement.
2 The Employee's employment under the terms of this Agreement will be automatically extended annually for an additional one (1) year period, unless the Company or the Employee provides the other party with written notice of termination no later than thirty (30) days prior to the end of the Term.

[和訳]
第__条　当初の雇用期間
1　本会社による従業員の当初の雇用期間は、本契約期間の途中で解除されない限り、20__年10月1日（「発効日」という）から始まり、発効日の3年目の応答日で終了する3年間（「当初の期間」という）とする。
2　本契約のもとでの従業員の雇用は、本会社または従業員が期間の終了日の30日以上前に書面による解除通知を送付しない限り、毎年さらに追加の1年間宛自動的に延長されるものとする。

解説

1❖当初の雇用期間（initial term of employment）は3年間

当初の雇用期間は3年間とする。具体的にその始期を暦月日で記載し、かつ3年目で終了すると記載している。

2❖the third anniversary date

3年目の応答日のことを指す。3年目の記念の日である。本例文では、当初の契約期間がちょうど3年間で終了する。

3❖自動更新条項

第2項に規定されているのが、いわゆる自動更新条項である。①いつまでに、②いずれからも更新について異議あることを通知しなければ、③自動的にいつまで（期間）延長されるか、が規定のポイントである。本例文では、契約終了30日前までにいずれか一方が相手方に書面で終了の通知をしなければ、さらに1年間宛延長されることとしている。

口頭で異議を申し出るという通知方法は、当事者間では明らかかもしれないが、いざ紛争になったとき、第三者や裁判所、仲裁人との間で、異議があったかどうか、どのように具体的な内容で通知されたのか、などの立証が困難で、当事者も証明方法に困るのは明ら

かである。したがって、書面による通知と規定するのが契約では賢明である。

4❖4年目終了時の延長の問題

本例文では、当初雇用期間(initial term)の3年間が終了するときには、その終了日の30日前までにいずれか一方から異議の通知がなければ、さらに追加の1年間が雇用期間として自動的に延長されることはこの規定上、明瞭である。1回目の自動延長後、4年目が無事終了した際、いずれからも（延長に対する）異議の通知がないとき、さらに1年延長されるのかについては、本例文の第2項に"annually"（毎年）という言葉があり、結びが"the end of term"なので、自動延長と解釈できる。4年目以降も1年ごとの自動更新とすることをさらに強調したいときには、"for an additional one (1) year period"を"for an additional period of one (1) year each"とし、最後の"the end of the term"を"the end of the initial term or any extension thereof"とする表現方法がある。

●─第4款　給与条項

給与と賞与がどうなるかは、CEOをはじめとする事業部長クラスの経営幹部であれ、現場で営業に携わる営業マンであれ、従業員にとっては関心の高い重要な問題である。一方、新たに雇用する会社側にしてみれば、本人の実力がその企業でどう発揮されるかは、まだ未知数というほうが多いだろう。そのような状況で、どのように互いに給与と賞与の条件を確認し合うか。それが雇用契約での給与と賞与の規定をドラフトする場合の課題である。「会社の規則による」と自由裁量の幅を大きくし、自らの自由な判断、評価と裁量を維持したいのが会社側であろうが、転職を図る従業員側には、ある程度目安になる金額や賞与の条件を確認したい思いがあるのも当然である。そのような条件のもとで取り決められるのが、給与と賞与の規定である。

給与条項① | Compensation　　　　　　　　　　　　　　　　　　　　　　**例文637**

◇年俸額を決め、12分の1ずつを毎月支払うと規定する
◇給与支払い者によって源泉徴収がなされると規定する（ネット保証ではない）

(a) As consideration for the Employee's services rendered pursuant to this Agreement, KVE shall pay the Employee, and the Employee shall be entitled to receive from KVE, the following salaries in US dollars for the periods indicated:

Period	Salary
April 1, 20__ ― March 31, 20__	US $90,000 (per annum)
April 1, 20__ ― March 31, 20__	US $95,000 (per annum)

(b) The Employee acknowledges that the payment of the above salaries shall be subject to withholdings for income tax and social security and to any other withholdings required by applicable law.

(c) One-twelfth of the above salaries shall be payable to the Employee during each month of the corresponding period.

[和訳]
(a) 本契約に従って提供された従業員のサービスに対する対価として、下記の期間について、それぞれ下記の給与をKVEは従業員に対して米ドルで支払うものとし、従業員はこれをKVEから受け取ることができる。

期間	給与
20__年4月1日—20__年3月31日	9万米ドル(年間)
20__年4月1日—20__年3月31日	9万5千米ドル(年間)

(b) 従業員は、上記の給与の支払いが、所得税、社会保険料ならびに適用法によって要求されるその他の源泉徴収の対象となることを確認する。
(c) 上記の給与の12分の1の金額が、対応する期間において、毎月従業員に対して支払われるものとする。

解説

1❖KVE shall pay the Employee and the Employee shall be entitled to receive
支払う側と受け取る側の両方の立場で規定を考えているので、このような言い回しになっている。

2❖subject to withholdings for income tax
「所得税の源泉徴収に服する」の意味である。支払い側が、支払い時に一定の金額を差し引くことを指す。

3❖one-twelfth of the above salaries
「上記給与額の12分の1」を指す。

4❖ボーナス(賞与)
本例文の雇用契約の背景としては、特に規定がなければ、ボーナスの支払いはないという理解である。ただし、誤解を予防するには、その旨を明確に規定したほうがよい。たとえば(d)項として、以下のように規定する。

"(d) The Employee acknowledges that she shall not be entitled to any bonus or similar payments."

次に取り上げる例文638では、ボーナスの支払いを前提として報酬を規定している。

給与条項② | Compensation　　例文638

◇給与は年額を基礎に計算すると規定する
◇賞与は会社が評価・裁量権を持つ

Article ___　Salary and Bonus

1　For all services to be rendered by the Employee, the Company will pay the Employee the following salary payable in equal monthly installments in accordance with the Company's internal payment regulations and practices:

  (i) For the period from April 1, 20__, through December 31, 20__,
   A yearly salary of US $200,000 divided in proportion to the number of days as from April 1, 20__ against 365 days.

  (ii) For the calendar years of 20__ and 20__,
   A yearly salary of US $250,000.

  (iii) For the period from January 1, 20__, through March 31, 20__,
   A yearly salary of US $250,000 divided in proportion to the number of days as through March 31, 20__ against 365 days.

2　The Company shall pay to the Employee a special bonus at the end of each fiscal year ending on March 31, that this Agreement remains in effect. Such bonus shall be determined by the Company in its sole discretion, based upon the Employee's performance.

[和訳]

第__条　給与と賞与

1　従業員により提供されるサービスに対し、本会社は従業員に、下記の給与を本会社の給与支払い規則と慣行に従い、毎月の均等払いにより支払うものとする。

  (i) 20__年4月1日から20__年12月31日までの期間については、
   年額20万米ドルを、20__年4月1日から年365日として、日数に応じて（日割り）計算した金額

  (ii) 20__年と20__年については、
   年額25万米ドルとする

  (iii) 20__年1月1日から20__年3月31日までの期間については、
   年額25万米ドルを、20__年3月31日まで年365日として、日数に応じて（日割り）計算した金額

2　本会社は従業員に対し、本契約が有効である間、毎年3月31日に終了する会計年度の最終日に特別賞与を支払うものとする。かかる賞与は、従業員の業績に基づき、本会社の単独の判断により決定されるものとする。

例文639 雇用契約｜給与条項③
例文640 雇用契約｜給与条項④

―――――― 解説 ――――――

1❖給与――決めるのは年額ベース、支払いは毎月

年額で決め、期中に雇用が始まる場合は、日割りで掛けて算出し、1ヶ月ごとに支払う。実際の契約では、必ずしも1月1日からの契約とはならない。本例文では4月1日からとしている。

2❖賞与――会社の評価、判定次第

会社の判定により、その従業員の業績、成績で支払うかどうかを決め、また金額についても基準を設けない。会社によっては、賞与についても一定の基準額（たとえば給与の一定比率）を決めているところもあるが、給与と異なり、赤字のときや従業員の成績が目標に達しないときは、支払われるとは限らない。

日本では、ある程度の差は設けても、全従業員に賞与を支払う慣行を維持している企業が多いといわれ、給与の一部という考え方もある。しかし、海外の企業や雇用のもとでは、賞与については個別の従業員の貢献度の判定により大きく評価が異なることも多く、またその給与に対する割合も大きく異なり、業績向上に貢献した一部のメンバーに重点的に配分されることがある。2000年代に入り、日本においても、次第に会社側の各従業員の業績評価による重点的な配分を取り入れる企業も出てきている。今後は次第に雇用についても、ドライな海外の慣行が取り入れられていく可能性があるという認識のもとに、飛鳥凛は日高尋春氏の指示で、雇用契約のいくつかのバリエーションを研究しはじめたという。

例文639 給与条項③ | Compensation

◇暦年ベースの年俸額を決め、毎月の応答分を支払うと規定する

For all services to be rendered by the Employee, KVE shall pay to the Employee the following salary payable in equal monthly installments in accordance with KVE's internal payment method and practices:

(i) For the period from April 1, 20__ through December 31, 20__.
A yearly salary of US $120,000 divided in proportion to the number of days as from April 1, 20__ against 365 days.

(ii) For the calendar years 20__ and 20__.
A yearly salary of US $135,000

［和訳］

従業員によって提供されるすべてのサービスの対価として、KVEは従業員に対し、下記の給与を、KVE社内の支払い方法・手続きによって毎月均等払いで支払うものとする。

（i）20__年4月1日から20__年12月31日までの期間
年額12万米ドルを、20__年4月1日から年365日として、日数に応じて（日割

り）計算した金額
(ii) 20__年と20__年の暦年については、
年額13万5千米ドル

解説

1 ❖ カレンダーイヤーの年俸
毎年1月1日から12月31日までの年俸額を決定する。そこから毎月に応答する金額を計算し、支払っていく。したがって、年度の途中から雇用を始めた場合は、1年を365日と計算し、その日割り計算により、毎月の給与額を計算して支払う。

2 ❖ payable in equal monthly installments
「毎月、均等支払いにより支払う」の意味である。

給与条項④ | Compensation　　　　例文640

◇基礎給与とインセンティブ(賞与)の2本立てで報酬を設定する
◇給与額の50％を上限とする賞与につき規定する

Article __ Salary; Bonus
1　As payment for services to be rendered by the Employee as provided in this Agreement and subject to the terms and conditions of this Agreement, the Company agrees to pay to the Employee a base salary for the twelve (12) calendar months beginning on the Effective Date at the rate of US $250,000 per annum payable in accordance with the standard payroll practices of the Company as they may exist from time to time.
2　Such base salary shall be subject to annual review, for the purpose of possible increase or reduction, by a compensation committee described in Exhibit __.
3　Pursuant to the terms of an incentive plan of the Company, the Employee shall be eligible to receive an incentive bonus. The incentive plan will include an incentive bonus for the Employee equal to fifty (50) percent of the Employee's base salary upon achievement of approved targeted results.

［和訳］
第__条　給与；賞与
1　本契約に定める従業員により提供されるサービスの対価として、本契約の条件と条項に基づいて本会社は従業員に対し、契約発効日から始まる12暦月に、本会社が随時設定する標準的な給与慣行に基づき、年25万米ドルの基礎給与を支払うものとする。

> 2　かかる基礎給与は、添付別紙__に規定する給与（査定）委員会が毎年実施する増額または減額の査定に服するものとする。
> 3　本会社のインセンティブ・プランの条件に従い、従業員はインセンティブ賞与の支払いを受ける資格を有するものとする。インセンティブ・プランは、その承認された目標成果を達成した場合は、従業員の基礎給与の50％に達する従業員インセンティブ賞与を含むものとする。

―――― 解説 ――――

1❖基礎給与と賞与の2本立ての報酬の決め方

基礎給与をまず取り決める。その金額は毎年、見直しの対象となり、成績次第で、翌年は増額あるいは減額の対象となる。減額しない保証はない。そうでなければ、仕事に対する甘さがある場合には期間を短くしないと対応できない。

2❖賞与は、成果を基準に算出された金額

賞与は、あらかじめ設定した成果を上げれば、インセンティブとして基礎給与の50％までが支払われる。賞与には成績が大きく反映される。逆に言えば、どんなに業績が良くても50％が上限と読むことができよう。

●—第5款　付帯費用に関する条項

経営に携わる重要なキーポストに従業員を雇用する場合には、その任務遂行のために赴任するにあたり、さまざまな手配をおこない、費用を雇用者である会社側で負担することがある。たとえば、家族も含めて任地への引っ越し費用を会社が負担するなどである。

もちろん、その費用を勘案した上で給与・報酬を決める方法も選択肢には上るが、税務上、実費（costs actually incurred by the Employee）の負担・償還（reimbursement）という契約形態を取ったほうが、双方の出費を総合的に判断すると有利で合理的な場合がある。

家族の学校の問題など、一定期間、家族を前職地に残さざるをえないような場合には、本人と家族の2ヶ所で住居が必要な場合が出てくる。そのような場合には、家族の帯同までの一定期間（たとえば3ヶ月間）、従業員のホテル代など、単身赴任時の居住費用を会社側で負担することも契約交渉の範囲である。ただし、一定期間の限度を設定することは必要であろう。居住の場所を仕事場の隣接地に建設し、社宅、迎賓館とする案もあろう。

ただし、飛鳥凛の上司である日高尋春氏は、そのように会社と自宅を近接して置くという考え方、発想には賛同していない。公私の別、つまり従業員は仕事を早めに切り上げ、家族との生活、自分自身の生活を大事にするというワークライフバランスを大切にするのが、経営者の姿勢であり、その姿勢を従業員にも確保するのが経営である、という考えを持っているからだ、と飛鳥凛から聞いたことがある。従業員の職住近接はその妨げになりかねないという。

また、従業員に対し会社側はバケーションを約束する。期間はさまざまでありうるが、次

に挙げる例文641では、思いきり従業員に手厚く、毎年4週間のバケーションを契約で確認している。さらに、業務の遂行に関連して必要な接待費、出張旅費なども会社負担とし、従業員が立て替えた場合には、適切な領収書を付した償還請求手続きを取れば、会社から償還されることになっている。

　ビジネスの遂行に必要、有益な費用の支出については、当然ながら会社がその実費を負担し、償還する。しかしその食事代、交通費、ホテル代などが、どのように業務に関与し、貢献し、また必要なのか贅沢なのかは、実際にはなかなか判断が難しく、トラブルの源にもなりがちである。事前の承認システムをどう構築できるか、承認を誰がどのように下すかなど、実際には運用の難しい条項でもある。成果と結びつけて考えればよいとする意見もあるが、実際にこうした出費をしてビジネスの獲得に邁進している段階では、成否は見えない。予算を設定し、その実行について上司の承認システムを作るのが現実的な対応のひとつであろうが、確実にこれという万能の管理方法はない。

費用償還条項① | Reimbursement of Expenses　　　例文641

◇業務遂行のための赴任地への引っ越しに関わる諸費用の会社負担を規定する

Article ＿＿　Relocation
1　The Employee shall be reimbursed the costs of relocation of the Employee's family and the Employee to ＿＿＿＿＿＿＿＿＿＿＿＿＿＿＿＿ in accordance with normal Company policies and procedures.
2　Due to delays in relocation of the family of the Employee, the Company shall pay the rental cost of a condominium chosen by the Employee, until such time as Employee will relocate to ＿＿＿＿＿＿＿＿＿＿＿＿＿＿＿＿＿＿, but not later than ＿＿ ＿＿＿＿＿＿＿＿＿＿＿＿＿＿＿＿＿, 20＿＿.
3　The Employee shall be entitled to four (4) weeks of vacation during the term of each year of this Agreement and any extension thereof, prorated for partial years.
4　The Company shall reimburse the Employee for reasonable and properly documented out-of-pocket business, travel and/or entertainment expenses incurred by the Employee in connection with his duties under this Agreement.

［和訳］
第＿＿条　引っ越し
　1　従業員は、本会社の通常の方針と手続きに従って、従業員の家族と従業員自身の＿＿＿＿＿＿＿＿＿＿に赴任するための引っ越し費用の償還を受けるものとする。
　2　従業員の家族の引っ越しが遅延する場合、本会社は、従業員が＿＿＿＿＿＿＿＿＿＿＿＿に引っ越すまで、従業員が選択したコンドミニアム（アパート）の借り受け費用を支払うものとするが、その（コンドミニアムを明け渡す）時期

　　　　は、20__年____を越えないものとする。
　3　従業員は、本契約の有効期間中ならびにその更新期間、毎年4週間の休暇を取ることができる。ただし期間が1年に満たない年については、休暇日数は勤務期間の割合に応じた日数とする。
　4　本会社は従業員に対し、本契約の義務に関連して従業員により支出された合理的かつ適正に証明する書面を付して請求されたビジネス費用、旅費ならびに接待費について、償還するものとする。

解説

1❖住居費用の負担

　会社の業務を遂行するための転居にともなう引っ越し費用は、会社が負担している。

2❖家族の帯同が遅れるときは、それまでの従業員のコンドミニアム借り上げ費用は会社負担

　本例文では、家族が合流して、本来の住居へ引っ越すまでの期限を会社側で付している。本例文では、家族を帯同せず、無期限にコンドミニアムを借り上げ続けることは許容していない。

　筆者が1979年9月に東京からロンドンに赴任した際には、家族は3ヶ月遅れたクリスマス・シーズンにウエストワースロードの住宅に到着した。それまでの3ヶ月間はコンドミニアムを住居とした。3年後の1982年6月にロンドンからサンフランシスコに赴任したときは、1ヶ月後に家族との合流となった。家族を帯同するかどうか、及びその時期については、その赴任地や家族の意思も関わってくる。

3❖従業員が家族を帯同しないときの規定の仕方

　家族が同行を希望しないときは、従業員が単独で、家族から離れて勤務することも選択肢のひとつになる。赴任地が家族にとって過酷な地の場合や家族の教育問題、健康問題、安全問題、職業問題などが絡んでくると、家族の帯同が好ましくない場合やできない場合も出てくる。

　この場合、例文の第1、2項を単純化できる。まず第1項は、"the costs of relocation of the Employee to _____"と短く表現し、第2項は冒頭の"Due to ... Employee,"を削除し、かつ後半の"until ..."以下も削除する。

　海外の赴任地でlandlord（家主）と住居や部屋の賃貸契約を締結するときには借り手（テナント；tenant）を誰にするかについて2つの方式があり、いずれかを選ぶことになる。それはテナント（借主）を会社とするか、従業員とするかである。

　実務上は、留守家族の住居費や生活費をどう賄い、扱い、支払うかという問題もある。個別対応が必要である。

4❖職務遂行のための出張旅費、接待費の償還

　当然の償還であるが、会社側としては、不必要な旅行、会社の業務とは直接関わりのない遊興娯楽としか考えられない食事、享楽的な出費については、その費用の償還を拒否するのが通常の対応である。したがって、接待費や出張の業務との関係での必要性・合理性を立証する書類や領収書を添付して請求するのが前提となる。詳細については、会社の規則・規定に従うという趣旨を契約書で明確に規定するのが賢明である。

さらに、かかる費用の償還については、出張や接待をすること自体、一定の手続きを経て、事前に承認するという条件を雇用契約で規定するのも選択肢のひとつである。場合により、計画や予算（上限）をあらかじめ決めておき、思いもかけない費用を従業員が使うことを予防する選択肢もある。旅費や接待費は、野放しにしておくと思いもかけない金額に達することがあり、同時に不正支出、買収（贈賄）などの不正行為を誘発しやすいので、管理体制が大事である。雇用契約によってもその手当てをしておくことは、それだけの価値がある。不正支出は粉飾決算と無縁ではない。

また、接待費の抑制のため、会社規則として部署・部門ごとに枠を設け、期ごと・1件ごとに規制する方法も選択肢のひとつである。

費用償還条項② | Reimbursement of Expenses　　例文642

◇業務遂行のために従業員が立て替え支出した諸費用の償還につき規定する

Article __　Reimbursement of Expenses
Subject to the prior approval of the Company, the Employee shall be authorized or permitted to incur reasonable expenses for promotion of the business or performance of his/her duties to the Company, including expenses for travel, entertainment and similar items, and the Company shall reimburse the Employee for all such expenses against presentation by the Employee from time to time of an itemized account of expenses incurred with voucher attached pursuant to the procedures of the Company's regulations and rules.

［和訳］
第__条　接待、出張等に対する費用の償還
　本会社の事前の承認を得ることを条件に、従業員は、本会社の事業の推進または本会社に対する自らの義務の遂行のために合理的な費用を使う権限を付与され、許容されるものとする。その費用には、旅費、接待ならびに類似の項目を含むものとする。また、本会社は従業員に対し、本会社の規定と規則の手続きに従った、領収書を添付した費用項目ごとの計算書の従業員による随時の提出に対して、かかる費用のすべてを償還するものとする。

―――― 解説 ――――

1❖旅費、接待費等の償還

　職務の遂行にかかった費用については、会社のルールにより償還する。ただし、法外な費用の出費には耐えられないので、あらかじめ会社のルールにより承認を得て使う。

2 ❖ 請求と支払いの手続き

実際には、1度に数百万円の請求などがあると、会社のルール、資金も関係し、紛糾することがある。年度初めや期中など、絶えず予算の確認を重ねて運用していかないと、なかなかスムーズにはいかない。契約条項でどこまで決めるのがよいかが、簡単には分からない領域である。うっかりすると1年分を1ヶ月分、あるいは1ヶ月分を1日分と勘違いして使ってしまった、というエピソードを生み出す原因となる罪作りな契約条項になる。

ドラフティングを担当する飛鳥凛は、契約からの削除を提案して、日高尋春氏を困らせているという。飛鳥凛は、「従業員は会社の規定に従って役務を提供するのだから、あえて雇用契約に接待費の償還条項を規定しなくてもよいと思います。接待費を給与の一部と勘違いしている契約社員がいます」と提案しているそうだ。

3 ❖ travel

"duty trip"ともいう。いずれもビジネスで使用されるときは、出張という意味である。旅行と訳すと、少し間が抜けている感じがする。言い換えれば"travel"という用語には、仕事とは関わりのない休暇の旅行も含まれる。ビジネス上は、誤解を招かないためにも、"duty trip"という用語を使うほうが賢明かもしれない。ビジネス推進目的の"duty trip"に限定しないと、不正支出になりかねない。企業によっては、厚生・親睦の一環として社員同士や一部取引先も参加する行事、旅行などをおこなうこともある。

例文643 福利厚生条項 │ Fringe Benefits

◇福利厚生制度について規定する

Article ___ Fringe Benefits
1 The Employee shall be eligible to participate in all of the Company's fringe benefits and deferred compensation plans as are generally available to the Company's qualified personnel, including qualified retirement plans, dental and medical plans, disability and life insurance (hereinafter referred to as the "Fringe Benefits").
2 The Company will make available to the Employee an automobile with full operating costs for the Company's account.

［和訳］
第__条 フリンジ・ベネフィット
1 従業員は、本会社が正社員に対し提供しているあらゆるフリンジ・ベネフィットならびに繰延報酬制度に参画することが可能であり、その中には、適格退職年金制度、歯科・医療プラン、傷病・生命(団体)保険(以降、「フリンジ・ベネフィット」と呼ぶ)を含むものとする。
2 本会社は従業員に対し、運行費用も含めた費用を本会社が負担した上で、乗用車を使用できるよう提供するものとする。

―――――――――――― 解説 ――――――――――――

1❖フリンジ・ベネフィット（福利厚生制度）

　各種ベネフィットが列挙されている。これは、実際の制度を調べてその通り反映させるものであり、交渉の余地はあまりない項目である。あえて規定しなくてもよい。途中でも変わることもあり、国により会社により異なる。医療サービス機関との提携で企業内に医療設備があるのも、ひとつのフリンジ・ベネフィットである。有利な保険、退職年金制度なども含まれるが、一方、倒産・解散などの場合は、縮小・廃止のリスクもある。

2❖乗用車の貸与

　従業員に対し、ガソリン代など運行費用も会社負担で、（業務の遂行に必要な）乗用車が提供される。具体的に明確になっていない点は、その乗用車の所有権が会社に属するのか従業員個人に属するかである。実際には、社有車を従業員に業務遂行に必要なものとして貸与するケースや、通勤や業務遂行、場合によっては家族による使用も含めて提供する場合がある。後者の場合には、現物支給による給与の一部として税務当局から課税されるリスクも出てくる。社有車の貸与か、それとも実質的な給与の一部なのか、などは実務上無視できない問題である。

　また、赴任先が新興国などの場合、外国人の車の運転はローカルルールで認められないケースがある。そのような場合は、"chauffeur"（運転手）付きで社有車を従業員やその家族に提供することがある。

　飛鳥凛は日高尋春氏から、この乗用車の供与・貸与問題について契約方式を工夫し、対処するよう研究を指示されたことがあるという。たしかその際は、1台の乗用車でなく、家族が子供の通学やショッピングに使用する分を含めた2台の貸与、あるいは供与のケースだったという。途上国、新興国などでは、業務だけではなく生活の面でも、車なしには何もできない地域もある。そのような地域に新たに採用した人員を配置する際には、乗用車は不可欠な道具となる。しかも、価格も費用もかなりのものになる。

　飛鳥凛が日高尋春氏に提出した提案を紹介すると、いったん会社から従業員に対して乗用車の購入資金をローンとして提供する。従業員に、それを3年くらいかけて、月賦で分割返済させるのである。乗用車の車種・メーカーについては、会社は詳細を指定せず、その貸与金額も購入する乗用車代金と必ずしも一致させない。これにより、給与としての課税を避けることができるか、飛鳥凛は検討したことがあるという。

　日高尋春氏あるいは会社が、飛鳥凛の提案を採用したかどうかは聞いていない。

●―第6款　労働条件に関する条項

　雇用契約においては、勤務の条件を確認することが重要である。そもそも勤務がフルタイムベースかどうかは基本である。週にたとえば2～3日勤務するだけのこともあれば、日曜が出勤日の場合もある。単に週5日とも決めることができない。その5日がどのように決まるかで、勤務条件は大幅に異なってくる。海外ではなく日本の職場・企業でも、運輸、放送、店舗営業などの場合は、いわゆる休日（土日祝日）は営業日であるから、休日の勤務は当

| 例文644 | 雇用契約｜労働時間条項 |
| 例文645 | 雇用契約｜休暇条項① |

たり前である。

　具体的に労働の日を規定するとともに、まとまった休暇や病気、休養などのための有給休暇の取り方なども大事になってくる。雇用の期間が長くなり、2年目以降になれば、休暇を増やす制度や前年度に消化しなかった日数を繰り越すことも関わってくる。国や地域により、祝日の暦や傷病の際の休暇の取り方に差異がある。たとえばイスラム教国では、金曜がキリスト教国での日曜にあたり、休日である。

　病気の場合も、日本では有給休暇を使うことが多いが、米国やイギリスなどでは、それとは別の"sick leave"（病気休暇）という概念による休暇を取るのが普通である。海外勤務などの場合には、"home leave"という考え方があり、一定期間（たとえば3年）海外勤務をしたら、2～3週間程度のまとまった休暇（帰国休暇）を与え、本国の家族と一緒に過ごす機会を会社負担で与えることがある。

　さまざまな休暇の仕組み、制度が可能であり、国や企業により就業規則で多様に定めることもできるが、それとは別に雇用契約を締結する際に、あらかじめ取り決めることもある。雇用契約で休日や休暇条件などを確認しておくメリットは、もしそれがなければ就業規則に従うこととなり、会社都合で随時変更されることがありうるのを契約条件で確認しておくことにより、従業員側にも、発言権、同意権が確保できることにある。

　従業員が負傷・病気のために業務を遂行できないときは雇用契約をどうするか。実務上は、対処が難しい問題である。一般的には、雇用契約本文では直接規定せず、「就業規則による」とするなどして対処すれば楽である。

　CEO、事業部長、執行役員など、経営上重要な役割を果たす従業員の雇用契約では、その役割の重要性や高額の報酬等の点に加え、そもそも事業の経営を委ねられた者がその役割を果たせない場合に、放置しておいてよいのかという問題が起きる。さまざまな対応方法があるが、ひとつは、給与・報酬の減額等待遇の変更、そして雇用契約の解除である。雇用契約における従業員の地位や役割、報酬が高いときは、厳しい対応も合理性と説得力を増す。

　一方、従業員の地位や役職、報酬が低いときは、あまりにも厳しい扱いに対して、適用される労働法によっては一定の労働者に対する保護が強行法規として規定され、不利益な扱いを制約していることがある。雇用契約で個別、具体的に検討を要する事項である。特に、傷病が業務に起因して発生した場合には、労働者に対する保護が与えられるのが通常なので、丁寧な対応と調査が必要である。間違っても、人権侵害や労働法違反にあたる行為を会社側はしてはならない。契約の中で、適用法を遵守することを両当事者が確認し、万一抵触するときは、その範囲で契約条項を無効とする規定を挿入することも選択肢のひとつであろう。

例文644　労働時間条項｜Working Hours

　　◇通常の労働時間を規定する
　　◇休日出勤や残業を規定する

> The Employee acknowledges that the normal working hours to be worked by the Employee shall be 9:15 am to 4:30 pm Mondays through Fridays, but that the Employee shall work at such additional times and on such additional days as the general manager of

KVE may from time to time request.

[和訳]
　従業員は、従業員が働くべき通常の労働時間は月曜から金曜までの午前9時15分から午後4時半までであること、ただし従業員は、KVEの部長から随時に発せられる要請を受けたときは、要請による追加の時間、曜日に働く義務があることを承諾する。

解説

1 ❖normal working hours
「通常の労働時間」をいう。国により労働日や労働時間が異なるので、注意を要する。サウジアラビア、クウェート、イランといったイスラム教の国では、金曜が聖日で休みである。したがって通常は、木・金曜が休日になる。土曜が労働日かどうかは、国だけでなく、企業によって異なるケースもある。雇用契約では、通常の労働時間の規定の確認は欠かせない。

2 ❖通常の労働時間以外の日と時間における労働とその対価
休日出勤や残業があるのであれば、どのようなケースにどのような方法で求めることとされるかを確認しておく必要がある。本例文では、部長が求めることにしている。

実際には、このような場合の対価をどうするかが大きな問題になる。いわゆる休日出勤手当、残業代(overtime payments)の問題である。このような費用を支払う代わりに、代替の休日の付与や労働時間の削減で調整を図るケースもある。かかる手当や調整を一切しないケースもあるが、ケースによっては不合理な規定として無効にされかねない。

"Overtime payments for any hours or days worked in excess of the normal working hours set forth in this Agreement shall be paid in accordance with the internal regulations of KVE."あたりなら、穏やかな規定である。実際には、さまざまなバリエーションがあり、注意を要するポイントである。

休暇条項① | Vacation　　　　例文645

◇12ヶ月間に20日の有給休暇を与えると規定する
◇次期間への繰り越しは認めない

The Employee shall be entitled to twenty four days of vacation during each of the five twelve-month periods set forth in Article__.
No such vacation days may be carried over from one twelve-month period to the next.
The Employee shall schedule her vacations so as not to interfere with the operations of KVE or her rendering the services assigned to her under this Agreement.

例文646 雇用契約｜休暇条項②
例文647 雇用契約｜傷病条項

[和訳]
　従業員は、第__条に規定する5つの各12ヶ月期間について、20日の有給休暇を取得することができる。
　かかる有給休暇は、ある12ヶ月の期間から次の期間に繰り越すことができない。
　従業員は、その有給休暇を、KVEの運営や、本契約により従業員に指示されたサービスの提供に支障のないように取得するスケジュールを立てるものとする。

―――― 解説 ――――

1 ❖ each of the five twelve-month periods
「5つの12ヶ月の期間の各々」を指す。"twelve-month period"は、1年のことである。

2 ❖ carry over from one twelve-month period to the next
「ある12ヶ月の期間から、次の期間に繰り越す」という趣旨である。例文では繰り越しを認めていないが、実務上はさまざまな対処方法があり、たとえば、上限日数を決めて繰り越す方法もある。

3 ❖ so as not to interfere with ...
「…に支障がないように」「…を妨げないように」の意味である。

例文646 休暇条項② | Vacation

◇最初の1年は10日、2年目以降は15日と、年次（有給）休暇が増加する規定

Article __ Vacation
1　The Employee shall be entitled to ten (10) working days of vacation during the calendar year of 20__, fifteen (15) working days of vacation during the calendar years of 20__, 20__, and 20__.
2　In case this Agreement is extended for one (1) year period or more at the time of the end of this Agreement, the Employee shall be entitled to fifteen (15) working days of vacation per calendar year.
3　The timing of such vacation shall be determined between the Employee and the Company in advance in accordance with the regulations and rules of the Company.

[和訳]
第__条　休暇
　1　従業員は、カレンダーイヤーの20__年の間に10日間の（有給）休暇を、また、カレンダーイヤーの20__、20__、20__年には各15日間の（有給）休暇を取る

2 本契約がさらに1年またはそれ以上の期間延長された場合には、従業員は、それぞれのカレンダーイヤーごとに15日間の（有給）休暇を取る権利を保有するものとする。
3 かかる休暇を取る時期については、本会社の規定・規則に従って、あらかじめ従業員と本会社の間で決めるものとする。

――――― 解説 ―――――

1❖最初の1年の有給休暇は10日、以降は15日
例文では、最初の1年は、10日の休暇が与えられる。営業日を基準に計算する。2年目以降は年15日。ただし4年目以降は、合意により延長されたときに、年15日。
"calendar year"（1月1日から12月31日まで）は「暦年」と訳すこともできる。"fiscal year"と対比して使われる。"fiscal year"は「会計年度」と訳される。

2❖実際に休暇を取るときの手続き
実際に休暇を取る時期は、会社の就業規則に従って、あらかじめ会社に申し出た上で決めるとしている。

3❖vacation（休暇）は、有給が前提
実務上は、契約で具体的に"paid leave"または"paid vacation"と規定しなくても、"vacation"は通常、有給休暇を意味し、有給であることを前提としている。しかし仮に、従業員側で不安なときは、明確に"paid"という用語を挿入することも選択肢のひとつである。

契約書のドラフティングに慣れてくると、当然の前提だからという感覚で、しばしば手抜きをすることがある。「くどい」という感覚を嫌い、簡潔＝simpleという形式の美しさを追求するのである。格好いいという感覚であるが、相手により状況により、たとえ格好は悪くても、丁寧に詳しく、まぎれる余地なく、明確に規定することは間違いではない。手抜きというのは、本来あるべき姿を十分に双方の当事者がわきまえている場合にのみ、勧められる。その確信がないときは、本当にトラブルや善意の誤解の原因になることもあるので、勧められない。

日高尋春氏と飛鳥凛は"paid leave"の使用を好む。「紛れがないから」と飛鳥凛はいう。

傷病条項 | Disability　　　　　　　　　　　　例文647

◇所定月数を超えてサービスを提供できないときは、それ以降の（欠勤）期間について対価を一定割合減額し、復帰次第全額（給与）を支払う
◇所定月数以上勤務できないときは、会社は当該従業員を解雇できる

Article ___ Disability
1 In the event the Employee shall be unable to perform her services in any calendar year by reason of illness or incapacity for a period of _____ (__) months, or more

in any calendar year, whether or not consecutive, her compensation for any additional period of disability by reason of such illness or incapacity shall be reduced to ____ ____ (__) percent of the compensation otherwise payable to her for such period, and upon the Employee's return to full employment, full compensation shall become payable thereafter.

2 Notwithstanding the foregoing, however, it is understood that the Company may terminate this Agreement forthwith upon notice to the Employee in the event of the Employee's absence from her employment for any cause whatsoever for a period of _____ (__) months or more in any calendar year, whether or not consecutive, and upon such termination, all obligations of the Company hereunder shall forthwith cease and come to an end.

[和訳]

第__条　傷病

1　従業員が病気または他の故障のために、連続であれ、そうでない場合であれ、1暦年に__月間、そのサービスを提供できないときは、その_____月を超過して病気または故障によりサービスを提供できない期間に対して支払われる対価を、通常その期間に支払われるべき対価の____％に減額するものとする。ただし、従業員が通常の勤務に復帰したときには、全額の給与がその復帰時より支払われるものとする。

2　上記規定にかかわらず、従業員がその理由のいかんを問わず、1暦年に連続であれそうでない場合であれ、_____月以上勤務できないときは、本会社は従業員に対し、通知をすることにより本契約を即時解除（解雇）できることに両当事者ともに同意し、かつその解除により、本会社のすべての義務はただちに消滅し、終了するものとする。

―――――― 解説 ――――――

1❖従業員が傷病で仕事ができないときの対応

1暦年に累計で所定月数（所定割合）の休みが続いたら、それ以降（所定月数超過分）は、給与を_____（所定割合）に下げる。ただし、復帰して普通に働くことができるようになれば、元に戻すという規定である。

2❖傷病による休みが累計一定日数以上に達したとき解雇する規定

1暦年の間の傷病による休みが累計で所定月数に達したときは、会社側は通知を出して、雇用契約を解除できるという規定である。

3❖労働者保護法制等による解雇・給与削減についての制約

本例文にある傷病による給与減額、解雇の特約条項は、海外で、経営上重要な役職（CEOや事業部長など）、あるいは高額報酬の役職に就く場合の特約規定である。たとえば「1ヶ月」「50％」（第1項）、「3ヶ月」（第2項）などと取り決められる。

一般の雇用契約では、各国に労働者保護法制があって従業員の解雇や給与削減については、手厚く保護されていることがある。具体的には調査の上での対処が必要となる。

●―第7款　従業員からの表明と保証

　海外に進出し、優秀な従業員を新規に雇用したい場合、気をつけるべき事項がいくつかある。その中で、今日の、知的財産重視の時代にふさわしい項目がある。それは、前の雇用者の秘密情報を保有していないこと、そしてそれを採用後にこの会社の従業員に開示、漏洩し、業務に利用しないことを約束させることである。40年前なら、逆のことを期待して、競合する相手から優秀な従業員を引き抜くことがあったかもしれない。しかし現在は、1980年代の米国レーガン時代から高まった知的財産保護の動きが各国に普及し、秘密情報の保護法が強化されている。競合する会社の従業員を雇用するには、リスクがともなう。しかし、競合する企業に即戦力となる候補がいるのは自然である。そのため、従業員引き抜きによる間接的な秘密情報の窃取と取られないように、例文648のような誓約を入れさせることは、米国など知的財産保護法制の進んだ国の採用では雇用時の必須、標準手続きといってよいだろう。筆者も、サンフランシスコ駐在時代（3年余）に採用にあたったが、1980年代ながらこの項目は必須事項であった。シリコンバレーから、さまざまなエンジニア、発明家がその秘密情報を持ってインタビューにやってくる。そのメンバーに対し、あらかじめ弁護士と打ち合わせて用意した20余の項目を順次質問し、その採用や共同事業や提携を進めることが不正競争防止法やトレードシーレット法の違反にならないかをチェックしていくのである。

表明と保証条項 | Representations and Warranties　　　例文648
◇採用前の雇用者の「秘密情報」を雇用後に開示・利用しないという表明と保証

Article ＿＿　Employee's Representations and Warranties
1　The Employee represents and warrants that her employment by the Company is not and shall not be in violation of any non-competition provision of any prior agreements which the Employee may have had with her previous employers.
2　The Employee further represents and warrants that she has not been required nor requested by the Company to disclose any confidential and proprietary information obtained by the Employee from any previous employers.
3　The Employee further represents and warrants that she has not and in the future shall not disclose to the Company or utilize for the benefit of the Company any confidential and proprietary information which she may have derived while in employment of any prior employers except the prior, express, written approval of such prior employers.

4　The Employee shall indemnify and hold harmless the Company from liabilities, claims, costs or expenses which may be incurred by the Company as result of a willful or grossly negligent material breach of the foregoing representations, warranties or promises.

[和訳]
第__条　従業員の表明と保証
1　従業員は、本会社による従業員の雇用について、従業員の以前の雇用者との間に締結していたかもしれないそれまでの契約の競業避止義務に従業員が違反しておらず、かつ違反にならないことを表明し、保証する。
2　従業員はさらに、従業員が以前の雇用者から得た秘密の財産的価値のある情報を開示するよう本会社によって要求されたことも、要請されたこともないことを表明し、保証する。
3　従業員はさらに、従業員が、以前の雇用者の事前の明示的な書面による承認なしに、以前の雇用者との雇用関係にある間に取得した秘密の財産的価値ある情報を本会社に対し開示しておらず、また本会社の利益のために使用したことがなく、今後も開示・使用しないことを表明し、保証する。
4　従業員は、従業員の故意、もしくは重大な過失ならびに上記の表明、保証または約束に対する重大な違反の結果として、本会社が被る恐れのある責任、クレーム、費用、支出から本会社を補償し、迷惑を受けないよう免責するものとする。

―― 解説 ――

1❖勤め先との約束に違反しないという従業員からの表明を取る(第1項)
　従業員は会社に対し、以前の雇用者(勤め先)との間にあるいかなる競業禁止に関わる契約にも、この会社による採用・雇用が違反にあたらないことを表明する。これは、秘密保持誓約や、退職時のその後の就職について、たとえば2年間は競合する他社には就職しないといった誓約を入れることがあるからである。今回の採用が、あたかも従業員の採用という手段で競合する企業の企業秘密を窃取使用した、という言いがかりともいうべきクレーム、訴訟を防止するためにこの表明を求めているのである。実際、同業者に勤めていた従業員の採用・雇用を起因とする知的財産紛争は、シリコンバレー、サンフランシスコでは多く発生している。

2❖会社は、従業員に前の勤め先で得た秘密情報の開示を求めていないと確認する(第2項)
　会社が従業員の雇用によって秘密情報を窃取した、との言いがかりを阻止するために第2項を入れている。以前の勤め先からの攻撃を予測し、それに反撃しているのである。戦いはまだ始まっていないが……。

3❖会社に採用された後も、前の勤め先で得た秘密情報を開示、利用しない約束(第3項)
　開示しないだけでなく、「利用しない」という項目が入っているのは、以前に清涼飲料会

社（カリフォルニア）から引き抜かれた営業部長が、他社に移った後、厳格に前職で得た情報を同僚には漏洩しないよう管理されていたにもかかわらず、自分自身の業務遂行に役立てたとの根拠で、違反とされた判決があるからである。

4 ❖ 規定に反し、会社に損害を与えることはしないという約束（第4項）

補償責任を負う違反に至る経緯で、少し限定を加えている。それは、"willful or grossly negligent material breach"（故意もしくは重大な過失による重大な違反）という限定である。このあたりは、実務上、さまざまな妥協がありうる領域である。"grossly"を削除すると、ただ過失を立証すればよいから、会社には責任追及上有利になる。その反面、重大な過失による場合のみ責任を負う場合に比べ、従業員にはきわめて不利になる。"grossly negligent"を削除すると、会社が従業員の補償責任を追及するのは、もはや無理に近い。「意図的・故意に」という主観的要件を立証することは本当に難しい。

秘密保持条項 | Non-Disclosure　　　　　　　　　　　　例文649

◇従業員の秘密保持義務を規定する
◇業務で創作したワークプロダクトは「雇用のため制作された成果物」とみなし、知的財産権は会社に帰属すると規定する

Article ＿＿ Non-Disclosure

1　The Employee agrees that all confidential and proprietary information relating to the Company's business shall be kept and treated as confidential both during and after the term of this Agreement.

2　The Employee agrees that all work products, created by solely or jointly by the Employee arising or related to work performed for the Company or the Company's business shall be deemed "work made for hire".

3　The Employee will make prompt and full disclosure to the Company of any and all concepts and ideas for invention, improvements and valuable discoveries, whether patentable, copyrightable or not, which are conceived or made by the Employee solely or jointly with another during the period of employment.

4　The Employee shall assist in every lawful way in obtaining for the Company patents, copyrights or other intellectual property rights protection for any or all of such inventions, in perfecting in the Company all right, title, interest in and to such inventions and copyrights, in protecting or enforcing the Company's rights therein, and further shall do all other things as reasonably required by the Company for the foregoing.

5　The obligations of the Employee herein shall continue beyond the termination of this Agreement.

[和訳]
第__条　秘密保持
1　従業員は、本会社の事業に関わるすべての秘密情報ならびに知的財産的情報について、本契約の期間中も以降も、秘密を保持し、秘密に取り扱うことに合意する。
2　従業員は、本会社または本会社の業務のために履行した仕事からまたは仕事に関連して、従業員単独あるいは共同で創作したワークプロダクト（仕事の成果物）は、雇用のために制作された成果物とみなされるものとする。
3　従業員は、雇用期間中に従業員単独であるいは他の従業員と共同で浮かんだもしくは創作したいかなる、かつすべての発明・改良のための構想・アイデア、または価値のある発見について、特許を取得できるか否か、著作権で保護されるか否かを問わず、本会社に速やかかつ完全に開示するものとする。
4　従業員は、そのような発明における本会社の権利を保護し、実施するために、本会社が発明から生じるすべての権利、所有権、持ち分を会社の完全な権利とするために必要な、あらゆる適法な支援をなすものとし、上記の目的を達成するために本会社から合理的に要請を受けたあらゆる他の行為をなすものとする。
5　本条に規定する従業員の義務は、本契約の終了後も存続するものとする。

解説

1❖本規定の考え方
雇用を開始してから従業員がその業務を通して知ったさまざまな秘密情報については、その秘密保持を求め、また、会社の仕事として完成させた発明あるいはビジネスに関わる知的財産として保護される成果については、会社に帰属させるという約束をすることがある。特別な契約がなくても就業規則でカバーできるだろう、との考えもある。しかし、実際に紛争となった場合、会社が必ずしも勝訴しているとはいえないのが、いままでの判例である。単なる就業規則よりも、契約として個別に合意を確認し、その代わり給与等に反映しているという根拠があるほうが会社にとってはよいだろう、との考えもある。本例文は、後者の考え方に立ってドラフティングされている。

2❖秘密保持を約する
業務の遂行に関連して取得した秘密情報を秘密に保持することを規定している。

3❖研究開発などの成果
特許取得の可能性の有無にかかわらず、研究部門など、理系の場合に典型的な研究成果などその成果（work product）を会社の所有にすることに同意すると規定している。

4❖従業員の協力義務
発明、著作物など、会社がその知的所有権を確立するために必要な行為に協力する義務を規定している。具体的には、従業員が創作に協力・貢献した成果を会社に転移するために必要な各種手続き書面への調印が含まれる。

5 ❖ "work made for hire"の意味

いくつかの専門的な用語がある。"work made for hire"は、その仕事を完成させるために雇用されているのだから、対価は給与であり、その制作されたものは会社のものだという考えを表したものである。研究開発機関での雇用などが典型的なケースであるが、もう少し広い範囲で使われている。高い給与が支払われているのが、通常である。

"Non-Disclosure Agreement"は、秘密保持協定、秘密保持契約である。日本では、一方的に差し入れる場合、秘密保持誓約書という名称で呼ぶことがある。

6 ❖ work products

業務により制作した成果物全般を指す。

競業避止条項 | Non-Competition 例文650

◇直接・間接を問わず、類似・競合する商品・サービスの提供を禁止する

> Article __ Non-Competition
> The Employee agrees that, during the term of this Agreement, the Employee will not, except with prior written consent of the Company, directly or indirectly, whether for the Employee's own account or for another's account, in any way do or attempt to do any of the following:
> (i) Provide services or goods to any person identical or similar to or competitive with those of the Company;
> (ii) Actively participate in any business other than the business of the Company.

[和訳]
第__条　競業避止義務
　従業員は、本契約の期間中、従業員が本会社の事前の書面による同意を得た場合を除き、直接的または間接的に、従業員自身の勘定であれ他の者の勘定であれいかなる方法でも、下記の事項をなし、またはなそうとすることのないことに同意する。
（i）本会社の提供するサービスまたは商品と同一、類似または競合するサービスまたは商品を他者に対し提供すること
（ii）本会社の事業以外の事業に参画すること

解説

1 ❖ 競業避止義務を規定するメリット

合弁事業や海外で事業を展開するため、あるいは現地での業務のために、海外で有能な人材をリクルートしてきた場合、しばしば遭遇する問題のひとつに、自己で独立してコン

サルタントをしたり、他のメンバーと組んで会社を作るかパートナーシップなどの形態によって、競合する事業を実施していることに気づかされることがある。しかも、そのことを指摘すると、有能なことの証だと胸を張る。こんなとき、どう対処できるのか。

　契約書に明確な規定がないと、実際にはなかなか対処が難しい。契約書に何も規定がない場合、相手方(リクルートしてきた従業員)はこう答える。「2～3年の期間の仕事を引き受けるには、その後のことを考え、用意しておくことも大事ではないか。プロとしての感覚も磨き続けなければならないし」。これに何と答えるか。世界には、いくつかの企業の経営者を兼ねている有能な人がいるのも事実である。ただ、海外で日本企業が事業経営に乗り出すときは、専任、専心、勤務してほしいと考えるのが人情だろう。海外での事業経営においては、その気持ちを言葉にして契約書に書いてみることが大事である。以心伝心は無理である。誠実という感覚も無理である。契約書通り、守るのが誠実なのである。

　契約書で、競合禁止、競業避止義務を明確に規定しておくことは、このような場合に対処しやすくなるというメリットがある。

2❖会社と競合する事業に関わることを禁止

　自己の勘定である場合は当然として、仮に自己の勘定でなくても、本会社の事業と競合する事業への参加を禁止している。

3❖会社の仕事と競合しない事業への参加

　会社の仕事、業務以外の事業に積極的に参加し、活動することを禁止している。

4❖Non-Competition

　「競業避止義務」または「競業禁止の規定」と訳す。どちらでもよい。避止義務は、従業員が遵守する義務である。「禁止」は、会社が指示し、従業員はそれを遵守する規定である。

●―第8款　契約解除条項

　従業員の側に何か落ち度があって契約を解除される場合、"termination with cause"という。一般に解雇と呼ばれる。解雇の原因を従業員が作った場合の契約終了である。従業員に落ち度がなく、会社側・雇用主が一方的な理由で解雇する、あるいは契約を解除する"termination without cause"と区別して使われる概念である。

帰責事由のある解雇(termination with cause)

　"termination with cause"の典型的なケースは、就業規則に対する重大な違反を犯した場合や契約に違反した場合、傷病などの長期休業、犯罪を起こして逮捕され、会社の名声に傷を与えた上、業務遂行ができなくなったという場合である。会社の信頼を裏切った場合という、やや曖昧な原因を規定することがある。信頼関係、信義が何より大事だと考える経営者にとっては、この項目は大事なのである。従業員が解雇原因(cause)を作ったため、会社としては放っておけなくて解雇する、ということができよう。しかし、従業員がいつも納得するとは限らない。従業員からは不当解雇の主張がなされ、紛争することがある。

　海外事業での経営実務、契約実務で修得が必要なのは、後者の"termination without cause"

である。ここでは、"employee"を「従業員」と訳したが、「被用者」「被雇者」との訳もありうる。米国等契約上は、社長やCEOも"employee"にあたる。雇用契約では一律に"employee"と表記されていても、その役割は、企業運営トップのCEOやCOO、CFOや事業部の部長クラスから、いわゆる営業マンなどまで多彩である。それに付随する役割も給与や報酬、福利厚生条件、兼業制限の範囲、社会活動・家業への参画・従事の制限、勤務日数・時間帯、指揮命令系統、契約期間とその解除条件なども、さまざまである。

　本款では、通常の雇用契約書に必ず規定を置くといってよい"termination with cause"の契約条項から見ていきたい。重要な役職であればあるほど、"employee"が会社の経営方針や指示に従わないときや会社に対する信認義務、忠実義務違反などの行為が、もっとも重大な違反の事由に挙げられる。"employee"による会社資産の横領やインサイダー取引などの犯罪行為は、いうに及ばない。

プロフェッショナルの雇用と"termination without cause"

　経営に携わるトップクラスの仕事・職務を担当させるために、高額の報酬で、期間を定めて雇用する雇用契約がある。CEOをはじめ、President、Senior Vice President、各事業部の責任者、研究開発機関・研究所の所長・副所長クラスの研究者、工場長など、トップクラスの経営にあたる人材をプロフェッショナルとして、"Employment Agreement"により起用する。感覚としては、映画でいえば用心棒の感覚に近い。サンフランシスコの友人の言葉を借りれば、"hired gunman/gunwoman"である。社長雇用契約というと、日本では何かおかしい感じをともなうが、米国はじめ海外では、不思議なことではない。私自身も幾度か、ドラフティングや交渉にあたったことがある。その際に、契約に大事な条項のひとつが、"termination without cause"である。

　経営にあたるくらいの人物なら、本人は、プロフェッショナルとしての技量・実績に自信と自負、誇りを持っている。仮に雇用した側（親会社の経営陣、取締役会、オーナーなど）が満足していなくても、本人には自信があり、ときに雇用した側と衝突することがある。通常の解雇事由（termination with cause; termination for cause）を根拠に解除すると、しばしば不当な契約解除、不当解雇だと主張して争ってくる。争ってくる自信も自負もないようなら、プロフェッショナルとはいえないだろう。水かけ論になることが多いが、解決までの間、法的には不安定な状態になり、紛争を解決する費用もかかる。上層部の争いは、企業の経営に支障を生じさせる。そのために紛争のリスクを避けて、解雇をためらう。そのようなことになると、経営について誰も責任を持てない事態に陥るリスクがある。

　法務部門が、そのような事態に対応できるように協力を求められることがある。その場合の第1の対応策は、事前に雇用契約に（例文654で紹介する）"termination without cause"を規定しておくことである。カリフォルニアで経営をするなら、「いろは」の「い」といってもよいだろう。「あなたは、少しも悪くはない。ただ、経営方針の変更で、今回、打ち切りとなった。"termination without cause"である。契約違反や不行跡で、解雇するわけではない」。こう告げればよいのである。不名誉なことで解除されるわけではない。

割り増し退職金（severance compensation）

　実際には、いわゆる退職時の支払い額（severance compensation）で、通常の解雇の場合よ

り優遇し、調整を図る。日本でいえば、割り増し退職慰労金とでもいえばよいのだろうか。海外には、名誉退職という制度がある国がある。人は誇りを持って生きている。その誇りを尊重し、なお経済的に配慮し、通常の2倍3倍の退職時の支払いをもって遇する。

　以前、飛鳥凛が上司の日高尋春氏に、ある外国での事業の経営問題の解決のために、従業員に対して「名誉退職」とし、「割り増し退職金・退職慰労金(severance compensation)」を支払う解決案の提示の許可を求めたことがあった。応募があれば受けるという条件で、短期間オファーするのである。その案と額を聞いた日高尋春氏は、こう言ったという。「その案なら、私も応募したいな」。

　人事問題を解決するためには、人の名誉・誇りを尊重し、同時に"severance compensation"等経済的な配慮をするなど、それぞれの国の文化、法制度、慣行を踏まえて対処していくことが肝要なのである。期待した成果が出ないからといって、相手側(employee)を非難し、帰責事由を挙げて攻撃することが解決につながるとは限らない。

　似て非なるもうひとつの解雇事由が経営、所有の変動による解除である。会社の支配(コントロール)がM&Aや会社の株式譲渡により変更され、新しい経営者に取って代わった。そのような事態を予測し、あらかじめ事業を譲渡しやすいように、コントロールの変動のときには新しく経営を実行する買主側が解除できるようにしておくのである。そのほうが、高い値段で譲渡できる。雇用契約に「支配変更による解除」(termination upon a change in control)条項を挿入しておくのである。

例文651　契約解除条項① | Termination

◇事務所閉鎖時や部門の縮小時は自動的に解除・終了とする

> This Agreement shall automatically terminate on the date, if any, on which KVE for any reason closes its ＿＿＿＿＿＿＿＿＿＿＿＿＿＿ office or ceases to carry on operations at such office substantially similar to those carried on as of the date hereof.

> ［和訳］
> 　本契約は、KVEが、理由のいかんを問わず、その＿＿＿＿＿＿＿＿＿事務所を閉鎖したとき、または、契約の日現在の規模と実質的に同様の営業を継続することを中止したときには、その日をもって自動的に解除されるものとする。

――――― 解説 ―――――

1 ❖automatically terminate

　一定の事由が発生したとき、「自動的に解除し終了する」ことをいう。事務所の閉鎖がその最たる事由である。雇用契約であるから、他の職場に異動して継続して雇用することが不可能というわけではない。しかし、契約条件として、本例文のようにその事務所の継続が前提条件という雇用の仕方もある。"automatically terminate"となっているケースでは、

相手方への通知が不要との解釈がなされている。

2❖cease to carry on operations at such office substantially similar to those carried on ...

「…運営されているのと同じ規模の運営がなされることが中止される」という意味である。

必ずしも、事務所が閉鎖されるわけではないが、雇用された事業部門が廃止、あるいは元に比べると数分の1まで大幅に人員削減される事態もありうる。そのような場合にも、自動的に雇用契約を終了させることができるように作成されている。かかる規制が現地国の労働法等の強行規定の制約を受けるかどうかは、ドラフティングや契約交渉時にしっかり調査する必要がある。

海外（特に米国など北米）で事業を買収し、または始める際に、現地の有能な人材をCEO、Presidentや執行役・経営担当officerとして起用することがある。実務上、"Employment Agreement"を締結することが多いが、その際、特に注意すべき事項のひとつが"termination without cause"を規定することである。中途解除（解雇）をめぐる紛争の予防のためにきわめて有効であり、規定することを勧めたい。

契約解除条項②｜Termination　　　　　　　　　　　　　　　　　　　　例文**652**

◇従業員側に帰責事由が発生したために解除する規定

> Article ＿＿　Termination with Cause
> 1　The Company shall have the right to terminate this Agreement forthwith, for cause, upon notice to the Employee, and thereupon all obligations of the Company shall cease and come to an end.
> 2　The word "cause" shall include any breach of the duty of trust by the Employee to the Company or any material violation by the Employee of any of the provisions of this Agreement or any unreasonable neglect or refusal on the part of the Employee to perform the duties assigned to him/her.
> 3　Nothing herein shall be construed to prevent the Company from seeking enforcement hereof or of any provision hereof by injunction or otherwise or from recovering damages for the breach thereof.

［和訳］
第＿＿条　違反事由に基づく解除
1　本会社は、違反事由に基づき本従業員に通知することにより本契約をただちに解除する権利を保有し、かかる通知と同時に、本会社のすべての義務は消滅し、終了するものとする。
2　「事由」という用語は、本従業員による本会社に対するいかなる信義違反、または本従業員による本契約の規定のいかなる重大な違反行為、または本従業

員による彼／彼女に課された義務のいかなる不合理な無視または拒絶をも含むものとする。
3 本条の解除規定は、本会社が禁止命令の請求や他の方法により、本契約または本契約上の規定の履行を請求することや、前項までの違反事由による損害賠償を請求することを妨げるものと解釈されてはならない。

解説

1 ❖ 解雇の原因となる行為（cause）

従業員による信義に反する行為、契約違反、義務履行の拒否等がなされたときは、会社は、契約をただちに解除できる（第1項・第2項）。

2 ❖ 会社は、解雇以外の他の救済を求めることもできる

解雇だけでなく、たとえば差し止め請求や損害賠償の請求もできるとしている（第3項）。

3 ❖ "termination with cause" と "termination without cause"

"termination with cause" は、"termination for cause" ともいう。どちらも正しい表現であり、意味するところも同じである。従業員側に落ち度（＝帰責事由）があり、会社側が解雇する場合を指す。

これと対比される概念が、"termination without cause" である。これは、従業員側にミスや落ち度があるための解雇ではなく、あらかじめ契約によって合意し、その解除条件を定めて実施する雇用契約の途中解除である。主に、解除の際の従業員に対する退職金・報酬、解除の通知期間等の扱いが異なる。

後者（termination without cause）のほうが、従業員側にとっては手厚い、有利な扱いを受けるのが通常である。一見、後者のような解除方法は、会社側にとって不利な規定のように見えるが、実務上は、従業員側から「契約の不当な解除だ」という理由で争う手段を奪う。そもそも従業員は、経営幹部であろうと中堅であろうと、通常は、一所懸命に会社のために全力を尽くして働いているという意識を持っている。それが突然に経営・業績不振や経営能力を欠くなど帰責事由ありと会社側から決めつけられても、本人も他の従業員も納得できないことがある。誰でも、自分の「非」を理由に解雇されれば、なかなか素直には認められないものである。そのようなとき、「従業員には何の非もない。雇用時の条件にすぎない。その代わり、手厚い待遇が支払い面でなされる」となれば、それなりの説得力がある。会社側の一方的な都合により確実に従業員を解雇したいときに紛争なしに会社側が解除できるので、支払い額は増加するが有用な規定なのである。

4 ❖ termination with cause というフレーズは、書かれないことが少なくない

"termination with cause"（帰責事由ある解除）というフレーズ（用語）は、あえて使われないことも多い。使用される理由、背景は、これと対照的な解除の方法である "termination without cause" と対比するためである。

色彩でいえば、赤、黄、青などの有彩色との対比で、無彩色（黒、白、灰色）という概念があるのと同じと考えることができよう。有彩色が一切ない世界では、あえて、無彩色という用語はいらない。

たとえば日本の1960年代のように、労働法により従業員が手厚く守られ、契約という意

識が薄く、終身雇用が中心で2〜3年単位の契約社員的な雇用・短期雇用を厳しく制限し、従業員側に落ち度がない理由のない解雇が不当解雇として制約されていた時代・社会では、雇用者側からの"termination without cause"という一方的な解雇・解除方法は認められなかった。海外で事業展開する際には、契約で支配される社会であることが少なくない。外資の日本進出も日常化し、日本においても産業界の要請を引き金に、企業が新規に雇用した場合、一定割合の解雇権が付与されるべきかどうかの労働法改正の議論が浮上してきている。新しいルール、雇用契約の動向を注視し、対処方法を修得しておくことが大事になってきている。

契約解除条項③ | Termination　　　　　　　　　　　例文653

◇理由のある解雇を会社側がおこなう権利を明確に規定する
◇契約違反の場合は30日の治癒期間を付与する

Article __　Termination for Cause

1　Termination for Cause may be effected by the Company at any time during the term of this Agreement and shall be effected by written notice to the Employee, in accordance with the provisions below:

(i)　Termination for Cause shall mean termination by the Company of the Employee's employment by the Company, if

(a)　the Employee has been indicted or convicted for a felony, or

(b)　the Employee willfully or grossly negligently and materially breached this Agreement or intentionally, continually substantially failed to perform his/her reasonably assigned duties with the Company which failures or breach continued for a period of at least thirty (30) days after written notice of demand for substantial performance, signed by a duly authorized officer of the Company, has been delivered to the Employee specifying the manner in which the Employee has so failed to perform or breached this Agreement, or

(c)　the Employee is intentionally or grossly negligently engaged in conduct which is demonstrably and materially injurious to the Company.

2　Upon Termination for Cause, the Employee will be paid all accrued compensation and benefits in accordance with the rules and regulations of the Company, but shall not be paid any other compensation of any kind, including severance compensation and bonus.

[和訳]
第__条　帰責事由を根拠とする解雇

1 帰責事由のある解雇は、本契約有効期間中いつでも本会社により効力を発生させることができるものとし、かかる解雇は本従業員に対し、以下の規定に従い、書面による通知をしてなされるものとする。
　(i) 帰責事由に基づく解雇とは、本会社による本従業員の雇用を、下記事由が発生したときに本会社がなす解除のことをいう。
　　(a) 本従業員が重罪(重大な犯罪)により起訴され、または有罪判決を受けたとき
　　(b) 本従業員が、意図的にまたは重大な過失により、本契約に対し重大な違反を犯し、あるいは、本会社により合理的に課された従業員としての義務を意図的に継続して実質的に履行せず、その従業員が怠った不履行または重大な違反行為の事実を記載した本会社の正当に権限付与された役職者がサインした書面による実質的な履行の請求が、本従業員に渡されてから30日以上たっても履行しないとき
　　(c) 本従業員が意図的にまたは重大な過失により、本会社に対して明瞭かつ重大な悪影響を及ぼす行為をなしたとき
2 帰責事由に基づく解雇がなされたときは、本従業員には、その解雇のときまでに発生した報酬と諸手当が本会社の規定と規則に従って支払われるものとする。ただし、退職金ならびに賞与を含むそのほかの報酬は、一切支払われないものとする。

解説

1❖契約違反の場合は治癒の機会を与える

契約違反を解雇事由に加えるとともに、どのような違反をしているかについての会社からの正式な通知後、30日間の治癒の機会を与えている。手続きとして、慎重な態度を採用している。

理由のひとつは、解雇にあたっては、解雇された従業員側にどうしても納得できないケースがあり、会社と意思疎通の機会、あるいは治癒期間を与え、納得できる手続きにすることは双方にメリットがあるからである。不当解雇の問題の発生は、双方とも防ぎたいという点で、一致する面がある。解雇は、犯罪などの場合以外は、拙速がよいとは限らない。

2❖解雇時の給与等の精算

解雇の場合、給与は、それまでの役務提供期間については支払われる。賞与は給与とは異なり、このような解雇の場合は支払われない。本例文には規定を置いていないが、例文652の第3項のように従業員による横領などの場合、会社は従業員に対する損害賠償請求権を持つ。したがってこうした場合は、それまでに発生した賃金等が、そのまま従業員に支払われるとは限らない。

3❖felonyとmisdemeanor

"felony"は、重大な犯罪(重罪)を指す。殺人、横領、強盗など、明らかに重大で、従業員として雇用を継続するには、そして仕事を任せるのには、企業(雇い主側)として耐えられないという根拠に基づく解雇事由である。

従業員の側から見れば、実際には無実なのに、偽りの告訴や事実誤認などのために起訴されることもあり、必ずしも合理的な根拠とはいえない、という主張がなされることがある。しかし、三審制の下で裁判手続きがすべて終了するには相当の時間がかかり、拘留されるなどの厳しい状況では仕事の継続が困難という事情もあり、起訴段階で解雇事由とされることが一般的である。後日、判決で無実となり、身柄自由になったときに、別に対処することとされるケースが多い。

　"misdemeanor"は、駐車違反など軽微な規則違反などを指し、その人間性や従業員としての適性、適格を著しく欠くとはいえない犯罪との考え方をし、本例文では解除条項とは規定していない。

　法務部新人部員の飛鳥凛は、新人研修で「なぜ、"misdemeanor"なら解雇事由にしないのですか？　法律に違反することには違いないと思うんですが」と質問したことがある。その時、講師だった上司から「それは……。そう、解雇事由にしていないのは、"misdemeanor"は、市民、紳士淑女としての適性を欠くとは言えない犯罪だから」と説明を受けたのを覚えている。飛鳥凛は、採用規準に紳士淑女というのがあったとは記憶していない。少しアバウトな研修だったと思っている。答えたのが、いまの上司であるが。

契約解除条項④ | Termination　　　例文654

◇従業員に帰責事由のない場合における会社からの解除権を規定する
◇契約解除時の給与・給付の支払い、立て替え分の精算を規定する

Article ＿＿　Termination other than for Cause
1　Notwithstanding anything else herein, the Company may effect a termination without cause at any time upon giving written notice to the Employee of such termination in accordance with provisions below:
  (i)　Termination without cause shall mean termination by the Company of the employment other than in a termination for cause or a termination upon a change in control.
  (ii)　Subject to provisions of Article ＿＿ hereof and any applicable law, the Company may in its discretion effect a termination of this Agreement pursuant to the provisions of this Article and other provision hereof for any reason without cause, upon giving twenty (20) days' written notice of termination to the Employee of such termination.
2　Upon any termination of employment without cause, the Employee shall promptly be paid all accrued compensation, bonus compensation to the extent earned and payable in accordance with the Company's rules and regulations, and any vested deferred compensation, including, but not limited to, any vested under the supplemental retirement plan, any appropriate health and welfare benefit under the Company's plan and all applicable severance compensation provided in Exhibit ＿＿ at-

tached hereto, as well as any appropriate business expenses incurred by the Employee in connection with his/her duties and accrued vacation pay, but no other compensation or reimbursement of any kind.

[和訳]
第__条　帰責事由に基づかない解雇
1　本契約のいかなる他の規定にもかかわらず、本会社は本条の以下の規定に基づき、本従業員に対して書面の通知をすることにより、帰責事由なしに解雇することができるものとする。
　(i)　帰責事由に基づかない解雇とは、帰責事由または（会社の）支配の変更に基づく解雇以外の、本会社による雇用の解除を指すものとする。
　(ii)　本契約第__条の規定ならびにいかなる適用法にも従い、本会社は、その自由裁量で、本条の規定ならびに他の規定に従って、本従業員に対して20日間の猶予つきの書面による解雇通知を与えることにより、（従業員側に）何ら帰責事由がない場合に、いかなる理由によってでも、本契約の雇用を終結させることができるものとする。
2　帰責事由のない解雇がなされたときには、本従業員は、速やかに本会社の規定と規則に従って、受け取る権利があり、かつ支払われるべき範囲におけるすべての給与・賞与の支払いを受け、添付別紙__に規定され、与えられる繰延報酬制度により、本会社の補充的な退職プラン（給付）、健康保険・厚生プラン（給付）、すべての適用ある退職金制度に基づく給付を含み、それに限定されない給付金を受け取るものとする。また、本従業員の職務遂行上かかったビジネス費用及び休暇手当の支払いを受けるものとする。ただし、そのほかには、いかなる支払いも償還も受けないものとする。

解説

1 ❖ "termination without cause"の規定は、諸条件を勘案し、決められる

　たとえば、本例文では、第1項の(ii)項の冒頭に"subject to provisions of Article __ hereof"のフレーズがあるが、ここでは別の規定で、この帰責事由のない場合に会社側からの解除ができるのは、どのような条件が充足されているからかを詳しく規定し、公正かつ合理的な規定であるかを示すものである。どのような条件をここで決めるかは、契約交渉項目となる。交渉相手（employee）側から主張されそうなのは、当初の雇用期間のうち、最初の一定期間は、たとえば、（5年間のCEO起用のための雇用契約の場合）当初2年（initial two(2) years）は、この"termination without cause"を行使しないという約束を取りつけようとすること、などである。

　気性の激しい経営者の場合、こう言うかもしれない。「この規定をどうしても必要と主張されるなら、御社との契約は考えさせていただきたい」。

　法務部新人部員飛鳥凛と上司の日高尋春氏の2人の経験からいえば、これは、50％の確

率でブラフである。このあたりからが、法務部門にとっての契約交渉の醍醐味であり、腕の見せ所である。このあとは、飛鳥凛と日高尋春氏に任せることとし、彼らの楽しみを奪わないようにしたい。

2❖解雇時の精算――退職にあたっての支払い

さまざまな項目の支払い、精算をする。"severance compensation"は、従業員に帰責事由がある解雇の場合には支払われない。賞与も同じである。それが、この従業員にとっての"termination without cause"のメリットであり、このようにして、オーナー側の経営権の主導性、一貫性を維持することと従業員保護のバランスを取ろうとしている。ビジネス費用の精算は、出張費、交通費、通信費や接待費などのさまざまな出費についての立て替えの項目についておこなわれる。会社側も監査に耐えられるよう、バウチャー(voucher; 領収書)や支払い請求者のサインなどを必要とするので、会社規則を引用している。バケーションについては、未消化分を買い上げる制度を持っている国とそうでない国とがある。それぞれの慣行、ルールに従うだけである。

3❖解雇通知とその予告期間の規定

実情に合わせ、自由に考え、交渉して決める。30日でも45日でも、選択肢はさまざまであろう。気をつけなければならないのは、120日などのようにあまり長すぎると、その間に経営が傾く恐れがあることである。労働法で一定の通知期間の規定がなされることもある。雇用慣行による場合もある。映画 *Two Weeks Notice*(邦題『トゥー・ウィークス・ノーティス』)を見た方もいるだろう。タイトルそのものが、解雇のための期間を指している。

たとえ、どのように優秀な経営能力、研究能力のあるプロフェッショナルでも、解雇を言い渡されてから、その実力を100％発揮するのは、至難の業であり、現実には期待できない。かといって、1週間、あるいは3日で交代というのも急すぎて、取引先との関係維持が大変かもしれない。後継者が誰であるかによっても、引き継ぎに必要な期間には違いがある。しかし、契約交渉の段階では先が見えない。それが、契約交渉、ドラフティングの醍醐味である。

日高尋春氏の言葉であるが、契約交渉は、いつも「危うきに遊ぶ」という側面がある。がけっぷちに立たされているのは、いつも飛鳥凛のように筆者には見えるが……。

競業避止条項 | Non-Competition　　　　　　例文655

◇契約終了後5年間、競合企業への就職等を制限する

> Article __ Non-Competition
> The Employee agrees that, for a period of five (5) years after the termination of this Agreement, she will not, except with written consent of the Company, directly or indirectly, employed by, or provide consulting or other services to a company that is engaged in a business that is in competition with the Company.

[和訳]
第__条　競業避止義務
　従業員は、本契約の解除から5年間、本会社の書面の同意なしには、自分が直接または間接的に、本会社の事業と競合する事業に従事している会社に雇用され、またはコンサルティングまたは他のサービスを提供しないことに合意する。

解説

1❖競業避止期間は5年

　いろいろな制約があるが、3〜5年というのは一般に標準的な期間であろう。ただし、業界や職種によっては、他の業界には就職できないほど仕事が専門化していることがある。デザイナー、ソフトウエア開発なども、あまり別の世界には転職が考えられないケースである。人には生存権があり、尊重されるべきである。その場合は、直接的な競争相手でどうしても困ると会社側が考える数社や地域に限定して、規定を置くことがある。あるいは、会社の了解を取ればよいのである。

2❖競合と判断する仕事の把握の仕方

　雇用関係は無論だが、それに加えてコンサルティング、投資も範囲とするかどうかには幅がある。契約条項で具体的に決めればよい。ここでは、競合する会社に対するコンサルティングサービスをおこなうこと(アドバイザー)も含めて、競合禁止の対象としている。

第1部

第12章　融資契約

第1節　国際融資契約の特徴と主要条項

　国際取引や国際事業では、資源や1次産品の輸入の確保、合弁会社のためのファイナンス、取引先や販売代理店の資金援助の一環として、融資や保証がなされることがある。資金調達、資金援助という目的を達成するために、融資や保証の代案として、相手方が発行する社債、転換社債、または株式の引き受けがおこなわれることもある。

　いずれの場合もリスクをともなう取引であり、借り手側の不履行や倒産等に備えて、①どのようにして貸付金の返済を確保するのか、②金利や元本の支払いをどうするのか、③予想外の事態が起こった場合の期限の利益喪失や④執行の方法をどう取り決めるか、などが貸付側から見たチェックポイントになる。

　「期限の利益喪失」とは、融資契約において、融資完了後、借り手側が元本の返済、利息の支払いの履行を遅延した場合に、本来ならば返済期限まで猶予があるところを、その不履行の時点でただちに、（返済、支払いの）期限が来たものとして返済や支払いの請求ができることを指す。

　国際融資契約では、他の契約で通常規定される「不可抗力事由の発生」は、原則として、元本の返済、利息の支払い義務が免責される事由にならないとされている。

　現実には、近年の国際武力紛争、国連制裁、特別立法（行政命令を含む）などでは、国連加盟国が一致しておこなう送金や銀行取引などの差し止め、資産凍結、対外支払いのモラトリアム、貸し付けや借り入れ制限の事態などにより履行ができなくなるなど、複雑なケースもある。

　また、ファイナンス取引契約のなかでも、貸し手(lender)が一定のリスクを引き受けるプロジェクト・ファイナンスという金融取引も開発されてきている。流動的な国際情勢に対応して、国際取引を活発化させるために、トラスト勘定(trust account)や、エスクロウ取引(Escrow Agreement)が、活用される機会が増加している。

　ファイナンス取引契約の分野は、リスクの認識・対応と新しいファイナンス・ビジネス形態の開発という課題を抱えており、契約書の書き方や法的な分析についても一層の発展が要請されている。

　国際融資契約書で、通常取り決めるべき主要条項は次の通りである。
　①融資金額(loan amount)、通貨(currency)、融資実行時期(time and schedule for disbursement)、送金方法(method of remittance)
　②融資金の使途
　③金利(interest rate)と遅延利息(delayed interest)
　④元本の返済(repayment of principal)、分割返済の場合の1回の返済金額・時期・方法・通貨
　⑤保証(guaranty)、担保(security)、質権設定(pledge)
　⑥期限の利益喪失(acceleration clause)

⑦借主（borrower）の財産状態、法律上の手続きなどについて問題のない旨の借主の表明（representation）、会社資産の維持、各種報告書などの提出義務
⑧金利の支払いに関わる源泉徴収税（withholding tax）、源泉徴収税・租税条約の軽減措置の規定、納税と納税証明書
⑨貸付債権の譲渡に関する条項
⑩（借主による）企業運営上の遵法義務、環境問題配慮に関する条項
⑪準拠法（governing law）
⑫紛争解決方法（裁判管轄、仲裁）

付言すれば、上記の各項目のうち、⑨⑩項の規定はまだ一般的とはいえない。いずれも個別案件の事業融資金の使途、状況に基づき、必要と判断される場合に規定されるものである。

例文656	融資契約	リサイタル条項①
例文657	融資契約	リサイタル条項②
例文658	融資契約	融資条項①

第2節 融資契約の基本条項

　融資契約について、その特徴となる融資金の貸し付け、返済、利息などを規定するために使用される基本条項を紹介する。融資契約の条項、条件の中では、ごく一部にすぎないが、融資契約に特有の特色あるものばかりである。融資契約にも一般条項は使用されるが、本章では取り上げないので、第3章「一般条項」を参照願いたい。

●―第1款　リサイタル条項

例文656 リサイタル条項① | Recitals

◇簡潔な表現によるリサイタル条項

> WHEREAS, the Borrower has requested the Lender to make loans to the Borrower and the Lender has agreed to make such loans to the Borrower upon the terms and conditions set forth in this Agreement.
>
> NOW, THEREFORE, the parties hereto agree as follows:

> ［和訳］
> 　借主は貸主に対し借主への融資を要請し、貸主は、本契約に規定する条項と条件に従って借主に対して融資をおこなうことに同意したので、ここに当事者は以下の通り合意した。

――――――――解説――――――――

1❖標準的なリサイタル条項

　このリサイタル条項は、融資契約であれば、内容にかかわらず使用できる簡潔な表現である。詳しく規定しようとすればするほど、その個別の契約には適合するが、内容が変わるとリサイタルの表現も変えなければ使うことができないケースが出てくる。

2❖make a loan

　"make a loan"が、「融資をおこなう」を意味する基本用語である。

3❖lenderとborrower

　融資をおこなう側を"lender"と呼び、借り受ける側を"borrower"と呼ぶ。日本語では、それぞれ、"lender"を貸主または貸し手、"borrower"を借主または借り手という。

リサイタル条項② | Recitals　　　　　　　　　例文657
◇資金の用途を定めた融資の規定

> WHEREAS, the Borrower wishes to borrow from the Lender certain amount of money for its _____ ;
> WHEREAS, the Lender agrees to make such loan to the Borrower subject to the terms and conditions hereinafter set forth;
> NOW, THEREFORE, in consideration of the undertakings and commitments of the parties hereinafter set forth, the parties hereto agree as follows:

[和訳]
　借主は、貸主から_____の資金として、一定の金員を借り受けることを希望し、
　貸主は、本契約の以下に規定する条項ならびに条件に従って、借主に対し融資をおこなうことに同意する。
　よってここに、本契約の以下に定める両当事者の義務と約束を約因として、当事者は以下の通り合意する。

―――――― 解説 ――――――

1❖目的を定めた借り入れ
　融資契約には、その資金の用途を明確に決めて借り入れるものと、特に限定しないケースとがある。本例文のようにリサイタル条項で用途を明確に規定することもある。本例文の場合、_____の箇所に用途を規定する。

2❖in consideration of the undertakings and commitments
　融資契約における約因は、本文中に具体的に規定されることが多い。典型的なものは、貸主の融資に対し、借主が利息を支払う約束をおこなうことである。無利子だと、約因がないことになるケースが多い。融資を実行する前の契約で約因がない場合は、契約の拘束力に疑問が生じ、借主からいえば融資を受ける法律上の権利がなくなったり、貸主からいえば融資の義務がなくなったりすることとなる。

●――第2款　融資条項

融資条項① | Loan　　　　　　　　　　　　　例文658
◇一定額を融資する約束

> The Lender shall advance to the Borrower and the Borrower shall borrow from the Lend-

er the Loan in a total amount of seventy five million two hundred thousand US Dollars (US $75,200,000).

[和訳]
　合計額7千520万米ドル（75,200,000米ドル）を、貸主は借主に対し融資するものとし、借主は貸主から借り受けるものとする。

―――― 解説 ――――

1 ❖ 一定額を借り受ける約束
　融資契約には、一定額を借り受ける約束をする契約と、一定額までを限度として借主が実際に必要な金額のみを借り受ける契約がある。本例文の融資条項では、合計額75,200,000米ドルを借り受けることが合意されている。

2 ❖ 融資額の規定上の注意――通貨と金額表示を明確におこなう
　融資金額の表示にあたっては、重複しているように見えるが、英文でスペルアウトし、最後に括弧内に算用数字で再確認する。1箇所だけの表示だと、いくつかの読み方ができたり、あとで一部改変がおこなわれることもありうるので、それを予防しようとするのがねらいである。
　金額の表示には、本例文のように小文字でスペルアウトすることも、それぞれの言葉の最初の文字を大文字で表すこともある。たとえば次のように綴る。
　"Seventy Five Million Two Hundred Thousand United States Dollars (US $75,200,000)"
　いずれでもよい。

3 ❖ 合計額（in a total amount of; in the aggregate principal amount of）
　融資を幾度かに分けて実行し、一定額を貸し付ける約束の場合は、"in a total amount of"という表現を使う。別の用語として、"in the aggregate principal amount of"という書き方もできる。貸し付け元本が合計いくらかを規定する表現である。元本合計というには、"the aggregate principal amount"でよい。

4 ❖ 貸し付ける（advance）
　融資金を実際に貸し付けることを表すのに、"advance""disburse"という用語が使われる。貸し付けは、"advance""disbursement"という。

例文 659　融資条項② | Loan

◇一定額までを貸し付ける融資枠の設定

The Lender hereby agrees to make available to the Borrower, on and subject to the terms and conditions of this Agreement, a loan facility in Japanese Yen in an aggregate amount not exceeding three hundred and fifty million Japanese Yen (¥350,000,000) or its equivalents.

[和訳]
　貸主は、本契約により、借主に対して本契約の条項と条件に従って、合計額が3億5千万日本円を超えない融資枠を設定することに同意する。

解説

1 ❖ 融資枠の設定
　融資契約の規定の仕方に、融資累計額、あるいは限度額を設定する方法がある。本例文はそのひとつである。借主が実際に累計額の上限まで資金を必要とするか、あるいは借り受けるかどうかは分からない。ただ、信用の限度として融資額の上限を決めたという趣旨である。

2 ❖ 途中返済したときに、新たに限度まで借り入れることができるか
　本例文の規定を置くとき、しばしば解釈をめぐって争われる問題がある。それは、一度借りた金員を返済したときに、借主は融資枠がまた新たに復活して本例文の限度まで借り入れることができるのか、それとも一度借りた金額は、仮に返済しても限度から差し引かれるのかという問題である。両方の解釈が成り立つ余地があり、紛争が絶えない。
　解決策のひとつとして、例文660の条項が置かれることがある。限度貸し付けという言葉が、借り手にとってはいったん返済してしまえば、また借入枠が復活して使うことができる（revolving）という快い響きがあるために起こる紛争なのである。設定された金額までの借入残高を上限として、繰り返して借り入れることができるケースを実務上、極度貸し付けと呼び、一方、借入枠が復活しないケースを限度貸し付けと呼ぶことがある。ただ、誰に対してもどこでも通用する区分とは言い切れない。そのため、英文契約では、例文660のような条項を置いて、"revolving"（繰り返し使うことができる）ではないことを明確にするのが実際的である。

3 ❖ 日本円（Japanese Yen）
　日本で流通している円で金額（amount）を規定したり、送金（remittance; telegraphic transfer）をおこなうように決めるときは、"Japanese Yen"（日本円）によることを契約の中で明文で取り決める。本例文では日本円で規定しているが、現実の国際金融取引の実務では、日本円でなく米ドルで規定されることが多い。

融資条項③ | Non-Revolving　　　　　　　　　　　　　　　　　　　　例文660

◇限度貸し付けであると規定する

The Loan facility shall not be used revolvingly.

[和訳]
融資枠は、繰り返して使うことができない。

解説

1 ❖ 繰り返し使うことができない枠
リボルビング(revolving)という用語は、信用状など貿易業界、金融業界では定着した用語である。融資についていえば、たとえば、融資の限度枠が1億円と設定されたとき、借主がいったん2千万円を借り受け、その全額を返済したとき、次に1億円を借り受けできる場合を"revolving"と呼ぶ。一方、残額の8千万円が、借主が借り入れできる限度額になってしまうときは、"non-revolving"という。後者の場合は、言い換えれば、借り入れ累積合計額が1億円ということになる。ただ、"revolvingly"は、あまり一般的な用語ではない。"The Loan facility shall not be revolving."あたりのほうが、自然かもしれない。

2 ❖ いつ借り入れをおこなうか
借り入れの限度額を決めて借り受ける契約を締結する場合は、どのような方法で、いつ借り受けることができるのか、契約の実行の仕方が重要になる。それによって、借入金の返済時期、方法も変わってくるからである。

例文661 融資条項④ | Revolving

◇リボルビング・ローンの枠の設定を規定する

> Article __ Amount and Terms of Credit; Commitment to Lend
> 1 On the terms and subject to the conditions set forth in this Agreement, the Lender agrees to make loans to the Borrower at any time and from time to time on or before the maturity date (but not frequently than once per month) in an aggregate amount at any time outstanding not exceeding the commitment.
> 2 Subject to the other terms and conditions of this Agreement, the Borrower may borrow under Article __, repay under Article __ and reborrow under Article __.

[和訳]
第__条　融資の金額及び条件：貸し出しの約束
1　本契約に規定する条件に基づき、貸主はコミットメントを超えない総金額（残高）の範囲内で、満期日またはその前に、いつでも（ただし、月1回を超えることのない頻度で）借主に対して随時貸し出しをおこなうことにつき同意する。
2　本契約に規定する他の条件にも従い、借主は第__条に基づき借り入れし、返

済し、再借り入れをおこなうことができる。

解説

1 ❖借入残高の上限(総額)を設定したリボルビング・ローン

借り入れ可能な金額の上限(残高)を設定し、その範囲で、繰り返し借り入れできるローンをリボルビング・ローンと呼んでいる。借り入れ側からは、その資金需要に応じた機動的な借り入れができるので、便利である。ただし、あまりに頻繁に借り入れ、返済が繰り返されると貸主側が困るので、本例文では、月1回の借り入れ頻度に制限している。借り入れ、返済、再借り入れの手続きは別途規定があり、その規定の手続きによる。

2 ❖on the terms and subject to the conditions set forth in this Agreement

第1項の冒頭で使用しているこの表現は、少し洒落た言い方である。簡単にいえば、"subject to the terms and conditions of this Agreement"あたりになる。第2項の表現がこの簡単なほうのフレーズを採用している。

融資条項⑤ | Revolving　　　　　　　　　　　　　　　　　　　　例文662

◇リボルビング・ローンで、借主が貸主宛てに貸出額を額面金額とする手形を交付する
◇1回ごとの借り入れにつき、最低金額を規定する

Article __ Revolving Loan

1　The Borrower's obligation to repay any Revolving Loan shall be evidenced by its promissory note payable to the order of KVC substantially in the form of Exhibit __ attached hereto, appropriately completed.

2　The promissory note to be issued by the Borrower hereunder, shall be dated the date of each borrowing and the outstanding principal amount of any Revolving Loan shall be repaid in full on the maturity date.

3　The aggregate principal amount of each borrowing under the Revolving Loan shall not be less than eight hundred thousand US Dollars (US $800,000) or any multiple of one hundred thousand US Dollars (US $100,000) in excess thereof.

[和訳]

第__条　リボルビング・ローン

1　リボルビング・ローンを返済する借主の債務は、本契約に添付される大要別紙____によるKVC宛に支払う(必要事項を適切に記入・完成した)約束手形により証明されるものとする。

2　上記の条項に従い、借主によって振り出される約束手形は、借り出しの日の日付けで振り出され、リボルビング・ローンの未払い元本は、満期日におい

例文663 融資契約｜貸し付け実行条項①
例文664 融資契約｜貸し付け実行条項②

> て完全に返済されるものとする。
> 3．リボルビング・ローンにおける各借り出しの元本総額は、80万米ドルを下回らないものとし、超えた金額は10万米ドルの倍数とする。

―――― 解説 ――――

1❖借主による約束手形の振り出し

　貸し付けする場合に、借り手から、貸し手宛の約束手形を振り出させることがある。金融取引では、実際に貸し出しがなされても、借りた覚えがないと借り手が言い張る紛争や、元本の返済がなかなかなされないケースがある。そのような場合に、約束手形を借主に振り出させて貸主の手元に置いておくことは、ときには実務上の解決を早め、紛争を抑止する効果がある。返済の手段として、貸付額に応じて分割した手形を受け取っておけば、貸付金の回収の際にも役立つことがある。手形は、担保、返済方法、貸し付けの事実の証明など、いくつかの機能を果たすことをねらって実務の世界では使われてきた。証拠の役割を果たすことをねらっているときは、証約手形と呼ばれることがある。具体的な案件ごとに手形がどのように使われるのかを正確にとらえることが、ドラフティングの基本である。

　手形には、それぞれの国の手形法が絡んでくる。貸し手にとっては、手形が手形法上有効であることの確認が重要であり、債務者側に手形が準拠法上有効であることについて弁護士意見書を提出させることも、選択肢のひとつである。

2❖決済

　借り出した日を振出日とし、返済期限に全額を支払う。

●―第3款　貸し付け実行条項

　貸し付け（借り受けのための引き出し）の手続きに関する規定は、どのようにいつ借主が貸主に貸し付けの希望を連絡するかなどを丁寧に規定し、双方の誤解が起きないよう取り決めておくことが大事である。毎回の貸付額（借り手から見れば、引き出し額）、事前通知、貸付実行日が営業日であること、貸付希望書のフォームなどを細かく規定し、互いに誤解による紛争が起きないように注意する。

　融資の実行にあたっては、第1回の貸し付けのときが一番大切である。本来は貸し付けを実行すべきでないことが明らかであるのに実行してしまったら、回収不能になってから地団太を踏んで悔しがることになりかねない。たとえば、信用調査等をし、貸し付け実行にあたっては、担保や個人あるいは適切な保証人から保証状を取りつける、借主の登記等を確認するなど、やるべきことはさまざまにある。ここでは、比較的簡潔な関連条項を例文で検証していきたい。金融取引では、他の取引以上に一見ささやかに思われる条件も確実に実行されていることを確認しつつ進めていく慎重な姿勢と心構えが求められる。

貸し付け実行条項①　Disbursement　例文663

◇借主は10営業日前に借り入れ希望を通知する手続きを規定

In order to make borrowing under this Agreement, the Borrower shall give the Lender at least ten (10) Business Day's prior notice requesting and specifying the amount and the date of each borrowing by delivering a properly completed draw-down notice in the form attached to this Agreement as Exhibit A.

[和訳]
　本契約に基づく借り入れについては、借主は貸主に対して、少なくとも(借り入れの)10営業日前に各借り入れ金額と借入日を要請し、記載した通知を、本契約に添付した添付別紙Aのフォームに正確に記入した引き出し通知を引き渡すことにより、おこなわなければならない。

―――― 解説 ――――

1 ❖ draw-down事前通知(prior notice)
　本例文では、少なくとも10営業日前に借入額の通知をしなければならないという規定を設けて、引き出しの手続きを明らかにしている。直訳すれば、「少なくとも10営業日前の通知」であるが、日本語の言い回しとして不自然な嫌いがある。「…に」と意訳してみた。

2 ❖ 10 Business Day's prior notice
　10日前の通知を要求している。10日といっても、国によっては、正月時のように長期の休日がありうるので、営業日に限って計算することと規定している。国際的な融資契約では、一方の国(たとえば、借り手側)の営業日を基準として差し支えがないか、それとも貸し付け側の国と借り入れ側の両国での営業日を「営業日(business day)」とすべきか、現場の実務を見ながら考えるべき必要がある。
　もっともフェアなのは、契約当事者の事業所のあるすべての都市における銀行の営業日をもって、「営業日」とすることである。実務からいえば、両都市の銀行営業日を営業日と定義したほうが、事前の通知日数を短く規定しても安心ということになる。

貸し付け実行条項②　Draw-downs; Disbursement　例文664

◇第1回貸し付け実行の前提条件として、保証状及び定款等を提出すると規定

Article ___ Conditions precedent for the First Disbursement
The first disbursement of the Loan shall be subject to the fulfillment, to the satisfaction of the Lender, of the following requirements in addition to the ordinary precedent stipulated in Article ___ (General Conditions):

(i) The guarantor has duly concluded with the Lender the Guarantee, in the form and substance satisfactory to the Lender, to guarantee the due and punctual payment of principal, interest or any other amounts due to the Lender hereunder and containing any provision reasonably required by the Lender; and

(ii) The Borrower submits to the Lender a copy of the memorandum of association and by-laws of the Borrower certified as true, complete and up-to-date by a duly authorized officer of the Borrower.

[和訳]
第__条　第1回貸し出しのための前提条件
本ローンの第1回目の貸し出しは、第__条（一般条件）に規定される通常の前提（条件）に加え、以下の要件を貸主の満足する形で充足することを条件とする。
(i) 本契約に基づき、貸主に対する元本、利息その他の金額の期限内かつ適時の支払いを保証するために、貸主の満足する形式及び内容において、保証人が貸主との間で保証状を適切に締結し、かかる保証状が貸主の合理的に要請するいかなる規定も含むこと
(ii) 借主が、正当に権限が付与された借主の担当者により真正、完全かつ最新と証明された借主の基本定款及び付随定款の写しを貸主に提出すること

解説

1❖保証契約の締結が前提条件

　保証状や保証契約の締結が融資の前提となっているときは、貸し付けの絶対条件としてその取りつけや締結の確認が必要となる。連帯保証であり、元本だけでなく金利の支払いの保証がなされていることを確認し、かつ有効期限には特に注意が肝要である。やむをえず借主に対する返済期限を延長したりすることがあるが、そのようなときに保証期限のある保証状だと、期限延長後の借主の不履行についての取り決めが曖昧なために起こるトラブルが後を立たないからである。

　"conclusion of the Guarantee with the Lender"を、「貸主との保証状の締結」と訳した場合、日本語の言い回しとしてしっくりこないと思われるときは、"the Guarantee"を「保証契約」と訳せばよいのである。日本語では、「保証状の発行（issuance）」との言い方が一般的である。

2❖借主の会社が正式に設立され、運営されていることを確認する方法──定款など

　定款の写しなどの提出を求めて、会社が正式に設立されており、いまも存続していることを確認することは、国際的な取引ではときに必須で重要になる。貸し付けたはずの会社が、実はその数ヶ月前に解散し、登記上も抹消されているといった事態は、ありえないようで実際には起こることがある。特にタックスヘイブンで設立されている会社は目的を持って設立されるので、設立も早いが消滅するのも早く、消滅後は連絡方法もなくなる。このような場合には、それぞれの本国、本社からの保証状を取りつけておくべきである。

設立地(国)の会社法次第ではあるが、定款には単一定款制度の国と複数定款(基本定款と付随定款)制度の国があり、呼び方も一様ではないので注意が必要である。

貸し付け実行条項③ | Draw-downs; Disbursement　　例文665

◇一定の金額またはその整数倍のみを事前通知により借り受ける

The Loan shall be advanced by the Lender to the Borrower wholly or partially in an amount of ten million Japanese Yen (¥10,000,000) or its integral multiple upon request by the Borrower.
Such request shall be made by the Borrower to the Lender within ten (10) years from the date first above written by giving to the Lender the request for advance in the form attached to this Agreement as Exhibit A, five (5) Business Day's prior to the respective advance date.

［和訳］
　貸し付けは、借主の要請に基づき、全額または一部を1千万円またはその整数倍の金額で、貸主により借主に対しなされるものとする。
　かかる要請は、本契約の日付けから10年以内に、各借入日の5営業日前に、本契約に添付の別紙Aの書式にのっとって、借り入れの要請を貸主に通知することにより、借主から貸主に対してなされるものとする。

解説
1 ❖ 一定額またはその整数倍単位の借り入れ
　借り入れる側の都合だけからいえば、なにも1千万円単位の借り入れをおこなう理由はない。必要な金額のみでよいのである。一方、貸し付ける側からいえば、資金を端数ずつ次々と貸し付けていては、その資金調達や事務処理等が複雑で、ムダが多くなりがちである。その観点から、貸主側の都合でこのようないわば丸い数字の一定額単位とその倍数の金額の貸し付けという方法が取られることがある。"integral multiple"は、整数倍という意味である。

2 ❖ advance(貸し付け)
　"advance"は、「貸し付け」の意味である。どちらかといえば、貸し付ける側から見た用語である。借主側から見たときの典型的な用語は、"draw-down"(引き出し)である。
　主語を貸主側か借主側のどちらの表現にするかによって、使用する用語が変化していくことに注意しなければならない。

例文666 貸し付け実行条項④ | Disbursement

◇各最低貸付額(リボルビング・ローン)と貸付希望の連絡の仕方を規定する
◇1回の借り入れ額は50万米ドル以上で、これを超えた分は10万米ドルの整数倍とする
◇借り出し希望の5営業日前の通知義務を規定する

Article __ Each Borrowing; Conditions Precedent; Minimum Amount of Each Borrowing

1 The Lender's obligation to disburse the proceeds of any borrowing to the Borrower shall be subject, at the time of each borrowing, to the satisfaction of all of the following conditions:

(i) The Lender shall have received a notice of borrowing meeting the requirement set forth below (minimum amount of each borrowing and notice of borrowing):

(a) The principal amount of each borrowing under the Revolving Loan shall not be less than US $500,000 or any multiple of US $100,000 in excess thereof.

(b) Wherever the Borrower desires to make a borrowing under the Revolving Loan, it shall give the Lender at least five (5) business days' prior written notice of such requested borrowing at its address for notices pursuant to this Agreement, provided that any such notice shall be deemed to have been given on a certain day only if given before 12:00 noon (San Francisco time) on such day. Each such notice shall be in the form of Exhibit __, appropriately completed in each case to specify the principal amount of the requested borrowing and the date of such borrowing, which shall be a business day.

(ii) At the time of such borrowing and also after giving effect thereto there shall exist no default or event of default.

[和訳]

第__条 各借り入れ；借り入れの前提条件；各借り入れの最低金額

1 貸主の借主に対する借入金の貸し出し義務は、各借り入れの際に、下記のすべてを充足することを条件とする。

(i) 貸主が、各借り出しに対する下記の要求(各借り入れの最低金額と借り入れの通知)に合致した借り入れの通知を受領していること

(a) 本リボルビング・ローンのもとでの各借り入れ元本金額は、50万米ドルを下回らないものとし、それ(50万米ドル)を超える場合は、10万米ドルの整数倍を加えた金額とする。

(b) 本リボルビング・ローンのもとで、借主が借り入れをしたいと希望するときは、貸主に対し、本契約に従って、貸主の通知住所宛に、

少なくとも5営業日前に、希望する借り入れの書面の通知を送付するものとする。

ただし、かかる通知は、特定の日にちの正午12時(サンフランシスコ時間)の前までに受領される場合に限り、当該日付けにおいて受領されたとみなされるものとする。当該各通知は、別紙__の様式に従うものとし、要請された借り入れの元本金額及び借入日(営業日とする)を特定するために適切に完成されるものとする。

(ii) 借り入れの際ならびに借り入れ実行以降も、(借主側に)違反がなく、また、違反にあたる事態の発生がないこと

解説

1 ❖ 借り出し希望通知が遅い時間に貸主に到着したときの扱い

本例文では、実際の個別貸し出しについて、その借り出し希望日の5営業日前までに、借主は貸主に対して通知義務を負うと規定している。このような場合、たとえば通知が夜遅く貸主に到着し、または配達された場合、その到着日に通知が到着したとして扱うか、あるいは翌日に到着したと見るかが問題となることがある。本例文では、当該日の正午(12時)前に貸主に受領されてはじめて当該日に通知がなされたという取り扱いをする。その日の午後(正午以降)に貸主に届いた通知については、当該日に到着した扱いを受けず、翌日到着の扱いを受ける。さらに細かくいえば、「翌営業日」に到着したという扱いを受ける。翌日が非営業日なら、「5営業日前の通知(five business days' prior notice)」という要件から見れば、非営業日に到着したと扱うことに意味がない。

2 ❖ 1回の借り出し額の制限規定

貸主側の事務整理と資金準備の都合上、借主の1回ごとの借り出し額について、最低借り出し額や、端数のない丸い数字の金額を規定することがある。借主からすれば、不要な資金を借り入れることとなり、迷惑な制限であるが、貸主からいえば、一定の金利収益を確保し、事務の煩雑さを軽減するために、借主に要求することがある。

本例文では、1回の借り入れ最低金額は、50万米ドルであり、それを超えるときは、10万米ドルの整数倍を加えた金額という制限を置いている。借主側がその資金需要により、このような制限が負担であれば、たとえば最低借入額を20万米ドル、それを超える場合の借り入れを5万米ドルの整数倍というように、さまざまな組み合わせが可能であり、契約交渉の対象条件となる。

また本例文では、1回ごとの借入金額のことを(i)(a)項、(i)(b)項で"the principal amount of"と表したが、実務上は1回ごとの借入(合計)金額として"the aggregate principal amount of"と表すこともある。後者の言い回しも正しい。

●―第4款　銀行営業日条項

例文667　銀行営業日条項｜Business Day

◇営業日をサンフランシスコと東京、両都市での銀行営業日とする

Business Day means a day on which commercial banks are open for international business in Tokyo and San Francisco.

［和訳］
　営業日とは、東京とサンフランシスコで、商業銀行が国際業務のために開いている日のことをいう。

―――――― 解説 ――――――

1❖営業日の定義
　借主側のいるサンフランシスコと、貸主側のいる東京の両方の都市の銀行が営業している日を「営業日」と定義している。この定義の仕方が、紛争防止にもっとも役立つ。

●―第5款　返済条項

例文668　返済条項①｜Repayment

◇融資実行日から一定期間後に返済する

The Borrower shall repay the Loan in an amount of each of the individual sums to the Lender on the third anniversary date of the respective advance date.

［和訳］
　借主は本借入金を、それぞれの借入金について、その融資実行日から3年経過した日に貸主に返済するものとする。

―――――― 解説 ――――――

1❖借り入れから3年経過した日(third anniversary date)
　借入日から満3年経過した日に返済するというのが、本例文の契約条項の規定の趣旨である。この"first anniversary date; second anniversary date; third anniversary date ..."という用語は、契約で期日を確定するためにしばしば使用される。

2 ❖ 返済 (repayment)

融資契約の用語のなかで「返済する」は、"repay"がもっとも一般的に使われる。また、「返済」は"repayment"である。返済については、この用語以外の用語を考える必要がない。返済方法には、返済スケジュールを表にして添付したり、一定の期日を西暦の特定日で規定したりする方法もある。表現の問題というよりは、ビジネスの条件の問題である。

返済条項② | Repayment　　　　　　　　　　　　　　　　　　例文669

◇特定の日に一括返済する
◇期限前に繰り上げ返済できる

> The Borrower shall repay the outstanding amount of the Loan in Japanese Yen to the Lender on the first day of June of 20__.
>
> The Borrower may from time to time prepay the principal amount of the Loan, in whole or part, together with accrued interest therefrom, if any, with the Lender's prior written consent.

> [和訳]
> 借主は、20__年6月1日に、本借入額の残高を日本円で貸主に返済するものとする。
> 借主は、貸主の事前の書面による同意を得たときは、随時、借入額の全部または一部を、その時点までの利息(もしあれば)とともに、繰り上げ返済することができる。

解説

1 ❖ 西暦上の特定の日を指定した返済期限

例文668で紹介した、貸付日から一定の期間経過後の返済という決め方は柔軟で便利であるが、貸付日と金額について双方の記録や考えが異なると、その返済を求めるのは貸主側として容易ではない。単純に最終返済期限を暦日で規定しておくのは、その返済期限が簡単明瞭という利点がある。実務からいえば、いちおう短い返済期限を定めておいて、必要ならば新しい暦日を返済期限として延長すればよいのである。

2 ❖ 返済通貨 (currency for repayment)

返済の通貨について取り決めたのが、本例文の"repay _____ in Japanese Yen"という表現である。この用語がないと、返済時に相手方(借主)は、日本円相当額を米ドルで送金して返済をしようとすることがありうる。そのような場合に、現地での交換比率が、受け取る側から見れば一方的に不利なことがある。そのため、返済のための送金通貨の規定は重要である。

次には、仮に相手方の国で契約指定通貨が入手できず、予定した送金が契約上の指定通貨で送金できない場合にどうするかという問題が発生することがある。

そのようなケースも想定されるとすれば、具体的に送金通貨にいくつかの選択肢を設けて契約を規定する配慮も必要になってくる。履行する当事者の所属する国の通貨でも米ドルでもないときは、特に注意が必要である。

3❖期限前の繰り上げ返済(prepayment)

借主としては、資金的に余裕ができたときには、不利な金利の借り入れはただちに返済したい。一方、貸主にして見れば、その資金調達方法などにより、思いがけない早期返済はビジネスとして困ることがある。その間の両者の利害を調整して作成されるのが、いわゆる期限前繰り上げ返済条項である。本例文では、貸主の同意があれば繰り上げ返済できると規定している。

では、この規定のもとでは、貸主はいつでもその随意の選択で、繰り上げ返済を拒絶できるか。この問題は必ずしも明確ではない。そのため、一定時期までは常に繰り上げ返済を拒絶できるように、明確に取り決めることもある。

一方、借主にしても、本当に貸主が快く繰り上げ返済に同意するという保証がない。権利として返済できると規定する方法もある。たとえば、"the Borrower may, at its option, prepay ..."と規定すればよいのである。

例文670 返済条項③ | Repayment

◇返済予定表に従って返済する

The Borrower shall repay the Loan to the Lender in accordance with the repayment schedule attached hereto as Exhibit B.

[和訳]
借主は貸主に対し、本契約の添付別紙Bに記載の返済予定表に従って返済するものとする。

―― 解説 ――

1❖返済予定表(repayment schedule)

融資契約によっては返済について詳細に規定されている場合がある。しかし、文章で規定しようとすること自体がいくつかの解釈の余地を残し、紛争の遠因になることがある。もし、融資が一括でおこなわれ、返済予定スケジュールがはっきりしているなら、表にして添付するのがもっとも明確で、解釈による紛争を防止するために有効である。

2❖返済通貨

本例文では返済通貨を規定していない。返済通貨を規定する方法として、返済、融資実

行などの各条項で規定することもできるし、また通貨のみをまとめて規定することもできる。ここでは、別途まとめて規定しようとしている。

返済条項④ | Repayment　　例文671

◇期限前返済と期限到来による返済を規定する（リボルビング・ローン）

Article ___ Prepayments; Payments
1 The Borrower shall have the right to prepay the Revolving Loan from time to time in whole or in part in minimum amounts of US $500,000 or any multiple of US $100,000 in excess thereof.
2 The outstanding principal amount of the Revolving Loan, together with all unpaid interest thereon, shall be due and payable on the maturity date set forth in this Agreement or upon the earlier termination of the revolving note set forth herein.
3 Except as otherwise specifically provided herein, all payments under this Agreement or the revolving note shall be made to the Lender not later than 12:00 noon (San Francisco time) on the date when due and shall be made in US dollars and in immediately available funds. Wherever any payment to be made hereunder or under the revolving note is stated to be made on a day that is not a business day, the date thereof shall be extended to the next succeeding business day and, with respect to payments of principal, interest shall be payable at the applicable rate during such extension.

［和訳］
第__条　期限前返済；支払い
1 借主は、本リボルビング・ローンを随時、その全部または最低額の50万米ドル、それを超える場合は10万米ドルの整数倍を、返済する権利を保有するものとする。
2 本リボルビング・ローンの借り入れ元本残高は、その（未返済）元本に対するすべての未払い利息全額とともに、本契約に定める支払い期限、または本契約に規定するリボルビング・ノート（手形）の早期終了（繰り上げ支払い）期限の到来時に、支払われるものとする。
3 本契約において別段の具体的な定めのある場合を除き、本契約またはリボルビング・ノート（手形）に基づくすべての支払いは、支払い期日の（サンフランシスコ時間）正午までに米ドルで、かつすぐに現金化できる資金で貸主に対し支払われるものとする。
　万一、本契約かリボルビング・ノートに基づく支払いが、営業日でない日に支払うと規定されていた場合は、その支払い日は次の営業日まで延期される

> こととするが、（返済が延期された）返済元本については、その延期した期間に関わる適用金利を付して支払われるものとする。

解説

1 ❖ 期限前返済の条件

　リボルビング・ローンでも、期限前返済を認めることが多い。ただしその場合には、毎回の返済金額に、一定の金額以上であるとか一定の金額の整数倍などと、返済を受ける側の都合を考えて条件をつけるのが通例となっている。本例文は、期限到来による返済についてもあわせて規定する条項である。期限前返済の場合は、一定の金額以上、その金額を超えた場合も、一定金額の整数倍を条件にしている。これは、貸主側の論理、便宜に基づき決められるものであるから、全体の貸付金額のスケールにより、1回の返済金額を高額にも低額にも設定できる。あまり高い金額を最低返済額にすると、せっかく返済資金の用意ができても繰り上げ返済ができないので、双方にとって不便である。実際の場面をよく考えて設定する。

2 ❖ 期限到来による返済の条件

　リボルビング・ローンの期限が到来した場合、それまでに支払うべき金利も合わせて支払う。万一、期限や手形などの支払い日が、ビジネスデイ（営業日）でない日にあたったときは、次のビジネスデイに支払う。1日繰り上げて支払うか遅らせるかを明確にし、誤解、紛糾を予防するための規定である。

例文672 返済条項⑤ | Repayment

◇元本返済の期限・方法を規定する

> Article ＿＿ Repayment; Payment
> 1 The Borrower shall repay the Loan in an amount of each of the individual sums to the Lender on the fifth anniversary date of the respective advance date.
> 2 All repayments and payments to be made by the Borrower hereunder shall be made to the account of the Lender with ＿＿＿＿＿＿＿＿＿＿＿＿＿＿＿＿＿＿ Bank or at such other banks as the Lender may from time to time designate by written notice to the Borrower.
> 3 Whenever any repayment or payment to be made by the Borrower is stated to be made on a date which is not a business day, such repayment or payment shall be made on the next succeeding business day and such extension of time shall be included in calculating interest in connection with such repayment or payment.

[和訳]

第__条　返済；支払い

1　借主は、本ローン（借入金）をそれぞれの貸出日から起算した5年目の応答日に、本ローンのそれぞれの個別の（借り入れ）金額を貸主に対し返済するものとする。

2　本契約上のすべての返済及び支払いは、＿＿＿＿＿＿＿＿＿＿＿＿＿＿銀行または貸主が随時、借主への書面通知により指定した銀行の貸主の銀行口座に対してなされるものとする。

3　かかる返済または支払いは、借主により返済または支払いがなされる期日として記載されている日が営業日でない日にあたるときはいつでも、翌営業日になされるものとし、かかる延長した期間に該当する返済または支払いに関する金利も組み入れて計算されるものとする。

解説

1❖返済期限を規定――借り受け後5年目の応答日（fifth anniversary date）

返済の日を正確に規定することは、ローン契約にとって、貸付金額、金利、期限の利益喪失条項などと並んで、きわめて重要である。別表を作り、暦月日で確認することもある。ただ一般には、そこまで丁寧に確認した上で規定することはせず、大きな原則、ルールを示すだけの規定の仕方もある。"anniversary"という用語は、記念日を指し、結婚記念日、創立記念日、独立記念日など、お祝いの記念日として使われることが多い。英和辞典でも、小型の辞典では、「周年記念日（祭）」「周年祭の」「記念日の」などが掲載されている。しかし"anniversary date"は、必ずしも祝い事のためにのみ使われる用語ではない。不況や経営不振など、借主にとっては厳しい状況にあるときにも、上記の応答日（返済期限）はやってくる。

2❖期日が非営業日（non-business day）にあたったときの対応

次の営業日まで延ばす。ただし、金利は付すとしている。

◉―第6款　使途条項

融資金には、使途を限定する場合がある。その場合は、限定された使途以外に使うと契約違反になる。それだけに、貸す側にも借りる側にも正確に規定することが必要となる。

例文673 使途条項 | Use of Loan

◇融資金の使途を限定する

Article __ Use of Loan
The entire proceeds of the Loan shall be applied by the Borrower for the sole purpose of implementation of the Project set forth in Exhibit __ attached hereto.

[和訳]
第__条　融資金の使途
　本融資による資金は、本契約書に添付の別紙____に記載されたプロジェクトの実行という単独の目的のために充当されるものとする。

解説

1❖借入金の全額の用途
　借入金の全額を、契約書に添付する別紙に記載されたプロジェクト遂行のために充当することを約束している。

2❖使途の限定
　使途の限定をする際には、その内訳等について、契約の過程やローンの実行にあたってさらに詳細な説明を求められることもある。しかし、プロジェクトもスタート段階と実行段階では、少しずつズレが出てくることもある。規定の仕方として、柔軟な対応ができる余地を残すことも大事である。
　また、リスクの軽減のため、プロジェクトのために子会社、合弁事業会社を設立するときがある。その場合は、資金を借り受ける方式からプランニングする必要がある。いったん親会社が借り入れてそれをさらに貸し付けるほうが交渉は容易であろうが、プロジェクト実行のために設立した事業会社に、直接プロジェクト・ファイナンスとして資金を貸し付ける選択肢もある。その場合の親会社の協力については、さまざまな形態がある。

3❖letter of awareness
　親会社の協力のひとつが"letter of awareness"（念書）と呼ばれるものである。
　"letter of awareness"は、文言を素直に読んだ場合、どこにも返済を保証しているという趣旨の文言はない。しかし実務上、保証にあたる人や企業が、その影響力や、支配力を有する企業の借り入れに際して、その企業が保証の差し入れ先から資金を借り入れ、その事業にあて、その事業が計画通り順調に遂行されることを確約する趣旨の内容のものが多い。そこから、「保証人の貸借対照表を汚さない実質的な保証」に類似の書類といわれることがある。実際には、その返済が約束通り実行されないと、保証人の関わる企業や事業で、その差し入れ先の銀行などからの信用を失う。
　実務上、"letter of awareness"の扱いは難しく、偶発債務について、会計上、厳しく処する企業では保証人となったのと同様の扱いをする場合もあるが、あくまで例外的な場合であろう。

●―第7款　送金通貨条項

融資契約の履行に使用する通貨を厳格に規定する方法がある。いくつかの国際通貨が使用できるという考え方で取り組むローン契約もあるが、通貨は資金調達、返済いずれにとっても大事である。最初から決めておくことは、決して意味のないことではない。

通貨を原因として起こる紛争を幾度か経験すると、この通貨を限定する方法のほうが、むしろ対応しやすく、現実的だと受け止められる場合がある。

送金通貨条項① | Eligible Currency　　例文674

◇日本円により送金と規定する例外的な規定

All payments, repayments, or prepayments to be made by the Borrower under this Agreement shall be made in Japanese Yen by telegraphic transfer to such bank account in Tokyo designated by the Lender.

［和訳］
本契約に基づき借主がおこなうすべての支払い、返済、繰り上げ返済は、貸主によって指定された東京の銀行口座に対する電信送金によって日本円でなされるものとする。

―――――解説―――――

1❖送金通貨の指定

本例文では、借主が日本の貸主からの借入金について、金利の支払い、元本の返済、繰り上げ返済の送金にあたっては、すべて日本円によることを規定している。国際的な慣行からいえば、送金通貨は米ドル、ユーロなどハードカレンシーなら受け入れられることが多い。日本円などの流通の少ない国の銀行との送金に際しては、融資金額(amount)を日本円で取り決めたからといって、そのまま返済のための送金通貨についても日本円によると合意したと解釈するのは早計である。国際契約では、融資であれ売買であれ、契約金額を決めただけでは送金通貨の合意があったことにはならないのである。

2❖電信送金(telegraphic transfer)

"wire transfer"ともいう。電信送金を指す。

3❖標準的な国際送金通貨(eligible currency)

送金通貨の定めのない契約では、実務上、標準的な国際送金通貨は米ドルである。残念ながら日本円ではない。ただし、後日の紛争を避けるためには、送金をおこなう際に相手方(受取人)に対し、送金銀行名と米ドルで送金する旨を連絡し、相手方に確認の機会を与えるのが安全である。

銀行により、送金可能な通貨が限られているというのが厳しい現実なのである。送金可

能な通貨を確認するためには、日本国内の取引銀行と相手国側の銀行の実務をよく聞いておこなわなければならない。法律だけを調べても不十分である。

例文675 送金通貨条項② | Eligible Currency

◇米ドルにより送金と規定する

Article __ Eligible Currency
The currency in which the Lender shall make disbursement and the Borrower shall make all payments under this Agreement shall be United States Dollars.

［和訳］
第__条　充当通貨
　本契約に基づく貸主の貸し出し及び借主の返済にあてる通貨は、米ドルとする。

――― 解説 ―――

1❖米ドルによる貸し付け、返済と決める
　本契約の履行は、貸主も借主も米ドルを使うとしている。
2❖disbursement
　融資実行、払い出しをいう。

例文676 送金通貨条項③ | Eligible Currency

◇米ドルにより送金と規定する標準的な規定（バリエーション）

The currency in which the Borrower shall make all payments hereunder shall be US Dollars.

［和訳］
　本契約に基づき借主が支払う通貨は、すべて米ドルによるものとする。

――― 解説 ―――

1❖返済債務者の支払い通貨は米ドル
　借主側の支払いは、すべて米ドルと規定するものである。分かりやすくて明瞭である。

2 ❖ 融資をおこなう側の送金通貨はどうするか

本例文では、借主側の送金通貨のみを規定している。背景としては、力関係もあろうし、契約時に実質的に融資が終わっているケースもあろう。ただし、貸主側の送金通貨も米ドルと決めてもよい。その場合は、たとえば次のようになる。

"The currency in which the Lender shall advance the Loan under this Agreement shall be US Dollars."（本契約に基づき貸主が融資をおこなう通貨は、米ドルによるものとする。）

●―第8款 金利条項

金利の規定の仕方は、実情に応じてさまざまである。英語という面から見ると、分数などが使われた場合、口頭の契約交渉ではなかなか正確に伝わらないことがある。実際には、契約交渉では数字が大事なのだが、意外に勘違いなどが起こりやすい項目の筆頭にも挙がるくらいである。ベテランの交渉者ほど陥りやすいミスの原因にもなりかねないので、契約書の最終段階では、数字の出てくる箇所は、繰り返し複数のメンバーで確認することが好ましい。本例文で使っている数字は、それ自身に意味はなく、何％でもいい。ブランクでもよいのだが、分数の表現を修得するための練習と受け止めていただきたい。

金利条項① │ Interest　　　　　　　　　　　　　　　例文677

◇固定金利について規定する

> The interest rate to be paid by the Borrower to the Lender on the Loan hereunder shall be five percent (5%) per annum on the balance of the Loan from time to time outstanding calculated from each respective advance date(s) to and including the date of maturity of the Loan on the basis of a 365-day year, for the actual days elapsed.

> ［和訳］
> 本契約上の貸し付けにつき借主により貸主に対して支払われるべき金利は、1年365日として、各借入日から返済の日（返済の日を算入）まで、経過した日数について計算したその時点における借入金残高について、年5％とする。

―――――――― 解説 ――――――――

1 ❖ 固定金利(fixed rate)

「年率＿＿＿％」というのが、単純で分かりやすい決め方のひとつである。実務上は、変動金利により取り決めるケースも増えてきている。基準となる指標としての金融機関の金利（たとえば、LIBOR）を規定し、その上で、一定の増減を図るという方法もある。

2 ◆ 金利計算期間

本例文の後半は、金利の計算期間に関して詳細に規定している。1年を365日として計算する場合と、360日として計算する場合があるので注意する必要がある。

例文678 金利条項② | Interest

◇遅延金利をLIBORに一定の金利を上乗せして算出すると規定する

> Article ___ Interest and Overdue Interest
> 1 The Borrower shall pay interest on the Loan or each Disbursement for each interest payment period applicable thereto at the Floating Rate plus one-sixteenth of one percent (plus 0.0625%) per annum.
> 2 Such interest shall be paid in arrears in respect of the Loan or such Disbursement, as the case may be, on each interest payment date for the interest period applicable thereto immediately preceding such interest payment date.
> 3 In case the Borrower fails to pay any principal or interest payable under this Agreement on the due date therefor, the Borrower shall pay to the Lender, to the fullest extent by applicable law, on such overdue amount for each day at the overdue floating rate, as defined herein, plus two and fifteen-sixteenths of one percent (plus 2.9375%) per annum for the period from and including the due date thereof up to and including the day immediately preceding the actual payment date.
> 4 The overdue floating rate means the rate per annum shown on _____ as "_____" in US dollars (LIBOR) for six (6) months at approximately 11:00 am (London Time) on the overdue interest calculation date for the overdue amount.

[和訳]
第__条 金利と遅延金利
1 借主は、本ローンまた本払い出しに適用される金利計算期間について、本フローティングレート（変動金利）に年率0.0625％の金利を上乗せした金利を支払うものとする。
2 かかる金利は、本ローンまたは本払い出しの未返済分に対して、直近の金利の支払い期日に適用される金利支払い期間分を、各金利支払い期日に後払いとして支払われるものとする。
3 借主が本契約に基づく支払い期限の到来した元本または金利につき、その支払い期限に支払うことができない場合は、借主は貸主に対し、その支払いが遅延した金額に関し、その支払い期限の日（その日を含む）から実際に支払いがなされた日（支払い日の前日を含む）までの期間について本契約に規定する

変動遅延金利に年率2.9375％を上乗せした金利を支払うものとする。ただし、その上限は適用法の上限に従う。
4　遅延金利とは、期限到来済みの金額に対して遅延金利計算日に算出される金利の元となる6ヶ月米ドルLIBOR（＿＿＿＿＿＿＿＿＿＿＿＿）について、（ロンドン時間の）午前11時頃に＿＿＿＿＿＿＿＿＿＿＿＿＿＿＿＿に示される年利を指すものとする。

解説

1❖遅延金利も変動金利をもとに算出すると規定

　融資契約における遅延金利の規定の方法としては、利息制限法の上限の数値を基準に、いくらか低い数値を遅延金利として契約で取り決める方法がある。本条項では、変動金利を基礎に採用し、さらに一定比率の金利を上乗せする方式を採用している。

　本例文の条項は、別の規定により変動金利がLIBORであることを前提にしている（例：金利条項⑤）。従来LIBORは"British Bankers Association Interest Settlement Rate"と呼ばれてきたが、2014年よりLIBORの算出・運営主体がBBA（英国銀行協会）でなくなるので、ここではブランクとした。飛鳥凛は、正式名称が確定するまで暫定的に"London Inter-Bank Offered Rate"で乗り切ることを日高尋春氏に提案しているという。

2❖新人飛鳥凛の考え——「利息制限法の上限より少し低い遅延金利で規定しては」

　新人部員の飛鳥凛は、それが一番素直で、契約の当事者にも分かりやすくて合理的ではないかと考えた。たとえば、利息制限法の規定で年18％が上限なら、それを念頭に置いて、実際の消費貸借契約の金利を踏まえて決めればよいのではと考える。通常の金利が4％とすれば、たとえば4％を上乗せして年8％とすればよい、という考え方である。支払い遅延に対する制裁的な意味と、迅速に支払おうとする意思を促すのが、遅延利息の規定と考えたからである。以前、その考え方を飛鳥凛は、上司の日高尋春氏に提案してみたことがある。そのときの日高尋春氏の飛鳥凛への言葉は次のようなものだった。

　「飛鳥、たしかに国内の契約で、日本円ベースのローンなら飛鳥のいう通りかもしれないな。ただ、国際取引でのローンではさまざまな通貨が使われる。国際取引や外国で金利の話をするときは、通貨により時代により、大幅に異なりうるということをしっかり認識することだ。その交渉時の実勢レートに加えて、それ以前の10年くらいの金利変遷の実態と米ドルとの交換レートの変遷を把握するとともに、その通貨の米ドル、日本円との為替の公定交換率と実勢レートの差を理解しておかなければ、外貨の金利について交渉する資格はない。日本円との直接的な交換レートはないことも多い。日本円の法定利率だって、民法では年5％、商法では年6％となっていることは飛鳥もよく知っているだろう。それが、1970年代には少しも不自然ではなかったんだよ。いまは実勢からほど遠いが……」

例文679 金利条項③ | Interest

◇LIBORをベースとした変動金利を規定する

The Borrower shall pay to the Lender an interest on the Loan for each interest payment period applicable to the Loan at the floating rate of the LIBOR (＿＿＿) plus 1.625 percent per annum, calculated on the basis of actual number of days elapsed and a year of 360 days.

[和訳]
　借主は本借入金について、貸主に対し、1年を360日として実際に経過した日数に対して計算した、＿＿＿＿＿＿＿レート（米ドル）に年率1.625％を加算した変動金利を、各利払い期間について支払うものとする。

解説

1 ❖ LIBORをベースとして一定率を加算

　実務上、英国の銀行間決済レートを基準として、一定率を加算して金利が定められることが広くおこなわれてきた。本例文は、通常はもっと簡潔に規定されるところ、やや説明を加えすぎと思われるくらい詳しい表現となっている。LIBORの算出・運営主体が2014年からBBA（英国銀行協会）でなくなるので、一部ブランクとした。飛鳥凛のドラフトでは、ここは"London Inter-Bank Offered Rate"となっている。

2 ❖ 変動金利(floating rate)

　固定金利に対立する概念として、変動金利がある。ただ、貸主側で自由に定めるというわけにもいかない。実務上の慣習として、世界のリーダー的な存在の機関の変動金利（レート）を基準として参照して、その上で微調整（プラス、マイナス）して決定している。そのような基準レートとして参照されることが多いのが"LIBOR"である。"London Inter-Bank Offered Rate"（ロンドン銀行間取引金利）と呼ばれるものの頭文字を取ったものである。

3 ❖ 微調整の幅(16分の1またはその倍数)

　微調整の幅は、"one-sixteenth of one percent"、すなわち0.0625％とその倍数である。たとえばビジネス交渉で、"LIBOR plus one-sixteenth of one percent"というように使われる。厳密には、LIBORの率の確定には、通貨と期間（たとえば6ヶ月）の特定が前提になる。

金利条項④ | Interest 　　　　　　　　　　　　　　　　　　例文 680

◇リボルビング・ローンの金利を規定する
◇四半期ごとに利息を支払う

> 1　Interest on the principal amount of any revolving loan outstanding and unpaid from time to time shall accrue at a rate per annum equal to three-month LIBOR plus 1.75%, computed on the basis of a 360 days year of twelve 30-day months.
> 2　In the event of partial months, the actual number of days elapsed will be used to calculate the interest due.
> 3　Accrued interest on the revolving loan shall be payable quarterly in arrears on the last business days of each quarter, commencing with the quarter ending on December 31, 20__.

[和訳]

> 1　リボルビング・ローンの借入元本のうち随時未返済の金額に対する金利は、1ヶ月30日、1年360日を基礎にして算出したベースで、3ヶ月LIBOR（ロンドン銀行間取引金利）に1.75％を上乗せしたものが課されるものとする。
> 2　1ヶ月の途中（で返済）の場合は、実際に経過した日数を金利算出の根拠とするものとする。
> 3　リボルビング・ローンに対する経過利息の支払いは、20__年12月31日に終了する四半期から開始する毎四半期の最終営業日に未返済分の元本に課されるものとする。

―――――― 解説 ――――――

1❖リボルビング・ローンに対する金利

　リボルビング・ローンに対する金利をどのように支払うかは、契約の規定次第である。ローンの貸主側が、借主の信用や資金力に不安を抱く場合は、返済の裏づけとなる担保・保証を強化して監査をするとともに、利息支払いの方法も、たとえば毎月などの短期間のペースで求めることも選択肢のひとつとなろう。ただ、実際の都合を考えれば、借主側から見て、もっとも通常で適切な利息支払い方法は、四半期ごとの期末に支払う条件であろう。本規定は、その四半期ごとの支払いとなっている。

2❖四半期の切り取り方――いつを始期、起算日とするか

　四半期をどう数えどう切り取るかについては、実務上、双方が善意のうちに誤解が起こることもある。一方の当事者が、単に契約の日から起算して四半期を切り取ることがある。相手方は、自分の慣行でカレンダーを基準に、1月1日から起算して3月31日までの3ヶ月間をひとつの四半期、以降、4月1日から6月30日、7月1日から9月30日、そして、10月1日から12月31日と4つの四半期（3ヶ月）を作る。

3❖英語での四半期(quarter)の表現の仕方

表現の仕方には、始期の日を表示(commencing on _____)してそれに続く3ヶ月間という言い方と、終期の日を表示(ending on _____)してその前の3ヶ月間という示し方、さらには始期・終期の日を示して、その間の3ヶ月間という表示の3種類がある。いずれでも、その趣旨が明確に表現できていれば契約書の表現としては十分であり、合格である。どこまで丁寧に表現すればよいかは、相手方、当方側の理解度、それまでの互いの経験、特に苦い経験があればそれをもとにして判断し、決めればよい。

例文681 金利条項⑤ | Interest

◇フローティングレート、LIBORの定義を規定する

Article __ Floating Rate; LIBOR
1 For the purpose of this Agreement, "the Floating Rate" shall mean the rate per annum, on the basis of a 360-day year, shown on the _____ as "London Inter-Bank Offered Rate" in US Dollars (LIBOR) for six (6) months at approximately 11:00 am (London Time) on the Calculation Date with respect to such Interest Payment Period.
2 "The Calculation Date" shall mean the day which is two (2) LIBOR Business Days prior to the first day of such Interest Payment Period.
3 "LIBOR Business Day" shall mean any day on which banks in the City of London are generally open for interbank or foreign exchange transactions.

［和訳］
第__条　変動金利：LIBOR(ロンドン銀行間取引金利)
1 本契約において、変動金利(フローティングレート)とは、米ドルによる6ヶ月間に対するロンドン銀行間取引金利(LIBOR)として、かかる金利計算期間について、その算出基準日のロンドン時間の午前11時に_____に公表される1年を360日としての年利率をいう。
2 算出基準日とは、金利計算期間の初日からLIBOR営業日で2日前の日を指すものとする。
3 LIBOR営業日とは、銀行間または外国為替の取引のためにロンドンのシティ(旧市部・金融地区)にある銀行が全般に営業している日を指すものとする。

解説

1❖金利の定義

金利についての規定には、フローティングレート(変動金利)やLIBORが登場することが

ある。本例文は、そのような用語について定義する規定である。今後、正式名称や掲示される場所が変動する可能性があるので、新人飛鳥凛のドラフトにより暫定的に"London Inter-Bank Offered Rate"とし、掲示場所をブランクとしている。日高尋春氏の経験では以前に、詳細な名称や掲示場所を頁数も細かく示して規定していたら、契約途中で、掲示・発表の仕方が変更され、役に立たなくなってしまったことがあるという。過渡期では、環境変化に柔軟・迅速に対応することが大切である。

2❖LIBORの金利を基準にして、変動金利を決めている

ロンドンで発表される金利であるが、どの掲示を参照するかは、その時代、時節を勘案の上、当事者が普段の仕事上一番信頼する方法で確認し、契約で合意するのが現実的であろう。さまざまな機関の発表する数値を基礎資料として契約に合意する場合は、その後の変更で、立ち往生することがある。プロジェクト契約で、労働賃金の上昇などに関わる価格調整などをする場合もそうである。各種変動価格を基準にする金属・穀物売買でも、同様の問題に遭遇することがある。

3❖LIBOR

掲載紙や画面等を基に合意した場合は、その掲載紙や画面が廃止されたときの対応も規定する必要がある。ロンドンの銀行間の取引金利を参照するには、たとえば、ロイタースクリーン(reuters screen)がある。6ヶ月の金利、3ヶ月間の金利など、期間とも連動して算出されるので、注意が必要である。今回(2013年7月)のようにLIBORの算出・運営責任がNYSEユーロネクストに移管されるような場合には、なおさら注意が必要である。

4❖LIBORの不正操作と契約への影響

イギリスのバークレイズなど、LIBORの算出基準となる銀行間金利を報告する銀行が、イングランド銀行(イギリスの中央銀行)の介入・要請あるいは単に自行の利益を最大限に操作するために、本来報告すべき実質的なフェアな銀行間金利ではなく、実態とかけ離れた虚偽の銀行間金利を報告していたという疑惑が、2012年6月頃から日本でも報道された。実際には、そのような不正に関わっていない海外の銀行、たとえば日本・米国の銀行が、LIBORを基礎として連動した金利に基づいて取引した経緯がある場合、その取引の相手方からあるべき正しいLIBOR金利に引き直して、差額を損害として損害賠償の請求を受けるリスクがある。刑事制裁、操作の実態の解明に引き続き、民事訴訟の場で紛争処理されるようになると、このLIBORの数値を基として算出する契約方式にブレーキがかかる恐れが出てくる。

2012年前半の同じ頃に問題化したインサイダー情報の提供による取引では、野村證券をはじめとする証券業界のトップ企業が信用を失墜し、証券業界が地盤沈下している。さらには、銀行までLIBORの不正操作により信用を失墜するという現象は、2008年のリーマン・ショックなど投資銀行の信用失墜に続く金融業界の不祥事・事件であり、近年の金融業界の地すべり的な信用失墜、業界全体としての地盤沈下的な下り坂状態は、産業発展の視点からも決して好ましい状態ではない。

5❖LIBOR以外の基準金利

変動金利では、LIBOR以外にも全国銀行協会日本円(TIBOR)なども基準金利として利用されている。テレレート(telerate)の関連ページで公表される。

6❖LIBOR Business Day

"London banking day"(ロンドンの銀行営業日)ということもできる。

7❖the City of London

"the City"は、ロンドンの旧市部を指す。古くからの金融・営業地区である。

8❖LIBOR算出の米国NYSE(ニューヨーク証券取引所)グループへの移管

LIBOR(ロンドン銀行間取引金利)の算出・運営は従来、British Bankers Association(略称BBA)がおこなってきたが、2011〜2012年に発覚した不正操作事件をきっかけに、米国NYSEを運営するNYSEユーロネクストに移管されると発表された。名称をはじめ修正の可能性があり、注視したい。

第 3 節 債権保全と回収のための条項

　前節「融資契約の基本条項」で解説してきた各条項は、順調に融資契約の履行が進んでいるときに重要な項目が中心であった。
　現実の融資契約では、融資金元本(principal)が返済期日に返済されなかったり、利息(interest)が支払い期日に支払われなかったり、借り手が倒産したりと、思わぬ事態が発生することが少なくない。そのような事態を想定し、融資契約には一種のリスクマネジメント、債権保全のための種々の規定が置かれる。
　たとえば融資契約では、遅延金利条項(overdue interest)、支払い遅延など契約違反行為(events of defaults)と期限の利益喪失条項(acceleration clause)、パリパス条項(pari passu clause)が置かれる。融資契約でこのような条項がなければ、不完全といってもよい。
　このほか、借主の表明と保証条項(representations and warranties)、源泉徴収税(withholding tax)などのタックス条項(taxes)、支払いの充当の順序(order of application of payment)の規定も置かれることが通常である。
　借主自身の信用・資産状態に不安があり、何らかの追加の債権確保手段が必要な場合もある。仮に借主がグループ企業の子会社であれば、親会社による保証(guarantee by a parent company)の差し入れが要求されることがある。融資契約の末尾に保証人として署名することがある。また、別途保証状を差し入れる方法もある。いずれも標準的な保証方法として広く使われている。

　このほか、融資契約でも一般条項が規定される。たとえば、通知条項(notice)、準拠法条項(governing law)、裁判管轄条項(jurisdiction)、権利放棄条項(no waiver)、最終性条項(entire agreement)、定義条項(definitions)などである。融資契約では、当事者の一方(すなわち貸主側)の立場が強いため、紛争解決方法の条項としては貸主の国での裁判(non-exclusive jurisdiction;非専属的裁判管轄)によるという取り決めがなされるケースが多い。仲裁約款が利用されるケースは希である。
　また、環境監査の条項(environmental review)が置かれることも近年増えてきた。環境問題が重視されるのは、環境破壊をおこなった企業に融資した銀行や貸主(親会社など)が、第三者たる被害者から直接、不法行為責任を問われるケースが増加しているからである。貸主(レンダー;lender)の貸付者責任は強化される方向にある。
　親会社などからの保証がなされない場合で、債務者たる借主の信用が不足する場合、保証に代えて動産や不動産の担保(security)の規定が置かれることがある。カナダなど英米法系の国々では、浮動担保として、"floating charge"という言葉が用いられている。動産も含み、ファイリングという簡便な方法により一括して担保を設定する。
　一般条項等については、これまでに第3章「一般条項」など他の章で紹介したので、参照願いたい。

第1款　保証状条項

融資の担保として一番信頼されているのは、支払い能力ある機関、会社、個人からの保証状であろう。あまりにもこれらに頼られる傾向が強いので、むしろそれ以外の方法による債権回収の担保や、回収を確実にする方法の検討・開発が提唱されるくらいである。ただ、実務に携わった人々が感ずる保証状以外の担保力の弱さ、回収のための手続きの煩雑さ・費用・時間等を勘案すると、今後もなおこの保証状の人気は続きそうである。

例文682　保証状条項｜Guarantee

◇一流銀行等の連帯保証状の差し入れについて規定する
◇保証対象の債務には元本と金利を加え、本契約から発生する可能性のあるあらゆる債務を含む

Article ___ Guarantee
The Borrower shall, upon the request by the Lender, immediately obtain from a first-class bank or one of the Borrower's affiliate companies acceptable to the Lender an absolute, irrevocable and unconditional guarantee by the said first-class bank or the Borrower's affiliate company as primary obligor and not as a surety for the due and punctual payment of the principal of, and interest on the Loan and any other amount payable in accordance with the terms and conditions of this Agreement in addition to or as a substitute for any guarantee or security provided with respect to the obligations hereunder, in such case, the said guarantee shall, within thirty (30) days of the Lender's first written demand therefor be submitted to the Lender and shall be in the form and substance satisfactory to the Lender in all respects.

[和訳]
第__条　保証状
　借主は、貸主からの要求があるときは、貸主の受け入れられるような一流銀行または借主の関連会社から、かかる一流銀行または関連会社が単なる保証人としてでなく主たる債務者として発行した、完全な取り消し不能の無条件の保証状をただちに取りつけるものとする。保証の対象となる債務は、借主による期日通りの借入元本の返済、金利の支払い、ならびに本契約の条件に従って支払うべき他の債務額の支払いであり、他に借主が差し入れている本契約書に基づく債務に関連する保証、担保に加えて、あるいは代えて差し入れるものである。そのような（＝貸主から保証状の差し入れ要求がある）場合、かかる保証状は、貸主からの最初の書面による要求があった日から30日以内に、貸主に対して提出されるものとし、（かかる保証状は）形式ならびに内容におけるすべての面で、貸主の満足するものでなければならない。

解説

1❖保証状の差し入れ

契約を締結しただけでは、保証状の提出義務はない。ただし、請求を受けたときは、貸主の最初の書面による請求から30日以内に提出しなければならない。その書式と内容は、貸主が満足できるものでなければならない。もし、このような面で将来、紛争や時間をかけるのを防ごうと思えば、あらかじめ保証状の書式を定め、契約書に別紙として添付しておけばよい。英米の相手方に保証状を差し入れる場合、思いがけず"consideration"(約因文言)の有無や表現をめぐって書き直し、という問題が起こることがある。英米法のもとでは、約因のない保証状は効果がないからである。

2❖保証状の内容・条件で重要な項目と用語

保証が、取り消し可能でないこと(irrevocable)、無条件であること(unconditional)が第1の条件(取消不能で無条件の保証であること)。次に、保証状発行者が貸主により受け入れられ、かつ支払い能力について信頼できる者であることが、重要な条件である。それに加えて、その保証対象となる債務が、単に「元本」「利息」だけでなく、契約書に基づき発生する可能性のあるあらゆる債務である点に注意が必要である。その中には、たとえば遅延利息の支払い義務も含まれる。

3❖保証状の期限ならびに債務の支払い期限が延長された場合の保証状の効果

また、本例文では取り上げていないが、保証状では、実務上は期限をどう規定するか、またはどう解釈するかが重要なテーマである。たとえば当初の債務者の支払い期限あるいは返済期間が延長された場合、そのような合意がなされる前に保証人によって発行、差し入れられた保証状は効力を失うのかという問題である。実務上は、さまざまな問題、議論の余地が生まれ、解決は容易ではない。あらかじめそのような問題を防止する文言を入れる方法も選択肢のひとつである。貸主側の上記規定の"in the form and substance satisfactory to the Lender"のねらいのひとつが、この問題への対処と考えることができるかもしれない。

●—第2款　遅延金利条項

遅延金利条項① | Default Interest　　例文683

◇適用法上許容される上限までの遅延金利を規定する

> In case the Borrower fails to pay any principal or interest payable under this Agreement on the due date therefor, the Borrower shall pay to the Lender overdue interest, to the fullest extent permitted by applicable law, on such overdue amount for each day at the rate of ＿＿＿＿＿＿ percent per annum for the period from and including the due date therefor up to and including the day immediately preceding the actual payment date.

[和訳]
　借主が支払い期日に本契約上期限の到来した元本の返済または利息の支払いを怠ったときは、借主は貸主に対し、実際の支払い期日の前日までの期間について、年＿＿＿＿＿％の利率により、その支払い遅延金額について、適用法上許容される最高の限度まで、遅延利息を支払うものとする。

解説

1❖遅延金利の支払いと法律による制限(usury law)

　遅延金利は、損害賠償額の予定という性格と罰則(高い金利による制裁)という性格をあわせ持っている。あまりに高額の遅延金利を許容すると、非人道的、反倫理的な規定になりかねない。そのため、各国とも何らかの形で、遅延金利を制限する方策を取っている。そのような制限には、通常の金利そのものの上限と遅延金利の上限と両方の制限がある。したがって国際的な融資契約の場合には、相手国の法律上の制限(usury law)にも注意を払う必要がある。

2❖遅延金利と法律上の制約と適用法(applicable law)

　融資契約の準拠法を貸主側の国の法律にしたからといって、相手国での履行(返済のための送金など)が有効になるとはいえない。両国の法律の制約も受けるのが通常である。金利を制限する法律を一般に利息制限法(usury law)と呼んでいる。世界には中東各国のように金利(ザカト)そのものを違法とする法制を持っている国もあり、注意を要する。

　また、インフレの激しい国では、通常の金利でも30％、50％であるケースがある。遅延金利を自国の感覚で規定すると、相手方の不履行の際に驚くことになりかねない。以前、トルコ向け融資(トルコ・リラ)の交渉の席で遅延金利を15％と提案したら、相手方に笑いながら、"Thank you."と言われたことがある。トルコ・リラの通常の金利は当時すでに年30％を超えていたのである。毎年、米ドルに対する為替の下落が激しく、トルコ・リラ安が激しく進行していた。国際的な融資契約には、経済的な調査を欠かすことができない。金利の規定には通貨の規定をしっかりしておく必要がある。

3❖遅延金利の計算期間、起算日の決め方

　期日に支払いを怠ったとき、その日から遅延金利を計算して付すのか、翌日から計算するのかという問題がある。両方の解釈がありうるため、紛争の原因になりやすい。そのため、本例文ではあらかじめ借主側からの主張を封ずるため、"from and including the due date therefor"といっている。"therefor"は、ここでは、"for the payment"(それぞれの元本・金利の支払いのための)という意味である。

遅延金利条項② | Default Interest 　　例文684

◇遅延金利は通常金利に1%を加算した率とする

Article __ Default Interest Rate
Notwithstanding any contrary provisions of this Agreement, upon the occurrence and during the continuance of an event of default, interest on the principal amount of any revolving loan outstanding and unpaid from time to time shall accrue at a rate per annum equal to one (1) percent above the rate at which interest would otherwise accrue on such amounts pursuant to provisions of this Agreement.

［和訳］
第__条　遅延金利条項
　本契約における反対の旨の規定にかかわらず、（借主側に）本契約の不履行の事由が発生し継続している間は、随時、貸出残高となっているリボルビング・ローンの借入元本金額に対し、契約通り返済されていれば本契約に基づいて適用されるはずの金利に1%を加えた金利が課されるものとする。

―――― 解説 ――――

1❖遅延金利は、貸出残高の元本に対する通常の金利に1%を加算した金利

　期日に返済されないときは、リボルビング・ローンの金利を、契約による通常の貸し出し金利に1%を上乗せしたものとするという規定である。元本の返済遅延が起きた場合、返済されないリスクに対し1%の上乗せ金利で十分であろうか、という危惧はあるものの、無理な高い遅延金利を設定しても逆に返済の可能性を低くするだけで得策とはならないという配慮だろうか。たしかに、あまりにも高い遅延金利を設定しようとすると、上限を定める利息制限法に抵触し、遅延金利の規定が無効となるリスクもある。通常、1%の上乗せであれば、抵触することはない。

2❖高い遅延金利を規定するときの注意――usury law への抵触問題

　高い遅延金利を規定し、万一それが"usury law"（利息制限法）に抵触するときは、契約に規定する金利の代わりに、同法が規定する上限の金利をもって読み換えると規定することで規定の有効性を維持するのが賢明である。準拠法を他国の法にして、貸出先国の利息制限法に違反しても有効という考えは無理であり、勧められない。

●―第3款　期限の利益喪失条項

　期限の利益喪失は、融資契約では非常事態にあたる。それまでの貸付金はすべて、即時一括支払いを求めることとなり、あわせて経過利息もただちに支払いを求めることとなる。し

かもこのような事態では、はたして全額返済が受けられるかどうか、先が見えない。借主はうっかりすると、倒産のリスクすら負う。ローン契約の中でも、注意深くドラフティングをし、執行面でも細心かつ大胆な決断が求められる。貸主側も、自分の側の都合のみ考えて、あまりにも一方的かつ曖昧な規定を置くことは、必ずしも賢明ではない。

例文685 期限の利益喪失条項① | Event of Defaults

◇期限の利益を喪失させる事由を簡潔に規定する
◇さまざまな取引形態で活用できる汎用性のある標準的な規定

If any of the following events shall occur;
(a) The Borrower shall fail to pay when due the principal of or interest on the Loan, or any other amount payable under this Agreement;
(b) The Borrower shall default in the performance of any other term or agreement contained in this Agreement;
(c) The Borrower shall fail to pay any debt for borrowed money or other similar obligation of the Borrower, or interest thereon, when due, and such failure continues after the applicable grace period specified in the agreement relating to such indebtedness;
(d) The Borrower shall admit in writing its inability to pay its debt when due;
(e) any material representations made by the Borrower contained in this Agreement shall prove to have been false;
(f) _____;
then, the Lender may in its discretion at any time after the occurrence of such event by notice in writing to the Borrower , (i) declare the entire unpaid principal amount of the Loan, accrued interest thereon and all other sums payable under this Agreement to be immediately due and payable, and (ii) declare its commitment and its obligation to be null and void.

［和訳］
万一、下記の事由のいずれかが発生した場合、
(a) 借主が、本契約に基づく借入元本の返済、利息の支払い、または他の金員の支払いを期日におこなわないとき
(b) 借主が、本契約の他の条件、合意を履行しないとき
(c) 借主が、借主の借入債務もしくは他の同様な債務またはその利息を支払い期日に支払うことを怠り、かかる不履行が当該債務に関する契約に明記された適用猶予期間後も継続するとき
(d) 借主がその負債を返済期日に返済できないことを書面で認めたとき
(e) 借主によってなされ、本契約に含まれた重大な表明が虚偽であったことが判

明したとき
　(f) _____

そのときは、貸主はかかる事由の発生後いつでも、借主に対して書面で通知をおこない、その裁量によって、(i)本借入金の未返還元本全額、発生利息及び本契約に基づいて支払うべき他のすべての金員はただちに支払われなければならないと宣言することができ、また、(ii)その貸付の約束及び義務は無効であると宣言することができる。

解説

1❖期限の利益を喪失させる事由

　融資契約では、借主側に契約違反の事由が発生したとき、貸主を救済するためには、単に契約の解除権だけでは十分ではない。通常、貸主に必要な救済は、それまでに貸し付けた元本をただちに返済させることと、経過利息の支払い請求権の確保である。期限の利益喪失条項はそのために規定される。当事者間の契約不履行はもっとも重要な事由であり、本例文では最初の(a)(b)項に掲げられている。

2❖他の当事者との契約違反

　貸主、借主の両者間の契約に対する違反がもっとも典型的な事由であるが、他の債権者が期限の利益を喪失させた場合にどうするかという問題がある。一般的な契約上の解決策は、借主の他の借入債務(それが、当事者の貸主からのものであれ、第三者に対する債務であれ)の不履行も期限の利益喪失事由に加えるというドラフティングを採用することである。本例文では、(c)項がそれに該当する。

3❖債務者の表明(representation)が虚偽だったとき

　貸主が融資の前に借主から説明を受け、契約書中にも記載された借主の財政状態などの説明が虚偽であることが後になって判明することがある。これは厳密にいうと、将来に向かっての借主の義務ではないので、借主の契約違反のカテゴリーに収まらない。そのため、わざわざ項目を設けて規定している。"prove to have been false"という表現になっているのは、表明がなされた時期において虚偽だったことが後日判明した、という意味である。"representation"というのは、表明(説明)をおこなう時点での事実についての確認であり、将来の約束や保証ではないからである。

4❖そのほかの期限の利益喪失事由

　本例文の(f)項の事由としては、破産、更生法申請、債務超過といった破産類似の状態の場合などが規定される。そのほか、保証人や担保等がある場合には、その関連の事態も規定されよう。

5❖期限の利益喪失の宣言(declaration)

　理論的には、所定の債務不履行や破産類似の事態が発生した場合、わざわざ期限の利益を喪失させるという通知による宣言をしなくても、当然に期限の利益を喪失させるべきではないかという考えもある。これは、貸主側の情報の不足のため、対応が遅れることもあることに対する備えである。

　しかし、現実の実務では、あくまでも通知によりただちに期限の利益を喪失させるとい

う規定をすることが圧倒的に多い。

例文686 期限の利益喪失条項② | Event of Defaults

◇期限の利益喪失について、事由と対処法を詳しく規定する
◇期限の利益喪失事由の1つに、米国連邦破産法第11章を挙げる

Article __ Event of Defaults
1 Upon the occurrence of any Event of Default specified in this Article below, the Lender may:
   (i) By written notice to the Borrower declare all sums then owing by the Borrower hereunder to be immediately due and payable;
   (ii) By written notice to the Borrower declare the commitment of the Loan under Article __ hereof to be immediately terminated.
2 For the purpose of this Article, the occurrence of any of the following events shall constitute an "Event of Default":
   (i) The Borrower defaults in the payment of any interest on the Revolving Loan and such default continues unremedied for seven (7) days or more, or defaults in the repayment when due of any principal of the Revolving Loan;
   (ii) The Borrower defaults in the due observance or performance, or breach of any term, covenant or agreement contained in this Agreement and such defaults continues unremedied for a period of fourteen (14) days after written notice to the Borrower by the Lender;
   (iii) The Borrower commences a voluntary case under Title 11 of the United States Code entitled "Bankruptcy" as now or hereafter in effect, or any successor thereto or an involuntary case is commenced against the Borrower and the petition is not controverted within ten (10) days, or is not dismissed within ninety (90) days, after commencement of the case; or a custodian is appointed for, or take charge of, all or substantially all of the property of the Borrower, or the Borrower commences any other proceedings under any reorganization, arrangement, adjustment of debt, relief of debtors, dissolution, insolvency, liquidation or similar law.

[和訳]
第__条　不履行事由
1 本条の下記(第2項)に規定される不履行事由が発生した場合には、貸主は以下の事項をおこなうことができる。
　(i) 本契約に基づき当該時点において借主に対して有する一切の債権につき、

借主に書面の通知をすることにより、即座に期限が到来し、支払うべきことを宣言すること
  (ⅱ) 本契約第__条に規定する本融資の約定が即座に終了することを宣言すること
 2 本条の目的上、下記のいずれかの事由の発生は「不履行事由」を構成するものとする。
  (ⅰ) 借主が、リボルビング・ローンによる利息の支払いについて不履行となった場合で、当該不履行が7日またはそれ以上是正されないまま継続したとき、またはリボルビング・ローンの期限到来済みの元本の返済について不履行となったとき
  (ⅱ) 借主が、本契約に含まれる条件、誓約、または合意に対して遵守せず、もしくは履行について不履行となり、またはこれに違反した場合で、当該不履行が借主から貸主への書面による通知後14日間是正されないまま継続したとき
  (ⅲ) 借主が、米国連邦破産法第11章(現在有効であり、または今後有効であるところによる)もしくはそれを承継する法律に基づく任意の破産手続きを開始したとき、または強制破産手続きが借主に対して申し立てられ、その申し立てに対し、申し立て開始後10日間以内に反論されず、もしくは90日以内に却下されないとき、または借主の実質的に全部の資産を管理するために破産管理人が選任されたとき、または借主が更生法、和議、負債調整、負債免除、解散、倒産、清算その他類似の法律に基づき他の手続きを開始したとき

――――― 解説 ―――――

1❖不履行・違反について、その重要度により分類し、対処する

　期限の到来した元本の支払いを怠った場合と、金利の支払いを怠った場合とで、借主に是正の機会を与えるかどうか、分けて対処していることに留意することが大事である。元本の支払いを怠る場合は、通常、その借主が資金繰りに苦しみ、資金不足に陥っていることが十分考えられる。それに反して金利の場合は、たまたま忘れることもあるかもしれない。本例文では、立ち直りの可能性、リスク・危険の緊急性などを勘案して、ただちに不履行となる事由(元本の不払い)、7日間の是正(治癒)期間を与えるもの、14日間の是正期間を与えるものなどに分けている。

2❖破産法、更生法の手続きの開始

　債務者(借主)が破産法に基づき自ら申し立てたときは、ただちに"Event of Default"にあたると規定する。本例文では米国連邦破産法を適用しているが、他の国ではそれぞれの破産法を規定すればよい。米国の場合、Title 7(破産法第7章)をあわせて規定するのも選択肢のひとつである。Title 7も破産を扱う。第11章(Title 11)は更生法に近く、経営者がそのままその経営にあたるケースが多い。

例文687 融資契約｜環境問題配慮規定①
例文688 融資契約｜環境問題配慮規定②

●―第4款　環境問題配慮規定

　ある日、飛鳥凛は、日高尋春氏に呼ばれた。
　「飛鳥は、Love Canal事件について聞いたことはあるか。では、レンダーズ・ライアビリティー（lender's liability）という言葉を聞いたことはあるか」
　銀行など金融を実施する機関が、その貸付先の起こした環境問題について、いわば連なって監督者の責任を問われた事件が米国で起こったことがある。社会問題といってもよいだろう。カリフォルニアでも、融資契約に環境問題への配慮をするように、貸し付ける側が借主に要求するのである。プロジェクトの遂行に必要な資金を貸し付ける場合に、その借主がどのように開発をするのか、環境への配慮のためにどのくらいの費用がかけられるのかに、具体的に関心を持って指導することが、金融を実施する側に求められるという考え方である。銀行など金融を実施する者は金儲けに関心があるだけでは許されない社会が、米国には誕生しつつある。日本においても、例外ではない時代が訪れようとしている。
　金融機関や融資する側が、レンダーズ・ライアビリティー（貸付者責任）を果たそうとすれば、資金を貸し付けるときにそのプロジェクトの内容や性格、実施方法を聞き、環境への配慮を契約に謳うことはできる。しかし現実には、経営の現場に立ち会うなど、当事者の立場で経営にあたらなければ完全に監督するのは困難である。
　やはり、借主に環境問題に対する注意を喚起し、借主自らに、謙虚に厳しく環境問題に取り組ませることが必要であろう。規定が少し長すぎると思われるくらい丁寧に、環境への配慮義務を契約条項として規定することもなされるようになってきた。やがて貸付契約では標準的に採用される規定となるかもしれない。気が早いかもしれないが、国際金融分野ではプロジェクト・ファイナンスなど1990年代から始まり、21世紀はこれが標準となると見てよいのではないか。

例文687　環境問題配慮規定① | Environment

◇プロジェクト遂行時における（大気・水・廃棄物を含む）環境問題への配慮義務を借主に負わせる規定

Article ___ Protection of Environment
The Borrower shall pay due attention to the protection and conservation of the environment in implementing the Project as set forth in Exhibit ___ attached hereto, including, without limitation, giving due consideration to such issue as air pollution, water pollution, and other similar pollution, treatment of industrial waste and hazardous waste, and impact of the Project on the environment generally.

［和訳］
　第__条　環境保護
　　借主は、本契約に添付した別紙____に規定する本プロジェクトの遂行において、

環境を保護し、維持するための適切な注意を払うものとし、大気汚染、水質汚染、または他の類似の汚染、産業廃棄物や危険性ある廃棄物の取り扱いをはじめとし、これに限定されず、環境問題に対する本プロジェクトの影響に対し、適切な注意を払うものとする。

―――― 解説 ――――

1❖環境問題への配慮義務を規定する

大気汚染、水質汚染、産業廃棄物処理など、プロジェクトの環境に与える影響一般について関心を払い、環境を破壊しないように求めている。

2❖環境問題の難しさ

環境問題は、絶えず社会とともに進化する。その関心事も事案も、変化することがある。科学の進歩が一定の範囲で危険をともなうという一面を承知しつつ、どのように安全や環境に配慮していくかは、決して簡単な問題ではない。薬品や食品など、本来、世の中の役に立つために開発されたものが、副作用を起こすなど、危険な面を表すことがある。環境への配慮、安全への配慮を貸主がどこまで具体的に自らの専門ではない事業で指導できるかは、今後の課題とされている。ローン契約に環境条項を規定する意味は、その借主が環境問題を無視して事業を推進した場合は、契約違反（event of default）として、期限の利益を喪失せしめることができるということである。

環境問題配慮規定② | Environment　　　　　　　　　　　　例文688

◇事業経営にあたり、子会社運営を含む広汎な環境規制の遵守を借主に表明させる規定

Article ___ Representation on Environmental Review

The Borrower hereby represents and warrants to the Lender that:

(i) in ordinary course of its business, the Borrower conducts an ongoing review of the effect of environmental laws on the business, operations and properties of the Borrower, its subsidiaries, in the course of business of which it identifies and evaluates liabilities and costs related thereto, including without limitation, with respect to any clean-up or closure of properties, compliance with applicable operating constraints, disposal of wastes and possible liabilities to employees and other third parties.

(ii) on the basis of this review, the Borrower has reasonably concluded that such liabilities and costs are unlikely to have a material adverse effect on the business, financial conditions, results of operations of the Borrower and its subsidiaries, as a whole.

[和訳]
第__条　環境問題に関する表明
　借主は、本契約により貸主に対し以下の通り表明し、保証する。
（i）通常の営業において借主は、借主・その子会社の営業、運営、資産に及ぼす環境法の効果について確定し、これらに関わる責任と費用を評価し、常に審査をしている。その対象には、不動産の浄化または閉鎖、運営に関わる法規の遵守、廃棄物の処理、従業員ならびに第三者のなす行為への責任を含む。
（ii）かかる評価に基づいて、借主は、かかる責任や費用が全体的に見て借主・その子会社の経営、財務状態、結果について重大な悪影響をもたらすことはありえない、という結論に合理的に達した。

解説
---

1 ❖ 環境規制の遵守を借主に表明させる

　貸主は、ローンを実施する前提条件として、借主ならびに借主の子会社の経営が環境規制を十分遵守していることを、その内部審査により借主に表明させる。

　この、借主による環境問題への配慮に対する自己審査とその結論の要求は、強い立場に立つ貸主が資金提供の可否を通じて、その影響力を及ぼすことのできる借主に対し、間接的に環境問題への適合を強制するものである。

2 ❖ 環境問題への配慮、遵守の表明・保証が虚偽であったとき

　次の問題は、万一借主の環境問題への配慮、遵守の表明、保証が虚偽であったとき、貸主側は第三者に対して、どのような責任をどのような根拠に基づき、どこまで直接的に負うかということである。契約の遂行上、貸主側の過失責任はどのような場合に認められ、有責とされるだろうか。この問題が次に続く。

●―第5款　裁判管轄合意条項

　融資契約では、紛争解決方法として、仲裁と裁判のどちらを選ぶかという問題がある。売買契約やライセンス契約、販売店契約等では、仲裁のほうが適切ではないかというのが、幾度か紛争を経験した筆者の感覚である。しかし、融資契約などに仲裁が適合するかというと、必ずしもそう言い切る自信は持てない。融資の回収には、古い形かもしれないが、裁判のほうが安心できる面がある。ただし、米国などの場合、陪審裁判は避けたい。

　そのような感覚でいるときに、契約書に採用する裁判管轄合意条項はどうすればよいか。例文689は、飛鳥凛が日高尋春氏のもとでカレン・ビュー・コーポレーション（貸主）と交渉する際に、米国で使う場合の条項であるという。サンフランシスコならば相手も異論がないだろう。陪審裁判を避けるという点だけが飛鳥凛の主張である。

　日本からの融資であれば、交渉力があり、日本側の希望を通すことは可能である。このよ

うな場合には日本側の考えで、仲裁でも裁判でも、日本でも外国(相手の地)でも、条件が揃えば第三国でも選び、交渉することができる。第一、ドラフトは日本側で作成できる。では、どうするか。ひとつの案は例文690のように日本の東京地裁を管轄裁判所とすることだろう。相手の財産、資産が日本国内になければ、現地での執行の問題が残る。しかし、まずは裁判で勝たなければ、執行はおぼつかない。金銭の取り立てに仲裁では、まどろっこしいかぎりである。

裁判管轄合意条項① | Jurisdiction 例文689

◇サンフランシスコ連邦地方裁判所の管轄に合意する
◇陪審裁判の権利を放棄する

Article __ Governing Laws; Submission to Jurisdiction; Jury Trial Waiver
1 This Agreement and the rights and obligations of the parties hereunder shall be governed by and construed in accordance with the laws of the State of California without giving effect to the principles of conflict of laws.
2 Any legal action or proceeding against the Borrower with respect to this Agreement shall be brought in the US federal district court in the city of San Francisco, California and by execution and delivery of this Agreement, the Borrower hereby irrevocably accepts for itself and in respect of its property, generally and unconditionally, the jurisdiction of the aforesaid court.
3 Each of the parties hereto irrevocably and unconditionally waives, to the fullest extent permitted by applicable laws, any and all rights to trial by jury in connection with any legal action or proceeding with respect to this Agreement.

[和訳]
第__条　裁判管轄：陪審裁判を受ける権利の放棄
1　本契約ならびに本契約に基づく権利と義務は、国際私法の原則による効果を発生させることなく、カリフォルニア州法に準拠し、これに従い解釈されるものとする。
2　本契約に関する借主に対するいかなる法的な訴訟または手続きも、サンフランシスコの連邦地方裁判所に提起されるものとし、本契約書の調印と引き渡しにより、借主は、撤回不能条件で、全体にかつ無条件で、自己及びその資産について、上記の裁判所の管轄に服するものとする。
3　本契約の当事者は、本契約についての法的な訴訟または手続きにおいて、陪審による事実審理を受ける権利を撤回不能かつ無条件で、適用法により許諾される最大限度まで、放棄するものとする。

―――― 解説 ――――

1 ❖ 準拠法
　カリフォルニア州法を選択している。契約当事者のABC社はサンフランシスコに現地法人があり、同州の法律制度に詳しいメンバーや顧問弁護士事務所があるので、少しも困らないという考えである。

2 ❖ 管轄裁判所は、サンフランシスコにある連邦裁判所
　サンフランシスコの裁判所とだけ指定すると、カリフォルニア州には州の裁判所と連邦裁判所と両方があるのでまぎらわしい。ここでは、US federal courtと記載することにより、連邦裁判所を規定している。US courtという表現だけでも連邦裁判所を指す。連邦裁判所のほうが、サンフランシスコでも外国人にも公平だという感覚を日高尋春氏と飛鳥凛は持っている。彼らは、州の裁判所に同意したことがない。ホームタウンジャッジメントがありうるからとの根拠で、すべて断ってきた。

3 ❖ 陪審制度に対する不信感
　飛鳥凛と日高尋春氏は、陪審制度の活用にはあまり乗り気ではない。積極的に評価する声を聞くこともあったが、2人は絶対に受け入れない。やはり、外国人に対して公平であるとは確信が持てない。費用と時間がかかる。2人にはもはや、米国側の相手とは陪審裁判による事実審理や損害賠償額の答申は受けたくないという気持ちがある。

例文690 裁判管轄合意条項② | Jurisdiction

◇東京地方裁判所を非専属裁判管轄と規定する
◇フォーラム・ノン・コンビニエンスに基づく管轄への異議申し立て権を放棄させる

1　The Borrower hereby agrees that any suit, action or proceedings in relation to any claim, dispute, differences which may arise under this Agreement may be brought in, and hereby irrevocably and unconditionally submits to the non-exclusive jurisdiction of the Tokyo District Court in relation to any such suit, action or proceedings, but without prejudice to the right of the Lender to commence any legal action or proceedings in the court of any other competent jurisdiction.

2　The Borrower hereby irrevocably waives any claim it may now have or hereafter acquired that any such suit, action or proceedings in any such court has been brought in an inconvenient forum.

[和訳]

1　借主は、本契約に基づき発生するいかなるクレーム、紛争、意見の不一致に関連するいかなる訴訟、裁判、手続きも東京地方裁判所に提起できることに同意し、本契約により、撤回不能かつ無条件に、かかる訴訟、裁判または手続きについて、東京地方裁判所の非専属管轄に服することに同意する。

> ただし、(それにより)貸主が他のいかなる有効な管轄地の裁判所においていかなる法的な訴訟、または手続きを取る権利を失うものではない。
> 2　借主は、上述の裁判所における訴訟、裁判または手続きについて、便宜の悪い法廷地に提起されたことを根拠として異議申し立てをする、借主が本来所有していた権利を撤回不能条件で放棄するものとする。

解説

1❖東京地裁を非専属管轄裁判所とする規定

　海外での訴訟を担当した経験があれば、その厳しさ、大変さが分かる。まず、言葉が現地語であり、法廷での話、議論になかなかついていけない。日本側の慣れていない戦法が、さまざまな形で使われる。その中には、非合法で日本ではありえない戦法も含まれる。日本での裁判の公正さは、海外で幾度か裁判を経験すればよく見えてくる。債務名義を得てからが勝負という面はあるが、その段階までが海外では大変なのである。

　矛としての役割には十分ではなくとも、盾の役割は十分果たす。ただ当事者が、海外のいくつかの地で、十分に戦えるという体制と法律知識を備えていれば、海外の機関を選択肢として考えればよいだろう。

　日高尋春氏と飛鳥凛の場合、近年はロンドンとサンフランシスコでなら、積極的に現地を戦場として受けているようである。結局、当方の力量によって戦い方は変わるということだろう。ロンドンとサンフランシスコの司法と仲裁には、2人は信頼を寄せているようである。問題は、アジアで日本以外のどの都市の機関を信頼し、戦いの場として選択できるかにある。

2❖非専属裁判管轄とする理由

　必要なら、貸主は、外国でも訴訟手続きを取ることができる。"non-exclusive jurisdiction"という用語で非専属的な裁判管轄地を規定しているからである。専属管轄、非専属管轄という区別の仕方をしている。なぜ、非専属管轄などという一見不利な規定を置いているかといえば、借主の資産がある国が貸主のいる国でない場合などには、貸主側の国の裁判所の専属管轄の規定を置くよりは、もう少し自由に貸主側で手続きを取りたいことがあるからである。たとえば資金使途が航空機や船舶の購入の場合、航空機を差し押さえるには、その現在所在する場所が重要となる。また、不動産や他の資産を差し押さえる場合も、相手方の資産の所在地を選択できるほうが便利である。

　ABC社の日高尋春氏が口癖のように飛鳥凛に言っている。「契約書は、状況に応じて、多角的かつ柔軟に対応できるようにしておくように」。

3❖フォーラム・ノン・コンビニエンスに基づく管轄への異議申し立て

　本来、当事者は他の法廷地のほうが現実に訴訟が提起された裁判所より便宜がよく、適切であると主張し、自己にとって便宜の悪い法廷地で裁判を受けることへの異議申し立てをする権利がある。これを「フォーラム・ノン・コンビニエンス(forum non conveniens)」と呼ぶ。

　本例文第2項のねらいは、借主に、かかる異議申し立て権を放棄させることにある。

第I部

第13章 各種契約

第1節 保証・担保契約 Guarantee

●―第1款 保証状のポイントと主要条項

保証状(letter of guaranty)ほど短く、しかもそのリスクを考えれば危険な書類は類を見ない。人や事業の行方を左右しかねないリスクが潜んでいる。無造作に発行されたり、受け取ったりすることの多い書類であるが、その1つ1つの文言には、厳しいねらいが秘められている。letter of guaranteeともいう。

国際取引で、保証状を発行したり、取りつけたりする場合の書き方、見方の主なチェックポイントは次の通りである。

①発行者(issuer)・調印者の代表権と、調印者が保証状の発行について発行会社の取締役会または正規の承認手続きを経ていることを確認する条項
②保証状発行について、"consideration"(約因)の明示
　英米法のもとでは、約因がなければ法的強制力がないとの基本的ルールを踏まえて、"consideration"に関するフレーズを書くのが"practice"(慣習)である。たとえば次の通りである。
　"In order to induce you to enter into a loan agreement with the Borrower …"
③連帯保証する旨の保証文言
　たとえば"ABC hereby guaranties unconditionally and irrevocably, jointly and severally with the Borrower."
④保証金額の限度とその保証の期限、延長に関する条項
⑤保証の対象となっている債務内容、契約内容の変更を認めるか否かについての条項
⑥保証状の準拠法と裁判管轄
　米国各州の法律のいずれかを準拠法とした場合には、保証債務を約束手形(promissory note)にして、保証の証拠として取りつけることが、しばしばおこなわれる。米国の州法(たとえばNew York州法)では、1通の約束手形でも分割払いができる。支払い期日も主債務の期日に合わせて規定し、期限の利益を失わせる喪失条項を記載することができる。

英文の保証状で注目すべき点は、"consideration"の文言である。

保証状は、一方的に保証人がその差し入れ先に提出し、被保証人のためにその履行を保証し、万一不履行があったときは、代わって責任を取るという厳しい責任を負担する。保証人自身にとっては、利益にならず一方的に不利益を被るケースが多い。そのため、保証状の法的拘束力を認めるためには、法制度上慎重を期す必要があるという考え方がある。伝統的な英米法の考え方では、約因のない保証状にはその法的な拘束力を認められない。そのため、英米法の適用を受けるという前提で英文で書かれた保証状には約因の記載がある。

また、保証については、その保証金額の限度、期間など決めなければならない重要項目が多い。典型的な保証の内容には、契約の履行保証と返済等支払いの保証がある。

以下、実際に使用される保証状の代表的な文言、条項を紹介しつつ説明していく。

●―第2款　タイトル(表題)と前文

タイトル(表題)

　保証状のタイトルとしては、"guarantee"(保証)、"guaranty"(保証)、"letter of guaranty"(保証状)などが使用されている。どれを使っても変わりはない。いずれも、金銭債務の支払い、契約の履行の保証に使用される。

　"guarantee"という用語には、「保証する(動詞)」という意味と、「保証人(名詞)」という意味がある。"guaranty"は、「保証(名詞)」である。よく似た言葉であるが、このような保証状において、「保証」「保証人」としては、使えない用語もある。"warranties"という用語には注意しなければならない。"warranties"という言葉も、「保証」「担保」と訳されるが、この用語は、物品やサービスの品質に関わる保証を指し、融資金の返済、契約履行の保証には使わない。

　保証状では、いくつかの「条」(Articleなど)に分けることもあるが、むしろ分けないことのほうが多い。そのため、ここでは保証状の中核となる文言をあえて保証条項と呼ばず、保証文言と呼んでいる。

前文

　保証差し入れ先名(相手先名)・住所とともに冒頭(左側の上の欄)に記載し、なぜ保証状を差し入れるかという経緯、または関連契約などがあるときは簡潔に記載する。

●―第3款　保証文言

　保証状の中で、もっとも重要な文言は、保証人による保証文言である。

保証文言① | **Guarantee**　　　　　　　　　　　　　　　　　　　　　　　　例文**691**
　◇履行保証
　◇劇場上演契約での規定

> The undersigned (hereinafter called the "Guarantor") does hereby unconditionally guarantee as and for its own obligation, until full performance is effected by or on behalf of Elena and Narumi Orika Corporation (hereinafter called "ELNOX") in accordance with the terms and conditions of the Theatrical Performance Agreement dated April __, 20__ (the "Theatrical Performance Agreement"), (a) the due and punctual performance by or on behalf of ELNOX of any or all agreements contained in the Theatrical Performance Agreement and (b) the payment when due of any sums which may become due on the part of ELNOX under the Theatrical Performance Agreement.

[和訳]
　末尾に署名する者(以下「保証人」という)は、ここに、20__年4月__日付け劇場上演契約(「劇場上演契約」)の条件に従い、絵里奈アンド織花なるみコーポレーション(以下「ELNOX(エルノックス)」という)により、またはELNOXに代わり履行が完全になされるまで、(a)劇場上演契約に含まれたいずれかの合意またはすべての合意がELNOXによってまたはELNOXに代わって期限通り、かつ正確な時間通りに履行されることと、(b)劇場上演契約によりELNOX側が支払わなければならなくなる金額を期日が到来したときに支払うことを、自己の義務として無条件に保証する。

解説

1 ❖ the undersigned (hereinafter called the "Guarantor")

「末尾に署名する者(以下「保証人」という)」という意味である。保証状においては、下記の者として署名するのは、保証人のことである。本例文では、"the undersigned"のすぐあとに、その略称として、以下「保証人」と称すると続けている。

2 ❖ unconditionally guarantee as and for its own obligation

「自己の義務として、無条件に保証する」という趣旨である。

3 ❖ until full performance is effected by or on behalf of Elena and Narumi Orika Corporation (hereinafter called "ELNOX")

「絵里奈アンド織花なるみコーポレーション(以下「ELNOX(エルノックス)」という)により、またはELNOXに代わり履行が完全になされるまで」という意味である。

"ELNOX"(エルノックス社)は、本書の例文のために作った会社で、"Elena and Narumi Orika Corporation"の頭文字を取った略称である。最初の言葉(ELENA；絵里奈)から「EL」を取り、次の言葉(NARUMI ORIKA；織花なるみ)から「NO」を取り、最後の「C」を「X」に変えて、発音の響きをきっぱりしたものにした。エンターテインメントをはじめビジネスの世界では、会社名はその響きも大切な要素である。

　株式会社組織の場合は、英国では通常"Elena and Narumi Orika & Company Limited"(絵里奈アンド織花なるみ株式会社)、または、"Elena and Narumi Orika & Co. Ltd."という記載の仕方をする。"and company"という表現は、もともと英国でその「仲間たち」という感覚から使われている表現である。そのため、会社は2人以上によって設立されるという伝統があった。"Limited"は、有限責任であることを示す。

　米国の各州で設立するとき、株式会社の特徴はその有限責任制にある。2人以上のメンバーによって設立されるという点には力点は置かれない。たとえば、カリフォルニア州に設立するなら、単に"Elena and Narumi Orika Corporation"という表示で「絵里奈アンド織花なるみ株式会社」を指す。第7章「合弁事業基本契約」では、略称をもとにネーミングした"ELNOX Corporation"を登場させた。"Karen View Corporation"という表記の仕方と同じである。本書で一貫してあらゆる章に登場する"Aurora Borealis Corporation"を、英国流に表記すると、"Aurora Borealis & Co. Ltd."となる。米国(たとえばカリフォルニア州)流の表示では、"Aurora Borealis Corporation"である。

なお、「絵里奈」は、通常のアルファベット表示では、「ERINA」または「ELINA」であろうが、本書では、現地の発音の響きを勘案し、あえて「ELENA」と表記している。

4❖due and punctual performance

「期限の通りで正確な時間通りの履行」という趣旨である。契約では、期限等を日までは規定しても時間までは言及しないことがある。そのような場合は「厳密に期限通りの履行」とするほうが合うかもしれない。

5❖payment of any sums which may become due

「支払い期限の到来した金額の支払い」を指す。

保証文言② | Guarantee 〔例文692〕

◇支払いの保証

> Aurora Borealis Corporation (the "Guarantor"), a Japanese company, for value received, hereby guarantees to Karen View Corporation ("KVC") the prompt payment by ELNOX when due of all principal and interest under the Agreement dated April __, 20__.

[和訳]
> 日本法人オーロラ・ボレアリス・コーポレーション（「保証人」）は、ここにカレン・ビュー・コーポレーション（「KVC」）に対して、受領した価値ある物を約因として、20__年4月__日付け契約によるすべての元本と利息をELNOXが支払期限到来時に迅速に支払うことを保証する。

――――― 解説 ―――――

1❖for value received

「価値あるものを受領した見返りに」「価値のあるものを約因として」という趣旨である。本来、英米法のもとでの「保証」は、約因（consideration）がなければ、"enforceable"ではない。裁判所に提訴しても、取り上げてもらえない。

この用語がここで使用されているのは、万一の場合に、この語句をもって約因としようと考えているためである。ドラフティングには一見、装飾としか思えないさまざまなスタイルが施される。

"value"の箇所には、1ドルの受領を確認する文言が記載されることもある。保証では通常、外見上は約因がないように見える。そこで約因を作ろうとして、さまざまな工夫がなされる。約因について考える必要がない場合は、この文言は不要である。

2❖hereby

"by this Letter of Guaranty"という趣旨である。「本保証状をもって」が直訳である。

例文693 保証・担保|保証文言③
例文694 保証・担保|保証文言④

例文693 保証文言③ | Guarantee

◇契約履行の保証
◇約因(契約の誘引)の存在を規定中で明らかにする

To induce KVC to grant the franchise and license to Mori Yuki & Company Limited ("YMC"), the Guarantor hereby unconditionally guarantees to KVC the full payment, performance and observance by YMC of the terms and conditions to be made, performed or observed by YMC under the Franchise Agreement.

[和訳]
　KVCをして森幸・アンド・カンパニー・リミテッド(「YMC」)に対してフランチャイズとライセンスを許諾する気を起こさせるために、保証人は、ここにKVCに対して、フランチャイズ契約に基づいてYMCによって履行され、遵守されるべき条件及び条項を、YMCが完全に支払い履行し遵守することを無条件に保証する。

―――― 解説 ――――

1 ❖ To induce KVC to grant the franchise and license to Mori Yuki & Company Limited,

「KVCをして、森幸・アンド・カンパニー・リミテッドに対し、フランチャイズとライセンスを許諾するようにさせるために」という趣旨である。

このフレーズの役割は、約因(consideration)の存在を明らかにすることにある。英米法のもとでは、一方的に債務のみを負担する保証状では、常にその法的拘束力の有無が問題とされる恐れがある。約因がないから無効であるという主張が保証人からなされる可能性がいつもある。そのため、約因があること、したがって有効な拘束力のある保証であることを主張できる仕掛けを保証状にどのようにちりばめるかが、保証状のドラフティングの技術として工夫される。

2 ❖ (In order) to induce you(KVC) to ...

「貴社(KVC; 貴行)を…させる目的で」という趣旨である。このフレーズが、保証状の約因(consideration)の表示の基本形のひとつである。この目的を保証人が持っているから、受益者がこの主債務者に対し一定のフェイバー(favor)を与えて、この取引に入ったのだと主張するのである。受益者(保証状の名宛人；差し入れ先)は、もしこの誘因がなければ取引に入らなかったと主張するのである。

保証文言④ | Guarantee

例文694

◇約因の存在を説明するために、保証状の名宛人が、主債務者(被保証人)とは、(保証状がなければ)本来、取引・契約調印には気が進まないというフレーズを記載する

Guarantor is a major shareholder of Elena and Narumi Orika Corporation ("ELNOX"). KVC is unwilling to enter into the Theatrical Performance Agreement with ELNOX, without the guarantee of the Guarantor as provided for herein.
In order to induce KVC to execute the Theatrical Performance Agreement with ELNOX, the Guarantor hereby unconditionally guarantees to KVC the full payment, performance and observance by ELNOX of terms, conditions and agreements to be made, performed and observed by ELNOX in accordance with the Theatrical Performance Agreement.

[和訳]
　保証人は、絵里奈アンド織花なるみコーポレーション(「ELNOX」)の主要株主である。
　KVCは、本状に定める保証人の保証なしにELNOXと劇場上演契約を締結することは不本意である。
　KVCをしてELNOXと劇場上演契約を締結する気を起こさせるために、保証人はKVCに対して、劇場上演契約に従ってELNOXが履行し、遵守すべき条項、条件及び合意をELNOXが完全に支払い履行し遵守することをここに無条件に保証する。

―――――― 解説 ――――――

1❖KVC is unwilling to enter into the Theatrical Performance Agreement with ELNOX

　「KVCは、(保証人からの本書に定める保証状差し入れなしには)ELNOX(エルノックス)との劇場上演契約の調印に気が進まない」という趣旨である。初めて読んだとき、驚いたのを覚えている。なぜ、このようなネガティブな表現の文言を記載するのか。それは、保証状を受け取る側が、この保証状には約因があることを明確にしたいからなのである。

　この背景には、法的な拘束力のない保証状を受け取っても意味がないという考え方がある。保証状の受益者(beneficiary; 宛先)が本来したくないことを、保証人の誘いと要請に基づいておこなったのだから、保証人があたかも主債務者本人のように責任を取れと主張するストーリーの書き出しだと考えればよい。裁判による強制執行(enforcement)のシナリオを作成するつもりで、保証状や契約書のドラフティングをしていくのである。"detrimental reliance"(不利益的信頼)というカテゴリーの約因である。相手方の一定の言葉、行為、約束を信頼したために、不利益な行為に踏み切った場合などをいう。

2❖Theatrical Performance Agreement

　「劇場上演契約」のことを指す。招聘する場合と、ライセンスを得て出演者はライセンシ

例文695 保証・担保｜催告・検索の抗弁権の放棄①
例文696 保証・担保｜催告・検索の抗弁権の放棄②
例文697 保証・担保｜催告・検索の抗弁権の放棄③

一側でオーディションなどをして揃える場合とがある。

●─第4款　催告・検索の抗弁権の放棄

保証人は一般に、催告の抗弁権（民法第452条）と検索の抗弁権（民法第453条）を保有する。保証人にこれらの抗弁権を放棄させて、保証の実行を容易にする工夫が実務上は広くおこなわれている。具体的にはその趣旨が、さまざまな表現で保証状に規定される。

例文695　催告・検索の抗弁権の放棄①｜Waiver

◇まず主債務者に履行（法的救済）を求めるよう要求する権利を放棄

The Guarantor hereby waives any right it may have as surety which may at any time be inconsistent with any of the provisions of this Guarantee and in particular, any right of first requiring KVC to pursue its legal remedies against ELNOX.

［和訳］
　保証人は何時も、本保証状のいずれかの条項に矛盾する可能性のある保証人が保証人として有しうる権利、特にELNOXに対して法的救済を求めるよう、まずKVCに求める権利をここに放棄する。

───────── 解説 ─────────

1 ❖waives any right it may have ... any right of first requiring KVC to pursue its legal remedies against ELNOX

「KVCに対して、…まず、（主債務者である）ELNOXに対し、法的な救済を求めるよう要求する権利を放棄する」ということである。保証人にいわゆる検索の抗弁権を放棄させるのが、この条項のねらいである。

2 ❖any right it may have as surety

「保証人として（本来、法律上、）保有しているかもしれない権利」という趣旨である。"surety"も、保証人という意味である。保証人という厳しい立場に置かれた者を保護するために、法律によって、まず本来の債務者にその履行請求をするよう要求したり、主債務者から債務を取り立てるように求めたりするのは、自然な保護手段として規定されていることが多い。催告・検索の抗弁権と呼ばれる。これに対し、保証を受ける側（beneficiary）はそのような面倒な手続きを一切省いて、あたかも保証人を主債務者のごとく請求することを好む。保証状というのは、この両者の緊張した対立関係のタイトロープの上での対決として交渉され、作成されるものなのである。

催告・検索の抗弁権の放棄② | Waiver　　　例文696

◇フランチャイズ契約での催告の抗弁権放棄の規定

The Guarantor waives any and all notices of nonpayment or nonperformance under the Franchise Agreement or demand for payment or performance of such obligations thereunder.

［和訳］
　保証人は、フランチャイズ契約に基づく不払いまたは不履行について一切の通知を受ける権利と、フランチャイズ契約に基づく支払いまたは債務履行について一切の催告を受ける権利を放棄する。

――――――――――解説――――――――――

1 ❖ waives any and all notices of nonpayment or nonperformance
「支払い義務違反または不履行について通知を受ける権利を放棄する」という趣旨である。

2 ❖ waives any and all notices of demand
「催告の通知を受ける権利を放棄する」という趣旨である。この規定がなければ保証人は、その保証が法的に連帯保証にあたらない限り、催告の抗弁権を主張できる。連帯保証の場合は、保証人は「催告の抗弁権」を保有していない（民法454条）。

3 ❖ franchise
「フランチャイズ」をいう。ドトールコーヒー、マクドナルド、ケンタッキー・フライド・チキン、ザ・ボディショップなどがフランチャイズの典型的な例である。フランチャイズは、商号、トレードシークレット等を包括的に使用許諾するライセンス契約である。

催告・検索の抗弁権の放棄③ | Waiver　　　例文697

◇保証人を直接提訴できるとする規定
◇催告・検索の抗弁権の放棄を簡潔に規定する

An action may be brought hereunder directly against the Guarantor without any prior action against, demand of or notice to ELNOX.

［和訳］
　まずELNOXを提訴することなく、また、ELNOXに催告または通知をおこなうことなく、本状により直接、保証人を提訴することができる。

例文698 保証・担保｜保証限度条項①
例文699 保証・担保｜保証限度条項②

―――― 解説 ――――

1❖本条項のねらい

本条項のねらいは、保証人に催告・検索の抗弁権を放棄させることにある。先に、債務者本人に履行を請求することを省いて、保証人に直接その保証債務の履行を求めることができるのである。

2❖action

「訴訟」を指す。"suit"という用語を使うこともできる。本例文のようなケースで、実際に、"action"の代わりに、"action or suit"を使うことも多い。保証状というのは、裁判などによって強制執行されることが保障されて初めて意味がある。訴訟をいつも念頭に置いて、交渉され作成される。

●―第5款　保証の限度

保証状を発行する際には、その保証限度を確認し、その記載が明確になされているかどうかを確認することが欠かせない。

例文698　保証限度条項①　Limit of the Liability of the Guarantee

◇保証人の責任は主債務者の責任の限度を超えないと規定する

> Notwithstanding any other provision in this Guarantee to the contrary, the Guarantor's liability to KVC (the "Beneficiary") under the Guarantee shall not exceed the liability of Elena and Narumi Orika Corporation ("ELNOX") pursuant to the Theatrical Performance Agreement.

> ［和訳］
> 本保証状にこれと矛盾する他の条項があってもそれにかかわらず、保証状に基づく保証人のKVC（「受益者」）に対する責任は、劇場上演契約による絵里奈アンド織花なるみコーポレーション（「ELNOX」）の責任を超えないものとする。

―――― 解説 ――――

1❖Notwithstanding any other provision in this Guarantee to the contrary

「本保証状中にいかなる反対の趣旨の規定があったとしても、それにもかかわらず」という趣旨である。この前置き的なフレーズは、解釈の仕方が複数ある場合にも、これから規定することは絶対に最終的であり、優先する規定であることをはっきりさせるときに使う。

2 ❖ shall not exceed _____

「_____を超えることはない」「_____を超えないものとする」という意味である。保証の限度を規定する文言の標準の形である。金額を記載すれば、それが限度額になる。ただしその限度が、金利を含んだ限度なのかその前の元本にすぎないのかについては、疑う余地のないほど明確に記載しておかなければ紛争の種は残る。ここでは、本来の契約者（主債務者）が負担する責任の限度を超えることはない、と明確にしている。

保証限度条項② | Limit of the Liability of the Guarantee　　例文699
◇金額によって保証限度を規定する

The Guarantor's liability to you under this Guarantee shall not exceed US $1,000,000 (One Million United States Dollars).

［和訳］
　本保証状に基づく保証人の貴社に対する責任は、100万米ドル（1,000,000米ドル）を超えないものとする。

――――― 解説 ―――――

1 ❖ 金額による限度の記載

　本例文のように金額で限度を記載することも、しばしばおこなわれる。この規定を置いた場合でも、なお解釈の争いが起こることがある。それは、例文698の解説2でも触れたように、この限度額を元本と考えるべきか、あらゆる利息や遅滞金も含めた限度額と考えるべきかということである。保証人は通常、この限度額があらゆる責任を含めた限度額と考えている。しかし、本当にそれで最終的で紛争の余地のない規定といえるか。相手方の立場に立って、理論構成し、反論の余地がないかを考えることによって、ドラフティングの技術を磨くことができる。

2 ❖ 金額の記載方法

　算用数字のみによる金額の記載では、不正に修正されたり、まぎらわしいことがある。そのため、契約状や保証書の重要な数字については、本例文のようにカッコ内にあらためてアルファベットでスペルアウトすることが、慣習上おこなわれている。不正行為がなされる隙を作らないことが保証状など重要書類を作成する場合の鉄則である。

　日本でも手形、小切手に金額を記載するとき、同様のねらいを持つ慣習がある。たとえば、重要な金額を記載するときは、算用数字の表示に加えて、漢数字の表示をする。その際には、漢数字の「一」「二」の代わりに、「壱」「弐」を使う。本例文にあてはめれば、「壱百萬米ドル」となる。

●―第6款　保証の有効期間

　たとえば、保証状が保証している主債務者の義務の履行が遅延したとしよう。元の契約によれば、調印から3年で終了するはずだった契約が、そのためさらに1年間延長された。では、保証状の有効期間はその1年間、自動的に延長されるか。これは、現実の保証状に関わる実務で頻発する問題である。履行保証の対象になっている元の契約の性格はさまざまである。融資契約などのように、債務額が決まっていてその返済が滞ってしまう場合がある。基本契約であって、反復継続的に取引がおこなわれているケースもある。有効期間の決め方、履行遅延の場合の効力に関わる規定もさまざまである。

例文700　有効期間条項①｜Term

◇継続的な保証であると規定する

> This Guaranty shall be continuing, absolute and unconditional, and shall remain in full force and effect so long as any of such obligations of Elena and Narumi Orika Corporation ("ELNOX") has not been paid, performed or otherwise satisfied in full.

［和訳］
> 本保証状は、絵里奈アンド織花なるみコーポレーション（「ELNOX」）の一切の債務が完全に支払われ履行され、または別段の方法で遂行されるまで、継続的、絶対的、無条件であるものとし、全面的に有効に存続するものとする。

―― 解説 ――

1 ❖continuing, absolute and unconditional

　「継続的、絶対的、無条件のものである」という趣旨である。保証人により、保証が途中で取り消されたり、保証実行のための前提として条件を持ち出されるような事態をあらかじめなくしておきたい、というねらいを持つ規定である。

2 ❖shall remain in full force and effect so long as any of such obligations of ELNOX has not been paid, performed ... in full

　「ELNOXのすべての債務が、完全に支払われ、履行されるまで有効に存続するものとする」という意味である。

　これも、保証人によって、たとえば大半の債務が履行された場合や、一定の期間が過ぎたことを根拠に保証義務の消滅の主張がなされるのを防ぐねらいがある。

有効期間条項② | Term　　　　　　　　　　　　　　　　　　　　例文701

◇継続的な保証であると規定する
◇契約の完全な履行保証をおこなう場合の保証の有効期間の規定

The Guarantor's obligations under this Guarantee are continuing and will remain in full force and effect until no obligation remains to be performed and no sum remains payable to you by ELNOX under the Loan Agreement dated April 1, 20__ between ELNOX and you.

[和訳]
　本保証状に基づく保証人の義務は継続的であり、ELNOXと貴社間の20__年4月1日付け融資契約に基づいてELNOXが履行すべき債務がなくなり、ELNOXが貴社に支払うべき金額がなくなるまで、全面的に有効に存続するものとする。

―――――　解説　―――――

1❖The Guarantor's obligations under this Guarantee are continuing and will remain in full force and effect until …

「本保証状に基づく保証人の債務は、継続的なものであり、…まで有効に存続するものとする」という趣旨である。履行保証の対象となる契約上の債務が残る限り、保証は消滅しない。

2❖until no obligation remains to be performed and no sum remains payable to you by ELNOX

「ELNOXによる債務が一切なくなり、支払われるべき金額がなくなるまで」という意味である。保証対象の契約が終了しても、債務者に未払い債務があれば保証は終了しない。

有効期間条項③ | Term　　　　　　　　　　　　　　　　　　　　例文702

◇保証の有効期間を年数で規定する

This Guarantee shall be effective and valid for a period of two (2) years from the date hereof, and shall become null and void thereafter.

[和訳]
　本保証は、本保証状の日付けから2年間有効とし、それ以降は無効となるものとする。

例文703 保証・担保 | 契約変更条項①
例文704 保証・担保 | 契約変更条項②

解説
---

1 ❖ This Guarantee shall be effective and valid for a period of two (2) years from the date hereof

「本保証は、本保証状の日付けから2年間有効とする」という趣旨である。"the date hereof" とは、"the date of this Guarantee" を指す。

2 ❖ shall become null and void thereafter

「それ以後は、無効になるものとする」という趣旨である。

3 ❖ 期限のある保証の意味と効果は何か

期限があると、期限以降の保証状にはどのような意味と効果があるのか。この一見、簡単明瞭そうに見える問題が、実務面ではなかなか簡単には解決しない。

たとえば、有効期限満了以前にすでに発生した債務者が負担する債務(1千万円)について、保証状の名宛人が3ヶ月の回収延期の措置を取ったとしたら、その保証状はまったく役立たないか。それとも、何らかの意味と効果を持ち続けるか。簡単に見える質問が他の規定とも絡み、いくつもの解釈が可能であることが少なくない。たとえば、保証人の知らないうちに債務者との契約が変更されたら、変更後は保証状は無効になるだろうか。

●―第7款　原契約の債務内容の変更

保証を受け取る側(beneficiary)の立場からすれば、履行保証の対象となる契約内容や条件を、保証人にそのつど通知したり了解を取りつけることなく、自由に変更したいという希望がある。保証人は、それでは不安であり、不利でもある。この問題をどう扱うか。いくつかの例文により、紹介する。

例文703 契約変更条項① | Modification

◇保証人の同意なしに原契約を変更できると規定する

> The Guarantor hereby agrees that the Theatrical Performance Agreement may be modified, amended, supplemented with the written agreement of Elena and Narumi Orika Corporation ("ELNOX"), without the Guarantor's consent in any manner and agrees that no such modification, amendment or supplement shall release, affect or impair its liability under this Guarantee.

[和訳]
　保証人はここに、いかなる方法であれ保証人の同意なしに、絵里奈アンド織花なるみコーポレーション(「ELNOX」)の書面による同意を得ることにより劇場上演契約が変更でき修正でき補足できることに同意し、また、かかる変更、修正または補

足が本保証状に基づく保証人の責任を免除せず、その責任に影響せず、その責任を縮減させないことに同意する。

解説
1 ❖ 原契約は変更、修正、補足できる
　例文の前半は、「原契約は、いかなる形式であれ、保証人の同意なしに、ELNOX（エルノックス；被保証人）の書面による同意によって、変更、修正、または補足することができる」という趣旨である。

　この規定のポイントは、保証人の同意なしに、保証の対象となっている原契約が変更できるということである。原契約が保証人の知らないうちに変更されたからという理由で、保証債務の履行を拒絶するのを防ぎ、保証の受益者を守るのがねらいである。その点をはっきりさせるのが、この規定の後半の文章である。

2 ❖ 原契約の変更は、保証人の責任を免除しない
　例文の後半は、「かかる契約変更、修正、または補足は、それをもって本保証に基づく保証人の責任を免除し、影響を与え、または縮減するものではないものとする」という趣旨である。

　主語に"no"を使った「no such modification ... shall release ... its liability」というスタイルは、格好のよいものであるが、自分で書くことはなかなか難しい。次の例文704で、もっと自然な表現を紹介する。

契約変更条項② | Modification　　　　　　　　　　　　　　　　例文 704
◇原契約の変更は保証義務を免除しない

The Guarantor shall not be released from the obligations under this Guaranty by reason of any modification, amendment or supplement of the Franchise Agreement.

[和訳]
　保証人は、フランチャイズ契約の変更、修正または補足を理由として、本保証に基づく義務から解放されないものとする。

解説
1 ❖ 自然な表現
　例文703の後半に規定する内容と同じ趣旨を、普通の言い回しで簡潔に表現したものである。

例文705 保証・担保｜契約変更条項③
例文706 保証・担保｜厳格な保証責任条項①
例文707 保証・担保｜厳格な保証責任条項②

例文705 契約変更条項③ | Modification

◇売買基本契約で買主側のために、その履行を保証する

> The Guarantor shall be liable under this Guarantee as if it were the sole principal obligor and debtor and not merely a surety. Accordingly, it shall not be discharged, nor shall its liability be affected by any amendment to the Supply Agreement or any assignment thereof by the Seller.

> [和訳]
> 保証人は、保証人が単なる保証人ではなく唯一人の主債務者であるかのごとく、本保証状により責任を負うものとする。したがって保証人は、供給契約の変更または売主による同契約の譲渡によって免責されないものとし、保証人の責任はそれによる影響を受けないものとする。

――― 解説 ―――

1 ❖ 売買基本契約での買主側のための保証（差し入れ先：売主）

継続的な売買基本契約においては、買主の支払い能力を担保、補充するために、その保証人により保証状を差し入れることがある。本例文は、そのような場合のための例文として紹介している。

2 ❖ any assignment thereof by the Seller

「売主（保証状の受益者）による原契約の譲渡」という趣旨である。

"assignment thereof"は、"assignment of the Supply Agreement"を指す。契約の変更どころか契約が譲渡されても、契約とともにこの保証が移っていくという趣旨である。契約譲渡がおこなわれると、保証人が保証の宛先に対して債権を保有しており、いざとなったら相殺すればよいと期待していても、不可能になってしまう。保証状の交渉実務では、保証状の文言の1つ1つに、それぞれ戦いに備えたねらいがあることを銘記して検討しなければならない。

● ―第8款　厳格な保証責任条項

例文706 厳格な保証責任条項① | No Discharge

◇保証人の責任は、主債務者への履行期限の延期、猶予等によって影響を受けないという規定

> The Guarantor shall not be discharged, nor shall its liability be affected by:
> (a) any time, indulgence, waiver, or consent at any time given to ELNOX by you;

(b) enforcement or the absence of enforcement of the ＿＿＿＿＿ Agreement by you;
(c) the winding-up, dissolution, merger or reorganization of ELNOX;
(d) bankruptcy of ELNOX.

[和訳]
保証人は下記事項によって免責されないものとし、保証人の責任も下記事項により影響されないものとする。
(a) いつであれ貴社によってELNOXに与えられた時間、猶予、放棄または同意
(b) 貴社による＿＿＿＿契約の履行の強制がなされること、または履行の強制がなされないこと
(c) ELNOXの清算、解散、合併または更生
(d) ELNOXの破産

―――― 解説 ――――

1 ❖be discharged
「免除される」の意味である。

2 ❖by indulgence
「猶予によって」の意味である。

3 ❖by or the absence of enforcement
「履行強制されなくても」の意味である。

4 ❖the winding-up, dissolution, merger or reorganization
「清算、解散、合併、または更生」の意味である。

厳格な保証責任条項② | No Discharge 　例文707

◇被保証人との契約が無効になった場合の保証債務に対する効果を規定する

The Guarantor agrees that no invalidity of the ＿＿＿＿＿ Agreement shall affect or impair its liability under this Guarantee.

[和訳]
保証人は、＿＿＿＿契約が無効になってもそのことは本保証状による保証人の責任に影響を与えず、また責任を縮減させないことに同意する。

例文 708 保証・担保｜裁判管轄合意条項①
例文 709 保証・担保｜裁判管轄合意条項②

解説
---

1 ❖ 保証の対象となっている被保証人が締結している原契約が無効となったとき

　本例文のねらいは、原契約が無効になっても保証の効果には影響を及ぼさないことを明らかにする点にある。しかし実務上は、なかなか困難な問題をはらんでいる。

　たとえば元の契約があまりにも高金利のために、暴利、公序良俗違反として、無効と判断されたとしよう。被保証人、主債務者は、その支払い義務を免れたとして、保証人はそれにもかかわらず、保証債務の履行の義務を負担するだろうか。元の契約が消費貸借契約、あるいは準消費貸借契約だとすればどうだろうか。

　もし元の契約が公演契約で、その公演自体が公序良俗あるいは規制違反によって、無効とされたとしよう。保証債務は影響を受けないか。

　保証状の法的性質は、契約と比べて何が異なるか。"guaranty; surety"はそれだけで、英米法の国での1科目を構成する重要領域である。保証には、解明しきれない問題が多く含まれている。保証状のドラフティングの技術の鍛錬とともに、強行法規との抵触の場合に、どこまでその効力を発揮できるのか課題は尽きない。

●─第9款　紛争解決方法──裁判管轄または仲裁条項

　保証状のような文書に関連して発生する紛争の解決方法としては、裁判管轄（jurisdiction）と仲裁（arbitration）が選択される。

　裁判管轄に合意する場合は、保証状の差し入れ先の当事者の事務所のある国・州・都市の裁判管轄に付すことが多い。仲裁による場合は、ニューヨーク、カリフォルニア、ロンドン、スイス、シンガポールなど仲裁地はさまざまである。ルールも、AAAルール（アメリカ仲裁協会規則）、ICCルール（国際商業会議所ルール）、London Court of International Arbitrationルール（ロンドン国際仲裁裁判所規則）、UNCITRALルール（国連国際商取引法委員会規則）をはじめとしてさまざまである。

　裁判管轄、仲裁についての詳細は、第3章「一般条項」で紹介した裁判管轄合意条項及び仲裁条項とその解説を参照願いたい（第8節「準拠法条項」ならびに第9節「紛争解決条項」）。ここでは、保証に典型的な紛争解決条項のみを紹介する。

例文 708 裁判管轄合意条項①｜Jurisdiction

◇カリフォルニア州の裁判所の裁判管轄を規定する

> The Guarantor hereby irrevocably submits itself to the jurisdiction of the courts of the state of California for the purpose of any claim under this Guarantee.

[和訳]
　保証人はここに、本保証状に基づく請求の目的上、カリフォルニア州の裁判所にその裁判管轄を撤回不能条件で付託する。

―――― 解説 ――――

1 ❖irrevocably
「撤回不能条件で」を意味する。途中で、この裁判管轄への付託合意を取り消したりしないことを確認させるのが、ねらいである。ここでいう"claim"は、苦情（クレーム）を指す。

2 ❖submits itself to the jurisdiction of the courts of the State of California
「カリフォルニア州の裁判所にその裁判管轄を付託する」との意味である。
　仲裁でもなく、他の国や州の裁判所でもなく、カリフォルニア州の裁判所により解決し執行を図るという方針を選択している。問題は、保証人の資産がカリフォルニア州にない場合である。外国判決の執行をめぐる争いは少なくない。保証を受ける側にとっては、カリフォルニア州に保証人の資産があるか事務所があるか、あるいは両方であることが、もっとも好都合である。
　カリフォルニア州における裁判であっても、連邦裁判所を選択したいときは、「連邦の（federal）」という言葉を加えて、"US federal district court in California"とし、希望する都市名（たとえばSan Francisco）もあわせて規定する。"US district court"という表現だけでも米国連邦地方裁判所を指すが、"federal"という用語を加えるほうがまぎれがない。

裁判管轄合意条項② | Jurisdiction　　例文**709**
◇裁判管轄に関連する放棄条項

The Guarantor hereby waives, and agrees not to assert by way of motion as a defense or otherwise, in a suit, action or proceeding pursuant to this Guarantee, any claim (1) that it is not personally subject to the jurisdiction of the courts of the state of California, (2) that the suit, action or proceeding is brought in an inconvenient forum, (3) that venue of the suit, action or proceeding is improper, or (4) that this Guarantee or the subject matter hereof may not be enforced in or by such courts.

[和訳]
　保証人は、本保証状に従う訴訟、裁判または手続きにおいて、抗弁として申し立てるかまたは他の方法により、(1)保証人がカリフォルニア州の裁判所の管轄に人的に服していないとの主張、(2)当該訴訟、裁判または手続きが不便な法廷地で提起されたとの主張、(3)当該訴訟、裁判または手続きの裁判地が不適切であるとの主張、

(4)本保証状またはその主題は上記の裁判所においてまたはその裁判所によって強制できないとの主張、をここに放棄し、これを主張しないことに同意する。

解説
---

1 ❖ by way of motion as a defense

「抗弁として申し立てる方法によって」という趣旨である。保証の実行を求める訴訟事件では、被告からの申し立てには、たとえば"motion to dismiss"（却下申し立て）などが提起される。その根拠として主張される理由が本例文には列挙されており、保証人が主張しない（agree not to assert）と約束させられている。

2 ❖ it is not personally subject to the jurisdiction of the courts of California

「保証人は、カリフォルニア州の裁判所の管轄には、人的に服していない」という意味である。人的管轄を争うものである。本例文の規定のねらいは、かかる主張をさせないことにある。

3 ❖ the suit, action or proceeding is brought in an inconvenient forum

「訴訟、裁判または手続きが、不便な法廷地で提起された」という趣旨である。

●—第10款　準拠法及び他の一般条項

保証状では、これまで紹介してきた条項以外にも、いわゆる一般条項として、準拠法ほかの規定が置かれることが多い。しかし、保証状は保証人によって一方的に差し入れるものであり、一般に契約書より短い。数ページにわたるものもあるが、通常はせいぜい2ページくらいのものが多い。保証状も金融に関わる契約と同様に、不可抗力条項は置かれない。通知条項は置かれることがある。

例文710　準拠法条項 | Governing Law

◇カリフォルニア州法を準拠法とする規定

This Guarantee shall be governed by and construed in accordance with the laws of the State of California, USA.

［和訳］

本保証状は、米国カリフォルニア州法に準拠するものとし、同法に従って解釈されるものとする。

解説

---

1 ❖governing law

「準拠法」の意味である。"applicable law"(適用法)ともいう。

2 ❖be governed by and construed in accordance with the laws of the State of California

「カリフォルニア州法に準拠し、同法に従って解釈される」の意味である。"construed"は"interpreted"ということもある。

◉―第11款　担保設定契約の種類とポイント

担保設定契約の種類

　債権を確保する手段として物的担保設定契約を作成する際には、担保が設定される対象が、①株式(stock)、債券(bond)などの有価証券なのか、②航空機(aircraft)、船舶(vessel)のように運航され移動するが登記(registration)が可能なものなのか、③土地、建物、工場のような不動産(real estate; real property)なのか、④宝石、商品などの動産(personal property)なのか、その種類によって、担保の設定方法、効果、対抗要件などが違ってくる。どのような種類のものが担保になるのか、注意が必要である。

　有価証券の場合は、質権の設定(pledge)や譲渡担保契約が一般的である。実際に占有(possession)を担保権者に移し管理するのがポイントである。

　航空機や船舶では、抵当権の設定(Mortgage Agreement)をおこなう。設定契約は登録地(旗国)でできるが、現実に運航したり、いざという場合に執行する場所が可能性として世界中に及ぶので、執行上問題がある。

　土地、建物、工場などの抵当権設定契約(mortgage deed; Mortgage Agreement)では、それぞれその所在する国の法制に基づき設定する。抵当権の取りつけで重要なのは、その順位である。実務上、設定前に銀行などの第三者の抵当権がすでについていることが多く、その先順位者の被担保債権を差し引いても担保価値が十分あるかどうかがポイントになる。

フローティング・チャージ(floating charge)

　英米法系の国では、"floating charge"(フローティング・チャージ；浮動担保)の制度があり、工場、設備、棚卸し商品に対しても、包括的に担保を設定することが認められている。

　また、販売した商品などについて、代金の回収が完了するまで、売主が所有権を留保するという形態の広義の担保を取る場合がある。現実には、商品に対してその所有権の表示をどうするか、占有・管理をどうするかなど問題がある。相手側の不払いが生じて、いざ実際に実行する段階になってみると、ほとんどがどこかに運び出されて転売され、売上金も代金債権も残っていないことがある。担保契約の実行の段階でしばしば直面する問題は、担保物件を処分しようにも、裁判所の手続きが確立していなかったり、係官の任命がなされていなかったり、裁判所の競売手続きが確立していなかったりすることである。実際に処分しようにも、マーケットやマーケット価格がないことも少なくない。

第2節 委託契約 Consignment Agreement

ここでは、実務上、しばしば利用される契約形態である委託販売契約と委託買付契約、委託加工契約、委託製造契約について説明する。

●―第1款 委託販売契約と委託買付契約

実務上、委託された商品を、委託者に代わって受託者の名前と委託者の勘定(account)で販売したり、または委託者の依頼によって委託者のために商品を購入する契約がある。委託された業務を執行後、委託者に報告し、その成果を引き渡して、委託料(コミッション；手数料)を受け取る。このような契約のことを委託契約と呼ぶ。委託された業務が販売であれば委託販売契約と呼び、買い付けであれば委託買付契約と呼ぶ。

いずれの場合も、委託された業務の執行に関わる費用や危険(account and risk)を、委託者が負担するのが特徴である。委託契約の法的な性格は、通常は委任と考えられる。

たとえば、商品の販売による代金債権の回収リスクは、委託者に帰属する。購入した商品の欠陥・瑕疵についても、受託者は売主としての責任は負担しない。

委託販売契約、委託買付契約の契約書の主な条項は、次の通りである。
① 委託業務の内容(特定の商品の販売、買い付け)
② 委託業務に対する手数料(remuneration; commission)
③ 委託業務の執行についての報告、要した費用の請求と支払い方法
④ (委託販売の場合)委託商品の委託者から受託者への運送方法、保管期間中の危険、保険付保
⑤ (委託買付の場合)委託者への輸送方法

●―第2款 委託加工契約、委託製造契約

委託者の委託によって、委託者の供給する原材料を使用して、その指示に従い加工して委託者に引き渡す契約を委託加工契約と呼ぶ。委託者の設計・指図に従い製作して、完成品を引き渡す契約を委託製造契約と呼んでいる。

近年は、繊維、光学機械、コンピューター関連製品、半導体をはじめ、さまざまな商品が、デザイン、ブランド、著作権、トレードシークレット、技術などの知的財産権によって守られることが多くなった。そのような状況のもとで、その知的財産所有者やライセンシーが自分自身で製造設備を持っていなかったり、製造設備が不足していたり、あるいはコストの削減などの理由で、海外のメーカーや自らも出資・参加している合弁事業会社に製造や加工を委託するケースも増えてきている。

これらの契約はいずれも、その中核が仕事(the works)の完成・引き渡しであり、法的性

格は請負契約にあたる。これらの契約書の主な条項は次の通りである。
①委託する「加工」「製造」の内容と仕様(specification)
②製造、加工とその完成品の引き渡し期限、運送方法、費用の負担・支払い方法
③製造、加工した製品の品質についての保証、保証排除、賠償責任の限度
　委託者のデザイン、指定仕様、素材供給、ソフトウエアに基づく場合など、品質について保証や損害賠償責任を排除するケースもある。この点については第4章「売買契約」第3節「特殊条項」第2款「商品の保証(担保)・瑕疵担保に関する条項」も参照願いたい。
④製造・加工行為が特許、商標、著作権など他人の知的財産権を侵害しないことの保証
　委託者が、このような保証を受託者に求めるケースが増加している。知的財産権の侵害問題が売買契約やライセンス契約、委託契約に関連して発生するケースが増加していることの反映であろう。
⑤製造・委託に対する対価と支払い条件
⑥製品に対して、委託者の指定による商標(ブランド)、特許権使用、ライセンス許諾等の表示(legend)

●─第3款　委託加工(製造)契約を、実務上「売買契約書」フォームで処理する場合

　実質的には上記のような委託契約であっても、実務上の契約処理は貿易担当者になじみのある売買契約書のフォームを使用するケースが数多く見られる。委託者からの資材供給については「委託者からの売り渡し・受託者による買い受け」という売買契約書を締結し、委託生産・加工された製品の委託者への引き渡しについては「受託者から委託者へ製品を売り渡す売買契約」として処理するのである。
　つまり、加工の委託について契約書上の処理では、委託者(原材料の売主、かつ、製品の買主)と受託者(原材料の買主、かつ、製品の売主)との間に、原材料についての売買契約と、製品についての売買契約という2本の売買契約書を作成するのである。委託加工契約を作成する場合は、ひとつの契約書になり簡単そうである。にもかかわらず、現場の担当者は売買契約のほうを使うことが多い。なぜだろうか？
　現場では誰も、自分になじみがあり、すでに修得した知識と技術で遂行できる方法があれば、それを活用したいという気持ちがある。また、企業活動における「売上高」競争もあった。売上高でランキングが作成されたり、販売目標やノルマが課されたりした。そのため、「加工賃」しか売上にならない委託加工契約より、「原材料の売買」と「製品の売買」と2度にわたり売上計上できる売買契約書による処理が選択される傾向があったのである。近年では、売上高がランキングや経営指標の基準にならなくなり、是正される方向に進みつつある。
　実務上、委託製造契約を売買契約によって処理する場合は、受託者(製品の売主)が委託者(製品の買主)の仕様によって製造・供給する売買契約の形態になる。委託製造の場合は、受託者が製品の相当部分について自己のトレードシークレットを使用するケースもある。その場合、委託者のブランドと指定デザインであることが委託製造の核心になることもある。OEM契約も、広義では委託製造契約の一形態といえよう。
　実質的な法的性格が請負であることには変わりがない。

第3節 契約譲渡契約・債権譲渡契約 Assignment Agreement; Assignment of Accounts receivable

●―第1款 契約譲渡契約のポイント

　第3章「一般条項」第5節「契約譲渡条項」や第9章「事業譲渡契約」第1節「海外事業の買収契約」で説明しているように、契約（contract）の譲渡（assignment）や、債権（accounts receivable）の譲渡がなされ、その譲渡に関する契約が締結されることがある。

　契約譲渡は、契約上の地位の譲渡にあたる。実務上は、契約上の権利の譲渡と、義務の履行についての委託・下請けなどの表現を用いることも多い。第1に、そのような譲渡、委託をどのような場合に、どのような手続きをすることにより認めるかがテーマとなる。

　元の契約で、子会社やグループ会社などに対しては、あらかじめ相手方の同意なしに通知のみで譲渡を認めるという規定になっているときは、譲渡が容易である。契約の譲渡がおこなわれるときは、譲渡後、その契約を引き継いだ者が万一、契約違反や破産の状態になったとき、元の契約者すなわち契約の譲渡者が何らかの責任を引き続いて負担しているのか、それとも完全に免除されているのかが、ひとつのポイントになる。

　これは、原契約の契約譲渡の条項にあらかじめ規定されている場合と、契約譲渡を認める際に同意の条件として相手方から提示される場合がある。また、履行済みで期限の到来した債権になっているときは、譲渡が容易なケースがある。

契約譲渡の対象となる契約の確定・特定と譲渡文言

　譲渡の対象となる契約は、その契約に関わる譲渡時までのあらゆる変更と追加契約を含むか否か、確認することが必要である。譲渡対象の契約書は、本文に完全に書き出すか、あるいは別紙としてリストアップし、添付して特定する。

　また、ひとつの契約の全部が譲渡されるのが普通であるが、例外として、その一部が譲渡されることがある。たとえば、持ち分の2分の1のみの譲渡である。

　契約譲渡の文言は、権利だけでなく、義務の承継も含めて明確に規定する必要がある。

契約承継者が不履行の場合、契約譲渡者が引き続き責任を負うか確認する条項

　履行の責任を負うケース、責任から免除されるケースもいずれのケースもあるため、いずれかを明確に規定することが重要である。両方のケースについて見てみよう。

　たとえば、KVCが契約をその子会社に譲渡することに、相手方のABCが同意するとしよう。KVCが、子会社に契約を譲渡した後も、原契約（Original Agreement）の履行の責任を免除されないときは、次のような規定がなされる。

　"The assignment under this Assignment Agreement shall not relieve KVC of any of its obligations under the Original Agreement.

　（本譲渡契約に基づく契約の譲渡は、KVCから、原契約上のKVCの債務を履行する責任を免除しないものとする。）

　逆に、契約譲渡後は譲渡会社（KVC）が一切免責される場合は、原契約の相手方（ABC）に

確認させておく。たとえば、次のように規定する。

"ABC shall have no recourse against KVC for any obligations under the Original Agreement assigned pursuant to this Assignment Agreement.
（ABCは、本譲渡契約に基づき譲渡された原契約上の債務については、KVCに対し、一切履行の請求を求めないものとする。）

元の契約の譲渡についての相手方の同意

譲渡契約の当事者に加えて三者契約とするのが、一番合理的である。

契約の譲渡にともなう対価など支払いの有無と必要な場合の支払い条件

販売店契約やライセンス契約などでは、原契約の承継に関連して、対価の支払いやそれまでの取引についての精算問題が発生することがある。

契約譲渡条項① | Assignment　　　　　　　　　　　　　　　　　　　　　例文 **711**

◇すべての権利の譲渡とすべての義務の委託を規定する

> ABC hereby assigns all of ABC's rights and delegates all of ABC's obligations under the Theatrical Performance Agreement dated July __, 20__ between ABC and KVC (the "Original Agreement") to Elena and Narumi Orika Corporation ("ELNOX") pursuant to the provisions of Article __ of the Original Agreement, and ELNOX hereby accepts such assignment and delegation and agrees to assume and perform all of the obligations of ABC under the Original Agreement.

> ［和訳］
> 　ABCは、ここに、絵里奈アンド織花なるみコーポレーション（「ELNOX」）に対して、ABCとKVC間の20__年7月__日付け劇場上演契約（「原契約」）第__条の規定に従い、原契約に基づくABCのすべての権利を譲渡し、原契約に基づくABCのすべての義務を委託する。ELNOXはここに、かかる譲渡と委託を引き受け、かつ原契約に基づくABCのすべての義務を引き受け履行することに同意する。

―――――――――――――― 解説 ――――――――――――――

1 ❖ assigns（譲渡する）とdelegates（委託する）の相違

　"assigns"（「譲渡する」）と"delegates"（「委託する」）は、似ているようで異なる。まず、「譲渡」の対象は権利や契約であるが、「委託」の対象は義務である。

　次に、「譲渡」した場合、譲渡人は、原則として譲渡後はその契約や権利とは関わりがなくなるが、「委託者」は委託後もその義務の履行について責任を免れない。

　さらに、契約や権利の「譲渡」はその契約の相手方の同意がなければできないのに対し、

委託は原則として同意なしにできる。

2 ❖ assigns ... and delegates ... to Elena and Narumi Orika Corporation ("ELNOX") ... and ELNOX hereby accepts such assignment and delegation

「絵里奈アンド織花なるみコーポレーション(以下「ELNOX」という)に譲渡し、ELNOXは本条項により、かかる譲渡と委託を引き受ける」という趣旨である。

譲渡や委託は、その譲渡なり委託なりを受ける者の承諾がなければ成立しない。

例文712 契約譲渡条項② | Assignment

◇契約の譲渡人と元の契約の相手方との関係、履行責任からの解放を規定する

> KVC acknowledges the assignment and other terms and provisions included in the Assignment Agreement dated ＿＿＿＿＿＿＿＿＿, 20__ between ABC and ELNOX, and hereby consents to such assignment and agrees for the benefit of ELNOX and ABC to be bound by such terms and provisions.

[和訳]

> KVCは、ABCとELNOX間の20__年__月__日付け譲渡契約に含まれた譲渡及び他の条件・条項を確認し、ここにかかる譲渡に同意し、かつELNOXとABCの利益のために、かかる条件・条項に拘束されることに同意する。

解説

1 ❖ 譲渡者であるABCは、ELNOXへの譲渡で、譲渡日以降、履行責任から解放されるか

一見、履行責任から解放されるように見える。しかし、本当にそうだろうか。実務の上で、いつも残る問題点である。この問題の解答は必ずしも明確なケースばかりではない。たとえば、譲渡条項で引用した根拠条文の規定に「譲渡ができるが、引き続き履行保証の責任を負う」という趣旨の規定がなされていることが少なくない。重畳的債務引き受けという形態である。

この場合、ABCは契約譲渡後もELNOXの履行について、いわば保証人の立場に立つことになる。次の例文713で、かかる方式(重畳的債務引き受け)による契約譲渡を紹介する。

契約譲渡条項③ | Assignment

例文713

◇書面による事前の同意なしに契約は譲渡できない
◇譲渡後も義務の履行につき責任を負う

Neither this Agreement nor any rights or obligations hereunder may be assigned by either party without the prior written consent of the other party, which consent will not be unreasonably withheld.
In the event of such assignment, the assignor shall remain in all respects responsible to the non-assigning party for performance of the assignor's obligation set forth in this Agreement.

[和訳]
　いずれの当事者も、相手方の書面による事前の同意を得ることなく、本契約または本契約に基づく権利義務を譲渡することはできない。上記の同意は不当に保留されないものとする。
　かかる譲渡の場合、譲渡人は、本契約に定める譲渡人の義務の履行について、非譲渡当事者に対して、すべての点で引き続き責任を負うものとする。

――――――― 解説 ―――――――

1❖Neither this Agreement nor any rights or obligations hereunder may be assigned by either party without the prior written consent of the other party

「本契約または本契約上の権利・義務は、他の当事者の書面による事前の同意なしには、いずれの当事者によっても、譲渡されないものとする」の意味である。

標準的な契約譲渡制限文言である。相手方の同意なくしては、契約の譲渡も、契約上の権利・義務の譲渡もできない。同意は、書面でなければならないし、また譲渡の前に取得しなければならない。

2❖履行責任の免責を求めるには

原契約で、譲渡後も譲渡人が引き続き一定の履行責任を負担することを取り決めている場合、譲渡契約で特段にその責任から免責される旨明記しない限り、引き続き拘束力があるということになろう。譲渡後、履行保証責任からの一切の解放(release)を勝ち取るつもりなら、その程度の調査は迅速におこなう必要がある。その上で、譲渡人は相手方から重畳的債務引き受けにならないように、原契約に基づく履行義務からの免責(release)を求める必要がある。さもなければ、せっかく契約を譲渡したつもりでいても履行保証人として残ってしまう。

3❖譲渡人が元の契約当事者との間で、原契約の解除契約に調印したときの効果

実務上、しばしばその解釈をめぐって紛争になる問題がある。本例文の趣旨である契約譲渡制限条項がある場合に、契約ならびに契約上の権利・義務を第三者または関連会社に譲渡し、契約上の地位、権利・義務を承継させたい譲渡人が、原契約の相手方に契約譲渡

の事前通知をおこない、その同意書を受け取ったとしよう。

　しかも、譲渡をしようとする当事者が事前に送った契約譲渡の通知には、1項目として、契約譲渡と同時に原契約は元の当事者間では効力を失う、と記載されているとしよう。相手方は、特に異議をはさまず、同意書を送ってきた。

　そこで、問題である。はたして、原契約を譲渡した譲渡人は、原契約の履行義務から解放されるだろうか。それとも契約譲渡の条件だから、原契約の失効にもかかわらず、譲渡後も連帯して履行保証の責めに任ずるか。もし紛争になったとしたら、何が勝敗を分ける決め手になるか。

●—第2款　契約上の地位を承継するために——実務上の問題の検討と具体策

承継する新当事者と新契約を締結し、原契約当事者間で契約解除をおこなう

　新しく契約を承継する側の不安のひとつは、元の契約当事者（契約の譲渡人）が譲渡時にどのような履行状況にあるのか、また、隠れた不履行や問題、リスクがないかどうかである。この問題を解決する単純明快な方法のひとつは、承継する当事者が、新しく契約を締結し直すことである。元の契約者との間の隠れた協定や補充覚書などについて、一切心配する必要がなくなる。

　また、譲渡する側も原契約が解除されるならば、原契約に基づく譲渡後の一種の連帯履行保証から解放されるよう交渉する機会が生まれる。新しく契約の承継をする側は、単純で明快なこの方法を代替案として考慮に入れて対応すればよい。

承継する場合の留意事項

　契約を新しく締結し直さないで、契約上の権利義務の譲渡通知とその同意に基づく譲渡方法を採用するときに欠かせないことは、譲渡時までの履行状況を正確に把握することと、その内容を書面により双方が確認しておくことである。特に、代金や前渡金などの支払いと受け取りの状況、契約履行に関わる進行状況、クレームなど紛争に関わる状況を正確に把握する必要がある。

　また、商権や経営基盤となる長期契約については、その更新に関する状況などにつき、紛争がないかどうかを確認したい。契約の承継についても、商権に関連するものは、その対価を支払うことがある。その対価の妥当性・正当性を検討するには、その存続期間を考慮する必要がある。承継する原契約の有効期間、またその更新条件にも留意しなければならない。

　友人・知己で、「有効期限がもうすぐ（1年後に）くるが、自動更新条項があるから大丈夫」と言われて、フランチャイズ契約の譲渡を受けて、マスター・フランチャイジーの地位を承継したメンバーがある。友人は、10年間の予想利益をもとに譲渡価格を計算し、支払っていた。あなたは、本当に大丈夫だと思うか。

　その承継の9ヶ月後、友人のもとに承継した契約の相手方から自動更新拒絶の通知が届いた。自動更新条項では、「当事者のいずれか一方から、期間満了3ヶ月前までに更新しない旨の通知がなき限り、さらにもう3年間ずつ自動的に延長されるものとする」と規定されて

いた。この場合、フランチャイジー側はどのような対抗措置を取ることができるか。あなたはその措置によって更新を確保する確信があるか。対抗措置がないとすれば、契約を承継するときに友人はどうすべきだったのか。

期間更新をめぐる対抗措置については、第3章「一般契約」第2節「契約期間条項」や第5章「ライセンス契約」においてさまざまなバリエーションとともに詳しく紹介したので、参照されたい。ここでは、繰り返さない。

●─第3款　債権譲渡契約

債権譲渡契約（Assignment of Accounts receivable）の主な条項は、次の通りである。
①譲渡対象となる債権（accounts receivable）の特定（債務者、支払い状況の確認など）
②譲渡の対価と支払い条件
③譲渡対象の債権の債務者の同意取りつけ、または、債務者への通知に関する条項（二重譲渡の可能性を防ぐ）
④譲渡された債権に瑕疵があったり、支払われない場合のリスク負担、解決についての条項
⑤譲渡者による譲渡対象の債権についての表明と保証（representations and warranties）

債権譲渡では、紛争の宝庫といえるほど、紛争が発生しやすい。同時に2人の譲受人を名乗る者が現れることもある。相手はひょっとすると、日付けをブランクにした譲渡契約に調印していたかもしれない。譲受人が訪れると、債務者が、その債務はもうすでに支払済みだと主張することがある。領収証まで示す。領収証が偽物かもしれないが、譲受人がそう証明するのは、容易ではない。

実際に、幾人かの債権の譲受人と称する債権者が現れたことがある。債務者は、誰にも支払わず、法務局に供託する。回収まで簡単にはいかない。

第4節 解除・修正契約 Termination Agreement; Amendment Agreement

　いったん締結した契約を、後日、条件を変更したり解除したりして新契約を締結するといったことは、実務上、頻繁に生ずる。解除契約と修正契約における、そのような場合のチェックポイントを簡単に紹介する。

●―第1款　解除契約

　解除契約（Termination Agreement; Cancellation Agreement）は、現在有効な契約を解除し、その効力を失効させる目的で作成される。したがって、そのドラフティングにおいては、現在存在する契約書ならびにその補充や変更などをおこなった契約書、覚書などをすべて完全にリストアップし、その効力を失わせることを明確に規定する。
　また、もし履行状況に問題があったり、当事者が互いに、あるいは一方が相手方に対し債務を負担したり、クレームを保有していたりするときは、その点の処理方法を具体的に記載する。
　解除契約の主な条項は、次の通りである。
①解除する契約の特定（締結日、契約当事者、修正契約・追加契約などを明確にすること）
②解除の条件、解除にともなって精算したり原状回復をしたりする必要のある事項についての規定
③解除契約の発効日（いつから原契約が無効になるかについて明確に規定する）
④解除に至るまでの経緯について明らかにしておきたい場合には、その経緯の記述
　必ずしも、本文で記載する必要はなく、解除契約のリサイタル条項（recitals; whereas条項）で確認してもよい。

●―第2款　解除規定

例文714　解除規定①　Termination

◇契約書・覚書を解除・無効とする

> KVC and YMM hereby agree that the _____ Agreement dated April 1, 20__ and the Memorandum dated July 1, 20__ between KVC and YMM shall be unconditionally terminated and become null and void as of _____, 20__.

［和訳］
　KVCとYMMは、本（解除）契約により、KVCとYMM間の20__年4月1日付け_____

＿＿＿契約及び20＿＿年7月1日付け覚書が20＿＿年＿＿月＿＿日をもって無条件に解除され、無効となることに合意する。

解説
---

1 ❖ the ＿＿＿＿＿ Agreement dated April 1, 20＿＿

「20＿＿年4月1日付けの＿＿＿＿＿契約」という意味である。「dated」が「…付けの」という意味の用語である。"made as of"とすることもできる。

2 ❖ Memorandum dated July 1, 20＿＿ between KVC and YMM

「KVC、YMM間の20＿＿年7月1日付けの覚書」を指す。

3 ❖ shall be unconditionally terminated and become null and void

「無条件に解除され、無効になるものとする」という意味である。「無条件」に解除されると、その後、一方が損害賠償など救済(remedies)を相手方に請求することができない。

解除規定② | Termination

例文 **715**

◇解除対象となる関連文書を明確にした規定

Immediately upon the execution by KVC, ABC and ELNOX of this Termination Agreement, the ＿＿＿＿＿ Agreement concluded as of ＿＿＿＿＿＿, 20＿＿, by and between KVC, ABC and ELNOX concerning the Theatrical Performance Agreement as well as all the documents, the list of which is attached hereto as Exhibit A, shall be terminated by mutual consent of the parties hereto, and become null and void.

[和訳]

KVCとABCとELNOXが本解除契約に署名すると同時に、劇場上演契約に関してKVCとABCとELNOX間で20＿＿年＿＿月＿＿日付けで締結された＿＿＿＿＿契約は、本契約添付の別紙Aにリストされるすべての書類とともに、本契約当事者の合意により解除され、無効となるものとする。

解説
---

1 ❖ immediately upon the execution by KVC, ABC and ELNOX of this Termination Agreement

「KVC、ABCならびにELNOXによる本解除契約の署名と同時に」との意味である。いつ無効となるかを確認している。

**2 ❖ the ＿＿＿＿＿ Agreement concluded as of ＿＿＿＿＿＿, 20＿＿, by

and between KVC, ABC and ELNOX concerning ...

「…に関してKVC、ABC、ELNOX間で20__年__月__日に締結された_____契約」を指す。解除の対象となる契約名を正確に全部記載する。

3❖as well as all the documents, the list of which is attached hereto as Exhibit A

「添付別紙Aとしてそのリストが記載されているすべての書類とともに」との意味である。解除対象の契約のみでなく関連文書も明確にする。

●―第3款　解除通知

　一方的に解除通知を送付するのは、主に2つのケースに分けられる。ひとつは、自動更新条項の規定に従い、自動更新する意思のない旨を契約の相手方に伝えるもの。もうひとつは、契約違反など解除事由に該当する事態となったため、その解除を宣言するものである。

　あなたは、このような文面の手紙やファクシミリを受け取ったことがあるだろうか。筆者の場合、何回受け取ったことか数えきれない。代理店契約、販売店契約、ライセンス契約……。ビジネスが不調なときに届くとは限らない。順調にビジネスが伸張しているときにも届くことがある。何回受け取っても、淡々とした調子の文面に、かえって取りつく島のない深い虚脱感を感じさせられる。そのたびに考えさせられる。自動更新条項とはいったい何だったのか。経営基盤となる本当に大切な契約は、自動更新条項に頼ってはいけない。

例文716　解除通知｜Termination Notice

◇自動更新する意思がないことを伝える

> Pursuant to the provisions of Article __ (Term and Renewal) of the Franchise Agreement dated April 1, 20__ with you, we, Karen View Corporation, hereby GIVE YOU A NOTICE that we do not have the intention to extend the Franchise Agreement with you after the expiry date set forth in the Franchise Agreement.
>
> Accordingly, you are kindly reminded that the Franchise Agreement will become null and void after the midnight of March 31, 20__.

> ［和訳］
> 　貴社と締結した20__年4月1日付けフランチャイズ契約第__条（期間及び更新）の規定に従い、当社カレン・ビュー・コーポレーションはここに貴社に対し、フランチャイズ契約に定める満了日以後は両社間のフランチャイズ契約を更新する意思がないことを通知致します。
> 　従いまして、フランチャイズ契約は20__年3月31日（深夜）午後12時以降は無効になることをご承知おきください。

---解説---

1❖Pursuant to the provisions of Article __ (Term and Renewal) of the Franchise Agreement dated April 1, 20__ with you

　解除通知では、その一方的な根拠となる規定を明確に示すことが大切である。それを怠ると、解除の効果が発生するかどうかが曖昧になる。憤りにまかせて感情的に下された解除通知は、品位に欠けるだけでなく、法的効果の点でも問題がある。

2❖we, Karen View Corporation, hereby GIVE YOU A NOTICE that we do not have the intention to extend the Franchise Agreement

　明確に伝えるために重要な箇所を大文字にしている。

3❖after the expiry date set forth in the Franchise Agreement

　「フランチャイズ契約に規定の期間満了日以降」の意味である。

4❖Accordingly, you are kindly reminded that the Franchise Agreement will become null and void after the midnight of March 31, 20__

　解除通知では、いつからその契約が無効となるのかを明示することが大事である。

●─第4款　解除契約の例──レター形式による解除契約の書き方

　第2章「ドラフティングの基本」第3節「レター形式の契約書の書き方」の例文006と解説を参照願いたい。ソフトウエア販売・ライセンス契約の解除を確認するレター・アグリーメントを紹介している。ポイントは、①有効期間中であっても、その期間の規定にかかわらず、当事者の合意により解除すること、②ただちに解除の効果が発生し、無効になること、③秘密保持協定などいくつかの規定は、解除にもかかわらず存続すること、を確認することである。

●─第5款　修正契約の主要条項

　契約を締結した後で事情が変わったり、一方の当事者のやむをえない要請に基づき、締結した契約書の契約条項、契約条件を変更することがある。その際の確認書のことを広く、修正契約（Amendment Agreement）と呼んでいる。

　ここでは修正契約書の典型的なスタイルと表現を紹介する。修正契約の主な条項は次の通りである。

①原契約の確認・正確な引用の文言

②原契約に対する修正を必要とするに至った経緯

　たとえば価格変更や引き渡し期限の変更など、一方にとってのみ不利になる修正もある。そのような場合、経緯を記載して、その変更の合理性の説明としたり、"consideration"（約因）の説明の根拠としたり、必要なら約因を作ったりする。

③修正条件・条項の明示規定

　もっとも重要な規定である。原契約の条項を引用してはっきり分かりやすく規定する。

④修正の対象とならない規定の効力の存続を確認する規定
⑤修正契約の効力発生の日

●—第6款　修正契約の対象となる契約書を引用する表現

　いわゆるリサイタル条項を置き、その中で契約当事者が契約を締結したことを記載し、かつ現在その契約の修正を希望していることを記載する方法がある。もうひとつの引用方法は、修正対象となる契約書を直接引用する方法である。いずれの方法も、実務では頻繁に使用される。

例文717　原契約の引用の文言① | Quotation of Original Agreement

◇リサイタル条項
◇原契約の写しを別紙として添付する方式

> Whereas ABC, KVC and ELNOX entered into the Theatrical Performance Agreement as of April 16, 20＿, a copy of which is attached hereto as Exhibit A ("Original Agreement"),
> Whereas the parties hereto desire to revise, amend and supplement certain provisions of the Original Agreement,

> ［和訳］
> 　ABCとKVCとELNOXは、20＿年4月16日付けで劇場上演契約（「原契約」）を締結しており、その写しを別表Aとして本契約に添付する、
> 　本契約当事者は、原契約の一部条項を改訂し修正し補足することを望んでおり、

―――― 解説 ――――

1❖Whereas ABC, KVC and ELNOX entered into the Theatrical Performance Agreement as of April 16, 20＿
　契約の修正には、それまでの両者間の契約締結の歴史を確認することが大事である。

2❖a copy of which is attached hereto as Exhibit A ("Original Agreement")
　契約書の写しを別紙A（「原契約」）として添付する方式を取っている。契約は締結後、幾度かにわたって修正・変更されることがあるので、このように「写し」を添付し、両者によって修正直前の契約内容を確認しておくことは紛争予防に役立つことがある。

原契約の引用の文言② | Quotation of Original Agreement 　　　　　例文718

◇referenceを使った引用

Reference is made to the License Agreement concluded by and between ABC, KVC and ELNOX, effective from July 1, 20__ to _____ __, 20__.

[和訳]
　ABCとKVCとELNOX間で締結され20__年7月1日より20__年__月__日まで有効なライセンス契約を参照する。

解説
---

1 ❖ Reference is made to the License Agreement concluded by and between ABC, KVC and ELNOX

　契約の修正には、その対象となる契約を正確に特定することが必要である。"Reference is made to ..."というのも、そのひとつの方法である。日付けと題名が同じで複数の契約が締結されていることもあり、そのような可能性のあるときは、①契約番号を付していればそれを引用する、②契約書の「写し」を添付する、などのリスク軽減策を取る。

2 ❖ effective from July 1, 20__ to _____ __, 20__.

　契約の始期と終期を確認する表現はさまざまである。"effective as of _____ and ending on _____"ということもできる。

第7款　修正文言──契約の修正の仕方

　修正の仕方には、大きく分けて2種類のタイプがある。
　ひとつは、修正個所のみを丁寧に個別的に規定していく方法である。非常に丁寧に取り組んでいく手法である。たとえば修正すべき用語を特定・引用し、1語1語、丁寧に他の言葉に置き換えて修正していく。もうひとつの方法は、文章やひとつの条項全体を別の条項に置き換える方法である。この方法のほうが単純で、ドラフティングの作業は簡単である。
　さらに、あまりに修正が多いのなら、修正契約を締結する代わりに元の契約を破棄・解除して、新しい契約を締結し直す方法がある。

修正するという文言① | Amendment 　　　　　例文719

◇語句を置き換える方式

The words "_____" of Article __ of the Original Agreement shall be replaced by

例文720 解除・修正契約｜修正するという文言②
例文721 解除・修正契約｜追加するという文言
例文722 解除・修正契約｜修正対象外の規定の存続を確認する規定

the words "＿＿＿＿＿".

［和訳］
　原契約第__条中の語句「＿＿＿」を「＿＿＿」に置き換える。

例文720 修正するという文言② ｜ Amendment

◇条文を削除し、新しい条文を規定する方式

The whole provisions of Article __ of the Original Agreement shall be wholly deleted and replaced by the following:
"Article __ ＿＿＿＿＿＿＿＿＿＿＿＿＿＿＿＿＿＿＿＿＿＿＿＿＿＿＿＿＿＿＿."

［和訳］
　原契約第__条の規定を全文削除し、次の規定に置き換える。
　「第__条　＿＿＿＿＿＿＿＿＿＿＿＿＿＿＿＿＿＿＿」

解説

1❖新しい条文を規定する
　実務的には削除する条文を明確にし、代わりに規定する条文を明確に規定することである。間違って別の条文を削除することを防ぐためには、削除する条文の見出しも含めて記載することである。意外にも、同じ日付で2つの別の文書が作成されていたりすると、この見出しの段階で、気がつくことがある。

2❖修正対象の契約書のコピーをつけて修正契約を締結するねらい
　例文717のように、コピーを添付し、修正対象の文書を確認するのが、紛争を防止するにはもっとも確実な方法である。実際に添付してみると、相手方の手元のコピーと一部異なっていて驚くことすらある。契約書というものは、調印前に、幾度注意し確認してもしすぎることはない。

●──第8款　追加文言──追加の仕方

　新しい規定を新しい条文を使って追加するのが、もっとも分かりやすい。第__条として、原契約書のどこに挿入するのかを決定し、規定する。文章を上手に書こうと考える必要はない。どう読んでも、一通りの解釈しかできない分かりやすい表現を使うことが大事である。

追加するという文言 | Addition　　　　　　　　　　　　　　　例文 721

◇原契約に新しい条文を挿入する

The following provisions shall be added in the Original Agreement after the provisions of Article __ thereof:
"Article __ _____
_____."

[和訳]
原契約第__条の後に次の規定を追加する。
「第__条 _____」

―――― 解説 ――――

1 ❖ 規定を追加する際に留意すべき点

元の規定を何ら削除せず、追加だけをおこなう。したがって、まぎらわしい"be deleted""be replaced"というような用語を使うことは厳禁である。

●―第9款　修正対象外の規定の存続を確認する規定

　修正契約で忘れがちなのは、修正の対象にならなかった他の規定が、どのような影響を受けるかの確認である。うっかりすると、特定の規定に修正がなされた以上、原契約のそのままの規定では、どうしても意味をなさないことがある。したがって、修正契約のドラフティングをするときには、関連規定にどのような影響があるのか、修正すべき規定が他にないか、などについて注意して確認しなければならない。

修正対象外の規定の存続を確認する規定 | Survival　　　　　　　　　例文 722

◇他の規定がそのまま存続することを確認する規定

All other terms and provisions of the Original Agreement shall remain unchanged and in full force and effect.

[和訳]
原契約の他のすべての条項と規定は、変更されずにそのまま全面的に有効に存続する。

解説
---

1 ❖ All other terms and provisions of the Original Agreement shall remain unchanged

「原契約の他のすべての条項、規定は修正されないまま存続する」の意である。この規定がないと原契約の他の規定が有効に存続するかどうか明確でない。

2 ❖ and in full force and effect

「完全に有効である」の意である。原契約の他の条項が有効であることを明確にする。

●―第10款　署名欄――調印者の権限の確認

　修正契約で、見逃しやすい注意すべき事項がもうひとつある。署名をする相手方の調印権限の確認である。

　英文で作成される契約書は、英米法の基本的な考え方から、最終的な完全な文書として作成される。修正対象の契約書を丁寧に読むと、たいていのケースで、"Entire Agreement Clause"（完全な合意条項）が設けられている。その規定のなかに、契約の修正をするときに、どのレベルのメンバーが修正契約に調印すれば修正が有効なのかが規定されていることが多い。

　ところが実務では、相手方が修正については当初の契約で要求されている、権限ある調印者以外の者で調印できると考えて進めてしまうことがしばしばある。

　修正契約で最後に確認すべき事項は、相手方と当方側の調印権限の確認である。

第 5 節 和解契約 Settlement Agreement

　和解契約は、法的な紛争を解決するときに作成される。本来、敵同士の間柄で交渉され合意される文書である。不用意な一言一句の表現が、次の紛争の芽になりかねない宿命のもとに作成される契約であるといえよう。
　それではどんな事項をどのように取り決めていけばよいのか、実際の紛争を想定して、その契約のドラフティングをもとにポイントを説明する。

●─第1款　和解契約の主要条項と注意点

　クレームや訴訟を終結させる契約のことを和解契約といい、英文契約では、一般に"Settlement Agreement"と呼ばれている。この契約の主要条項とポイントは次の通りである。
　①和解し、終結させるクレーム(claim)、紛争(disputes)、訴訟(court action; suits; appeals)等の範囲の特定
　②和解についての対価(和解金)、支払条件、ならびに他の和解の条件があるときはその取り決め
　③和解により、あらゆるクレームから免除(release)されることの確認と、その"release"の対象となる当事者の確認
　　会社、代表者、従業員、代理人、親会社、子会社等、その範囲を明確に規定する。取引先も入る可能性がある。たとえば商品やソフトウエアの品質・著作権クレームであれば、そのメーカーや下請け業者、販売業者、顧客等を含める必要性も検討する。
　④秘密保持義務
　　例外として新聞発表(プレスリリース；press release)を認めるには、その影響を考慮し、あらかじめその"press release"の内容と表現を確認・合意・承認できる内容とすることが理想である。官公庁への説明、会計監査人への説明等についても、あらかじめ確認しておくことが望ましい。
　⑤和解に至る経緯、双方の争点、見解の相違の明示、ならびに双方ともその見解を維持し、譲歩しないことの確認文言
　　もし、一方が非を認める場合は、他の第三者からのクレームや訴訟を引き起こす原因となることがある。その影響を見極める必要がある。

●─第2款　和解契約書の表題(タイトル)

　和解契約書の表題は、さまざまである。たとえば分かりやすいストレートな表現として、次のような表題がある。
　Settlement Agreement

Settlement Agreement and Release
Release and Covenant Not to Sue
Mutual Release, Settlement Agreement and Covenant Not to Sue

　和解金を支払う側から見た和解契約の締結の目的は、紛争に基づく訴訟、クレームからの"release"（免除）と"covenant not to sue"（訴訟を提起しない約束；訴訟を取り下げる約束）を確保することである。ここにリストアップした表題であれば、和解契約であることは容易に分かる。

●―第3款　和解契約の形式を取らない和解

　実務上和解契約では、和解の条件として、契約書のスタイルや表現、規定から見て、客観的には和解契約の形式を取らない方法が採用されることがある。たとえば知的財産権の侵害をめぐる紛争の解決でいえば、ライセンス契約やクロスライセンスの締結による終結である。外見上は、単にライセンスを締結したにすぎないように見える。

　しかし「ライセンス契約」というタイトルであったとしても、その締結の原因が、言いがかり的な特許・商標・著作権侵害のクレームかもしれない。新しい取引が、その企業の希望で開始されたものではなく、紛争解決の手段ということもある。どちらも、本来なら締結したくないケースである。紛争解決という目的がなければ、ビジネス面からは不要な支払いなのである。

　紛争に巻き込まれたということ自体を秘密にしておきたい企業やトップ、事業部門が少なくない。また紛争を多角的な視点に立ち柔軟に解決することは、ビジネス経営上、むしろ賢明といえる場合も少なくない。事業を展開する企業は、判例法を作るために費用をかけて訴訟を推進するわけではない。事業目的を果たすために、訴訟で徹底的に戦うことが必要であるケースがある反面、機敏に解決の機会をとらえるのも、立派な解決方法なのである。

　まったく和解契約を締結しないで、互いの和解の合意通りに紛争を終結させることもできる。その意味では、紛争の発端にスタイルや定型フォームがないように、紛争の実質的な終結である和解にも定型フォームはないといってもよい。

　和解契約は、もともと紛争があった両者間の契約だけに、今度は和解契約の解釈の違いを引き金に再び紛争を起こすことが少なくない。それだけに和解契約は、あらゆる契約のドラフティング、契約交渉のなかでも、もっとも神経を使う契約のひとつである。

●―第4款　紛争（disputes）の存在

　和解契約の締結の前提として、紛争の存在がある。しかし和解契約で、必ずしも紛争の存在が記載されるとは限らない。

　記載される場合、紛争を解決し、和解金の支払いをする側として留意しなければならない事項がある。それは、和解金を支払う側が、その非を認めてはならないということである。双方が、それぞれ異なった意見を主張し、その違いのまま無益な紛争を続ける代わりに和解

するというのが、そのスタンスである。
　著作権侵害紛争を例に和解契約を考えてみよう。

リサイタル条項｜Recitals　　　　　　　　　　　　　　　　　　　例文723
◇紛争の存在と解決への経緯を記述する

RECITALS
1. There has arisen a dispute between KVC and ELNOX regarding certain copyrights; and,
2. ELNOX and KVC desire to resolve their dispute;
AGREEMENT
the parties hereto agree as follows:

[和訳]
契約締結に至る経緯
1　KVCとELNOX間にはある著作権に関する紛争が生じており、
2　ELNOXとKVCは両社の紛争を解決することを望んでいる。
契約
　本契約当事者は、以下の通り合意する。

―――――――――――― 解説 ――――――――――――

1 ❖RECITALS
　"RECITALS"は斬新な表現である。伝統的にはこれに代えて"WHEREAS"ということもできる。もっとも新しく分かりやすい表現は、"Background Statement"（背景の説明）あたりだろう。件数は多くはないが、実際に使われることもある。

2 ❖there has arisen a dispute between KVC and ELNOX regarding certain copyrights
　「KVCとELNOXとの間に、ある著作権に関わる紛争が発生し」では、契約締結の背景を説明している。紛争解決のための契約では、どんな紛争が発生しているか、さらには関係当事者を特定することが大切である。

3 ❖ELNOX and KVC desire to resolve their dispute
　「ELNOXとKVCは、その紛争を解決することを希望し」の意味である。リサイタルでは、「合意する」という言葉は使わず、「希望する」程度の表現にとどめた。背景情報である。

4 ❖AGREEMENT
　ここからは、リサイタル条項ではなく和解契約の一部、それも中核の部分（取り決め）である。"AGREEMENT"は斬新な表現である。伝統的な言い回しでは、"NOW, THEREFORE, in consideration of the mutual covenants set forth below"あたりの表現になる。

例文724 和解契約｜約因条項
例文725 和解契約｜定義条項
例文726 和解契約｜紛争解決合意条項①

例文724 約因条項｜Consideration

◇約因を規定する

For and in consideration of the mutual covenants hereinafter set forth, KVC and EL-NOX agree as follows:

[和訳]
　本契約の以下に記載する相互の約束を約因として、KVCとELNOXは次の通り合意する。

――――― 解説 ―――――

1 ❖For and in consideration of the mutual covenants hereinafter set forth,
　「本契約の以下に記載する相互の約束を約因として」の意である。この部分は省略することがある。

2 ❖KVC and ELNOX agree as follows
　「KVCとELNOXは次の通り、合意する」の意である。この合意文言の部分が、和解契約では一番大切なのである。特に無条件で単純な合意の表現のほうがよい。複雑なケースでは、停止条件（subject to ...）がずらりと並び、合意・解決の発効まで「道いまだ遠し」を感じさせる。

●―第5款　定義

和解契約で重要な用語を定義する。短い契約では、定義を置かないことも多い。

例文725 定義条項｜Definitions

◇重要な用語を定義する

Article ＿＿ Definitions
　1　The term "Copyrights" shall refer to those certain copyrights listed in Exhibit A attached hereto.
　2　The term "Software" shall refer to computer programs described in Exhibit B attached hereto.

[和訳]
第__条　定義
1　「著作権」とは、本契約添付の別表Aに列記された著作権をいう。
2　「ソフトウエア」とは、本契約添付の別表Bに記載されたコンピューター・プログラムをいう。

---解説---

1 ❖ the term "Copyrights" shall refer to those certain copyrights listed in Exhibit A

「"著作権"という用語は、添付別紙Aに列挙した著作権のことを指す」の意である。"copyrights listed"というときは、契約でその対象とする複数の著作物の名称を表にしてリストアップすることを考えている。1つの著作物であれば、単に"copyrights described"あるいは"copyrights set forth"あたりの言い回しでよい。

2 ❖ the term "Software" shall refer to computer programs described in Exhibit B

「"ソフトウエア"という用語は、添付別紙Bに記載のコンピューター・プログラムを指す」の意である。"software"と"computer programs"は同義語である。後者のほうが正確な用語といわれるが、前者の用語のほうが広く普及している。

●第6款　紛争解決合意とリリース

知的財産侵害紛争と契約違反紛争とに分けて、例文により紹介する。

紛争解決合意条項① | Settlement　　　　例文726

◇知的財産侵害訴訟の和解解決での規定

Article __ Settlement
1　KVC and ELNOX acknowledge that ELNOX denies that it has infringed the Copyrights in any way. KVC and ELNOX further acknowledge that this Agreement is concluded in order to compromise their dispute concerning their respective claims. Accordingly, KVC and ELNOX agree that the execution of this Agreement shall in no way constitute an admission of infringement by ELNOX of the Copyrights or its liability.
2　KVC and ELNOX further acknowledge that any payment made and received under this Agreement shall not be construed as an admission of liability on the part of any party hereby released.

例文727 和解契約｜紛争解決合意条項②
例文728 和解契約｜紛争解決合意条項③

[和訳]
第__条　和解
1　KVCとELNOXは、ELNOXが本著作権を何らかの意味で侵害したことを同社が否定していることを確認する。KVCとELNOXは、さらにそれぞれの主張に関する両社の紛争を和解で解決するために本契約が締結されることを確認する。
したがってKVCとELNOXは、本契約の締結が、いかなる意味でもELNOXによる本著作権の侵害またはその責任を認めたことにはならないことに合意する。
2　KVCとELNOXはさらに、本契約に基づいてなされ受領された支払いが、これによって免責される当事者側で責任を認めたことになるとは解釈されないことに合意する。

解説

1❖KVC and ELNOX acknowledge that ELNOX denies that it has infringed the Copyrights in any way.

「KVCとELNOXは、ELNOXが、本著作権を侵害したということを否定していることを確認する」。和解にあたっては当事者の主張を明確に記載することが大事である。

2❖KVC and ELNOX further acknowledge that this Agreement is concluded in order to compromise their dispute concerning their respective claims.

「KVCとELNOXはさらに、本契約は双方の主張に関する紛争を和解で解決するために締結するものであることを確認する」。和解に至った目的を記載する。

3❖KVC and ELNOX agree that the execution of this Agreement shall in no way constitute an admission of infringement by ELNOX of the Copyrights or its liability.

「KVCとELNOXは、本契約の締結が、いかなる意味においても、ELNOXによる本著作権の侵害またはその責任を認めるものと解釈されてはならないことに合意する」。万一、この契約の調印そのものが、侵害を認めるものという証拠となると、他の関連訴訟や訴追が誘発される恐れがあるため、この規定により著作権の侵害や責任を認めないことを明らかにしている。

4❖**和解金の支払いの意味**

本契約に基づく和解金の支払いが本著作権の侵害を認めた証拠である、というような言いがかりをつけられないよう、念を押して否定するのが第2項のねらいである。

和解契約の調印そのものでなく、和解金の支払いをもって侵害を認めたものだと権利側が主張する余地をなくすのが目的である。日本社会の感覚からすれば、第2項はくどいくらいの表現であるが、米国など訴訟社会ではこのくらい念を押してちょうどよいくらいなのである。

紛争解決合意条項② | Settlement　　　例文727

◇子会社・関連会社・購入者・ライセンシー・ユーザーも、リリースの対象とする規定

Article ＿＿ Settlement
KVC releases ELNOX, subsidiaries and affiliates of ELNOX, and all purchasers, licensees and users of the Software, from all claims, demands, and rights of action which KVC may have on account of any infringement or alleged infringement of the Copyrights by manufacture, use, sale or other disposition of the Software.

[和訳]
第＿＿条　和解
　KVCは、ソフトウエアの製造、使用、販売または他の取り扱いによる本著作権の侵害または侵害申し立てによってKVCが有しうるすべての請求権、要求及び提訴権から、ELNOX、ELNOXの子会社及び関連会社ならびにソフトウエアのすべての購入者、ライセンシー及びユーザーを解放する。

――――― 解説 ―――――

1❖本条のねらい
　当事者のELNOXだけでなく、知的財産侵害紛争の対象となっているソフトウエア製品のユーザー、買主などもすべてリリースの対象に入ることを確認するのがねらいである。当事者のELNOXがせっかくリリースを享受しても、それぞれのユーザーがクレームを受けるなら、ビジネスとしては解決になっていないのである。紛争解決の契約を締結したあとで、関連するメンバーが訴訟を受け続けるのを知って、その和解契約のリリースの範囲の不十分さに気づくことがあった。悔やんでも悔やみきれないものである。和解契約の締結にあたっては、十分なシミュレーションをして、万全を期すことが必要である。

紛争解決合意条項③ | Settlement　　　例文728

◇契約紛争の和解解決

In consideration of the payment of Sixty Thousand Dollars (US $60,000) by ELNOX to KVC, receipt of which is hereby acknowledged, and the covenants and agreements herein contained, the parties do hereby agree as follows:
KVC releases and forever discharges ELNOX, and its officers, directors and employees, from any and all claims, demands, causes of action, obligations, damages, and liabilities of any nature whatsoever, whether or not now known, suspected or claimed which KVC ever had, has or claims to have against ELNOX, from the beginning of time to the date

of this Agreement, including, without limitation, those which are or may be based in whole or in part on, or may arise out of, or may be related to or in any way connected with:

(a) Action Number _____ in the _____ District Court entitled _____ (the "Action");

(b) the _____ Agreement between KVC and ELNOX dated July 1, 20__; and the Amendment to the _____ Agreement dated September__, 20__ between KVC and ELNOX;

(c) The conduct by ELNOX anywhere in the world from the beginning of time to the date of this Agreement;

(d) Any representation, agreements made by ELNOX with respect to any of the matters described or related to subparagraphs (a) to (c).

[和訳]

　KVCに対するELNOXによる六万米ドル（60,000米ドル）の支払い（その受領をここに確認する）と本契約に含まれた約束及び合意を約因として、当事者はここに次の通り合意する。

　KVCは、現在知られているか疑いがあるか請求されているか否かを問わず、はじめの時点から本契約締結日までに、KVCがELNOXに対してかつて有していたか有しているか有すると主張するあらゆる種類の一切の請求、要求、訴因、義務、損害及び責任から、ELNOXならびにその役員、取締役及び従業員を解放し、永久的に免責する。これは全面的または部分的に下記に基づくか基づきうる、または下記から生じうる、または下記に関係しもしくは何らかの意味で下記に関連する可能性のある請求、要求、訴因、義務、損害及び責任を含み、それらに限定されない。

(a) _____地方裁判所における訴訟番号_____の_____と称する訴訟（「訴訟」）

(b) KVCとELNOX間で締結された20__年7月1日付け_____契約、KVCとELNOX間で締結された20__年9月__日付けの上記_____契約の修正契約

(c) はじめの時点から本契約締結日までにELNOXが世界のいずれかの場所でおこなった行為

(d) 上記(a)から(c)に記載されたかそれに関係するいずれかの事項に関してELNOXがおこなった表明、同意。

―――――― 解説 ――――――

1 ❖ Action Number _____ in the _____ District Court entitled _____

「_____という名称で呼ばれる_____地方裁判所における訴訟番号_____の訴訟」の意。訴訟の特定を正確におこなう。

2❖the _____ Agreement between KVC and ELNOX dated July 1, 20__; and the Amendment to the _____ Agreement

「KVCとELNOX間の20__年7月1日付け_____契約、その_____契約の修正契約」の意。関連契約をしっかり列挙することが大切である。

3❖KVC releases and forever discharges ELNOX, and its officers, …

「KVCは、ELNOX、そのオフィサー、…に対する責任を免除し、永久に解放し」の趣旨である。実際のドラフティングでは、責任を問われそうな可能性のあるあらゆるメンバーを列挙し、リリース（免除）を確認する。

4❖In consideration of the payment of Sixty Thousand Dollars

「6万米ドルの支払いを約因として」という意味である。和解金が6万米ドルということである。本和解契約締結と同時に支払われている。その受領が、この契約の文言（receipt of which is hereby acknowledged）で確認されている。

紛争解決合意条項④ | Settlement　　　　　　　　例文**729**

◇和解契約の締結という事実をもってクレームの存在を認めたと解釈されてはならないと規定する

> The fact that ELNOX is entering into this Agreement shall not be taken or construed to be at any time or place an admission on the part of ELNOX that any claim by KVC against ELNOX whatsoever existed or exists, and ELNOX denies the existence of any such claim. ELNOX and KVC are entering into this Agreement to obtain peace and for no other reason.

［和訳］
> ELNOXが本契約を締結するという事実をもって、いかなるときであれ、いずれの場所であれ、ELNOXに対するKVCのクレームが存在したか存在することをELNOX側が認めたとみなされ、またはそう解釈されないものとし、ELNOXはかかるクレームの存在を否定する。ELNOXとKVCは、平穏を得るために本契約を締結するのであり、他のいかなる理由によるものではない。

――――――――― 解説 ―――――――――

1❖紛争解決のための和解契約を調印する目的

　和解契約に調印する目的は、「平穏（peace）」を獲得するためであって、それ以外の目的はないということを明確にしなければならない。さもなければ、非を認めたことになりかねない。ひとつのクレームが解決しても、非を認めてしまっては、その和解契約によって認めた事実によって他のメンバーからのクレームが続々と発生しかねないのである。本例

文のねらいは、そのような訴訟やクレームの誘発を防ぐことにある。

"peace"の訳は「平和」「和平」でもよいが、国家間の"peace"ではないので、ここでは「平穏」という訳にした。

例文730 紛争解決合意条項⑤ | Settlement

◇和解金の支払いをもって、非を認めたと解釈されてはならないと規定する

> It is agreed that the above-mentioned payment is in compromise of disputed claims and is not an admission by ELNOX of any liability whatsoever for any damages or loss sustained by KVC or anyone else. The consideration provided under this Agreement is given to buy peace and for no other reason.

[和訳]
> 上記の支払いは、紛争中のクレームを和解で解決するためのものであり、KVCまたは他の者が被った損害または損失に対する責任をELNOXが認めたものではないことが合意される。本契約に基づく対価は、平穏を入手するために与えられたものであり、それ以外のいかなる理由に基づくものでもない。

――― 解説 ―――

1❖It is agreed that the above-mentioned payment is in compromise of disputed claims and is not an admission by ELNOX of any liability whatsoever for any damages or loss sustained by KVC or anyone else.

この支払いが、紛争中のクレームを和解で解決するためのものであることを強調し、損害賠償金ではないことを主張している。このような支払いを、一般にニューサンス・フィーと呼ぶことがある。支払う側の感覚として「当方には何ら落ち度や帰責事由はなく、責められる点などまったくない。しかし、相手の主張があまりにも執拗であり、いつまでもこのようなつまらないことに人手や時間をかけてもいられない。つきまとうハエを追い払うために、少しばかりの金員を使うだけだ」という気持ちがある。

2❖The consideration provided under this Agreement is given to buy peace and for no other reason.

上記の解説1に示した気持ちを表現した結果、「この対価は、平穏をあがなうために与えるものであり、それ以外のいかなる理由に基づくものでもない」といっている。どちらかというと相手を見下す気持ちでおり、詫びる気などさらさらない。

3❖なぜ謝罪の気持ちのともなわない「和解契約」が実際に調印されるのか

新人時代、飛鳥凛は不思議に思って、上司の日高尋春氏に尋ねたことがある。「なぜ、こんな、相手をバカにしたような、誠実な謝罪と反省をともなわない和解契約が調印され

るのでしょうか」。

日高尋春氏は笑顔で答えたという。「飛鳥ならどうする。飛鳥が事故で負傷した事件で、相手側から『謝罪の上、50万円の損害賠償をする』という和解申し出と、『原因は当方にあると思わないので謝罪はしないが、平穏を得たいので1000万円の和解金を支払い和解したい』との申し出を受けたとしたら、どちらの申し出を受諾するか」。

warranty（保証）違反をめぐる損害賠償請求や知的財産権侵害を理由とする紛争の解決のための和解交渉や司法取引の交渉時に、よく似た状況になることがあるという。

紛争解決合意条項⑥ | Settlement　　例文731

◇和解金の支払いを規定する

Article ___ Settlement
1　ELNOX shall pay to KVC as a compromise fee a total of Sixty Thousand US Dollars (US $60,000).
2　KVC agrees that ELNOX will have the unrestricted right to manufacture, sell, license, use or otherwise dispose of the Software free of any claim or suit by KVC after the time of the such payment.

［和訳］

第__条　和解
1　ELNOXは、和解金として総額六万米ドル（60,000米ドル）をKVCに支払うものとする。
2　KVCは、ELNOXが、上記の支払い時点以降はKVCによる請求または提訴を受けることなくソフトウエアの製造、販売、使用許諾、使用または他の方法による処分をおこなう無制限の権利を有することに同意する。

―――――― 解説 ――――――

1 ❖ ELNOX shall pay to KVC as a compromise fee a total of ...
ELNOXはKVCに対し、和解金として支払う金額を規定している。和解金を受け取る側のKVCは、"compromise"を「そうか、ELNOXはついに侵害という非を認め、ロイヤルティ相当額を支払って解決する気になったか」と受け取りそうである。しかし、"compromise"には、非を認めるという意味も効果もまったくない。そのため、本例文第2項で和解金支払い後は、ELNOXはKVCからの侵害クレームから解放され、自己のソフトウエアの生産等に自由に使用できることを規定して、紛争の種を消している。

2 ❖ free of any claim or suit by KVC
和解金支払後は、KVCからのクレームや提訴を受けることのないことを明確にしてい

る。"free of ..."は、「(…を受けることが)ないこと」という意味である。

● ― 第7款　一般条項

和解契約においても、一般条項の規定が置かれることが多い。
たとえば、秘密保持条項、最終性条項、紛争解決方法と準拠法等の規定である。第3章「一般条項」で詳細に紹介したので、ここでは繰り返さない。

● ― 第8款　調印欄

契約書の最後に、契約当事者による調印の欄を置く。通常、契約当事者の代表者または代理人が署名する。例外的ではあるが、当事者の調印について、その証人として立会人を選び、立会人として署名することがある。立会人は契約当事者ではなく、契約上の責任は負わない。

例文732　調印欄

◇立会人を立て、契約書に署名させる調印欄

IN WITNESS WHEREOF, KVC and ELNOX have caused this Agreement to be executed in duplicate, such copy of which shall be considered as an original, by their respective representatives duly authorized, as of the day and year first above written.

(Signed by)　　　　　　　　　　　　(Signed by)

_____　　　　　_____
Karen View, CEO and President　　　Elena Nakanishi, CEO and President
For and on behalf of　　　　　　　　For and on behalf of
Karen View Corporation　　　　　　 Elena and Narumi Orika Corporation
(KVC)　　　　　　　　　　　　　　 (ELNOX)

In the presence of　　　　　　　　　In the presence of
(Signature of Witness)　　　　　　　(Signature of Witness)
Name: Soyeon Park　　　　　　　　　Name: Anna Takaragi
Address:_____　　　　　Address:_____

Occupation:_____   Occupation:_____
_____   _____

[和訳]
　上記を証するために、KVCとELNOXは、冒頭記載の年月日付をもって、正当に権限を授与されたそれぞれの代表者をして本契約2通に署名せしめた。その各1通が正文とみなされる。

（署名）   （署名）

_____   _____
カレン・ビュー、CEO兼社長   中西絵里奈、CEO兼社長
カレン・ビュー・コーポレーション   絵里奈アンド織花なるみコーポレーション
（KVC）   （ELNOX）

以下の者の面前で署名された   以下の者の面前で署名された
（立会人の署名）   （立会人の署名）
_____   _____
氏名：朴昭蓮（パク・ソヨン）   氏名：宝樹杏奈
住所：_____   住所：_____
_____   _____

職業：_____   職業：_____
_____   _____

解説
---

1 ❖ 調印欄

　調印者の氏名、肩書、調印権限と完全で正確な会社名を確認することが大切である。

2 ❖ In the presence of ...

　「…の立ち会いのもとに」の意である。

　大事な契約では、一方の当事者が後日、「契約書に調印した記憶がない。偽造に違いない」と主張してくるような事態に備えて立会人を置き、署名を求めることがある。契約の成立を立証するための有益な手段である。もっとも信頼できる立会人は、公証人（notary public）である。

第2部

第1章 英文契約書の基本用語

第 1 節 英文契約書の英語表現

●―第1款 契約書英語の特徴

　契約書に使用される英文には、構成、文体、用語などいくつかの点で際立った特徴がある。そのために作成、交渉の段階では、読むにも書くにも苦労が多い反面、上手に書かれた英文の契約書は、契約履行の段階で問題が起こった場合に、明確な解釈と回答を提供してくれる。

　本章では、英文契約書に使用される基本的な語句・言い回しとその主な特徴を、使用例、留意点、対応策とともに紹介したい。

　英国、米国をはじめ、オーストラリアなど旧英国領の諸国での取引、あるいは国際取引で使用される英文契約書には、リーガル・ジャーゴンがあふれている。通常の英文レターや会話では、一見なじみのない用語である。商談の段階では一度も出てこなかった用語が、その商談内容をまとめたはずの契約書のドラフトにはあふれている。新人ビジネスパーソンが驚かされる点である。

　現実の国際取引では相手方が作成して提示したドラフトに対し、検討の上サインをするか、カウンター・ドラフトを提示するかを求めてくることが多い。カウンター・ドラフトとは、反対提案、代替案、代替条件の提案のことである。

　一般の文書や会話には使用されることがほとんどないのに契約書に頻繁に使用される用語は、シェイクスピアの時代のような古めかしい法律や契約書上の表現、ラテン語に起源のある用語、役所やビジネスに特有の専門用語など、さまざまである。同じような用語を繰り返して使う言い回しもある。英国がいくつかの異なる民族、文化によって形成された歴史の国であるために、ひとつの言語に統一しきれていない結果である。なじみのないことでは共通であるが、その1つひとつの意味を知れば、少しも難しくはない。

●―第2款 リーガル・ジャーゴン、契約専門用語への対応

　米国では1970年代の初め、リーガル・ジャーゴンや契約専門用語のあふれた分かりにくい契約書から消費者、一般人を保護する立場に立ち、"plain English"（プレイン・イングリッシュ）で契約書を作成しようという提唱がなされた。一部の州では、消費者保護法の一環として立法化もされた。それ以後ビジネス取引の世界でも、やさしい表現の契約書も見られるようになってきた。

　しかし、分かりやすい契約書への移行は、まだ緩やかなスピードでしか進んでいないのが実状である。実務に携わるロイヤー（lawyer）の長年の習慣を変えるのは、容易ではない。企

業間の契約書では、印刷されたフォームをはじめとして、まだまだ古い表現の契約書が幅を利かせている。

　また、本章の第2節でその一部を紹介する契約文書特有の慣用的表現や用語のなかには、同じ意味を持つ他の分かりやすい表現、用語に置き換えるのが、難しい場合がある。

　英文契約書でよく使われるこれらのリーガル・ジャーゴンや契約専門用語は、まずその意味を理解して使いこなせるようになるのと同時に、できる限りやさしい表現にするよう努めることであろう。当事者としていえば、少なくとも交渉担当者のビジネスパーソンが辞書に頼らなくても理解できる表現を使うことである。しかしビジネス担当者としては、適切な代替的なやさしい表現がなければ、専門用語に慣れるしかない。

◉―第3款　契約英語への対応

　英文契約書は、英米法の口頭証拠排除の原則(parol evidence rule)や最終性条項(Entire Agreement Clause)という書面契約重視の考え方・習慣に基づいて、できるだけすべての事項を完全に網羅して取り決めておくという方針で作成される。

　話し合いを重んじ、共通の文化や価値観を有する日本の契約書で一般的な「本契約に規定なき事項は、両当事者間の誠実な協議により、取り決め解決する」という条項には、国際取引では頼ることができない。協議してもどうしても解決できない場合に備えて契約書で取り決めるのだ、という考え方に基づいて、すべての事項につき、例外的な場合も想定して完全に文章化しようとする。

　そのため、国内取引用に日本語で作成された通常の契約書と比べると、国際取引のために作成される英文契約書は、表現が厳格かつ網羅的で、1つの文、1つの条文(article)が長く、条文数も多くなる。結果として、契約書全体が長くなる傾向がある。あらゆるケースの具体的・完全な例示、厳密な事由の列挙、義務及び責任範囲とその限界の明確化をねらって規定するからである。

　厳格で完全な表現についてはどう考えるべきか。この点については前向きに取り組むほうがよい。契約締結の手間はかかるけれども、将来の契約履行過程で起こりうるさまざまなケースにつき、当事者同士の権利・義務をあらかじめ契約書に取り決めておけば、ビジネスをスムーズに進め、さまざまな事態に陥ったときに、どのように対応したらよいかの予測を立てることができる。

　非英語圏の国の客先などとの取引で自分がドラフトを作成する場合には、契約書の構成、見出し、添付別表(exhibit)などを工夫する。また、契約にとって本当に重要な主要条件と、それ以外の一般条項(general terms and conditions)を分けて見やすくしたり、思いきってあまり重要でない事項を削除して短くするのもよい方法である。

　また英文契約書では、"which"などでその前に出ていた言葉や文を受けて、延々と文章が長く続いていることがある。用語の反復を避け、条文全体を短くする効果がある反面、ひとつの文章が長くなり、相互の関係が分かりにくくなる。文章をなるべく短く切ったり分けたり、小さな項目番号を追加するなど工夫をして、同じ内容をなるべく短い文章で表現するようにする。

契約書の英文の際立った特色のひとつは、その時制である。販売店契約（Distributorship Agreement）やライセンス契約（License Agreement）の中心となる冒頭の規定で、"distributor"に指定（hereby appoint[s]）したり、ライセンスを許諾（hereby grant[s]）したりする規定は、現在形である。ただ、契約書の大半は、未来に関わる権利や義務の履行とその問題への対処方法を定めるものである。

　否定形は、慣れないうちは単純に、"not"を使って表現すればよい。文章の冒頭に"no"や"neither"を使って表現するのは、スタイリッシュで格好はいいが、間違って二重否定にしてしまうこともあり、注意が必要である。

　また、英文契約書の特徴として、将来起こりうるさまざまな事態を想定してケースを列挙し、それぞれのケースにおける双方の権利や義務を詳細に書くのが、典型的なスタイルになっている。"in the event that""on the occurrence of the following events""if""in case"で始まる条項がその例である。

　それでは、代表的な契約のリーガル・ジャーゴン、専門用語のいくつかを紹介しよう。実際にどのように使われるのか、契約の例文やフレーズと一緒に紹介する。契約の専門用語は現実にどのように使用されるのか、その実例の例文・文脈から理解していくのがもっとも分かりやすく、印象に残る修得方法だからである。

第2節 リーガル・ジャーゴン、契約専門用語

●—第1款 witnesseth

「証する」を意味している。英文契約書に特有の古風な用語、表現である。契約書で使用されるときには、主語は契約書であることが多い。具体的には、"This Agreement …""This Contract …"のあとに、述語として登場する。そして、その文書が作成される目的が、"witnesseth"という語句のあとに続く。英文の契約書を初めて見た新人が、"in consideration of" "whereas"とともに、最初に驚かされる言葉である。

文法的には、"witness"(証明する)が動詞で、末尾の"eth"は、古い語法の"es"にあたる。英文法の基礎知識における、いわゆる3人称・単数・現在の"s""es"である。

witnessethを使用した文例　　例文733

◇一般契約

> This Agreement, made and entered into as of the first day of April, 20__ (the "Effective Date") by and between Karen View Corporation, a California corporation, having its place of business at xxx California Street, San Francisco, California 94100, USA ("KVC"), and, Aurora Borealis Corporation, a Japanese corporation, having its place of business at x-x, Kanda-Surugadai 1 chome, Chiyoda-ku, Tokyo, Japan ("ABC").
>
> 　　　　　　　　　　WITNESSETH:
> WHEREAS, KVC has developed know-how and patents in the Products as defined herein; and WHEREAS, ABC and KVC have agreed to organize a joint venture company to manufacture and sell the Products in _____;

[和訳]
　米国カリフォルニア州94100サンフランシスコ市カリフォルニア・ストリートxxx番地に主たる事務所を有するカリフォルニア州法人カレン・ビュー・コーポレーション(「KVC」)と、日本国東京都千代田区神田駿河台1丁目x-xに主たる事務所を有する日本法人オーロラ・ボレアリス株式会社(「ABC」)間に20__年4月1日(「発効日」)付けで締結された本契約は、以下を証する。
　KVCは、本契約で定義される本製品に関してノウハウと特許を開発しており、また、ABCとKVCは、_____において本製品を製造・販売する合弁事業会社

を設立することに合意している。

第2款　whereas

　「…なので」という意味である。"as"と同じである。英文契約書では、契約書の冒頭で契約の当事者（parties）の紹介に続き、その契約の当事者がなぜ契約を締結するに至ったのか、その背景や経緯、動機、目的を説明する条項が置かれることが多い。その説明条項の各文章の頭に使われるのが、"whereas"である。

　慣習として"whereas"という用語が広く使われるため、実務上、その説明条項のことを"whereas clause"（ホエアラズ条項；whereas条項）と呼んでいる。「whereas条項」は、契約書の前文（preamble）の一部であり、契約書の本文ではない。そのため、通常、契約の一部としての拘束力（binding effect）はない。この場合の拘束力とは、"legally binding"（法的な拘束力がある）かどうかの問題である。契約書は、両方の当事者（parties）の意見・解釈が、契約の履行や契約上の合意の有無をめぐって対立した場合に、裁判や仲裁で役立つように作られるものである。

　斬新な契約書のスタイルでは、"whereas"を使う代わりに、"recitals"（リサイタル）という用語を使うことがある。リサイタルは、「契約の背景、経緯の紹介」のことである。音楽の発表会やコンサートのことではない。実務上、"whereas"で始まる条項のことをリサイタル条項と呼ぶこともある。実際の契約書中では、"WHEREAS"のようにすべてを大文字で表示することも、頭文字（W）のみを大文字表示（Whereas）とすることもある。どちらも正しい。

第3款　party

　契約の「当事者」を"party"という。楽しいパーティーのことではなく、契約を締結する人、企業のことを指す。

　契約の両方の当事者を総称するときには、"the parties hereto" "the parties to this Agreement"という。「契約の当事者」を表すのに、"the parties of this Agreement"とは呼ばない。第1款の例文733でいえば、KVCとABCのどちらも"party"である。契約の両方の当事者を指すときは、"parties"あるいは"parties hereto"という。

例文734　partyを使用した文例

◇一般契約

NOW, THEREFORE, the parties hereto do mutually agree as follows:
ARTICLE 1　SCOPE AND DEFINITIONS

[和訳]
　そこで、ここに、本契約の両当事者は、以下の通り相互に同意する。
第1条　範囲と定義

解説

---

1 ❖do ... agree
　"do ... agree"は、単に"agree"でもよい。"do"は「合意する」の意味を強調するために使われている。

●第4款　in consideration of

　「…を約因として」という意味である。契約書を締結するにあたって、契約の当事者の双方が互いにどのような義務を負担するのか、そのポイントを簡単に記載する。たとえば商品の売買であれば、売り手による商品を売り渡す約束と買い手によるその代金の支払いの約束である。
　なぜこのような記載をするかといえば、英米法では契約紛争が発生したとき、裁判所は"consideration"（約因）がない契約については、契約当事者（parties）が訴訟を提起しようとしても取り上げないからである。約因がなければ訴訟を通じて、相手の約束の履行を求め、執行（enforcement）させることが期待できない。"consideration"は、英米法に特有の概念である。
　サービス契約であれば、サービス（役務）の提供の約束とその対価を支払う約束が互いに約因になる。ライセンス契約であれば、知的財産の使用許諾とロイヤルティ（royalty; 使用料）の支払いが互いに約因になる。融資契約であれば、元本の融資と金利の支払いの約束が典型的な約因である。
　ところが、取引の一方が一方的に差し入れる"letter of guaranty"（保証状）では、注意深く「約因」が何であるかを記載するか説明しないと、いざというときに、その保証状の受益者（beneficiary）が保証人（guarantor）に対して保証債務の履行の請求をしても、裁判所がその執行（enforcement）を認めないことがある。
　"in consideration of"は、文脈により、「約因として」とは別の意味で使われることがある。「の対価として」「の見返りに」という意味の場合である。たとえば、"In consideration of the Services, ABC shall pay to KVC the amount of five million US Dollars."（そのサービスの対価として、ABC社は、KVC社に対して、500万米ドルを支払う。）というケースである。

例文735　in consideration ofを使用した文例①
例文736　in consideration ofを使用した文例②
例文737　hereunderを使用した文例

例文735　in consideration ofを使用した文例①

◇「約因」の意味の場合の一般契約

NOW, THEREFORE, in consideration of mutual promises and covenants as hereunder set forth;
KVC and ABC agree as follows:

[和訳]
　そこで、ここに、本契約に定める相互の約束と誓約を約因として、KVCとABCは次の通り合意する。

例文736　in consideration ofを使用した文例②

◇「対価」の意味の場合のサービス契約

In consideration of Miss Karin Nagami's services, Aurora Borealis Corporation shall pay to KVC a fee of ninety-five thousand United States Dollars (US $95,000) per annum for each twelve-month period, or proportion thereof, during which such services are performed.

[和訳]
　永見華凛氏の役務の対価として、オーロラ・ボレアリス株式会社は、サービス提供の期間中、各12ヶ月間につき年額9万5千米ドル(95,000米ドル)の報酬、期間が12ヶ月に満たない場合はその割合に応じた金額の報酬をKVCに対して支払うものとする。

―――解説―――

1 ❖ "pay"と"be paid"
　実務では、本例文と同趣旨のこと(ABC shall pay to KVC)を規定するための表現として、"KVC shall be paid (a fee...)"と受動態による言い回しが使われることがある。まぎらわしいので日本人には勧めない。

●――第5款　hereof; hereto; hereby; hereunder; thereof

　"hereof"は「この契約書の」「本契約書の」という意味である。契約書では、"here"とは「この

契約書」「本文書」を指す。丁寧に記載すれば、"of this Agreement""of this Contract"となる。

同様に"hereto"は、"to this Agreement""to this Contract"という意味である。たとえば、契約書に添付書類(exhibit)を付するときに"the Exhibit attached hereto"(本契約に添付の添付書類)というように使う。

"hereby"は「本契約書によって」「本文書によって」という意味である。契約書や委任状(Power of Attorney)の文中で頻繁に使われる。委任状で使われるときは"by this Document (Power of Attorney)"の意味であり、契約書で使われるときは"by this Agreement"という意味である。同様に"hereunder"は、"under this Agreement"である。「本契約のもとで」の意味である。"herein""hereafter"も使用される。

ただし"here"は必ずしも、契約書全体だけを指すとは限らない。その契約書の特定の条項(たとえばArticle12;第12条)のサブ・パラグラフ(第12.3項など)で使用されるときには、その元となる規定(this Article;本条)を指す。添付書類、添付別紙は"appendix"や"attachment""schedule"ということもある。いずれを使ってもよい。

"thereof"は、「その契約書の」「その書類の」という意味である。契約書のなかで、別の契約書や文書について規定を記載したり、別の事項を引用することがある。もう1度その契約書や文書を引用するときに、省略して"there"と使う。丁寧にいえば、"of that Agreement""of that Document"である。"thereto""thereby""therein""thereafter"なども使われる。

hereunderを使用した文例　　例文737

◇ライセンス契約

> The license and all of ABC's rights hereunder are personal to ABC and may not be assigned by ABC without the prior consent of KVC.

> [和訳]
> 本契約に基づくライセンスとABCのすべての権利はABC限りのものであり、ABCはKVCの事前の同意なく、かかるライセンス及び権利を譲渡することはできない。

●―第6款　execution of this Agreement; execute this Agreement

"execution of this Agreement"は「本契約書の調印」という意味である。"execution"にはたしかに執行の意味もあるが、この文脈では調印、署名を指す。初めて国際契約を担当した新人は、「本契約の履行(performance of this Agreement)」「本契約の実行」と混同することがあるが、"execution of the Agreement"という使用例では、あくまで「署名」「調印」のことであって、履行ではない。同様に、"execution of this Power of Attorney"は、委任状の調印、署名の

ことであり、代理人（attorney in fact）による代理権の行使ではない。

契約書では、"execution of this Agreement"の日を起算点として、代金の支払い期限を規定したり契約期間を定めたりすることがあるので、解釈の違いから紛争が発生することがある。細心の注意を要する点である。ただ、まぎらわしいことに、義務や判決という言葉と結びつけて"execution"が使用される場合は、「実行」「執行」を意味する。この点も、注意を要する。このようなまぎらわしさを避け、明確に「調印」という意味で使うことのできる用語としては、"signing"がある。

例文738 excuteを使用した文例

◇一般契約

> IN WITNESS WHEREOF, the parties have executed this Agreement as of the date first above written.

> [和訳]
> 本契約の証として、契約当事者は、契約書の冒頭に記載の日をもって本契約に署名した。

――― 解説 ―――

1❖なぜ"have excuted"なのか

"have"には、「…せしめる」「…させる」という意味がある。契約当事者が法人（会社等）の場合、その代表者（representative）に調印せしめる、となる。丁寧な言い回しで規定することもある。

"In WITNESS WHEREOF, the parties hereto have caused their duly authorized representatives to excute and deliver this Agreement as of the date first above written."

●―第7款　including, but not limited to; including without limitation

「…を含み、それに限定されない」という意味である。例示するときに使う表現である。不可抗力（force majeure）事由を列挙するときなどに使われる。我が国の慣習からいうと、"including"といえばそれだけで十分な気がするが、英米法の感覚からいうと、列挙した事由以外の事項の発生のケースには、たとえ類似の事項の発生であっても、その規定が適用されなくなる恐れがある。

たとえば、不可抗力事由として「戦争（war）」を列挙していても、「宣戦布告（declaration of war）」がされない「紛争（conflicts）」や「敵対行為（hostilities）」の発生には適用されないことが

ある。歴史を見れば、1950年代のスエズ動乱(エジプト、英国、フランス)も、1960年代から70年代にかけてのベトナム戦争(北ベトナム、南ベトナム、米国)も正式な戦争としての宣戦布告はなされていない。したがって、厳密には「戦争(war)」ではない。

　契約解除権が発生するケースの列挙の場合にも、この"including, but not limited to"というフレーズが愛用される。同じ場面で"including without limitation"という語句が使われることもある。ねらいと意味は"including, but not limited to"と同じであり、代わりに使うことができる。実務上、"including"の後にカンマが挿入される場合とされない場合とがある。

including without limitationを使用した文例　　例文739
◇不可抗力事由を列挙して規定する

> Neither party hereto shall be liable to the other party for failure to perform its obligations hereunder or individual contracts due to the occurrence of any event beyond the reasonable control of such party or third parties employed by such party to render all or any part of Services, and affecting its/their performance, including without limitation, governmental regulations, orders, or guidance, act of God, war, warlike conditions, hostilities, civil commotion, riots, epidemics, fire, strikes, lockouts or any other similar cause or causes.

[和訳]
> いずれの当事者も、当該当事者またはサービスの全部もしくは一部を提供するために当該当事者により雇用された第三者の合理的な制御を超え、かつ当該当事者／第三者の履行に影響する事態の発生により、本契約または個別の契約に基づく当該当事者の義務を履行できない場合、当該不履行につき相手当事者に対し責任を負わないものとする。上記の事態は、政府の規制・命令または指導、自然災害、戦争、戦争に類似した状況、敵対行為、内乱、騒乱、疫病、火災、ストライキ、ロックアウトまたは他の同様な原因を含み、それに限定されない。

●—第8款　force majeure

　"force majeure"とは、地震、台風、津波などの自然災害のみでなく、ストライキ、戦争、内乱、暴動などを含む、いわゆる「不可抗力」を指す。日本語や英語でぴったりの用語がなかなか見つからないので、「フォース・マジュール」とそのまま呼ぶことが多い。履行期までの期間が長い取引や、有効期間の長い国際取引契約では、契約時には想定していなかった事態が発生することがある。不可抗力が発生した場合にどのように解決するのか、あらかじめ契約当事者のそれぞれの責任やリスク負担を明確にするために、不可抗力の規定が置かれる。

ただ現実は厳しく、注意深く不可抗力の規定を置いたつもりでも、なお、その適用範囲や効果をめぐって紛争に発展することがある。

この言葉は、英語の"act of God"(自然災害、不可抗力)に似ているが、"act of God"が自然災害を中心にして理解されているのに比べて、"force majeure"のほうがカバーする事象が広く、使用頻度も高い。

エジプト・英国・フランスが衝突したスエズ運河の閉鎖事件(1956年)をもとに、フラストレーション(frustration; 契約の消滅)をめぐって争われたスーダンナッツ事件(Tsakiroglou号事件)では、契約書に「戦争条項(不可抗力)」の記載はあったが、"hostilities"が不可抗力として記載されていなかったことも一因で、原告側が敗訴した。スエズ動乱では、英国とフランスがエジプトのスエズ運河を空爆し、運河を封鎖する国際紛争が発生したが、宣戦布告はしなかった。英国の控訴裁判所は、この事態を"hostilities"であることは認めたが、不可抗力条項の"war"(戦争)にはあたらないと判示した。実務界で、印刷フォームや契約書の不可抗力事由の列挙が、長くなりがちな背景である。

例文740 force majeureを使用した文例

◇不可抗力事由による不履行免責を規定する

Neither party ("Affected Party") will be deemed in default of this Agreement to the extent that performance of any obligation or attempts to cure any breach are delayed or prevented by reason of any act of God, fire, natural disaster, accident, shortage of material, or any other cause beyond the control of the Affected Party ("Force Majeure"), provided that the Affected Party gives the other party a written notice thereof promptly and uses its good faith and reasonable efforts to cure the breach.
In the event of such a Force Majeure, the time for performance or cure will be extended for a period equal to the duration of the Force Majeure.

[和訳]

いずれの当事者(「影響を受けた当事者」)も、義務の履行または違反の是正が天災、火災、自然災害、事故、資材の不足または影響を受けた当事者の制御を超える他の事由(「不可抗力」)により遅延または妨げられたときは、その限度において、本契約の不履行とみなされないものとする。ただし、影響を受けた当事者は相手当事者に対し書面による通知を迅速に出すものとし、かつその違反を是正するために誠実で合理的な努力を払うことを条件とする。

不可抗力が発生した場合、履行または違反是正の期限は、不可抗力の期間と同じ期間、延長される。

●―第9款　indemnify and hold harmless

「(契約の相手方を)損害を受けないようにする」「(相手方を)損害がないよう守る」「(相手方に対し)何も請求しない」という意味で使われる。日本語に訳しにくい用語である。"ABC shall not be liable to ..."と免責を取り決めたいときにも使用されるが、実際の効果・意味は、相手方を"indemnify and hold harmless"するという規定のほうが責任が重い。すなわち、"indemnify and hold harmless"の場合には、相手方に対して責任を負わないという免責だけでなく、相手方を第三者の行為や請求等から損害を受けないよう守るという意味が加わる。

"indemnify"と"hold harmless"という用語は、"indemnify and hold harmless"と2語並べて使われることが多いが、それぞれ単独でも使われる。1語でも同じ意味である。このような保証をする条項のことを"hold harmless clause"(indemnity条項)と呼ぶことがある。

indemnify and hold harmlessを使用した文例　　　　　例文741

◇一方が相手方を補償し、免責すると規定する

> KVC shall indemnify and hold ABC harmless against all actions, claims, damages, costs and expenses resulting from any breach of KVC's warranty as referred to in Article ___.

[和訳]
> KVCは、第__条に規定されたKVCの保証の違反から生ずるすべての訴訟、請求、損害、負担、費用につきABCに補償し免責する。

●―第10款　made and entered into

「(契約書を)作成する」ことを"make"または"enter into"という。契約書が作成されたことを表すために、"made and entered into"という言い回しがされる。

英文契約書では、契約書の冒頭に"This Agreement made and entered into on the first day of June, 20__ ..."(20__年6月1日に締結された本契約は…)というように、慣行として、同じ意味を示す用語を2語(made and entered into)並べて記載することがある。"made"だけでも"entered into"だけでも使うことができ、意味は変わらない。

日本での和文契約書では、契約の日付けは契約書の最後に記載する習慣があるが、英米等外国との英文契約書では、契約日付けは契約書の冒頭に記載するのが慣習である。

例文742 made and entered intoを使用した文例
例文743 without prejudice toを使用した文例

例文742 made and entered intoを使用した文例

◇一般契約

> This Agreement is made and entered into this first day of June, 20__ between Robin Hood & Co. Ltd. _____ and Aurora Borealis Corporation _____.

[和訳]
　本契約は、_____のロビン・フッド株式会社と_____のオーロラ・ボレアリス株式会社間で20__年6月1日に締結される。

―――― 解説 ――――

1❖本例文の_____に入る言葉
　_____には、それぞれの当事者の主な事務所の所在地、ならびに設立準拠法を示す言葉を記載することが予定されている。国や所在地が異なれば、同名の会社は多数にのぼることがあり、当事者が特定できない。

●―第11款　without prejudice to

「権利を損なうことなしに」という意味である。"with prejudice"なら、反対に「権利を損なって」という趣旨になる。

"without prejudice to"という語句が大切なのは、契約により一定の権利を取得する場合に、もともと保有していたはずの権利を放棄して、代わりに獲得した権利である、と相手方が主張するのを防ぐためである。

たとえば、「ABC社の契約違反の場合は、KVC社は、この契約を解除できる」と規定した場合には、「では、KVC社はABC社に対して、もともとあったはずの損害賠償請求権を放棄したのか否か」という点が、争点になりうる。本来あったはずの他の救済方法（損害賠償請求権など）を行使する権利を放棄したわけではないことを明確にしたい場合、"without prejudice to other remedies available at law"などと記載する。解除権以外の権利を失うことを防ぐ役割を果たしている。

英国法のもとでは、契約を解除した場合、損害賠償請求権を失うという考え方があったため、損害賠償請求権を保有したまま解除するというためには、契約で明確に規定しておく必要があったと説明される。

without prejudice toを使用した文例　　　　　　　　　　　　　　　例文743
◇映像作品ライセンス契約

> Without prejudice to any of the KVE's rights generally, KVE reserves the right to terminate this Agreement where ABC fails to sell or initiate within the first twelve months after the date of the scheduled broadcast of the first episode of Karen View Story television series in the Territory, at least US $100,000 in total gross contract values.

[和訳]
　ABCが（ライセンスを受けた）カレン・ビュー・ストーリーのテレビシリーズ第1話の放映予定日から最初の12ヶ月以内に（番組放映権販売ライセンス許諾）地域において販売総額で最低10万米ドルを販売または推進できないときは、KVEは、KVEの権利のいずれも一般的に損なうことなく、本契約を解除する権利を留保する。

●──第12款　as is

　「現状有姿（げんじょうゆうし）」と訳す。
　たとえば、ある品物を売り渡す取引で、一部傷んでいる箇所があるとしよう。たとえ一部傷んでいたとしても、「引き渡し時現在の有り姿のまま、何の保証もなしに、（売り渡し、買い受ける）」というのが"as is basis"による売買である。一見買い手にとって、不当に厳しい不利な契約条件のように見える。しかし、取引実務からいえば、本来の保証つきであれば10万米ドルの商品を、その点を勘案して"as is basis"であれば7万米ドルで売り渡すというケースなら、ビジネスとして成り立つ合理性がある。
　ベンチャー企業が技術ライセンスを同じ産業分野で先行する大企業に対して許諾する場合に、"as is"ベースでおこなうことがある。先行大企業でベンチャーの技術のデュー・ディリジェンスをおこなえば、特許、トレードシークレットの侵害の有無や技術水準について独自の判断ができ、リスクを負担できるという考え方に基づく。
　このように"as is"ベースの取引は、買い手が検査をおこない、万一瑕疵（faults）があっても、そのリスクを負う取引である。"with all faults"（あらゆる瑕疵があるまま）と同じ意味である。
　一般人や素人がこの用語（as is）の意味を理解しないまま、品質保証があると信じて購入してしまうと、非常に厳しい結果を引き起こす。米国では、各州の商取引法であるUCC（Uniform Commercial Code）がその売買編の規定によって、"as is"ベースなど商品の品質について、いわゆる黙示保証（implied warranty）を排除するためには、契約書でその品質保証の排除規定を目立つように記載しなければ、裁判所はその規定の効果を認めないと規定している。コンピューター・ソフトウエアのように開発と改良を継続する商品でも、"as is"条件でライセンスされるケースがある。

例文744 as isを使用した文例
例文745 represent and warrantを使用した文例
例文746 warrantyを使用した文例①

例文744 as isを使用した文例

◇ソフトウエア・ライセンス契約

While KVE requests ABC to inform KVE of any suggestions for change or correction of bug, which all recognize may be present, KVE furnishes the Products to ABC on an "as is" basis. ABC agrees to KVE's disclaimer of all warranties except for the express warranty set forth in Article __ of this Agreement. KVE DISCLAIMS ALL OTHER WARRANTIES WHETHER EXPRESS OR IMPLIED WARRANTIES OF MERCHANTABILITIES OR FITNESS FOR ANY PARTICULAR PURPOSE.

[和訳]
　KVEは、ABCが変更または(完全に取り除くことができないことを誰もが承知している)バグの修正に関する提案をKVEに通知するよう求めているが、KVEは、商品を「現状有姿」を引き渡し条件としてABCに提供する。ABCは、本契約第__条に規定される明示の保証を除いたすべての保証をKVEが否認することに同意する。
　KVEは、明示であるか黙示であるかを問わず、商品性または特定の用途への適合性の保証をはじめとする他のすべての保証を否認する。

●―第13款　represent and warrant

「表明し、保証する」という意味である。たとえば、事業や株式の売買、不動産の譲渡契約で、その譲渡の対象である事業や株式、不動産について、譲渡時現在の状況(conditions)について「表明」し、譲渡後の将来にわたって「保証」をおこなう。ソフトウエア製品等をライセンスしたり譲渡したりする場合にも、その著作権等の権利について保証することがある。
　"represent"は、契約時や引き渡し時「現在」の事実関係、品質、権利関係等についての表明である。一方"warrant"は、譲渡後、引き渡し後の「将来」についての約束と保証である。2つの語句が並んで使われているが、"indemnify and hold harmless"のケースと異なり、"represent"と"warrant"は、それぞれ異なった役割とねらいを担っており、いずれか一方の語句のみで同じ効果の規定をおこなうことができない。それぞれ「表明」と「保証」のことを"representation""warranty"と呼んでいる。

例文745 represent and warrantを使用した文例

◇ソフトウエア・ライセンス契約

KVE represents and warrants that it owns and possesses all rights, title, interest in all of the Software Products, and any trademarks, logos, trade secrets and proprietary rights associated with the Software Products and that exclusive rights granted herein for the Territory have not previously been granted, assigned or in any way encumbered to any party.

［和訳］
　KVEは、KVEが本ソフトウエア製品の全部に対するすべての権利、権原、権益ならびに本ソフトウエア商品に関連する一切の商標、ロゴ、トレードシークレット及び財産権を所有し保有していること、また本(販売)地域につき本契約で許諾された独占的権利がこれまで誰にも許諾されず、譲渡されず、または何らかの意味で負担を負わせられていないことを表明し、保証する。

第14款　warranty

　商品についての「保証」を"warranty"という。また、株式や事業の売買、技術や知的財産のライセンス契約では、その権利についての「保証」も"warranty"と呼んでいる。日本の売買取引で「品質保証」「品質保証書」と呼んでいるものは、英語では、"warranty"にあたる。
　日本で「保証」といえば、つい"guaranty"(ギャランティー)という言葉が浮かぶが、"guaranty"は、どちらかといえば「借入金の返済保証」などの場合の「保証」のことを指す。日本語には、"warranty"と"guaranty"を区別して使う用語がない。したがって、日本語の契約書に登場する「保証」を英文契約に翻訳する場合には、その意味によって"warranty"か、それとも"guaranty"なのかを区別しなければならない。

warrantyを使用した文例①　　　　　　　　　　　　　　例文746
　◇一般契約

ABC warrants and guarantees to KVC that all items sold or supplied to KVC pursuant to this Agreement shall conform to all the specifications set forth in this Agreement as well as all local laws of ＿＿＿＿＿ applicable to such items. Except as set forth above herein, ABC makes no other warranties of whatsoever.

［和訳］
　ABCはKVCに対し、本契約に従いKVCに販売または提供されるすべての品目が本契約で規定されるすべての仕様と当該品目に適用される＿＿＿＿＿国のすべての現地法に合致することを約束し、保証する。本契約の上記の保証を除き、ABCは、他のいかなる保証もおこなわない。

例文747 warrantyを使用した文例②
例文748 implied warranty of fitness; implied warranty of merchantabilityを使用した文例
例文749 entire agreementを使用した文例

例文747 warrantyを使用した文例②

◇売買契約

Unless expressly agreed in writing, KVC shall not be liable in any respect of any warranty or conditions as to any special quality or fitness of the Goods.

［和訳］
　書面で明白に合意しない限り、KVCは、本商品の特別な品質または適合性に関する保証または条件につき責任を負わないものとする。

●―第15款　implied warranty of fitness; implied warranty of merchantability

　米国のもっとも基本的な商取引法典である各州のUniform Commercial Code（略称UCC；アメリカ統一商事法典）の第312条から第317条では、動産売買での「売主の保証（warranty）」の問題を扱っている。たとえば、当事者間で特別な取り決めをしない場合に、法律（UCC）により売り手にどのような保証（warranty）の義務が課されているかを規定する。また、その保証の義務の制限、排除（limitation and exclusion of warranties）のためにはどうしたらよいかを具体的に規定している。

　"implied warranty of fitness"は、「（商品用途への）適合性の黙示保証」のことである。"implied warranty of merchantability"は、「商品性の黙示保証」をいう。UCCは、売主・買主間の動産の売買で、その商品として通常備えている品質を保証することを要求する。商品用途は、一般的な用途と特別な用途（particular purpose）に分けている。UCCにより、売り手に課せられた"implied warranty of fitness"を排除するためには、UCCの規定により許された方法で排除することが必要である。

　具体的には、UCC第316条の規定に従って、排除することが必要である。買い手によく分かる、目立つ（conspicuous）方法で排除することが要求される。排除する条項はすべて大文字（capital letter）か、あるいは赤いインクなどで目立つ方法でなければならない。実務では、大文字で規定されるのが一般的である。

　つまり、米国のUCCの規定による要求から、大文字で品質の適合性を排除しようとするドラフティングの慣習が誕生したのである。実際には、国際ビジネスの世界で米国系企業の進出が著しく、国際取引契約にも、ニューヨーク州法、カリフォルニア州法など米法が準拠法（governing law）に選択されることが多い。そのため現実には、国際契約でも大文字で保証排除をおこなう慣習が普及しつつある。

implied warranty of fitness; implied warranty of merchantabilityを使用した文例　例文748

◇売買契約

KVC warrants to ABC that the Products will be free from defects in title, materials, and manufacturing workmanship. The foregoing warranties are conditional upon the Products being received, unloaded, installed, tested and maintained and operated by ABC in a proper manner.
THE EXPRESS WARRANTIES SET FORTH IN THIS ARTICLE ARE EXCLUSIVE, AND NO OTHER WARRANTIES OF ANY KIND, WHETHER STATUTORY, WRITTEN, ORAL, EXPRESS OR IMPLIED, INCLUDING WARRANTIES OF FITNESS FOR A PARTICULAR PURPOSE OR MERCHANTABILITY SHALL APPLY.

[和訳]

　KVCはABCに対し、本製品が所有権、素材及び製造技術の点で瑕疵がないことを保証する。上記の保証は、本製品がABCによって正常な方法で受領され、荷揚げされ、設置され、試験され、維持され、運転されていることを前提条件とする。
　本条に定める明示の保証は排他的であり、法定か書面によるか口頭によるかを問わず、また明示であるか黙示であるかを問わず、他のいかなる種類の保証も適用されない。これにより排除される保証には特定目的への適合性または商品性の保証が含まれる。

●—第16款　entire agreement

　「完全な合意」「すべての合意」という意味である。英文契約では、契約の両当事者の、あるいはすべての当事者間の合意事項をすべて網羅した取り決めをし、契約書に規定のない事項はないという姿勢で取り組む。契約書は、契約当事者間の最終的な合意の確認であり、それまでのさまざまな断片的、予備的な合意は、その最終的な契約書に盛り込まれなければ、契約の一部を構成しないという考え方に立つ。

entire agreementを使用した文例　例文749

◇一般契約

This Agreement, together with the exhibits hereto, constitutes and expresses the entire agreement between the parties hereto with respect to the subject matter contained herein and supersedes any previous oral or written communications, representations, understandings or agreements with respect thereto. The terms of this Agreement may be modified only in writing signed by duly authorized representatives of both parties.

[和訳]
　本契約は、その添付書類とともに、本契約に含まれた主題に関する契約当事者間のすべての合意を構成し表明するものであり、両当事者間の本主題に関する口頭または書面による従前の一切の通信・表明・了解・合意に優先するものである。本契約の条項は、両当事者の正当に権限を与えられた代表者が署名した書面によってのみ修正することができる。

●—第17款　public domain

「公知の知識」「公有のもの」という意味である。「パブリックドメイン」ともいう。
　たとえば、トレードシークレットのライセンス契約や秘密保持契約における保護の対象の例外として「公知」の情報、知識が挙げられる。一般の誰もが知っている知識（公知の情報、知識）を、法律や契約上の義務として秘密に保つ義務を課すことは、もはや必要ではないからである。
　ただ、ブランドやアニメーション、映画の主人公のように誰もが知っていて、広く親しまれているからといって、知的財産として守られないという意味ではない。ブランドは商標法や不正競争防止法により、アニメーションの主人公（キャラクター）を表現したものは著作権法や不正競争防止法によって法的に保護される。法的な保護の前提として、秘密性が要求されているトレードシークレットや財産的情報が秘密性を失ったときに"public domain"となり、保護を失うのである。

例文750　public domainを使用した文例
◇秘密保持条項

ABC, at any time during the term of this Agreement and for five years immediately thereafter, shall not disclose to any person any confidential information received through the performance of this Agreement, including trade secret, pricing policies, records and other confidential information concerning business affairs of KVC. The preceding sentence shall not apply to any information which is in the public domain at the time it comes into ABC's knowledge or comes into the public domain without breach of any obligation of this Article.

[和訳]
　ABCは、本契約の有効期間中いつでも、また期間終了直後の5年間、トレードシークレット、価格方針、記録またはKVCのビジネスに関するその他の秘密情報をはじめとする本契約の履行を通じて受領した一切の秘密情報を、いずれの者にも開示しないものとする。上文は、ABCが知るに至った時点で公知である情報または本条の義務に違反することなく公知となる情報には、適用されない。

●―第18款　royalty

　商標、著作権、特許、トレードシークレットなどの許諾(ライセンス)の対価である使用料のことをいう。日本の契約書でも、使用料ともロイヤルティともいう。
　ライセンス契約では、ロイヤルティ(使用料)の決め方と支払方法の取り決めは、許諾地域(territory)、独占性(exclusiveness)の有無と並んで、もっとも重要なもののひとつである。

royaltyを使用した文例①　　　　　　　　　　　　　　　　例文751
◇定額ロイヤルティ
◇ライセンス契約

In consideration for the grant of the license by KVE to ABC, ABC shall make a fixed annual payment of US $500,000 (Five Hundred Thousand United States Dollars) as a royalty for each year during the term of this Agreement. Payment of the royalty shall be made by ABC to KVE in twelve equal monthly installments not later than the 30th day of each month for the immediate preceding calendar month.

[和訳]
　KVEによるABCに対するライセンスの許諾対価として、ABCは、本契約の有効期間中、毎年ロイヤルティとして年間固定額500,000米ドル(50万米ドル)を支払うものとする。ABCによるKVEに対するロイヤルティの支払いは、毎月30日までに直前の暦月分として12回の均等払いによりおこなわれるものとする。

例文752 royaltyを使用した文例②
例文753 minimum royaltyを使用した文例
例文754 territoryを使用した文例①

例文752 royaltyを使用した文例②

◇一定レートのロイヤルティ
◇ライセンス契約

> In consideration of the above license, ABC agrees to pay KVE royalties equivalent to five and a half percent (5.5%) of worldwide Net Sales, subject to the terms herein. ABC shall be liable for the payment of the above royalty irrespective of whether the Net Sales are achieved by ABC, by its affiliates or its sublicensees. Sales between ABC, its affiliates and sublicensees shall not be subject to royalties under this Agreement, but in such case, royalties shall be due and payable upon ABC, its affiliates or its sublicensees' Net Sales to independent third parties.

[和訳]

> 上記ライセンスの対価として、ABCはKVEに対して、本契約の条件に従い、世界中の純販売額の5.5%に相当するロイヤルティを支払うことに同意する。ABCは、上記ロイヤルティの支払い義務につき、その純販売額がABCにより達成されたかまたはその関連会社もしくはサブライセンシーにより達成されたかを問わず、責任を負うものとする。ABC、その関連会社及びサブライセンシー間の（許諾製品の）販売は、本契約でのロイヤルティの支払い対象とならないものとする。ただしかかる場合、ABC、その関連会社またはサブライセンシーによる独立した第三者に対する純販売額については、ロイヤルティを支払わなければならない。

●―第19款　minimum royalty

　ライセンス契約では、使用の有無、使用量にかかわらず、ロイヤルティ（使用料）として、ライセンシー（licensee）が一定の期間に最低いくら支払うと約束することがある。その場合の約定による「最低ロイヤルティ」を、"minimum royalty"という。

例文753 minimum royaltyを使用した文例

◇商標・特許・ノウハウのためのロイヤルティ支払い

> In consideration for the licenses of the Trademarks of "Karen View" and the Patent and know-how for the manufacture of the Products granted under this Agreement, ABC shall pay to KVE the minimum royalty for each contract year set forth below:
> (1) Minimum Royalty for the license of the Trademarks:
> 　　US $700,000 (Seven Hundred Thousand United States Dollars)

(2) Minimum Royalty for the license of the Patent and know-how:
US $300,000 (Three Hundred Thousand United States Dollars)

In consideration for the licenses of the Trademarks and the Patent and know-how granted under this Agreement, ABC agrees to pay to KVE an additional royalty of four (4) percent of the Net Sales Price as set forth in this Agreement, for the part of the Net Sales Price beyond US $ _____ during each contract year.

[和訳]

本契約で許諾された「カレン・ビュー」の商標ならびに本製品を製造するための特許及びノウハウの使用許諾の対価として、ABCはKVEに対して、各契約年度に下記のミニマム・ロイヤルティを支払うものとする。
(1) 商標使用のためのミニマム・ロイヤルティ：700,000米ドル（70万米ドル）
(2) 特許・ノウハウ使用のためのミニマム・ロイヤルティ：300,000米ドル（30万米ドル）

本契約により許諾を受けた商標ならびに特許及びノウハウのライセンスの対価として、ABCはKVEに対して、各契約年において本契約に定める純販売額が＿＿＿＿米ドルを超えた分に対して4％の追加ロイヤルティを支払うことに同意する。

●―第20款　territory

販売店契約（Distributorship Agreement）やライセンス契約で、商品の販売や知的財産のライセンス（許諾）地域のことをいう。テリトリーは領土ではない。販売店契約では販売地域であり、ライセンス契約では使用許諾地域である。

フランチャイズ契約でもその許諾対象であるテリトリー（territory）はきわめて重要である。マスター・フランチャイズ・アグリーメント（Master Franchise Agreement）では、マスター・ライセンシー（master licensee）を指定し、そのテリトリー内での展開を期待する。テリトリーの規定を交渉する際に意外に見落とされがちで、のちのち紛争の遠因になるのが、販売地域と生産地域との区別である。この違いを意識して契約上のテリトリーを規定する。

territoryを使用した文例①　　　　　　　　　　　　　　　　例文754

◇「販売地域」を意味する場合
◇販売店契約

The geographical area (the "Territory") in which ABC shall be measured in fulfilling the responsibilities as a distributor of the Products set forth in this Distributorship Agreement shall be Australia, New Zealand, Indonesia, Hong Kong and the Philippines.

例文 755 territoryを使用した文例②

[和訳]
　ABCが本販売店契約に定める本製品の販売店としての責任を果たすことを期待される地域(「販売地域」)は、オーストラリア、ニュージーランド、インドネシア、香港及びフィリピンとする。

例文 755 territoryを使用した文例②
◇「販売地域」を意味する場合
◇販売店契約

The license granted by KVE to ABC for the distribution of the Products in this Agreement is limited to the countries of Japan and Australia ("Territory") only. KVE, however, allows ABC to manufacture the Products in Taiwan, the People's Republic of China, Singapore, Malaysia, Indonesia and Thailand. The Products manufactured in these countries and area shall be immediately shipped entirely to countries where ABC is permitted to sell the Products, i.e. Japan or Australia.

[和訳]
　本契約に基づき本製品の販売のためにKVEがABCに与える販売許諾は、日本とオーストラリアの両国(「販売地域」)に限定される。KVEは別途、ABCが本製品を台湾、中国、シンガポール、マレーシア、インドネシア及びタイで製造することを認める。これらの国・地域で製造された本製品は、全量、ABCが本製品の販売を許されている国、すなわち日本またはオーストラリアにただちに出荷されるものとする。

例文 756 territoryを使用した文例③
◇「上映地域」を意味する場合
◇映像ソフト販売契約

Subject to the terms of this Agreement, KVE hereby exclusively licenses to ABC only specific Licensed Rights in the Picture throughout the Territory as set forth in the Deal Terms.

［和訳］
　本契約の条項に服することを条件として、KVEは本契約によりABCに対して、取引条件書に規定する通り、地域における本映画の特定の権利のみを独占的に使用許諾する。

●—第21款　その他

(1) power of attorney

　「委任状」のことをいう。重要な取引についての契約書を調印する権限を委任したり、一定地域において企業を代表し、その委任者に代わって権限を行使する場合に発行する。委任状は、企業の代表権のある取締役(executive)がその取引を担当する自社の社員に発行する場合と、他社や第三者に発行する場合とがある。第三者に発行する場合は、その委任事項、権限、期間等につき、留意が必要である。不用意な委任状の発行は、事故の原因になる。委任状がすべて"power of attorney"と呼ばれるわけではない。株主総会で議決権を行使するために発行する委任状のことは"proxy"と呼ぶ。

(2) covenant and agree

　「保証し、約束する」「契約し、合意する」という意味である。古風な言い回しであるが、契約書に実際に使われることがある。"agree"だけでも同じ意味である。

(3) most favored customer; most favorable customer

　「もっとも優遇された契約条件を与えられる顧客」という意味である。国家間での条約の通商問題などで、"most favored nation"（最恵国待遇）という用語が使われる。同じように企業間のビジネス取引でも、たとえば長期契約締結時に、将来他の顧客にもっと有利な条件（たとえば低価格）で同じ商品を売り渡す場合には、売り手側がそれと同一の有利な条件を買い手に与えることをあらかじめ合意する。このような条件を与えられる顧客のことを"most favored customer"や"most favorable customer"と呼ぶ。売買契約だけでなく、ライセンス契約、賃貸借契約などで使われることもある。こうした規定を最優遇条項(most favored terms; most favorable terms)と呼んでいる。

　最優遇条項については、第5章「ライセンス契約」第2節第5款「最優遇条項」で、例文とともに紹介している。あわせて参照願いたい。

第2部 | 第2章 英文契約書の頻出表現

| 例文757 | shallを使用した文例① |
| 例文758 | shallを使用した文例② |

第1節 shall, will, may の用法

契約書英語の特色は、当事者の互いの権利と義務を明確に取り決めようとすることと、しかも、できる限り正確かつ厳密に表現しようというねらいにある。そのために使用する表現と用語には、さまざまなスタイルと用法上の工夫がなされてきた。

契約書の中で使用される用語及び慣用的表現については、第2部第1章「英文契約書の基本用語」で少し説明した。しかし実務の面からいえば、英文契約の表現についてはその習熟度、ビジネス・契約の種類によって、これから修得すべき用語、表現、知識、技術にも、段階やバラエティーがある。文字通り、英文ビジネス契約に初めて接することになった方々を思い浮かべて、これまでの専門用語の紹介を補充し追加するために、基本的な事項も含めて紹介したい。これまでの文例・翻訳の紹介の解説にもあたる。

契約書の文章は、その大半が、契約当事者の権利と義務を規定するものである。したがって例文でも紹介するように、重要な規定では義務の場合は"shall"、権利の場合は"may"が頻繁に使用される。

●―第1款　契約上の義務を規定する用語――shall, agree to

契約上の義務（「…しなければならない」）を規定する用語としては、"shall"が基本的な用語である。

契約上の義務を規定するための他の言い方としては

"(The Seller) is under the obligation to (sell)"

"(The Seller) is to (sell)"

"(The Seller) agrees to (sell)"

など、さまざまな表現がある。いずれも正しい表現であるが、契約書では"shall"がもっとも標準的な用語として広く使用されており、分かりやすい表現である。

義務の規定だからと考えて"must"を使う人もいる。しかし、契約上のプラクティス（実務上の慣行）としては"must"という用語はあまり使われないし、使うことは勧められない。

例文757 shallを使用した文例①

◇売買契約

> The Seller shall sell and deliver the Products and the Purchaser shall purchase and take delivery thereof.

[和訳]
　売主は本商品を販売し引き渡すものとし、買主は本商品を購入し引き取るものとする。

解説

1 ❖ "sell and deliver"と"purchase and take delivery"

　売主の"sell and deliver"、買主の"purchase and take delivery"が対となって売買契約の基本的な義務と性格を規定している。商品を売り渡しても、引き渡さずにそのまま売主が使用し続けたり、買主が引き取りを拒否したりといった、相互に協力しない売買ではないことを明確にしている。

　特にFOB(Free on board条件)のように、売主側の国の船積港で、買主が手配し配船した本船に荷物を積み込むことにより引き渡すケースなどでは、買主の引き渡し協力(take delivery)義務の履行が、売主の引き渡し履行のためには不可欠である。

2 ❖ thereof

　本例文の最後の用語"thereof"は、ここでは"of the Products"の意味を表す。契約書では"there"はその前に登場した用語を受けるために使用される。

---

shallを使用した文例②　　例文758
◇株式譲渡契約

In consideration for the Shares, ABC shall pay to KVC at the closing, subject to the terms and conditions of the Share Purchase Agreement, the amount of US $1,000,000 (One Million United States Dollars), payable by wire transfer to the bank account in San Francisco, indicated by KVC.

[和訳]
　株式の対価として、ABCはKVCに対し、株式譲渡契約の条項に服することを条件としてクロージング時に、1,000,000米ドル(100万米ドル)をKVCが指定するサンフランシスコの銀行口座に電信送金によって支払うものとする。

解説

1 ❖ shares

　"shares"は、株式のことである。もともとの意味は、「持ち分」である。"stock"と呼ぶこともある。株式会社のことは"company by shares"や"stock corporation"と呼ぶ。

2 ❖ closing（クロージング）

　closing（クロージング）とは、実務上、株式譲渡を完了させるために、代金の支払いと株主名義の書き換え、株式を表章する証券（株券）の引き渡しをおこなう日のことである。買主と売主の双方が、一方的に不利な状況に置かれないよう、このようなアレンジメントがなされる。

　クロージングの段取りが取られないこともある。その場合は本例文では"at the closing"を他の表現（たとえば、on or before ＿＿＿＿＿, 20＿＿）などに置き換えるか、または削除してもよい。

　なお、クロージングについては、第9章「事業譲渡契約」第3節の例文510、514〜518などで詳しく解説しているので参照されたい。

3 ❖ 代金受領口座をどのように指定するか

　国際的な代金決済では、受取人の代金受領口座をどのように指定するかが重要である。あらかじめ決まっていれば、契約書に記載するのが一番明快である。決まっていなければ、どこの国のどの銀行のどのような種類の口座であるかを明確に指定して、口座番号、口座名義人とともに指定・連絡する方法を規定する。"indicated by KVC"という表現は、KVCが指定することを明示したものである。サンフランシスコの銀行に限定している。

4 ❖ 支払い口座に問題はないか

　例外的ではあるが、支払い側が送金先国や送金先の銀行について、疑義を抱いたり同意条件としたいというケースがある。相手方がタックスヘイブンやスイスなどの銀行口座を指定してきた場合に、相手方の現地国における外国為替管理法の遵守と税法に基づく申告がなされるかどうか、関心を持たざるをえないことがあるからである。相手方が問題を起こした場合に、送金者側が現地国の法律違反（犯罪）や脱税に対する幇助に問われたり、送金者側で使途不明金として損金算入が認められないという問題に遭遇することがある。

　近年、マネーロンダリング（資金洗浄）や外国公務員への贈賄目的などに外国向け送金や銀行口座が使われないようにする、リスクマネジメントの重要性が高まっている。自社だけでなく、新たに買収または資本参加した企業をはじめ、子会社、グループ会社の内部監査も大切である。

例文759　agree toを使用した文例

◇販売代理店契約

> As compensation to YMM for its services as Sales Representative under this Agreement, KVC agrees to pay YMM a commission on the following orders for the Products to be directly or indirectly shipped to the Territory which are received by KVC and accepted by it from customers.

[和訳]
　本契約に基づくYMMの販売代理店としてのサービスの対価として、KVCは、KVCが顧客から受領しKVCが受諾した下記の注文により本販売地域に直接または間接的に出荷された本製品について、YMMに対して手数料を支払うことに同意する。

解説

---

1 ❖ Sales Representative

"sales representative"とは、販売のために起用された販売代理店のことである。"principal"のために販売活動に従事し、その売り上げ達成の成果に応じてコミッション（手数料；口銭）を受け取る。本例文ではYMM社が販売代理店である。

2 ❖ Territory

"territory"とは、その販売代理店に与えられた販売活動の地域である。領土ではない。

3 ❖ shipped

"shipped"とは、実際に商品が客先に向けて発送されたことを指す。船（ship）による海上輸送だけでなく、トラック輸送や航空輸送も含む用語である。

● 第2款　契約上の権利を規定する用語——may, have the right to, may not

　契約上の権利として「…することができる」と規定するには"may"を使用するのが、実務上もっとも一般的である。契約実務では"can"は使用しない。同じように「できない」という意味を表す場合には"may not"が標準的な用語であり、"cannot"や"can't"という言い回しはしない。

　また権利を規定する場合、"have the right to"という表現もできる。「売主に解除権がある」というには、"The Seller shall have the right to terminate this Agreement."とすることも"may"を使って"The Seller may terminate this Agreement."とすることもできる。また"shall be entitled to"とすることもできる。

mayを使用した文例　　　　　　　　　　　　　　　　　　　　例文760

◇合意解除の一般契約

This Agreement may be terminated at any time by mutual agreement of the both parties.

[和訳]
　本契約は、両当事者の合意によりいつでも解除することができる。

例文761 mayを使用した文例②
例文762 have the right toを使用した文例

解説

1 ❖ 合意解除の規定

契約は、有効期間の途中であっても、両者が同意すればいつでも解除できるという、いわば当然と考えられる事項を取り決めた規定である。能動態でいえば、"Either party hereto may, at any time, terminate this Agreement with the consent of the other party."あたりだろう。

2 ❖ 反対の表現で合意解除を規定する

もうひとつの決め方は、反対解釈の趣旨を正面から取り決める方法である。"This Agreement may not be terminated without the consent of the other party."（本契約は、他の当事者の同意がなければ、解除できない。）

3 ❖ 書面での同意であると明示するには

契約条項の決め方のスタイルとして、証拠をめぐる紛争防止のために、同意は「書面」であることを明示する方式がある。その場合は、本例文の最後に"in writing"（書面で）を加える。"written mutual agreement"（書面による合意）という表現を用いることもできる。

例文761 mayを使用した文例②

◇一方的な解除
◇合弁事業契約

Any Partner, at its option, may terminate this Agreement at any point in time:
(a) Upon the occurrence of an event of default by the other party in accordance with Section ____ of this Agreement; or
(b) When the total liabilities of the Joint Venture Company exceeds its tangible net assets by US $3,000,000 (Three Million United States Dollars), or such other amount as the Partners may hereafter designate in writing.

[和訳]

いずれのパートナーも、下記の事態が発生したときは、いつでもその選択権により本契約を解除することができる。
(a) 本契約第__条に従う相手方による不履行事態が生じたとき、または
(b) 合弁事業会社の負債総額が有形純資産額を3,000,000米ドル（300万米ドル）またはパートナーが書面により今後指定する他の金額を超えたとき。

解説

1 ❖ partner

本例文で"partner"とは、合弁事業契約の当事者のことである。合弁事業会社や合弁事業では、共同で事業を推進する者を、互いに「パートナー」と呼んでいる。パートナーシップ

の参加者という意味でのパートナーではない。パートナーシップの"partner"と区別するために"shareholders"(株主)という用語を使う人もいる。いずれでもよいが、厳密には合弁事業会社をこれから一緒に設立しよう(cause a Joint Venture Company to be established)というときなので、まだ株主ではない。強いていえば、合弁事業契約の当事者(parties)となる。

　実務的には、どの用語を使っても内容さえしっかり規定していればよい。"partner"を使う場合、パートナーシップを構成するものではないことを、契約の別の条項で明確にして問題の発生を防いでいる。第1部第7章「合弁事業契約」の例文460で、規定の仕方を紹介しておいた。

2 ❖ tangible net assets

　"tangible net assets"とは"intangible assets"(無形資産)を除いた価値の明確な資産のことである。資産があっても購入支払い代金の未払い分があったり、完全な所有権がなければ、割り引いてその価値を算定しなければならない。

3 ❖ net

　"net"とは、「純」という意味である。差し引くべき項目を差し引いたあとの金額である。取引の場合には、税金(付加価値税；源泉徴収税等)分や、本来の値段以外の要素を差し引いた金額を指す。

have the right toを使用した文例　　　　　　　　　例文762

◇販売店契約

> Ayano, Sayuri and Rie Corporation ("ASAYURI") shall have the right to distribute the Japanese language and English language Software Products in the Territory for the term of ten (10) years from the Effective Date.

> [和訳]
> 　綾乃・小百合・里江コーポレーション(「ASAYURI」)は、契約発効日から10年間、日本語版と英語版のソフトウエア商品を販売地域で販売する権利を有するものとする。

―――― 解説 ――――

1 ❖ distribute

　"distribute"は、卸売りや小売りなど、販売(reselling; resale)をおこなうという意味である。小売りだけであれば"retail"になる。"distribution"はもともとは卸売りを指し"distributor"は卸売商中心の用語であったが、現実にはエンド・ユーザーへの販売も含めて広く販売を指して使われるようになっている。

2 ❖ ソフトウエアの使用言語

ソフトウエアのライセンスでは使用言語が重要である。どの言語版を作成、販売することができるかという問題である。本例文では、日本語版と英語版のソフトウエアの販売をすることができる。

3 ❖ 販売権は独占的か非独占的か

本例文におけるASAYURIの販売権は、独占的(exclusive)なのか非独占的(non-exclusive)なのか記載していない。その場合はどちらと解釈されるか。実務上の扱いは、明示が何もなければ非独占的な販売権とされる。したがって本例文では"have the non-exclusive right to distribute"と記載した場合と意味は変わらない。

例文763 may notを使用した文例

◇映画の輸入販売ライセンス契約

> In exercising these rights, Distributor may not, (1) change the title of the Picture without Licensor's prior written approval, (2) alter or delete any credit, logo, copyright notice or trademark notice appearing on the Picture, or (3) include any advertisement or other material in the Picture other than the credit or logo of the Distributor or an approved anti-piracy warning as set forth in Article __ of this Agreement.

> [和訳]
> これらの権利を行使するにあたり、輸入販売店は、(1)ライセンサーの書面による事前の同意なしに本映画の題名(タイトル)を変更することはできず、(2)本映画に現れるクレジット、ロゴ、著作権表示または商標表示を変更あるいは削除することはできず、または(3)本契約第__条に規定する輸入販売店のクレジットもしくはロゴの表示または承認された著作権侵害の警告を除き、いかなる広告もしくは他の文言も本映画に含ませることはできない。

―――― 解説 ――――

1 ❖ 本例文の趣旨

本例文は、映画の輸入販売のためのライセンス契約約款の一部分である。国際的な映画輸入販売では、マーケティング上、魅力ある題名の工夫などの問題がクローズアップされる。本条項の趣旨は、ライセンサー側が同意しない限り、題名はもちろんクレジットやロゴの変更を認めないというものである。

2 ❖ credit

映画の"credit"とは、映画製作のために貢献・協力した人々の名前をリストアップしたものである。映画の最初と最後に紹介されることが多い。音楽、原作、脚本、監督など、

映画の将来のマーケティングの際に、著作権など一定の権利関係者を確定・公表する役割も果たしている。本条項により、外国での公開時にライセンサーの承諾なく、勝手にディストリビューター(輸入販売店)によって書き換えうるのを予防している。外国での上映の際には、その国の言語による字幕制作や吹き替え、外国用の題名決定が問題となる。

●—第3款　自分の側の義務を規定する用語——will

　"will"も契約書の中でよく使われる用語である。義務を規定する場合によく使われる。ただし、どちらかといえば、契約交渉での立場の強い側が自分の側の義務を規定する場面で使う傾向がある。したがって、実際の契約での使用例を見ていると、義務を規定する場合に、その意味と程度が"shall"と比べて、やや曖昧不明瞭で弱いのではないかという感じがする。これは感覚の問題であって、理論や判例を調べれば解決するという問題ではない。実務担当者が交渉するときに感ずる感覚、不安感といってもよい問題である。

　実際に米国や英国のロイヤー(相手方)と交渉していると、相手方から提示されるドラフト(契約書案)の規定で、相手方の義務については"will"が使用され、当方の義務には"shall"が使用されていることがしばしばある。そこで、その理由と"will"と"shall"との違いを尋ねると、「同じ(same; no difference)」という答えが返ってくる。なかなか納得できないので当方から相手方のロイヤーに提案してみる。

　「あなたは誠実な方だから、あなたのいうことを信じよう。だから当方関係者を納得させるために、今回は逆に当方の義務に"will"、あなたのクライアント側(貴方)の義務に"shall"を使おう。あなたの説明では同じ(same)だから、問題はないはずだ」

　すると、なぜか次回、相手方が用意するドラフトから"will"がきれいに消えているということを経験することがある。

　本来は、契約書で義務を規定する場合に、たまたま"will"が使われているからといって、義務を負わなくなるとは考えられない。しかし実務からいえば、相手方が何らかのねらいを持っているかもしれないという疑いがある場合は、率直に申し入れて交渉すべきである。

　自社側の契約書に"will"を使用した場合は、法的拘束力のないレター・オブ・インテントでもない限り、法的義務をともなう約束として取り扱うべきである。

　また、契約の全当事者、両当事者が平等に、あるいは共同で計画をするときには、契約当事者間で利害が対立せず、"will"を使いやすいという状況になる。

willを使用した文例①　　　　　　　　　　　　　　　　　　　　例文764

◇合弁事業契約

> The Partners will cause the Joint Venture Company to pay KVC, as a royalty, five percent (5%) of the Net Sales Price derived by the Joint Venture Company from all the sales of the Licensed Products covered by KVC Trademark License Agreement between KVC

and the Joint Venture Company.

[和訳]
　パートナーは、合弁事業会社をして、KVCと合弁事業会社間のKVC商標ライセンス契約の対象となる許諾製品の総売上から合弁事業会社が受領した純販売額の5％をロイヤルティとしてKVCに支払わせるものとする。

―――――――――― 解説 ――――――――――

1❖本条項のねらい
　本例文の合弁事業では、合弁事業会社の設立の協定をする段階で、当事者の1社（KVC）がこれから設立する合弁事業会社とライセンス契約を締結して、商標の使用許諾をおこなうことが計画されている。規定の仕方では、合弁事業会社に、KVCに対し一定レートのロイヤルティを支払わせるとしているが、実際にはこの規定により、KVCが5％を超えるロイヤルティ（たとえば10％）を徴収することを未然に防止する働きもしている。
　本例文での"net sales price"とは、純販売額のことであり、販売に関わる税（消費税、付加価値税）を差し引き、また返品・リベートなども差し引いて計算する。詳細は、ライセンス契約等で定義を置くことになる。"net selling price"（純販売額）という用語は"net sales price"と同義語である。"net sales price"と対になる考え方が"gross sales price"（総売上額）であり、すべてを含んだ売上高である。

2❖will cause ＿＿＿＿ to pay KVC
　"... will cause ＿＿＿＿ to pay KVC"は「…は、＿＿＿＿をして、KVCに対して支払わせる」という意味である。

例文765　willを使用した文例②
◇合弁事業契約

Pursuant to the terms of the Articles of Associations of the Joint Venture Company, KVC will have an initial ownership interest of forty (40) percent of the voting shares of the Joint Venture Company and ABC will have an initial ownership interest of sixty (60) percent of voting shares of the Joint Venture Company.

[和訳]
　合弁事業会社の定款の規定に従い、KVCは当初、合弁事業会社の議決権つき株式の40％を保有するものとし、ABCは当初、合弁事業会社の議決権つき株式の60％を保有するものとする。

解説

1 ❖ Articles of Associations

"Articles of Associations"は、会社の定款をいう。日本は単一定款制を取っているが、欧米では基本定款（Articles of Incorporationなど）と付随定款（By-laws）の、2つの定款制度を持つ国々がある。

2 ❖ pursuant to

"pursuant to …"は「…に従って」という意味である。"in accordance with"と基本的には同じである。「手続き規定に従って」という場合には"pursuant to"という言い回しがよく使われるが、実務上厳密な区別はされていない。

3 ❖ initial ownership

"initial ownership"は、合弁事業会社設立時の出資比率を規定するものである。その後の譲渡の結果で増減がありうるが、設立時の比率（initial ownership）を規定することは、誰が経営責任を負担するのか、また運営に関わる発言権をどのように出資者間に配分するか、の基本的な考え方、スキームを決定づける意味で重要である。

4 ❖ voting shares

"voting shares"とは、議決権つきの株式という意味である。株式には、議決権を持たず配当の優先権を得るものもある。優先株（preferred stock）と呼ばれる。その快い響きに反して発言権がなく、議決権のある株式に比べて価値がないのが通常である。議決権があり資産の一定割合を保有し、配当を受ける権利を持つ株式のことを"common stock"（普通株）と呼ぶことがある。

willを使用した文例③

例文766

◇融資契約の融資条項

The Lender will make available to ABC, on and subject to the terms and conditions of this Agreement, a loan facility ("Loan") in US Dollars in aggregate amount not exceeding One Million Five Hundred Thousand US Dollars (US $1,500,000). The Lender will disburse the Loan to ABC in accordance with the Disbursement Schedule and Procedures attached hereto as Exhibit A.

［和訳］

貸主はABCに対し、本契約の条項と条件に従い、総額150万米ドル（1,500,000米ドル）以下の融資金（「融資金」）を米ドルで貸し付けるものとする。貸主はABCに対し、別紙Aとして本契約に添付される貸し付け予定表と手続きに従って融資金を貸し付けるものとする。

例文767 willを使用した文例④
例文768 not ... legally bindingを使用した文例①

解説

1 ❖ 融資条項

本例文は、融資契約の典型的な条項である融資条項である。貸し付ける枠を規定している。"make available to ... a loan" というのは、「ローンを…に貸し付ける」ことを約束するものである。

2 ❖ disbursement

"disbursement" とは、その貸付の約束に従って、実際に貸付金を貸し出すことをいう。本例文では、貸し付け予定表(disbursement schedule)に従って貸し出すという方式を採用している。

3 ❖ Exhibit

"Exhibit" は、添付の「別紙」である。契約書の一部を構成する。「添付する」を "attached hereto" と略記しているが、省略せずにいえば、"which is attached to this Agreement" である。

例文767 willを使用した文例④

◇販売店契約

> This distributorship will be for a period of twenty years, beginning on January 1, 20__ and ending on December 31, 20__.

> [和訳]
> 本ディストリビューターシップ契約は、20__年1月1日から20__年12月31日までの20年間とする。

解説

1 ❖ distributor

"distributor" とは、商品の販売者のことであり、通常「販売店」と呼ばれる。"distributorship" は、その販売権を与え、継続的に販売にあたるビジネス関係のことを指す。"distribution" は、もともとは卸売り段階の販売を指すことが多いが、必ずしも厳密な定義はなく、顧客やエンド・ユーザーへの販売も "distribution" の一形態に含まれる。

2 ❖ 独占的販売権か非独占的販売権か

"distributorship" には、独占的販売権(exclusive distributorship)と非独占的販売権(non-exclusive distributorship)の区別がある。本例文のように有効期間が長い契約では、経済情勢や事情の変更によって、途中解約の必要性や一方的な解約の問題が発生することがある。一方の当事者の契約違反、倒産、更生法や破産法の適用申し立ての場合にどうするかといった点などが、契約時にドラフティングする際、考えるべきポイントである。

●─第4款　法的拘束力のないことを示す用語

　レター・オブ・インテント(Letter of Intent; L/I)、基本条件説明書、手紙形式の簡略な確認書"Memorandum of Understanding"(MOU; 覚書)、打ち合わせ会やミーティングの議事録(Minutes of Meeting)など、義務の規定というよりは、どちらかといえばスケジュールや基本的な考え方を客観的に確認するという文書では"will"が適切な用語として使用されることが多い。現実のビジネスの場で法的な拘束力のない義務を記述する文書・文章では"will"のほうが"shall"よりふさわしい用語なのである。

　ただ"will"では法的な拘束力がないかどうかは曖昧になりやすい。明確に法的拘束力がない(not legally binding)ことを示したい場合には、その旨をはっきり記載したほうがよい。いろいろな言い方があるが、ロングフォームとショートフォームをいくつか紹介する。大切なのは、文章がうまく書けているかどうかではなく、意図を明確に読み取ることができるかどうかである。以下の例文768〜770では、いずれもこの確認文書自体だけでは法的拘束力がないことを明確にしている。

not ... legally bindingを使用した文例①　　　　　　　　　　　　　例文768
◇レター・オブ・インテント

> The terms and conditions of this Letter of Intent shall not be legally binding, unless a formal agreement incorporating such terms and conditions is executed by the parties hereto.

> ［和訳］
> 　このレター・オブ・インテントに定める条項と条件は、当該条件を組み入れた正式な契約が当事者間で締結されない限り、法的な拘束力を有しないものとする。

──────── 解説 ────────

1 ❖incorporating

　"incorporating"は、「包含する」「含む」という意味である。"a formal agreement which incorporates such terms ..."が短縮されて"a formal agreement incorporating such terms ..."になっている。本例文では、このレター・オブ・インテントに記載される各条項と同じ条件が正式な契約にも含まれる場合には、このレター・オブ・インテントの条項が存続するが、そうでなければ消滅することをいっている。

2 ❖formal agreement

　"formal agreement"とは、契約書として正式に締結されるものをいう。単なる意図(intent)の表明、記録にすぎないレター・オブ・インテントとは区別される。法廷に持ち出し、裁判で強制執行を求めることができる(enforceable)のがその前提である。

3 ❖ より詳細に規定する方法

　もう少し詳しい決め方としては、両当事者が誠実に正式契約の交渉をし、締結のための努力をすることと、その交渉の開始と締結の目標日を規定する方法がある。努力しても合意に達することができなければ、いずれの当事者も何ら義務を負担しない。レター・オブ・インテントは明文で規定しなくても、これと同じ程度の努力を払うことを前提として作成されている。

例文769 not ... legally bindingを使用した文例②

◇メモランダム・オブ・アンダースタンディング
◇簡潔な表現

This Memorandum of Understanding is not intended to be legally binding.

［和訳］
　この了解覚書は、法的な拘束力を持つことを意図していない。

―― 解説 ――

1 ❖ Memorandum of Understanding

　"Memorandum of Understanding"（メモランダム・オブ・アンダースタンディング）は、双方の了解事項を文書にしたものである。当事者は、2者とは限らない。5者であっても構わない。日本語に翻訳すれば、「覚書」あたりが一番近い。

2 ❖ Memorandum of Understandingの法的拘束力

　"Memorandum of Understanding"に法的な拘束力があるかどうかも、レター・オブ・インテント以上に判然としない。はっきりさせようとすれば、いずれかを明確に規定するしかない。本例文では法的拘束力がないとした。逆の趣旨の規定を置いても少しも不自然ではない。日本での「覚書」は、むしろ法的拘束力がある場合が一般的である。

3 ❖ 簡潔な表現

　本例文は簡潔な表現方法である。これに負けないほど簡潔な表現として"This Document is not meant to be legally binding."という言い回しがある。

a non-binding expressionを使用した文例　　　例文770

◇メモランダム・オブ・アグリーメント
◇丁寧な表現

This Memorandum of Agreement is intended to be a non-binding expression of the intent of the parties. The parties' legal obligations will be as set forth in a formal agreement, if and when such formal agreement is signed by the parties hereto.

[和訳]
　本合意覚書は、当事者の法的な拘束力のない意図を表明するものである。当事者の法的な義務は、本覚書の当事者が正式な契約書に署名した場合には、その正式契約に定める通りとする。

―――――――― 解説 ――――――――

1❖Agreement と Understanding の違い

　覚書のことを"Memorandum of Agreement"と呼ぶことがある。"Memorandum of Understanding"とほぼ同じ意味である。ただ"Understanding"という用語より"Agreement"のほうが、語感として合意が明確であり、拘束力が強い響きがある。拘束力のない文書として作成するのであれば、その旨を明確に記載しておくべきである。正式契約の締結を前提として締結された場合には、その条件によることを明確にしている。ただ、正式契約が締結できなければ、この覚書は拘束力のない表明（a non-binding expression）にすぎないことも言い添えている。

2❖... as set forth in ＿＿＿

　"... as set forth in ＿＿＿"は、「＿＿＿で規定する通り…」という意味である。

例文771　in lieu ofを使用した文例①
例文772　in lieu ofを使用した文例②

第2節　ラテン語のイディオム

　米国及び英国契約法は、歴史をたどればローマ法の影響を大きく受けている。そのため英米法の解説や判例、英文契約書には、ラテン語が頻繁に使用されている。また、フランス語など他の外国語からの用語が使用されることもある。したがって、相手方の契約書を理解するために、一般的に使われるラテン語など英語以外の外国語の用語も理解しておくに越したことはない。

　自分でドラフトを作成するときは、相手方のためにも、なるべくやさしい英語で書くように心がけるべきである。特に"ipso facto"（何らの手続きもなしにただちに）や"ab initio"（さかのぼって）など難しいラテン語は、自分がドラフトを作成する場合は使用を避けたほうがよい。相手方や自分の側のメンバーでラテン語のイディオムになじんでいないメンバーには、耐えがたい苦痛と理解の妨げになるばかりだからである。

　"ipso facto"というラテン語は、たとえば、契約相手先の「破産申し立て、更生法適用申し立てなど一定の事態が発生した場合に、それを"default"とし"non-defaulting party"からの通知がなくとも契約が自動的に（ipso facto）消滅する」というように使われる。その規定の有効性をめぐって紛争が起こりやすいケースでもある。

　一方、当方から使用しなくても、ごく普通のビジネスレターや契約条件交渉のなかで、ビジネス交渉に携わる限り当然に知っていると思って相手方が使う用語もある。その場合、修得していないと、その言葉が理解できないために、交渉が進められなくなったりいたずらに不安になったりしかねない。ビジネス契約で頻繁に使用される最低限のラテン語のイディオムくらいは修得しておく必要がある。また、ラテン語には慣習として、しばしばアンダーラインを引くことがある。

　以下に紹介するのは、英文契約書に頻繁に使用される外国語のうちでも、対応する英語の用語以上に定着したやさしい表現である。

●―第1款　in lieu of

　「…の代わりに」という意味である。[in l(j)úː əv]と発音する。売主やライセンサーなど履行義務を負担する側が、保証、損害賠償などを規定したあと、それが他の救済方法（remedies）に代わるすべてのものだ、と念を押したい場合に使用される。英語の"instead of""in substitution for"に相当する。契約書では英語の"instead of"を使わず、このラテン語の"in lieu of"が好んで使われる。

　"exclude""exclusive"というような直接的な表現をせず、スマートに他の救済方法を排除できるのが、愛用される理由のひとつである。あたりがやわらかく、しかも厳しいねらいを持った用語である。黙示保証、商品性の排除のための条項で"exclusive"と"in lieu of"を重ねて使うこともある。ねらいは同じであるが、明確に保証を排除するため、念を押す表現である。"in lieu of"保証や救済方法の排除と別に、文字通り「…の代わりに」の意味で文章の冒頭

に使って、契約書の規定に使用されることもある。
　以下の例文のほかに、第5章「ライセンス契約」の例文312も参照されたい。

in lieu ofを使用した文例①　　　　　　　　　　　　　　　　　例文 771

　◇売買契約・ライセンス契約での保証の排除条項
　◇ショートフォーム

The foregoing warranties are in lieu of all other warranties, whether oral, written, express, implied, or statutory.

［和訳］
　上記の保証は、口頭、書面、明示、黙示、法定の他のすべての保証に代わるものである。

──────────── 解説 ────────────

1 ❖本条項のねらい
　「他のすべての保証に代わる」という文言のねらいは、本来なら適用されるはずの他のすべての保証を否定し排除することにある。特に法定の保証を排除することが最大のねらいである。

2 ❖"in lieu of"以外の表現
　"in lieu of"を別の表現に換えると、たとえば次のようになる。"The foregoing warranties are exclusive and in substitution for all other warranties, whether oral, written, express, implied, or statutory."（上記の保証は、排他的なものであり、他の口頭、書面、明示、黙示、法定のすべての保証に代わるものである。）

in lieu ofを使用した文例②　　　　　　　　　　　　　　　　　例文 772

　◇売買契約での保証の排除条項
　◇ロングフォーム

The Product is being sold and delivered to the Purchaser under this Agreement "AS IS, WHERE IS" and, the Seller's representations and warranties set forth in Article __ of this Agreement are exclusive and in lieu of all other warranties and liabilities of the Seller, and remedies of the Purchaser, with respect to any nonconformance or defect in the Product or any part thereof delivered or sold under this Agreement, including but not limited to a) any implied warranty of merchantability or fitness for use or for a particular purpose; b) any obligation or, liability with respect to any actual or alleged infringement of any patent, trademark, copyright or other intellectual property or c) any obligation, liability, claim or remedies in tort, whether or not in strict liability or arising from the negligence of the Seller.

[和訳]
　本商品は、現状のまま、本契約下で買主に販売され引き渡されるものであり、本契約第__条で規定する売主の表明と保証は排他的なものであり、本契約下で引き渡されまたは販売された本製品またはその一部の不備または瑕疵に関する売主の他のすべての保証と責任及び買主の救済手段に代わるものである。これは次を含むが、それらに限定されない。a）商品性または使用もしくは特定目的への適合性の黙示の保証、b）特許、商標、著作権もしくは他の知的財産権に関して実際の、または主張された侵害に対する義務もしくは責任、またはc）厳格責任によるか売主の過失から生ずるか否かを問わず、不法行為による義務、責任、請求もしくは救済手段。

― 解説 ―

1 ❖ "as is, where is"条件
　"as is, where is"という引き渡し条件は、「現状有姿（げんじょうゆうし）」条件である。中古の不動産や書画、骨董など特定の物品では一般的に使用される条件である。ただ、本来なら代替性のある物品についても、契約時にすでに存在している商品については、現状有姿条件で売買取引がなされることがある。

2 ❖ UCCの保証排除規定
　保証排除に本例文のスタイルが使われるのは、米国のUniform Commercial Code（略称UCC、アメリカ統一商事法典）の第316条の規定をよりどころとしている。"AS IS, WHERE IS"条件で売り渡したということを目立つように明示して規定すれば、UCCによる商品性等の黙示保証は排除されると規定しているからである。例文771に比べても、不法行為責任をはじめ、さらに広範囲の責任を排除しようとしている。

3 ❖ 他の表現
　"in lieu of"は"in substitution for"と置き換えることができる。

例文773　in lieu ofを使用した文例③
　◇ライセンス契約
　◇文字通り「…の代わりに」の意味で使用する

In lieu of paying the royalties pursuant to Article __ hereof, ABC, upon notifying to

KVE in writing at any time during the term of this Agreement may elect to acquire a fully paid-up license to manufacture, copy and distribute an unlimited amount of the Licensed Products in the Territory, by a cash payment of One Million and Five-Hundred Seventy-Five Thousand United States Dollars (US $1,575,000). This payment may be made in five installments.

［和訳］
　本契約第__条に従いロイヤルティを支払う代わりに、ABCは、本契約の期間中いつでも書面をもってKVEに通知した上で、157万5千米ドル（1,575,000米ドル）を現金で支払うことにより、許諾地域において無制限に本製品の製造、複製、販売をおこなうための全額払い込み済みライセンスを取得することを選択できる。この支払いは、5回の分割払いによりおこなうことができる。

―――――― 解説 ――――――

1 ❖ paid-up license
　本例文はソフトウエア・ライセンス契約で、ライセンシーがランニング・ロイヤルティを支払う代わりに、将来半永久的にランニング・ロイヤルティの支払いなしに、許諾製品の製造・複製・販売をできる権利を取得するオプションを規定するものである。このような権利を"paid-up license"と呼んでいる。

2 ❖ installments
　"installments"は、「分割払い」の意味である。"in five installments"は、本例文では「5回分割払い」である。商品の売買契約で、分割船積みや分割引き渡しの場合にも"installments"を使うことがある。その場合は"in five installments"は、「5回の分割船積み、分割引き渡し」を指している。

●―第2款　mutatis mutandis

　"mutatis mutandis"とは、「準用して」という意味である。[m(j)u:téitəs m(j)u:tændəs] ([m(j)u:tá:təs m(j)u:tá:ndəs])と発音する。契約書のはじめ、あるいは前のほうですでに規定したのと同じ趣旨のことを次の事柄にも準じて適用する、という場合に使う。便利な言葉なのでつい使いたくなるが、なるべく別の具体的な表現で、素直に正確に規定し直したほうがよい。具体的にどの点が同じでどの点が異なってくるのか、準用規定では分かりづらいことがあり、紛争の遠因になりかねない。
　以下の例文のほかに、第9章「事業譲渡契約」の例文562も参照されたい。

例文774 mutatis mutandisを使用した文例
例文775 bona fideを使用した文例
例文776 in good faithを使用した文例

例文774 mutatis mutandisを使用した文例

◇一般契約

The provisions of Article __ hereof shall apply mutatis mutandis.

[和訳]
　本契約第__条の規定を準用する。

●―第3款　bona fide

　"bona fide"とは「善意の」という意味である。[bóunə fáid(i)]と発音する。
　ライセンス契約などで、ライセンシーがその子会社との取引について、ロイヤルティの算定基準となる販売価格を算出するのに、第三者との取引に引き直した上で計上することがある。このような場合に"bona fide third party"という言い方をする。現実にはそのような第三者がいない場合も多く、理論的な仮想金額を算出することが多い。公正市場価格を基準としてロイヤルティを算出しようとするためのスキームの道具でもある。
　「誠実な」という意味で使うこともある。"bona fide discussion"というのも、その使い方のひとつである。
　英語に訳すとすれば"in good faith"あたりが一番近い。自分の側でドラフトを作成する場合には"good faith"と書けばよい。ただ、相手方から契約書案の提示を受けることが実務上少なくないことを考えれば、"bona fide"という用語の意味と使い方を修得しておいたほうが便利である。以下に紹介する2つの例文は、誠実な協議による解決を目指したものである。表現の違いにかかわらず、規定のねらいと効果には変わりがない。
　"bona fide"を使った例文としては、第7章「合弁事業契約」の例文433、第8章「秘密保持契約」の例文477、478を、"in good faith"を使った例文としては、第3章「一般契約」の例文062、096、164、第4章「売買契約」の例文175、第8章「秘密保持契約」の例文493、第10章「エンターテインメント契約」の例文598なども参照されたい。

例文775 bona fideを使用した文例

◇一般契約
◇協議条項

The parties agree that they will enter into bona fide discussions in an attempt to solve any issues or dispute which may arise from the interpretation or performance of this Agreement.

[和訳]
　当事者は、本契約の解釈または履行から生ずる一切の問題または紛争を解決すべく試みるにあたり、善意の話し合いをおこなうものとする。

解説

1 ❖ 言い換え表現
　"bona fide discussion"は"discussion in good faith"と言い換えることができる。本例文は、契約に関わる紛争につき、まず当事者間で誠実に協議して解決策を探そうと努力することを約束するものである。

2 ❖ 話し合いが必要となる紛争
　契約に関わる紛争のうち一番多いのは、契約の解釈に関わるものと契約の履行に関わるものである。特に予想しなかった事態、経済変動、マーケットに変化が生じた場合の対応、契約書で取り扱わなかった事項について、解決しなければならないケースである。

3 ❖ 協議が不成立の場合
　特に規定はないが、本例文による協議が成立しなかった場合は、訴訟や仲裁など契約で定めた解決方法によって解決される。

---

in good faithを使用した文例　　　　　　　　　　　　　　　　　　例文776
◇協議条項

KVC and YMM agree to use their best efforts to resolve any dispute arising out of or in connection with this Agreement through consultation in good faith.

[和訳]
　KVCとYMMは、本契約からまたは本契約に関連して生ずる紛争を誠意ある協議で解決すべく最善の努力を払うことに合意する。

解説

1 ❖ 典型的な協議対象
　"arising out of"に比べて"in connection with"のほうがカバーする紛争の範囲が広いといわれる。現実にはあまり差がないと思われるが、予想のつかない紛争もあるので、両方の熟語を並べて規定することが実務上は多い。
　契約履行に関連し、KVCから輸入して転売したYMMが、その客先(小売商)を通して購入したユーザーから、プロダクト・ライアビリティー(PL)、不法行為責任(torts liability)

を原因として訴訟を提起されたとする。YMMの客先は訴えられていない。KVCとYMM間の契約では、不法行為責任については何も決められていなかったとしよう。YMMが単独で防御または賠償しなければならないか、あるいはKVCがYMMを"indemnify"し、訴訟もその費用もKVCが負担すべきであろうか。典型的な協議対象のひとつである。

2❖use their best efforts to

"use their best efforts to"は、「契約当事者双方の最善の努力を尽くす」ということである。万一結果が出せず交渉不成立の場合は、どちらもその不成立に責任を負わない。所詮は気休め条項にすぎないという見方がある。それでも、実際の交渉の現場では、ただちに訴訟開始や仲裁手続き移行に進まないことで双方の冷却期間が置かれる結果になり、解決への糸口が見つかることがある。一見無意味そうで、実際には「調停手続き(mediation)、ADR(Alternative Disputes Resolution; 代替的紛争解決方法)」とともに、無視できない有用な条項である。係争金額の小さな係争(disputes)の当事者は、訴訟であれ仲裁であれ、費用対効果を考えれば常に両者が敗者である。

3❖言い換え表現

"consultation in good faith"は"bona fide consultation"と表現することができる。

●―第4款　pari passu

「同じ順位で」という意味である。[pǽri pǽsu:]と発音する。融資契約などで、ある債権者が他の債権者と回収などの優先順位につき、少なくとも同等として支払われることを取り決める場合、その取り決めのことを"pari passu"という。そのような合意条項のことを"pari passu clause"(パリパス条項)と呼ぶ。この用語は、他の英語の用語に置き換えられないほど、実務上定着し、広く用いられている。

例文777 pari passuを使用した文例

◇一般契約

The obligation of ABC to make payment to KVC under this Agreement shall rank at least pari passu as to priority of payment with all of the present and future unsecured indebtedness of ABC.

［和訳］

本契約に基づくABCのKVCに対する支払い義務は、少なくとも、ABCの現在及び将来のすべての担保権のない一般債権者に対する支払いの優先順位と同等とする。

解説

1 ❖unsecured indebtedness of debtor

パリパスの対象を"unsecured indebtedness of ABC"(無担保債権者)に限定したのは"secured creditor"(担保債権者)はそれぞれの担保によって、その被担保権の支払いを受けるために権限行使ができるため、同順位にはならないからである。

2 ❖negative pledge条項(担保提供制限条項)

融資などで新規にジョイントベンチャーを支援するよう要請された企業や金融機関は、少なくとも他の一般融資債権等とパリパス条件であることと"negative pledge"条項を要求する。"negative pledge"とは、そのディールの時点で、担保等に提供されていない資産を担保に差し入れたり、質権設定したりしない約束のことを指す。返済財源を減らさないことがねらいである。

●—第5款　per diem, per annum

"per diem"は「日当」という意味である。[pər díːəm] ([pər dáiəm])と発音する。専門家による技術指導及び経営指導やエンターテインメントの実演(ライブ)などの契約条件を取り決めるときに、「技術者1名、1日あたり、＿＿＿＿＿ドルを支払う」「アーティスト1日あたり＿＿＿＿＿円を支払う」という取り決め方をおこなう。英語でいえば、"daily allowance"が一番近い。

リビング・コスト(living costs)の高い地域で、たとえば1日の食事代(meals)を決めて一定額を支払う方式がある。ホテル代(accommodation)、交通費(transportation)の標準額を決めて一定額を決めることもある。"per diem"は個別の実費精算でなく、想定コストによる1日あたり一定額の支払いのことである。

"per annum"は「1年あたり」という意味である。[pər ǽnəm]と発音する。英語で"per year"と置き換えることができる。英文契約書では、融資契約での金利の表示のためにこのラテン語が頻繁に使われる。たとえば"eight (8) percent per annum"(年利8％)というように使われる。実際の使用例は、第1部第12章「融資契約」の例文677〜681、683を参照されたい。

●—第6款　pro rata, inter alia

"pro rata"は「その割合に応じて」「比例して」という意味である。[prou réitə] ([prou ráːtə])と発音する。英語の"proportionally"などを使うこともできるが、"pro rata"という表現のほうが一般的に使用されている。

売買契約などで、予想しなかった事態(force majeure)が発生したために生産量が激減し、たとえばKVC社が、当初の生産予定(4万トン)の4分の1(1万トン)しか生産できなかったとする。KVC社が売買契約をしていた客先が3社で、ABC社向けに2万トン、DEF社、XYZ社両社向けにそれぞれ1万トンずつの数量を売り渡していたと仮定する。その比率が2:1:1であるため、UCC2-615条の規定によれば公平に比率に割りあてることとなる。したがって、そ

れぞれABC社に5千トン、DEF社、XYZ社にそれぞれ2千500トンを割りあてる。このように公平に比率に従って割りあてることを"pro rata allocation"という。実際の使用例は、第1部第7章「合弁事業契約」の例文431を参照されたい。

　"inter alia"は直訳すると、「その他のものと一緒に」であり、英語では"among other things"にあたる。[intər éiliə]([intər áːliə])と発音する。例示するときに、列挙した事項がすべてでないことを明確にするために使われる。自分で契約書をドラフトする場合には、英語で"including without limitation"などを代わりに使えば、このようなラテン語を使わなくてすむ。ただし、どちらがやさしいか区別できないほど"inter alia"は契約書に定着した慣用語になっている。

第3節 英語の頻出表現

●―第1款　at the request of ABC; upon ABC's request

「ABCの要請を受けて」「ABCの要請がある場合は」という意味である。サービス提供契約やライセンス契約などで、情報・サービス・協力のために人員を派遣することを規定する場合などに頻繁に使われる。逆にいえば、ABCの要請がなければ派遣しないということでもある。要請をするかどうかを、ABCが決定できる、ということを表現している。"when requested by ABC"と言い換えることもできる。

実際の使用例については、"at the request of ABC"については第3章「一般条項」の例文164、第4章「売買契約」の例文175、第5章「ライセンス契約」の例文281、288、298、第7章「合弁事業契約」の例文427を、"upon ABC's request"については第5章の例文319、第6章「サービス提供契約、販売・代理店契約」の例文382を参照されたい。

●―第2款　prevail; supersede

これは、「優先する」「(もうひとつの取り決めに)優先適用される」という意味である。ある契約書を作成するとき、その前に作成した基本的な契約書や後日作成する関連する契約書との間で、条件や内容に差が生ずることがある。そのような場合に、どちらの契約書の条件、内容を優先して適用したらよいのかは微妙な問題であり、ときに紛争の原因になる。当事者が自分の側に有利なほうの条件を主張すると、解決の決め手がないからである。そのような問題を見越して、あらかじめ優先順位を決めることがある。その場合に、「優先する」ことを明確にするために使われる代表的な用語が"prevail"と"supersede"である。

"prevail"を使用した文例は、第3章「一般条項」の例文085、130、第6章「サービス提供契約、販売・代理店契約」の例文398、も参照されたい。また、"supersede"を使用した文例は、本節の例文780を参照されたい。

prevailを使用した文例　　　　　　　　　　　　　　　　　例文778
◇契約書の一方を優先させる規定

> If there is any inconsistency between any provision of this Agreement and that of the Joint Venture Agreement, the latter shall prevail.

例文779	in no eventを使用した文例
例文780	set forthを使用した文例①
例文781	set forthを使用した文例②

[和訳]
　本契約の規定と合弁事業契約の規定の間に矛盾がある場合には、合弁事業契約の規定が優先する。

――― 解説 ―――

1 ❖ the latter
　本文の"the latter"は、すぐ前に登場する2つの言葉（any provision of this Agreementとthat of the Joint Venture Agreement）のうち、後者を指す。

2 ❖ prevail
　"prevail"は「優先適用される」の意味で使用している。本来の意味は「打ち勝つ」である。

●―第3款　in no event

「いかなる場合も、…しない」を意味する。"in any event, ... not ..."と同じである。
　実際の使用例は、第3章「一般条項」の例文022、140、例文142～144、第5章「ライセンス契約」の例文316、317、376、も参照されたい。

例文779　in no eventを使用した文例
◇契約期間の最終日を暦日で示す規定

The term of this Agreement shall end ten (10) years from the opening date of the Restaurant, but in no event later than December 31, 20___.

[和訳]
　本契約の有効期間は、レストランの開店日から10年間とする。ただし、いかなる場合も、20___年12月31日を越えることがないものとする。

●―第4款　set forth

　受身の場合は、「規定された」「取り決められた」という意味である。その直前の"which is"が省略されて使用されることも多い。契約書の中で、前のほうで規定された事項について、後で引用する場合に使われることが多い。受身でなく能動態で使用することもある。

set forthを使用した文例①
◇最終性条項

This Agreement sets forth the entire understanding and agreement between the parties as to the matters covered herein and supersedes and replaces any prior understanding, agreement, statement of intent or memorandum of understanding, in each case, written or oral.

[和訳]
　本契約は、本契約で取り扱った事項に関する当事者間の完全な了解と合意を規定するものであり、各場合において、書面によるか口頭によるかを問わず、従前の一切の了解、合意、意図の表明または了解覚書に優先するものであり、それらに代わるものである。

―――― 解説 ――――

1 ❖entire understanding and agreement
　実務上、単に"entire agreement"と規定することもある。このような規定のことを一般に"entire agreement clause"（最終性条項）と呼ぶ。

2 ❖最終性条項
　実務上、最終性条項のことを完結条項、完全合意条項と呼ぶこともある。

set forthを使用した文例②
◇見出し条項

All section and paragraph titles and captions set forth in this Agreement are for convenience only and shall not be deemed part of the context or affect in any way interpretation of this Agreement.

[和訳]
　本契約に含まれる各条や項の題名、見出し語の一切は、単に便宜のためであり、（契約）内容の一部を構成せず、いかなる形であれ本契約の解釈に影響を与えるものとみなされてはならない。

例文782 hold ... in strict confidenceを使用した文例
例文783 upon termination of this Agreementを使用した文例①

解説

1❖見出し条項

各条項に題名や見出しはなくても契約は有効であり、効力には問題はない。一般に「規定された」という意味でのset forthには、同義語として"provided for" "specified"などもある。本例文では"contained"に置き換えて使われることもある。

2❖見出し条項の効用

契約書の構成、全体を把握するのに便利である。第3章第17節も参照されたい。

●—第5款　hold ... in strict confidence

秘密保持を規定する条項での頻出表現である。「…の秘密を厳重に保持する」という意味である。"keep ... strictly confidential"と言い換えることができる。「厳重に(strictly)」という本来は副詞としての表現を「厳重な(strict)」という形容詞を使ってスタイリッシュな表現をしているところに特色がある。たとえば"strictly in accordance with ..."(…に厳密に従って)というところを形容詞(strict)を使って"in strict accordance with ..."と表現することがある。

使用例については、第1部第8章「秘密保持契約」も参照されたい。

例文782　hold ... in strict confidenceを使用した文例

◇一般契約

ABC and KVC each agree that it will hold the Confidential Information of the other party in strict confidence. Each party further agrees that it will not make any disclosure of the Confidential Information to anyone without the express written consent of the other party, except to employees, affiliate(s) or consultant(s) to whom disclosure is necessary for the performance of this Agreement. Each party shall take all reasonable steps to ensure the confidentiality of all the Confidential Information.

［和訳］

ABCとKVCとはそれぞれ、相手方の秘密情報の秘密を厳重に保持することに合意する。各当事者はさらに、本契約の履行のために開示が必要な従業員、関連会社またはコンサルタントに対して開示する場合を除き、相手方の書面による明白な同意なしには、誰に対しても相手方の秘密情報を開示しないことに同意する。各当事者は、すべての秘密情報の秘密性を維持するために、合理的なあらゆる措置を講じるものとする。

解説
---

1 ❖ 秘密保持を約束する当事者

　秘密保持条項には、トレードシークレットなどの開示を受ける当事者のみが秘密保持を約束する場合と、本例文のように双方が公平に相手方の秘密の保持を約束するものがある。

2 ❖ 当事者以外の秘密保持

　開示を受けた秘密を、その契約の履行のために従業員、関連会社またはコンサルタント等に開示することが必要な場合がある。開示した先は契約の直接の当事者ではないので、それぞれの当事者がその開示先の秘密保持についても責任を負うことを約束するのが、本例文のスタイルである。

3 ❖ 誓約書の取りつけ

　秘密保持について、さらに実務として、開示先の関連会社やコンサルタントからも秘密保持の誓約書を取りつけることもある。どの方式が適切かは、開示する秘密の重要性、相手方の信用による。

4 ❖ affiliate(s)

　関連会社のことをいう。通常は、子会社、親会社、姉妹会社を含む。子会社だけを指したいときは"subsidiary"を使う。

●─第6款　upon termination of this Agreement

「本契約が解除された場合には」という意味である。契約が一方の契約違反等の理由で解除された場合に、相手方とどのように契約終了の手続きを取るかは、契約の種類と履行の段階、状況によって異なる。

　たとえば売買契約で、商品の引き渡し前でしかも代金も支払われていない段階での解除であれば、売主側でそれまでの履行準備にかかった費用の精算や期待利益等の損害賠償が問題となろう。

　ライセンス契約やリース契約で、技術情報が開示されたあとやリース対象の物品や機器の貸与中に契約が解除された場合には、原状回復のためにライセンシー、レシー（借主）側からの返還が必要となる。

　コンピューター・プログラムや映像ソフトのソフトウエアのライセンス契約の解除では、そのソフトウエアの使用中止と返還、コピーの破棄が重要になる。

　いずれの場合も、契約の解除にともなう契約処理の規定は欠かせない。

---

upon termination of this Agreementを使用した文例①　　　　　　　　　　　例文783

　　◇一般契約
　　◇ソフトウエア・ライセンス契約

Upon termination or expiration of this Agreement, ABC shall return within fourteen

例文784 upon termination of this Agreementを使用した文例②
例文785 become effectiveを使用した文例

(14) days all originals and copies of the Products and the Confidential Information provided by KVE to ABC under this Agreement, to KVE at the expense of ABC in the manner designated by KVE, and shall make no further use of the Products and the Confidential Information of KVE.

[和訳]
　本契約が解除または終了した場合、ABCは14日以内に、本契約に基づきKVEによりABCに提供された本商品と秘密情報のすべてのオリジナルと複製を、KVEが指示する方法によりABCの費用でKVEに返還するものとし、本商品とKVEの秘密情報をそれ以降使用しないものとする。

─── 解説 ───

1❖別の表現への置き換え
　"upon termination of this Agreement"は"in case this Agreement is terminated"や"if this Agreement is terminated"という表現に置き換えることができる。

2❖継続使用の禁止と引き渡し
　コンピューター・ソフトウエア・ライセンスや映像または音楽作品のライセンス、トレードシークレット・ライセンスやフランチャイズ契約、及びソフトウエアやマニュアル、デザイン・ライセンス契約などでは、契約終了後、ライセンス契約の対象であったもの、たとえばソフトウエア、マニュアル、映像、音楽ソフト、デザイン、設計図の継続使用が禁止される。同時に、ライセンスのために引き渡したそれらのものをライセンサー側に返却させることを明確にする。本例文は、そのためのライセンサー側に立った規定である。

3❖"termination"と"expiration"
　"termination"と"expiration"の違いは必ずしも明確ではないが、"expiration"は契約期間満了による円満な契約終了が主であるのに対し、"termination"は契約違反で解除される場合が主である。ただし、相互に互換的に使用されることもあり、厳密に区別はできない。

例文784 upon termination of this Agreementを使用した文例②
　◇一般契約
　◇ソフトウエア販売店契約

Forthwith upon termination of this Agreement for any reason, ABC shall:
(1) deliver to KVE all proprietary and confidential information furnished to ABC by KVE, including all originals and copies of the Programs in ABC's possession;
(2) immediately pay all amounts payable under this Agreement; and
(3) immediately cease all use of the Trademarks of KVE including "Karen", "KVC",

"KVE" and "Robin".

[和訳]
　理由のいかんを問わず本契約が解除された場合、ABCはただちに次の事項をおこなうものとする。
(1) KVEに対して、ABCの占有する本プログラムのすべてのオリジナルとコピーを含む、KVEによりABCに提供されたすべての専有情報と秘密情報を返還すること
(2) 本契約上支払期限が到来したすべての金額をただちに支払うこと、ならびに
(3) 「カレン」「KVC」「KVE」及び「ロビン」を含むKVEの商標のすべての使用をただちに停止すること

―――― 解説 ――――

1 ❖ amounts payable
　"amounts payable"は、支払期限の到来した金額を指す。

2 ❖ proprietary information
　"proprietary information"は、トレードシークレットをはじめ、知的財産等、財産的価値のある情報一般を広く指す。"proprietary rights"という用語もある。財産的価値のある権利一般を指す。

●—第7款　become effective

　「有効になる」という意味である。典型的な使用方法は、契約書の有効期間を規定する場合の始期を指すために使用されるケースである。同じ意味を示すさまざまな表現方法があるが"become effective"はもっとも素直な表現方法のひとつである。"come into force" "take effect"なども「有効になる」という意味であり、置き換えることができる。

become effectiveを使用した文例　　　　　　　　　　例文785
◇契約期間条項

This Agreement shall become effective as of June 1, 20__, and shall, unless sooner terminated, continue in effect until May 31, 20__.

[和訳]
　本契約は20__年6月1日付けをもって有効となるものとし、早期に終了しない限り、20__年5月31日まで継続するものとする。

解説

1❖契約期間の規定
　契約書でもっとも重要な条項のひとつが、契約期間である。契約期間では、その開始の日と終了の日、そして終了後の更新・延長の有無、この3つの要素の決め方が重要である。
　契約は、有効期間の途中でも一方の契約違反やビジネスが期待外れの場合など、合意によって早期に終了してしまうことがある。"unless sooner terminated"は、そのような早期終了の場合を指す。本例文では、"unless this Agreement is terminated sooner than May 31, 20__"という意味である。

●—第8款　upon the occurrence of

　「(…という事態が)発生した場合は」という意味である。発生する事態には、不可抗力事態や契約違反などのさまざまなケースが含まれる。契約書では、将来発生するかもしれない事態を想定の上、その場合の当事者の権利と義務を規定し、そのような事態への対応とリスク負担をあらかじめ規定することにより、紛争の予防を図ろうと努力を払うのである。

例文786 upon the occurrence ofを使用した文例
◇あらかじめ想定した事態が発生したときの解除権を規定する

Upon the occurrence of any material breach, the non-defaulting party may terminate this Agreement by giving a written notice of termination specifying the nature of the material breach. This Agreement shall terminate and become null and void at the end of the thirty (30) day period from the date of receipt of such notice by the defaulting party, without further notice by non-defaulting party, unless the defaulting party cures such breach within the said thirty (30) day period.

[和訳]
　重大な違反が発生した場合、違反をなしていない当事者は、その重大な違反の性格を明記した書面の解除通知を与えることにより本契約を解除できる。本契約は、違反を犯した当事者が当該通知を受領した日から30日以内に当該違反を是正しない

限り、違反を犯していない当事者から改めて通知する必要なく、上記の30日期間の終了と同時に解除され、無効になるものとする。

―――――― 解説 ――――――

1 ❖ material breach

　"material breach"は重大な契約違反を指す。重要でない違反（immaterial breach）と区別して使う。通常"material breach"は契約解除の事由となるが、"immaterial breach"は契約解除の事由になるとは限らない。一番現実的な解決方法は、"material breach"の定義を別途おこなうことである。

2 ❖ 契約解除までの手続き

　契約解除の事由にあたる場合でも、解除までの手続きが曖昧だと紛争の原因になる。本例文では、30日の催告期間を置いている。催告期間中に契約違反行為を治癒（是正）すれば、解除されない。

3 ❖ 通知なしの解除

　販売代理店やライセンス契約、フランチャイズ契約など継続的な契約で、特約として一定の契約違反行為が発生した場合に、何ら通知なくして当然に（ipso facto）解除されると規定することがある。現実には、相手方がその事実を知らないときや、解除原因となる事由が発生したのかしていないのか、またいつ発生したのか不明瞭なときがある。

4 ❖ 強行法規との関係

　また、会社更生法や代理店保護法などで、契約解除に対して制限を設けられていることがある。その場合は、強行法規が優先する。

⦿ 第9款　term

　「期間」のことをいう。契約の実務上は、特に契約の有効期間（the term of the Agreement）を指して使うことが多い。"terms"と複数形になると「条件」を指す。"s"がついているかいないかによって、意味が異なるので注意をしなければならない。

　また"term"にはもうひとつ「用語」「言葉」という意味もある。契約書のはじめのほうで、契約書中に繰り返し登場する用語の定義を規定することがある。その場合、定義される言葉、用語のことを"term"という。定義される用語が複数であれば"terms"になる。

　このように、英文の契約書中の"term""terms"は、いくつかの異なった意味、目的で使用されるので、それぞれどの用途であるか、考えて理解することが肝要である。

例文787	termを使用した文例①
例文788	termを使用した文例②
例文789	subsidiaryを使用した文例①

例文787 termを使用した文例①

◇"term"を「期間」の意味で使用する

The term of this Agreement shall commence on the date first set forth above, and shall continue until five (5) years from the date hereof unless earlier terminated.

[和訳]
　本契約の有効期間は、冒頭に定める契約日から開始するものとし、早期に終了しない限り、契約日から5年間存続するものとする。

解説

1 ❖ the date first set forth above

"the date first set forth above"は、契約の冒頭の日付けという意味である。同じことを"the date hereof" "the date of this Agreement"と置き換えることができる。

2 ❖ unless earlier terminated

"unless earlier terminated"は"unless sooner terminated"と同じ意味である。「契約に定める契約の終了の日より早く終了しない限り(unless this Agreement is terminated earlier than the last day of the said five years from the date of this Agreement)」という意味である。

例文788 termを使用した文例②

◇"term"を「用語」の意味で使用する
◇定義条項

The term "Dollars" in this Agreement means the lawful currency of the United States of America.

[和訳]
　本契約中の「ドル」という語は、アメリカ合衆国の法定通貨を意味する。

解説

1 ❖ どの国のドル通貨か?

　ドルは、国際決済の代表的な通貨である。ただ、カナダやオーストラリアでも、「ドル(dollar)」が使用されており、まぎらわしい。特に、カナダやオーストラリアの企業が当事者の一方として参加している場合や、契約の履行地がカナダやオーストラリアの場合、あ

るいは準拠法としてカナダやオーストラリアの州法を選択している場合には、現地の通貨と解釈される余地がある。したがってドルを使用する場合は、米国での国内契約以外では必ず、どの国のドル通貨なのかを明確に記載することが賢明である。

2❖定義条項の役割

定義の文では、"mean(s)"という現在形を使うのが一般的である。実務上は"shall mean"と"mean(s)"の両方が使われている。言葉というものは本来、使われる状況、地域、関連ビジネス、業界によって、さまざまな意味がある。それを契約書の中では共通の単一の意味を与えようとするのが、定義条項の役割である。

●―第10款　subsidiary

"subsidiary"は「子会社」と和訳されることが多い。親会社(parent company)に対して、子会社という用語がある。親会社によって支配されている会社をいう。50％の株式を保有するときは子会社かどうか、51％の場合はどうかなど、境界線の問題がある。契約書で定義によって明確にすることが多い。

"affiliate(s)"という用語は通常「関係会社」「関連会社」と訳され、"subsidiary"と共通の部分もあるが、親会社、姉妹会社、子会社などカバーする範囲が"subsidiary"より広い。

subsidiaryを使用した文例①　　　　　　　　　　　　　　　例文789
◇定義条項

The term "Subsidiary" shall mean a corporation, more than fifty percent (50%) of whose outstanding shares representing the right to vote for the election of directors, are, now or hereafter, owned or controlled, directly or indirectly, by a party hereto.

［和訳］
「子会社」とは、取締役選任のための議決権を表章する発行済み株式の50％超が、1当事者によって直接的または間接的に現在または今後に所有されるか支配される法人を意味する。

――――――― 解説 ―――――――

1❖more than 50％

"more than 50％"は、「50％超」であって、50％ちょうどの場合を含まない。51％は典型的な50％超の例であるが、50.4％でも、50％超の条件を満たす。

2 ❖ not less than 50%

"not less than 50%"の場合は、「50%以上」であって、50%を含む。契約書やビジネスレターで"more than 50 percent"を誤って、「50%以上」と訳したために、後々の紛争の原因となることがある。注意をしなければならないポイントである。「以上」「超」は、日本国内での使い方が曖昧なために、翻訳の場合も問題の原因になりやすい。

3 ❖ "subsidiary"の定義

実務や契約で"subsidiary"という用語を使うときに、50%超のみでなく50%以上を保有される会社を含むケースもある。そのために定義は正確にしなければならない。どこまでのコントロールで子会社と定義するかは"subsidiary"が契約のなかで果たす役割と目的を勘案して決定すればよい。

4 ❖ "mean(s)"と"shall mean"

"mean(s)"は"shall mean"と置き換えることができる。

例文 790 subsidiaryを使用した文例②

◇ライセンス契約

Subject to the provisions of Article ___ of this Agreement, each party, as Grantor, on behalf of itself and its Subsidiaries, grants to the other party, as Grantee, a worldwide and non-exclusive license under the Grantor's Licensed Patent and Copyrights; (1) to manufacture, import, sell and otherwise transfer the Licensed Products; (2) to have made the Licensed Products by another manufacturer for the sale by Grantee.

[和訳]
　本契約第___条の規定に従い、各当事者は、ライセンス許諾者として、自社とその子会社のために、被許諾者としての相手方に対し、ライセンス許諾者の許諾特許と著作権に基づく世界を対象とした非独占的なライセンスを許諾する。そのライセンスは、(1)許諾製品を生産、輸入、販売または他の方法により移転させる権利と、(2)被許諾者が販売するために本製品を他の製造者に生産させる権利である。

――― 解説 ―――

1 ❖ 「当事者とその子会社のために」という表現

契約の当事者として1社でも、実際の履行にはその関係会社、グループ会社、事業提携会社などの協力を得ることがある。そのような場合に使われる表現のひとつが"on behalf of itself and its Subsidiaries"（当事者とその子会社のために）である。

2 ❖ 与える側と受ける側

"Grantor"はライセンス許諾者で、"Grantee"はライセンスの許諾を受ける者である。一

般に"＿or"、"＿er"は与える側を指す用語が多く"＿ee"は受ける側が多い。たとえば"Licensor"（ライセンサー；ライセンスを許諾する側）と"Licensee"（ライセンシー）、"Lessor"（レサー；リース契約の貸主）と"Lessee"（借主）がある。"Franchiser"（フランチャイザー）と"Franchisee"（フランチャイジー）などもその例である。

3❖"Licensor""Licensee"への置き換え

本例文では"Grantor"（特許権等知的財産権の使用許諾者）、"Grantee"（知的財産の使用許諾を受け、使用する者）という用語を使ったが、それぞれ"Licensor""Licensee"と置き換えて使うことができる。実務上はむしろ"Licensor""Licensee"のほうが頻繁に使われる。

4❖patentee

本条項では使われていない用語であるが"patentee"という用語について説明したい。"＿ee"が使われたスタイルだがライセンシーではない。"patentee"という用語は「特許権者」という意味である。語源をさかのぼれば、「（国から）パテントを与えられた者」という意味である。特許、勅許というのは、民間事業者が付与できるものではなく、国王や国家（政府）が与えるべきものであったからである。"＿ee"というスタイルを取っているために、ライセンシーと誤解されることがある。

5❖"＿er""＿＿or"と"＿＿ee"の関係

民間事業者とはいえ、ライセンス契約によって"＿er""＿＿or"の立場に立つ者は、相手方(＿ee)の立場に立つ者の事業・収益を支配・コントロールする。国際的なライセンス契約やフランチャイズ契約では、その契約上の規制、コントロールの仕方によっては、搾取、植民地的支配、不公正取引に関わる問題を発生させる原因となりかねない。

6❖なぜ"each party"（1行目）となっているか

本例文がクロスライセンス契約だからである。互いにライセンサーとして、相手方にライセンス許諾をしている。一方のみがライセンサーの場合は、"each party"（1行目）、"the other party"（2行目）の代わりに、"the Licensor""the Licensee"などの用語を使う。

●─第11款　injunctive remedies; injunctive relief

「差し止めによる救済」をいう。契約の下での履行義務違反に対しては、契約違反をしていない当事者には、通常、損害賠償請求権が与えられる。英米法上、このような金銭による賠償を"remedy at law"と呼ぶことがある。「コモンロー上の救済」という。

しかし、このような金銭的な賠償だけでは十分な救済や保護にならないケースもある。そのような場合に、裁判所によって違反者側に特定の行為を止めたり、おこなうことを命じる判決を求めたいことがある。たとえば、特許権や商標権、著作権侵害行為の差し止めである。契約違反によるライセンス契約の終了時には、はたして元のライセンスにより建設した工場の生産、稼動を差し止められるかどうかが紛争になることがある。そのような特定の行為（特定履行）を命ずる前の救済方法を"specific performance"による救済と呼ぶ。そのうち、違反行為の差し止めを求める救済のことを"injunctive relief"と呼ぶ。このような救済は、英米法の発展の歴史では、衡平裁判所(equity court)によって与えられていた救済であり、

"remedy in equity"と呼ばれた。その"injunctive remedies"を確保しようとするとき"injunctive remedies（specific performance）"を規定する特約条項が置かれる。

ライセンス契約（第5章で解説）や秘密保持契約（第8章で解説）では、頻出する表現である。英米法の基本知識がないと当初理解しにくいが、英国でのコモンロー裁判所に並立した衡平裁判所の歴史を学ぶと理解が容易になる。

例文791 injunctive reliefを使用した文例①

◇ライセンス契約

ABC and KVC acknowledge and agree that, in the event of a breach or threatened breach by ABC of this Agreement, KVC will have no adequate remedy at law and, accordingly, shall be entitled to injunctive and other equitable relief against such breach or threatened breach in addition to any remedy it might have at law or in equity.

［和訳］
　ABCとKVCは、ABCにより本契約の違反がなされた場合または違反の恐れがある場合、KVCがコモンロー上では十分な救済を受けられないこと、したがって、KVCがコモンロー上または衡平法上有する救済手段に加えて、かかる違反または違反の恐れに対して差止命令その他の衡平法上の救済を受ける権利を有することを認め、それに同意する。

──── 解説 ────

1❖in the event of a threatened breach

"in the event of a threatened breach"は、現実には秘密の漏洩や知的財産権の侵害などの違反行為、侵害行為が起こっていない時期・段階での救済措置を求めるための規定である。秘密保持義務についていえば、違反が起こってしまったあとの禁止では、もはや手遅れであり、救済措置は違反行為を未然に防ぐために必要だ、という考え方からドラフトが作成されている。たとえば、トレードシークレットの製法やフォーミュラが公表されてしまえば、それだけでその商業上の価値がゼロになる可能性がある。

ライセンス契約で禁止されている商標権の流用や侵害行為でいえば、ライセンス生産を許諾された品目が、ハンドバッグと紳士用カバンのみであるにもかかわらず、ネクタイや衣料品をはじめ化粧品や玩具にまで同じ商標を使った商品を下請け製造・販売する計画が立てられ、その準備にかかっている場合なども"threatened breach"に該当しよう。

2❖"threatened breach"の具体的行為

実務上、具体的なビジネスでどのような行為が"threatened breach"となるかは具体的な例示をしておかないと、実際にはなかなか立証が難しい問題である。

injunctive reliefを使用した文例②　　　　　　　　　　　　　例文792

◇個人が差し入れる秘密保持誓約書
◇レター・アグリーメント

I agree that it would be difficult to measure the damage to KVC from any breach by me of the covenants set forth in Articles __ and __ hereof, that injury to KVC from any such breach would be impossible to calculate, and that money damages would therefore be an inadequate remedy for any such breach. Accordingly, I agree that if I breach Article __ and __ or any of them, KVC shall be entitled, in addition to all other remedies it may have, to injunctive or other appropriate relief to restrain any such breach without showing or proving any actual damages to KVC.

[和訳]
　私は、本契約第__条及び第__条に定める秘密保持の誓約に私が違反した場合、KVCに対する損害賠償額を算定することが困難であること、かかる違反によるKVCの損害が計算不能であること、したがって金銭的損害賠償がかかる違反の賠償として不十分な救済であることに同意します。つきましては、私は、私が第__条及び第__条またはそのいずれかに違反したときは、KVCが有する他のあらゆる救済手段に加えて、KVCの実際の損害を証明または立証することなく、当該違反を禁ずるために差し止めまたは他の適切な救済措置を受けられることに同意します。

―――――――――――― 解説 ――――――――――――

1❖個人からの秘密保持誓約書の差し入れ
　本例文は、個人として秘密保持義務を負うことを約束する誓約書である。秘密保持義務を企業間の秘密保持契約のみでなく、従業員やコンサルタント個人として差し入れさせることで、秘密保持の強化を図る場合に使用される。多額の研究開発費を投じて新製品の開発にあたる部門の技術者や、外国等の新技術やトレードシークレットを導入して新規事業に取り組むケースなどで、雇用者が研究員、技術者等の従業員から取りつけることもある。

2❖退職時の同意書取りつけのねらい
　研究開発部門の従業員が退職する際に、雇用者が退職金の支払いと引き換えに本条と同趣旨の秘密保持義務、インジャンクション（差し止め）への同意書を取ることがある。そのねらいは、元従業員が新規事業を起こし、新製品を市場に出して成功した時点で、インジャンクションを申し立てて叩きつぶすことにある。技術トレードシークレットの流出防止という面と、競争者排除という側面とがあり、労働法、独占禁止法、憲法等が関係してくる分野である。

●—第12款 due and punctual performance

「適正な期限通りの履行」という意味である。"due"には「期限の到来した」という意味がある。"punctual"は日常用語としては「時間に正確な」という意味であるが、契約では、「契約期日を正確に守る」という意味になる。特に"time is of essence"（契約の期日通りに履行することが契約の要点になる）と特約がある場合には、期日通りの履行が重要である。"due and punctual performance"の保証は、親会社、銀行等による履行保証状の場合にも、決まり文句として使われる。

例文793 due and punctual performanceを使用した文例

◇保証状

The undersigned ("Guarantor"), hereby unconditionally guarantees as and for its obligations, until full performance is effected by or on behalf of Yuki, Maki, Mari & Company Ltd. ("YMM") in accordance with the terms and conditions of the license agreement between KVC and YMM, a copy of which is attached hereto, (the "License Agreement"),

(1) the due and punctual performance by YMM of any and all obligations of YMM set forth in the License Agreement, and

(2) the payment when due of any sums which may become due on the part of YMM under the License Agreement. Guarantor hereby waives any right it may have of first requiring KVC to pursue its legal remedies against YMM.

[和訳]
　下欄に署名する者（「保証人」）は、KVCと有希、真紀、麻理アンドカンパニーリミテッド（「YMM」）間のライセンス契約（その写しを本保証状に添付する）（「ライセンス契約」）の条件に従い、YMMによりまたはYMMに代わり完全に履行されるまで、保証人の義務としてそのためにここに下記の事項を無条件に保証する。
(1) ライセンス契約に定められたYMMの一切の義務のYMMによる適正かつ期限通りの履行、及び
(2) ライセンス契約によりYMM側が支払わなければならなくなる一切の金額を期日通り支払うこと
　保証人は、保証人が有しうる権利にして、まずYMMに法的救済を求めることをKVCに要求する権利をここに放棄する

――――――― 解説 ―――――――

1 ❖検索の抗弁権

"the right of first requiring KVC to pursue its legal remedies"は、いわゆる検索の抗弁権に当

たるものである。本例文の規定のねらいは、その抗弁権を放棄させることである。

2 ❖ the undersigned

"the undersigned"は、その書類の最後の欄、最下欄に署名する者のことをいう。一般的には、保証状、レター・オブ・インテントなどの誓約書といった、一方的に相手方に差し入れる書類やレターの冒頭に記載されることが多い。署名する人は、1人とは限らない。

3 ❖ unconditionally

"unconditionally"は「無条件で」という意味である。たとえば本来の債務者が、その債務の履行を怠ったことを立証しなくても、ただちに保証人の義務履行を求めることができる。

4 ❖ "guarantee"と"guaranty"

保証には"guarantee"と"guaranty"の両方の表現の仕方がある。本例文のように"guarantee"は、動詞、述語として使用できる一方、名詞としても使うことができる。"guaranty"も、動詞、述語としても名詞としても使用できる。保証では、保証をおこなう者のことを"guarantor"あるいは"surety"と呼ぶ。一方、保証状のあて先となり、その恩恵を受ける者のことを"beneficiary"と呼ぶ。

5 ❖ payment when due

"payment when due"は、期限の到来した支払い債務のことである。

6 ❖ 保証人と被保証人、保証差入先

保証状には3つの当事者がある。本例文では保証状の差し入れ先はKVCであり、被保証人にはYMMを想定している。KVCは被保証人の信用・財産の詳細を知らない。

●─第13款　subject to

「条件とする」という意味である。文章の冒頭で使う場合と最後で使う場合とがある。英文契約書では、いろいろと使い道の多い便利な用語である。

subject toを使用した文例①　　　　　　　　　　　　　　　例文794
◇「留保つき」の意味で使用する

> Subject to the termination provision of Article ＿＿, this Agreement shall remain in full force and effect from the date of this Agreement to and including March 31, 20＿＿.

> ［和訳］
> 　第＿＿条の終了規定により終了する場合は、その規定が優先するが、本契約は、契約日から20＿＿年3月31日まで全面的に有効とする。

例文795 subject toを使用した文例②
例文796 subject toを使用した文例③
例文797 subject toを使用した文例④

解説

1 ❖ "subject to"の効果

"subject to"で始まる文節に記載された事項が例外となる。

2 ❖ "subject to"の言い換え

"subject to the termination provision of Article __,"は、次のように言い換えることができる。"unless earlier terminated pursuant to the provision of Article __ (Termination),"（本契約は、第__条の解除の規定に従って期限より早期に解除されない限り）。本例文の和訳は意訳である。直訳では意味が伝わらないためである。

例文795 subject toを使用した文例②

◇「留保つき」の意味で使用する
◇販売店契約

> Subject to the provisions of Articles __ (Termination) and __ (Reservation), KVC hereby appoints ABC, and ABC hereby accepts appointment as KVC's exclusive distributor in the Territory for the marketing, promotion and distribution of the Products, and KVC will not, directly or indirectly, distribute or sell or solicit orders for the sale of the Products in the Territory.

[和訳]

> 第__条（終了）と第__条（留保）の規定に服することを条件として、KVCは、本販売地域において本商品のマーケティング、販売促進及び供給をするKVCの独占的なディストリビューターとしてABCをここに指定し、ABCはその指定をここに受諾する。KVCは、直接または間接的に、本販売地域において本商品を供給せず販売せず、または販売するために注文を取らないものとする。

解説

1 ❖ Territory

"Territory"（テリトリー）という用語は、販売店契約では販売地域を指す。本例文では、契約書の別の箇所で定義された用語として使用されている。定義では、たとえば次のように規定される。

"Territory" shall mean Japan, Indonesia, Thailand, Vietnam, Malaysia, Singapore, Australia, and New Zealand.（「本販売地域」とは、日本、インドネシア、タイ、ベトナム、マレーシア、シンガポール、オーストラリアとニュージーランドをいう。）

2 ❖ distributor

"distributor"（ディストリビューター）は、自己の勘定で商品売買をする者をいう。顧客

に対する販売のクレジット・リスク(信用リスク)は、ディストリビューター自身が負う。メーカー等本人のために、本人の勘定で販売するのは"sales agent"(販売代理店)である。

3❖留保の典型例

留保の典型的な例は、契約違反等による解除の場合と、一部の客先についての除外規定などである。独占的なディストリビューターを指定する場合でも、それまでのビジネスの経緯から、一部の客先向けの販売や政府入札については除外することがある。そのような除外や例外規定がある場合に"subject to"を使って"exclusive distribution"の例外規定があることを明確にする。

subject toを使用した文例③   例文796
◇「条件つき」の意味で使用する

Any modification of this Agreement shall be subject to the agreement of both parties in writing.

[和訳]
本契約の変更は、両当事者間の書面による合意を条件とする。

――― 解説 ―――

1❖言い換えの表現

本例文の趣旨を別の方法で表現してみると、次のようになる。
"This Agreement may be modified by a written agreement of both parties."
(本契約は、両当事者の書面による合意によって変更することができる。)

2❖shall be subject to

"A shall be subject to ..."は、「Aは…に従う」という意味である。したがって本例文は、両者の書面による合意があればそれに従う、という意味となる。

subject toを使用した文例④   例文797
◇「条件つき」の意味で使用する

This Agreement shall be subject to the approvals of the board of directors of ABC and the government of (country).

> **例文798** jointly and severallyを使用した文例
> **例文799** due and payableを使用した文例①

> [和訳]
> 本契約は、ABCの取締役会の承認及び(国)政府の認可を得ることを条件とする。

解説

1 ❖ 権限を超えた約束を調印する場合の方策

契約金額が大きな重要なプロジェクト、合弁事業、長期契約などの場合で、契約交渉チームのメンバーの権限を超えて、何らかの約束や確認を書面化して調印しなければならないときには、窮余の一策として取締役会の承認を条件として調印することがある。

●―第14款　jointly and severally

"jointly and severally"は、保証状などで頻繁に使用される熟語である。「連帯して」という意味で使われる。

たとえば、融資契約の借入人(borrower)の100万ドルの借り入れ債務について、保証人2人が"jointly and severally with the Borrower"という条件で保証するとしよう。この場合、貸主(lender)は、返済期日に借主、保証人のいずれか一方に対して任意に、その未返済額を支払うよう請求できる。"jointly and severally"という言葉を加えて保証したときは、保証人は貸主に対し、まず借主に支払い請求するよう主張したり、借主から取り立てるよう主張することができない。いわゆる催告・検索の抗弁権を放棄したことになる。保証人にとって非常に厳しい保証である。これを"joint and several guaranty"(連帯保証)と呼ぶことがある。連帯保証は借入契約だけでなく、売買契約、請負契約などの契約の履行保証としても使用される。

例文798 jointly and severallyを使用した文例

◇保証状

> Guarantors do hereby guarantee jointly and severally as and for their own obligation, until full payment and performance are effected by KVE in accordance with the terms and conditions of the Agreement, (1) the due and punctual performance by or on behalf of KVE, of all obligations under the Agreement, and (2) the payment when due of all sums which may become due on the part of KVE under the Agreement.

> [和訳]
> 保証人は、連帯して、(1)契約によるすべての債務のKVEによるまたはKVEに代わる適正かつ期限通りの履行及び(2)契約によりKVE側が支払わなければならなくなる

すべての金額を期日通り支払うことを、当該支払いの履行が契約条件に従いKVEによって完全になされるまで、自己の債務とすることを、ここに保証する。

解説

1❖複数の保証人による連帯保証

本例文は、保証人が2人以上いる場合に、KVEの債務の履行について保証人間で連帯して保証するケースである。

2❖performance by or on behalf of KVE

本例文で"performance by or on behalf of KVE"となっているのは、保証の対象となっている契約上の債務者であるKVE自身による履行と保証人によるKVEのための履行の両方のケースをカバーするためである。

3❖強調した表現

本例文の冒頭の"Guarantors do hereby guarantee"は、"do"を入れない"Guarantors hereby guarantee"という自然なスタイルを使ってもよい。本契約書の中で一番重要で、大きなリスクを負担することになる重要用語を強調するために"Guarantors do hereby guarantee"と強調した言い方をしている。

4❖payment is effected

"payment is effected"という表現も少しフォーマルなスタイルである。支払いだけであれば"full payment is made"という言い回しでもよい。

5❖保証人、被保証人と差入先

本例文の背景として、保証人はKVCと（KVEの地元の）銀行、被保証人はKVE（＝KVCの外国子会社）、差し入れ先は（社名は登場しないが）ABC社を想定している。

●─第15款　due and payable

代金支払いや融資金返済の「期限が到来して、支払い義務が発生している」という意味である。当初の契約通りに支払い期限が来て支払わなければならない場合と、あらかじめ約定した"events of defaults"（契約違反の事由）が発生したため、一方の宣言、通知により繰り上がって支払期限が到来する場合とがある。後者がいわゆる、期限の利益の喪失による期限到来である。

due and payableを使用した文例① 例文799

◇融資契約

Upon the occurrence of the following events ("Event of Defaults"), the Lender may by notice to ABC, declare the Loan together with all accrued interest to be forthwith due

例文800 due and payableを使用した文例②

and payable.
(i) ABC fails to pay when due any amount of principal of the Loan, interest, or any other amount payable under this Loan Agreement; or
(ii) ABC defaults in the performance of any term, condition or agreement contained in this Loan Agreement.

[和訳]
下記の事態(「不履行事態」)が発生した場合、貸主はABCに対する通知により、本融資金がすべての利息とともにただちに期限到来となり、支払い義務があると宣言することができる。
(i) ABCが本融資契約に基づき支払うべき本融資金の元本の返済または利息その他の費用の支払いを期限通りにおこなわないとき、または
(ii) ABCが本融資契約に含まれたいずれかの条項、条件または取り決めの履行を怠ったとき。

解説

1 ❖ 期限の利益喪失

本例文は、いわゆる期限の利益喪失約款と呼ばれるものである。ローン契約において典型的な契約違反、不履行にあたる事項が発生した場合に、貸主側がその任意で通知のみで借主、本例文ではABC社の期限の利益を喪失させて、ただちに支払うよう請求できる。

"due and payable"は、支払期限が到来(due)して、支払う義務がある(payable)ということである。ただ実際には、どちらも「支払わなければならない」ということである。

例文800 due and payableを使用した文例②
◇ライセンス契約

The License Fee shall be payable to KVE in two installments as follows:
(a) US $100,000 due and payable no later than April 30, 20__ as the first payment:
(b) US $200,000 due and payable no later than December 31, 20__ as the second payment.

[和訳]
ライセンス料は、次の通り、2回の分割でKVEに支払われるものとする。
(a) 1回目の支払い:10万米ドルを20__年4月30日までに支払う。
(b) 2回目の支払い:20万米ドルを20__年12月31日までに支払う。

―――――――――――― 解説 ――――――――――――

1 ❖ 支払期日の記載方法

　支払期日が決まっている契約の期日の記載の方法として"due and payable"を使うことがある。もっとも素直な使用方法のひとつである。

2 ❖ in two installments

　"in two installments"は、「2回分割払い」や「2回分割積み」という意味がある。本例文では、支払いを2度に分割するという趣旨であるが、引き渡し条件で使用されるのであれば、2度に分けて別の船便等で輸送することである。

3 ❖ "no later than"の場合の期限

　"no later than April 30, 20__"であれば、20__年4月30日の支払いも契約の期限内の支払いにあたる。

4 ❖ "before"の場合の期限

　"before April 30, 20__"であれば、20__年4月30日の支払いは契約違反である。もし4月30日の支払いでもよいと規定したいなら、"on or before April 30, 20__"と記載すべきである。

―――――――――――――――――――――――――――

●―第16款　make its best efforts; do its utmost efforts

　それぞれ、「最善の努力をする」「最大限の努力をする」と響きはいい。ところが、この言い回しを契約書に使う側の実際のねらいは、履行できなくとも契約上の不履行として賠償責任を負わないことにある。通常の約束規定のなかに"to the extent possible"という慣用句を挿入して、事実上の履行責任を回避することもよくおこなわれる。約束する側からすれば、一手販売店契約や独占的ライセンス契約で、一定数量あるいは一定金額以上の販売や一定金額以上の生産・販売を義務として約束する代わりに、努力をすることを約束する方法で合意したいケースがある。

　いずれも努力条項の語句がなければ、単純な義務の規定になってしまう。この努力語句が挿入されることによって、その義務を履行できなくとも契約違反にならず、履行責任や損害賠償責任を免れる。

　"make its best efforts"等を使う典型的な例のひとつは、覚書やレター・オブ・インテントで、取締役会や政府の許可の取得について最善の努力を尽くすことを約束する場合である。ビジネス実務上重要なもうひとつのケースは、上述の一手販売店契約や独占的ライセンス契約、長期売買契約で最低販売数量達成の規定の代わりに、努力条項として規定する場合である。また、不可抗力の場合などに最善の努力を尽くして履行する義務を負い、それでも履行できないときは、免責と定めることもある。ただ、実際に履行するよう努力したという証明は必要になる。はじめから履行する気がなく、履行しようという姿勢も努力もしなければ、契約違反になる。

　別の表現として"use its best efforts""make every reasonable effort"という方法もある。響きとしては"utmost efforts"（最大の努力）や"best efforts"（最善の努力）に比較すると"reasonable efforts"（合理的な努力）のほうが要求される履行努力の度合いが弱い印象を与える。ただ現

例文801 make its best effortsを使用した文例
例文802 make every reasonable effortを使用した文例

実の場面で、本当に異なるかどうか、異なるとしてどの程度異なるのかは必ずしも明確ではない。むしろ、「make ... effort条項」でよいのか、それとも水準を下げても必ず履行させる規定を選ぶかが、契約交渉実務の現場での課題になる。

例文801 make its best effortsを使用した文例

◇不可抗力条項

Each party shall use its best efforts to comply with the terms of this Agreement, but it shall not be liable for failure to do so by reason of causes beyond its reasonable control, including, but not limited to, laws and regulations of the government of ＿＿＿＿＿＿＿＿, war, strikes, lockouts, explosion, riots, or currency exchange regulations.

[和訳]
　各当事者は、本契約の条件を遵守するために最善の努力を払うものとするが、各当事者とも、当事者の合理的な制御を超える事由によりそれを怠ったことに対して責任を負わないものとする。上記の事由は、＿＿＿＿＿＿政府の法律及び規制、戦争、ストライキ、ロックアウト、爆発、暴動または為替規制を含み、それに限定されない。

―――― 解説 ――――

1❖不可抗力条項
　本例文は、いわゆる不可抗力（force majeure）と呼ばれる事由によって契約で約束した事項を履行できないときは、免責とする規定である。不可抗力規定の場合、最善の努力を尽くす規定がなくても結果は変わらない。

2❖"beyond"と"within"
　"beyond"は、「及ばない」「超えた」という意味である。ちょうど"within"の逆の意味になる。"beyond one's control"はコントロールが及ばない範囲外、"within one's control"はコントロールが及ぶ範囲内のことを指す。

3❖including, but not limited to
　"including, but not limited to"は、例示するための語句である。列挙するがそのリストアップした事項に限定されないことを明確にしている。"including, without limitation"と置き換えることもできる。

make every reasonable effortを使用した文例　　　　　　例文802

◇販売促進努力規定
◇ライセンス契約、販売店契約

ABC shall make every reasonable effort to promote and develop the sales and marketing of the Products in the Territory and bear and pay for expenditures necessary to promote and advertise the Products in accordance with the marketing and advertisement plan of ABC approved by KVC.

[和訳]
　ABCは、本販売地域において本商品の販売・マーケティングを推進し促進するために合理的なあらゆる努力を払うものとし、KVCが承認したABCのマーケティング・宣伝計画に従い本商品を宣伝し広告するために必要な費用を負担し、支払うものとする。

――――― 解説 ―――――

1❖販売促進努力規定

　本例文は文字通り、販売・マーケティングのためにあらゆる努力を尽くすという規定である。実務上は、具体的な商品ごとに年間の販売達成目標を掲げて、その販売達成のために最大の努力をするという規定を設けることもできる。最低販売数量達成義務と異なり、達成しなくとも違反ではない。しかし別の規定で、目標が達成できないときには、独占的な販売権(exclusive distributorship)、あるいは独占的なライセンス(exclusive license)が維持できず、翌年度より非排他的(non-exclusive)ベースの契約に切り替えることなどがおこなわれる。

2❖"bear"と"incur"

　"bear"は、費用などを「負担する」ことを意味する。"incur"は、費用を「被る」「負担する」という意味で"bear"の類義語である。

●―第17款　survive

　契約が解除されたり、有効期間が満了したことなどによって契約がその効力を失った後も、ある特定の条項の効力を維持させようとすることがある。たとえば、ライセンス契約が終了したあともその契約に基づいて開示されたトレードシークレットの秘密保持義務の規定を存続させるのが、その典型的な例である。仲裁条項を存続させることもある。そのように契約が終了・消滅後も特定の条項を存続させることを"survive"(存続させる)といい、そのような条項のことを「survival条項」と呼んでいる。

例文803 surviveを使用した文例①

◇一般契約

Articles __ (Confidentiality) and __ (Arbitration) shall survive any expiration or termination of this Agreement.

[和訳]

第__条（秘密保持）と第__条（仲裁）は、本契約の満了または解除後も存続するものとする。

―――― 解説 ――――

1 ❖ "survive"の意味

"survive"の元の意味は、「生き残る」である。契約で使うときは、契約の解除、契約期間終了等によって効力を失ったあとも、「存続し、有効であり続ける」の意味で使われる。

例文804 surviveを使用した文例②

◇一般契約

Notwithstanding anything herein to the contrary, the provisions of Article __ (confidentiality) shall survive the termination or expiration of this Agreement.

[和訳]

本契約にこれと矛盾する規定があるにもかかわらず、第__条（秘密保持）の規定は、本契約の解除または満了後も存続する。

―――― 解説 ――――

1 ❖ to the contrary

"to the contrary"は、「反対の」「矛盾する」という意味である。

本来なら契約全体が終了して失効するところ、そのような規定を乗り越えて秘密保持条項だけは存在させたいというねらいを持って、このような言い回しをしている。解説2の言い回しも同じねらいのもとに使っている。無理なことを短い表現で通そうとしているのであり、真剣に考えるなら、別途「秘密保持契約」を締結する選択肢もある。

2 ❖ notwithstanding anything herein

"notwithstanding anything herein"とは、「本契約中のいかなる規定にもかかわらず」の意

味である。

3❖"survise"の期間は何年なのか

このような、契約終了後も存続すると規定された義務は、何年くらい存続し、拘束力を発揮するであろうか。明確な答えはない。契約終了と同時には終了せず、それぞれの規定について「相当合理的」な期間を考え、探求することになる。永久に、というわけではない。まぎらわしさを避けたいときは、「終了後5年間（for a period of five (5) years thereafter）」などと、具体的に取り決める。

| 例文805 | provided, however, thatを使用した文例① |
| 例文806 | provided, however, thatを使用した文例② |

第4節 ただし書き、除外、数字などの表現

● ― 第1款　ただし書き

ただし書きとしては"provided, however, that"が、もっともやさしく一般的に使われている表現である。"however"や"but"を使用したドラフトを見かけることもあるがこの"provided, however, that"が一番定着した慣用句といえる。"provided"という用語の元の意味は、「規定された」である。"provided that ..."は「…を条件とする」という意味である。

例文805　provided, however, thatを使用した文例①
◇映像作品ライセンス契約

In order for KVE to maintain the quality of the Licensed Products and KVE's reputation in the industry, the Licensed Products shall be exhibited exactly as delivered to ABC, except that (i) ABC may make such translations into Japanese language, and (ii) ABC may make cuts to conform to time segments or to conform to the applicable laws of Japan; provided, however, that ABC shall not alter KVE's logo, the title or copyright notice.

[和訳]
　KVEが本許諾製品の品質と産業界におけるKVEの評判を維持できるように、本許諾製品は、以下の点を除き、ABCに引き渡した状態のままで上映されるものとする。
（ⅰ）ABCは、日本語の翻訳版を作成することができる。
（ⅱ）ABCは、放映時間に適合するよう、また日本の適用法を遵守するように短縮することができる。ただしABCは、KVEのロゴ、タイトルまたは著作権表示を変更してはならない。

――――――解説――――――

1❖本規定のねらい

劇場映画やテレビ映画などの映像作品のライセンスでは、ライセンサー側はその作品とプロダクションの名声の維持のために、なるべく元の作品のまま上映することを要求する。
ただし例外として、そのマーケット向けに当該国の言語の作品を制作することは、ライセンスの条件で認められる。また、テレビやケーブルテレビ、衛星放送のために適切な長

さに短縮・編集したり、その国の規制を受ける箇所をカットすることも必要となる。そのような例外を認めた上で、基本的には元の作品のまま上映することを求めたのがこの規定である。

2❖exhibit

テレビ映画の場合は、exhibitは「放送」すると訳したほうが適切である。契約書では、そのビジネスの実態に合わせて、定着した用語で翻訳することが大切である。

provided, however, thatを使用した文例②

例文806

◇合弁事業契約

The Board of Directors may act at a meeting at which a quorum is present by the affirmative vote of a majority of those present at such meeting, provided, however, that the following matters shall require the unanimous consent of all directors present at such meeting:

(1) ...

［和訳］

取締役会は、定足数の取締役が出席した会議において出席取締役の過半数の賛成投票により決議することができる。ただし下記の事項は、出席取締役全員の全会一致の同意を要する。

(1)…

―――― 解説 ――――

1❖合弁事業契約での決議の条件

合弁事業契約では数社の株主が参加している。取締役会は、それぞれの株主が指名する取締役によって運営される。そのため合弁事業では、そのパートナー間の方針が異なることがありうる。一方のパートナーが希望しない事業方針を合弁事業会社が決定または推進しないようにするために、本例文では、重要事項については出席した全取締役一致でなければ決議できないこととしている。

2❖quorum

一般的に"quorum"は、取締役会や株主総会などの会議(meeting)で、会議として成立するために必要な最低の人数をいう。

3❖unanimous

"unanimous"は、「全会一致の」「全員の」の意味である。

4❖directors present

"directors present"は"directors who are present at the meeting of the Board of Directors"（取締

役会に出席した取締役)の略である。

●—第2款　除外事項

　除外事項を表現するためのもっとも基本的な用語は"except"である。たとえば"except where"や"except that""except for""except upon""except as"等の慣用句として使用する。"except"以外の用語では"unless"を使用することも多い。
　例外的なケースを列挙して、基本ルールとは異なるルールが適用されることを規定する方法もある。

例文807　exceptを使用した文例

◇販売店契約

(1) Except as provided in Paragraph 2 of this Article, KVC appoints ABC as its exclusive distributor of the Products in the Territory. It is understood that ABC is an independent contractor to KVC, and further that ABC and/or its agents, dealers, and employees are in no way legal representatives or agents of KVC for any purpose whatsoever and have no right or authority to assume or create, in writing or otherwise, any obligation of any kind, express or implied, in the name or on behalf of KVC.

(2) KVC reserves the right to sell the Products to Robin Hood & Company Limited ("Robin") under the existing agreement between KVC and Robin dated December 23rd 20＿, which shall expire December 22, 20＿. KVC agrees that it will not renew or extend the term of the said agreement without the prior written consent of ABC.

［和訳］
(1) 本条第2項で規定される場合を除き、KVCは、本販売地域における本商品についての独占的販売店としてABCを指定する。ABCはKVCにとり独立した契約者であること、さらに、ABCならびに／またはその代理店、ディーラー及び従業員は、いかなる目的であれいかなる意味でも、KVCの法律上の代表者でも代理人でもなく、KVCの名前によりまたはKVCのために、明示的か黙示的であるかを問わず、いかなる種類の義務も書面または他の方法で引き受けまたは創出する権利または権限を持たないことが了解される。
(2) KVCは、20＿年12月23日付けのKVCとロビン・フッド・カンパニー・リミテッド（「ロビン」）間の既存の契約に基づき本商品をロビンに販売する権利を留保するものとするが、上記のロビンとの契約は、20＿年12月22日に期間満了す

るものである。KVCは、ABCの事前の書面による同意なしに上記のロビンとの契約期間を更新または延長しないことに同意する。

解説

1 ❖ "except"を使った表現方法

除外事項で"except"を使ったフレーズは、冒頭から始まることが多い。具体的な除外事項が何か、内容を規定するにはその事項を別項目で丁寧に規定することが一番よい。本例文でも、第1項で除外事項があることを明確にした上で、そのすぐあとに、別のパラグラフ(項)で除外事項を規定している。

2 ❖ an exclusive distributor

"an exclusive distributor"とは、その"Territory"内で販売することができる販売店(distributor)が1社だけという指定方式である。マーケティングの戦略からいえば、そのような独占的販売権を付与された販売店は、広告宣伝活動やマーケティングのために各拠点の販売網、出店の整備やサブ・ディストリビューターの起用をする。一方、独占的な販売権を持たない販売店のことを"a non-exclusive distributor"と呼ぶ。

3 ❖ 例外にどう対応するか

本例文の第2項の除外事項は、KVCが以前から本製品を供給している先のロビン・フッド社に対する販売だけは、KVCからの直接販売を継続するというものである。ABCとして、このような例外に同意するときは、その客先が最終ユーザーなのか、さらに再販売したり、販売代理店を起用したりすることができるかどうか、しっかり確認する必要がある。本例文では、既存の契約の満了期限を明示した上、次の延長や更改については、ABCの同意を条件とするとして調整を図っている。万一、KVCによるロビンへの販売継続がABCのマーケティング上支障になるような場合は、延長に対して同意しなければよい。

unlessを使用した文例　　　　例文808

◇販売店契約

Upon termination of this Agreement for any reason whatsoever, ABC shall, unless otherwise agreed by KVC, immediately cease to sell the Products except for the Products which ABC has sold to its customers prior to the termination.

［和訳］

いかなる理由であれ本契約が終了した場合には、ABCはKVCによる別段の同意がない限り、ABCが契約終了前にその顧客に販売済みの本製品を除き、本製品の販売をただちに停止するものとする。

解説

1 ❖ unless otherwise agreed by ...

"unless otherwise agreed by ..."というのは、除外事項を示す定型的な慣用語である。では、いったいそのような合意があるものかどうか、またあるとすれば、どこでどのように規定されているかは、その条文や契約書を見ても分からないことが少なくない。いわば、それほど慣習的に広く使われる表現なのである

2 ❖ 別途の同意

本例文では、「KVCによる合意」がある場合が例外的な場合である。ここでは、いつそのような合意があるかどうかについての規定も制限もされていないから、将来の合意も含むと解釈される。同じ契約書中に例外的な規定がある場合は適用しないという趣旨のときは"unless otherwise provided in this Agreement,"というように取り決める。"unless otherwise provided in this Agreement,"は"unless otherwise provided herein,"あるいは"unless otherwise set forth herein,""unless otherwise stipulated herein,"等に置き換えることもできる。いずれも、「本契約で別途取り決めない限り」という意味である。

●─第3款　金額の表記

英文契約書では、数字や日付け、期限のように重要な事項については、タイプミスや、記入した数字の読み間違い、解釈違いを防ぐためにさまざまな工夫がなされる。

その工夫のねらいは、必ずしもミスを防ぐことだけにあるわけではない。一部でおこなわれることがある不正行為から守るというねらいを持った工夫もある。特に支払い金額に関連して数字が用いられた場合は、算用数字による表記だけだと「1」は少し付け加えると「4」にも「7」にもなりやすい。数字の間に隙間があれば、「1」などを書き込まれる恐れがある。「1」を書き込まれると、一桁違った数字になってしまう。

同じような不正行為を防ぐために、日本の和文契約書では「1」「一」を「壱」、「2」「二」を「弐」、「3」「三」を「参」、「20」「二十」を「弐拾」というように漢数字を使って表記する方法が取られる。「一」は「七」に、「二十」だと「三千」に書き換えられたりすることがあるからである。

英語ではどう表現するか、例文を使って紹介する。

例文809　金額の表記①

◇米ドルの表記

> The price of the Product sold to YMM under this Agreement shall be Eight Hundred Seventeen Million United States Dollars (US $817,000,000).

[和訳]

本契約に基づきYMMに売り渡された本製品の価格は、8億1千700万米ドル（817,000,000米ドル）とする。

解説

1❖金額表記のポイント

金額の表記で大切なのは、通貨の単位を明確にすることと、金額を正確に記述することである。算用数字と言葉でつづった表記との両方で明確に示すようにしている。

2❖ドルの定義

ドルの表記には、どこの国のドルかの明示が必要である。たとえば、カナダやオーストラリアとの契約で単にドル（dollars）と表記すれば、カナダドルかオーストラリアドルか米ドルかの区別がつかない。相手方はそれぞれ、自国の通貨であるドルを主張するかもしれない。定義条項で"dollar"（ドル）の定義をすることもある。

3❖アルファベット表記と算用数字表記の優劣関係

万一不注意で、2つの表記が一致しないときは、アルファベット表記が優先する。算用数字の表記は劣後し、無視されることになる。日本の和文契約の場合も同じである。算用数字と漢数字の間に矛盾があるときは、算用数字が劣後し、漢数字が優先する。

金額の表記② 例文810

◇日本円の表記

ABC shall pay and remit to KVE the minimum royalties set forth below:
(1) For the period between July 1, 20__ to June 30, 20__ (the "first contract Year"):
¥68,000,000 (Sixty Eight Million Japanese Yen)
(2) For the period between July 1, 20__ to June 30, 20__ (the "second contract Year"):
¥102,000,000 (One Hundred and Two Million Japanese Yen)

[和訳]

ABCはKVEに対して、下記のミニマム・ロイヤルティを支払い、送金するものとする。
(1) 20__年7月1日から20__年6月30日までの期間に対して（「第1契約年度」）：
¥68,000,000（6800万日本円）
(2) 20__年7月1日から20__年6月30日までの期間に対して（「第2契約年度」）：
¥102,000,000（1億200万日本円）

例文811 金額の表記③
例文812 パーセントの表記

解説

1❖"Japanese Yen"という表示

円は"Japanese Yen"と表記する。"Yen"は日本しか使っていないから"Japanese"の表記は不要との意見もある。しかし、ドルやフランの場合とは意味が異なるが、どの国の通貨が契約上合意されているのかを明示しておくほうが、相手方や第三者にも分かりやすく親切である。親切な表記をすることが自己を守ることにも有益である。

2❖ミニマム・ロイヤルティ

ミニマム・ロイヤルティとは、実際の生産高・販売高にかかわらず、ロイヤルティとして一定額支払う金額をいう。

例文811 金額の表記③

◇日本円の表記

YMM shall pay to KVE as the paid-up royalty the sum of One Hundred Sixty Eight Million, Nine Hundred Ninety Thousand Japanese Yen (¥168,990,000), which shall be payable in four installments as follows:

[和訳]

YMMはKVEに対し、払い込み済みロイヤルティとして1億6千899万日本円(¥168,990,000)を以下の通り4回の分割で支払うものとする。

解説

1❖sum

"sum"は金額のことをいう。

2❖in four installments

"in four installments"は、4回分割払いの意味である。契約金額の支払いを分割しておこなう場合にも、商品を4回に分けて船積みする場合にも使うことができる。

3❖漢数字による金額表記

本例文の金額を漢数字を使って表すと、「壱億六千八百九拾九萬日本円」となる。

●―第4款　割合の表記

ローン契約などで金利に関わる表現をするときには、割合、パーセントの表記が大切である。割合を表記するには、分数で表記する方法とパーセントで表記する方法がある。

まず、単純な表記方法から始める。契約書の中で「5％」は、どう表記するか。"five percent"（5%）が一番自然な表記方法であろう。では、「0.05％」はどう表記するか。ひとつの方法は、分数を使う表記方法である。小数点以下の数字をいう場合は、分数の表現が好んで用いられる。

たとえば8.0625％の場合、金利のことを詳細に記載するときは"eight and one-sixteenth of one percent"と表記する。0.0625％は16分の1％にあたるため、このように「$8+\frac{1}{16}$％」（8.0625％）と表現する。

融資には、金融・金利情勢の変化にかかわらず、固定金利で貸し付ける場合と、変化に応じて変動させる変動金利による場合がある。変動金利の場合、たとえばLIBOR（London Inter-Bank Offered Rate; British Bankers Association Interest Settlement Rate;英国[ロンドン]銀行間の金利決済相場）が基準として採用される。LIBORを基準に一定の幅を段階的に積み重ねて金利を定める。16分の1の整数倍の幅で取り決めると、分数が16分の1（最小単位）や8分1になる。0.9375％なら"fifteen-sixteenths of one percent"で、0.05％なら"one-twentieth of one percent"である。

パーセントの表記　　　　　　　　　　　　　　　　　　　　例文812
　◇ローン契約

ELNOX shall be liable for interest on any overdue payment required to be made pursuant to Article __ hereof at an annual rate which is the greater of twelve and two-fifth percent (12.4%) or one and seven-eighths percent (1.875%) higher than the prime interest rate as quoted by the _____ Bank of San Francisco, California, at the close of banking on such date or on the first business day thereafter, if such date falls on a non-business day. If such interest rate exceeds the applicable maximum legal rate, then the interest rate shall be reduced to such maximum legal rate in the jurisdiction.

［和訳］
　ELNOXは、本契約第__条に従って支払うべき支払いを遅滞した金額に対し、12.4％または当該日もしくは当該日が営業日でない場合はその後最初の営業日の銀行終業時にカリフォルニア州サンフランシスコの_____銀行で適用されるプライムレートより1.875％高い利率のいずれか高いほうの年利により利息を支払う義務を負うものとする。かかる利率が、適用される法定利率の上限を超える場合には、当該利率は、管轄地域における最高法定利率まで引き下げられるものとする。

例文813 within ... daysを使用した文例①
例文814 within ... daysを使用した文例②
例文815 for a period of __ yearsを使用した文例①

解説

1 ❖ one and seven-eighths percent

　"one and seven-eighths percent"は、「1と8分の7％」、つまり「1.875％」のことである。"six and seven-eighths percent per annum"は、年利6.875％である。

2 ❖ 利息制限の規定がある場合

　"usury law"が、かかる遅延金利についても利息制限を規定し、その上限金利を規定しているケースがある。本例文の第2文は、利息制限がある場合にはその上限まで適用遅延金利を引き下げるという特約である。かかる合意がない場合には、遅延金利の規定そのものが無効となったり、逆に不利な結果を引き起こしかねない。

● 第5款　期限と期間の表記

例文813　within ... daysを使用した文例①

◇支払期限の表記
◇「7日以内」と規定する

> ABC shall pay to KVC the sum of Fifty-Three Million, Three Hundred Eighty Thousand United States Dollars (US $53,380,000) within seven (7) days after the date of the receipt of the Product.

［和訳］
　ABCは本商品の到着日から7日以内に5338万米ドル（53,380,000米ドル）をKVCに支払うものとする。

解説

1 ❖ 支払い条件の決め方

　支払い条件などの支払期限の決め方で一般的なのは、一定の事項が達成されてから一定期間内に支払うという条件である。

2 ❖「7日」をどう計算するか

　本例文の規定のままの場合、まだ紛争の種が残っている。支払期日は正確に計算されなければならない。ところがもし、この7日間の間に日曜や祝日など休日が入っていたときはどう数えるか。休日を入れて数える場合とビジネスデイ（営業日）のみを数える場合とでは、「7日以内」の意味が異なる。実務上、広く採用されている具体的な解決方法は、契約書中の"day"に定義を置くことである。たとえば本例文の"seven days"を"seven Business Days"と書き改めた上で、"Business Day"の定義を置く方法がある。

within ... daysを使用した文例②　　　　　　　　　　　　　　　例文814
◇支払期限の表記
◇営業日(business day)の表現を使用する

The payment of the remuneration for Services shall be made by ABC within ten (10) Business Days after the receipt of the invoice issued by KVC. The Business Day means any day on which the banks are open for business in both cities of Tokyo and San Francisco.

[和訳]
　サービスに対する報酬の支払いは、KVCによって発行された請求書の受領後10営業日以内に、ABCによって支払われるものとする。営業日とは、東京とサンフランシスコの両市で銀行が営業している日を意味する。

―――― 解説 ――――

1 ❖ 休日を含める日数の計算方法
　本例文の規定とは異なり、休日を含めて数える方法もある。その場合は、たとえば"within seven calendar days"と表現する。"calendar day"とは、暦の上の日数はすべて数える方式で、休日も数える。

2 ❖ ビジネスデイの定義の留意点
　ビジネスデイ(営業日)とは、企業や銀行が開いている日のことである。ただし国際契約では、両当事者の一方の町では企業や銀行が営業をしていても、他方の町の銀行や企業が営業をしているとは限らない。そのため、両方の町で営業していることを明確に取り決めることが大切である。

3 ❖ さまざまな「年」のとらえ方
　"calendar year"とは暦年のことであり、1月から12月までの1年のことをいう。"contract year"は契約ごとに異なる。"accounting year"(会計年度)の場合は、4月から翌年の3月までの1年を指すこともある。

for a period of ＿＿ yearsを使用した文例①　　　　　　　　　　例文815
◇暦日で表示した有効期間の満了日を基準に有効期間を規定する

The term of this Agreement shall continue in effect for a period of three (3) years to and including December 31, 20＿＿.

例文816 for a period of __ yearsを使用した文例②
例文817 on or before ...を使用した文例
例文818 no later than ...を使用した文例

[和訳]
本契約の有効期間は、20__年12月31日までの3年間とする。

解説

1❖満了期限を暦日で表示する
　有効期間を取り決める方式はさまざまであるが、満了期限を明確に暦の上の日で表示する方法がある。本例文では、その最後の日も期間に入るかどうかを明確にするために"to and including"という表現方法を取っている。

2❖期限の最終日の問題
　期限の規定では、いつも最後の日が含まれるかどうかが問題となる。履行期限といってもよい。"by" "on or before"などさまざまな期限の表現がある。中には曖昧な表現もある。

例文816 for a period of __ yearsを使用した文例②
◇始期を基準に有効期間を規定する

The term of this Agreement shall be effective for a period of four (4) years commencing on the date of this Agreement.

[和訳]
本契約の有効期間は、本契約日を始期とする4年間とする。

解説

1❖有効期間の基準の置き方
　例文815は有効期間の満了日を基準に期間を規定するものであるが、本例文は始期を基準に有効期間を規定するものである。

例文817 on or before ...を使用した文例
◇終期を基準に履行期限を規定する

The Products shall be delivered by ABC to KVC on or before April 30, 20__ at the port of Yokohama in accordance with Article __.

[和訳]
　本商品は、第__条に従い横浜港において20__年4月30日までにABCによってKVCに引き渡されるものとする。

解説

1 ❖ "before" "by"では表示日は含まれるか
　"before April 30, 20__"の場合は、表示の最終日の20__年4月30日の引き渡しは契約に合致した履行となるだろうか、それとも不履行となるだろうか。"by April 30, 20__"という表現ではどうだろうか。いずれも曖昧な表現であり、実務上は勧められないし紛争の種になる。通常の理解では、上記の2つの表現（"before" "by"）は、いずれもその語の後に表示された最終日（April 30, 20__）を含まない、と解釈される。日本語に訳すとき、"by"は「…までに」と訳されることが多い。このあたりが紛争を引き起こす原因となる。

2 ❖ 表示日を含むことを明確にする表現
　"April 30, 20__"を履行日の最終日として含むことを明確にする期限の表現としては"on or before"が標準である。

no later than ...を使用した文例　　例文818
◇「(いつ)までに」という最終期限を規定する

Fifty percent, ie, Nine Hundred and Fifty Thousand United States Dollars (US $950,000) shall be paid by Thousand Spring to KVC at the time of delivery of the Picture, but, no later than March 10, 20__.

[和訳]
　50％、つまり95万米ドルは本映画作品の引き渡し時に、しかし20__年3月10日までにサウザンド・スプリングスよりKVCに対して支払われるものとする。

解説

1 ❖ no later than
　「までに」と最終期限を表すときに使われる。"on or before" "not later than"とも基本的には同じである。"by"だと1日前までに期限が来るので少し異なる。"before"も"by"と同じなので、"on or before"と"on"を加えて表現すると、その日に履行しても契約を守ったことになる。

2❖本規定で残された問題点

　本例文のもとで、完成遅延により映画作品の引き渡しが20__年3月11日以降に延びた場合は、支払い義務の履行期限も延期されるのだろうか。理論的には延期されなければおかしいが、すっきりとはしていない。どうなるかについて、サウザンド・スプリングス社は明記したいところである。

◆ 索引 | 例文目次 | 条項索引 | 英語索引 | 日本語索引 |

例文目次

[第1部]

第2章 ドラフティングの基本	第3節 レター形式の契約書の書き方

例文001	レター形式による契約確認のための文言①	41
	◇初めと末尾　◇差出人が先に署名し、相手方に送付するスタイル	
例文002	レター形式による契約確認のための文言②	44
	◇初めと末尾　◇相手方に先に署名を求め、2通とも返送を受けるスタイル	
例文003	レター形式による契約確認のための文言③	46
	◇初めと末尾　◇基本となる契約の補足了解事項	
例文004	レター形式による契約確認のための文言④	48
	◇元の契約の条項を修正する	
例文005	レター形式による契約確認のための文言⑤	50
	◇"This is to confirm ..."というスタイル	
例文006	レター形式による契約確認のための文言⑥	52
	◇ソフトウエア販売・ライセンス契約の解除を確認するレター・アグリーメント	

第2章 ドラフティングの基本 第4節 フォーマルな契約書の書き方	第1款 前文

例文007	フォーマルな契約書の前文①	56
	◇頭書と説明条項　◇伝統的なスタイル	
例文008	フォーマルな契約書の前文②	58
	◇頭書と説明条項("RECITALS")という用語を使った斬新なスタイル	
例文009	フォーマルな契約書の前文③	59
	◇頭書と説明条項　◇個人を当事者に含む場合	
例文010	フォーマルな契約書の前文④	61
	◇頭書　◇説明条項のないスタイル	

第2章 ドラフティングの基本 第4節 フォーマルな契約書の書き方	第2款 最終部分

例文011	契約書の末尾文言①	63
	◇伝統的なスタイル	
例文012	契約書の末尾文言②	64
	◇分かりやすい書き方	
例文013	署名欄	64

第3章 一般条項	第1節 定義条項

例文014	定義条項①	69
	◇例外規定を置いた例	
例文015	定義条項②	70
	◇termsを使った例　◇関連会社を定義する	
例文016	定義条項③	71
	◇月、四半期、年を定義する　◇関連会社を定義する	

第3章 一般条項	第2節 契約期間条項

例文017	契約期間条項①	73
	◇契約期間は一定期間とする　◇契約の始期を特定の西暦の日で表示する	
例文018	契約期間条項②	74

	◇契約は契約日に発効する　◇終了の日を具体的に記載する	
例文019	契約期間条項③	75
	◇契約期間は一定期間とする　◇特定の日の算入を記載する	
例文020	契約期間条項④	75
	◇自動更新条項(4年間有効とし、期間満了6ヶ月前に更新しない旨の通知がなければ2年宛て更新)	
例文021	契約期間条項⑤	76
	◇自動更新条項(当初10年有効、以降3年宛て更新)	
例文022	契約期間条項⑥	77
	◇自動更新条項(当初1年、以降1年宛て2回更新)　◇比較的短期間の契約で終期を明示する	
例文023	契約期間条項⑦	78
	◇協議による更新(両当事者が合意した場合のみ更新)	
例文024	契約期間条項⑧	79
	◇協議による更新(更新に合意しなければ終了)　◇更新について協議の実施とその期限を定める	
例文025	契約期間条項⑨	80
	◇協議による更新　◇延長の協議の実施とその期限を定める	
例文026	契約期間条項⑩	81
	◇一定以上の販売実績を達成した場合は自動更新とする	
	◇自動更新に必要な販売額に達しない場合は協議による	
例文027	契約期間条項⑪	83
	◇契約者の一方の随意(discretion; option)で延長できるという規定	
例文028	契約期間条項⑫	84
	◇特許期間満了まで有効とする規定　◇簡略版	
例文029	契約期間条項⑬	84
	◇特許期間満了まで有効とする規定　◇詳細な規定	
例文030	契約期間条項⑭	85
	◇合弁事業会社が存続する限り有効とする規定　◇合弁事業契約等の期間	
例文031	契約期間条項⑮	86
	◇一定期間　◇一方のみが中途解除権を持つ	
例文032	契約期間条項⑯	87
	◇いずれの当事者からも中途解除を認めない　◇ファイナンス・リース契約	
例文033	契約期間条項⑰	88
	◇一定期間の契約　◇期限のある雇用契約	

第3章　一般条項　　　　　　　　　　　　　　　　　　　　　　　　第3節　通知条項

例文034	通知条項①	89
	◇標準的な規定　◇航空書留郵便かファクスを利用する	
例文035	通知条項②	91
	◇通知方法を限定しない	
例文036	通知条項③	92
	◇実際に受領された日と、みなし受領日のいずれか早い日に受領されたとする	
例文037	通知条項④	94
	◇delivery by handを含む簡略版　◇送付後5営業日目に通知されたものとみなす規定	
例文038	通知条項⑤	95
	◇クーリエサービスを書留郵便と同格に扱う、みなし通知規定を置く	
例文039	通知条項⑥	96
	◇電報、海外電報を加えた規定	
	◇実際に受領されたときに通知がなされたとし、みなし規定を置かない規定	
	◇通知の写しを送る規定	

第3章 一般条項　第4節　最終性条項と修正・変更条項

例文040　最終性条項①　　99
◇標準的な表現　◇変更条項を含む

例文041　最終性条項②　　100
◇詳細で丁寧な表現　◇補足・変更・修正条項を含む

例文042　最終性条項③　　101
◇簡潔でやさしい表現　◇修正条項を含む

例文043　最終性条項④　　102
◇フォーマルで丁寧な表現　◇修正・変更条項を含む

例文044　最終性条項⑤　　103
◇契約締結がいかなる表明にもよらないことを規定する

例文045　最終性条項⑥　　104
◇口頭証拠排除の原則　◇parol evidence rule

例文046　最終性条項⑦　　105
◇履行の強制の請求を受けている側の署名のある書面が必要と規定する

第3章 一般条項　第5節　契約譲渡制限条項

例文047　契約譲渡制限条項①　　106
◇標準的な契約譲渡制限条項　◇書面の同意を条件とする

例文048　契約譲渡制限条項②　　108
◇一方のみが譲渡の制限を受ける規定

例文049　契約譲渡制限条項③　　108
◇契約譲渡のみでなく、担保差し入れなども制限する規定

例文050　契約譲渡制限条項④　　109
◇例外を設け、一方は子会社に対して譲渡可能とする規定

例文051　契約譲渡制限条項⑤　　110
◇新会社に譲渡を予定する規定　◇ただし、譲渡契約内容に相手方の同意を得ることを条件とする

例文052　契約譲渡制限条項⑥　　110
◇一方のみが関連会社へ譲渡することができる規定

例文053　契約譲渡制限条項⑦　　111
◇契約譲渡後も、譲渡者が譲受人の履行義務を契約上、履行保証したのと同じ責任を負う
◇下請の場合も同様の義務を負う

例文054　契約譲渡制限条項⑧　　112
◇関連会社への譲渡を認める代わりに条件を付す規定　◇譲渡後も、譲渡人が履行義務を負担する

例文055　契約譲渡制限条項⑨　　113
◇personalな契約であり、譲渡できないと規定する
◇生産委託先のリストを提出する条件つきでライセンス製品を委託生産させることができる

例文056　契約譲渡制限条項⑩　　115
◇personalな契約であることを規定する方法　◇合弁事業の株主間契約の場合

例文057　契約譲渡制限条項⑪　　116
◇特殊規定
◇ライセンス契約等で相手方のオーナーシップ、コントロールが変更した場合に契約を終了させることができる

第3章 一般条項　第6節　契約解除条項

例文058　契約解除条項①　　118
◇標準的な規定　◇公平な解除権を規定する方式　◇解除事由を取り決める

例文059　契約解除条項②　　120

第3章 一般条項

| 例文060 | 契約解除条項③ | 122 |

◇一方のみの解除権を規定する方式
◇公平な規定
◇重大な義務違反の場合など、不履行が30日以内に治癒(是正)されなければ、自動的に解除する

| 例文061 | 契約解除条項④ | 123 |

◇公平な規定
◇重大な義務の違反の場合、30日以内に治癒(是正)しなければ改めて通知により解除する

| 例文062 | 契約解除条項⑤ | 125 |

◇一方が個人のサービス提供契約の場合
◇死亡、連続60日以上のサービス提供不能、詐欺、非行、信用失墜行為など個人特有の解除事由を規定する

| 例文063 | 契約解除条項⑥ | 127 |

◇個人によるサービス提供契約の解除事由
◇サービス提供契約等において病気等で1年90日のサービス提供不能により契約解除、2ヶ月以上の提供不能の場合は、報酬額を半額(50%)に減額すると規定する

| 例文064 | 契約解除条項⑦ | 129 |

◇仲裁に付託された場合の解除の効果延期を規定する　◇一方のみが解除権を有する規定

| 例文065 | 契約解除条項⑧ | 130 |

◇合弁事業等における株主間協定等の解除条項
◇全当事者の合意による解除を最優先し、その他は、破産や重大な契約違反に限る

| 例文066 | 契約解除条項⑨ | 132 |

◇販売店契約等で、相手先が競争者に買収されたときや競争者と提携関係に入ったときに解除できるとする規定

第3章 一般条項　　第7節　不可抗力条項

| 例文067 | 不可抗力条項① | 134 |

◇標準的な規定

| 例文068 | 不可抗力条項② | 135 |

◇不可抗力事態発生時の通知義務　◇金銭債務への不適用　◇不可抗力長期化による解除権

| 例文069 | 不可抗力条項③ | 137 |

◇標準的な規定
◇コンピューターの誤作動・故障や公共通信設備の故障を不可抗力免責事由に加えた規定

| 例文070 | 不可抗力条項④ | 138 |

◇不可抗力事由発生時の対応のため協議することを規定する

| 例文071 | 不可抗力条項⑤ | 139 |

◇不可抗力の定義を置いて規定する方法　◇金銭支払債務への不適用を規定する

| 例文072 | 不可抗力条項⑥ | 140 |

◇標準的な規定

第3章 一般条項　　第8節　準拠法条項

| 例文073 | 準拠法条項① | 142 |

◇日本法を準拠法とする規定

| 例文074 | 準拠法条項② | 143 |

◇日本法を準拠法とする規定　◇簡潔版

| 例文075 | 準拠法条項③ | 143 |

◇カリフォルニア州法を準拠法とする規定
◇法の抵触のルールは排除し、カリフォルニア州の実体法を適用する

| 例文076 | 準拠法条項④ | 144 |

◇ニューヨーク州法を準拠法とする規定

	◇法の抵触のルールを考慮せず、ニューヨーク州法を適用する	
例文077	準拠法条項⑤	145
	◇ニューヨーク州法を準拠法とする規定　◇標準的な規定	
例文078	準拠法条項⑥	145
	◇フランス法を準拠法とする規定	
例文079	準拠法条項⑦	146
	◇英国法を準拠法とする規定　◇適用法選択のルールには関わりなく適用	
例文080	準拠法条項⑧	146
	◇英国法を準拠法とする規定　◇簡潔版	
例文081	準拠法条項⑨	147
	◇カリフォルニア州法を準拠法とする規定　◇実体法を準拠法とする	
例文082	準拠法条項⑩	147
	◇豪州ニューサウスウェールズ州法を準拠法とする規定	
	◇ニューサウスウェールズ州の裁判所を非専属的な裁判管轄とする合意	
例文083	準拠法条項⑪	148
	◇設立する合弁事業会社の運営は会社設立国の会社法による	
	◇ニューヨーク市の連邦裁判所の専属的裁判管轄と合意する	
例文084	準拠法条項⑫	149
	◇カリフォルニア州法を準拠法とする規定	
	◇UNCITRALの国連物品売買統一法条約の適用排除を規定する	
例文085	準拠法条項⑬	150
	◇英語版が他の言語版に優先するとする規定	
	◇法の抵触のルールと国連物品売買統一法条約の適用を排除する	
例文086	準拠法条項⑭	151
	◇起草者が誰かによって一方に有利に、あるいは不利に解釈されないというルールを規定する	
例文087	準拠法条項⑮	152
	◇日本法を準拠法とする規定　◇成立・有効性・解釈・履行及び個別契約に適用する	
例文088	準拠法条項⑯	152
	◇個別契約にも適用する　◇東京地方裁判所の専属管轄とする	
例文089	準拠法条項⑰	153
	◇マサチューセッツ州法を準拠法とする規定　◇英語版を正式なテキストと定める	

第9節　紛争解決条項

例文090	仲裁条項①	155
	◇日本で仲裁をおこなうことを規定	
例文091	仲裁条項②	156
	◇ジュネーブを仲裁地とする規定　◇第三国を仲裁地として合意する	
	◇UNCITRAL仲裁規則による	
例文092	仲裁条項③	156
	◇ロンドンでの仲裁を規定　◇ロンドン国際仲裁裁判所による仲裁	
例文093	仲裁条項④	157
	◇ニューヨークでの仲裁を規定　◇AAAルールによる仲裁	
例文094	仲裁条項⑤	158
	◇サンフランシスコで仲裁と規定　◇ICCルールによる単独仲裁人の仲裁	
例文095	仲裁条項⑥	159
	◇ニューヨークでの仲裁を規定　◇UNCITRALルールによる　◇仲裁費用の負担を規定する	
例文096	仲裁条項⑦	161
	◇サンフランシスコでの仲裁とする規定	
	◇当初単独の仲裁人を予定するが、当事者で選任できないときは3名の仲裁人による仲裁とする	

第3章 一般条項

例文097	仲裁条項⑧	162

◇被告地（被申立人）主義を規定　◇パリと東京を仲裁地とする　◇ICCルールによる

例文098	仲裁条項⑨	163

◇被告地主義の仲裁を規定　◇東京とサンフランシスコを仲裁地とする
◇東京での仲裁には日本の日本商事仲裁協会規則を適用し、サンフランシスコでの仲裁にはAAAルールを適用する

例文099	仲裁条項⑩	164

◇当事者のどちらが原告かにより仲裁地を取り決める

例文100	仲裁条項⑪	165

◇仲裁人の選任手続きを詳細に規定
◇もし被告側が仲裁人を指名しないときは、申立人側指定の仲裁人が単独で仲裁裁定すると規定する

例文101	仲裁条項⑫	167

◇仲裁人選任手続きを規定
◇3名の仲裁人を指定する。当事者が仲裁人を指名しないときは、仲裁機関が代わって指定すると規定する
◇仲裁費用は両者均等に負担する

例文102	仲裁条項⑬	168

◇仲裁人の権限を規定する　◇仲裁人には、懲罰的損害賠償を言い渡す権限のないことを規定する

例文103	仲裁条項⑭	169

◇仲裁人の権限を規定する　◇ディスカバリーの権限と中間差止命令を出す権限を規定する

例文104	仲裁条項⑮	170

◇仲裁人の権限につき規定する　◇差止命令などの救済命令と特定履行を命ずる権限を規定する
◇仲裁の理由を説明するよう規定する

例文105	仲裁条項⑯	171

◇予定した仲裁機関・ルールが、紛争発生時に消滅している場合の対応
◇特定の業界の仲裁機関などが消滅した場合、他の仲裁機関・ルールによる仲裁によると規定する

例文106	仲裁条項⑰	172

◇仲裁条項にかかわらず、裁判手続きを取ることができる例外を規定
◇ライセンス契約の違反に対し、裁判所に使用差止仮処分の申し立てを認める

例文107	仲裁条項⑱	173

◇仲裁条項にかかわらず、裁判手続きを取ることができる例外を規定
◇自己所有物件の仮差押手続き等を認める

例文108	裁判管轄合意条項①	174

◇東京地方裁判所の裁判管轄に合意する　◇非専属裁判管轄とすることに合意する

例文109	裁判管轄合意条項②	175

◇東京地方裁判所の裁判管轄に合意する　◇専属管轄とすることに合意する

例文110	裁判管轄合意条項③	175

◇管轄権のある裁判所から差止命令等の救済を得られることを明確にする
◇専属裁判管轄と規定する

例文111	裁判管轄合意条項④	176

◇ニューヨーク州の裁判所の裁判管轄権を規定する

例文112	裁判管轄合意条項⑤	177

◇簡潔な管轄合意の表現

第3章 一般条項　　第10節 権利放棄条項

例文113	権利放棄条項①	178

◇標準的な条項

例文114	権利放棄条項②	178

◇権利放棄は書面でなされなければならないと規定する

| 例文115 | 権利放棄条項③ | 179 |

◇一方のみが権利放棄の主張につき制限を受ける　◇書面による放棄が必要と規定する

| 例文116 | 権利放棄条項④ | 180 |

◇一定期間、履行請求しなかったとしても、履行請求する権利を放棄したわけではないと規定する

| 例文117 | 権利放棄条項⑤ | 181 |

◇契約違反に対する請求や要求をしなかったことは、その後の同種の請求や要求を妨げないと規定する

| 例文118 | 権利放棄条項⑥ | 181 |

◇標準的な規定　◇契約条項違反に対する遵守要求の不存在は、権利の放棄を意味しないと規定

第3章　一般条項　　第11節　当事者の関係条項

| 例文119 | 当事者の関係条項① | 183 |

◇標準的な条項　◇当事者は独立しており、代理・パートナーシップ関係にないと規定する

| 例文120 | 当事者の関係条項② | 184 |

◇販売店契約、ライセンス契約等での標準的な条項

◇パートナー、ジョイントベンチャーのメンバー同士でないこと、他の当事者を代理しないことを規定する

| 例文121 | 当事者の関係条項③ | 184 |

◇株主間契約等での標準的な条項

◇代理関係にないこと、他の当事者のために債務を負う権限がないことを規定する

| 例文122 | 当事者の関係条項④ | 185 |

◇標準的な条項

◇互いに独立した契約者であること、パートナー・ジョイントベンチャー関係、当事者関係にないこと、互いに相手を代理しないことを規定する

| 例文123 | 当事者の関係条項⑤ | 186 |

◇販売店契約、代理店契約、ソフトウエア販売ライセンス代理店契約等

◇一方を相手方当事者の支店・事務所・従業員などが代理しないことを規定する

| 例文124 | 当事者の関係条項⑥ | 187 |

◇関係会社も含め、パートナーシップ、ジョイントベンチャー、代理関係がないことを規定する

第3章　一般条項　　第12節　無効規定の分離可能性条項

| 例文125 | 無効規定の分離可能性条項① | 189 |

◇標準的な条項　◇ある条項が無効になっても、他の条項に影響を与えないと規定する

| 例文126 | 無効規定の分離可能性条項② | 190 |

◇一部の規定の無効・強制執行不可能性は、他の規定に影響を与えないと規定する

| 例文127 | 無効規定の分離可能性条項③ | 190 |

◇一部の規定が無効・強制執行不可能でも、その規定が重要でない限り、契約は存続とする

| 例文128 | 無効規定の分離可能性条項④ | 191 |

◇取引バランスが著しく変化しない限り、残りの規定は有効とする

| 例文129 | 無効規定の分離可能性条項⑤ | 192 |

◇一部の規定が無効になっても、他の規定の有効性、合法性、強制執行可能性に影響を与えないと規定する

| 例文130 | 無効規定の分離可能性条項⑥ | 193 |

◇現地法と抵触の場合、現地法への適合を優先させると規定する

◇他の規定への影響を最小限にとどめ、解釈する

| 例文131 | 無効規定の分離可能性条項⑦ | 194 |

◇有効部分だけの契約では不公正・不均衡になる場合を除き、存続させると規定する

第3章　一般条項　　第13節　秘密保持条項

| 例文132 | 秘密保持条項① | 196 |

第3章 一般条項 **1177**

	◇履行中に知った相手方の秘密情報を互いに秘密として保持する義務を規定する	
例文133	秘密保持条項②	197
	◇ソフトウエア・ライセンス契約、トレードシークレット開示使用許諾契約、フランチャイズ契約、著作権ライセンス契約等での規定	
	◇ライセンシーの秘密保持義務を規定する	
例文134	秘密保持条項③	199
	◇簡潔な秘密保持条項	
例文135	秘密保持条項④	199
	◇相手の情報を互いに秘密に保持すると規定する　◇秘密保持対象外のケースを列挙する	
	◇秘密保持義務は契約終了後5年間存続する	
例文136	秘密保持条項⑤	201
	◇ソフトウエア・ライセンス契約等で、ライセンシーの秘密保持義務を規定する	
例文137	プレスリリース①	203
	◇相手方の事前了解を取ることを規定する	
例文138	プレスリリース②	203
	◇相手方の事前了解を取ることを規定する	
	◇証券取引法等の法律に基づき開示が要求されている場合は例外とする	
例文139	プレスリリース③	204
	◇相手方の事前了解を取ることを規定する　◇法または当局の要求がある場合は開示を認める	

第3章 一般条項　　第14節 損害賠償の制限条項

例文140	損害賠償の制限条項①	205
	◇標準的な条項　◇売買契約、ライセンス契約、サービス提供契約等での規定	
	◇売主、ライセンサー、サービス提供者の賠償金額は、契約価格で受領した合計金額を超えない	
	◇付随的損害、派生的損害には責任を負わない	
例文141	損害賠償の制限条項②	206
	◇重大な契約違反の場合も、契約を解除せずに賠償を請求できると規定する	
	◇派生的損害、間接的損害については賠償しないと規定する	
例文142	損害賠償の制限条項③	207
	◇ソフトウエア販売契約、ライセンス契約等で、受領したロイヤルティ金額を上限にすると規定する	
	◇直接的損害も免責とする規定	
例文143	損害賠償の制限条項④	208
	◇販売契約、サービス提供契約などで商品・サービス代金額を限度と規定する	
	◇不法行為、過失等の賠償も合わせて限度額を規定する	
	◇特別損害、派生的損害等の賠償の免責を規定する	
例文144	損害賠償の制限条項⑤	209
	◇ソフトウエア販売店契約などでの規定　◇損害賠償額限度をそれぞれのソフトウエアの価格とする	
	◇付随的損害、派生的損害等については免責とする	

第3章 一般条項　　第15節 タックス条項

例文145	タックス条項①	211
	◇標準的な規定　◇売買契約、販売店契約等独立した関係の場合	
	◇それぞれの税法によって課税された当事者が税法に従って支払い、負担すると規定	
例文146	タックス条項②	213
	◇価格をネットベースで取り決め、税金が賦課されたときは支払者が負担し、最終的な受け取りがネットベースになるよう、グロスアップすることを規定する	
例文147	タックス条項③	214
	◇ライセンス契約で、ロイヤルティを日本側から(租税条約を締結している)外国向けに送金する際に、源泉徴収することを規定	

◇日本の税務当局から取りつけた納税証明を送付することを規定

例文148 タックス条項④ 216
◇ソフトウエア販売店契約等で、源泉徴収税が課税されるときは、販売店が支払うとする
◇ロイヤルティの金額が、あたかも源泉徴収がなかったときに受け取る金額と同額となるよう増額(グロスアップ)すると規定

例文149 タックス条項⑤ 217
◇ソフトウエア・ライセンス契約等で、ライセンサーがライセンシーの国で課せられた源泉徴収税を負担すると規定する
◇ライセンシーは、当局の納税証明書をライセンサーに送付する

例文150 タックス条項⑥ 218
◇ソフトウエア・ライセンス契約等で、ライセンサーがライセンシーの国で課せられた源泉徴収税を負担すると規定する
◇ライセンシーは、当局の納税証明書をライセンサーに送付する

例文151 タックス条項⑦ 219
◇ソフトウエア・ライセンス契約等で、ライセンサーがライセンシーの国で課せられた源泉徴収税を負担すると規定する
◇ライセンシーは、当局の納税証明書をライセンサーに送付する

例文152 タックス条項⑧ 220
◇源泉徴収税が課せられた場合、税率の半分の率を契約金額に掛けて契約金額を増額する

第3章 一般条項　第16節 タイム・イズ・オブ・エッセンス条項

例文153 タイム・イズ・オブ・エッセンス条項① 221
◇簡単な規定

例文154 タイム・イズ・オブ・エッセンス条項② 222
◇当事者の一方による債務の支払い期限ならびに他の義務の履行期限が重要な条件であると規定する

第3章 一般条項　第17節 見出し条項

例文155 見出し条項① 223
◇簡明な標準的フォーム

例文156 見出し条項② 223
◇丁寧な表現

例文157 見出し条項③ 224
◇丁寧な表現

第3章 一般条項　第18節 副本条項

例文158 副本条項① 226
◇標準的なフォーム

例文159 副本条項② 227
◇標準的なフォーム

第3章 一般条項　第19節 存続条項

例文160 存続条項① 228
◇秘密保持と仲裁の規定を存続させる

例文161 存続条項② 229
◇どのような理由による契約終了でも存続するとの規定

第3章 一般条項　第20節 第三者利益条項

例文162 第三者利益条項① 230
◇契約は当事者間のものであると規定する　◇第三者に利益を付与することを意図していない

例文163	第三者利益条項②		231
	◇契約当事者を具体的に規定する　◇第三者に利益を付与することを意図していない		

第3章 一般条項　第21節 ハードシップ条項

例文164	ハードシップ条項		232
	◇簡明な標準的フォーム		

第3章 一般条項　第22節 贈賄禁止条項

例文165	贈賄禁止条項		234
	◇簡明な標準的フォーム		

第3章 一般条項　第23節 相殺条項

例文166	相殺条項①		236
	◇クレーム請求額で、商品代金を相殺してはならないと規定する		
例文167	相殺条項②		237
	◇相殺を制限する条項		
例文168	相殺条項③		238
	◇相殺の対象を拡大する規定		
	◇相手方が不履行に陥ったとき、同じ相手方への他の契約の債務との相殺ができる		
	◇相手方の関連会社等と当方との間の契約に基づく相手方の当方への債務と相殺できる		

第3章 一般条項　第24節 国家主権免責放棄条項

例文169	国家主権免責放棄条項		239
	◇簡明な標準的フォーム		

第4章 売買契約　第2節 基本的条件　第1款 商品の限定、品質条件

例文170	売買の合意条項		244
	◇商品名は別の条項で規定する		
例文171	商品の仕様条項		245
	◇添付別表で商品の仕様を規定する		
例文172	見本売買条項		246
	◇商品は船積み前に提供される見本と一致すると規定する		

第4章 売買契約　第2節 基本的条件　第2款 価格条項

例文173	価格条項①		248
	◇CIF条件の場合の規定		
例文174	価格条項②		249
	◇初年度の取り決め（添付別表による）　◇2年度以降は協議して決めると規定する		
例文175	価格条項③		250
	◇初年度の価格のみを取り決める添付別表　◇ハードシップ条項つき		
例文176	価格条項④		251
	◇固定価格（fixed price）とする規定		

第4章 売買契約　第2節 基本的条件　第3款 数量条項

例文177	数量条項①		252
	◇各年度の引き渡し数量を規定する		
例文178	数量条項②		253
	◇四半期ごとの最低引き取り数量を規定する		

第4章 売買契約 / 第2節 基本的条件 — 第4款 引き渡し条項

例文179　引き渡し条項①　　255
◇船積時期を規定する　◇CIF条件とする

例文180　引き渡し条項②　　255
◇船積時期を規定する　◇FOB条件とする

例文181　引き渡し条項③　　257
◇分割船積み・積み替え不可と規定する　◇船積み時期は重要条件と規定する
◇買主に有利な、買主の立場に立った約款。FOB、CIFいずれのケースでも買主を守る規定

例文182　引き渡し条項④　　259
◇期間内の船積みは船腹の確保を条件とする　◇分割船積みを認める
◇売主に有利な、売主の立場に立った約款

第4章 売買契約 / 第2節 基本的条件 — 第5款 代金支払条項

例文183　代金支払条項①　　261
◇荷為替信用状による決済　◇呈示すべき船積書類を詳細に列挙する　◇信用状の有効期限を規定

例文184　代金支払条項②　　263
◇売主の銀行口座へ電信送金により決済する方法を規定する
◇支払い遅延については、遅延利息の支払いを規定する

例文185　代金支払条項③　　265
◇売主の銀行口座へ電信送金により決済する方法を規定する　◇支払い地の銀行を指定する

例文186　代金支払条項④　　267
◇商品引き渡し後支払い。請求書受領後、30日以内に支払うと規定する
◇商品のみでなく、サービスの提供に対する支払いも規定する

例文187　代金支払条項⑤　　268
◇契約締結当初6ヶ月間は、支払いと引き換えに商品を引き渡す条件とし、以降は買主の信用状態により、売主の判断で一定の限度枠まで、引き渡し後30日以内の支払いとすることがある

例文188　代金支払条項⑥　　269
◇販売店契約、長期売買契約、売買基本契約等　◇金額が大きいとき、信用状ベースで支払う
◇金額が小さいとき、注文時に支払うと規定する

例文189　代金支払条項⑦　　271
◇金額が小さいとき、売主の請求書送付の翌月の20日までに電信送金で支払うとし、金額が大きいときは、荷為替信用状を開設して支払うと規定する

例文190　代金支払条項⑧　　273
◇ソフトウエア製品など航空便による引き渡しがなされる売買契約等の規定
◇航空貨物運送状の日付けから一定期間内に電信送金で支払うと規定する

例文191　代金支払条項⑨　　274
◇支払い期日の指定時間までにロンドンの売主の指定銀行口座に支払うと規定する

例文192　代金支払条項⑩　　275
◇支払い期日に売主の指定銀行口座に支払うと規定する
◇銀行口座は複数のケースがありうるものとし、銀行と口座番号は、支払い日の10日前までに連絡される
◇銀行の所在地の国、都市は限定がない

第4章 売買契約 / 第2節 基本的条件 — 第6款 保険条項

例文193　保険条項①　　277
◇CIF条件による売主の立場に立った規定

例文194　保険条項②　　278
◇FOB売買など買主付保の場合の規定

第4章 売買契約

例文195	保険条項③		279
	◇CIF条件による買主の立場に立った規定		
例文196	保険条項④		279
	◇CIF条件による買主の立場に立ってAll Risksを規定する		

第4章 売買契約 第3節 特殊条項 — 第1款 所有権・危険負担の移転時期

例文197	危険負担と所有権の移転時期①		281
	◇船積港で積み荷が本船に積み込まれた時点で買主に移転する		
例文198	危険負担と所有権の移転時期②		282
	◇リスクは船積港で本船に積み込まれた時点で移転する		
	◇所有権は本製品代金の決済完了まで売主に留保されると規定する（債権回収の手段）		
例文199	危険負担と所有権の移転時期③		283
	◇船積書類・手形の買い取り銀行への提出・買い取りにより、所有権が船積み時に遡及して移転する		
	◇リスクは船積港で積み荷が本船に積み込まれた時点で移転する		
例文200	危険負担と所有権の移転時期④		284
	◇石油・石油製品の売買契約に使用される規定		
例文201	危険負担と所有権の移転時期⑤		285
	◇ソフトウエア製品売買契約のリスクの移転時期の規定		
	◇リスクは、売主の工場でFOB条件（米国の用語）で運送者に引き渡したときに買主に移転		
	◇知的財産の権利者の地位は売主に残るという考え方のため、買主に対する所有権移転時期は規定しない		

第4章 売買契約 第3節 特殊条項 — 第2款 商品の保証（担保）・瑕疵担保に関する条項

例文202	保証・担保条項①		286
	◇売主から限定的な保証をおこない、黙示保証を排除する規定		
例文203	保証・担保条項②		288
	◇買主の立場に立った保証規定　◇商品性があること、購入目的への適合性を規定		
例文204	保証・担保条項③		289
	◇自社製品でない場合　◇売主が原則として保証せず、他社（メーカー）の保証を提供するだけの場合		
例文205	保証・担保条項④		289
	◇他社からの調達品の保証の与え方　◇メーカー・供給者から受けた保証のみを提供と規定する		
例文206	保証・担保条項⑤		290
	◇素材・製造技術の瑕疵の修理、一定期間の交換保証を与える規定		
	◇売主は製品につき、素材と製造技術面で欠陥がないことを保証		
例文207	保証・担保条項⑥		292
	◇売主にもっとも有利な規定　◇「現状有姿」で引き渡す条件を規定する		
例文208	保証・担保条項⑦		294
	◇ソフトウエア製品、商品等の販売契約・販売店契約・長期契約等の場合		
	◇保証範囲を極力限定して規定する　◇仕様への適合性と商標権の保有について保証する		
	◇商品性・目的への適合性等、黙示保証を否定する		
	◇第三者の知的財産権の不侵害の黙示保証を排除する		

第4章 売買契約 第3節 特殊条項 — 第3款 商標・特許・著作権等知的財産に関する条項

例文209	特許、商標等条項①		296
	◇売主の立場に立った規定　◇売主は仕向地（輸入者の国）の知的財産権侵害につき免責される		
	◇売主の国内での知的財産権の侵害についてのみ責任を負担する		
例文210	特許、商標等条項②		298
	◇買主の立場に立った規定　◇買主免責。売主が全面的な責任を負担する		
例文211	特許、商標等条項③		299

◇売主が一定範囲で相手国での買主の使用による特許権等の侵害の責任を負担する

第4章 売買契約 / 第3節 特殊条項 / 第4款 商品の検査、救済の方法に関する条項

例文212 検査条項① …302
◇第三者検査人による船積み前の検査で最終と規定する

例文213 検査条項② …302
◇原則、船積み前のメーカー検査で最終とする　◇買主による船積み前検査権の留保を規定する

例文214 検査条項③ …303
◇買主に有利な規定　◇仕向地到着後の買主検査を最終と規定する

例文215 クレームと救済に関する条項① …305
◇売主の立場に立った規定　◇クレームと救済の方法を規定する
◇契約違反の賠償責任の限度額を規定する

例文216 クレームと救済に関する条項② …306
◇売主の立場に立った規定　◇救済方法、売主の責任の限定をおこなう

例文217 クレームと救済に関する条項③ …308
◇買主の立場に立った規定　◇クレームの提起は、瑕疵の発見後遅滞なくおこなうと規定する
◇損害賠償額に限度を規定しない
◇瑕疵のある商品について、買主が代品を購入し、その購入価格・費用を売主に請求できると規定する

第4章 売買契約 / 第3節 特殊条項 / 第5款 テイク・オア・ペイ条項

例文218 テイク・オア・ペイ条項 …310
◇標準的な条項（「引き取るか、さもなければ支払え」）
◇引き取る義務のある数量については、代金支払いの義務が発生する

第4章 売買契約 / 第3節 特殊条項 / 第6款 ファースト・リフューザル・ライト条項

例文219 ファースト・リフューザル・ライト条項 …312
◇簡単な仕組みの規定

第5章 ライセンス契約 / 第2節 ライセンス契約の主要条項 / 第1款 前文とリサイタル条項

例文220 前文とリサイタル条項① …320
◇特許・営業秘密ライセンス契約での場合　◇斬新なスタイル

例文221 前文とリサイタル条項② …321
◇ソフトウエア著作権ライセンス契約の場合
◇一定地域における独占的なライセンス・ディストリビューション権を付与、取得する場合

例文222 リサイタル条項① …323
◇ソフトウエア・プログラムの使用許諾契約に関わる非独占的な権利を許諾する場合
◇第三者が開発し、著作権を保有しているソフトウエアの使用許諾契約

例文223 リサイタル条項② …324
◇商標ライセンスにおけるリサイタル条項　◇独占的な使用許諾を認める規定
◇サブライセンシーを添付書類にリストアップする

第5章 ライセンス契約 / 第2節 ライセンス契約の主要条項 / 第2款 定義条項

例文224 定義条項① …325
◇「技術情報」を含むライセンスの用語の定義

例文225 定義条項② …327
◇"Proprietary Rights"という用語を定義する

例文226 定義条項③ …328
◇許諾地域の定義を置く　◇国名を列挙し、許諾地域を規定する

例文227 定義条項④ …329

		◇許諾地域の定義を国名列挙でおこなう　◇事後に許諾地域を拡大・追加できるように規定する	
例文228	定義条項⑤		330
		◇「商標」の定義をおこなう	
例文229	定義条項⑥		331
		◇ソフトウエア・ライセンス契約で「許諾製品」を定義する	
例文230	定義条項⑦		332
		◇商標ライセンスで許諾製品を定義する	
例文231	定義条項⑧		333
		◇「技術情報」の定義をおこなう	
例文232	定義条項⑨		334
		◇関連会社とは、取締役を選任する議決権つき株式の過半数を直接・間接に保有する会社等と規定する	
		◇"related company"を"subsidiary"に置き換えれば「子会社」の定義として使うことができる	
例文233	定義条項⑩		335
		◇「子会社」の定義条項　◇株式を50％保有の場合も「子会社」とする	

第5章　ライセンス契約
第2節　ライセンス契約の主要条項

第3款　ライセンス許諾条項

例文234	ライセンス許諾条項①		337
		◇知的財産の実施許諾条項	
		◇特許、ノウハウなどの技術の実施権許諾と独占的実施権を丁寧に規定する	
例文235	ライセンス許諾条項②		338
		◇営業秘密について独占的な使用許諾を規定する	
例文236	ライセンス許諾条項③		339
		◇営業秘密について非独占的ライセンスを規定する	
例文237	ライセンス許諾条項④		340
		◇再許諾条項　◇事前に通知をすることで再許諾できると規定する	
例文238	ライセンス許諾条項⑤		341
		◇ライセンシーの関連会社に再許諾できると規定する	
例文239	ライセンス許諾条項⑥		342
		◇第三者に対するサブライセンスをライセンサーの同意なしにおこなうことを禁止する	
例文240	ライセンス許諾条項⑦		343
		◇サブライセンシーを起用したいときは、事前にサブライセンシーのプロフィールやサブライセンス契約の概要を提示、同意を得ると規定する	
例文241	ライセンス許諾条項⑧		345
		◇サブライセンス契約のフォームをあらかじめライセンサーが指定して契約書に添付する	
		◇ライセンス契約の終了時は、ライセンサーがライセンシーに代わってビジネスを引き継ぐ	
		◇ライセンシーはライセンサーに対し、サブライセンス契約書の写しを提出する	
例文242	ライセンス許諾条項⑨		347
		◇コンピューター・プログラムの独占的なライセンスを規定する	
		◇許諾地域外でのライセンシーの活動を制限する	
例文243	ライセンス許諾条項⑩		348
		◇コンピューター・ソフトウエアの非独占的・限定的ライセンスを規定	
		◇ライセンシーの社内使用のみとする	
例文244	ライセンス許諾条項⑪		349
		◇コンピューター・ソフトウエア・ライセンスでエンド・ユーザー向け独占的販売、マーケティングの許諾を規定	
		◇ただし特定のユーザーについては対象外	
		◇日本を本拠とする多国籍企業は販売、設置の対象に加える	
例文245	ライセンス許諾条項⑫		351
		◇テレビ番組・映画の放映権の許諾を規定する	

例文246	ライセンス許諾条項⑬	352
	◇映像ソフトウエアのライセンス契約	
	◇マスターテープを渡してその複製を許諾する独占的ライセンスを規定する	
例文247	ライセンス許諾条項⑭	353
	◇映像ソフトウエアのライセンス契約	
	◇テレビ放映権のライセンス。地上波、ケーブル放送での放映を含むが、衛星放送での放映を除くと規定する	
例文248	ライセンス許諾条項⑮	354
	◇キャラクター・マーチャンダイジングの使用許諾を規定する	
	◇広告及び販売促進計画につき承認を得ると規定する	
例文249	ライセンス許諾条項⑯	355
	◇販売許諾地域以外での許諾製品の生産を認める　◇ダイレクトマーケティングも認める規定	
例文250	ライセンス許諾条項⑰	358
	◇ライセンシー以外の第三者に生産のみの委託は認めるが、生産地は許諾地域に限定	
	◇許諾製品の販売に特化した専門知識を持つ人員による販売	
	◇名声に響く値引き販売を認めない	
	◇メールオーダーなどダイレクトマーケティングによる販売を認めない	
	◇広告宣伝でライセンサーとライセンシーのブランドを明確に区別し、混乱を生じさせない	
例文251	ライセンス許諾条項⑱	362
	◇キャラクター・マーチャンダイジングの使用許諾を規定する	
	◇イメージ・キャラクターとしてサービス提供への使用を認める	
例文252	ライセンス許諾条項⑲	362
	◇製品の販売につき契約終了後も長期間にわたり輸出を制限する規定	
	◇ライセンサーの許諾地域へのブーメラン現象禁止条項	

第5章　ライセンス契約
第2節　ライセンス契約の主要条項

第4款　ロイヤルティ条項

例文253	ロイヤルティ条項①	365
	◇1回限りのロイヤルティの支払いを規定する	
例文254	ロイヤルティ条項②	365
	◇イニシャル・ロイヤルティの支払いを規定する	
例文255	ロイヤルティ条項③	366
	◇イニシャル・ロイヤルティの支払条件を規定する	
例文256	ロイヤルティ条項④	367
	◇ランニング・ロイヤルティの支払条件を純販売額の一定率と規定する	
	◇ミニマム・ロイヤルティを規定する	
例文257	ロイヤルティ条項⑤	368
	◇純販売額の定義を規定する	
例文258	ロイヤルティ条項⑥	369
	◇総販売額を基準にランニング・ロイヤルティを支払うと規定する	
	◇ライセンシーは1暦年ごとに販売に基づくロイヤルティ額を記載した計算書をライセンサー宛てに送付すると規定する	
	◇ライセンサーはロイヤルティ額の正確さを判定するために計算書を検査できる	
例文259	ロイヤルティ条項⑦	372
	◇純販売額の2％をロイヤルティとして支払う	
	◇特許の使用料は、許諾対象の各特許権の有効期間満了による特許権の消滅とともに支払い不要となるものとする	
例文260	ロイヤルティ条項⑧	374
	◇1年ごとにロイヤルティを計算し、期初から90日以内に計算書を送付し、支払うことを規定する	
例文261	ロイヤルティ条項⑨	375

	◇ソフトウエア著作権、商標、トレードシークレット・ライセンス等での規定	
	◇販売額にかかわらず年度ごとの率を規定する	
例文262	ロイヤルティ条項⑩	376
	◇ライセンス契約で純卸売販売額(net wholesale price)の定義を規定する	
例文263	ロイヤルティ条項⑪	377
	◇純販売額(net sales price)を定義する	
	◇どのような範囲の関連会社向け売り上げを「アームズレングス販売価格」にするか規定する	
	◇ライセンサーによる帳簿検査権を規定	
例文264	ロイヤルティ条項⑫	379
	◇許諾製品の純販売額を基礎として、販売個数に応じた段階的なレートでロイヤルティ額を取り決める方法を取る	
	◇関連会社との取引価格をアームズレングス・プライスに引き直す	
例文265	ロイヤルティ条項⑬	381
	◇ミニマム・ロイヤルティを規定する　◇毎年のミニマム・ロイヤルティ額を定額で規定する	
	◇ミニマム・ロイヤルティは年間ランニング・ロイヤルティに充当されると規定する	
例文266	ロイヤルティ条項⑭	383
	◇ミニマム・ロイヤルティはランニング・ロイヤルティから差し引く	
例文267	ロイヤルティ条項⑮	384
	◇ライセンス契約で販売額が一定金額を超えたときは、ミニマム・ロイヤルティに加え、ランニング・ロイヤルティを支払う	
	◇ブランド・技術情報のライセンスとして規定する	
例文268	ロイヤルティ条項⑯	385
	◇ソフトウエア・ライセンス等で、一定額のロイヤルティを1回のみ支払うと規定する	
例文269	ロイヤルティ条項⑰	386
	◇ソフトウエア・ライセンス、映像著作物のライセンスで、一定額一括払いを規定する	
例文270	ロイヤルティ条項⑱	387
	◇ミニマム・ロイヤルティを年額ベースで年2回、前払いで支払うことを規定する	
例文271	ロイヤルティ条項⑲	388
	◇キャラクター・マーチャンダイジング・ライセンスに対する年額ロイヤルティの支払いを規定する	
例文272	ロイヤルティ条項⑳	389
	◇ソフトウエア・ライセンス、キャラクター・マーチャンダイジング契約で、イニシャル・ペイメントの支払いを規定する	
例文273	ロイヤルティ条項㉑	389
	◇数年にわたる年額ミニマム・ロイヤルティと支払方法を規定する	
例文274	ロイヤルティ条項㉒	391
	◇ライセンス契約でロイヤルティの送金方法(電信送金)を規定する	
例文275	ロイヤルティ条項㉓	391
	◇小数点以下の数値を使ってロイヤルティを規定する	
	◇マスター・ライセンシーは、契約発効時にイニシャル・フィーを支払う	
	◇イニシャル・フィーに追加して、総売上高の一定率のロイヤルティを支払う	
	◇定期的なロイヤルティ率見直し協議について規定する	
例文276	ロイヤルティ条項㉔	393
	◇電信送金による銀行口座への振り込みによると規定する	
例文277	ロイヤルティ条項㉕	394
	◇ロイヤルティ送金にともなう源泉徴収と支払い証明書の送付を規定する	

第5章　ライセンス契約
第2節　ライセンス契約の主要条項　　　　　　　　　　第5款　**最優遇条項**

例文278	最優遇条項①	395
	◇最優遇条件によるキャラクター・商標ライセンスを規定する	

| 例文279 | 最優遇条項② | 397 |

◇最優遇条件でのトレードシークレットやソフトウエアのライセンスを規定する

| 例文280 | 最優遇条項③ | 397 |

◇最優遇条項の適用にあたっての有利条件の判断基準を規定する
◇最優遇条項を適用するにあたっては、遡及効果はない
◇最優遇条項を適用しない合理的事由を列挙する

第5章 ライセンス契約 / 第2節 ライセンス契約の主要条項 / 第6款 技術情報・営業秘密の開示

| 例文281 | 技術情報・営業秘密の開示① | 399 |

◇技術情報の開示を規定する　◇技術情報を書面化し、その使用言語を規定する
◇契約締結後一定期間内に開示する
◇ライセンシーの要請があるときは改良情報も提供すると規定する

| 例文282 | 技術情報・営業秘密の開示② | 401 |

◇トレードシークレット・秘密情報を一定期限内に開示、提供する

| 例文283 | 技術情報・営業秘密の開示③ | 402 |

◇改良情報は随時提供する　◇提供の仕方については両者で定める

第5章 ライセンス契約 / 第2節 ライセンス契約の主要条項 / 第7款 技術指導

| 例文284 | 技術指導① | 404 |

◇ライセンサーの技術者を派遣して指導をおこなう
◇派遣先はライセンシーだが、ライセンシーが指定したサブライセンシーへの派遣も認める
◇指導期間と指導員の人数の量的限界を「人日」で規定する

| 例文285 | 技術指導② | 405 |

◇派遣されたライセンサーの技術者の渡航費用・宿泊の負担を取り決める
◇アブセンス・フィーの支払いと、金額等を取り決める

| 例文286 | 技術指導③ | 407 |

◇派遣されるライセンサーのエンジニアの人員、派遣日数は別途取り決める

| 例文287 | 技術指導④ | 408 |

◇ライセンシー人員のライセンサー工場見学・訪問受け入れを規定する
◇訪問の期間、方法等は別途取り決めるとする

| 例文288 | 技術指導⑤ | 409 |

◇ライセンシーのトレーニングを、ライセンサー施設に受け入れて実施すると規定する

| 例文289 | 技術指導⑥ | 410 |

◇ライセンシーからのライセンサーへの人員派遣による訓練は、すべてライセンシー負担

| 例文290 | 技術指導⑦ | 411 |

◇技術者の指導のための派遣費用は、ライセンシーが負担すると規定する
◇ライセンサーから派遣される技術者の渡航は、ビジネスクラスとすると規定する

| 例文291 | 技術指導⑧ | 412 |

◇派遣技術者に対する受け入れ側の提供する業務遂行環境・サービスを規定する
◇派遣技術者1人につき、1日あたり定額のアブセンス・フィーを支払うと規定する

| 例文292 | 技術指導⑨ | 414 |

◇技術者の現地での待遇について具体的に規定する　◇サービス提供時間を1日あたりで決める
◇滞在する住環境、事務室などの提供を規定する

第5章 ライセンス契約 / 第2節 ライセンス契約の主要条項 / 第8款 ライセンス許諾の表示

| 例文293 | ライセンス許諾の表示① | 416 |

◇ライセンス許諾の事実を許諾製品に表示することを規定する

| 例文294 | ライセンス許諾の表示② | 417 |

◇商標の許諾を表示する権利があることを規定する

例文295	ライセンス許諾の表示③	418

◇著作権、商標権帰属の表示方法を規定する

第5章 ライセンス契約
第2節 ライセンス契約の主要条項　　**第9款 改良情報・グラントバック条項**

例文296	改良情報・グラントバック条項①	419

◇ライセンサー、ライセンシーによる改良技術・改良情報の相互交換・使用許諾の取り決め

例文297	改良情報・グラントバック条項②	420

◇ライセンサー改良情報の使用許諾を規定する

例文298	改良情報・グラントバック条項③	421

◇ライセンシーの改良情報の帰属を規定する
◇ライセンシーによるライセンサーへのグラントバックを規定する
◇グラントバックの条件は協議して取り決めるとする

例文299	改良情報・グラントバック条項④	422

◇ライセンシーは改変についてライセンサーに開示し、ライセンサーがマーケティングへの適合性を評価する無償のライセンスを許諾する

第5章 ライセンス契約
第2節 ライセンス契約の主要条項　　**第10款 著作権・所有権の帰属条項**

例文300	著作権・所有権の帰属条項①	425

◇著作権・所有権はライセンサーに帰属し、ライセンシーに移転しないと規定する

例文301	著作権・所有権の帰属条項②	425

◇著作権・所有権はライセンサーに帰属すると規定する

例文302	著作権・所有権の帰属条項③	426

◇ライセンシーに対して厳しく詳細な規定

例文303	著作権・所有権の帰属条項④	428

◇ライセンサーが著作権の所有者であり続けると規定する簡潔な規定

例文304	著作権・所有権の帰属条項⑤	429

◇著作権その他の財産的権利はすべてライセンサーに帰属する
◇ライセンサーがアップデート版を発売したときは、ライセンシーにも無償で提供する
◇アップデート版の著作権は常にライセンサーに残る

例文305	著作権・所有権の帰属条項⑥	430

◇コンピューター・プログラムの使用許諾契約
◇ライセンシーがどのような変更を加えても、ライセンサーに著作権・所有権が帰属すると規定する

第5章 ライセンス契約
第2節 ライセンス契約の主要条項　　**第11款 ライセンシーによる不争義務条項**

例文306	不争義務条項①	431

◇ライセンシーは、ライセンサーから許諾を受ける知的財産権の有効性について争わないことを誓約する

例文307	不争義務条項②	433

◇ソフトウエア等のライセンスにおけるノンアサーション(不争義務)条項

第5章 ライセンス契約
第2節 ライセンス契約の主要条項　　**第12款 知的財産権の保証と保証排除、損害賠償責任の限定**

例文308	知的財産権の保証と保証排除、損害賠償責任の限定①	435

◇コンピューター・ソフトウエア、著作物のライセンス等で、品質・知的財産の保証とその排除を規定する

例文309	知的財産権の保証と保証排除、損害賠償責任の限定②	436

◇本特許・商標ライセンスの妨げになるライセンスを第三者にしていないという表明と保証

例文310	知的財産権の保証と保証排除、損害賠償責任の限定③	437

◇映画作品のビデオグラム／DVD化の許諾についての権利があることを保証
◇ライセンサー、ライセンシー双方からの表明と保証

第5章 ライセンス契約

例文311 知的財産権の保証と保証排除、損害賠償責任の限定④　439
- ◇ソフトウエア・ライセンス契約での規定
- ◇いかなる保証もしないライセンスであると規定する
- ◇"as is"ベース（現状有姿条件）であることを規定する

例文312 知的財産権の保証と保証排除、損害賠償責任の限定⑤　440
- ◇コンピューター・プログラムの保証について限定的に規定する
- ◇商品性、特定目的への適合性等の黙示保証を一切しないと規定する

例文313 知的財産権の保証と保証排除、損害賠償責任の限定⑥　442
- ◇コンピューター・プログラムの保証による損害賠償責任を限定する
- ◇受領済みのロイヤルティまたは一定額をもって賠償額の上限と規定する

例文314 知的財産権の保証と保証排除、損害賠償責任の限定⑦　443
- ◇ライセンサーが許諾地域での商標の保有者であることを保証する
- ◇第三者からの他の知的財産権に基づくクレームが提起されないことは保証しない
- ◇商標に関する訴訟提起や防御は、ライセンサーが単独でおこなう

例文315 知的財産権の保証と保証排除、損害賠償責任の限定⑧　444
- ◇双方の賠償金額の上限を設定する

例文316 知的財産権の保証と保証排除、損害賠償責任の限定⑨　445
- ◇具体的に金額で賠償責任の上限を規定する代わりに、それまでにライセンサーがライセンシーから受領した金額（ロイヤルティ）の50%を超えないと取り決める

例文317 知的財産権の保証と保証排除、損害賠償責任の限定⑩　447
- ◇ライセンサーのライセンシーに対する損害賠償額は、ライセンサーがライセンシーから受領した金額を超えないものと規定する
- ◇ライセンサーが使用するスタイルの例文

例文318 知的財産権の保証と保証排除、損害賠償責任の限定⑪　448
- ◇最先端・宇宙・航空など特殊目的への適合性の排除、免責を規定する

例文319 知的財産権の保証と保証排除、損害賠償責任の限定⑫　449
- ◇第三者による著作権・商標・営業秘密侵害への対応を規定する　◇ライセンシーは協力義務を負う

例文320 知的財産権の保証と保証排除、損害賠償責任の限定⑬　450
- ◇ライセンシーが第三者による著作権侵害行為を知ったときは、ライセンサーに通知し、両者で協議し、侵害排除の訴訟を提起したときは、費用・成果を折半とする

例文321 知的財産権の保証と保証排除、損害賠償責任の限定⑭　451
- ◇ソフトウエア、ブランド・ライセンス契約における規定
- ◇許諾される商標につき、許諾商標が許諾地域で登録された商標であることを確認する
- ◇第三者の商標を侵害しないことを保証する

例文322 知的財産権の保証と保証排除、損害賠償責任の限定⑮　453
- ◇ブランド・ライセンス契約での規定
- ◇本国ならびに数ヶ国では商標登録済みであるが、許諾地域では未登録である
- ◇商標登録出願はライセンサーが契約調印後おこなうと規定する

例文323 知的財産権の保証と保証排除、損害賠償責任の限定⑯　455
- ◇第三者の商標権侵害への対応方法・対応責任者・費用負担者を取り決める
- ◇ライセンサー主導で侵害を排除する場合の標準的な規定

例文324 知的財産権の保証と保証排除、損害賠償責任の限定⑰　456
- ◇補償の基本ルール（原則）と損害賠償額の限度の設定
- ◇ただし、詐欺または意図的不実表示の場合は、損害賠償額の限度は適用されない

例文325 知的財産権の保証と保証排除、損害賠償責任の限定⑱　458
- ◇ライセンサーの保証と侵害に対する責任、訴訟の防御、ライセンサー・ライセンシー両者の費用分担につき、解決方法と判決の結果に分けて、分担方法を規定する
- ◇ライセンシーに対して厳しい規定

例文326 知的財産権の保証と保証排除、損害賠償責任の限定⑲　461

◇ソフトウエア著作権ライセンス契約の規定
◇許諾ソフトウエア製品への第三者からの著作権侵害クレームに対し、ライセンサーが責任を持って対処、防御すると規定する

例文327　知的財産権の保証と保証排除、損害賠償責任の限定⑳　462
◇映像作品の著作権を侵害されたとき、ライセンシーはライセンサーに通知する
◇ライセンサーが必要と判断する措置をライセンシーは講じる

例文328　知的財産権の保証と保証排除、損害賠償責任の限定㉑　463
◇第三者による知的財産権の侵害に対して対抗する方法を規定する
◇ライセンサーは侵害行為に対するアクションの、自己裁量による決定権を持つ
◇ライセンサーがアクションを取らないときには、ライセンシーも侵害行為排除請求をすることが認められる

例文329　知的財産権の保証と保証排除、損害賠償責任の限定㉒　465
◇ライセンサーの防御の進め方を詳細に段階ごとに規定する
◇ライセンシーは第三者から届いたクレーム、訴訟等をライセンサーに連絡する
◇ライセンサーは防御を引き受け、その手続きの進展について連絡する
◇ライセンサーが防御手続きを開始しないときは、ライセンシーはライセンサーの費用で防御を進めることができる

例文330　知的財産権の保証と保証排除、損害賠償責任の限定㉓　467
◇映像作品の著作権保護のために、ライセンサー・ライセンシーが負う義務
◇著作権侵害行為の排除に要した費用の折半負担を規定する

第5章　ライセンス契約
第2節　ライセンス契約の主要条項　　　第13款　品質コントロール

例文331　ライセンス許諾製品のブランド・イメージ、名声維持と品質コントロール①　469
◇高品質と名声を維持するための規定を置く
◇ライセンシーは、ライセンサーの承認する見本、モデル通り製作する義務を負う

例文332　ライセンス許諾製品のブランド・イメージ、名声維持と品質コントロール②　471
◇定期的に「見本」をライセンサーに提出し、その承認を受ける
◇ライセンサーからの指導員の派遣による品質維持を図ることを規定する

例文333　ライセンス許諾製品のブランド・イメージ、名声維持と品質コントロール③　472
◇市場導入前にサンプルのチェックによる品質コントロールをおこなう

例文334　ライセンス許諾製品のブランド・イメージ、名声維持と品質コントロール④　473
◇ライセンサーによる規格・水準管理と、規格・水準を満たさない「見本」の製品の製造・販売の差し止めを規定する

例文335　ライセンス許諾製品のブランド・イメージ、名声維持と品質コントロール⑤　474
◇ライセンサーは、ライセンサーの製品の品質に近い品質の許諾製品をライセンシーが製造できるよう支援すると規定

第5章　ライセンス契約
第2節　ライセンス契約の主要条項　　　第14款　ライセンシーによる広告・宣伝、販売促進努力義務

例文336　広告・宣伝、販売促進努力義務①　475
◇ライセンシーは、許諾製品の販売額の一定割合を広告・宣伝に充てると規定する

例文337　広告・宣伝、販売促進努力義務②　476
◇ライセンス契約において、ライセンシーは販売促進努力義務を負う
◇広告・宣伝のための計画、広告見本について、ライセンサーの事前承認を受ける

第5章　ライセンス契約
第2節　ライセンス契約の主要条項　　　第15款　ライセンシーの計算・記録保管・報告義務

例文338　ライセンシーの計算・記録保管・報告義務①　477
◇ランニング・ロイヤルティ計算の基礎データの整備を規定する

例文339　ライセンシーの計算・記録保管・報告義務②　478
◇ライセンサーが人員を派遣してライセンシーの帳簿の検査をおこなう

| 例文340 | ライセンシーの計算・記録保管・報告義務③ | 479 |

◇ライセンス契約で、ライセンシーからのロイヤルティの計算と額をライセンサーに報告する手続きを規定する

| 例文341 | ライセンシーの計算・記録保管・報告義務④ | 480 |

◇簡潔な規定の仕方　◇ライセンシーの許諾製品の生産・販売記録、帳簿作成、保存義務を規定する
◇ライセンサーの帳簿閲覧権を規定する

| 例文342 | ライセンシーの計算・記録保管・報告義務⑤ | 481 |

◇ロイヤルティ計算の正確さについてライセンサーによる検査の権利を規定
◇万一、ロイヤルティが10%を超えて低額に計算され支払われていた場合の、ライセンサーによる検査費用のライセンシー負担特約

第5章 ライセンス契約
第2節 ライセンス契約の主要条項
第16款 契約期間条項

| 例文343 | 契約期間条項① | 485 |

◇使用許諾対象特許の最後の分(特許権)の存続期間終了まで契約を有効とする

| 例文344 | 契約期間条項② | 486 |

◇最後の特許が消滅するまでを契約有効期間と規定する

| 例文345 | 契約期間条項③ | 487 |

◇有効期間を特許(複数)のうち、最終分の特許の存続期間の終了日の深夜(midnight)と一致させる

| 例文346 | 契約期間条項④ | 490 |

◇一定期間を有効期間と定め、具体的に暦日を記載して取り決める
◇当事者の書面による同意のない限り延長しない

| 例文347 | 契約期間条項⑤ | 490 |

◇一定期間有効とし、その後、いずれの当事者からも期間終了30日前までに解除したいという通知がない限り、5年ずつ自動更新

| 例文348 | 契約期間条項⑥ | 492 |

◇有効期間は、発効日から20年間とする
◇ライセンシーの契約違反、破産等の場合、ライセンサーは通知により契約を解除できる

| 例文349 | 契約期間条項⑦ | 493 |

◇ライセンサーから更新する場合はその期間終了90日前までに更新通知をし、ライセンシーがその通知を受領後30日以内に延長を拒絶しない限り、2年ずつ延長と規定する

| 例文350 | 契約期間条項⑧ | 494 |

◇1年ずつの自動延長を規定する
◇ライセンス契約の解除は、サブライセンス契約に影響を与えず、ライセンサーがライセンシーの義務を承継する

第5章 ライセンス契約
第2節 ライセンス契約の主要条項
第17款 契約解除条項

| 例文351 | 契約解除条項① | 496 |

◇ライセンス契約において、契約違反行為のある場合の当事者の解除権を規定する
◇相手方に違反があったときは、違反していない側はその違反行為の指摘と解除の意思を通知する

| 例文352 | 契約解除条項② | 498 |

◇契約維持に重大な支障を生ずる事由の発生を理由として、一方の当事者が通知により中途解除できる場合を規定する
◇各ケースにつき、幾日の通知によるか、またいずれの当事者が解除できるか、詳細に規定

| 例文353 | 契約解除条項③ | 500 |

◇許諾されていた権利を使用できなくさせる契約解除の効果を規定する
◇ライセンシーはライセンサーから買い取り要求があれば、その在庫品を割引の上、引き渡すと規定する

| 例文354 | 契約解除条項④ | 502 |

◇ライセンス契約終了後の扱いにつき規定する

第5章 ライセンス契約

	第5章 ライセンス契約 第2節 ライセンス契約の主要条項	第18款 秘密保持条項	
例文355	秘密保持条項①		503
	◇秘密保持の対象となる情報と対象外の情報を規定する		
例文356	秘密保持条項②		505
	◇ライセンス対象のソフトウエアに関する秘密情報の開示の相手先を限定する		
	◇秘密情報の開示を受けた側(ライセンシー)は、秘密に保持する義務を負い、開示を受けた従業員、契約者などから秘密保持誓約書を取りつける		
例文357	秘密保持条項③		507
	◇許諾ソフトウエアに関する秘密情報の開示範囲と秘密保持義務を規定する		
例文358	秘密保持条項④		509
	◇秘密保持のために負うべき注意義務の水準は、自己のために払うべき注意水準で足ると規定する		
例文359	秘密保持条項⑤		511
	◇秘密保持の期間を契約発効日と契約満了日からの期間で規定する		
	◇秘密情報の開示先を秘密情報開示・使用許諾契約の目的を達成するのに必要な範囲の人員に限る		
例文360	秘密保持条項⑥		513
	◇契約終了後も、相手方にとって秘密情報と考えるものは秘密保持をする義務を負う		
例文361	秘密保持条項⑦		514
	◇秘密情報を提供するときに、その情報が秘密情報として秘密保持義務の対象となることを明示して相手方に渡すと規定する		
例文362	秘密保持条項⑧		516
	◇ライセンス契約に基づき引き渡した有形の許諾資料のリバースエンジニアリングの禁止を規定する		
例文363	秘密保持条項⑨		519
	◇緩やかな秘密保持義務(努力義務)にとどめるライセンシー側にきわめて有利な規定		
例文364	秘密保持条項⑩		521
	◇プレスリリースには他方当事者の同意を必要とする		

	第5章 ライセンス契約 第2節 ライセンス契約の主要条項	第19款 契約譲渡制限条項	
例文365	契約譲渡制限条項①		523
	◇ライセンシーは、ライセンサーの事前の書面による同意なしに本契約や本契約上に基づくライセンスを譲渡できない		
	◇合併によっても譲渡できない		
例文366	契約譲渡制限条項②		524
	◇ライセンシーはライセンサーの書面による事前の同意なしにはライセンスを譲渡できない		
	◇譲渡されても無効になる		
例文367	契約譲渡制限条項③		525
	◇指定国にあるライセンシーの関連会社に適用の拡大を認める		
例文368	契約譲渡制限条項④		526
	◇ライセンサーの権利は、ライセンサーの事業承継者に引き継がれることを規定する		
例文369	契約譲渡制限条項⑤		528
	◇ライセンスをライセンシーの事業の承継者に対し継承できると規定する		
	◇事業承継者のライセンス契約に基づくライセンシーの義務すべての引き受けの確認を条件とする		
例文370	契約譲渡制限条項⑥		528
	◇ライセンシーがその子会社に対するsublicense=extension(再許諾)の許容を規定する		
例文371	契約譲渡制限条項⑦		530
	◇譲渡については両者に公平な標準的な規定		
	◇付帯条件として、譲渡後も譲渡した者は、譲渡した先の契約履行について(履行保証人として)履行の責任を負うと規定する		
例文372	契約譲渡制限条項⑧		531

◇ライセンシーに対して厳しい契約譲渡制限と再許諾制限の規定

第5章 ライセンス契約
第2節 ライセンス契約の主要条項
第20款 不可抗力条項

例文373 不可抗力条項① … 532
- ◇ライセンサーのみ、不可抗力事態発生の場合に免責されると規定する
- ◇標準的な不可抗力事由を列挙する

例文374 不可抗力条項② … 533
- ◇不可抗力事態が60日間継続したとき、双方の当事者に契約解除権が発生すると規定する
- ◇不可抗力事態発生の場合、両当事者が免責される
- ◇不可抗力による解除後も、未払いのロイヤルティ支払いと秘密保持義務は残る

例文375 不可抗力条項③ … 535
- ◇金銭支払いを除き、不履行免責を定める
- ◇不可抗力事由の列挙は最小限にとどめ、簡潔さを求めた規定

例文376 不可抗力条項④ … 536
- ◇詳細に不可抗力事由を列挙した不可抗力条項
- ◇不可抗力事由が存続している間は債務不履行の責めを免除されるが、当事者双方とも解除権は保有しない
- ◇不可抗力事由が終了した時点で、不可抗力の影響を受けた側も相手側も、契約通り、その義務を履行する責任が生ずる

例文377 不可抗力条項⑤ … 537
- ◇経済情勢の激変は不可抗力事由ではないと規定する
- ◇ライセンシーのロイヤルティ支払い義務は不可抗力により免責にならない
- ◇不可抗力事由が6ヶ月超継続の場合、影響を受けていない当事者は解除権あり

第5章 ライセンス契約
第2節 ライセンス契約の主要条項
第21款 戦略技術・情報の輸出規制遵守条項

例文378 輸出規制遵守条項① … 540
- ◇米国企業であるライセンサーからのコンピューター・ソフトウエアのライセンス導入契約で、ライセンシーが米国の輸出規制を遵守することを規定する

例文379 輸出規制遵守条項② … 542
- ◇米国等の戦略技術情報に関する輸出規制を遵守する規定

例文380 輸出規制遵守条項③ … 542
- ◇日本、米国等、関連する国の輸出規制を遵守することを規定する　◇簡素な規定

例文381 輸出規制遵守条項④ … 543
- ◇戦略的技術情報に関する米国連邦法の輸出規制遵守をライセンサー、ライセンシーの義務として規定する

第6章 サービス提供契約、販売・代理店契約
第1節 サービス提供契約
第2款 サービス提供契約の主要条項

例文382 サービスの提供① … 547
- ◇サービスの提供について合意する　◇サービスの提供のために人員を派遣することを規定する
- ◇具体的なサービス内容は別紙で定めると規定する

例文383 サービスの提供② … 547
- ◇派遣先のABCの定義としてその子会社等を含めることを規定する

例文384 サービスの提供③ … 548
- ◇具体的なサービスの提供内容、範囲を定める添付別紙　◇派遣する人員についても規定する

例文385 サービスの提供④ … 550
- ◇サービス提供にあたる人員や提供期間は別紙で規定する

例文386 サービスの提供⑤ … 551
- ◇サービス提供のための派遣人員を受け入れる側の協力義務を規定する
- ◇受け入れ側が、秘書、運転手、宿泊施設などを提供する

| 例文387 | サービスの対価・報酬① | 552 |

◇サービスの対価を規定する
◇サービス・フィーの支払いに源泉税が課せられた場合は、あたかも課せられなかったような結果になる金額に調整されると規定する

| 例文388 | サービスの対価・報酬② | 554 |

◇サービスの対価を月額で規定する

| 例文389 | サービスの対価・報酬③ | 554 |

◇サービスの対価について金額とその支払い方法を規定する

| 例文390 | 派遣人員の労働条件① | 556 |

◇サービス提供のために派遣された人員の労働条件を規定する

| 例文391 | 派遣人員の労働条件② | 556 |

◇役務提供はフルタイムベース。受け入れ側の従業員に適用される休日、休暇、病気休暇等の条件と同一

| 例文392 | 派遣人員の身分 | 557 |

◇サービス提供のため派遣される人員は派遣側の従業員であり、受け入れ側の従業員の身分はないと規定する

| 例文393 | サービス提供者の責任の限度 | 558 |

◇サービス提供による損害に責任を持たないと規定する　◇サービス提供者に有利な規定

| 例文394 | 秘密保持条項 | 559 |

◇サービスを提供する側と受ける側双方の秘密保持義務を規定する

第6章　サービス提供契約、販売・代理店契約
第2節　販売・代理店契約

第3款　販売店契約の主要条項

| 例文395 | 一手販売店の指定条項 | 565 |

◇特定地域の特定商品について一手販売店を指定する　◇販売促進努力義務を規定する

| 例文396 | 競合品の取り扱い制限条項 | 566 |

◇販売店は、本製品と競合する製品を製造・販売しない
◇販売地域外ではマーケティング、販売促進活動をしない
◇プリンシパルは、販売地域に他の販売店を指定したり、直接・間接に製品を販売しない

| 例文397 | 最低購入数量条項 | 567 |

◇販売店は、年間に一定数量を購入する
◇約束した年間最低数量を達成できないときは、プリンシパルは、通知により解除できる

| 例文398 | 個別の売買契約書 | 568 |

◇本売買は、再販売のためにおこなう
◇個別契約はプリンシパル側の通常の売買契約書のフォームでおこなう
◇本契約に矛盾しない限りフォームの契約条項を適用する
◇販売店は、船積み予定の少なくとも6週間前にファーム・オーダーで注文する

| 例文399 | 在庫、修理サービス条項 | 569 |

◇在庫維持と補修サービス提供を規定する

| 例文400 | 秘密保持条項 | 570 |

◇販売店が取得するかもしれない製品に関する秘密情報につき秘密保持義務を負うと規定

第7章　合弁事業契約
第2節　合弁事業契約の主要条項

第1款　前文

| 例文401 | 前文 | 579 |

◇古典的でフォーマルなスタイル

第7章　合弁事業契約
第2節　合弁事業契約の主要条項

第2款　リサイタル条項

| 例文402 | リサイタル条項① | 581 |

◇標準的な規定　◇契約締結に至る経緯・背景を説明する

| 例文403 | リサイタル条項② | 582 |

◇米国で新会社を設立した上で株主として合弁事業契約を締結する株主間契約

◇クラス株式を活用する

第7章 合弁事業契約
第2節 合弁事業契約の主要条項
第3款 定義条項

例文404　定義条項　583
◇「関連会社」「支配」など主要用語を定義する

第7章 合弁事業契約
第2節 合弁事業契約の主要条項
第4款 合弁事業会社の設立に関する規定

例文405　合弁事業会社の設立①　586
◇会社の名称、本店所在地、目的、存続期間を規定する

例文406　合弁事業会社の設立②　588
◇合弁事業会社による製品の生産地を規定する

第7章 合弁事業契約
第2節 合弁事業契約の主要条項
第5款 合弁事業会社の資本金に関する規定

例文407　合弁事業会社の資本金①　589
◇授権資本、設立時発行資本等を規定する

例文408　合弁事業会社の資本金②　590
◇各株主の出資金額、出資比率等を規定する

例文409　合弁事業会社の資本金③　591
◇増資により、合弁事業会社への新参加者に割りあてるケース

第7章 合弁事業契約
第2節 合弁事業契約の主要条項
第6款 株式の引き受け、払い込みに関する規定

例文410　合弁事業会社の株式の引き受け、払い込み　593
◇株式の引き受け割合と払い込みについて規定する

第7章 合弁事業契約
第2節 合弁事業契約の主要条項
第7款 新会社の定款に関する規定

例文411　定款に関する規定　594
◇新会社の定款の内容を規定する

第7章 合弁事業契約
第2節 合弁事業契約の主要条項
第8款 株主総会の招集・成立・決議に関する規定

例文412　株主総会に関する規定①　595
◇株主総会の開催場所を規定する

例文413　株主総会に関する規定②　596
◇株主総会の定足数、決議要件を規定する

例文414　株主総会に関する規定③　597
◇委任状による代理出席、総会の招集方法を規定する

第7章 合弁事業契約
第2節 合弁事業契約の主要条項
第9款 取締役の選任・取締役会の決議に関する規定

例文415　取締役会の定足数と代理出席；決議　598
◇取締役会に関わる法律(会社法)が自由で柔軟な場合の表現の仕方

例文416　取締役会、取締役の選任①　600
◇標準的な選任・決議方法

例文417　取締役会、取締役の選任②　603
◇クラス株式を採用した場合の取締役選任・取締役会決議の方法

例文418　取締役会の決議方法　605
◇定足数、クラスにかかわりなく過半数で決議する

第7章 合弁事業契約
第2節 合弁事業契約の主要条項
第10款 株主の事前同意を要する重要事項

例文419　事前承認事項①　606
◇合弁事業会社運営に関わる重要事項は事前に全株主の同意を要する

第7章 合弁事業契約 1195

| 例文420 | 事前承認事項② | 607 |

◇限定された少数の重要事項のみ全員一致の承認を要する

第7章 合弁事業契約　第2節 合弁事業契約の主要条項　第11款 代表取締役等の指名権・派遣に関する規定

| 例文421 | 代表取締役の指名権と選任手続き | 608 |

◇株主がそれぞれ代表取締役を指名する

| 例文422 | 株主による社長、副社長の指名権 | 609 |

◇株主がCEO兼社長、副社長を指名する

| 例文423 | CEOの職務と権限 | 610 |

◇CEOの職務と権限を具体的に規定する

| 例文424 | 取締役の罷免と退任 | 611 |

◇当該取締役を指名した当事者が、罷免されたもしくは退任した取締役の後任をそれぞれ指名する

第7章 合弁事業契約　第2節 合弁事業契約の主要条項　第12款 監査役の指名に関する規定

| 例文425 | 監査役の指名① | 613 |

◇取締役会で監査役を指名する

| 例文426 | 監査役の指名② | 614 |

◇監査役は会社の状況を株主に報告する

第7章 合弁事業契約　第2節 合弁事業契約の主要条項　第13款 新会社とパートナーとの契約に関する規定

| 例文427 | 各株主の合弁事業新会社との契約、経営協力 | 614 |

◇合弁事業会社に対する各株主の協力事項と契約を規定する

第7章 合弁事業契約　第2節 合弁事業契約の主要条項　第14款 帳簿閲覧権に関する規定

| 例文428 | 合弁事業会社の帳簿閲覧権① | 616 |

◇合弁事業契約当事者は合弁事業会社の帳簿を閲覧できる

| 例文429 | 合弁事業会社の帳簿閲覧権② | 617 |

◇合弁事業契約当事者は、専門家等を派遣して帳簿や議事録を閲覧できる

第7章 合弁事業契約　第2節 合弁事業契約の主要条項　第15款 配当・配当受取権に関する規定

| 例文430 | 配当に関する規定 | 618 |

◇配当の支払いにつき規定する

第7章 合弁事業契約　第2節 合弁事業契約の主要条項　第16款 株式譲渡の制限に関する規定

| 例文431 | 株式譲渡制限条項① | 619 |

◇取締役会の承認と他の株主のファースト・リフューザル・ライトを規定する

| 例文432 | 株式譲渡制限条項② | 621 |

◇株式譲渡に他の株主の同意を要すると規定する

| 例文433 | 株式譲渡制限条項③ | 622 |

◇譲渡株式について他の株主の優先購入権を規定する

| 例文434 | 株式譲渡制限条項④ | 623 |

◇例外として子会社、関連会社への譲渡を自由に認める
◇譲渡により元の株主は合弁事業契約の履行を免責されず、あたかも履行保証人であるかのように引き続き履行責任を負う

| 例文435 | 株式譲渡制限条項⑤ | 624 |

◇関連会社への譲渡は自由とする　◇譲渡後は、その譲受人のみが合弁事業契約の当事者となる

| 例文436 | 株式譲渡制限条項⑥ | 625 |

◇合弁事業契約発効後、一定期間のみ株式の譲渡制限を置く

| 例文437 | 共同売却(撤退)条項 | 625 |

◇マイノリティ側が、容易に撤退できるように防御するための特殊なねらいを持つ規定
◇マジョリティ株主が株式持分を第三者（買主）に譲渡するときは、少数株主に対し持ち株比率に応じてその譲渡先へ一緒に譲渡する機会を与える

| 第7章 合弁事業契約 第2節 合弁事業契約の主要条項 | 第17款 新会社の運営と資金調達に関する規定 |

例文438　新会社の資金調達　627
◇標準的な規定

例文439　新会社の運営①　628
◇新会社の運営については、（会社）設立地の法による
◇新会社運営に関わる通常の事項は、取締役会の単純過半数によって決まる
◇全株主の同意を要する重要事項を規定する

例文440　新会社の運営②　630
◇新会社の運営の独立性を強調する規定

| 第7章 合弁事業契約 第2節 合弁事業契約の主要条項 | 第18款 新会社の知的財産権の帰属 |

例文441　新会社の知的財産権の帰属　631
◇新会社の製品・商号・ロゴ・サービスマークの帰属先を規定する
◇新会社自身が独自に開発した成果物（仕事・作品）の知的財産権は新会社に帰属する

| 第7章 合弁事業契約 第2節 合弁事業契約の主要条項 | 第19款 競合の制限に関する規定 |

例文442　競合制限規定①　632
◇株主と合弁事業会社との標準的な競合制限規定　◇特定地域における競合を禁止する規定

例文443　競合制限規定②　633
◇契約当事者は、新会社の事業との競合は、関連会社を通じてでも避ける
◇契約当事者が競合避止義務を負う新会社の事業を、明示的・限定的に規定する

| 第7章 合弁事業契約 第2節 合弁事業契約の主要条項 | 第20款 株式のリパーチェス条項とプットオプション（売り戻し権条項） |

例文444　リパーチェス条項①　635
◇反トラスト法など、強行法規違反の場合の株式の買い戻しを規定する

例文445　リパーチェス条項②　637
◇当初5年間は、株式（持ち分）譲渡等に制限がある
◇マイノリティ株主がその株式（持ち分）の譲渡を希望するときは、マジョリティ株主に買い取り優先権がある（当初5年間）
◇6年目以降は、マジョリティ株主がファースト・リフューザル・ライトを持つ

例文446　リパーチェス条項③　638
◇マイノリティ株主がトリガー事由に該当したとき、マジョリティ株主は全株式を買い取る選択権を保有
◇トリガー事由として、マイノリティ株主の重大な契約違反、倒産などを規定

例文447　リパーチェス条項④　640
◇あらかじめ株式の譲渡価格の算出方式を定める　◇純利益額を基準に譲渡価格を算出する

例文448　リパーチェス条項⑤　641
◇マイノリティ株主からのプットオプション（持ち分の売り戻し権特約）

| 第7章 合弁事業契約 第2節 合弁事業契約の主要条項 | 第21款 当事者の破産・契約違反等に関する規定 |

例文449　当事者の破産・契約違反等　642
◇当事者の契約違反等の場合の相手方の権利を定める　◇違反の通知と治癒期間を定める

| 第7章 合弁事業契約 第2節 合弁事業契約の主要条項 | 第22款 独立した会計監査人の指定条項 |

例文450　独立した会計監査人の指定　644

◇会計監査人として会計監査事務所を指定する

| 第7章 合弁事業契約 第2節 合弁事業契約の主要条項 | 第23款 マネジメント・フィー条項 |

例文451 マネジメント・フィー　645
　◇総収入をベースにマネジメント・フィーを計算する

| 第7章 合弁事業契約 第2節 合弁事業契約の主要条項 | 第24款 契約期間条項 |

例文452 契約期間条項①　646
　◇合弁事業契約は、当初の契約当事者が株主である限り有効と規定

例文453 契約期間条項②　647
　◇合弁事業会社の存続期間は当初20年、その後株主総会決議で延長できると規定する
　◇合弁事業契約は、当初の契約当事者が株主である限り有効と規定

例文454 契約期間条項③　648
　◇累積赤字が一定額に達したら、解散を選択できると規定する

| 第7章 合弁事業契約 第2節 合弁事業契約の主要条項 | 第25款 贈賄禁止条項 |

例文455 贈賄禁止条項　650
　◇外国公務員に対し賄賂を贈らないことを定める
　◇たとえ外国公務員に直接でなくても、その一部が賄賂として使われることを知って他の人に支払うことも禁止する
　◇当事者だけでなく、その関連会社が実行することも禁止する

| 第7章 合弁事業契約 第2節 合弁事業契約の主要条項 | 第26款 準拠法条項 |

例文456 準拠法条項①　651
　◇新会社の運営は設立地国法を適用するが、契約の準拠法はカリフォルニア州法とする

例文457 準拠法条項②　652
　◇抵触法のルールにかかわらず、イングランド法を準拠法とする

例文458 準拠法条項③　653
　◇カリフォルニア州法を準拠法とするが、会社運営は(会社設立地の)バミューダ法による

| 第7章 合弁事業契約 第2節 合弁事業契約の主要条項 | 第27款 一般条項 |

例文459 秘密保持条項　654
　◇資金調達のため、金融機関に開示するのは例外と規定する

例文460 当事者の関係条項　655
　◇各当事者はパートナーではなく、独立した当事者であるとの確認

例文461 不可抗力条項　656
　◇不可抗力事由が発生したとき、当事者は履行義務を免責される
　◇不可抗力事態が一定期間継続したら解除できると規定する

例文462 無効規定の分離可能性条項　658
　◇一部が無効でも他の規定は有効　◇残る規定だけでは衡平性を欠く結果となるときは除外

| 第8章 秘密保持契約 第2節 秘密保持契約の主要条項 | 第1款 前文 |

例文463 前文　664
　◇契約当事者名、どの国または州の会社法により設立された法人か、主な事務所の所在地、契約締結日を記載する

| 第8章 秘密保持契約 第2節 秘密保持契約の主要条項 | 第2款 リサイタル条項 |

例文464 リサイタル条項①　666
　◇共同でビジネス開発をしようとする場合に、秘密情報交換に先立ち結ぶNDAの標準的なリサイタ

ル条項

例文465	リサイタル条項②	667

◇秘密情報開示の目的の詳細は添付書類に記載する

例文466	リサイタル条項③	668

◇相互に秘密情報を開示する目的は、技術とプロジェクトの評価であると記載する

例文467	リサイタル条項④	669

◇さまざまな事業協力関係にある当事者間で使用できる、汎用性の高いリサイタル条項

第8章 秘密保持契約　第2節 秘密保持契約の主要条項　第3款 約因・契約締結意思確認条項

例文468	約因・契約締結意思確認条項①	670

◇契約書中に"warranties"（保証）規定がある場合の標準的な表現

例文469	約因・契約締結意思確認条項②	671

◇具体的な説明を省略した簡潔な表現

例文470	約因・契約締結意思確認条項③	671

◇さまざまな契約に使用可能な汎用的な約因条項

例文471	約因・契約締結意思確認条項④	672

◇あえて約因には触れず、約因という用語も使用しない　◇契約締結意思の確認のみを記載する

第8章 秘密保持契約　第2節 秘密保持契約の主要条項　第4款 定義条項

例文472	定義条項①	673

◇開示した秘密情報の扱いとして、双方とも開示後30日以内は追加して秘密情報扱いに指定する権利を留保

例文473	定義条項②	674

◇秘密情報が開示される形態を規定する

例文474	定義条項③	675

◇秘密情報に含まれる項目を列挙する

第8章 秘密保持契約　第2節 秘密保持契約の主要条項　第5款 秘密情報の範囲を規定する条項

例文475	秘密情報の範囲条項①	676

◇秘密保持の対象とならない情報を列挙し、除外する標準的な規定

例文476	秘密情報の範囲条項②	677

◇秘密保持義務の対象外の情報を列挙することで、秘密保持義務を負担する情報を決める

第8章 秘密保持契約　第2節 秘密保持契約の主要条項　第6款 秘密情報の開示範囲を規定する条項

例文477	秘密情報の開示範囲条項①	679

◇"bona fide need to know"ベースで開示範囲を規定する

例文478	秘密情報の開示範囲条項②	680

◇秘密情報を開示する従業員及び関係者の範囲を規定する
◇引き渡しを受けたプロトタイプ（試作品）の分析、リバースエンジニアリングを禁止する規定

第8章 秘密保持契約　第2節 秘密保持契約の主要条項　第7款 秘密情報の管理の注意義務水準を規定する条項

例文479	秘密保持の注意義務水準条項①	683

◇秘密保持の程度は、「少なくとも自己の情報を管理する注意義務と同程度」を基準とする

例文480	秘密保持の注意義務水準条項②	684

◇善管注意義務を採用する簡潔な秘密保持条項
◇注意義務の水準は善管注意義務(with the due diligence of a prudent merchant)とする

例文481	秘密保持の注意義務水準条項③	684

◇少なくとも自己の秘密情報を管理するために払う注意義務の水準と規定する

例文482	秘密保持の注意義務水準条項④	685

◇情報開示を受けた側が実施する自己の秘密情報の管理のうち最上位の厳格な管理とする

例文483　秘密保持の注意義務水準条項⑤　　687
◇開示する範囲は、"need to know"ベース——開示するメンバーは、開示を受けた企業側の達成目的の遂行のためにアクセスが必要な人員に限る
◇秘密保持を努力義務にとどめる

第8章 秘密保持契約／第2節 秘密保持契約の主要条項／第8款 不保証と所有権の留保

例文484　不保証条項①　　688
◇簡潔な表現　◇開示する秘密情報は現状有姿(as is)で引き渡し、開示する側は何ら保証をしない

例文485　不保証条項②　　689
◇あらゆる種類の知的財産権についての不保証を詳細に取り決める
◇秘密情報は現状有姿条件で開示される

例文486　所有権留保条項①　　690
◇秘密情報の所有権は開示した側から開示を受けた側に移転しないと規定する
◇開示を受けた側に情報の使用権が許諾されるわけではないと規定する

例文487　所有権留保条項②　　691
◇開示を受けた側に秘密情報の知的財産権の使用許諾の権利が発生しないと規定する

例文488　所有権留保条項③　　691
◇開示を受けた側にはいかなる知的財産権についても何ら権利が移転しない

第8章 秘密保持契約／第2節 秘密保持契約の主要条項／第9款 差し止め条項

例文489　差し止め条項①　　692
◇契約に違反する秘密情報の開示・漏洩がなされようとする際には、差し止め手続きを裁判所に対しておこなうことができると取り決める

例文490　差し止め条項②　　694
◇契約違反行為を裁判所で差し止める手続きを取ることができると取り決める条項

例文491　差し止め条項③　　695
◇契約違反となる秘密情報の開示・使用の差し止めを裁判所に対し請求できると規定する

第8章 秘密保持契約／第2節 秘密保持契約の主要条項／第10款 情報開示と独自の技術開発

例文492　開発権条項①　　697
◇秘密保持契約のいずれの当事者も、秘密情報の開示を受けた品目、技術等につき単独で独自の競合品、競合技術等の開発を妨げられない

例文493　開発権条項②　　698
◇開示された秘密情報を使用して開発した発明等を特許出願するときは通知義務を負う

第8章 秘密保持契約／第2節 秘密保持契約の主要条項／第11款 秘密情報の返還

例文494　情報の返還条項①　　700
◇相手方から秘密情報(有形物)の返還要求があった場合には、速やかに返還することを約する

例文495　情報の返還条項②　　701
◇開示した秘密情報を化体する有形物の返還条項
◇返還請求がなされたときか、ビジネス目的の終了時のいずれか早い時期に返還する義務を規定

第8章 秘密保持契約／第2節 秘密保持契約の主要条項／第12款 秘密保持契約の一般条項

例文496　契約期間条項　　702
◇標準的な自動更新条項
◇当初3年間の有効期間が終了後は、終了30日前までに一方の当事者より解除通知がない限り、1年ずつ自動延長

例文497　評価・検討の期限　　703

◇秘密情報の開示を受けた当事者側が正式な契約の締結を希望するか否かを通知する期限を暦日で規定する

例文498　完全な合意条項　704
◇標準的な完全な合意条項

例文499　無効規定の分離可能性条項　705
◇一部の規定が強行法規に反し無効となっても、その部分を切り離し、他の規定はその影響を受けず、契約の有効性は維持される

例文500　準拠法条項　706
◇標準的な準拠法の規定

例文501　権利放棄条項　707
◇契約上、本来ある権利の不行使が権利の放棄を構成しないと規定する

例文502　調印意思の確認（結語）と署名欄　708
◇正当に調印権限が付与された代表者が調印することを規定
◇契約書の冒頭の記載日を調印日と規定する

第9章　事業譲渡契約 ／ 第2節　前文とリサイタル条項

例文503　前文とリサイタル条項　713
◇外国の個人株主（100％オーナー）から日本企業が外国の会社を買収するケース
◇無額面株式の譲渡

例文504　リサイタル条項①　715
◇株式売買による事業の譲渡契約　◇全株式の譲渡

例文505　リサイタル条項②　716
◇株式売買による事業の譲渡契約　◇無額面普通株式の譲渡により全事業を譲渡する

例文506　リサイタル条項③　717
◇株式売買による事業の譲渡契約　◇株式の一部を譲渡する

第9章　事業譲渡契約 ／ 第3節　株式譲渡契約の重要条項 ／ 第1款　株式譲渡条項

例文507　株式譲渡条項①　719
◇株式の売り渡しと買い受けの合意　◇全株式の譲渡　◇額面株式の譲渡

例文508　株式譲渡条項②　720
◇株式の売り渡しと買い受けに合意する基本的な文言

例文509　株式譲渡条項③　721
◇ノミニー（nominee）が2名いるが、実質的には株主は1名で100％保有というケース
◇額面株式の譲渡

例文510　株式譲渡条項④　724
◇クロージング（closing）による譲渡　◇無額面株式の譲渡

第9章　事業譲渡契約 ／ 第3節　株式譲渡契約の重要条項 ／ 第2款　デュー・ディリジェンス調査

例文511　デュー・ディリジェンス条項①　726
◇買主側はデュー・ディリジェンス調査を実施できる
◇買収対象会社の人員にインタビューを実施できる　◇調査実施中は双方ともプレス発表をしない

例文512　デュー・ディリジェンス条項②　729
◇due diligenceの代わりの用語、accessを使用する
◇デュー・ディリジェンス調査を実施し、買収対象企業の帳簿等にアクセスできる
◇買主は、買収対象企業の運営、財産状態等に関する書類のコピーを作成できる

例文513　デュー・ディリジェンス条項③　730
◇買収対象の事業情報にアクセスする買主側の権利と買主側の費用負担を規定する
◇情報へのアクセスは、買主側が要請したときに限りおこなうことができると規定する

第9章 事業譲渡契約

第3節 株式譲渡契約の重要条項

第3款 クロージング条項

例文514 クロージング条項① ... 732
◇クロージングの日時(ローカル・タイム)と場所を規定する

例文515 クロージング条項② ... 732
◇クロージングで株式の移転と引き換えに代金を支払う
◇株券の交付による株式譲渡をおこなう場合の規定

例文516 クロージング条項③ ... 733
◇クロージングで株券と引き換えに小切手または銀行振り込みで支払う

例文517 クロージング条項④ ... 735
◇株式売買につき、株式の種類、株式数、売買価格等を規定する
◇クロージングにおける代金の支払い、株式譲渡方法(ここでは株券の交付等)を規定する

例文518 クロージング条項⑤ ... 737
◇株券の譲渡を株主名簿への名義書換手続きによりおこなう

第4款 株式代金支払条項

例文519 株式代金支払条項① ... 738
◇分割払いとする ◇株式代金の決定方法、評価機関を規定する

例文520 株式代金支払条項② ... 739
◇クロージングのときに現金で支払う

第4節 株式譲渡による事業譲渡に関わる表明と保証

第1款 株式に関する表明と保証

例文521 株式の正当な所有者であることの表明と保証① ... 741
◇売主は株式の法律上の完全な所有者であることの表明

例文522 株式の正当な所有者であることの表明と保証② ... 743
◇株式について完全なる所有権(株式の所有者=株主)があることを表明させる

例文523 株式の発行に関する表明と保証 ... 744
◇株式の発行や払い込みに関する表明と保証

第2款 財務諸表の正確さの表明と保証

例文524 財務諸表の正確さの表明と保証① ... 745
◇標準的な条項

例文525 財務諸表の正確さの表明と保証② ... 747
◇貸借対照表、営業報告、損益計算書などの正確さを表明する

例文526 財務諸表の正確さの表明と保証③ ... 748
◇財務諸表の正確さについて簡潔に表明する

例文527 財務諸表の正確さの表明と保証④ ... 748
◇財務書類に開示していない負債はないという売主の表明と保証

例文528 財務諸表の正確さの表明と保証⑤ ... 750
◇財務諸表の正確さと税務申告書についての表明と保証をする

第3款 クレーム、訴訟等に関する表明と保証

例文529 クレーム、訴訟等に関する表明① ... 752
◇売主の知る限り、添付別紙がクレーム、訴訟などの完全なリストであることを表明する

例文530 クレーム、訴訟等に関する表明② ... 753
◇添付別紙の表示以外には、いかなる偶発的な債務、クレームもないことを表明する

例文531 クレーム、訴訟等に関する表明③ ... 754
◇株式譲渡時には、いかなる訴訟もクレームもないことを表明する

例文532 クレーム、訴訟等に関する表明④ ... 755

◇環境問題に関するクレーム、訴訟がないことを表明・保証する

第9章 事業譲渡契約
第4節 株式譲渡による事業譲渡に関わる表明と保証
第4款 さまざまな表明と保証

例文533　従業員の承継に関する表明と保証　758
◇従業員の承継・引き継ぎについての売主・買主両者の考え方と合意事項を規定する
◇引き継ぐ従業員についての詳細なリストを提供する　◇事業譲渡時点で労働争議がないことの表明

例文534　契約の承継に関する表明と保証　760
◇譲渡対象の企業が締結している契約を詳細に表明させる

例文535　コンプライアンスに関する表明　763
◇コンプライアンス上の問題と税務問題がないことの簡潔な表明

例文536　在庫品に関する表明と保証　764
◇在庫品の数量・品質・保管場所、管理、リコールについて確認する

例文537　知的財産権に関する表明と保証　766
◇知的財産の権利や紛争についての表明・保証　◇知的財産は別表で明示するスタイル

例文538　不動産に関する表明と保証　769
◇不動産リースの内容と契約の継続を確認する

例文539　顧客・取引先に関する表明と保証　771
◇大口顧客のうち上位10社のリストの表明と保証

例文540　銀行口座に関する表明　773
◇売主は、譲渡対象会社の銀行口座と引き出し権者名、融資契約等の完全なリストを引き渡す

第9章 事業譲渡契約
第4節 株式譲渡による事業譲渡に関わる表明と保証
第5款 表明・保証違反の場合の補償規定

例文541　表明・保証違反の場合の補償条項①　774
◇もっとも広範な救済のケース　◇表明・保証に違反したときは、補償し、損害賠償の責任を負う
◇表明・保証がその契約書の規定通りに履行された場合の状態に置くために金額を支払う

例文542　表明・保証違反の場合の補償条項②　775
◇売主による買主のための補償の規定

例文543　表明・保証違反の場合の補償条項③　777
◇買主による売主のための補償の規定　◇例文542と対になる規定

例文544　表明・保証違反の場合の補償条項④　779
◇補償責任に上限金額を設ける

例文545　表明・保証違反の場合の補償条項⑤　779
◇補償責任に累計の上限金額を設ける　◇補償責任の対象に本会社（譲渡される会社）を加える

例文546　表明・保証違反の場合の補償条項⑥　780
◇表明・保証違反の場合の補償と補償額の上限規定
◇frauds（詐欺または虚偽行為）の場合は上限規定の適用はない（無限）と規定する

第9章 事業譲渡契約
第4節 株式譲渡による事業譲渡に関わる表明と保証
第6款 クレームの通知と補償

例文547　クレームの通知と補償①　783
◇表明・保証違反に基づく補償請求の通知義務
◇相手側が第三者クレームの解決を引き受ける際の、もう一方の当事者の参加の権利を規定

例文548　クレームの通知と補償②　786
◇補償の実行を請求する通知とその実行方法

例文549　クレームの通知と補償③　789
◇売主から補償を受けるためにクレームを通知する義務を規定
◇最終的な防御方法の選択は買主側にあるが、和解には売主の同意が必要とする

第9章 事業譲渡契約
第5節 株式譲渡による事業譲渡契約の重要条項
第1款 競業禁止条項

例文550　競業禁止条項①　791

◇売主は10年間、競合事業には直接的・間接的に従事しない
◇上場株式の5％未満の保有は禁止されない

例文551　競業禁止条項②　793
◇売主は本会社譲渡後5年間は競合事業をおこなわない

例文552　競業禁止条項③　794
◇5年間の競業禁止を規定する

| 第9章　事業譲渡契約 | 第2款　追加協力義務条項 |
| 第5節　株式譲渡による事業譲渡契約の重要条項 | |

例文553　追加協力義務条項①　796
◇買主が、買収した事業の正式な株主として完全な権利を取得するための追加書類、確認書などへの調印義務を規定する

例文554　追加協力義務条項②　797
◇売主が自己の費用負担で買主への追加の協力をおこなう義務を規定

| 第9章　事業譲渡契約 | 第3款　資金調達条項 |
| 第5節　株式譲渡による事業譲渡契約の重要条項 | |

例文555　資金調達条項①　798
◇譲渡会社の銀行借入金と売主家族からの借入金債務を売主に譲渡し、譲渡会社から解放する合意

例文556　資金調達条項②　800
◇売主が保証人として会社の借り入れのため銀行に入れている保証状を買主が処理し引き上げさせる

| 第9章　事業譲渡契約 | 第4款　ブローカー否定条項 |
| 第5節　株式譲渡による事業譲渡契約の重要条項 | |

例文557　ブローカー、ファインダー否定条項①　802
◇ブローカー、ファインダーを使っていないことを表明・保証し、相手方を免責する

例文558　ブローカー、ファインダー否定条項②　803
◇ブローカーやファインダーを起用していないことを確認する規定

| 第9章　事業譲渡契約 | 第5款　その他の重要条項 |
| 第5節　株式譲渡による事業譲渡契約の重要条項 | |

例文559　転売目的買収否定に関する表明と保証　804
◇投資の目的は転売ではないことを確認する規定

例文560　商標・商号使用禁止　806
◇クロージング後の商標・商号の使用禁止と6ヶ月の猶予期間を規定する

例文561　従業員引き抜き禁止　808
◇売主による譲渡した会社の従業員の引き抜き制限

| 第9章　事業譲渡契約 | 第1款　秘密保持条項 |
| 第6節　株式譲渡による事業譲渡契約の一般条項 | |

例文562　秘密保持条項①　810
◇秘密保持とプレスリリースについての詳細な合意

例文563　秘密保持条項②　813
◇買主は、売主より開示された秘密情報につき秘密保持義務を負う
◇秘密保持のための注意義務の水準は、買主の自己の情報の保護と同水準とする

| 第9章　事業譲渡契約 | 第2款　タイム・イズ・オブ・エッセンス条項 |
| 第6節　株式譲渡による事業譲渡契約の一般条項 | |

例文564　タイム・イズ・オブ・エッセンス条項　815
◇契約の履行において"time"（時間）が重要な要素であると規定する

| 第9章　事業譲渡契約 | 第3款　無効規定の分離可能性条項 |
| 第6節　株式譲渡による事業譲渡契約の一般条項 | |

例文565　無効規定の分離可能性条項①　816
◇無効規定は他の規定には影響を与えないとする

例文566　無効規定の分離可能性条項②　818

第9章　事業譲渡契約

◇一部無効・一部非実際的・一部脱落でも、残りの規定には影響を与えない
◇解決ルールは「本契約の目的に照らし事態を考えて達したであろう意図を反映」と規定する

例文567　無効規定の分離可能性条項③　　820
◇無効な部分を切り離し、他の規定には影響を与えない　◇標準的な条項

例文568　無効規定の分離可能性条項④　　821
◇一方にあまりに悪影響がある場合は、解決方法を見つけるため努力する

第10章　エンターテインメント契約　　第3節　映画作品の輸出契約の主要条項

例文569　前文と約因条項　　834
◇映画配給契約の前文と約因

例文570　配給許諾条項　　835
◇映画の配給の許諾でいわゆるオールライツの許諾　◇ライセンサーに留保する権利を規定

例文571　定義条項①　　837
◇ライセンス対象の映画の定義規定

例文572　定義条項②　　837
◇映画作品の配給（販売）ライセンス許諾地域の定義規定

例文573　契約期間条項　　838
◇本契約の始期・有効期間と終了時の権利の消滅を規定する

例文574　マスターの引き渡し条項　　839
◇マスターの引き渡し時期を規定
◇ディストリビューターによる映画作品の編集に対しての制約に関する規定
◇検閲による編集の要求があった場合は認める

例文575　ロイヤルティ条項　　841
◇ミニマム・ギャランティーの金額、支払い時期、支払い方法の規定

例文576　調印文言と署名欄　　842
◇契約当事者、調印者と役職名を明示する　◇両当事者の契約調印を確認する文言を記載する

第10章　エンターテインメント契約　　第4節　映画作品の輸入契約の主要条項

例文577　前文とリサイタル条項　　845
◇海外映画作品を日本に輸入し、ビデオグラム化する契約のリサイタル条項
◇独占的なビデオグラム化権を獲得し販売・レンタルするライセンスのリサイタル条項

例文578　ライセンス許諾条項　　847
◇独占的なビデオグラム化権　◇DVD化し、販売・レンタルビジネスを展開する権利（ライセンス）

例文579　許諾地域条項　　849
◇許諾地域を国名で規定する

例文580　契約期間条項　　850
◇当初4年。3年を限度に延長できるオプションを付与する

例文581　著作権表示条項　　851
◇空輸によるフィルムの引き渡しとコピーライト（著作権）の表示を規定する

例文582　ロイヤルティ条項①　　852
◇契約締結から一定期日以内に前金を支払う
◇DVDの売上高（総額）につき一定比率のランニング・ロイヤルティを支払う
◇ライセンシーはDVD制作費用等の所定経費を差し引くことができる

例文583　ロイヤルティ条項②　　853
◇6ヶ月ごとにロイヤルティ報告書を提出　◇ライセンサーはライセンシーの帳簿検査ができる

例文584　表明・保証条項　　855
◇ライセンサーによる映画作品に関する表明と保証
◇ライセンスの支障となる担保設定などが一切ないことを保証

第10章 エンターテインメント契約　第5節　映画作品ライセンス契約に共通の規定

例文585　外国語版条項　858
- ◇外国語版映画ソフトの制作に関する規定
- ◇ライセンシー制作による外国語版の著作権はライセンサーに帰属すると規定する
- ◇ライセンシーは外国語版をライセンサーに帰属させるための書類に署名する義務を負うと規定する

例文586　ホールドバック条項①　862
- ◇ホールドバック(映画の上映中など一定期間、DVD等ビデオグラム発売を控える期間)の規定

例文587　ホールドバック条項②　863
- ◇ペイ・有線放送、契約テレビ放送などのビジネス開始に対するホールドバックの期間を規定する

例文588　リリース条項　864
- ◇映画のリリースについてのライセンシーの義務を取り決める
- ◇映画のリリースについて期限とみなし公開規定を取り決める
- ◇リリースの際の現地語のタイトルについてライセンサーは同意権を有する

例文589　支払条項　865
- ◇ライセンサーの指定する銀行口座に送金する

例文590　通知条項　866
- ◇書面による通知方法を規定する

第10章 エンターテインメント契約　第7節　公演招聘基本契約の主要条項

例文591　前文　873
- ◇ミュージカル日本公演についての基本契約ドラフトの前文

例文592　公演提供条項　874
- ◇公演の基本条件を確認するための規定

例文593　劇場公演日程条項　875
- ◇公演をおこなう劇場や具体的な日程を規定する

例文594　放映・DVD化権条項　876
- ◇テレビ放映権ならびにビデオグラム化権のライセンスについてのライセンシー側からの提案

例文595　CD化権条項　877
- ◇公演の音楽のCD制作・販売権の取得に関して規定する

例文596　対価と支払条項　878
- ◇招聘側はプロダクション費用とロイヤルティを支払う
- ◇支払いはネット(税引後)ベースでおこなう

例文597　公演キャスト条項　880
- ◇公演のキャスト、ならびにオーケストラ演奏者について規定する
- ◇主要キャスト以外の子役、照明と音響については招聘側が準備すると規定する

例文598　スタッフ条項　881
- ◇劇場・スタッフの手配、国内移動の交通費は招聘側負担と規定する
- ◇キャラクター・マーチャンダイジングについては別途契約を締結する

例文599　宿泊・日当条項　882
- ◇キャストの宿泊、日当の支払いについて規定する　◇ホテルはシングルルームと規定する

例文600　契約締結準備費用条項　884
- ◇正式契約の締結準備費用について各当事者による自己負担とする規定
- ◇正式契約締結の期限を設定する

第10章 エンターテインメント契約　第9節　俳優出演契約の主要条項

例文601　リサイタル条項　890
- ◇契約当事者に自然人(個人)を加える規定
- ◇個人当事者を住所とパスポートナンバーで特定する規定

例文602	出演の同意条項	892
	◇プロダクションは所属アーティストの出演、サービス提供に合意する規定	
	◇アーティスト自身も契約に基づくサービス提供を約束する規定	
例文603	サービス提供条項	893
	◇アーティストの出演期間と1日あたりの撮影時間を規定する	
例文604	対価条項	894
	◇アーティストの出演に対する対価とその支払いについて規定する	
例文605	タックス条項	896
	◇支払いにともなう源泉徴収税等、税金込みの支払いであることを確認する規定	
例文606	著作権条項①	897
	◇アーティストによる持ち分の譲渡（50％を米国側、残りの50％を日本側）を規定	
	◇日本における映画のオールライツは、追加の支払いなしに日本側にライセンスされる	
	◇2人の俳優の演ずるキャラクターの日本における商品化権は日本側に帰属	
例文607	著作権条項②	899
	◇アーティストは、著作権及び著作権を活用したビジネス探求の権利のすべてを映画会社に譲渡する	
例文608	著作権条項③	900
	◇アーティストは、出演作品の編集に同意する	
例文609	肖像権条項	901
	◇アーティスト(俳優)の名前や写真(顔)、録音(声)の、商業テレビや広告、販促物への利用権	
例文610	最優先条項	902
	◇他の作品等のスケジュールに対する優先的出演について規定する	
例文611	補償条項	903
	◇撮影中の事故による損害等から俳優を守るための補償規定	
例文612	契約譲渡制限条項	904
	◇相手方の同意なくして契約譲渡をしない合意	
例文613	交代条項	906
	◇両当事者ともに、必要な場合はアーティストを他の俳優に交代させることができる	
例文614	締結文言と署名欄	907
	◇契約当事者による調印欄(氏名、肩書、法人名)、代理人による調印欄	

第10章 エンターテインメント契約	第11節 キャラクター・マーチャンダイジング契約の主要条項

例文615	前文	914
	◇契約当事者名を正確に記載する	
	◇一方の当事者は2社(共同)であり、2社を総称する呼称を規定する	
例文616	リサイタル条項	915
	◇契約締結に至る背景を説明する	
	◇ライセンサー側がライセンス対象のキャラクターの登場する映画作品を共同制作した経緯を説明する内容	
例文617	定義条項	917
	◇キャラクター・マーチャンダイジング契約の主要用語を定義する	
	◇「許諾製品」「サブライセンシー」などの定義を置く	
例文618	ライセンス許諾条項	919
	◇許諾地域における許諾製品の独占的販売権につき規定する	
	◇ライセンシーが100％保有の関連会社に対し、サブライセンスする権利があることを規定する	
例文619	ロイヤルティ条項	921
	◇販売し、実際に受領した卸総売上額の10％をランニング・ロイヤルティとして支払う	
	◇前払金とミニマム・ギャランティー額の支払いにつき規定する	
例文620	販売開始日条項	922
	◇一定期限までに許諾製品を販売する義務を規定	

◇期限までに販売を開始しないときは、解除事由にあたる

例文621　契約期間条項　924
◇契約期間について、開始日と終了日を明示して規定する　◇両者の合意により延長できる

例文622　ライセンス許諾製品のブランド・イメージ、名声維持と品質コントロール　925
◇ライセンシーは発売前にプロトタイプをライセンサーに送付し、承認を受ける
◇ライセンサーは、プロトタイプ受領後14日以内に承認か否かを決めライセンシーに通知する

例文623　ライセンシーの計算・記録保管・報告義務　926
◇ライセンシーはロイヤルティ計算の基準となる売上高について報告し、記録を保管する

例文624　帳簿閲覧権　927
◇ライセンサーは、自己の費用でライセンシーの帳簿を検査することができる
◇ロイヤルティ支払い不足額が10％を超えることが判明したときは、検査費用はライセンシー負担となる

例文625　ライセンサーに留保される権利　929
◇ライセンサーに留保される権利を規定する

例文626　不争義務条項　930
◇ライセンシーは、ライセンサーの知的財産権(著作権等)の有効性については争わないと規定する
◇ライセンシーは、ライセンサーの知的財産権表示をおこなう義務がある

例文627　補償条項　931
◇ライセンシーは許諾を受けて製造販売した製品の安全性に責任を持つ
◇ライセンシーは生産物賠償責任保険を付保し、ライセンサーも被保険者とする

第11章　雇用契約
第2節　雇用契約の主要条項　　　**第1款　前文とリサイタル条項**

例文628　前文とリサイタル条項　935
◇雇用契約のリサイタル条項

第11章　雇用契約
第2節　雇用契約の主要条項　　　**第2款　雇用合意条項**

例文629　雇用合意条項①　937
◇雇用者が個人を雇用する

例文630　雇用合意条項②　938
◇事業部・役職名を明示して雇用する　◇非営利活動への参加は制限しない

例文631　雇用合意条項③　941
◇ポジション(役職)・職務を明示して雇用する

例文632　不干渉条項　942
◇従業員が個人・家族の資産・資金を運用するのは、制限されない
◇重大な悪影響(materially adverse effect)を会社業務に与えない限り干渉はしない

例文633　サービス提供条項　943
◇サービスを提供する方法を規定する

第11章　雇用契約
第2節　雇用契約の主要条項　　　**第3款　雇用期間条項**

例文634　雇用期間条項①　944
◇始期と終期を明確に規定する

例文635　雇用期間条項②　945
◇雇用期間と終了前の更新協議を規定する

例文636　雇用期間条項③　946
◇雇用期間と終了時の自動更新について規定する

第11章　雇用契約
第2節　雇用契約の主要条項　　　**第4款　給与条項**

例文637　給与条項①　947
◇年俸額を決め、12分の1ずつを毎月支払うと規定する

第11章 雇用契約

	◇給与支払い者によって源泉徴収がなされると規定する（ネット保証ではない）	
例文638	給与条項②	949
	◇給与は年額を基礎に計算すると規定する　◇賞与は会社が評価・裁量権を持つ	
例文639	給与条項③	950
	◇暦年ベースの年俸額を決め、毎月の応答分を支払うと規定する	
例文640	給与条項④	951
	◇基礎給与とインセンティブ（賞与）の２本立てで報酬を設定する	
	◇給与額の50％を上限とする賞与につき規定する	

第11章 雇用契約　第2節 雇用契約の主要条項　第5款 付帯費用に関する条項

例文641	費用償還条項①	953
	◇業務遂行のための赴任地への引っ越しに関わる諸費用の会社負担を規定する	
例文642	費用償還条項②	955
	◇業務遂行のために従業員が立て替え支出した諸費用の償還につき規定する	
例文643	福利厚生条項	956
	◇福利厚生制度について規定する	

第11章 雇用契約　第2節 雇用契約の主要条項　第6款 労働条件に関する条項

例文644	労働時間条項	958
	◇通常の労働時間を規定する　◇休日出勤や残業を規定する	
例文645	休暇条項①	959
	◇12ヶ月間に20日の有給休暇を与えると規定する　◇次期間への繰り越しは認めない	
例文646	休暇条項②	960
	◇最初の１年は10日、２年目以降は15日と、年次（有給）休暇が増加する規定	
例文647	傷病条項	961
	◇所定月数を超えてサービスを提供できないときは、それ以降の（欠勤）期間について対価を一定割合減額し、復帰次第全額（給与）を支払う	
	◇所定月数以上勤務できないときは、会社は当該従業員を解雇できる	

第11章 雇用契約　第2節 雇用契約の主要条項　第7款 従業員からの表明と保証

例文648	表明と保証条項	963
	◇採用前の雇用者の「秘密情報」を雇用後に開示・利用しないという表明と保証	
例文649	秘密保持条項	965
	◇従業員の秘密保持義務を規定する	
	◇業務で創作したワークプロダクトは「雇用のため制作された成果物」とみなし、知的財産権は会社に帰属すると規定する	
例文650	競業避止条項	967
	◇直接・間接を問わず、類似・競合する商品・サービスの提供を禁止する	

第11章 雇用契約　第2節 雇用契約の主要条項　第8款 契約解除条項

例文651	契約解除条項①	970
	◇事務所閉鎖時や部門の縮小時は自動的に解除・終了とする	
例文652	契約解除条項②	971
	◇従業員側に帰責事由が発生したために解除する規定	
例文653	契約解除条項③	973
	◇理由のある解雇を会社側がおこなう権利を明確に規定する	
	◇契約違反の場合は30日の治癒期間を付与する	
例文654	契約解除条項④	975
	◇従業員に帰責事由のない場合における会社からの解除権を規定する	

第12章 融資契約

例文655　競業避止条項 ……977
◇契約解除時の給与・給付の支払い、立て替え分の精算を規定する
◇契約終了後5年間、競合企業への就職等を制限する

第12章 融資契約
第2節 融資契約の基本条項
第1款 リサイタル条項

例文656　リサイタル条項① ……982
◇簡潔な表現によるリサイタル条項

例文657　リサイタル条項② ……983
◇資金の用途を定めた融資の規定

第12章 融資契約
第2節 融資契約の基本条項
第2款 融資条項

例文658　融資条項① ……983
◇一定額を融資する約束

例文659　融資条項② ……984
◇一定額までを貸し付ける融資枠の設定

例文660　融資条項③ ……985
◇限度貸し付けであると規定する

例文661　融資条項④ ……986
◇リボルビング・ローンの枠の設定を規定する

例文662　融資条項⑤ ……987
◇リボルビング・ローンで、借主が貸主宛てに貸出額を額面金額とする手形を交付する
◇1回ごとの借り入れにつき、最低金額を規定する

第12章 融資契約
第2節 融資契約の基本条項
第3款 貸し付け実行条項

例文663　貸し付け実行条項① ……989
◇借主は10営業日前に借り入れ希望を通知する手続きを規定

例文664　貸し付け実行条項② ……989
◇第1回貸し付け実行の前提条件として、保証状及び定款等を提出すると規定

例文665　貸し付け実行条項③ ……991
◇一定の金額またはその整数倍のみを事前通知により借り受ける

例文666　貸し付け実行条項④ ……992
◇各最低貸付額(リボルビング・ローン)と貸付希望の連絡の仕方を規定する
◇1回の借り入れ額は50万米ドル以上で、これを超えた分は10万米ドルの整数倍とする
◇借り出し希望の5営業日前の通知義務を規定する

第12章 融資契約
第2節 融資契約の基本条項
第4款 銀行営業日条項

例文667　銀行営業日条項 ……994
◇営業日をサンフランシスコと東京、両都市での銀行営業日とする

第12章 融資契約
第2節 融資契約の基本条項
第5款 返済条項

例文668　返済条項① ……994
◇融資実行日から一定期間後に返済する

例文669　返済条項② ……995
◇特定の日に一括返済する　◇期限前に繰り上げ返済できる

例文670　返済条項③ ……996
◇返済予定表に従って返済する

例文671　返済条項④ ……997
◇期限前返済と期限到来による返済を規定する(リボルビング・ローン)

例文672　返済条項⑤ ……998

◇元本返済の期限・方法を規定する

第12章 融資契約
第2節 融資契約の基本条項 — 第6款 **使途条項**

例文673　使途条項　1000
◇融資金の使途を限定する

第12章 融資契約
第2節 融資契約の基本条項 — 第7款 **送金通貨条項**

例文674　送金通貨条項①　1001
◇日本円により送金と規定する例外的な規定

例文675　送金通貨条項②　1002
◇米ドルにより送金と規定する

例文676　送金通貨条項③　1002
◇米ドルにより送金と規定する標準的な規定（バリエーション）

第12章 融資契約
第2節 融資契約の基本条項 — 第8款 **金利条項**

例文677　金利条項①　1003
◇固定金利について規定する

例文678　金利条項②　1004
◇遅延金利をLIBORに一定の金利を上乗せして算出すると規定する

例文679　金利条項③　1005
◇LIBORをベースとした変動金利を規定する

例文680　金利条項④　1007
◇リボルビング・ローンの金利を規定する　◇四半期ごとに利息を支払う

例文681　金利条項⑤　1008
◇フローティングレート、LIBORの定義を規定する

第12章 融資契約
第3節 債権保全と回収のための条項 — 第1款 **保証状条項**

例文682　保証状条項　1012
◇一流銀行等の連帯保証状の差し入れについて規定する
◇保証対象の債務には元本と金利を加え、本契約から発生する可能性のあるあらゆる債務を含む

第12章 融資契約
第3節 債権保全と回収のための条項 — 第2款 **遅延金利条項**

例文683　遅延金利条項①　1013
◇適用法上許容される上限までの遅延金利を規定する

例文684　遅延金利条項②　1015
◇遅延金利は通常金利に1％を加算した率とする

第12章 融資契約
第3節 債権保全と回収のための条項 — 第3款 **期限の利益喪失条項**

例文685　期限の利益喪失条項①　1016
◇期限の利益を喪失させる事由を簡潔に規定する
◇さまざまな取引形態で活用できる汎用性のある標準的な規定

例文686　期限の利益喪失条項②　1018
◇期限の利益喪失について、事由と対処法を詳しく規定する
◇期限の利益喪失事由の1つに、米国連邦破産法第11章を挙げる

第12章 融資契約
第3節 債権保全と回収のための条項 — 第4款 **環境問題配慮規定**

例文687　環境問題配慮規定①　1020
◇プロジェクト遂行時における（大気・水・廃棄物を含む）環境問題への配慮義務を借主に負わせる規定

例文688　環境問題配慮規定②　1021

◇事業経営にあたり、子会社運営を含む広汎な環境規制の遵守を借主に表明させる規定

第12章 融資契約
第 3 節 債権保全と回収のための条項
第5款 裁判管轄合意条項

例文689 裁判管轄合意条項① ……………………………………………………… 1023
　◇サンフランシスコ連邦地方裁判所の管轄に合意する　◇陪審裁判の権利を放棄する

例文690 裁判管轄合意条項② ……………………………………………………… 1024
　◇東京地方裁判所を非専属裁判管轄と規定する
　◇フォーラム・ノン・コンビニエンスに基づく管轄への異議申し立て権を放棄させる

第13章 各種契約
第 1 節 保証・担保契約
第3款 保証文言

例文691 保証文言① ………………………………………………………………… 1029
　◇履行保証　◇劇場上演契約での規定

例文692 保証文言② ………………………………………………………………… 1031
　◇支払いの保証

例文693 保証文言③ ………………………………………………………………… 1032
　◇契約履行の保証　◇約因（契約の誘引）の存在を規定中で明らかにする

例文694 保証文言④ ………………………………………………………………… 1033
　◇約因の存在を説明するために、保証状の名宛人が、主債務者(被保証人)とは、(保証状がなければ)
　本来、取引・契約調印には気が進まないというフレーズを記載する

第13章 各種契約
第 1 節 保証・担保契約
第4款 催告・検索の抗弁権の放棄

例文695 催告・検索の抗弁権の放棄① ………………………………………… 1034
　◇まず主債務者に履行(法的救済)を求めるよう要求する権利を放棄

例文696 催告・検索の抗弁権の放棄② ………………………………………… 1035
　◇フランチャイズ契約での催告の抗弁権放棄の規定

例文697 催告・検索の抗弁権の放棄③ ………………………………………… 1035
　◇保証人を直接提訴できるとする規定　◇催告・検索の抗弁権の放棄を簡潔に規定する

第13章 各種契約
第 1 節 保証・担保契約
第5款 保証の限度

例文698 保証限度条項① …………………………………………………………… 1036
　◇保証人の責任は主債務者の責任の限度を超えないと規定する

例文699 保証限度条項② …………………………………………………………… 1037
　◇金額によって保証限度を規定する

第13章 各種契約
第 1 節 保証・担保契約
第6款 保証の有効期間

例文700 有効期間条項① …………………………………………………………… 1038
　◇継続的な保証であると規定する

例文701 有効期間条項② …………………………………………………………… 1039
　◇継続的な保証であると規定する
　◇契約の完全な履行保証をおこなう場合の保証の有効期間の規定

例文702 有効期間条項③ …………………………………………………………… 1039
　◇保証の有効期間を年数で規定する

第13章 各種契約
第 1 節 保証・担保契約
第7款 原契約の債務内容の変更

例文703 契約変更条項① …………………………………………………………… 1040
　◇保証人の同意なしに原契約を変更できると規定する

例文704 契約変更条項② …………………………………………………………… 1041
　◇原契約の変更は保証義務を免除しない

例文705 契約変更条項③ …………………………………………………………… 1042

◇売買基本契約で買主側のために、その履行を保証する

第13章 各種契約 / 第1節 保証・担保契約 — 第8款 厳格な保証責任条項

例文706 厳格な保証責任条項①　1042
◇保証人の責任は、主債務者への履行期限の延期、猶予等によって影響を受けないという規定

例文707 厳格な保証責任条項②　1043
◇被保証人との契約が無効になった場合の保証債務に対する効果を規定する

第13章 各種契約 / 第1節 保証・担保契約 — 第9款 紛争解決方法

例文708 裁判管轄合意条項① 　1044
◇カリフォルニア州の裁判所の裁判管轄を規定する

例文709 裁判管轄合意条項② 　1045
◇裁判管轄に関連する放棄条項

第13章 各種契約 / 第1節 保証・担保契約 — 第10款 準拠法及び他の一般条項

例文710 準拠法条項 　1046
◇カリフォルニア州法を準拠法とする規定

第13章 各種契約 / 第3節 契約譲渡契約・債権譲渡契約 — 第1款 契約譲渡契約のポイント

例文711 契約譲渡条項① 　1051
◇すべての権利の譲渡とすべての義務の委託を規定する

例文712 契約譲渡条項② 　1052
◇契約の譲渡人と元の契約の相手方との関係、履行責任からの解放を規定する

例文713 契約譲渡条項③ 　1053
◇書面による事前の同意なしに契約は譲渡できない　◇譲渡後も義務の履行につき責任を負う

第13章 各種契約 / 第4節 解除・修正契約 — 第2款 解除規定

例文714 解除規定① 　1056
◇契約書・覚書を解除・無効とする

例文715 解除規定② 　1057
◇解除対象となる関連文書を明確にした規定

第13章 各種契約 / 第4節 解除・修正契約 — 第3款 解除通知

例文716 解除通知 　1058
◇自動更新する意思がないことを伝える

第13章 各種契約 / 第4節 解除・修正契約 — 第6款 修正契約の対象となる契約書を引用する表現

例文717 原契約の引用の文言① 　1060
◇リサイタル条項　◇原契約の写しを別紙として添付する方式

例文718 原契約の引用の文言② 　1061
◇referenceを使った引用

第13章 各種契約 / 第4節 解除・修正契約 — 第7款 修正文言

例文719 修正するという文言① 　1061
◇語句を置き換える方式

例文720 修正するという文言② 　1062
◇条文を削除し、新しい条文を規定する方式

第13章 各種契約
第4節 解除・修正契約
第8款 追加文言

例文721 追加するという文言 — 1063
◇原契約に新しい条文を挿入する

第13章 各種契約
第4節 解除・修正契約
第9款 修正対象外の規定の存続を確認する規定

例文722 修正対象外の規定の存続を確認する規定 — 1063
◇他の規定がそのまま存続することを確認する規定

第13章 各種契約
第5節 和解契約
第4款 紛争（disputes）の存在

例文723 リサイタル条項 — 1067
◇紛争の存在と解決への経緯を記述する

例文724 約因条項 — 1068
◇約因を規定する

第13章 各種契約
第5節 和解契約
第5款 定義

例文725 定義条項 — 1068
◇重要な用語を定義する

第13章 各種契約
第5節 和解契約
第6款 紛争解決合意とリリース

例文726 紛争解決合意条項① — 1069
◇知的財産侵害訴訟の和解解決での規定

例文727 紛争解決合意条項② — 1071
◇子会社・関連会社・購入者・ライセンシー・ユーザーも、リリースの対象とする規定

例文728 紛争解決合意条項③ — 1071
◇契約紛争の和解解決

例文729 紛争解決合意条項④ — 1073
◇和解契約の締結という事実をもってクレームの存在を認めたと解釈されてはならないと規定する

例文730 紛争解決合意条項⑤ — 1074
◇和解金の支払いをもって、非を認めたと解釈されてはならないと規定する

例文731 紛争解決合意条項⑥ — 1075
◇和解金の支払いを規定する

第13章 各種契約
第5節 和解契約
第8款 調印欄

例文732 調印欄 — 1076
◇立会人を立て、契約書に署名させる調印欄

［第2部］

第1章 英文契約書の基本用語
第2節 リーガル・ジャーゴン、契約専門用語
第1款 witnesseth

例文733 witnessethを使用した文例 — 1083
◇一般契約

第1章 英文契約書の基本用語
第2節 リーガル・ジャーゴン、契約専門用語
第3款 party

例文734 partyを使用した文例 — 1084
◇一般契約

第1章 英文契約書の基本用語
第2節 リーガル・ジャーゴン、契約専門用語
第4款 in consideration of

例文735 in consideration ofを使用した文例① — 1086

◇「約因」の意味の場合の一般契約

例文736 in consideration ofを使用した文例② 1086
◇「対価」の意味の場合のサービス契約

| 第1章 英文契約書の基本用語 | 第5款 hereof; hereto; hereby; |
| 第2節 リーガル・ジャーゴン、契約専門用語 | hereunder; thereof |

例文737 hereunderを使用した文例 1087
◇ライセンス契約

| 第1章 英文契約書の基本用語 | 第6款 execution of this Agreement; |
| 第2節 リーガル・ジャーゴン、契約専門用語 | execute this Agreement |

例文738 excuteを使用した文例 1088
◇一般契約

| 第1章 英文契約書の基本用語 | 第7款 including, but not limited to; |
| 第2節 リーガル・ジャーゴン、契約専門用語 | including without limitation |

例文739 including without limitationを使用した文例 1089
◇不可抗力事由を列挙して規定する

| 第1章 英文契約書の基本用語 | 第8款 force majeure |
| 第2節 リーガル・ジャーゴン、契約専門用語 | |

例文740 force majeureを使用した文例 1090
◇不可抗力事由による不履行免責を規定する

| 第1章 英文契約書の基本用語 | 第9款 indemnify and hold harmless |
| 第2節 リーガル・ジャーゴン、契約専門用語 | |

例文741 indemnify and hold harmlessを使用した文例 1091
◇一方が相手方を補償し、免責すると規定する

| 第1章 英文契約書の基本用語 | 第10款 made and entered into |
| 第2節 リーガル・ジャーゴン、契約専門用語 | |

例文742 made and entered intoを使用した文例 1092
◇一般契約

| 第1章 英文契約書の基本用語 | 第11款 without prejudice to |
| 第2節 リーガル・ジャーゴン、契約専門用語 | |

例文743 without prejudice toを使用した文例 1093
◇映像作品ライセンス契約

| 第1章 英文契約書の基本用語 | 第12款 as is |
| 第2節 リーガル・ジャーゴン、契約専門用語 | |

例文744 as isを使用した文例 1094
◇ソフトウエア・ライセンス契約

| 第1章 英文契約書の基本用語 | 第13款 represent and warrant |
| 第2節 リーガル・ジャーゴン、契約専門用語 | |

例文745 represent and warrantを使用した文例 1094
◇ソフトウエア・ライセンス契約

| 第1章 英文契約書の基本用語 | 第14款 warranty |
| 第2節 リーガル・ジャーゴン、契約専門用語 | |

例文746 warrantyを使用した文例① 1095
◇一般契約

例文747 warrantyを使用した文例② 1096
◇売買契約

| 第1章 英文契約書の基本用語 | 第15款 implied warranty of fitness; |
| 第2節 リーガル・ジャーゴン、契約専門用語 | implied warranty of merchantability |

例文748 implied warranty of fitness; implied warranty of merchantabilityを使用した文例 1097
◇売買契約

第1章 英文契約書の基本用語	第16款 **entire agreement**
第2節 リーガル・ジャーゴン、契約専門用語	

例文749	entire agreementを使用した文例	1097
	◇一般契約	

第1章 英文契約書の基本用語	第17款 **public domain**
第2節 リーガル・ジャーゴン、契約専門用語	

例文750	public domainを使用した文例	1098
	◇秘密保持条項	

第1章 英文契約書の基本用語	第18款 **royalty**
第2節 リーガル・ジャーゴン、契約専門用語	

例文751	royaltyを使用した文例①	1099
	◇定額ロイヤルティ　◇ライセンス契約	
例文752	royaltyを使用した文例②	1100
	◇一定レートのロイヤルティ　◇ライセンス契約	

第1章 英文契約書の基本用語	第19款 **minimum royalty**
第2節 リーガル・ジャーゴン、契約専門用語	

例文753	minimum royaltyを使用した文例	1100
	◇商標・特許・ノウハウのためのロイヤルティ支払い	

第1章 英文契約書の基本用語	第20款 **territory**
第2節 リーガル・ジャーゴン、契約専門用語	

例文754	territoryを使用した文例①	1101
	◇「販売地域」を意味する場合　◇販売店契約	
例文755	territoryを使用した文例②	1102
	◇「販売地域」を意味する場合　◇販売店契約	
例文756	territoryを使用した文例③	1102
	◇「上映地域」を意味する場合　◇映像ソフト販売契約	

第2章 英文契約書の頻出表現	第1款 契約上の義務を規定する用語
第1節 shall,will,mayの用法	——shall,agree to

例文757	shallを使用した文例①	1106
	◇売買契約	
例文758	shallを使用した文例②	1107
	◇株式譲渡契約	
例文759	agree toを使用した文例	1108
	◇販売代理店契約	

第2章 英文契約書の頻出表現	第2款 契約上の権利を規定する用語
第1節 shall,will,mayの用法	——may, have the right to, may not

例文760	mayを使用した文例	1109
	◇合意解除の一般契約	
例文761	mayを使用した文例②	1110
	◇一方的な解除　◇合弁事業契約	
例文762	have the right toを使用した文例	1111
	◇販売店契約	
例文763	may notを使用した文例	1112
	◇映画の輸入販売ライセンス契約	

第2章 英文契約書の頻出表現	第3款 **自分の側の義務を規定する用語——will**
第1節 shall,will,mayの用法	

例文764	willを使用した文例①	1113
	◇合弁事業契約	
例文765	willを使用した文例②	1114

◇合弁事業契約

| 例文766 | willを使用した文例③ | 1115 |

◇融資契約の融資条項

| 例文767 | willを使用した文例④ | 1116 |

◇販売店契約

第2章 英文契約書の頻出表現
第1節 shall, will, mayの用法
第4款 法的拘束力のないことを示す用語

| 例文768 | not ... legally bindingを使用した文例① | 1117 |

◇レター・オブ・インテント

| 例文769 | not ... legally bindingを使用した文例② | 1118 |

◇メモランダム・オブ・アンダースタンディング　◇簡潔な表現

| 例文770 | a non-binding expressionを使用した文例 | 1119 |

◇メモランダム・オブ・アグリーメント　◇丁寧な表現

第2章 英文契約書の頻出表現
第2節 ラテン語のイディオム
第1款 in lieu of

| 例文771 | in lieu ofを使用した文例① | 1121 |

◇売買契約・ライセンス契約での保証の排除条項　◇ショートフォーム

| 例文772 | in lieu ofを使用した文例② | 1121 |

◇売買契約での保証の排除条項　◇ロングフォーム

| 例文773 | in lieu ofを使用した文例③ | 1122 |

◇ライセンス契約　◇文字通り「…の代わりに」の意味で使用する

第2章 英文契約書の頻出表現
第2節 ラテン語のイディオム
第2款 mutatis mutandis

| 例文774 | mutatis mutandisを使用した文例 | 1124 |

◇一般契約

第2章 英文契約書の頻出表現
第2節 ラテン語のイディオム
第3款 bona fide

| 例文775 | bona fideを使用した文例 | 1124 |

◇一般契約　◇協議条項

| 例文776 | in good faithを使用した文例 | 1125 |

◇協議条項

第2章 英文契約書の頻出表現
第2節 ラテン語のイディオム
第4款 pari passu

| 例文777 | pari passuを使用した文例 | 1126 |

◇一般契約

第2章 英文契約書の頻出表現
第3節 英語の頻出表現
第2款 prevail; supersede

| 例文778 | prevailを使用した文例 | 1129 |

◇契約書の一方を優先させる規定

第2章 英文契約書の頻出表現
第3節 英語の頻出表現
第3款 in no event

| 例文779 | in no eventを使用した文例 | 1130 |

◇契約期間の最終日を暦日で示す規定

第2章 英文契約書の頻出表現
第3節 英語の頻出表現
第4款 set forth

| 例文780 | set forthを使用した文例① | 1131 |

◇最終性条項

| 例文781 | set forthを使用した文例② | 1131 |

◇見出し条項

第2章 英文契約書の頻出表現
第3節 英語の頻出表現

第5款 hold ... in strict confidence

例文782 hold ... in strict confidenceを使用した文例 …… 1132
　◇一般契約

第6款 upon termination of this Agreement

例文783 upon termination of this Agreementを使用した文例① …… 1133
　◇一般契約　◇ソフトウエア・ライセンス契約

例文784 upon termination of this Agreementを使用した文例② …… 1134
　◇一般契約　◇ソフトウエア販売店契約

第7款 become effective

例文785 become effectiveを使用した文例 …… 1135
　◇契約期間条項

第8款 upon the occurrence of

例文786 upon the occurrence ofを使用した文例 …… 1136
　◇あらかじめ想定した事態が発生したときの解除権を規定する

第9款 term

例文787 termを使用した文例① …… 1138
　◇"term"を「期間」の意味で使用する

例文788 termを使用した文例② …… 1138
　◇"term"を「用語」の意味で使用する　◇定義条項

第10款 subsidiary

例文789 subsidiaryを使用した文例① …… 1139
　◇定義条項

例文790 subsidiaryを使用した文例② …… 1140
　◇ライセンス契約

第11款 injunctive remedies; injunctive relief

例文791 injunctive reliefを使用した文例① …… 1142
　◇ライセンス契約

例文792 injunctive reliefを使用した文例② …… 1143
　◇個人が差し入れる秘密保持誓約書　◇レター・アグリーメント

第12款 due and punctual performance

例文793 due and punctual performanceを使用した文例 …… 1144
　◇保証状

第13款 subject to

例文794 subject toを使用した文例① …… 1145
　◇「留保つき」の意味で使用する

例文795 subject toを使用した文例② …… 1146
　◇「留保つき」の意味で使用する　◇販売店契約

例文796 subject toを使用した文例③ …… 1147
　◇「条件つき」の意味で使用する

例文797 subject toを使用した文例④ …… 1147

◇「条件つき」の意味で使用する

第2章 英文契約書の頻出表現
第3節 英語の頻出表現
第14款 jointly and severally

例文798 jointly and severallyを使用した文例 …… 1148
◇保証状

第2章 英文契約書の頻出表現
第3節 英語の頻出表現
第15款 due and payable

例文799 due and payableを使用した文例① …… 1149
◇融資契約

例文800 due and payableを使用した文例② …… 1150
◇ライセンス契約

第2章 英文契約書の頻出表現
第3節 英語の頻出表現
第16款 make its best efforts; do its utmost efforts

例文801 make its best effortsを使用した文例 …… 1152
◇不可抗力条項

例文802 make every reasonable effortを使用した文例 …… 1153
◇販売促進努力規定　◇ライセンス契約、販売店契約

第2章 英文契約書の頻出表現
第3節 英語の頻出表現
第17款 survive

例文803 surviveを使用した文例① …… 1154
◇一般契約

例文804 surviveを使用した文例② …… 1154
◇一般契約

第2章 英文契約書の頻出表現
第4節 ただし書き、除外、数字などの表現
第1款 ただし書き

例文805 provided, however, thatを使用した文例① …… 1156
◇映像作品ライセンス契約

例文806 provided, however, thatを使用した文例② …… 1157
◇合弁事業契約

第2章 英文契約書の頻出表現
第4節 ただし書き、除外、数字などの表現
第2款 除外事項

例文807 exceptを使用した文例 …… 1158
◇販売店契約

例文808 unlessを使用した文例 …… 1159
◇販売店契約

第2章 英文契約書の頻出表現
第4節 ただし書き、除外、数字などの表現
第3款 金額の表記

例文809 金額の表記① …… 1160
◇米ドルの表記

例文810 金額の表記② …… 1161
◇日本円の表記

例文811 金額の表記③ …… 1162
◇日本円の表記

第2章 英文契約書の頻出表現
第4節 ただし書き、除外、数字などの表現
第4款 割合の表記

例文812 パーセントの表記 …… 1163
◇ローン契約

第2章 英文契約書の頻出表現
第4節 ただし書き、除外、数字などの表現
第5款 期限と期間の表記

例文813 within ... daysを使用した文例① 1164
◇支払期限の表記　◇「7日以内」と規定する

例文814 within ... daysを使用した文例② 1165
◇支払期限の表記　◇営業日(business day)の表現を使用する

例文815 for a period of __ yearsを使用した文例① 1165
◇暦日で表示した有効期間の満了日を基準に有効期間を規定する

例文816 for a period of __ yearsを使用した文例② 1166
◇始期を基準に有効期間を規定する

例文817 on or before ...を使用した文例 1166
◇終期を基準に履行期限を規定する

例文818 no later than ...を使用した文例 1167
◇「(いつ)までに」という最終期限を規定する

条項索引

条項名	例文番号（契約種別）	ページ
外国語版条項	585（エンターテインメント）	858
解除規定	714～715（解除・修正）	1056～1057
解除通知	716（解除・修正）	1058
開発権条項	492～493（秘密保持）	697～698
改良情報・グラントバック条項	296～299（ライセンス）	419～422
価格条項	173～176（売買契約）	248～251
貸し付け実行条項	663～666（融資契約）	989～992
株式譲渡条項	507～510（事業譲渡）	719～724
株式譲渡制限条項	431～436（合弁事業）	619～625
株式代金支払条項	519～520（事業譲渡）	738～739
環境問題配慮規定	687～688（融資契約）	1020～1021
期限の利益喪失条項	685～686（融資契約）	1016～1018
危険負担と所有権の移転時期	197～201（売買契約）	281～285
技術指導	284～292（ライセンス）	404～414
技術情報・営業秘密の開示	281～283（ライセンス）	399～402
休暇条項	645～646（雇用契約）	959～960
給与条項	637～640（雇用契約）	947～951
競業禁止条項	550～552（事業譲渡）	791～794
競業避止条項	650, 655（雇用契約）	967, 977
競合制限規定	442～443（合弁事業）	632～633
競合品の取り扱い制限条項	396（販売・代理店）	566
共同売却(撤退)条項	437（合弁事業）	625

条項名	例文番号（契約種別）	ページ
許諾地域条項	579（エンターテインメント）	849
銀行営業日条項	667（融資契約）	994
金利条項	677〜681（融資契約）	1003〜1008
クレームと救済に関する条項	215〜217（売買契約）	305〜308
クレームの通知と補償	547〜549（事業譲渡）	783〜789
クロージング条項	514〜518（事業譲渡）	732〜737
契約解除条項	058〜066（一般条項） 351〜354（ライセンス） 651〜654（雇用契約）	118〜132 496〜502 970〜975
契約期間条項	017〜033（一般条項） 343〜350（ライセンス） 452〜454（合弁事業） 496（秘密保持） 573, 580, 621（エンターテインメント）	73〜88 485〜494 646〜648 702 838, 850, 924
契約譲渡条項	711〜713（契約・債権譲渡）	1051〜1053
契約譲渡制限条項	047〜057（一般条項） 365〜372（ライセンス） 612（エンターテインメント）	106〜116 523〜531 904
契約変更条項	703〜705（保証・担保）	1040〜1042
厳格な保証責任条項	706〜707（保証・担保）	1042〜1043
原契約の引用の文言	717〜718（解除・修正）	1060〜1061
検査条項	212〜214（売買契約）	302〜303
権利放棄条項	113〜118（一般条項） 501（秘密保持）	178〜181 707
広告・宣伝、販売促進努力義務	336〜337（ライセンス）	475〜476
国家主権免責放棄条項	169（一般条項）	239
雇用期間条項	634〜636（雇用契約）	944〜946
雇用合意条項	629〜631（雇用契約）	937〜941

条項名	例文番号(契約種別)	ページ
催告・検索の抗弁権の放棄	695〜697(保証・担保)	1034〜1035
在庫、修理サービス条項	399(販売・代理店)	569
最終性条項/完全な合意条項	040〜046(一般条項) 498(秘密保持)	99〜105 704
最終部分	011〜013	63〜64
裁判管轄合意条項	108〜112(一般条項) 689〜690(融資契約) 708〜709(保証・担保)	174〜177 1023〜1024 1044〜1045
最優遇条項	278〜280(ライセンス)	395〜397
差し止め条項	489〜491(秘密保持)	692〜695
サービス提供条項	382〜386(サービス提供) 603(エンターテインメント) 633(雇用契約)	547〜551 893 943
サービスの対価・報酬	387〜389(サービス提供)	552〜554
資金調達条項	555〜556(事業譲渡)	798〜800
支払条項/対価条項	589, 596, 604(エンターテインメント)	865, 878, 894
従業員引き抜き禁止	561(事業譲渡)	808
修正するという文言	719〜720(解除・修正)	1061〜1062
修正対象外の規定の存続を確認する規定	722(解除・修正)	1063
準拠法条項	073〜089(一般条項) 456〜458(合弁事業) 500(秘密保持) 710(保証・担保)	142〜153 651〜653 706 1046
傷病条項	647(雇用契約)	961
商標・商号使用禁止	560(事業譲渡)	806
商品の仕様条項	171(売買契約)	245
情報の返還条項	494〜495(秘密保持)	700〜701
所有権留保条項	486〜488(秘密保持)	690〜691

条項名	例文番号(契約種別)	ページ
数量条項	177〜178（売買契約）	252〜253
前文	007〜010	56〜61
	401（合弁事業）	579
	463（秘密保持）	664
	591, 615（エンターテインメント）	873, 914
前文と約因条項	569（エンターテインメント）	834
前文とリサイタル条項	220〜221（ライセンス）	320〜321
	503（事業譲渡）	713
	577（エンターテインメント）	845
	628（雇用契約）	935
送金通貨条項	674〜676（融資契約）	1001〜1002
相殺条項	166〜168（一般条項）	236〜238
贈賄禁止条項	165（一般条項）	234
	455（合弁事業）	650
損害賠償の制限条項	140〜144（一般条項）	205〜209
存続条項	160〜161（一般条項）	228〜229
代金支払条項	183〜192（売買契約）	261〜275
第三者利益条項	162〜163（一般条項）	230〜231
タイム・イズ・オブ・エッセンス条項	153〜154（一般条項）	221〜222
	564（事業譲渡）	815
タックス条項	145〜152（一般条項）	211〜220
	605（エンターテインメント）	896
遅延金利条項	683〜684（融資契約）	1013〜1015
知的財産権の保証と保証排除、損害賠償責任の限定	308〜330（ライセンス）	435〜467
仲裁条項	090〜107（一般条項）	155〜173
調印欄	732（和解契約）	1076
調印文言と署名欄／締結文言と署名欄	576, 614（エンターテインメント）	842, 907

条項名	例文番号(契約種別)	ページ
帳簿閲覧権	428〜429（合弁事業）	616〜617
	624（エンターテインメント）	927
著作権条項	606〜608（エンターテインメント）	897〜900
著作権・所有権の帰属条項	300〜305（ライセンス）	425〜430
著作権表示条項	581（エンターテインメント）	851
追加協力義務条項	553〜554（事業譲渡）	796〜797
追加するという文言	721（解除・修正）	1063
通知条項	034〜039（一般条項）	89〜96
	590（エンターテインメント）	866
定義条項	014〜016（一般条項）	69〜71
	224〜233（ライセンス）	325〜335
	404（合弁事業）	583
	472〜474（秘密保持）	673〜675
	571〜572, 617（エンターテインメント）	837, 917
	725（和解契約）	1068
テイク・オア・ペイ条項	218（売買契約）	310
デュー・ディリジェンス条項	511〜513（事業譲渡）	726〜730
当事者の関係条項	119〜124（一般条項）	183〜187
	460（合弁事業）	655
特許、商標等条項	209〜211（売買契約）	296〜299
配給許諾条項	570（エンターテインメント）	835
売買の合意条項	170（売買契約）	244
派遣人員の労働条件	390〜391（サービス提供）	556
ハードシップ条項	164（一般条項）	232
販売開始日条項	620（エンターテインメント）	922
引き渡し条項	179〜182（売買契約）	255〜259
秘密情報の開示範囲条項	477〜478（秘密保持）	679〜680
秘密情報の範囲条項	475〜476（秘密保持）	676〜677

条項名	例文番号（契約種別）	ページ
秘密保持条項	132～136（一般条項）	196～201
	355～364（ライセンス）	503～521
	394（サービス提供）	559
	400（販売・代理店）	570
	459（合弁事業）	654
	562～563（事業譲渡）	810～813
	649（雇用契約）	965
秘密保持の注意義務水準条項	479～483（秘密保持）	683～687
費用償還条項	641～642（雇用契約）	953～955
表明と保証	521～540, 559（事業譲渡）	741～773, 804
	584（エンターテインメント）	855
	648（雇用契約）	963
表明・保証違反の場合の補償条項	541～546（事業譲渡）	774～780
ファースト・リフューザル・ライト条項	219（売買契約）	312
不可抗力条項	067～072（一般条項）	134～140
	373～377（ライセンス）	532～537
	461（合弁事業）	656
不干渉条項	632（雇用契約）	942
副本条項	158～159（一般条項）	226～227
福利厚生条項	643（雇用契約）	956
不争義務条項	306～307（ライセンス）	431～433
	626（エンターテインメント）	930
不保証条項	484～485（秘密保持）	688～689
プレスリリース	137～139（一般条項）	203～204
ブローカー、ファインダー否定条項	557～558（事業譲渡）	802～803
紛争解決合意条項	726～731（和解契約）	1069～1075
返済条項	668～672（融資契約）	994～998
保険条項	193～196（売買契約）	277～279
保証限度条項	698～699（保証・担保）	1036～1037

条項名	例文番号（契約種別）	ページ
保証状条項	682（融資契約）	1012
保証・担保条項	202〜208（売買契約）	286〜294
保証文言	691〜694（保証・担保）	1029〜1033
ホールドバック条項	586〜587（エンターテインメント）	862〜863
見出し条項	155〜157（一般条項）	223〜224
見本売買条項	172（売買契約）	246
無効規定の分離可能性条項	125〜131（一般条項）	189〜194
	462（合弁事業）	658
	499（秘密保持）	705
	565〜568（事業譲渡）	816〜821
約因条項	724（和解契約）	1068
約因・契約締結意思確認条項	468〜471（秘密保持）	670〜672
有効期間条項	700〜702（保証・担保）	1038〜1039
融資条項	658〜662（融資契約）	983〜987
輸出規制遵守条項	378〜381（ライセンス）	540〜543
ライセンサーに留保される権利	625（エンターテインメント）	929
ライセンシーの計算・記録保管・報告義務	338〜342（ライセンス）	477〜481
	623（エンターテインメント）	926
ライセンス許諾条項	234〜252（ライセンス）	337〜362
	578, 618（エンターテインメント）	847, 919
ライセンス許諾製品のブランド・イメージ、名声維持と品質コントロール	331〜335（ライセンス）	469〜474
	622（エンターテインメント）	925
ライセンス許諾の表示	293〜295（ライセンス）	416〜418
リサイタル条項	222〜223（ライセンス）	323〜324
	402〜403（合弁事業）	581〜582
	464〜467（秘密保持）	666〜669
	504〜506（事業譲渡）	715〜717
	601, 616（エンターテインメント）	890, 915
	656〜657（融資契約）	982〜983
	723（和解契約）	1067

条項名	例文番号（契約種別）	ページ
リパーチェス条項	444～448（合弁事業）	635～641
レター形式による契約確認のための文言	001～006	41～52
ロイヤルティ条項	253～277（ライセンス） 575, 582～583, 619 　（エンターテインメント）	365～394 841, 852～853, 921
労働時間条項	644（雇用契約）	958

英語索引

A

AAA（アメリカ仲裁協会；The American Arbitration Association）	17, 157, 1044
ab initio（さかのぼって）	1120
ABC順	328
absence fee（アブセンス・フィー）	406
acceleration clause（期限の利益喪失条項）	1011
access（アクセス）	730
accommodation（宿泊施設）	883
Accommodation and Living Allowances（宿泊・日当条項）	882
accounting year（会計年度）	1165
Accounting, Records and Reports（ライセンシーの計算・記録保管・報告義務）	477
accounts receivable（売掛金）	1050
acknowledge and agree to（確認し、合意する）	43
acknowledgment（確認）	13, 31
act	
blue sky act（ブルースカイ法；blue sky laws）	743
Foreign Corrupt Practices Act（連邦海外腐敗行為防止法）	25
Uniform Computer Information Transactions Act（UCITA）	20, 24, 210, 436
act of God（不可抗力；自然災害などの不可抗力）	135, 532, 1090
action（訴訟）	1036
actual damages（実際に被った損害額）	169
ADR（代替的紛争解決方法；Alternative Disputes Resolution）	1126
advance（貸し付ける）	984
advance payment（前払い）	264
affiliate(s)（関連会社）	72, 106, 111, 585, 1139
AFMA（米国映画協会；American Film Marketing Association）	836, 912
AFMA International Multiple Right License Standard Terms & Conditions（米国映画協会海外映画配給約款）	836
AFMA約款（米国映画協会海外映画配給約款）	836
Agency Agreement（代理店契約）	8, 561
agency relationship（代理関係）	188
agenda（議題）	16
agent（代理人；代理店）	23, 561
Agent PE（代理人による恒久的施設）	23
agree to（合意する）	1106
agreement	
Agency Agreement（代理店契約）	8, 561
Amendment Agreement（修正契約）	1056
Assets Purchase Agreement（資産譲渡契約）	9, 711
Assignment Agreement（出向契約）	631
Assignment Agreement（譲渡契約）	711, 1050
Cancellation Agreement（解除契約）	1056
Confidentiality Agreement（秘密保持契約）	9, 662
Consignment Agreement（委託契約）	1048

Costs for Preparation of a Formal Agreement（契約締結準備費用条項）	884
definite agreement（正式契約書）	874, 885
definitive agreement（最終契約）	14, 28
Distributorship Agreement（販売店契約）	8, 561, 825, 1101
Employment Agreement（雇用契約）	11
entire agreement（完全な合意；最終性条項）	5, 99, 1097
Entire Agreement Clause（最終性条項）	1064, 1081
Escrow Agreement（エスクロウ取引）	980
execute this Agreement（契約に署名する）	1087
execution of this Agreement（契約の署名）	1087
formal agreement（正式契約書）	14, 28, 874, 885
Indemnity Agreement（保証委託契約；補償契約）	11, 800
Lease Agreement（賃貸借契約）	10
Letter Agreement（レター形式の契約書）	38
license agreement（ライセンス契約）	320
Loan Agreement（融資契約）	631
Master Franchise Agreement（マスター・フランチャイズ・アグリーメント）	1101
Mortgage Agreement（抵当権設定契約）	1047
Non-Disclosure Agreement（秘密保持契約；NDA）	9, 662, 967
oral agreement（口頭契約）	99
Original Agreement（原契約）	1050, 1060
Partnership Agreement（パートナーシップ契約）	577
Quotation of Original Agreement（原契約の引用の文言）	1060
Sales Agency Agreement（販売代理店契約）	825
Service Agreement（サービス提供契約）	10, 546
Settlement Agreement（和解契約）	9, 1065
Share Purchase Agreement（株式譲渡契約）	9
Shareholders Agreement（株主間契約）	8, 577
Sole Agency Agreement（総代理店契約）	562
Stock Purchase Agreement（株式譲渡契約）	9, 710
Stockholders Agreement（株主間契約）	656
supplemental agreement（追加［補足］契約）	104
Termination Agreement（解除契約）	1056
the date of this Agreement（契約の日）	74
upon termination of this Agreement（本契約が解除された場合には）	1133
Agreement on Trade-Related Aspects of Intellectual Property Rights（知的所有権の貿易関連の側面に関する協定；TRIPS 協定）	21
airway bill（航空貨物運送状）	243, 266
all rights（オールライツ）	826, 836, 863
All Risks（全危険担保条件）	279
allowance（増減許容数量）	252
allowance	
Accommodation and Living Allowances（宿泊・日当条項）	882
daily allowance（日当）	406, 887, 1127
living allowance（日当）	883, 895
alphabetical order（アルファベット順；ABC 順）	328
Alternative Disputes Resolution（代替的紛争解決方法）	1126
Amendment Agreement（修正契約）	1056
American Arbitration Association（アメリカ仲裁協会；AAA）	17, 157

American Film Marketing Association（米国映画協会；AFMA） 836, 912
AML（資金洗浄防止；Anti-Money Laundering） 25
amount
 gross selling amount（総販売額） 370
 Minimum Sales Amount（最低販売数量条項） 563
 net selling amount（純販売額） 370
animation（アニメーション） 354
anniversary（応当日；記念日） 249
anniversary date（応当日；記念日） 999
anti-bribery（贈賄禁止） 25
Anti-Money Laundering（資金洗浄防止；AML） 25
appendix（添付別表） 245
applicable law（適用法） 17
arbitral tribunal（仲裁機関） 160
arbitration（仲裁） 130
 American Arbitration Association（アメリカ仲裁協会；AAA） 17, 157
 Japan Commercial Arbitration Association（日本商事仲裁協会） 17, 155, 163
 London Court of International Arbitration（ロンドン国際仲裁裁判所） 17, 1044
Arbitration（仲裁条項） 155, 228
arbitration award（仲裁の判断） 161
arbitration clause（仲裁約款） 18
arm's length（アームズレングス） 378
article（条） 620
articles of incorporation（基本定款） 8, 594
as amended（最新版） 744
as is（現状有姿） 292, 439, 688, 1093, 1122
assets purchase（資産譲渡；資産購入） 10
Assets Purchase Agreement（資産譲渡契約；資産購入契約） 9, 711
assign and transfer（譲渡する） 107
assignee（譲受人） 113
Assignment Agreement（出向契約） 631
Assignment Agreement（譲渡契約） 711, 1050
assignment of accounts receivable（債権譲渡契約） 1050, 1055
assignor（譲渡人） 113
at its own expense（それ自身の費用負担で） 278
at the request of（…から要請ある場合には） 1129
attachment（添付別紙） 245, 331, 826
attorney in fact（代理人） 36, 65, 909, 1088
attorneys fees（弁護士料） 207
audit（監査；検査） 746
audit of the records（記録の検査） 371
auditor(s)（監査人） 613, 644
authorized capital（授権資本） 742
authorized stock（授権株式） 742
automatic termination（自動的な終了） 132
average
 fair average quality（平均的な品質） 246
 Free from Particular Average（分損不担保） 276
 general average（共同海損） 276

particular average（単独海損）	277
award（仲裁裁定）	18

B

Background Statement（背景の説明）	916
balance sheet（貸借対照表）	746
barrister（法廷弁護士）	348
base price（基準価格）	247
basis	
on a full time basis（フルタイム・ベース）	550
on a part time basis（パートタイム・ベース）	550
on an "as is" basis（現状有姿引渡条件で）	292, 440
battle of forms（書式の戦い）	19, 33, 52
be discharged（免除される）	1043
become effective（有効になる；契約が有効になる）	74, 1135
before（前に）	1151
beneficiary（受益者）	1033
Berne Convention（ベルヌ条約）	24
best efforts（最善の努力）	1151
bill of exchange（為替手形）	260
bill of lading（船荷証券）	242, 254, 266
blue sky act（ブルースカイ法；blue sky laws）	743
bona fide（善意の；誠実に）	623, 1124
borrower（借主）	212, 982
breach	
immaterial breach（重要でない違反）	1137
material breach（重大な契約違反）	121, 206, 221, 1137
willful or grossly negligent material breach（故意もしくは重大な過失による重大な違反）	965
broadcast rights（放映権）	872
bulk sales（包括譲渡）	22, 24
bulk transfer（包括譲渡）	22
burden of proving（立証責任）	202
business day（営業日）	91, 942, 989, 1164
by indulgence（猶予によって）	1043
by virtue of（…であるがために）	188
by-laws（付随定款）	8, 594, 990

C

CAD（船積書類引き換え現金払い；Cash Against Documents）	269
C&F（運賃込み値段；Cost and Freight）	254
calendar day（カレンダーデイ）	91, 1165
calendar quarter（四半期）	253
calendar year（カレンダーイヤー）	252, 961
call（コール）	590
Cancellation Agreement（解除契約）	1056
capital letter（大文字）	62, 440, 1096
CD化権	877

CD制作許諾権 872
CEO（最高経営責任者；Chief Executive Officer） 44, 609
Chapter 11（チャプターイレブン） 121
Chapter 7（チャプターセブン） 121
character merchandising（キャラクター・マーチャンダイジング） 317
charge（担保） 744
chauffeur（運転手） 957
Chief Executive Officer（最高経営責任者；CEO） 44, 609
Chief Operating Officer（最高執行責任者；COO） 609
choice of laws（抵触法） 706
CIF（Costs, Insurance, Freight; 運賃保険料込み） 242, 254
CIF条件（運賃保険料込み条件） 242, 254, 276, 281
CISG（ウィーン国際物品売買法条約） 16, 23, 149, 318
civil law（大陸法） 336
claimant（原告；クレーム提起者） 163, 467
class stock（クラス株式） 583
clause
    acceleration clause（期限の利益喪失条項） 1011
    arbitration clause（仲裁約款） 18
    Entire Agreement Clause（最終性条項） 1064, 1081
    have made clause（ハブ・メイド条項；下請生産［許容］条項） 337
    Institute Cargo Clause（協会貨物保険約款） 277
    pari passu clause（パリパス条項） 1126
    Take or Pay Clause（テイク・オア・ペイ条項） 310
    whereas clause（ホエアラズ条項） 57, 666, 1084
closing（クロージング） 724, 732
COD（代金引き換え渡し；Cash On Delivery） 269
come into force（有効になる） 74, 1135
commencing on（…に始まる） 1008
commercial impracticability（商業上の実行困難性） 19
commercial invoice（商業送り状） 242
commission（手数料） 561, 1048
common stock（普通株） 716
common stock with no par value（無額面普通株式） 716
common stock without par value（無額面普通株式） 716
Commonwealth（州。アメリカではマサチューセッツ州など4州が使用） 154
company
    guarantee by a parent company（親会社による保証） 1011
    parent company（親会社） 335, 1139
    related company（関連会社） 334
    shell company（シェルカンパニー） 723
Compensation（給与条項） 947
complaint（訴状） 785
completion guarantee（履行保証；完工保証） 801
computer malfunction（コンピューターの誤作動・故障） 138
Confidentiality（秘密保持条項） 196, 228, 503, 559, 570, 810
Confidentiality Agreement（秘密保持契約） 9, 662
confirmation（確認） 52
confirm and accept（確認し同意する） 43

confirm and agree（確認し同意する）	43
conflict of laws（抵触法）	18, 143, 706
Consents to Performance（出演の同意条項）	892
consideration（約因；対価）	22, 57, 666, 670, 1013, 1028, 1031, 1085
Consignment Agreement（委託契約）	1048
conspicuous（目立つ）	287, 1096
construction（解釈）	62, 142
construe（解釈する）	62, 142
contingent fee（成功報酬）	21
contingent liability（偶発債務）	750
continue in effect（有効である）	74
continue to and through（まで存続する）	75, 88
control（コントロール）	116, 342, 585
conveyance（譲渡）	796
COO（最高執行責任者；Chief Operating Officer）	609
copy	
duplicate copy（副本）	45, 55
original copy（正本）	45, 55, 815
Copyright Notice（著作権表示条項）	851
copyright notice（著作権者表示）	419
Copyrights（著作権条項）	897
co-sale 条項（共同売却条項）	627
co-signer（共同調印者）	611
cost（船積価格）	254
Cost and Freight（C&F）	254
Costs for Preparation of a Formal Agreement（契約締結準備費用条項）	884
costs of the audit（検査費用）	371
counterparts（写し；副本）	226
countersign（カウンターサイン）	50, 55
country of origin（原産地）	295
courier service（クーリエサービス）	95, 603, 868
covenant not to compete（競合禁止誓約）	633
Covenants not to Compete（競合禁止条項）	791
credit limit（与信限度額）	269
cumulative damages（賠償累計額）	205
cure（治癒）	121
cure period（治癒期間）	123
currency for repayment（返済通貨）	995

D

d.b.a.（doing business as）	714
D/A（［手形支払の］引受渡し；Documents against Acceptance; Delivery on Acceptance）	261
daily allowance（日当）	406, 887, 1127
damage	
actual damages（実際に被った損害額）	169
cumulative damages（賠償累計額）	205
irreparable damages（取り返しのつかない損害；irreparable harm）	693
liquidated damages（約定損害額）	903

damage
- monetary damages（金銭的な損害額） 693, 695
- punitive damages（懲罰的損害賠償） 169
- treble damages（3倍の損害賠償） 21
- trebling of damages（3倍の損害賠償） 21

date
- anniversary date（応当日；記念日） 999
- effective date（発効日） 71, 80
- the date of B/L（船荷証券の日付け） 258
- the date of this Agreement（契約の日） 74

day
- business day（営業日） 91, 942, 989, 1164
- calendar day（カレンダーデイ） 91, 1165
- man-day（人日） 405
- non-business day（非営業日） 999
- on __ days written notice（__日前の書面の通知により） 500

Dear Sirs 54
declaration of war（宣戦布告） 1088
deed（証書） 64
Deed of Transfer（譲渡証書） 737
deem（見なす） 48, 141
default（不履行） 119
Default Interest（遅延金利条項） 1013
defects（欠陥；瑕疵） 287
definite agreement（正式契約書） 874, 885
Definitions（定義条項） 68, 325, 583, 673, 917, 1068
definitive agreement（最終契約） 14, 28
delegation（下請け） 106
delivery（引き渡し） 441
delivery by hand（手渡し） 94
demand draft（一覧払為替手形） 261, 265
detrimental reliance（不利益的信頼） 1033
DHL（ディー・エイチ・エル） 95, 603
directly or indirectly controlled（直接または間接に支配された） 585
Disability（傷病条項） 961
disburse（貸し付ける） 984
Disbursement（貸し付け実行条項） 989
disclaim（［ライセンサーとしての］保証を排除する） 287
disclosing party（開示する側） 674
Disclosure of Technical Information（技術情報の開示） 399
discovery（ディスカバリー；［事実の］開示手続き） 21
dispatch of engineers（技術者の派遣） 404
dissolution（解散） 1043
distributor（販売店） 24, 561
- exclusive distributor（一手販売店） 562
- non-exclusive distributor（非独占的販売店） 567

Distributorship Agreement（販売店契約） 8, 561, 825, 1101
doctrine of equivalents（均等論） 20
documentary bill of exchange（荷為替手形） 260

Documents against Acceptance（引受渡し）	261
Documents against Payment（支払い渡し）	261
doing business（ドゥーイング・ビジネス）	23, 213
doing business as（…という名称で営業をおこなっている；d.b.a.）	714
down payment（ダウン・ペイメント；頭金）	388
D/P（支払い渡し；Documents against Payment）	260
draft（契約書案）	16, 260
drafting（ドラフティング）	15, 30
draw-down（借入金の引き出し）	991
dual signature（[代表者] 2名による署名）	22
due（支払期限が到来した）	267
due and payable（期限が到来して、支払義務が発生している）	1149
due and punctual performance（期限の通りで正確な時間通りの履行）	1031, 1144
due diligence（デュー・ディリジェンス）	10, 711, 725
duplicate copy（副本）	45, 55
duration（存続期間）	487
duty trip（出張）	956

E

effect（[保険を] 付保する）	278
effect	
continue in effect（有効である）	74
have effect（有効になる）	74
materially adverse effect（重大な悪影響）	943
remain in effect（有効である）	74
take effect（有効になる）	74, 1135
effective date（発効日）	71, 80
election of directors（取締役の選任）	600
electronic mail（電子メール）	93
Eligible Currency（送金通貨条項）	1001
Employment Agreement（雇用契約）	11
encumber（担保設定する）	109
encumbrance（抵当権、債務などの負担）	744
ending on（に終わる）	1008
endorsement（裏書き）	734
enhancement（改良；拡張）	573
enhancements and modifications（改訂版及び変更版）	331
entire agreement（完全な合意；最終性条項）	5, 99, 1097
Entire Agreement Clause（最終性条項）	1064, 1081
entity（事業体）	335
Environment（環境問題配慮規定）	1020
environmental review（環境監査）	1011
EPA（経済連携協定；Economic Partnership Agreement）	23
EPC（欧州特許条約；European Patent Convention）	24
equitable remedies（衡平法上の救済）	159, 696
equity court（衡平裁判所）	1141
equity remedies（衡平法上の救済）	903
equivalent of（相当額の）	591

Escrow Agreement（エスクロウ取引） 980
estoppel（エストッペル） 178
event(s) of defaults（期限の利益喪失） 1016, 1149
exceeding（超） 272
except as（…を除いて） 1158
except for（…を除いて） 1158
except that（…を除いて） 1158
except upon（…を除いて） 1158
except where（…を除いて） 1158
exclusion of implied warranties of merchantability（商品性の黙示保証の排除） 19
exclusive（排他的な） 920, 1112
exclusive distribution right（一手販売権） 572
exclusive distributor（一手販売店） 562
exclusive jurisdiction（専属裁判管轄） 149
exclusive of（…を除き） 75
exclusive rights（排他的な契約） 353
execute this Agreement（契約に署名する） 1087
executed（調印された；執行された） 14
execution of this Agreement（契約の署名） 1087
exhibit（添付書類；契約書の添付別紙） 34, 245, 331, 826, 1081
expectation interest（履行利益） 885
expense
  at its own expense（その費用で） 278
   living expenses（日当；生活費） 411
   out-of-pocket expenses（実費） 731
   Reimbursement of Expenses（費用償還条項） 953
expiration（満了） 1134
expiry（満了） 200
exploitation（開発） 355
express warranty（明示保証） 441
extended（広げる） 526
external orders（第三者との取引） 381
extract（概要；抜粋） 344

F

fair average quality（平均的な品質） 246
fair market value（公正な市場価格） 381
FAS（船側渡し；Free Alongside Ship） 254
FCPA（連邦海外腐敗行為防止法；Foreign Corrupt Practices Act） 25
feasibility study（フィージビリティー・スタディー） 30
feature film（フィーチャーフィルム；長編映画） 911
federal（連邦の） 1045
Federal Securities Act（連邦証券取引法） 743
FedEx（フェデックス） 95, 603
fee
  absence fee（アブセンス・フィー） 406
  attorneys fees（弁護士料） 207
  contingent fee（成功報酬） 21

finder's fee（ファインダーズ・フィー）	803
initial license fee（イニシャル・ライセンス・フィー）	389
management fee（マネジメント・フィー）	645
felony（重罪）	974
FIDIC（国際コンサルティングエンジニアリング連合）	912
final payment（精算支払い；最終支払い）	263
finance lease（ファイナンス・リース）	10
finder's fee（ファインダーズ・フィー）	803
finding（[事実] 認定）	192
firm order（確定注文）	569
FIRPTA（外国人不動産投資税法〈米国〉；Foreign Investment in Real Property Tax Act）	24
first refusal right（ファースト・リフューザル・ライト）	312, 620
fiscal year（会計年度）	961
fixed price（固定価格）	251
fixed rate（固定レート）	1003
floating charge（浮動担保）	1011, 1047
floating rate（変動金利）	1006
FOB（本船渡し条件；FOB条件；Free On Board）	242, 254
FOB Vessel	256, 285
FOB Vessel（port of shipment）	243
FOB価格	276
FOB条件	242, 256, 276, 281
for the life of the last-to-expire patent（最後に消滅する特許の有効期間終了までの期間）	487
force	
come into force（有効になる）	74, 1135
remain in full force（有効である）	74
Force Majeure（不可抗力条項）	134, 656
force majeure（不可抗力）	134, 1089
Foreign Corrupt Practices Act（連邦海外腐敗行為防止法）	25
formal agreement（正式契約書）	14, 28, 874, 885
forthwith（ただちに）	592
forum non conveniens（フォーラム・ノン・コンビニエンス）	1025
FPA条件（分損を担保しない条件；Free from Particular Average）	276
franchise（フランチャイズ）	1035
Free Alongside Ship（船側渡し）	254
free and clear（[障害が] ない）	742
free from（…がない）	287
Free from Particular Average（分損不担保）	276
Free On Board（FOB）	242
freight（海上運賃）	242, 254
Fringe Benefits（福利厚生条項）	956
FTA（自由貿易協定；Free Trade Agreement）	23
funding（資金調達）	627

G

general average（共同海損）	276
general terms（一般条項）	40
general terms and conditions（一般条項）	31, 1081

generally accepted accounting principles（一般に受け入れられている会計原則）	617, 746
Gentlemen	43, 54
goods（物品；商品）	242
goodwill（のれん）	121
Governing Law（準拠法条項）	142, 651, 706, 1046
governing law（準拠法）	17, 142, 1096
grant（付与；許諾）	324
Grant of License（ライセンス許諾条項）	337, 919
Grant-back（グラントバック）	419
gray market（並行輸入）	24
gross sales price（総販売額）	370, 919
gross selling amount（総販売額）	370
gross selling price（総販売額）	375, 919
gross up（グロスアップ）	214
Guarantee（保証文言）	1012, 1029
guarantee（保証）	623, 828, 1029
guarantee by a parent company（親会社による保証）	1011
guarantor（保証人）	1030
guaranty（保証；保証人）	11, 1029, 1095

H

hardship（ハードシップ）	233
have effect（有効になる）	74
have made clause（ハブ・メイド条項；下請生産［許容］条項）	337
"have made" 条項（ハブ・メイド条項；下請生産［許容］条項）	344, 920
have manufactured（下請生産させる；製造させる）	338, 588
have the right to（…することができる）	1109
head office（本店）	665
heading（見出し）	223
hereafter	1087
hereby	1087
herein	1087
hereto	1087
hereunder	1087
High Safety 条項（ハイセイフティ条項；高度の安全性が要求される用途に関する条項）	449
hold ... in strict confidence（…の秘密を厳重に保持する）	1132
"hold harmless" 条項（補償条項）	453
Holdbacks（ホールドバック条項）	862
holding（［法律］判断）	192
home leave（帰国休暇）	958
hostilities（敵対行為）	1090

I

ICC（国際商業会議所；International Chamber of Commerce）	17, 157, 242, 263, 1044
identical（同一の）	344
immaterial breach（重要でない違反）	1137
immunity（免除；免責）	239

impair（損なう）	502
implied warranty（黙示保証）	1093, 1096
implied warranty of fitness（適合性の黙示保証）	1096
implied warranty of fitness for particular purpose（特定目的に対する適合性の黙示保証）	19
implied warranty of merchantability（商品性の黙示保証）	19, 210, 1096
in camera（非公開の審理；インカメラ）	198
in consideration of（…を約因として；…の対価として）	1085
in duplicate（正副2通に）	262
in good faith（善意の；誠実に）	623, 1124
in ＿ installments（＿回分割で）	367
in its sole discretion（単独の裁量により）	123
in lieu of（…の代わりに）	1120
in material respect（重要な点で）	764
in no event（いかなることがあっても、…しない）	78, 1130
in the event that（発生した場合は）	1082
in triplicate（正副3通に）	262
in writing（書面で）	1110
including without limitation（…を含み、それに限定されない）	1089
including, but not limited to（…を含み、それに限定されない）	1089
inclusive of（…を含み、それに限定されない）	75
incorporated joint venture（別法人［会社］として設立された合弁事業；合弁事業会社）	8, 576
Incoterms（インコタームズ）	19, 242, 256
indemnifiable loss（補償金額）	779
Indemnification（補償条項）	774, 931
indemnification（補償）	803
"indemnified party" と "indemnifying party"	782
indemnify and hold harmless（補償する；迷惑を一切かけない）	453, 1091
indemnitee（被補償者）	788
indemnitor（補償者）	788
indemnity（補償）	298, 741
Indemnity Agreement（保証委託契約；補償契約）	11, 800
individual contract（個別契約）	153, 175
ineffective（無効な）	525
information	
Disclosure of Technical Information（技術情報の開示）	399
proprietary information（財産的価値ある情報）	321, 327, 401, 520, 669
technical information（技術情報）	333
Uniform Computer Information Transactions Act（UCITA）	20, 24, 210, 436
infringement（[知的財産権の]侵害行為）	442
initial（イニシャル）	35
initial license fee（イニシャル・ライセンス・フィー）	389
initial payment（イニシャル・ペイメント）	366, 388
injunction（[[侵害行為の]差し止め）	21, 692
Injunctive Relief（差し止め条項）	692
injunctive relief（差し止めによる救済）	467, 695, 1141
injunctive remedies（差し止めによる救済）	1141
insolvent（支払い不能の）	119
inspection（検査）	300
installments（分割支払い；分割船積み）	1123

Institute Cargo Clause（協会貨物保険約款）	277
instrument（法律文書；証書）	102
insurance（保険）	242, 276
intangible assets（無形資産）	1111
integral multiple（整数倍）	991
intellectual property rights（知的財産権）	295, 326
inter alia（その他のものと一緒に；among other things）	1128
Interest（金利条項）	1003
interest	
Default Interest（遅延金利条項）	1013
expectation interest（履行利益）	885
overdue interest（遅延金利）	1011
reliance interest（信頼利益）	885
interim relief（中間的な救済）	174
internal orders（関連会社との取引）	381
International Chamber of Commerce（国際商業会議所）	17, 157, 263
International Rules for the Interpretation of Trade Terms（貿易条件の解釈に関する国際規則）	242
interrogatory（質問書）	785
invoice（請求書；[商業] 送り状）	264
commercial invoice（商業送り状）	242
ipso facto（何らの手続きもなく直ちに）	1120
irreparable（取り返しのつかない）	692
irreparable damages（取り返しのつかない損害）	693
irreparable harm（取り返しのつかない損害）	696
irrevocable letter of credit（取り消し不能信用状）	263, 269
irrevocably（撤回不能条件で）	1045
issued stock（発行済み株式）	742

J

Japan Commercial Arbitration Association（日本商事仲裁協会）	17, 155, 163
Japanese Industrial Standard（日本工業規格；Japanese Industrial Standard）	246
Japanese Yen（日本円）	383, 985, 1162
JCAA（日本商事仲裁協会；The Japan Commercial Arbitration Association）	17, 155
JIS（日本工業規格；Japanese Industrial Standard）	246
job description（ジョブ・ディスクリプション；職務記述書）	936
joint and several guaranty（連帯保証）	1148
joint business（共同事業）	666
joint liability（共同責任）	35
joint venture（ジョイントベンチャー；合弁事業）	183
jointly and severally（連帯して）	1148
jointly and severally liable（連帯責任）	35
Jurisdiction（裁判管轄条項）	174, 1023, 1044
jury（陪審員；陪審）	21, 192
JV（ジョイントベンチャー；合弁事業）	577

K

keep ... strictly confidential（…の秘密を厳重に保持する）	1132

L

language（言語）	150, 595
latent defects（隠れた瑕疵）	308
law	
applicable law（適用法）	17
by-laws（付随定款）	8, 594, 990
choice of laws（抵触法）	706
civil law（大陸法）	336
conflict of laws（抵触法）	18, 143, 706
Governing Law（準拠法条項）	142, 651, 706, 1046
governing law（準拠法）	17, 142, 1096
remedy at law（コモンロー上の救済）	1141
security exchange law（証券取引法）	204
substantive law（実体法）	143, 706
United Nations Commission on International Trade Law（国連国際商取引法委員会）	16
usury law（利息制限法）	22, 25, 265, 1014
laws of England（イングランド法）	653
L/C（信用状；letter of credit）	260
lease	
finance lease（ファイナンス・リース）	10
operating lease（オペレーティング・リース）	10
Lease Agreement（賃貸借契約）	10
leave	
home leave（帰国休暇）	958
paid leave（有給休暇）	961
sick leave（病気休暇）	129
legally binding（法的拘束力のある）	45
legend（[ライセンス許諾の] 表示）	418
lender（貸主）	212, 982
lender's liability（レンダーズ・ライアビリティー；[銀行等] 貸主の責任）	1020
less than（未満）	792
letter	
capital letter（大文字）	62, 440, 1096
irrevocable letter of credit（取り消し不能信用状）	263, 269
opinion letter（意見書）	32
proposal letter（提案書）	30
revocable letter of credit（取り消し可能信用状）	263
Letter Agreement（レター形式の契約書）	38
letter of awareness（念書）	14, 750, 801, 1000
Letter of Credit（信用状）	260
letter of guarantee（保証状）	1028
letter of guaranty（保証状）	22, 1028, 1085
letter of intent（レター・オブ・インテント）	12, 30, 670, 1117
L/I（レター・オブ・インテント；letter of intent）	13, 1117
liability	
contingent liability（偶発債務）	750
joint liability（共同責任）	35

liability
- lender's liability（レンダーズ・ライアビリティー；［銀行等］貸主の責任）　1020
- limitation on liability（損害賠償責任の限度）　205, 319
- maximum liability（責任の最高限度額）　207
- product liability（製造物責任）　21, 926
- strict liability（厳格責任）　442
- torts liability（不法行為責任）　1125

liaison office（駐在員事務所）　187
LIBOR（ロンドン銀行間取引金利；London Inter-Bank Offered Rate）　819, 1006, 1009
license
- AFMA International Multiple Right License Standard Terms & Conditions（米国映画協会海外映画配給約款）　836
- Grant of License（ライセンス許諾条項）　337, 919
- initial license fee（イニシャル・ライセンス・フィー）　389
- non-exclusive license（非独占的なライセンス）　339
- paid-up license（一括払い方式のライセンス；ペイドアップ・ライセンス）　1123
- right to grant a license to customers（顧客に対して使用許諾をおこなう権利）　324
- sublicense（サブライセンス）　526, 572
- sub-licensee（サブライセンシー）　325

license agreement（ライセンス契約）　320
licensed goods（許諾製品）　918
licensed territory（許諾地域）　918
licensee（ライセンシー）　212, 1141
licensor（ライセンサー）　212, 1141
lien（担保）　744
life endangering applications（生命に危険を与える恐れのある用途）　448
limitation on liability（損害賠償責任の限度）　205, 319
liquidated damages（約定損害額）　903
living allowance（日当）　883, 895
living expenses（日当；生活費）　411
loan（融資）　11, 983
Loan Agreement（融資契約）　631
loaned staff（出向社員）　631
local language（現地語）　829, 869
LOI（レター・オブ・インテント）　13
London Court of International Arbitration（ロンドン国際仲裁判所）　17, 1044
London Inter-Bank Offered Rate（ロンドン銀行間取引金利）　1006
long arm statute（裁判所の管轄権の域外適用）　21
long ton（ロング・トン；L/T）　253
loss
- indemnifiable loss（補償金額）　779
- total loss（全損）　276

L/T（ロング・トン；long ton）　253
lump sum payment（一括支払い；一時金）　367

M

M&A（企業合併・買収；Merger and Acquisition）　664
made and entered (into)（締結された）　107, 1091

mail transfer（郵便為替；郵便送金）	261, 265
make its best efforts（最善の努力をする）	1151
management fee（マネジメント・フィー）	645
man-day（人日）	405
man-month（人月）	409
marine insurance policy（海上保険証券）	242
Marketing Date(s)（販売開始日条項）	922
master（マスター）	573, 830
Master Franchise Agreement（マスター・フランチャイズ・アグリーメント）	1101
master licensee（マスター・ライセンシー）	1101
master tape（マスターテープ）	573
material breach（重大な契約違反）	121, 206, 221, 1137
materially adverse effect（重大な悪影響）	943
maximum liability（責任の最高限度額）	207
may（…することができる）	1109
mediation（調停手続き）	1126
meetings of shareholders（株主総会）	595
memorandum of association（基本定款）	990
memorandum of understanding（了解覚書；MOU）	14, 102, 1117
merchantability（商品性）	435
exclusion of implied warranties of merchantability（商品性の黙示保証の排除）	19
implied warranty of merchantability（商品性の黙示保証）	19, 210, 1096
metric ton（メトリック・トン；M/T）	253
Minimum Purchase Quantity（最低購入数量条項）	567
minimum quantity（最低購入数量）	253, 572
minimum royalty（最低ロイヤルティ；最低［支払確約］使用料）	1100
Minimum Sales Amount（最低販売数量条項）	563
Minimum Sales Quantity（最低販売数量条項）	563
minutes of meeting（議事録）	179, 1117
misappropriation（誤用；目的外使用）	450
misdemeanor（軽罪）	974
Modification（契約変更条項）	1040
monetary damages（金銭的な損害額）	693, 695
moral right（著作者人格権）	901
moratorium（支払猶予；モラトリアム）	491
more than（超）	336, 1139
Mortgage Agreement（抵当権設定契約）	1047
mortgage deed（抵当権設定契約）	1047
most favorable customer（最優遇顧客）	1103
most favorable terms（最優遇条項）	319, 395
most favored customer（最優遇顧客）	1103
M/T（メトリック・トン；metric ton）	253
mutatis mutandis（準用して）	1123

N

natural person（自然人）	892
NDA（秘密保持契約；Non-Disclosure Agreement）	662
need to knowベース（知る必要性がある範囲で）	512, 679

negotiating bank（[書類] 買取銀行） 260
negotiation（[書類] 買い取り） 260, 281
negotiation bank（[書類] 買取銀行） 260
neighboring rights（著作隣接権） 316
net sales（純販売額） 82
net sales price（純販売額） 370
net sales value（純販売額） 919
net selling amount（純販売額） 370
net selling price（純販売額） 368, 919
net wholesale price（純卸売販売額） 375
No Assignment（契約譲渡制限条項） 904
No Bribery（贈賄禁止条項） 234, 650
No Discharge（厳格な保証責任条項） 1042
no later than（までに） 1151, 1167
No Set-off（相殺条項） 236
No Third Party Rights（第三者利益条項） 230
No Waiver（権利放棄条項） 178, 707
nomination of director（取締役の指名） 602
nominee（ノミニー） 722
Non-Assertion（不争義務条項） 431, 930
Non-Assertion Clause（不争義務条項） 431
non-business day（非営業日） 999
Non-Competition（競業禁止条項） 967, 977
non-defaulting party（不履行に陥っていない当事者；違反をしていない当事者） 497
Non-Disclosure（秘密保持条項） 965
Non-Disclosure Agreement（秘密保持契約；NDA） 9, 662, 967
non-exclusive（非独占的） 920, 1112
non-exclusive distributor（非独占的販売店） 567
non-exclusive jurisdiction（非専属裁判管轄） 1025
non-exclusive license（非独占的なライセンス） 339
not ... legally binding（法的な拘束力のない） 1117
not later than（までに） 1167
not less than（以上） 272, 336, 1140
not more than（以下） 792
notary public（公証人） 23, 35, 66, 843, 936, 1077
Notice（通知条項） 89, 866
notice
　Copyright Notice（著作権表示条項） 851
　copyright notice（著作権者表示） 419
　on ＿ days written notice（＿日前の書面の通知により） 500
　Termination Notice（解除通知） 1058
notice of termination（解除通知） 124
notwithstanding the above（上記の規定にもかかわらず） 278
NOW, THEREFORE（したがって） 57
null and void（無効） 107

OECD（経済協力開発機構；Organization for Economic Cooperation and Development） 234, 651

officer（役員）	44
official and controlling text（公式かつ正式なテキスト）	154
official tax receipt（公式納税証明書）	220
on a full time basis（フルタイム・ベース）	550
on a part time basis（パートタイム・ベース）	550
on an "as is" basis（現状有姿引渡条件で）	292
on behalf of the Principal（本人に代わって）	561
on ＿ days written notice（＿日前の書面の通知により）	500
on or before（…までに）	1167
on the occurrence of（…発生の場合）	1082
one vote for each share（1株につき1議決権）	597
operating lease（オペレーティング・リース）	10
opinion letter（意見書）	32
option to renew（更新権）	925
option（オプション）	745
oral agreement（口頭契約）	99
original（正本）	35, 226
Original Agreement（原契約）	1050, 1060
original copy（正本）	45, 55, 815
out-of-pocket expenses（実費）	731
outstanding and issued capital（発行済み株式）	717
over（超）	272
overdue interest（遅延金利）	1011
overtime payments（残業代）	959
owner（所有者；［請負工事契約における］発注者）	12
ownership（所有権）	116

P

paid leave（有給休暇）	961
paid-up license（一括払い方式のライセンス；ペイドアップ・ライセンス）	1123
paid-up royalty（一括払い方式のロイヤルティ；ペイドアップ・ロイヤルティ）	712
par value（額面）	717
parent company（親会社）	335, 1139
pari passu（同じ順位で）	1126
pari passu clause（パリパス条項）	1126
parol evidence rule（口頭証拠排除原則）	5, 99, 104, 1081
partial shipment（分割船積み；一部分の船積み）	254
particular average（単独海損）	277
Partnership Agreement（パートナーシップ契約）	577
party（当事者）	1084
disclosing party（開示する側）	674
No Third Party Rights（第三者利益条項）	230
non-defaulting party（不履行に陥っていない当事者；違反をしていない当事者）	497
receiving party（[開示などを] 受ける側）	674
third party beneficiary（第三受益者）	138
patent application（特許出願）	321
Patent Cooperation Treaty（特許協力条約；PCT）	24
patent（特許）	321, 326

patentee（特許権者） 1141
payment（支払い） 260
　　advance payment（前払い） 264
　　currency for repayment（返済通貨） 995
　　Documents against Payment（支払い渡し） 261
　　down payment（ダウン・ペイメント；頭金） 388
　　final payment（精算支払い；最終支払い） 263
　　initial payment（イニシャル・ペイメント） 366, 388
　　lump sum payment（一括支払い；一時金） 367
　　overtime payments（残業代） 959
　　prepayment（期限前弁済；前払い） 996
　　provisional payment（概算払い） 263
　　repayment（返済） 995
　　repayment schedule（返済予定表） 996
　　underpayment（支払い不足） 371
PCT（特許協力条約；Patent Cooperation Treaty） 24
PE（恒久的施設；Permanent Establishment） 23
per annum（1年あたり；per year） 1127
per diem（日当） 1127
performance
　　Consents to Performance（出演の同意条項） 892
　　due and punctual performance（期限の通りで正確な時間通りの履行） 1031, 1144
　　specific performance（特定履行） 159, 171, 903, 1142
per year（1年あたり） 1127
Permanent Establishment（恒久的施設） 23
personal（一身専属的） 114
personal delivery（手渡し） 93
petition in bankruptcy（破産の申し立て） 119
plain English（プレイン・イングリッシュ；平易な英語） 1080
pledge（質権設定） 109, 1047
power of attorney（委任状） 34, 65, 909, 1103
preamble（前文） 579, 664, 713, 935, 1084
preferential purchase rights（優先購入権） 621
preferred stock（優先株） 716
prejudice（害する） 502
preliminary inspection（予備的検査） 304
prepayment（期限前弁済；前払い） 996
president（社長） 44
press release（プレスリリース） 203, 1065
prevail（優先する） 1129
Price（価格条項） 248
price
　　base price（基準価格） 247
　　fixed price（固定価格） 251
　　gross sales price（総販売額） 370, 919
　　gross selling price（総販売額） 375, 919
　　net sales price（純販売額） 370
　　net selling price（純販売額） 368, 919
　　net wholesale price（純卸売販売額） 375

unit price（単価）	247
principal office（主たる事務所）	665
principal terms（主要条項）	40
principal terms and conditions（主要条項）	30
privity（契約関係）	21
pro rata（その割合に応じて）	1127
pro rata allocation（比例配分）	1128
process server（送達代理人；送達実施人）	94
product liability（製造物責任）	21, 926
professional time（［専門家としての］職務時間）	940
Prohibition of Use of Trademark（商標・商号使用禁止）	806
proposal（契約条件案；提案）	26
proposal letter（提案書）	30
proprietary information（財産的価値ある情報）	321, 327, 401, 520, 669
proprietary rights（知的財産権）	321, 327, 401
prove to be（…であることが分かる；…であることを立証する）	189
provided that（…を条件として）	874, 1156
provided, however, that（ただし、…を条件とする）	624, 1156
Province（州）	154
provisional payment（概算払い）	263
proxy（［株式総会等における］委任状）	598
public domain（パブリック・ドメイン；公知）	1098
punitive damages（懲罰的損害賠償）	169
purchase	
assets purchase（資産譲渡）	10
Assets Purchase Agreement（資産譲渡契約）	9, 711
Minimum Purchase Quantity（最低購入数量条項）	567
preferential purchase rights（優先購入権）	621
Share Purchase Agreement（株式譲渡契約）	9
Stock Purchase Agreement（株式譲渡契約）	9, 710
purchase note（買約証）	38
purchaser（買主）	562
put option（プットオプション）	635, 760

Q

quantity	
Minimum Purchase Quantity（最低購入数量条項）	567
minimum quantity（最低購入数量）	253, 572
Minimum Sales Quantity（最低販売数量条項）	563
quarter（四半期）	387
quorum（定足数）	602
quota（割り当て数量）	572
Quotation of Original Agreement（原契約の引用の文言）	1060

R

rate	
fixed rate（固定レート）	1003

rate
- floating rate（変動金利） 1006
- London Inter-Bank Offered Rate（ロンドン銀行間取引金利） 1006

RE（表題） 43
reasonable diligence（合理的な注意） 140
reasonable efforts（合理的な努力） 1151
receiver（管財人） 121
receiving party（[開示などを] 受ける側） 674
recitals（リサイタル条項；契約締結の経緯の説明） 28, 59, 323, 581, 825, 890, 935, 982, 1067, 1084
recoup（リクープ；差し引く） 829
recoup 条項（リクープ条項） 829, 853
refer（参照させる；言及する） 50
Refernce is made to ...（参照する） 1061
reimbursement（償還） 952
Reimbursement of Expenses（費用償還条項） 953
related company（関連会社） 334
Relationship of the Parties（当事者の関係条項） 183
release（リリース；免責） 1053
release
- press release（プレスリリース） 203, 1065
- theatrical release（劇場公開） 831

reliance interest（信頼利益） 885
relief
- Injunctive Relief（差し止め条項） 692
- injunctive relief（差し止めによる救済） 467, 695, 1141
- interim relief（中間的な救済） 174

remain in effect（有効である） 74
remain in full force（有効である） 74
remain liable（有責である；賠償責任を負う） 112
remedies（救済） 21, 159, 301, 1034
- equitable remedies（衡平法上の救済） 159, 696
- equity remedies（衡平法上の救済） 903
- injunctive remedies（差し止めによる救済） 1141

remedy at law（コモンロー上の救済） 1141
remittance（送金） 985
remuneration（報酬） 546, 1048
render the services（サービスを提供する） 944
repayment（返済） 995
repayment schedule（返済予定表） 996
represent and warrant（表明し、保証する） 1094
representation（表明） 103, 184, 437, 1017, 1094
Representations and Warranties（表明・保証条項） 741, 855, 963
request for admission（承認請求書） 785
requests of Government（政府の要請） 141
respondent（被告） 163
Restriction on Transfer of Shares（株式譲渡制限条項） 619
reverse engineering（リバースエンジニアリング） 517, 681
revocable letter of credit（取り消し可能信用状） 263
revolving（リボルビング） 985

Right of Audit by Licensor（ライセンサーによる検査権） 481
right
 AFMA International Multiple Right License Standard Terms & Conditions 836
 （米国映画協会海外映画配給約款）
 Agreement on Trade-Related Aspects of Intellectual Property Rights 21
 （知的所有権の貿易関連の側面に関する協定；TRIPS 協定）
 all rights（オールライツ） 826, 836, 863
 broadcast rights（放映権） 872
 Copyright Notice（著作権表示条項） 851
 copyright notice（著作権者表示） 419
 Copyrights（著作権条項） 897
 exclusive distribution right（一手販売権） 572
 exclusive rights（排他的な契約） 353
 first refusal right（ファースト・リフューザル・ライト） 312, 620
 have the right to（…することができる） 1109
 intellectual property rights（知的財産権） 295, 326
 moral right（著作者人格権） 901
 neighboring rights（著作隣接権） 316
 No Third Party Rights（第三者利益条項） 230
 preferential purchase rights（優先購入権） 621
 proprietary rights（知的財産権） 327, 401
 videogram rights（ビデオグラム化権） 872
 voting right（議決権） 716
 waiver of right（権利放棄） 105
right of first refusal（ファースト・リフューザル・ライト） 620
right to grant a license to customers（顧客に対して使用許諾をおこなう権利） 324
right to renew（更新権；延長権） 319, 485
risk（危険） 242
Royalty（ロイヤルティ条項） 365, 852, 921
royalty（ロイヤルティ） 828, 1099
 minimum royalty（最低ロイヤルティ；最低［支払確約］使用料） 1100
 paid-up royalty（一括払い方式のロイヤルティ；ペイドアップ・ロイヤルティ） 712
 running royalty（ランニング・ロイヤルティ） 366
running royalty（ランニング・ロイヤルティ） 366

S

sale
 bulk sales（包括譲渡） 22, 24
 co-sale 条項（共同売却条項） 626
 gross sales price（総販売額） 370, 919
 Minimum Sales Amount（最低販売数量条項） 563
 Minimum Sales Quantity（最低販売数量条項） 563
 net sales（純販売額） 82
 net sales price（純販売額） 370
 net sales value（純販売額） 919
 net wholesale price（純卸売販売額） 375
Sales Agency Agreement（販売代理店契約） 825
sales agent（販売代理店） 825

Sales Contract（売買契約）	242
sales note（売約証）	38
Sample（見本売買条項）	246
sample（見本）	471
schedule（添付別紙）	245, 331
secretary（秘書役）	44
section（項）	620
secured creditor（担保債権者）	1127
security（担保）	1011
security exchange law（証券取引法）	204
SEC法（証券取引法）	204
seller（売主）	562
selling	
gross selling amount（総販売額）	370
gross selling price（総販売額）	375, 919
net selling amount（純販売額）	370
net selling price（純販売額）	368, 919
service	
courier service（クーリエサービス）	95, 603, 868
render the services（サービスを提供する）	944
Service Agreement（サービス提供契約）	10, 546
set forth（規定された）	43, 102, 1121, 1130
Set-off（相殺条項）	236
Settlement（紛争解決条項）	1069
Settlement Agreement（和解契約）	9, 1065
Settlement of Dispute（紛争解決条項）	155
Severability（無効規定の分離可能性条項）	189, 658, 705, 816
severance compensation（退職金；退職手当）	969, 977
shall（…しなければならない）	1106
share（株式）	1107
meetings of shareholders（株主総会）	595
one vote for each share（1株につき1議決権）	597
Restriction on Transfer of Shares（株式譲渡制限条項）	619
share certificate（株券）	711
Share Purchase Agreement（株式譲渡契約）	9
Shareholders Agreement（株主間契約）	8, 577
shell company（シェルカンパニー）	723
shipment（船積み）	254
FOB Vessel（port of shipment）	243
partial shipment（分割船積み；一部分の船積み）	254
shipment by air（空輸）	243
shipping documents（船積書類）	260, 282
short ton（ショート・トン；S/T）	253
sick leave（病気休暇）	129
signature（署名；サイン）	35
signed（調印された）	14
Sole Agency Agreement（総代理店契約）	562
sole agent（総代理店）	562
solicitor（事務弁護士）	348

sovereign immunity（主権免責）	18
Waiver of Sovereign Immunity（国家主権免責放棄条項）	239
spare parts（スペアパーツ）	570
specific performance（特定履行）	159, 171, 903, 1142
specification（仕様）	245, 1049
S/T（ショート・トン；short ton）	253
stamp duty（印紙税）	35
statement setting forth all royalties due and payable（計算書）	371
statute of frauds（詐欺防止法）	4, 104
statutory auditor（法定監査役）	613
Sterling Pounds（イギリスポンド）	273
stock（株式）	1107
authorized stock（授権株式）	742
class stock（クラス株式）	583
common stock（普通株）	716
common stock with no par value（無額面普通株式）	716
common stock without par value（無額面普通株式）	716
issued stock（発行済み株式）	742
preferred stock（優先株）	716
voting stock（議決権株式）	585
stock（在庫）	570
stock certificate（株券）	724
Stock Purchase Agreement（株式譲渡契約）	9, 710
Stockholders Agreement（株主間契約）	656
strict liability（厳格責任）	442
strictly in accordance with ...（…に厳密に従って）	1132
subcontractor（下請人；サブコントラクター）	106, 235
subject（表題）	54
subject to（条件とする）	874, 1145
sublicense（サブライセンス）	526, 572
sub-licensee（サブライセンシー）	325
sublicensing（サブライセンシング）	344
subordinate（劣後する）	577
subsidiary（子会社）	335, 585, 1139
substantive law（実体法）	143, 706
suit（訴訟）	1036
supersede（優先する）	103, 1129
supplemental agreement（追加［補足］契約）	104
surveyor（検査人）	302
survival 条項（存続条項）	1153
survive（存続する）	228, 1153

T

table of contents（目次）	36
take effect（有効になる）	74, 1135
Take or Pay Clause（テイク・オア・ペイ条項）	310
tax	
official tax receipt（公式納税証明書）	220

tax
    withholding tax（源泉徴収税） 9, 35, 218
tax credit（税額控除） 215
Technical Assistance（技術指導） 404
technical information（技術情報） 333
telecopy（ファクス） 90
telegraphic transfer（電信送金） 261, 264, 391, 985
tenant（テナント；借地［家］人） 954
Term（契約期間条項） 73, 485, 850, 924
term（期間；用語） 827, 1137
Termination（契約解除条項） 118, 970
termination（終了；契約解除） 200, 1134
Termination Agreement（解除契約） 1056
termination for cause（事由のある解除） 489
Termination Notice（解除通知） 1058
termination with cause（事由のある解除） 968
termination without cause（事由のない解除） 33, 489, 968
terms（条件；条項） 68
    AFMA International Multiple Right License Standard Terms & Conditions 836
    （米国映画協会海外映画配給約款）
    general terms（一般条項） 40
    general terms and conditions（一般条項） 31, 1081
    Incoterms（インコタームズ） 19, 242, 256
    International Rules for the Interpretation of Trade Terms 242
    （貿易条件の解釈に関する国際規則）
    most favorable terms（最優遇条項） 319, 395
    principal terms（主要条項） 40
    principal terms and conditions（主要条項） 30
territory（地域） 327, 562, 827, 1101
    licensed territory（許諾地域） 918
the date of B/L（船荷証券の日付け） 258
the date of this Agreement（契約の日；契約の日付け） 74
the undersigned（下記に署名した者） 1030
theatrical release（劇場公開） 831
thereafter 1087
thereby 1087
therein 1087
thereof 1087
thereto 1087
third parties（第三者） 621
third party beneficiary（第三受益者） 138
TIBOR（タイボー；東京銀行間取引金利；Tokyo Inter-Bank Offered Rate） 1009
time is of essence（時期が重要） 221, 258
title（肩書） 44
title（所有権；権原） 281, 285
TLO（技術移転機関；Technology Licensing Organization） 434
to the attention of（気付として） 96
to the contrary（反対の） 1036
to the knowledge of（知る限りでは） 752

to the Seller's knowledge（売主の知る限りでは）	757
ton	
long ton（ロング・トン；L/T）	253
metric ton（メトリック・トン；M/T）	253
short ton（ショート・トン；S/T）	253
torts（不法行為）	21
torts liability（不法行為責任）	1125
total loss（全損）	276
TPP（環太平洋経済連携協定；Trans-Pacific Partnership）	23
trade secret（トレードシークレット）	316, 402
trademark（商標）	330
trained staff（訓練されたスタッフ）	570
transfer	
assign and transfer（譲渡する）	107
bulk transfer（包括譲渡）	22
Deed of Transfer（譲渡証書）	737
mail transfer（郵便為替；郵便送金）	261, 265
Restriction on Transfer of Shares（株式譲渡制限条項）	619
telegraphic transfer（電信送金）	261, 264, 391, 985
wire transfer（電信送金）	391
transfer pricing（移転価格）	23
transmittance（振り込み）	734
treasurer（会計役）	44
treble damages（3倍の損害賠償）	21
trebling of damages（3倍の損害賠償）	21
trial by jury（陪審裁判）	18
TRIPS協定	21
（知的所有権の貿易関連の側面に関する協定；Agreement on Trade-Related Aspects of Intellectual Property Rights）	
trust account（トラスト勘定；信託勘定）	980
trustee（トラスティー）	275
Tsakiroglou号事件（スーダンナッツ事件）	134

U

UCC（アメリカ統一商事法典；Uniform Commercial Code）	5, 19, 24, 256, 285, 287, 295, 1096
UCC第2B編	19, 210, 436
UCCの保証排除規定	1122
UCITA（Uniform Computer Information Transaction Act）	20, 24, 210, 436
unanimous（全員一致の）	1157
unanimous approval（全員一致の承認）	607
UNCITRAL	16, 149, 158, 163, 1044
（国連国際商取引法委員会；The United Nations Commission on International Trade Law）	
uncollectable accounts（未収金）	377
underpayment（支払い不足）	371
undisclosed principal（［名前が］開示されない本人）	805
Uniform Commercial Code（アメリカ統一商事法典；UCC）	5, 19, 23, 285, 287, 295, 435, 1096
Uniform Computer Information Transactions Act（UCITA）	20, 24, 210, 436
unincorporated joint venture（非会社型合弁事業；法人化しない合弁事業）	577
unit price（単価）	247

United Nations Commission on International Trade Law（国連国際商取引法委員会） 16
unless（ただし、…の場合を除く） 1159
unsecured indebtedness of debtor（無担保債権者） 1127
up to an aggregate maximum of _____（合計［累計］額___まで） 780
upon termination of this Agreement（本契約が解除された場合には） 1133
upon the occurrence of（発生した場合は） 123, 1136
Use of Legend（ライセンス許諾の表示） 416
Use of Loan（使途条項） 1000
usury law（利息制限法） 22, 25, 265, 1014
utmost efforts（最大の努力） 1151

V

Vacation（休暇条項） 959
vacation（休暇） 961
value
    common stock with no par value（無額面普通株式） 716
    common stock without par value（無額面普通株式） 716
    fair market value（公正な市場価格） 381
    net sales value（純販売額） 919
    par value（額面） 717
vessel（本船） 242, 254, 276, 281
    FOB Vessel 256, 285
    FOB Vessel（port of shipment） 243
veto（拒否権） 336, 605
vice president（副社長） 609
videogram rights（ビデオグラム化権） 872
void（無効） 525
voting right（議決権） 716
voting stock（議決権株式） 585

W

waive（放棄） 694
Waiver（催告・検索の抗弁権の放棄） 1034
waiver of right（権利放棄） 105
Waiver of Sovereign Immunity（国家主権免責放棄条項） 239
war（戦争） 1090
    declaration of war（宣戦布告） 1088
warrants（ワラント；権限証書） 745
warranty/warranties（保証；担保） 437, 670, 1094
    exclusion of implied warranties of merchantability（商品性の黙示保証の排除） 19
    express warranty（明示保証） 441
    implied warranty（黙示保証） 1093, 1096
    implied warranty of fitness（適合性の黙示保証） 1096
    implied warranty of fitness for particular purpose（特定目的に対する適合性の黙示保証） 19
    implied warranty of merchantability（商品性の黙示保証） 19, 210, 1096
    Representations and Warranties（表明・保証条項） 741, 855, 963
WHEREAS（ホエアラズ） 57, 936, 1067, 1084

whereas clause（ホエアラズ条項）	57, 666, 835, 1084
whereof	15
wholly-owned subsidiary（100％株式保有の完全な子会社）	109
will（…するものとする）	1113
willful or grossly negligent material breach（故意もしくは重大な過失による重大な違反）	965
winding-up（清算）	1043
wire transfer（電信送金）	391
with all faults（瑕疵を問わない条件で）	292, 689, 1093
with the due diligence of prudent merchant（善管注意義務）	684
withholding（源泉徴収）	215
withholding tax（源泉徴収税）	9, 35, 218
without prejudice to（不利益を被ることなく）	119, 1092
witness（立会人）	35, 65
witnesseth（証する）	15, 57, 936, 1083
work made for hire（職務成果物）	911, 967
work product（職務成果物）	966
Working Hours（労働時間条項）	958
working hours（労働時間）	959
WTO（世界貿易機関；World Trade Organization）	21

Y

year	
accounting year（会計年度）	1165
calendar year（カレンダーイヤー）	252, 961
fiscal year（会計年度）	961
per year（1年あたり）	1127

日本語索引

英数

100％株式保有の完全な子会社　wholly-owned subsidiary	109
1株につき1議決権　one vote for each share	597
1年あたり　per annum	1127
3倍の損害賠償	21
ABC順	328
AFMA約款　米国映画協会海外映画配給約款	836
CD化権	877
CD制作許諾権	872
CIF条件　運賃保険料込み条件	242, 254, 276, 281
co-sale条項　共同売却条項	626
FOB価格	276
FOB条件	242, 256, 276, 281
FPA条件　分損を担保しない条件；Free from Particular Average	276
"have made"条項　ハブ・メイド条項；下請生産［許容］条項	344, 920
High Safety条項　ハイセイフティ条項	449
"hold harmless"条項	453
need to knowベース　知る必要性がある範囲で	512, 679
recoup条項　リクープ条項	829, 853
SEC法　証券取引法	204
survival条項　存続条項	1153
TRIPS協定　知的所有権の貿易関連の側面に関する協定； Agreement on Trade-Related Aspects of Intellectual Property Rights	21
Tsakiroglou号事件　スーダンナッツ事件	134, 1090
UCC第2B編	19, 210, 436
UCCの保証排除規定	1122
whereas条項　ホエアラズ条項	835, 1084

あ

アーティスト契約　Artists Agreement	888
アーティストの交代　replacement of artist(s)	906
アーティストの著作権　copyright of artist(s)	898
アームズレングス販売価格　arm's length price	377
アームズレングス・プライス　arm's length price	378
アクセス　access	682, 729
頭書　preamble	56
アップル　Apple Inc.	333
アニメーション　animation	355, 910
アブセンス・フィー　absence fee	406, 414
アメリカ仲裁協会　American Arbitration Association; AAA	157, 1044
アメリカ統一商事法典　Uniform Commercial Code; UCC	19, 295, 435, 1096
あらゆる瑕疵があるまま　with all faults	1093
アルファベット表記と算用数字表記の優劣関係	1161

アロウアンス	allowance	252

い

以下	not more than	792
いかなる場合も、…しない	in no event	78, 1130
域外適用	long arm statute; 米国裁判所の管轄権の域外適用	21
イギリスポンド	Sterling Pounds	273
以上	not less than	272
委託加工契約		1048
委託契約	Consignment Agreement	1048
委託製造契約		1048
一覧払為替手形	demand draft	261, 265
一括払いのロイヤルティ	paid-up royalty	712
逸失利益	lost profits	205
一身専属的	personal	114
一手販売権	exclusive distribution right	572
一手販売店	exclusive distributor	562
一手販売店の指定	appointment of exclusive distributor	565
一般条項	General Terms	31, 40, 1081
一般に受け入れられている会計原則	generally accepted accounting principles	617, 746
移転		
技術移転機関	Technology Licensing Organization; TLO	434
所有権の移転	transfer of ownership	281, 720
移転価格	transfer pricing	24
移転価格規制税制	transfer pricing tax system	23
イニシャル	initial	35
イニシャル・ペイメント	initial payment	319, 366, 388
イニシャル・ライセンス・フィー	initial license fee	389
イニシャル・ロイヤルティ	initial royalty	365, 400, 455
委任状	power of attorney; proxy	34, 65, 598, 843, 1103
違反		
契約違反の事由		1149
故意もしくは重大な過失による重大な違反	willful or grossly negligent material breach	965
重大な違反	material breach	206
重大な違反行為	material breach	121
重大な契約違反	material breach	1137
重要でない違反	immaterial breach	1137
表明・保証違反		775
表明・保証違反の場合の補償条項	Indemnification	774
違反行為の差し止めを求める救済	injunctive relief	1141
違反をしていない当事者	non-defaulting party	497
違約金	penalty	379
インコタームズ	Incoterms	19, 23, 242, 282
インサイダー情報	insider information	522
印紙税	stamp duty	35
インセンティブ	incentive	952
インボイス	invoice	267

う

ウィーン国際物品売買契約条約	Vienna Sales Convention	16, 149
受け入れ側の協力義務		552
受け渡し	delivery	254
受け渡し条件	terms of delivery	254
宇宙・原子力分野		449
裏書	endorsement	734
売主	seller	562
売主による買主のための補償	indemnify by the seller for the purchaser	775
売主の承知している範囲では	to the Seller's knowledge	757
売主の知る限り	to the Seller's knowledge	757
売り戻し権	put option	710
売り戻し権条項	Repurchase	634
売り戻し特約	put option	760
売約書	sales note	38
運賃	freight	254
運賃保険料込み	CIF	242
運転手	chauffeur	957

え

映画作品の輸出契約		834
映画作品の輸入契約		845
営業日	business day	91, 989, 994
営業日の定義		994
営業秘密	trade secret	316, 399
映像作品ライブラリー		825
エージェント・コミッション	agent commission	804
エクソン・フロリオ条項	Exson-Florio Provision	22, 24
エスクロウ取引	escrow agreement	980
エストッペル	estoppel	178, 181
円	Yen	383, 985, 1162
延長権	right to renew	485
エンドロール	credit roll	840

お

オーナーシップ	ownership	116
大文字	capital	62, 287, 440, 1096
オールライツ	all rights	835, 863
同じ順位で	pari passu	1126
オプション	option	745
オプション・フィー	option fee	83
オペレーティング・リース	operating lease	10
覚書	memorandum of understanding	14, 1117
了解覚書	memorandum of understanding	102
親会社	parent company	335, 1139

親会社による保証　guarantee by a parent company　1011
オランダ領アンティル諸島　Netherlands Antilles　266
オリジナル　original　815

か

外貨不足　shortage of foreign currency　817
会計監査　audit　746
会計監査人　independent auditor　644
会計帳簿　accounting books; books of account　746
会計年度　accounting year　961, 1165
解雇
　帰責事由のある解雇　termination for cause; termination with cause　968
　不当解雇　unfair dismissal　974
外国為替法　foreign exchange and foreign trade law　264
外国公務員贈賄防止条約　OECD Convention on Combating Bribery of Foreign Public Officials in International Business Transactions　25, 234, 651
外国語版条項　Foreign Language Version　858
外国語版の著作権　copyright of foreign language version　860
外国人不動産投資法　24
外国税額控除　foreign tax amount reduction　220
外国投資法　24
解散　dissolution　1043
概算払い　provisional payment　263
開示
　技術情報の開示　Disclosure of Technical Information　385, 399
　証拠等事実関係解明のための開示手続き　21
　情報開示と独自の技術開発　696
　秘密情報の開示先　511
　秘密情報の開示の方法　674
　秘密情報の開示範囲条項　Disclosure　679
開示する側　disclosing party　674
会社
　100％株式保有の完全な子会社　wholly-owned subsidiary　109
　親会社　parent company　335, 1139
　親会社による保証　guarantee by a parent company　1011
　関連会社　related company　72, 106, 111, 334, 585, 1139
　兄弟姉妹会社　company commonly controlled by a parent company　335, 585
　合弁事業会社の存続期間　duration of a joint venture company　587
　子会社　subsidiary　335, 585, 1139
解釈　construction　62, 142
解釈する　construe　142
会社法　construe　22, 24, 142
会社法上の監査役　statutory auditor　613
会社名の変更　change of company name　808
解除　termination　658
　契約解除　termination; cancellation　118
　契約解除条項　Termination　118, 496, 970
　契約解除の効果　effect of termination　501

か

解除　termination
- 合意解除　1110
- 自動解除　automatic termination　497
- 中途解除権　early termination right　319
- 中途解除権条項　Early Termination Right Clause　33
- 中途解除できない契約　87
- 本契約が解除された場合には　upon termination of this Agreement　1133
- ライセンシーの解除権　497

海上運賃　freight　242
海上保険証券　marine insurance policy　242, 262
解除契約　Termination Agreement　1056
解除通知　termination notice　124, 130, 1058
開示を受ける側　receiving party　674
改正アメリカ貿易定義　Revised American Foreign Trade Definitions　256, 285

海損
- 共同海損　general average　276
- 単独海損　particular average　277

改訂版及び変更版　enhancements and modifications　331
買い取り　negotiation　281, 284
買主　purchaser　562
買主による売主のための補償　indemnify by the purchaser for the seller　777
開発権条項　Right to Develop　697
買約書　purchase note; purchase confirmation　38
改良　improvement　419, 573
改良情報　improvement of the Licensed Information　399, 419
カウンターサイン　countersign　48, 55
カウンター・ドラフト　counter draft　31, 1080
カウンター・プロポーザル　counter proposal　26, 31

価格
- FOB価格　276
- アームズレングス販売価格　arm's length price　377
- 移転価格　transfer pricing　24
- 移転価格規制税制　23
- 基準価格　base price　247
- 公正な市場価格　fair market value　381
- 固定価格　fixed price　251
- 譲渡価格　purchase price　640
- 船積価格　cost　254

価格条項　Price　247

額
- 外国税額控除　foreign tax amount reduction　220
- 金額の記載方法　1037
- 金額の表記　1160
- 合計額_____まで　up to an aggregate maximum of _____　780
- 契約金額の調整条項　216
- 最低販売数量・金額　563
- 算出した損害額　monetary damages　693
- 純卸売販売額　net wholesale price　375
- 純販売額　net sales price; net selling price　82, 368, 370, 919

税額控除	tax credit	215
相当額の	equivalent of	591
総販売額	gross sales price; gross selling price	370, 375, 919
損害賠償額の限度	limitation on liability	306, 319
年額ベース	annual	950
賠償額の制限規定	Limitation on Liability	443
賠償限度額の厳密な決め方		209
賠償累計額	cumulative damages	205
補償金額	indemnifiable loss	779
無額面普通株式	common stock with no par value; common stock without par value	716
約定損害額	liquidated damages	903
与信限度額	credit limit	269
累計額_____まで	up to an aggregate maximum of _____	780
確定注文	firm order	569
確認	acknowledgment; confirmation	31
確認状	confirmation letter; confirmation	52
額面	par value	717
額面株式の譲渡	transfer of the shares with par value	719
瑕疵	defects	287
貸し付け		
極度貸し付け		985
限度貸し付け		985
貸し付け実行条項	Disbursement	989
貸付者責任	lender's liability	1011, 1020
貸し付ける	advance; disburse	984
貸主	lender	212, 982
肩書	title	44
仮定法	subjunctive mood	777
…がない	free from	287
カバーレター	covering letter	31
株		
普通株	common stock	716
名義株	dummy stock	722
優先株	preferred stock	716
株券	share certificate	711, 724
株券不発行		711
株式	share; stock	1107
100%株式保有の完全な子会社	wholly-owned subsidiary	109
額面株式の譲渡	transfer of the shares with par value	719
議決権株式	voting stock	585
クラス株式	class stock	583, 602
授権株式	authorized stock	742
発行済み株式	outstanding and issued capital	717, 742
無額面普通株式	common stock with no par value; common stock without par value	716
株式出資比率	shareholding ratio	585
株式取得	acquisition of stock	24
株式譲渡	transfer of shares; transfer of stock	637, 710
株式譲渡契約	Stock Purchase Agreement; Stock Transfer Agreement	9
株式譲渡条項		719

株式譲渡制限条項　Restriction on Transfer of Shares　619
株式譲渡による事業譲渡契約　710
株式代金支払条項　738
株主
　合弁事業での株主変更　115
　マイノリティ株主　626, 637
　マジョリティ株主　626, 637
株主間契約　Shareholders Agreement; Stockholders Agreement　8, 184, 577, 656
株主総会　shareholders meeting　595
株主名簿　register of shareholders; shareholder registry　711, 737
借り入れ（返済）保証　guarantee of repayment　800
借主　borrower　212, 982
カレンダーイヤー　calendar year　252
為替換算　exchange conversion　922
為替手形　bill of exchange　260
管轄裁判所　court with jurisdiction　1024
環境監査　environmental review　1011
環境保護法　enviromental protection law　22, 24
環境問題　environmental matter　756
環境問題に関する表明と保証　Representations and Warranties on Environmental Matters　755
環境問題配慮規定　1020
環境問題への配慮義務　1020
関係
　契約関係　privity　21
　証拠等事実関係解明のための開示手続き　21
　代理関係　agency relationship　188
　当事者の関係条項　Relationship of the Parties　183
管財人　receiver　121
監査
　会計監査　audit　746
　会計監査人　independent auditor　644
　会社法上の監査役　statutory auditor　613
　環境監査　environmental review　1011
　法定監査役　statutory auditor　613
監査役　auditor　613
関税定率法　Customs Tariff Law　23, 316
関税法　Customs Law　23
関税法第69条のⅡ　316
間接的損害　indirect damages　205, 447
完全な合意　entire agreement　1097
完全な合意条項　Entire Agreement Clause　1064
カンパニー
　シェルカンパニー　shell company　723
　ペーパーカンパニー　dummy company; shell company　621
元本　principal　984
関連会社　related company　72, 106, 111, 334, 585, 1139

き

期間　term		1137
期限と期間の表記		1164
競業禁止期間　period of non-competitions		792
許諾期間　licensed term		827
契約期間　term		73, 882
契約期間条項　Term		73, 485, 646, 838, 850, 924
合弁事業会社の存続期間　duration of a joint venture company		587
合弁事業契約の有効期間　term of a joint venture agreement		647
雇用期間　term of employment		944
撮影期間・撮影時間　a period of shooting; shooting hours		894
事前通知の期間の決め方		77
治癒期間　cure period; remedial period		123, 130, 642, 973, 1019
販売店の秘密保持義務の存続期間		571
秘密保持義務の期間		510
秘密保持義務の存続期間		504
保証の有効期間		1038
期間更新　renewal period; extended period		945
議決権　voting right		596, 716
1株につき1議決権　one vote for each share		597
議決権株式　voting stock		585
議決権の行使　exercising voting rights		598
危険　risk		242
生命に危険を与える恐れのある用途　life endangering applications		448
全危険担保条件　All Risks		279
戦争危険　war risk		280
期限		
劇場公開の期限条項　Deadline of Theatrical Release		831
支払い期限の到来　due		267
適正な期限通りの履行　due and punctual performance		1144
評価・検討の期限		703
期限が重要な要素である　time is of essence		221
期限が到来して、支払い義務が発生している　due and payable		1149
期限と期間の表記		1164
期限の通りで正確な時間通りの履行　due and punctual performance		1031
期限の利益喪失　acceleration		980, 1015, 1150
期限の利益喪失条項　Event of Defaults		1011, 1015
危険負担　risk		281
期限前返済　prepayment		998
帰国休暇　home leave		416, 557, 958
技術移転機関　Technology Licensing Organization; TLO		434
技術指導　technical assistance		404, 573
技術者の派遣　dispatch of engineer		404
技術情報　technical information		333
技術情報の開示　Disclosure of Technical Information		385, 399
記述する　set forth		43
技術ライセンス　technology licensing		664

基準価格　base price		247
議事録　minutes of meeting		179, 1117
規制		
移転価格規制税制　transfer pricing tax system		23
米国輸出法規制		541
輸出規制遵守条項　Compliance with Export Control		539
帰責事由のある解雇　termination for cause; termination with cause		968
議題　agenda		16
気付として　to the attention of		96
規定		
環境問題配慮規定		1020
競合禁止規定　Covenants not to Compete		793
競合制限規定　Restriction on Competition		632
個人資産の運用の制限規定		943
上記の規定にもかかわらず　notwithstanding the above		278
適用排除規定		151
賠償額の制限規定　Limitation on Liability		443
販売促進努力規定		1153
他の規定の放棄の否定		707
みなし通知規定		90
無効規定の分離可能性条項　Severability		189, 658, 705, 816
規定された　set forth		1130
規定する　set forth		43, 102, 1119
基本定款　articles of incorporation; memorandum of association		8, 594
義務		
受け入れ側の協力義務		552
環境問題への配慮義務		1020
期限が到来して、支払い義務が発生している　due and payable		1149
契約終了後の秘密保持義務		201
善管注意義務　with the due diligence of prudent merchant		510, 682, 684
注意義務の水準　level of duty of care		510
追加協力義務		796
追加協力義務条項　Cooperation		796
通知義務　notification obligation; obligation to give notice		698
販売促進努力義務		476
販売店の秘密保持義務の存続期間		571
秘密保持義務　confidentiality obligation		197, 228, 559, 570, 662, 965, 1153
秘密保持義務の期間		510
秘密保持義務の存続期間		504
秘密保持義務の対象とならない項目		508
秘密保持の注意義務の水準		814
不争義務　non-assertion		431, 931
不争義務条項　Non-Assertion Clause		431, 930
補償請求の通知義務		783
ライセンシーの計算・記録保管・報告義務　Accounting, Records and Reports		477, 926
決め方		
事前通知の期間の決め方		77
賠償限度額の厳密な決め方		209
秘密情報の決め方		513

キャラクター	character	807, 910
キャラクター使用許諾契約	Character Merchandising Agreement	910
キャラクターの使用権	right to use a character	860
キャラクター・マーチャンダイジング	character merchandising	9, 317, 355, 910
キャラクター・マーチャンダイジング契約	Character Merchandising Agreement	910, 914
キャラクター・マーチャンダイジングのライセンス権		826
キャラクター・ライセンス	character license	473
ギャランティー	guaranty	1095
休暇		
帰国休暇	home leave	416, 557, 958
病気休暇	sick leave	129, 958
有給休暇	paid leave	416, 557, 958
休暇条項	Vacation	959
救済	remedy	21, 159, 300, 775, 1034
違反行為の差し止めを求める救済	injunctive relief	1141
クレームと救済	Claim and Remedies	305
衡平法上の救済	equitable remedies	159, 696, 903
コモンロー上の救済	remedy at law	1141
差し止めによる救済	injunctive relief	695, 1141
中間的な救済	interim relief	174
休日	vacation	415
休日出勤手当	holiday pay	959
求償契約	Indemnity Agreement	11
求償権	right to indemnification	800
給与条項	Compensation	947
協議条項	Consultation Clause	79
協議条項とする背景		80
協議の時期の取り決め		81
競業禁止期間	period of non-competitions	792
競業禁止条項	Covenants not to Compete	791
競業避止条項	Non-Competition	967, 977
競合	competition	632
競合禁止規定	Covenants not to Compete	793
競合禁止条項	Covenants not to Compete	763
競合禁止誓約	covenant not to compete	633
競合事業に買収されたとき		133
競合制限規定	Restriction on Competition	632
競合品の取り扱い制限条項	Exclusivity	566
強行法規	compulsory provision	32, 635
兄弟姉妹会社	company commonly controlled by a parent company	335, 585
協定書	agreement	577
共同海損	general average	276
共同工事契約者		577
共同事業	joint venture; joint business	666
共同責任	joint liability	35
共同調印者	co-signer	611
共同売却条項	co-sale clause	626
虚偽表示	misrepresentation	360
極度貸し付け		985

許諾
  キャラクター使用許諾契約　Character Merchandising Agreement　910
  顧客に対して使用許諾をおこなう権利　324
  再許諾　sublicense　526
  再許諾制限　restriction on sublicense　531
  再使用許諾契約　sublicense agreement　572
  実施権の許諾条項　Grant of License　319
  使用許諾　grant　319, 324, 419, 571
  使用許諾地域　licensed territory　1101
  商標使用許諾　license of trademark　385
  二重許諾　324
  配給許諾条項　Grant of Distribution　835
  ライセンシーによる許諾製品の改良　421
  ライセンス許諾条項　Grant of License　337, 847, 919
  ライセンス許諾の表示　Use of Legend　416
許諾役務　919
許諾期間　licensed term　827
許諾期間条項　827
許諾施設　919
許諾製品　licensed goods　918
許諾対象品目　licensed items　882
許諾地域　licensed territory　327, 358, 827, 918
許諾地域条項　827, 849
拒否権　veto　336, 605
金額の記載方法　1037
金額の表記　1160
銀行借入債務　debt of bank loan　800
銀行口座　bank account　264
銀行口座に関する表明　representation concerning bank account　773
禁止
  競業禁止期間　period of non-competitions　792
  競業禁止条項　Covenants not to Compete　791
  競合禁止規定　Covenants not to Compete　793
  競合禁止条項　Covenants not to Compete　763
  競合禁止誓約　covenant not to compete　633
  差別禁止法制　anti discrimination law; laws of equal protection　22
  自己使用の禁止　560
  従業員引き抜き禁止　808
  譲渡禁止の原則　106
  商標・商号使用禁止　Prohibition of Use of Trademark　806
  商法第16条（営業譲渡人の競業の禁止）　796
  相殺禁止条項　No Set-off Clause; Prohibitation of Set-off Clause　238
  贈賄禁止条項　Anti-Bribery; No Bribery　234, 650
  独占禁止法　anti trust act　21, 22, 364, 634
金銭債務　monetary liabilities　136, 539
金銭的賠償　monetary damages　695
均等論　doctrine of equivalents　20
禁反言の原則　estoppel　178, 181
金融商品取引法　financial instruments and exchange law　22, 503, 743

金利
    固定金利　fixed rate　1003
    遅延金利　overdue interest; delinquency charges　22, 140, 265, 379
    遅延金利条項　Default Interest　1011, 1013
    変動金利　floating rate　1006
    ロンドン銀行間取引金利　LIBOR; London Inter-Bank Offered Rate　1006
金利条項　Interest　1003
金利の定義　1008

く

偶発債務　contingent liability　750
空輸　shipment by air　243
クーリエサービス　courier service　95, 603, 868
クラス株式　class stock　583, 602
グラントバック条項　Grant-back　419
繰り上げ返済　prepayment　996
クリーン船荷証券　clean bill of lading　262
クレイトン法　Claton Act　24
クレイマント　claimant　467
クレーム
    第三者クレーム　third party complaint　783
    マーケットクレーム　market claim　233
クレーム、訴訟等に関する表明　representation concerning claim and suits etc.　752
クレーム提起者　claimant　467
クレームと救済　Claim and Remedies　305
クレームの通知と補償　Notice of Claim; Indemnification　782
クレディット　credit　382
クロージング　closing　711, 724, 732
クロージング条項　Closing　732
グロスアップ　gross up　214
グロス・インカム　gross income　646
クロス・デフォルト　cross default　118
クロスライセンス　cross-license　399, 712, 1066

け

経営委託　trust　585
経営の支配　control　342
軽減税率　reduced tax rate　395
軽減税率適用の届け出　218
経済情勢の激変　538
計算書　statement　371
継続的放棄の否定　no waiver　707
ケイマン諸島　Cayman Islands　266
契約
    アーティスト契約　Artists Agreement　888
    委託加工契約　1048
    委託契約　Consignment Agreement　1048

契約
　　委託製造契約　　　　　　　　　　　　　　　　　　　　　　　　1048
　　ウィーン国際物品売買契約条約　Vienna Sales Convention　　16, 149
　　映画作品の輸出契約　　　　　　　　　　　　　　　　　　　　　834
　　映画作品の輸入契約　　　　　　　　　　　　　　　　　　　　　845
　　解除契約　Termination Agreement　　　　　　　　　　　　　1056
　　株式譲渡契約　Stock Purchase Agreement; Stock Transfer Agreement　　9
　　株式譲渡による事業譲渡契約　　　　　　　　　　　　　　　　　710
　　株主間契約　Shareholders Agreement; Stockholders Agreement　　8, 184, 577, 656
　　キャラクター使用許諾契約　Character Merchandising Agreement　　910
　　キャラクター・マーチャンダイジング契約　Character Merchandising Agreement　　910, 914
　　求償契約　Indemnity Agreement　　　　　　　　　　　　　　　11
　　共同工事契約者　　　　　　　　　　　　　　　　　　　　　　　577
　　原契約　Original Agreement　　　　　　　　　　1044, 1050, 1060
　　原契約が無効となったとき　　　　　　　　　　　　　　　　　1044
　　原契約の引用の文言　Quotation of Original Agreement　　　1060
　　公演招聘基本契約　　　　　　　　　　　　　　　　　　　　　　869
　　口頭契約　oral agreement　　　　　　　　　　　　　　　　　　99
　　合弁事業契約　Joint Venture Agreement　　　　　　8, 576, 652
　　合弁事業契約の有効期間　term of a joint venture agreement　　647
　　個別契約　individual contract　　　　　　　　　153, 175, 242, 569
　　雇用契約　Employment Agreement　　　　　　　11, 22, 886, 935
　　サービス提供契約　Service Agreement　　　　　　　　10, 125, 546
　　債権譲渡契約　Assignment of Accounts receivable　　　1050, 1055
　　最終契約　definitive agreement　　　　　　　　　　　　　　　28
　　再使用許諾契約　sublicense agreement　　　　　　　　　　　572
　　サブライセンス契約　Sublicense Contract　　　　　　　　494, 572
　　事業譲渡契約　Business Transfer Agreement　　　　　　　　　9
　　資産譲渡契約　Assets Purchase Agreement　　　　　　　　9, 711
　　資産の譲渡による事業譲渡契約　　　　　　　　　　　　　　　711
　　資産買収契約　Assets Purchase Agreement　　　　　　　　　711
　　修正契約　Amendment Agreement　　　　　　　　　　1056, 1059
　　重大な契約違反　material breach　　　　　　　　　　　　　1137
　　出向契約　Assignment Agreement　　　　　　　　　　　　　631
　　ジョイントベンチャー契約　Joint Venture Agreement　　　　　183
　　商品化契約　Merchandising Agreement　　　　　　　　　　　910
　　スポット契約　spot contract　　　　　　　　　　　　　　　　242
　　正式契約　formal agreement　　　　　　　　　　　　15, 28, 885
　　総代理店契約　Sole Agency Agreement　　　　　　　　　　　562
　　双務的な契約　bilateral contract　　　　　　　　　　　　　　938
　　ソフトウエアの販売店契約　Software Distribution Agreement　　571
　　代理店契約　Agency Agreement　　　　　　　　　　　　　8, 561
　　担保設定契約　　　　　　　　　　　　　　　　　　　　　11, 1047
　　中途解除できない契約　　　　　　　　　　　　　　　　　　　　87
　　賃貸借契約　Lease Agreement　　　　　　　　　　　　　　　10
　　抵当権設定契約　Mortgage Agreement　　　　　　　　　　1047
　　典型契約　　　　　　　　　　　　　　　　　　　　　　　　　　7
　　独占的契約　　　　　　　　　　　　　　　　　　　　　　　　562
　　二重契約　　　　　　　　　　　　　　　　　　　　　　　　　33

配給契約　Distributorship Agreement	825
売買契約　Contract for Sales; Sales Contract	7, 19, 242, 561
俳優出演契約	886, 890
派遣契約　Worker Dispatch Contract	886
販売店契約　Distribution Agreement	8, 23, 183, 561, 825, 1101
非典型契約	7
秘密保持契約　Confidential Agreement; Non-disclosure Agreement	9, 662, 1098
フランチャイズ契約　franchise agreement	9, 82, 1035, 1101
プラント契約　Plant Contract	8, 112
プラント輸出契約	24
変更契約　Modification Agreement	100
保証委託契約　indemnity agreement	11, 800
保証契約　Guarantee	22, 990
本契約が解除された場合には　upon termination of this Agreement	1133
本契約書の調印　execution of this Agreement	1087
無名契約　anonymous contract	7
もっとも優遇された契約条件を与えられる顧客	1103
most favored customer; most favorable customer	
有期の雇用契約	88
融資契約　Loan Agreement	22, 774, 980
ライセンス契約　License Agreement	9, 20, 82, 183, 214, 316, 319, 430, 1035, 1066, 1100
ライセンス契約の有効期間	482
リース契約　Lease Agreement	10
レター形式の契約書　letter agreement	38, 41
和解契約　Settlement Agreement	9, 1065
契約違反の事由　cause of breach of contract	1149
契約解除　termination; cancellation	118
契約解除条項　Termination	118, 496, 970
契約解除の効果　effect of termination	501
契約関係　privity	21
契約期間　term	73, 882
契約期間条項　Term	73, 485, 646, 838, 850, 924
契約金　initial license fee; down payment	389
契約金額の調整条項	216
契約更新権　right to renew	925
契約終了後の秘密保持義務	201
契約書案　draft	16
契約書案の送付状兼説明書　covering letter	31
契約条件案　proposal terms	26
契約条項の脱落	819
契約譲渡　assignment of agreement	1050
契約譲渡契約　Assignment Agreement	1050
契約譲渡条項　Assignment Clause	1051
契約譲渡制限条項　Assignment; Non-Assignability	106, 523, 904
契約書の書き方	15
契約スキーム	27
契約締結意思確認条項	670
契約締結準備費用　costs for preparation of a formal agreement	884
契約締結日　the date of this Agreement	665

契約の承継に関する表明と保証	760
契約の日　the date of this Agreement	74
契約の引き継ぎ　Assignment Agreement	762
契約変更条項　Modification	1040
劇場公演日程条項　Dates for Presentation	875
劇場公開　initial theatrical release	830
劇場公開がされた日　date of theatrical release	831
劇場公開の期限条項　Deadline of Theatrical Release	831
劇場における上映権	826
結果的損害　consequential damages	205, 446
権	
CD化権	877
CD制作許諾権	872
アーティストの著作権　copyright of artist(s)	898
一手販売権　exclusive distribution right	572
売り戻し権　put option	710
売り戻し権条項　Repurchase	634
延長権　right to renew	485
外国語版の著作権　copyright of foreign language version	860
開発権条項　Right to Develop	697
議決権　voting right	596, 716
議決権株式　voting stock	585
議決権の行使　exercising voting rights	598
キャラクターの使用権　right to use a character	860
キャラクター・マーチャンダイジングのライセンス権	826
求償権　right to indemnification	800
拒否権　veto	336, 605
契約更新権　right to renew	925
劇場における上映権	826
検索の抗弁権	1144
工業所有権　industrial property rights	295
更新権　right to renew; renewal right	319, 485
顧客に対して使用許諾をおこなう権利	324
国家主権免責　sovereign immunity	239
国家主権免責放棄条項　Waiver of Sovereign Immunity	239
債権譲渡　Assignment of Accounts receivable	1050
債権譲渡契約　Assignment of Accounts receivable	1050, 1055
債権保全　preventive attachment	1011
催告・検索の抗弁権	1034
催告・検索の抗弁権の放棄　Waiver	1034
質権の設定　pledge	1047
実施権の許諾条項　Grant of License	319
授権株式　authorized stock	742
授権資本　authorized capital	589, 745
主権免責　waiver of sovereign immunity	18, 239
主権免責特権　sovereign immunity	19
主権免責特権放棄条項　Waiver of Sovereign Immunity	19, 239
商権引き継ぎ	712
肖像権　portrait rights	887

肖像権条項　Artist's Photographs	901
商標権者であることの保証	443
商品化権　merchandising right	826
署名の権限　authority to sign	611
所有権　ownership; titel	281, 285
所有権の移転　transfer of ownership	281, 720
所有権の確認	743
所有権留保条項	690
第三者の著作権	438
第三者の著作権侵害	450
担保債権者　secured creditor	1127
知的財産権　intellectual property right	295, 326, 690, 1049
知的財産権に関する表明と保証	766
知的財産権の帰属・譲渡条項	9
知的所有権の貿易関連の側面に関する協定	21
Agreement on Trade-Related Aspects of Intellectual Property Rights	
知的財産権の保証と保証排除	435
知的財産権の有効性	432
知的財産権のリスト	768
知的財産権表示	930
知的所有権倒産保護法	20, 24
仲裁人の権限　authority of arbitrator	169
中途解除権　early termination right	319
中途解除権条項　Early Termination Right Clause	33
調印権限	1064
帳簿閲覧権　right to inspect books of accounts and records	480, 616, 927
帳簿検査権　right to inspect books of accounts and records	377
著作権　copyright	295, 316, 1049, 1099
著作権者表示　copyright notice	419
著作権条項　Copyrights	897
著作権・所有権の帰属条項　Copyright and Ownership	425
著作権処理	856
著作権表示　copyright notice	852
著作権表示条項　Copyright Notice	851
著作者人格権　moral right	901
著作隣接権　neighboring rights	316
抵当権設定契約　Mortgage Agreement	1047
抵当権の設定　mortgage agreement	1047
テレビ放映権　television broadcasting rights	826, 876
テレビ放映権のライセンス　license of television broadcasting rights	353
独占的実施権　exclusive license	337
独占的な権利　exclusive right	353
特許権者　patentee	1141
特許権の消滅	373
排他的な権利　exclusive rights	353
派遣俳優を交代させる権利	887
ビデオグラム化権　videogram rights	352, 826, 846, 876
不保証と所有権の留保	688
無担保債権者　unsecured indebtedness of debtor	1127

権
- 優先権　preference　620
- 優先購入権　preferential purchase rights　312, 620
- ライセンサーによる拒絶権　474
- ライセンサーによる検査権　481
- ライセンサーの知的財産権　930
- ライセンシーの解除権　497

厳格責任　strict liability　442
厳格な保証責任条項　No Discharge　1042
原契約　Original Agreement　1044, 1050, 1060
原契約が無効となったとき　1044
原契約の引用の文言　Quotation of Original Agreement　1060
権原　title　281
権限
- 署名の権限　authority to sign　611
- 仲裁人の権限　authority of arbitrator　169
- 調印権限　1064

言語　language　150, 595, 829
検査　inspection　300, 371, 472
- 立ち入り検査　on-site inspection; audit of the records　371
- 帳簿検査　inspection of accounting books　853
- 帳簿検査権　right to inspect books of accounts and records　377
- 予備的検査　preliminary inspection　304
- ライセンサーによる検査権　481

検索の抗弁権　1144
検査人　surveyor　302
検査費用　costs of the audit　371, 379, 481
原産地　country of origin　295
現状有姿　as is　290, 688, 1093, 1122
源泉徴収　withholding　215, 879, 896
源泉徴収税　withholding tax　9, 35, 212, 218, 879
源泉徴収税の軽減に関わる租税条約　25
源泉徴収税率　withholding tax rate　879
原則
- 一般に受け入れられている会計原則　generally accepted accounting principles　617, 746
- 禁反言の原則　estoppel　178, 181
- 口頭証拠排除の原則　parol evidence rule　99, 104, 1081
- 譲渡禁止の原則　106

現地語　local language　150, 331, 400, 478, 595, 869
現地語での表記　911
現地語のタイトル　title in local language　865
現地語版　local language version　857
現地語版への翻訳　translation into local language　400
現地通貨　local currency　725, 739
限定
- 使途の限定　restriction on use　1000
- …を含み、それに限定されない　1088
　including, but not limited to; including without limitation

限度
- 責任限度　maximum liability　207
- 損害賠償額の限度　limitation on liability　306, 319
- 賠償限度額の厳密な決め方　209
- 保証限度条項　Limit of the Liability of the Guarantee　1036
- 与信限度額　credit limit　269

限度貸し付け　985
原本　original　815
権利放棄　waiver　105
権利放棄条項　No Waiver　178, 707
権利を損なうことなしに　without prejudice to　1092

こ

故意もしくは重大な過失による重大な違反　willful or grossly negligent material breach　965
項　section　620
行為
- 違反行為の差し止めを求める救済　injunctive relief　1141
- 重大な違反行為　material breach　121
- 侵害行為の差し止め　injunction　21
- 不法行為　tort　21
- 不法行為責任　torts liability　1011, 1125

合意解除　1110
合意書　agreement　874
公演キャスト　performing cast　880
公演招聘基本契約　869
公演提供条項　Provision of Presentation　874
恒久的施設　Permanent Establishment; PE　23
工業所有権　industrial property rights　295
航空貨物運送状　airway bill　243, 266
合計額＿＿＿まで　up to an aggregate maximum of ＿＿＿　780
公式テキスト　official and controlling text　154
控除　recoup　829
公証人　notary public　23, 35, 66, 724, 843, 936, 1077
控除項目　369
更新
- 期間更新　renewal period　945
- 契約更新権　right to renew　925
- 自動更新　automatic renewal　76, 89, 484, 495
- 自動更新条項　Automatic Renewal Clause　946, 1054
- 自動更新と協議条項の組み合わせ　82

更新拒絶通知　notice of termination　76
更新権　right to renew; renewal right　319, 485
公正な市場価格　fair market value　381
口銭　agency fee; commission　803
交代条項　Replacement　906
公知の知識　public domain　1098
口頭契約　oral agreement　99
口頭証拠排除条項　Parol Evidence Rule　5

口頭証拠排除の原則　parol evidence rule	99, 104, 1081
衡平裁判所　equity court	1141
公平に比率に従って割りあてること　pro rata allocation	1128
衡平法上の救済　equitable remedies	159, 696, 903
合弁事業　joint venture	576
合弁事業会社の存続期間　duration of a joint venture company	587
合弁事業契約　Joint Venture Agreement	8, 576, 652
合弁事業契約の有効期間　term of a joint venture agreement	647
合弁事業での株主変更　change of shareholder of a joint venture	115
公有のもの　public domain	1098
合理的な注意　reasonable diligence	140
合理的な努力　reasonable efforts	1151
効力発生日　effective date	71
子会社　subsidiary	335, 585, 1139
顧客	
主要顧客	772
もっとも優遇された契約条件を与えられる顧客	1103
most favored customer; most favorable customer	
顧客に対して使用許諾をおこなう権利	324
顧客名簿　list of customers; list of clients	402
国際私法　conflict of laws	706
国際私法のルール　conflict of law rules	18
国際商業会議所　International Chamber of Commerce; ICC	17, 157, 242, 263, 1044
国際送金通貨　eligible currency; hard currency	725, 739
国連国際商取引法委員会	16, 149, 163, 1044
United Nations Commission on International Trade Law; UNCITRAL	
国連物品売買統一法条約	16, 23, 149, 318
United Nations Convention on Contracts for the International Sales of Goods; CISG	
個人　individual	886, 890
個人資産の運用の制限規定	943
個人保証　personal guarantee	799
国家主権免責　sovereign immunity	239
国家主権免責放棄条項　Waiver of Sovereign Immunity	239
固定価格　fixed price	251
固定金利　fixed rate	1003
言葉　language	1137
コピー　copy	700
コピー作成の制限　restriction on copying	430
個別契約　individual contract	153, 175, 242, 569
コミサリス　komisaris	613
コミッショナー　commissioner	613
コミッション　commission	563
エージェント・コミッション　agent commission	804
コミッション・フィー　commission fee	803
コモンロー上の救済　remedy at law	1141
雇用期間　term of employment	944
雇用契約　Employment Agreement	11, 22, 886, 935
雇用合意条項　employment	937
雇用する場合のポジション	939

コントロール	control	116, 335, 585
コントロールの変更	change of control	497
コンピューターの誤作動・故障	computer malfunction	138
コンピューター・プログラム	computer program	323
コンピューター・マルファンクション	computer malfunction	138
コンプライアンス	compliance	763

さ

サービス		
クーリエサービス	courier service	95, 603, 868
在庫、修理サービス条項	Stock and Repair	569
スコープ・オブ・サービス	scope of services	549
サービス提供契約	Service Agreement	10, 125, 546
サービス提供条項		893, 943
サービス提供場所		548
サービスの対価・報酬	Service Fees; Remuneration	552
サービス・フィー	service fee	552
サービスマーク	service mark	316, 631
サービスを提供する	render the services	944
再許諾	sublicense	526
再許諾制限	restriction on sublicense	531
債権者		
担保債権者	secured creditor	1127
無担保債権者	unsecured indebtedness of debtor	1127
債権譲渡	Assignment of Accounts receivable	1050
債権譲渡契約	Assignment of Accounts receivable	1050, 1055
債権保全	preventive attachment	1011
在庫管理	inventory control	766
催告・検索の抗弁権		1034
催告・検索の抗弁権の放棄	Waiver	1034
在庫、修理サービス条項	Stock and Repair	569
在庫品	stock	501, 764
財産的価値のある情報	proprietary information	520
最終契約	definitive agreement	28
最終性条項	Entire Agreement	5, 99, 1081
最終部分		63
再使用許諾契約	sublicense agreement	572
最善の努力	best efforts	1151
最大の努力	utmost efforts	1151
最低購入数量	minimum purchase quantity	567, 572
最低購入数量条項	Minimum Purchase Quantity	567
最低販売数量・金額	minimum sales quantity and amount	563
最低ロイヤルティ	minimum royalty	1100
裁判管轄	jurisdiction	147, 174, 1044
専属裁判管轄	exclusive jurisdiction	149
非専属裁判管轄	non-exclusive jurisdiction	1025
裁判管轄合意条項	Jurisdiction	174, 1023, 1044

債務
    銀行借入債務　debt of bank loan　800
    金銭債務　monetary liabilities　136, 539
    偶発債務　contingent liability　750
    重畳的債務引き受け　32, 106, 530, 624, 1052
財務諸表の正確さの表明と保証　745
財務役　treasurer　44
最優遇条件　most favorable terms　396
最優遇条項　most favorable terms　319, 395, 1103
最優先出演条項　888
最優先条項　First Priority　902
サイン　signature　35
さかのぼって　ab initio　1120
詐欺防止法　statute of frauds　4, 104
［契約書を］作成する　enter into; make　1091
［侵害行為の］差し止め　injunction　692
    違反行為の差し止めを求める救済　injunctive relief　1141
    侵害行為の差し止め　injunction　21
差し止め条項　Injunctive Relief　692
差し止め処分　injunctive relief　467
差し止めによる救済　injunctive relief　695, 1141
撮影期間・撮影時間　a period of shooting; shooting hours　894
サブコントラクター　sub-contractor　106
サブマリン特許　submarine patent　200
サブライセンシー　sublicensee　325, 392, 917
サブライセンス　sublicense　325, 344, 478
サブライセンス契約　Sublicense Contract　494, 572
サブライセンス制限　restriction on sublicense　531
差別禁止法制　anti discrimination law; laws of equal protection　22
サボタージュ　slowdown　760
サマータイム　daylight savings time　734
残業代　overtime payments; overtime compensation　959
算出した損害額　monetary damages　693
サンプル　sample　470, 926
サンプルの承認　approval of sample　357

し

シェルカンパニー　shell company　723
時間の重要性　time is of essence　815
時期が重要　time is of essence　258
事業譲渡契約　Business Transfer Agreement　9
事業体　business entity　335
事業提携　business collaboration　664
事業の承継　711
資金調達　funding　627
資金調達条項　Finance　798
事件
    Tsakiroglou 号事件　スーダンナッツ事件　134, 1090

スーダンナッツ事件	134, 1090
スエズ運河の閉鎖事件	1090
セント・アルバンス事件	440
東急ヒルトンホテル事件	32
東京ヒルトンホテル事件	32
ユージニア号事件	134
リーマン・ブラザーズ対丸紅事件	29
自己使用の禁止	560
自己のために払う注意水準	510
自己のための使用　use for its own	560
時差　time difference	734
試作品　prototype model	680, 926
資産買い取り　assets purchase	24
資産譲渡　assets purchase	10
資産譲渡契約　Assets Purchase Agreement	9, 711
資産の譲渡による事業譲渡契約　Business Transfer Agreement by Assets Tranfer	711
資産買収契約　Assets Purchase Agreement	711
事実認定　finding	192
事情変更　circumstancial change	819
事前通知　advance notice; prior notice	76
事前通知の期間の決め方	77
自然人　natural person	886, 892
下請け　delegation	106, 905
下請け生産	338, 344, 478
下請人　sub-contractor	235
質権の設定　pledge	1047
実施権の許諾条項　Grant of License	319
実体法　substantive law	143, 652, 706
実費　out-of-pocket expenses	731
実費の償還　reimbursement of out-of-pocket expenses	952
質問書　interrogatory	785
自動解除　automatic termination	497
自動更新　automatic renewal	76, 484, 495
自動更新条項　Automatic Renewal Clause	946, 1054
自動更新と協議条項の組み合わせ	82
自動的な終了　automatic termination	132
使途条項　Use of Loan	1000
使途の限定　restriction on use	1000
…しなければならない　shall	1106
支払い期限の到来　due	267
支払条項　Payment	828, 865
支払い不足　underpayment	371
支払不能　insolvency	119
支払い猶予　moratorium	491
支払い渡し　Documents against Payment	261
四半期　quarter	253, 387
字幕　subtitle	849, 857
字幕版　subtitled version	352
事務所移籍	886

事務弁護士　solicitor	348
シャーマン法　Sherman Act	23, 24
従業員の承継に関する表明と保証	758
従業員の引き継ぎ	759
従業員引き抜き禁止	808
就業規則　office regulations; rules of employment	937, 958, 966
修正契約　Amendment Agreement	1056, 1059
修正文言　Amendment	1061
修正・変更条項　Amendment and Modification	99
重大な悪影響　materially adverse effect	943
重大な違反　material breach	206
重大な違反行為　material breach	121
重大な契約違反　material breach	1137
重要でない違反　immaterial breach	1137
重要な点で　in material respect	764
終了　termination	200
受益者　beneficiary	1033
宿泊施設　accommodations	883
宿泊・日当条項　Accommodation and Living Allowances	882
授権株式　authorized stock	742
授権資本　authorized capital	589, 745
主権免責　waiver of sovereign immunity	18, 239
主権免責特権　sovereign immunity	19
主権免責特権放棄条項　Waiver of Sovereign Immunity	19, 239
受託者　trustee	275
主たる事務所　principal office	665
出演の同意条項	892
出演料　performance fee	895
出向契約　Assignment Agreement	631
出張　duty trip	956
出張旅費　travel expenses	954
主要顧客	772
主要条件　Principal Terms	31, 40
主要取引先	770
受領されたとみなされる日	92
純卸売販売額　net wholesale price	375
準拠法　governing law	17, 142, 651, 1046, 1096
準拠法条項　Governing Law	142, 651, 706, 1046
純販売額　net sales price; net selling price	82, 368, 370, 919
準用して　mutatis mutandis	1123
ジョイントベンチャー　joint venture	577
ジョイントベンチャー契約　Joint Venture Agreement	183
仕様　specifications	245, 301, 1049
条　article	620
償還　reimbursement	952
償還請求手続き	953
上記の規定にもかかわらず　notwithstanding the above	278
商業送り状　commercial invoice	242, 262
商業上の実行困難性　commercial impracticability	19

使用許諾　grant		319, 324, 419, 571
キャラクター使用許諾契約　Character Merchandising Agreement		910
顧客に対して使用許諾をおこなう権利		324
再使用許諾契約　sublicense agreement		572
使用許諾地域　licensed territory		1101
商標使用許諾　license of trademark		385
使用許諾地域　licensed territory		1101
証券		
海上保険証券　marine insurance policy		242, 262
クリーン船荷証券　clean bill of lading		262
船荷証券　bill of lading		242, 254, 266
船荷証券の日付け　the date of B/L		258
無故障船荷証券　unsecured indebtedness of debtor		262
連邦証券取引法　Federal Securities Act		743
条件　terms		1137
CIF 条件　運賃保険料込み条件		242, 254, 276, 281
FOB 条件		242, 256, 276, 281
FPA 条件　分損を担保しない条件；Free from Particular Average		276
受け渡し条件　terms of delivery		254
契約条件案　proposal terms		26
最優遇条件　most favorable terms		396
主要条件　Principal Terms		31, 40
全危険担保条件　All Risks		279
ただし、…を条件とする　provided, however, that		624
貿易条件　trade term		19, 242, 285
貿易条件統一規則　Uniform Customs and Practice for Documentary Credits		19
貿易条件の解釈に関する国際規則　International Rules for the Interpretation of Trade Terms		242
保険条件　insurance		276
もっとも優遇された契約条件を与えられる顧客		1103
most favored customer; most favorable customer		
労働条件　working conditions		557
…を条件とする　provided that ...		1156
使用言語　language		156, 399, 410
条件とする　provided, however, that; subject to		1145
証券取引法　Securities Act		22, 24, 204, 503
商権引き継ぎ		712
商号　company name; corporate name		9, 587, 631, 807
商法第15条（商号の譲渡）		796
条項		
co-sale 条項　共同売却条項		626
"have made" 条項　ハブ・メイド条項；下請生産［許容］条項		344, 920
High Safety 条項　ハイセイフティ条項		449
"hold harmless" 条項		453
recoup 条項　リクープ条項		829, 853
survival 条項　存続条項		1153
whereas 条項　ホエアラズ条項		835, 1084
一般条項　General Terms		31, 40, 1081
売り戻し権条項　Repurchase		634
エクソン・フロリオ条項　Exson-Florio Provision		22, 24

条項
　外国語版条項　Foreign Language Version　858
　開発権条項　Right to Develop　697
　価格条項　Price　247
　貸し付け実行条項　Disbursement　989
　株式譲渡条項　Restriction on the Transfer　719
　株式譲渡制限条項　Restriction on Transfer of Shares　619
　株式代金支払条項　738
　完全な合意条項　Entire Agreement Clause　1064
　期限の利益喪失条項　Event of Defaults　1011, 1015
　休暇条項　Vacation　959
　給与条項　Compensation　947
　協議条項　Consultation Clause　79
　協議条項とする背景　80
　競業禁止条項　Covenants not to Compete　791
　競業避止条項　Non-Competition　967, 977
　競合禁止条項　Covenants not to Compete　763
　競合品の取り扱い制限条項　Exclusivity　566
　共同売却条項　co-sale clause　626
　許諾期間条項　827
　許諾地域条項　827, 849
　金利条項　Interest　1003
　グラントバック条項　Grant-back　419
　クロージング条項　Closing　732
　契約解除条項　Termination　118, 496, 970
　契約期間条項　Term　73, 485, 646, 838, 850, 924
　契約金額の調整条項　216
　契約条項の脱落　819
　契約譲渡条項　Assignment　1051
　契約譲渡制限条項　Assignment; Non-Assignability　106, 523, 904
　契約締結意思確認条項　670
　契約変更条項　Modification　1040
　劇場公演日程条項　Dates for Presentation　875
　劇場公開の期限条項　Deadline of Theatrical Release　831
　厳格な保証責任条項　No Discharge　1042
　権利放棄条項　No Waiver　178, 707
　公演提供条項　Provision of Presentation　874
　交代条項　Replacement　906
　口頭証拠排除条項　Parol Evidence Rule　5
　国家主権免責放棄条項　Waiver of Sovereign Immunity　239
　雇用合意条項　Employment　937
　サービス提供条項　893, 943
　在庫、修理サービス条項　Stock and Repair　569
　最終性条項　Entire Agreement　5, 99, 1081
　最低購入数量条項　Minimum Purchase Quantity　567
　裁判管轄合意条項　Jurisdiction　174, 1023, 1044
　最優遇条項　most favorable terms　319, 395, 1103
　最優先出演条項　888
　最優先条項　First Priority　902

差し止め条項	Injunctive Relief	692
資金調達条項	Finance	798
実施権の許諾条項	Grant of License	319
自動更新条項	Automatic Renewal Clause	946, 1054
自動更新と協議条項の組み合わせ		82
使途条項	Use of Loan	1000
支払条項	Payment	828, 865
修正・変更条項	Amendment and Modification	99
宿泊・日当条項	Accommodation and Living Allowances	882
主権免責特権放棄条項	Waiver of Sovereign Immunity	19, 239
出演の同意条項		892
準拠法条項	Governing Law	142, 651, 706, 1046
肖像権条項	Artist's Photographs	901
傷病条項	Disability	961
商品の仕様条項	Specifications	245
情報の返還条項	Return of Information	700
所有権留保条項		690
数量条項	Quantity	252
スタッフ条項	Staffing	881
送金通貨条項	Eligible Currency	1001
相殺禁止条項	No Set-off Clause; Prohibition of Set-off Clause	238
相殺条項	No Set-off	236
贈賄禁止条項	Anti-Bribery; No Bribery	234, 650
ソフトウエア製品の不具合から発生する損失と免責条項		210
損害賠償の制限条項	Limitation on Liability	205
存続条項	Survival	228
対価条項	Consideration	828, 894
対価と支払条項	Consideration and Payment	878
代金支払条項	Payment	260
第三者利益条項	No Third Party Rights	230
タイム・イズ・オブ・エッセンス条項	Time is of Essence	221, 815
タックス条項	Tax	211, 887, 896
遅延金利条項	Default Interest	1011, 1013
知的財産権の帰属・譲渡条項		9
仲裁条項	Arbitration	155, 228
中途解除権条項	Early Termination Right Clause	33
著作権条項	Copyrights	897
著作権・所有権の帰属条項	Copyright and Ownership	425
著作権表示条項	Copyright Notice	851
追加協力義務条項	Cooperation	796
通知条項	Notice Clause	89, 866
定義条項	Definitions	68, 325, 583, 673, 837, 917, 1068
テイク・オア・ペイ条項	Take or Pay Clause	310
当事者の関係条項	Relationship of the Parties	183
特許、商標等条項	Patents, Trademarks, etc.	296
努力条項	Best Efforts Clause	1151
ノンアサーション条項	Non-Assertion	319, 431
ハードシップ条項	Hardship	232, 250, 273
配給許諾条項	Grant of Distribution	835

条項
  売買の合意条項　Sale and Purchase　244
  ハブ・メイド条項　Have Made Clause　337
  パリパス条項　Pari Passu Clause　1126
  販売開始日条項　Marketing Date(s)　922
  販売促進努力条項　565
  引き渡し条項　Shipment; Delivery　254
  非係争条項　431
  秘密情報の開示範囲条項　Disclosure　679
  秘密情報の範囲条項　Confidential Information　676
  秘密保持条項　Confidentiality　196, 503, 559, 570, 662, 810, 965, 1133
  秘密保持の注意義務水準条項　683
  費用償還条項　Reimbursement of Expenses　953
  表明・保証違反の場合の補償条項　Indemnification　774
  表明・保証条項　Representations and Warranties　855
  ファースト・リフューザル・ライト条項　Right of First Refusal　312
  不可抗力条項　Force Majeure　134, 531, 656, 1090
  不干渉条項　942
  副本条項　Counterparts　226
  福利厚生条項　Fringe Benefits　956
  不争義務条項　Non-Assertion Clause　431, 930
  不保証条項　No Warranty　688
  ブローカー、ファインダー否定条項　No Brokerage　802
  紛争解決合意条項　Settlement　1069
  紛争解決条項　Settlement of Dispute　155
  返済条項　Repayment　994
  法令遵守条項　Compliance　540
  ホエアラズ条項　Whereas Clause　666, 1084
  ホールドバック条項　Holdbacks　830, 862
  保険条項　Insurance　276
  保証限度条項　Limit of the Liability of the Guarantee　1036
  補償条項　Indemnification　903, 931
  保証状条項　Guarantee　1012
  保証・担保条項　Warranty　286
  保証排除条項　Disclaimer of Warranties　440
  マネジメント・フィー条項　Management Fee　645
  見出し条項　Headings　223, 1132
  見本売買条項　Sample　246
  無効規定の分離可能性条項　Severability　189, 658, 705, 816
  有効期間条項　Term　702, 1038
  輸出規制遵守条項　Compliance with Export Control　539
  ライセンス許諾条項　Grant of License　337, 847, 919
  リサイタル条項　Recitals　28, 320, 581, 665, 713, 845, 890, 915, 935
  リパーチェス条項　Repurchase Clause　634
  リリース条項　864
  ロイヤルティ条項　Royalty　365, 841, 852, 921
  労働時間条項　Working Hours　958
商号使用料　587
商号変更　change of company name　587

証拠等事実関係解明のための開示手続き	21
招集通知　notice of calling	600
証書　deed; instrument	102
譲渡証書　deed of transfer	737
捺印証書　deed	64
小数点以下の数値の表記	393
証する　witnesseth	1083
肖像権　portrait rights	887
肖像権条項　Artist's Photographs	901
譲渡	
額面株式の譲渡　transfer of the shares with par value	719
株式譲渡　transfer of shares; transfer of stock	637, 710
株式譲渡契約　Stock Purchase Agreement	9
株式譲渡条項　Restriction on the Transfer	719
株式譲渡制限条項　Restriction on Transfer of Shares	619
株式譲渡による事業譲渡契約	710
契約譲渡　assignment of agreement	1050
契約譲渡契約　Assignment Agreement	1050
契約譲渡条項　Assignment Clause	1051
契約譲渡制限条項　Assignment; Non-Assignability	106, 523, 904
債権譲渡　Assignment of Accounts receivable	1050
債権譲渡契約　Assignment of Accounts receivable	1050, 1055
事業譲渡契約　Business Transfer Agreement	9
資産譲渡　assets purchase	10
資産譲渡契約　Assets Purchase Agreement	9, 711
資産の譲渡による事業譲渡契約	711
商法第15条（商号の譲渡）	796
商法第16条（営業譲渡人の競業の禁止）	796
知的財産権の帰属・譲渡条項	9
ブランドの譲渡	795
包括譲渡　bulk sales	22, 24
譲渡価格　purchase price	640
譲渡禁止の原則	106
譲渡証書　deed of transfer	737
譲渡する　assign and transfer	107
譲渡人　assignor	113
承認請求書　request for admission	785
商標　trademark	9, 295, 316, 330, 807, 1099
商標権者であることの保証	443
商標使用許諾　license of trademark	385
傷病条項　Disability	961
商標・商号使用禁止　Prohibition of Use of Trademark	806
商標登録出願　application for trademark registration	453
商標の形態	330
商標のライセンスの表示	417
商標法　Trademark Law	316
商標ライセンス　license of trademark	385
商品化　merchandising	9
商品化契約　Merchandising Agreement	910

商品化権　merchandising right	826
商品性　merchantability	435
商品性の黙示保証　implied warranty of merchantability	19, 439, 1096
商品性の黙示保証の排除　exclusion of implied warranties of merchantability	19
商品の仕様条項　Specifications	245
情報	
インサイダー情報　insider information	522
改良情報　improvement of the Licensed Information	399, 419
技術情報　technical information	333
技術情報の開示　Disclosure of Technical Information	385, 399
財産的価値のある情報　proprietary information	520
秘密情報　confidential information	9, 668
秘密情報の開示先	511
秘密情報の開示の方法	674
秘密情報の開示範囲条項　Disclosure	679
秘密情報の管理　confidential information management	682
秘密情報の決め方	513
秘密情報の範囲条項　Confidential Information	676
秘密情報の返還　Return of Information	699
秘密情報の明示	510
情報開示と独自の技術開発	696
商法第15条（商号の譲渡）	796
商法第16条（営業譲渡人の競業の禁止）	796
情報の返還条項　Return of Information	700
条約	
ウィーン国際物品売買契約条約　Vienna Sales Convention	16, 149
外国公務員贈賄防止条約　OECD Convention on Combating Bribery of Foreign Public Officials in International Business Transactions	25, 234, 651
源泉徴収税の軽減に関わる租税条約	25
国連物品売買統一法条約　United Nations Convention on Contracts for the International Sales of Goods	16, 23, 149, 318
租税条約　tax treaty; tax convention	22, 23, 211, 394, 879, 896
租税条約の減免措置の適用	395
特許協力条約　Patent Cooperation Treaty; PCT	24
日米租税条約　USA-Japan Income Tax Treaty	218
ニューヨーク条約　New York Arbitration Convention	18
賞与　bonus	950
乗用車の貸与	957
使用料　royalty	1099
ショート・トン　short ton; S/T	253
除外事項	1158
職務記述書　job description	936
職務遂行上必要不可欠基準　bona fide need to know	680
書式の戦い　Battle of Forms	19, 33, 52
ジョブ・ディスクリプション　job description	936
署名　signature	41, 48, 708, 842, 907, 1064, 1087
署名の権限　authority to sign	611
署名欄　signature column	65, 708, 842, 907, 1064
書面で　in writing	1110

書面の同意　written consent	107
所有権　ownership; titel	281, 285
所有権の移転　transfer of ownership	281, 720
所有権の確認	743
所有権留保条項	690
書類	
添付書類　appendix; attachment; exhibit; schedule	34
船積書類　shipping documents	242, 260, 282, 283
船積書類引き換え現金払い　CAD	269
知る限りでは　to the knowledge of	752
侵害　infringement	442
第三者の著作権侵害	450
侵害行為の差し止め　injunction	21
新聞発表　press release	1065
信用状　letter of credit	260, 284
取り消し可能信用状　revocable letter of credit	263
取り消し不能信用状　irrevocable letter of credit	263, 269
荷為替信用状　documentary credit	261
信用状統一規則　Uniform Customs and Practices for Documentary Credits	263
信用調査　credit check	988
信頼利益　reliance interest	885

す

水準	
自己のために払う注意水準	510
注意義務の水準　level of duty of care	510
秘密保持の注意義務水準条項	683
数字の記載の仕方	248
スーダンナッツ事件	134, 1090
数量　quantity	252, 301
最低購入数量　minimum purchase quantity	567, 572
最低購入数量条項　Minimum Purchase Quantity	567
最低販売数量・金額	563
増減許容数量　allowance	252
数量条項　Quantity	252
スエズ運河の閉鎖事件	1090
スコープ・オブ・サービス　scope of services	549
スタッフ　staff	570, 881
スタッフ条項　Staffing	881
ストック　stock	570
ストライキ　strike	760
すべての合意　entire agreement	1097
スポット契約　spot contract	242
…することができる　may; have the right to	1109
スローダウン　slowdown	760

せ

税
- 移転価格規制税制　transfer pricing tax system　23
- 印紙税　stamp duty　35
- 外国税額控除　foreign tax amount reduction　220
- 関税定率法　Customs Tariff Law　23, 316
- 関税法　Customs Law　23
- 関税法第69条のⅡ　316
- 軽減税率　reduced tax rate　395
- 軽減税率適用の届け出　218
- 源泉徴収税　withholding tax　9, 35, 212, 218, 879
- 源泉徴収税の軽減に関わる租税条約　25
- 源泉徴収税率　withholding tax rate　879
- 租税条約　tax treaty; tax convention　22, 23, 211, 394, 879, 896
- 租税条約の減免措置の適用　395
- 脱税　tax evasion　828
- 日米租税条約　USA-Japan Income Tax Treaty　218
- 復興特別所得税　215, 394, 879
- みなし課税　24

税額控除　tax credit　215
請求書　invoice　264, 267
税金　tax　211

制限
- 株式譲渡制限条項　Restriction on Transfer of Shares　619
- 競合制限規定　Restriction on Competition　632
- 競合品の取り扱い制限条項　Exclusivity　566
- 契約譲渡制限条項　Assignment; Non-Assignability　106, 523, 904
- 個人資産の運用の制限規定　943
- コピー作成の制限　restriction on copying　430
- 再許諾制限　restriction on sublicense　531
- サブライセンス制限　restriction on sublicense　531
- 損害賠償の制限条項　Limitation on Liability　205
- 賠償額の制限規定　Limitation on Liability　443
- 複製作成の制限　restriction on copying　430
- 利息制限法　usury law　22, 25, 265, 1005, 1014

成功報酬　contingent fee　21
清算　winding-up　1043
生産地の表示　indication of place of production　360
精算払い　final payment　263
生産物賠償責任保険　product liability insurance　926, 932
正式契約　formal agreement　15, 28, 885
整数倍　integral multiple　991
製造させる　have manufactured　588
製造物責任　product liability　21
製造物責任法　Product Liability Act　23
製品の回収　recall of products　473
政府許認可　governmental approval　28, 32

税法　tax law		22, 211, 264
正本　original copy		46, 55, 226
税務問題　tax matters		764
生命に危険を与える恐れのある用途　life endangering applications		448
誓約		
競合禁止誓約　covenant not to compete		633
秘密保持誓約　covenants not to disclose; non disclosure covenants		964
秘密保持誓約書　covenants not to disclose		505, 560, 680
世界貿易機関　World Trade Organization; WTO		21
責任		
貸付者責任　lender's liability		1020
共同責任　joint liability		35
厳格責任　strict liability		442
厳格な保証責任条項　No Discharge		1042
生産物賠償責任保険　product liability insurance		926, 932
製造物責任　product liability		21
製造物責任法　Product Liability Act		23
不法行為責任　torts liability		1011, 1125
補償責任		780, 785
立証責任　burden of proving		202, 678
連帯責任　joint and several liability		35
責任限度　maximum liability		207
是正　cure; remedy		497
接待費　entertainment expenses		954
設定		
質権の設定　pledge		1047
担保設定　affection		109, 1047
担保設定契約　Pledge agreement		11, 1047
担保設定する　encumber		109
抵当権設定契約　Mortgage Agreement		1047
抵当権の設定　mortgage agreement		1047
融資枠の設定　loan commitments		985
設立準拠法　governing law of establishment		665
善意の　bona fide; in good faith		623, 1124
全員一致の承認　unanimous approval		607
全会一致の　unanimous		1157
善管注意義務　with the due diligence of prudent merchant		510, 682, 684
全危険担保条件　All Risks		279
宣戦布告　declaration of war		1088
戦争危険　war risk		280
専属裁判管轄　exclusive jurisdiction		149
全損　total loss		276
先端・特殊目的		449
セント・アルバンス事件		440
前文　preamble		56, 320, 579, 664, 713, 825, 834, 845, 873, 914, 935, 1084

そ

- 送金
  - 国際送金通貨　eligible currency　725, 739
  - 電信送金　telegraphic transfer; wire transfer　261, 264, 391
  - 郵便送金　mail transfer　265
- 送金通貨　eligible currency　725, 739
- 送金通貨条項　Eligible Currency　1001
- 増減許容数量　allowance　252
- 相殺　set-off　236
- 相殺禁止条項　No Set-off Clause; Prohibition of Set-off Clause　238
- 相殺条項　No Set-off　236
- 増資　capital increase　591
- 総収入　gross income　646
- 総代理店　sole agent　562
- 総代理店契約　Sole Agency Agreement　562
- 相当額の　equivalent of　591
- 総販売額　gross sales price; gross selling price　370, 375, 919
- 双務的な契約　bilateral contract　938
- 贈賄　bribery　234
- 贈賄禁止条項　Anti-Bribery; No Bribery　234, 650
- 訴訟　suit　1036
- 訴状　complaint　785
- 租税条約　tax treaty; tax convention　22, 23, 211, 394, 879, 896
- 租税条約の減免措置の適用　395
- その他のものと一緒に　inter alia　1128
- その費用で　at its own expense　278
- その割合に応じて　pro rata　1127
- ソフトウエア　software　400
- ソフトウエア製品の不具合から発生する損失と免責条項　210
- ソフトウエアの販売店契約　Software Distribution Agreement　571
- 損益計算書　profit and loss statement　746
- 損害
  - ３倍の損害賠償　21
  - 間接的損害　indirect damages　205, 447
  - 結果的損害　consequential damages　205, 446
  - 算出した損害額　monetary damages　693
  - 懲罰的損害賠償　punitive damages　158, 169
  - 取り返しのつかない損害　irreparable damages　693, 696
  - 派生的損害　consequential damages　205, 447
  - 付随的損害　incidental damages　205, 447
  - 約定損害額　liquidated damages　903
- 損害賠償額の限度　limitation on liability　306, 319
- 損害賠償の制限条項　Limitation on Liability　205
- 損害を受けないようにする　indemnify and hold harmless　1091
- 存続期間
  - 合弁事業会社の存続期間　duration of a joint venture company　587
  - 販売店の秘密保持義務の存続期間　571

秘密保持義務の存続期間		504
存続させる	survive	1153
存続条項	Survival	228
存続する	survive	228

た

対価	consideration; guarantee; remuneration; royalty; service fee	546, 828, 887
対価条項	Consideration	828, 894
対価と支払条項	Consideration and Payment	878
代金回収リスク		825
代金支払条項	Payment	260
代金引き換え渡し	COD; Cash On Delivery	269
対抗措置へのライセンサー名義の使用		464
第三者	a third party	621
第三者クレーム	third party complaint	783
第三者の著作権		438
第三者の著作権侵害		450
第三者利益条項	No Third Party Rights	230
貸借対照表	balance sheet	746
代替的紛争解決方法	alternative disputes resolution; ADR	1126
タイトル	title	281
代表取締役	managing director	608
タイム		
サマータイム	daylight savings time	734
パートタイム	part time	550, 937
フルタイム	full time	550, 937
タイム・イズ・オブ・エッセンス条項	Time is of Essence	221, 815
代理関係	agency relationship	188
大陸法	civil law	336
代理店	agency; agent	8, 23, 561
代理店契約	Agency Agreement	8, 561
代理店口銭	agent commission	804
代理人	attorney in fact	36, 65, 183, 825, 909, 1088
ダイレクトマーケティング	direct marketing	357
ダウン・ペイメント	down payment	388, 454
抱き合わせ販売	tie-in sale	847
ただし書き		1156
ただし、…を条件とする	provided, however, that	624
ただちに	forthwith	592
立会人	witness	35, 65, 1077
立ち入り検査	on-site inspection; audit of the records	371
タックス条項	Tax	211, 887, 896
タックスヘイブン	tax haven	234, 580, 651
脱税	tax evasion	828
ダミー	dummy	805
単一定款		8, 991
単価	unit price	247
単独海損	particular average	277

単独の裁量により　in its sole discretion　123
担保　security　1011, 1047, 1127
　全危険担保条件　All Risks　279
　浮動担保　floating charge　1011, 1047
　分損不担保　free from particular average　276
　保証・担保条項　Warranty　286
　無担保債権者　unsecured indebtedness of debtor　1127
担保債権者　secured creditor　1127
担保設定　creation of security right　109, 1047
担保設定契約　11, 1047
担保設定する　encumber　109

ち

地域
　許諾地域　licensed territory　327, 358, 827, 918
　許諾地域条項　Territory　827, 849
　使用許諾地域　licensed territory　1101
　販売地域　territory　350, 562, 1101
遅延金利　overdue interest; delinquency charges　22, 140, 265, 379
遅延金利条項　Default Interest　1011, 1013
知的財産　intellectual property　9, 316
知的財産権　intellectual property right　295, 326, 690, 1049
知的財産権に関する表明と保証　766
知的財産権の帰属・譲渡条項　9
知的所有権の貿易関連の側面に関する協定　21
Agreement on Trade-Related Aspects of Intellectual Property Rights
知的財産権の保証と保証排除　435
知的財産権の有効性　432
知的財産権のリスト　768
知的財産権表示　930
知的財産取引　316
知的所有権倒産保護法　20, 24
チャイニーズウォール　Chinese Wall　696
チャプター・イレブン　Chapter 11 [of US Bankruptcy Act]　25, 121, 132
チャプター・セブン　Chapter 7 [of US Bankruptcy Act]　121
治癒　cure　121, 497
注意義務の水準　level of duty of care　510
中間的な救済　interim relief　174
仲裁　arbitration　130, 155, 228, 239, 1044
　アメリカ仲裁協会　American Arbitration Association; AAA　157, 1044
　日本商事仲裁協会　The Japan Commercial Arbitration Association; JCAA　17, 155, 163
　ロンドン国際仲裁裁判所　London Court of International Arbitration　157, 1044
　仲裁機関　arbitral tribunal　17, 157
仲裁機関、ルールがなくなったとき　172
仲裁規則　arbitration rules　17, 159
仲裁裁定　award　18, 165
仲裁条項　Arbitration　155, 228
仲裁人　arbitrator　159

仲裁人の権限	authority of arbitrator	169
仲裁人の選任		166
仲裁の判断	arbitration award	161
仲裁法廷	arbitral tribunal	160
仲裁約款		17
中途解除権	early termination right	319
中途解除権条項	Early Termination Right Clause	33
中途解除できない契約		87
治癒期間	cure period; remedial period	123, 130, 642, 973, 1019
超	exceeding; more than	272
調印	signing	708, 842, 907
本契約書の調印	execution of this Agreement	1087
調印権限		1064
調印された	executed; signed	14
調印欄	signature column	1076
重畳的債務引き受け		32, 106, 530, 624, 1052
調停手続き	mediation	1126
懲罰的損害賠償	punitive damages	158, 169
長編映画	feature film	911
帳簿閲覧権	right to inspect books of accounts and records	480, 616, 927
帳簿検査	inspection of accounting books	853
帳簿検査権	right to inspect books of accounts and records	377
直接または間接に支配された	directly or indirectly controlled	585
著作権	copyright	295, 316, 1049, 1099
アーティストの著作権	copyright of artist(s)	898
外国語版の著作権	copyright of foreign language version	860
第三者の著作権		438
第三者の著作権侵害		450
著作権者表示	copyright notice	419
著作権条項	Copyrights	897
著作権・所有権の帰属条項	Copyright and Ownership	425
著作権処理		856
著作権表示	copyright notice	852
著作権表示条項	Copyright Notice	851
著作者人格権	moral right	901
著作隣接権	neighboring rights	316
賃貸借契約	Lease Agreement	10

つ

追加協力義務		796
追加協力義務条項	Cooperation	796
追加文言	Addition	1062
通貨		
現地通貨	local currency	725, 739
国際送金通貨	eligible currency; hard currency	725, 739
送金通貨	eligible currency	725, 739
送金通貨条項	Eligible Currency	1001
返済通貨	currency for repayment	995

通貨危機　currency crisis　　　　　　　　　　　　　　　　　　　　136
通知　notice　　　　　　　　　　　89, 136, 301, 450, 462, 490, 603, 642
　解除通知　termination notice　　　　　　　　　　　　　124, 130, 1058
　クレームの通知と補償　Notice of Claim; Indemnification　　　　　782
　更新拒絶通知　notice of termination　　　　　　　　　　　　　　　76
　事前通知　advance notice; prior notice　　　　　　　　　　　　　76
　事前通知の期間の決め方　　　　　　　　　　　　　　　　　　　　77
　招集通知　notice of calling　　　　　　　　　　　　　　　　　　600
　＿日前の書面の通知により　on ＿ days written notice　　　　　　500
　補償請求の通知義務　　　　　　　　　　　　　　　　　　　　　783
　みなし通知規定　　　　　　　　　　　　　　　　　　　　　　　　90
通知義務　notification obligation; obligation to give notice　　　　　698
通知条項　Notice Clause; Notification Clause　　　　　　　　　　89, 866
通知の効力が発生する日　　　　　　　　　　　　　　　　　　　　90
通知方法　method of notice　　　　　　　　　　　　　　　　　　　867

て

…であることが分かる　prove to be　　　　　　　　　　　　　　　189
定款
　基本定款　articles of incorporation; memorandum of association　　8, 594
　単一定款　　　　　　　　　　　　　　　　　　　　　　　　　8, 991
　二重定款制　　　　　　　　　　　　　　　　　　　　　　　　　594
　複数定款　　　　　　　　　　　　　　　　　　　　　　　　　　991
　付随定款　by-laws　　　　　　　　　　　　　　　　　　　　　　　8
　付属定款　by-laws　　　　　　　　　　　　　　　　　　　　　　594
定義　definition　　　　　　　　　　　　　　　　　　　　　　　　325
　営業日の定義　　　　　　　　　　　　　　　　　　　　　　　　994
　改正アメリカ貿易定義　Revised American Foreign Trade Definitions　256, 285
　金利の定義　　　　　　　　　　　　　　　　　　　　　　　　　1008
定義条項　Definitions　　　　　　　　68, 325, 583, 673, 837, 917, 1068
定義する用語の並べ方　　　　　　　　　　　　　　　　　　　　　71
テイク・オア・ペイ　take or pay　　　　　　　　　　　　　　　　310
テイク・オア・ペイ条項　Take or Pay Clause　　　　　　　　　　　310
締結された　made and entered (into)　　　　　　　　　　　　　14, 107
締結文言　Execution and Signature　　　　　　　　　　　　　　　907
抵触法　conflict of laws　　　　　　　　　　　　　　　　　18, 652, 706
ディスカバリー　discovery　　　　　　　　　　　　　　　　　　158
ディストリビューター　distributor　　　　　　　　　　　　　350, 561
定足数　quorum　　　　　　　　　　　　　　　　　　　　　　　602
抵当権設定契約　Mortgage Agreement　　　　　　　　　　　　　1047
抵当権の設定　mortgage agreement　　　　　　　　　　　　　　1047
手形　bill　　　　　　　　　　　　　　　　　　　　　　　　　　260
　一覧払為替手形　demand draft　　　　　　　　　　　　　　261, 265
　為替手形　bill of exchange　　　　　　　　　　　　　　　　　　260
　約束手形　promissory note　　　　　　　　　　　　　　　　　988
適正な期限通りの履行　due and punctual performance　　　　　　1144
適用排除規定　　　　　　　　　　　　　　　　　　　　　　　　151
適用法　applicable law; governing law　　　　　　　　　　17, 143, 652

手数料　commission	1048
撤回不能条件で　irrevocably	1045
手続き	
償還請求手続き	953
証拠等事実関係解明のための開示手続き	21
調停手続き　mediation	1126
何らの手続きもなしにただちに　ipso facto	1120
破産法、更生法の手続き	1019
デフォルト　default	119
デュー・ディリジェンス　due diligence	10, 664, 711, 725
テリトリー　territory	350, 1101
テレビ放映権　television broadcasting rights	826, 876
テレビ放映権のライセンス　license of television broadcasting rights	353
手渡し　delivery by hand	94
典型契約	7
電子データ　electronic data	700
電子メール　e-mail; electronic mail	93
電信送金　telegraphic transfer; wire transfer	261, 264, 391
転売目的買収否定	804
添付書類　appendix; attachment; exhibit; schedule	34
添付別紙　appendix; attachment; exhibit; schedule	331, 826
添付別表　appendix; attachment; exhibit; schedule	245, 1081

と

同意	
出演の同意条項	892
書面の同意　written consent	107
東急ヒルトンホテル事件	32
東京ヒルトンホテル事件	32
当事者　party	1084
当事者の関係条項　Relationship of the Parties	183
倒置法	777
同様の　identical	344
登録商標使用の表示　indication of use of registered trademark	419
独占禁止法　anti trust act	21, 22, 364, 634
独占的　exclusive	1112
独占的契約	562
独占的実施権　exclusive license	337
独占的な権利　exclusive right	353
独占的・排他的なライセンス　exclusive license	882
特定目的に対する適合性の黙示保証　implied warranty of fitness for particular purpose	19
特定履行　specific performance	159, 171, 903
特許　patent	9, 295, 316, 321, 326, 1099, 1141
特許協力条約　Patent Cooperation Treaty; PCT	24
特許権者　patentee	1141
特許権の消滅	373
特許出願中の発明　patent application	321
特許、商標等条項　Patents, Trademarks, etc.	296

特許使用料　royalty		372
特許ライセンス　patent license		373
トラスティー　trustee		275
トラスト勘定　trust account		980
ドラフティング　drafting		16, 30
ドラフト　draft		16, 26, 151, 1080
トリガー事態　trigger event		639
取り返しのつかない損害　irreparable damages		693, 696
取り決められた　set forth		1130
取り消し可能信用状　revocable letter of credit		263
取り消し不能信用状　irrevocable letter of credit		263, 269
取締役会議事録　minutes of meeting of board of directors		843
取締役会の決議　resolution of board of directors		603
取締役会の定足数　quorum		598
取締役の指名　nomination of a director; appointment of a director		602
取締役の選任　election of directors		600
取引		
	エスクロウ取引　escrow agreement	980
	金融商品取引法　financial instruments and exchange law	22, 503, 743
	国連国際商取引法委員会　United Nations Commission on International Trade Law; UNCITRAL	16, 149, 163, 1044
	主要取引先	770
	証券取引法　Securities Act	22, 24, 204, 503
	知的財産取引	316
	連邦証券取引法　Federal Securities Act	743
	ロンドン銀行間取引金利　LIBOR; London Inter-Bank Offered Rate	1006
努力		
	合理的な努力　reasonable efforts	1151
	最善の努力　best efforts	1151
	最大の努力　utmost efforts	1151
	販売促進努力規定	1153
	販売促進努力義務	476
	販売促進努力条項	565
努力条項　Best Efforts Clause		1151
ドル　dollar		72, 1161
トレードシークレット　trade secret		9, 197, 295, 316, 373, 401, 675
トレードシークレット保護法		23, 24, 316, 402
トン		
	ショート・トン　short ton; S/T	253
	メトリック・トン　metric ton; M/T	253
	ロング・トン　long ton; L/T	253

な

ない限り　unless		1159
捺印証書　deed		64
…なので　whereas		57, 1084
何らの手続きもなしにただちに　ipso facto		1120

に

荷為替信用状	documentary credit	261
…に関して	RE	43
…に厳密に従って	strictly in accordance with …	1132
二重許諾		324
二重契約		33
二重定款制		594
日米租税条約	USA-Japan Income Tax Treaty	218
＿日前の書面の通知により	on ＿ days written notice	500
日当	daily allowance	406, 883, 887, 895, 1127
…に不利益は何も被ることなく	without prejudice to	119
日本円	Japanese Yen	383, 985, 1162
日本工業規格	JIS; Japanese Industrial Standard	246
日本商事仲裁協会	The Japan Commercial Arbitration Association; JCAA	17, 155, 163
ニューサンス・フィー	nuisance fee	1074
入質する	pledge	109
ニュースリリース	news release	728
ニューヨーク条約	New York Arbitration Convention	18

人
- 会計監査人　independent auditor　644
- 管財人　receiver　121
- 検査人　surveyor　302
- 公証人　notary public　23, 35, 66, 724, 843, 936, 1077
- 個人　individual　886, 890
- 自然人　natural person　886, 892
- 下請人　sub-contractor　235
- 譲渡人　assignor　113
- 商法第16条（営業譲渡人の競業の禁止）　796
- 代理人　attorney in fact　36, 65, 183, 561, 825, 909, 1088
- 立会人　witness　35, 65, 1077
- 仲裁人　arbitrator　159
- 仲裁人の権限　169
- 仲裁人の選任　166
- 保証人　guarantor　106, 988, 1030
- 発起人制度　723
- 本人　principal　561
- 譲受人　assignee　113
- 履行保証人　623
- 連帯保証人　joint guarantor　801

人月　man-month　409

ね

年
- 会計年度　accounting year　961, 1165
- 暦年　calender year　961, 1165

年額ベース　annual　950

念書　letter of awareness　　750, 1000

の

ノウハウ　know-how　　9, 373, 402, 675
納付証明書　certification of tax payment　　220
…の代わりに　in lieu of　　1120
…のせいで　by virtue of　　188
…の秘密を厳重に保持する　hold ... in strict confidence　　1132
ノミニー　nominee　　722
…の要請を受けて　at the request of　　1129
のれん　goodwill　　121
ノンアサーション　non-assertion　　431
ノンアサーション条項　Non-Assertion　　319, 431

は

パーセントの表記　　1162
ハードシップ　hardship　　124, 233
ハードシップ条項　Hardship　　232, 250, 273
パートタイム　part time　　550, 937
配給許諾条項　Grant of Distribution　　835
配給契約　Distributorship Agreement　　825
排除
　　口頭証拠排除条項　Parol Evidence Rule　　5
　　口頭証拠排除の原則　parol evidence rule　　99, 104, 1081
　　商品性の黙示保証の排除　exclusion of implied warranties of merchantability　　19
　　知的財産権の保証と保証排除　　435
　　適用排除規定　　151
　　保証排除条項　Disclaimer of Warranties　　440
賠償
　　3倍の損害賠償　　21
　　金銭的賠償　monetary damages　　695
　　生産物賠償責任保険　product liability insurance　　926, 932
　　損害賠償額の限度　limitation on liability　　306, 319
　　損害賠償の制限条項　Limitation on Liability　　205
　　懲罰的損害賠償　punitive damages　　158, 169
賠償額の制限規定　Limitation on Liability　　443
賠償限度額の厳密な決め方　　209
賠償累計額　cumulative damages　　205
陪審　jury　　192
陪審員　jury　　21
陪審裁判　trial by jury　　18, 1022
排他的　exclusive　　920
排他的な権利　exclusive rights　　353
配当　dividend　　211, 618
売買契約　Contract for Sales; Sales Contract　　7, 19, 242, 561
売買の合意条項　Sale and Purchase　　244
俳優出演契約　　886, 890

[損害額が] 計り知れない	irreparable	692
派遣契約	Worker Dispatch Contract	886
派遣先での肩書		549
派遣取締役の罷免	Removal of Director	612
派遣俳優を交代させる権利		887
派遣費用	costs of dispatch	406
破産の申し立て	petition in bankruptcy	119
破産法	Bankruptcy Act	132
破産法、更生法の手続き		1019
パスポートナンバー	passport number	714
派生的損害	consequential damages	205, 447
パッケージ販売	tie-in sale	847
発行済み株式	outstanding and issued capital	717, 742
（契約が）発効する	take effect	74
発効日	effective date	71, 80
（…という事態が）発生した場合は	upon the occurrence of	1136
発生の場合	upon the occurrence of	123
発注者	owner	12
バハマ	the Bahama Islands	266
ハブ・メイド条項	Have Made Clause	337
パブリックドメイン	public domain	200, 677, 1098
バミューダ	Bermuda	266, 629
払い		
一括払いのロイヤルティ	paid-up royalty	712
概算払い	provisional payment	263
精算払い	final payment	263
船積書類引き換え現金払い	CAD	269
分割払い	payment in installments	367, 1123
前払い	advance payment	264
払込請求	call	590
パリ条約	Convention of Paris for the Protection of Industrial Property	24
パリパス条項	Pari Passu Clause	1126
版		
外国語版条項	Foreign Language Version	858
外国語版の著作権	copyright of foreign language version	860
改訂版及び変更版	enhancements and modifications	331
現地語版	local language version	857
現地語版への翻訳	translation into local language	400
字幕版	subtitled version	352
吹き替え版	dubbed version	352, 829
反ダンピング法	anti dumping act	23
反トラスト法	anti trust act	21, 24, 329
販売		
アームズレングス販売価格	arm's length price	377
一手販売権	exclusive distribution right	572
一手販売店	exclusive distributor	562
一手販売店の指定	appointment of exclusive distributor	565
最低販売数量・金額	minimum sales quantity and amount	563
純卸売販売額	net wholesale price	375

販売
 純販売額 net sales price; net selling price 82, 368, 370, 919
 総販売額 gross sales price; gross selling price 370, 375, 919
 ソフトウエアの販売店契約 Software Distribution Agreement 571
 抱き合わせ販売 tie-in sale 847
 パッケージ販売 tie-in sale 847
 非独占的な販売店 non-exclusive distributor 567
販売開始日条項 Marketing Date(s) 922
販売促進努力規定 1153
販売促進努力義務 476
販売促進努力条項 565
販売地域 territory 350, 562, 1101
販売手数料 commission 561
販売店 distributorship 24, 561
販売店契約 Distribution Agreement 8, 23, 183, 561, 825, 1101
販売店の秘密保持義務の存続期間 571

ひ

日
 営業日 business day 91, 989, 994
 営業日の定義 994
 休日 vacation 415
 休日出勤手当 holiday pay 959
 契約締結日 the date of this Agreement 665
 契約の日 the date of this Agreement 74
 劇場公演日程条項 Dates for Presentation 875
 劇場公開がされた日 date of theatrical release 831
 効力発生日 effective date 71
 受領されたとみなされる日 92
 通知の効力が発生する日 90
 発効日 effective date 71, 80
 販売開始日条項 Marketing Date(s) 922
 非営業日 non-business day 999
 表示日を含むことを明確にする表現 1167
 みなし公開日 865
費／費用
 契約締結準備費用 costs for preparation of a formal agreement 884
 検査費用 costs of the audit 371, 379, 481
 実費 out-of-pocket expenses 731
 実費の償還 reimbursement of out-of-pocket expenses 952
 出張旅費 travel expenses 954
 接待費 entertainment expenses 954
 その費用で at its own expense 278
 派遣費用 costs of dispatch 406
非営業日 non-business day 999
非営利活動 activities of nonprofit organizations 940
引受渡し Documents against Acceptance 261
引き出し draw-down 991

引き継ぎ		
契約の引き継ぎ	Assignment Agreement	762
従業員の引き継ぎ		759
商権引き継ぎ		712
ライセンスの引き継ぎ		712
引き渡し条項	Shipment; Delivery	254
非係争条項		431
非公開の審理	in camera	198
被告地主義		164
被告地主義の落とし穴		164
ビジネスデイ	business day	942
ビジネスリスク	business risk	32
非専属裁判管轄	non-exclusive jurisdiction	1025
否定		
継続的放棄の否定	no waiver	707
転売目的買収否定		804
ブローカー、ファインダー否定条項	No Brokerage	802
他の規定の放棄の否定		707
ビデオグラム化	videogram	829, 862
ビデオグラム化権	videogram rights	352, 826, 846, 876
ビデオグラム総収入高	gross receipt from the sales and rental of the videogram	829
非典型契約		7
非独占的	non-exclusive	1112
非独占的な販売店	non-exclusive distributor	567
非独占的なライセンス	non-exclusive license	339
非排他的	non-exclusive	920
被補償者	indemnitee	788
秘密情報	confidential information	9, 668
秘密情報の開示先		511
秘密情報の開示の方法		674
秘密情報の開示範囲条項	Disclosure	679
秘密情報の管理	confidential information management	682
秘密情報の決め方		513
秘密情報の範囲条項	Confidential Information	676
秘密情報の返還	Return of Information	699
秘密情報の明示		510
秘密保持	confidentiality	228, 1132
秘密保持義務	confidentiality obligation	197, 228, 559, 570, 662, 965, 1153
秘密保持義務の期間		510
秘密保持義務の存続期間		504
秘密保持義務の対象とならない項目		508
秘密保持契約	Confidential Agreement; Non-disclosure Agreement	9, 662, 1098
秘密保持条項	Confidentiality	196, 503, 559, 570, 662, 810, 965, 1133
秘密保持誓約	covenants not to disclose; non disclosure covenants	964
秘密保持誓約書	covenants not to disclose	505, 560, 680
秘密保持の注意義務水準条項		683
秘密保持の注意義務の水準		814
秘密保持の例外		198
評価・検討の期限		703

ひ

表記／表現
 アルファベット表記と算用数字表記の優劣関係　1161
 期限と期間の表記　1164
 金額の表記　1160
 現地語での表記　911
 小数点以下の数値の表記　393
 パーセントの表記　1162
 表示日を含むことを明確にする表現　1167
 割合の表記　1162
病気休暇　sick leave　129, 958
表示
 虚偽表示　misrepresentation　360
 商標のライセンスの表示　417
 生産地の表示　indication of place of production　360
 知的財産権表示　930
 著作権者表示　copyright notice　419
 著作権表示　copyright notice　852
 著作権表示条項　Copyright Notice　851
 登録商標使用の表示　indication of use of registered trademark　419
 ライセンス許諾の表示　Use of Legend　416
表示日を含むことを明確にする表現　1167
費用償還条項　Reimbursement of Expenses　953
表題　subject　12, 54, 1065
表明　representation　103, 184, 435, 741, 1017, 1094
 環境問題に関する表明と保証　Representations and Warranties on Environmental Matters　755
 銀行口座に関する表明　representation concerning bank account　773
 クレーム、訴訟等に関する表明　representation concerning claim and suits etc.　752
 契約の承継に関する表明と保証　760
 財務諸表の正確さの表明と保証　745
 従業員の承継に関する表明と保証　758
 知的財産権に関する表明と保証　766
表明し、保証する　represent and warrant　1094
表明と保証　representations and warranties　741, 745, 752, 758, 830, 963
表明・保証違反　775
表明・保証違反の場合の補償条項　Indemnification　774
表明・保証条項　Representations and Warranties　855
品質　quality　469
品質コントロール　Control of Quality　469

ふ

ファースト・リフューザル・ライト　first refusal right; right of first refusal　312, 619, 637
ファースト・リフューザル・ライト条項　Right of First Refusal　312
ファイナンス・リース　finance lease　10
ファインダー　finder　802
ファインダーズ・フィー　finder's fee　803
ファクス　facsimile　90
フィー
 アブセンス・フィー　absence fee　406, 414

イニシャル・ライセンス・フィー	initial license fee	389
オプション・フィー	option fee	83
コミッション・フィー	commission fee	803
サービス・フィー	service fee	552
ニューサンス・フィー	nuisance fee	1074
ファインダーズ・フィー	finder's fee	803
マネジメント・フィー	management fee	645
マネジメント・フィー条項	Management Fee	645
ライセンス・フィー	license fee	380
フィージビリティー・スタディー	feasibility study	30, 664
フィーチャーフィルム	feature film	911
ブーメラン現象		364
フェデックス	FedEx	95, 603
フォース・マジュール	force majeure	1089
フォーラム・ノン・コンビニエンス	forum non conveniens	1025
不可抗力	force majeure	118, 134, 232, 656, 819, 980, 1089
不可抗力事態	force majeure	532
不可抗力条項	Force Majeure	134, 531, 656, 1090
不干渉条項		942
吹き替え	dubbing	849
吹き替え版	dubbed version	352, 829
複数定款		991
複製	copy	700
複製作成の制限	restriction on copying	430
副本	counterpart	46, 55, 226
副本条項	Counterparts	226
福利厚生条項	Fringe Benefits	956
付随定款	by-laws	8
付随的損害	incidental damages	205, 447
不正競争防止法		23, 333, 402, 651
不正競争防止法第18条		234
不正ブランド品		473
不争義務	non-assertion	431, 931
不争義務条項	Non-Assertion Clause	431, 930
付属定款	by-laws	594
普通株	common stock	716
復興特別所得税		215, 394, 879
プットオプション	put option	634, 641, 710, 760
物品	goods	242
不当解雇	unfair dismissal	974
不動産	real estate	769
浮動担保	floating charge	1011, 1047
船積み	shipment	254
船積価格	cost	254
船積書類	shipping documents	242, 260, 282, 283
船積書類引き換え現金払い	CAD	269
船荷証券	bill of lading	242, 254, 266
船荷証券の日付け	the date of B/L	258
部品	parts	570

不法行為	tort	21
不法行為責任	torts liability	1011, 1125
不保証条項	No Warranty	688
不保証と所有権の留保		688
［保険を］付保する	effect	278
フラストレーション	frustration	134
フランチャイズ	franchise	1035
フランチャイズ契約	franchise agreement	9, 82, 1035, 1101
ブランド	brand	361, 373, 632, 807
ブランド・イメージ	brand image	470
プラント契約	Plant Contract	8, 112
ブランドの譲渡		795
プラント輸出契約		24
ブランド・ライセンス	brand license	382, 417, 454, 473
不利益的信頼	detrimental reliance	1033
不履行	failure	119
不履行免責		535, 1090
振込	transfer	734
フリンジ・ベネフィット	fringe benefit	957
プリント	print	840
ブルースカイ法	blue sky act	743
フルタイム	full time	550, 937
プレイン・イングリッシュ	plain English	1080
プレスリリース	press release	203, 521, 810, 1065
ブローカー	broker	802
ブローカー、ファインダー否定条項	No Brokerage	802
フローティング・チャージ	floating charge	1047
プロジェクト・ファイナンス	project finance	1000
プロトタイプ	prototype	680
プロポーザル・レター	proposal letter	30
分割払い	payment in installments	367, 1123
分割船積み	partial shipment; shipment in installment	254, 258
粉飾	manipulation; window dressing	749
紛争解決合意条項	Settlement	1069
紛争解決条項	Settlement of Dispute	155
分損不担保	free from particular average	276

へ

平均的な品質	fair average quality	246
並行輸入	gray market; parallel import	24, 470
米国映画協会	American Film Marketing Association	836
米国映画協会海外映画配給約款	AFMA International Multiple Right License Standard Terms & Conditions	836
米国輸出法規制		541
ペーパーカンパニー	dummy company; shell company	621
ヘッドハンティング	head-huntings	936
返還請求		700

変更

会社名の変更　change of company name		808
改訂版及び変更版　enhancements and modifications		331
契約変更条項　Modification		1040
合弁事業での株主変更　change of shareholder of a joint venture		115
コントロールの変更　change of control		497
事情変更　circumstancial change		819
修正・変更条項　Amendment and Modification		99
商号変更　change of company name		587
ライセンシーによるソフトウエアの変更		430

変更契約　Modification Agreement　100
弁護士意見書　opinion letter　32, 329, 988
弁護士料　attorneys fees　207
返済　repayment　994
　期限前返済　prepayment　998
　繰り上げ返済　prepayment　996
返済条項　Repayment　994
返済通貨　currency for repayment　995
返済予定表　repayment schedule　996
変動金利　floating rate　1006

ほ

法

SEC法　証券取引法　204
アメリカ統一商事法典　Uniform Commercial Code; UCC　19, 295, 435, 1096
外国為替法　foreign exchange and foreign trade law　264
外国人不動産投資法　24
外国投資法　24
会社法　22, 24, 142
　会社法上の監査役　statutory auditor　613
環境保護法　enviromental protection law　22, 24
関税定率法　Customs Tariff Law　23, 316
関税法　Customs Law　23
関税法第69条のⅡ　316
強行法規　compulsory provision　32, 635
金融商品取引法　financial instruments and exchange law　22, 503, 743
クレイトン法　Claton Act　24
衡平法上の救済　equitable remedies　159, 696, 903
国際私法　conflict of laws　706
国際私法のルール　conflict of law rules　18
国連国際商取引法委員会　16, 149, 163, 1044
United Nations Commission on International Trade Law; UNCITRAL
国連物品売買統一法条約　16, 23, 149, 318
United Nations Convention on Contracts for the International Sales of Goods; CISG
詐欺防止法　statute of frauds　4, 104
差別禁止法制　anti discrimination law; laws of equal protection　22
実体法　substantive law　143, 652, 706
シャーマン法　Sherman Act　23, 24

法

- 準拠法　governing law　17, 142, 652, 1046, 1096
- 準拠法条項　Governing Law　142, 651, 706, 1046
- 証券取引法　Securities Act　22, 24, 204, 503
- 商標法　Trademark Law　316
- 商法第15条（商号の譲渡）　796
- 商法第16条（営業譲渡人の競業の禁止）　796
- 製造物責任法　Product Liability Act　23
- 税法　tax law　22, 211, 264
- 設立準拠法　governing law of establishment　665
- 大陸法　civil law　336
- 知的所有権倒産保護法　20, 24
- 抵触法　conflict of laws　18, 652, 706
- 適用法　applicable law; governing law　17, 143, 652
- 独占禁止法　anti trust act　21, 22, 364, 634
- トレードシークレット保護法　23, 24, 316, 402
- 破産法　Bankruptcy Act　132
- 破産法、更生法の手続き　1019
- 反ダンピング法　anti dumping act　23
- 反トラスト法　anti trust act　21, 24, 329
- 不正競争防止法　23, 333, 402, 651
- 不正競争防止法第18条　234
- ブルースカイ法　blue sky act　743
- 米国輸出法規制　541
- 法の適用に関する通則法　17, 143
- 民事訴訟法第118条　18
- 民法第419条　25
- 民法第446条2項　25
- 利息制限法　usury law　22, 25, 265, 1005, 1014
- 連邦証券取引法　Federal Securities Act　743
- 労働法　labor law　22, 128
- ロビンソン・パットマン法　Robinson-Patman Act　23

法域　jurisdiction　193

貿易条件　trade term　19, 242, 285

貿易条件統一規則　Uniform Customs and Practice for Documentary Credits　19

貿易条件の解釈に関する国際規則　International Rules for the Interpretation of Trade Terms　242

包括譲渡　bulk sales　22, 24

放棄　waive　694

- 継続的放棄の否定　no waiver　707
- 権利放棄　waiver　105
- 権利放棄条項　No Waiver　178, 707
- 国家主権免責放棄条項　Waiver of Sovereign Immunity　239
- 催告・検索の抗弁権の放棄　Waiver　1034
- 主権免責特権放棄条項　Waiver of Sovereign Immunity　19, 239
- 他の規定の放棄の否定　707

防御　defense　466

妨訴抗弁　demurrer　18

法定監査役　statutory auditor　613

法廷弁護士　barrister　348

法的拘束力のある　legally binding	45, 670
法的な拘束力を有しない　not legally binding	1117
法の抵触のルール　choice of laws	143, 151
法の適用に関する通則法	17, 143
法律判断　holding	192
法例	143
法令遵守条項　Compliance	540
ホエアラズ条項　Whereas Clause	666, 1084
ホールドバック条項　Holdbacks	830, 862
他の規定の放棄の否定	707
保険	
運賃保険料込み　CIF	242
海上保険証券　marine insurance policy	242, 262
生産物賠償責任保険　product liability insurance	926, 932
ロンドン保険業者協会　Institute of London Underwriters	277
保険条件　insurance	276
保険条項　Insurance	276
保険料　insurance	242
ポジション　position	941
保証　guarantee; warranty	11, 25, 286, 437, 670, 741, 1029, 1094
親会社による保証　guarantee by a parent company	1011
借り入れ（返済）保証　guarantee of repayment	800
環境問題に関する表明と保証　Representations and Warranties on Environmental Matters	755
契約の承継に関する表明と保証	760
厳格な保証責任条項　No Discharge	1042
個人保証　personal guarantee	799
財務諸表の正確さの表明と保証	745
従業員の承継に関する表明と保証	758
商標権者であることの保証	443
商品性の黙示保証　implied warranty of merchantability	19, 440, 1096
商品性の黙示保証の排除　exclusion of implied warranties of merchantability	19
知的財産権に関する表明と保証	766
知的財産権の保証と保証排除	435
特定目的に対する適合性の黙示保証　implied warranty of fitness for particular purpose	19
表明し、保証する　represent and warrant	1094
表明と保証　representations and warranties	710, 963
表明・保証違反	775
表明・保証違反の場合の補償条項　Indemnification	774
表明・保証条項　Representations and Warranties	855
不保証条項　No Warranty	688
不保証と所有権の留保	688
黙示保証　implied warranty	287, 1093, 1096
履行保証	347, 801
履行保証人	623
連帯保証　joint and several guaranty	990, 1028, 1148
連帯保証人	801
補償　indemnification	298, 741, 774, 1091
売主による買主のための補償　indemnify by the seller for the purchaser	775
買主による売主のための補償　indemnify by the purchaser for the seller	777

補償　indemnification	298, 741, 774, 1091
クレームの通知と補償　Notice of Claim; Indemnification	782
被補償者　indemnitee	788
表明・保証違反の場合の補償条項　Indemnification	774
保証委託契約　indemnity agreement	11, 800
補償金額　indemnifiable loss	779
保証契約　Guarantee	22, 990
保証限度条項　Limit of the Liability of the Guarantee	1036
保証しない　disclaim	287
補償し免責する　indemnify and hold harmless	452
補償者　indemnitor	788
保証状　letter of guaranty	11, 22, 988, 1013, 1028, 1085
補償条項　Indemnification	903, 931
保証状条項　Guarantee	1012
補償請求の通知義務	783
補償責任	780, 785
保証・担保条項　Warranty	286
保証人　guarantor	106, 988, 1030
保証の有効期間	1038
保証排除条項　Disclaimer of Warranties	440
保証文言　Guarantee	1029
発起人制度	723
本契約が解除された場合には　upon termination of this Agreement	1133
本契約書の調印　execution of this Agreement	1087
本紙　original copy	35
本船　vessel	242, 254, 276, 281
本船渡し　FOB	242
本店　head office	665
本人　principal	561
本人に代わって　on behalf of the Principal	561

ま

マーケットクレーム　market claim	233
マイノリティ株主	626, 637
前払い　advance payment	264
前払金　advance	921
マジョリティ株主	626, 637
マスター　master	352, 571, 830, 840
マスターテープ　master tape	840
マスターの引き渡し　delivery of master	831, 839
マスター・フランチャイズ・アグリーメント　Master Franchise Agreement	1101
マスター・ライセンシー　master licensee	392, 1101
マスター・ライセンス　master license	392
末尾に署名する者　the undersigned	1030
末尾文言	63
まで存続する　continue to and through	75
までに　by	1167
マネーロンダリング　money laundering	828

マネジメント・フィー	management fee	645
マネジメント・フィー条項	Management Fee	645
マン・マンス	man-month	409
満了	expiry	200

み

未収金	uncollectable accounts	377
見出し条項	Headings	223, 1132
みなし課税		24
みなし公開日		865
みなし通知規定		90
みなす	deem	48
ミニマム・ギャランティー	Minimum guaranty	842, 921
ミニマム・クオンティティー	minimum quantity	253
ミニマム・ロイヤルティ	minimum royalty	368, 382, 479, 922
見本	sample	246, 471
見本売買	sale by sample	246
見本売買条項	Sample	246
未満	less than	792
民事訴訟法第118条		18
民法第419条		25
民法第446条2項		25

む

無額面普通株式	common stock with no par value; common stock without par value	716
無形資産	intangible assets	1111
無効	ineffective; null and void	107, 525
無効規定の分離可能性条項	Severability	189, 658, 705, 816
無故障船荷証券	unsecured indebtedness of debtor	262
矛盾する	to the contrary	1036
無担保債権者	unsecured indebtedness of debtor	1127
無名契約	anonymous contract	7
無料テレビ放送		830

め

名義書き換え	registration of transfer of shares	737
名義株	dummy stock	722
名声維持		469
名目資本金	nominal capital	590
目立つ	conspicuous	287, 1096
メトリック・トン	metric ton; M/T	253
メモランダム・オブ・アンダースタンディング	Memorandum of Understanding	14
免除される	be discharged	1043
免責	immunity	134, 210, 239, 295, 446, 658, 757, 1053
国家主権免責	sovereign immunity	239
国家主権免責放棄条項	Waiver of Sovereign Immunity	239

免責　immunity
　主権免責　waiver of sovereign immunity　18, 239
　主権免責特権　sovereign immunity　19
　主権免責特権放棄条項　Waiver of Sovereign Immunity　19, 239
　ソフトウエア製品の不具合から発生する損失と免責条項　210
　不履行免責　535, 1090
　補償し免責する　indemnify and hold harmless　452
　ライセンサーに対する免責　542

も

目次　table of contents　36
黙示保証　implied warranty　287, 1093, 1096
もっとも優遇された契約条件を与えられる顧客　1103
most favored customer; most favorable customer
モラトリアム　moratorium　232, 491
文言
　原契約の引用の文言　Quotation of Original Agreement　1060
　修正文言　Amendment　1061
　追加文言　Addition　1062
　締結文言　Execution and Signature　907
　保証文言　Guarantee　1029
　末尾文言　63

や

約因　consideration　22, 57, 666, 670, 1028, 1031, 1085
約定損害額　liquidated damages　903
約束手形　promissory note　988
約款
　AFMA約款　米国映画協会海外映画配給約款　836
　仲裁約款　17
　米国映画協会海外映画配給約款　836
　AFMA International Multiple Right License Standard Terms & Conditions
　裏面約款　general terms and conditions of the reverse side　31, 52

ゆ

有期の雇用契約　88
有給休暇　paid leave　416, 557, 958
有形物　tangible items　700
有効期間　term　838
　合弁事業契約の有効期間　term of a joint venture agreement　647
　保証の有効期間　1038
　ライセンス契約の有効期間　482
有効期間条項　Term　702, 1038
（契約が）有効に存続する　remain in full force　74
有効になる　become effect; become into force; have effect; take effect　1135
融資　loan　11, 980

融資契約　Loan Agreement		22, 774, 980
ユージニア号事件		134
融資枠の設定　loan commitments		985
優先株　preferred stock		716
優先権　preference		620
優先購入権　preferential purchase rights		312, 620
優先する　prevail; supersede		103, 1129
郵便為替　postal money order		261
郵便送金　mail transfer		265
猶予によって　by indulgence		1043
有料テレビ放送　pay television; subscription television		830
輸出規制遵守条項　Compliance with Export Control		539
譲受人　assignee		113

よ

用語　term		68, 1137
与信限度額　credit limit		269
予備的検査　preliminary inspection		304

ら

ライセンサー　licenser; licensor		212, 835, 1141
対抗措置へのライセンサー名義の使用		464
ライセンサーに対する免責		542
ライセンサーによる拒絶権		474
ライセンサーによる検査権		481
ライセンサーの知的財産権		930
ライセンシー　licensee		212, 835, 1141
サブライセンシー　sublicensee		325, 392, 917
マスター・ライセンシー　master licensee		392, 1101
ライセンシーによる許諾製品の改良		421
ライセンシーによるコンピューター・プログラムの改変		423
ライセンシーによるソフトウエアの変更		430
ライセンシーの受け入れ訓練		409
ライセンシーの解除権		497
ライセンシーの計算・記録保管・報告義務　Accounting, Records and Reports		477, 926
ライセンシング代理店		911
ライセンス　license; licence		316, 1099
イニシャル・ライセンス・フィー　initial license fee		389
技術ライセンス　technology licensing		664
キャラクター・マーチャンダイジングのライセンス権		826
キャラクター・ライセンス　character license		473
クロスライセンス　cross-license		399, 712, 1066
サブライセンス　sublicense		325, 344, 478
サブライセンス契約　Sublicense Contract		494, 572
サブライセンス制限　restriction on sublicense		531
商標のライセンスの表示		417
商標ライセンス　license of trademark		385

ライセンス　license; licence
　テレビ放映権のライセンス　license of television broadcasting rights　353
　独占的・排他的なライセンス　exclusive license　882
　特許ライセンス　patent license　373
　非独占的なライセンス　non-exclusive license　339
　ブランド・ライセンス　brand license　382, 417, 454, 473
　マスター・ライセンス　master license　392
　ロイヤルティ・フリー・ライセンス　royalty free license　423
ライセンス許諾条項　Grant of License　337, 847, 919
ライセンス許諾の表示　Use of Legend　416
ライセンス契約　License Agreement　9, 20, 82, 183, 214, 316, 430, 1035, 1066, 1100
ライセンス契約の有効期間　482
ライセンスの引き継ぎ　712
ライセンス・フィー　license fee　380
ランニング・ロイヤルティ　running royalty　366, 372, 382, 479, 921

り

リーガル・ジャーゴン　legal jargon　1080
リース契約　Lease Agreement　10
リーマン・ブラザーズ対丸紅事件　29
利益
　逸失利益　lost profits　205
　期限の利益喪失　acceleration　980, 1015, 1150
　期限の利益喪失条項　Event of Defaults　1011, 1015
　信頼利益　reliance interest　885
　第三者利益条項　No Third Party Rights　230
　…に不利益は何も被ることなく　without prejudice to　119
　不利益的信頼　detrimental reliance　1033
　履行利益　expectation interest　885
履行　performance　623
　期限の通りで正確な時間通りの履行　due and punctual performance　1031
　適正な期限通りの履行　due and punctual performance　1144
　特定履行　specific performance　159, 171, 903
　不履行　failure　119
　不履行免責　535, 1090
履行不能　134
履行保証　347, 801
履行保証人　623
履行利益　expectation interest　885
リコール　recall　473, 766
リサイタル　recital　825, 1084
リサイタル条項　Recitals　28, 320, 581, 665, 713, 845, 890, 915, 935, 982
リスク　risk　242
利息制限法　usury law　22, 25, 265, 1005, 1014
立証責任　burden of proving　202, 678
リバースエンジニアリング　reverse engineering　517, 680
リパーチェス条項　Repurchase Clause　634
リボルビング　revolving　986

リボルビング・ローン revolving loan	987
裏面約款 general terms and conditions of the reverse side	31, 52
留保	
所有権留保条項	690
不保証と所有権の留保	688
留保の典型例	1147
料	
運賃保険料込み　CIF	242
出演料 performance fee	895
使用料 royalty	1099
手数料 commission	1048
特許使用料 royalty	372
販売手数料 commission	561
弁護士料 attorneys fees	207
保険料 insurance	242
無料テレビ放送	830
有料テレビ放送 pay television; subscription television	830
了解覚書 memorandum of understanding	102
リリース release	1069
リリース条項	864

る

累計額＿＿＿まで up to an aggregate maximum of ＿＿＿	780
ルール	
国際私法のルール conflict of law rules	18
仲裁機関、ルールがなくなったとき	172
法の抵触のルール choice of laws	143, 151

れ

暦年 calendar year	961, 1165
レター	
カバーレター covering letter	31
プロポーザル・レター proposal letter	30
レター・アグリーメント letter agreement	38, 41
レター・オブ・インテント letter of intent; L/I	12, 30, 670, 1117
レター形式の契約書 letter agreement	38, 41
劣後 subordinate	577
レンダーズ・ライアビリティー lender's liability	1020
連帯して jointly and severally	1148
連帯責任 joint and several liability	35
連帯保証 joint and several guaranty	990, 1028, 1148
連帯保証人	801
連邦の federal	1045
連邦証券取引法 Federal Securities Act	743

ろ

ロイヤルティ royalty		319, 365, 587, 879, 1099
一括払いのロイヤルティ paid-up royalty		712
イニシャル・ロイヤルティ initial royalty		365, 400, 455
最低ロイヤルティ minimum royalty		1100
ミニマム・ロイヤルティ minimum royalty		368, 382, 479, 922
ランニング・ロイヤルティ running royalty		366, 372, 382, 479, 921
ロイヤルティ条項 Royalty		365, 841, 852, 921
ロイヤルティの受け取り		915
ロイヤルティ・フリー・ライセンス royalty free license		423
ロイヤルティ報告書 royalty fee statement		853
労働時間 working hours		415, 959
労働時間条項 Working Hours		958
労働条件 working conditions		557
労働争議 labor dispute		758
労働法 labor law		22, 128
ロゴ logo		428, 449, 470, 631, 910
ロビンソン・パットマン法 Robinson-Patman Act		23
ロング・トン long ton; L/T		253
ロンドン銀行間取引金利 LIBOR; London Inter-Bank Offered Rate		1006
ロンドン国際仲裁裁判所 London Court of International Arbitration		157, 1044
ロンドン保険業者協会 Institute of London Underwriters		277

わ

和解 settlement		785
和解契約 Settlement Agreement		9, 1065
渡し		
支払い渡し Documents against Payment		261
代金引き換え渡し COD; Cash On Delivery		269
手渡し delivery by hand		94
引受渡し Documents against Acceptance		261
本船渡し FOB		242
ワラント warrants		745
割合の表記		1162
割り増し退職金・退職慰労金 severance compensation		970

を

…を条件とする provided that …		1156
…を除き exclusive of		75
…を含み inclusive of		75
…を含み、それに限定されない including, but not limited to; including without limitation		1088
…を約因として in consideration of		1085

謝　辞　Acknowledgements

　本書の最後に、本書の刊行にあたっては、旧版の執筆から新版刊行に至るまで、多くの方にお世話になったことにあらためてお礼を申し上げる。

　本書のもとになった契約知識も、ロンドン、サンフランシスコ、東京(三井物産Legal部門)でのビジネス契約交渉・紛争対応や、国際取引法研究会(早稲田大学・内田勝一教授、明治大学法科大学院・円谷峻教授)、企業法学会(筑波大学・田島裕名誉教授、東京大学・柏木昇名誉教授)、早稲田大学アントレプレヌール研究会(早稲田大学・松田修一名誉教授)、一般社団法人日本国際知的財産保護協会(AIPPI・JAPAN)、一般社団法人知的財産研究所、日本知的財産協会、一般社団法人国際商事法研究所(IBL)、神戸大学・早川武夫名誉教授、明治大学・伊藤進名誉教授、第一東京弁護士会(弁護士・仲谷栄一郎氏、一橋大学大学院・宍戸善一教授)等の各種研究会・委員会や、民事法研究・舞法会(松浦聖子氏、2000年当時十文字学園女子大学専任講師、現聖心女子大学准教授)等に加わり、知見・示唆を得たものである。数えきれない先輩・知己・友人、メーカーや法律事務所の若手による研究会(山本ゼミナール)の方々からも示唆を受け、明治大学・南保勝美教授をはじめ同僚各位からも示唆や激励の言葉をいただいた。

　1999年に明治大学法学部教授として着任し、15年にわたり国際契約模擬交渉、(清里での合宿や模擬法廷での)模擬裁判、サブゼミ(「舞法会」民事法研究、ESS)等を通じて国際取引法をともに学んだ第1期(1999.4―2001.3)から第14期(2012.4―2014.3)の国際取引法(山本孝夫)ゼミナールのゼミ生や舞法生たちから学生として、また後日、知財・法務・事業部等の新人として受けた質問や刺激が、本書執筆の際、ヒントや動機づけにもなった。特に、本書増補改訂版の執筆の際、新しく取り上げる章、テーマ、問題解決ならびに飛鳥凛の発想と話し方のモデルとしてヒントとなり、ありがたかった。在学中に卒業後に研究室を訪れ、刺激を与えてくれた数世代にわたるゼミ生、卒業生・舞法生代表として、下記諸君の名を挙げておく。青木新、安部美奈子、市川楓子、内山麻美、大嶽愛、大塚泰子、久津名美希、倉内彩圭、小池梓、小島正人、小林香子、斎藤友貴、櫻井真理子(マリーヌ)、関川裕、高橋里江、宝樹杏奈、中岡さや香、朴昭蓮、畑生理沙、原口夏美、原田さとみ、廣海舞、堀幹弥、松原千春、南谷梨絵、森本大二朗、山田綾乃、横山枝里、吉田有希(以上、50音順・敬称略)。

　新版刊行にあたっては、初版時にもお世話になった日本経済新聞出版社の堀江憲一氏に再び渾身の力で丁寧に辛抱強く編集に取り組んでいただいた。新版に新しく収録した膨大な例文の翻訳・英文監修については、娘の山本志織から翻訳者・編集協力者として貴重な協力を得たことを記す。

　このたび本書を上梓できることに感謝し、これまでご厚誼を賜ったすべての方々に心からお礼を申し上げたい。

[著者]

山本孝夫（やまもと・たかお）

1943年　京都府生まれ
1966年　京都大学法学部卒業、同年三井物産株式会社入社
1973年　ミシガン大学大学院修了。LL.M.(Master of Laws)取得
　　　　以後、東京、ロンドン、サンフランシスコなどの同社法務部門で、国際取引、プロジェクト契約、訴訟、海外店設置・運営法務、知的財産取引、エンターテインメント契約等を担当。知的財産法務室長を歴任
1999年　明治大学法学部専任教授に就任（2014年3月退官）
　　　　早稲田大学大学院アジア太平洋研究科講師（ビジネスと法、1999〜2003）、横浜国立大学大学院国際社会科学研究科講師（情報化社会と法政策、1999〜2003）、司法研修所講師（知的財産ライセンス、1999〜2000）、札幌大学大学院法学研究科講師（企業法務研究、1997〜2011）、獨協大学法学部講師（国際取引法、1993〜2001）、東北大学工学部非常勤講師（知的財産権入門、1998〜2013）、中小企業診断士試験基本委員（2001〜現在）、企業法学会理事（1995〜現在）等を歴任

著書：『決定版 英文契約書』（日本能率協会マネジメントセンター、2022年）、『英文契約書の読み方（第2版）』（日経文庫、日本経済新聞出版、2020年）、『英文契約書の書き方（第3版）』（日経文庫、日本経済新聞出版社、2019年）、『知的財産・著作権のライセンス契約』（三省堂、2019年）、『英文ビジネス契約フォーム大辞典』（日本経済新聞出版社、2019年）、『山本孝夫の英文契約ゼミナール』（レクシスネクシス・ジャパン、2016年）、第一法規、2018年）、『ベンチャー企業の経営と支援(新版)』（日本経済新聞社、2000年、共著）

論説：「英文契約書基礎講座〜梁山泊としてのゼミナール」（『国際商事法務(IBL)』、2021年2月〜現在）、「英文契約書応用講座〜新・梁山泊としてのゼミナール」（『Business Law Journal』、2014年5月〜2021年2月、82回連載）、「海外合弁事業契約の研究とリスクマネジメント」（『社会科学研究所紀要』第44巻第2号、明治大学、2006年）、「国際取引法・知的財産法の学び方〜梁山泊としてのゼミナール」（『国際商事法務(IBL)』1994年1月〜1999年10月（58回連載）、「企業活動と大学教育〜国際取引法と知的財産法の展開」（『企業法学』第5巻、1996年）

[編集協力]

山本志織（やまもと・しおり）

東京大学法学部卒業、東京大学大学院法学政治学研究科修士課程修了（英米法専攻）。
米国テンプル大学Law School修了（LL.M.取得）
現在：弁護士法人瓜生・糸賀法律事務所パラリーガル。
論説：「アメリカにおける契約締結の責任とレター・オブ・インテント」（『国際商事法務』((IBL)2021年9月)、「用語・表現・文章・条項のグロッサリー付き 文書別・法則・概念から詳説する契約書ドラフティング・レビューの着眼点と修正例」（『ビジネス法務』2019年1月、中央経済社）、「外国法人に対する人的裁判管轄権McIntyre Machinery v. Nicastro」（『アメリカ法判例百選』別冊ジュリストNo.213）2012年12月、共著）
法律英語監修：『正義の行方』（原題：Doing Justice）』（プリート・バララ著、早川書房、2020年）

英文ビジネス契約書大辞典
〈増補改訂版〉

2001年01月12日　1版1刷
2014年02月05日　2版1刷
2023年06月16日　　8刷

著者
山本孝夫
©Takao Yamamoto, 2001

発行者
國分正哉

発　行
株式会社日経BP
日本経済新聞出版

発　売
株式会社日経BPマーケティング
〒105-8308　東京都港区虎ノ門4-3-12

装丁
竹内雄二

印刷・製本
中央精版印刷株式会社

ISBN978-4-532-31915-1
Printed in Japan

本書の内容の一部または全部を無断で複写(コピー)することは、法律で
定められた場合を除き、著作者および出版社の権利の侵害になります。